唐君毅全集卷二十三

生命存在與心靈境界 上冊

——生命存在之三向與心靈九境——

臺灣學生書局印行

目錄

生命存在與心靈境界（上）

第一部　客觀境界篇

第一章　萬物散殊境—觀個體界（上）

生命存在與心靈境界

上冊

本書於一九七七年九月由臺灣學生書局初版，分上、下册。一九七八年再版。全集所據即臺灣學生書局版，並經全集編輯委員會重新校訂，仍分上、下册。

自序

本書之宗趣、運思方式、及基本概念，見導論中。本書思想之如何形成，與時代之關係，及吾數十年來爲學，所受於吾父母師友之教益，見最後章。讀者可先加以參覽。茲序言只略述此書寫作之簡單經過，及所望於讀者者如下。

吾在此書之最後章，已言吾於三十餘年前，卽欲寫此書。此書之根本義旨之及於人生者，於其時吾所寫之人生之體驗一書中「自我生長之途程」、後之心物與人生一書中「人生之智慧」、二十年前之人文精神之重建一書中「孔子與人格世界」、及人生體驗續編一書中「人生之艱難」等篇，皆嘗以帶文學性，而宛若天外飛來之獨唱、獨語，說之。此乃吾一生之思想學問之本原所在，志業所存，所謂「詩言志」，「興於詩」者是也。然欲確定建立此中之義理，而立於禮，則須有純哲學之論述以輔助之。上述及於人生之諸文，其在道德哲學及文化哲學上之涵義，則二十餘年前，吾嘗有文化意識及道德理性一書之著。然其關涉於哲學中之所謂形上學、知識論之問題，吾初欲於此書論之者，則三十餘年來，除於吾之哲學概論、中國哲學原論之書，述及中西哲學時，偶加道及外，則迄未有所述著。蓋欲及此形上學知識論之問題，須與古今東西哲人之所言者，辨交涉，與諍論；其事甚繁，未可輕易從事。嘗欲俟學問之更有進，至自顧不能更有進之時，乃從事此書之寫作。然歲月悠悠，此境終未能屆。十二年前，吾母逝世，嘗欲廢止一切寫作，此書亦在其內。二年後罹目疾，更有失明之慮。在日本醫院時，時念義理自在天壤，以自寧其心，而此書亦不必寫。又嘗念若吾果失明，亦可將擬陳述於此書之義理，爲我所昔未及言者，以韻語或短文爲之。後幸目疾未至失明，乃於九年前，由春至夏，四月之中，成此書初稿；而目疾似有加劇現象，旋至菲律賓就醫。於醫院中，更念及初稿應改進之處甚多。乃於八年前春，更以五月之期，將全書重寫。大率吾之寫文，皆不提筆則已，提筆則一任氣機之自運，不能自休。回頭自觀，隨處皆見有疏漏。於此疏漏之處，此七八年中，絡續有所發現，乃於寫中國哲學原論四卷之餘，絡續加以增補，似已較爲完善整齊。然以學力所限，終不能達天衣無縫之境，而由動筆至今，計時已將歷十年矣。世變日亟，吾目疾是否復發，或更有其他病患，皆不可知，故決定付印。

吾於吾此書所陳述者，雖自謂其乃自哲學問題、哲學義理之本原開始處立根而次第流出，而有其眞知灼見，皎然無疑者在。然天地間之義理，其支分派衍，與論述之方式，自是無窮，其流落人間，以見於人之述作者，無非泰山一毫芒。昔黑格爾於臨終前一週，序其邏輯書之再版，謂柏拉圖寫共和國，嘗改稿七次，又謂今欲從事哲學著述，當改稿七十七次，於其所著只改稿二次，乃聊以自慰云云。由此推之，則謂今之爲哲學着述，當改稿七百七十七次，可也。然吾亦仍可以只改稿二次，及七八年來之絡續增補，聊以自慰也。人之自然生命，終爲有限。吾數十年來，恒能於每日晨起，淸明在躬，志氣如神時，有程伊川所謂「思如泉湧，汲之愈新」之感，並自謂或能于有生之日，此泉湧之思，當無斷絕之時。亦嘗念程伊川語，人當在六十以後，不得已而著書。吾之此書，則正大皆寫於吾六十前後之年。七八年來，所補此書疏漏，皆更無大創闢之見；而今之精力，更有「夕陽無限好，只是近黃昏」之嘆。昔日所思，已不能盡記。自今以後，唯當使此夕陽之「餘霞，散成綺」，應機隨意言說，以照彼世間後來之悠悠行路人而已。唯人除其一切有限之著述之事，或任何事業之外，人更當信其本心本性，自有其悠久無疆之精神生命，永是朝陽，更無夕陽。此吾之根本信念。吾之全書，實亦唯是自種種思想之方向，萬流赴海，滴滴歸原，以導歸於此一信念之建立，而見此精神生命之流行於天壤，實神化不測，而無方。吾之所言，皆使人游於方內，以更及於方外者也。故吾於吾書，可引志勤禪師之一詩，以自道其所信，更不問徹與不徹曰：「三十年來尋劍客，幾回葉落又抽枝。自從一見桃花後，直至如今更不疑。」再引忘其名之一禪師之一詩，以自道其論述皆逆流上達，滴滴歸原曰：

出原便遇打頭風，不與尋常逝水同。浩浩狂瀾翻到底，更無涓滴肯朝東。

至於吾寫此書，常念在心以自勵者，則爲中庸之二段語：「君子之道，本諸身，徵諸庶民，建諸天地而不悖，考諸三王而不謬，質諸鬼神而無疑，百世以俟聖人而不惑。君子尊德性而道問學，致廣大而盡精微，極高明而道中庸，溫故而知新，敦厚以崇禮。」

凡此所言，雖不能至，心嚮往之，而於「本諸身，徵諸庶民」爲始，「溫故知新，敦厚崇禮」爲終之旨，尤三致意焉。

茲尚有附陳者，卽此書之論哲學問題，其曲折繁密繳繞之處，大皆由其問題之橫貫西方不同學派之哲學而來。初學之士，於此或將感艱難。然對此諸問題之究竟答案，爲東方哲學智慧所存者，原自直截、簡易、而明白，不歷西方哲學之途，亦能加以悟會。此諸問題，在有福慧之士，亦原可不發生。若不發生，則亦不需苦思力索，如西哲及吾於本書之所爲。故若有初學之士，於此書感艱難，當先自問：是否於此書所及之論題，曾有種種問題。若原無問題，則此或正見其福慧具足，原不必讀此書。若眞有問題，而覺此書所論稍深或枯淡無味，則宜先讀吾前所寫之書，尤宜先讀上所提及吾早年所寫之帶文學性之諸文，以引發相應之心情。若既讀吾昔所寫書，仍覺此書無滋味，則亦唯有棄置不讀。要之，吾於此書，雖亦自珍惜，然亦只是一可讀，亦可不讀之書，亦天地間可有可無之書，唯以讀者之有無此書之問題以爲定。此不同於聖賢之書，先知、詩人之作，不論人之有無問題，皆不可不讀者，亦天地間可有而不可無者也。世間之一切哲學論辯之著，亦皆可讀可不讀，可有可無者也。此非故自作謙辭，更爲世間哲學論辯之著，代作謙辭；而是剋就哲學論辯之著之份位，作如實說。哲學論辯，皆對哲學問題而有。無問固原不須有答，而其書皆可不讀也。昔陸象山嘗言人之爲學，不當艱難自己，艱難他人。吾既艱難自己，不當無故更艱難他人。故將此意，並寫在序中。

丙辰之春唐君毅自序於九龍和域道

導論

一、明宗與釋書名

今著此書，爲欲明種種世間、出世間之境界（約有九），皆吾人生命存在與心靈之諸方向(約有三)活動之所感通，與此感通之種種方式相應；更求如實觀之，如實知之，以起眞實行，以使吾人之生命存在，成眞實之存在，以立人極之哲學。

此上所言卽本書宗趣，今更次第略說其名義。

言生命存在，後文多用作一複詞。生命卽存在，存在卽生命。若必分其義而說，則如以生命爲主，則言生命存在，卽謂此生命爲存在的，存在的爲生命之相。如以存在爲主，則言生命存在，卽謂此存在爲有生命的，而生命爲其相。至于言心靈者，則如以生命或存在爲主，則心靈爲其用。此心靈之用，卽能知能行之用也。然心靈亦可說爲生命存在之主，則有生命能存在，皆此心靈之相或用。此中體、相、用三者，可相涵而說。一「存在而有心靈的生命」，或一「有心靈生命的存在」，或一「有生命能存在之心靈」，其義無別。然言存在，可指吾人不知其有生命心靈與否之存在，故其義最廣。言生命存在，可指吾人不知其是否有心靈之生命存在，則又較有心靈之生命存在義爲狹。則生命、存在、心靈，亦可分用，而各爲一詞。

然中文之生命、存在、與心靈，又各爲二字合成之詞，亦可各視爲一複詞。生命之生，乃指由未生而生，命則指既生而向于更生，遂有壽命之命。壽命乃生之自命其生，亦境之許其生，命其生。存在之「存」，存係指包涵昔所已有者于內，「在」指已有者之更有其今之所在。此「所在」，又可爲包涵保存此已有者。又心靈之「心」，偏自主于內說，「靈」則言其虛靈而能通外，靈活而善感外，卽涵感通義。今合「生」「命」爲一名，要在言生命之爲一生而更生之一次序歷程。合「存」「在」爲一名，要在言此生命存在，爲內有所「存」，外有所「在」。外有所「在」，則有其外之「位」；內有所「存」，則所存者在其自身中，有其「位」。若在內者爲一層，在外者爲一層，生命則居其中層之位，以通內外之層位。此卽見生命存在之有其連于層位之義。「心」自內說，「靈」自通外說。合「心」「靈」爲一名，則要在言心靈有居內而通外以合內外之種種義說。然人有生命存在，卽有心靈。則凡所以說生命或存在或心靈者，皆可互說，而此三名所表者，亦可說爲一實。

此上文言心靈之境，不言物者，因境義廣而物義狹。物在境中，而境不必在物中，物實而境兼虛與實。如雲浮在太虛以成境，卽兼虛實。又物之「意義」亦是境。以心觀心，「心」亦爲境。此「意義」與「心」，皆不必說爲物故。于境或言境界者，以境非必混然一境，境更可分別，而見其中有種種或縱或橫或深之界域故。然以境統界，則此中之界域雖分別，而可共合爲一總境。則言境界，而分合總別之義備。

此境界一名，初出自莊子之言境。佛家唯識宗以所緣緣爲境界依。所緣卽心之所對、所知，則境界卽心之所對、所知。此所緣在印度之本義，當近于西方哲學中所謂對象之義 Object。但西方哲學中之對象一名，初涵爲心之外向、前向所對之實象之義。而中國之境界之原義，則兼通虛實，于義爲美；與西方之世界 World 或眼界 Horizon 之辭，其義爲近。此西方哲學中之 Object 之辭，中國譯爲賓辭。西方哲學中之 Subject，中國譯爲主辭，皆較西方此二辭之原義爲美。西方哲學之Subject 初有在下位，而居後之義，與Object 之爲心之外向、前向，而見其居前者，相對成敵體。如今以心靈生命存在爲主辭所表，則「

主」有居內、居先、居前之義；而以其所對、所知之境中之物或境，爲所對、所知，爲賓辭所表，則賓有自外至、後至之義。是則與西文之二辭原義相反，而「主」之爲先爲前之義顯然。又賓自外至，而內向，以入于主人之室；主更近賓，乃以謙禮居下。謙尊而光，卑而不可踰。主迎賓而賓看主、主看賓，如佛家曹洞宗所言，而主賓之感通之義顯然。此皆較西文之 Subject, Object 二字之原義爲美，而亦更與本書之旨相合者也。

二、心對境之感通活動及其種別、次序，與層位

對上文所謂感通活動，與其方向、方式，如更說吾人之生命存在之心靈，爲其體；則感通卽是此體之活動或用；而此方向方式之自身，卽此活動或用之有其所向，而次序進行時，所表現之義理或性相或相狀，乃由此體之自反觀其活動、或用之如何進行所發見者。如說此反觀亦是此體之一活動，則此反觀，卽此體之自以其反觀之活動，加于所反觀之活動之上之事。而此反觀所發見之方向方式，則屬于此所反觀之活動，兼屬于能反觀之活動之自身；而亦屬于能次序發此二活動之生命存在之心靈之體，而此體亦卽存在于其諸方向方式之感通活動中。由此卽見此中之體、相、用三義之相涵。

此上言境爲心所感通，不只言其爲心所知者，乃以心之知境，自是心之感通于境，此感通中亦必有知；但知之義不能盡感通之義，知境而卽依境生情、起志，亦是感通于境之事故。

此上言境爲心所感通，不言爲心所變現。心所變現者，自是心之所通及。然此主體之心，通及客體之境時，此境卽自呈現其「性相」于此心。此中，境亦可說有呈現其性相之「活動」或「用」，而後此境與其性相，方得呈現以「存在」于心；而通于境之心，亦必因此而自變爲以「呈現此境之性相」，爲其「性相」之心，此心又必有此自變之「活動」或「用」，乃有此所變成之心之呈現以「存在」。故此中有心境相互爲用之義，不能只言心變現境。又言心變現境，恒是就特定境，而言其爲此心之所通。然心之所通，不限于特定境，乃恒超于此特定境，以別有所通，而永不滯于此所通。如飛鴻踏雪泥，飛鴻不留于其指爪之所在。故只言心變現境，縱至于言一切境，皆心所變現，仍是滯辭。

上文言境與心之感通相應者，卽謂有何境，必有何心與之俱起，而有何心起，亦必有何境與之俱起。此初不關境在心內或心外，亦不關境之眞妄。謂境在心外，乃與視此境在心外之心俱起，妄境亦與妄心俱起。而知此妄境與妄心俱起者，固是眞知眞心。此眞心知此妄境與妄心俱起者，更有其所對眞境，而可依此眞境，以轉妄境化妄心，而去此妄境妄心。此皆後來事。今若不依此後來事，說境與心之感通相應，則無論謂境在心外或心內，無論境之眞或妄，皆與心之某種感通相應。視境在心外而感之于外、通之于外，亦是感通。感妄境通妄境，而此感通之能，或以境妄而染妄，成妄感通，亦是一種感通。

言有種種境，爲種種心靈活動所感通者，乃謂境不一，心靈活動亦不一，而各如如相應，而俱起俱息。不相應者則相離。如以視心對色境，以聞心對聲境；則聲境與視心相離，色境與聞心相離；然色境與視心、聲境與聞心，則相應而不相離。一切心境關係，皆復如是。謂境有眞妄，與眞妄心各相應而不相離，亦復如是。如人見色境而憶聲，謂境中有此聲爲所聞，常言爲妄境。此乃由其以憶中之聲，屬當前所聞之聲，而當前所聞中，實無此聲，故此境爲妄。然此妄境，依于混憶中之聲與當前所聞而生。說此境爲妄境，必說此「混」爲妄心，並說此妄境依此妄心生，與此妄心相應而不相離。唯有謂此所憶聲，乃昔所聞，此所憶聲，是所憶聲，或謂因有此所憶聲，乃有此「混」，方是眞語。然此眞語，乃由吾人另起一心，以「憶中事」與「當前事」及其「混」，同爲所對境，方有此諸眞語。此諸眞語，唯依此另起之一心而說，亦必設定此另一心所知之境，爲其眞境，其知爲眞知，其心爲眞心，而後可說。故此眞知、眞心、眞境與眞語，亦彼此相應而不相離。然人能有此眞心，以知此妄心妄境乃由于「混」而生，其自身卽同時超越于此「混」之上，其中實無此「混」；卽與此「混」相離，而不與之相應也。于一切心境眞妄關係，皆應作如是觀。

由此上例，便知心靈活動實有種種：如視與聞爲二種；憶對視聞，別爲一種；混所憶于所聞成妄，復爲一種；知此妄之眞心眞知，再是一種。然除此諸心靈活動可說有種別之不同，相並立而互爲內外，更可說其亦有生起之先後次序之不同，及高下層位之不同。此高層位與低層位者，如合而觀之爲一體，則高層位者亦居高層面。如依次序而思之，則可稱高層面者爲高層次。故層位與層面、層次之三詞可互用，而不同于單純之次序。如視聞之不同，可直說爲並立之種別之不同。依一般義，人必先有視聞，而後憶其所視聞，則視聞與憶之生起，其次序卽兼有先後之不同。人之知視聞、與憶所視所聞之憶之不同，則又爲居此視聞與憶等之上一層位之心知。又人之由混視聞與其憶，而起之妄心，爲低層位之心，而依此知視聞與憶之不同之心，以知妄心之所以起，與其所以妄，卽爲一更高層位之心。凡低層位之心皆不知有高一層位之心。而高一層位之心，則必知有低一層位之心。如高一層樓者，必超越于低一層樓之上，而涵蓋低一層樓于其下。故心靈活動之種種，有依並立種別而有之種種，有依次序先後而有之種種，及依層位高下而有之種種。此並立之種種心靈活動，如視與聞，其關係可爲互相獨立，不相依賴之關係。如視爲A，聞爲B，則有A可無B，有B可無A，無A仍可有B，無B仍可有A。依次序生起而有先後之心靈活動，如聞與憶所聞，則爲此前者不依賴後者而生起，而後者必依賴此前者而繼起之關係。如聞爲A，憶所聞爲B，則B必依A起，無A則無B；然B雖依A起，A不依B起，無B亦可有A，因人可有聞而無憶所聞故。此中A與B之關係，爲現代邏輯中「A或非B」之析取關係，此只排斥「無A而有B」之一可能。依層位高下而有之心靈活動，如上說「知憶與聞之心」，與此「憶聞」之關係，「妄心中之混」與「知此混之眞心之眞知」之關係，則爲在邏輯內涵意義上，後者包涵前者，而此前者不包涵後者之關係。如妄心中之混爲A，眞心之眞知此妄者爲B。則有A可有B，或無B，而有B必有A。此不同于依單純之次序而相繼生起者中，其後者之不必包涵前者者。如人必先有聞而後憶所聞，然人憶昔所聞時，可只是將昔所聞重現于今，則其憶所聞之事，雖繼昔所聞而起，而當其有此憶時，可一面心中有此所憶，同時遺忘此所憶者是昔所聞。則其知此所憶之知，雖實是憶昔所聞，然又實不知有此昔之聞。人亦正以其不知有此昔之聞，乃有上述之混所憶爲所聞之妄。然能知憶聞之別之眞心，或能知混憶于聞之妄之眞心，則必兼知此所憶與所聞，亦知此所憶原于昔之聞，並知此昔之聞之不同于今之聞等。故此眞心之知中，必在內涵意義上，包涵對此妄所由成者之知。如謂此「眞心之知」爲繼此中之「妄」而復起，更知此妄爲妄者，則此後者必包涵前者。而凡說心靈活動或其所對境之次序生起，而又層位不同；其高層位者，對其低層位者，皆有此在內涵意義上之一包涵關係。

此上所說心靈活動與其所對境之種種，有互相並立之種種，有依次序而先後生起之種種，有高下層位不同之種種。此互相並立之種種，可稱爲橫觀心靈活動之種種；依次序而先後生起之種種，可稱爲順觀心靈活動之種種；有高下層位不同之種種，可稱爲縱觀心靈活動之種種。凡觀心靈活動之體之位，要在縱觀；觀其相之類，要在横觀；觀其呈用之序，要在順觀。以空間之關係喻之，横觀之並立之種種，如左右之相斥相對；順觀之種種，如前後或先後之相隨相繼。縱觀之種種，如高下之相承相蓋。綜觀此心靈活動自有其縱、横、順之三觀，分循三道，以觀其自身與其所對境物之體、相、用之三德，卽此心靈之所以遍觀通觀其「如何感通于其境之事」之大道也。（註）

註：一般所謂對特殊事物加以抽象，所構成之類概念，其亦可對特殊事物稱高層位者，固不必在邏輯上包涵此特殊事物之內容。然構成此類概念之心靈活動，恒必先經此特殊事物之認知，而包涵之、更超化之，方構成此抽象之類概念；而此類概念之稱爲居高層位，卽爲一引申義或第二義上之高層位。于此第二義或引申義之高層位與低層位之概念，如純就其內容看，乃可顚倒之而說者。如謂具體事物之概念居高層位、抽象之概念居低層位是也。

三、如實觀之意義

上文所謂如實觀者，乃謂吾人之心靈恒不能對種種境作如實觀，而不免于有妄心與妄境。吾人之心靈，知妄是妄，固是眞。于一切妄，皆可由知其爲妄，而去妄得眞，則妄皆可轉。妄皆依眞而有。如以所憶爲所聞是妄。然此人之有所憶，而能憶，是眞；人之有所聞，亦是眞。則妄皆依眞起。然吾人又不能據此而逕謂世間無妄。因此以所憶爲所聞，如誤繩爲蛇，畢竟是妄故。知妄是妄，卽必有妄可知故；妄皆可轉，亦卽必有妄可轉故。若逕謂無妄，則亦無知妄，無轉妄；無轉妄，亦無轉妄所成之眞故。至謂妄既轉，則有眞而無妄；妄可轉，則此可轉，卽妄所以爲妄之所涵；妄不能離此可轉，以成其妄，則妄亦不離眞，亦未嘗不自卽于眞。凡此等等，固皆可說爲眞，亦究極之玄談所必至。但吾人仍不能據此究極之玄談之所必至之眞，以謂人自始無妄。因人不能謂其妄皆實已轉故。此人之妄之可轉，與其實多未轉，乃並存者，故終不能由妄之可轉，以謂無妄，亦不能由此可轉，以謂妄非妄。又言妄者，乃指一一妄。一一妄，各有其一一轉之之道。未得一一轉妄之道，卽未實見一一妄之可轉。今若泛言妄皆可轉，更言無妄；此卽以玄談廢學，亦不識上所陳之先後次第義。

依先後次第義，必先說有種種妄，然後說轉種種妄之道，行于此道以實轉妄，方能有究極之處之無妄。此究極處之無妄，乃由先知有種種妄，並知轉之之道，而行于此道，然後致。此知、此行，卽是學。無此學以轉妄，亦無無妄。學必先知有妄，知有妄，卽知吾人之知有不如實者。知吾人之知有不如實者，故求如實知。此知吾人之知有不如實之知，卽可是實知「其知之不如實」之知。此卽如實知之始；而知一切實之不同于一切知之不如實者之所知，卽可是如實知之終。此始與終，可相涵而爲一，是爲究竟如實知。在此究竟如實知處看，亦可無所謂先後始終。然對吾人之學言，此無先後始終，仍在後在終，非爲學之始，亦非爲學之所當先務。爲學之始與當先務，唯在知吾人之知恒有種種之妄，並知吾人之知何以必有此種種妄。

吾人之知之所以必有種種妄，如探其本原而說，亦在吾人之求如實知之心靈活動，與其所對之境之原有種種。如吾人之心靈活動果只一種，其下更不能再分種，則此心靈活動卽爲一絕對唯一之活動，而只有絕對唯一之境。此心靈活動，亦無將此境混于其他任何境之可能，則亦無妄之可能。妄生于混，混生于心靈活動與其境之有種種，可供人之混。然此混之根原，又不只在此心靈活動之有種種，而分別與其所對境相感通；而亦在心靈之諸活動，原亦能自感通。若人之一一心靈活動，皆只分別與一一之境相感通，以各得其應，各得其實，而不自相感通，則亦無混此境爲彼境之可能，亦無妄之可能。然以人之心靈之諸活動，原能自相感通，則其一活動，便可夾帶其原所感通之境中之事物，以通入其他活動所感通之境之中，而不自知。此卽妄之所自始。如溯人以所憶聲爲所聞聲之妄之所自始，則當說其初亦由憶原可繼聞而起，而自通于其昔之所聞與其後之聞之故。若無此通，亦無此混，而無此妄。人之知其憶與聞不同而相通之知，又可繼此憶與聞而起，而涵蓋于此憶之事與聞之事之上，以爲上一層位之知，而亦通于其下層之憶之事與聞之事者。此則爲知妄之「通」。依此知妄之「通」，以觀人以所憶爲所聞之妄，則此妄乃初由人將所憶者，通之于其所聞者，而視之爲屬所聞之類，乃于未聞聲時謂有聲。或以所憶聲之一部，連所聞聲，以合成一聲，謂皆是所聞。混此所憶所聞之二聲，原爲相互並立之二類者，爲一類，卽有亂相對之二種類之妄。又當混所聞與所憶時，人同時忘其所憶者之原爲其「先」所聞，乃以之爲後來之「今」之所聞，此卽同時有混此中之諸聞憶之先後，而亂其次序之妄。又人能知憶聞之別，則可更本此知，以知此混所成之妄。今無此知，亦無知此混妄之知，而以此「混妄之知」，蔽此「知憶聞之別」之知，而代之，則又有亂二知之層位之妄。然此諸妄，亦初皆原于所聞者原可成所憶，聞心原可通于憶心，所憶者亦可視如所聞，憶心亦可還通于聞心之故。舉此一例，卽以明心靈活動之能自往來相通，亦卽人之有妄心妄境之本。此心靈活動，能自往來相通，則原是心靈活動之實相眞相，則一切妄卽皆依此眞起。

然妄雖皆依心靈活動原可往來相通之眞而起，妄者畢竟是妄。其所以是妄者，以其雖由心靈活動往來相通而起，然此中之通，亦有所不通。其通適足以泯諸心靈活動與其分別所通之境之序、類、層位之別故。如以所憶爲所聞者，所憶者通于所聞，其心知有此聞，則其心亦通于此聞，然其心不知此所聞原于其憶，而不自知其有此憶，卽其心不通于此憶。必對原于憶者知其原于憶，而知有此憶，其心乃通于此憶，而通其所不通，無此所不通；然後能不泯此中之序類層位之別，而去此中之妄。此通其所不通，亦卽依序、類、層位而通。如于對以所憶聲爲所聞聲時，知此聲非同所聞聲之類，卽爲依聲類分別，使此心兼通于此二類聲也。知有聞先于此憶，卽依序而通。旣知憶聞之先後，卽可知憶別于聞，更知此眞知「憶別于聞」之知，在憶聞之上一層位，憶聞在下層位，此卽依層位而通。合此三者，爲心之兼通于此中聲與聲、聞與憶知等之相互之序類層位之關係，而後能去此中之妄，而知此中之眞。此中之各序、各層位，亦可說是各爲一類，有如于各類與各層位，又可定其序之先後；于各序各類，亦可更分層位之高低。但此下文，于與序及層位對言之類，姑限于對立之類而說，以避繁文。

然心靈活動與其所感通之境，其種類至繁；其次序生起，相引而無盡；其層位高下，亦相承覆而無窮。又不同種類者亦未嘗無其同處，以共屬于高一層位之種類。于是人卽可知同而更觀異，亦可以知同而泯其異。異泯而莫不同，則于不同種類者，可視爲同而妄生。其次序先後不同者，此先之後，不同于後之後；此後之先，亦不同于此先之先。然「先之後」與「後之後」，其爲後同，「後之先」與「先之先」，其爲先亦同。玆專以「先之後」與「後之後」同爲後而觀，則「先之後」與「後之後」，可視爲一後。人之由先至後，便可不先歷先之後，而直至後之後，再還至先之後；于是後之後反爲先，先之後反爲後，而先後之序之顚倒之妄生。其層位高下之不同者，高一層位者高于低一層位者，亦低于更高一層位者。然以低望高之二層位，同只見其高，則亦可不見其自爲高低之二層，而可以爲只是同層之二類。自高望低之二層位者，亦然。如自低處望二高山，可視爲平齊，自高山望低阜，亦可視爲平齊。又高層位者覆低層位者，低爲高覆，則低可隱于高，而唯見高一層位者。如高帳覆屋，而不見屋。又高爲低所承，則高亦可爲低所蔽，如簷下望樓，而不見樓。高隱，而低者無以自見其低；而可自視爲高。低隱，而高者無以自見其高，亦未嘗不可自視爲低。此乃譬喻之辭。若必擧實例而說，則如吾人前謂聞是一層；憶所聞，而知其爲所聞，是第二層；知憶聞之別，是第三層；然人亦可謂此中只二層。如謂聞是聞外聲，自憶與自知，皆只是自知，卽只二層。人又可謂聞聲與憶所聞聲，皆向在外聲，故應合爲一層；而知此聞與憶之知，唯向在自心之聞與憶，合爲一層，亦共是二層。人又可謂憶與聞與所聞所憶，皆在知此一切之自覺之中，則可只以此自覺之知一層爲最高，亦別無更高者。此卽收歸一層之論。然人亦可謂此自覺之知，只向在憶與聞，而憶原于聞，以聞望此上之憶與自覺之知，皆爲虛影，只有此聞爲眞實不虛，亦爲至高。此亦爲收歸一層之論。此只收歸二層或一層，固皆可說，然以此謂無此三層，則爲妄見妄說。凡于有層位可開處，亦必有不知其層位之人之妄謂其無，而泯其高低之別，或顚倒之，而以高爲低，以低爲高，以生種種妄見妄說也。

對此序、類、層位之別，不如實知而有之三妄，其與人之求如實知之活動之進行之關係，可爲之設喩曰：此求如實知活動之進行，如人行路時，人所求知之境物之類，初乃如橫陳于行路時之左右者。人唯由兼觀左右，得中道行，如偏傾左右，必至傾跌。此喩不能兼知異類之異，偏知一類，而以他類同此類者，而有之類別錯亂之妄。此卽不能橫觀之妄。又人行路，必前後步次第而進，如兩步併作一步，以前步混于後步，此必致趨跌。此喩不能循先後之序，而有之次序錯亂之妄。卽不能順觀之妄。再人行路遇高低地，足必隨之升降，如以高爲低，以低爲高，必致顚跌。此喩不瞻顧高低層位，而有之層位錯亂之妄。此卽不能縱觀之妄。去此三妄，成如實之橫觀、順觀、與縱觀，卽人之求如實觀，得如實知之道。

四、如實知與真實行

至于此上言由如實知，起眞實行者，則是謂眞實知必歸眞實行。知之所以必歸于行者，以一切心靈活動原是行，知之一活動亦原是行，與其餘非知之活動如情意等，亦原不可分故。人謂知與情意有別，乃自知只對境有所感通，而不必對境之有所感受、感應說。感受是情，感應是意或志行。心靈似必先以其知通于一境，乃受此境，而應之以意或志行。知、情、意，雖皆屬人心靈生命自體之活動或用，而其爲用與性相，固不同。大率知之活動，能知人自己之心靈自身與他物之體、相、用，而不能改變之；情意之行之活動，則可對其他人物或自己之心靈之自體，更有一作用而變之。此卽知行二者之不同。然心對境若先無情上之感受，亦無知之感通；人心若初不求應境，亦對境無情上之感受。又感受、感應，亦是一感通于境之事。人若只有知之感通，不更繼之以感受與感應，則其對境之知之感通，亦未能完成，則知亦可說後于行。大率一般人所以于心靈活動，恆說知爲先而情意之行爲後者，蓋由人之將其感通于境之知折囘，以自知其心靈之活動時，恆先知有此知，方知其所依以生之情意；情意卽以其後被知而居後。此人之自知之事，所以必先知有此知者，則以與知最切近者應知之自身故。然知旣自知其爲知，必更求自知其爲知之所依以生，則必更知及此情意。旣知及此情意，更知：無此情意則知不生，無情意之行以繼知，知之感通不能完成；則人可更知此知之生，乃後于此情意之行；亦知此情意之行，乃主乎此知之生與成者。此卽知之由自知其爲知，而更自知其主之事。旣自知其主，乃自宅于其主之宅，而此知卽自知其爲亦居情意之行之內，而自內照澈此情意之行，而與之俱行之知。知之爲眞實知者，必歸于如此之一與情意共行之知，方得爲眞實知。反之，知之非眞實知，而雜虛妄者，以不能自知其非眞實知，卽不能自知其知之果爲何物，亦不能自知此知所依以生之情意之果爲何物，復不能自知其主之所在而自宅于其主之宅；則此知恆搖蕩而不定，遂宛然獨立于情意之外矣。然當人自知其知所依以生之眞實之情意，而知此妄之所自起，知此妄之爲妄，以去此妄見，而更生起眞實之情意，並自宅其知于此眞實之情意中，則仍當歸于以此知自內照明此情意，而與之俱行也。

上謂知之自知，必至知其所依以生之情意，而歸于自宅于此情意，而自內照明此情意，與之俱行。一切如實知，必歸于此知之自知，故一切知，理當皆歸在成眞實行。吾人今論諸心靈活動，與其所感通之境之關係，而求如實知之，亦當歸在成眞實行。此卽謂吾人之論，非徒爲一般所謂純知識上之事。純知識上之事，皆是戲論。凡戲論皆礙眞實行，亦礙眞實知者。然凡戲論而歸在如實知眞實行者，亦終不是戲論。

五、真實行與生命之真實存在及立人極

至于所謂由如實知、眞實行，以成就吾人生命之眞實存在，而立人極者，此卽謂未有此如實知、眞實行，吾人之生命尚未眞實存在。何謂吾人之生命之眞實存在？答曰：存在之無不存在之可能者，方得爲眞實之存在；而無不存在之可能之生命，卽所謂永恆悠久而普遍無所不在之無限生命。此在世間，一般說爲天或神之生命。世人或視爲此乃人所不可能有者，然吾將說其爲人人之所可能。吾人之生命能眞實通于無限之生命，卽能成爲此無限之生命。吾更將說吾人之生命，原爲一無限之生命；亦不能以吾人現有之一生，爲吾人之生命之限極。然此無限之生命，又必表現爲此有限極之一生。吾人之有限極之一生，亦爲此無限之生命之一極。此極，是無限生命之一極，亦吾人之爲人之極。人求有如實知與眞實行，卽求立此人極，亦實能立此人極。而此所謂吾人生命之「吾人」，則不只重在言一一人，而重在言一一之「吾」。離此一一之吾，則無一一之人。每一人，皆當先自視爲一吾，並知尅就吾之爲一吾言，乃唯一之吾。唯吾自視爲唯一之吾，人人皆自視爲唯一之吾，然後吾乃能立人

極，人人乃皆能立人極。故此「唯一」亦有普遍義。此唯一之言，亦可說爲一絕對之獨體。如何一一人皆能成爲絕對之獨體，不使此絕對者只成相對，或雖相對而不失其爲絕對，則待人之行于聖賢之道。

六、哲學之任務

由吾人之論之目標，在成就吾人生命之眞實存在，使唯一之吾，由通于一永恆、悠久、普遍而無不在，而無限；生命亦成爲無限生命，而立人極；故吾人論諸心靈活動，與其所感通之境之關係，皆所以逐步導向于此目標之證成。吾意人之心靈活動，卽不自覺在達此目標或與此目標似不相關者，實亦莫不相關。至于此人之心靈活動，及其所感通之境，與此立人極之目標，人皆可自覺其相關者，卽爲此心靈活動之具遍運一切境之意義者，或其所感通之境之遍通于人之一切心靈活動者。此活動與此境，亦人所共有。唯此活動之遍運與境之遍通，更可有程度之不同。程度高者，其所運愈廣，其所通愈大。愈廣愈大，亦愈永恆而悠久，愈普遍而無不在，愈無限而無外。無外之謂唯一。故亦愈與吾人求吾人生命之成爲一無限而唯一生命之目標相應。境之廣大者，莫大乎以全宇宙爲境，心靈活動之廣大者，莫大乎能遍運于全宇宙之知之情之意。然此心靈活動之遍運，必循種種道路方向而遍運，以自成遍運之序。序必有始，爲元序。元序爲以後一切序之本。其運之所經，皆可視爲一類，類必有分類之始。分類之始，爲最大類。其運求遍，必向在全。全涵分，而全爲高層位，分爲低層位。故其運求遍，亦求向居高層位之全而運。全之至高者爲大全。故人之心靈活動之求遍運，必求元序以爲本，大類以爲幹，大全以爲歸。而求知彼足以爲元序、大類、大全之概念義理，以說明宇宙與人生者，此卽一切哲學者之所爲。然一般爲哲學者，或未必自覺其目標之在是；亦不必自覺其所以求知此等義理概念，乃由于其心靈活動之求遍運，而其所以求遍運，則由于其欲成爲一無限唯一之生命之目標爲其根。實則，人若無此一生命之目標，則其心靈活動不必求遍運，亦不必求有足以當元序、大類、大全之義理概念，以說明宇宙人生，則哲學卽不當有，亦不能有。匪特哲學不當有、不能有，世間一般科學知識之求設定原始公理，求概括性、綜合性義理之事，亦不當有、不能有。凡求設定一原始公理，卽求足以爲知識系統之形成之序之始者。凡求概括性之義理，卽求更大類。凡求綜合性之義裡，卽求高層位之全。一般科學知識與哲學之不同，唯在哲學之直下向在足爲元序、大類、大全之義理概念。哲學活動亦以向在此，爲其第一序之事，而與求一般科學知識者，只就人現有之所知之義理概念，求其切近之較大類或較小類，或較屬于全、或較屬于分，較前一序、或較後一序之義理概念者，遂不同其學之類，而亦屬于一較高層位之學耳。

以上謂求知彼足爲元序、大類、大全之義理概念，以爲吾人心靈活動所循，以遍運于宇宙之道路方向之所在，乃哲學之事。古今東西之哲人，于此所提出之此類之義理概念，則有直接關于吾人之心靈活動之求知之觀點、態度、方法或心靈活動之方式者，如直觀、理性、感性……等，有關一般所謂知識論之義理概念之類。又有關于存在事物之普遍範疇，普遍內容之類，如存有、個體、事物、性相、本質、因果、時空……之類。再有關于宇宙之總體性之理念，如天、上帝、梵天、絕對、眞實、如來藏、道體、太極、太和……之類。此皆連于一般所謂形上學、本體論、宇宙論之義理概念，又有關于人生之價值理想，足以使人本之以遍接一切事物者，如幸福、功利、眞、善、美、仁、聖……之類。此皆連于一般所謂人生哲學、價值哲學、倫理學之義理概念。凡此類之義理概念，皆無不可使人心靈活動，得循之以遍運于宇宙人生之一切事物。而無論其爲屬于元序，或屬于最大類，或屬于最高層位之義理概念，皆有一普遍的意義，更有一永恒悠久的意義，而可使人終身由之，以遍觀其所遇之一切事物，而可不見此意義之所涵或所指之窮極處，而其所涵與所指若爲無窮無極者。此所謂普遍、永恒悠久、與無窮無極，其本身自亦爲一義理概念。人之心靈活動，亦可循之以次序遍觀一切普遍者、永恒悠久者、與無限者。此中之循序遍觀之序，與一切心靈活動進行之序、宇宙事物之序，皆同是序。此「序」之義理概念，與吾人前所說之「類」之義理概念，「層位」之義理概念，以及「元序」、「最大類」、「最高層位」等之本身，一一皆是一義理概念。卽「義理概念」之本身之所以為「義理概念」，亦有其義理，而容吾人對之形成概念，則亦是義理概念。如謂義理概念可為吾人之心靈活動所循以遍運，卽是關于義理概念本身之義理概念也。

以哲學中之種種義理概念，一一就其本身而言，雖恒皆有其普遍永恒悠久等意義，然其彼此又互不相同。人之心靈活動依其一以遍運遍觀于宇宙人生之事物所成之哲學，卽不同于依其另一以遍運遍觀于宇宙人生事物所成之哲學。由此而宗不同哲學之人，各有其不同種類之人生觀宇宙觀，而不能互觀其所觀，乃恒互斥其所觀者之非是。則宗不同哲學者，雖各能遍觀，而不能互遍觀其遍觀，不能有對遍觀之遍觀。此不能有遍觀之遍觀，亦似有義理上之必然。如依最大類之義理概念以遍觀者，必不同于依最高層位之義理概念以遍觀者。在依普遍一般之存有或事實之義理概念以遍觀者，可于其所接之一切事物，皆謂之屬于存有或事實之最大類，其下更分小類，以至無窮，卽可更無一無所不包之「絕對」或「上帝」之可說。至于謂有一無所不包之絕對或上帝，以囊括一切種類之事物者，則外此更無任何種類之事物，而人卽可止息其心靈之活動，于此一上帝或絕對之內，更不本種類之眼光以觀世界，卽可更無最大類之可說。此卽見用「最大類」之義理概念觀宇宙人生之哲學，與用「最高層位」之義理概念，觀宇宙人生之哲學之可相衝突。其互斥爲非是，亦似有義理上之必然。此外一切哲學之衝突，亦莫不皆可同見其似有義理上必然。然此似有義理上之必然者，若眞爲義理上之必然，則哲學義理之世界之全，卽爲一破裂之世界，而一切哲學將只能各成就一遍觀，而無一能成就對遍觀之遍觀，而人之心靈活動，亦終不能憑哲學以成此高層次之遍觀之遍觀，其遍觀亦永不能至乎其極，其心靈活動之遍運，亦不能至乎其極；而其心靈活動所依之生命存在，亦不能眞通于或成爲一無限之生命存在矣。

然人之哲學心靈，仍有一克服上列之困難之道，此卽人尙可有對哲學之哲學。此卽其不特依一普遍義理概念以遍觀，且能于既依之以遍觀之後，更超越之，另依一普遍之義理概念以遍觀。此一不斷超越之歷程，卽爲一次序之歷程。由此次序之歷程，而人之哲學心靈，遂可歷諸遍觀，而更回顧其所歷，以成對諸遍觀之遍觀。此回顧爲：對諸遍觀之遍觀，卽屬于高一層位之遍觀。凡遍觀之種類不同者，循此不斷超越之次序歷程，卽可達于高層位之遍觀。此中種類不同之遍觀，由歷此次序而達高層位，卽此中之種類、次序、層位三者間之互相涵攝，以見其貫通之道，而爲哲學的哲學之所爲。依此哲學的哲學，以觀一切哲學之衝突，可既知其必有衝突之義理上之所以然，亦可知其衝突之所以似必然，更可知其似必然者之可由此不斷超越之歷程，而見其非必然；以見哲學義理之世界，實非一破裂之世界，或雖破裂而仍能再復其完整之世界。此中，人之不斷超越之歷程，自其前程以觀，縱是無盡而無窮，然自其所超越者，皆可再加以回顧，納之于對諸遍觀之高一層位之遍觀，以觀之，則其前程之無盡而無窮者，亦無不次第攝入于此高一層位之遍觀之中，而爲此遍觀之無窮之所窮所極。則對人之此哲學的哲學之遍觀一切遍觀言，其心靈之遍運，卽無「不能至乎其極」之可說，而能爲此哲學的哲學者之生命存在，亦無所謂必然之限極，而未嘗不可通于一無限之生命存在矣。

然此所謂能爲哲學的哲學者，亦非謂唯是一超級之哲學家。實則凡人之嘗習不同的哲學，而由一以及于其他者，已是在超越一哲學，以至其他哲學之歷程之中，而其求辨其是非，明其局限之事，皆已是爲哲學的哲學之事。再進而言之，則任何人開始有哲學性之思維，而形成一似有普遍性之義理概念，更知其局限，以另取一義理概念，以思維宇宙人生之時，亦在一「超越其先之哲學至另一哲學」之歷程之中。故任何人之任何哲學思維之進行，皆是自超越其前之哲學思維，卽皆是爲哲學的哲學之事。則哲學的哲學與哲學，卽又可不分爲二層位，當說哲學皆是哲學的哲學。凡人之爲哲學，而不能有此不斷超越之歷程，則其哲學只局限于其先所執之義理概念，此卽同時導致其哲學之死亡，其所執者成偏執妄執，而亦成非哲學。故哲學的哲學與哲學爲同義，亦同層位。然吾人仍可說任一哲學中其所包涵之哲學的哲學之歷程愈多者，其爲哲學也愈大，亦愈近乎眞正之哲學。又人之未嘗自覺的本哲學的哲學，以言哲學者，則恆較遠于眞正之哲學，而易陷于偏執與妄執。

七、哲學之目標在成教

由此更說本文之第一句所謂作此論之目標，卽嚮往在自覺的由哲學的哲學以言哲學。自此哲學的哲學爲無窮盡者言，則吾以有限之在世之時間，有限之文字，自不能加以窮盡。他人之爲哲學，亦各可自爲其哲學的哲學之事，而外于我之爲哲學的哲學之事。然自我之爲哲學的哲學言，我亦可窮我所知之哲學，而對之爲哲學的哲學，而更不見其有外。對我所知之哲學言，其中可稱爲高度之哲學的哲學者亦甚多。如西方之希臘之柏拉圖、亞里士多德、中古之多瑪斯、近世之康德、黑格耳、當今之懷特海、東方如印度之龍樹、彌勒、無著、世親、桑克羅、中國之孔、孟、莊、荀、智顗、法藏、程、朱、陸、王、王船山，其思想所屬之境界，皆各有其上下、內外、前後，無所不運之處；其所提之哲學的義理概念，皆可六通四闢，以達于其他不同種類、次序、層位之哲學義理概念，而皆可稱爲哲學的哲學。吾亦皆嘗泛覽其書，而分別有所會心。然吾之分別有所會心之事，仍統于吾之一心，則吾不得不更觀其通。因如其不通，則吾之一心先自相割裂而不通，而吾之生命存在卽有破裂之危。故吾之爲哲學，亦初是爲己而非爲他人。吾之觀此諸哲學的哲學，亦初無意更爲一諸哲學的哲學之哲學，以囊括此諸哲學的哲學。此囊括乃不可能之事。此諸哲學的哲學，亦不待有此囊括，方得其位于此囊括之內以俱存。西哲康德之自謂于昔之一切哲學問題皆已解決，黑格耳之謂其哲學爲絕對精神之最後表現，皆爲慢語。東方哲人皆不如此也。如知上來所謂哲學爲一歷程之義，則終無人能作此慢語也。若有人能作此慢語，謂我將造一哲學，以囊括一切哲學，此卽欲收盡一切哲學于此囊中而盡毀之，此乃一哲學世界之大殺機，而欲導致一切哲學之死亡者。一切哲學固未必因此而死亡，而此殺機已先使其哲學歸于死亡。此決不當有者也。然此中亦有一大問題焉。卽吾欲通吾所知之哲學而論之，吾必以吾心包涵此所通者，包涵之，卽似無異于囊括之。而此通之之念與包涵之之心，卽似亦潛存此一大殺機。然則爲哲學者，又將如何而可？吾亦嘗爲此起大惶惑。終乃恍然悟曰：吾之爲哲學，以通任何所知之哲學，此通之之心，雖初爲一總體的加以包涵之之心，然此心必須化爲一分別的加以通達之心。此加以通達之心之所爲，唯是修成一橋樑、一道路，使吾心得由此而至彼。此橋樑道路，恆建于至卑之地，而不冒于其所通達者之上。由此而吾乃知崇敬古今東西之哲學，吾不欲吾之哲學成堡壘之建築，而唯願其爲一橋樑；吾復不欲吾之哲學如山嶽，而唯願其爲一道路、爲河流。循此再進以觀古今東西哲學之形同堡壘之建築或山嶽者，吾亦皆漸見其實只爲一橋樑、一道路、一河流。吾乃于哲學義理之世界，如只遍見一一之天橋、天河與天道，其爲堡壘建築與山嶽者，乃若隱若現，存于虛無縹渺間。循此再進，吾更悟一切義理概念，卽皆同只是一橋樑、一道路。凡爲橋樑道路者，未至者望之，則顯然是有；已經過之，則隱于後而若無。凡彼造橋樑道路者，亦正欲人經過之，而任之隱、任之無。人經過橋樑道路之時，固可見有荆棘載道，葛藤繞身，然荆棘旣斬，如過關斬將，亦歸于無。故凡以言說學陳任何義理概念者，皆實是望人聞其言，知其義理概念而經過之，以自有其所往。而哲人之以言說擧陳義理概念，無論其自覺與否，亦皆終當是如此望人，而亦必實歸于如此望人。故凡哲人之言說，初雖是說其所學，而其歸宿，則皆是以言說成教。故說所學非究竟，以說所學成教，方爲究竟。人聞哲人之言說，而知其義理概念而經過之，以有其所往，亦離其所聞之言說，而忘其言說，而不見有言說。故一切言說必歸于默，言說之目標，卽在離言，一切著述之目標，卽在更不見有著述。此謂學以成敎爲歸，言說以離言爲歸，蓋爲東方大哲所同契。此成敎之言說，儘可涵蓋萬方，無窮無盡，大智度論所謂「方便般若，隨類現身，濟時設教」，其旨唯在使聞其教者至離言境。昔賢首法師說華嚴義海嘗曰：「與大教網，下生死海，漉人天龍，置涅槃岸」。善哉言也。然不特世間是生死海，一切言教亦在生死海中，而有生有死。言說死而與聞言者同歸于涅槃寂靜，斯爲至極。唯深悟此義以爲哲學者，爲能澈底去除其心中之大殺機者。去此殺機，而更以知其必歸默之心以爲言，其言方可無礙無執，更以成教也。

八、陳述哲學義理之次序問題

吾上文說今所欲論之諸義理，卽人之種種心靈活動與其所感通之境，而求如實知之，以起眞實行，使吾人生命存在成眞實存在之哲學的義理。此論列之事，亦爲次序之事。此一次序之先後，畢竟當依何而定？則亦爲一應先決之問題。吾人固可說此當以吾人心靈活動與其所感通之境之種種之次序之先後而定。然人定任何次序之先後，皆須先定一次序先後之標準。此標準亦有種種，以一標準定之爲先者，依另一標準可定之爲後。而爲一哲學者所定爲最先或元序之義理概念，亦可是爲另一哲學者所定爲最後之義理概念。此諸標準間，則未必再自有其次序之先後。如笛卡爾以我思故我在爲先。康德以求經驗世界之所以可能之先驗條件爲先。黑格爾精神現象學遍說精神現象，則以感覺之確定性爲先，其邏輯則以存有之概念爲先。虎賽耳之現象學以直觀現象而括住其存在之意義爲先。此諸哲皆嘗先討論哲學問題，當以何者爲先，而此諸哲所視爲先者，仍彼此不同。至于一般哲學家之所視爲最先之義理概念，則或更未嘗討論何者當爲先，而已預定其所視爲先者，如獨斷之哲學，或任定一哲學之假說爲先，而更求其證，如仿科學之假設而爲哲學者。依人心原有種種感通之境，亦有不同之循之以感通于境之不同義理概念，爲其路道方向，則人心似原可任取一境一義理概念爲先，而以餘者爲後，則爲哲學者，無論以何者爲先，果能再超越之，而次第及于其餘之義理概念，其所次第歷者果皆同，則其爲哲學之廣度、深度、高度，亦可未嘗不同。如人由東至西，與由西至東，其所歷之地，可未嘗不同也。則人之論哲學義理，固似無一定之先後之序，而亦似不必有一定之先後之序矣。

然此上之言雖是，却只是觀他人之哲學著述之語，而不可以論吾人自爲之著述。吾人自爲之著述，若不先提出此先後之問題則已，如已提出，則其以何者爲先，必需有一自覺之理由。其任定此而不定彼，亦當有一理由，以成其任定。如人固可由東行至于西，亦可由西行至于東，而人畢竟不能兼此由東至西，與由西至東二者。而其取由東至西，或由西至東，亦必有一何者更爲便利之自覺之理由也。

吾今之所持以定今書所陳義理之先後之序之理由，則吾今將說：循方才所說之義理概念，乃人之所以感通于境者；則人之生命之存在之義之本身，其心靈之感通于境之義之本身，卽應爲先。此卽如本書開始之文所說。此下則我將對人之心靈所感通之境，依其種類、層位之高低、遠近、淺深，而開之爲九境，而依次序說之。如其第一境，卽對常識爲最淺近亦最低，而學者可由之以次第上達者。而與每一境相應之心靈活動，亦人可于感通此境時，更自反省而自知其爲與此境相應者。此心靈活動之或屬於人之知，或屬人之情意之行，亦同爲最淺近而最低者。其所以開之爲九，不以餘數，非以九不可再開，亦非以其必不可併，然亦非無其義理上必可開爲九之理由。此理由，卽：爲上述之成教，人之行于哲學之途者，次第歷此九境，卽可通至東西古今大哲之哲學境界，而對其心靈活動與其所感通之境，分別皆有一如實知，以成其眞實行，而使其生命成普遍、悠久、無限之生命，爲眞實無妄之存在故。

九、九境建立之理由

欲說此境之開爲九之理由，當先說：今茲所謂吾人之生命心靈活動在基本上有三道路、三方向之義。此「方向」一名之義，如必欲連上述之種類、次序、層位之義爲釋，則方向之方字，重在表示方向之類(註)；「向」必繼續向，重在表方向之序，「向」之所向者，則有其位。然合爲一名，則只隱涵此三義，不須如此分析說，人亦可直下整個把握此「方向」之義。此有如「道」之一名，自其可隱涵有不同之道言，則有種類義，自其可繼續，爲人所行言，則有次序義，自其所通向者言，卽指一方位、或位。然道之隱涵此三義，亦不須分析說，人于道之一名之義，亦可直下加以整個之把握。此生命心靈活動之三方向，是知之三方向，亦是情之三方向，而根柢上則爲意或志行三方向，可稱爲心靈生命之三意向或三志向。此三向連前文所及者而說，亦可名爲由前向後而往、由內向外而往，由下向上而往之三向；其逆轉，則爲由後返前而來、由外返內而來、由上返下而來之三向。合之爲前後向、內外向、上下向之互相往來。內外向卽左右向。凡所右者皆內、左者皆外。此三向可指空間之三向，然其義不限於空間三向。凡事物或義理有明顯次序可分處，其前承者卽居先，其後繼者卽居後，而有前後義。凡事物或義理明顯有類可分處，則屬此類者在此類內，不屬此類者，在此類外，則類與類間，有互爲內外義。又凡事物或義理有明顯之層位可分處，低層位者載高層位，居下，高層位者覆蓋低層位者，則居上。故此三向之意義，廣于一般所謂空間之三向，

註：韓非子解老「所謂方者，內外相應也，言行相稱也。」一相應相稱成類，故易繫辭傳曰「方以類聚」。

而一般所謂空間之三向之成立，其理性或義理上之基礎，正亦在次序、類、與層位。後文感覺互攝境中有詳論。故可用此同一之名名之也。

由生命心靈活動之往來于前後向之次序，卽有其進退屈伸。進退卽屈伸。屈伸自體質說，進退自動用說。由此進退屈伸，首見生命心靈活動自身之往來之韻律節奏，以爲其內在的順觀之境。此觀之一名，原于易經。觀卦六三，言「觀我生進退，」卽順觀也。由生命心靈活動之往來于其內外向，卽有其開闔、出入、行藏、隱顯。此亦見生命心靈活動自身之往來之一韻律、節奏。開、出等，可說是進與伸；闔、入等，卽退而屈。其名義不同，唯在說開闔出入，必另有所開闔，另有所出入；說進退屈伸則無此義耳。生命心靈活動所對之境，卽其所出入開闔。故于此如謂生命心靈活動自身爲內，其所出入開闔之境卽爲外。內外相對，卽如有門戶在其間。出則開戶，入則闔戶。在內者對在外者可視爲異類而相斥。凡異類相斥者，亦皆互爲內外。凡異內外者，卽已是異類。又外境之種種先入于心靈者爲內，後入者卽外，亦互爲異類。凡此有內外有異類者，皆人可橫觀之境也，生命心靈活動之往來于上下向中之上向，卽其超越于其當前之內外境，而另創生一較此境更廣大高明之新境，其下向卽其墮入此當前之內外境所由以生、而狹小卑礙于此境之舊境。此上向，卽生命心靈活動之升而進于高層位。下向，卽其降而退而落于低層位。此層位之高低，乃人可縱觀之境。生命心靈活動之由後而前，如易傳言尺蠖之信；由前而後，如易傳言龍蛇之蟄。由內而外而開，如天開圖畫；由外而內而闔，如卷畫于懷。其由下而上，如壘土成臺；其由上而下，如築室地下。于生命心靈活動之由前而後，說主觀心態之次序相續；于主觀心態中之思想與發出之言說，求前後一致貫通之處，說思與言說中之理性，卽邏輯中之理性。于生命心靈活動之由內向外，知有客觀事實。于人求思想與客觀事實求一致貫通處，說知識中之理性。于生命心靈活動位于主觀客觀之現實事物之上，以由下而上處，說思想中之目的理想。于其以行爲活動求實現此目的理想于下之現實事物之世界，而見此中之上下之一致與貫通，說生活行爲實踐中之理性。于此三者只說其一，皆抽象之理性；兼說其二，爲半具體之理性；必說其全，方爲具體之理性，亦卽通主客、知行、通宇宙人生之全，或生命存在與心靈境界之全之形上學的理性。此理性之內在于生命存在與心靈境界，與之如如不二，則此理性又有超理性義。此則尚非今之所能詳者也。

此三者之中，如以生命心靈之存在自身爲體，或主體，可容人順觀其活動之進退屈伸者；則其活動之由內而外，所對之境，卽初只顯客相，卽爲可容人之橫觀者。其由下而上，以有之目的理想，則初似無定體定相，非屬主，亦非屬客，而只見其自上下垂之用，只可容人縱觀者。然人本此理想目的之自上垂下之用，以變化此爲客之境，而成其生命心靈活動主體之相續存在，則此三者未嘗不可合爲一，而亦當合此人之順觀、橫觀、與縱觀以觀之爲一。

大率人之生命心靈活動正由前而後以進時，則覺其主體最重要，而亦最大。其由內而外，以接客境時，則見種種客相，而覺相大。其由下而上，以知其目的理想更可用以變化其先之境時，則見其用之大。然當吾人實本理想目的，以變化其先之境，以成其主體生命心靈之活動之相續存在時；則由其先之境相變化，而失其相，唯見其用于此變化之成，與此理想目的之實現，及此生命心靈之主體之得相續存在之中。則其先之境之相，卽化而爲用；而此主體亦可自觀其流行存在之相，與其現有之流行存在之用之及于其以後之流行存在者。又理想目的之生生不窮于心，卽見其泉原之不息，而以此原泉爲其自體。種種理想目的，相對不同，亦各有其相。再則，有相之客境中之他人他物，亦可視爲各有其主體，亦有其目的理想；其目的理想亦有用，以成其主體之存在。由是而此中之體相用之義，皆可互通。在西方哲學中斯賓諾薩所謂 substance 卽體，attribute 卽性相，mode卽性相之表現爲用。在基督教哲學中，聖父上帝爲體，聖子卽道爲相，聖神、聖靈卽用。印度勝論有實、德、業之說，實卽體，德爲性相，業爲用。在中國則體用本迹之名早見于魏晉，本卽體，迹卽相。宋儒言體與用或體與性，性卽內在于體之相也。當代則熊先生十力言儒佛義，卽總攝在體用。大乘起信論卽以體相用三者說眞如。然此上所說各有其專門之義。茲爲便于了解，姑更就一般語言之如何表此體相用而說。

按在一般語言中，實體之物恆爲名詞所表，其相恆爲狀詞所表，其用恆爲動詞所表。介詞之表關係，卽要在表諸體相用之關係，更使之呈一相關係之相，亦使之各有其能關係于他之一用，以合爲一相關係之全體。「關係」蓋卽吾人之「生命心靈之體之活動之用」之「流行于其所對境相中，其他諸物之體相用間，以由一及他時，所見于其間」之「相」也。數量詞，時空詞，卽要在表諸體相用之數量關係、與時空關係。粗畧言之，人所以知有數量關係，蓋始于人心靈活動之用、流行于「所對境中其他諸物體」中，見「一物之分見于其不同之相用」，或「同此一相用之分見于不同之物體」。吾人所以知有時間關係，蓋始于吾人見諸物體之相，隨用以流行。吾人所以知有空間關係，蓋初始于吾人見諸物體之用，依相以分佈。冠詞如「這個」the，所以專指一體、一相或一用，冠詞如「一個」，所以泛指一體、一相或一用。專指與泛指者，吾人思想活動之用，行于境相，而自定其範圍與方向之始事也。至于指示代名詞如「這」或「此」，則所以指其所正指；「那」或「彼」，則所以指非其所正指。人稱代名詞「我」，所以指「正有此指之活動而說其所指」之一主體，「你」所以指「正知我之指，聞我之說」之主體，「他」則所以指我與你所共指共說之一客體，或亦爲一能指能說之第三主體者。此諸名，皆不能離此指說活動之用，所指之體，而有意義。至于接續詞如「或」「與」等，則表諸判斷命題或語句之邏輯的連結關係。此關係，則是思想活動之用，行于諸判斷命題或語句間之所呈現，更爲一反觀之思想之所見者。若乎中文之助詞如夫、矣、焉、哉、者、也、然、而、乎、耶等，則以表語氣之始終、升降、起伏、流轉、搖曳之節奏。語氣卽吾人之由思想言說之活動或用之流行；始終、升降等之節奏，則其相也。由此可略知一般語言之所表、所指者，皆不出體相用之外。故各品詞中亦以名詞、動詞、狀詞爲其主幹，其詳則非今所及。在體相用三者中，相恆爲定相，而其義爲靜；用恆無常，而其義爲動。用爲乾、爲陽，相爲坤、爲陰。以相用說體，而體統相用，體如爲統陰陽之太極。依層位而觀，則體居上位，而爲相用之主。然此亦不礙：依次序而觀，必先見用，乃知有體，而用爲主；又不礙：依種類而觀，唯有依體之相，方能定體之類，而相亦可爲主也。

又此體相用三者中，凡體必先自竪立，以成其能統，故于諸體與諸體之相用，初宜縱觀其層位之高低。相必展佈平鋪，故于諸相，與依相辨之體用，初宜橫觀其類別之內外。用必流行變化，故于諸用與用之流行變化中之體相，初宜順觀其次序之先後。此卽配前文之縱觀、橫觀、順觀，以言觀體、相、用三者之不同也。此縱觀橫觀之名，中國佛書多用之。天台宗言涅槃之般若解脫法身三德，以如阿字三點不縱不橫爲言。西方哲學有垂直線觀 Vertical point of view 與水平線觀 Horizontal point of view，以表縱觀與橫觀。今更益以順觀以成三觀之名，並粗配體、相、用，以便了解其切近義。

然三觀固可相互爲用，體、相、用亦相依而立。如體以相用見，相依體之用轉，用亦必自有其相而屬于體。故人可謂體唯是相與用之合，相唯是體之用所呈，用唯是體之相之流行。此皆以三者中之二，界定其體之一。有如三角形之勾股弦三邊，可以二邊界定其餘之一邊，以見三者之相依而立。由此而三者之義，可互通而相轉，正如一般語言中之名詞、狀詞、動詞之義，可互通而相轉，以互變其詞之類也。如言一物有生命，則生命爲實體名詞；言一物生，則生爲動詞，以表生之用；言一物是生物，則生爲狀詞，以表生之相。人問何謂生命之體之物？如答曰：能有生之相，與生之用者是。此卽以生之相與生之用，界定生命之體也。人問何謂生的？如答曰：生命之體之生之用所呈現之相是。此卽以生命之體、與生之用，界定生的相也。人問何謂生之用？如答曰：生命之體之生的相之流行是。此卽以生命之體、與生的相，界定生之用也。依此而「生命」，「生」，與「生的」之一爲名詞，一爲動詞；一爲狀詞，其義莫不可互通而相轉。而凡世間之名詞、動詞、狀詞，亦莫不可依此體、相、用之義，相通互轉，以互變其詞之類。卽以此體相用之三名之本身而論，亦可各視爲一名詞或狀詞或動詞，而見其義之可互通而相轉。如相人相馬之相，卽動詞，體會體貼之體，亦動詞，而有體的有用的，則皆爲狀詞。卽體相用之三詞，亦可互變其類也。然此三者，雖可互變，又不可相泯而相無。故世間之表實體之名詞、表用之動詞、表相之狀詞，乃終古而常在。卽以此體相用三者之自身爲例，則當人言相與用爲名詞時，必意涵此相與用爲何體之相用，而此相用之爲名詞，亦卽由其涵體之義而來。體會、體貼之體爲動詞，而此體必有具某相之某實體之物，爲其所體。有體的爲狀詞，乃所以狀某相某用爲有體的。再如相人、相馬之相爲動詞，則必有人馬之體或相，爲其所相。有用的爲狀詞，乃所以狀物之某體、某相，爲有用的。故此體相用之名，其義雖互通而相轉，然其義亦不以此互通相轉，而相泯以相無；必相依而俱立。唯尅就其相依俱立，而又互通相轉處而觀，則體相用三者，可說爲三而一、一而三耳、上文既說順觀、橫觀、縱觀之義；及體、相、用之義，卽可更說此書之旨，不外謂吾人之觀客體，生命心靈之主體、與超主客體之目的理想之自體——此可稱爲超主客之相對之絕對體，咸對之有順觀、橫觀、縱觀之三觀，而皆可觀之爲體，或爲相、或爲用。此卽無異開此三觀、與所觀三境之體、相、用，爲九境。昔彌勒瑜伽師地論前數卷，言觀諸識所行境，此乃以諸識爲主。中國天台宗之智顗摩訶止觀，言修道歷程中種種境。今則遍觀一切生命心靈活動中之境，而內容全異。然彌勒智顗所論，固亦同可攝入本書之我法二空境中也。

一〇、九境之陳述

在此書所述九境中，人之生命心靈活動，初不能自觀其爲體與其相用。人之知，初乃外照而非內照，卽覺他而非自覺。人之知，始于人之生命心靈活動之由內而外，而有所接之客境，此乃始于生命心靈活動之自開其門，而似游出于外，而觀個體之事物之萬殊，如星魚之放其六爪，以着物而執物。故九境之第一境爲萬物散殊境，于其中觀個體界。于此，人之知有實體之存在，初乃緣其對一一個體事物所知之相，更觀此相各有其所附屬之外在之實體。此實體可名爲物。以一一個體事物之相不同，而實體之數亦多。我之爲一實體，亦初如只爲萬物中之一物。故此境稱爲萬物散殊境。此境之爲如何，及與之相應之生命心靈之爲如何，則爲吾今之此書所首將論之第一境。凡世間之一切個體事物之史地知識，個人之自求生存、保其個體之欲望，皆根在此境，而一切個體主義之知識論、形上學、與人生哲學，皆判歸此境之哲學。

第二境爲依類成化境，于其中觀類界。此爲由萬物散殊境，而進以觀其種類。定種類，要在觀物相，而以相定物之實體之類；更觀此實體之出入于類，以成變化。今名之曰依類成化境。一切關于事物之類，如無生物類、生物類、人類等之知識，人之求自延其種類之生殖之欲，以成家、成民族之事，人之依習慣而行之生活，與人類社會之職業之分化爲各類，皆根在此境。一切以種類爲本之類的知識論，類的形上學，與重人之自延其類、人之職業活動之成類，之人生哲學，皆當判歸此境之哲學。

第三境，爲功能序運境，于其中觀因果界、目的手段界，此爲由觀一物之依類成化，進而觀其對他物必有其因果。人用物爲手段，以達目的，亦由因致果之事。于此，即見一功效、功能之次序運行之世界，或因果關係、目的手段關係之世界。故此境稱功能序運境。一切世間以事物之因果關係爲中心，而不以種類爲中心之自然科學、社會科學之知識，如物理學、生理學、純粹之社會科學之理論；與人之如何達其生存于自然社會之目的之應用科學之知識，及人之備因致果、以手段達目的之行爲，與功名事業心，皆根在此境。一切專論因果之知識論，唯依因果觀念而建立之形上學，與一切功利主義之人生哲學，皆當判歸此境。

此上三境，皆吾人所視爲屬所對之世界，而視爲客體之世界者。此中爲客體者，對吾人之生命心靈之主體言，則爲他；而主體之覺知此客體，則初爲覺他、知他。吾人之用語言以陳述此所覺所知，不只表示吾人之有所覺所知，而要在以之指示此所覺所知之他之客體。而此一能覺他、知他之主體之生命心靈，人固可由哲學的反省，加以論列。然其初皆只爲隱于後，以成爲「此客體之得在于此主體之外」之背景，而不必被人所自覺者。

至于中三境，則皆非覺他境，而爲自覺境。此中之語言，不重在對外有所指示，而要在表示其所自覺。其第一境，爲感覺互攝境，于此中，觀心身關係與時空界。在此境中，一主體先知其所知之客體之物之相，乃內在于其感覺，而此相所在之時空，卽內在于其緣感覺而起之自覺反觀的心靈；進而知以理性推知一切存在之物體，皆各是一義上之能感覺之「主體」。此諸主體與主體，則可相攝又各獨立，以成其散殊而互攝。故此境稱爲感覺互攝境。一切人緣其主觀感覺而有之記憶、想像之所知，經驗的心理學中對心身關係之知識，人對時空之秩序關係之一般知識，及人對其個體與所屬類之外之物之純感性的興趣欲望，與其身體動作之由相互感攝，自然互相模倣認同，以成社會風氣之事，而以陳述經驗之語言表示者，皆根在此境。而一切關于心身關係、感覺、記憶、想像、與時空關係之知識論，心身二元論，或唯身論、泛心論之形上學，與一切重人與其感覺境相適應，以求生存之人生哲學，皆當判歸此境。此境與萬物散殊境相應，皆以體義爲重，而體之層位不同。

中三境之第二境爲觀照凌虛境，于此中觀意義界。此境之成，由于人可于一切現實事物之相，可視之如自其所附之實體，游離脫開，以凌虛而在。人卽由此而發現一純相之世界，或一純意義之世界。然此中之一一相、一一意義，雖可無外在之體，然自有類可分。此純相、純意義之世界，可由語言文字符號而表示。人既有語言文字，亦必將緣是而發現其所表示之一純相、純意義之世界。人由語文符號所成之文學、邏輯、數學之論述，卽以語文符號之集結，間接表示種種純相、純意義。人之音樂、圖畫之藝術，則是以聲、音、形狀之集結，直接表示種類純相、純意義。此所表示之世界，皆唯對一凌虛而觀照之心靈而顯，亦不能離之而在。故此境稱爲觀照凌虛境。此境與前三中第二境相應，乃皆以「相」之義爲重，而其爲「相」之義又不同者。一切由人對純相與純意義之直觀，而有之知，如對文字之意義自身之知，對自然、及文學、藝術中之審美之知，數學幾何學對形數關係之知，邏輯中對命題眞妄關係之知，哲學中對宇宙人生之「意義」之知，與人之純欣賞觀照之生活態度，皆根在此境。而哲學中之重此對純相、純意義之直觀之現象學的知識論，與論此純相之存在地位之形上學，如柏拉圖哲學之核心義，與審美主義之人生哲學，皆當判歸此境。

至于中三境之第三境，爲道德實踐境，于此中觀德行界。此要在論人之自覺其目的理想，更普遍化之，求實現其意義于所感覺之現實界，以形成道德理想，自命令其行，並以語言表示其命令；而以其行爲，見此理想之用，于人道德生活、道德人格之完成。故此境稱爲道德實踐境，而與前三境中第三境相應，乃皆以「用」之義爲主。唯前者是客體事物之功用，此是主體理想之德用，而「用」之義不同。人之本道德的良心，所知之一般道德觀念，與本之而有之倫理學、道德學知識，及人之道德行爲生活，道德人格之形成，皆根在此境。而一切有關「此道德良心之知，與其他之知之不同」之知識論，及此「良心之存在地位與命運」之形上學，一切重道德之人生哲學，皆判歸此境。上述之中三境，皆以主攝客之境。

至于後三境，則由主攝客，更超主客之分，以由自覺而至超自覺之境。然此超主客，乃循主攝客而更進，故仍以主爲主。其由自覺而超自覺，亦自覺有此超自覺者。故此三境亦可稱爲超主客之絕對主體境。在此三境中，知識皆須化爲智慧，或屬于智慧，以運于人之生活，而成就人之有眞實價値之生命存在；不同于世間之學之分別知與行、存在與價値者。其中之哲學，亦皆不只是學，而是生活生命之教。此後三境，第一境名歸向一神境，于其中觀神界。此要在論一神教所言之超主客而統主客之神境。此神，乃以其爲居最高位之實體義爲主者。第二境爲我法二空境，于其中觀法界。此要在論佛教之觀一切法界一切法相之類之義爲重，而見其同以性空，爲其法性，爲其眞如實相，亦同屬一性空之類；以破人對主客我法之相之執，以超主客之分別，而言一切有情衆生之實證得其執之空，卽皆可彰顯其佛心佛性，以得普度，而與佛成同類者。第三境爲天德流行境，又名盡性立命境，于其中觀性命界。此要在論儒教之盡主觀之性，以立客觀之天命，而通主客，以成此性命之用之流行之大序，而使此性德之流行爲天德之流行，而通主客、天人、物我，以超主客之分者。故此境稱爲盡性立命境，亦稱天德流行境。此爲通于前所述之一般道德實踐境，而亦可稱爲至極之道德實踐境、或立人極之境也。

此最後三境，初之神敎境、二之佛敎境、三之儒敎境，其內容大義，皆諸創敎者已說。然今之所明，則要在循前此六境而次第上升，以至此三境，並言其異同，與通別，故其所說之義，不必昔人之所及。

此上粗說：本書所以由覺他之客觀境、自覺之主觀境、與超自覺之通主客境，及對體、相、用之義之所偏重，以開人之生命之境爲九境之理由。其所以次第論者，如姑輕鬆而戲言之，亦可借道敎之言，謂此中前三境之由論形體之事物，歸于功能之序運，如鍊精化氣；中三境歸于道德人格之歿而爲鬼神，如鍊氣化神；後三境之由神靈而論我法之二空，則鍊神還虛；盡性立命則爲九轉而丹成也。此九境者以類而言，則各爲一境，自成一類；以序而言，則居前者爲先；以層位而言，則居後者爲高。以此九境之可依序以升降言，則此九境既相差別，亦相平等，而可銷歸于純一之理念。然亦必如屈原賦所謂「腸一日而九廻，魂須臾而九遷者」，乃能于差別中見平等。後文于通觀九境之數章中，即將及此九境如何可銷歸一理念，以至由一念至無念之道，以及九境最後根原之在吾人當下生活之理性化、性情化中，所昭露之神聖心體，並綜論此心體之用之升降，及其依如如生化之理，而成之事相之自相通達等；而歸在見此體之「截斷衆流」，其用之「隨波逐浪」，其所成事相之「涵蓋乾坤」，而九境之繁，卽歸于至約。而自另一面言之，尅就此九境中每一境而觀，又自是繁中更有繁，如九爪之神龍之游于九天，而氣象萬千。一一境又皆可自成爲一無窮盡之境，而人之生活于其中，或觀其境之何所是者，亦皆可永安居游息其中，而不知出。則此九境者，又有如倚一山而建之三進九重之宮殿，亦原有廻廊曲徑之逶迤而上者，足以通之。然亦可開四面之窗以相望，而樓閣交映，卽翻成幻影；而其上下、左右、內外相望，所成複雜關係，則可使人覺迷離而難辨。此迷離難辨之幻影，亦多姿多彩，足以娛心，其本身亦具一審美之價値，然亦使人疑惑。古今哲人之行于其中者，恆不免欲進反退，欲出反入，欲升還降，而使人之知之情之意，乃不免墮于偏執與妄見，而不能知此九境中之宗廟之美，百官之富。于此人又須知人之所以不免于偏執與妄見之境，亦固有與之相應之生命心靈之活動。如行于迷途者仍是行者，乃依行而有迷，亦同當鄭重觀之。此境雖只九，而往復生迷，其數無窮。故不可不或由下而上觀，如登高山以知天之高，或由上而下觀，如臨深池以知地厚；或遠觀其大略，或近觀其細微；或前溯其原，或後竟其流；然後見此九境中之屋舍儼然，道途歷歷，而行于其道者，可更不復迷。然吾今之所論，充其知之所及，亦只能限于就吾昔所嘗自歷之迷，自道其歷迷而自祛其迷，以得次序行于此九境之方。此九境，大而觀之，無異九州，吾人祛迷之事，亦未嘗不可自喻如禹之疏九河，而辨九州之方位。人之思想，原初如野馬，而不受羈勒。又恒不免執一概百，如偏霸一方者，必欲問鼎中原，而思想義理之天地，不得清平。故必賴王道之行，以使之各安其位。而王者之征伐，亦不可少，此卽喻破思想偏執之事之不可少，然後能成此思想之天地中之王道蕩蕩。然王之爲王，依中國之古義，乃謂其爲人民自然歸往，如江海之居下，以爲百川所歸。孔子稱素王之聖，其與弟子論學，恆先任弟子之盍各言爾志，而孔子之言行，終爲弟子所心悅而誠服。吾竊慕之。故凡吾書之勝義所存，大皆先順劣義、次義而說，使得盡其辭，以見其必自然歸往于此勝義爲主；而不先立此勝義，以與劣義次義，立于互相爭覇之地位，而先盛氣，以凌駕于此劣義次義之上。卽吾書之發明孔子之勝義者，亦使之居後居下，而不使之居上居先，亦以此爲最與孔子之原爲無位之素王之聖，恆恭以下人，其「謙尊而光，卑而不可踰」之精神相應者也。

一一、論述九境之方式

至于吾之論此九境，原亦未嘗不欲使其論義之文字之詳略，皆如朱子所謂枝枝相對，葉葉相當。吾亦以爲思想義理之土地，眞得清平景象，一切相對之義理，亦當無不可相望而相銷，以歸于中正圓融，更無圭角。然以吾個人有特感之疑迷，當世與昔之為哲學者，亦有其所特感之疑迷，而吾之論述，乃不能無偏重。又人之祛迷解惑之思想，亦有創造性、生發性，而恆不容人之安排而自至。或如詩人所謂「山從人面起，雲傍馬頭生」初不見其所由來。或如自不同方向之天外飛來，不期而共遇一處，以結成葉，更使花落成果。故下文所述，不能處處求枝枝相對，葉葉相當。又吾之論此九境，自亦將不免隨時說及吾所知之昔之為哲學者之所說。然于其同者，則不可勝述，恆略而不論；于其異者，則我以為皆可導致疑迷與妄執，不可不深辨。其中有如小說中之三國演義之言關雲長，必過五關，斬六將，然後能騎赤兎馬追風而去者。此言為一觀念之礙者之多也。復有如水滸傳之述劫法場，必東西南北好漢，齊聚法場，然後有李逵之自樓降下，以成此劫法場之事業。此言必聚衆觀念，乃能救出一觀念也。亦有如李太白詩之言蜀道之成，必待「地崩天摧壯士死，然後天梯石棧相勾連」。此言用以連繫若干觀念之諸觀念，必先一一自毀，然後能成此連繫也。然此辨及他人之說者，要在辨其義之同異是非，而不同于述他人之哲學之哲學史之事。故其所述，亦容可誤，而不免于張冠李戴者。世有知其所述之誤而指出者，固所心感。然張冠雖不當李戴，天地間總有此張冠，則吾仍可就其冠而辨其美惡也。

至吾之所以祛疑迷之道，則要在歸于如實觀疑迷，而知其疑迷之本性空。欲知疑迷本性空，非另立一說以破疑迷者之所執，而在將疑迷所由成之成份，一一還其本位之眞。迷執只是思想之膠結。思想自流行而自觀其膠結，而超化其膠結，則膠結自解，卽見疑迷之本性空，如水成冰，而冰生熱，卽全化爲水。冰全化水，而冰乃空。此則得力于佛家之論述之道，亦得力于道家之言虛無之義。至吾正面的貫通九境之道，則要在知一境之顯爲一境，卽隱另一境于其中，而可本顯以知隱，亦可更本隱而再顯之。由此而可次序將諸境一一轉出而說之，以成其依序以升進之說。此則頗得力于西哲之言辯證法者。而九境之所以成，與其貫通之所以有，乃在人之生命心靈活動，有一伸一屈以成進退，一開一闔以成出入，一消一息以成升降。則吾之思此九境，亦當自有其伸屈、開闔等，以往來于其間。伸以引義，由前提順求結論，爲進；屈以歸義，由結論逆求前提，爲退。開以分義而出，爲多；闔以合義而入，爲一。消以融化下層之義，爲降；息以生起上一層之義，爲升。如易經言「分陰分陽，迭用柔剛」，而「變通以趣時」，期在以圓而神之樞，運轉、吐納諸方以智之義。如以心靈活動之羅盤，會洛書之九宮之方以歸一，而合于河圖之十以成圓。此則得力于中土之易教，而兼以之爲運思述義行文之道者也。至于其所以必循序而由淺入深，由易及難，而次第繁文廣說者，則如中庸之言「行遠必自邇，登高必自卑」，老子之言「九層之臺，始于壘土；千里之行，始于足下」，必由漸而之頓；方足使中下之資，咸有入道之門，以成學而成敎之故也。

第一部　客觀境界篇

第一章　萬物散殊境——觀個體界（上）

一、釋名

此所謂萬物散殊，其語出於禮記中樂記篇「天高地下，萬物散殊，而禮制行矣」。所謂萬物散殊境，亦卽人於日常生活中所見一切物，如各以禮自制，而相別之境。在此境中，有無數散殊之物，相對並列於其中。言人爲萬物之靈，卽謂人雖靈而仍各爲萬物之一。故莊子秋水謂「號物之數謂之萬，人處一焉，似毫末之在馬體」。詩人或謂「萬人如海一身藏」。則一人只萬人之一。人之特出者稱爲人物。於此如謂整個世界只爲無數萬物之和，卽可稱爲唯物之論。但西方之唯物論，或以有空間性之形體者方爲物。如以人之身體爲物；人之心，則只附於此身體以屬於物者。又或以物之質能，方爲物之所以爲物。如物質乃爲物，其空間性之形體，尚非物之所以爲物者。再或以萬物中之物質之物，其數目最多，爲其餘之物所依以生，亦爲其餘之物，加以分解後，而見得之其所由成之最後成份。故物質之物方稱爲物，唯將人與生物之機體，分解爲組織、細胞，再至細胞中之分子、原子、電子等，方爲世界萬物之基層之眞實存在之物。此皆緣人日常生活中所謂物，求加以理解、分析、推論所成之物之觀念。然吾人在日常生活中所謂物，則其義不必如此專而狹。只須各爲一存在，而相互散殊並列於世界、或時間空間中者，卽皆可稱爲物。此萬物之散殊並列，亦不必專就其形體、或所涵之質力等，加以標別。通常只須就吾人對之所感覺之性相、或形相、性質或時空中之地位、關係，或吾人於何方向之感覺等活動中認知之等，而加以標別。此中可引致之哲學問題，今亦可暫不問。在日常生活，於是否有最基層之物，亦可不問。如昔人不知原子電子者，仍可就其對一桌一椅所知之性相，與所以知之之感覺活動之方向之不同，而各稱之爲一物。對此散殊並列之萬物，如吾人就其中之任一物，而謂其非任何其他之物，卽爲唯一無二之物。此卽可稱爲一個體物或個體。此個體之名雖爲新名，然中國昔亦有個郞、個中人之名。個郞卽唯一無二之夫婿。然個中人之個，則此個乃指一唯一無二之情境，唯一無二之事，此事唯個中人知其消息者。在昔之中國，物之名亦與事之名，恒交換而用。如常言事物或物事。凡物與物相關相作用，卽有事。又離一物與其餘之物之交互關係、交互作用而成之事，則似亦無物。故物可謂只是事之和，人生亦只人事之和。西方今之哲學，亦有謂世間只有具體事，或具體事之情境，而唯此一一具體事，乃眞散殊並列，各爲唯一無二，而無重複者。如羅素、懷特海之哲學之所說，後文亦當論及。在中國之華嚴宗，則早已通稱一切物與事之世界爲事法界。故此人日常生活所接之萬物散殊境，亦同時是一萬事散殊境。至於一切物是否皆可析之爲事，並由其可析之爲事，而更無物可說？則人在日常生活中，不作究竟說。故此人在日常生活中之萬物散殊境，卽無異萬事散殊境，物法界亦無異事法界。今所謂**萬物散殊境**之名，亦要在指人於任何事物皆見其散殊並列，各可視爲唯一無二之個體之一境，初亦未於事與物二者中，有所偏主也。

二、日常生活中之萬物散殊境

人在此日常生活之萬物散殊境中，唯意謂一切事物皆散殊並列，各爲唯一無二之個體。個體各顯其唯一相。此個體之一中無其他個體之一，個體之一亦似可不待其他個體之一而存在。吾人亦似可假定世界中一切萬物皆無，而唯存我之一人爲唯一之個體物；或更假定我之一生只作一事，如墮地一聲啼而卽死亡；或假定世間只有一物，如只有今之寫字之一筆，懸於霄壤。此皆似未嘗不可。由此而任何事物，卽似皆有一獨立存在相。而諸獨立存在之事物，互爲獨立，卽互在其存在之外。一事物之性相與作用，雖似屬於一事物之自身，可說在此事物之內。其他事物之性相與作用，不屬此事物自身，卽在其外。故此諸獨立存在之事物，無論其相、其用、其體，皆有一互相爲外在相或互外相。此一切事物，吾人通常又皆設定其並存於一般所謂空間，或依次出現於一般所謂時間，以有其時空中之地位，而稱爲一物體或事體；其性相則附於此事體、物體，其作用卽依其事體物體自身，自其所在之時空地位中發出，以見於他物他事。而此一一事體、物體、與其性相、作用，卽似皆各有其時空中之定位，亦無有二事、二物有同一之時空之定位者。故其一一在時空中之定位，亦有互外相。由此以觀此爲事物所居之一一時空位之自身，亦似爲彼此互外，而哲學家亦有由此以推論時空卽個體化之原理，或一一之時點、空點、或時空點、與其中之質點，皆爲一個體者。然在一般常識中言萬物散殊，則只及於說其乃散於時空、各有其不同之時空之定位爲止，尙無此類推論而成之說也。

三、一般之史地意識及史地知識

人生活於萬物散殊境，同時亦皆有其對散殊之萬物萬事之知識。此知識要在依事物之性相作用之分別，更定其物體事體在時空中之地位，以爲其存在地位。人由將所知之萬物萬事，定其時空之地位之結果，而有一對歷史、地理之世界之知識。由吾人之知當前所知之近事，至其前之事，至吾人一生所歷之事，以及與我同時存在，或先我而存在之一切他人、與他物所歷之事，卽合成一歷史知識之世界。此一切人物之分佈於遠近之空間上之地區，卽形成一地理之世界。天文學中星球之分佈，屬天文地理學，亦屬一地理之世界。人之知有此歷史地理之世界之意識，稱爲史地意識，求知此世界中之一一之事物在何時、何地存在，而發生，其性相如何，其作用影響如何及於他時他地之事物之存在或發生等知識，爲史地知識。此知識之原，初在人之直接經驗中之觀察與記憶。古今遠近之人；互報導傳遞其觀察與記憶所得者，卽可形成人之歷史地理知識之總和。人類之最原始之知識，無論在東方與西方，皆始於歷史記載，其中卽包括各地區之事物之記載。今人早起之第一事，恆爲讀新聞之報導；人與人之談話，亦恆以談天氣與近事爲始。此皆可證人之第一步之知識，皆爲依史地意識，而求有一史地知識也。

依此人之原始史地意識與求史地知識之趣向，人之所以判定一事物之是否眞實存在之標準，卽其在時空中有無一定之存在地位。凡人說一事物存在，人必首問其何時何地存在，而次問其性相爲何、作用如何。如人謂一事物存在，而又不在任何時空中有其定位，人必說其爲虛幻。而此「事物之眞實存在之標準，唯在其有一時空中之定位，」卽可稱爲一史地意識中所潛具之一原始的哲學。依此一哲學，如他人說有不在時空中存在之事物，如鬼神之類，人卽可一方謂其說之虛妄；然亦一方可謂其說乃依於其思想，其所說者在其思想中存在，其言說與思想，又皆依於其身體，而其身體則有其時空中之定位云云。於是人卽依其史地意識，而以此「他人於某時某地，曾有此思想此言說」之本身，爲一史地之知識。依此一例，而吾人可擴大其義而說；本此史地意識，人卽於一切無時空之定位，視爲虛妄非眞之思想言說，皆可一方說其爲虛妄，一方爲有此思想言說之「事」之「人」，更作一時空之定位，而成就另一史地知識。於是無論人如何說如何思想，人皆可本其史地意識，以形成一可能的史地知識，亦皆不礙於此史地意識或史地知識之形成。

此史地意識不特可於人之一切或眞或妄之言說思想之事，皆作一時空之定位，以形成一史地知識；亦可於一切或利或害、或美或醜、或善或惡、或神聖或褻瀆神聖之一切事物，皆同視之爲在時空中或宇宙中事，而求知其在何地何時、如何發生等，以形成一史地知識。而此史地意識，卽對此一切人在價值觀念上視爲彼此相反，而互不相容者，皆若可無所不容，而一一加以順受而知之，以形成其史地知識。此史地意識，卽似初爲一能順受一切，而容納一切，無價値上之別擇，或無價値上任何色彩之一大空白的心靈，而可任一切不同之色彩之塗抹於其上。此史地意識之進行，似無任何物足爲之障礙，由是而有之史地知識之形成，亦爲原則上可無限量者。故無論世間中人物之事，如何翻天覆地，或驚天動地，世間總可有一本史地意識而記載之歷史地理之學者，居一旁觀者之地位，加以觀察，以形成其史地知識。此史地意識卽一種旁觀意識。此一種旁觀意識，不特可對其他人物之事作旁觀，而紀載其時與地，亦可對其自身所經之事，作旁觀而紀載其時與地。故一歷史家，亦可作一自傳，以紀其學歷史、寫作歷史之歷史，一地理學家亦可自紀其遊名山大川時，其身體所經之地區，其身體自身所在之一一地區。自此而言，此人之旁觀之史地意識，卽爲一絕對的旁觀之史地意識。其對連自己在內之世間之一切人與物，可莫不加以旁觀，而定其時空之位，更加以紀載，以形成無限量之史地知識，而無能爲之礙者；因其永能退居一旁觀者之位，而不與一切人物之事爲敵對，而加以順受故。

上文說此史地意識，乃絕對之旁觀意識，故于一切世間人物之事無不可加以順受，而定其時空之位，更加以紀載。然只自其對人物之事，欲定其時空之位，加以紀載處說，則其自身又非一單純之被動的順受者，而亦是一主動的要去定人物之事之時空之位者。因其定任一人物之事之時空之位，必定之於一時間空間之格度，亦必定之於一歷史地理之世界，而與此世界中之其他人物之事互相關聯；又必定此一人物之事與其他人物之事之性相作用之異同；然後可有此居某時位之一事體物體人體之爲如何如何之史地知識。此皆賴於一主動的去形成如此之知識之活動。在此活動之次第歷程中，人之以任定一人物之事、或事物之時空之位爲始點者，其思想必更自此一事物之自身超越而擴大，以與其外之時空中之事物互相關聯，然後能爲此一事物定時空之位。此中人之思想擴大一步，多知一事物之關聯，卽又可多形成對一事物之新知識。以事物之關聯無窮，則此對一事物之新知識，亦因之而無窮。此透過對一事物所關聯之其他事物，以次第形成有關一事物之新知識，能次第使此一事物之存在，在知識世界中增加其客觀性。因如在知識世界中，一事物有一客觀性，則如一事物與另一事物相關聯，此一事物，卽加此與另一客觀性事物相關聯之客觀性也。由此而人愈能知一事物在時空中所關聯之其他事物，而定其時空中之位，卽一方有對此一事物之知識之不斷的擴大，一方亦愈見此一事物之存在爲客觀性的存在，而人對之之知識，爲一愈具客觀性之知識。故此吾人本一事物所關聯之時空中其他事物，以定此事物之時空之位之一主觀思想歷程，卽一事物存在更次第形成其對我之客觀性，而次第客觀化之一歷程。如主觀者爲內在，則此次第客觀化之歷程，卽一次第外在化之歷程。然此一事物之存在之次第客觀化、外在化，又由人之自動的求定其時空之位，而形成史地知識之主觀內在的思想的要求。則此事物之存在之客觀化、外在化，卽爲此主觀內在的要求所推動，而亦無異於此要求自身之客觀化、外在化，而無異此要求與其次第滿足之客觀外在的表現。由此主觀內在之要求之次第滿足，而一客觀外在之事物之存在之世界次第形成；史地知識之世界，亦次第形成，而有萬事萬物之散殊並在於一時空之世界之境，亦次第形成。在此境中，萬事萬物既彼此散殊，亦以其客觀性外在性，而與知其散殊之主觀內在之我，相殊別，而相離散。於是此散殊之萬事萬物，以其分佈於時空，固有一時空之距離，以各有一界；而相望相對，又合以成境；而我與萬事萬物之間，以主觀與客觀，內在與外在，相對相望，其間亦各有一界，以合以成一境矣。

四、史地意識中之哲學問題

然此上所述之人之史地意識，是否眞能無限的發展，以爲事物定時空之位，而形成無限的史地知識，則爲一哲學問題。因人之史地意識，在原則上，雖似可無窮發展；在事實上，則又必不能無窮發展。因在事實上，只有爲人所關心之事務，乃爲人所記憶，或爲之定時空之位而紀載之，以形成史地知識。人有所關心，則亦有所不關心；有所記憶，則亦有所不記憶。於所記憶者，或紀載或不紀載，卽爲一選擇。此選擇，必依於一不自覺或自覺之價值標準。由此價值標準之存在，人之史地意識在事實上對一切事物，即只有一選擇的紀載，而必不能為無窮之紀載。又事物雖皆可加以回憶，而紀載之以成史地知識，然此回憶或紀載之本身，亦為一事。如歷史家之寫歷史，亦為一事。此事固亦可紀載。然人又在事實上與理論上，皆不能於其一一回憶與紀載之事，更加以回憶，而紀載之。如一歷史家可紀其某年寫某書，然此紀之事本身，必在某年某月某日某時。則一歷史家如對其身所歷之事，要有一完全之紀載，亦必再紀其此紀之在某年某月某日某時，而此一紀，又須再紀……即成一無窮，則一歷史家即終身紀之，亦不能窮此無窮，而更不能再紀他事矣。世間固無如此之一歷史家。而其所以無，即證明世間固有不須紀，亦有必不能一一紀之事矣。

依此人之事有必不能盡紀者，人之史地知識，即必不能完滿的完成。又人之史地意識，雖可於一切人生之善惡、美醜、眞妄之事無不紀，然此史地意識之所紀既有選擇，此選擇之自身不能無價值標準，則此史地意識之進行，即仍為一價值標準所主宰。而當其本所選擇而紀之時，必求為眞實之紀，非虛妄之紀；又必分次序紀，依層位紀，以使其紀有法，以成其紀之美與善。此皆見其不能離價值之標準，以成其紀。此中，即只就其紀之必求合眞實而言，此紀雖為一主觀之事，然其眞，則對客觀之事物而眞。此紀之求眞，即超主觀以向於客觀之事。此「眞」自身之義，亦不同於主觀之紀之事之義。若純依史地意識說，天地間只有散殊之事物，其紀事物之事，亦與所紀之事物，互相散殊，以各爲一事。思此紀之所紀爲眞者，復只爲一主觀之思想上之另一事。又紀之眞者與紀之妄者，平等的各爲一事，以紀之眞可思，紀之妄者亦可思故。若然，則人無必求紀之眞之理由可說。人依史地意識以求眞實之史地知識之事，卽不可能。而萬物散殊境，亦不能由此知識而建立。於此，人必求紀之眞，則必須先建立眞妄之價值標準，而此標準，則必不能只依「史地意識之紀事，或欲紀事」，便能建立者也。

復次，人本史地意識以爲事物定時空位，以成眞實之史地知識，必依事物之性相作用以定。事物，對其性相作用言，卽爲事體、物體。吾人通常皆由事物之性相作用，以分辨事物，更知其分佈於時空。然事物之性相有普遍性，以不同事物，可有共同性相故。事物之作用亦有普遍性，以其作用不只內在此事物自身，且可表現於其外之其他事物故。時空亦有普遍性，因一空間中，可有不同物同居之或更迭居之故，一時間中可容有不同事同時發生故。唯依事物有其具普遍性之性相、作用與時空位，人之思想又能有此性相、作用、時空等概念之形成，人方有對事物之眞的史地知識。此具普遍性之性相作用之自身，以及時空之自身，如一一亦視爲一存有，則對一一事體、物體之自身而言，卽爲不同其層位者。然人在用此屬不同層位之性等概念，以形成史地知識時，恆將性相等概念附著於事物體，而忘其自身之意義，又或忘：若無此類之存有，此史地知識卽不能形成，萬物散殊境亦不能形成。此卽可稱之爲人之史地意識中之一大無明。在哲學中對史地知識之知識論，卽須將人之史地意識之所依以進行之諸存有，皆自覺而面對之，以破此大無明，而導致出種種之哲學問題。

此中之哲學問題，要在問此性相、作用、時空等概念之來處，與其如何得附著於事體、物體，以成吾人對散殊事物之史地性知識。如問：此散殊事物之各成爲唯一無二之事體或物體，當如何理解？如何可說事物之各有體，其體與其性相、作用，如何相關聯？此體性相作用與時空如何相關聯？在人一般史地意識中，對散殊之事物，恆忽而說及其某性相，忽而說及其某作用，忽而說及同具某性相之物，其某作用所及之物，忽而說及其所在之時，忽而說及其所在之空，忽而說及其他時空與時空中之事物……。此中人之言說之方向，與思想之方向，皆似極爲自由。有如在今日之酒會中，吾人可忽與此人談話，忽與彼人談話。然實則此性相、作用、時空等觀念或概念，其意義不同，各有其來路，必思索而後知。如酒會中之客人之或有遠道來，或由近道來，各有其來路，必問訊而後知。然人在酒會中，與人談話時，則可不問此等問題，如人本史地意識，談論萬事萬物之時，儘可只自由用其種種有關事物之性相等概念或觀念，而全不問其來路。然人于此眞欲問其來路，則此中卽有種種複雜之經過，亦正如到酒會赴宴之人，皆可嘗歷千山萬水而至者也。

對以上所提及之時空觀念之自身，其來路如何，當在後文論感覺互攝境中，所說之一自覺反觀之心靈。作用之觀念之來路，則要在後文論功能序運境中，所說之一知有目的手段關係、因果關係之心靈。性相之觀念之來路，則要在後文論依類成化境中，所說能形成類概念之心靈。然在吾人未形成對事物之性相、功能、時空等自覺的觀念之先，吾人於事體物體之理解，亦已須先通過吾人對其所感所知之性相、作用、時空等而理解。由此而此萬物散殊境之自身中之哲學問題，卽當是以一事體物體爲中心，而觀其如何關聯於性相、作用、時空等之一套哲學問題，而不能將此事體物體孤立而論者。然此仍與吾人於依類成化境中，以性相類概念等爲中心者，于功能序運境中，以功能作用之因果等爲中心者，于感覺互攝境中，以自覺反觀中之時空爲中心者，其論題彼此不同。此中所論之義，雖互相攝入，如環之相連；然吾人只須分別注目此一一之中心，則亦可見所論者未嘗重複，唯所以助成人之通觀者耳。

五、個體事物之個體性之外觀與內觀

此以事體物體爲中心之哲學問題，卽吾人如何理解事體物體之爲唯一無二、或事體物體之個體性、單一性之問題。此個體性卽指其爲非普遍者之性，單一性卽指其非複合者之性。

吾人說一事物爲唯一無二，卽說其非普遍者、非複合者，而爲單一之個體。然吾人欲理解一事物之爲具單一性、個體性者，則甚爲不易，而加以說出更難。因吾人用以說出之語言，其本身卽恒有一普遍的意義與複雜的意義，而非專用以說某事物之單一之個體者。卽此「單一」之名、「事物」之名、「唯一無二」之名、「個體性」之名，卽有其普遍意義，亦有其指多事物之複雜意義。然吾人亦可說：當吾人正用此諸名，以指某事物之自身時，其指爲向於單一焦點中事物之個體者。則此等之觀念之本身之具普遍意義與複雜意義，亦不礙在吾人正如此用之之時，只有單一之意義。故此問題，可以不論。但吾人之理解一事物爲單一之個體，要必有其所依之理由。此一問題，卽亦非易答，此在西方哲學上，嘗導致種種之疑難，而有種種之說者。

在西方哲學史上爲求理解一事物爲單一之個體，素有種種說。此首爲外觀個體物單一性之說，而非觀個體事之單一性之說。此與一般常識亦相應合。蓋在一般常識，唯視物爲一有形體，亦有實體者，事則只爲一物與另一物發生關係而有者。如一物不與他物相關，則只有物體而無事。事可有可無，卽不可稱爲一存在之實體。又一物可與不同之物，發生不同關係，以有多事，而不失其爲同一之物，則見物常與事變。常者恒存，變者不恒存。則唯有物方可稱爲存在之實體。故在常識言單一之個體，恒指物體。在西方哲學上謂一一物體爲一實體，更自外觀，而欲說明其何以各成爲不同之單一之個體物者，則有柏拉圖至亞里士多德之哲學。此哲學所對之問題，在吾人如何可於一物體所表現之性相、形相之外，更可說其爲一個別之實體，或 1 Individual。因人於此專就物之性相形相而觀，皆爲一普遍者，如方物之方形爲一普遍者，其紅與其他性質，亦無不爲一普遍者。此諸普遍者之聚於一處，以成一實體之物，必賴此諸普遍者之外之一原則，爲之說明。此一原則，卽彼等之哲學中，所謂物質，爲此諸普遍性相之所在，或 inhere 者。此物質卽可稱爲此諸普遍性相，得聚於一處，以成一獨立之實體物之根據，亦卽諸普遍性相之個體化，以得成爲個體之原則。在西方中古之多瑪斯之哲學，仍承亞里士多德之說，而謂「物質自身之有量，而可分爲多」，卽一切「有同類之性相形式之人物，由上帝依其自心中之同一類型而創出者，得成爲多」之根據。故縱一物體與另一物體之性相，其形式全同，亦爲二個體物也。

今更考察此一外觀個體之說之理論之發展，則自此說原於柏拉圖之理論而觀之，初乃爲一「視使事物成類之普遍性相或形式——簡名之曰「相」——或此「相」之概念或理念爲形而上之實在」之實在論。此在下部當再及之。人依此以普遍的「相」爲形上實在之觀點，以向個體事物觀看，其首所見者，卽個體事物表現「某相」之積極意義，與其不能表現其他相之消極意義。而依柏拉圖，則所謂物質之積極意義，亦初只爲一「能接受此自爲實在之形上之相或理念而表現之，以爲一被動接受者」之意義。其消極意義，則爲一「限制形上之相或理念之表現於其中，而亦封閉諸表現於其中之相或理念，以與其外之形上之相或理念相互隔絕者」。個體之人，必開此封閉之門，拔於物質之上，乃能上接形上之相或理念之世界自身。故此個體之物質性，亦初由對照形上之相或理念之有其所能表現，亦有所不能表現而看出者。自此物質所能接受而表現者以觀，皆屬此相或理念之自身，此尙非物質之特性所在。物質之特性，唯在其於此相或理念所不能表現之消極意義上見得。此物質之特性，亦卽爲一消極的。故柏拉圖以物質爲一非實有，而如半無半有者。

至於後之亞里士多德則較重一物之「物質的潛能，能次第表現其性相或形式」之積極意義，亦更重一物之「物質」與「性相或形式」之統於一「個體的實體」之下，而不可相分離的意義。然以此個體的實體之性相與形式爲普遍者，個體的實體之成爲個體之原則，卽仍在物質。後中世紀多瑪斯 Thomas Aquinas 更言及此物質之有量，而以其量之可分，爲物之可分，爲諸多個體之原則。然於物質說有量，此量之自身卽是一形式之概念。一有某量之物質之分化爲一一量，或多個量，此一與多，亦形式之概念。離此量與一多之形式，如何說物質之自身，卽成一問題。又此亞多二氏之說性相形式本身，不能集合爲一個體之存在，必賴物質加以集合，則個體之存在之原則，應全在物質。個體之「存在」是一面，其性相、形式又是一面，則個體必爲一複合物，卽不能稱爲單一。而個體性之概念自身，卽可歸於分裂，以失其單一義，亦似不能用以指單一之個體矣。

對上述之問題，後之鄧士各塔 Duns Scotus 有進一步之說。鄧氏主一個體之諸形式或性相間，只有形式的分別，其實際上原不可分。如人之有感性、意志、理性等性相，皆只有形式之分別，而實際上只屬於一靈魂。如一個體之諸形式或性相間，自有此實際上不可分義，則諸形式或性相間自有其統一；有此統一，卽有一個體的存在，而非必賴物質爲之統一。於是個體物之個體性，與其所具之一切性相，在鄧士各塔亦視爲只有形式的分別，而實際上不可相離者。此一個體物之個體性，彼名之爲 Haecceitas，略同英文之「This」、中文之「這個」。每一實體爲一 This，一這個，亞里士多德亦已言之。謂此實體卽個體物，卽依其具爲一這個之性，而具個體性。這個之所是，卽其性相。「這個」與「其所是之性相」，實際上不可分離。此二名亦只表一形式的分別。依此形式的分別以說「這個」與「性相」，而言其實不可分，卽較亞多二氏之說，爲更能正視個體之單一義。然鄧氏又依宗

註：R. Mckeon: Basic Works of Aristotle, 828 Metaphysics, 1048a

教信仰，而說一一個體皆自無中創出，以存於世界。一個體在未創出之先，根本不存在，此時不能說個體。其既創出之後，而存於世界，卽爲一有物質之形體，而有其潛能者。則一存於世界之個體，仍當依其有物質，而方得稱爲個體的存在。而個體的存在，雖其自身可說爲一「這個」，然其存於世界，而爲連於某物質之這個，以成這個「連於某物質之這個」，則卽仍當依某物質而說。此某物質，卽仍至少爲其成爲：這個「連於某物質之這個」……之原則，卽仍須回到多瑪斯之論。觀西方中古思想末期，由鄧士各塔之個體論，與其他重個體之唯名論思想之發展，至近世而有霍布士之唯物論，以及懷特海所謂科學的唯物論者，如牛頓，之視一一物質之質點，爲一切個體物之存在之最後根據之說，亦固有其義理發展上之一自然之線索也。

此牛頓分析物之存在，而視之爲一一質點之集結，又視一一質點，各以力相持相拒；則一一質點，皆可說爲一不可分之個體。後之原子論、電子論中，亦有以原子電子爲不可分之個體者。然此牛頓之說，尚待另一原則，方能說明物質之質點之一一不同，此卽其在空間中之有不同位置之分佈。因如只說物質，則如二處之物質，其重量等性質皆同，便不能加以分辨。今說空間之一一位置，爲質點之分佈之所在，則縱二物質之一切性質全同，仍可依其所包涵之物質質點，其分佈於空間之位置之不同，而視之爲不同之個體物。此一一物質質點，在空間中之各有其定位，卽成吾人論一切由此質點等，而構成之一切複合物，如礦物、植物、動物，以及人之各可視爲一相對的個體之最後根據之所在矣。

然如依此說以謂物質之質點，在不同空間位置中之分佈，爲一切個體之存在之最後根據，同時卽將個體之原則之建立之根據，移向物質自身以外之空間中之位置之不同。吾人之問題，卽可追至此空間中之一一位置之不同，是否卽屬於此空間之自身，而可依此空間自身加以規定？如謂此一一位置，屬此空間之自身，如爲此空間所有，則某一空間位置之在此空間，絕不移動改變，唯物質可往來的居於其中；卽必須設定一絕對的空間自身之存有，並謂世間卽無任何物質，此絕對空間仍爲自存自有者。然吾人試思對一無任何物質存在於其中，一空無所有之空間，如何可對其中之一一位置，加以分辨？吾人通常分辨空間之位置，必以一物爲中心，而自其上下左右前後之諸方向，以觀他物與此物之距離關係，方能定他物在空間中位置。則空間位置應依於物與物有距離關係而定，而此距離關係必依物與物而有，則位置與距離關係，應皆相對於其中之物而說。若然，則謂絕對空間有絕對位置之說：卽不可說，而以此絕對位置，爲一個體物之所以成爲個體最後根據，亦不可說矣。

此對絕對空間有絕對位置之懷疑，始於來布尼茲。依來氏說，空間乃是依於物與物之距離關係而建立；只說一物之物質爲佔空間的，則物質不能爲形成物之個體之原則，因佔空間之物質必可分，分則爲多，卽非單一之個體故。又依來氏論，人謂：二物之性相卽全同，但以有不同位置，卽各爲一物之說，亦非理，因無絕對空間中之絕對位置，以標別物之不同位置故。又二物如性相全同，何以上帝造之之時，一在此位、一在彼位，亦無理由可得，而不可理解故。由此而來氏一轉自柏拉圖以來以物質爲個體之原則之說，而以任一物之存在爲一個體物，而爲一實體，必具一統一性，而此統一性，初唯於人心中見之。由此而來氏說一切存在之物之皆應有類似人之心處，方得成爲單一的個體物或實體，而說一切物之實體，皆爲一類似人心之心子。此來氏之以心之統一性說個體，卽開始一內觀個體之說矣。

此來氏之自心之統一性說個體、說實體，初乃自吾人此心之能知覺不同之物之形相、性相，而統一之之處說。此心之能知覺能統一，乃心之用，此爲心之個體性實體性之所托。至於此心所知覺之不同物之形相性相之散殊，則不能爲心之個體性實體性之所托，亦不能爲物之個體性實體性之所托者。故除吾人之心之外，對其他物之所以爲一個體、一實體，或自爲一心子，來氏亦自始不自其形相、性相加以界定，而先自其物之力用上，加以界定。進而言物之力用，卽物所由構成之心子之活動之表現。此自心之能知覺之用、物之力用、或心子之活動上，求個體所以爲個體之原則，同時爲一以用說體之原則，而與前此之以形相、性相、說個體之內容，爲以相說體，其思路乃大不同者。

然此來氏之內觀心靈之統一而視爲一個體之說，同時爲休謨之「內觀其心靈唯見諸觀念印象之連續、心靈活動之連續，而不見此統一之存在」之說，所對銷。依此休謨之說，宜謂一一心理活動等之自身，各爲一單一之事體；單一之事體即個體；心爲此諸事之相續，非一統一體。依此以觀人所知之物體，亦只見人依其心靈活動而有之一一觀念印象之相續，而物體亦同可化之爲單一之事之相續而無餘。則只有事體，而無所謂心體或物體。後之康德，則承認人所知於客觀物體、主觀心體之自身者，初唯是人由其內外之感受，而形成之表象相續。此表象之義與休謨之印象之義，初亦不相遠。然康德更說能知此表象之相續者，爲一超越的統覺，而此統覺又自有一運用種種範疇格式之機能，將此表象等加以組織，成爲知識。人之知識，亦必待人自動的不斷運用此範疇等、於其由被動的感受，而形成之表象，然後能系統地不斷形成。由此而吾人之說心靈爲統一體，即初只是說其有此繼續運用範疇，以形成系統的知識之「去統一」的機能作用。由此心靈之去統一的機能作用，則不能直接引致此心靈爲單一之實體之說，如來布尼茲之所論。此一「心靈爲單一之實體」之思想之本身，亦只爲人用此單一、實體等範疇，面對其「自心所呈於其統覺之前」之「表象」，而構成之思想。至於就人對心外之物之所知者而論，則此所知者初唯是關於物之表象，此表象之自身更無統一性，而不可說爲實體者。又吾人如通過空間以觀物，則於空間中之任何部份，一方似可說：其無不可分爲更小之部份，一方亦似可說：此分必有最後不可分者。此二說乃互爲對反。人依純粹思辨理性加以思維，則皆不能有決定說。由此而在純粹思辨理性之知識論上，傳統西方哲學之實體義之心體、物體或個體，卽皆不能建立。至於在人之實踐理性中，人雖可依道德意志而建立一一人格之各爲一目的，而可於一一人格視如一實體的自我。然此一一人格在形上學之究竟義上，是否各各爲一個體，亦可是一問題。至一般所謂一判斷中之主辭，其指單一Singular 之個體者，在康德乃唯依：綜合「統一」與「雜多」二義之「總體」Totality之範疇而建立。此所謂一判斷之主辭，指單一之個體者，此個體唯是一經驗的個體，而非形上學之究竟的實體的個體。蓋一經驗的個體之所以爲一經驗的個體，在其爲一方具與其同類之物共有之普遍性，亦具其特有之特殊性者。此與同類之物共有之普遍性，卽人依「統一」之範疇所理解，而人可由之以形成一全稱判斷者。此物所特有之特殊性，則人依「雜多」之範疇之所理解，而人可由之以形成一特稱判斷者。一物之既具與其同類之物之普遍性，又具有其特殊性，則爲人之依「總體」之範疇之所理解。此「總體」範疇，卽人可由之以形成一單稱判斷，通常人之所以視此判斷之主辭爲單一之個體事物者。然依此康德之說，則一切單稱判斷之主辭所指者，固皆可說爲一個體事物，因其不只有屬一類之普遍性兼有特殊性故。然此可爲單稱判斷之主辭，所指之物，則並非爲究竟的實體之單一的個體。人固可於此物再分爲若干部份，以對其一一部份，各形成一單稱判斷，卽見其非究竟單一之個體。此卽因康德之「總體」與「統一」「雜多」，原只是人之成就其理解之思想中之範疇，乃人用以規約所經驗之現象，而非用以說明物之自身之構成者。故後之黑格耳之邏輯中，於康德之範疇，遷名之爲概念。而黑氏於個體性 Individuality ，則唯視爲「包含普遍與特殊之概念爲其內容，因而亦可普遍的應用於諸特殊者」之概念，而未嘗視之爲相當於其「究竟絕對」之實在，包涵自然與精神者，亦未謂當人用之以指精神界自然界分別存在之個體的經驗事物自身之個體性時，此諸經驗事物之自身，卽眞爲一能自己存在之個體者也。

六、上觀個體與下觀個體

依康德之道德哲學，於一一人格，似皆可視爲實體的自我。然後康德之哲學家如菲希特席林黑格耳之思想之發展，則在形上學之究竟義上傾向於不許此一一人格、各各爲一個體之說，而傾向於以此一一人格共同表現之客觀精神、絕對精神，而視之爲唯一之絕對，爲眞正之實體之說。然在黑格耳之邏輯中，個體性 Individuality 雖爲一高級之理念，尙未以之指絕對之自身。後之承此派而發展之英美哲學，如在柏拉得來 Bradley 則明以一般之個體，只一經驗的中心，非究竟義之實在，只爲究竟義之實在卽「絕對」之一形容詞。鮑桑奎

Bosanquet 乃明以絕對之自身，方爲一眞實之唯一個體。羅以斯 Royce 謂唯上帝方爲一絕對無限之個體，一般之道德人格，亦爲有限而無限之個體，而人以外之動物，則皆非個體。此吾皆稱之爲上觀個體之說。此上觀個體之說，其指向在以一絕對之個體，銷融一般之個體。而其所以成此論之思想途徑，要不外先觀一般之個體其所具之性相功能，皆超乎此一一個體以外，而見其具普遍意義；今通過此具普遍意義之性相功能以觀分立之個體，則自然趨向於通貫此分立之個體以爲一。於是此個體之觀念，遂當移用於此通貫個體，而合成之一絕對之全體，如鮑桑奎之說；或當移用於一「能知一切有限而無限之個體人格之一絕對無限之上帝人格」，如羅以斯之說。然依一般所謂個體之義，及其性相功能之有普遍意義，是否卽必然歸至銷融一般之個體，以趨向於一絕對個體或上帝之建立，則有可說之理由，亦有其不可說之理由。如順承基督教義，則可說：上帝爲人格神，卽亦可視爲一個體，由此可更導致黑格耳、鮑桑奎、柏拉得來之絕對說。如順承佛教義，則不說有上帝，亦不歸於一絕對或一絕對個體之一元論，而可於「絕對眞實」，說其非一非多，亦非世所謂個體。此皆涉及種種深入之哲學境界中之問題，而非人在萬物散殊境中之所必須問及者。故今皆不加討論。今擧此一路之說，唯言人可有一銷融一般所謂個體，而「將此個體之觀念，移用於絕對之全體或上帝，而視之爲一個體」之思想路向，以上觀個體而已。

如吾人離此上觀個體之思想路向，還歸於此萬物散殊境中，觀一般所謂一一物爲一一個體之義，而更析一一之物爲一一之事，更視此一一之事爲客觀之單一之實在，則吾稱之爲下觀個體之論。上觀乃趨向於綜合，以至高層位之內容較多之概念；下觀則趨向於分析，以至低層位之內容較少之概念。析一物爲一一之事，卽至於低層位之內容較少之概念，而以此一一客觀之事，爲單一個別之體之思想，則在近世可以羅素懷特海爲代表。

此一下觀個體而視一一之事爲個別之體之說，初乃意在取消西方傳統哲學中之實體觀念，以事之相續，代實體之常存，而以所謂實體如心體物體，皆爲人依屬心之事、屬物之事，所構造而成之觀念，其自身無實者。羅素早年之心之分析、物之分析二書，卽要在證成此義。後懷特海則依事之觀念，而更化之爲一現實情境、或現實存有之觀念，以之代替傳統哲學中之實體觀念。彼等視事或現實情境皆一逝不回，永無重複，卽無異謂之各爲一唯一無二之個體。此事或現實情境之相續，卽爲一事變之流。依懷氏之哲學，說此事變之流之形成，其根本唯在一事之自身之擴伸延展於他事。一事擴伸延展於他事，他事卽攝此事，所攝者卽其境，此境爲屬物之一端。能攝者，卽稱爲覺攝此境之覺攝之情，此情爲屬心之一端。覺攝之情所對之境有相，卽爲對象。每一事皆合一覺攝之情與所對境相以成，皆可稱爲一現實情境。唯此情境爲現實存有，故後文逕稱之爲現實存有。依懷氏說，現實存有之相續，卽事之相續，亦卽一一現實情境之相續。先事如彼化，後事如此生。事事生生相續，卽爲事之世界之創進而不已，亦前事之擴伸延展於後起事之不已。本此事與事相續不已之關係，卽可據以說時間之延續。事與事之相續不已，爲一事變之流。就諸事變之流之相依而起，亦相互擴伸延展，卽可據以說空間。至於任何具體事或具體之現實存有之境之相，如尅就其自身而言，又似非事。事爲唯一不重複者，而相之現可再現，卽可稱永相。此永相現於現實存有中，以爲其境之相，應先有一永恆地覺攝之之現實存有。此卽上帝。此永相卽初爲此永恆地覺攝之者之上帝之情，所對之境。又一切事變之流，交互擴延以創進不已，亦當另有知之而覺攝之者。否則事已化而不留，後事中無前事，亦可說只有後事無前事，而此創進不已之全程，卽不可說爲有。於是懷氏又論：此覺攝一切永相之上帝，除亦注其永相於一切世間現實存有中，以現爲其境之相，以成就此世間之創進不已之歷程外；亦再覺攝此創進不已歷程中所成之一切世間之存有或事，而攝之爲其自境。此一上帝之自身之注其永相於世間之存有之中，亦卽爲此上帝之擴申延展其自身，以入於世間，而上帝之覺攝一切世間之存有或事，爲其自境，亦卽世間之存有或事之擴伸延展其自身，以入於上帝。故上帝既先天地萬物而生而先在，亦後天地萬物而後在。而世間事物，亦依先在之上帝，以成其後之創進之歷程，於先在之上帝之外；而其所成之創進之歷程，又無不還歸於後在之上帝。故其所以必說有此上帝，一方在：無上帝，則一切現實存在之事或情境中，何以有永可再現之相，不可理解，而同類之事之相續生起，亦不可理解。一方在：無上帝，則一切事之相續生起之全程，卽無能加以覺攝者，卽無能俱加以把握，而肯定其存在者。故此上帝之存在之原則，卽爲使此世間爲諸事變之流之一大歷程，得成爲可理解，所必須依據之原則；亦人之理性所必加以肯定，以成此理解者。然人之理性的理解，到此上帝，又更無去處。故上帝之存在之自身，更無理由，亦更無理由可加以理解，而爲超理性，亦非理性者。

此上所述懷特海之哲學，其中有一複雜之理論構造，吾之哲學概論嘗述之，自非吾今所欲重複。上之略及之，乃所以明此：將物析爲事，而視事爲唯一無二，而同於一個體，之一下觀個體之思想形態。此一思想形態中之上帝，乃爲一現實存有，而以「形成一切事變之流之歷程，而更攝受之」爲其大事者。對此上帝之大事，如視爲一個體事，則又爲待上觀個體而後見者。則人於此如何可說此上帝之大事之外，更有一一事，而不以此上帝之大事之觀念，籠罩一切事，卽可爲一問題。但懷氏之哲學，初只爲說明一般之事之流行，或現實存有之相續，而說有此上帝、此大事。故其立根處，仍在將一般所謂物，析之爲事變之流。而其說之根本問題，亦在一般所謂物之是否眞可析之爲一事變之流之處。

此一般所謂物，最難只析之爲一事變之流者，卽在此人之爲物。言人之爲物，可析爲事變之流者，不外謂人生不外一串相續之人事。然人亦自知其有一串相續之人事。此能知其有一串相續之人事者，依康德說，爲一統覺之知。此統覺之知，乃在其所知之一串相續人事之上一層位。若說此統覺之知，亦爲一事，則此一事，即在其所知一串之事之上一層位，而爲將其所知之諸事，結之爲一事者。若謂此統覺之知，亦次第進行，而可分爲諸事以觀，則於此諸事之上一層位，仍應有一能知此諸事之統覺。今透過此統覺，雖不能卽建立人之爲一實體的個體；然有此統覺，要可見此前後相續之事，不只爲前後相續，而爲同時並在於一統覺之前，以通爲一者。今依此人之有統覺，以觀人之爲物，則於人之是否可只視爲一串相續之事，卽不能決定說矣。

復次，對此一哲學，更有事之觀念是否畢竟能代物體之觀念，或事是否爲第一義之眞實，物體之觀念，乃依之而構造出之問題。羅素早年主物體之觀念，皆爲依種種事所構造而成。然後來其人類知識之書末章，又謂事之環繞一中心而發生者，應有一中心之爲因者，以使環繞之事次第發生。懷氏雖言事或現實存有之相繼以生生，亦言其由相互覺攝，而組織爲現實存有之社會，以成有機體，如人與動植分子原子等。其論事之哲學初出，美有洛夫舉 Lovejoy 嘗作二元論之反抗一書，卽詳評事之觀念，不能代物體之觀念。懷氏以後西方哲學亦多有主事不能爲實體或個體者，此則或如新多瑪派之還自多瑪斯之說，以論個體之實體性的形式，或則還自以時空地位中之感覺性相爲特體，或則仍以物理的實體爲個體。此在個體物之個體性之理解上，皆無甚新義，要不外舊說之重版。至存在哲學之論人生存在之唯一性、個體性者，雖有新義，然只限在人生爲論，不能泛論一切個體事物之共同意義，亦不能據之以說吾人今所論之萬物散殊境也。

第二章　萬物散殊境——觀個體界（中）

七、對外觀個體與內觀個體之說之評論

吾人於上文略述西方哲學中自外觀、自內觀、自上觀、自下觀，以求理解個體物之個體性之根據之種種論。此皆是爲說明萬物萬事所以散殊、或所依以成其散殊之哲學。此諸說之涉及此事物之體及性相作用者，皆所以爲理解此事物之個體性之用。此諸西方哲學，在其緣事物之性相、作用，以說到事物於此表現之性相作用之外，有實體時，則有種種之困難。然後有由外觀，轉至內觀，再轉至上觀，更轉至下觀，種種之哲學思想中之繞動。其繞動之如環，卽見其皆未能直契入此問題之中心。而此諸哲學思想，亦或在開始點卽將來路不同之觀念，加以錯置，或由其思想方向之偏，使其不能契此問題之中心者。玆更於前文所已評及者之外，更總評之於下。

如以柏拉圖式之物質觀念而論，其以物質只爲積極接受一形上之理念或相，而又爲一具消極限制意義者之說，卽純爲：將吾人依一性相或性之觀念，判斷一物之所是與所非時；更將此「是」「非」所引起之「有」與「無」之觀念，推向於物，置於其中，更忘此有無觀念之來處，所成之說。如人對客觀之某物而觀，更依一性相觀念A與性相觀念B，對之作判斷，吾人固可說此物是A非B，或有A無B，則此B在此物外，爲此物之所無，而人可由此以見此物性相之限制者。然此乃由吾人以B思此物，方見其無此B，更謂其有此一限制。則此限制，可唯對此思而見。非必謂此物自身能於AB等性相觀念之自身，加以一限制作用，使只表現其一，更排斥其餘也。如吾人於此某物是A者，自始不以B思之，則此物可無非此B之義，亦無此「無B」之義，卽無此所謂限制之義也。若直對其是A而思其是A，其是A而未嘗求爲B，於其不爲B，未嘗有憾，未嘗有所不足，則亦未嘗遇其所不能越之限制也。

依此直對某物之是A以觀其是A，則於某物之繼續其是A或常是A者，自可說其物有一能自持其是A之功能。此功能，卽其有A之性相所依之體。於此所以必說其有此功能者，唯以其是A，非一剎那事，而爲繼續事之故。依其爲繼續事，則可分前後之次序。前者爲後繼，卽後能繼前。當此後者尚未實繼前者時，卽只可說爲有繼前之「能」；而此後者之實繼前，爲此「能」之顯。而在其尚未實繼前時，則此「能」如爲一隱於此前之相之後之一存有。此隱的存有，爲別於已顯之前，卽可名之爲體。故凡物之能繼續的是其所是者，皆可說有體。而人之由預想而判斷物之能繼續的是其所是者，卽對此體之存有，作一肯定判斷也。此判斷固可眞可假，其假者，則其體之已不存有而無，或其「能」皆已表現爲「相」者也。如燭之「能」皆化爲光色之「相」，則謂燭已無體可也。然非其先繼續表現光色之事，不以其表現光色之「能」爲其根，此光色不以此燭之「能」爲其體之謂也。循此以思，則於一切凡見有性相之繼續表現處，人皆可直對此性相之能繼續表現，而謂其有體。此性相之表現，卽以此能繼續表現之「能」爲體，則體與性相自不可二。至於一物有一性相之表現，更能引致其他物之性相之表現者，則其「能」更兼是一引致他果之因，而有引致他果之作用，卽不只是一表現此性相自身之體，或此性相自身之親因。此因果之義，則當於功能遍運境中詳及之。

吾人於見一物有性相之表現時，除說其有「能」爲體之外，不必說其引致對其外之他物之他果之用。然此物之性相之爲我所知，則此物之性相至少有一形成「對此物之性相之知」之用。吾之知之，亦爲吾心之一用；此用之體爲心之知體。此心既知物之性相，而知中有此性相，此性相卽兼爲此知之相。今若離此「心知之體相用」，及「此物之性相對此心知之用」之繼續表現，則無此物之性相之繼續表現可說，卽不能說此物之性相之有「能」爲體。此中之「主觀之知之體相用」，「客觀之物之性相」對「主觀之知之用」、及「客觀之物之性相與其體」，三者乃內外相應以俱立，而有則俱有，無則俱無，不可說爲一有一無者也。

此上所說之主觀心對客觀物之知，有上述之體相用之內外相應者，唯指吾人原始之對境物之感覺之感通之知而言。然爲此知之兩端之心與物，雖皆有用，爲可俱起而不必俱息。如當物之「能」既竭於其所顯之相，而此相亦更不顯其用於感覺之心知之時，此心知仍可存其前此所顯之相於記憶，而形成觀念概念，是卽此心知之未竭而不息之用也。人於一物之性相，嘗愛著而貪戀者，恆本其所形成之觀念概念，而望或求物之有此性相者之常在或再至。此望或求，乃心之情之連於心之知，亦心之活動、心之用之可自起而不息者也。於此，人若望而求之不得，或判斷其有而於感覺所對境中無，則此心之用之表現於「其望與求及判斷中，對觀念概念與其中性相之執持者」，卽與「感覺所對境中之物之性相」相分裂，亦如與其自體相分裂，成一主觀客觀之對立。此則由於心除以感覺橫通於其前所對境之一度向之外，兼有其自身之「執持其望、求、判斷中之觀念概念，與其中之性相，而順展」之另一度向之用之進行之故，然後方有此上述之分裂，而後成此主觀客觀之對立也。

然當此主觀客觀之分裂之自身，爲主觀心靈之所感時，必此能感之心靈自有其統一，而後其分裂之感之本身，爲統一之一感。此心靈之本其自有之統一，以化除此分裂，以貫徹此能感中之統一，而更求其所感者之統一，卽爲此心靈另一方向之活動或其用，而居於此相對而相分裂之二者之上一層位者。於此，人或自變其「望、求之情與判斷」等之不合其感覺對象之物，以另形成一與之相合之望、求、判斷；或以行爲變化此其感覺所對之物，以引致一「合於所望、求之情與判斷中之觀念、概念之物」之存在，以爲新感覺所對。此專變己以合物；或專變物以從己；或一方變己之一部，一方變物之一部，皆人之所以去除此分裂之上一層之心之活動或用，以彌縫此分裂之兩端，而貫澈其心靈之統一者。人之此欲變己或變物之事失敗，人乃或覺「此性相之物」，或覺「此己心之求與望等」，爲其求統一之目的之達成之一障礙，如限制此目的之達成者。人於此之覺此物之爲障礙之感，卽成物有一質礙、有一拒力或墮性之感，而物卽被視「爲有物質性者」，其體爲一體質之體，而墮性或拒力，則爲物之一能、一用。至於人之自覺其己之求與望之爲一障礙，卽是感己心有一拒斥此目的之實現之一拒力或墮性。而人亦可由此以謂：此人心中亦有一物質性。此內外之物質性，卽皆是對此目的，而實顯一限制的意義；而物質性之卽限制性，亦於此方可說。然人若自始無求統一此主客之分裂之目的，或此目的已達成，則此外之物、與己心中之求與望等，皆無對目的之障礙義，亦無此所謂墮性、拒力、質礙等義，而只有心物之用與相、及其用與相所自之體可說，更無心之質、物之質之可說也。

吾人雖可於上述之目的未達成之時，感此在內或在外之爲障礙者、爲限制者之存在，然吾人之目的，又在銷除此障礙。吾人之生命心靈，乃求存在於此目的之實現之內，而亦唯在此目的的實現，主客觀之分裂被統一之時，乃成其爲存在。則其存在，非存在於此爲障礙限制者之內，而是存於此爲障礙限制者之由存在而不存在之際。於是吾人卽不可說此吾人之生命心靈，乃依此爲障礙者中之墮性、拒力、或物質性而存在。心所感之物，亦唯於表現其「能」於所顯之性相，其性相顯于我之心知，而存於我之心知，乃見其存在之由其自身，以伸及於我之心，以成一由客觀通主觀之一有首有尾之一眞實的存在。則此物亦存在於其「不限於自身，而超其自身，以存於我之心」處，而非只存在於其有一「限制性」、或有其拒力墮性、有其質礙之中者也。

然西方之哲學自柏拉圖，卽於一般之物言有一物質性，並以此物質性除表現於接受形上之理念或相而表現之之外，卽以消極的限制拒斥其他理念性相之表現爲義。此除爲由見物之有其所不表現之性相，而可說其無此性相，所形成之一錯置之想，如上所已說之外；又有一將「人在有求分裂之主客之統一」之一目的時，所感到之「限制性、物質性」，移用於物之自身，所造成之一錯置。此錯置，乃原於將不同方向、不同層位之心靈感覺活動中之所對，與由其他活動所形成之觀念等，膠結在一起，而成之混亂。然此錯置與混亂之事之本身，亦是一心靈之用或活動。其所以有，亦由此不同層位之心靈活動，原可由一方向，依次序轉至另一方向而滑下，更將其由一方向活動，所形成之觀念概念等亦滑下，而移用於其感覺所對，以使不同層位而亦不同類者，化作同類之故；然後有此以消極的限制性，爲物之物質性所存之想，並意謂物除其所表現性相作用以外，即以此物質性爲體；而此物質性成爲普遍的性相作用之特殊化而個體化之原則。於是柏拉圖經亞里士多德、多瑪斯，以至近世之科學的唯物論之說，乃皆次第而起。然實則皆同依於人之能思想之心靈，未自覺其活動之有不同方向、不同層位、種類，而不自覺的滑動，所成之錯置混亂之說也。

在上述諸說中，來布尼茲以內觀人之個體之原則，在心靈之能統一的知覺諸所對之物之性相，而此性相又爲其他之物之力用之表現於人之心靈者。此可稱爲能於體相用三者，皆並重，而以之說明個體之一哲學。至其說之問題，則在其視物之力用之及於人心，而表現之性相，只屬人心之主觀，視人心所對性相之全體，屬一主觀封閉之世界。則人至多只能言其自我之爲一個體，而不能言其世界中某「性相之集合」，與其他「性相之集合」之不同者，必分別代表不同之客觀之個體。因無論性相之集合如何複雜，如何與其他一切性相之集合不同，皆同不能由之以形成一個體之觀念。以性相之集合終只是性相故；性相之集合亦有普遍意義，即可指多個體，而非必只指一個體故。如來氏之見林間葉，其性相無相同者，故各爲一個體。又謂性相之不可辨別者，即爲同一。然實則一物之性相之可與吾人所知之他物之性相相辨別者，並不能保證在一切可能的世界中，必無與之具同一性相，而爲另一個體物者。則性相之相異而可辨別，亦不能爲個體之原理也。至其由心靈之有統一性，而說一心靈爲個體之說，若其所謂統一性，指一現成之事實，上文已說休謨之可自現成之事實上，說此心靈之印象、觀念、活動之有雜多性，而加以反對。若謂此心靈之統一性，可非只指一現成之事實，而是指其有統一之機能作用而言，則由此機能作用之存在，未必能成立此心靈之實體義與個體義。康德於純理批判，卽視此統一之機能作用，唯見於超越的統覺之繼續統攝可能經驗，而運用先驗範疇於其上，以形成知識之統一之一歷程中。於此康德既見得此超越統覺之統攝活動，爲一心靈自身不斷超越已成經驗，而向上，以涵蓋可能經驗之一進向；又見得此心靈之有將其自身之範疇，順經驗之進行，而當機次第運用之一進向。然此心靈順經驗之進行，而用其範疇，只所以規定經驗，而不能逆用此範疇，以思構此用所自發之體，而依此範疇，如「單一」「實體」等以對之形成知識。若逆用之，則成虛妄之知識。故於此中，不能有心靈之實體義或個體義之建立。此於後文當更及。又在康德純理批判中，言超越的統覺，有向上以超已成經驗而以其範疇涵蓋可能經驗之一進向，有順經驗進行而當機次第運用其範疇之一進向，又實無由此超越統覺之明，透過主觀經驗，以通物之自體之一進向。此主觀經驗中有物之自體之無數表象，亦類似來氏之心子世界中，有對其外之無數存在之反映的性相。此表象明爲一可重複者，卽與來氏一心子之世界中之反映的性相之爲可重複者，同不能爲個體之原則。於此，人若要求一通過此經驗中之表象，以達於物之自體之道，在不只視此表象等屬於主觀之心或我之超越統覺而已，而更須直視之爲物之自體之表現。而欲作到此一步，其最直接之路道，卽是順此一一表象之世界之在一繼續中形成，亦卽在一流行中，不斷由隱而顯以形成，而更知：當一表象未顯之時，乃對主觀之心爲空，而在一表象旣顯之後，對此心亦爲空。則此心卽可透過此表象之有此空義，以超於此表象之相之外，而可對此表象之相所由生之自體，有一直覺之知。此卽可形成此心靈由內通外之一進向。然康德於此表象，則皆只視爲實，亦如來布尼茲之視心靈所反映性相之爲實。故皆不知其有此空義，而透過此表象或性相，以成此心靈之由內通外，以達物之自體之進向矣。

八、說內外之感通，並說生命心靈中之「望」，時空之度向，與其無窮義

吾人今若不執心對物之表象與其所反映之性相之爲實，知其亦有對心爲空之義，則：吾人心之通外，不須說是以對物有所感受，而感覺得其「表象」或「相之反映」爲始，如康德所說；而當說是以：吾人生命存在之有所直接感通爲始。此所直接感通者，卽是境之相。此

相之反映或表象，乃人於感通之境之相，起一心之執着，而連于此執着所成之名，此非原始之直接感通之境之相。此所謂直接感通，初亦只是一般所謂感覺之感通；一般所謂物之冷熱聲色之感相，固是此感覺之感通之境。然此感覺之感通，不限於以此冷熱聲色之感相，爲其所感通。此感覺之感通，乃既感此感相，而更通過之，以使此感相之實成爲虛，而感通之事，通及於其外之虛及空，亦通至此感相之實之相續生起，所自之「能」之「體」，而此感覺卽有如在虛空中自進行。此人之生命存在之感覺，能感實而通過之，以及於虛，而兼此虛實，以爲其所感覺感通之境，卽此心靈自開通，以直下通內外之事。此心靈自開通，而其感覺感通之「能」自現，其所開所通之「境」亦次序現。此境，此感覺之能之自開通後，其能之所運與所在，亦卽有此感覺之吾人生命存在之所在。於此亦不須說境由此生命存在之心所造，更不須說心變現境，只須說心開出此境，而自通之。心開出境，亦不須說是原有此境，心開而後見之。於此儘可說原無此境，然心開，則境與開俱起。西方人恆言上帝造天地萬物，此卽謂上帝心能造出而變現天地萬物，爲其自境。唯心論者之言客觀世界，由心之客觀化而成，亦此說之遺。唯物論者實在論者則謂境爲先在，心後覺之。然中國思想，則不言上帝造天地，只言天地開闢以來。天開地闢而萬物生，此乃謂天地開闢與萬物之生俱起。故今謂心開而境現，亦可是心開與境現俱起。與境現俱起而開後之心，亦存於境，而遍運於境，遍通其境。固不須說先有離心之境先在，心開而後至於其境，而更知之通之也。如人之開門見山，此山雖或先有，然如此如此之山之境，以我開門而見者，亦正可爲前此所未有也。此在西哲之說，唯海德格之說略近。其謂人之存在於世界，乃人先自開朗，而後發現世界於前，亦發現其自身之存在於世界。存在之 exist 乃ex—ist，卽如人之存在之自先開朗，而出，以存在於世界也。然其說，乃自整個之人生存在說，而不只自感覺說，又似有世界乃先人而在之意。然吾今言感覺卽感通，則一極微小之一感覺中，亦有一人之存在之自開朗，而自開通，以現一感覺之境爲其世界，而更自存在於其中，以通之。於此則可明說此一世界，與此心靈之開通而感通之事俱起，如天地開而萬物生，天地感而萬物通。天地開者，未開前之天地混沌之破。心靈之開者，亦未開前之心靈之混沌之破。混沌破，卽混沌之退而屈。萬物生而通，或心靈之境現而通，卽其進而伸。若離此中屈伸進退之義，則不得言一切感通感覺之事，亦不能言一切感覺感通之事之所自始也。人於此亦不須更問心靈何以開。如謂待他物來接而心靈感受之，方使此心靈開，則答同不答。因若無此心靈之開，亦無此接受。故謂以物境接於心，而心開，亦同於謂心能自開，以自迎境，而與之俱現以俱通也。

然此上所說，唯是寬泛粗說。若欲入細，則此上所謂心之自開通，而感通於或實或虛之境者，卽謂心之通境之感覺活動，與任何活動，皆是具動向，而求貫過一實境，以及於其境之外之活動。求次第貫過實境，卽次第通於虛境；亦次第通於虛境，更次第貫過實境。實境與貫實之心俱現，虛境亦與通虛之心俱現。此「虛」之在感覺之活動中，卽爲所感覺之實聲、實色，有其所在之「空間」之原始。空間原只是一空一虛之位，而可容實物與其相，居于其中者。此心之由貫一實，而更通於虛，則爲貫之事之屈，亦通之事之伸。貫之事屈而若無，亦由實而虛。通此虛，而更往貫實之事生；則貫之事再伸而宛有，以由虛而實。此心有此屈伸虛實之相繼，而更自憶彼已虛之實，卽見其往，居過去位；再想像彼將由虛而實者，卽見其來，居未來位。至於當下由此心自開其心之虛而呈現之實，則爲現在之有，居現在位。此卽人之時間意識之原始。時間之過、現、未，卽由心之感覺感通之事，依境之虛實而屈伸時，所見彼實者之往來於虛中之位之相也。

上說以心之感通，能兼通於所感之虛實，然後知有空間時間，亦知事物之在時空。今若不知心能感通於虛，只以心能次第貫於所感覺之實，以成表象之系列者，則必或以時空爲感性之範疇，爲心外加於感覺表象者，如康德之說；或以時空爲絕對理性客觀化所成之一虛廓，先物而在者，如黑格爾之說；或以時空觀念乃由一一具體事相構造而成，如羅素之說。凡此諸說，皆有見於時空之根原，不能只在由感覺所得之實有之色相、如色、聲等，時空乃更有其超感覺之根原，其初意皆未爲不是。然皆不知感覺之爲感通，亦能感虛，乃爲時空之亦內在於感覺中之根原。凡此上之說，在第一步，皆未能與常人之直覺其所感覺感通之物之卽在時空中，先求直接相應，而後再升進之，以說其理性根據等者也。

凡人之意感覺不能感虛者，其反省所及，初只及於其感覺所得之有實之色相等，不同於空間之無色相者，故謂此空間非感覺所感。然此乃先意謂人之感覺唯是一被動的接受實有之色相而感受之能，而不知感覺自始卽是一自動的活動，亦是一自動的行爲，自始爲不只以被動的接受爲事者。凡人任何自動的行爲活動之無阻處，卽皆可由此阻之無，而感知一虛空之有。此虛空卽空間，空間只是此虛之位，可容色相之實之別名。故空卽間，爲空間。如人身體之運動，遇阻於牆，則知其處不虛空，似無空間；若通而無阻，卽感知其處爲一虛空。此無阻之無，卽空。此空、此無、此虛空與空間，卽同義。有阻可感知，無阻應亦可感知。由此以觀人之循牆而觀其色，至色盡處，亦應可言其感知色之至此而無而空。於此，人固可謂：人之謂此色爲無，唯以其初望其有色，而不自覺的判斷其有色，後來未能感知色，方謂色無。此無乃後于此望與判斷者，非初所感覺者也。此則誠然誠然。人若先無上述之望，與一由之而有之不自覺的判斷，誠不能感知此空。然人原是恆有此「望」，存於其感覺之後，而澈於其感覺之中，與之不可分。此「望」又自可引生一不自覺的判斷，更自澈於此判斷之中，而更望此判斷之爲眞。然此「望」，初不只澈於此人之不自覺的判斷活動之中，亦澈於人之一切活動如感情、意志、感覺之中。望而不見，卽失望而感空無。此失望是情意上之失望，亦感覺上之失望。若謂人必不能有感覺上之失望而感空無，則試問於判斷之妄者，又將如何說？所謂判斷妄者，卽人判斷如此，更望感知一能證判斷爲眞者，而失其望之謂也。若不感知此所望之無，焉能有失望，又焉能知此判斷之妄？判斷妄而說無，此無只是概念。判斷眞而說有，此有亦是概念。此有與無，皆同非感覺所及之色相。然以有說感覺所及者之爲實，而謂感有；以無說其爲虛，而謂感無，此二者之地位爲同等。若其可說，卽應皆可說，若其不可說，卽應皆不可說。則何必謂人之感覺只能感有、感實，而不能感無、感虛乎？至於謂人之感此之無者，必同時感其他之有，如牆盡處是園中物，平蕪盡處是青山。此亦誠然誠然。然感其他之有，自是感其他之有，而感此之「無其他之有」，仍是感無也。如言離人更在青山外，卽感青山中之無離人也。此能感無，自是依於望之存於感覺之後。然人有望，亦可不自覺其望，亦可根本不依望，以成自覺或不自覺之判斷。判斷之事淺，而望之根至深。如望夫而化爲石者，望結而不可解，乃至不自覺其望，而若同於無情之石也。凡人之有望而失所望，皆可感此失而惆悵沮喪，而更忘其所望。人固亦可只覺如有所失，而不知其所失也。人生在世，其覺空虛無聊，時在忽忽如有所失之時多矣。此豈非人之感無？此感無爲情意上之事，亦五官之感覺上之事也。若其非兼爲感覺上之事，只爲超感覺之事，則感覺之感有，卽亦不能有一「去此感無之感」之用。則彼望夫之女，忽遠見夫至，何以能頓欣喜而過望？故感無者，非特由判斷妄而有之事，亦非只超感覺之情意之事，而亦爲感覺上之事。人之必謂爲非感覺上事者，唯以其先執感覺只能感實之見，橫梗於心，不知所以自拔，而其哲學反省之所及，亦只至此感覺之感有、感實而已耳。此則原自人之逐有之習，與其哲學反省之難至其極之故。然依此習與哲學反省之未及，以言人之不能感無、感虛，而謂感覺之活動不能通於空或虛或空間，以爲其所感通之境，則誖矣。

吾人上謂人之感覺活動，與人之望相俱，而能感無，以通於空或虛，以知有空間。此自尙不足解決種種空間之問題。因感覺縱能感通於上述之空間，此尙唯是實有之色相間之空隙。然吾人所知之空間，乃一切實有之色相所同在之一空間。不只空隙處是空間，一切事物實有之色相之所在，皆似同有一空間爲托底。種種事物之在空間，兼有種種空間形相，空間兼有種種量度、方位、次序關係，又似爲能向上下四方，無窮伸展者，此皆決不能謂其皆由當下之感覺，所可得知。如人至少須由事物在空間中之運動變化、其有事物處之可無事物，乃知此有事物處，亦有一空間爲托底。此則已須由自覺的比較感實與感虛之二感覺，更推此所感之虛，於其只感實之處，方能說者。又必由事物運動變化，有其量度、方位、與次序關係，乃知空間之度量、方位、與次序關係。更須超出已有事物所佔之空間，而伸想像於其外之上下四方，如往而不返，乃知空間之無窮。此種種空間觀念、與空間知識之形成，卽至爲複雜，非此所論。然於空間之所以有三度，及其所以必呈無窮相，而若恆有一更大而在吾人之感覺之事物之色相之外之一空間，爲散殊之萬物之所佈，亦若恆外在於吾人之感覺，與吾人之心靈及生命存在者，此其相應之心靈活動之果爲如何，今當先略加論及。

對此空間之所以有三向，吾將說其原於吾人之生命存在之心靈感覺活動之感通於其境，卽原自有其三向。對此人之心靈感覺活動，吾當先說其爲相繼而生起之一流行歷程，而非單純之孤立之感覺之集結。此則不同洛克休謨之論感覺印象，而略同詹姆士懷特海之論感覺經驗之爲一流行歷程之義者。然此一流行之歷程，就其中之感覺之相繼生起處，卽可看出其在有過、現、未之位之一時間中，此時間之過、現、未之相繼，只爲一度。今若只將此時間之一度中所感覺者，平鋪於空間中之不同位置，亦似只可鋪成一度。則空間如何可開之爲三度，便成一問題。康德於純理批判感性論之部，嘗謂此空間之三度，只在人如此。懷特海於其歷程與實在一書，則謂此空間之三度，只是現有之宇宙之偶然，空間亦儘可爲三百三十三度云。俄哲奧斯彭斯基 Ouspensky 于其第三工具論 The tertiary organon 更謂在人以下之動物，其所感空間，有只二度或一度者。又謂人經一直覺的訓練，可直感時間之一度爲第四度空間云云，在幾何學上，更有五度六度以上空間之說。黑格耳柯亨等以純粹理性論證人之感覺空間之有三度，亦皆未能見信。故皮耳士嘗謂空間之何以有三度，自來之唯心論者無能答者。(註)吾意以時間爲四度空間之說，只是說計量物理事件之時間，亦可爲一座標之謂。至於五度以上之空間，則只有數學之度量義。此吾人之感覺活動之感通於境物之空間，爲三度，應有一理由。其最後根據亦當在理性，此當在後說。皮耳士之疑，吾自謂能答。今所略說者是此空間三度之原始之根據，則只在吾人之心靈之感覺活動，原有三方向，以使此吾人之感覺經驗在一度時間中之流行者，展現爲在三度空間中之流行。而其所以展現爲在三度空間之流行，則在心靈之感覺活動之三向中，有一吾人方才所謂「望」之貫於其中。此「望」即此心靈感覺活動之三向中一核心的意向，而使一切只在時間上爲一度之流行，開爲三度空間之流行者也。

今欲說此在時間上爲一度之感覺經驗之流行，得開爲在空間上三度之流行之故，首須先說吾人之感覺經驗，若只爲一刹那之覺，無論其內容如何繁複，皆可只視之如一點。如生而盲者，忽頓開眼，見山川如畫，其內容雖至爲繁複，然於其頓見之際，亦可視若渾然之一

註：Buchler 編 Pierce Philosophical Writings P.322 謂 Idealism 不能答空間何以三度之問。P.28 又謂：此問吾不能答云云。

點，有如嬰兒降生時初覺之寒冷，可視如渾然之一點。然此剎那之覺，乃自一流中抽出而說者。抽出之，而人視之為「此」。實則「此」在一流行中，必有「彼」繼此而起，「彼」起，人自「彼」望「此」，則「此」如屈，自有而無，而人感其空，而若在一空或空間中。由「此」望「彼」；則「彼」如伸，自無而有，而若自空或空間中出。於此更濟以此心靈之反觀此「彼」與「此」二者之互斥而相無，亦互斥而互外，以並在一空間中。此卽觀得空間之一度。如觀一直線中之任何兩點，恆互斥而相無，以在空間中互外，則觀得其共屬一度。於此只須先有此心靈感覺活動之前後依序而起，而濟以對此前後活動之所對實境之反觀，卽可建立：此空間之一度向。然吾人可謂：凡此反觀之所對者，皆在此反觀之內，而吾人心靈感覺活動之依序而進行，同時可求超出此反觀之所及之內者，以更求外有所感。此卽為其由內向外之另一活動之方向。此更求外有所感，卽是一望。而此望可只是自覺的或不自覺的望一超越於一切已有之感之外者，亦可是自覺的或不自覺的望外之所感者之內容，類同於此反觀所及者，此卽形成一嘗試之判斷。而人亦實恒可再有其內容之類同前所感之新所感者之出現，合于其昔之所望，以見其嘗試的判斷之眞者。此二者中之類同之內容，卽兼在反觀所及之昔所感者、與正出現之所感者之內者。此昔所感與正出現之所感，一昔一今，而互相外，此類同之內容，分屬二者，亦互相外。凡相類同者，皆有不相類同處，卽所以使相類同者互相外。此卽爲另一空間之度向。如吾人由右而左，卽可見在左者之類同於右。此見右在昔，而見左在今。此左右爲一度，亦所以通今昔。然此左右之一度，與吾人反觀昔之觀右或左時，只順居右或左者之前後，而次序反觀所得之一度，則不同。至於吾人之有一期望或一目的，欲求實現，而望超越一切昔之所感，亦超越今所感之類同於昔者，以更望新有所感時，則爲吾人生命心靈之向於未來之另一度向。此另一度向中之所感，固可與期望目的中之內容類同。然吾人之所望，則在其爲一新所感，與今昔所感者，皆不同其類，而在高一層位，亦在前此所謂二度之空間外者。此新所感中，無前此之二度空間中之所感，而空此所感，故亦得被視爲一空間，以爲此新所感之所居。此空間之度向，卽爲如在前此之「前後」「左右」之「上」，而以前此之「前後」「左右」爲其「下」之另一度向。依此，則只須吾人能反觀過去所感之依次序而前後相續，及今之所感與昔之所感者之類似；並望繼今新有高一層位之所感，與今昔所感皆不同，而能實現吾人之一期望或一目的者，卽見有人心靈活動之三方向。於此三者，併加以反觀，則可見得一三度向之空間。故此過去、現在、未來之感之相續，雖只在一時間之次序中，如只爲一度，然吾人若能觀此中之過去所感之自身，有一前後之次序；現在與過去所感之相類同，亦與之互外；及未來之所感之在高一層位，而超此二者，而與之不同，亦有相外義；則於此過、現、未之所感者，卽可分別見其存於三度不同之空間中。此不特在人心靈感覺活動中爲然，在人之任何心靈活動中，吾人如將其所感者依此序、類、與層位之義，而併反觀之，皆同有此三向，亦皆可於此建立心靈的或精神的空間之三向。感覺活動之有三向，只爲其一特例也。

人於此易生之問題，爲人心靈之感覺活動有三向，何以其所感覺之外物之空間，則必有三向？此則由於人之先執感覺活動只屬內、外物屬外，而先視內外爲不相通之故。實則感覺卽感通，通卽合內外，而兼知內外。以所謂外者，唯是對反觀中之昔所感者爲外，此所視爲外者，恆正是人之外於昔所感之現在所感之境；否則是兼外於此現在之境之將來之境。此所謂外，皆吾人之感覺活動之所正感通，與將往感通、或求往感通者。人於此之謂其爲外，卽已有感其爲外，而通於此外之想。通「外」之想中之「外」，不可言在「想」之外也。若吾人知感覺卽感通，感通卽往通外境，感通之方向卽境呈現之方向；則感通爲依序而起，有前後相，其境卽有前後相；感通更爲依類而通內外境，其境卽有內外相；感通而欲超越此前後內外，而升至其上之層位之境，卽有上下相。一切境皆所感通之境，則感通之方向卽境之方向。感通有三向，境卽有三向。至於問感通何以有三相？則當問何以有序有類，而于一序類可超越之以達於居更高層位之他序他類？此序、類、層位之觀念，與空間三度、時間一度，在義理上之必然相涵，於後文感覺互攝境中，尙有細論。今爲說明一般之萬物散殊境中此心之感通於散殊之萬物，何以必循三向，以向三度空間而通，則上文所說已足够。

至於人在一般之萬物散殊境中，何以覺空間爲無限？則今亦暫不須如傳統西方哲學之先將空間客觀化，而問其畢竟有限或無限，以成種種之詭論。所謂空間無限者，卽感覺想像之能之所通者，恆能越過實有之色相之限，或所思之空間之限量，而及於其外，並知其外爲空之謂。所謂其外爲空者，則以吾如望其有色相，此色相不可得之謂。若吾人無此一望，而只往思諸色相之限量之外，則此「外」只是超越色相限量之辭，有遮義而無表義。只說色相之外四字，並不同於說色相外爲空五字。此五字中之爲空二字，必依有所空而說。此所空者則只能是人之望其有色相之望中之色相。此望乃由人於已知之色相，先有一執持，更望之於未來，而有之望。唯以吾人望色相於一切已知色相之外，而不可得時。方謂此色相外爲空。望色相於一切色相之外，必不可得，故一切色相之外必爲空，亦可說必有一空間。又人望一有限量之空間於此空間之外，亦必不可得。故謂一限量之空間之外，亦爲空。無論吾人如何擴大一空間量，而思之，其自身皆爲有限量。於此人若更望之於其外，皆必不得，故其外皆爲空，而人遂可說凡所想像之空間外，應更有空間，空間非有限量，無此限量。然此說空間無限量，初皆同爲表示人之失所望之色相、或失所望之限量之空間之辭。吾人之望任何空間中色相、或限量之空間，於其外，必永失所望，故永感此空間之無限量，而亦永覺空間之外，更有一空間。若離此一望，此望屈而退，則空間之積極的無限，固不可說，卽消極的無限、或進程之無限，亦不可說。有此一望，此望伸而進，以觀空間之展現於前，則消極的無限，進程之無限、固可說，而一積極的無限，由限之無，而直接展示，不由次序壘疊而成者，亦非不可說也。又若離此一望，此望屈而退，空間之無限不可說，則人所感通之空間，卽當與人所感覺之色相，同其大小，色相之範圍有限，空間之範圍亦有限，而空間之有限亦可說。則於空間之說有限無限，其根皆在此望之有無，此望乃心靈情意上事，亦生命存在中事。只如康德黑格爾之自感性之範疇說空間之存有，由理解之次序進行，與理性之求總包，以論空間之有限、無限之對反；而不知：「此理解之次序進行，與理性之求總包，乃在生命存在之心靈之情意上，有此望。」而此望之伸屈，爲空間之有限無限皆可說之根原，亦自當同時是時間之有限無限皆可說之根原，以見於此有限無限之對反，可分別更迭的次序說之，以使其不相爲對反；則猶未盡此中之義蘊也。

九、上觀個體、下觀個體之說之限度，及個體依知之指向活動而規定之義

至於緣康德之言道德意志，經菲希特、黑格爾，至鮑桑奎等，言唯一絕對之全體，方爲

一眞個體之說，則是緣人與我之道德意志及其他之客觀精神、絕對精神之表現，而上觀人我人格之精神之表現交會通貫，所成立之說。蓋吾人若上觀人我人格之精神之表現於其道德意志、立法建國之意志、及藝術、宗教、哲學者看，則凡此精神之內容，屬於吾人通常所謂一個體人格者，無不可在原則上加以普遍化、客觀化，以屬於其他個體人格。一切已普遍化客觀化於人類社會與歷史文化之精神內容，亦莫不可在原則上再主觀化特殊化，以屬于一個體人格之主觀精神、主觀意志。則此中一切屬主觀而特殊者，與屬客觀而普遍者，無不相涵相攝以交會通貫，而可視爲一絕對精神絕對意志之表現，人亦可緣此以見天心上帝之爲絕對唯一之精神意志或絕對人格。然依此而說只有此一絕對者爲一個體，則只有上觀，而無下觀，而未能正視此「絕對」唯依於相對之人格之意志與精神而存在之義。其由觀此相對者之相攝相涵，而有泯化此相對之一絕對之意識，實必待先有此相對，以供其泯化；而此一泯化，亦原爲一次序之歷程，如世間之人格之意志精神之相攝相涵，乃次第成此相攝相涵一次序歷程。此次序歷程之終處，儘可是萬法歸一，而更超一多之概念之境，如後文所論。然其始處，仍爲萬法之相對；而此其始處，則正爲吾人所在之位。今於此吾人所在之位，說吾人之人格，則其意志精神只相對相望爲多，其人格亦相對相望，以各爲唯一無二之個體。於此相對相望而各爲一個體處，人要在能將內外對通、橫通以觀之，而非在上通、縱通以觀之。唯將此內外對通、橫通以觀之，可成就眞正之道德倫理，上通則只成渾然一體之形上學與宗教經驗而已。由此內外對通，以觀得之人格個體之觀念，則不須如來布尼茲之自其一一性相之不同以建立。因此己與人之人格精神之內外對通，如至於完滿之境，儘可是：人我之人格精神內容之性相，亦互相通達，而同一化，或不見其不同一，卽更不可依此內容之性相之不同，以分人我，或說人我之非一。此人我之非一，可惟自人我之精神意志之活動之方向不同而說。如我之活動通及於人，爲一由內至外之方向，人之活動之通及於我，爲由外至內之方向，則此中活動之內容性相，縱全同，如人愛我、我愛人，其愛全同，如男女相愛，其雙目相視，其相視之情全同，亦可有人我之活動方向之分，而見其所看之人我之體之不同；而我之以其知，指此活動方向之分，此知之指，亦有此方向之分，而我能自辨此知之指向活動之次序先後，亦卽可知其愛之不同，其愛所自發之個體人格之不同也。

今更試順此知之指向活動有次序先後方向之義，以說我一人所見之萬物散殊境之形成，則當于我之知之指向活動，及於彼環繞於我之四周之一切事物時，對其次序先後，作辨別，卽於此知之指向之一一次序先後中，爲此所指向之一一事物，分別定位，以見其一一有爲唯一無二之個體之意義。至於此知之指向之次序先後之辨別，則只須待吾人不自覺的「望」一方向次序中所感之事物，再見於另一方向次序中，而不得時，卽可有者。此所謂知之指向次序之不同，在感覺之活動中，初即我感覺活動之知之指向之空間方向之不同。吾人之次序緣不同空間方向、或緣一空間方向，而次第更由前，至前之前……由後，至後之後……以觀事物而思事物，即可定一一事物，在空間的方向次序中之地位。此不須賴於一絕對空間之設定，即可使此定位之事成可能；而於一一位中之事物，各視之爲唯一無二之個體事物。至於在感覺活動之知之外，則此方向之不同，不必是感覺空間方向之不同，而可是任何意義之方向之不同，如思想、情意之方向之不同。然吾人之知，緣此中任何不同方向次序而活動，以有其所指向之事物時，皆同可依於此不同之方向次序之辨別，而亦辨別此所指向之事物之不同之位，更定之爲不同之個體。故於此吾人若有足够之名言，亦即可於此諸事物之地位，一一加以敍述，以形成吾人之主觀的史地知識之世界。

此種唯依吾人之知之活動之指向，或知之指向活動之有不同方向次序，以思其所指向之事物之位，即可各定之爲一個體，而謂有萬物散殊並在之世界之義，亦可由吾人對此萬物之萬殊，儘可只以序數字表達，而更即此一一序數字爲個體事物之名，以證之。如吾人聞第一聲，可即名之爲「第一聲」，再聞第二聲，即可名之爲「第二聲」。又如吾人於旅館之房間，可以於樓梯最近者，爲第一號房，更以次近者，爲第二號房。此皆依吾人接觸事物之次序，而即以此次序之名，爲事物之名。由此而吾人亦未嘗不可以無定限序數之名，將吾人一生次序接觸之個體事物，一一為之定名，以成一一個體事物，皆有其名，之萬物散殊境。此卽證萬事萬物之散殊而各為一個體之根據，初卽在吾人之依不同之方向次序，以知物與思物也。

但上所謂依吾人之知之指向活動之方向次序之辨別，卽可為吾人所知之一切事物，一一在此方向次序中定不同之位，而一一稱之為個體事物云云，此只是一最廣義之個體事物。亦卽吾人之主觀之知之指向活動所直接定着之事物。此知之指向活動之定着於此事物，卽定事物之位，於此知之指向活動之下，而為此知所下觀。此下觀所得者，卽可唯為一件事，或一個事，而非一個體之物。吾人固可謂：一般所謂常在的個體物之觀念，乃自諸生生滅滅之一一個體事之組合構造而成，如羅素、懷特海之哲學所為。然吾人亦可謂：一個體事，由諸個體物互表現功能作用，以發生關係而有。事固皆可為唯一無二之一件事或一個事，故一事由生而滅，卽一去而不回。然此生而滅去不回之事，却至少無一般所謂「體」所具有之某一「常在」之義。又吾人所謂經驗事，恒可只指主觀經驗之事。此主觀經驗之流，亦可只說之為一一主觀經驗事之相續。此一一經驗事如見一色、聞一聲之事，其內容之一色一聲，亦只是所經驗之一一相，而不必直接具有客觀存在之實體義者。則謂此一一經驗事、或其一一內容，各為一個體，亦不具實體義。羅素之邏輯書，嘗謂能為命題函值中之變項之值者，卽名一個體。維根斯坦早期之哲學邏輯論，亦以原子命題表一原子事實，此原子事實卽涵個體事實義。然此所謂個體，皆只爲一能使一命題成爲眞而有其所指者。至於此所指者，是否一常存之實體，則明不能由其能使一命題成爲眞、或爲有所指者，即加以證成。因一刹那間生滅之事，亦可使一命題成眞，而有所指也。故吾人絕不能只由一命題之有所指，或就吾人於一一事，皆可有知之指向活動，以指向於其一一內容，並可依此活動之方向次序，爲此一一事與其內容，定其在此方向次序中之一單獨之位；便謂其已足够建立：一般所謂由常在個體物所合成之萬物散殊境也。此一般所謂由常在個體物所合成之萬物散殊境，其所由建立，如說之只是一依於生生滅滅之一一個體事或經驗事之組合而有之構造，如羅素、懷特海之哲學所爲，則此構造原於主觀之思想，此構造所成者，亦在思想中，即亦終不能有具客觀存在意義之一萬物散殊境之建立也。

第三章　萬物散殊境——觀個體界（下）

一〇、常在的個體物所合成之萬物散殊境之建立

吾人如欲由吾之知之指向活動，次第及於其所知之一一經驗事之內容中之一一之相，更建立有包涵常在的個體物之萬物散殊境，唯有在開始一步，卽承認：吾人知此中所謂個體物一一之相時，此知之指向於相，同時卽有一將此相「推出於外，更以之期望同類之相之呈現」之活動；而此期望，更必須次第得其所期，以見有一羣恒常之性相之相續呈現，然後得有常在之個體物之建立。但吾人於此，又不能逕憑此所呈現之諸性相之和，卽說之爲一個體。以此和仍是性相，非實體故，亦不能由此諸性相，應有一所附屬之底質等，以知其有一實體。因此底質等，初非直接呈現於吾人之心知之前者，可設爲有、亦可設爲無故。如前文所已辨。至謂此性相等爲物之表現，則應有表現之、之物之體，此固當說。但此物之體，亦

爲依其所表現之性相而見，初不能爲一離其一切性相之表現之物質或底質。故於此上所謂依一羣恒常之性相之相續呈現，方得有常在的個體物之建立云云，須更另求善解。

此一善解，吾意是此所謂有一羣恒常之性相，實唯是「一羣更迭的相依而起，方見其重複之性相」。由此更迭的相依而起，便可見其重複之性相，乃一「在次序歷程中表現其有機的關聯」者。此次序歷程，卽形成一歷史。故凡個體，無不有歷史。唯依此更迭的相依而起而重複之性相，在一歷史次序中，而尚未見其底止之處，乃得有此常在之個體之建立。於此又須知此中相依而起而重複之性相，乃此顯彼隱，彼顯此隱，以見其分，而於相依處，見其相合者。此卽正有如宋玉神女賦所謂「神光離合，乍陰乍陽」。此性相之顯者，今暫單名之爲相；於其隱者，則暫單名爲性。此中必性可轉爲相，相可轉爲性，乃見此陰陽隱顯之相依。由此而吾人之憑其性相之相依，以由相知性，由性知相，而望見其重複時，吾人之知之指向活動，卽初非表象某性相，或更抽離之而出，以形成種種觀念、概念之活動，更初非綜合觀念、概念，以形成判斷，而成就知識上之理解之活動。而是以此知之指向活動，直澈入於其性相之中，由相入性，出性入相，「如於諸性與相之夾縫中，曲折旋轉」之活動。此「知之指向活動」，遂如一「曲折旋轉之線，欲往縛諸性相，而其自身亦如轉爲此諸性相之所縛，以成一糾結」。由此知之指向之活動所成之每一糾結，自其異於其依次序向另一方向而指時，所成之另一糾結言，其中初無直接之通路；只分別顯爲不同之糾結，亦卽分別顯爲對不同之個體物之知。此上只爲一總喩。

對此上所說，如更分析而論，則于此知之指向活動所對之相，自其爲顯於此知之指向活動者而言，卽初爲直接呈現於此活動之前者。此在一般西方哲學，稱爲「給與」given。康德稱之爲感覺所對之雜多 manifold。此知之指向活動之及於此相，乃佛家唯識宗所謂遍行心所「觸、作意、受、想、思」中之「觸」。但此觸或知之指向活動之及於此相，初只是具此知之心自身之一開朗。此開朗，卽心之自呈現一虛。對此虛之純粹直覺，卽康德所謂對純粹空間之直覺。心之知以此虛、此空間，攝受此相，而顯爲一被動者。然在心之知攝受此相時（受），此知之「指及此相」之指，卽將此相更指出，（作意）而表現之，以成康德所謂表象或表相（想）。此則更爲有自動之意義者。又此知之指出此相，以成表相時，同時應亦透過此相而超越之。由此超越，而此知卽可離此表相，以轉而攝受他相，或形成其他之表相；更能離此其他表相，以重現原先之表相，以形成康德所謂再認之表相。將任一直覺中之表相，離其餘之表相，而期望其再重現，以實成吾人對之之再認，而自覺此所再認；此表相卽成爲一普遍的觀念或概念之內容；而人之更本觀念概念以期望，卽形成判斷。然於此只說此由表相至再認及概念觀念判斷之形成之一套，皆只所以說明吾人之主觀知識之形成，而非所以建立客觀存在之個體物。於此須知，此心之知之攝受此相而有表相，更由此知之指向活動之透過此一表相，更超越之，而轉至彼一表相時，此中之彼表相顯，原來之此表相即隱，而還爲此心所攝受，亦卽由相而化爲性。說其是性，乃自其有重現而被再認之可能說。凡吾人通常說物之一相有再認之可能，亦卽說物有能再表現其相之一性。因再認之相，與初認之相，亦可說爲二相。初認之相已逝，則再認之相不能依之而起，便只能依此相之再表現之可能而起。此可能，卽是性也。康德書言現象卽相，而避免西方傳統哲學中 Essence 之一字。Essence 卽性也。彼只說相不說性，卽忽此爲「可能者」之卽是性也。須知若一物只呈一相於初認，更無再認之可能，則物亦不得有其先後同一恒常之相，以成其爲一常在之物。卽亦不能稱爲一客觀存在之個體。今說其相有再認之可能，卽說其相有再表現之可能，亦卽必同時說其有性、有 Essence。說有此性，而此性尚未表現，卽說此性在物所表現之其他相之下層或內部；而於此性之實表現爲相，呈於人之前時，吾人乃更證實此先之謂其有性之語爲眞。於此人如必謂一常在之物，除相無性，則必須否認此相有再認之可能。而否認此再認之可能，則物無其先後恒常同一之相，而非常在之物，亦不能以一概念觀念，表其恒常同一之相，而無一判斷知識，得對之恒常爲眞矣。故謂物之相有再認之可能，卽同時必肯定其有性。凡吾人在以一相判斷一物，論謂一物，而歸屬此一相於物之中時，卽化此相爲其屬性，而肯定其有性。此物有性之肯定，爲一超越物正表現之相之外之一肯定。此相表現於已成經驗中，而此性只爲未來重現此相之可能經驗之根據，而不在已成經驗中；則對此性之有之肯定，爲一超經驗之超越肯定。此一肯定，超越物正現之相，而直指向於其性，卽出於「正呈現之相之陽」，而入於「未呈現之性之陰」。然人於此之肯定有性，卽所以爲說明其相之重現之根據。知之活動由指向於其性，更指向於此性之相之重現，並於此相之重現中，證實此性，則爲此指向之再出于陰而入於陽。故此一指向性相之知之活動，卽爲在性相間曲折旋轉之一活動。此活動之結果，自主觀方面言之，爲物之相之再認，而成概念、觀念、判斷、知識。自客觀方面言之，則爲此活動滲入於存在之性與相之中，繞此性相間，曲折旋轉也。

至於吾人所以謂一物必有相依更迭而重複生起之諸相，乃得成爲個體物者。則以一物若只重複顯一相，則吾人雖可說其有此相之性，然吾人知之指向活動之及於其相，更推此相之可能根據於其性，再由性至相之一旋轉，只是緣原初之相，直入直出，以成此一旋轉。此中之知之指向活動，由相入性時，固可說物有其內部之性，藏於物之自體，而人亦可肯定物有體。但當由性入相時，則只見相而不見性，亦不見此性之有所藏之自體；而人便亦可否定物有體，謂只有相。若然，則物之體，可立亦可廢，而論不能定。然若物有二個以上之性相更迭相依而起，此現爲相，彼隱爲性；彼現爲性，此隱爲相；則物恒兼具性相；而正現於經驗中之相，卽永不能窮其未現於經驗中之性；而物卽永在其所現之相之外，有其所藏之性，屬於其自體矣。然吾人謂一物有二個以上之性相，更迭相依而起，則吾人之心知之指向活動，亦只能緣此諸性相，以更迭相依而起。當此一知之指向活動，指一相時，此相表現於物之體外，此指亦在物外。當此一相爲性時，此性在物之體之內，此指亦在物內。當物之性相旋轉，此指亦隨之旋轉。此中如性相有二，此指亦有二。此二性相互爲出入，而一出一入，則此二指，亦互爲出入，而一出一入。自出處觀，則見物唯是其呈現之相；自入處觀，則見物有所藏之性，屬于其自體。此指亦由及於此性，而入於此物之自體，而直指其自體者。此指，亦卽可說爲在物自體之諸性相之夾縫中旋轉，而不得出於此自體之外者矣。

此上所說一物體之諸性相之相依而更迭以起，卽一般所謂物之成其爲物之內在的形式規律。凡吾人所謂一眞實常在之個體物，如一人、一樹，以至一原子、一電子，無不可說其所表現之不同性相間，有一更迭相依而起之關係，於此關係中見其爲一統一之個體。至於凡只可稱爲諸個體之集結者，如一羣人、一樹林，則其所表現之諸性相間，卽未必有相依而起之關係；卽有相依而起者，亦非必能更迭的相依而起者。而一眞實常在之個體物，如其所表現之性相，非能更迭的相依而起，以見一統一性者，吾人亦不視之爲界定一個體之成爲一個體之本質的性相，而只視之爲偶有的性相。由此「如何如何地相依的更迭而起」，卽見物體之諸性相間之內在的形式規律。而一個體之所以爲一個體，又卽可說以此連結諸性相之內在的形式規律，爲其本質或形成之理。然此更迭相依而起之諸性相，乃此隱彼顯，彼隱此顯，而乍陰乍陽者。故此陰陽之理，卽爲任何個體物之成爲個體物之共同的存在之理。此更迭隱顯之事實，則可說爲一陰陽之氣之流行。此中之所顯者爲相，所隱者爲性。統此性相而言，卽爲物之自體。此中之性，乃一物之體之內部所藏具，故性之義與體之義近；相則爲性之顯於外，或其他之物之前者。體之性之顯爲相，見此體性之用，而相之「化」爲性，而「藏」於體，則見此體相之用。又相之顯于他物之前，亦有其對他物之體之用。此見性相及體用之名之意義之關聯。故吾人心之知之指向個體物之活動，亦直接通過此諸意義之關聯，而緣個體物作用之及於我，而見其相，以至其性、及藏此性之體，而以此體爲其活動所指向之終點。此知之指向活動，卽可說爲一指向於一常在之個體物者。吾人之知之指向活動之依次序而分別向各方向，如此或如彼，以指向無定數之常在之個體物，卽合以形成包涵此諸個體物之萬物散殊境。此有如中國佛寺中之一千手萬指觀音，分別以其千手萬指，指向萬人萬物，此萬人萬物，卽皆分別如各爲其所指向之一個體物，以呈於其前者矣。

依吾人此上之所說，則所謂常在之個體物，自非一單純的直接呈現於吾之知之指向活動之前之一給與 given ，或現相，或一單純的感性直覺之內容，但亦非依對此感性直覺之內容或現相，加以思想，加以構造，而成之個體之概念。謂此個體物之爲常在，復非只是謂此個體物有一引生吾人之感性直覺與其內容或現相所合成之感覺之可能性，如穆勒之意；再非謂其在能引生感覺之可能性之外，別有一物質或底質爲常在，如洛克之意；又非只因其所表現之相之可在相繼再認中，見爲恒常之相，人以此相爲內容，以形成概念，更用概念於其物，卽可形成眞實之判斷知識，便可謂其爲常在，如康德之意。此常在之個體物之爲常在，乃只對曲折旋轉於所謂個體物諸性相間之知之指向活動，而爲常在。此中之知之指向活動，必先自開朗，以攝受一呈現之相，以成一直覺境，又能超越此相，以轉至他相，再成一直覺境；而於此時，其先所呈現之相，卽化爲一可能重呈現爲相之性。亦唯在此際，方可說物有性。然當此先呈現之相，化爲性，而未重呈現爲相時，則吾人現有之知，卽有其現所未指、未知，而只爲其可能由指而知者。而此知之自身，亦有其所未現之可能，爲此知之自身之性之所存。此知之性與所謂物之性，正互相對應。此現有之知，卽依其知之性，以往向於此物之性，而求其重現爲相，而以此重現之相，爲其現有之知之指向活動所向之前境。此前境，在其現有之境之外；於是此前境之自身，卽對現有之境，有一外在相或客觀相。此前境中可能呈現之相，亦有一外在相、客觀相。今專自可能呈現之相之未呈現，而只爲藏於已呈現者之內層、下層之性以觀，則此性又如在已呈現之相之底之核。而此性之自身，便有一底層相、或居核心相。哲學家所謂現相之後之下之底質之觀念，卽依此性之對相，原可說爲在其內層下層而生出。此中如自此性可於重現爲相以觀，此性之觀念可廢，此底質之觀念亦可廢。此卽現象主義之思路。然因一物不只有一性相，恒有二個以上之性相，能依規律以更迭而起，此顯爲相，彼隱爲性，而性之觀念卽不可廢。相之有其下層內層之觀念，亦不可廢。故此底質之想，亦不可廢。至於此底質之想，所以畢竟爲非理者，則以其只是一過渡觀念。吾人由知相而思其下其內有底質時，乃先思其有內有下，方思其應有底質。然當其思此底質是何物時，問底質之觀念之自身底於何處時，則此所得者，只能是其內藏之性，而可能呈現者。故此一底質之觀念之生，唯在：吾人之知之指向活動，由思其相、至思其性之中間過渡之際。在此中間過渡之際，思已離相，以往向於其下其內之性，此思卽在「相」、「性」之夾縫中，而其所往向之「下」與「內」，對此「思」，卽暫呈現爲一底質觀念。然當此「思」實以此「下」與「內」爲所思之時，此思，卽離原初之相，以入性，而化此性爲所思之相，而除此性相之外，實更無所思。吾人唯有：自此性相之能相依相轉，而自上加以綜合所成之統性相之體之觀念，乃爲可建立者。此體之觀念，乃由此性相間，實有此「能相依而轉」，而見得其間有一統一性而立；通過此體之觀念，以觀此性相，則此性相卽皆統屬於此體；而此體與此性相，卽同可說爲實有者。然此體固非只居物之下層、內層，如過渡性之觀念之「底質」之類者也。

一一、知之指向活動之曲轉性、透入性、超越性，與經驗的我之建立

上文謂一個體物之得建立爲一常在之個體物，在其所表現所具有之諸性相之更迭的相依而轉，而知之指向活動亦曲折旋轉於其中。此中一個體物所呈現之諸性相之相依而轉，卽見其有所自形成與得存在之理，存於其中。此中之諸性相之如何如何相依而轉，一般卽說爲「此有則彼有，或彼有則此有」之規律。但此只是吾人已成之知識中之規律。自知之指向物之活動之原始說，此知之知此有與彼有，乃在次第歷程中。故皆必先見此之有而無、而隱，乃見彼之自無而有、而顯。隱爲性，顯爲相，故此規律，卽皆只是規定物之諸性相之此隱彼顯之規律。有如規定一阿米巴之東凹而西凸，一原子之向一方向發力多，另一方向之發力卽少之規律。吾人亦唯在此諸性相之互爲隱顯處，方見此諸性相之相依而起，並見其共屬於一統一之個體物。對此一個體物之諸性相，吾人除直就其爲性相，一一舉出之外，亦可以一一數量，更規定性相之大小多少。物之一性相之數量之變化，與其他性相之數量之變化之相依，亦顯爲一次序歷程，而在此次序歷程中，同時見有諸數量之隱顯之相依。故同不能離此隱顯相依之理，卽陰陽之理，以有此數量之變化之相依。而一個體物之表現一相後，若一隱而不

能再顯，則可謂此相既無，其性亦與之俱無，而此物亦無其繼續成其爲物之理，而物卽毀。此物之毀，亦可說由此物之性皆表現爲相，而性窮於相。性窮於相，相見於外，而只屬於外之見此相者，其內又無性，則物自必空無所有而毀，同時失其在當前所對之萬物散殊境中之存在地位。吾人上來之說，爲容許任何在一段時間中常在之個體物，不更存在於此當前所對之萬物散殊境之世界之可能者。至於其是否可出現於此世界之外之另一世界，則自有其可能，今可不論。若此當前所對萬物散殊境之世界，卽其中一切個體物之和，則吾人之說亦容許此當前所對萬物散殊境之世界之不存在，而另無其下之物之底質之存在者。此亦卽無異於謂：吾人前所喩如觀音之千手萬指之知之指向活動，既向於一一物，而曲轉於其性相之中之後，可更由一一物之全表現其性爲相而不存在，以超出於其一一物之一一性相之外；而彼原所曲轉於其中之諸性相，卽皆如爲此千手萬指所透過，而皆如化爲其指環，而見此一一之指尖，皆在此指環之外者矣。

然吾人之如此說此知之指向活動之建立萬物散殊境，雖可使吾人對其知之指向活動之深義，有極高明通透之了解，然亦可導至更深之一問題。卽吾人於此當如何說有此知之指向活動之吾人自己之爲一個體？卽發出此知之指向活動之我，如何可說爲一個體，或一存在之個體物？吾人通常皆承認我自己爲一個人、一個體。客觀言之，卽亦是天地間之一個體物。今謂此我之知之指向活動，如觀音之能以千手萬指指萬物，更可化萬物之性相爲指環，則此知之指向活動，應爲高居萬物之頂，而與萬物不在一層面者。此知之指向活動，由分別向各方向指萬物，以分別建立一一之個體物，其自身應爲統此分別，爲此分別之原，而此原中無此分別，亦不可視之爲個體者。然吾人又恒於有此知之指向活動時，說此活動爲我所發，說我亦是一個人、一個體，則此中顯然有一不易解答之問題在。

對此問題之一解答，是分吾人所謂自我爲上下之兩層。其一層爲經驗的我，一層爲超越的我。此能以知指向萬物之我，爲一超越的我。此超越的我所指爲萬物之一之我，則爲經驗的我。此經驗的我，乃爲與其他萬物有同類之個體性，而相對並在於萬物散殊境者。吾人通常所謂我個人之我，皆指此經驗的我。而此經驗的我之所以被知爲有個體性之根據，亦可與其他萬物無殊。至於能平等的建立此經驗的我與其他萬物之個體性之超越的我，則無此義之個體性。問其是否有另一義之個體性，則爲別一問題。茲先卽順此義一說。

所謂吾人通常所謂我個人皆指經驗的我，非卽謂此我只是一經驗之流，或如休謨所謂相似相續之一串經驗。因純從此一串經驗之相似相續上說，前文已謂其中可無我之可得，亦不見我之爲一個體，而只是一束經驗，而可分散之爲無數經驗事之和以觀者。此所謂經驗的我之得被知爲一個體，正與其他物之被知爲一個體有相同之根據。其他物之被知爲一個體，上文說在其表現相依更迭而起之諸性相，而此知之指向活動，可澈於其中，與之俱轉。吾或他人知我之經驗的我之爲一個體，亦在他人觀我或我自觀此我時，見此我之恒能表現相依而更迭以起之諸性相。

此對我之反觀，非在觀我過去有何一一之經驗。如只觀此我過去一一之經驗，吾人並不能發現一我之爲物，亦實不能於休謨所謂經驗之相似相續之外，發現我之一名所指之意義。此反觀，乃是由反觀以知我之經驗所由成之我之活動行爲有某種相狀，而知此相狀之更爲我以後之活動行爲之所重複表現，加以再認，而得某類之概念，以規定判斷我之爲人，使我有我之爲人爲如何之知識。唯透過此對我以概念規定判斷，所成之對我之知識，乃得謂我爲某一個體之人，或有個體性之存在之物。故我之經驗的我之被我知爲一有個體性之我，初不在此經驗的我之內容中之有諸經驗，而在我之「如何反觀」此經驗的我之內容所有之諸經驗，此諸經驗之有何相狀，更有「再認此相狀，而成概念，以規定判斷此經驗的我」之「知之活動」，以指向於此經驗的我之內容之諸經驗。此中之我自以反觀、再認、判斷等知之活動之如此指向，以定經驗的我，爲如何之一個體人，固與我之憑其反觀、再認、判斷等知之活動，以指向於他人他物，以各定之爲如何之個體人物，初無殊別。此經驗的我，固不能只有一單純的相狀，由我之一經驗或一活動一行爲而表現。此經驗的我，必須有更迭相依而起之諸經驗、或諸活動行爲，於其中可見有更迭相依而轉之諸性相；而吾人之知之活動之指向於此諸性相，亦必須澈入其中，而更曲轉於其中；方得謂此經驗的我爲一有性、有實體、有其形成之理、與存在之理，而可客觀的觀之爲萬物散殊境中之存在之個體人或個體物。此固皆與其他物之得建立爲一個體物，依於同一之根據也。

一二、超越的我與經驗的我之異義

然吾人謂此經驗的我之被建立爲一個體之根據，同於他人他物之被建立爲一個體之根據，即謂其同原於一居於上層之知之指向之活動，亦同原於一發此知之指向活動之超越的我。然此超越的我、與經驗的我、及他人他物之關係，又是否眞同一？其在此二關係中，所表現之性質，又是否眞同一？若眞同一，則吾人若可依其能建立經驗的我之個體性，而名之爲超越的我，何不由其能建立他人他物之個體性，而稱之爲超越的人，超越的物？此中特名之爲「我」，豈能全無與經驗的我之爲我之同一的意義？若全無同一之意義，如何可同用此我字？然吾人若細反省此超越的我與經驗的我及他人他物之關係，又實可發現其關係正有不全同一之處。因在依此超越的我之知之指向活動，以建立他人他物之個體性時，吾人上已謂此中容許此所建立爲存在之他人他物之由其性窮於相，而更不存在，而此超越的我之知之指向活動，卽凸出於其已有之存在之外，如指尖之露於指環之外。此吾人之想像他人他物之不存在，亦自始爲可能之事。然當吾人想像他人他物皆不存在時，却不能言此超越的我之知之指向活動卽不存在。此超越的我之知之指向活動，儘可指向在無人無物之世界。吾人之知之指向於未來可能經驗中之人物，卽皆是一對實際上無人無物爲所經驗之處之一知之指向。如吾人依康德之意以觀，則康德雖未用知之指向活動之名，然彼自可說此知之指向活動，在實際無人無物爲所經驗時，亦自帶有其超經驗之範疇，以準備延納可能經驗之事物，而此範疇亦卽其得成爲實際的經驗事物或經驗知識中之事物之條件。唯依此知之指向之活動，自帶有此超經驗之範疇，人乃更可加以自覺，而有種種先驗之知識。如謂凡可經驗之事物必有不同强度之質，不同廣度之量，必可依其相之相繼，以說其有因果關係，必可依其相之恒常，以說有實體等，卽皆是依於吾人之知之指向活動，原自帶此質、量、因果、實體等範疇，爲經驗事物所自形成之條件，而有之種種先驗的知識。此先驗知識乃不待實際經驗而建立，又對一切可能經驗而不在實際經驗中存在之事物，皆定然的爲眞而有效者。此知之指向活動，超越於一切實際經驗存在之事物，仍自帶有其範疇，以便延納可能經驗事物，並爲形成其先驗知識之所資，卽見此超越的我之知之指向活動，可指向至一客觀上無人無物之世界。康德固謂只有此帶範疇之知之指向活動，而無經驗的直覺中之事物供其應用，不能形成經驗知識。康德亦謂將此範疇運用於可能經驗世界之外，以對此諸範疇作超越的運用，不能形成對形上實在之眞知識。人可由相反的思維方式，以運用範疇，所成之相反的形上理論，必相對銷；以見此形上理論之虛幻。然人之能對此範疇自作超越的運用之事，亦正見此人之知之指向活動，原能在可能經驗之世界以外之無人無物之世界，自運用其所帶之範疇，以自行活動，方能自造虛幻，而更自見其虛幻也。

然此超越的我之知之指向活動，雖可在無人無物之世界自行活動，如御空而行，其是否能離此經驗的我，而御空而行，則又有問題。因無此經驗的我，則無經驗之事物之世界，此超越的我之先驗範疇，亦無落實的應用之所。言超經驗、先經驗，必有經驗之可超、可先。則人必至少先知有經驗事物與經驗知識，乃有知此經驗事物經驗知識所由形成之條件之先驗知識。則人之知之指向活動，指向於經驗事物經驗知識，乃在其指向於超已有經驗事物之可能經驗事物之世界、或無人無物之世界之先。超越的我之知之指向活動，還自指向於我，亦初非指向於超越的我，則只指向於此經驗的我，以建立經驗的我之個體性。此卽人之所以於數歲時，卽知說我，以別於他人他物，而其所謂我，亦當只是其經驗的我也。當此超越的我初指向於其經驗的我時，亦初不知有此超越的我，亦不於我自分爲二，而唯自謂有一我；則哲學家之由反省而分此二我，雖有其必立此二我之義，如前文已及；然要亦必須更反省：人何以初只說一我之故？何以於哲學家於分二我之後，仍以一經驗的「我」之我字，名超越的我之故？然後可也。

今吾人如純自「能發此知之指向活動，以建立經驗的我與其他人物之個體性」之「超越的我」之自身之活動上看，却又似極難發現其與經驗的我之爲我之同一的意義之所在。此則由於經驗的我，可以一定經驗性相之概念，加以規定，如我之目能視、耳能聽、心易怒易喜，即皆我之經驗性相，而與他人他物之有其他經驗性相，可對等的次第觀之而次第知之者。然此能次第觀、次第知此諸性相之知之指向活動，則只運於此諸性相之上層，將其所次序知之性相，次序加以綜合，統而知之覺之，以形成諸性相之集合之概念，以應用於我或其他人物，而形成其各爲如何一個體之知識。此知之指向活動，如此運行於上層，以次第下指其所知之我或其他人物之性相，以「統而知之覺之」之統，只是一聯繫之功能。其本身似無形無性相，亦不見其爲一實體。因其統只是不斷去統，以求更有所統，未嘗停止於其自身，以成就一「完成之自身」，則吾人亦不能以任何經驗概念，以及先驗概念，倒用於其自身，以規定之爲一個體，如吾人對經驗的我與其他人物之所爲也。凡此一切經驗概念、先驗概念，固皆唯是可更迭運用，以統諸經驗事物之性相者。然此能用之之「用」，則只能在上層運行，而不能爲其所用之概念所規定。若「用」其所用，以自規定。此「用」其所用之「用」，仍在上層，而非其所能自規定者也。此規定之義不成，則亦無所規定成之個體可說。於此人固能自覺此能統之用之存在，自覺此用能將呈於其前之一切經驗事物之性相，依次統之。然自覺此能統之用，而自謂有此用，仍不同於謂此用爲一實體或一個體人。在此自覺中，觀此能統之用一直運行，亦一直是能統之一知或一思。人固可以我之一名，表此能統之爲能統之性質，於此知此思之運行中，謂時時皆有此我，卽時時皆有一「我思」、「我知」，與其所統所思所知之一切經驗事物之性相。然此能統之性質，仍不同於吾人用以建立個體物爲實體性之個體物之性相。此能統之性質，乃唯於能統之活動之運行中見。若此運行不能停止於其自身，以成就一「完成之自身」，而不能於其中見一實體義，則仍不能謂此我之爲一實體或一個體也。在此能統之活動，往統經驗事物處，吾人尚不能建立其爲實體之義，則當此活動之空自帶其自身之範疇，以指向超實際經驗事物之無人無物之世界，而自用其範疇，以作超越的運用，更唯是自思其所帶之諸範疇，而自加構造，自加綜合，而實外無經驗事物之性相可綜合；則其離於一般之經驗事物之個體性，實體性之建立更遠；亦更不能由之以言能如是自思其思中之諸範疇，而自加構造之我，爲一有實體性之我矣。

一三、超越的我之實體性、個體性

上文乃順康德純理批判之旨，以言由「我思」不能自建立我之實體性的存在，爲一個體。此乃代表人之自觀其「我思」之一形態之哲學路向。此一路向之哲學，其根本義在向上兼向前，去看此「思」爲繼續向上向前之去統一綜合之能。其自覺「我思」之自覺，亦只是更向上向前去自表象此統一綜合之「能」。故於此「能」，只見其前伸上伸之用，而不能見其存在之實體義。而具此存在之實體義之我，必須在他處尋求。在康德，卽謂當此我不只在一接受經驗，而次第綜合統一之純知之活動中，而能自定立一理性的道德規律，而自尊敬之，自遵行實踐之之道德意志，以面對經驗的我而規定之之時，卽可建立一不朽而能恆存之實體義之我。然此一我自實踐其自定立之道德規律，而道德規律又依於：對人我之平等尊敬而建立。此平等尊敬人我之尊敬，仍可說在所尊敬之人我之上一層次。於此亦可走向前文所謂只建立一形上之一大我，爲一絕對個體，更無與非我之人相對立之我之一路。則吾人欲由道德理性道德意志以建立與非我之人等相對立之個體我，仍唯有回頭自此意志所規律之經驗的我看。而我之自思其經驗的我、或自覺其經驗的我，進而自覺其此思之有，初亦爲一純知的態度。此純知之態度，非向前向外求有所知，而是向後向內自反省其思。而人於此卽可由其思之有、思之在，以至知此經驗的我之經驗之在。常人之自反省其經驗，而由此經驗之在，以直覺一我之在，實循此一思路進行之結果。西方哲學家笛卡爾、來布尼茲至休謨，皆同是以一純知的態度，向內反省此我之在者，而初皆在此同一路向上。笛卡爾由反省其思之在，謂有思者之我之在，當是由直感其思之自內而出之不窮，便見除已有之思之在之外，尙有思之原、或可能有之思，或思之性之在，而依此性說有能思之我。此非不可說者。然由此思之自內而出，不只可自思其經驗的我，亦可思其他人物所經驗。由此思之可遍運於一切有形相之人物，以與一切形相之呈於此思之前者，俱呈俱現，而相統一爲一實體，則又可引至斯賓諾薩之視一切思之活動，與所思之形相，合爲一實體之說。此則雖可建立此思此我之實體性，然不能建立此思此我之個體性。來布尼茲則又由反省此思之能統一所思所知外物之感覺性相，而具統覺之統一性，卽於反省所得之此統一性上，建立我之統一性；更以此統覺之所統者，爲具此統一性之我之賓辭；而後此我乃爲以此賓辭之內容爲其內容之一兼具個體性之我。至一一我之各有其個體性，則唯是依於吾人之反省及；此統覺除內有所統而外，亦有所不能統之他人之統覺以建立。此又爲另一思想之道路。而休謨則當是由於其向內反省時，未能反省及「此反省之能統與其中之統一性」，而知此反省之能卽統覺之能；乃只自其反省所對中，無此統覺之能而唯有相續相似之諸經驗之集結，遂謂無自具實體性，而存在之個體我者。此再為一思想之道路。此諸思想之道路，皆同屬於一以純知之態度，自反省其思其知之大道路上之諸小路。而皆不同於康德之向前向上，看此人之能知、能思之能，不斷綜合一切可知可思，以見一超越的統覺之在，或超越的我之在，而又謂此我無實體性者。

由上所述之康德之說既出，而凡笛卡爾以下之說只循向內向後之反省以進行者，皆似落後着而屬下一層次之思想。然康德以後由菲希特以降，則兼轉而自康德所謂超越的統覺中之自覺之能，必表現於對我之一般的經驗之直接的反省，以更求建立此中之超越的我之存在性、實體性，以及其個體性等。此則如菲希特之由吾人之自覺其所經驗之事物，而理解判斷其是其所是，如是A則是A，以證此「建立A是A」之建立活動中，預設一建立活動所自發之主體之「我是我」為根據。此我之是我，卽涵我之為有此是我之性之存在，亦見此我之為一形上之實在，而具實體義。又我之建立A是A時，亦同時建立一非A，與之相對反，而相聯繫；而於建立非A時，亦同時建立一非我，與我相對反而相聯繫。則可建立「我」與「非我之其他人物」之分別的個體意義。然此中能兼建立我與非我之我，仍居於上層，以統此相對之我與非我，以為一絕對我。此絕對我在菲希特則無一般之個體意義。後席林之超越唯心論依此說一絕對之自覺心，亦明謂此不可以個體名之。然後來英美之唯心論者如鮑桑奎、羅以斯，則仍緣此一思想道路，以論絕對個體之存在。此一思想之道路與康德之不同處，乃始於對自覺之認識。在康德，自覺卽自己表象自己。人有具統一性之統覺，更表象此統覺之統一性，卽對其統覺與其統一性之自覺。然此表象之事或自覺之事，則爲向前向上進行，不斷自行綜合，其前程不見底止；故亦不能定置之爲一全體，以說其實在、或存在、或爲一實體、爲一個體者。此如前所已及。但依菲希特至黑格耳之思路，則自覺始於對經驗事物之反省。而此反省中，卽有一事物是其事物之肯認，如菲希特於知識原理中所說。此肯認，始於一直接的確定性，則黑格耳於精神現象學中所說。由此自覺中對所自覺者有此一肯認，此自覺之能，卽包涵其下層所自覺者爲其內容。由此包涵，而人可以此所自覺者論謂或判斷此自覺之能，而將之歸屬於此能之主體，以爲其屬性或性。由是而此主體之能，便不只是一能、一用，亦是一實體，因其有內容之性故。此主體不只是一主體，亦是一客體，因其爲判斷之所對故。此判斷之活動之自身，爲此主體所自己發出，而亦自回向于其自己之活動。此回向其自己，卽自覺其自己，亦自建立其自己之是其自己，而有其自己爲內容爲性，以爲實在、存在之一實體。故此實體之存在，卽由此判斷之活動，或自覺的建立自己之活動，而存在，亦卽此活動之自身。此中之存在義與活動義，乃不可分者，亦不能說其只爲一活動而非存在，只爲用而非體者。

依此一思路去看此人之自覺之意義，則此自覺之活動，自爲不斷向前向上進行，不斷綜合統一經驗內容，亦自覺其同時爲能統覺其內容，而具統一性之統覺。然此不斷綜合統一經驗內容，亦即不斷攝受涵藏之，以爲其自身之內容。則此統一，不只一抽象的統一，而爲一具體的統一。吾人亦不當只表象此「自覺」之爲一抽象的統一，只向前向上求有所統者；而當表象此「自覺」之爲「同時將其所統，攝受涵藏於其內，而以之規定判斷此能統之『統覺或自覺之能』之性，而更建立此『能』之非只一用，而亦爲一存在之體者」。於是此自覺統覺之「能」，愈向上向前向外活動，亦同時愈向其下之所統，愈向其所遺於後者，加以攝受，而向內自判斷而自覺其自身之存在，更自見其不只爲一活動之用，而兼爲一實體。此固有進於康德之思路者矣。

此菲希特、黑格耳之由超越的自覺之表現於對一般經驗之直接的反省處，建立此中之超越的我之存在性實體性，原可說明：此超越的我與有此一般經驗的我，所以同名爲我之故。亦同時說明此二我之雖可分屬上下二層以觀，而實相依以存在，見其間之統一性。吾人將此說之義與吾人前所說之經驗的我之個體性，及我之外之個體人物所以建立之根據，合而觀之，則吾人可說此超越的我與經驗的我，及我外之個體人物所以建立，乃由吾人之心靈，位於一三叉路口，分別向三方向之活動所建立。其一方向之活動爲此心靈之自開朗，而以感覺攝受外物之相，初化之爲性，更化之爲可再現之相，而加以再認，理解、判斷，以建立我外之個體人物之世界。其二爲向內反省，而向下以自再認、理解、判斷其所反省之我之經驗，而建立經驗的我之存在與其個體性。其三爲向上反省吾人之理解判斷所成知識，其所以可能之超越的根據，以及於此反省或自覺活動之繼續之可能之超越的根據，如康德菲希特等所爲，而歸於知：此自覺爲一超越的我之用；此超越的我有用，亦有性，而有爲形上存在或實體之義。

一四、總說三方向之建立活動，及超越的我之明與無明

此上述之吾人心靈之三方向之活動，皆始於當下之一覺。此覺始於吾人之生命存在之一自己開朗，而自呈現一虛，以直接攝一境相，而與之感通者，爲感覺之直覺。此感覺之直覺之直向於其所感，卽外向，而爲外感覺。循外感覺之方向，而建立我外之其他人物之世界。既有感覺，而自感其有此一感，爲內感覺。此對向外感之方向言，爲一逆轉或回向，其覺已非直而爲曲。然尅就此內感覺生起之際言，其本身亦是直感其有感，而爲一直感直覺。循此內感覺之方向，而建立經驗的我。此內感卽已是感其所感，覺其所覺之自覺。然吾人通常言「自」，乃對「他」而言。自覺必覺自，亦覺有非自之他。自覺包涵向自、向內之自感，亦包涵向他、向外之感他人他物，覺他人他物。而此自覺之活動，卽爲一劃分內外、自他二方

向之世界之原始之活動。佛家所謂意識之分別心也。然此自覺之活動之分別內外自他，此活動卽同時自開爲二方向之活動。此二方向之活動，以內外、自他之世界，爲其所向、所感、所覺，亦爲其所分別統攝。吾人之「自覺及此一能統攝之自覺活動之有」，則同時爲此自覺活動，自其所覺之內外、自他之世界，更向上超拔而起，如越過此內外、自他之所覺所感，而廻向於其自身者。此廻向，可謂此「覺」由分向其所覺、而居下層之內外自他，更升騰，以自折回於自己之一曲轉，以向於其自身，而自見其爲一能統攝綜合者。然尅就此自見或自覺其自覺之活動自身而言，亦是一直覺。此可稱爲超越的直覺。循此超越的直覺之方向，而建立超越的統覺或超越的能覺中之超越的我。

此上所述之三方向之活動，由外向而建立我外之他，由內向而建立經驗的我，由向上而建立超越的我。其中之外向之活動與內向之活動，互爲對反，互爲其根，而可相轉，而內外自他之世界，亦恒互相推移伸縮。故皆可直以中國先哲之太極陰陽之理之行於氣說之。內外向之活動與上下向之活動，亦互爲對反，互爲其根；却不宜說爲如內外之相轉，而宜說之爲如上下之相升降者。升爲陽，而降爲陰。亦可以太極陰陽之理，行於乎氣說之。

人在其一般之意識中，其覺乃始於外向之感覺，故人首建立一我外之人物之世界。小孩初未知說我，唯知以他人之所以名之者，自名其我。在其知說我時，表示其能自覺其內感之有。當其知說我覺我知時，則表示其已自知其知、自覺其覺，亦自知自覺其有發此知此覺之超越的我。人自謂我知道有我，或我知道我有此知道，皆自分其我爲屬上下二層之一能知之我，與所知之我之事。西方文字中之分I與Me，卽依此而立。I卽表示一超越於所知之Me之上層之超越的我。人之謂I卽是Me，或我只是一我，如中文之只用一我字，以表此上下層之二我，卽表示此二我之爲上下相澈，而可於此相澈處，說爲一我者。

人在其一般意識與其自然發出之語言中，固已見其依三方向之活動，而知內外自他之別與上下層之我。然人之知識之內容，則以其知之外向活動爲先，故亦以對外之其他人物之知識爲多。然人亦知其「有此一切知識」與「此知識中之外在世界之有」。人亦皆不難說此外在之世界，爲我的世界，不是我，而非我，或只是我的。此「我的」中之我，可指經驗的我，或超越的我。但人亦謂其知情意等活動所成之經驗爲我的。則此我應唯指自知自覺其有知情意等經驗之超越的我。人以經驗的我，與其他人物相對時，其他人物爲非我，或只是我的。人以我的經驗，與自覺此經驗之我相對時，亦可以此我的經驗的我，非我之自身，而只爲我的，或可視如非我之一他人。故吾人亦可說：我只是我的世界中之一人，而可將我之此一人，視如客觀外在世界一切人物中之一份子，或萬物散殊境中之一物。此事之可能，乃證人之可只自同一於其超越的我，故可將其經驗的我，客觀外在化爲非我或世界中之一人一物也。此人之自同一於其超越的我之事，亦卽此超越的我，自經驗的我中，上升而撤回，以退歸於其自己，而如只托出其所建立之客觀外在之世界，於此中見其經驗的我，亦爲其中之一人一物。此超越的我之自撤回，而退歸於其自己之事，初恆爲人所不自覺。在此不自覺之情形下，則此世界呈現爲一單純之包括我爲其一人一物之客觀外在之世界，亦卽一純粹之萬物散殊境。

上言此萬物散殊境之形成，如自其原而觀，必溯之於吾人之心靈之活動。又言吾人之心靈之活動有三方向，卽必然建立：我外之人物，及上下層之經驗的我與超越的我之存在。此三者之存在皆爲一般意識中所意許，可由一般語言以證有此意許者。然吾人自知此三方向之活動與其涵義，則在哲學思辨中，爲一至曲折而至繁難之事。其所以至曲折繁難，亦正證此三方向之活動，人初未自覺其具有，而此三方向之活動之所向之我外之人物、經驗的我、及超越的我之種種涵義，亦初皆在不自覺之中。卽此客觀外在的萬物散殊之世界，原依於一建立此世界之超越的我之種種自覺活動而形成者，亦可不被知、不被自覺，如未嘗有那回事。而其所以顯爲未嘗有那回事，則由此超越的我之自撤回而退縮，遂只見一客觀外在之萬物散殊境之存在之故。此其撤回而退縮，似可說爲其功成身退。然亦可說爲其自身之隱沒於其自體，而更不活動、不呈用，以歸一無明。故吾人又可說吾人之所以唯見一客觀外在之萬物散殊境，其根本卽在此超越的我之隱沒於其自體之一大無明。此一大無明之我之爲一般之自覺意識之根，正如佛家所謂末那識之爲一般自覺意識之根，而有俱生我執者。今能知此客觀外在之萬物散殊境，依此大無明之我或末那識而建立，則爲知此無明、明此無明之哲學活動，亦爲此超越的我之由體以再呈用之事。然人之哲學活動可有可無。人之往建立一客觀外在之萬物散殊境時，其所向在客觀外在之此境，又必忘此建立之活動之自身；而此超越的我，亦必同時撤回退縮，以隱沒於其自體，而歸於一無明。此超越的我之自撤回退歸，以隱沒於其自體，亦可說是其自身之一純消極的活動、或純消極的用，而顯上述之一純消極的無明於外。則此超越的我並非卽一至堪尊貴之物。西方哲學家如康德至菲希特、席林、黑格耳，皆謂此超越的我爲客觀外在之萬物散殊境之所由建立之根。此在西方哲學爲一至高之成就，而代表一極深入之哲學之明。然皆尙未知此超越的我之初爲超越，而初不自覺，卽見其自身之有純消極之用與無明相。此超越的我，初只是一末那識。其活動中種種之形式範疇，皆無不先呈一無明相。故必由後起之哲學活動之種種超越的反省而後見。此見自是哲學之明。然此哲學之明，未明其所明之超越的我，初在無明中，非必可尊貴，此哲學之明，亦尙未至極也。

此超越的我非必可尊貴。其可尊貴與否，在其體之能否積極的發用，而自覺其此用，或自覺其種種自覺之活動。凡人建立萬物散殊境中一一人物，或爲其中之一人一物之我之存在，而不自覺其建立之活動之有時，爲其一切活動中之明之根之超越的我，卽皆尙在無明中。此在佛家卽言分別之意識之根，在末那識。人在其一般意識、一般生活中，皆時時在建立萬物散殊境一一人物之存在，而不自覺其建立活動，故亦時時背負此末那識之無明，以有其意識之明之及於一一人物之存在。此亦卽吾人前所謂知之指向活動，在物之諸性相之夾縫中旋轉，以求對之理解判斷，而形成種種個體人物之知。此知自是明。然其旋轉於物之諸性相之夾縫中，則諸性相，初非所明，乃初在無明中者。其知之指向活動之旋轉於其中，亦卽如明入地中，而在無明中旋轉。由此旋轉而有一個體人物之建立，則爲此明在無明中之旋轉之停止。於此自明而觀，卽一個體人物之知之形成。然自無明而觀，則此旋轉之停止，卽明之進行、或知之活動之停止，而更無明，以息其明，而止在無明。依此而建立一人物爲一個體之事，亦非必然可尊貴。此中唯有不息的用其知之明，不斷以知之指向活動，指向於其他之個體人物，以不斷形成知識，爲不斷自此無明中超拔，以向於明之事。故人之建立此萬物散殊之世界，而亦不斷擴大之世界時，卽代表一明之流行。此明之流行，則爲不斷向外向前，不斷建立，爲求有所綜合統攝之知之覺。故康德之綜合的統覺之用，卽代表一明之流行。由此流行，而次第建立之一一個體人物之存在之體，乃此流行之段落所在。若專自其此段落之落處以觀，則皆落在知之活動之一完成、卽明之流行之一止息。明之止息卽無明。故依此流行，次第建立之一一個體人物之生起於此世界，亦可說爲：如明之流行於無明，而生起，如風之行於水，而有次第之波浪之興起。故此萬物散殊之世界，可視爲諸人物之個體之和者，亦可自其在相互關係之事中，相互表現作用，而見其體之化爲功能作用，以相互流行者。故萬物散殊之世界，亦卽一萬事流行之世界。但此中之義，當更在後文說。吾人若尅在萬物散殊境中言此境，則皆唯由個體人物合成。此一一人物各具實體義，亦當以此實體義爲本，方爲直對此境之如實說。唯亦當知此境，亦由明之流行於無明之段落之一一落處之所見者耳。

一五、個體主義或個人主義之哲學與生活上之個人主義之諸表現，與「個體」之類化性

上文謂萬物散殊境之建立，依於明之流行於無明之段落，此唯是依于吾人之哲學之明。故人在一般生活、一般意識中，亦可不明此中有明之流行於無明。在此情形下，人卽只在此一一段落之落處看，只見有一一人物之個體之分散而對立。而此知之明，亦只分別向此分散而對立之個體，加以一般的肯定；更在個人生活上，肯定其個人自我之眞實。由此而有種種常識中或哲學中之純原子主義、個體主義、個人主義之哲學。此人對於個體人我之知，必連于行爲生活，而知之活動本身，原卽是一行。知之活動始於吾人生命存在之自開朗，而感攝

他人他物性相、活動或行爲之表現於我者。吾人之其他行爲生活，則爲吾人之繼此感攝，而有之表現自己於他人他物之活動或行，以爲他人他物所感攝，所知。故哲學中，有知中之個體主義，亦有行爲生活中之個人主義也。

此個體主義或個人主義，在東西哲學史中皆多有之。如希臘之原子論派之哲學，中古之鄧士各塔，阿坎之哲學，及近世之種種個人主義，斯丁納之唯我主義，印度之勝論，中國之楊朱，皆大體上同屬一形態。此個體主義或個人主義，在建立個體之爲一眞實存在，不同於類，不同於依類而集成之集體，而主個體當被肯定尊重一點上，乃有其眞實之知識意義、道德意義者。在知識上肯定尊重個體人物，而以其所次第表現之種種性相，判斷論謂其在時間中之地位，是爲對個體之歷史知識。更知此一個體在空間中之地位，是爲地理知識。此對個體之史地知識，自人類之文化史與個人之生活史上看，乃一切知識之原始。在道德上尊重肯定個體，爲對個體之次第表現性相之功能於其未來之前程之肯定尊重。然必依於吾人之能自超越於吾人自己之個體，乃能對其他個體已表現之性相，加以同情的體驗，方有眞正之個體知識。又必依於吾人之普遍之理性，方能於肯定尊重我之爲個體之前程之外，兼肯定尊重其他個體之前程。此同情的體驗與普遍的理性，皆是緣於我之個體之知之明，次第伸進至其他個體。此一知之明，則初爲運行於其所及之一一個體之上一層面，而超越其所着之一一個體之上者，則不必爲持個體主義者所自覺。個體主義者，實恆依其超個體之知之明而建立個體主義。今於此一加點破，卽見此個體主義依於超個體主義，而不能爲完滿自足之哲學矣。

然人之持個體主義者，可非先自覺之爲一哲學上之主張，而可只爲一個人生活上之個人主義者。如一般所謂只顧其個體之求生存之衣食住行之事之個人主義，只求其個人之權力足以勝人，以凸顯其個人於他人之上之個人主義，只求個人名位，以據有他人之尊敬之個人主義。此種種個人主義者，唯依其自覺心，以分別出其個人之經驗的我之所感所求者，以與一切非此我之他人他物，在生活行爲上，互相對立，而互相排斥、互相鬪爭。此個人之有其所感所求，依於其生命存在之有某類之先天的自求生存、與延續生命於後代之本能慾望，及個人在社會文化中之衣食住行、與其他生活習慣等。此詳論在後文之依類成化境。又個人必自覺其有所求，而後有自覺之目的、與達其目的之功利的手段行爲。此詳論在功能序運境。然個人之自分別出其所感所求，自謂異於人，而與人相對立、排斥、鬪爭，則依於其自覺心之覺其自我爲我，乃非此外之他、非一切非我；更執其所視爲我者，以排斥一切非我者，而與之爭鬪，由知識上之自覺非非我，轉成行動上之欲非此非我，毁滅非我，以自成唯一無外之我。此以我非一切非我，而毁滅之，原爲不可能之事。因此我固可欲非非我，毁非我；而我所謂非我者，亦可欲非此我之我，而毁此我之我。我只爲一人而非我之人之物無窮，則我必不能一一勝之。故人面對無數之非我之人物，恒與無限之怕懼相俱。又我之存於世，必賴非我之他人他物之助，以資其生而得存在。若無此非我，則我不能得其助以資生。再如一切我所非、所欲勝之人皆毀，則我更無可非、可勝、可毀之人。而此欲有所非、有所勝、有所毀之活動之自身，亦毀；此活動中之我，亦毀；而欲由非非我以使我是我，成其爲我之事，亦毀。我之自覺我是我之自覺，乃一面覺自，一面非他之活動。若無他可非，亦無此覺自之事，而此自覺亦必毀。故一切生活上之自私自利主義之充其極，以非一切非我而毀之，以唯存其我，乃理性上必不可能之事。卽見此主義之不能自覺的建立，而爲人自覺其不合理性時，自知其非，而欲加以化除者。然常人於此又恒不能自覺：其不能自覺建立，不能自覺其不合理，而依理以化除之。此又爲人之無明。此卽自私自利之人，與由欲非非我而勝人，以自覺其我，而自是、自矜、自伐之人，仍滔滔者天下皆是之故也。

在人自私、自利、自是、自矜、自伐時，其所私、所利、所是、所矜、所伐者，可是此，亦可是彼；可多，亦可少；可大，亦可小。此唯依於其自覺其是我者之經驗、理解、判斷等而定。至於視何者爲非我，則視其所視爲我者之範圍而定。此範圍之大者，可以家爲我，以國爲我，以人類爲我。凡人之私之向於此大範圍之我者，因其能不斷超小範圍之我，則其私中亦有公。反是，而由大範圍之我，向於小範圍之我者，則其公向於私，而日成私。人之由大範圍之我，而向小範圍之我者，不只可視一身以外皆非我，即一身之事之中，亦可只以某類之活動或一時之某類之活動之所在，爲我之所在，此外，一切不顧。如一朝之忿，一時之歡，可使人不顧身敗名裂是也。由此中之我之範圍之可大可小，而可移動，故此人之所謂我，純依我之自覺其是我者之經驗理解判斷而定，亦即依此自覺心之覺何者爲我、爲自，其外爲非我、非自，而定。故此自覺心之分別，亦爲人之有其所自私自利自是自矜者之根原所在。今改變此自覺心之分別作用，或其所分別者之範圍種類，則爲改變人之所自私、自利、自是、自矜，以由私而公，或由公而更向私之根本。

由人之所私所利等之所在，依自覺心之分別而建立，其建立不同，其所謂我不同，而其爲我則一；故人欲自建立其自我之自身者，所重者不在此自我何所是，而唯在此自我之能是其「所求是」。能是其所求是，則人所是所求是者雖小，人亦即可自覺其自我之眞實，其自我之存在，其個體之存在。反之，人所是所求是者雖多，而不能是其所求是，或其所求是者，互相矛盾衝突，而其所是不定，則人不能自覺其自我之眞實存在、其個體是存在。在此情形下，人亦可厭棄其自我而自殺，又亦可向外期望見一他人之自我之能是其所是，所求是者，而羨慕之，崇拜之，進而視其所崇拜者爲其自我之所認同者。因當其崇拜時，其自我即在此崇拜之活動中，亦在此崇拜所對之人中存在也。故人可自認同於一所崇拜之他人，亦可唯以服役於此人，受命於此人爲事。並可覺唯在此事中有其自我之存在。此亦可爲人之一高貴之情操。然人對此情操，若全不加以自覺，則人之唯以服役於人、受命於人爲事，卽爲人之奴隸，自居卑賤，而唯於其主人之身，尋求其自身之光榮。此又爲對此問題，黑格耳於其精神現象學主人與奴役 Lordship and Bondage 章中，有極佳之敍述。

由人之可自厭棄其存在，自認同於他人，以他人之我之存在爲其自身之存在，故人亦可願望他人之厭棄其存在，願望他人壓迫其鬆散分裂之存在，而於其忍受壓迫之忍受活動之存在中，感其自身之存在。此時，他人之壓迫，卽如使其分裂鬆散之存在，凝聚而收緊，以成爲一較眞實之存在者。由此而人有望他人加以壓迫鞭打之自虐狂。此亦出於人之欲由此以自覺其自我之存在之眞實要求。反之，人復有壓迫鞭打他人之虐他狂，以於此壓迫鞭打他人之活動之强度中，覺其自我之存在於此活動中；同時於見被壓迫鞭打者之存在之自凝聚收緊，爲一更眞實之存在之自我，再反映於自己，以使自己得覺爲一更眞實之存在。此亦出於一眞實要求。對此類之現象，皆當依於人之自有一純粹之求自覺其自我存在之要求，以爲適當之解釋。現代社會心理學家如佛朗、及存在主義哲學家如沙特等，於此自虐虐他之狂，雖有深刻之敍述，然似未必能對之有適當之解釋。依吾人之此解釋，則此一要求之本身，初不與其所視爲自我之所是所求之經驗的性質之如何直接相干，而純依於人之能自覺，而求覺此自之爲自、我之爲我之之眞實存在而生者也。

吾人由人之有自厭棄其存在，認同於他人，自甘爲他人之奴隸，自虐虐他之狂，卽可知此人心中欲自建立其自我個體之存在，不只爲一知識上事，而爲一生活上行爲上之事。人在常態生活中之求自我存在，與其在變態生活中之求自我存在，亦出於同一之深根。然對此深根，則在常態與變態之生活中之人，恒不自覺之。心理學家與哲學家，亦恒以之與人之在知識上建立個體存在之根據之事，分別而論；遂不自覺此中有同一之深根，而此深根亦如藏於泥土之無明中。然順吾人上之所論，則亦不難明此無明中之深根，卽在人人現自知其有之自覺心之求自是其所求是，以成一個體之存在，而並無任何玄妙。此求成一個體之存在之要求，在吾人之生命之存在中。此自覺心卽以此要求爲其內容，以形成人之心。至在無此自覺心之其他生物、其他存在，則其生命中亦有此要求，而欲是其所求是，以成爲一個體。然其所求是者之爲如何，恆爲其所屬之類所先天規定。人有此自覺心，則其所自覺之要求，可有先天規定，而同其他生物存在者；亦有由其自覺之經驗、理解、判斷，而自由認定者。于是其所求是者，卽萬變不同。人亦可自認同於他人，以他人之自我之所求是，爲其自我之所求是。此自認同於他人之個體之事，同時又有前所謂超自己之個體之意義。緣此發展，而人可認同于任何之他人，以至化爲認同於任何物之心態；而有人之種種想像其他人物，而自認同之之戲劇化的各種活動，爲人之文學藝術之原始。亦可化爲：對所認同者之同情與愛之種種道德性之活動。則此人之爲一個體，亦可視之爲：可同化類化於其他任何之個體之一個體。由此以透視人之個體之本質，卽見其中有此一同化性、類化性，而人爲「可以其他個體之性，代替其個體之性」之一個體。故人在說「我」以自指其個體時，亦同時知他人之能以此「我」自指其個體。此「我」爲一代名詞，而可代以任何個體之我者。人之能創造此可普遍用於人與我之我之代名詞之「我」，卽見人之有以他人之我代其我，而自認同之之同化性、類化性。誠然，當吾人知「我」可指人之我之後，人爲標別此我之我與他人之我之不同，更可說「我之我」以別於「人之我」。在此所謂「我之我」中，乃以上之「我」字，超越於可兼用於「人之我」之下一「我」字之上，以專指「說此下一我字」之「我」，而見其爲不同於「人之我」之「唯一無二之我」。然吾人於此，仍可再說他人之亦有其「我之我」，而見此「我之我」之本身，仍可加以類化普遍化以表人之「我之我」者。合此二者，卽見此我之爲我之一個體之意義，固永不能消泯；而「我」之可類化可普遍化之意義，亦不能消泯，而相與俱存。

至於由人之能形成概念，皆是本其所理解於經驗事物之性相之類同者，以形成類概念，更見人之存在之自具此能觀類同、形成包涵類同之性相之類概念之性。此吾人之依其類概念，而理解判斷世間所見之境，則其中不只有諸個體人物，且有其依類而成化之現象。直以此類之觀念、與依類成化之現象爲中心，所見之世界，與此上文之以萬物之個體爲中心之所見之世界，雖不可分，而其面相則不同。類乃直接依個體所表現之普遍化的性相之概念而規定，以統屬其類中之個體；而其下之個體，則依類以成其變化，而出入於諸類之中。故透過類以觀個體之依類成化之世界，原則上爲一更廣大而亦屬更高層面，而屬進一步之秩序中之世界，其自身亦可說爲萬物散殊境以外之另一類之世界者也。此當於下部中詳論之。

第四章　依類成化境——觀類界（上）

一、類與生活之世界

茲篇所說依類成化境，在上篇所說之萬物散殊境之上一層位。人在日常生活中，初恒謂其所接之世界，爲個體事物合成之世界，卽一萬物散殊之世界；繼乃反省及此萬物之所以散殊，有其類之不同。吾人亦實初是自然的、或不自覺的、由萬物之性相形相之有所不同，以知萬物之所以散殊。故人初恒以不同之「性相」或「形相」之概念爲賓辭，以分別說明不同之物。於此人若轉而以性相、形相爲主，以觀萬物，卽可據此形相、性相，以爲分萬物之類之原則，而入於茲所說之依類成化境中。此性相或形相之概念，卽爲人用以形成一類之概念者。類概念之名爲類名。然人於此，若以此類概念或類名，把握一個體之所以爲個體，恒有種種困難。以個體之性相，乃普遍者非個體故。此如上篇所已論。然吾人若轉而純直就吾人已有之用以定類之一一類概念、或類名以觀，則一一類概念、或類名之彼此截然異義，反較顯然而易見。如人於色之概念，與聲之概念，只須直下加以反觀，卽能知其不同，而亦知由此所定之色類之物，不同於聲類之物也。由此而一切類之殊別，或類之萬殊之世界，其呈於吾人之前，亦反似較個體事物之萬殊之世界，更易使人確知其有，而無疑者。

至於自吾人之生命存在之實際生活上看，則吾之個人生活，總有其生活之習慣。此任一生活之習慣，卽使吾個人之生活，屬於某一類之生活。人生在世，生於此家，卽有由其生於此家而形成之習慣，生於某地、某社會、民族、國家，亦然。人之學爲某事，從事某職業，作任何學術文化之活動，皆莫不有其習慣之養成。商鞅所謂「常人安於故俗，學者溺於所聞」皆是習慣，由此而小至個人之一言一動，一顰一笑，亦各有其習慣之形態，不待人事先之安排，莫或使之，而若或使之，以自成其類。於此卽見此「屬類」乃生命之本質。誠然，當人有任一新形態之生活時，此生活卽非屬前此之習慣生活之類者。然吾人既有此新形態之生活，此一新形態卽新性相，亦卽此生活所屬之類。此新形態之生活，亦卽同時有更形成新習慣之可能，而有使其生活，實成爲某類之新習慣的生活之可能。由此而人之生活恒出於舊習之類，卽入於新習之類；而凡習實無不是舊，而其生活仍在所習之類中行，只依此類以成其變化。唯上篇所說個人主義者，如伊壁鳩魯與若干道家之徒，則又可自覺的力求其生活之超出於社會習慣之類、與其個人已往之習慣之類之外，此代表一反抗「習慣之類」之一人心要求。故彼等之人生態度，要在只任其當下之自然或偶然發出之活動以生活，而在此當下之自然或偶然發出之活動未發出之際，自主觀上言，亦可說彼等卽不在已往之習慣之類中生活。則其生活，可說於此時乃在一出類拔萃之境。然當其任一活動既發出之後，卽仍可說其活動之屬何類。因其活動總有一形態，或一性相故。由此而人之生活，卽純任自然或偶然而發出，此自然而偶然者，既亦有所然，則至少由客觀社會中之他人，自外觀之，其生活仍屬於其所然之類中。而諸純任自然偶然之活動以生活之人，如成一團體，人亦可更視爲屬純任自然偶然以生活之個人主義者之類。故伊壁鳩魯之徒，亦成一學派而可視爲皆屬一類之人。卽彼等無意自謂是一學派，不自覺是一類之人，他人仍可視爲一類之人。由此觀之，此「類」之於個人生活，卽如一天羅地網，使其上下攀緣，才出於此線所代表之類，卽入於彼線所代表之類，而無所逃於此天羅地網之外。依哲學家如尼采之說，一個體生命，有一永遠之重複其一切所經，重複表現其生命所表現之一切性相之一「永遠的輪迴」，則可稱爲將個體生命澈底全化同於類化的生命之一哲學。而尼采之教人忍耐承擔此永遠的輪迴，卽教人忍耐承擔此生命之永遠的類化，亦卽忍耐承擔上述之生命之天羅地網也。

循此以再觀吾人思想與知識之形成，則吾人之於任何個體事物，自覺的思想其形態或性相之何所是，更知其何所是時，卽一方求定此個體事物之所是，以適當之概念與賓辭表之，一方卽以此概念爲成類之概念，化此賓辭爲類名，求定此事物所歸屬之類，而得此事物之歸屬何類之知識。此人之思想彼自然界中之一一事物、社會文化中之一一事物、與吾人自己之生活中之一一之事物之所是之性相，與其所當歸屬之類，乃一無盡的歷程。此無盡歷程中所形成之種種之類概念或類名，亦可互結成一天羅地網，以期網羅一切個體事物之所是之性相而無遺，使個體事物無所逃於此天羅地網之外。

二、類之形成與其極限

此人之思想之形成種種之類概念以定類，可直接本於其對一個體事物自身所知之純粹的性相以定。如定凡有白之性相者爲白物之類，亦可以個體事物與其他事物之有某一關係，而有某一「關係相」以定。此關係相，亦是一性相。但不同上述之純粹的性相，屬於個體事物之自身，而是由一個體事物與其他事物發生關係而見者。凡擧任一個體與其一關係，皆可以此關係者所關係之界域或範圍，以定一類，而見此一類個體之有同一之關係相。如「孔子」爲一個體，「生于其後」爲一關係。則可「生于孔子後」定一切孔子以後之人爲一類，此一切人，卽皆對孔子有一生于其後之關係相。此外，吾人又可單純以一關係定凡有此關係之諸關係者之類。如以相距二尺遠之關係，定一切凡有相距二尺遠之關係之諸空間事物之類。吾人又可以任意之活動，將若干事物集合在一起，而卽以爲此任意之活動之所關係，而定此若干事物爲一類。吾人又有合二性相（此下文之性相，指不屬關係相之性相）所定之類，如白而方之物之類。再有由一個體之二關係所定之類，如爲孔子之子孫而後於孔子一千年者之類；或二個體共有之關係所定之類，如爲一男兼一女所生之後嗣之類；或二個體共同性相所共同關係之類。如二黃色之物之黃，所關係者（如二黃色之二組光波）之類。或二個體之由其共同關係，所表現之共同性相之類，如病人同以一醫生治療而愈者之類。此外有二物關係之物不同，性相亦不同者；亦有二物關係之物同，而性相不同者。又有二物性相同，而其關係之物不同者。由性相可有無限數，關係可有無限數，而表現種種性相，與有種種關係之個體事物，亦可爲無限數。吾人本此性相關係及個體之連於關係性相，所能構造形成之類概念，與表之之類名，卽可無窮複雜。當吾人初將諸個體歸屬於一類之時，似個體多，而類一，個體複雜而類單純。以類與類之概念之集合，以說多個體，亦似只須較少之概念。如白紅黑三概念之集合，便可說明一白者、一黑者、一紅者、一紅帶黑者、紅帶白者、白帶黑者，兼有三者者，兼無三者者，之八個體，卽二之三平方之個體。然當吾人知此中之白、黑、紅、紅帶黑……等初爲八個類概念，八個類名，而人有此類概念類名時，不必有個體屬於其中；則此類概念類名之數，卽又可超過一般所謂個體事物之數。此卽更使一切個體事物，益無所逃於此無窮之類概念或類名之相互貫穿，所成之天羅地網之外。

此吾人所構成之類概念、類名，可爲有實物爲其所指者，此稱爲實類。然亦有純爲人所意構，而無實物可指之虛類或空類，如人而牛之類。此爲實類之類名與類概念，及爲虛類之類名與類概念，其在一切名與概念中，又各爲一名之類、概念之類。無論實類或虛類之概念，其概念之內包，皆可多可少。如爲實類，則其外延所實指者，更可大可小。於此而人卽可更就各種類概念類名其內包之多少，而多者之能涵少者，或外延之多少，而多者能包少者，以分爲各高低不同層位之類概念或類名。於內包多外延小者之類概念類名，人或稱之爲種概念或種名。實則種自可更分種，類亦有其更大類，皆類也。由於類有此高低層位之不同，而其爲類之意義，亦不同其類。各層位之類概念類名，亦卽成不同種類之類概念與不同種類之類名；而其爲類概念、類名之類，又未嘗不同，其爲名，爲概念，更未嘗不同。由是而對此不同層位之類概念、類名，吾人亦皆可依其不同意義，在不同情形下，分別加以運用，以形成判斷命題，並通過此諸類概念、類名之包涵關係，而形成由一判斷命題至其他判斷命題之思想上之推理或推論，以形成不同類之知識言說。而此中所謂「判斷」、「命題」、「推理」、「推論」與其所形成之「知識」與「言說」，就其皆「判斷」或「命題」「推論」「知識」或「言說」而論，即皆屬判斷，命題……言說之類，如一切類概念，皆屬類概念之類。至就此判斷、推理、推論、知識、言說，原於人心靈思想活動言，亦皆屬於爲此心靈思想之活動之表現、或成果之類。由此而見吾人不特可用類概念以思想彼爲思想所對之一切自然事物、社會文化事物，與生活事物，以成吾人對之之知識，亦可用之以思想吾人思想所形成之一切類概念類名之自身，以及由此而更形成之判斷、命題、推理、推論等之自身，及由此而有之知識言說之自身，以更爲之分類。此卽見人之依類以形成其思想知識與言說之運行與變化之事，可於外外內內之世界，無所不運。不只思想知識所對之世界事物，不能逃於其由類概念所結成之天羅地網之外，卽此思想知識之自身，亦不能逃於其用以自規定其思想知識進行之方式，並自思想此方式，以形成諸類概念，所結成之天羅地網之外。此中，人之思想自規定其進行方式，自造類概念，以說明其自己，亦無異其自造一天羅地網，自入於其中，如蠶之作繭而自縛。蠶不能不吐絲以自縛，否則蠶無安身處；人之思想亦不能不自規定其進行其方式，否則其思想不能進行；而人亦不能不自思想此方式、造類概念，以思想其自己之思想知識之如何形成，然後方能自知其思想知識之果爲如何，以使其思想知識得由被知爲如何，而得存在於能思想其思想之更上一層位之思想之主體中，以得其安身處也。

人之自思自知其思想之爲如何，雖亦必用類概念，然此能用類概念以思想之主體，則又理當超越於其所用之任何類概念之上，而不只存在於此所用之類概念之中。今自其不在所用之類概念之中言，卽應爲一出於此類概念之外，或超越於類概念之上，而非一切類概念之所及之一思想之主體。若與類概念相對者，爲一個體，則此主體應爲一個體，而非屬一類者。如我之爲我，自其爲個體言，乃不同於其屬於一類，而只爲一類中之一份子者。然人之習於用類概念以思以知，於此仍可謂自此主體之超於一類概念之所及，或一個體之不只屬於一類言，謂此主體或個體之概念，別爲一類之概念、卽類概念以外之主體或個體之概念。而所謂主體或個體，卽爲不同於類之爲存有，之另一類之存有。吾人之謂有此主體個體者之哲學思想，卽與謂無此主體，只有類爲存有者，乃不相類之哲學思想。若如此說，則此主體個體之概念、存有、與哲學思想，仍自屬於一類。則類概念，卽對此超越於類之主體個體，仍可應用，而無論吾人如何說之爲超越類，亦只同於說之爲超越類之類。而此類概念之爲概念，卽如亦可自超越升進，以超越於「此欲超越類之超越的思想活動」之上，而再納之於其下者。然實則此詭論，並不難解。須知吾人說超越類之思想活動，是屬超越類之思想活動之類云云，此仍只是以類眼（卽類之觀點）觀此思想活動，而化之爲類以說。然此超越類之思想活動，正生起時，其自身只是超越類，旣超越類卽已出類，而不容吾人之以此類眼觀之。必待于人之繼此超越類之思想活動之後，再反觀其爲超越類，而後可再定之爲超越類之思想活動之類。然此反觀，可根本不再有，則說之爲超越類之類之思想，亦卽不能再有，自類觀此思想活動之類眼，卽根本打破。此類眼，卽可由人之思想活動之超越類時，立卽自閉眼而成眠。此上之詭論卽自息，而亦更無此詭論之可說。由是而吾人可說：此人之以類眼觀世界之事，其下之所極，在萬物散殊之世界之一一個體事物，此爲人初欲定之實物之類。其上之所極，則在人之有一超出一切用類概念所成之思想活動，以息此類概念之應用之思想活動。此類眼之上下之所極，卽類概念所行之世界，而此世界，卽一有類之世界，或一切事物皆可類化，亦依類而成其變化之世界。此卽可稱爲吾人之心靈或吾人之生命存在，所思想或所對之依類成化境之所在。

三、由經驗事物變化之經驗中上觀類概念之實在論思想與其發展

人在此依類成化境中，人初乃本其對散殊之個體事物之視聽嗅味觸等感覺活動，而有之感覺經驗，所造成之類概念，更以之說明事物之依類以成其變化，而成其對個體事物之知識。此中，以個體事物之在變化中，人之類概念，亦須次第形成，而次第加以應用。此類概念之初依於對事物之形式或性相之感覺經驗，而更普遍化之所形成者，可稱爲經驗概念。人

依其經驗概念，以判斷事物，更不斷由對事物之繼起之新經驗，以印證吾人所用以判斷之概念，是否能適合應用於此新經驗中之事物。由人之不斷修正不能適合應用者，而求其能適合應用於新經驗事物之經驗概念，並知一經驗概念之昔可用於一事物者，不必可用之於今；卽知一事物之有某性相、屬於某類中者，亦可無某性相，而自變化其性相，以不屬於某類，而出於其所屬之類，亦依類以成其變化。然人亦同時發見其經驗概念，昔可用於一事物者，有可再用於今者，由此而知此一事物之有其不變之性相，而其性相之變化，乃在一定範圍內變化。人遂可有得恒用於一定範圍內變化之事物之類概念，以定一事物，於某類之中，而言其恒屬於某類。此在自然界之事物尤然。故一樹無論如何生長變化，終可自其不變之性相，而可言其只是某類之樹。至於其生長變化之歷程中，由某類變爲某類，如其由爲發何芽之樹之類，變爲長何葉之樹之類，再變爲開何花之樹之類，亦皆不出有何芽、何花、何葉之類；則只可說爲其由出一小類，而入另一小類之事。然吾人若自一物生長變化之歷程中，其出此類而恒必入彼類以觀，則似皆必先有其所可能入之類，然後乃能轉出其先所屬之類，以屬於其所入之類。如樹必先能開花長葉，乃能轉出於「只發芽之類」，而實入於「開花長葉」之類。若樹先無此開花長葉之可能，則永不能有開花長葉之事，亦永不能成開花長葉之樹之類矣。由此而吾人可說一切事物之每一生長變化，皆是實現其一可能，以入於某類，屬於某類，亦屬於某類概念所得而用於上者之列。此中，吾人若謂一事物表現某性相，必其先有表現某性相之可能。此可能雖非一實際存在者，然亦爲一存有；則一事物表現某性相，便同於使其自身之生長變化中，有此「存有」，此「存有」得有於其生長變化之中，或其生長變化之有之中，得享有此「存有」，而亦卽享有此一「存有」之類概念之內容，以成爲此類概念所可得而運用其上者。此卽爲一上觀類概念在個體事物之上之一思想道路，爲人類原可有之關於類概念與個體事物之關係之一種思想道路，而爲西方之柏拉圖式之哲學，在西方哲學史上初所表現者。

此種哲學之原始出發點，在吾人之觀物之生長變化時，必見其出於其先所屬之類，而入於其後所屬之類。其入，必有可入之性相，故必先承認此可入之性相之自身爲一存有。又自物雖有此可入，而在未入之際觀之，此可入，只爲一類概念之內容。人之思想可先物之入此「可入」，而「知」此「可入」，以形成類概念。此思想之有，亦必依此物之有此可入之性相而有；故人之思想對此性相之內容，亦必先思其爲一存有。因若其不存有，則此思想亦不能先有，類概念亦不能先有故。循此以觀一切物之變化生長，卽皆如向一無窮無限之性相所合成之世界，而生長變化，亦向於一「只堪爲人之思想所對之性相，而由之以形成種種可能之類概念之世界」，而生長變化。此人之能形成種種類概念，又卽人之自成爲：「能思想種種之類概念者，以屬於能思想之存在之類」之事。人之形成種種類概念，乃人自實現「其形成類概念之可能」，以有「此類之思想、類之概念」。則此「類之思想，類之概念」之自身，亦可先預設之爲存有，而爲人未知之之時，卽已存有於宇宙之中，以屬於一客觀的思想之世界，客觀的概念之世界者。此皆柏拉圖哲學之所涵。至於謂有一客觀的完全的思想者，能思想一切性相，一切類概念，以及一切思想，而包涵之於其完全的思想中，而自觀照之，更自思想其思想者，卽亞里士多德之上帝之說。此柏拉圖至亞里士多德之哲學，在根本上唯是一關於類概念及其內容，與個體事物及其生長變化之關係之哲學，亦卽由見有此依類成化之世界，而求對之有以說明之哲學也。

依此柏拉圖至亞里士多德之哲學，以觀一切存在之物，皆一一有其所屬之大類，爲其所不能變。此大類之概念，卽一物之恒常的性相之所在。至在其生長變化之歷程中之一一階段，則一物次第有其所屬之小類，爲其暫時的性相之所在。然此暫時的性相與恒常的性相，如就其自身而言，其皆爲可重複表現，爲一普遍者，永恒者，則無不同；故皆可說之爲存在之物之形式。任一存在之物，除其所能表現之此一切性相形式之外，其剩餘之成份，卽爲堪接受、而能表現此性相形式之物質的質料。一存在事物卽此性相形式與質料之和合體。此一思想之傳承，與基督教之上帝創造天地萬物之宗教信仰結合，而基督教之上帝，卽爲一既創造一切物質之質料，而又依種種性相形式所規定之種種存在之物之類型，以創造此天地中之萬物者。於是中古之神學哲學中之上帝，其心中亦爲充滿此無數之物之類型之概念，於其密懷之中，以造天地萬物者。此說謂上帝爲自具有此種種「類型之概念」，亦似無異謂此上帝爲此種種「類型之概念」之本身，所規定之存在。唯在上帝之包涵此類型之概念，而又超越之之處，又見上帝之超出此「類型之概念」所規定之外而已。今就此上帝之本同一之類型以造物以觀，則其所造之同一種類之物，亦可在一意義下，視同一個體。此則正可以說明何以人類之始祖犯罪，而其一切後代皆同帶先天之罪性之理由，亦可說明何以上帝化身爲耶穌之一人，卽可同時爲一切人贖罪之理由。然依此上帝之包涵種種類型之概念，而又超越之以觀，則上帝之創造萬物，又似當能創造無窮之萬物，而不限於一定之若干類型之萬物者，或應爲能創造無窮類之萬物，而有無窮類型先存於上帝之懷者。然此無窮類型中，若有相異相反之類型，並存於上帝之懷，則此諸相反相異之類型，又宜當相銷相泯，方得並存於唯一而具內在之統一性之上帝之中。否則上帝之統一性，將以兼存此相異相反之類型而破裂，而上帝亦不能爲唯一。由此而中古思想之中，亦有視上帝包涵一切物之類型之概念，而實不受此類型之概念之規定，以自爲一單純之存在之說。此不受類型之概念之規定之上帝觀，卽出類之上帝觀，亦爲最與人之純一之崇敬上帝之宗教心情能相應者。然就此上帝所包涵之物之類型、與世間之物之個體之關係而爲論者，則正多爲主張此類型之概念之先客觀地存於上帝之懷之實在論者。此論卽皆緣柏亞二氏之說而成者也。

四、由內觀類概念之概念論，至下觀類概念、類名之客觀所指之唯名論之說。

然在中古思想中另有一流，則爲否定此上觀類概念而建立之實在論，而自人之用類概念、類名，以知物、論物，概括個體物於其下，其所對者，唯是一一之個體物；而說此類概念之自身，乃不能視之爲客觀實在者。此中有視類概念與其內容中之物之普遍性相，唯存於主觀之人心，類名只所以表此類概念，而不能表物之個體性之概念論之說。又有由人之類概念之內容來自個體物，其所意指者唯是個體物，而視此類概念之用，乃盡於其所意指，其自身卽可視爲空無內容，而唯是一類名者。是爲唯名論者之說。而哲學家如阿柏拉、多瑪斯，則又綜合諸說，而主張此類概念之內容，先爲上帝心中之物之類型，上帝依之而造物後，卽成物所具之性相；人再緣此對物之性相，方有此類概念，而有類名，得用之於知物論物。然唯名論之流，仍可自此類概念之必用以意指個體物，其意指個體物時，人卽唯見個體物爲實在，而謂此類概念之用於實在，其用同於一名。至類概念用於諸個體物時，其用，卽同於一共名。此唯名論之思想之流，卽下開西方近世重個體事物之科學研究者。近世英國早期之哲學家如霍布士卽持唯名論之說。培根之說亦近是。洛克所謂觀念中雖有普遍之觀念，然自其視一一觀念爲心中之事物而觀，則其所謂一一觀念自身，皆同於一一心理存在的個體。巴克來更由普遍的觀念或概念之不容人加以想像，凡人之想像一普遍抽象之概念如三角形，其所得者唯是一一特殊之個體事物，如某一特殊之三角形——以謂普遍概念之原來無有。下此之休謨，更謂人心爲印象觀念之集結。此一一印象觀念，亦皆爲一特定之心理的原子；休謨乃更持之以解消人心爲一統一體之說。依休謨，人固可有「統一」之觀念，然此統一之觀念以外，更有「衆多」之觀念，人亦不能將此一一觀念，統一於「統一」之觀念中。緣此一思想潮流以論人類之知識，則自洛克，卽視此知識乃由人觀其觀念之一致不一致等關係所形成。至巴克來休謨，則言人之判斷，不外觀念與觀念之依時空上接近、相似等關係而連結；所謂判斷之眞，不外吾人先有某觀念連結於某觀念，而後來之感覺印象之連結所引起之觀念連結，亦與之相類似而已。由此而只須一一具體之感覺印象與觀念及其連結之間，有類似關係，卽可說爲同類，無須更待於普遍之類概念，以說此諸印象觀念，與其所代表之事物爲同類。至於類似之觀念，固亦爲人所有。人對各種經驗事物之類似，亦各有其特殊之觀念，然此中却無單純之「普遍的類似」之概念。若有此普遍的類似之概念，此概念與吾人所知之種種特殊的類似，初全不相類似，則亦對吾人之成就其對經驗事物之種種特殊的類似之認識，爲無用者。此只以類似之關係，爲經驗事物所實有，而以世所謂類概念，乃唯依此類似關係而構造出者，卽當今之羅素哲學之一端。

五、順觀生物種類之改變之進化思想

西方思想之流，至近代，而不更重希臘中古傳下之類概念，以說明世界之事物之另一理由，則在由近代生物學之進化論之出，而打破昔之生物種類一成不變之說。此進化論之出，原於一對生物之演變之歷程，依次序而由先至後，加以順觀。此一流之類之思想，可稱爲由順觀生物演變，而成之進化論思想。依此進化論，生物之演變卽其種類之演變。此種類之演變，依達爾文說，初原自一生物之後裔，有偶然變異之性質，以遇不同之環境而自然淘汰，適者生存，更遺傳此變異之性質於後代，遂成其種類之演變。依拉馬克之說，則偏在說生物爲求達其生存之目的，而求適應不同環境，以求生存之後天活動，亦原可遺傳，故形成其種類之演變。要之，此皆是謂世間不同種類之生物，乃原始生物經長時間之演化，代代有偶然變異，或對其不同之環境，有不同適應之活動，更代代遺傳，而有之結果。則今自然界生物之有不同種類，乃原始生物演化之結果，而非由生物之先爲其類性之所決定。此諸生物現有之類性，亦可以其生活與環境不斷相適應，及後代亦可再有偶然之變異之故，乃不復再有於其後代。則此生物之類性，本身爲一可變之性。而後代之生物之類性，亦恒在不斷形成中。自此生物進化之全程中，看此類性之不斷形成與變化，則此類性，卽只存在於此生物進化之歷程中，而非存於其上其外。任一有關生物之類性之概念，唯在某生物進化出，而有此一類性時，可用之以說明此生物之形態與生理。當此生物由進化變異，以成另一種類之時，則此概念，卽更對此生物之形態生理，無加以說明之用，而成廢物。

由此種生物演化論之思想之影響，而近世西方學術思想，更視一切天文、地質、人類與其社會文化現象，無不在演化之歷程中，而其所屬之類，亦無不由其演化所形成。於是，凡用以說明一切現象之類概念，亦同皆可由此諸現象之進一步的演化，而成爲無用。其當前之有用，卽皆只爲一時之有用。由此而有現代之實用主義者之謂：一切學說之由集合諸已有之類概念，而創造成者，其用以說明自然與人類社會之未來之演化，皆不能謂其爲絕對之必然，而只爲預期懸擬之假設，而待證於吾人對自然及人類社會現象之後來之經驗者。由此而在一切思想學說中，此類概念雖可不廢，然人皆只可先加以懸空擧起於實有之自然社會事物之上，而以之爲試探事物之何所是之思想設計、思想工具；如蝸牛之觸角，可進可退，可伸可屈，用以探其前觸之物者。故皆可用，可不用；可眞，可不眞；或眞，或不眞；而其自身無所謂眞不眞，亦無所謂實不實者，唯可說在何條件之下，則爲可用以成判斷思想之眞，而指實物之實者而已。

依此西方近代之經驗主義思想、演化思想之發展，至實用主義之視由任何用類概念集合成之學說，只爲形成人之思想上作試探假設之工具之說，而西方希臘中古以類概念代表一客觀實在之思想，卽一去而永不復返，而由類概念之自身原無指實之意義，人亦卽無妨自由加以構造，以形成種種對實際事物，可能的假設，而更無拘束。人之形成構造種種可能的類概念之事，亦得一空前之大解放矣。

六、自由構造類概念、類名，而懸觀「類」於主觀客觀或內外之間之「類」與「數之類」的思想

上述之近代思想大解放，亦表現在近代邏輯思想於一切類概念類名，皆視爲可指一種類中衆多之個體，至無窮之個體，亦可只指一個體物，或無所指之個體物，而類概念類名，卽與其所指個體之多與少、有與無，皆可無關。於是，類概念及類名之世界與個體事物之關係，卽彼此可全然鬆開。人不須更膠着於個體物之多少有無，以思類概念類名，人之構造形

成其類概念、類名之事，卽可更自由無礙。由於此類概念、類名可自由構造，更運用之以指客觀實在，而不附著於客觀實在；又非主觀思想所先驗必然的具有者，遂亦不附著于主觀思想；而此類概念或類名之地位，則可說其如懸於主客內外之間。依人之可自由構造類概念、類名，人可由一性相而定類，可憑一個體之關係而定類，更可單憑一關係而定類，如上文第三節所及。此重關係過於重性相，更重於關係自身分種種類，或於各種之「類」間，更論其關係，則是一現代邏輯思想之傾向。

關係，初爲諸個體之關係，種類，亦必以個體爲分子，概念之既連於個體、亦連於種類，更連於關係者，卽爲數之概念。此數之概念，乃人所不能逃者。吾人於上篇說，一個體爲唯一無二，此一與二，卽爲數。依種類之概念，以說個體，恒必說其個體之數。如以人說一室中之人，而說有一人，有二人。此一、二，卽如在「人」之概念，與其所指之「個體人」之間，而初不可以專指此「個體人」，亦非專指「人」者；而是由「人」之連其所指之「個體人」，而後可說此「人」有數，或此「個體人」有數。至于一個體有數性相，而可屬於數類，則又見性相與類之有數。此卽「數」之一面連於「類」，一面連「個體」之證。若說關係，則或爲類間之關係，或爲個體間之關係。此中之類與個體有數，關係自亦有數。而一一之數，又可各表示各類之事物中，其個體項目之多少之相同。所謂個體項目之多少相同之二類，卽同有某若干數之個體之二類。此某數之概念，卽成爲定此「個體項目之多少相同之類，爲一類」之類概念。而「數，」亦卽可視爲「各類事物其個體之項目之多少相類者之類」矣。然諸數間，又有其相互之關係，如大小等。此諸關係亦有類。吾人之將種種數，合之分之，增之減之，卽可形成各種之數。此各種之數間，又有種種之關係。數之增無定限，而有超限數，有限數與超限數，各爲一類。有限數與超限數之間，亦有其關係。由此而種類、關係之概念，卽遍運於一切有限數與超限數之概念之中。而論此種種之「數」之關係與數之「關係」之「種種」，在現代邏輯數學思想中，亦有種種專門之學說，非我所能論，亦多與本書所論者無關者。然關於現代邏輯數學思想中以類言數之思想、及類型之說，則與本章之論題，直接相關，不可不一論。

七、觀類之層位

此現代邏輯數學思想中之類型說，初在求解決數學中之詭論。然其說之所以立，則依據於一更廣泛之類的邏輯、類之哲學之觀點。此乃由於人之反省及此類之觀念，初原自人之用定類之某某性質，指具此性質之一切個體事物，而定此一切個體事物爲一類。此中之個體事物，屬最低一層位，類則爲較高之一層位；此一類中之「一切個體」之「一切」，卽只限於一切有某性質之個體。此中用以定類之性質，亦卽所以直指謂個體。至於吾人之更說此用以定類之性質自身，亦有其性質，則此性質之性質所定者，卽屬較高一層位之類，其項目，非個體事物，而爲諸性質。如吾人以白之性質定類，其項目卽是一一個體事物具白之性質者。吾人如說白、藍、紅、黃等諸性質，有一可見之性質，而以有可見之性質定類，則其項目，卽是白、藍、紅、黃諸性質。此有可見之性質，卽屬較高層位之概念，其所定之類，如紅、白、藍、黃，亦屬較高層位之類。此中，定較高層位之類之概念，可用以論謂較低一層位之類，而不能直用之以論謂個體事物。如吾人可說某白物之白，是可見的性質，而不能謂某白物是可見的性質。於此，吾人若謂一切色只有紅黃藍白黑五者，則吾人說一切是白的之物，一切是藍的之物，……皆分別規定一類。此中之「一切」，亦只分別用于「是白的一類之物」，「是藍的一類之物」等。然吾人說一切有此一切顏色者，則另規定高一層位之一類之物。如吾人可說萬花筒中有此一切顏色，或日光中有此一切顏色。此萬花筒與日光，乃依其具一切顏色而自成一類，而同以具一切顏色爲其賓辭。此卽與一切是白之物，只須是白色，亦只以白爲其賓辭，此賓辭不包涵一切顏色者，不同其層位。此一切顏色中之一切，則用於定紅黃藍白黑之各項，爲一類，而不同於「一切是白的」中之「一切」，只用於定一切白物爲一類者。故此二「一切」，乃不同層位之「一切」，以各有其所定之類。吾人亦不能以此兩一切爲同義，而混淆其層位，故不能說一切白物類中有白與他色，亦不能說一切顏色類中有諸白物等也。此分別「一切」之有不同之義，卽所以分別類與由諸類合成之類之類，以成層位高下之不同之類者。而在同一層位之類或類之類之中，自尚可有雖同層位，而類之型式仍不同者。如一切是白的、或一切是紅的，皆由其具有一色，而各被定爲一類。故定此二類之思想方式相同，而所用之命題函值，互同其型。但人如將一切是白而方者，定爲一類，又將一切是紅而圓者，定爲一類，則皆是以一屬色、一屬形之二性質所定出之類。則定此二類之思想方式雖相同，與所用命題函值亦互同其型；然却與前之只以具有一色定類者，不同其方式，亦不同其型。但又皆可說屬於同一層位，而與以具一切顏色所定之類，不同其層位者。因此後者中之一切顏色中之一切，乃屬於高一層位之一切，而一切具一色者，或一切具一色與一形者，乃屬低一層位之一切之故也。

此分個體與類之層位，並以屬一層位之類之型式，仍有種種不同之類型之論，唯在其辨類之層位一點上，最爲重要，而爲可用以解決若干邏輯上、言說上之詭論者。如人說一切話皆是假的，卽成一詭論。因若一切話中包此一話，則此一切話是假的，是假的，卽不能說一切話是假的。反之，若一切話中不包括此話，則此一切話不是一切話，卽亦不能說「一切話是假的」，而此「一切話是假的」亦是假的。……此卽形成一詭論。此類詭論，現代邏輯中所舉出者尚多。然此皆可由限定此中所用之「一切」之名之意義，而避免之。如限定此「一切」於人未說此一切話是假的以前之一切話，或某範圍內之一切話，則此詭論可避免。若然則所說為假之一切話，在一層位，此一切話是假的，在上一層。若吾人更說「此一切話是假的」是假的，又在更上一層。則此中之所謂話，有種種層位之話。每一層位之話，各成一類，當分別說；而不能將此不同層位之話，混為一類，卽不能將此各層之話，合為「一切話」之類，而更說其為眞為假矣。此合各層位之話之一切話，先無層位之限定，乃不可說者，亦卽混亂諸話之類型者。

此種將一切話分層位類型之論，雖可解決若干邏輯上之詭論，亦同時使若干名詞概念，失其可普遍應用於各層位之意義。因若依此說，而謂凡「一切話」皆只限一層位之一切話，則話之一名卽不能連於一切層位之話而用。則如「一切話是人說的」，或「一切話皆是話」，便皆不能說。然吾人亦難否認一切話無論在何層位，皆是話，皆屬於話之類中。而此「一切話皆是話」之一話，如視為屬高層位者，亦可視作此中之一切話之類中之一份子的一話，而屬低層位。此外，如說「一切思想是思想」之思想，亦可視作一切思想類之一份子之思想，而居低層位。然依今之類型說，則謂在此「一切話皆話」「一切思想皆思想」之情形下，我們固可說一類事物同時是其自身之份子。一切話是話之類。此話之類之本身，亦是一話，而亦在話之類中。故此話之類，同時爲其自身之一份子。凡此一切「類」之可成爲其自身之份子者，皆可更合爲一類。然世間亦有其他之「類」，不能成爲其自身之一份子者，如人類以一一人爲份子，然人類自身非人類之一份子。一一個人各是一個人，人類非一個人。又如一切顏色之類中，有紅黃藍等類之色，而「一切顏色」之自身，則不能說是一顏色。則此一切類之不能以其自身爲其份子者，又皆可合爲一類。此與上述之一切能以其自身爲其份子之類，卽相對反而各爲一類。

然今問：此一切不以其自身爲其份子之類，是否亦以其自身爲其份子，而「以其自身爲其所屬之類」？於此若謂其亦以其自身爲其份子，乃「以其自身爲其所屬之類」，而此類之自身却是「不以其自身爲其所屬之類」，此是一自相矛盾。若不以其自身爲其份子，乃「不以其自身爲其所屬之類」，而此類之自身，正是「不以其自身爲其所屬之類」，則又當說其乃「以其自身爲其所屬之類」。此亦是一自相矛盾。今欲去此詭論，則只有根本不問此一問題，卽不問此不以其自身爲其分子之類，是否以其自身爲其所屬之類之一問題，亦卽對此中之高層位之類，是否屬於低層位之類，其與此低層位之類之爲一類，或不爲一類，根本不能加以論說。人於此只能直下分別高層位者與低層位者，而知有此不同層位之類型。是卽所以根本避免上列之問題，而不問，卽所以自然銷除由答而成之詭論之道也。

吾人對一切不以其自身爲其份子之類，可只分別其類之爲高層位或低層位，則於上文所謂可以其自身爲其份子之類，亦可只分別其類之層位，而更不說其爲其自身之份子，以混淆其層位。此卽可使不同層位之概念思想言說，皆各居其位而不亂矣。

八、觀類之層位之貫通

上述現代邏輯數學思想中辨類之層位之說，自是依於對類之世界實有之面相，作一如實說。然復須知：如上所謂人之說話之類，所以有層位之不同，初是依於人說話有先後之序，而可以後序之話，說先序之話而來。凡此以後序之話說先序之話者，應有其內涵的意義之貫通；則依此而有之話之層位，亦可直就其內涵意義之同處，而說其貫通與相類，更以此說其貫通相類之話，爲最高一層位之話。如吾先說某話，繼有說「某話是眞」之一話，更有說「某話是眞是眞」之一話。此卽一標準的「以後序之話說先序之話」之三層位之話。此其所以爲三層位之話，卽由必先有話，然後繼有「此話是眞」以下之話。此中之後一話，所以說前一話，故包涵前話，而又對前話更有說。此所說者，不在前一話中，故前話爲下層，後話爲上層。上層包下層，下層對上層，則有所不包。此上層之包下層，卽見上下層之貫通。由此貫通，而我們更可說：此三話皆是話。而此「三話皆是話」之一話，則更在上一層，乃包此三話者。此「三話皆是話」，亦在最後之序上說者。此最後之序上所說之三話皆是話，並非將第一層之話概後二層，而淆亂層位。因此話之義，原可通貫於一切話故。此話之義之通貫一切話，初是只自其內涵講，不自其外延講。此話之內涵之義，原可用以指一切不同層位之話。故吾人既說一話與其後二層位之二話後，卽可就此三話皆具此話之內涵之義，而見此話之外延，及於此三話，而說「三話皆是話」。則此中有層位之分，亦有層位之貫通，以見各層位中之有不同之話，而亦皆同是話。此層位之可貫通，乃由「話」自始在內涵之意義上，可指一切話。而實見其貫通，則在知此三話皆具此「話」之內涵意義；故在此三話之後，可說此三話皆是話之一話，爲一最高層位，最後序之話；以說出：此話之內涵意義，原能指一切話，以上貫於三層位之話。此卽是既說此中層位之不同，而又兼說其貫通也。

依此以論上述之一切話皆假之詭論，則見將此對「一切」，分辨其層位，限定其意義於一定之話，以消除詭論之道，可用而不必用。因人說一切話皆假者，乃由其知有話爲假，更以此話爲假之義，遍用於一切話，故有一切話皆假之話。人見有話爲假，亦原可直將此「話之爲假」，用以意指一切話。此卽是將「話之爲假」之內涵的意義，遍用於一切話。但此有話爲假之意義，原只限於此所有之話，原不能遍用於一切話，故其所意想之「一切話爲假」

本身爲假。對此說一切話爲假者，若有人能指出有他話爲眞，或在其說一切話爲假時，意許此他話爲眞，而人更指出其實已意許他話爲眞，而問其此一切話爲假之話，是否眞時；彼亦自知其一切話爲假之不當說而爲假。故此人之說一切話爲假時，非初無其所意指與意想，而其說亦正是用以表達其意指意想者。他人欲使其知此話之本身之爲假，固有其道。他人之指出其說此話時，是意許他話爲眞，而使其自知其自相矛盾，亦正是一道。而當此話被知爲假時，人之說此話本身爲假，亦自有其意義。此中，㈠人先說：「一切話爲假」。㈡更知此「一切話爲假」之話，實被意許爲眞。㈢再知此「一切話爲假」之本身實爲假。此卽共有三層位之話。此中，其始於第一層之話，乃以終於第三層話之故，而被銷除，故第三層之話亦卽爲包涵此第一層之話，更銷除之者。凡後一層位之話，肯定前一層位之話，而加一「是眞」之話，固是包涵之。凡後一層位之話，對前一層位之話，加一「是假」之話，亦是包涵之也。則此中並非須先將前一層位之話中之「一切」所指之話之類，先加限定於某些原是假之話，而後有後一層位之話也。若此中已將前一層位之「一切」，限定於某些原是假之話，則此「一切話爲假」，先已本身爲眞，則此詭論，自不發生，然却不能解釋何以人恒有此詭論之故，亦不能有高一層位之「說低一層位之話爲假」之話；同時將使高一層位之話，包括低一層位之話者，只限於說其爲眞之一形態，而少一說其爲假之一形態，則於高層位之話，所以包涵低層位之話之二形態，亦未能備足矣。

此依序以說高低不同層位之話，其中之層位之不同，乃依于人說之先後之序不同。此先後之序必不可變，故層位之高低，亦必不可顚倒。層位之高者可包涵其低者，或說此低者爲眞而存之，或說此低者爲假而去之。故層次低之話，與層位高之話，亦不能平等相對爲二類。層位之低者之話之眞或假，皆可包涵於層位高者所以說其眞或假之話中；而反之則不然。然此中層位高之話，說層位低之話爲眞時，亦卽落到此層位低之話上去說，而旣往說其爲眞之後，亦可更去此「爲眞」之一話，而只存此層位低之話。故說層位高之話者，於由高層落到低層，而說低層之話爲假之後，卽銷除此話，亦銷除此「爲假」之一話，而亦落到低一層位。因此話旣銷，其「爲假」之話亦銷，則說此話之話，卽只是一話，因其已無所說之話也。只是一話，卽非在高層位中說話之話矣。由此以高層位之話，說低層位之話旣畢，卽落到低層位，便可見在此高低二層位中，可由低層位，以依序上升，至高層位，或亦可更依序下降，至低層位，而可知此中之高低之層位之有其分別，亦有其貫通矣。

由此以觀，所謂類之是否屬於其自身之問題，亦當自其內涵而觀。一類之屬於其自身者，如概念之概念，亦是概念，對言說之言說亦是言說，對圖畫之圖畫，亦是圖畫。此中之由「說一類屬於自身」，而形成之概念名詞，卽正爲較其所說之概念名詞，爲高層位之概念名詞，而非較之爲低一層位者。故謂概念之概念亦是概念者，正以概念之概念中，已包涵概念之故，圖畫之圖畫亦是圖畫者，亦卽以其中已包涵有圖畫之故。至於類之不屬於其自身者，卽吾人不能更進而本此概念，以形成其高層次之概念者。謂「是色」之類，指一切紅黃諸色，「是色」之類之本身，不是一色，不屬於色之類者；卽吾人可有紅之色、藍之色，而無「色之類」之一「色」之謂。謂有人性之類，指一切個人，而有人性之類自身，不屬人之類，不是一個人者；卽吾人不能有「人之類」之一「人」之謂。色之內涵中，更無其上一層位之「色之類之色」之內涵以包之，人之內涵中，亦無上一層位之「人之類之人」之內涵以包之，故不能說「色之類之色」是色，亦不能說「人之類之人」是人。是見一類之屬不屬於其自身之類，亦卽依其有無「上一層位之類，其內涵，足以包之」爲定也。凡一類之概念名詞，吾人能運用於其自身，而於其後再建立一上層位之概念名詞，以包涵之，以成一由低層位至高層位之次序者，謂之屬於其自身之類。不能形成此一次序者，謂之不屬於其自身之類。此卽仍是以此由低層至高層之次序之有無，定此「屬於自身之類」與「不屬於自身之類」之分也。依此次序之有無，以說類之不屬於其自身者，卽說：於此類，一切屬於其自身之話，皆不能說，而亦皆是假；而此說其是假之一話，則只所以銷此一話，而同於只說此類之爲此類。由此而更不須說：於一切不能說其屬於其自身之類，合爲一不能屬於其自身之一類；而亦不須更問：此一切不能屬於其自身之類，是否屬於其自身，以成一詭論矣。此一問，乃先設定「一切不屬於其自身之類」之自成一類，然後能問。今若不設定其能自成一類，則此問自亦無有。而吾人只須自知：於此等之類，因吾人不能依之以再建立上文所謂高層位之概念名詞，而一切說其自身屬於其自身之話，皆爲假，而被銷除；則亦更無此「不能屬於其自身」，爲此等「類」之賓辭，以使之成爲一「是不能屬於其自身之類」者，自不能有此類之是否亦屬於其自身之問矣。依此吾人之能否將一概念名辭用於其自身，以建立一高層位之概念名詞，以定類之屬於自身，與不屬其自身者之分別；則人之概念、名詞，自是有可用於其自身、與不可用者之別。此分別，乃在概念名詞之是否初爲指所對之經驗事物者。若其初爲指所對經驗事物者，則皆不能用於其自身，以建立高層位之概念名詞。如紅色等原指經驗事物中之紅者，故不能用於自身，人類原指經驗中之一一個人者，亦然。但如言說、圖畫、思想等，則非指所對之經驗事物，而是指吾人之主體活動者。凡吾人之活動，可以其自身活動與其所成者爲對象者，則表此活動之名詞概念，無不可再用於其自身，以次序建立更高層位之名詞概念。吾人之言說活動，可以言說活動、與已成之言說爲對象，思想可以思想爲對象，亦如吾人之圖畫活動，可以自其所已繪成之圖畫爲對象，吾人造機器之活動，可以已往之機器爲對象。故說一切言說者，仍是言說，思想一切思想者，仍是思想，對一切圖畫之圖畫，仍是圖畫，在機器上造機器，仍是機器。此乃由於凡人之活動憑依其已往之活動、與其結果，而依次序以更形成者，皆原可以其所憑依者之意義，爲其本身之所內涵之意義，而在此情形下，卽可用此所憑依者之概念、名詞，思之、說之，以成高一層位之概念名詞。此所成之高一層位之概念名詞，旣高一層位，卽不得謂其再屬低一層位。則此中不當有混淆高一層位之類於低一層位之類之事。然此固不礙吾人之可說此中之不同層位者，有具內涵意義之相貫通，而相類者在，更以此說其貫通與相類之言說，爲最高一層位之言說也。

第五章　依類成化境—觀類界（中）

九、觀心靈感通於物，所成之感覺經驗之相續中，類概念之地位及數之原始

人之心靈活動之感通於物，初爲感覺經驗。此經驗，皆可說爲對一一特殊，而各爲唯一無二個體物之經驗，乃無問題者。然此所謂物之爲特殊之個體之義，則當依吾人於前篇所說而定。即此中之特殊，初只是由吾人之自知其心靈，向各方向次序生起之感覺活動之自相殊別，而知其感覺之所着者，亦自相殊別，而各爲一特殊，而非此所感覺性相，單獨自爲一特殊之謂。自所感覺性相皆可重複言，即皆爲可普遍化，而具普遍意義之普遍者，而初不能用之以定一物之必爲特殊之個體者。至於此人所感覺性相，是否實見其爲可普遍化者，則純視人後起之經驗之內容，有無與之相貫通者而定。凡前後經驗內容之可相貫通者，此內容，即實見爲一普遍者。而前後經驗中，除此相貫通之內容之外，其餘凡內容之不相貫通者，即對

此普遍者爲一般所謂特殊者。然此特殊者，若再於以後經驗之內容中，得其所貫通者，則亦同可見其爲一普遍者。故就任何經驗內容而言，皆可爲一普遍者，其是否被實見爲普遍者，乃純依能否與後起之經驗內容相貫通爲定。故在其未得有以後經驗，與之貫通時，亦爲待吾人所望有之以後經驗，與之貫通者。由此而吾人之生命存在之心靈活動，亦卽可說爲自持其經驗內容，以俟後起經驗，與之貫通者。而當其得見有此一內容之貫通，而此內容更爲人所自覺時，人卽形成一普遍的概念。凡一概念皆可本之以定類，而成爲一類概念。依此以說概念或類概念之原始，則自概念之有一定之內容而觀，固只是一抽象的普遍者；然自此概念之內容之初亦爲經驗內容，而此經驗內容之未得其貫通者，初亦與其得貫通而化爲概念之內容者，嘗合存於已往經驗中而言；則一概念內容之爲一抽象普遍者，初乃存於其他特殊之經驗內容之中；而當概念形成時，則如凸出伸進於心靈之前，而此外之其他特殊經驗內容，則又如只是凹入而屈退於心靈之後。人當以抽象普遍概念作判斷，以預期後來所新經驗之物，而於此新經驗中，見所經驗事物之內容，有同於此概念之內容者時，人卽得其所望，知其判斷之爲眞，同時知二內容之相貫通；而於知其相貫通處，見此新經驗之得貫通於其前之經驗，而此概念內容，亦同時再貫通於此新經驗中之其他內容。此其他內容，亦卽可稱爲一特殊內容。然此內容，若能更得與以後經驗相貫通，則亦同可化爲一概念之內容。由此以觀，則人之槪念內容就其自身以觀，雖爲抽象普遍者；而就其所貫通於前後經驗之其他特殊內容以觀，則同時爲通於特殊者，而有此通於特殊之意義者。由此中之特殊者，無不可以其貫通於以後之經驗，而化爲槪念之內容，則原爲槪念之內容之普遍者，亦卽可更爲此特殊者所規定，以升進爲一較具體之槪念。如此次第升進而創生之槪念，其內容所包涵之普遍者與特殊者愈多，其槪念卽愈進於一具體之槪念。一愈進於具體之槪念，卽愈能把握一般所謂具體事物之各種性相關係之槪念，而爲一般用以規定一具體事物之類之類槪念。

依此上所論類槪念與經驗之關係，以觀西方哲學中實在論、槪念論、唯名論之爭；則就槪念之必有普遍內容，此普遍內容之可重複於已往經驗、及可能有之未來經驗以觀，則其意義卽不爲任何實已有之經驗所限定。人若就此內容之爲如此如此之內容，而可普遍地呈現於經驗以觀，而謂之爲一眞實之實在，亦不得謂爲非。然此內容之普遍地呈現於吾人，唯在經驗之前後貫通處呈現，亦所以使此貫通，成爲可能；而此內容，亦原爲貫通於其他所謂特殊之內容者。故此普遍內容，初不能離一切特殊內容而存在。其離於此一特殊內容，亦必可再貫通於另一特殊內容。則其雖對任何特殊內容而言，皆可超越於其外，然離此而貫彼，終不能離一切特殊內容而自在。其似爲自在，唯在吾人暫有一抽象的把握之之思維活動。然此又正證其不能離此思維活動而自在。此思維活動，卽任持此內容，以爲槪念，而形成此槪念之活動。則概念論謂此內容不能自爲實在，亦是也。

此人之形成對經驗事物之概念，恒由一內容較少之概念，以向於一內容較多之概念，由較抽象者而向較具體者，並用之以判斷具體事物，而望於此具體事物經驗中，更經驗此同一之內容。此則見人之思想乃通過此概念而超越此概念，以再歸至此具體事物之內容之經驗者。人之用此概念以形成判斷之事，亦如功成而身退，而止於一一特殊之具體事物之經驗之前。此時一切已往所用之概念與判斷之思維活動，卽皆如隱而不見，而概念唯存虛名。克在此階段說，唯名論亦不得謂爲非。然人既由概念判斷，以歸至特殊經驗後，更可將此特殊經驗內容，就其可普遍化，而實普遍化之，以成一概念之內容；於是人形成概念之思維活動之進行，卽如由通過此特殊經驗，更挾帶其內容，以創造一新概念。則其先之似止於特殊經驗之前，如隱而不見，正類蛇之行入山洞，更將帶洞中之食物而再出。故此形成概念之思維活動，其行於特殊經驗之中，卽如一屈而一伸，既伸而再屈，以成一次序歷程，而增大擴充其所有之概念之所涵之內容者。然在另一面，當其以所涵內容多之概念，判斷後起之具體事物，而不能皆得其通之時，則又可轉而仍用內容少之概念，以求得其通，或轉而用其他之概念之可得其通者。合此上之二者而觀，則此用概念以形成判斷之思維活動，卽又似一「恒能自收縮其概念所涵之內容，或收縮至極而廢之，更起用其他概念；而亦能增大擴充其所有概念之所涵內容」之一「能收能放、能廢能起」之活物。於此對任一概念內容，如人之心靈駐足而觀，皆如自為一實有，然若此心靈更伸進於前，以通之而過，則皆為一橋樑道路；既過之，則又卽如屈退於後者；而在其前者，則又為其他之橋樑道路……。此亦可喻如蛇之行入一山洞，其帶洞中物，而再出後，更入於其他之洞者，亦將再出。則凡只於「概念活動視為一抽象活動；或只視概念為抽象之普遍者，如貫華之線，而謂其至具體特殊事物經驗之前而止息；或只謂概念足說明具體經驗事物，卽盡其用，而其內容卽唯附屬於事物，以為其屬性賓辭，如畫之貼於牆」者；皆未能善說善喻人之形成運用概念之思維活動，與具體特殊之事物經驗之關係，而知此活動之眞為一如活物之活動者也。

至於專將人所形成運用之一一概念分散而觀，則一一概念自皆可各規定一類之物。在人經驗中，無論個體事物之「性相」，或「關係」或「某個體事物之某關係」，凡可普遍化者，而皆可成一概念之內容，亦皆可用之以定類。而組合性相、關係、及某個體物之某關係，所可能定之類，則可隨人所知之諸性相等之無定限的增加，而亦可無定限的增加。

依現代邏輯數學思想中如羅素之以類言數之說，更謂凡人所定之類之個體之項目，有一對一之對應關係者，則其數同。此數卽此項目相同之類，得稱為同類之「類之類」。然此說已先超出於類之觀念以外，而及個體事物，再由個體事物之「項目」有「一對一關係」而相同，以言數。依此而吾人如何可說二類之項目之數相同，如同爲「一」，則問題轉趨複雜。如謂所謂一類中只有「一」項者，卽謂：一類只有某項，如外有他項，亦等於某項之謂。所謂一類之項目，與他類項目，有一對一關係者，卽一類之某項目必與他類之某項目相關，而更無其他之項目與之相關，則其關係爲一對一之關係云云。此乃以更複雜之觀念說明較單純之觀念，不合人之思想進行，宜以較單純者說明較複雜者之自然之序。此說所用之個體事物之觀念，依本書前章所論，亦爲一極複雜之概念，——故此說不爲吾今所取。依吾今之說，以說數之觀念之所以有，則當循前所說，以謂人初以一類概念，加於特殊個體事物時，人只是望此個體事物之內容，同於此類概念之內容，而望見其內容之貫通，而求形成一眞判斷。此中初無「數」之觀念。然當吾人發現概念內容與此特殊事物之經驗內容有一貫通，人卽可就此貫通之連於前後之經驗，統一前後之經驗，而發現有此「統一」。此一般之「統一」之觀念，雖非卽數之一，然可說爲數之一之觀念之所自始。人之前後之經驗中，恒有相貫通之內容，但亦恒有人望其前經驗之中之內容，貫通於其後經驗之內容，而不能得之情形。則此其前之經驗之內容，在其後之經驗中無有。此無有，雖非卽數之零，然可說爲零之觀念所自始。此前後之經驗之次序相續，卽可次第見有其貫通，而次第見有統一，是爲人可次第說「一」所自始；亦可次第見有不相貫通，是爲人可次第說「零」之所自始。此中諸次第之貫通，可各有其不同之內容；其內容同者，亦可再貫通於不同之內容；則此次第說之「一」，亦互不相同。此「一」亦不同於彼「一」，以此一觀彼一，則彼一無此一，反之亦然。此一與彼一卽相望而互相外在，以成其兩，此兩雖非數之二，然亦卽二之所自始也。

一〇、觀自然數之次第形成及其運用，與心靈之虛位

吾人上說數之一所自始，在上述之一般之統一，而數之一，非卽一般之統一。因一般之統一，有其所以成此統一之內容，而此數之「一」，則無此內容。吾人上說數之零之所自始，由後之經驗中無前之經驗之內容，然不謂此數之零卽是此經驗內容之無有。因此數之零中，初亦無「此內容之可無有」。吾人上說數之二，始於一「統一之內容」與另一「統一之內容」之互相外在以成其兩，亦不謂此兩卽數之二。因此數之二中，亦無此一與彼一之內容可相互外在故。此數中之一、零或二，唯是可用以指任何事物與其內容之數，此數自身則可離此內容而措思者。故上述之統一，爲數之一之觀念所自始，而非數之一所自成。然由此一般之統一之有內容者，至數之一之無內容者，正有一自然之過渡，卽一般之統一誠有內容，然一有內容之統一既形成，而往更形成另一內容之統一之時，此前後之統一之內容，卽可互

相超越而互相銷除，而人卽可只反觀此統一之爲統一，而不見其內容。此統一卽化爲一純粹之無內容之統一。一切「有內容之統一」之內容，皆可如此被超越，則一切「有不同內容之統一」，自其皆爲統一而觀，卽無差別而同一。此一切統一，卽相統一，而爲統一之統一。此統一之統一，卽無一切統一之內容。今試問此統一之統一，與數之一有何異？此統一之統一，明可用於任何有內容之統一，並可只用以說此內容之「統一」者。對任何內容，當吾人自其內容之是其所是，如其所如而觀，卽皆爲一自己統一，亦可爲成就人之經驗之前後貫通之橋樑道路者。則此統一之統一，正可遍用於有任何內容之事物。而此與數之一之可指任何事物與其內容，其用無有別。而數之一，卽應爲此統一之統一，而亦卽一般之統一超越其內容之所化成。（上文由統一以言數之說，足以會通洛克及黑格耳之論。讀者可自詳之）

依上文之說，數之一之所以不同於一般之統一，唯在一般之統一有內容，數之一則無此內容；而一般之統一超化其所具之內容之意義，卽化成數之一。故此數之一既成，亦可還用以指經驗事物之內容之統一。經驗事物內容有統一處，卽可以數之一指之。其再有統一處，卽可再以一指之。亦可就此統一與彼統一之互相外在而爲兩，更合之，而以二指之。無此統一處，卽以零指之。人以此「一」「二」「零」等，指人所知之經驗事物中之統一之多少有無時，此「一」「二」「零」等，卽名爲基數。

至於序數與基數之別，則不在基數之不依序成。依今茲所說，凡數皆依序成。由零至一二三⋯皆依序成者也。此中之別，唯在基數乃可直用以指所知之經驗事物之數，而序數則必須兼指吾人之知此經驗事物時，所經之「知之或名之之活動自身」之數。而卽以此所經之「知之或名之之活動」之數，名此知之活動所對之事物，而定其次序。如序數中之第一、第二、皆分指一知之活動所對之一事物。其所以名爲第一或第二者，由吾人自有一知之（或思之或說之）之先後之標準；依此標準，而爲此知之活動所首先當及者，卽名爲第一，次及者，名爲第二。此中之第一、第二之第，如宅第之第，卽吾人之知之活動之所宅、所着、所對。自此知之活動之一一所宅、所着、所對上看，乃各爲一物，而無二物。此第一之「一」所表者，乃吾人於知此第一時，只有一知之活動。此第二之二所表者，則吾人於知此第二時，已有二知之活動。此中一知之活動、或二知之活動之一、二，仍各爲一基數。此乃由吾人之自反省其已有之知之活動，而視此知之活動如一般之事物，而計其數所得之結果。故此第一第二中之一、二，直接所表者，乃此知之活動之數，非此知之活動所知之事物自身之數。則吾人之名此所知之事物，爲第一、第二，乃移用此知之活動之數，以名此知之活動所對之事物，而卽以人所歷之知之活動之數，定此事物之序數。人於此所歷之知之活動爲二，則知之所知者爲第二之序數所指；所歷之知之活動爲一，則知之所知者，爲第一之序數所指。

所歷之知之活動爲零，則知之所知者，爲先於第一之零之序數所指。則此序數，固皆依基數而成名，然其爲數，則與基數之直指所知事物者不同，而爲一先反指此能知之知之活動之數，而更以此數爲所知事物之名，而定所知事物之序者也。

依上文說，數始於一。有一，更重複此一，而觀此一彼一相對，而互相外在，卽有二之成。然由此一與彼一之互相外在，至二之成，必先加彼一於此一之上。此卽加法之始。反之，以彼一銷去此一，以還至一之無，則減法之始。此中，數之一無，而數不無，卽數之零。然人既加一於一，而有二個一，合爲一個二，則爲對此相對之二個一，再加以統一之事。此統一之事，乃在此相對之二個一之上層位進行，而如乘於其上。若此統一，可視爲數之一，則此事爲一乘二，等於二之事，是爲乘法之始。反之，於此一個二，分爲下層位之相對之二個一，再落至下層位，於此一與彼一中，皆只見一，而銷除此「二個一」中之「二」，則爲二除二，等於一之事，爲除法之始。此中減只爲加之反，除爲乘之反，可不論。自乘與加言，上說之一乘二之結果，雖同於一加一而皆是二。然加與乘之義，仍截然不同。此中之加一於一，乃是先超越於前一之上，再重複此一於其後。此中有一向前次序生長之思想歷程。以一乘二，則唯是人自反觀其已有或已構成之二個一，而更繼此反觀，以統一之活動乘於其上之結果。此中則無向前次序生長之思想歷程，而只有思想之向上升進一層位，而更反省內觀，亦下觀其已有或已成者而統一之之事。於此，人必先知加一於一，乃有二，更有以一乘二。故加在先，乘在後。卽一之數之由無而有，亦可說爲加一於零之所成。故依序而說，數始於加，不始於乘。乘爲對已成之數，再下觀而統一之之事。此統一之之事，更有不同之方式。如有二個一於此，此統一之方式或爲兼統此二，而兼取亦俱肯認此二者，卽方才所說之一乘二等於二。或只偏統偏取其一，而只肯認其一，或只偏統偏取另一，而只肯認另一，此皆爲一乘一等於一。或以皆不統爲統，而皆不取，皆否認之，卽以此不取與否認，乘於此二個一之上，使皆由有而無，卽無異以零乘二，而等於零。此諸方式互相殊別，各爲一類之乘的方式。而此諸方式之數，爲四。此諸方式，乃純依於人如何對待此二者之肯認或否認之活動而有。此肯認或否認之活動，亦爲人在作判斷時，可用以對待任何概念與其內容，以形成爲肯定或否定之形式之判斷者。唯依於人對其已有之二，加以下觀後，再對之作分別之肯認否認之活動，乃有諸方式之乘法。如以一乘二、一乘此一、一乘另一，以零乘二等各方式乘法。至於自此二之所以成以觀，則唯由加一於一所成。此所加之一，則又由加一於零所成。人之加一於一，乃超越此一，以重複此一。超越此一，卽是否認此一；重複此一，卽是再肯認此一。既再肯認此一，再反省回觀其先所已超越而已加以否認之一，卽於此反省回觀中，再肯認之，以連於此後所肯認之一，而俱肯認之，爲二個一，方有此二之數之成。此俱肯認之事，後被人自覺，卽是統一此二之事，以一乘於此二之上之事。然此俱肯認之事，初不被自覺，則亦無此乘之事，而在自覺中者，卽只有此二個一之爲加一於一之事所成。由此更進，而加一於此二以成三……等事，皆是先超越其前之已成之數，再重複此一，更加之於其前數之事。凡此中加一於前數，卽合此一於前數，以成一數。此一與前數，皆涵於此所成之數中，亦隱於此所成之數中。至於其後之更加一，則可說爲將此已隱之一，再引之出，重複之，而有者。此中之一之隱於所成之數中，如屈；其再引出而重複之以顯，如伸。如此屈伸隱顯相繼，而次第向前進行，繼續加一，而自然數之系列，卽可次序形成，其項目若可增多至無窮。今尅就此中之由次序加一之事，而數之系列，次序形成，數項不斷增多而觀，卽如此數之系列之不斷依序前伸，以超越於其自身原所具之數項。亦唯賴有此依序前伸，此系列中，方得有次第增多之數項，可容人之反觀，而一一分別加以肯認或否認，而有之乘之之事，與由此乘之方式之不同，而配列所成之數之類。則由配列而成之數，明爲後於數之由依序前伸以成之事，而乘固後於加也。

上文言自然數之系列，由繼續加一於已成之數，以次序形成。此卽無異謂：任一已形成之數，其前程，皆若尚有一數之虛位，呈於人心之前，可容人再重複此一，而置於其中，以加之於此數之上，以生一更大之數。此所謂數之虛位中，初無此所加之一，則於此虛位中，卽可說有零之數。然謂此虛位中有零之數，初同於謂：此中有可容「一」居之之虛位。今人之謂任何已成之數，爲繼續加一於零所成，亦同於謂：爲此「一」之次第居於數之虛位所成。而一已成數之數，卽同於「一」次第所居之虛位之數。然由此數之虛位，容「一」次第居之，又可以「一」名此虛位，而可說有「一」虛位，虛位中有「一」零之數。今有此一零之數爲一數，更合於在此已成之數中「一」所居虛位之數，而計，則必較在此已成之數中「一」所居之虛位之數N多一，而爲N+1。此卽超限數之觀念之所以成。然此超限數之爲數，實卽指數之虛位之數。已成之數之前程，恒有其虛位，故合此虛位而計之數中之虛位，自必永大於已成之數中之虛位，而非此已成之數中之虛位之數，所得而限，而爲一超限數。然此上所謂數之虛位中，初無一之數，亦無任何數，而一切已成之數，初無不在此虛位中爲虛，而數之觀念在此亦爲虛；則可不說此虛位爲數之虛位，以致亦可不由此虛位之數，非已成之數所得而限，以言超限數；而可只說：此虛位爲人心所知，而在人心。此虛位，卽可稱爲人能超越於其心靈活動所已形成之數之外，其心之容量中，所餘之虛位。如人之心靈之容量中，無此虛位，則人之次第加一於已成數，以構成更大之自然數，卽成不可能；而本此自然數，以構成其他之數，更發現其關係之事，亦不能有。唯人有此心靈之容量，以有此虛位，以容人構成自然數，更構造成其他種種數，而發現其間之關係，乃有數學。則一切數與數學，亦只能存於此心靈之容量中，而在此心靈之虛位中進行，而數與數之關係之似無限，數學之似無限，卽只依此心靈之虛位之有而有，而亦爲此心靈之虛位之所涵容。則此心靈之虛位，卽又如永在其所涵容者之外，而爲此所涵容者之外限矣。

一一、觀數概念與類概念之應用之效限

吾人上來說，自然數之系列中之數，由加一於零而成，卽加一于數之虛位而成。此數之虛位，可說是零，亦可說只是一數之虛位、心靈之虛位。此至少自人之思想歷程看，宜如此說。人之思想歷程，初非始於知有數，而是知以一類概念，判斷事物，而族類辨物。此人之以一般類概念判斷物之時，初不知有數。卽數之一、與數之零，亦初未嘗有。然吾人亦無妨自外而說，因此時在人之思想中，任何一數皆無，而其思想中之數概念之數，卽爲零。吾人亦卽可說人之思想「數」，卽由數概念之數爲零，至數概念之數爲一、或二。如知有一，則其數概念之數爲一，知有一又知有零，或更知有二，則其數概念之數爲二或三是也。然此皆自外而觀之語。若在人未有數概念之時，則旣無數概念，亦更不能知其數概念之數爲一，或爲二等也。然人無數概念之時，人可有一般之類概念，以有其對事物之判斷，則類之概念先於

數之概念。人在以某類概念判斷事物，而見事物之內容，同於此概念內容時，卽發現二者之貫通統一，人更知此「貫通統一」之同於任何判斷中，人所發現之任何類概念之內容，與所判斷事物之內容之「貫通統一」，而後人可進而形成統一之統一，或數之一之概念，還用此數之一，以指一般之內容之統一。由此一之次第加於零或心靈中之虛位，乃有自然數之系列之形成。如前文所說。

此上之說，乃謂數之觀念之原始，在人之類概念與事物內容之貫通統一。此與依類之個體項目之一對一關係，以說數爲類之類之說固不同；然此亦是先有類概念，更有其內容合於此概念內容之事物，爲個體，然後有數之說，而亦是建數之基礎於一般類概念之說。此中，吾人若專自吾人之用類概念，以形成一判斷說，卽是先以類概念，定一命題涵值，而望有一個體，具此概念內容者，能滿足此命題涵值，以形成一眞的命題。若專自吾人判斷命題之形成之自身說，卽是對一判斷命題，更有一肯定，或肯定之爲眞，而說：此判斷命題是如此，亦卽是如此。此卽人之理性上之自肯活動，見於此判斷命題之形成之中者。人必先有以類概念，定命題涵值，有理性上之自肯活動，並形成一眞判斷命題，然後能說數之一。則此數之一，卽可說爲依於某個體滿足某命題涵值，亦依於某理性上之自肯活動，並依於某判斷命題之爲眞而有者，亦可說此「一」爲某個體滿足命題涵值之別名，或某理性之自肯活動之客觀表現，或某判斷命題之成爲眞之眞理之客觀表現。然當吾人見有某個體物，其內容，合於某類概念，而滿足某命題涵值，以成某眞命題、眞判斷時，吾人說有「某一物」之「一」時，吾人却不須說：其爲滿足某一命題涵值之項目，爲一個體，乃類似於滿足其他命題涵值之項目之爲一個體者；「一」爲類之類云云。誠然，吾人說有「某一物」之「一」時，直就此「一」而觀，此「一」自有其普遍的意義，人凡於見有其他滿足一命題涵值之某一個體時，皆可說一。此處之「一」，卽可稱爲類之類。然人在正說有某一物時，此「一」只緣人見某物之內容與一類概念之內容，有貫通統一而起，亦卽直接由見有某一物滿足一命題涵值而起。人此時之用有普遍意義之一，卽同時限定此「一」之意義，以應用於其直接見有之統一貫通之處。此時，此「一」之意義，卽特殊化，非復爲兼指其他凡有統一貫通之處，或凡有一物滿足一命題涵值處之一。人始知有一，亦當是先知此特殊化之一，如小孩乃先知某一人某一物之一，方更知此一之有其普遍的意義，以爲遍用於一切人物之一。若人必先知有此遍用於一切人物之一，而後知某一物某一人之一，則人永無始知有一之時。此始知有一，乃知此特殊化之一，卽只知某貫通統一之有，而依之以起之一。在此所知之一之義中，卽「未嘗知有普遍意義而爲類之類」之「一」也。又人在知有某物之內容，同於一概念之內容，而見有貫通統一時，人自可知此某物內容之多少不同於此概念內容者，卽可再對應人之特殊的概念判斷，而見其爲一特殊的個體。然此中人可並不知某物必爲某類物中之唯一無二之個體，亦可不知此外之有無其他個體之等於此個體者；則亦更不須說：某物爲某類物中之唯一無二之個體，或此外無其他個體，（卽若有，亦等於此個體）等，然後能知有一。則此一之概念，亦不待對此某物之爲唯一無二之個體等有所知，然後能立也。至於上文說此一，爲理性之自肯活動之客觀表現，或判斷命題之眞理之客觀表現等，固皆可說。然理性與眞理之客觀表現有種種，而不須只以數或數之一爲其表現。此中，唯以人之理性表現爲一特殊形態，卽以「類概念」判斷「事物」，而見其內容之貫通統一，方爲數或數之一，所依之以生之原始。在有此內容之貫通統一處，吾人可說：某判斷對某物爲眞，更說某物爲一物，某判斷爲一判斷。此中爲眞理之表現者，亦只是此「某判斷中之類概念與某物內容之貫通統一」，及由之而有之某一物之「一」、與某判斷之「一」，而更無其他也。

吾人方才說，由某判斷對某物爲眞，卽可更說某物爲某一物、某判斷爲某一判斷。由此而當某判斷對某物爲眞時，吾人卽可更作一判斷，卽「使某一判斷爲眞之物之數是一」之判斷，此判斷亦爲眞。此卽數之判斷之始。而當此一判斷，再對另一物爲眞；則此一判斷兼對二物爲眞，而可化出「使此一判斷爲眞之物之數是二」之判斷。此判斷亦爲眞。由此而吾人之應用任何類概念用以成就判斷，皆可說有種種數之物，使之爲眞。此種種數之物，卽皆爲屬於某類之物，而其數卽某類之物之數。而吾人之判斷某類之物之個數爲何，卽同於此判斷中之類概念之可能應用於物，而得爲眞之次數之爲何。然此判斷中之類概念之應用於物而得爲眞之次數，合爲一次序歷程。此中吾人只須循一次序歷程，以次第加一，而綜合之，以得此中之類概念之應用於物之次數，亦卽得吾人之判斷中之某類之物之個數。此固亦非必須先知：此數之爲：一切可應用此數於其類之個體之類之類也。

上文謂由吾人對某判斷之爲眞，可說其次數，而對某類之物可說個數。此說某類之物之個數之命題，有某數可用，而說其個數爲某數之命題，卽得成爲眞，而某數之概念，亦得成爲眞。至於人所可能構造、或發現之其他一一之數，則雖不對某類之物之數爲眞，然亦可對其他之一一類之物之數爲眞。世間之任何類之物，無論其個數爲如何，亦總有吾人所可能構造或發現出之某一數，對之爲眞。由此而無論世間任何類之物之個數，如何增加減少，皆可有數之某一個，對之爲眞，而終逃不出此可有之數之網羅涵蓋之外。此亦如世間之物，雖可不屬此類，必屬於彼類，終逃不出吾人可有之類概念之網羅涵蓋之外。由此而可助成之一哲學，卽以一切數概念與其他類概念之和所成之世界，爲昭臨於一切個體事物之上，而自己存在之柏拉圖式哲學，如前文所提及。然此上之義並無必然性。人若順觀其用類概念以判斷時，必前向於一定之事物，而次第觀其個數；則人在對一定之事物，只有一定之類與數概念，能用以形成眞判斷時，其餘之一切類概念、數概念，卽皆不能應用，而若應用之，卽皆只對此一定之事物爲假者。故在一定之物上看，除某些類概念之內容存于其中者外，其餘一切類概念之內容，皆不存於其中，亦皆全部爲知此一定之物之心靈活動所廢棄。而當所知一類之物之數只爲某數時，其餘一切數，皆不存於其中，亦全部爲此心靈活動所廢棄。則此其餘一切類概念，對此一定之物言，皆無所指，而其所規定之類，皆同爲一空類，而無分別。此其餘一切數，對一定之物之數言，其數皆無所指，而在一定之物之數中，此其餘之一切數皆不存在，而其存在之次數爲零數。然此說其爲空類、爲零數，仍是先思及其餘一切類概念，或數概念，而更觀：在此一定之物中無有此等概念之內容之辭。若在吾人只知有一定之物與其數之時，則人可根本不思此外之類概念與數概念，則此空類之類，零數之數，亦不得而說，而根本無外於此一定之類概念與數概念者之存在。又吾人用類概念判斷，而不知其個體之數時，則只有類概念，而無數概念。至於在吾人未形成一類概念時，則連此類概念亦無。尅就此人之心靈活動，可不知有數，亦不知有類之際以觀，則此心靈活動，卽存於類與數之世界以外，一無類無數之世界。此卽如心靈活動在無所思之狀態所見之境。此心靈有此境，卽有此世界。若有此世界，則此有類、有數之世界，卽爲心靈所可超拔之世界，而非心靈所必須憑之以網羅涵蓋具體事物之世界者。若人不憑之以網羅涵蓋具體事物之世界，則謂其昭臨於具體事物之世界之上，或謂世界中之具體事物，皆爲表現此數與類之世界中各數各類之內容者，卽皆不得而說矣。

一二、類概念及數概念與感覺經驗事物之次序相應生起之歷程與客觀存在事物

吾人若不以類與數之世界，爲昭臨於具體事物之上而自己存在者，則吾人可反而唯自吾人之數與類之概念，初連於吾人之判斷；而更觀：在吾人之判斷歷程中，吾人恆由發現吾人所持以判斷之概念，不得吾人對事物內容之經驗之印證，而恆卽自廢棄之；而更本吾人對事物內容之新經驗，以另形成一類概念；則知吾人之類概念之形成，大可後於吾人對事物內容之經驗。人對事物內容之經驗，儘可初只是一純粹之感覺經驗，而與其他經驗，初無所謂類與不類者。類概念，則爲由發現一感覺經驗內容，有貫通其他感覺經驗內容之普遍意義，而繼之以形成者。若然，則人之類概念之次第形成，卽爲隨順人之感覺經驗之次第前申，而後次第形成者。既形成，而以之判斷後起之感覺經驗中之事物，若見其內容不相貫通，卽須自撤回而後退。此所謂後退，卽一經驗內容之自消逝，以容一新經驗內容之呈現更重現，以便

形成其他之類概念。由此而人遂有不同感覺經驗內容之自身，更迭的重複於新經驗之中，而吾人亦卽可隨順此感覺經驗之內容之自身之更迭的重複，而更迭的形成不同的類概念。吾人之用此不同之類概念，以次第判斷後繼之感覺經驗之生起，亦爲對此不同的類概念，更迭的次第運用，以求應合於此後繼之感覺經驗之生起的次第。於此中，若再得其應合，則吾人更自加强對此不同類概念之更迭的次第運用。此更迭的次第運用，旣由加强而成習慣之後，則吾人之更迭的運用此諸類概念，亦如吾人心靈活動之繞此諸類概念而旋轉，而亦漸更不求自逃於此旋轉之活動之外。此卽吾人通常所謂客觀外在之屬某種類之事物之概念，所由以形成，而爲吾人之所以得見有屬各種類之事物所合成之現實存在之世界之本，茲更解釋如下文。

原吾人之所以謂有客觀存在的屬某種類之事物，固原於經驗。然此乃原於一特殊類之經驗。非人之任何類之經驗，皆可形成一客觀存在的屬某種類之事物之想。亦非只須吾人之用一類概念以判斷，而知其對某事物爲眞，吾人卽能謂此某事物爲客觀存在之事物。因吾人之知此概念對某事物爲眞，卽知其對某事物之經驗爲眞，而見吾人前後經驗之貫通。此並非必然可產生此某事物爲客觀外在之想者。此某事物之爲客觀外在之想，非只由於吾人知用一類概念以判斷，而知其對某事物爲眞，而當是由吾人之可相繼的用不同之類概念，以成相繼的判斷，而見此諸概念與諸判斷之次第更迭的在相繼生起感覺經驗事物中成爲眞。此則必待於感覺經驗事物，相繼生起時，其自身所次第更迭的表現之內容，同於吾人次第更迭的生起之概念之內容。吾人之次第更迭生起之概念，若爲吾人隨意製造者，則吾人不能謂感覺經驗事物之相繼生起，其次第更迭的表現之內容，必同於吾人次第更迭生起之概念之內容。必須吾人次第更迭生起之概念，亦先是隨順感覺經驗事物之內容之次第更迭生起，而次第形成，更次第更迭生起者；方能與感覺經驗事物之次第更迭生起時所表現之內容，相應合。而當吾人次第形成而更迭的生起之概念，必須應合於感覺經驗事物之次第更迭的生起表現之內容，而不容吾人之隨意製造其內容與次第時；吾人卽感到此感覺經驗事物之次第更迭的生起之秩序，乃外在於吾人之心靈之隨意製造，而對之爲客觀存在者。由是而吾人乃得有此所經驗之事物，爲客觀外在之想。由此感覺經驗事物之諸內容爲次第更迭的生起，卽見此諸內容，皆各爲能反覆重複出現之普遍者，卽一類概念之內容；而此諸內容之依其更迭的生起之序，而合成之概念，卽亦爲一類概念。世所謂「客觀存在，而屬於某類之事物」之概念，亦卽「其諸內容，乃依其更迭的生起之序，而相關聯，所組成」之概念也。

今欲舉例明上所述，亦甚簡單。如吾人謂此一桌爲客觀存在之屬桌類之物，此非直由吾人對桌之經驗之內容，同於吾人之桌之概念之內容，便可說其爲客觀存在。此對桌之一經驗，亦可能只是吾之一幻覺。實則吾人之經驗一客觀存在之桌，吾人必須對一桌有次第生起之不同經驗。在此不同經驗中，吾人可在一時經驗此桌爲方或爲斜。此方斜皆不同之類概念。然吾人對桌之不同之方斜經驗，可由吾人循不同角度，而次第觀桌之時，次第生起。而依任何一定角度，以觀桌，皆有一定之方與斜之生起；此中不容吾人更於次第感覺此方斜之時，想像此方斜不如此次第生起，吾卽由此以謂此桌爲一客觀外在之桌；並謂其自身有此次第表現爲方斜之性質，卽其所以爲此桌之內容上的性質。此中，吾人之所以判斷此桌之方斜等爲如此次第生起，而相聯結，其所用之一切概念，則皆初由吾人先有次第相聯結之方斜之感覺經驗之生起，而更隨順之以形成者也。此一切概念既形成，用以作判斷，而更在繼起之自不同觀點，以觀桌之所生起之次第經驗中，得其應合，吾遂得謂此桌之實有此方斜等之相聯結，爲其性質內容，而爲合於吾人所有之對桌之概念，之桌之類矣。

由上所論，則吾人之知有客觀存在之屬於某類之事物，必先有：相繼之感覺經驗事物之內容之次第更迭生起，而於此更迭的生起，見此內容之可重複而爲類。次爲：吾人之概念之隨順之而次第形成，亦更迭的生起，而持之以形成判斷。再次，爲見其後之感覺經驗事物之次第更迭的生起，其內容，亦應合於此判斷中之概念之次第更迭生起中之內容。此中，若專自後來之感覺經驗事物之內容，應合於吾人之概念之內容上看，並不能斷定此感覺經驗事物，爲客觀外在。必吾人之概念，先隨順於感覺經驗事物之次第內容，而次第形成，並次第求在內容上與之應合而見其爲同類，而自知不能隨意形成其概念；再以其概念判斷事物，而感此次第更迭生起之事物內容與概念內容二者之相應合而實爲同類；然後有此屬某類之事物爲客觀存在之想。故此物之客觀存在之想，乃多重之相「類」的關係之發現與形成之產物。吾人之謂世界由種種客觀存在的同類事物所合成之世界，亦卽由吾人之隨處有此多重的類的關係之發現與形成之結果。（關于事物之客觀存在如何建立之問題，上文只及其一義。于後文之感覺互攝境，道德實踐境，更有所進論）

依上列之說，人對事物欲有眞知識之成立，固必須用類概念，以成判斷。然自此類概念之自身，初須隨順感覺經驗以形成，又終必於繼起之感覺經驗中，求其應合以觀，則此概念仍只爲前後之感覺經驗求貫通統一，所經之橋樑與通路，而不能超臨於感覺經驗之事物之上。則一切只由吾人之必用概念，以成判斷，又可用種種不同之概念，以形成種種不同之判斷，以涵蓋網羅經驗事物，而主張具體存在之事物，只爲表現此概念之內容之柏拉圖主義之說，卽盡失其所據。唯有隨順感覺經驗事物之內容之重複的次第生起，以形成概念，再用之於感覺經驗，方爲形成事物之眞概念、眞知識之途；亦爲吾人之所以得肯定有客觀存在之經驗事物或具體事物之道也。

第六章　依類成化境——觀類界（下）

一三、觀存在事物之存在意義及生物之出入於類與超類之本性之理解

吾人所謂客觀存在之事物，即一般所謂具體事物。此種事物皆不能只是應合於一單純之類概念之一單純的個體，而可以單純之類或數之一說之者。此種事物，必爲在一次第歷程中生起，而次第更迭於吾人對之之感覺經驗中，表現其不同之性相形式之內容，待吾人之加以順觀，而更可一一分別以類概念，或數之一說之者。由此事物之次第表現不同之性相形式之內容，故其內容非一時全部現實，而恒有其他內容，爲其所能表現，而非現實者。由是而此具體事物，即皆爲有潛能之事物。其有潛能，而有其所未現實之內容，即見其有所缺少，而爲不完全者。前文提及之西方由柏拉圖亞里士多德至中古之哲學，皆以一般所謂客觀上現存在之事物，乃本質上爲不完全，唯有能將一切現實事物，其可能表現性相之內容，完全加

以思想，或以思想加以完全實現之上帝，乃爲純現實而無潛能之完全的存在。然此說，則初由見現實事物有其更迭的表現之內容性相，亦有其能表現，而未現實表現之內容性相，更將此內容性相，先虛提於事物之上，然後有之說。若吾人自始將一事物所能更迭表現之內容，皆屬於事物之自身，則其能表現而未表現者，皆可化爲其所表現，而在成爲其所表現者時，能再加以超化，而不表現者。自其能表現，兼能不表現而超化此內容言，則此存在事物即更有一超現實之能，亦超此表現之內容之性相之能。若此內容性相，只永恒地實現於上帝之思想，則此存在事物，豈非在此義上，有一超於上帝之能？於此若說上帝之自身能永恒地實現此內容性相，亦自能超此內容性相之規定，以爲一單純的存在，則此存在事物之能超此內容之性相之能，又豈非其同於此上帝之能者？故吾人只自存在事物之有其所能表現，而更不表現之，未必卽爲此存在事物之有所缺少之證。此中一存在事物有其所能表現，而不表現之內容性相，是否可說爲其自身有所缺少之關鍵，則在其是否能次第更迭地表現其所能表現，而亦次第地自加以超化而超越之，以成一繼續不斷能表現種種內容性相，而顯之、出之、伸之，亦能再不表現之，而隱之、入之、屈之，更表現其他內容性相，而對此種種內容性相，亦顯之、出之、伸之，以此成其自身存在之繼續地屈伸出入顯隱於此諸內容性相之中，以爲定。一存在事物所具存在之意義之完全之程度，亦唯當視其如此之屈伸出入隱顯之事，是否能繼續於至久，其運行之範圍，是否能極於至大，至廣、至高、至遠，以爲定；而非以其能將其所能表現之內容性相，皆全部表現，以成爲現實，卽謂爲最完全；而由其內容性相之有未能表現者，便謂其必有所缺少也。

然卽依循吾人上來之說，仍可說世間所謂存在之事物，其爲存在之完全程度，有所不同，而所以得稱爲存在，所具之存在的意義，亦有所不同。如吾人一般所謂「事」，其所具存在意義，卽恒不如一般所謂「物」所具之存在意義之多。一般所謂事，如電光之一閃，可爲一去而不回者。則謂其爲存在，唯可自此事之在一段時間中，亦有其事之若干性相或內容之相續次第更迭表現於此一段時間中說。故此電光一閃，在一段時間中，其前後之閃之性相內容，必有相同，而在前後時間中，相續次第更迭表現——然後吾人可說此電光之一閃，爲存在之事。此電光之一閃，吾人可以儀器照出其閃動之性相，而見其中有此性相之波動與重複。若其只有一波動，而無任何之重複，則吾人可不以之爲眞實存在之事。此波動中之重複者，卽次第更迭表現者也。故人對一切只一度存在，而其中無內容性相之重複者，不視之爲一眞實之存在。吾人說一物之眞實存在，自始卽就其能更迭地表現某內容性相，說其爲一眞實存在。吾人將某一事，視爲某一物之所爲，則某一物既有某事，於某事中表現某內容性相之後，卽恒可再爲此某事，以表現此內容性相。縱其不再爲一某事，吾人亦可就其所表現之內容性相之有普遍的意義，或可普遍化，而就其可能再表現，以謂其實有能表現其內容性相之一「性質」。故將事連屬於物，而視爲物之所爲，則物爲眞實存在，而事亦皆以其爲物之所爲，以爲物之性之表現，而爲一眞實存在。故吾人將電光之閃，視爲電子之所爲，則可就電子之能再閃爲電光，而謂此電光爲實有之電子所實有之電光。然吾人若不將一事更屬於一實有之物，則一事之自身中，若不同時包涵重複之內容之表現，以爲一包涵「此諸重複內容之事」之事，則吾人亦可就此一事中之內容無重複處，而謂其爲一有而逝卽不同，其有同時爲非有，而謂其非眞實存在者。則吾人對任何之事，若尅就其內容之爲昔所未有，其後亦未必再重複者，而又不連之於物以說；卽亦可不說之爲眞實之存在矣。又一切世間之物，其爲眞實存在之意義，初不必相同。如吾人所謂無生物，當其存在時，固有其更迭表現之性相內容等。然其所更迭表現之性相內容，則明不如生物所表現者之多。一生物恒能在不同環境下，表現有不同之性相內容之活動，而在同一環境下，又恒能重複其已有之表現。而一生物之呼與吸、睡眠與醒覺等一切生命活動之韻律歷程，皆爲更迭地重複地表現其性相內容之事。所謂生物之愈高等者，則其適應環境之表現，愈複雜，其生命活動之韻律歷程，亦愈有不同之性相內容之隱顯出入屈伸於其中。吾人卽可說其生命存在之內容之幅度愈久愈廣，其存在之意義愈豐富，而愈近於完全。吾人亦可就其生命存在之各時間中所表現之性相內容之多，所經歷之事之多，而說其一日之生活之內容，勝似無生物之生活百年，而無大多之內容之表現者，而其一日之生命，亦可勝似百年。

此生物之存在，不同於之無生物之存在，不只在其所能重複，而更迭的表現之內容之豐富，亦在其生命之活動之偶然隨境而發者，其內容亦皆可爲再重複，而成其以後之諸生命活動，所更迭的表現之諸內容之一。此卽生物之所以有後天獲得的生活習慣性向之形成之故。此所形成之習慣性向之强有力，或有助於生物之繼續存在者，並可再遺傳於其後裔，以爲其後裔之本能的性向，而使此性向，成爲一類之生物之前後代之一共同的種類性。由此生物之不斷有後天獲得之習慣性向與遺傳，而一生物卽可不斷在其一生之存在或其種族之存在中，不斷形成其種類性。此所形成之種類性，又可與其一生之存在或其祖先之種類性，有所不同。此卽所謂生物之演化之原。此生物之由演化以不斷形成其種類性之歷程，亦同時爲一不斷改變超越其先之種類性。若其不改變超越其先之種類性，便不能形成新的種類性。則此能改變超越其先之種類性，卽是其能形成以後之種類性之本。其超越改變其先之種類性，爲出此種類性；其形成以後之種類性，爲入彼種類性。生物之演化歷程，亦卽生物之不斷出入於彼此不同之種類性之歷程。自生物不斷出入於各不同種類性，而非任一種類性所能全加以限制以觀，則生物之生命之所以爲生命之本質，不只在其有種類性，而在其亦能化其種類性，而生物卽不只有種類性，亦有能化其種類性之性。此能化其種類性，正所以見其「有種類性，而運行出入於各種類性」之性。則生命之所以爲生命之本質，卽唯是「自運自化於其種類性之中，而又能超出於種類性之外，以將其種類性之本身，加以更迭的運用超化」之性而已。

此生物之生命之自運用自超化其種類性之性，更可在生物之演化之長程中，得其實義，亦可在一生物之一生之生長死亡之歷程中，得其實義。生物之生命乃次第長成。其次第長成之任一階段，皆有此階段中之種類性之表現。而一生物之生長歷程，卽一次第超化其先之階段所表現之種類性，而出乎其外，以入於其後一階段之生命所表現之種類性之歷程。然一生物之由生長而死亡，則似爲此生命之全出于此一生所表現之種類性之外；而其所遺之形軀之物，則唯表現其同于無生物之種類性之事。畢竟當一生物死亡，其生命本身是否已死亡，此是別一問題。此乃不可由其所遺之形軀，唯表現無生物之種類性而證明者。因生物在生時，其所表現之種類性，不同於無生物之種類性，則一生物卽不能只化同於無生物。吾人唯可就生物死亡之時，不見有其先所表現之種類性，由其所遺之形軀之物而表現，以謂此所遺之形軀之物中，無此生物之生命；而不能斷定此「生物之生命，在生時所表現之種類性，與其所表現之能運用超化其種類性之性及此生命之自身」，之非另有所往。今吾人若設定此生命之另有所往，則所謂死亡，卽惟是其不表現其在生時之種類性，而全出于此種類性之外，以便其於此生之後，再入於其他種類性，以成其他生之一過渡。然吾人今可暫不對此問題，作決定說。

捨此生物之死亡是否只為自出其種類性之事不論，生物之生長之自身，要為不斷出入於其不同階段之種類性之事。此生物之在其生長歷程中，不只自出入於其一生之不同階段之種類性，合以形成其為屬某種類之一生物，且恒求延其生命於後代，而使其一生所獲得之習慣性向之若干，化為其後代之遺傳性，而得保存於後代。凡屬同種類之生物，而不同其性別者，恒各有其多少不同之性質，為其生命存在之內容。故其相交配而生殖出之後代，其生命存在之性質內容，卽恒為其父母體之性質內容之一綜合，而更加以超化，以使其生命存在內容，成一新種類之內容者。此生物之恒求與異性交配，以生殖具新種類之內容之後代，卽為一生物之「自求出於其所屬之類，而使其後代生命，入於一新種類內容，而具此內容」之一生命的要求。然何以為生物之父母者，能各分裂出其體之部份之生殖細胞，以更合為一細胞，而發育為一後代之生命，則為生命世界一大秘密。凡生物之生殖細胞，皆可名之為生命種子。種子之形體，恒遠小於生物之軀體，其何以能涵藏「再發育為一整全生物之軀體，而將其前代之父母體之生理心理」之性向，遺傳保存於後，卽首為人所難於理解。吾人固可就一生物之後代之生命之自另為一個體，而謂其另有其獨立之生命功能，其存在亦卽當另有其形而上之根原。吾人在功能序運境中論因果時，當論及此一切存在之以功能爲其形上因之義，乃不可廢者。然卽承認此義，仍有一生命之種子，何以能爲接引同類生命之出現、或投生於此世間之根據，而使此另一生命，卽依之而發育長成之問題。此中，唯一理解之道，吾以爲唯是謂：生物于形成其種子時，卽同時有一將其自身之發育長成之生命歷程，加以倒轉，而收捲之，以化爲此種子之發育之「潛能」，而藏此潛能於此種子中，一活動之方向。對此一活動之方向，可以一想像，幫助理解。卽吾人可想像有一電影機，將一生物一生之發育生長歷程，全部次第攝入於一膠卷。吾人今更逆此攝入之之序，而將此膠卷次第倒映；則吾人之觀此倒映之膠卷時，卽可見此生物之發育生長歷程中之事，其在後者，皆如向其先之事退屈，而入於其先之事之中。人於此所見之生物之發育歷程，卽非由一種子，而有組織，有器官，以由幼而長之歷程，而是一由長而幼，由器官，而組織，而還至一種子之歷程。此所還至之種子，卽可說爲將此生物之發育歷程，倒轉而收捲之，以化之爲潛能之所成。吾人亦卽可說此種子，具有再發育爲同類之生命之潛能。於是此生物於自身之生長歷程中，其同時自形成其種子之事，卽爲生物一面表現其潛能，以成其向前伸進之生長，一面收捲其所表現，以向後退屈而化之爲潛能之事。前進如射箭，後退如拉弦，乃屬不同而相反之二方向者。故生物自身之生長發育之事盛者，其所生之種子恒少；而所生之種子多者，其自身生長發育之事卽衰。於是一生物之自身生命之內容之豐富完全之程度，卽與其生殖之種子之多少，成反比例。故生物中人類之生殖最少，而愈低等之生物，其生殖愈多。此生物之自身之生長，乃其潛能之化爲現實，爲陽道；其生殖種子，則爲收捲其現實，以成種子之潛能，爲陰道。此陰與陽，爲生命之兩極，互爲屈伸進退。若生物之生長，可稱爲正性的生命，則其成種子，卽化爲一負性的生命，如今物理學中，有負質子、負物質。然此爲負性的生命之種子，亦自與生此種子之正性的生命爲同類，而可自開陰而出陽，以出其後代之生命者。此所出之後代生命，可另有其形上之根原。此後代生命之始，乃始於種子既成，或與異性種子相結合，更與境相接，而始生長發育之時，故不可說單純之種子卽後代之生命。如人之精蟲，不能稱爲卽後代之生命。然此後代之生命，自是承種子之潛能而生長發育；而見此潛能之類，能規定後代生命之類。若謂後代生命，自有其形上之根原，則此規定，卽只是接引，而以類相召。如聲波之互振，前者息而後者生。前息爲陰，後生爲陽，而其類同，卽成其前後之相續，而相涵。故卽謂後代之生命，別有形上之根原，亦必以前代生命之將其生長發育之歷程，倒轉收捲，而化之爲其種子所具之潛能，開其先路；然後能有後代生命之降生，而出現於世間，以自成其同類之生長發育。於此尅就一前代之生物，能將其生長發育之歷程，倒轉收捲，化爲種子中之潛能而觀，亦見此生物之自有成此發育生長之現實，而自伸之之能，亦有超化此現實、化爲此潛能而自屈之之能。此生物之有此伸屈於此現實與潛能之能，卽生物之有一能自運行於此現實爲潛能之間，而兼超越此現實與潛能之「性」。此能兼超越現實與潛能之「性」，固非如柏拉圖、亞里士多德、與西方中古哲學家，只以現實與潛能言一切生物與存在之性之所能及者也。

一四、生命之依類成化，與依類通達之思想生活

吾人以上謂生物之生命之所以爲生命之性，卽在其恒能於其生長發育之歷程中，不斷超化其所歷之諸階段，所屬之類，亦在其能自運行、自超越於上述之現實與潛能之間，以開啓其後代生命之存在等，固非否認一生物之發育生長，與其所形成之種子，有其所屬之類。因一生物之生長發育之每一階段，雖皆是出於其先之階段所屬之類，然其生長發育之全程，仍屬於某一類，而與其他之生物之生長發育之全程，屬另一類者不同。一爲父母體之生物，所生之後代，雖爲另一生命，而分別與其父體或母體，有不相類之處，而賴此以成生物之變異與演化；然任何類之生物，皆不能忽然演化爲全不同其類之生物，而演化之歷程中之各階段，仍各有其所屬之類。故於此生物之生長、生殖、演化之事，唯可視爲次第出一類而入於另一

類，而其所出入之各類，皆可視爲屬於某一大類之小類者。今若有一生物，能出入於其所屬之大類，與此大類同位之一切大類，及此一切大類下之一切小類，則此生物所出入之類，卽爲無窮，而非在其有限之生命存在之時間中所可能，以致亦非吾人只有有限之類概念，以分別規定生命存在之類者，所能本此諸類概念，對其如是出入之事，加以窮盡的描述者。就吾人之本其有限之類概念，所規定之類與生物之類言，則任一生物皆有其不能出之一大類。亦唯賴其不出於此大類，自持其屬于此大類，而得在此大類下之各小類中出入，而於此出入中，表現其生命之所以爲生命之本質或本性。若其不屬一大類，則亦無此大類中所屬之小類，供其出入，而表現其生命之本質或本性。故其屬於一大類，與兼能在小類中出入，卽又當合以爲一生命之本質或本性。則只說生物之生命屬於類，與只說其能出入於類，而恆能超化其類，皆非生物之生命之本質或本性之全矣。

吾人既知生物之必屬於大類，能超化其所屬之小類，而出入於小類，亦在此能超化其類之意義下，不屬於類；卽可進而再觀世所謂無生物之在其變化歷程中，亦是不斷超化其所屬之類，而又恆有其所屬之大類，爲其所不能出者。此無生物之異於生物者，不在其不能於變化中，自持其類，使其所屬之類之內容，多少保存於其存在之時。無生物于其存在時，固亦皆多少能保持其所屬之類之內容。此乃無殊於生物之存在時，必多少保持其所屬之類之內容者。然生物保持其所屬之類之內容，乃兼求保存自己生命與種族生命於未來。生物現在之種種活動，亦恆爲其未來之自身與其後代之活動，預作地步。生物之對其環境中之物之適應，與對環境中之物加以改變之活動，皆恆是爲其自身與後代之活動，形成一新環境。故生物之生命，不只爲其現在而存在，乃兼爲其未來之自身與後代而存在。此卽不同於無生物之只於其現在之存在中，保持其所屬之類之內容，而不能於其現在之存在之活動中，對其自身與後代未來，預作地步者。然亦正因如此；而一無生物之活動，更不爲其未來之目標之所限，卽不爲「欲延續重複其類性於一未有之未來」之要求欲望，或目標之所限；而其所保持之類性，亦卽隨時可成爲非其所保持者。此亦卽同於謂：其存在似更不爲此類性所限。以此，而無生物反更能隨其所遇之境，與之相感應，以變爲其他類之物，而爲一似更能出入於諸類之中者。然其與境相感應之事，非只由其自身作主，而兼由境中之他物作主。此又不似生物之能自求適應於境中之物，而能選擇之，改變之者。而此無生物變爲他類之物後，亦卽無異於其自身之由存在而化爲不存在。故諸無生物之隨境中之物，而自變其類，以出入於諸類之事，與生物相較爲論，卽皆唯是隨順境中之物，與之相感應，以「次第存在，而生，亦次第歸于不存在，而化」之大化流行之歷程。生物則爲在此諸無生物所合成之大化流行之歷程中，兼「求自存其類於未來」，而除與其外之境可俱生俱化者之外，亦可自有其所必不甘於化，而求其常存於此大化流行中者在。此求其常存者，卽其所屬之大類，與在此大類中，其所常出入之小類；足以使其常得出入於其中，而見其能屬類、亦能超類之生命之本性者。由此而生物之世界，存於無生物之世界中，卽自成一「在無生物世界之大化流行中求眞實常住者」之生物之類，而亦求與此無生物世界之大化流行相適應，以成其自身之變化，而合以成一「有此無生物之世界之大化流行，亦有此生物在其生長發育演化歷程中之大化流行」，之一「大的大化流行」者。吾人之觀此大的大化流行，卽須兼觀：無生物之自持其類於現在所遇之境中之物，而自化其類之事，與生物之更求自持其類於未來，以成其生長發育與演化之事二者。吾人於此所觀得之世界，卽爲一切萬物依類而存在，又依類而成其變化演化之世界，卽爲一依類成化之世界。

此一依類成化之世界，所以爲人所發現，乃由於人之能依類以觀萬物，而能自出入於不同之類概念之中，然後能知有此萬物之出入於類所成之變化。若人自始無不同之類概念，以分別應用於物，而不能自出入於此諸類概念之中，以不斷超化其原有之類概念，而不斷形成新的類概念；則人亦不能知萬物之此種種依類以成其化之事。然此人之能形成此類概念，又初由人之在感覺經驗之次第生起歷程中，原見有所經驗之事物之重複表現其內容。人知有此重複之內容，卽人之所以初能形成原始類概念之本。吾人持此類概念，以爲判斷，更見其與後來對事物之感覺經驗之次第生起相應合，卽吾人之有「事物屬於某類」之知識之本。故若人不能先依感覺經驗中之事物之內容之類，以形成吾人之類概念之類，則吾人之此知識，卽不可能。此吾人之類概念之隨順感覺經驗而形成，原於吾人之思想之隨順感覺經驗而起。此感覺經驗之起，乃吾人之生活中之事；而此思想之應之而起，卽亦爲吾人生活中之事。由此思想而形成之類概念，亦在此吾人之生活歷程中。此中，若吾人思想之形成一類概念之後，卽限於此類概念而執之，並一往以之普遍判斷感覺經驗中之事物之類，卽恆導致謬妄，而不得事物所屬之類之眞。此則有待於吾人之思想，能自超於其所限執，亦有待於感覺經驗中新事物，自顯其所屬之類於人之繼起之思想中，使人得本此繼起之思想，以破其先之思想中之限執；使其思想，恆知以類概念判斷，而又能自超化其所限執；然後能既知事物之類，合於用以判斷之類概念者，又知其不合者，待於吾人之超化此類概念，以另形成一類概念；以使吾人之思想，得通達於其他類概念。此能知類而通達之思想，卽爲使吾人得如實知有依類而成化之世界之所本。此依類通達之思想，爲吾人之心靈活動；而此依類成化之世界，卽與此思想相應之境也。

人之思想之能知類而通達，或表現於：由一大類，而知其所屬之小類，或表現於：由平等之諸小類，更知其大類，或表現於：由一小類而知同位之另一小類。其由小類以次第達於大類，可無定限；其由大類次第以達於小類，或由一小類，以次第達於其他小類之事，亦可無定限。此人之由小類之概念，以達大類之概念，賴于超化。由大類以達小類，由小類以達其他小類，亦同賴于超化。此超化之道，不外世所謂縮減一小類之概念之內涵，即得大類之概念，增加一大類之概念之內涵，卽得小類之概念。不變此一小類屬於大類之內涵，而變其在大類中成爲此小類之內涵，而易之以其他在此大類中成爲另一小類之內涵，卽得其他同位之小類。此中，人之能縮減、增加，改變其類概念之內涵，依于人之有理性的思想，乃其他生物之所不能者。其他生物，可於其生長變化之歷程中，由屬大類而更屬於小類，或去其屬小類之性質，而只表現其屬大類之性質，或轉而表現屬其他小類之性質，然不能有對此諸類概念之思想，更何有此一自變化改造其類概念之能？唯人有對諸類概念之思想，而於一類概念，人之思想可縮減增加改變其內涵，以形成其他類概念。則類概念之不同其內涵，而爲不同類之類概念者，亦可由人之思想，而使之互相轉化，而在其互相轉化中，卽可見一切不同類概念之化爲同類。自人之主觀思想中之類概念之內容，與感覺經驗中之客觀事物之內容可相同，而皆可稱爲有關於「類」者上看，則此主觀思想與客觀事物，亦可視爲同類。吾人有此單純之「類」之本身之概念，以指一切主觀或客觀，抽象或具體之一切有「類」可說之事物或存有；而人可更觀此「類」之本身之概念，所指之類之有種種；卽使吾人之思想更出入於此「類」，及「其所指之一切類」之中，如古今之思想此「類」之哲學家之所爲。然此種哲學家之思想「類」之自身之概念，與其所指之類，而使其思想運行於其中，仍是一思想之依類以引出種種思想，而成其思想之出入於類，以自成思想之變化之事，亦卽其思想之運行於依類成化之境之事也。

一五、思想與生活之依類成化及知類通達；與依類知類而不相通達之思想與生活

此人之思想能由大類以至小類，由小類以至大類，或思想種種之類，以成其思想之超化，卽人之思想由較普遍者至較特殊者，或由較特殊者至較普遍者，或由一特殊者至其他特殊者之事。由此而人可說，唯因人之能思想之理性中，原有此普遍特殊之範疇，然後能知種種大類小類之分。然此思想中之普遍特殊之範疇，卽所以表思想活動之能向於普遍化，或向於特殊化之一作用或機能。人對任何之思想中之內容，皆可縮減其內涵，而普遍化之，以成一大類，亦更可增加其內涵，而特殊化之，以成一小類。任何一經驗內容、或思想內容，在未普遍化、特殊化之先，只爲一可普遍化、可特殊化者，而其本身初乃既無所謂普遍，或特殊

者。故此普遍化與特殊化之機能作用，乃爲後於此經驗內容、思想內容而有，並非必須先有，而後人方可有其經驗或思想之內容者。人之思想，固有此普遍化特殊化二機能。然亦不能說此二機能只屬於人之思想，而當說其兼屬於人之「始於感覺經驗所成之記憶與習慣的行爲」中。因人能記憶，卽過去之所經驗者之內容，再現於今日之記憶之中，使過去所經驗之內容，得重複於今之記憶，而見其爲能普遍化者。人之記憶過去之事之大體，而更及其細微，卽此記憶之更特殊化。又人之一切習慣的行爲，皆過去之行爲之方式內容，普遍化於其後時。一習慣行爲之運於其他習慣行爲，以結成一系統，卽此習慣行爲之成一連於其他習慣行爲，成一較特殊之習慣行爲。故由吾人之記憶與習慣行爲，而形成之生活，其本身卽原有一普遍化、特殊化之機能，固不限於吾人之理性的思想也。由此而吾人卽不可說此普遍特殊，只爲人之思想中之理性之範疇。若必如此說，則須兼說吾人之記憶與習慣行爲所成之生活，皆有同一之理性之運行於其中，但可爲人所不自覺，而唯在人之思想中，乃自覺此理性之存在耳。今若作此說，固亦未嘗不可。然人畢竟先有一般之生活，而後有思想。則吾人亦可不先說此普遍化特殊化爲思想之機能、思想中之理性，而當先說之爲吾人之生活與生命自身之理性，或生活生命之自身之不斷普遍化、特殊化其生活生命之存在之內容等之機能。此機能，亦不只爲人所有，亦一切依類而成其變化之生物，以及無生物所共有者。故此機能，亦卽一切存在事物之「屬於某大類，皆可兼增一性質，以成爲屬於此大類中之小類者，或其屬於一小類者，皆可減一性質，以成只屬一大類」之機能也。

由此人之思想之有此能普遍化特殊化，以形成類之機能，乃連於人生命生活中之能普遍化、特殊化其內容之機能，故人之此依類成化之思想，亦連於人之有記憶，習慣的行爲之生活之依類成化。此思想之依類成化，而不滯礙，以由一類，及於此外不同之類，以往來通達者，其思想卽爲一知類通達之思想；而其相應之生活，卽一知類通達之生活。此中之思想與生活，乃互爲根據者。故人無知類通達之思想，固無知類通達之生活；而若人之生活，非知類通達之生活，人之知類通達之思想，亦勢不能久持。故此人之生活、與思想之知類通達，必須交互爲用，相養相成，而此亦卽所以使其生活與思想，自相通達，亦卽使人之思想之類之事，與其他生活之類之事，見爲一同類之事者也。

然吾人上所言之知類通達之生活與思想，則非易形成者。人通常之思想，恆知類，卽役於其所知之類，而以所知之類，類天下之物，其生活亦定限於平昔生活之類，與此類中之小類，以成習慣，而定限其此後之生活於某類之習慣之中，以至於老死。又人之生殖傳種之本能，吾人上已說其卽生物之自延其類之本能。故人之生活之只任其男女情欲之放縱者，固皆出自對此自延其類之本能之濫用；人之念念在其子孫之嗣續，而非出自一自覺的存宗祀之公心者，亦與禽獸草木之只知延類傳種之情，不甚相遠。而凡此人之只順其習慣而生活，而其生活之或縱男女情欲，或唯爲其自身之所安所習之生活計，或唯爲其子孫計者，則其生活與思想，皆自限於其所屬之類，而求其延續，皆只可謂之能知類或依類之思想或生活，而未能通達於此類之外之他類者也。然吾人試放眼以觀天下之衆人，則皆可見其生活與思想，罕能出於其習慣之桎梏與室家之念之外，而難有一由一類以隨時通達於他類之知類而通達之生活思想之形成。此卽孟子之謂人之異禽獸者幾希！王船山之所以憤言流俗之衆人皆爲禽獸也。

然人亦自皆多少有知類通達之思想與生活，以成此人與禽獸之幾希之辨。卽此人之自安于習慣與爲室家謀，而更知他人之亦有其所習與室家之一念，卽已爲通達于他人之所習之類、與他人之延類傳種之事，以自拔於其思想生活所知所依之類之一念，而於此一念中，已有一念之擴大其生活思想之事在。人由知一家之類，以至于知合諸家以成之民族之類，更知合諸民族以成之人類之類，再知合人與萬物所成之一切存在之類，亦人所共能。而由延一家之類至於延民族之類，人類之類，萬物之類，使皆一一得其所，或居其位，以至於未來，皆出於一依類而次第通達之情，亦人所共望。則此知類通達之生活與思想之理想，亦人所共有。然人之形成此一理想，必待人思想之能自開拓以觀照此種種之類者，然後能之。此知類之事，則通于吾人後文觀照凌虛境中，觀照人物之種種性相之類之事，能由觀照類而知類通達，更以不同類人物之各得其所，各居其位爲目的，則爲人之道德實踐之行，而通於後文所說之道德實踐境者。在西方如柏拉圖之由辨人心靈之能力之類，知國家社會中之人：分爲農工軍人治者之類，而於其理想國中，求具不同心靈能力之人，皆各得所居之位，以成一公平之治。在中國如荀子之知人之類之異於水火草木禽獸之類，在其有義以制禮法，使人有農工商賈士君子之不同之才者，皆得所居位，而相生相養，所以致天下國家之正理平治，皆由其能善觀人物有類別之分，而又有使各類之人皆得所居位之道德而兼政治之理想，而求加以實現或實踐者也。然柏拉圖以人之天生之才質之類，爲一定而不移，而不重此天生之才質之可由學問而變之義，則此將使一一人終身居於依其才質之類定之其階級職業之類，而不能轉移，則亦無異於使其生活思想皆定限於類，而更不能由轉移，以通達於異類。則柏拉圖之本人之思想，雖能知類通達，而未能以：人人皆能自知其生活之類而其心靈又能通達於其類之外，而亦有轉移其所屬之類之自由，爲一至高之政治之理想；則柏拉圖，猶未能自覺其有知類通達之心靈，而自推其心，以知凡人之類皆可同有此心，亦皆同要求有此自由；則柏拉圖之哲學心靈、道德心靈，尚未能爲一至高之知類通達之心靈矣。

第七章　功能序運境——觀因果界、目的手段界（上）

一、汎論功能與因果關係及目的手段關係

此所謂功能序運境，乃指任一事物或存有之功能，其次序運行表現，於其他事物或存有，所成之境。此所謂功能，與能力、效能、力用、效用，皆可視為同一義之語。此功能或力用等所依事物之體，可就其別其於其他之體，而稱為一個體。一事物之功能、力用表現時，所生之相、或性相，皆可依其為一類之概念之內容，而本之以規定此事物為屬此類之一個體者。然說一事物之體或個體，乃自事物之自身或自己而說。說相、或性相，則恆是附於其體，而為其體之相說。又一體之相，則又恆自此體之表現其功能力用於人，以為人所見者而言。然說一物之體之用，或其相之用，則恆直就其能對其他之物或存有，所表現之功能之自身而言。當一事物之體之用或相之用，表現於他物時，此其他物之自體與其性相功能，即皆

可有一改變。故說物之功能，卽與說物之體與相有別。說物之體與相，可只就一個體物或一類物之自身上說；而說物之功能，則必須更連及於其他個體物與他類之物而說。此功能之概念，卽自始爲一關係於不同之個體物、不同類之物之一關係性之概念。此乃不同於說一個體物或一類物之體與相，可不連其所關係之他物之體與相而說者。

由此功能之概念，自始爲一關係於不同之個體物，或不同類之物者，故此功能之概念，自始亦爲一貫通諸個體物、諸類之物，而可說爲較此所貫通之物，屬一較高之層位之概念。實際上一個體物或一類物之功能，亦恆遍及於各不同之物。如吾人說太陽只爲一恆星、一個體物，然其光輝力、熱力、吸引力，卽其功能之表現。凡此太陽光輝所照，熱力吸引力所及，無遠弗屆，皆其功能或力用之所在。卽一任何微小之物質，如一原子，以物理學家觀之，亦與太陽同具有一無遠弗屆吸引力；而將其所具原子能表現出，其力用更亦可巨大無比，以影響及於無數之物者。由此一物之功能力用及於他物而言，亦卽此物之關係於他物，而功能之概念卽爲關係之概念。然此一關係，不同其他之抽象的關係，如時空關係，形數關係，以及抽象概念本身間之關係等。此種種抽象關係，雖連接諸關係者，然對諸關係者，不發生實際之改變影響。此抽象關係，卽可說爲外在關係。而由一物之功能力用之關係於他物，則對他物與其自身，恆發生改變之影響。此種關係，卽爲一內在於諸關係者之內在關係。此種由一物之功能力用之及於他物，而使他物有所改變之關係，通常卽說是以「一物或其功能力用爲因，他物之改變爲果」之因果關係。凡吾人在日常生活中，先欲獲致某果，而備其因，以致果時；於此備因之事，恆稱爲手段；於欲得之某果，則稱爲目的。故凡人之用某手段，以達某目的之功利性的行爲活動，亦皆是一欲由備因以致果之事。人之生活於世間，初卽懷有種種生活上之目的，亦恆作種種手段之事，以達其目的。故人之備因致果之事，初恆卽由手段以達目的之事。而人所觀之因果關係，初亦恆爲觀手段之事、與目的達到之事，二者間之因果關係。人固可求知一與吾人之目的及所用之手段無關之事物間之因果關係。然人在知此種事物之因果關係之後，亦恆可再用此事物間之因果關係之知識，以備因致果，而求其有關目的之達到。人所知之因，有爲致某果之必須條件者，有爲其充足條件者，有爲其充足而又必須之條件者，有爲其一條件而非必須與充足者。大率人在欲由備因致果，而達其目的時，恆以致果之充足而又必須之條件，爲最重要之手段；更以只爲致果之充足條件者，爲次要之手段；再以爲致果之必須條件者，爲更次要之手段；而以一條件非必須，亦非充足者，爲最次要之手段。此卽明見因果之關係之知識，可直接用於決定吾人達目的時，對手段之選擇。關於此人之求知因果之事，與人之以手段達目的之事，恆互爲根據以進行。於本章最後一節，當再詳說。要之，人一日不忘以手段事達目的事，人卽一日不能不信世間有因果關係之存在，並信此因之有致果之力用功能，而求「因」之力用功能，由近及遠，由今至未來，以致其果而達其目的。人亦卽在相信此功能力用之能次序運行，以由近及遠，由今及來，而由因致果之信念中生活者也。

上文說除因果關係外其他諸關係，如時空關係、形數關係、抽象概念間之關係，乃對相關係者不發生改變影響者。如「甲大於乙」「甲在乙之左」「甲先於乙」中之爲甲乙者，卽皆不以有此「在左」「先於」「大於」之關係，而有所改變。一切思想中抽象概念間之關係，如「種屬於類」之「屬於」，「色異於聲」之「異於」，皆同不變此諸「聲」「色」「種」「類」，諸抽象概念之內容。然吾人亦不能卽據以謂此等關係，卽在因果關係之世界、功能之世界之外，或決無任何義之功能力用。因此等關係，皆在思想世界中呈現。其在思想中之呈現時，卽與思想自身發生關係。其與思想發生關係時，此思想固亦不能改變此所思想之諸關係等。然此思想之所以不能改變之，乃由在吾人思想之之時，吾人卽順其如何如何而思想之。此順其爲如何如何而思想之，卽肯定之而不改變之，故此關係之爲如何如何，自不能以此人之思想之而改變。然此亦不只吾人之思想此等關係爲然，吾人之思想任何事物之性相、種類，而順其如何如何而思想之時，亦皆不改變之。卽吾人之思想因果關係，思想何謂功能，亦不改變此因果關係，使成非因果關係，或使此功能成非功能。然吾人思想任何對象，無論其爲何物或何種關係，皆所以成就吾人之思想之歷程，亦成就吾人之知識，以使吾人之思想知識，或由少而多，由簡而繁，或化繁爲簡，由多而少；或由淺而深，或由深而淺；或由疑而信，或由信而疑；或由妄而眞，或由眞而妄。是見吾人之思想與知識之形成，卽可以此所思所知者——如何呈現於此能思能知之心靈之前，而自有其改變。此一切所思、所知者，爲思想知識之形成之一條件，則亦卽有助于思想知識之形成之一功能，而爲其一因。在吾人之所思者爲一個體、或一性相、或一類時，吾人固可說此個體等，爲形成此對個體等之思想之一條件，此條件有一形成此思想之功能，爲此思想之形成之一因。吾人之思想任何關係，如以個體爲關係項時，其純外在之關係——此關係皆可使吾人之思想由一關係項，循此關係以及於某類之其他關係項，以爲此思想向某方向進行之道路，而內在於此向某方向進行之思想，「而成就吾人對此中之由一關係項，經此關係，至其他關係項」之整個的思想者。因而此關係，亦可說爲使吾人思想，由只爲思一關係項之思想，改變爲兼思另一關係項之思想之一條件或一因，亦卽有使吾人之思想自改變之一功能者。唯吾人於此可說：此關係之有此功能，而能爲因，乃由吾人思想之通過此中之關係，亦卽此關係在思想中之故。吾人之思想之所以能及於另一關係項，或另一關係項之思想之所以出現爲果，乃以吾人之「思想前一關係項」與「思想關係」之二思想之和爲因。如吾人之「思想甲」與「思想大於」之和，卽爲一「思想甲大於」。以此爲因，以排斥對「甲所小於、等於之思想」，即導吾人之思想，唯向於此「甲之所大於」之「乙」等，而以思乙等爲其果。故此中思想之所思之關係或關係項，爲一思想形成之條件，而有形成思想之功能，可說爲思想形成之因，乃間接說。吾人亦不能孤立的說一關係項能自爲因，以使吾人之思想，至於另一關係項。若孤立的說一關係項，則其與另一關係項之關係，如爲外在關係，即可有可無者。此一關係項，如何能使吾人思其必關係於另一關係項，乃不可解者。然吾人若直接以一關係項與任一關係，綜合于一全體之思想，爲先行之因，以問其何以關係於另一關係項，而引致另一直接對之之思想，爲後繼之果，則此可直接說爲思想之自以其先行之二思想爲因，以有其後繼之一思想爲果，而見思想之自有其引生後繼思想之功能。而吾人又可說，一切所謂外在關係皆可思想，而內在於此順其外在關係而思之思想歷程中，而有此間接的屬於因果之世界、功能之世界之意義。於是此因果功能之世界，即可說爲一能無所不包之世界矣。

由此因果關係之世界、功能之世界之爲無所不包，吾人即可隨處本此因果關係與功能之觀念，以觀世界，而視爲因果關係與功能所彌綸之境。吾人前所提及之種類、層位、次序、個體、時、空、數目等抽象概念，無不可連於因果關係爲論。於是吾人即可說有不同種類之因果關係、不同層位之功能或力用。個體物之因可爲一、或爲二，或爲任何數，其果亦可爲一、或爲二，或爲任何數。於是有多因一果，一果多因，一因一果，多果多因之種種因果關係。又或又一因在時間、空間上，或與果相接觸或不相接觸。不相接觸者，其在時空上之相距，又或遠或近。一因之效用，在時空間上所及之範圍，亦可小可大。又事物之無時空上近因者，可有遠因，無大果、久果者，可有小果、暫果。無此因者，可有彼因；無此果者，可有彼果；非只一因者，或有多因；非只一果者，或有多果。由此而有種種遠近、大小、久暫、一多、不同之因果關係。因又有因，果又有果，以成一因果之次序系列。在因果之次序系列中，因之因可溯至無窮，果之果亦可溯至無窮。而任何種之因果系列，皆可爲在時間上貫徹一切事物之始終，在空間上貫徹事物之內外左右上下者。故事物無窮，時空無窮，因果之次序系列中之因果關係之數，亦無窮，如數之數之爲無窮。由此而一切在時空中之事物，皆無所逃於此無窮數之因果關係之外，其功能力用，亦無不與其他之物之功能力用，互相貫徹，而在人未發見有事物間之因果關係之處，人亦必恆信其中之有因果關係，待吾人之發現。人之自然科學、社會科學之目標，卽不只以知自然社會事物之種類異同爲事，而要在求發現此各種不同事物之因果關係。至人之一切應用科學之知識，更大皆爲應用其對事物之因果關係之知識，而以備因爲手段，達其欲致某果之目的者。於是人之求知識之事，一切以手段達目的的生活上之事，亦皆同是由因知果，而備因致果，以使其求知識及一切生活之事得以成就之事矣。

二、主觀的內觀因果至客觀的上觀因果

上文唯是汎說功能力用之連於目的手段關係，及因果關係之種種一般之義。玆當更及於此中哲學問題。人原有種種不自覺之目的，並嘗用種種不自覺或自覺之手段以達之，故人初恆自覺有能力用手段，以達其目的。更可視其欲達目的之願望，爲因；其作手段事，爲果；或以手段事之存在爲因，其目的之達成爲果。此中目的之達成，爲主觀上之事，而手段事則恆連於主觀目的以外之其他客觀事物者。此手段事，卽可視爲一客觀事。因一手段事，又可達他人之目的，而他人之目的，亦對我爲客觀事故。再一手段事，可不能直接達一主觀目的，只直接成就另一手段事，以間接達一主觀目的。一手段事，又可只成就對我爲客觀之他人他物之事，而亦不見其可直接達我之主觀目的。再一對我爲客觀之他人他物，亦可自成就另一客觀事，而不見其與我主觀目的有何關係。由此而吾人卽可由目的手段關係之觀念中，發展出客觀的因果關係之觀念。此客觀因果之觀念之涵義，亦較目的手段關係爲廣，而可更包括此目的手段關係，以爲一特種之因果關係者。就此中手段事之恆連於客觀事物，與此中之目的屬於人者，原對我爲客觀，屬於我者，亦對人爲客觀言，卽更可視手段事與目的

之關係，爲一客觀的因果關係。吾人之初自謂有用手段以達目的之能力之觀念，亦卽連於因果之觀念，而成一因能致果，或因有生果之能力之觀念。於是人對此能力之觀念，所生之哲學問題，亦同時與由客觀因果關係，而生之哲學問題相連，而不可分矣。

此一連於能力觀念之客觀因果關係之觀念，所生之哲學問題，自東西思想史觀之，乃至爲複雜之一問題。以西方而言，則希臘之亞里士多德，首有一系統之客觀之因果理論。此一客觀之因果理論，初卽是將此主觀之目的手段間之因果關係，直接加以客觀化，所成之客觀世界之因果理論。此一因果理論，謂世界一切事物之變化，應有一目的因，而其目的，卽在其變化之嚮往於一性相或形式之實現。故此性相或形式，卽爲其有此變化之歷程之一條件，此一因稱爲形式因。然此形式之實現，恆用前已存在之事物爲材料。此以前事物本身，亦爲此形式得實現之一條件，而此以前事物卽稱爲質料因。又此事物質料就其爲質料而觀，乃原可不有此變化或運動，以嚮往於一形式之實現者。故此質料所以能變化運動，應再有一使此質料變化運動之動力或能力爲因，使此質料得實效力於此形式之實現。此卽爲實效因、或動力因、能力因。由一動力或能力，使一質料變化，而實現一形式，卽一目的之達到，亦卽一目的因之實現，而致果之事。故此目的因中包括有形式因之義，亦包括有此形式之實現之義。此形式之實現，則以一動力或能力之加施於質料，爲其手段事，或手段因。但以一動力或能力加施於質料，乃所以使質料成爲實現目的中之形式之質料。此動力，只有一媒介之功用。故當質料既成實現一形式之質料，而達此目的後，此所新成就之事物，卽只有此「形式之加於此質料」。至以前所用以變化質料之動力，則如婚姻成而媒妁退不見。此目的因之義，既只爲一形式之實現，而此形式已實現於此新成就之事物，此事物卽爲唯一之客觀存在者。故於此客觀存在之事物中，可只說形式與質料之二因，而四因之說，卽通於二因之說。在四因之說中，原有之「目的爲因之義」，與「動力或能力爲因之義」，在此二因之說中，卽若隱而不見。然此二因之說，乃純就由四因所成之客觀事物，而分解其內容，只見二因而說。此只見二因之客觀事物，溯其所以成，仍當依於四因之說。此四因之說，固由人之直接客觀化其目的手段之觀念意識而成立者也。

此人之以其目的爲因，而以其行爲等之手段事爲果，吾人可名之爲主觀上的內觀因果。依此目的手段觀念之客觀化而成之說，如亞里士多德之四因以至二因說，則可稱爲依此內觀之因果，以外觀因果之說。此說之依內觀之因果以外觀因果，乃自始有：目的或形式之實現，與其所依賴之質料或動力之相對。人在日常生活中之實用的技藝性的行爲中，亦實恆一方有一所對之客觀事物之世界，一方有一主觀之目的，而人更欲加一能力，於此客觀事物之上，以轉變之爲達其目的之用。此卽始於一主觀目的與客觀事物之相對。此中之主觀目的，有其形式，客觀事物，即爲一質料。對此質料，人乃初不重其自身之形式者。然人將其主觀目的中之形式，實現於此質料，而成就一事物後，則必重此所成就之事物之形式。此形式，乃其主觀目的之初所欲實現者；而今已實現，更觀其已實現，卽可自覺其目的之達，而有一滿足。故由人之重此事物之形式，人遂可於一切初只視爲質料之客觀事物，亦重其自身所包涵之客觀形式，而更謂其所以有此客觀形式，由於其自身之原有此一客觀目的，或造物者之原有此一客觀目的之故。此客觀之事物之形式，有豐富簡單之別。設有一客觀之事物之全體，具較豐富之形式者，將此全體之形式，加以縮減，則成形式較簡單之事物。故一生物體，而有知覺、理性者，如人，其形式之成份最豐；只有知覺而無理性之動物次之；只能生長而無知覺者，又次之；而無生物之不能生長者，其形式又更少。吾人所知之任何存在，皆有其若干形式的成份。然以此形式成份，可減少、再減少，則吾人可設定一形式之成份少至零之質料。此卽亞里士多德承柏拉圖而來之純粹之質料，或原始物質之說。此外又可設定一無質料能加以完全實現之一純粹形式之世界。而此「純粹之質料或原始物質」與「純粹形式」，所以必說爲有者，則以無質料，則無體現一形式者；無形式，則質料無其所是或所有；而無異非有。無此形式與質料二者，亦卽不能有由形式與質料合成之客觀之物故。至吾人之所以必說客觀之物，由此二者合成，若更追至其本於上述之目的手段觀念，則當說是由吾人在日常生活中之技藝性的行爲中，原有一目的，又有其所用以達此目的之客觀事物爲質料之故。若吾人自始無一技藝性之行爲，則亦無一「未達之目的」，或「目的中之形式」，與可爲質料之客觀事物之相對，則人於任何客觀事物之存在，固可一一視爲整一之事物，而非必視之爲形式或目的之實現於一質料之結果，或形式與質料之和合體，而亦不須有此所謂原始物質、純粹質料，與純粹形式之設定矣。

然此亞里士多德之哲學，既先由目的中之「形式」，與「可爲達此目的形式之質料之其他客觀事物」之相對出發，而更將一一客觀存在之事物，皆分爲形式與質料二者以觀之，則其純粹質料或原始物質，與純粹形式之相對，卽皆爲必須設定，而無可逃者。因人在有一主觀目的，其中有某形式，而未實現之時，客觀事物之世界中，乃顯然無此形式者。當人只以此客觀事物作達目的之用時，初亦必只重其爲實現此形式之質料之意義，而不重其自身之形式者，以其自身之形式，乃吾人欲達其目的之時，所正欲將加以轉化，或另以一目的之形式，加以規範，改變者故。人於其主觀目的，重其形式之意義，於用作手段之物，只重其質料之意義。此卽是將一形式與質料二者相對之觀念。本此二者相對之觀念，以觀客觀存在之事物之形式成份，既可遞減，卽見此形式之成份，可次第自事物之存在中抽離，以至乎其極，卽必有一純粹物質與純粹形式之二世界之相對而互外，再以此二者之次第結合，說明客觀事物之存在。此中之純粹物質，自其本身無任何形式之成份言，卽只爲一體現形式之純粹潛能。自現實物乃由形式之有物質潛能實現之以成而觀，此物質潛能卽可說爲接受形式，亦使形式得實現，以成世間之現實物者。在此義上，物質卽當爲一世間所謂現實物之現實原則。柏拉圖卽有此義。然就此物質潛能之初無形式，亦不能自定其所體現之形式，因而亦不能自成爲一現實之物言，則又爲不包涵此現實之原則者。由是而此物質卽只是一可體現任何形式者，而實定其應體現何形式，以成爲現實之物之現實原則，卽轉而只能在其形式自身，先自爲一現實的形式之存在。此卽進至亞里士多德之說。依亞氏說，一切存在之物之形式，必先在上帝之思想中，爲一已現實的形式。由此在上帝思想中已現實之形式，與純粹之物質潛能之結合，方成一兼有現實的形式，與其潛能或質料之存在物。依此說，潛能之自身不能自具一現實之原則，卽同於謂此潛能之自身，無現實物中之現實性，亦無現實物之能現實之一能。此現實物之現實性、或能現實之能，皆由其形式之先在上帝思想中之現實，而有之現實性，所付與；其能現實之能，亦當說只是上帝之思想，恒能將此形式現實於其思想中之能之所付與。由此思想再轉進一步，卽出一問題：卽此原始之物質，既不能爲現實存在物之能現實之根據，何不說此原始之物質或潛能本來無有，而只說由此上帝之有將一一存在之物之形式，先現實於其思想之中之「能」，卽其恒能現實化一形式，以成一現實物之「能」？此能現實化一形式，以成一現實物之能，卽上帝之創造現實物之能。上帝之有此創造現實物之能，固可不在其自身之此能外，創造現實物。然上帝旣有此能，則亦可於其自身之外，創造現實物。於是此一切世間之現實物，卽可視之爲上帝所直接創造，亦卽上帝之自無生有之一創造。而不須說上帝之將其思想中之形式，付與其外之一原始物質爲材料，方有現實物之存在矣。此卽由亞氏之說轉進至西方中古之思想，以上帝之全能爲因，以生一切存在物之果之說也。

此種以上帝之全能爲因，而以世間物之存在爲果之說，同時亦卽以上帝之造世間之目的爲因，而以世間物之存在，爲達其目的之手段之說。此仍是將人之主觀目的手段之因果觀念，推至上帝，而至乎其極之一因果觀念，乃開自亞里士多德之上帝論，而完成於中古思想中之上帝論中者也。此一因果觀念，亦爲一客觀的因果觀念。然此客觀的因果觀念，非只關於一般與人心相對之客觀世界中之事物之因果觀念，而爲關於一超越于世界中一般之客觀事物、與人心之上的，客觀超越的上帝與世界之因果關係之觀念。此中，上帝之爲因，在上；世界之爲果，在下，而人之在此世界中，以上觀此世界存在之超越因，而溯本於上帝之全能。吾稱之爲由人之主觀的內觀因果，而更客觀的「上觀世界之因，以觀此世界之果」之自下而上觀因果之論。

三、由上觀因果至下觀因果、後觀因果、前觀因果之說

此上觀因果，以上帝之全能，爲世界一切存在物之因，而一切存在物其果之說，在諸一神教中之思想中皆有之。依此上帝之全能爲因，以觀一切存在物爲其果，則一切存在物，皆爲此上帝之創生物之功能之表現，亦上帝自身之功能之表現。而人於此，卽可以此世界之一切存在物之次序創生，爲上帝之功能序運之境。人之見有一功能序運境，亦初恒只是一自然物之神或上帝之功能序運境，而有種種宗教上對此神或上帝之功能序運之讚頌等。然依於此在一切世間存在物中唯見上帝創生物之功能之說，則一一世間物之自身之功能，卽皆由上帝假借而來，其一切功能皆當歸於上帝，一切存在物之善與光榮，亦當歸於上帝自身之善與光榮。於是一切存在物之自身所有之功能，皆爲可有可無，其存在亦爲可存在可不存在。上帝則爲能使任一物存在而有功能，亦可隨時使之不存在，而失其功能者。又若此世間物之存在爲果，上帝之全能爲因，此因卽爲一可生果，亦可不生果之因；其生果，亦可爲在任何時、任何地、生任何果，以產生奇蹟者。而自此因之可不生果、或不生果處言，卽失其因之義。自其可生任何果言，則此因與果間，無一定之關係，其所生之果之如此者，可不如此，則可

有者，亦隨時可無。於是此上帝與世間之物之因果關係，亦卽爲不定而隨時可改、可無，而爲偶然之關係。世間之物依此關係而生，卽爲一偶然的存在。此則與吾人一般言事物之因果關係，爲一定之必然關係，並可由此一定必然關係，以言因果律之爲一定而必然之義，互相違反矣。

於此，吾人若要使此上帝爲世間之存在物之因之說，與一般之因果關係之爲一定而必然之義相融通，則西方中古哲學家，如多瑪斯(Thomas Aquinas)遂說此以上帝之能爲因，以創生任何物，乃自一切物之第一因說。然上帝之創生物，除以其自身爲第一因外，更可以其他事物，爲輔助之第二因以下之因。由此而吾人一般所見之世間物，其所以不能忽然而生，必更待一般世間所謂爲前因之事物之先有，卽由上帝之創生物，乃兼取此世間所謂爲前因之事物爲第二因之故。如人由父母生，此非謂人之存在，不以上帝之全能爲第一因。而是上帝雖有自無中創生一人之全能，然亦可以父母之先存在、爲其輔助之第二因之故。依此而吾人一般所謂一事物，所賴以生之以前事物，皆爲上帝創生此事物，所憑藉之輔助的第二因。此爲輔助的第二因，亦初由上帝創生，則上帝之憑藉此輔助之第二因，以創生物之事，只是上帝之自憑其所已創生者，而更有所創生之事。此非上帝之全能，受其外之物之限制之謂。此乃是上帝自以此爲其全能之表現，先所創生之物，爲根據，以更創生物，而更表現其全能之謂。今如此說，不礙上帝之全能，又合於人所見之世間果，恒承其前之世間之事物為因而起，此後果之承前因，乃有一定之必然關係之一事實。此後果既承前因而起，則此前因，亦可說有在第二義以下，一生起後果之功能。此卽與世間人之視世間之物之為前因者，亦有其生果之功能之說，互不相矛盾。此卽一調和宗教中之上觀因果之說，與下觀世間之因果之說之始也。

然對此多瑪斯之於上帝之第一因以外，設世間事物為輔助因之說，在中古之鄧士各塔（Duns Scotus）已視之為上帝之奧秘，而覺此上帝何以不一時直接創造一切世間物，為不可解。此卽謂既有上帝之全能為第一因，則應不須再有輔助因，此輔助因之說為多餘，似當廢棄。自另一面言之，則若世間之物，必賴其前事物為因而有，而人在其經驗中，又只見一世間事物之承其前之事物為起；人亦只須備足此其前之事物，其後之事物卽可緣之而繼起，則人亦可只以世間在前之事物為因，其後繼起者為果，而謂此在前事物卽已足够為後起之事物之因，則此上帝為第一因之說，卽又可視為多餘，而似當廢棄。則今既謂上帝為全能，而又有待于輔助因方能創生物，卽成一不可解之奧秘。此是鄧士各塔之意。然近世之思想則向於去此奧秘，而取上述之後途，以謂世間之事物只須以在前之事物之為因，卽足以有後之繼起者之果，而不須更說有上帝為因矣。

此近世思想中以在前之事物爲因，後繼者爲果，而自現有之果以觀其前因之說，今稱爲前觀因果之說；而由一現有之事物之爲因，以觀其後果之說，今稱之爲後觀因果之說。直下重視此世間事物之有此前後相承關係，以前觀或後觀因果，而或謂在前之事自有爲因以生起後果之能，而不重上觀上帝創造萬物之能爲萬物之存在之因；明爲近代西方思想之一大方向。故在近代西方之科學思想中，首卽重世間之存在物，自有其能、其力，以致他物之運動變化之果之種種因果關係。如哥伯尼、伽利略、牛頓、來布尼茲，皆重此世界之自然物之有種種力、種種能之可爲因，以必然生起他物之運動變化之果，以爲其「功」。西方近代之科學思想，卽以重此功能之間之涵變關係，而逈異於希臘與中古思想之重實體與類者。此在卡西納 E. Cassirer 早年所著之實體與涵變 (Substance and Function) 一書，已有極佳之論述。然此西方近代科學中之力能、功能之觀念，在西方近世之哲學家的反省批判中，却又遭遇一極大之知識論上的困難。直接指出此困難，而說此力能之觀念之不可思議，謂因不當有生果之能力，以懷疑前因後果之間，眞有一定必然之關係存在者，則爲休謨之說。休謨之說，則初是由人之卽當下之因，以觀其後之果之如何生之後觀因果之觀點而出者也。

蓋人之卽當下之因而觀其後之果之如何生時，此中吾人所視爲當下之因者，乃一當下之經驗中之事物，其後之果之事物，繼此因之事物而起，則爲此後之另一經驗中之另一事物。此中當下經驗之一事物、與此後之另一經驗中之另一事物，相承相繼而起，固皆爲經驗中之實事，人亦可對此經驗事物之相承相繼，加以反省，而可分析的與綜合的，加以想像而理解者。然謂此前一經驗中之事物有一「能力」，能生後一經驗中之事物，則此能力，未嘗被經驗，亦不能被經驗，卽非一經驗中之事物，亦爲人所不能加以想像理解者。今謂此中之因有此生果之能力，故果必然由因而生，或因果間有一必然關係，則此必然關係，亦爲人所不能想像理解者。

此休謨之以一因有必然生果之能力之觀念，爲不能想像理解，由於此能力非經驗之所對，遂謂：所謂爲因之一經驗中之事物，必然與另一所謂爲果之經驗中之事物相連，此「必然」以不能爲邏輯上之必然，乃不能具於所謂爲因之一經驗事物之涵義中者。由是而此因之有，在邏輯上，卽非必然涵蘊其果之有，而吾人亦可想像或試思維：因有而果不有。此因有而果不有，可想像、可理解，卽見因之有，非在邏輯上必然涵蘊果之有。除邏輯上之必然之外，則前後之經驗事物間，亦無事實上之必然聯繫，爲人所經驗。此前後之經驗事物，可視爲不同之二事物，對所謂因之物之前經驗，與對所謂果之物之後經驗，亦不同之二經驗，皆可截斷而觀，則無必然聯繫可見；而此必然聯繫，卽不可經驗也。如見蠟被火燒是一經驗，見其融是另一經驗，二者各爲一經驗，而其間之必然聯繫，則固從未爲人所經驗也。

依此休謨之說，謂爲因之事物與爲果之事物間，無「能力」，亦無必然聯繫之可說，而於人之所以覺因果間之似有一必然聯繫，則歸其故於吾人過去之生活經驗中，常有此所謂因與爲果二事物之二經驗之相連，遂在吾人之主觀心理上，形成一聯想習慣，而使吾人再有此中一事物之經驗時，卽順此聯想之習慣，而不容已地想及其他。然休謨此說，又似無異於謂此過去生活經驗中所形成之聯想之習慣，其自身有一力量，以必然決定吾人現在及以後之聯想，以使吾人生一因果關係爲「必然」之一觀念。若此聯想之習慣，無必然使人生此因果關係爲「必然」之力量，則人不當皆有此因果關係爲「必然」之一觀念。然若謂此習慣，能必然使人生一因果關係爲「必然」之觀念，則無異另承認一人之此主觀心理中之有一必然的因果關係。至若謂此過去所形成之聯想習慣，亦並無必然決定吾人以後之聯想之力量，則人亦卽當可無此因果關係爲「必然」之觀念，而人之何以普遍有此一「必然」之觀念，便爲不可解。休謨於此，固可說：此因果關係爲必然之觀念，亦非人所普遍的必然有者。人若根本不受其過去所形成之聯想習慣之決定，人亦可無此「必然」之觀念。然在一般人之謂因果關係爲必然，其要點尙不在因之必有果，而在果之生，不能無因而自生。自因之必有果看，因之有果者，固可以其他因之起，而銷去其果之生。人由因之如何，以推斷其果之如何時，卽在信因必生果者，亦可由一因之恒與他因相連，而人不能盡知一果之諸因之故，而只能得一概然之判斷，不能得一必然之判斷。故自經驗上看，說有因而無果，或因不必生果，似皆可合乎經驗事實。故於休謨之由前因以觀後果，而謂其間無必然關係之說，人亦可不以之爲大不然。但人若由一果之生，或一事物之新生，而謂其前無所承之因，以決定如是之果之生，則人必視之爲不可能。此觀一果一物之生，必有其前因之說，卽由現有之果以觀前因之說，而可稱爲前觀因果之說。康德之疑於休謨之論，則要在兼由現有果之生，不能無其所承之前因，而前觀因果，所成之說也。

此謂一果或一物之生，不能無前所承之因，乃依於一理性上之理由。因若一果或一物之生，無其前所承之因，則一果或一物之生起，與其前之物之生起，無一定之相承關係。一物可承任一物生起，一物亦可有任一物爲其後繼，則在吾人經驗一物之後，應可經驗任何物；而吾人之經驗任何物，而思其前所承之物，亦可是任何物。則吾人之思想之循時間中之經驗之次序，而由前至後，由後至前，卽無一定之理性的規則之可言。今欲使吾人之思想之循時間中之經驗之次序，而由前至後，由後至前，有一定之理性的規則，卽必須前後之經驗事物之連繫，爲一定的必然之連繫。此中，如前承之事物爲因，後繼之事物爲果，卽因果間有一必然關係。然此必然關係，要在由已有之果，而追溯其先有之因，方能確定的見得。以此中之果，爲已給與，爲現實有，而由此已給與而現實有之果，以追溯其先有之因，則此先有之因，亦應爲已給與，而已現實有者，故人可確定的見得此果之必有其因也。至於對現實之果，再視之爲因，則吾人固亦可說必有承此因而繼起之果，次第爲吾人所經驗。然吾人初之所以經驗某一爲因之事物，乃由於超越於吾人經驗之物之自身，對吾人之感覺性之機能，有某作用之表現之故。吾人在經驗某一爲因之事物之後，物之自身畢竟將繼此而對吾人之感覺性之機能，再有何作用之表現，以使吾人有何經驗，則非吾人之所知。吾人所知者，唯是吾人之經驗必有前後之相承相續之關係。故在此對爲因之事物之先一經驗後，固必有一繼起之經驗，依一定必然之關係以相連；然非吾人由此先一經驗，卽能必然的推斷後一經驗之爲何若也。康德之如此說，卽所以保持此物之自身之表現其作用於吾人之感覺性機能之事，於因果關係之自身之外。此物之自身可爲一般所謂外物之物之自身，亦可爲吾人之內在的自己之自身。吾人之感覺性機能，可爲一感覺「外物之物之自身之表現」之一外感覺之機能，亦可爲一感覺「吾人內在的自己，表現於吾人之反省或內觀者」之內感覺之機能。吾人依內感覺之機能，以觀吾人內在的自己之表現於吾人之反省內觀之前前後後的主觀心理狀態，亦可說其前之心理狀態、與其後之心理狀態之間，有某一定之必然的聯繫，而可說其前者爲後者之因。然吾人却不能由此中之前因與後果間，有某一定必然的聯繫，而說吾人之內在的自己之自身，其表現於吾人之反省內觀之前，以成前前後後主觀心理狀態，無其自身之自由。於此，吾人亦必須謂此吾人之內在的自己之有其自身之自由，然後此內在的自己，方能依道德實踐之理性，以形成其道德生活之目的，而有人之以道德生活上目的，決定其當取之行爲手段之事。故此康德之因果理論，初唯是一知識上之因果關係或因果規律之理論。此因果關係、因果規律，只爲一經驗事物必有其一定之前者與一定之後繼之必然，而非由一經驗事物之前者如何，推斷其後繼之如何之必然。此一事物之後繼者之如何，乃當以物之自身之表現其作用於吾人之外感覺與內感覺者，爲如何，以定，而亦待吾人之經驗以知。此中吾人之由經驗以知者之爲如何，亦不決定物之自身之只能如何表現其作用，於吾人之其後經驗之中，而不礙及此物之自身之表現之自由。然物之自身之表現之自由，如人之道德意志之有其自由，亦不礙人之反省內觀其次第之表現所成之前前後後之經驗之連結，必有其一定之規律。在此一定規律之必有處，卽可說：此因果關係爲必有，卽因之必有其後繼之果，果之必有其前承之因，可容人之知之，以說因果間有必然關係；人之求知識時，亦必可由後果以溯其前因，由前因以預斷其必有後果，此預斷只限於預斷後果之必有，而非預斷其後果之內容必爲如何，故可不礙物之自身之表現之自由，人之道德意志之自定其道德上之目的與手段行爲之自由也。於是此知識論中之因果必然之理論，卽不與道德上之目的手段行爲與自由之論相衝突，而可並存而不悖矣。

四、由客觀的外觀因果至上觀形上因果

此康德在知識論上之因果理論，一方連於其道德哲學中自由與目的及手段行爲之理論，卽見此因果之觀念與目的手段行爲之觀念，必須求一通處。但對此點，今不擬多論。純在知識論上說，則康德之理論雖爲由休謨之因果理論，引進一層之論，然亦不能駁倒休謨之說，復不能全答覆休謨之問題。休謨之說之要點，在爲因事物之經驗之涵義中，無爲果之事物之經驗，前因對後果無邏輯上之必然的涵蘊關係，故人亦不能由因之物之概念，以必然推斷果之物爲何若。對此二義，康德並不能加以反對。康德之所進於休謨者，唯在說因之物之經驗與果之物之經驗，在一前後相繼之時間中。此中由前至後，由後至前，有一定之規則加以聯繫，而後所承之前與繼前之後，不能是任何之前，任何之後，而是在一時間之系列中次第而起之前或後。此時間之系列之爲一度向，卽使一經驗事物次第生起於一定之前及前前之事物與一定之後及後後之事物中。在不同之一一空間中之事物，亦各有其在一一空間中之一定之前及前前之事物，及一定之後及後後之事物，爲此一一空間中之事物之因之系列與果之系列之所在。此前前後後之一定，卽因果之有一定的必然關係之所在，而使吾人之理性上求確定

之因果知識之目標之滿足，在原則上成爲可能。此可能，只是原則上可能，卽於一果或一新事物生後，吾人總在原則上可說：其有某一定之所承前因，不同於此果之自身者。又凡相異之果，決不可能只有同一之前因；而由相異之前因，亦決不能有同一之後果。此卽使一一事物之因果之關係，互相對應而不相亂，以成一一之確定的因果秩序，而使吾人之理性之要求得滿足。然此呈現於前前後後之時間中之因物果物之經驗內容，固仍可彼此不同。此中之因物之概念之涵義中，固仍可無果物之概念之涵義，由因之概念，固仍不能直接必然的推出果之概念。一經驗事物之前前後後，何以只如此如此相承相繼，如在火燒蠟之經驗後何以只繼以蠟之融之經驗，則仍無邏輯上必然理由，只有在時間系列中此前後之經驗，在事實上之如此如此相承相繼，爲事實上之理由。在此點上，康德固與休謨同。康德亦同未能於此經驗之事實上之相承相繼，純以邏輯的理性爲之說明，而使之理性化也。故人於此將康德所謂人之經驗之在時間中之前前後後相續之一義，加以抽掉，而設定人之現在經驗中無其前其後之經驗，或設定時間忽然停止，而問一經驗事物之存在，是否必有因或有果，則此一切問題，卽皆不能問。此人之經驗之在前前後後時間中相繼，只是人之主觀經驗，人之形成知識，必根於此主觀的經驗，故人不能不有因果關係之觀念。然若離此主觀經驗之是如此，與人之形成知識之目標，而只形而上學地問：一事物之存在是否其自身，必然有因，必然有果？必然須以不同之事物爲其因，或爲其果？其必須或不必須以不同之事物爲因爲果，又有無理性上之必然理由？則爲康德之因果理論所不容許之諸問題，而此諸問題，亦非康德之哲學之所能答矣。

然人於此確亦可不問吾人之主觀經驗之爲如何，或撇開吾人形成知識之目的，而只形而上學地問：一事物之存在，是否其自身必然有因有果？又因與果之事物，是否必須不同？並問其理性上之必然理由何在？此卽導至後康德派之黑格耳邏輯書中之形上學的因果理論。此形上學的因果理論，要在說一事物之存在爲一現實存在，一現實存在之所以必有因，必有果，乃由一現實事物之存在爲一事實，而一事實之出現，必有其出現之現實條件。此現實條件中，初包涵一現實事物之存在之可能，而在其求實現此可能時，此現實條件之自身卽有一動變。此現實條件由此動變，而自己否定其原來之現實性之時，其所包涵之上述之可能，卽成一眞實之可能，更成一現實的可能，而有現實事物之必然存在之事實。此所謂現實條件，實卽一般所謂因。但黑格耳於此，初不用因之一名。其用因之一名，乃所以指現實存在事物所依之形上實體。此一實體初亦爲上述之現實條件之所依之實體。此一實體，在吾人一般所謂爲現實條件之事物，實現其自身所具之可能，而自否定其原來之現實性，以使另一事物之存在之可能，成現實之事物存在時；卽稱爲此現實事物之存在之形上實體，亦卽其形上的原因之所在：而此現實事物之存在，卽稱爲其果。此中之形上實體，以此現實事物之存在爲其果，乃由此形上實體之自身，在其爲因之義中，卽包涵有表現爲此現實事物之存在之果之義之故。故此形上實體之爲因之義中，卽涵有表現爲此果之義。此果亦復可再視之爲屬於此形上之因者。於是此中之因果之關係，卽只能交互涵攝而說。此形上因原包涵有表現爲此果之義，乃表現爲此果，以生果。則此因之生果，乃依於此因之概念，在邏輯上涵蘊此果之概念，之邏輯的關係。此中因之生果之關係，卽爲有一理性上之必然，而似皆可純由理性加以理解者矣。

此黑格耳之化因與果關係爲「形上實體」與「其表現所成之現實事物之存在」之關係，無異中古哲學中「上帝具一切存在之物得存在之全能」之形上學的翻版，而爲一上觀因果之論。然其說現實事物之存在，必然有其先之條件之現實，此條件又必先具此事物存在之可能，更由其動變，以使此可能成眞實之可能，而有此事物之存在之可能之現實化，則合乎一般言客觀的因果關係之論。在此一論中，黑格耳不說一般所謂條件之因之自身之概念中，涵蘊其一般所謂果之概念，而只說此條件中具有之一般所謂果之事實之出現之「可能」。此一「可能」之內容，乃與果出現時，果之事實上之內容，爲同一者。至於此果之由可能而現實之現實性，則由此條件之自身之動變時，其所自己否定之「現實性」，轉移於此「可能」而成。

此一現實性之轉移，自形上實體言之，卽此實體之又一表現。故此可能之現實，可說以此實體爲形上因。但若今不論此形上因，則此現實性之轉移，卽此中爲條件之因，由現實而成非現實；而此條件之因所致之果，則由其初所具之非現實之可能，成爲現實而致。故此中由條件之因之動變而致果之事，卽由條件之因之自否定其原來現實性，以轉移成此果之現實性之事。此中之果之現實性，卽根於爲條件之因之現實性，其關係遂爲理性的邏輯的。至於此條件之因之現實內容中，初固無此中之果之內容，但此條件之因中，所涵之此果之「可能」之內容，則與此果之內容爲同一，其關係亦爲理性的邏輯的。依此以說此條件之因與其果之關係，卽可加以邏輯化理性化矣。

然此黑格耳之因果理論，所以能於因果關係加以理性化之關鍵，要在此中爲條件之因之包涵有此果之可能。然此條件之因，其自身中若無果之意義，則其如何能包涵此果之可能？此果之可能，如何能包涵於「其自身之涵義中，無此果之意義之條件之因」之中？若此果之涵義，不包涵於此條件之因中，則由此「無果之意義」之「條件之因」，如何能自己動變而自己否定其「現實性」，並將此「現實性」轉移于此果之可能，使此果之可能成爲現實？此仍不可理解。而此由條件之因以致果之因果關係，卽仍不能邏輯化理性化矣。

由此一般所謂爲條件之因之涵義中，不能包涵其生果之可能之涵義於其中，卽使此條件爲因而生果之因果關係，不能由黑格耳之哲學而理性化邏輯化；而黑格耳之以形上實體爲因，以現實存在事物爲果之因果關係，亦卽不能眞正得理性化邏輯化。黑格耳固可說：此形上之實體中，已包涵有能表現爲任何現實存在事物之意義於其中，而使此形上實體因與其表現爲現實存在事物之果之關係，爲理性的邏輯的。但黑格耳亦不能說此形上實體之「能表現爲任何現實事物之存在」一點，卽足够爲其實表現爲任一特定之現實物存在之因。以任一特定現實事物之存在，尚兼須以一般所謂條件之因爲因，必在特定條件之因之下，方有特定之現實事物存在之果出現故。若此形上實體自身，卽已足够爲任何現實存在事物之因，則此形上實體亦當如中古之上帝，當能於任何時任何處創生任何物之存在者。中古之上帝之創生任何物，必須有輔助之第二因，黑格耳之形上實體，亦須有其所謂「條件」爲輔助之第二因。此爲輔助之第二因之條件，與由此條件而有之果之關係，不能加以理性化邏輯化；而此形上實體又必須有此第二因，乃能生果；則此形上實體之爲因以生果之事之全體，仍不能理性化邏輯化也。

此一因果關係之不能全理性化邏輯化之根本理由，原甚簡單。卽一般所謂爲一事物之先行條件之因，與其後繼之果之內容之恆非一，而此「因」之理性的意義、或邏輯的意義中，卽不能涵有爲其果者所涵之意義。於是無論吾人將此因果關係之根原，追溯至上帝或形上實體，此一「現見之爲一事物之先行條件之因之概念中，不包涵果之概念之意義」，卽足以使吾人無論將因果關係之根原，追溯至何處，皆有不能將此因果關係全理性化邏輯化者；而此因果關係卽皆有此只憑邏輯的理性，所不能全加以理解之處。近世西方哲學家柏拉得來，卽由此以謂對此因果關係，若人只求通過理性的思想，加以理解，必將見其爲充滿矛盾之詭論者，其故在因果關係，只屬於世界之現象界，亦如其他實體屬性關係，時空關係，同屬於現象界。凡屬現象界之現象，乃不能視之爲實在，並不能由理性的思想，加以理性化的理解，而視之爲實在者。人若必欲視之爲實在，而欲由此理性的思想，加以理性化的理解，卽必見其充滿矛盾之詭論。然人欲逃避此矛盾之詭論，卽可使人漸自知其視之爲實在之非是，而知其只爲一現象。至於柏氏之論人之視因果關係爲實在，所導致之矛盾詭論，則仍要在說因與果之概念，既在邏輯上理性上不能有同一之意義，則凡謂因爲必能生果者，或必有果相從者，在因之概念中，卽必無其邏輯的理性的根據。若謂因有此生果之意義，因之義中已包涵有果，則吾人又如何能說有果在因之外？亦將無因與果之關係可說。故因之意義中不能已包涵有果之意義，卽不能說因之必能生果，亦不能說因必有果相從之意義。此柏氏之言「因果關係只爲現象，如視之爲實在，而欲以理性的思想加以理解，必導致種種矛盾詭論」，其義尚多，今又不必盡說。

由柏氏之承西方理性主義之流，而歸於說：對因果關係視爲實在，只由理性的思想加以理解，必導致矛盾詭論；於是後此之西方哲人之論因果關係者，如羅素等，卽多還至休謨之一類之說，而以因果只爲事與事之相承。此事與事之相承，只有經驗上之根據，而無理性上之根據。而懷特海亦以因果之相承，只爲事與事之相承；更以因果關係之觀念，始於一有機體在感受一爲因之事生起時，卽同時感受其能致後事之生起之實效，而以後事爲其反應。如人之感受一電光之閃之實效，而以目之眨爲反應，感受一可憤怒之事之實效，而以憤怒爲反應等。依此以觀一切客觀存在之物之以何因而生何果，此物皆當視爲一有機體，其以何因生何果，皆是「感受因之事之實效，而有對之之反應爲果」之事。此因之致果之實效，唯存於有機體之實感中。此爲人之一原始之經驗事實。然却與人之理性的思想無干，亦不須由理性的思想加以理解者也。

第八章　功能序運境——觀因果界、目的手段界（中）

五、印度哲學中因果理論與西方因果理論之對比及中國思想言因果之勝義

以上略說之西方哲學中之因果理論之發展，其根本之問題唯在因果關係是否可理性化邏輯化地加以理解。此中視因果關係爲可理性化邏輯化地加以理解者，有種種說，視爲不能邏輯化理性化地加以理解者，亦有種種說。此因果關係之可否理性化邏輯化之一問題，亦爲東方哲學中之問題。在印度之宗教哲學中，如吠檀多之宗教哲學，以梵天爲因，世界之物爲果，卽同西方一神論者之以上帝爲因，世界之物爲果之說，而爲一上觀因果之論。唯印度之吠檀多之哲學中，尙有「我之自身卽梵天」之義。此我在其卽梵之意義上，亦爲一切存在之因。此中所謂因之內容，皆可包涵其所生之果之內容，而因果之關係，卽爲邏輯的理性的。然一梵天之因，何以可生多果，成此種種有情衆生與其所在之種種世界之不同，則可謂其由

於有情衆生有種種之不同之業，爲有情衆生與其所在世界，所以種種不同之輔助的第二因。此又類多瑪斯之說。印度哲學之數論，兼以自性與神我爲世界之因，更有此二因中具其一切所生之果之功能之說。佛家之徒，卽視爲主因中有果之說者。凡主因中有果者，此果之意義卽涵在因中，而其由因至果之關係，卽兼爲理性的邏輯的。然勝論之徒則主多元論，更由現見之果與因異，而謂因中無果；則因果之關係，宜只爲不同事物之相承相繼之關係，卽非邏輯的理性的，而只爲事實的經驗的。至在佛家之說中，則部派佛學中，已有種種因果爲同時或異時，與因果爲一或爲異之爭。然承認事與事間之有種種不同之因果關係，不以一因或少因能生多果，則爲佛家所共許義。故佛教言因果，不同吠檀多之主一因，數論之主二因之說。然佛家又重多因緣之「和合」以生果，故亦不同勝論之多元之論。佛學由般若經發展爲三論宗之說，更大破一切因中有果、因中無果之論，亦破因果爲定一、因果爲定異，及以因果之關係爲常住之關係、或截斷之關係等說。而其所歸，則在謂果之有所承之因，因之有繼之之果，非其間有一理性上邏輯上之關係，而以依理性上邏輯上之關係，以思因之有果而生果，與因之無果而生果等，皆爲不可理解者。此則類西哲之柏拉得來之說。然因果間雖無邏輯上理性上之關係，因果間自有一「此有彼有，此無彼無」之事實上的相承相續之關係。故果必有因，而非無因生。此在思想形態上又近西方休謨之說。此外，法相唯識宗之流，則重在使因果關係兼在理性上邏輯成爲可理解。故論一事物之親因與其他之緣之分別。一事物之親因爲一事物之種子，此種子相當於西方哲學所謂一事物之眞實之可能性。此可能性與種子之內容之意義，除在其非現實一點外，乃與現實事物或唯識法相宗所謂現行之內容之意義，爲同一者。此種子之內容與現實事物或現行之內容之關係，即爲邏輯的，理性的。然一事物又不能只從其此爲其親因之種子而生。此種子必兼待其他外緣之具足而後能現行。此其他外緣，則在色法（卽物質法），其生起，除其自身之種子以外之條件，皆爲增上緣。而在心法，則其生起，除一般之條件爲其增上緣者外，尚有其特殊之條件，如有所對境，爲所緣緣，有其前之心法之消逝，而能更平等而無間斷地，次第開導其後之心法，爲等無間緣等。此中唯識法相宗之言心法之生起，其前後之相續無間，亦心法之生起之一緣一條件，卽謂前之必有後爲繼，後之必有前爲所承，爲一心法中必然有之關係。此卽類似西方康德之言一經驗事物之必有其所承之前、與繼之之後之經驗事物之說。至其言心法之起有所緣緣、卽所對客觀境，爲一條件，爲一廣義之因，則類似西方哲學以客觀事物之存在，爲人之知識行爲之形成之一因之說。此增上緣、所緣緣、等無間緣，各爲心法生起之緣，皆只爲一事實上如此如此有之緣。此諸緣之涵義中，並不包涵由此諸緣所助成之果之涵義。故此諸緣與其所助成之果之連結的關係，卽只爲事實上的，非理性上的，亦非邏輯上的。此卽與爲一果之親因之種子之涵義中，包涵其所生之果之涵義者，其關係爲理性的、邏輯的，乃迥然不同者也。

此法相唯識宗之因果理論，在印度思想中所以最爲完美，在其兼取理性的邏輯的觀點，與經驗事實的觀點，以分一般所謂因爲親因、與助緣之二類。此中之親因之種子，爲具現行之內容，而能生現行之一功能。其所謂涵攝一切種子之賴耶識，類似黑格耳之所謂形上之實體之因，爲一包涵「一切現實事物所以生之種子或功能」之意義，而能生起一切現實存在事物之果者。此中之爲助緣之增上緣，所緣緣等，則類似黑格耳所謂一現實事物存在之種種條件，而涵具一引致種子之實現之可能者，有如黑格耳之所謂現實事物之存在之條件，爲涵具一現實事物存在之可能者。此賴耶識之涵具世間一切物之所以生之種子或功能，亦類似多瑪斯之上帝之全能，涵具世間一切物之所以生之「能」；而此增上緣等助緣，則類多瑪斯所謂輔助的第二因。此諸說之不相類處，可不論。自其相類處而觀，卽皆由欲兼綜理性的邏輯的觀點，與經驗的事實的觀點，以說因果關係，則無不同也。

然凡此兼綜邏輯的理性的觀點，與事實的經驗的觀點，以說明因果關係者，皆未能說明其何以必須兼採此二觀點，而綜合之必然理由所在，亦恆未能深察此二觀點之並取，亦可導致一矛盾之詭論之出現。對法相唯識宗言，此可出現之矛盾詭論是問：此法相唯識宗之種子既稱爲其現行之親因，並謂其具有生此現行之功能，則似當不待其他之助緣，亦能生此現行，方可謂其實有生此現行之功能。若然，則此外之其他助緣，應無所助，而非助緣，亦不必加以設立。反之，若謂種子必待有其他助緣，方能生此現行，此助緣若備足，卽必生此現行，則此現行，卽當可只以此助緣之備足，爲其充足之原因，而人當說此助緣之備足，卽有力能生現行，而不需更設立此種子。此卽可形成一矛盾。於此，人卽須更有一理由以說明此二者，何以分別觀之，皆不足爲一現行之生之因之全，此二者又必須相待相涵，以合爲此因之全；方能成此「兼採此二觀點，以綜合的設立此種子親因與其他助緣」之論也。

關於法相唯識宗兼依理性的邏輯的需要，以建立種子爲親因，又依事實經驗的需要，而建立其他助緣，其中所包涵矛盾，在中國華嚴宗中有一解決方式。此卽如法藏於華嚴一乘教義章緣起因門，本法相唯識宗言種子之六義，所轉成之說。吾于原道篇嘗析其說。依法藏說，因對緣有三義，一、因有力不待緣，全體生故，不雜緣力。於此分空有，以說法相唯識宗種子之刹那滅義、及性決定而自類不改義。二、因有力待緣，相資發故。於此分空有，以說種子之果俱有義、及引自果義。三、因無力待緣，全不作故。於此分空有，以說種子之待衆緣、及恆隨轉義。此中唯第二義，乃法相唯識宗言因緣之本義。此乃兼綜親因力與助緣，以說因生果之說。至第一義中之二者、與第三義中之二者，乃法藏由唯識法相宗言種子之義，所轉成之說。依此第一義中之因有力不待緣，乃說因可無待乎緣，而自空自有。依此第三義中因無力待緣，卽說因無自性，而因空；因不生、緣生，因之有亦不能違緣，故無力用。此卽說只須助緣具，卽可生果，而無待乎因之力。今唯有合此中第一義第三義言因有力時緣可無力，緣有力時因可無力，乃可爲兼說異體之因與緣，其力用得相和合之根據。若在因緣皆有力時，則因緣之力，儘可不相資發，而相抗衡矛盾，則因與緣卽不能相和合矣。

然此法藏之說亦非無問題，以若因有力時，緣可無力，因可不待緣力以生果，則何以於因外又必須設立此緣？此卽應可持以破法相唯識宗因外有緣之說。又緣有力時因可無力，則緣可不待因力以生果，又何以必須於緣外設立此因？此又可持以破法相唯識宗緣外有因之說。則法藏又如何承之，以言因緣之異體，必須兼有而相待？法藏先許有此相待，故其論緣起因門，綜攝因緣有力無力，以言相入；又合卽空、卽有，以言相卽；並由同體異體，以言因緣之相由、不相由，而通法相唯識與般若之說，成其法界緣起之說，固皆極具匠心。然何以因緣異體者，必須兼有而相待？何以人不可本上述第一義第三義，以破此緣之有或破此因之有，法藏固未能言之也。（于法藏說，若覺難解，參考中國哲學原論原道篇卷三十二章第七節）

上文略述西方與印度思想及中國之佛學之因果理論，及其中之種種問題。而此一問題，在中國傳統思想中，則無如許多之思辨。然中國思想中之因果二字，則有其特殊義。大約在中國先秦；言因皆指人之因承前此之事，以作其以後之事之義。如孔子言殷因於夏禮，周因於殷禮，孟子言爲山必因丘陵，爲下必因山澤，以及一般言因循故常，因其故然，因勢利導之因，皆人之因承以前之事，以成其以後之事。故因字初乃是以後事承前事之一動詞，而移用以指前事，則果當指爲其後事者。此因果關係，爲前後事之相承相繼關係，與一般西方印度哲學據經驗事實言因果者，皆以因爲前事，果爲後事之義，應不相遠。然此果之一字，在中國思想中，則指草木所生之果。此果則爲可再長成草木，而此所成之草木，又與生此果之草木爲同類者。故此果亦爲長成草木後，能再生同類之果者。此中，若生此果之草木，爲因，而此果能再生草木，卽有因果相涵之義。此草木之由生果，以再生草木，卽無異草木爲因，生草木之果，此果之由生此草木，以再生果，又無異以果爲因，生果之果。是卽有因與果自類相生之義。此自類相生之關係，則爲理性的邏輯的。因果關係之涵義，必兼具經驗事實的與邏輯理性的之二義，可由此中文中之因果二字之字原以知之。而中國人連接此二字以成一名，卽已有求綜合此因果之二義之智慧，存乎其中矣。

依中國思想以觀因果之關係，其所重者，卽在生物界之生物之自類相生中，因生果而果復爲因，而生物不窮之關係。在生物之自類相生中，因與果之大體類同，是卽一理性的邏輯的關係。然因生果，果復爲因之次序不同，生物之代代不同，而新生之物不與其所自生之物之類全同，以自成一類，則因果不同類。此因果之關係，卽非純是理性的、邏輯的。故人亦不能由因之如何，以推其果之必然如何，而必待乎對因果相繼之事實之經驗，以知此因因果果之次序相續。此亦爲一兼綜理性的邏輯的與經驗的事實的二觀點，以觀因果關係之說。

在此生物界之因果次序相生之關係中，中國傳統思想，於因之生果，如於草木之結果，則視之爲草木之形相之收捲而自藏於果。如吾人於前部說生物之生殖，皆依於其先代之捲藏其生命之所經者，於其生殖之細胞之中，是爲陰之事，亦由現實而化爲潛能或功能之事。至於新草木之緣此果而再長成草木，則如此果之自將其所藏者，再拖出而展開之，是爲陽之事，亦由潛能功能而現實之事。故一切存在之依此因果次序，而代代相生之歷程，卽一陰一陽之相繼歷程，亦是由現實而功能，由功能而現實之相繼歷程。中國昔人之思想，卽直接面對此一相繼歷程，而見此中之現實與功能之相互爲用。此因果之相生，而相互爲用之關係中，既有自類之相生之理性的、邏輯的關係，亦有新類之次第出現之經驗的、事實的關係，而皆不見其中之有何矛盾難解之處。故亦無西方印度哲學中對因果所感之種種問題之存在也。

然此中國傳統思想，無西方印度思想中之種種因果之問題，唯由其有上述之一智慧的直覺，可阻止此中之問題之發生。然吾人今既知此種種之問題，則只依此智慧的直覺，而不更開展其義，以說此種種之問題，亦不能解決此種種之問題。故下文將順此中國思想對因果問題之智慧的直覺，更依理性的思想，以分析此因果關係之爲理性的邏輯的，與爲經驗事實上的，在何義上爲彼此相待，亦相需而立，以綜合成一完滿之因果理論。

六、因能生果之功能之消極的意義的理解，與積極意義的理解之不同

此一完滿之因果理論之形成，首待於吾人之知一般所謂因能生果，或因有生果之「功能」之義乃不可廢者。對此能或功能之義之理解，則初要在有一消極的理解，而非積極的理解，然後能將此因果關係，兼視爲經驗事實的關係，與理性的邏輯的關係。此先有之一消極的理解，則在般若與華嚴之佛學之敎義中，雖有此一思想之方向，然尚未能極其旨而說，今若不能眞實成就此一消極的理解，則終不能答西方印度哲學中對因果所感之疑難與問題，亦不能對此中國傳統思想中之因果相生之義，有一積極的理解也。

此所謂因能生果之功能之義，所以不可廢，初不在人外觀因果時之不可廢。如在人外觀自然物之現象之相繼而生，固可不見其有能也。休謨破因之生果，其所據者亦要在此外觀之

因果之事中，可不見有能也。然在人之內觀因果時，卽可見此功能之義，必不可廢。此內觀所對之因果關係，卽如人之以欲達目的之欲爲因，而以生起某手段行爲爲果之因果關係。在此中，常人明自覺其有功能，以生起某手段行爲，而其不生起之，亦爲其所能。然人於此依外觀因果之方式，以內觀此欲達目的之欲，與其後之所生起之某手段行爲，則此二者，亦只爲相繼之二事。此相繼之二事間，亦可不見有所謂能力、功能。如休謨之謂人之意志與身體之手段行爲之間，亦只有事之相繼，而不見有能力、功能之運於其間是也。然吾人之所以自覺其有「能」以生起身體之手段行爲，此「能」不只有一積極的意義，亦有一消極的意義。此消極的意義，初乃表現於其可不生起其他之身體行爲，或先阻止其他之身體行爲之處；亦可表現於以此行爲之已生起，阻止其他行爲之生起，而見此已生起者有此阻止其他行爲生起之能之處；更可表現於：此行爲已生起之後，自阻止此行爲之繼續進行之處。故此阻止之能，可表現於一行爲生起之事先，以先阻其他行爲；亦可表現一行爲正生起之事中，以直阻其他行爲；亦可表現一行爲生起之事後，而阻止其自身。當一行爲既生起，則其自身只是一有積極意義之一事。此阻止，只是有消極意義之「阻止事之發生」之一事。然此阻止事之發生之一事，可說是一事，亦可說只是一事之阻止，而非事。自其爲一事之阻止，而非事處看，則此阻止，只是銷除一事、否定一事。此銷除否定，只是一作用。一事有其一定之內容與性質，故可定其在時間中之地位，亦可說其所承之事、與所繼之事爲何。但銷除一事、否定一事，卽銷除否定一事之存在，亦銷除否定此一事存在中一切內容。對此銷除否定，如只視爲一作用，則此作用完成於不見此事之存在，不見其一切內容之際。在人不見此事之存在與其內容，而此作用完成時，此作用亦同時自銷除、自否定。則對此被銷除否定者，固可不在時間中，加以定位，以說其所承所繼之事爲何；而對此銷除否定之作用，亦可不在時間中，加以定位，而亦可不說爲一事。至人所以亦可說此銷除否定是一事者，則以人可反省及其所銷除否定之事之爲何事，更將此銷除否定之作用，連於此事，便可說此銷除否定事之事，亦是一事，而亦可說此銷除否定之事，在何時發生，其前後之事如何。但此一反省，只是人之初步反省。此反省若進一步，則當更反省及：此被銷除否定之事，既已被銷除否定，則不得言此事仍在；而此銷除否定之作用，既完成於此事之銷除否定之中，則亦不能說此作用仍在。而謂「此事、此否定銷除之作用仍在」之一觀念，其本身卽亦當再加以否定銷除，方爲進一步之反省之所歸止義也。

此阻止銷除否定之作用之表現，固非一般之事，其完成時可不更說之爲仍在者。然當此阻止銷除否定之作用正表現時，此作用不能說是無。因若其是無，則不能有所阻止銷除否定故。若其不是無，則應是一有。於此有，乃自其能「阻止銷除否定，而能無」處，以說爲一有。故此有，卽只是一「能無有」之一作用。此作用卽是一功能。此作用功能，自不能積極的說其相貌性質，故由人之反省，亦不見其同於一般之經驗事，有一積極之相貌性質者。若本休謨之思路以觀，則卽在人之內心，亦不能發現或想像其爲有。此乃由此功能之爲有，原是自其能阻止銷除否定其他之事而有，亦卽依其爲「能無有」之「能」，而爲有之故。然吾人若直自此作用或功能爲「能無有」處，以觀其有，則此功能作用之有，固非不可理解，而亦必須就爲「能無有」，以說其爲有。人之有此功能作用之一名，亦卽由人皆能直覺其有，然後立之名。若人對此功能作用，從未直覺其有，則人之何以有此功能作用之一名，卽首不可理解矣。

吾人若於功能之義，在第一步，不自其積極意義上，去理解爲一直接能生其果之因，只自其消極意義上，去理解爲一能銷除否定事物之存在，或「能無事物之有」之一有，卽「能無有」之一有，則於吾人上述之「爲達目的而生起某手段行爲，而更以此行爲爲因，以生對客觀之物，有所改變之果」，如亞里士多德所言以一技藝之行爲或活動爲因，以達藝術品之創作；吾人皆可說此中技藝之行爲之所以能爲因，由其對一客觀事物，表現一加以改變之功能，而此功能亦當先自其消極意義去了解。若人之技藝行爲，爲將一石雕成一雕像，依亞氏之哲學，當說此石爲一質料因；吾人心中欲雕成之雕像之某形式，爲形式因；而使此石有此形式爲人之目的，卽目的因；雕石時所用之力，爲動力因；而所成之雕像，爲此四因之果。依此說，此目的中之形式，乃先在此石之質料之外，而由人之雕刻之行爲中之動力，而實現之於此石之質料之中者。則此中之人對目的因、形式因、質料因、以及對動力因之理解，皆只爲一積極意義的理解。然吾人於此中之因，儘可改作一消極意義的理解。此消極意義的理解，始於吾人不先視此目的中之形式，在此質料之上之外之主觀的心中，而視此雕像之形式，卽在此石之中。如米席爾朗格羅之謡謂每一石中皆有雕像先存乎其中，不必如亞氏之謂此石中唯具一雕像之潛能（註）。於此只待吾人將一石中不屬此雕像之一部屑去，卽可見此石中之有此雕像先存乎其中。此米氏之想法，乃始於先將吾人目的中之形式，自上落下，自主觀中推出，而視之爲一石中之一形式，而此形式之意義，亦卽在其消極的非其他形式處。此時吾人之雕刻之事，卽只爲屑去此石之不屬於此雕像形式之部份，而使此雕像不更有其他形式之事。吾人之雕刻之行爲動作，所以爲雕像之成之因，卽唯在此行爲動作之表現一「銷除否定此石之不屬此雕像形式之其他形式」之一功能作用。而此功能作用之意義，卽唯當在其能

註：亞氏形上學 1048A 謂「石中皆具 Hermes 之潛能。又據 Copleston 哲學史卷四、三一九頁，謂來布尼玆亦用此石中雕像之喻，以討論天生觀念之問題云云

有所銷除否定之其他形式，使其他形式，於此無有處，加以理解。則吾人之所以謂吾人之雕刻之行爲動作，可爲因，而有功能作用，以生此「雕像完成」之果，卽亦唯當先自此因之消極意義的功能上理解，而不須自其積極意義上理解矣。

七、前因為開導因之意義，及思想之存在中之邏輯意義，與因果意義

若吾人於因之所以爲因，先自其消極意義的能阻止排斥其他事物之功能作用上理解，則吾人於一般所謂前有之因，能生後來之果之積極意義的理解，卽更可根本改變一途徑。卽於此，吾人可根本不說此前有之因之生後來之果，乃由此前有之因之義中，直接涵具此果之義。此因之生果，從因至果之關係，非直接爲一理性的邏輯的關係，而亦有間接的理性的邏輯的關係。此中前有之因，所以能生後來之果，吾人當說此乃由於前有之因之有一消極的功能作用，以阻止排斥他事其功能作用之足妨礙此果之出現，遂爲此果之出現之一開導因。一切吾人所謂先行之事，爲後起之事之因者，吾人皆可說此先行之事，初只爲一開導因。此所謂開

導因之名，取諸法相唯識宗，而略變其義。在法相唯識宗以在心法中前一心法，爲後一心法之開導因，亦爲其等無間緣；然不說此爲開導因者，自有一功能。今說前一事，爲後一事之開導因，則要在言此後一事之前一事，自有其「阻止排斥他事其功能作用足以妨礙此後一事之功能之出現者」，而亦自有一爲其他事之出現之「違緣」之義，以言其爲一有功能之開導因。至于繼此前一事而有之後一事之果所以出現，則不直接由此開導因而生。此前事之因，只間接助成此後事之果之生，而只爲後事之果得生之助緣。此後事之果之所以得生，若要說其因，則實當另設立一積極意義之生此果之功能、或種子、或形上實體，爲其因，如法相唯識宗之種子，黑格耳之實體因，多瑪斯之第一因之上帝之類矣。

上文說一般所謂爲一果事之前事之因事，只是開導因，此因之功能在排斥阻止：「彼妨礙此果事得生之其他事之生」，而一果之生，除有一前時之事爲開導因之外，吾人復可說更有一般所謂其他同時俱起之事，爲支持一事之生起之因。如法相唯識宗所謂所緣緣、與若干增上緣，卽皆可爲與心識之生起俱起，而支持此心識之生起之因。如以視覺之所對之色境爲所緣，以支持一視覺之生起；以空、明、眼根、作意、意識分別，與執我識等，爲增上緣，以支持一視覺之生起，卽皆可說爲與此中之果之視覺之生起爲俱起，而支持此視覺生起之諸因。然此諸支持心識生起之因，其支持之用之表現，亦正在其使妨礙此心識之生起之事，不得生起，而「能阻止排斥此妨礙之事之生起」之處。此諸支持心識之生起之因，雖可與當前心識之生起，有同時者，然其作用仍當在成就此心識之相續生起。因當前之心識旣已生起，固不須更待此支持其生起之因，方得生起也。若此支持心識之生起之因之作用，要在成就心識之相續生起，則對此心識之相續生起言，此支持心識之生起之因，卽仍爲先此心識之生起而在，而當說爲此心識生起之前事。則吾人可說：凡此類之因，皆其果之前事。若前事爲因，而能表現一消極意義之功能，以助成一果之生起者，卽其開導因，則凡此類之因，皆開導因也。

吾人上說一般所謂爲一果之生之前事之因，皆爲表現消極意義之功能，以使果生之開導因，此開導因只間接助成果之生，而不直接生果。此爲前事之因，不直接生果，則其與果之關係，卽初非理性的邏輯的，亦非必然的。然其雖不直接生果，仍可決定此爲後事之果之範圍，此決定又非偶然的，而有一必然之意義，亦有一理性的、邏輯的意義者。此爲前事之因之可決定爲後事之果之範圍，由於此前事之因，恒爲屬於某一類之前事。其爲某一類之前事，卽有排斥阻止其相異而不同之事之同時發生之一功能。此一排斥阻止之功能，卽已足多少限定此將發生之後事之範圍。而一事之前事可有許多。此許多之前事，亦可更合以限定此將發生之後事之範圍。此某一類之前事之有排斥阻止其他事之功能，以限定所發生之後事之範圍，在吾人不只視因果關係爲二事間之二項關係，而爲二物對一物之三項關係所成之二事時，其義尤顯。如一物A與某一物B，發生某一關係R，而有某事。若以此某事爲因，則有此因後，是否A卽必與一物C發生另一關係，而有另一事爲果，此固不能有邏輯上理性上之必然，如 ARB 不必然涵蘊 ARC。然 ARB 中之A之 RB，却可有一消極意義之功能，以使A成非 RD，非 RE……而有消極的限制A所發生關係之物之範圍之功能，亦有限制A所將發生之事之功能。此一物與他物發生某關係而有某事，其必有此消極的限制意義之功能，乃由此他物爲某類之他物，某關係爲某類之關係、某事爲某類之事之故。此物、此關係、此事之屬於某類，而有屬於某類之意義，卽在邏輯上有一「排斥其屬於相異之類、或屬於反類」之意義。此事若以有此屬於某類之意義，而爲具此一意義之存在，則其存在，卽爲排斥其自身之「成爲不具此一意義之存在」之可能，亦有排斥其自身之「成爲屬於相異或相反之類之存在」之功能者。此一排斥之作用，如更可及於其自身以外，卽爲有一排斥其自身以外之其他事，成爲屬于相異相反之類之存在之可能者，亦卽爲有一排斥阻止：屬於相異相反之類之他事之發生之功能者。此其有如此之排斥阻止此他事發生之功能，雖非純邏輯上之事，然亦非無邏輯上之意義。此可先以吾人之邏輯性的思想自身之存在與生長爲證，再及其他。

在吾人之邏輯性的思想中，吾人之思想，明可循類的關係而進行，有如吾人之思想，可循一個體與其性質之關係而進行。在吾人之思想，只循個體與其性質關係而進行時，吾人思想及某個體A有某性質B，而循A之是B以進行時，吾人此一思想自身之存在，卽排斥吾人思想之向A之非B而進行。此A是B，是一意義。A是B而非非B，亦是一意義。意義自身固無所謂存在或不存在者。然吾人之思想，則爲一存在者。吾人之思想之循A之是B而進行，卽自排斥其向A之非B而進行。此排斥，卽此思想之自身之一功能。此排斥乃以可能有的「向A之非B而進行之思想」之出現，爲其所對。此排斥之所以有，則根於A原有「非非B」之「非」的意義而有。A原有「非非B」之意義，亦爲純意義上的。然A有此「非非B」之非的意義，則思A是B之思想，卽在實際上有一排斥可能有的「A非B之思想」之出現之一功能。而此A是B之思想之排斥此一可能，卽所以維持A是B之思想之自身之相續存在。而此A是B之思想之自己維持之事，卽是A是B之思想之自引生其同類之思想，而使此A是B之思想有一自類之相續者。

此上之A是B之B，只是一性質，A是B之思想，排斥A非B之思想，只是一肯定B於A之思想，自排斥其否定B於A之思想。此一肯定，其所排斥者，亦只是此一否定之可能。但在人以A是B，表示A屬於B類，而以A非「非B」，表示A非屬於「非B」類時，則此中之情形，較爲複雜。此中A是B，及A非非B之所否定者，乃A是非B。此「A是B」中之「B」

爲正類，「A非非B」「A是非B」中之「非B」爲反類。此中之正類反類之有，乃由人先設定一類可分出正類與反類。此中，A之是B類，非非B類，固亦爲一純粹之意義。然吾人之「思想A是B類」之思想，則是一存在。此A是B類之思想之存在，緣於A有「非」非B類之意義，而一方排斥吾人之思想，向「A是非B類」而進行，亦排斥此一思想出現之可能；——此與「A是B」之B，爲一性質時，「A是B」之思想，自排斥其思「A非B」之可能之情形相同——再一方又同時排斥A之屬於先設定爲可能有之非B類。此前一排斥，可說只是人之思想之主觀上之事。後一排斥，則非只爲一主觀上之事。因一類物之可分爲正類、反類，如B類與非B類，乃先已設定於「思想A之屬於此正類或反類」之前者。故對此思想，乃爲一客觀的設定，而有客觀意義者。依此而吾人本A是B類，而排斥A是非B類時，則如有CDE之類，可稱爲非B類，而可以代非B類者，吾人在思A是B之時，卽可緣A之有非非B類之意義，而更思其有此非CDE之意義，而排斥「A是C、A是D、A是E之思想」之可能之實現。於是此A是B之思想，其排斥A是非B之功能，卽兼表現爲：「排斥A之是C、或D、或E之其他一切屬非B類，而可以之代非B類者」之功能。而此A是B之思想所排斥之可能的思想之類，卽遠較其在主觀上之只排斥一相反相矛盾之思想者爲多，而由此所見得之此A是B之思想之排斥的功能，亦卽更大。至於此A是B類之思想，排斥A是非B類之CDE等類，其所成就者，則是「A是B類」之思想之自身之相續，而與A是B之B，指一性質，而以A是B之思想排斥A非B時，只成就一「A是有B之性質」之思想之自身之相續，卽較複雜，亦更連於類之概念。因此思想卽爲一「關於類之思想」之自求其自類之相續之思想也。

此上所謂A是B之B，無論是表一性質或一類，然此A是B之思想之存在，有一排斥其他類思想之可能之實現之一功能作用，卽爲二者之所同。此一思想之存在之所有之排斥其他思想存在之功能作用，固根於此中人之所思之A與B及非B等，原有種種一定之意義。此種種一定意義，皆無所謂存在、或不存在者。然人之思想，循此種種一定之意義而進行，亦同時依此種種一定意義，而有其排斥其他思想之存在，以使其自類相續之功能作用。此思想之存在、及由其存在而有之能排斥、與使其自類相續之功能作用，則皆爲實際上存在者。此由一思想之存在，便有此排斥其他思想之存在，以使其思想自類相續，而繼續存在，卽此思想世界自身中之一因果關係。此一思想之存在，如視爲因，則其排斥其他思想之存在，卽爲其果。由此排斥，而更使其思想自類相續存在，亦爲此思想之自身之果。此中一思想之能否自類相續，似尙無邏輯意義的必然，因人思A是B之後，可不更思A是B故。然一思想之排斥其相反之思想，則有邏輯意義的必然。而此思想如視爲存在者，則其存在必實際上去排斥可能有的相反思想之出現，亦有存在意義上之必然矣。

八、一般事物之因果關係之邏輯理性的意義，與經驗事實的意義

上文吾人唯言吾人之思想之存在，循一個體之有某性質或屬某類而進行，即見此思想之存在，有能排斥、與求其自類相續之功能。吾人之思想A屬B類時，吾人之思想卽有一排斥一切「A屬非B之CDE……之思想」，以求此A屬B類之思想，得自類相續之功能。在實際上，吾人有A屬非B之思想、或A屬非B之CDE等思想之相繼發生時，吾人亦莫不可執持此A之屬B類，而對此諸思想，一一排斥之，以使此諸思想由顯而隱，由有而無，由陽而陰，由伸而屈，由進而退藏於密，由現實以化爲一純粹之潛能或功能，以求此「A是B類」之思想自身之存在之相續。然而此思想存在之能如此如此有所排斥，以自相續，皆循種種邏輯理性的意義而進行。故其如此進行之一一事實，皆爲邏輯的理性的，而非只事實的經驗的。然若此思想之存在，有如此之功能之表現於思想進行中之事實，爲邏輯理性的，則除此

思想存在之自身，以外一切世間事物之存在，豈不可同表現與此思想存在之相類之功能？則人又何以不可說凡一事物之存在之屬於某類者，卽亦有排斥異類之存在，以求其自身之相續之一功能，而其此功能之表現之事實，亦當同視爲邏輯的理性的乎？若然，則屬任何類之事物之存在，皆當依其有所屬之類，其類之有「排斥異類，而與其自身爲同類」之一邏輯理性的意義，而在實際上有一循此意義，而表現之功能。吾人之現見一切存在事物，皆如可自爲一中心，而由近及遠，以表現出種種物理、生理、心理上之排斥異類的存在之傷害之之活動在，以求其自身之存在之相續，以保存維持其自己之存在，卽皆不只爲經驗的事實，而兼爲依邏輯理性的意義而有之事實矣。

此中人所感之一大困難，在說：人之思想之進行之事實，所以兼涵邏輯理性的意義者，乃以思想能了解此諸意義，故能循之以進行，而其進行之事實中，亦具此諸意義，乃見有上述之思想之功能。然在思想存在以外其他事物之存在，則並不必能了解此諸意義。則此事物之存在，卽可不具此諸意義，而亦可無與上述思想之功能相類似之功能。吾人卽不能由人之主觀思想存在中之情形，以類比一切客觀事物之存在中之情形；而此一類比，亦無邏輯理性上之必然矣。

對上述之一問題，吾人將說此一類比，正亦有其邏輯理性上之必然。誠然，有思想之存在與無思想之存在，爲不同類之存在，有思想之存在能了解意義，而後者不能。但此二者皆同爲存在，而一存在之具上述之功能，可只與其存在相關，而不與其爲能思想與否相關。吾人之思想，固爲主觀之事。然吾人亦可將此思想客觀化，而只視之爲一種天地間之客觀的存在。今若吾人將此思想視作一客觀的存在，而問其何以有排斥異類之思想之存在，以求其自類相續之功能？此卽當說乃由此思想之存在，原具有一「非異類之思想存在，而唯與其自身爲同類」之邏輯理性上的客觀意義之故。此思想之存在之了解此客觀意義，固是此意義之存在於思想之主觀中，然亦是此思想之順此客觀意義，以成其自身之存在。此思想順此客觀意義，以成其自身之存在，而思想之存在，卽有上述之功能。則有思想性之存在之外，其他非思想性之存在，亦原有其非異類之存在，而與其自身爲同類之客觀意義，卽亦當能順此客觀意義，以成其自身之存在，而亦有上述之功能。此卽因非思想性之存在，與思想性之存在，雖在有無思想上爲異類，然于爲存在上固爲同類。一存在可順其所原有之客觀意義，以有上述之功能，則此一存在之是否具此功能，卽與其有思想性與否，不直接相關，而只與「其存在之既屬於某類，便有一非異類之存在，而與其自身爲同類之客觀意義」之一點，方直接相關。則吾人之由思想性之存在之爲存在，有此客觀意義，而說其有此上述之功能，以謂任何存在皆有此上述之功能，卽雖爲一類比，而非只爲一類比，而爲邏輯理性上之一必然之推論矣。

吾上文唯在確立任何存在之事物，皆有排斥異類之存在，以求其自類之相續之種種功能。一存在之有此功能，卽吾人在依類成化境中所說存在之事物，恒求其自己與種族之存在，而自存其類，以依類而成其變化之根據。然任何存在者之所以有此種種功能，亦以其存在原有其自身之性相，而有其所屬之類爲根據。一存在之性相不同，所屬之類不同，則其功能不同。吾人卽不能泛言一切存在皆具功能以存在，或泛言宇宙之有一大功能，一一存在各分得此大功能之一部份，以成其存在。此一大功能之觀念，乃由吾人將一切存在之物之性相種類之分，皆加以泯除而渾化之所成。此乃由一切不同類事物，相遇而互表示其相排斥之功能時，則一切不同類之事物，在一無盡之大化流行之歷程中，無一能保持其性相之常在、與類別之分之常存。故可說此一宇宙卽全部只是一大功能之表現。但卽在此義上，說宇宙爲一大功能之表現，此大功能之表現歷程中，仍有具不同性相之各種類之事物，出沒於其中；而此不同類之事物，仍各具其特殊之功能。此特殊功能，皆依其特殊之性相、與所屬之特殊種類而有，亦爲此特殊性相與種類之所規定。吾人之言事物之功能，仍當先自一一事物之性相種類之爲如何，以見其功能之爲如何，而不能泛說功能，亦不能泛說其存在，乃分得此大功能之一部，以爲其存在之功能；而必須先通過此性相與種類之分別所成之種種概念，以說一一事物之具不同功能。此中一一事物，如說是體，則功能是其用，其所具之性相，所屬之種類，則見其相。此中必須由體之相之分，以說其用之別；不能直由體說用，而當更循體之相，以說用，方合於義理進行之自然與當然之序也。

由上述之連一存在事物之性相與所屬之類，以言其功能之義，則一存在事物。其自身之功能，卽初只爲一依其「自身之類，原非異類，而是其自類」之理性的，邏輯的意義，而排斥其異類之存在，以自求其自類之相續之功能。此功能之表現，卽不只爲一經驗的事實，而同時是具理性的邏輯的意義者。當一存在以其自身爲因、爲「體」，依其所具性相，所屬種類，爲「相」，其功能爲「用」，而實自致其自類之相續之果，此果之類之相，同於因之類之相時，則此中之因果關係，卽同時爲邏輯上理性上之前提與結論，或理由與歸結之邏輯關係、理性關係。此中卽有經驗的事實關係與邏輯理性關係之合一，而見此存在的事實同時爲依理性關係或依理性而有者，卽存在者皆爲合理的，而合理者亦皆爲存在的。吾人於此亦卽可由因之爲何類，以推此果之必爲何類，而此因果關係，卽一類自生起或自引致其同類之關係，而可純由理性的思想加以理解，而視之爲邏輯上必然者。然此一存在之致其自類之相續之果，須依於其「對異類之存在之排斥」。若其功能之用於排斥異類之存在之外，更無所餘，以致其自類相續之果，則此果亦可不生，而其由因至果之關係，卽非必然的。蓋屬一類之存在，固皆有功能以排斥異類之存在，然此一一之異類之存在，亦同有排斥此類之存在之功能。此卽成一互相排斥其存在之競爭局面，而此中之勝敗，則依此相排斥之功能力量之大小爲定。故一爲因之存在，卽可於其排斥異類之存在時，亦爲異類之存在所排斥，而由存在以歸於不存在。若不歸於不存在，卽可以其功能之用於排斥其他存在者，與其他存在所發出之排斥之功能作用，相抵相銷，而減弱其存在之義，則可更無多餘之功能，以生其自類相續之果。此爲因者，卽不必能致其自類相續之果。故一切存在，皆可無其自類爲其後繼。卽人之依邏輯理性，而先有前提之思想者，亦不必在事實上有一結論之思想，爲其後繼之果。則在邏輯理性的意義上爲必然者，在存在事實上看，循此意義而有之思想，是否相繼而生，亦無必然。吾人之不能由任一因之存在，以推其果之必然存在，亦皆如吾人之不能由人之有一對前提之思想之存在爲因，以推出其必然有一結論的思想之存在爲果矣。

此一因之存在，雖在事實上，恒不必能引致此果之存在，然依上所說，其故乃在其因之存在功能，與爲其異類之存在之功能，相排斥而相抵相銷之故。此因能排斥，而有排斥之功能，吾人上已說其爲必然有者。則其與異類存在之功能之相抵相銷，亦爲必然有者。由此相抵相銷，而使此因不能致其自類相續之果，卽亦爲一必然之事。此功能之相抵相銷，其本身卽一功能間之因果關係。唯依此功能間有此因果關係，而後一因不能必然致其自類相續之果；則此不必然之本身，正爲此功能間有必然之相抵相銷之因果關係自身之一必然之果。此不必然，卽亦非只爲一事實上經驗上之不必然；其爲事實上經驗上之不必然，乃亦有理性上邏輯上之必然的理由，卽可依此理由以理解，並當依此理由以理解者。人卽不當依此中之因之不必然致其自類相續之果，以謂因果關係之意義，只爲經驗上的、事實上之「不必然」，而無理性的邏輯的上之必然之義者矣。

但吾人今若舍此功能自身間之相抵相銷之因果關係，亦爲理性的一面不論，則吾人固亦可說一因之是否致其自類相續之果，非邏輯理性上之必然的，而只爲一經驗上之事實。在事實上看，一因之是否致自類相續之果，皆同爲可能。一因如不獲自致其自類相續之果，以有此果之從此因而生；則從此因而生者，卽可爲另一異類之事物。同類之事物，從一因而生者，可稱爲果，則異類之事物，從一因而生者，卽亦可稱爲果。然此果之從因者，旣與因爲異類，則其間更無邏輯理性的關係之可見。然此因之從以異類之事物爲果，亦非此因之能從以任何異類之事物，以爲其果。從一因之異類之物，自有一限定的範圍。其所以有此限定的範圍之故，必有由於此因之有一排斥若干異類之物之生之功能而致者。則此限定的範圍之所以如此如此有，要可說以此因之有此排斥之功能之自身，爲其一因。今若此因不先存在，則此限定之範圍，卽必不同。原有之限定之範圍，亦卽不如是，而同於不存在，而將代之以由其他之因所決定之另一限定之範圍。今自此因之能決定從之之果之限定的範圍如是如是，爲一必然之決定上看，則此因與「從之之果之屬於某限定之範圍」之間，自亦應有一邏輯理性上之關係，而不能說其間之關係，純爲經驗上、事實上者矣。

九、建立形而上之功能，為現實存在事物之因，其存在意義，貫通統一意義，及與現實存在事物，互為因果義。

然於此人亦可更舍此一因所決定的從之之果，其範圍之有限定不論，而只就一果可有此範圍內之不同之果，從之而生，而謂此因與特定的從之之果之關係，純爲事實上的、經驗上的，而非理性的邏輯的。此中之因，對一一特定之果之生，亦卽爲不能必然的加以決定者。在此點上，吾人卽可說在一因存在之情形下，有不同之果出現之可能，此亦如人之遇一境物時，其後來從之之行爲反應之果，有多種可能，而於此卽見因果的必然性以外之自由性、與偶然性。人亦首在此處，見得其選擇於諸可能的行爲反應間之意志自由。人無論所遇之境物如何複雜，又如何一一皆具一定性相，屬一定種類；此皆可不礙人自身所發出之行爲反應之果，有多種之可能，而容人之選擇，以表現其選擇於此諸果間之自由性。尅在其有此自由性處看，則此自由性爲超理性的、超邏輯的。此亦應無問題。但自此自由性之最後必表現爲一可能的結果之決定的出現上看，則此一結果之何以只屬於某類，而不屬他類，人仍必求其理性上的理由，或在理性上爲可理解之另一原因。此另一原因，旣須在理性上爲可理解者，則其內容，必爲與此果之意義內容爲同類之一理性的原因。此在人之對某境物，有某一決定的行爲反應之情形下，吾人若問：此決定的行爲反應之原因，卽恆歸於吾人自身能作此行爲反應之一能力、一本性、或一功能。吾人於此所謂能力、或本性、或功能之意義內容，又必視之爲與此行爲反應之意義內容，爲同類者；然後吾人可說此吾人之本性功能，爲此一行爲反應之原因。由此而吾人於陽光之照草木，而草木開花，敲物而生響；亦卽不須說此陽光之照，卽爲草木開花之原因，而當說此草木之原有開花之功能，爲其開花之原因；亦不須說敲物爲其生響之原因，而當說其原有生響之功能，爲其原因。而任一存在之物之所以如此存在，亦皆以其能如此存在之功能，爲原因。於是人對此功能之內容意義之理解，亦是視之爲與此存在之物如此存在時，所表現之性相、所屬之類之意義內容，爲同類者；然後人乃能以此功能爲因，以說明其果，而使此因果關係，同時爲一理由與歸結之關係，而成爲可由人之理性，加以理解者也。

上說人於從一因而生之果，與其因不同類者，人恆設定此果另以與之具同類意義內容之功能爲因。此一功能，卽初非一消極意義的排斥異類之功能，而爲一具積極意義以生某果之存在之功能。此一功能之觀念之設立，純本於人之依理性邏輯的思想，求積極的說明：有一定之性相種類之物，其所以如此存在之要求。依此要求，人在初步，只須順其所經驗之存在事物之有種種之不同，而說其所依以生之功能，亦有此種種之不同。一一存在事物，與所自生之一一功能相對應。存在事物不同，其所自生之功能，亦一一不同；而各成其類，以不相錯亂。如一一存在事物，皆各爲一個體，或其所屬之類中，只有其自身之一個體；則此任一功能，亦皆可說爲一個體，或說爲：在此一功能所屬之類中，乃只有此一功能自身之一個體者。於是此功能之世界，卽與吾人所見之事物之個體之散殊，其數之無窮，而與之同爲散殊，同其數之無窮。東西思想中，循此義而論功能之世界中功能之無窮者，卽印度之法相唯識宗，以此一切事物之無窮功能爲無窮之種子之說。此法相唯識宗之有此無窮種子之說，亦卽順人之理性邏輯的要求，至少在初步，不容不成立之一因果理論也。

然此以功能種子說明一切存在之物，所以生之因之因果理論中，此功能種子之內容意義，既與由之而生之一切存在之事物內容意義，全然同類，則此功能種子之內容意義，只是此一切存在之物之內容意義之一照樣的翻版。其不同之處，唯是：存在之物，是果，而此功能種子則爲其因。此果乃吾人在事實上所經驗之事物，而此因則爲純依吾人之理性欲滿足其要求，而設立之於此所經驗事物之先之外之一形而上者。人於此，若只就其所經驗之事物之次第生起，而次第觀其前後相承之關係，則初不見有此所謂功能種子之因，以說明世間之物之存在之必要；而只說世間之物之從其前之物而生，以其前之物爲因，似已足够。然以此世間之物，從其前之物而生，而其前之物爲因者，並不能必然生此後從之果，卽見其不能足够地成爲此後從之果之存在之理由與原因。於是人卽依理性之要求，而求其存在之形而上的原因與理由，以逼出此種子功能爲因之說。然人於此，若不能逃于此一理性的要求，亦不能不逼出此種子功能爲因之說。其所以不能逃此理性的要求，在人之思想之存在，卽自始依理性以進行，以求其自類相續，亦依理性而相續以存在。因而此思想之存在之中，卽不能容許有非理性、而反理性者，存在於此思想中。此思想之存在，若遇似非理性、似反理性之存在，則此思想之存在，卽必求加以理性化而思想之，以使之不成爲一非理性、反理性之類之存在，而化爲與此理性的思想之存在，同屬理性類之存在。否則此理性思想之自身，卽不能相續存在，而其存在卽爲此似非理性、反理性之存在之所排斥。此理性的思想之依理性而進行，而存在，卽必轉而排斥此似非理性而反理性者之存在於其中，而亦唯此可盡此理性的思想之功能。此則唯賴對此似非理性、似反理性之存在，更設定一理性的原因，以將其理性化，而後此思想得盡其功能，而使其自身得相續存在。由是而此上述之理性的要求，卽此思想依其爲存在而成其自身之相續存在，所必然發出之要求，亦卽此思想之存在不能逃之一必然的要求。而人若謂其思想爲存在，而又能逃於此要求之外，卽與其思想之存在之自身之意義相矛盾，而不可說者。若說之，卽亦爲不合理性，而在理性的思想中爲不可能者矣。

由此人之思想不能逃於其理性的要求之外，故人之思想恆只能：依於「其前一思想之A是B爲因，以自類相生，而引致其後一思想之亦思A是B爲其果」之一因果關係，爲在理性上可理解者。由此而人凡遇一先行之事爲因，其後之事爲果，而此二事之類不同者，則必更求此果之因於此因之外。吾人一般所謂一先行之事，如一陽光之照草木，與草木之開花之二先後之事，其類明不同，則人終必謂此草木之開花，不能只以陽光照草木爲因，而必求一足以致此草木開花之果之一理性的原因。此卽必然導致以草木開花之功能，爲草木之開花之因之說。此一功能之內容意義，固亦依人所實經驗之草木開花之內容意義而定，而後彼此之內容意義，得爲相類。然人之所以必於此實經驗之草木開花之事實之外，設定一先經驗或超經驗之功能之存在，亦非全只是將此人所經驗於存在之物者，加以一翻版，以轉出一功能。卽說之爲一翻版，此一翻版，亦是依於理性的思想之一活動，而後能翻造出者。此人之理性的思想活動，所以必設定在此經驗之物之存在之先，有此先經驗、超經驗之功能之存在者，亦自有其理由。此理由，在此草木之開花之事實，並非一刹那完成，而是在一次第相續歷程中完成者。在此草木開花之次第相續歷程中，每一階段看，此草木固皆表現某一類之性相。此性相，乃現實上爲有者。然吾人却不能說此草木只能表現此某一階段之某類性相，而不能表現其下一階段之某類性相。此某階段之性相爲現實，則其下階段之某類性相，爲其所可能，亦實能表現者。于是此草木，卽當說其在未表現下階段之某類性相之先之前，已具此表現下階段某類性相之功能。由此而推至其在未有此一現實的性相之先之前，此草木亦應先已有能表現此一現實的性相之功能；而凡對開花之草木，皆當說其在未開花之先之前，已有此開花之功能之存在。由此而對一切存在之物，于其未存在於世界中之先，亦當同說其所以成爲如何如何之一存在，皆由此世界中原有其存在所依之功能之存在；其存在，卽皆當說以此功能爲因，而以其存在爲果矣。

於此人更有一疑難，是說吾人所謂存在，唯所以指現實事物之存在，故功能之自身不能說是存在。一功能之有，只表示一事物之將現實，而將存在。然將存在、將現實，非現實、非存在。故功能之自身不能說是存在。但人如此限定存在之意義於現實存在，並無必然之理由。因非現實之存在者，可爲一超現實之存在。功能未表現，固無現實存在。功能固只指一將現實存在者，而不同於一已現實之存在者。然此不足據以謂功能非存在。因所謂將現實、將存在而非存在，乃就其尚無，說其非眞有而非存在。若尚無者，以其尚無之故，卽非存在。則已有而將無者，亦非存在，以其有卽將化爲無故。此二者，同有一「連于無」之意義。則若說其尚無者，非眞有，則已有而將無者，亦非眞有。若已有者雖將無，仍可視爲眞有而存在，則尚無者，卽將有，亦可視爲眞有而存在。凡已有現存在，而將無者，則其存在，乃向於不存在。尚無而將有者，現雖不存在，而向於存在。吾人思一由存在而向於不存在者，吾人之思想，亦卽由思其存在，以向於思其不存在。此中之思想之歸宿地位，正在其不存在。至吾人之思一由不存在而向於存在者，則吾人之思想，亦正當向於思其存在，爲其歸宿地位。然則吾人又有何必然之理由，以謂將表現爲現實事物存在之功能，爲非存在，而唯現實事物方爲存在乎？若自功能之將表現爲現實事物之存在，而歸向于存在言，吾人固亦有理由，以謂唯此歸向于存在之功能，方爲眞正之存在矣。

然此以形而上之功能爲現實存在之物之因，此功能爲存在之說，唯依功能之自表現爲現實存在之物之果之生，而向於此果之生而說。然任一現實存在之物生後，卽又將由存在而向於不存在，如方才所說。則此一切存在之物之功能之全體，卽不能只依吾人分別了解一一現實之物時，見一一現實之物爲散殊並存，爲無窮的多，而視此形而上之功能世界之功能，亦只爲一一分散並存，而爲無窮的多。吾人更當自此一一不同類之現實之物之功能，可互相排斥，而由此互相排斥以相銷滅，以使一一之物之盡其功能，而由存在以歸於不存在，亦銷化其分散並存而爲多之相；以言在此形上之功能世界，亦自有此銷化「此分散並存而爲多之相」，所成之「非分散並存亦非多之貫通統一之相」。則於此無窮功能，亦可視爲一大功能。如前文之所提及。於此一大功能之存在，若視爲一切存在之物之因，卽稱爲一切存在之物之所自生之一形上實體。今姑不論此一切存在之物之性相與種類之不同處，則任一存在之物，皆可說爲此實體之一表現、一用、或一果。此爲因之實體由其一表現、一用，而有一果。此果之存在，卽自有其功能，亦能自表現其用於「排斥他果之存在，求其自類之存在」之中者。此一果，亦除在其有此由排斥以求其自類存在等作用功能之表現時，可言其爲存在外；其存在亦更無其他之意義。由是而此爲果者之內容，亦只是爲其因者之內容。其因是功能，此果只是此因之功能之表現；而此果之自身，亦只表現爲其因者之功能。則此因之實體卽此果之實體，而因果貫通爲一實體。此果之實體由因之實體生，以表現因之實體，則此果卽以此因爲其內容，而亦同時可視爲因，而稱爲因。至於此果之由爲現實存在之實體，而盡表現其功能，於其對其他之果之排斥，與求自類之存在之功能之後，則其自身之功能，竭而不存在。此卽無異其功能，皆表現於其自身以外，如將其所受於其因之功能，皆再奉還於爲其因之形上實體。此形上實體之得受其所奉還，卽此果之對其因所更生之果；而此爲因者，卽亦再爲其所生之果之果，以得再自爲因，以生其他之果。由是而此形上實體，與其所生之現實存在之果，卽皆有爲因之義，亦皆有爲果之義。由此因之生果，而果由不存在而存在，及果之由存在而不存在，以還歸於其因。此卽形上之實體世界與現實事物之存在世界，廻環的交互爲因果之歷程。此在西方之形上學家黑格耳，有此義，而東方之哲人更多有此義。在法相唯識宗之言功能種子生現行，現行更熏功能種子，以使二者輾轉增勝之中，亦有此義。唯此視形上實體爲一大功能、大實體，以兼爲一切存在事物之因之說，則不同於法相唯識宗之偏重由現實事物之散殊並存爲多，以言種子功能爲多之說。然實則對此功能之世界，固當一方依現實之存在之物，有不同性相種類，而說其爲多，一方依此現實存在之物之功能，可相排斥、相銷減，與其可由存在以不存在，而銷化其他存在之物之分別散殊之相，以兼說之非多或爲一。二說固不容偏廢。此二者固皆必同具形上之因與現實存在之果之互爲因果之義。此則依人所共同之理性要求，而皆不容不同契之義也。

一〇、因果關係中之可能、必然，與或然、概然，並總評東西思想之因果理論，以歸向中國思想中以乾坤陰陽言因果之義。

依此上文之義，吾人可說形上因果之說，乃爲依理性之要求，而不容不建立者。一切形上學之因果理論中之因，皆同時爲一理由，而其果則爲一理由之必然的歸結。吾人亦當依此因果關係中，是否眞有理由、歸結之關係，以衡論此種因果理論之是否能立。此形上學中之因果理論，亦有種種不同之形態，其深度與廣度，亦有種種不同，而容人亦可由種種不同之措思，以達於更有深度與廣度之形上學因果理論之建立。要之，由世間存在之物之種類性相之不同，而說此形上之因爲多之義：與由存在之物之功能，相排斥、相銷滅，與存在之物之變化，而泯其散殊之多，以說其亦有通貫爲一之義，皆當加以正視。凡自世間之存在之物之種類性相之不同，以說此形上因之多，而更說其一者，於物理類之物之因、生理類之物之因、心理精神類之物之因之不同，在初步亦必先加以肯定。若更觀何類之因，可統攝另一類之因；卽可以其因之統攝性最大者，爲最根本之形上因。大約生理類之物之內容意義，可統攝物理類之物之內容意義，而心理精神類之物之內容意義，可統攝物理類生理類之物之內容意義。故哲學家恒歸於以心理精神性之實體或功能，爲最根本之形上因。西方與印度之哲學，更多以一宇宙性之精神實體如上帝，爲根本之形上因。但人亦可只以無量數多之「互相涵攝內在，而在其相涵攝內在之意義下貫通爲一」之精神實體，爲形上因。或兼通此二者之義，以說形上因。本書之義，乃歸向於此一「卽一卽多、非一非多」之精神實體爲形上因者。此則讀者觀全書之後，可自見得，不須特加提擧而論說之。然吾在本部中論因果，非重在論此形上因，唯重在指出此形上因之觀念，爲因果理論所不可少之一環。此乃依人之理性要求，所必須建立，以說明「異於世間所設定之因」之「果」之所以存在之理由者也。

然今舍此形上因之觀念，以觀世間所謂果之異於其因者，則於此因與果之間之關係，如由一因出發，恒見其可有不同之果或多果爲後繼，於是此因果相從之關係中之「果」爲如何如何，初不能本所知之「因」，依理性上之必然，加以推斷，唯可由事實上之經驗而知。然此一因所連之多果，仍有其限制之範圍，此範圍不能大至無限，亦不必限于唯一之果。此則有其理性上之必然理由者。其所以不能大至無限者，在於前所說之此居前而爲因之事物，必有一排斥與其不同類之存在事物之功能之故，遂使若干之異類之事物，必不能爲果。此卽使可能有之果之範圍，不能爲無限。由此而居前而爲因之事物愈增多，則此限制亦愈增多，而可能有之果之範圍，卽愈縮小，而愈不能無限。然在另一面看，此可能之果之範圍，又不必縮小至只有唯一之果。蓋此中之爲前因之事物旣與爲後果之事物異，爲此前因之事物，乃有其一定之性相種類者，則其排斥之功能，卽爲此一定之性相種類之所限定；亦與其他事物之排斥之功能，互相限定；而其排斥之功能，卽亦不能無限。以其排斥之功能，不能爲無限，故此爲前因之事物，不能使一切事物不生，亦不能使有形上因之果不生。然從於前因之後而生之事物之存在，若作果看，乃其與因之存在爲異類者。此與其因之存在爲異類之果之存在，其自身所屬之類，在理論上非無多種之可能。故繼因而有之果，卽不必只有唯一之果爲可能，而有多果之可能。有此多果之可能，則吾人由一因出發以推斷果之如何，卽只能爲一或然、或概然之判斷，而非一必然之判斷。此其果之畢竟如何，卽只能憑事實的經驗而定。然其所以必只能憑事實之經驗而定，則又正依于上述之理性上的理由。由此而吾人上述之因果理論，卽能眞實通貫因果關係之爲「必賴對事實的經驗而定」之意義，與其亦爲「理性的邏輯的連結」之意義，而見此二義之相依而立，不容偏廢矣。

上文謂在前因之異於後果之情形下，吾人之本前因以推斷其後果，只爲或然、概然之判斷。此乃吾人之說與一般之說相同者。然依吾人上來之說，則此推斷之不能達於必然，非此後果之自身無形上因之證，亦非此前因與後果只有一事實上之如此如此之一概然的連結，此前因無爲因之力、或功能，以決定後果之證。因若一物之前因，無決定後果之力或功能，則繼一因之後應有無窮之可能的果，而不能只有定限之可能的果，則此或然概然之推斷，亦不能有。又此前因若無決定此果之生之力或功能，則此果應可不待前因而生，或繼任何前因而生。此則明與繼一因之果雖可多，仍有一限定之範圍之一事實相違。然此決定，以果異於因之故，又非積極的決定果之必爲某一果；而此決定，卽只能爲一消極的排斥範圍外之異類事物，使之不生、不存在、而不得爲果之一消極的決定。此決定之力或功能，卽唯有自此消極意義上理解，如前文之所說者。否則此前因之決定後果之範圍之事，不可得而理解。則佛家之法相唯識宗之謂一種子之現行，除種子功能爲形上親因外，必須兼有種種增上緣爲前因之說，固不可得而說；而黑格耳之於一切存在之形上因之外，必謂其更有所依之現實條件之存在；與多瑪斯之於上帝之第一因外，必設定有輔助之第二因以下之因；以及一切科學及世間知識，謂任何事物之生，必以其前之事物之存在爲條件等之說，皆不可得而說矣。

依吾人上文之因果理論，謂在因與果之性質與種類不同之情形下，於此因之生果之力或功能，當自其消極意義上理解爲：一「排斥某範圍外之異類事物，使之不得生，而不得存在，亦不得爲果之力或功能」。又在其排斥異類事物之存在時，恒同時求其自類之相續存在，而以其自身之相續存在，爲其排斥異類事物之存在之事之果。如人在思想世界中以思A

排斥非A，而思A非非A時，卽可更以「思A之是A」爲其果。在此情形下，則因之生果，卽有一積極的意義可說。一因卽能生其同類之果者，或此果卽直接爲其同類之因所生。當此果與其因爲同類之時，則人可說此果卽由此因所生。此卽不同於在果與因異之情形下，必另設一與果之內容相同之形上功能等爲果之親因，方能合理性之要求矣。

然吾人今亦當補說一義，卽當一果與因爲同類之時，此果雖可說直接爲因所生，然此果之與因爲同類者，又皆可說在一義上與因爲異類。當吾人自此果與因爲異類以觀，則亦當依上所說，而謂其有一形上之功能爲因。如一般謂草木由其先之果所生，而此草木所生之果，又能生草木，此中吾人固可說有一因果之相類。人亦可說草木之果，由其前代之果爲因而生。一草木由前代之草木爲因而生，因果卽皆相類。吾人亦恒說，一切生物皆是自生其後代之同類。然自此草木等生物，其後一代與前一代，不全同類之處看，則後代與前代，又皆爲異類。故吾人於此亦可不說此後代之生物，由前代之生物而生；而改說代代生物皆一一由天而生，或由一「天地間之生代代草木等生物之一無窮之生幾」而生，或依一形上實體或上帝、或法相唯識宗所謂能變現根身器界，而藏無盡功能種子之賴耶識而生。或直說一一後代生命，各由一形而上之生命之功能而生。故在人之依理性邏輯而有：由前提至結論、或由理由至歸結之思想之進行中，吾人若自前提之意義之包涵有結論之意義，而見此中結論之思想，與前提思想有同類之意義時，吾人固可說此結論思想，以前提思想爲因而生。然吾人若自一「結論與前提之思想之內容意義，卽全同，而此二思想之出現之一前一後，便有不同，而爲二類之思想處」看，則此結論之思想，亦不能說爲以前提之思想爲因而生；而亦當說其爲依一人之能形成此結論思想之一內在的，亦初未表現之心靈之思想功能而生。此功能之初未表現，卽亦爲一形上的。至於當一前提之內容意義，與結論之內容意義不同時，則此不同，可由前提所涵者廣，而結論只由前提之所涵者分析一部而成；亦可由前提所涵者狹，而於結論中，人更綜合上一意義而來。此後者或非現代邏輯家之所許，而視此一結論爲不合法者。但至少吾人可說任何對前提之分析之事，自思想歷程中看，已是綜合此一分析之事，於原有之「思想前提自身」之一事之上者。此思想之歷程之自身之進行，卽爲一不斷增加思想之事之綜合歷程。人於此卽可說：前提之思想之存在、與對前提加以分析而有之思想之存在，此二者亦爲異類。由此而吾人卽只能說一前提之內容意義，可涵有其結論之內容意義之同類者。然不能說前提之思想之存在中，涵有結論之思想之存在；而當說此二思想之存在，在存在上爲異類。吾人卽亦不能說前提之思想，能生此與之在內容意義爲同類之結論之思想，以爲其因。當說此結論之思想之所以能出現，只以吾人之能引出此結論之思想功能爲因。此功能，亦初爲內在於人之心靈而未表現之一形上的功能也。

由吾人上文之補充，則於一般所謂因果爲同類之情形下，吾人固皆可說此果直接由因所生。然自因果之爲異類者看，或自此因果同類者，亦可在一義上爲異類處看，則一般所謂因皆不生果。若要說果有因，則果只能是依一與之爲同類之形而上之生果功能爲因而生。人於此若必否認此形上之因，則當說一般所謂由前因而生後果，只是繼此前因之事之後果之事如此如此現。此卽休謨與佛家大乘空宗言因果所歸之論。康德言因果，初亦只有此前後事之相繼義。唯其謂此前後事之相繼，在一線時間之系列中，則有其在此一線時間之前後段中之定位，而可說其相繼有一規則，而此規則，爲一具普遍性之規則，故可說因必有果、果必有因耳。然今本吾人上來之所論，則當說此形上因之觀念，爲依吾人之理性的要求所不能不設定者。又一般所謂爲一事之前事之因，亦不只是爲一時間上之前事而已，而當說其存在，有一消極的排斥其他異類事物之生或存在，而決定其果之範圍之功能；在果與因具相類之意義時，則可說此果直接由因生。至若更加上文所補充而說，凡與因同類之果，皆可在一意義下爲異類；則此因之存在之功能，卽亦當說只爲一排斥異類事物之生或存在之功能；卽又皆不能如休謨、康德與三論宗，只以爲一前事而已。今若於此所謂爲前事之因，謂其只有一排斥異類事物之功能，而同時又說此果之生，亦自依一形上之功能；則所謂因生果之事，卽皆爲表現功能之事。此中之前因所表現之功能，純爲消極意義之排斥的功能；此爲後果所表現之功能，方爲有積極意義之一能創生之形上的功能。此中之前因，卽皆當如法相唯識宗所視爲一緣，爲黑格耳所謂條件，而唯親生一般所謂果之功能、或此功能所本之實體，方爲眞因。然法相唯識宗於爲因之緣，乃自其積極意義理解，則何以於其所謂親因之外，必須增添此緣，便只有經驗事實上之理由，而無理性上之理由。卽華嚴宗之修正法相唯識宗之論，亦未能指出此緣之所以必有之理性上之理由。黑格耳既知此一般所謂前因之只爲條件，而知此條件之存在爲一過渡性，乃將「由其變化以由存在以歸不存在」者。此可謂能先自消極意義理解此前因之所以爲前因，非其餘之諸說所及。然彼又謂此爲前因之條件，包涵有引致後果之出現之眞可能。依吾人之意，則此條件之存在，若自其有性相種類，與後果之性相種類不同言，則在此條件存在時，此「包涵」，卽在邏輯上爲不可能。至於其說此條件之存在爲過渡性，而將由存在以歸不存在者，則在其不存在時，其自身尚不存在，又焉能更包涵此後果出現之眞可能？故此後果出現之眞可能，不當說爲其前之條件之所包涵，而當直自此後果出現之形上因處說。此條件對於此後果之出現之所以爲必須，亦非以其能積極的包涵此後果出現之眞可能，而只當自其有一排斥其他異類事物之存在之一功能說。又必此功能在其排斥其他異類事物之存在時，其本身亦爲異類之存在之功能所排斥，然後此條件方得說爲一過渡性，而爲將由存在以成不存在者。故於此條件之意義，當純自其消極的排斥之功能處理解，而不當自其能積極的包涵後果之可能處理解。然黑格耳對此條件，未能自始卽自其排斥之功能處理解，遂有此條件包涵後果之出現之眞可能之說。此實乃上承亞里士多德之一現實可包涵另一現實之潛能之義而來，而未能弘通者之說也。

然吾今之說，則不說一現實能包涵另一現實之潛能，此包涵之本身乃不能理解者。此乃由於當前一現實存在時，若與後一現實爲異類，則不能包涵；當前一現實已不存在時，卽無此能包涵者，亦無所謂包涵。故此前一現實之存在，對後一現實之存在所以爲必須，卽只能純自其具消極意義之排斥功能上說。則一般所謂爲原因之前一現實之存在，對此後一現實存在之果言，皆只爲吾上文所謂開導因。前一現實存在，以其功能，排斥其異類事物之存在，而於竭其自身之功能，而亦被排斥之處，卽開闢出後果之出現之路道，而如導引出此後果之出現。此中之前因，只爲如此之一開導因，而非後果之生起因。於此，要說後果之生起因，卽唯當自生起後果，而爲其形上因之功能處說。此前因之以其功能，排斥其他異類事物之存在，其自身亦竭其功能，而被異類事物之功能所排斥，以歸於不存在。此卽前因之由顯而隱，由出而入，由伸而屈，由明而幽，由現實存在之有，而歸於非現實存在之無。此爲中國思想中所謂陰道、坤道。然當此前因由顯而隱，由伸而屈，由現實存在而成爲非現實存在時；同時有生後果之功能之由隱而顯，由屈而伸，由幽而明，由非現實存在，而生起現實存在。此爲中國思想中之陽道、乾道。純陰道、純坤道，全是消極的；純陽道、純乾道，則全是積極的。然此陰陽乾坤之道，乃互爲其根。爲前因者不竭其功能而化，則爲後果者不得依生後果之功能而生。爲前因者之竭其功能，以排斥其他事物之存在，以爲後果之生，開闢道路門戶，而爲後果者，卽循此道路而生、而存在。故「闢戶之謂乾」。爲前因者，爲此後果之生，開闢門戶道路時，自竭其功能，而隱於無，是爲其自身之收歛退藏於密，如自閉闔其門戶，使人不得而見。故曰「闔戶之謂坤」。本此中國思想言乾坤陰陽之義，以觀因果，則因之道爲陰道坤道，而果之道方爲陽道乾道。因以排斥果之出現之障礙爲事，卽以反反爲用之坤道；而果則依於生果之正面之功能，以得其正位而自正。故曰：「乾道變化，各正性命」。然在一般常識之論，與西方印度之哲學，看一般之前因後果之關係，於前因恒先自其積極意義上設想，而謂此前因能直接生後果。卽知後果之自有形上因者，如法相唯識宗、與黑格耳，亦不能脫盡此於前因自其積極意義設想之說。此皆未能透識於此前因，當先自其消極意義設想之義，而不知此凡在因與果之意義，有不相類之處，此因皆只有一消極意義，只有其爲果之出現開闢一門戶道路之用。是見此西方印度之因果之論，於因果之意義之認識，卽皆不免於顚倒而失序，錯亂而失位矣。

吾人今依此中國傳統之陰陽乾坤之義，以觀宇宙一切存在事物之前因後果之相承關係，而見此前因皆只爲後果開路。則前因之如何，自不能必然決定其後果之爲如何。故一般所謂由宇宙間以前之物之結合、或化合，而新物生，如所謂由陰陽電子合，而有原子，由原子化合而有分子，由雌雄牝牡男女之合，而有生物之子孫、以及所謂生理事物承一般所謂物理事物而生、心理精神事物之承生理事物而生、已有社會文化歷史中之事物之互相影響融合，而有社會文化歷史之新事物之生。此中之新事物之生，皆實是由其前之物之功能或力之自相排斥，自相銷融，以自退藏於密，而新事物卽承之而生。凡自此新事物之新處而觀，皆有不容據舊事物之如何如何，而完全加以推斷者。由此而人卽對過去宇宙之如何如何之歷史事實，有全知，亦不能據以對下一刹那之未來宇宙之如何如何，有一完全之推斷。自此未來之宇宙之新處而觀，而謂其爲其前之宇宙之後果；則此其前之宇宙之爲因，皆唯是爲此未來之宇宙之開導因；而此未來之宇宙之果之自身，皆當另有其所以生之功能，爲其形上因。一般所謂子由父生，孫由子生，自父子祖孫之相類處言，固可說。但自子孫與父祖之不類處言，則父祖只爲子孫之生之開導因，而子孫之所以生出之自身，若要說因，卽只能以此子孫之所以生之功能爲形上因，而當說子實不由父生，孫實不由子生。子只是承父而生，孫只是承子而生。一切人類之歷史、自然之歷史中之後來之事物，皆只承其前之事物而生。自此中一切後生者，有異於其所承之前之處，皆當視之爲其形上因之功能之表現；其表現之爲如何，則只能由經驗上之事實以知之。然此所謂前因，雖不能必然決定後果之何若，仍可決定後果之範圍。此則由於此前因爲有某性相、屬某種類之前因，即有其特定之功能，足以排斥若干異類事物之存在，即對此後果之範圍有所限定之故。由此而人對自然界一切物之未來歷史、人類未來歷史之推斷，亦可有一或然性、槪然性之知識，此皆如前所已論。而依中國思想中陰陽乾坤之義，以說此因果關係，亦不能違者也。

第九章　功能序運境—觀因果界、目的手段界（下）

一一、所謂物理學上之必然的因果關係與概然

然吾人今純自一爲前因者之有排斥異類事物之存在之功能自身看，則若吾人已先設定此爲前因者與其所排斥之異類之存在，其功能有大小之不同，又設定其中無其他存在之物之功能之加入，則一切存在事物，其功能之大者，與其小者，在時空中相遭遇，由彼此之存在之互相排斥；則此大者之勝小者，卽有一必然。此必然，在中國思想稱之爲必然之勢。此必然之勢，直接屬於陰道坤道，而非直接屬於陽道乾道。世間一般所謂有必然性之因果知識，卽大多爲關於此功能之大小相較量，而大勝小之因果知識。此中所謂因，恒指一存在事物之功能之大者而言，而所謂果，則直接指其勝事物之功能之小者之事，而稱爲其果。亦卽以其消除破壞此小者之功能之繼續表現，而使之不能繼續爲現實存在，以由存在至不存在，爲其

果。此中因之義，卽非以其能間接的開導一果之生，而稱之爲因；而純是以其能直接的使一果不生，或毁滅一「可爲因、或爲其他因之已成之果」之事物，以使另一事物由此而不生或毁滅，而得稱爲因。此一種因果關係之知識，則人恒以爲有其必然性者。此必然性，亦正初由觀一爲因之事物之消極的意義而見者。在一爲因之事物之消極的意義上，說其有排斥其他事物之功能，固吾人前所主張者也。

關於此世間之存在事物，在其以功能相排斥時，而見有勝敗之勢，此在一般之說，卽稱爲力量、或勢力、或能力之相較量所成之勝敗之勢。此存在事物之功能、力量、勢力之所以有大小多少，由存在事物所表現性相之大小、多少而見，亦依於其所表現性相之大小、多少而有。此功能力量之大小多少，自亞里士多德以來，卽有廣度量與强度量之分。此廣度量之大小，表現于一物對他物之包涵容攝掩蓋之能之大小。而一物之强度量之大小，主觀言之，乃表現於人對一物之感受，所能排斥之對其他物感受之多少。客觀言之，則表現於其能排斥移動他物之力之大小。凡一物之存在，能排斥移動有「更大廣度量之物，以使之不存於其原位」者，則其强度量愈大。故一物之强度量，可以其對有廣度量之物之排斥移動之力計算。吾人說一物體之運動有運動量，此量卽爲一强度量。而說一物體運動愈速者，其向於運動之强度愈大，亦是就其在一短時間之內，能經過一長距離而具廣度量之空間，而如將此所經度之空間，排斥移動於其體之後而說。則强度量，可稱之爲一消極意義的排斥廣度量之量，而爲吾人可由觀其所排斥者之廣度量，以測定其大小者。如二物之廣度量不同，而强度量相等，則此二物相遇而相排斥，其廣度量小者必敗。如廣度量相等，而强度量不同，則强度量小者必敗。如廣度量强度量皆不同，則依二者結合成之量之大小，以定其勝敗之勢。於此，若無其他之力之加入，此勝敗之勢，卽皆爲必然的決定者。故以卵擊石，卵必敗，石必勝。而在物理學之力學與機械學所言，力之較量所成之因果關係，卽皆有此一義之必然性。此中之因與果之關係，亦皆可以數量加以規定，以數學公式加以演算者也。

在此物理學之力學、機械學中所論之力與力間之因果關係，乃連於力與力之空間方向關係、距離遠近關係、及力之表現爲空間中運動時所經之時間，所成之運動之速度等。此爲一專門之學，非吾人之所能論。然凡此中有必然之因果關係可說之處，皆是先設定已有種種物之力在此，更觀其物力之如何合於一處，向相同或相近之方向，聚積或增加其廣度、强度之量，與物力之如何分於各處，向相異或相遠之方向，而離散或減少其廣度强度之量，然後可說及其因果關係。一切力學之公式，皆不外說力之如何可化爲相等之種種情形。此力之可化爲相等之種種情形，卽皆依其諸方向之力之可相排斥，以歸于平衡而立。此物理之力皆吾人所謂功能之一種，而言其可相排斥，以歸於平衡，亦卽言其功能之可相排斥，以相抵相銷，而歸於隱之謂，如吾人前文之所述者也。

然吾人亦復須知，凡此物理學上有一定而必然之公式，以說明力與力間因果關係之處，皆只限於先設定有種種一定方向、一定數量之力在此，然後能說。蓋先有此設定，則其力之相較量，而或更聚散分合，其結果卽必可以數量定。其因果關係，卽可以一定而必然之公式表示。但若吾人不先設定此種種之力在此，則吾人亦並不能由施一數量之力，於一物質之物，而確定此物質所生或所表現之力之數量之必然爲如何。此則如人以一數量之電光，射一電子，畢竟此電子之反應中，所表現之力之數量爲如何，則依今之物理學，並不能完全加以確定。吾人固可先計算一電子之位置體積重量。然此位置由其與他物之相對的距離規定。此距離之長度，與電子體積，屬廣度量，其重量爲强度量。而物之重量，則直接間接由其在一天秤上，所能引致天秤之向上或向下運動等而見，亦卽由其能排移天秤之地位而見。故一物之重量，卽其引致他物運動之運動量，其重量卽其重力，亦卽其對他物之運動力。然吾人之知一電子之先在何地位，對他物之表現如何之重力或運動力，今更加以一如何之力，則並不能使吾人知此電子後在另一地位將表現之力之必爲如何。因電子先表現之力之爲如何，再加一如何之力於其上，畢竟其將更表現何力以爲反應，明不能由其先表現之力、與此所加之力，加以必然決定。此亦如人之先有某前事，再遇某事，並不能必然決定其對某事之反應之爲如何。此中人所先有之某前事，如迭經重複，固可成一習慣。此一習慣之力，固可排斥其後之行爲之不合於此習慣者，而其後來之事，卽可有依習而行之趨向。然人亦恆有一超出其習慣，以創生一與其舊習不相類之行爲之一功能。吾人亦不能自外斷定某人之必無超出其習慣之行爲反應。故任何存在之物，無論由其過去所表現之活動形態之爲如何，或其表現之功能或力之爲如何，以致形成某一習慣，吾人皆不能自外斷定其物之必然無超出其習慣之行爲反應。則由此物理學中之電子，其所原表現之重力、運動力之爲如何，與吾人今所施於其上之力之爲如何之前事，自亦同不能必然決定此電子之將表現何力，以爲反應。而吾人之推斷其爲如何，卽亦只能爲如電子力學所謂一概然之推斷，亦在原則上與吾人對一人之未來行爲之推斷，只爲概然之推斷，在原則上並無差別者。然此固非謂人之加一力於電子或電子先在其重量中所表現之重力等之不存在，此力與力自身間，無相增減之因果關係之謂。亦如人之有某習慣者，其遭遇一境之後，此習慣與此一境之遭遇，固皆有力以使其後繼之某類行爲，成不可能，而使其後繼之行爲，限定於某一範圍，然後方有此中之概然之推斷也。概然之推斷爲對可能者之推斷，故爲不決定。然此可能者，必有其範圍，在範圍外者，則爲不可能。此其何以爲不可能之理由，則仍只有以力與力間之相阻抑排斥之因果關係，加以說明也。

一二、物理學中之一刹那速度、吸引力，與原子能等於光速之平方之理解

吾人上來之說，固無意論物理學中之專門問題。然以傳統物理學中之能力之觀念，運用最廣，吾亦不以爲此觀念在物理學中眞可廢棄而不用；故吾必須說明吾上之所論，與物理學中言能力之義者，未嘗相矛盾，實可相輔而成立。吾今將說：若本吾上來言功能能力與因果關係之論，更可使物理學上若干觀念或若干有必然性之定律，眞正成爲可理解。此一爲一刹那之運動速度之觀念，二爲物理學中之反平方定律之觀念，三爲原子能之定律之觀念。此三觀念，若只本經驗之事實，以謂其眞或近眞，或只本其有用而用之，並不能使人對此諸觀念，有一理性思想中之理解。人欲有此理解，蓋唯有循上來之說，加以引致。（此下所述，第二三兩點，自以爲足使石破天驚，若無先我言之者，望後有大智，爲之論定。）

所謂一刹那之運動速度之觀念，乃初由一物體之運動速度，可有加速度而來。如物體之下墜，有一加速度，而其在每一刹那之時間，在每一點上之速度，皆有變化，而前後不同。由此而來布尼茲以降，卽設定有一物體之一刹那之速度之說。然所謂物體之速度，乃初由一物體在一定時間，經一定空間而定。此中時間乃有一長短之時間，空間亦是有一大小之空

間，而非無長短之一剎那之時間，或無長短之一點上之空間。則一物體在一剎那、一點之時，應無所謂運動，更無所謂速度。然物理學上又似必須設定此一剎那一點上之物體之速度，以說明加速度。然則吾人於此一剎那之速度之概念，當如何加以理解？

對此一剎那之速度之一種理解之道，是說此一概念只爲一極限之概念。依此說，此一剎那速度之概念，只能由一物體在一有長短之時，經一長短之空間而立。然吾人可設想一物體向一點運動，而在其距此點愈近時，則其經一定空間，只須愈短之一段時間。此物體與此一點之距離，卽與此物體之經若干時間，越若干空間，成一定之比例。此物體與此一點之距離之不斷變化，成一級數。其不斷經較短時間，以經一定空間之速度，亦成一級數。此二級數彼此相對應，成一表其間之比例之數之級數。有此比例數之級數之系列中，每二項間，皆可增加一中間項，若可至於無窮；而此每一中間項之比例數，不同於前後項之比例數，卽表示一物體每一時間之速度，不同於其前後之時間之速度。由是而此一剎那之速度之一名，所表示之實義，只是此上述之比例數之系列中，前後項間皆有一中間項，與前後項不同，而實無一剎那之速度可說矣。

然此上之說，吾以爲此只能使加速度概念，在數學上成爲可理解，而不能在物理上成爲可理解。因在物理上一有加速度之物體，亦可說在一剎那經過一點。如吾人可以另一物體自依其運動之另一方向，在一點上與此物體上相交，此相交，亦可說在時間上之一剎那相交。是卽見此中之點與剎那之觀念，卽不容廢棄；而此在一點一剎那之加速度，卽不能只由廢棄此一點一剎那之觀念，加以理解。由此而吾人卽須另形成一在物理上理解此一剎那一點上一物體之速度之道。卽吾人可說：所謂一物體之運動，自始卽當理解爲一物體之表現：排移其位之功能或能力之事。此物體之向一方向之某一點而運動，卽此物體之不斷越過而克服其間之距離之事。其向一方向之某一點而運動，卽不斷將其所越過、所克服之距離，排移於其自身之後之事。又一物體之相續運動，卽此物體之對外相續表現其形相。其運動愈速，則其對外表現之形相愈多。此可由攝影加以證明。一物體對外所表現之形相愈多，其所經過而超越之形相愈多，亦卽由其運動而排移於其後之形相愈多，而見其運動之功能、或運動力，所表現之運動量愈大。一物體在一段時間，經一段空間，而有之速度之多少，卽此物體在此一段時間，經一段空間，所表現之運動量之多少之別名。至於其運動有加速度之物體，卽其向一方向之一點運動時，其所表現之形相、或功能、或運動量，在任何後一段時間中，皆較其前一段時所表現者爲多之謂。此處亦初不須設有一剎那之時間之觀念。然一運動之物體，其運動至一處，則必與此一處之某一點相交，而亦可與自另一方向來經此點之另一物體，在一剎那之時間中相遇。在此相遇時，而自身之功能或運動量，卽表現爲：與此另一物體之功能或運動量之互相排斥，而使彼此功能或增或減。於是，此一物之運動量，卽表現於使此另一物之運動之移向或移位時，其運動量之變化之中。而人卽可依此以計量此一物在此點之一刹那間之運動量。所謂一物之運動之速度之多少，卽一物體在一段時間、經一段空間，所表現之運動量之多少之別名(註)。則一物體之在一點、一刹那中之加速度之多少，卽此一物體在此一點、一刹那所表現之運動量之增加者之多少之別名；而此一物體在一點、一刹那之加速度，卽可在物理上加以理解矣。然若吾人不先對物體之運動，視爲一「不斷表現形相，而經過之、超越之，以將其形相排移於後，以見其運動量之多少」，而更以此運動量之多少，卽速度之多少之異名；則一物體在一點一刹那之速度，卽終不能在物理上加以理解矣。

此物體之運動之有加速度，如物體自地面墜落之加速度，乃與傳統物理學中之天體運動定律相連，以合成牛頓之萬有引力律者。此引力律，以物體相吸引之力或重力，與其質量成正比，而與其距離之平方成反比，是爲一反平方之定律。此反平方定律，不只力學中有之，

註：物之動者，其速度不變，運動量不變，而守其故常，卽名爲物之惰性。物之靜者，恆必待有若干運動量之物之動，乃能使之有若干之動，否則守其故常，亦名爲物之惰性。

在光學、聲學、電學中亦有之。此反平方定律，在現代物理學，以爲不全合事實，而只爲近眞。如星球之相對運動，便非可只用萬有引力律，卽可有一完全切合事實之說明者。然其所以對星球之相對運動，不能有一完全之說明，此自可見對此星球之相對運動，宜加入其他條件，以成一近完全的說明。如將二相吸引之物體之相對運動之速度中之時間條件之加入，卽可成一近完全之說明。如今之相對論者之所爲。然在設定二物體之相對運動之速度爲相同之情形之下，此定律卽爲普遍必然的眞，而在此意義下，爲一必然之定律。此外，在光學、電學、聲學中，皆同有此反平方定律，更見其可稱爲一有普遍必然意義之定律。但吾人如何理解此反平方定律，則亦不易。試思天上之物體如星球，其相距如此之遠，其吸引之力量功能如何傳播，又其吸引之力量功能，如何能依距離之遠近而增減，此皆難於理解。蓋此距離之遠近，乃純屬空間上事。此空間中，空無一物，如何能使此吸引力之力量功能隨距離增減，卽尤難於理解。然若吾人依上來之說，謂一物之功能或能力，卽初表現爲一消極意義之排斥其他存在與其能力之一能力，則可漸得一理解。若依吾人此說，以論地球對人體之吸引力，此吸引力之表現，卽唯在消極的使人不能任意向上跳起處表現；而人之感受地球之吸引力，卽在其試跳起之時，覺有一阻止排斥其跳起之力處，感受此地球之吸引力。故此物理學上之吸引力，卽可由其爲一消極的排斥吾人之跳起之力處，理解其力之存在。至於謂此人與任何物所感受於他物之吸引力之大小，與距離之平方，成反比例，亦可依其力所能排斥者之範圍之當有大小，加以理解。蓋此物理學上之反平方定律，在光學上亦有。在光學中，一發光體其光能之散佈於其周圍，亦與距離之平方成反比。而人在視覺中，所以覺一有光，或光所照之物之形，隨其距人目之遠近，而反比例的增大或縮小，亦依於此反平方之定律。於此吾人可先試思，此一光所照之物之形，何以近則大，遠則小？吾人如自此近之物之所以大，遠者之所以小，先自其所表現之消極意義的排斥之功能上看，即可不難解。此物形之排斥之功能，即其掩蓋阻礙其後之物被人所見之功能，亦即其在依此物與目之距離，而畫成一圓面上，「佔一面積，而排斥，亦不容其他物形佔此同一之面積」之功能。此中一較近之物，以其與吾人之目之距離小，而依此距離所畫出之圓面即必小。而一物形在此圓面上，其所佔而排斥或不容其他物形佔之之面積，即比例的多。而其所表現之掩蓋阻礙其後之物，被吾人所見之功能，亦比例的大。而較遠者則與吾人之目之距離大，依此距離而畫出之圓面亦大，而其在圓面上所佔而不容其他物形佔之之面積，與所掩蓋阻礙之其後之物，亦比例的小。於此即證此所見之物形之大小，與此中之距離之遠近，有一必然的關係。而此關係，則初必由此物形之佔一面積，而即有一具消極意義之「排斥或不容其他物形佔之，而能阻礙掩蓋」之功能處，加以理解者也。

在此人之目所見之物形之大小，隨物與目之距離而變之例中，此物形之大小，乃依於物對人之目或在此目之視野中，所表現之排斥功能之大小而定。故此物形之有大小，初不關於此物自身，而只關於其所表現之功能。物之表現功能，必對其他物，而表現其功能。此功能之大小，亦對一一不同之物而見；而此一一不同之物，即無異一物表現其功能之一一場所，離此場所，則一物功能之大小，不得而見，亦不得而說。由此而吾人之依反平方定律，以說一物體之光聲電之力、與吸引力，隨他物與之之距離，而變大或小，並非必須先設定此一物與他物間，有一依距離遠近，而點點不同之此諸能力之遍佈。此所謂一物之能力之隨與他物之距離之遠近，而大或小云云，唯是謂若此一物與他物有某一遠近距離，則他物所感受之力之大小，將爲如何如何之謂。此力之大小，乃感受其力者所感之大小。此感受其力者，所以感此力有大小，則由此力，在感受其力者，所能感受之範圍內，其力所能排斥掩蓋阻礙之其他之力，有其大小之故。此處所謂感受，乃取廣義，故不限於人能感受力。人固能感受力，故人目距一光原遠，而於光感受者少。然此亦如一物之距一光原遠，而於光感受者少，一行星距太陽遠，而於太陽之力感受者少也。

此中一問題，是何以他物於一物之力之感受，與其距離適成反平方比，而不成其他數學上之比例。則可說：一物之存在於一空間中，他物對之恒有一定距離，而只在此一定距離，感受此物之力。卽他物向此一物而運動時，此他物亦次第在不同距離中，次第感受此一物之力。故當此一物存於一空間之某地位，而與此他物有一定之距離時，則此他物只感受其在此距離下，對此他物所表現之力。此他物在對此一物有同一距離之一半圓面之任何一點上，亦皆可感受同一之力。於此，自感受力之他物觀此力，乃由與之有某一距離之此一物而來。感受力之他物，亦在一半圓面上感受其他一切與之有同一距離之物之力。此中之半圓面愈大者，其所感受此一物之力，在此半圓面中所佔之地位卽愈小；而所感受之力之大小，亦卽與此半圓面之大小，成反比。然此半圓面爲一平面，卽亦必與此中之二物之距離，所決定出之一平面，成比例。此二物之距離所決定出之一平面，卽此距離之平方。故此半圓面之大小，卽與此距離之平方成正比。上文已說此他物在此半圓面上所感受此一物之力之大小，與此半圓面之大小成反比，則此所感受之此一物之力之大小，卽亦必同時與此距離之平方，成反比，而此反平方定律，卽可得其理解之道矣。此上所說之義，亦可試以一圖表示於下。

如AB爲二物，則A對B有AB之距離。所謂B對A所感受之力與A對B之距離之平方爲反比例，卽B所感受之力，與CBA、DBA兩三角形，所合成之平方爲反比例之謂。此B對A所感受之力，必與此兩三角形之大小，成反比例，乃由此半圓面之大小決定。亦卽由A在此半圓面上所佔地位之大小所決定。此中，如半圓面愈大，則A在此中所佔之地位必愈小，而亦必與兩三角形所合成之平方形之大小，成反比例。此亦卽在B之地位所感受之力，與此距離之平方，成反比例之謂也。

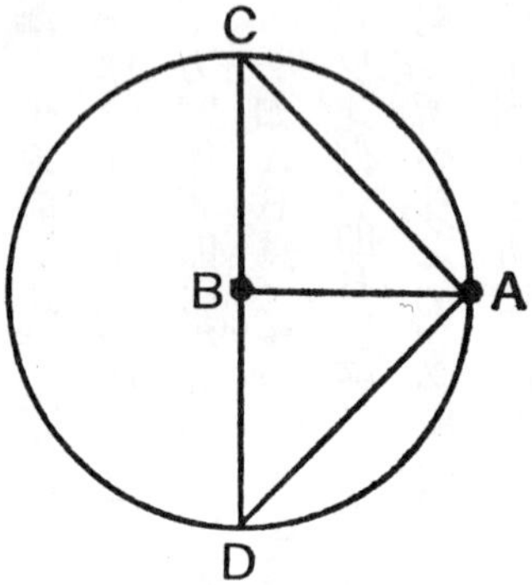

現代物理學家又說原子之質量若化爲能，則一原子質量所化出之能，等於其質量乘光速之平方。$E=mc^2$ 何以一原子之質量所化出之能必等於光速之平方？此亦似極難理解。然吾人若先設定所謂物質之存在，卽是一功能，物質除爲能表現聲光化電之能外，其自身一無所有，而一物質之表現爲聲能、電能、力能者，亦可只表現爲光能；則更引申上述之速度之義，並將上述反平方之概念，改爲一正平方之概念，則此一物質所化出之能，等於其質量乘光速之平方，亦卽可加以理性化的理解。茲說明於下：

依上所述之速度之義，吾人說一物體之在一定時間、經一定空間之速度之大小，卽是一物體在一定時間中經一定空間，對外所相繼表現之形相之多少與功能之多少，運動量之大小之別名。故一物體之速度愈大者，其在一定時間經過之空間愈多，亦卽在此一定時間，於此愈多之空間中，皆顯一形相，見其功能，表現一運動量。今物理學固亦有原子內部之能之速度，更有大於光速者，質子中可設定有超光速之質子之說。然就物之力能之表現於外，而連於人之可感覺者而言，則光能之速度爲最大者，卽一秒鐘爲三億米。然此所謂光一秒鐘之速度爲三億米之意義，卽是說若有一光原於此，向一方向放射，則歷一秒鐘之後，在此方向之三億米內，皆次第可見有此光能之謂。若此光原乃繼續放射光者，卽一秒鐘後，此三億米之內，皆爲遠近距離不同之光能，所次第充滿，而如向一方向伸展成三億米長之光能之線之謂。因而說一秒鐘內一光原所發出之光之速度之自乘方，卽等於說此一光原在一秒鐘，向一方向所放出之光能，不只爲一線，而如爲此一線自乘所成之一面積，此面積中所包涵之光能，爲三億米之自乘之謂。今吾人欲理解一物質所化出之光能，爲此光之速度之自乘方，卽只須先設定物質之可化爲各種之能，如聲能、或電能、或力能，更設定此能之大小，卽以其由近及遠之運行速度，加以規定。若光之速度，設定爲最高者，則一物質所可能化出之光能之量，卽一物質所可能化出之能之最高量。而說此最高量必爲此速度之自乘方，卽同於說：當其向一方向表現其能時，在一秒鐘之內，其所可能表現之能，必等於「以三億米爲長寬度之一平方之面積中，皆平等遍佈之光能」之謂。而說此語，又卽同於說：若在三億米外，有一與此物質同其質量之物質，面對此光能放射表現之方向，以感受此全部面積中之光能，而被此能所排移以運動時；其運動所表現之運動量，相當於此速度之平方之光能，所引致之運動量，卽等於在一秒鐘後三億米之平方中，所有之光能之表現之和之謂。此卽所謂一物質化爲光能時，其光能等於其速度之乘方之眞實涵義。

若一物之物質化爲光能之涵義，卽如上所說，則吾人可更設定，當一物之物質化爲光能，而向一方向放射表現，而爲他物之所感受，亦如一物之吸引力、電力之放射之爲他物所感受，而皆在一半圓面上感受，如上文所說。然當他物在一方向中，感受此一物之吸引力、電力時，其所感受之力與此半圓面之大小，成反比例，亦卽與此他物對此一物之距離、或此半圓面之半徑之平方，成反比例，以此他物乃只在此半圓面之一地位上，感受此一物之力故。然吾人於此若設定此一物之物質，化爲光能時，其物質自身卽消滅，其化出之光能，如向一方向放射，以爲此他物所全加以感受，則其所感受之光能，卽必當與此半圓面之半徑之平方，成正比例。此卽謂：若設定此物之物質於一秒鐘內，全部化爲光能時，其光能卽全部向一方向放射表現，於一秒鐘後，此光能卽次第散佈充滿於此以三億米爲半徑之一半圓面上，以更爲此他物所全部次第加以吸收而感受；則此他物所感受之光能，卽亦必然與此三億米之平方，成正比例。此依上段所說，卽同於與此光之速度之平方，成正比例。則一物質之化爲光能，何以等於光速度之平方，乘物質之質量之義，卽可加以理性化的理解矣。

此物質之可化爲能力，而使人能造核子彈，人以爲此乃二十世紀之大發明。然此物質所化出之能力，其根柢上亦爲一排斥毀滅其他異類之存在的消極意義的力量。而一物質之化爲能力，亦始於其自身之毀滅。人固可用此物質所化出之原子能，以達人之積極之目標。然吾人之用原子能以達人之目標，如運轉機器等。此運轉機器之事，仍由此原子能之力，可抵拒機器之重力或下墮之力而致。一切物理力量之運用於積極之目標，亦皆是用於轉化其他存在之力之處。此轉化之第一步，即無非一先破壞其原來之存在之形態，而排移其原來之力之表現之方向地位，或銷減克服其存在之力，以使之由存在而不存在，而皆有此一消極的意義者。吾人亦唯在一物理之力之運用，有消極的意義之處，方見此力之必能致果。此即力之大小決定，則勝敗之勢決定，而以力之大者為因，必有勝力之小者之果之故。至於純以一物理力量施於一物，而全不自其消極意義以觀，則一物理力量之施於任何物，固不能全部決定此物之將有何性相，或有何力量之表現，為其必然之果。此即由一因以生起不同於此因之果，自始無絕對之必然性之故。而凡用物理之力，以生起任何物，或使任何物新表現一力，皆同為無絕對之必然性者。人見以物理之力，可破壞其他存在之形態，能銷減其力，排移其原來之力之表現之方向地位，而以為物理之力可必然生起任何物，或自外決定一物自身之運動之方向等，則大誖矣。

一三、因化果生之意義與乾坤之道及因果關係與目的手段關係

吾人於上文說物理力量，初恒只表現爲一排斥、破壞其他存在事物之形態，銷滅其力，或排移其他存在之力之方向，之消極意義的力。此消極意義的力，在生理力量、心理力量、社會力量中，皆有之。凡在吾人用此諸消極的力爲排斥破壞之事時，以力有其廣度量、强度量之大小，而大勝小；則於此，人若用大爲因，而以求勝小爲果時，則此中因果關係，有一必然性。又人若先設定已有若干單位之存在物與其力在此，而以排除其中之若干，爲因，以其餘所存者，爲果；在此因果關係中，亦是依於此中之因之具消極意義，方可說其僅有此所餘所存者爲果，乃有一必然性者。然此所餘所存者之自身，則來自原所設定諸單位之存在物與其力，有未盡加以排除者，非此消極的排除之事，直接所生之果也。然此消極的排除之事，雖不能直接的生果，却可間接的生果。卽世間若干事物，原有可生之功能，但以其爲其他之存在之功能或存在之物，所阻礙壓制，而其功能遂不得表現，其表現之事遂被排斥，此事物乃不得生。則此時若有一力能排斥此爲阻礙壓制者，或排斥此排斥其功能之表現者，則爲以否定之否定，助成一肯定之出現，而此事物遂得依其功能而生起。則吾人之備此一只有消極意義之因，而以之爲排斥彼阻礙壓制一事物之積極的生起者之用，此消極意義之因，卽亦有間接生果之用。吾人亦有理由概括地說，凡一有生起之功能之事物，皆唯以有阻礙壓制之者，而後不生。凡此去除此阻礙壓制之者，卽皆爲開闢一事物之生之路道之事。如去病則身自强，雲破則日來，暴君亡則萬民自能成其業。於是此一整個之世界之一切存在事物之相繼生起關係，亦卽可視爲是一前無則後有、前有則後無，而可以無數之析取命題，所表示之一「一切存在互爲有無，其功能亦互爲隱顯、消長、屈伸、進退」之一大系統。則一切只具消極意義之因，皆無不有一間接的生果之積極意義，如陰皆爲陽之始，坤道之爲乾道之始矣。

於此，若將整個世界之一切存在之相繼生起，作一前無後有、前有後無之大系統看，則吾人亦似可說後者之所以不有，唯由以前之有尚未無、尚未化，而爲之礙，而尚排斥其有之故。若前有者既無而化，更無排斥此後有者，則後有卽可生。以前之有，如何化；以後之有，亦必如何生。此以前之有之如何化，固非人之所能全知；故其如何化，與後有之如何生，亦非人所能必然推斷，而只可有概然之推斷者。然吾人仍可在原則上說，此後者之如何有，由前者之如何化，所必然地如何如何決定者，此中無所謂偶然。如吾人由A之一觀念起後，畢竟其繼起之觀念之B爲何，雖非人所能推知。然吾人仍可說由A之觀念起後，其自身必有一功能，更與吾人所不自覺的此心之底層中，能生起一切觀念之一切功能，互相作用，以引起此後來之B之觀念，如大海中之一波水之沉入，必更與大海底層之一切波水，互相作用，以引起第二波。則整個宇宙之存在事物之相繼生起，其前者之如何如何，皆可說爲必然地決定其後者之如何如何矣。

此上之說，似無法加以否定。以宇宙之物其前者如何如何化、與後者之如何如何生，理應有一彼此對應之關係，否則此前者不能在事實上有某一定之後者相繼故。但由此以說後者受前者之必然決定，則非是。因此前後之相對應關係，乃一對稱的關係。於此吾人固可說以前者已如何，故後者如何，但亦可說以後者將如何，故前者如何。則前後乃平等的互相依待。若說前者必然決定後者，亦當說後者必然決定前者。若說前者之化之無，爲後者之生之有之因或理由；亦當更說後者之生之有，爲前者之化之無之因或理由。或當說前者與後者互爲因果、互爲理由與歸結，以互相依待；而不當說是片面之必然決定。在此前後之互相依待中，必前者化而無，後者乃生而有。今自此前已化已無上看，則後者生時已無前者，則不可說有前者爲決定後者者。後者未生而無時，此前者亦尚未有其所決定者。則亦可說前不生後，後不自前生。前只如是如是化，後卽如是如是生。生化雖相應、相依待而有，而無孰爲能必然決定者之可說。此前化而後生之宇宙，自不同於前未化後未生之宇宙。前之化，見一功能之隱之屈；後之生，見另一功能之顯之伸。有此一伸一屈之宇宙，不同於未有此屈伸之宇宙，亦不同於此伸之功能再屈，更有一功能之伸者，所成之宇宙。則此宇宙中一切功能，與現實事物，皆有消長增減，而恒不如其故，以自生而自化。此是自宇宙全體說。若自一一事物與其功能說，則前後雖相依待而生化，然自前中之無後，後中之無前以觀，亦可說前不生後，後不自前生，而可說無此「生」。一切法皆不從他生，然亦不自生。以前者不化，後者不生，卽後者不自生。前者已化，而後者方生，則後者亦無前者，爲其所自生之他。無他生，無自生，亦無共生，然後者必待前者化，而後生，故亦非無所依待，或無因而生。此卽佛家三論宗之旨也。

此三論宗之說，言不生等義，乃純自因果之相承之現象觀，而不知因果之自有功能，以成生化。故與法相唯識宗之言功能者爲對反，復不足攝中國固有思想中生化之義。此三論宗之義，唯是自一一功能與現實事物，其前後之內容意義之不同，而見其意義可相無，而相排斥所成之說。然其說原不礙上文所言之前後事物相依待而生之說，亦正所以成此前後事物相依待而生之說者；故亦當不礙自此前後事物所合成之生化歷程之全部看，此前前後後之事物，乃互爲有無、互爲伸屈，而此整個宇宙爲一依功能而生化之宇宙之說。吾人之謂此宇宙，爲如是生化之一宇宙，亦可統攝此佛家三論宗之不生之說，以言宇宙中前後之事物與其功能間，在其內容意義之相無處，互不相生，而無他生，及其必相依待，而說其無孤立之自生等義。本吾人上文之以陰陽乾坤之道，言因果，卽更足攝功能以言生化，亦可說明三論宗之言不生等在何義可立。吾人之說遂爲更充足圓成之論矣。

本上述之以陰陽乾坤之道，以言因果之義，更落實到吾人之生命存在與生活中之事之淺近處看，則吾人之生於世，而與他人他物相接觸感通，卽無一非攝受他人他物對我表現一功能作用之事。此一切攝受一功能作用之事，皆是一消極的排除吾人之他種活動行爲之功能，以導致一後事之生。吾人之攝受他人他物對我表現之功能作用，更對之有一反應行爲，則不能說爲他人他物之功能作用及於我之直接所生。此他人他物對我表現之功能作用，初皆只具有消極的意義。此自最淺之例而言之，則如懷特海之謂人突見光而眼眨，此見光卽感受一功能。但此光之作用，唯是此光入於目時，對原來之目之生理狀態，有加以改變，而排除其原來之狀態之一作用。此眼之眨，則爲人之欲拒絕此光之更加於目，以排除此光之功能之入於目，之一吾人自身之生理功能之表現。此中之眼眨，卽初是以光之來，爲一消極意義之因；而此眼之眨，乃緣此因，而依人之生理功能，直接所生之果。然無此光之來，則目之狀依舊。必待此光之來，消極的使目之狀不得依舊，乃有此眼眨之事之生起。此光之來所表現之功能，在使目之原狀態有一改變，而使原狀態不存。此時光之能，既盡其用，亦更隱而不存；卽見光之接目之事，乃表現上述之陰道坤道。而此目眨，雖承光來而起，却不直接爲光來之果，而直接依人原具之生理功能，而爲其果，以生，則爲上述之陽道乾道，而只間接爲此光來之果者。循此以推，則人感受其外之人物之作用功能之事，皆爲陰道坤道，而其由感受而應之之事，方爲陽道乾道。陰道歸於化，陽道乃始向生，故前因必化，而後果得生也。

依此因化而果生之論，以觀因果關係、與目的手段之關係，卽可見此二關係在本質上爲同一之關係。在西方近世哲學，恒以因果關係專指機械力學上之客觀的物理的因果關係，遂與連於主觀心靈生命之目的手段關係，相對爲二。人主觀目的所求有者，在「此」，而客觀的因果關係，則可使「此」無，更似證明此二關係之不同類。然在希臘中世，皆求通此二關係爲一。佛家言善惡因果，中國言因勢以致果，亦通此二者爲一之論。於此，吾人若知因果關係，皆因化而果生之關係，則此因果關係，自是一客觀的關係。然此客觀的關係，皆可主觀化而觀之，卽皆可視爲一目的手段關係，而以因之化爲手段，果之生爲目的。在機械力學上之物理的因果關係，亦同可說有手段目的關係。如人以杖擊石而石碎，此碎石爲果，亦人之目的，而以杖擊石，卽爲因，亦達此目的之手段。推而言之，將一切機械因果關係，主觀化而觀之，其因皆手段，其果皆目的。反之，一切主觀上之目的與其手段關係，如人「求充飢」而「取食」之關係，客觀化而觀之，皆因果關係。取食爲因，充飢爲果。至於人求充飢而取食，而大風吹去此食物，落於池中。則對此風吹去食物至池中之一因果關係，主觀化而言之，亦固可說是此風以吹去此食物爲手段，以達食物落於池中之目的也。則此我之取食，而風吹此食物，客觀化而觀之，固可說唯是二種因果關係之錯綜；主觀化而觀之，則亦可說是二種目的手段關係之錯綜，固不必一專屬因果關係，一專屬目的手段關係也。

此中，人唯一可持以分辨目的手段關係、與客觀因果關係之理由，唯是目的爲人之主觀所可自覺；而客觀的因果關係，雖可主觀化而觀之，而視因爲手段、果爲目的；然可無一主觀之存在能自覺此果之爲目的、此因之爲手段者。但吾人謂其「可無」，亦不能斷其「必無」。若人謂有上帝之存在，一切客觀之因果關係，皆上帝使之然；則一切爲客觀之「因」者，皆上帝用以達「其主觀」之目的之果之手段。此卽中古哲學之論。若吾人不信此上帝之存在，謂客觀因果關係不能皆化爲主觀之目的手段關係，此亦不能阻止人之將其主觀之目的手段關係，自加以客觀化，而視之爲客觀之因果關係。人固可以手段爲因，而以達目的爲其果。則其主觀之目的手段關係，卽仍可同一於客觀上之因果關係也。

此中，另有之一嚴分目的手段關係與一般因果關係之理由是：在人所自覺有目的與手段關係之處，吾人固可以手段事爲因、達目的之事爲果；然吾人亦可以「抱目的」爲因，以「爲手段事」爲果。此「抱目的」爲人所自覺，依此自覺，而人知一目的之普遍意義；故人可恒抱一目的，而恒有此一因，以恒引致「爲手段事」，爲其果，而可自建立一恒常之目的，以爲一恒常因。此卽非一切無自覺目的之存在物之所能。然此亦只證明人之有建立此一恒常目的爲恒常之因，以引致手段之果之能，非謂此目的手段關係，不能視同因果關係之謂也。

人若以手段達目的，爲一因果關係，則當知此因果關係，亦爲一因化果生之因果關係。

故人以手段達目的者，如以手段爲因，目的之達爲果；則必由手段事之化除，以成此目的之達。如取食充飢，必食入於胃而消化，乃有充飢之目的之達。如以抱目的爲因，作手段事爲果，則又無異以先之「抱目的」爲手段，「作手段事」爲目的。人在實作一手段事時，亦須將其目的融入於此手段事，而化除對此目的之單純之「抱」也。

此一因化而果生之關係，卽在人之思想世界中亦有之。如在人之思想，由前提至結論；更視此前提爲因，結論爲果，則爲前提之思想不暫化，人便不能至結論之思想。卽吾人之思想事物之因果關係，而由爲因之事物概念，至爲果之事物概念，此中因之概念亦須暫化，方思及果之概念。若吾人思想中，有對爲因事物之概念，卽牢執之而不化，則吾人之思想，永不能由因而思及其果，而有對果之知識。此吾人之思想，能如此由因至果，以至於果之果，……以次第銷化爲因之物之概念，而次第形成爲果之物之概念，卽爲吾人思想自身之功能，次第表現爲思想之活動或思想之行爲。而此一思想之行爲，就其能自化除其已形成之概念言，與吾人之生活上，任何由手段事以達目的之事，必同時使手段事由經過而被化除，正爲同類。由此，而人本其思想以知事物之因果關係之時，如知一爲因之事物，可由其變化而致某果之生，而使吾人之思想得由因而向於果、達於果，而完成此一思想自身求向於果、而達於果之目的時；此思想自身之目的，卽與吾人之生活上之其他目的，在爲目的之一點上爲同類。吾人之思想，又可知其爲同類，此二目的，卽可相遭遇。於是當吾人知某事物之存在能爲因，而其所致之果，與吾人生活上之其他目的一致時；則吾人之此知識，卽可使人自然不作他想，而只望此爲因之事物之有，以爲吾人之一目的。吾人之有此目的之心之本身，卽爲吾人「知上述因果關係」之一果。然此心之有此目的，又可再爲因，亦使人自然不作他想，卽往作一手段事，以先形成此能爲因之客觀事物。反之，若吾人知某事物爲因，其所致之果，將與吾人生活上之目的相違時，則吾人亦自然不作他想，而卽望避免此爲因之事物，而以此避免之本身爲目的。此目的亦吾人知上述之因果關係之一果。此一目的，亦可再爲因，使人不作他想，卽往爲一手段事，以阻止去除此爲因之事物之進行，或去除之，使不存在，以免其果之出現。無論吾人之實往求先形成一事物之手段事，或求阻止去除一事物之手段事，皆爲實求達吾人之目的，而以實達吾人之目的，爲其果之事。吾人在求有此手段事時，又可使吾人更求知何種之手段事，可眞爲因，足以致此達吾人之目的之果；而以知此手段事，與目的之達到之因果關係本身，爲知識之目的。由此卽見吾人在純粹思想上，求知事物因果關係之事，與吾人之生活上，以手段事成目的事之事，其本身卽互爲因果，互爲手段目的以進行。前者之爲純粹思想上之行爲，與後者之爲生活上之行爲，不特在皆爲一「有所化除以有所成就」之目的性的行爲一點上無殊；且爲由人之知其同爲目的性之行爲，而必使之相輔爲用，互爲因果、互爲目的與手段，以成此思想上之行爲、及生活中之行爲之進行者。此卽見因果關係與目的手段關係，實是互爲根據之二關係，而在本質上可視爲同一之關係者。在人之生活上看，凡人愈欲由手段事以達目的事者，必然愈欲知事物間之因果關係；而愈求有更多之因果關係可知者，亦必不斷爲種種手段事以造因，以便有其種種目的事之達。此亦見其互爲根據，而在本質上可視爲同一之關係者也。

吾人上說吾人之思想上之由因而思其果，必化除因概念，以成就果概念；在生活上由爲手段事以達目的事者，亦必經過此手段事，而化除此手段事，以有目的事之成。此中，人之化除因概念，卽以因概念爲用；經過手段事，亦以手段事爲用。因概念之用，唯在導致果概念，手段事之用，唯在導致目的事。故凡依因果關係或手段事目的事，以觀世界之事物者，此一切事物之所以爲事物，皆只在其功用、效用，或其足引致其他事物之功能、能力處。此一切事物中之任何事物，其現有之性相，卽皆爲表示其可能有之功用、效用者。此性相之本身之意義、本身所屬之類，於此卽爲次要。唯其所表示之功用效用的意義，影響及其他類之事物者，爲其重要之意義。此意義，乃超越於其性相之本身的意義之外者。此性相之本身意義，可爲當前現實者，此功用效用之意義，則恒屬於未來之可能。凡人之思想與生活之態度，於任何事物，皆以其當前現實之性相爲指標，以觀其未來可能有之功用效用者，卽稱爲功用主義、功能主義、或功利主義之態度。此一態度，卽形成功利主義之人生哲學。

一四、功利主義之人生態度及其限度

此功用主義或功利主義之人生態度之本質，是觀一切事物皆觀其對吾人目的之功用，一切事物在有功用一點上，同屬於有功用事物之類，而平等；然在一切事物之功用之大小上，則或屬有較大功用之類，或屬有較小功用之類，而不平等。存在事物之所以爲存在事物，既在其功用，則功用愈大之事物，卽愈得稱爲存在事物。由此以看存在事物本身之性相，卽非存在事物所以爲存在事物之本質，亦非判斷其是否最能稱爲存在事物之標準。以存在事物之性相不同者，其功用亦可同故，存在事物性相多者，其功用不必多故。今以功用之標準，判斷存在事物之是否最能稱爲存在事物，唯有以功用之量之大小爲標準，而不能以性相之質之不同爲標準。於一切事物，吾人亦確可由其功用之大小，加以分別。如以一事物爲因所能導致之某類之果之數爲一，而以另一事物爲因，所能導致之某義之果之數爲二，卽顯見此二事物之功用有大小。於此，吾人說果爲某類之果，固須用一類或性相之概念。然此二事物之本身之性相或類之差別，則可非吾人所重視，唯其導致某類之果之數之大小，爲吾人所重視。而當吾人以某類之果之生爲因，以導致進一步之其他之果時，此某類之果之功用的意義，又須再以其他類物之爲其果者，其功用意義之大小而定。此某類之果之類與性相之意義，亦變爲不重要。由此而順此功用主義之態度，以觀一一事物之功用的意義，則一一事物之性相的意義，終必一一成爲不重要者，而唯有其功用的意義之大小爲重要，爲吾人所得藉之以判斷一一事物之是否最能稱爲存在事物之唯一標準。人之時時計算所遇之事物之功用意義的大小，亦時時計算其所爲之事之功用的意義之大小，而選其功用意義最大者而爲之，卽所以使其所爲之事，最得稱爲存在之事，亦使其爲此存在之事之心靈生命活動，最得稱爲存在的心靈生命活動；並使其有此心靈活動生命活動之心靈生命自身，最得稱爲存在的心靈生命者。此卽一功用主義、功利主義之人生哲學之本質。

此一種人生哲學，在計算事物之功用之大小時，固可於一切事物，只觀其前面或未來之功用，而不見事物之性相之本身之重要；然其所想之前面未來之功用之大小，必相對于一類目的之實現的程度之大小，或所成就之合一目的之事之多少，而見。此一類目的之自身，必屬於某類，而有其爲某類目的之性相。此性相，要必爲有其本身之意義者。如一事物之功用的意義，卽其功用的價值，則此目的之爲「如何」之目的之「性相」之本身之意義之所在，卽其本身之價值之所在。然在一澈底之功用主義者，則可說此人之懷某目的，形成一目的之事本身亦是一事。此事亦可爲形成另一目的之事之因，而對此另一目的，有其功用。於是，此形成一目的之事本身，亦可視爲手段事，而有其功用的意義、功用的價值；而除其功用的意義與價值之外，別無其本身之意義與價值。由是而在澈底之功利主義者之心靈中，其所關心者，唯是「其手段事之可達其目的事，其目的事可再成爲一手段事，」之無盡的輪轉的進行，卽以此寄託其整個之生命。此生命之目標，卽可以「求有功」或「立功」之言盡之。凡有功處，卽有一幸福感、快樂感，亦有一滿足之利，故功卽涵利，功用主義卽功利主義。

此求有功或立功之心，實亦人皆有之。然此求有功之心，亦自有二方向。其一方向爲向在求主觀之個人目的之達到之事之有功，一爲向在求客觀上他人或一切人之目的之達到之事之有功，然求個人目的之達到之事之有功者，恒求他人之認識其事之有功。此求人之認識，卽求人許以一功之名。故於個人之事求成功或求立功之心，恒爲一功名心。於事求成功，求立功，並求人之認識其有功，許其有功之功名心，卽爲人皆有之一大欲。人皆可各有其所成功之處。由所成之功有大小，則有人與人之功之較量，亦有人與人之功名之較量。較量而求勝，其本身爲一目的，達之者卽有更大之成功，亦有更大之功名者。有更大之功名者，卽有更大之勝人之力量功能者，亦卽有更大之社會政治之權力勢力者，同時對人有更高之社會政治地位者。人於事必求其目的之達到，而求有功之心，更連於欲人認識其有功之功名心，卽可發展爲無盡之求社會政治權力勢力、與社會政治地位之欲望與野心，亦爲人與人之一切衝突鬬爭之最大動力。此衝突鬬爭，卽爲人之只各順其個人主觀目的之求達到之方向，而立功者，所必不可免之結果也。

然人之立功之心，亦可向在客觀的他人目的之達到、或於他人及自己之目的，皆加以平等觀，而皆求其目的之達到。此卽可不發展爲個人之功名心，而發展個人之功德心。在中國哲學中如墨子，及西方哲學中如邊沁、穆勒之功利主義，皆先設定天下一切人之利、最大多數之最大幸福，爲其所求之目的，卽初皆當是依人之功德心而有之哲學。人之緣此功德心，以求立功於世者，卽同時是立德。此卽通於吾人後所論之道德實踐境。然當此人之立功之心爲一功德心，而又知此功德心之爲功德心之意義時，人卽必須更超越於一般之功利主義哲學之外，卽必須承認人之目的自身有性質之不同，亦有價值高下之不同，此不同，乃不能只以其效果或功用的價値而衡量者。於此卽可見此功利主義哲學之極限。其故可說之於下。

蓋此依人之功德心，而以天下人之利、最大多數最大幸福爲目的者，乃於人之一一特殊目的之性相爲何，可不問，一目的之屬於人與屬於我，亦不問者。然任一目的之達到，同爲一目的之達到，其由此獲致之滿足之利，同爲一滿足之利。如滿足之利之程度有不同，則一具二程度之滿足之利，爲具一程度之滿足之利之二倍。而吾人之作不同之事，其所導致之滿足之利，卽可以數量之多少，加以分別。求最大多數最大利或最大幸福，卽可成一道德生活之標準。此卽中國之墨子與西方近代功利主義者，對他人與我之目的之達到，所致之幸福或利，作平等觀之心靈。然能作如是平等觀之心靈，乃與其所求之人與我一般目的之達到、或利與幸福之獲得，初不在一層位，而居一更高層位者。此一心靈，以居於一更高層位，卽與一般之只求達其個人之目的，以得其幸福與利者，不同其所懷抱之目的之類，而應說其爲目的，與一般之目的，有不同之性質上之分別，亦不同其類者。若此處可說目的有性質與類之分別，則人之其他目的，亦應同可說有其性質與類之分別、卽就人在能以其自己與他人之目的之達到，同爲其目的時，其心中所存之其自己、與他人之目的之多少，亦卽可定此人之整個目的之大小高下之性質與類之不同。凡人之整個目的有大小高下之性質與類之不同者，卽皆不能平等觀之；而其意義與價値之不同，皆可直接就其目的之性質之本身而見，而不須看其有此目的爲因之後，所能導致之人之其他目的之達到之果之數而定者。此處卽同時見一切功利主義哲學之極限。此功利主義哲學之極限，卽在人之平等成就「人與我之一般目的之達到而有之功利」之心靈之本身，乃在其所成就之一般功利之上一層位，而以所成就之一般功利，爲其內容；亦卽超於此所成就之一般功利之上，與一般功利之觀念之上；而有一超此功利觀念之性質，以爲此功利觀念與功利觀念所成之功利主義之極限。如人之功利觀念，皆是一由因以致果之觀念，一切人之由因之概念，以至於果之概念，皆是用因概念而更化除之，以導致果之概念，其本身卽是功利性之思想行爲。則此功利觀念之極限之心靈，亦同時爲一切由因以思其果之思想方式之極限。人之由因以思至其果，用因概念，而必更化除因概念，以導致果概念。然人之能用因概念，以導致果概念之心靈，則成就此一切用因之概念，以導致果概念之事，而在其上一層位。故此以一切因概念爲其所用，以導致果概念，而成此因果關係之知識者，卽必爲超於此所用之因概念，與其概念之有導致果之生起之功用的意義之上者，而爲具有一超因果之意義、超功用之意義之意義者。然吾人雖說人以成就一般功利之達到爲目的之心靈，有超功利、超功用，與超因果之性質意義，亦不能因此而說其全無功用的意義、因果的意義。因此心靈以成就一般功利之達到爲目的，此心靈卽可爲因，以導出成就一般功利之事之果。而其欲成就一般功利之事之果，亦必須知「以何事爲因，方可有成就一般功利之事之果」之因果知識；然後知作何事，以爲一手段事，以成就此一般之功利。此心靈卽必須自求爲因，以「有知因果之知識」之果，然後方能更以此果爲因，以有「爲果之手段事」之果等；再以此果爲因，以有成就一般功利之果。此心靈之自求爲因，以有知因果之知識之果之本身，卽一因果關係。而此心靈之在此因果關係中，卽亦有一因果的意義、與功用的意義也。

合此上二段所說，則一以成就一般功利爲目的，而用因果知識之心靈，乃一方超於一般功利與因果知識之上，而有一超功用、超因果的意義；一方亦能自爲因，以「成就一般功利、求有因果知識」，爲其果，更有其所發生之功用、所引致之果，而有其功用的意義，與因果的意義者。人之依此心靈，以求有因果知識，以作種種手段事，以達人之一般目的者；對其所見之世界之事物，仍可處處見其有功用的意義，亦皆可爲因以致果，以有其因果的意義，而亦同可說：此一切事物之功用的意義，對種種目的言，有其大小，亦仍須取其功用的意義之大者而用之；並於用事物之時，唯見事物之功用之實現、功用之運行，於其所成的爲果之事物之中。當其觀任何物，無不有其功用，其功用，無不運行於此事物之中，而又可遍及於其外、其後之一切事物之時；其所見之世界，卽仍爲「功用或功能所次序運行，而不以一一事物自身之性相、或所屬之種類，爲其心靈所最後駐足之處」之功能序運境也。

第二部　主觀境界篇

第十章　感覺互攝境——觀心身關係與時空界（上）

一、前三境與感覺互攝境

在吾人上部所述之萬物散殊境、依類成化境、功能序運境中，吾人之見有一萬物散殊、依類成化、功能序運之世界，固皆有與之相應的吾人生命存在之心靈活動，以使吾人得知有此諸境中之世界。然此中吾人之心靈活動，唯是吾人之知有此等世界之主觀內在的根據。吾人並不能依此而謂所知之世界，屬於此主觀的心靈之主體，或生命存在之主體。依此諸世界，以觀吾人之心靈之主體，亦可只是散殊之萬物之一，屬於某類之存在之一，而亦能由其活動，以表現其功能作用於他物者。然此外尚有無數之其他之萬物，各屬於其類，各能表現其功能作用，以與此心靈之主體，相對而存在。然在吾人此下所欲論之三境，則是由吾人之自覺其心靈之主體，爲一能攝其客境之主體。在本部所論之感覺互攝境中，人首自覺其感覺所對之萬物散殊之世界，乃爲此能自覺其感覺之心之所統攝，而更視一切客觀的萬物，亦各爲一感覺主體，能互相感覺以相攝，而相互呈現者。在觀照凌虛境中，則於一切類事物之性相、關係等意義，皆將視爲此觀照的心靈之所統攝。在道德實踐境中，則將論一切道德實踐之事，與其所關聯之其他事物，皆爲此道德實踐之心靈所統攝。由此而在前三境中，所謂彼此散殊，或屬一類，或各有其功能之萬物，皆全部轉變其意義，不復只與人之心靈主體相對並在，而皆爲屬此能自覺的心靈之主體，及具此心靈與生命之主體之客境矣。

今所謂感覺互攝境，初卽指吾人之以視聽嗅味觸諸感覺之機能，攝受通常所謂物之色、聲、香、味、觸，而知其性質形相等所成之境。在此境中，人首可知此諸性質、形相，存於此自覺其能感覺之心靈之內。此非必謂外物除此性質形相等，無其自體，亦非必謂人在感覺時不可以其所正感覺者爲內，其尚未感覺者爲外；而是就人於外物所感覺之性相，皆在此人對其感覺之自覺之內，而其外之尚未感覺者，皆在其所可能感覺範圍之內；人卽可視此一切外物，皆屬於此感覺所能攝之境。依此，人仍可照常說有日月山川草木禽獸所合成之萬物之存在。唯人必須自覺的知其爲人所正感覺或所可能感覺者。此時人欲求其可能感覺者，成爲實被感覺，人卽有其感覺活動、感覺生活之開展。在此開展中，同時自覺其生命存在自身、與其存在的世界之開展。人在生之日，無時不求張目以視，伸耳以聽，以鼻嗅、口食、身觸。此中人之以口食，乃人所以求生存之本。然依佛家言食，則有識食。目視色卽目食色，耳聽聲，卽耳食聲，一切感覺認識之活動皆是食，卽皆連於其生命之求生存之事。故謂一切衆生依食而任，由吾人之感覺活動之進行，卽一方有吾人生命之存在自身之由繼續而開展之事，一方有其所感覺之形色等，爲所對境，所形成之世界，開展於吾人生命之前之事。此生命存在自身開展之前途，乃無一定之限極者，故吾人亦不能說其所對境之有一定之限極。吾人復不能說，有任何具形色聲香等之外物，必非人所可能感覺者。吾人之知吾人自己之生命心靈活動之外，有其他人物及其生命心靈活動之存在，乃賴其他人物之生命心靈活動，表現於其有形色之身體之活動中者，成爲吾人之所感覺之境。由此而吾人之感覺活動，所及之世界，卽亦可爲一能直接或間接涵攝其他人物之存在及生命心靈之世界。於此，若吾人更謂其他人物之存在及生命心靈，亦能有一義上同類之感覺，則我與其他人物之存在及生命、心靈，卽合以形成一各以其感覺之「機能」或「能」，在時空中互相涵攝之「感覺互攝境」。而一般之人與人，以及一切存在與存在間之社會生活、公共生活，亦皆無不多少依於此人與人、存在與存在間之感覺之互攝而有。此皆關聯於此感覺互攝境中之問題，而爲吾人於本部中所將涉及者。

吾人上謂一切存在事物，皆在一感覺互攝之世界中，皆直接間接屬於感覺或可能感覺之範圍內。此義原易建立，然亦有不易處。其所以易建立者，卽人所以知有存在事物，乃始於其感覺，則所知之存在事物，初皆存於其感覺中，此應爲人由一念自覺反觀而知者。然人之感覺活動之進行，有種種不同方向與次序。人以某一感覺活動，在某方向，或某一次序中，所可能感覺者，望彼另一感覺活動，在另一方向，在另一次序中，所可能感覺者，卽在其可能感覺之範圍之外。如以視覺望聲，則聲在視外；以向東視，望在西邊之物，亦在其外；以今之所視望後之所視，亦在今之所視外。再人之知世界之物，必用類概念，以納物於一類概念之內。類概念之內容，固必原於感覺經驗。如一物可納於某類概念之內，則此物亦卽爲在某類感覺經驗之內者。然吾人本某類概念以作判斷，而望物之合於此判斷時，則恆失望，而見此判斷之爲假，亦見物之不能納於某類概念之下，而在某類概念所原自之感覺經驗之外。再則吾人求事物之因果時，吾人之由見因或思其果，見果而思其因，皆明是求之於吾人所已有之感覺經驗之外之事。人亦須先設定此感覺經驗之外者之存在，然後有此思因思果之事。故人之知有吾人所論之萬物散殊境、依類成化境、與功能序運境中之世界之存在，似皆依於吾人之肯定有在感覺經驗範圍之外之存在事物而說。今謂一切存在事物，皆在此感覺經驗之範圍之內，屬於一感覺互攝之世界，卽似直接與人之肯定有此三境中之世界之事物之存在，互相衝突，而爲一大不易之事矣。

然此所謂大不易，亦唯是人之心理習慣之轉變之大不易。自義理上言之，則吾人亦只須轉變吾人之思想之方向，卽可見此中並無上述之衝突之存在。因吾人以一感覺活動望另一感覺活動之所及，此所及者，自在前一感覺活動之外，然亦自在此後一感覺活動之內。吾人之知一物不可納之於某類概念之內，同時可知此一物之可納於其自身所屬之類概念之內。其自身所屬之類概念，固人可本其對此一物之感覺經驗而形成者也。吾人見一物而求爲其因果之物時，此爲其因或果之物，自可在此見一物之見之外，然亦自在知此爲因或果之物之感覺之知內。原吾人之所以必轉變其感覺活動之種類、方向、次序，必用種種之類概念，以知所感覺之種種物，及必求知所感覺之物之因與果之事，皆只是求開展吾人之實際的感覺範圍，及擴大吾人對物之所知之事。凡吾人所能實際感覺者，亦皆先是吾人所可能感覺，而在此可能感覺之範圍中者。若其不在此可能感覺範圍中，則人之次第求知物之因與果，或次第將物歸於其類，而更以感覺經驗，加以證實，亦卽根本不可能。故上述之衝突，在義理上，實非眞正之衝突。然吾人若要眞視吾人前述三境中之世界，皆在此感覺與可能感覺之範圍中，則吾人之思想，必須自轉變其方向，而自升至前三境之上一層位，以轉變吾人之成就前三境時之心理習慣。此則非一蹴卽就之事。欲有此心理習慣之澈底轉變，人亦不免於感受其他思想義理上之種種困難，而使此轉變不能澈底，半途而廢，或走入歧途者。此思想義理上之種種困難，爲哲學家所感時，亦恒覺有不能越過之處，而使哲學家只駐足於其思想之所及，而更執着之，以成偏執之見。此則亦唯有順此困難之次第出現，而次第觀此偏執之見，如何形成，而更次第破除之；方能實見：吾人於前三境中之屬類，而有其因果關係之散殊之萬物，皆攝在感覺與可能感覺之範圍中，而屬於此感覺互攝境也。

二、所感覺者之自己存有義之否定，與唯我主義之戲論，及唯生理觀點之否定

吾人欲知一切存在事物，皆在此感覺互攝境中，人首遇之另一困難，是吾人於一物所感覺之性相，吾人似可直下視爲一普遍者。此普遍者，即有一超越於此一特殊感覺之意義，緣此意義以措思，即可思此性相，爲一離此感覺，而自己存有、或只自己存有於此特殊事物之自體之中；其存有初與此感覺之能無關，與其可能被感覺與否，亦無關，而亦不能說其屬於感覺或可能感覺之世界者矣。

對此一困難，吾人首當說，一所感覺之性相，有一超越特殊感覺之普遍意義，原爲可說

者。然此性相、此意義，乃後文所謂觀照凌虛境中所發現；知有此意義、此性相，非只在人之感覺的心靈，要在人之觀照的心靈；並當由其在此觀照的心靈中，以見其不在心靈之外。此當俟後論。然人由見此性相，有一超於人之主觀的特殊感覺之普遍意義，便謂其自己存有，或只存有於特殊事物之自體之中，更謂其存有，初與人之感覺之能無關；則為混淆「普遍」於「外在」之一思想上之歧出，而不可說者。其所以不可說之故，在一特殊感覺所感覺之性相，在感覺之世界中，乃與感覺之之能，俱時而生，亦俱時而起；而其重複再現於感覺，亦有重複而再有之感覺之能，與之俱起俱生者。於此，人若謂此所感覺之性相，不被感覺時，其自身仍為一存有，則此一存有對感覺言，既非現實之存有，即只是可能之存有或潛有。然人於此須知，凡人於所感覺之性相可說潛有，於能感覺之能，亦應同可說潛有。其現有既相俱，其潛有亦應相俱。所感覺之性相之為一潛有，固可離現有之感覺之能，然不能離此與之相俱，亦為潛有之感覺之能。此中無此潛有之感覺之能，則此潛有之性相，永無被感覺，而成現有之可能，即不得成為一可感覺之性相，亦不得稱為一潛有。於此，吾人復須知：一所感覺之性相，雖有其普遍的意義，而可重複，然據吾人之感覺經驗觀之，實從未見有完全之重複。其重複者，亦必有重複之感覺，與之俱起，其不重複者，亦必有一不重複之感覺，與之俱起。此皆見此二者之不相離。自感覺之不重複者以觀，則人之感覺一嗅、一味、一色、一聲，皆是於一時一地，一生理心理狀況情形下，感覺之。凡人在心理生理之狀況不同之情形下，人皆不能有全同之所感覺之性相之重複。人在不同情形下，所分別感覺之性相，亦皆相望而互不存在。則不得說離感覺之心理生理狀況，其所感覺者，仍自己存有。吾人通常之見有同一之色聲等，唯是大體類似之色聲，此中自亦有人之生理心理狀況，或能感覺之能之大體類似。若離此心理生理狀況與能感覺之大體類似，此所感覺性相之類似，卽不可說；其自身之分別存有，亦不可說也。

此中，人所感覺與能感覺之所以不可相離，根本理由在：人之自覺其有感覺，乃一面自覺其有感覺之能，一面自覺其所感覺之性相。在此自覺中，人明對二者，有統一之自覺，則不得說二者能相離而存在。至人之謂其爲能相離而存在，又實唯因人之自覺，亦可只自覺其能感覺之一面，或其所感覺之一面之故。依此而人卽可設想：此所感覺者之離能感覺而自存。然人在只自覺其所感覺之一面之後，仍可再自覺此所感覺，乃：能感覺之所感覺。人亦必自覺到其所感覺，爲其能感覺之所感覺，然後對於感覺經驗，有完全之自覺。在此完全之自覺中看，則此所感覺者，只被自覺爲能感覺之所感覺，便仍回到此能感覺與所感覺之統一，爲此自覺之活動之所歸止處。依此歸止處，以看其初之分能與所二面之思想，卽只爲「其被經過後，而必更加以超化」之一階段之思想。而一切分離此能感覺與所感覺之哲學，亦當同爲人所經過，而必更加超越之哲學，亦可知矣。

於此，人再可有之問題，唯是自人所感覺之事物之性相可無窮處，設想其在吾人一生之感覺所可能及之外，而謂有此在可能的感覺之範圍外之事物之性相。如吾人謂：吾人只有此一生之生命，此生命爲有窮。事物之性相，則爲無限，自必有爲人一生之生命，所不能感覺而在其外者。然復須知，在人之感覺生活中看，亦不能說吾人之能感覺之生命之必爲有窮。因在感覺生活中看，既凡有所感覺之性相者，必有能感覺之能，與之俱起俱生；則本此以推論，若可能有之所感覺之性相爲無窮，此可能有之能感覺，亦自應與之同爲無窮；而有此能感覺之能之吾人之生命，亦同可爲無窮。吾人又焉知吾人之生命之必爲有窮？若其必爲有窮，則其所可能感覺之事物之性相，亦應爲有窮；人又如何知此事物性相必爲無窮？今唯以先預設人之生命爲有窮，而又預設事物性相之無窮，方得謂：此可爲所感覺之事物性相之爲無窮，必有在能感覺之外者。此固非尅就此人之感覺生活，而觀所感覺之性相，與能感覺之俱生俱起，所應有之推論，而爲一越位之思，非吾人所當取者也。至於如西哲巴克來，由人之生命所能感覺者之有限，更由其所感覺之性相，皆存於其現實之感覺心靈中，而推論：一切人可感覺之無限之性相，皆先現實於一無限的心靈之上帝之中，而吾人之感覺，皆上帝之將其所已感覺者，施與吾人而有，則亦爲一越位之思。蓋由此可感覺之性相之無限，只能推論出：一可能的感覺之無限，不必能推論出此無限之性相，皆已現實於一無限的心靈中也。縱在上帝，能實感覺吾人之所感覺，而吾人未能實感覺上帝之所感覺之時；此上帝之所感覺，亦只對吾人爲一可能的感覺也。

由上所說，吾人固無理由以謂吾所可能感覺者，在我之能感覺之外，然吾人亦無理由以謂在吾之能感覺之能之外，別無其他人物之能感覺之能。以凡此其他人物之能感覺之能，皆初非我之所感覺故。我之能感覺，非我所感覺；其他人物之能感覺之能，亦非我所感覺；則由我之所感覺，不能出於我之能感覺之能之外，不能推出：其他人物之能感覺之能，不在我之能感覺之能之外。若其他人物之能感覺之能，在我之能感覺之能之外，則其所正感覺者，自亦可在我之所正感覺者之外；而吾人亦可說有此爲其他人物之能感覺與所感覺者，在我之所感覺之外。然其他人物之所感覺者，又畢竟不在此其他人物之能感覺之外，亦不能說其爲我之所永不能感覺，則仍不能說有在一切能感覺之外之所感覺。至於吾人之所以可說有其他人物之能感覺，在我之能感覺之外，雖不能只本我之所感覺者而建立，却可本於吾人之自覺其所感於其他人物之種種活動之表現，與吾人之自覺的理性的思想，合加以建立。

吾人之所以能本思想中之理性，與其所感覺於其他人物者，種種活動之表現，以建立其他人物之亦爲能感覺之存在者，其根本義亦原甚簡單，乃常人所共喻。此卽因吾人之能感覺，原爲一活動、行爲。此感覺之活動行爲，依於吾人心靈而有，亦依於吾人生命存在，所在之身體機體之活動行爲而有。吾人之感覺活動，及於其他人物之活動之表現，而與之相遭遇，亦初只感覺此表現之存於其他人物之身體之機體之活動或行爲之歷程中。則當吾人感覺此其他人物之活動或行爲之歷程，而知其與吾之身體機體之活動行爲相類時，而我又謂我有感覺之能，連於此我之機體活動；則我亦當同時本自然之理性，自然推知其他人物一一之機體活動，亦與一一感覺之能相連。此在常識，本無問題。然當吾人本其感覺活動，以次第有所感覺之後，更回頭反觀：此所次第感覺者，是何物時；則此一回頭反觀，卽將吾人次第前伸之感覺活動，與次第所感覺之其他人物之活動歷程，加以截斷。於是人回頭反觀之所得，卽可爲片斷之感覺印象，或感覺觀念，如休謨之說。此正如吾人將一向前流行之水波，突加截斷時，則水波皆冒起，而化爲片斷點滴之浪花。此時，吾人卽必進而以吾人所感覺於其他人物之機體之活動之表現者，亦唯是一系列之感覺印象、或感覺觀念之排列或集結。則此時所謂他人之機體之活動，卽失其活動之本身的意義，而只是一系列之印象觀念之相繼出現。此時，我再回頭反觀我自己之機體之活動，則亦將只見其爲另一系列之印象觀念，相繼出現於我自己之感覺之前。此時，我自觀我之對我機體，所得之印象觀念時，我並不必以此所得之印象觀念，卽是我之能感覺的心；則我對其他人物之機體，有一系列之印象觀念，亦並不證明其他人物有一能感覺的心。尅就此我對其他人物有一系列之印象觀念而言，此與吾人在電影之銀幕上，有一系列之印象觀念，在夢中，對夢中人物，有一系列之印象觀念，亦無殊。吾人亦並不難想像一機器人之活動，可使吾人得種種印象觀念，與所謂活人相同者。則吾亦不能證明此吾所見之一切活人，非上帝所製造之最靈活的機器，其活動，似我之機體之活動，而似與一能覺的心相連，實皆無能覺的心者。此卽可歸至一唯我主義。

唯我主義謂唯有我能感覺，並有能自覺其能感覺之心靈；而此心靈中之一切山河大地與人物，皆不外現於此心靈之前之無數印象觀念，不同方式的排列與集結，而無異此唯一心靈之鏡中之影，而有此心靈之我生一世，亦無異一場大幻夢。此種唯我主義之思想，亦似爲：視所感覺者，屬於能感覺者之思想，所不能免之一結論。一般人之恒有人生如夢之感，卽由於感此人生所經之一切事物，皆只爲一串之印象觀念所成之幻影之感也。然人亦實不甘於此唯我主義之思想。此思想乃成爲一哲學家之大夢魘。此大夢魘之極至之形態，不只人可自以人與我之機體之一切活動表現，只是一印象觀念之集結，而不出於有此印象觀念之主觀心靈之外；卽對其由過去之經驗所得之印象觀念，重加囘憶反觀，亦可只視之爲此當下能囘憶反觀之主觀心靈中之所現，而別無在此當下能囘憶反觀之主觀心靈之外，過去的經驗之自身之存在者。而人亦可以爲在此當下能囘憶反觀之心靈，不作此囘憶反觀之時，則此世界中，卽無任何事物之存在，而只有我一人之當下心靈之靈光，寂然在此。然此大夢魘之發展，至此形態，則此我，既可無一切印象觀念爲其內容，一切印象觀念，亦不可定說爲我有而屬我；而未嘗不可皆說爲在我之外；此印象觀念所自來之一切人物，亦當同可說爲在此我之外；則亦未嘗不可說爲在此我之外存在矣。故此一大夢魘之極，亦同時爲此大夢魘之醒機。此種唯我主義之思想言說，卽唯是戲論一場，其不能有一定之結果甚明。

三、感覺與機體之活動及心身問題

然吾人離此戲論一場，再回到此戲論之所自始以觀，則可見此戲論之所自始，乃在吾人心靈感覺活動，原爲一活動、一行爲，亦依吾人身體之機體之活動而有。當吾人之能感覺活動在其前伸歷程中，與其他人物機體之活動行爲之表現之歷程相遭遇，而次第有所感覺之時，初不必須有一回頭反觀之活動，將此歷程加以截斷。吾人在有感覺活動之時，同時有一身體之活動，亦並不須待吾人自反觀其身體之如何活動而知。此可直接由吾人之身體之感官活動時，有一運動感、或行動感而知。吾人之開眼以見色，動舌以知味，並不待吾之自見其眼與舌，而後感有一眼之運動與舌之運動。此運動感，可直接生於吾人之直覺此身體感官之存在狀態有一變動。此中，吾人自己對鏡自觀，或他人來觀我有一運動感時，吾身體感官之運動之狀態，此自可得一系列之印象觀念。然此一系列之印象觀念，並不必與我之運動感所感得者，及由我感官之運動，更感得之所謂物之色聲香味等，同其內容。在我有伸開眼之運動時，我固可一方感此運動，一方感有色相。然他人或我對鏡，而觀我之眼由閉而開之狀態，所得之關於我此眼之印象觀念，則並無此運動感，亦無此我所見之色相。即人由觀我之眼，至觀我之眼神經與大腦中，由視色而起之變化，其中亦不見有我之此運動感，與我所見之色相。如吾人開眼見山河大地之色相，此色相唯是我之感覺之能之所感。然他人觀我感官以至神經大腦時，則其中並不能見此山河大地。吾人見山河大地時，吾人可覺此山河大地，遠大於吾之身體與腦，則無一生理學家能在我之腦中，見此山河大地。但雖如此，仍不礙吾人之說在吾開眼見有山河大地時，吾之腦中有一系列之變化，可爲生理學家之所觀。此生理學家所觀得吾腦之系列之變化，與吾所見之山河大地之色相之變化，乃爲相應而變化者，亦與吾之開眼之運動感，相應而變化者。此三者，有則俱有，無則俱無，恒俱生而俱起；故我自己可由其感官之運動感，與所感之色相等，而各得一串印象觀念，更知其相應而俱生俱起。旁觀之他人、或生理學家，亦可於觀我之眼與神經大腦時，得其關於我此眼、與此神經大腦之印象觀念。此三者，乃可由此他人與生理學家之報告、及我之報告，合以證其爲相應，而俱生俱起者。則此時若外有某人，亦同有對某物而開眼之運動，而另一他人亦可由其開眼之運動，而得同類之關於其眼與神經大腦之印象觀念，則吾人自唯有本此等等，為與我之開眼之運動感，及所見色相，相應而起者；而謂某人於此亦當有同類之開眼之運動感與所見之色相，而某人與我亦同為一能見色相之一能感覺者。此為吾人順理性而思想時，所必不能逃之結論。在此理性的思想中，吾自必須將我自覺其我之為一「能感覺之我」之一概念，加以普遍化，而用於他人，以更客觀化為他人之一賓辭。然此普遍化客觀化，原為理性之本性。則依我之此理性之本性，我卽不能不如此普遍化：此我之為「能感覺之我」之概念，而用於人，更客觀化於他人，以為他人之賓辭。然此我之為能感覺者，則又不同於他人之為能感覺者。我之能感覺之能，只能感覺我之所感覺，不能感覺他人之所感覺。我之理性的思想之自身，非一感覺之能，亦不能感覺他人之所感覺。則由此理性思想所建立者，唯是他人之為能感覺者，而亦自有其所感覺者。此他人之能感覺與所感覺，則皆在我之能感覺與所感覺之外，以相對而並在。唯吾之此理性的思想，能在高一層位，知其並在，亦可進而知：他人之有此理性的思想者，亦能知此並在；更可知：此吾之理性的思想與他人之理性思想，亦可並在的相互知其並在而已。

然吾人以上之本理性的思想，以謂吾人理當由吾與他人之身體有相類之活動，以謂其同為一能感覺者，並非謂吾人必須本此理性的思想，乃能自覺的依類而推知他人為一能感覺者。人在日常生活中，覺他人之爲一能感覺的存在，恒只爲一種沿直感而起之超自覺或不自覺之直接的類推。此緣直感而起之直接的類推，乃原自吾人在感覺一事物後，恒有一反應的行爲之表現。此感覺事物之事，與其反應的行爲之表現，乃直接相繼而生。故吾人恒可直感吾人之反應行爲之表現，乃根原於其先之感覺之事。於是當吾人在與他人之同類行爲之表現相遭遇時，吾人卽覺他人之行爲之表現，不斷伸入我之感覺範圍之內，而亦引起與我發生此同類之行爲反應時之同類之感覺，則吾卽可直感其行爲、與我之同類之行爲，有其同類之根原，而直接類推其亦有其先之感覺之事，爲其根原。而他人之爲一能覺者，卽可爲緣此直感而起之直接的類推，加以建立矣。

吾人雖可本吾之感覺於他人者，循理性而類推，或循直感而類推，以知他人之爲一能感覺者，然吾人終不能直接感覺他人之所感覺，則他人所感覺之世界之性相，雖可容我之亦感覺之，我仍不能感覺他人對此性相之感覺之自身。則他人之感覺的世界與我之感覺的世界，在此義上，卽可說爲互相外在。以我之感覺，觀我所感覺之他人之感覺活動，及其他反應行爲之表現於其感官身體之活動者，——則只爲我之全部感覺世界中之一小部份。他人之觀我之感官身體之活動之表現，亦然。如我感覺他人之感官身體之活動，同時感覺其所感覺之世界，而他人之感覺我之感官身體之活動時，亦同時感覺我所感覺之世界；則我與他人之感覺世界，卽成一互相反映，以至無窮之二感覺世界。此時，我應能於見他人之感官時，見其所感覺之我之感官，與我之感官之感覺中所見之他人之感官……此卽成一無窮的相互反映之感覺的世界。然我之不見有此世界，卽反證我之只能感覺他人之感官，而不能感覺他人之感官之所感覺。我之見他人之感官，只視之爲我之所感覺者。而我之感覺之能，除連於我之感官外，自能感其他人之感官，一切其他生物之感官，以有此諸感官之並存於我之感覺世界之內；而我之感覺之能力，卽足以感攝此一切感官，而統之爲此我之感覺之能之所對；亦間接統攝此諸感官所感覺之世界，爲其間接所對。此其他人物諸感官之感覺，亦復能同樣感攝我之感官，與其他人物之感官於其內，而間接統攝此諸感官所感覺之世界，爲其間接所對。此卽合成「一一感官，互相直接感攝，亦間接統攝其分別所感覺之世界」之一感覺互攝之世界。此一感覺互攝之世界，則雖可爲人所想像的加以理解，而視爲一交光互映之世界，然又實並不能眞正的交光互映。此卽由於每一感官之感覺，雖可直接感覺其他一切感官，然不能直接感覺其他感官之所感覺之世界，而只能由直接感覺一一感官之存在，以間接的統攝此一一感官之所感覺的世界之故也。

吾人上姑順一般之說，說感官之所感覺，似以感官爲能感覺者，然實則能感覺者，只是能感覺之感覺心。此感覺心與感官之活動俱起，故一般說感官能感覺。然吾之感官，亦唯是吾與他人之感覺心之所感覺，而不能說是一能感覺的心。如感官卽能感覺的心，則吾人見他人之感官時，卽見他人之能感覺之心，亦當見他人之能感覺的心所感覺之世界。此旣不然，卽見感官非能感覺之心。然此感官與能感覺之心，旣彼此不同，其關係果是何關係？何以能感覺之心，又必與感官之活動俱起，方能有所感覺？此卽哲學中之心身關係之一老問題。

四、心身與感覺之生起之關係及體相之分別

關於此上所及之心身之問題，吾人首當問者，爲吾人之心靈之感覺，畢竟在何處發生之問題。在吾人之感覺自身看，則吾人似只可說此感覺卽在其所感覺處發生，因能感覺與所感覺不相離，能感覺似卽着於所感覺而發生。因人在感覺時，只有一渾然一體之能感覺與所感覺故。然人在日常生活中，又恆將一能感覺與其所感覺之全體，自其與其他能感覺與所感覺之關係看，而或自謂其能感覺之所感覺，有在自己之身體之內或之外者之分。此亦非不可說。如人恆以嗅味之感覺之所感覺在體內。其中，嗅爲外氣之初入體內所生之感，味爲食物接體內之舌，舌有一變化時，所生之感。其他生理上之有機感覺，如筋肉運動感、腸胃之悶脹感，則純爲體內之各部份之相關係作用而生之感。至於冷熱剛柔之溫度感覺、壓力感覺

等，則起於身體原來之溫度、原有之體力之有所增減，而此增之者與減之者，亦初被覺爲在具此原有之溫度體力之身體外之物，或身體之一部外之身體之他部者。此溫度壓力之感覺，乃生於原有之身體或其一部與其外者之相接觸。至於視聽之所感，則恆被視爲在體外。卽人之自視其身、自聞其言，此所視所聞，亦在視聽之感官之體之外。然視之目官，似更凸出於體外。聽之耳官，又似更凹入於體內。故於色，人純視之爲在外，而於聲則雖視之爲來自外，尚可說其較近乎內。故此六類感覺，原有一自然的內外之序，其數之爲六，亦非偶然。然自一切所感覺，皆心靈之能感覺之所感覺，此中能所之不相離而觀，則在視聽感覺中，所見聞之聲色，固在體外，此聲色之所在，仍同時爲吾人之視聽之感覺之能之所在。此視聽之感覺之能，仍爲一遍在於所視聽之處，而不與之相離者。吾人觀山海則視滿於山海，聞雷聲則聽運於雷聲。凡吾人所視聽之天地萬物之聲色，皆吾人視聽之所在，卽非吾人七尺之軀之所限。然此說雖美，而在他人或一生理學家，觀吾之感覺之如何生起者，則當吾在未對某所感覺，有感覺之時，此他人可先感覺某物之在吾之體外，然後見其接觸於吾之身體之感官。他人亦可先感覺自某物發出之一道光線聲浪，漸傳至我之感官，更經吾之感官，及於吾之大腦之某處，然後我有視聽之感覺之生。今若於此光波聲浪未到此大腦之某處之先，而將此傳遞光波聲浪之神經流，加以截斷，則我卽無此視聽之感覺之生。卽我之自謂純出於體內之感覺，如嗅味有機感覺等，若人對此中傳遞所感者之神經流，加以截斷，此等之感覺，亦皆不生。則此一切感覺之發生，似應說在此人之大腦之某處之某時所發生，而有其在時空中之一確定的地位，於此體之大腦之內者。則吾人在有感覺時，對此感覺之自覺，亦卽唯在此一地位上發生。若然，則吾人之說「當吾人見山海時，則此視滿於此體外之山海，而卽在此山海上發生，若此感覺之能，及於體外」之說，卽又似純爲虛言矣。

然若吾人眞否認吾人之感覺之能可及於體外，則又有更大之困難。因若人之感覺不能及於其體外，則他人與生理學家之觀吾之身體感官大腦者，其所感覺於我之身體大腦之狀態，亦同不能及於其自己之感官大腦之外；其對我之身體所有之一切感覺，亦只爲在其大腦之某處發生，而只存於其大腦之內者。則彼亦卽不能憑此在其大腦之內之感覺，以說在其大腦之外之我之大腦，果爲何物，亦不能說我之感覺之實只在我之大腦之內發生。若此他人或生理學家必說及在其大腦之外之我之大腦，則唯有自謂其感覺之能，可及於其體外之我之大腦，及其體外所感覺之一切物，而其感覺之能，卽仍當卽在其所感覺之物之處發生，而不能只在其大腦之內發生矣。

若爲此上說之生理學家必貫澈其說，謂其對我之大腦之感覺，亦只在其大腦之內發生，則必致一可笑之詭論。卽此一生理學家原不能自觀其大腦，必待於另一生理學家之能觀其大腦者，方能知有此大腦，而說其感覺之在其大腦之內發生。此另一生理學家所感覺者，又仍只在其大腦之內。則縱有一最大生理學家，能觀盡一切人之大腦，而知一一人之感覺，一一在一一大腦之內發生，此所觀盡者，仍只在此一最大之生理學家之大腦之內。則一切人之大腦，亦只在此生理學家之一大腦之內，所發生之感覺之內。然此生理學家既觀盡一切人之大腦，卽更無能觀其大腦者，而彼亦不能自觀其大腦，則彼又如何確知其所觀盡者，皆只在其一人大腦中發生。彼若不能有此確知，則彼所知者，便仍唯是其對一切人之大腦之感覺之存在，而此感覺，仍只在其所觀所感覺之大腦之處發生。此感覺既仍只在其所感覺之處發生，則不能說其只在其體內發生矣。

然吾人所以必須說吾人之感覺不能只在體內或大腦之內發生，亦初由於吾人之直感吾人之感覺，乃向於其所感覺者。無論此感覺之能，發自何處，此感覺之能，要必自此處，而往向於其所感覺者。故卽人之自謂其所感覺之發生於其體內者，如胃中飢餓之感，人感覺其發於體內之何處時，此人之感覺亦必先向於其處。故今卽謂此感覺之能，發自大腦之某處，此感覺之能，亦必自大腦之某處出發，以及於其處外之體內之他處，人方能在此他處有所感覺。至人之感覺之及於人自以爲在體外者，如視聽之覺之類，亦自必向於其所自以爲在體外之聲色等。依此感覺之能，恆有所往向而觀，則此感覺之能，無論自何處出發，皆不能說其只存於某處之內，而當說其往向至何處，其能卽在何處。其往向之至何處，何處卽其所感覺，而此感覺之能，卽在其所感覺者之處。則人觀山海時，此觀之感覺，卽仍當在此所觀所感覺之山海之處，而仍回到吾人前此之說。此說之唯一困難，唯在當人之正有一感覺時，其他旁觀者觀此人所正有之感覺，所關聯之身體之大腦之狀態者，更可感覺有某狀態，與人所正有之一感覺俱起。故旁觀者可本其所觀得身體狀態之爲如何，而謂此人正有之一感覺，乃在其所見之狀態之爲如何如何之處之某時發生。然實則此旁觀者，於此身體大腦所觀得之「狀態」之感覺中，並不與正有感覺之人，所正感覺者全然同一。其狀態縱可有同一之處，其大小卽必不同一。此人所正感覺者，與此旁觀者對其身體大腦之所感覺者，相對而言，乃在其外而非在其內。此旁觀者於此身體大腦之所感覺者，自是此旁觀者之另一感覺，而非正有感覺者之所感覺。於此，人只可說此正有感覺者之感覺，與旁觀者對其身體大腦之感覺，有一相應而生起之關係。此外更無可說。此二者之不同，不礙其可相應而生起，亦可說其間有一因果關係。如可謂因人正有某感覺，故大腦有某變化；亦可謂：若對此大腦與以其他刺激，使有某變化，則人亦可卽生起另一感覺。對此一屬生理之大腦，一屬心理之感覺，二者異質異類，如何可有因果關係？人恆覺難於依理性加以理解。然於此吾人可說，凡一般所謂異類異質之因果關係，皆當如吾人於功能序運境中所說，乃一因化而果生之關係；此果應自有一功能，爲其生起之親因，唯以有礙其生起者，而後不生；故必待此因之有，以去其礙，與此礙之者俱化，而後果生。故一般所謂因，實只是果生之緣。此所謂以大腦有某變化，故有某感覺之生起云云，亦卽謂大腦之改變其原狀態，化除其原狀態，而後某感覺生。則此所謂大腦某變化之爲因，以生某感覺，卽只是一緣，而用以去除礙此感覺之生者；故必與礙之者俱化，而後此感覺得依其功能以自生。此大腦之狀態，旣必歸於自化，則無論此大腦之狀態，如何與生起之感覺所感覺者，爲異質異類，卽皆不違理性，亦皆可由理性，加以理解。至於說由人感覺之生爲因，而大腦有某變化，由原無之某狀態，更有某狀態；亦當說是：此大腦之某狀態之生，自有其功能爲親因，而只以人之感覺之生爲其緣，而亦同可由理性，加以理解。昔之哲學家於此人正有之感覺，與有此感覺時人之身體大腦之變化，如何有對應而起之因果關係，所感到之一切問題，唯由吾人於此二者之對正感覺者與旁觀者，爲不同而異質異類之二種感覺，加以並排對立而觀，遂於其如何可有因果關係，便覺不可依理性加以理解。然吾人于此，只須知此中之因果關係，乃一因化而果生之關係，而果自有其親因，而此因只是緣，更不於此因果關係，並排對立之而觀，則此中之因果之爲異質異類者，原只爲一此屈彼伸、此往彼來，前化而後生之關係。前化後生，如雲破月來，花落蓮現，則前後之異亦自化，而無所謂異，則又何其間之因果關係，不能由理性加以理解哉。

吾人上說人之感覺之能之所在，亦卽在其所感覺之處，則人之正感覺一所感覺，其感覺固在其所感覺，旁觀者之觀人之身體與大腦者，其感覺之能，亦在其所感覺之身體大腦之狀態。此諸所感覺，亦皆初不能離此能感覺之能之自身，亦可說卽在此能感覺之能之所及者之中。然此時人仍可由不同之人之感覺，各循不同方向，以往向交會於所謂一處之事物，而所感覺者之不同，以問：此不同之人所感覺者，何者爲此事物之本相？或皆只爲存於一一人之感覺之能中之所感覺，而皆非此對象之本相？此則可導致一：只有一一能感覺者之所感覺，分別存於能感覺之中，亦隨其能感覺而生起，而無事物自體之客觀存在之說。此不同一之感覺，同往向而交會於一所謂某處之事物，而所感覺者不同，明爲一事實。一人之目光注於一事物，更變其身體之位置，亦明見此事物之相之由大而小，由小而大之變化等。人以其他不同之感官，與此一目光所注之事物相接，如觸之、嘗之，亦明有不同的所感覺之生起。則此中人之各感覺其所感覺之相時，畢竟何者爲此事物自體所具有，亦爲一不可免之問題。此中若將吾人自己之身體，亦視爲他人所觀之一事物而論，他人之在遠近不同之距離，或以視、以觸，與吾之身體相接，此不同之他人，明有不同之所感覺之相之分別發生，而彼此不同。如人由近至遠，而觀我身體，其所覺之我之身體之大小之相，卽明不同。然我則並不覺有此大小之相之變化。我之自觀我之身體之大小之相，亦可無此變化。則此諸他人所見之我之身體之相之大小之變化，只能屬於他人之感覺，爲他人之所感覺。此諸他人所感覺者之不同，而有多種之所感覺，並不證明我之身體爲多個之身體，而我之自觀其身體有種種之形相狀態之變化，亦同不證明我之身體爲多個之身體。因吾可自感只有一身體之動作，而他人與我，自觀此身體之動作時，則有不同之感覺。此不同之感覺之多，不能證明此身體之動作之非只一。故他人於我之身體所感覺者之有種種相貌之變化，亦不證明我之身體之非只一。由此而吾人對他人之身體，與其他有形體之物，有種種之不同之感覺，亦不證明其身體或形體之非一。吾人卽似必須謂：一人、一物之形體之自身，與其所顯於不同感覺，而爲其所感覺之形相者，乃不同義之存有，一屬於物之自體，而爲其體，一屬於物之對外之能感覺者，所呈之形相，而體相二者，卽不可不加以分別矣。

然吾人雖有分別一身體、物體於人對之所感覺之相之理由，人又似除由感覺之相，不能知有體之自身之相與體自身之存在。卽吾人對自己之身體言，除吾人自使身體運動時，可由身體之顯一阻力，於吾人欲使之運動之生命活動之前，而由此阻力，以直感一發此阻力之身體之存在，及吾人之自觀自觸其身體時，有對此身體之種種感覺外；吾人亦不能知：離此諸感覺所得之身體之相之外，此身體之自身之本相爲如何，與其自身之存在。吾人對其他物體，亦除由其對一切觀者所呈之種種可感覺之相之外，亦不能知其體之自身爲如何，復不能知其自體之爲存在。由此而人亦可謂所謂身體與物體，唯是此一切可能有之感覺相之集合，此外更無其自體；而哲學家亦可謂此可能有之感覺相，在其現於感覺前時，既爲一存有，而不同於此能感覺之能之自身，則當其未被感覺時，亦當爲一存有之感覺相。於此，吾人若謂一切能感覺之能之自身，乃先被自覺爲一存有，則人可說：此一切存有的能感覺之能，所可感覺之感覺相之和，卽等於此身體物體之自體，此外更無其自體。然吾人又實不能說：此所謂自體，卽等於此一切感覺相之總和。因此一切感覺相，既彼此不同，則彼此分離獨立，而不能合爲統一之體。然吾人之對一有形體之物所感覺之種種相，則明似由一統一之中心而發出。吾人之自各方向觀一有形體之物，此各方向之視線，似明可交會於空間中之某處，而吾所可能有之對此物之種種感覺相，亦明爲依：另一旁觀者所見於吾之身體與此物之遠近距離，及感官與此物之角度關係，而次第變化者；而吾之自變化其身體與此物之遠近距離，及感官觀之之角度時，其中之相，亦卽次第生起，而次第消逝；或次第生起，而次第融入以後所生起之相；或彼此互相排斥，而更迭生起；則吾人不能說此一切所感之相，可視爲一時並在之相，亦不可全部加以綜合，以成一感相之總和者。以其可消逝而顯消逝相，可融入而顯融入其他相之相，可相排斥，彼此相望而不存在，卽不能皆加以正面的積極的綜合，以成爲如一時並在之感相之總和也。當其既次第生起，次第融入，或互相排斥，而更迭生起，則其生起，乃彼此相承、相合、相依而生起，而不可相離，則又應視若一彼此相連結，而表現爲統一之體，而當視此一切可能之相，皆由一統一之中心，而沿不同之方向、次第對各方向中之觀者，而分別散發射出者。則此統一之中心，卽當視爲其所以爲體之意義之核心之所在，而不可說其無此統一中心，或無體，而唯是此一切相之總和矣。

第十一章　感覺互攝境——觀心身關係與時空界（中）

五、形相之相對性，與空間中之方向性、地位性、廣延性，及感覺之活動

若依上文，謂吾人於一物體所見種種形相之不同，必沿一統一中心而發出，有如我之身體之爲一統一中心，以使其外之觀者見有種種之形相之不同；則吾人可對此我之身體之形相之所以不同，作如下之解釋。卽此我之身體之形相之所以不同，乃由諸觀者所見之「我之身體，與諸觀者之距離、或其觀我之身體之觀看角度」之不同，方使觀我身體之諸觀者，見有此種種不同之形相。此不同之形相，不必說之爲一一先分別存有，而可只說之爲我之身體對他人之感官之有不同關係，而對其感覺之能，所發生之作用，亦有種種之不同之故。本此以類推，我之觀看其他物體，見有種種不同之相，亦卽同可說由其物體與我之身體之感官之距離關係不同、我之感官觀其物體之角度之有不同，而致其物體對我之感官與感覺之能，所

表現作用不同之故。此中，所觀之身體物體之相之不同，乃由此所觀之身體物體之體，對有感官感覺以觀此所觀之體之能觀之體所發生之作用之不同，此作用之不同，乃兼由所觀之體與能觀之體之二者相互之關係而定。此所觀得之相，則一方存於能觀之體，一方亦爲所觀之體之作用，表現於能觀之體之所成之相。則此相，乃此中之能觀之體，感受所觀之體之作用之產物，故既不能謂只屬能觀之體，亦不能謂只屬所觀之體，復不能謂其能自身單獨存有；而只可視其存在於此所觀體表現其作用於能觀體、或能觀體感受此作用之際。若離此際以觀，則此相卽無存在之地位。故人之不斷改變其與所觀體之關係，而感受此所觀體不同之作用時，其所觀得之相，亦或次第消逝或互相融入，或互相排斥，或再更迭生起；卽皆爲一可存在，可不存在，而不能於無此能觀體所觀體之發生如何如何相互關係之先或之後，仍爲一存有之事矣。

然依此上所說，以論此中之體與相用之關係，則吾人似不能說一體之有其定相，而當說此體之相，乃隨其用而變，而爲一變項。然不同之體之形相，又似有其不能相變之處，如圓物與方物之相，雖各可以觀者與之距離，觀之之角度等而變。然圓物之形相與方物之形相，在同一距離同一觀之之角度下，仍彼此不同。則此圓物方物，亦有其彼此差異，而不能相變之形相。此不能相變之形相，可名爲形狀，而此形狀，似卽一般說爲此二物體之體之自身之形相之所在。然此自身之形相或形狀，仍可說只是其自身之作用，表現於可能之觀者而後見者，亦同是依其作用見於觀者而有，而亦不能離可能之觀者與其用之見於觀者而說者。

吾人所謂在同一距離、同一觀之角度下所見之物體之不同，或爲其大小長短之不同，或爲其形狀之不同，或爲其地位之不同，或爲其他感相如色聲觸之不同。此中大小長短之不同，純爲空間量之不同，形狀之不同，皆爲一物體之在空間中，向各方向曲折環繞，所劃出之空間線、空間面、或空間體之不同。地位之不同，則依一物體在另一物之何方向，與之有何距離而定，而此距離之有大小長短之量，亦如任何物體之有大小長短之量。此量之大小、與形狀、地位等，亦直接隨人觀之之角度地位，及與之之距離而變。至於色聲觸等性質之不同，則較不隨此人觀之距離角度而變，而唯隨所覺之其他色聲觸之對比、或鄰近、混合等而變者。然凡此中之一切感覺所覺者之變，皆可就其所以變之條件，而說其變皆依一定之規律。吾人亦可本此規律之知識，以謂在其變時皆表現一定之規律。故二物體，如在同一之距離角度下觀之，恒有一定之量之大小之比例、形狀之類與不類、及地位之差別。當人之觀之之地位距離角度變時，其量之大小、形狀、地位，皆相應而變。則吾人似當說此物體之本身，實有此大小、形狀、地位之差別。然此皆唯是言其相對的大小之比例關係、相對的形狀異同關係、相對的地位之差別關係之不變，固非謂人所觀得之大小之形狀、地位等相之不變之謂也。若自此諸相而觀，則此物體既對應人之觀之之距離角度等，而變其大小、形狀等相，此物體之本身，卽皆不可說其自有定相，而當說其相，皆只隨不同觀點距離下，其作用之表現於人之不同而變者也。

吾人以上說一物體有其相對的大小形狀地位，可由人觀之之地位距離角度而定。此距離之本身，亦有大小長短，而所謂角度，則由觀之之方向之轉移所成之幅度所決定。吾人之觀他物時，如設定在一確定之地位，再規定在此地位中，可能有之觀他物之種種角度方向；則可以此地位規定一座標，而依此座標，設定上下、左右、前後之六方向，更由一方向以旋轉至其他方向，如由上而左而下，由上而左而前，……等；卽可劃出一圓球面，其中包涵一切可能的觀物之方向與角度。人居此圓球之中心之地位，本不同之方向與角度以觀物，於是在上下四方之任何地位之物體，除非有阻礙此物體之呈現，或此物體以過遠，其作用不能達於吾人之感覺之能者，皆無不可在此各方向、各角度、各不同距離之下，次第成爲吾人所觀。然人於居對反方向之二物體，人位於其間以觀之，則觀此不能觀彼，人之二「觀」，恆互相排斥，而所觀得者，則互爲隱現。其不相排斥者，則可平等的相對並在於吾人之觀之之中。然於在對反方向之二物體，吾人於其側位觀之，如對在前者與在後者，吾人於左位或右位、於上位或下位以觀之，又皆可見爲平等的相對並在於吾人之觀中者。凡二物體在空間中，其可見為「相對並在」與「互相排斥」於此觀之中，卽合為二物體之並在相。又在不同之遠近距離下，一物體可大可小；變一物之地位，使遠者成近，近者成遠，則大者可小，小者亦可大。所謂物體之大小，卽形體之廣延量。至於一物體之形狀，則可說由一物體在空間中向各方向曲折轉變所劃出之空間線，空間面，空間體而來。由此方向之曲折轉變所成之線面體，原皆為對一定之地位，有其不同之距離關係者。故吾人可以方向之曲折轉變所成之線面體上之諸地位，如點等，與一定之地位之距離，以說此形狀之何所似。而此距離亦卽一廣延量。要之，吾人只須方向之有同異之別，地位之有並在或互斥之別，與廣延量之有大小之別，卽足說明一切所見之不同物體之所以不同之故，而將一切不同物體，由其在何空間方向，居何空間地位，以與其他之物體並在互斥，有何廣延之大小，以一一分別加以規定而無遺。而吾人自一物體所佔空間之內部而觀，同可說其有廣延量。自此所佔空間之外部而觀，則可說其有在一大空間中之地位。一物體之不同方向，則可說是此物體所佔之空間，伸向其他空間之不同方向。吾人亦卽可說空間之自身之廣延性，地位性，與方向性，而視此等等，皆為吾人所感覺之物體之有其廣延、地位、方向時，可同時感覺為空間之自身所具之性質者。吾人亦似可轉而說此一切物體之所以有其廣延、地位、方向，皆由分享此空間之廣延，以為其廣延，分享空間中之地位，為其地位，分享空間中之方向，為其方向，而來者矣。

然吾人之所以知物體有廣延、地位、方向等，乃由吾人之順物體之廣延，而伸展吾人之感覺能力，與之俱延，而知有廣延；又由吾人之感覺之能，着於一一之形體，而知有地位；再由吾人之能向各方向，曲折伸展其感覺之能，而知物體有向各方向中曲折伸展所成之形狀。唯由於吾人之感覺活動原能如是伸展，如是有所着，如是曲折轉變其方向，更有所着，更有其伸展……如此次第進行；然後吾人有此諸物體之廣延地位方向之觀念；更伸展於此物體之外，以感有一空間，或假想此物體之不存於其處之時，其處仍有一空間；然後謂此空間中亦有此方向地位廣延等，如遍滿於此空間之任何處。於此，若吾人根本無此感覺之能，以如此次序伸展，如此次序有所着，如此次序轉變方向等，則物體與空間中縱有此廣延地位等等，吾亦不能知。反之，縱世間無有形相之物體，亦初無外在之空間，而唯有此感覺之能之如此伸展，如此有所着，如此轉變方向，而吾人更能自覺及此伸展等；則吾人仍可說此感覺之能力自身之伸展，即有延長或廣延，其自身之有所着，即有其地位，與其自身之轉變其伸展之方向，即可曲折成形。則此中仍當說有一空間。吾人復可說：吾人之能感覺之能，在無所感時，此能感之能，即已有其虛位，能容其所感。此一虛位，即此能感自身中之一虛一空，而更可容所感以實之者。唯由此能感中，有此一虛一空，更可容所感以實之，然後有次序之所感，居此虛此空，而有次序感覺之在時間中之生起。故此虛此空，即爲時空之共同之根原所在之一虛一空，今於此時間之他義，暫不及，則可說此能感中有此虛此空，卽此人之所感之實，所居之虛位之所在。此不同於前說數之虛位，爲數之所居；而只爲一能感中之虛位，爲所感覺之所居者。吾人於感覺之進行中，能次序感無數之天地萬物，則此能感中卽亦應有無數之虛位，可爲天地萬物之實之所居。吾之能感中之此虛此空，卽應爲一無定限之大的虛或空。若謂此吾所感者爲有形相之物體，則此虛此空中，卽是有無定限之虛位，以爲一一有形相之物體之空間地位者。若謂此一切物體之尚有其廣延量、與上下等方向，則此虛此空，卽爲能具有此一切廣延量，與上下等方向者，而此虛此空，卽可說爲此感覺之能中，所自具之空間性，而亦可說爲此能感之能中之空間矣。然此能感之能，在未感有形相之物體時，則不知有種種形相，亦不知此能感之能中，有此空間性，以容此種種之形相，則亦不知其有此種種空間地位與廣延量或方向等、存於其能感之能之中。故必於其對有形相之物體，實有感覺，更思及此物體之無之處，乃知有一物體之外之空間，再思一物體之在某處者，此物體之自身中無其他物體，其自身亦可無於某處，而某處可有其他物體居之，乃知此物體自身所在之某處，卽一空間。再由人能感之能，自是能感一假想其存於此空間中之物體，乃見對此現尚無物體之空間，此能感之能之未嘗不能及；然後知此能感之能中，尚有虛位，以容此假想之物以實之，以爲此物所居之空間。再由此能感之能，無定限的向各方向伸展，乃知此空間之廣延量，向各方向而伸展者無定限，人方得自知其能感之能中，自有此無限之空間。故人之能感之能中，雖自具空間性，其初則爲人所不自覺。然其爲人初所不自覺，終必歸於其爲人所自覺，則不得說在人不自覺之時，此感覺之能中，無此空間性也。

然此上之「吾人之感覺之能自具虛位，以爲有形相之物體之所居之空間，而此感覺之能卽有空間性」之說，却不意涵對此空間中之地位廣延方向之理解，無待於人之本其他之心理活動如記憶想像與理性的思想，而有之自覺的反觀。人若無記憶想像與理性的思想，則具於此感覺之能中之空間性，只表現爲一虛位，爲感覺之能，所賴以攝受其所感，使居其中者。此感覺之能之自身，則初不能自覺此虛位或空間中，更有種種特殊的空間地位，與空間方向，與廣延量之不同者。此後文當說。吾人之說亦不必意涵：此感覺所覺之有形相之物體之自身，本無空間性，空間性純由人之能感之能，所外加而賦與。如康德之說。此義當先說。吾人之所以不說空間性純由能感之能，所外加而賦與者，在此中人之感覺與所感覺，乃一時俱起，不可分離而論。則能感覺之活動中，有空間性，所感覺者，至少應表現空間性，而此所表現之空間性，卽此所感覺者自身之表現。若吾人之感覺之伸展與所感覺物體之伸展俱起，則於感覺之伸展處，可說有空間性，於所感覺之物體之有廣延之伸展處亦然。又若感覺之着於一處，而感攝一有形相之物體，卽感覺之能力有一特殊之虛位，以容此物體，此虛位，卽一物體之特殊的空間的地位；則物體亦不能無此空間的地位也。再感覺活動之次序伸展，有其方向，在此方向中所次序見之物體，亦次序在一定之方向中，表現於次序的感覺活動之前，則此諸物體，亦應有其空間的次序。今若說此所感覺之廣延、方向、地位，唯是感覺活動之廣延、方向、地位等，此等等皆屬主觀，便必須謂物體中之廣延，非一伸展，其地位非其自身之地位，其轉易方向時，實無方向可轉，然後可。今若謂此物體之方向等，唯呈於吾之感覺，外此實無物體之方向等，則將更問：在吾人有感覺活動之時，他人明見我之感官身體有其廣延性之伸展，我之感官之着於光線，亦隨光線而轉易方向等，是否此皆非屬我之感官之事，唯是他人見我之感官之運動時所感覺之事，而只屬他人之感覺能力，所加於我之感官者？此則明無理由加以證成。此他人之見我之感官之活動之有伸展等，明與我之感覺活動伸展等俱起，以爲其表現。於此感覺活動之伸展處，可說有空間性。則於此感官活動之有伸展等處，應亦可說有空間性，而凡類似於感官之他物之活動，亦應可說有空間性也。

對上文所述尚可略加以複雜化。卽一物之呈於我之某特定之感覺活動之前之大小地位等空間形相，爲相對於此感覺活動者，故其對他時之我或他人之另一特定之感覺活動，不必表現同一之空間形相，此上文已承認。再當吾有感官活動與吾之感覺活動俱起時，吾亦不能同時自感覺吾之感官活動之空間形相，而只感覺其他人物之感官活動所表現之空間形相。此亦須承認。如吾與他人相向而視時，吾唯感覺他人之目之空間形相而不能自見吾目，以自感覺吾目之空間形相。此吾之目之空間形相，唯表現於他人之視我之感覺之前，亦如他人之目之空間形相，唯表現於我之視他人之感覺之前。於此吾人若問：吾所見於他人之目之空間形相之外之後，更有何物？則當說是他人之感覺活動；而他人之感覺活動之所覺，則是我之目之空間形相，而非他人之目之空間形相。此亦須承認。然吾人卽承認此上述之一切，吾人仍不能否認：當吾見他人之目時，其目之表現於吾之見之中之空間形相，爲其目自身之表現，因而亦不能說此空間形相，唯屬於吾之主觀之感覺。于此，若說此他人之目之活動，初爲他人之自身之見的感覺活動之表現，他人之此感覺活動中只見有我之目之空間形相，而無我所見之他人之目之空間形相；則此所證者：唯是：爲人與我之感覺活動之表現之感官活動之空間形相，乃相對表現，以互存於對方之感覺活動所涵之空間之中；而此對方之感覺活動所涵之空間，對我之感覺活動所涵之空間而言，卽互相外在，亦互爲客觀。於此，吾人至少須承認：此他人之感覺活動中，所涵之空間，爲在我之主觀的空間之外之一客觀的空間。若此客觀的空間，在他人之感覺活動之所涵之中，而此他人之感覺活動，由其感官活動而表現，則吾於吾之主觀的空間中，見有他人之感官活動時，卽應同時知有此客觀的空間，而仍不能謂只有我之主觀的空間，更無客觀的空間。然於此若吾人不謂吾所見之他人之感官活動之空間形相，爲他人之感官活動自身之表現，亦他人之感覺活動自身之伸展之表現，而謂他人之感官活動之空間形相，由於我之主觀之感覺活動所賦與；進而謂他人之感官之感覺活動中，無其所涵之對我爲客觀之空間；則當吾與他人相向而視時，吾之目卽不當爲他人所見，以存於他人之視的感覺活動之空間之中，吾之目亦不能在此空間中表現空間形相，亦無具空間形相之目，爲吾之視的感覺活動之表現，則吾之視的感覺活動，卽成一無表現亦不能表現空間形相之一幽靈。然吾人在有視之感覺活動時，又明直覺其與目之感官活動相俱，而以此感官活動爲我之感覺活動之表現，亦直覺此感官活動之有空間性的伸展等，與感覺活動之有空間性的伸展等俱起。二者皆屬於我，則二者中之空間性的伸展，及由之而有之空間形相，皆我所表現。依此，則他人之感官活動感覺活動中之空間性的伸展，與由之而有之空間形相，自亦當爲屬於他人之表現；而不能言我之主觀的空間之外，無客觀的空間也。

由上所論，吾人卽至少須承認我之感覺活動所涵之主觀的空間之外，有他人之感覺活動所涵之對我爲客觀之空間，亦至少須承認他人之感官活動中所表現之空間性，爲他人之自身之所表現。則世有無數之能感覺之人，應有無數空間，分別爲其感覺活動之所涵，而其一一感覺活動，表現於其一一感官活動，亦一一表現空間性。則吾與此一切人，卽唯是各通過其主觀而相對爲客觀之感覺活動所涵之空間，以互相涵攝其感官與感官所連之形體之其他部份之空間性的表現，以成其互相之感覺；而一一有感官之形體，即皆各各在一可能互相感覺之意義下，互存於一相對爲客觀的空間之中；而以此人之感覺活動，皆可無定限的伸展，其所涵之空間，亦可無定限的伸展，以互涵攝其感官形體之空間性的表現。於此，人「知」主觀的空間之外，有客觀的空間之「知」，亦當視爲一超主觀而統主觀客觀之一知。透過此一知，而人卽可說此一切空間，亦互相涵攝，而在此互相涵攝之意義下，更見一切空間，皆只是空間，其是空間之意義，無二無別；而可說此一切空間，只是一空間。然此一空間，固非只我一人主觀感覺活動中所涵之空間，而爲有超此主觀兼有統攝一切客觀之意義之一空間也。

六、廣義之感覺與空間性為一切存在之物所同具

於此人或謂一切人之感覺活動，固皆涵空間，感覺活動之表現爲感官活動，亦同時表現空間性，故人得知有空間；然在人以外之物之活動，是否亦表現有空間性，更可由其感覺活動以知有空間，則成問題。此等物之在空間中，卽似可說：唯是在人之空間之知覺中，而非其自身實有空間性。則吾人可答曰：若人之感覺活動之向一方向伸展，卽見此感覺活動之有向此方向伸展之空間的方向性，其伸展之長度，卽見一空間廣延量，其有所着，而有所感

攝，卽見此活動之有空間之地位性；則一切人以外之物凡有感覺者，其感覺之向一方向伸展，有其長度，而有着，以有所感攝，則其活動應皆有此空間之方向性、廣延性、地位性。吾人亦不能謂人以外之任何物必不能感覺。若取感覺之廣義，則凡存在之物，有所感受，而有所反應之處，皆見有一感覺。則凡生物以至無生物，其受他物之刺激，而有所感受，更有所反應之處，皆可說有此廣義之感覺。此人外之他物之所感受感覺者如何，吾人可不知，然其與他物相接觸後之反應，則吾人所可知。吾人由其有接觸反應，卽可言其有感受，而有感覺。人之感覺感受，固人所自知。然他人之只觀我之目與光接，而更有一反應之行爲，亦可推知我之於此光有所感受，亦有所感覺。則吾人於凡見物之與其他物接觸，而有反應之處，固亦當依同一之理，而謂其有所感受，卽有一廣義之感覺。則吾人固可謂一切存在之物，皆有此廣義之感覺，而皆可由其接觸與反應之爲向一方向而伸展之反應，其伸展之有其長度，其反應有其所着處，以謂其所有之此廣義的感覺，亦爲向一方向之伸展，而其伸展有廣延量，與所着之地位，而爲具此方向等空間性者也。

誠然，此上所說之其他存在之感覺，與其所具之空間性，不同於吾人之感覺與吾人自知其所具之空間性。此其他存在於有感覺時，以其無本記憶、想像、理性，以自覺反觀之能，則不能有人所有之對空的空間之知覺，更不能自知此廣延是廣延、方向是方向、地位是地位，與其如何相關係。然卽在人類，此知有空的空間，知有種種空間之概念如廣延等，亦非盡人所能。人嬰兒時之感覺活動，亦只向一有形相之物體，而有其感覺活動之伸展，以有其所着之地位等，亦初不自知有一空的空間，與此方向地位等之概念。然人有此嬰兒時之感覺活動，向一有形相之物而伸展之後，再進而於望有某物處見無某物，卽知有空的空間位，更反省：感覺活動之知有某物，由其向何方向進行，卽知此物所在之方向；進而漸有地位方向之概念。此自非一蹴而就。然其原始之感覺活動，能向一方向而伸展，要爲人之自覺的知有空的空間，與有種種空間概念之根據。又其原始之感覺活動，向一方向而伸展，卽亦是依空間之方向性之活動，而具空間性，不過不能自覺其如是如是具而已。此中，人之知有空的空間，要在其能有記憶，而自覺其昔所感覺於某處者，更望其繼續存在於某處，或想像其繼續存在於某處，再本此望、此想像，爲一嘗試的判斷；復更失望，於某處不見此所望者，卽知此判斷爲假，而於某處見有一空的空間位，若可爲此所望者之所居，而未得居者。此記憶、想像、與判斷之能，非人外其他存在之所有，則此人外之存在，自可永無空的空間之觀念。人之未對其所知之物之空間地位等，加以自覺反觀者，亦可自始不知此抽象之空間地位等觀念。然此皆不能證明在此空間等觀念之先，人與其他存在之物之活動，無廣義之感覺，其感覺之能中之無空間位，以爲其所感覺之物之所居；則亦不證其感覺活動之無空間性也。

吾人謂廣義的具空間性之感覺，爲人與其外之物所共有，亦可容許吾人更分別人與其外之物，所具空間性的感覺之不同。如人之順其嬰兒時之具空間性的感覺，可進而知有空的空間，更形成其他空間之觀念，而其他高等動物，則皆不能知有空的空間。此可由人能望天，向虛空注視，而有表抽象空間概念之語言，而其他動物則從不向虛空注視，而唯注視有形相之物體，亦無表抽象空間概念之語言等，以證之。由動物無虛空之觀念，則其見一形相之物體，亦不能思及其所見之有形相之物體之「外」，或「背後」之爲空。則其所面對之物體，初只爲一對面之實有，其感覺心靈對此實有之全體，只能順其呈現於其知覺之前之面相，而若只黏附於其面上，以環繞之以進行；而不能超越於此知覺之面相，以及於其外及背後之空，再回頭對此知覺面相，加以自覺反觀等，以形成觀念，更表之於概念的語言。此即如吾人全不用自覺的思維，亦不觀虛空時，只順物所呈現之相，而隨之起知覺之心理狀態。在此一狀態中，吾人之感覺，只在物體之平面，上下左右起伏的滑動，而可無任何之立體感，亦不見其外及背後之有虛空，而無前後之一度向也。人在此心理狀態中，固可由一此所感覺之物相，之爲昔所經驗，亦連於昔所曾經驗之其他感覺之物相，或一反應之行爲，而人可由此當前所感覺之物相，以引起聯想，或對之注意，而更有一習慣的反應行爲之再現。此習慣的反應行爲，亦常爲對我之欲望有利之行爲。如人昔習聞鐘聲卽至飯堂，今聞鐘聲而遂往飯堂，此卽習慣行爲之有利者。人之此類習慣行爲，亦實甚多。然皆不依一自覺的反省、或通過一概念之思慮而有者。吾人卽可說若干高等動物多有此類習慣的反應、或所謂制約的反應者，其當前所感覺者，皆只連於其昔之所習，以有其自然反應。此其當前所感覺之連於昔之所習，亦卽表示其當前之感覺，通於昔之感覺與行爲，故能依此今昔所感覺者相同之處，重複其昔之所爲。此中亦可說有一不自覺的依類而行之理性在。然要不可說爲自覺之推理。於此，若其昔之所感覺與其昔之反應之相連者，稱爲其能感覺之生命已有之一度向；則其感此今之所感覺，類似於昔之所感覺，卽其能感覺之生命之第二度向。凡動物生命之生活，在如此之習慣反應中生活者，其能感覺之生命之活動之方向，亦卽只有此二度向。而其所感覺之物，卽如只在一平面上滑動，而無第三度向。此在俄哲奧斯彭斯基 Ouspensky 之第三工具論，曾言及此義。彼又謂其他動物若缺乏此由後天的經驗而有之習慣性之反應，而只有先天的本能性之反應，如蝸牛之類，其生命之活動與感覺之活動，卽只有一度向云云。按柏格孫嘗分動物爲二大類，一爲憑後天習慣經驗而有智力，以生活者，一爲憑先天之本能的直覺，以生活者。吾意此動物之用本能者，其感覺一刺激物，恒卽繼以一串本能性之反應行爲，如蜂嗅花香，而卽一直飛去，取花蜜，而知釀之。此其一感覺之連於一串之反應行爲，爲一必然的連結，卽只成其能感覺的生命之一度量。故其感覺之進行，若遇一與其本能活動不相干者，卽更不加以注意，亦不形成一眞正之感覺。由此而其感覺之向所感覺者而進行，亦爲一直前進，而非左顧右盼，乃只在一方向上進行者。此卽與依經驗習慣而行之動物，其反應行爲，與當前所感覺者之關係，初非必然連結，而初是可連結於此，亦可連結於彼者；其畢竟如何連結，乃由其經驗習慣所決定者，大不相同。在此後者之情形下，一動物之感覺，初可及於此、或及於彼，故其感覺之進行，卽不只向一方向直進，而爲可由一方向以轉至另一方向，以成一平面上之二度向者。而其反應行爲之連於某一所感覺者而起，恒由其昔之經驗習慣所決定，亦當說爲有二度向。此上所已說。至於彼唯依先天本能以直下對一所感覺，而有一串之反應行爲者，則無論自其當前之感覺無不同之方向看，與自其一串之反應行爲，由先天之本能決定看，皆只有一度向也。

然一切動物以其能運動，則其感官之感覺皆爲一運動的歷程，卽只賴本能生活之動物，其感官之感覺之進行，亦在一次第前進之度向上，故皆有一向前凸出之感官，以摶聚所感者，以成一有形相或形構之物體。然生物中植物，則因其不能運動，以向於體外之物，亦無特定之感官，凸出於其體中，以摶聚所感者，以成有形相或形構之物體；則其感覺之方式，唯是遇物之聲光力熱之能，而以其體與之接，嗅其氣，涵其味，納其光，攝其聲，更運其所感之色聲香味之能，於體之他部之組織細胞之中，以更爲此組織細胞之所感，而不能如有凸出之感官之動物，亦能凸出此所感者，而摶聚之，以成一形體或形構，而如在其自身之形體或形構之外者矣。然植物能自定置於一空間中之他物中之一地位，以向上下左右生長，而於其外之物有所感，更運其所感，以遍及其自身之形體之內之不同組織中之細胞；則自外而觀，亦可說在其形體內，亦自有空間之三方向，爲其運所感於諸細胞組織間之路道，唯不能說其有對空間之形相之感覺之感耳。至於單細胞之微生物，更不足言有凸出之感官者，則唯舉其細胞之全體以生感，更無其他細胞，可運其所生之感，以由一細胞而及其他，則其全體所生之感，唯可更迭輪替繼起，而無其他同類之細胞可傳遞矣。

然凡上述之有生之物，皆欲求其自身與後代之存在，而依此未來之目的，以定其現在生感後之反應，以此反應與所生之感，交相爲用，以成其生命之相繼歷程於時間之中。無生物則又並此而不能。然無生之物，其同類者恆在空間中相攝聚而並在，亦當有其相攝聚所生之感。異類者或相攝受、相化合以成新物，亦當有其相化合時所生之感。近世西哲懷特海，卽用此感之名，於一切現實存在之發生關係之際。此無生之物之個體性，似不如生物之顯著。然亦應有其個體性。所謂生物之個體性，乃由其活動之能配合爲用以見。活動之配合爲用者，卽由諸活動之此隱彼現、彼隱此現，彼此相生，而互藏。此中卽可見有一統攝諸活動之一個體性之存在。無生物之爲集體之物者，皆可分之，而見其各有其分別之活動，而不相配合爲用，故非一眞有個體性者。然一物質分子或原子電子質子等，則其向各方面表現之活動，亦有配合爲用之義，應亦有眞實之個體性。此陰陽電子，其異性之相求相向而往，同性者之相斥分向而去，皆似生物之有取捨，當亦有取捨之感。電子之依質顯能，以表現其能於其外之諸方向，卽當使攝受其能者生感，亦當於其自攝受諸方向來之能之時，自生感。蓋皆只依其外之電子，以自生感。原子之物，則由兼具質能之電子質子，再相攝聚化合所成，而在內部具有此電子質子之質能之相感，而亦能更與其外之物之質能相感，以有其運動，或與此外之具質能之原子相感，以成分子之物。此分子之物之內部，則更兼具原子之自相感。今若不自電子之質能之兼對三向空間放射，電子之能感攝三向空間來之質能一面而觀，唯就其在一時之感自一方向來之質能而反應以觀，則其內部之感，只有一方向。至於在原子中之一時有不同電子質子之相感，卽應說爲二向；分子中，一時有不同原子之相感，則應說爲三方向。然凡此無生之物，其對他物生感，或內部自相感，而對他物與自身之質能有取捨後，恆卽自變化其形體之構造，而不求延此形構於其未來之存在與後代之生殖之中，以使其形構相續存在於時間歷程中。於是其變化活動之存在於時間歷程中，唯可自外而說。此卽與生物自求其存在於時間中，成其生命之相繼歷程之變化活動，可自生物之內部而說者根本不同也。

凡此上所述人以外之動植物以至無生物，皆有一廣義之感覺，固是推擬之辭。然若人與高等動物如猿類相似，猿與次等之高等動物相似，動物亦與植物有相似，植物與無生物亦有相似，則依類而次第推之，卽不能必斷此能感覺之事爲何物所必不能有。誠然，凡此人以外之物，其感覺狀態之本身何所似，亦非人之所知。然此亦如植物與人以外之知依習而行之動物，與純依本能而行之動物，其感覺狀態之何所似，非人所知。然人之依習而行之生活狀態感覺狀態，亦未嘗不與其他動物之依習而行者相類似。人亦有其本能活動，如嬰兒之遇乳，而有一本能之吮乳的行爲之類。人之嘗一味，而可有一串噍嚼之行爲，亦無殊於蜜蜂之聞花香，卽向之進發。人睡眠時，能隨體之所適，而知傾側，復無殊於植物之向光趨水。柏格孫固亦言植物之意識，如人之在睡眠狀態之意識也。人身中亦有分子、原子、電子。人渴而飲水生感，此感爲口胃之所感，亦同時爲此口胃中一切細胞與其中分子原子電子之所感。此人之口胃之所感，亦未嘗不可說是此中之細胞，分子、原子、電子之所感之集結也。此義今之懷特海之哲學中亦有之。則謂世間唯人能有感覺，人外之物卽無，便爲限感覺於一極狹之義之說。人之所以爲人，固有其爲人之特性，然亦有其與其他動物植物，以及無生物相同之處。人之有感覺，乃擧其全部生命存在，以成其感覺，則人果能生感，其骨肉皮毛，卽皆無不能生感。人體內之分子、原子、電子，亦當皆爲同時能生感覺，而亦皆當自有其感覺之能。若人體內之分子、原子、電子有此感覺之能，人體外之分子、原子、電子，又豈能全然無有？

若其可全然無有，則當體外之物，人食之，而化成體內細胞之物之時，又豈能忽由無而有？若其在體內仍無有，則合之成一整個之人身，此人身又如何能生感？整個之人身之生感，不同於此體中之部份之物之生感者，唯在此整個之人身，有其各部份之相互貫通。此相互之貫通，卽其各部份所生之感之自相感之所成。然若此各部份中皆未嘗生感，則亦不能再相感，以有其相互之貫通，所成整個之人身之感。此整個之人身，卽成瞑然之死物。於此時而謂此人之能感，唯寄在人之大腦之某一處，又何異謂此一處以外之人身，皆爲死物？此則由不知此所謂大腦，亦人身之各部之相互感通之一中心地。此中心地之所感者，亦正不外此人身之各部之狀態；而此各部之狀態中，則正當自有其中之各部之相互之感在。此各部中再分部，直至其中之分子、原子、電子之各部，固亦當有其相互之感在也。故論人心之能感覺，必至於知人身之全體中之各部，至於至微，皆處處見有互相感覺之事在，方爲至極；亦須視人以外之生物無生物，無不能有某一義之感覺，亦皆有此一義之感覺心，方爲至極。蓋必如此，而後可言宇宙中之一切存在之物，皆以其感覺直接間接相互攝入，以成一無窮的交相反映之感覺互攝境也。

上謂一切存在之物，無不相感攝，而有廣義之知覺感覺。凡有感攝感覺之處，此中之能感攝、感覺者，皆在其自身之存在之中，虛出地位，以攝受其他存在。此虛出之地位，卽其自身存在之空處，而可容其他存在於其中，處於其間，以得其位者。此卽存在自身之一空間位。一存在能感攝多少其他存在，卽有多少空間位，以容其他存在。此任一空間位中，一時所感攝之其他存在之多少之數量，卽此一空間之廣延量。其感攝之向於一存在，而以一空間位，待此存在之來居，卽其向於此存在，亦卽其空間之方向。至其由感攝一存在，次第轉而感攝其他存在，卽其空間方向之次第轉向。故任何之感攝或感覺中，皆有空間性之地位、廣延量、方向、與次第轉向等，存於其中。卽一電子之微，在其能感攝其他電子之處，其自身皆有一內部之空間地位，以此地位之大小，爲其廣延；以其所次第往感者，爲其次第所向也。

本上所說，以論世間之存在之高下之所以不同，則在愈高之存在，其所能感攝者愈多，卽其存在中之空間位愈多，而愈善轉易其方向，以生繼起之感；復能在其存在之內部，繼續自相感，並能於感其自身以外之物之存在後，更求化此所感物之組織形構，爲合於其自身之組織形構之得存在於未來與後代之事之所需；而成爲其體內之一部份，或成爲其體外之一環境。此則唯生物能之。生物之能有感官之凸出於其體中，以摶聚所感，以成一形構，若在其體外者，如動物之類；則其感覺之能中，直涵其他物之形構，其感覺之能自愈高。此感覺之能，能涵之他物之形構，其自身之各部，亦爲有不同之地位，方向，廣延之形構。此卽爲動物之感攝他物之空間之形構之事，而非植物以下之存在所能者。至於動物之順感官所感之形構，而直應之以一串本能之活動者，其感攝之能，卽限於此形構之連於其本能之活動之一向中，如前所述。至於能橫面的遍運其感官之知覺所及之或此或彼之境，而依其昔之對此或對彼之反應之有利者，而重複其反應，則其感覺反應之活動，卽隨此橫面之感覺之運行，與今昔之感覺之相通，以成其昔之習慣反應之重現，而皆爲二度向之事，亦如前所述。故動物之感覺之所通者，卽更高更大於植物。上文更說，人能更反觀自覺其所感覺知覺者，能抬頭以望太虛之遼濶，於感覺所面對之物，皆兼知其前其後之有空的空間，遂有存於立體之空間之物體之自覺。人之面對一物而感覺之時，當下之直接感覺所對，唯初見一平面之形相。當此形相次第伸入於吾人之感覺中，此形相自身雖可說由其次第伸入，而可表現其爲一立體；然當人只順其次第伸入，而次第感之之時，並不能知其爲一立體。故必須人對此形相加以反觀，自覺的知其前後皆有空間，然後能將其次第伸入之事，於其前與其後，加以截斷，乃能於所面對之平面的形相之次第伸入之全體，視之爲一立體之空間之所包圍，而實見其存於立體的三度空間之世界中。人之此對形相之反觀自覺之事，亦卽同時爲將此形相之感覺，化爲內心之所記憶之觀念之事，而使人更自由加以組織，以想像其他可能有之種種形相之聚合，而更造成種種觀念概念，以開闢出無盡之思想的世界者。由此而人對空間之自身，亦能有其思想。人自知此心靈之感覺思想之能之無盡，卽見其中有無限之虛位，與無限的空間之地位、廣延、方向，存乎其中，以隨其感覺思想之能之所運，而與之俱現。故人之認知之能，卽爲世間一切存在之物中最高最大者。此則皆不外綜上文所說而論，以見一切存在之物，其感覺之能中，所知所顯之空間，雖有高下大小之懸殊，然要皆有空間存於其中，以使其合爲一感覺互攝之世界之事，成爲可能。則吾人固不可只以空間爲屬於人心，而不在人以外之萬物自身之存在之世界中；而當於凡見有存在之物之相接而生之變化中，無處不見有感覺互攝之事，亦見其互存於其感覺中之虛位或空間之中，而在此空間中遨遊來往，如一一皆御空而行，然後能知此感覺互攝之世界之眞也。

七、時間三相與空間三相之對應

此上說人能反觀自覺其所面對的感覺知覺之形相，而將其次第伸入於感覺之事，前後加以截斷，方知有存在於一三度空間之物體。此能反觀自覺其所感覺，而知其外之有空的三度空間，自是人之異於其他萬物之一特性所在。此空間之所以必見爲三度，亦當與此能反觀自覺之事不可分。人能反觀自覺，而本記憶以知有過去之感覺與所感形相，以別於其正有之感覺與所感形相；亦能重複或重組過去所感覺形相，以想像一形相，而望其重現於未來。此中之過現未之時間之分別，初不能只由當前感覺而知，乃兼由人之記憶想像、及人對其當前感覺與記憶想像之所及者，更有一統貫的自覺反觀，而後知。故此過現未之時間之位，非只一當前感覺之能中之虛位，乃是過現未之感覺，與其中之形相，更迭呈於自覺反觀之中，而在此自覺反觀中更迭所居之虛位或虛間。除此自覺反觀中，有此虛位虛間，以容此感覺與所感形相更迭居之之外，更無所謂過現未之時間。時間之過去位，卽呈現而更不呈現之感覺及其所感，所嘗居的此自覺反觀中之虛位，或虛間。時間之現在位，卽正呈現之感覺及其所感，所正居的此自覺反觀中之虛位或虛間。時間之未來位，卽此正呈現者不呈現而可能呈現之感覺及其所感，之所可居，將居的自覺反觀中之虛位或虛間。然此過去、現在、未來之時間之觀念，乃與此人之自覺反觀中之有虛位或虛間，以容感覺與形相之居之之事，不可分離而論者。人之知有過現未之時間，及人之知有三度空間，亦有不可分離而論者。此意已略論之於第一部。然其處只是直由時間之過現未，以關聯於空間之三度處說。今當更說緣此時間之過現未之分，與其相繼及貫通間，而見得之時間三相。與空間之三相之相對應，更說到時間之一度向，如何與空間三度對應，而必然相涵，以見此空間之所以必爲三度之故；更由此以論此空間之三相三度、與事物之種類及因果關係等之理性上的必然關聯，以見此人通過時空而有之感覺互攝境，乃依理性而有、亦可攝上部所言之三境之故。

吾人所謂時間之三相，卽時間之相繼相、延續相、與同時相。此時間之有相繼相 Succession 與延續相 Duration 夙爲哲學家所共重。而此時間之具同時相 Simutaneity，則爲相對論之重同時之觀念後，特爲哲學家所重。西哲之亞里山大 S. Alexander 著時空與神性一書，卽特擧此時間三相爲論。依吾今之意，則此時間之三相，皆由人之自覺反觀此時間之有過去位、現在位、未來位之分，而於此過、現、未，更平等視之爲一時間位，而觀其相繼、延續，亦各有其同時，而建立。時間之相繼相，卽一感覺與其所感之所居之時間位，其先其後，皆有不同之時間位，爲不同之感覺及其所感之所居，而見得之時間相。此時間之相繼相，乃初由人反省及其先時之感覺與其所感，不同於今，更知今時之感覺及其所感，應不同於後時，遂於此過、現、未之時間，見一更迭的相繼相。時間之延續相，卽一感覺與其所感，所居之時間位之由暫而久，而其時間位，延續至其後繼之感覺與其所感，所居之時間位，而見得之時間相。此時間之延續相，乃初由人反省及其先時之感覺與其所感，能延續至今，其今時之感覺與其所感，亦能延續至未來，遂於過現未之時間，見一貫通的延續相。時間之同時相，卽一感覺及其所感與其他感覺及其所感，分別各在其時間位者，亦可視爲同在一時間位，而見得之時間相。此時間之同時相，乃初由人於現在之一時間位中，反省及其中有不同之感覺與所感，相並生起，而後知其有過去與未來之感覺與所感時，各有與之同在一時間位中相並生起者在。此時間之三相，正與空間之三相相對應。空間中之有廣延相，卽與時間中之延續相相對應。空間中之有同在一地位之同位相，卽可與時間中之同時相相對應。而由空間方向之次第轉移所見之鄰次相所成之秩序，卽當與由時間之相繼相，所成之秩序相對應。然時間中之相繼之秩序之發現，其始原唯在人之反省其過去所感覺事物，先於現在所感覺事物；未來所感覺事物，後於現在所感覺事物。人之所以能謂過去所感覺事物先於現在所感覺事物者，唯以人能反省及其有過去所感覺事物時，現在所感覺事物尚不存在，現在所感覺事物存在時，過去之感覺事物，只在人對過去之反省中存在；方謂過去先於現在。至於人之謂未來所感覺事物後於現在所感覺事物，則是由於人在現在所感覺事物中，不見有未來事物之存在，於未來時，則現在所感覺事物化爲過去，而只在其時對過去之反省中存在之謂。若人無「對此所感覺事物不能兼存在於過、現、未」之反省，則無時間之相繼相可說。至人之能於相繼之時間中，更見其有延續相者，則又必須依於人之感覺與所感覺之事物，除有存於昔不存於今，存於今不存於未來者外，亦有存於昔更存於今，存於今更存於未來者。若人無對此感覺事物之兼存於過現未之反省，則亦無此時間之延續相可說。至於時間之同時相，則由二個以上之感覺事物之相並生起而見。若人無對此二個以上感覺事物之相並生起之反省，亦無此時間之同時相可說。故此時間之三相，皆唯由人之自覺反觀其於去來今各時間中所感覺事物之存在不存在之情形，而後見得者也。

至於對空間之三相之發現，則人恆以空間爲客觀存在而與時間之似可只說爲在人之主觀經驗中存在者不同。哲學家如康德，則以時間之知覺爲內知覺，空間之知覺爲外知覺。一般人亦恆以爲人必有主觀之內在的反省，乃知有時間；而可直接由其感覺，以知有一客觀外在之空間。然實則人之時間知覺與空間知覺，恆俱起俱生。人之感覺中之虛位爲空間之原，亦時間之原，如前所已說。人亦恆必透過時間三相，以觀空間，方能發現相應之空間三相。如吾人之謂空間之有鄰次之秩序，其由左至右，由右至左，由上至下，由下至上，由前至後，由後至前之各方向之轉移中，皆有一左左右右，上上下下，前前後後之鄰次關係；此明須待吾人次第順各空間方向，以思其中物相之在空間中，何者先見，何者後見，而本此所見之先先後後之鄰次，然後知空間之度向中，有由左至右，由前至後……各方向之空間上的次序。此亦即同於謂：吾人必須在一相繼之時間，或相繼之時間次序關係中，發現此鄰次的空間次序關係。至於吾人之所以說空間之鄰次關係爲客觀者，則此所謂客觀之義，初唯是自此空間中之事物或空間自身之有如是之由左至右，由前至後等鄰次的關係，可容吾人之重複的觀之，而皆見有此一由左至右、由前至後等鄰次之關係之謂。此亦同於謂：吾人自己或其他人，對此鄰次之關係，皆恆可更在一時間歷程之相繼中，再發現有此鄰次關係之謂。由此而吾人之肯定此鄰次關係之有一客觀性，亦同於肯定此鄰次關係之有在時間之相繼中，再加以如此「發現」之可能性。人若不肯定一客觀的空間中之鄰次關係之如此存有，則此「發現」之在前後時間中之如此相繼，卽成不可能。反之，人若肯定其在前後時間中之如此相繼之「發現」爲可能，卽必須肯定此客觀的空間之鄰次關係之如此存有。此卽見對客觀空間之鄰次關係之如此存有之肯定，與人對之之「發現」之如此相繼之肯定，卽是相依而互爲根據，亦不可分離而說者。

至於吾人對空間之鄰次的關係以外，空間之「廣延」之發現，則更明須通過一段時間之延續。吾人於見一片廣延之空間，必順其廣延而見之、思之，方知其有廣延。吾人之順其廣延而見之、思之，明須經一段時間之延續，而可由吾人反觀自覺此時間之延續相，而見其與此空間之廣延相俱生俱起者。若吾人不經此一段時間之延續，於一片有廣延之空間，只一眼頓見，而不順其廣延而見之、思之，則亦不知其有此廣延。故此中人之知此空間之廣延，而視爲客觀外在，與此「知廣延」之所經之時間之延續之爲主觀內在，亦是互爲根據者。吾人亦同可謂：人所知之客觀空間之廣延，唯是人經一段時間之延續後，其主觀上所見。亦可謂人之此主觀之所見，卽此客觀之空間原有之廣延。此中，吾人之肯定客觀空間自身有此廣延，亦同於肯定：人於再重複之一時間的延續中，必可再見此廣延。此與上所謂人之肯定客觀空間自有其鄰次之關係，同於肯定：人於時間之相繼中，得再發見此鄰次之關係，其理正復相同，不待多述。

至於所謂人對空間之同位相之發見，卽發見二物之在一空間之地位中，或設想二較小之空間地位，在一空間之大地位中之謂。吾人之所以能見二物或二較小空間地位，在一空間地位中，唯由吾人可於同時見一空間地位中二物或二地位之故。若吾人不能於同時見一空間中之二物或二地位，則其是否爲同位，卽不得而知。此二物同在一空間地位中，可由於此二物之地位全同，如一色與另一色皆塗於一空間地位上。亦可由二物之地位有相交之處，更可由其小地位不同，而其在一大地位則同。此亦如吾人所謂同時可爲全同時，或在一段時間同時，或雖分佔二段時間，然同屬一長段時間，而皆對此長段時間爲同時。如二物（或二空間位）之同在一空間位爲全同，吾人觀之而見之之時，亦卽全同。如其地位爲相交，則吾人觀之而見之二時亦相交。如其小地位不同，大地位同。則吾人之觀之之時，雖同在一長段時間中，然在此長段時間中分別觀之之時，又必有不同之時。是見凡有空間之同位可見可觀之處，自吾人之觀之之時間方面看，亦必同時，可由人之自覺反觀而知。此中空間之同位，屬客觀外在，時間之同時，屬主觀內在，亦互爲根據。所謂二物在空間上爲同位，其意義亦卽正是人之必可於同時見之思之之謂。此中，人之肯定空間中之同位爲客觀的，亦只是肯定其必可爲人在另一時間中，再重複加以發見之別名，其理由與上述者同，可以類推，今亦不贅。

八、時間之一度與空間三度之必然關聯

然此中時間之有相繼、延續、與同時，皆似只屬一度之時間，而空間之廣延、鄰次的關係、與同位，則表現於三度空間之中。何以主觀之時間爲一度者，而連於客觀之空間，此空間則爲三度？似爲極難解之問題。然若依上所說，人之所見之空間三相，乃與時間三相，相依而互爲根據者，則此時間之爲一度與空間之爲三度，亦應是互爲根據之事。此互爲根據之理由，可如下說。

原吾人所見之時間三相，雖在任一段時間中，皆具有之，然吾人實不能同時發現此時間之三相。卽吾人於時間，若只視爲有先後之相繼相時，則時間只是先、後、先之先、後之後所合以形成之一秩序。此中卽不見有所謂同時，亦不見有一時間之延續。若吾人視時間爲一時間之延續，則此延續中之先先後後之時間，卽貫通爲一延續，而不見有先後相繼之次序。此延續，只是整個的一段時間之延續，亦無所謂與另一段時間爲同時。至當吾人說一段時間爲與另一段時間爲同時，吾人卽必忽此時間爲向前延續伸展之義，又必忽此時間可分爲先先

後後之時間之義，而可不見時間之延續相與相繼相。故吾人於時間之三相，唯可輪替的觀之，方能次第見得，而不能同時見得時間之有此三相。若吾人欲同時見時間之三相，則時間之相繼相，卽足破壞時間之延續相，而時間之延續相，亦破壞時間之相繼相。若只視一段時間與另一段時間爲同時，則又可銷除時間之相繼相，與延續相。此種時間之兼爲延續與相繼，必導致吾人之時間觀念之自相矛盾，西方與印度哲人，早卽論及之。近世西哲柏拉得來，論之尤深切。但吾意，吾人雖不能同時見得時間有此延續相及相繼相與同時相，却無礙吾人之於輪替的觀此時間之三相之後，更綜合之，而說出此時間之兼具此三相。然更復須知，謂時間兼具此三相，吾人又不能同時見其具此三相，只可輪替的觀此三相，卽同於謂此時間之三相，須在一輪替觀之之三段時間之歷程中，方得次第被觀；而在此三段時間中之一段時間中，只能分別觀得時間之一相。今此三相，旣各不相同，則此三段時間之本身，卽不能自通爲一「延續」或一「同時」之時間。吾人之歷此三段時間，而更通此三段時間爲一時間之「延續」，以求「同時」觀時間之三相時，卽仍只能觀得時間之一相。此中，人於此「時間之延續」與「三段時間之先後」，不能通而爲一，則亦永不能有於一段時間延續中，同時觀此時間三相之事。此時間之三相之本身，卽只能爲人在不同之三段時間中所發現。此卽同於謂：人之主觀時間之三相之發現，乃只由人之經歷另一主觀之三段時間而發現。而此主觀時間之三相，卽永只爲對人所經歷之主觀之三段時間，以有此三相，而若永不能加以客觀化而視爲客觀者矣。

此時間之三相，雖唯賴人之另經歷一主觀之時間，而輪替的觀之，方能發現之；然吾人透過此時間之延續、相繼、同時，以觀空間中之事物或空間自身之廣延、同位、及鄰次之關係等時，吾人又必須由此時間之連於客觀的空間中之事物或空間之自身，而謂其亦有一客觀的意義。吾人之謂空間中之事物或空間之自身，爲客觀存有，其廣延等三相，亦客觀存有，可容人重複的順一時間而觀之之時；則不能謂此空間之三相，不同時皆有。因此中吾人之肯定空間三相爲客觀的，卽肯定其必有如此重複被發現之可能，如上所說。而吾人之肯定其必有如此重複被發現之可能，卽謂其在任何時皆有被發現之可能。此可能，乃爲在任何時皆不能不思之爲同時皆有者，而此空間三相，卽當爲在任何時皆有，而永恆的皆有或永有者矣。

吾人說一空間中物或空間自身，在任何時皆永有此三相，亦不悖常識。因吾人於任何時見有任何空間，皆可順時間之延續，而思其廣延；順時間之先後相繼，而思其鄰次的關係；於時間上之同時，知有空間上之同位；而吾人於任何空間，亦皆可視之爲有廣延，或有一前後左右上下之鄰次的關係，或爲一地位，以使其他事物或較小之空間地位，同存於其中，而得爲同位者。然此中，若設空間只有一度，則吾人之於此一度空間，同時思之爲有廣延、有一地位、或有一鄰次關係，則為不可能。此正與吾人於時間之不能同時思之為延續、同時、與先後相繼之情形相同。因吾人於此一度空間，若依時間之延續而思之，則只能思其為廣延；若依時間之先後而思之，則只能思其有上下或左右或前後之鄰次關係；若依所見者為同時而思之，則只能思其同在某一空間之地位。則吾人思此空間之一度，卽仍只能在輪替的時間中，思其具廣延等三相，而不能說其同時具有廣延等三相。於是，此一度之空間之三相，卽只能在不同時之輪替的主觀思想中，更迭呈現。此卽同於時間之三相，只能在輪替的觀時間三相之主觀思想中，更迭呈現者。於是，此空間之三相，其為只屬於此主觀思想，而為不能被肯定為客觀存有之三相，則亦將與此時間之三相之情形，正復相同。

上文謂：若空間只限於一度，則其三相只能異時出現於輪替觀之之不同時間，而不能被肯定為客觀存有之三相。然吾人前又謂：空間之三相乃吾人所已肯定為客觀同時皆有者，亦吾人所肯定為永恆的同時皆有者。則此空間決不能只同於時間之只為一度。然在空間之一度上，吾人又必不能同時肯定此三相之皆有；則此空間三相，只能分別見於空間之三度，分別在三度空間中，被肯定為有，然後吾人能肯定此空間三相之同時皆有。於是，空間之有三度，卽為吾人得肯定空間三相之同時皆有之必須而充足之條件。而在另一面，吾人亦可說，吾人之肯定空間三相之同時皆有，正為空間之顯為三度之必須而充足之條件。若空間只有一相，如廣延相，則吾人順時間之延續而知之，則只一度空間，卽足見有此廣延相，而空間卽不須多於一度。又設空間只有一同位相，或只有鄰次的秩序關係相，亦然。然以吾人順時間三相以觀空間，空間必有三相；則吾人依一度空間以思空間之廣延相之後，吾人卽必須更知此空間之鄰次的關係相、或同位相所寄之另二度之空間；而此鄰次的關係相與同位相之概念，亦足够使吾人設想有此另二度之空間。如吾人於一度空間見一廣延相之後，更思此一度空間之外，尚有空間能表現一前前後後或左左右右或上上下下之鄰次的關係，則吾人順此鄰次關係而思，卽可想像出或呈現出另一度之空間，卽第二度空間。又吾人若謂在此表現廣延相而有鄰次關係之二度空間之外，更有種種空間上之地位，則吾人順此而思，卽可想像出或呈現出再一度之空間。故此空間之三相之爲客觀的同時皆有，卽亦爲此空間之有三度之必須而充足之條件。

吾人上說空間之三相與其爲三度，乃互爲其得客觀的同時皆有之必須而充足之條件，與吾人常識中對空間之觀念，並不相悖。如吾人於常識中設定空間之一度代表廣延，則在此廣延之一度上，吾人若更欲規定其上之種種地位，又不欲以地位之觀念，破壞此一度空間之爲一廣延之觀念；則吾人必須在二度之平面空間中，思與此一度空間上可能有之地位，相對應之各地位，爲規定此一度空間上，可能有之地位，彼此之不同之用。而吾人在思一平面中各相對應之地位，而更謂此每一地位，各自有其前前後後之鄰次關係之所關係者時，則又必視此平面之地位，存於一立體之空間中，然後人可思此平面之一一地位，皆各自有其前前後後之鄰次關係之所關係者，而彼此不同。復次，吾人若以一度空間代表前前後後關係，更謂同有一定之前後關係者爲同地位者，則亦必設定有另一度空間，其中有諸地位，爲同有此前後關係者之所居。吾人若更欲於此諸地位，皆視爲一有廣延之地位，而又非此地位本身內部之廣延時，又必謂此中之地位皆爲有空間之厚度之地位，而以此厚度表現此地位之爲一廣延性之地位。總上所述，要不外說明吾人若欲使吾人對空間之三相，皆分別有一度空間爲代表，以使吾人得同時見此空間三相之客觀的同時皆有，則必須此三度空間之同時皆有；而此三度空間之同時皆有，亦必能使吾人分別於此三度空間，見得空間之三相，各有一度空間，加以表現，而同時皆有。此皆吾人可自思之而見其爲必然無疑者也。

吾人上說吾人肯定有一客觀之空間，有客觀之三相，則必須同時肯定此空間之三度，反之亦然。然若吾人於空間，只肯定其有三相之一或二，只本其一或二以觀，則卽對此三度之空間，亦可只見其具空間之一相或二相。故人亦可視三度空間皆是廣延，或皆是前後左右上下之鄰次關係，或皆是種種地位。於是人說空間之相，亦可說其在根本上只是廣延，如笛卡兒之說；或說其在根本上，只是種種前後上下左右方向之鄰次秩序關係，如來布尼茲之說；

或說其在根本上只是種種位置地位，如牛頓之說。然只說空間是廣延、或地位、或鄰次關係，皆不能建立空間之必爲三度。則人所見之空間之三度，卽爲一偶然之事實，而無必然如此之理由矣。

此空間之三相，乃空間之呈現於能由反觀自覺而知有時間之三相之人之心靈之前之三相。故人若無反觀自覺之心靈，以有知時間三相之可能者，亦不能知有此空間之三相。此人心靈之能反觀自覺，與時間之呈時間三相及空間之呈空間三相，乃相依而起之事。此時間之三相與空間之三相，卽此能反省反覺之心靈，內觀其主觀的世界，外觀客觀的世界時，此主客之世界分別顯於其前，所各具之三相。故此時空之三相，乃皆統於此能反觀自覺之心靈之自身，而爲其內觀與外觀所分別見得之世界之三相，而不能離此心靈而自有者。然其他無人之心靈活動之存在，雖不能由自覺反觀而知有此時空之三相，亦未嘗不能直接的感覺實具此三相之三度空間中之事物。若其倂此直接的感覺而不能，則亦不能對具有空間三相，而不同其地位、大小、與前後左右關係之空間事物，有不同之反應矣。

以人對時間三相之自覺而言，人乃首知有時間之過去、現在、未來之先後相繼之差別。次乃知通貫過、現、未，而知有時間之延續。最後乃由二事物之同在一延續之時間中，而知視一事物與另一事物爲同時。故人對空間三相之自覺，亦首知空間之有前後左右上下不同方向間，種種鄰次關係。次乃知通貫此上下左右前後之空間爲一片，而知空間爲一廣延之量，最後乃知空間爲一地位，而知一事物，與另一事物之可同位。在各種長短之時中，短時以爲長時之一部份，而與之同時。在各種大小之空間中，小空間以爲大空間之一部份，而與之同位。由此而吾人卽可形成一長時或悠宙，以統一切事物之時，而謂一切事物之存在之時，皆同在此長時中或悠宙中，與此悠宙之長時爲同時。又可形成一一空間之大位或廣宇，而謂一切事物存在之位，皆同在此大位或廣宇中，與此廣宇之大位，爲同位。此中對時空之三相，乃以時間之過現未之相繼相，與空間之前後上下左右之鄰次關係相，總名之曰時空之次序相，爲始爲本，其義理之層位最低。此最易知。而知其爲一無限之延續或無限之廣延，爲中、爲幹，比較難知。至於知其可整個合爲一長時大位，以統一切事物之時與位於其中，使宇宙成一總體之時位，以涵容一切萬物時位於其中，爲終爲末。此最難知，其層位最高。今本此以推人外之生物之知覺情形，則當說凡用本能以生活者，其生活之行爲反應之先後關係，乃爲其本能所注定，而次第進行，則其感覺之進行，亦爲在一度向進行者。而能知由經驗以形成習慣而生活者，則其生活之行爲反應，不只依一本能注定之先後關係而進行，而能隨其知覺之伸展於一廣延之世界中，而由一物以及其他，遂能將其昔所經驗對一物之原有反應，亦伸展於此物所連之他物，而本後天之經驗，以形成習慣的交替反應，其知覺則應爲二度向。唯人更能將其感覺活動之依鄰次之關係，而伸展於廣延之世界所及之物者，加以自覺反觀，而更截斷此感覺活動之自然的伸展之前後，而將此所已感覺者，定置之於一空間中之地位之內；然後人乃知此地位之外，有空的空間，兼有對空間之鄰次關係相、廣延相、與同位相三者之認識，同時對此空間之三相，皆能自覺的反觀；而不只如其他動物之只能直接感覺一地位中之物，順其先後鄰次關係與廣延，以成其感覺之進行，以對之反應，而不能定置之於一地位，亦不知有空的空間者矣。

由人之能有空的空間之自覺，及對時間之自覺，人卽知有一廣宇悠宙，或一長時大位以爲萬物所共在之時位，而以此時位包涵萬物於其中。人於此若更順此廣宇悠宙長時大位之可爲無定限之萬物所居以觀，卽知有一無定限的時間之延續，無定限的空間之廣延，而人可視一切居有定限之時間空間之物，皆爲人之此能知有此無定限之時間空間之心靈活動之所涵蓋；而此心靈活動更能以一一時間空間之延續、相繼、同時、及廣延、鄰次關係，同位之概念，規定一一居有定限時空中之事物，以形成吾人有關此事物之種種時空相之知識者。而吾人前所用以說事物之概念，如個體與其事及性相、功能、類、數、因果關係等，亦皆無不可連此時空中之諸概念，而見其成就吾人對事物之知識之意義。吾人之將此個體、類、數等，皆連此時空之概念而論，亦卽可將此等等皆統於人之知有此無定限之時空之心靈活動之下，亦間接統於人之能感覺無定限之時空中事物之感覺活動之下，而只爲對此心靈活動與感覺活動之所攝及之事物，所加之種種概念之規定；而唯所以說明吾人之此心靈與其感覺所攝之境，亦可爲其他人與存在之物之心靈與感覺所共攝之境，得合以形成一感覺互攝之世界者而已。

第十二章　感覺互攝境——觀心身關係與時空界（下）

九、時空與個體、性相、類、及數

依上所論之時空之義，以說個體或個體物之所以爲一個體或個體物，其根本義，卽：於一時一地存在。一地卽一空間位、一時卽時間位。一個體物之性相，則爲一類概念。一個體物之性相，乃其存在于一時位中，依其對其他個體物之發生作用功能，對其他個體物有所事時，所表現之性相，而似附屬此個體物之體之上者。此性相，雖似附屬於此個體物之體之上，然自其表現之諸性相以觀其體，則除此諸性相以外，又似更不見有其體之自身。此體之自身，亦若唯是其諸性相所共在之一時位。然實則此性相，唯由此所謂個體物之表現其作用功能於一爲觀者之個體物而有，亦隨觀者觀之之方向等而變。又此性相，雖由此個體物之表現其功能作用而有，然其有，乃直接呈現於觀者之感覺之中，直接屬於此爲觀者之個體物。

故不能說其屬於此之個體物之自身。此所謂之個體物所在之時位，亦觀者將其與所觀之其他事物合觀時，所見得之與其他事物可同在之一時、或可同在之一地、一位，亦皆不屬此個體物之自身者。吾人眞要說一個體物自身所有之時位，則當轉而說一個體物之所以爲個體物本身，乃在於其能感受而感覺其他個體物對之之功能作用，而由此以知其感覺之能中，自有虛位，以次序容受他物對之表現之功能作用，使此其他物之性相，次序呈現於其感覺之能中，而使此他物及其性相，得其時位。則所謂物自身所有之時位，卽當說爲物之自身之感覺之能中，依其有虛位，而能使他物之性相，得次序有其所居之時位而言。

上文說一個體物之所以爲一個體物之自身之時位，乃其自身感覺之能中之時位，足爲其所感覺之他物及其性相所居者。此時位，乃個體之感覺活動中之所內具，而此個體之感覺活動之自身，則初爲原無時位之可說，而超於時位之概念之外，亦不可只自外說之爲「一」個體者。吾人之說某個體在一時位中，爲「一」個體，皆是以其他之觀者之感覺之能中之時位，套於其上，以說其在其他觀者之感覺之能之所有之時位中，居某一時位，而別於其他個體所居之其他時位而言。謂一個體居某一時位，而別於其他個體所居，故其諸性相之似同於其他個體者，亦只屬於此個體自身，亦統一於此個體之自身，而後觀者得依之而說其爲「一」個體。此「一」，亦初爲由觀者所套於此個體上之「一」。尅就此個體之自身而觀，則無此所謂一，而只有於其感覺之能表現於感覺活動時，以其「所具之時位，爲其所感覺之他物與其性相之所共居」之「事」中之「統一」，可由反觀自覺而知者。此卽爲自一個體內部所說之一，非通常所謂自外觀而說之一也。

然此屬於個體之感覺之能之自身之時位，與其所感覺於其他個體之性相，及其內部之一等，則初非自外觀之之觀者所知。對自外觀之觀者言，此觀者之以個體人物爲個體人物，以致以散殊之萬物各爲唯一無二之個體，則如吾人於萬物散殊境所說：乃由吾人心靈感覺活動，向不同之各方向次序伸進，而一一之物，卽分別在一一之方向次序中，各有其唯一無二之位，而各稱爲一唯一無二之個體。然此吾人於萬物散殊境中所論者，實尙非上所述之個體自身所以爲個體之存在之原理所在，而只爲一個體被能感覺之之其他觀者，認識之爲一個體之原理所在。唯由此認識，更進一步，一觀者更自知爲一觀者，而更本理性之以推知其他個體自身，亦同有此感覺之能，自具時位，以容其所感覺性相之呈於其中等；然後此觀者能推知此所知之物之自身，亦爲一義上之觀者。其此一推知，卽一觀者之自伸展其爲觀者之義，以及於其所觀之物之中，而將其自爲觀者之「觀者」之義，普遍化客觀化於其所觀者之中之所成。故此一推知，卽同時爲此個體之超越於其自身，以肯定其他個體自身，而知有其他個體自身之存在，以求涵攝其他個體，以擴大其自身之個體，爲一更高之個體之事。此則唯人之能反觀自覺其自身之個體，所以爲一個體者，然後能之；而非不能反觀自覺之個體，如人外之物之所能者。人之能有此一推知，以超越其自己個體，亦更見其能超越其個體所具之時位。此推知之能之自身，亦初在時位之上一層位；而一切個體之存在，及其各自具時位等，則依此推知之理性而建立。人於此若說此理性的推知，亦本於人之心靈，此心靈爲一個體；則此個體，應爲一超時空，與一般個體之上一層位之個體，而可由人對於此時空與一般個體之能加以反省，而更知之者也。

至於連此上所述之時空之義，以說類，則類之觀念初直接連於個體所呈之性相。性相初爲吾人於所謂個體所觀得之性相，亦爲吾人用之以助成其對一個體之所以爲一個體之標別，並見諸個體之爲同類或異類者。吾人之分種種個體，爲屬同類或異類，亦恆由吾人之先分種種之性相之類之故。凡吾人說一個體之對觀者表現某性相，或其自身對其他個體觀得有某性相，此性相皆爲佔一段時空之性相。所謂佔一段時空，卽其在時間中，有一延續相，在空間中，有一廣延相。此二者，皆此性相自身在時空中之一伸進、一擴展。於此不只一物之形色之性相，可說有其伸進、擴展，而有其在空間中之廣延、與時間中之延續；一聲音之長短，亦是一時間義之延續；一聲音之由小而大，亦有一空間義之擴展，而成一有廣延性之聲音；其由大而小，則其廣延性之縮減。此外，人之觸覺、嗅覺、味覺等之所對，同有一時間義之延續；與由小而大，或由大而小之擴展與縮減，爲人可依之以說其有空間義之廣延者。對此色聲香味，人亦皆可由其同時或相繼生起、或同以一空間地位爲中心，而向各空間方向中，次第表現，更加以對應而觀，以使之共屬於一公共之時間空間者也。

吾人說一感覺之性相，必有其在時空中之延續與廣延。然在此一段時空之延續廣延中，遍見有此性相，此性相卽是類。則性相之有廣延延續，卽所以使性相成爲類。至於所感覺性相之有變化，則必依於時間之相繼，空間之左左右右上上下下、前前後後之鄰次，以次序變化。此中，卽必見有事物在時間中之相繼關係，與在空間中之鄰次關係之相對應，以成其變化。吾人若欲對一性相，問其爲屬何類之某一時位之個體物，恒須先定此性相所在之時位。於此，吾人必須觀此性相在時空中，與何物所表現之其他性相，爲同位或同時，然後能定此性相所在之時位，以更謂之爲屬於何類之某一時位之個體物。然此上所說者中，直接連於個體物之性相之概念者，乃在其爲類；而個體物之初見爲類，則在其有一段時空之延續與廣延。此性相之在一時間之相繼與空間之鄰次中之變化，則必依於先有不同類之性相，而後可說。此爲後起之事。至於定性相之時位，以附屬之於一一個體，更爲後起之事。自一一性相自身以觀，卽不屬於居一定之時位之個體，仍可視爲一普遍之性相。人於見有性相之依次第而變時，亦可只知其在時間中，繼何者而有，在空間中，次於何者而有。人亦必於既知其有之後，方更定其時位也。

今再連上述之時空之義，以說數，則於數，人初注意及者，爲具某性相之個體之數，次方爲性相之數，類之數，以及數之數等。吾人之所以能說具某性相之個體之數，則初由吾人有某性相之概念，而本之以判斷。此概念用於判斷，卽用此概念而引伸其意義內容，以用於未來所經驗之物。此亦卽無異此概念之自身之伸展出其意義內容，以擴及於未來經驗中之物。此一一伸展之事，其及於一一物，卽成一次第之歷程。於此，吾人遂能說有一一之物，爲此概念之所一一指，亦爲此概念之意義內容之伸展之所及，而能貫通於物所呈於經驗之內容者。此一一之物之各爲「一」，合而成一定之數，卽爲後於此判斷中有類的意義之概念之運用，亦後於此運用之次序，而直接由此運用之次序而有者。此皆如吾人於第三部之所論。然此數既指個體之數，而吾人於個體，又可說其有一定之位；於是此數之觀念，遂亦連於一一之個體之時位。吾人於一個體所佔之時位，卽亦可說數。今於一時位中，更可設定其中有更小之個體，同在此時位，則於一時位，亦可視爲其中包涵有更小之時位。於是吾人於一時位中，所包涵之更小之時位之自身，亦卽如可視爲一個體。又就一片時間之延續言，人可於其中，更見一相繼之先後，而分之爲先先後後之延續；就一片空間之廣延言，人亦可於其中，更見有左右上下之鄰次，而分之爲左左右右、上上下下……之廣延。故一時位之中，卽可有無窮數之不同時位之存於其中。人亦可設定一至短之時位，如一瞬、一點之時位，爲一個體的時空之單位，其中更無所謂廣延、延續，或時間之先後或空間之左右等之可分者。此中之時，卽只與其自身爲同時，更不與其他之時爲同時，此中之位，卽只與其自身爲同位，而更不與其他之位爲同位，而只爲一同於自己之極限時、極限位。以此時爲一時之一，此位爲一位之一，卽爲更不可分之極限一，或絕對之個體時、個體位。此無延續之瞬，無廣延之點之極限時、極限位，是否爲可設想之一觀念，乃一爭論之問題。因吾人所經驗之事物，皆佔一段之時之延續一段之空之廣延，並可再依其先後左右等，而更分之，似永不能達於此極限之時位者。然人自有此一極限之時位之觀念。此觀念又自何來？則當說：此極限，自非由次第分之歷程中任一階段所能達到，然人可先視此現有之事物所佔之時空之延續廣延，初爲自任定之一時空之始點，向前伸進以及其終點之所成；今由其終點再縮退於其始點，卽此廣延、延續之減去其自身以歸至初無廣延延續之始點。始點無此廣延延續，終點亦然。此卽無廣延之一極限點，無延續之一極限瞬之觀念之所由成也。

吾人雖有此將時空之延續、廣延減去，所成之極限時之瞬，極限位之點之觀念，然吾人觀事物之性相之在時空，則此事物又必在時空中有其延續、廣延；吾人卽永不能依時間之先後之分、空間之左右上下等之分，將此延續廣延，次第分成時空之單位，以達於此極限之時位。自一時空之延續、廣延，可次第分爲時空之單位，以爲可能有之個體物所居以觀，則又有時空畢竟爲連續或不連續之問題。此不連續之問題，乃由時空可分爲有無定數之時空單位，以爲可能之個體所居，而生出之問題。若世無可能之個體所可居之時空單位，亦無不連續。則純自時空爲廣延或延續以觀，卽時空皆當爲連續，無所謂不連續。故吾人只順先後左右等次第，以思空之廣延，時之延續，卽只見其爲一連續之伸展。唯以吾人設定其中之有種種時空單位，更依先後左右之次序思之之時，其思想之停駐於一一單位處，方見有時空之不連續。故此時空之是否連續之問題，乃由將時空之延續、廣延之相，混於其「先後左右等之次序相」，及其「可分爲各單位之時位，以爲可能之個體物所居之相」之二者，而產生之問題。此三者既相混，則見此中之有不同單位之在，卽似不能爲連續。若要連續，卽似須不見其中之有不同單位之在。此二者卽形成矛盾。此矛盾之唯一解決之道，則不在視此時空，同時爲連續與不連續，而當說其在不同之意義下，亦卽在不同的觀此時空之相之意義下，成爲連續或不連續。此卽：在依次序而不停駐，以觀時間之延續相、空間之廣延相之意義下，則時空爲連續；在依次序以停駐於可視爲各可能有的個體物所居各單位之時空之意義下，則時空爲不連續。個體之爲個體，各有其時位，亦在一相繼或鄰次之次第中，合於某一類之概念，而被標別爲一一不同之個體。則個體與個體，必爲不相連續者。時空中之時空單位，視爲個體所居，亦爲不連續者。此中吾人恒是本一類概念之次第伸展的應用於時空中可能之個體物、而停駐於其所居之時空單位，而見有此不連續。然類概念之次第伸展的應用於時空中，而不停駐其伸展，卽順時間之延續、空間之廣延，而前往應用之；則此中只有連續，而無不連續。此不連續，乃連續的運用類概念之事，次第下着於一一可能有之個體物與其所居時空單位，而後有者。在此情形下則連續與不連續，乃屬於上下之二層，必依上層之連續，而後見下層之不連續，而二層亦相依，而互爲根據以有者。然却不可混之爲一層之觀。必分之爲二層，更迭輪替觀之，則連續與不連續，卽皆分別成立，不相矛盾。又人對空間之連續與否所發生之問題，若能直下視空間爲有三度並在之空間，亦可直下去此連續與不連續之矛盾。因若人視空間爲三度，則自空間之第一度觀一物之爲不連續者，自第二度空間觀之，可爲連續；自第二度空間觀之爲不連續者；自第三度空間觀之，可又爲連續。如吾人之橫觀空間中之諸物爲不連續者，若縱觀之或順觀之，則可由其性相之次序生起，亦次第見其類同於其後之物之性，而亦伸展入其後之性相之中，而見其性相之未嘗不相連續。則吾人固亦可由此橫觀之依一空間之度向，此順觀或縱觀之依另一空間之度向；而在此不同之空間度向上，分別說其爲連續不連續，而亦無矛盾之可言矣。

一〇、功能、因果關係與時空中之次序關係

至於對功能與因果關係之概念，如連於時空而說，則當以時間之先後相續，空間之上下左右前後之鄰次爲本，以說之。所謂爲因爲果之物，恆爲一個體存在之物。此因有其性相，可以之定此因之類，然因之性相本身，卽爲因對觀此因者，所發出之功能作用之果之一。由因之致果，而果有其性相，則是其功能作用之表現於此爲果之物之成，而此果之物，對觀者再表現其作用功能之果。此中，卽已見因果關係爲一相繼之次序關係。凡由任何因至其果，與果之果，皆須經一時間上先後之相繼關係，而爲因之物之發生作用、表現功能於他物，亦恆由近及遠，以成一空間上之由左至右、由右至左等鄰次關係。此關係，亦待人之通過一時間之相繼歷程以觀之者。此卽見因果關係之連於時空中之相繼之次序、或鄰次之次序之關係矣。

在此因果關係中，看「個體之有其性相，而爲此性相所屬之實體」或「個體之爲實體、性相之爲屬性」之實體屬性關係之本身，卽爲「一實體對觀者發生作用，有見此性相之果之後，再將此果附屬於其因」之事。此事之本身，卽一爲因之物，對觀者表現因果關係後，觀

者之心靈，將此果更附屬於其因之事，所合成之一果。故因果關係，可包涵一般所謂實體屬性之關係，而較之爲大。一爲因之物，不只可對觀者發生作用，以使其對此物，有一性相可見，且能對其他之人物發生作用，使其亦有性相之可見；而一因卽恆有多果，其果非一觀者所見之性相之所能盡。其所生之果之更自爲因，以生果，其果之數更多於其因之數。此宇宙中之事物，由其因果之相生，所成之系列，卽爲一次第增多其項目，而向前擴展升進之一系列。此系列之循時間空間之相繼、鄰次之關係，而由今以至來，由近以及於遠，卽爲循時空之次第或次序，而在時空中重重次序擴展伸進之一系列，而使此爲因之物之功能作用，亦重重次序擴展伸進之一系列。此中卽亦見有此爲因之物之功能作用之延續相與擴延相。在此系列中，因之作用功能，次第及於其他一一之物。此一一之物，原有其時位，卽見此之功能作用，於其及物時，亦有與其所及之物之同時同位之相。然此延續相廣延相、及由因之作用功能之次序由今至來，由近及遠，而次序及於他物，而與之有同時相同位相等，亦皆是次序而見。故此功能與因果關係之概念，在根本上仍爲連於時間之相繼關係、空間之鄰次關係者。在一物之表現其作用所成之因果關係，不斷擴大伸進之系列中，每一因物屬於一類；而果則雖亦可與因全相類，然以一果恒不由一因而致，一果之因恒爲多，于是一果對某一因而言，卽以其兼具他因，而與任何之一因，卽必有不同類，而爲異類之處。於是，由因至果之關係，遂恒爲不斷融化爲「因之類之物」，而衍生不同於其因之「果之類之物」之歷程。此中爲因之物有數，爲果之物亦有數。然此中之爲因之物之融化，與爲果之物之衍生，及所融化爲因之個體物之數，與所衍生之爲果之個體物之數，皆依時間空間中之相續次序關係，以次序見，則此中之個體與數之概念，亦隸屬於此因果關係，同時隸屬於時空中之次序關係之概念之下矣。

一一、個體、性相、類、數及功能因果關係，與三度空間之必然的關聯

由此上所說，卽見個體、數之觀念，直接連於時空之地位；性相、類、之觀念，直接連於時空之廣延延續之量；功能、因果關係之觀念，直接連於時空之相繼鄰次之次序。卽見此諸觀念分別直接連於時空之一相。至於其間接亦連於時空其餘二相，則不必更說。吾人前已論由時間空間之具三相，而空間必爲三度。吾人今更可說，由世間之兼有個體、性相、因果關係，而空間亦必須爲三度。蓋若吾人先假定世間有不同個體，而無其類同之性相，亦與其他個體無因果關係，吾人固無妨以一度空間中之一一之點之位，卽代表一個體，而不需有餘二度空間。又假定世間只有一類之性相，則吾人可依此性相而直順之思想，以成一思想之

伸展，則此亦只須一度之空間，爲此思想與此類概念之伸展之所。再假定只有一因果關係之系列，其因因果果，皆次第排於一系列之上，則亦只須一度空間。然吾人若謂諸個體之有其類同之處，則吾人必於「思其爲互排斥之個體，而共存於空間之一度」之上一層面，思此類同之性相，遍運於此諸個體之中，卽必須在思想中，思此上一層面之空間之度向，而循之以進行。則此思想所經之空間，卽至少爲二度。又設吾人更欲思有此共同之性相之個體，對其外之有其他性相之個體，有因果關係，則此思想所經之空間，卽必爲三度矣。

其次，吾人說一個體，可與其他個體在空間上同位或異位。若只一度空間，其上每一點爲一個體之位，則一個體只與其自己爲同位，而更不得與其他個體同位。必設定一度空間方向之外，有另一度空間方向，然後在一度空間上爲異位者，在另一度空間方向中看，皆可同在此方向中，而爲同位。唯在三度空間中，於第一方向中爲異位者，乃皆可在第二方向中成同位；在第二方向中爲同位者，又可再在另一第三空間方向中，成異位；而在此第三方向中爲異位者，還可在此第一方向中成同位；以使同位者莫不可視爲異位，異位者莫不可視爲同位。於是每一度之空間方向，卽皆得更迭次第爲一同位之原理，或一異位之原理、此則必待有三方向之空間然後可能。此空間之所以可爲同位之原理異位之原理，卽通於理性思想之辨同異。理性思想於空間中定同位異位，理性思想於此表現，理性亦於此表現。

復次，吾人若將空間連於類而論，則吾人只說一同類性相之伸展雖可在一度空間；然吾人思此同類性相之連於諸異類性相，以合成異種之性相時，則不能在只有此同類性相之伸展之一度空間中思之，而當兼在其他度之空間中思之。又必有三度空間，而後任一類之性相，皆可連於異類之性相，足以合爲異種之性相；而各異類之性相，皆可自爲一同類之性相，以連於其他異類之性相，以再合成異種之性相。故卽在三度空間中之一個體物在一度空間中看，表現一類之性相者，在另一度空間中看，此性相卽可連於二異類之性相。然此另一度空間中二異類之性相，又可在再一度空間中自爲一同類之性相，而各連於其他異類之性相。由是而此物，在一度空間看，可以一類概念說其在此空間之一度中的表現之性相爲相類者，在另一空間之度量上看，此性相則可連於其他異類之性相，而合成不同種之性相，以爲不同之種概念之內容，而須以不同之種概念說之。而任何由異類性相合成之一種性相，亦莫不可再分解爲異類之性相；而此異類之性相，又各自爲一同類之性相，以分別再連於其他異類之性相，以再合成不同種之性相，而須再形成不同之種概念以說之。而吾人可謂：必待一物有三度之空間面相，以分別有其互爲同異之性相，然後性相之同者，無不可異；其異者，亦無不可同。而此性相之同而異，異而同者，亦唯待此空間之有三度，而皆有其表現於空間之廣延之可能。若類之觀念，亦依理性思想中之同異而成，則空間使類之互爲同異之性相之表現，爲可能，亦卽使理性思想之表現，爲可能。而可循上段論空間爲位之所說，以謂此空間爲此理性之表現之所在矣。讀者可自類比而思之，今不贅。

再次，吾人只說一因一果之系列，雖可只須一度空間，將此一因、一果，各安排在此一度空間之前或後，以各爲一項。然只有此一度空間，則不能安排「異因合成同果，或多因一果，同因分散爲異果，或一因多果、及互爲因果」之事。今吾人若設定有三度之空間，則於一因一果之系列，可設定在順觀所見之一度之空間；而爲因之一類者，可屬於一縱觀所見之一度空間，而其因可多。又爲果之一類者，亦可屬於縱觀所見一度之空間，其果亦可多。諸同時爲因者，亦可相互表現其功能作用於他，以相互致果於他；同時爲果者，亦可再互爲因，以再互生果。此則屬於橫觀所見之一度之空間。於是，同因異果，或一因多果、異因同果，或多因一果，及互爲因果之事，卽皆在此一對三度空間之順觀、縱觀、橫觀之中，得同時見其爲可能矣。任一度空間，皆可加以順觀或縱觀或橫觀，以見其更迭爲用，而不定其用，以成就此因果之知識。由此而若說人之由理性思想，而有因果知識，卽理性之表現，則空間使事物之諸因果關係，成爲可能；依上文連「位」「類」等言空間時，所說之理，亦當謂此空間爲理性之表現。此亦可類比而知，今不贅述。

一二、總述時空之性相之依於感覺與自覺反觀中之虛位而立，而屬於此感覺互攝境

上文論：個體、性相、類、數、功能、因果之觀念，皆不可與空間之三度，相離而理解；而此空間之三度，則依於空間之三相，空間之三相，復依於時間之三相，時間之三相，又依於人之自覺反觀其由記憶而知之過去，由想像而知之未來，由當前感覺而知之現在之三者之相繼，而相延續，更有其同時，而見得。故此時空之三相、空間之三度，以及與此空間三度不可相離而說之一切，皆統在人之此自覺反觀之能之所涵攝者之下之內，而不在其上其外。此人之由自覺反觀而能形成無定限之時空，以涵攝其所知之世界，則又初依於人之感覺活動中原有其虛位，足以成其對物之感攝，並由其感覺活動之次序進行伸展，即可次序呈現其中之虛位，而見其中虛位之無定限。此虛位爲無定限之空間之原，亦無定限之時間之原。然於此虛位，自覺其爲虛位，並由自覺其感覺、及所覺物相，分居於過現未之時間位，以至見時間三相與所連之空間之三相等，則純原於依此自覺而有之種種反觀。此種種反觀，則爲能見及此中之時空三相之理性的關聯，及其與個體、類、因果等之理性的關聯，而亦見

此時空之三相、空間三度爲可理解，而亦與類，因果等，同爲合理性，而可爲人之理性之表現之所在者。

上文論空間三度之連於類與因果等之理性思想，而見空間爲理性之表現所在，空間連於時間，則時間亦爲理性之表現所在。以此觀黑格耳之言時空爲理性之外在化，方有眞實理由可說。然吾人若依次序而論時空之如何爲人所知，則當先說人之感覺活動原有其虛位，以感攝其他存在事物，以成其感覺活動之進行，爲第一義。純自此感覺中之虛位看，其中亦初無上述之種種之複雜情形、複雜義理之可說。此只是由人之生命心靈自己之存在，對其他存在之一開朗，而自退屈，以容其他存在，以成其對之之感攝，而有其感覺活動中之虛位。此一虛位，純自其爲一虛而言，爲時空之始原，而非時空，更無時空三相、空間三度之可說。然由感覺活動之次序生起，卽有時間之過現未，與時間三相、空間之三相與三度。對此時間之分爲過現未，如依前所說，自必有其可如此分之理。然若不依前所說之理，而觀時間、則亦可於時間，只分爲今與昔，或來與昔、或今與來，又可於去來今，皆只說爲一時間或一現在，於時間三相，人亦可只說其一，如只說爲時間之延續、或時間位、或時間之相繼。於空間三相亦然。而於空間三度，人亦可只說二度或一度。如說爲四方，卽只說二度；說東西，卽只一度。凡此不見時空三相，及其與空間三度之關聯者，固皆爲未究竟之說，如前文所評涉。然其說所以未能究竟者，則在其不能知何以感覺之空間之度，多不過三，及其與時空三相之關聯，而不在其不能少說。少說固亦有少說之理，人能自覺其依少說之理，而少說；以至只說一時間、一空間、或一時空，一感覺活動中之虛位，固皆未嘗不可也。

於此吾人亦無妨附及由此感覺活動中之虛位，而有之三度空間，畢竟爲依直線而上下四方伸展，以至無窮之歐氏幾何學之空間，或依曲線以向上下四方伸展，而可相回繞環抱，成一無窮而有限之非歐氏幾何學之空間之一問題。循上之所說，人之原始的感覺活動，向上下四方伸展，乃以其自身爲中心而伸展。則若其經同一之時間歷程，平等向上下四方伸展，此感覺之空間，應成爲一次第擴大之大圓球。人所見天地與曠野之面，亦爲一圓球。則其伸展之事，雖至方至直，其所感覺之世界，則爲至圓至曲。以此思一切所感覺之存在之物，亦當爲一以自己爲中心，而伸展其活動以及於上下四方者，則其活動之次第向上下四方伸展，卽分別形成一次序擴大之圓球。一切存在之物之相感攝，卽各以其次序擴大之圓球相涵攝，而亦在此各圓球上交相切。其中亦應有不同遠近距離之無數圓球，所凸出之無數點，所共排成之方而直之切線，存乎其中，依此方而直之切線，則可說一歐氏之空間。然吾人之思想，若只順一方向進行，由着於一圓球之物，次第着於另一圓球之物，更觀此諸圓球之物，互以其活動之功能作用，相影響而變化，則將見每一圓球之物，皆在其變化歷程中，化爲或凹或凸之各種楕圓之物。此思想之隨此或凹或凸之各種楕圓之物而轉，則其行程，亦爲一升降起伏之行程，而其所見之世界，卽亦爲依曲線而升降起伏之世界。此思想之行程，時時有其所着之物，卽時時爲此所着之物之所限，其所歷之空間，亦爲物之所限。空間卽只存於物與物間之間，其兩頭皆有物限之，則空間卽不得爲無限。世間之物之盡頭處，卽空間之盡頭處。然此亦不礙人之緣物與物，而曲折廻繞以觀之之思想歷程之爲一無窮，此空間卽爲一曲線的有限而無窮之非歐氏空間。然此人之能思想空間與其中之物，乃由其感覺中原有虛位，能爲所感攝之物之所居，更由其能自覺反觀其感覺與所感覺者，而其自覺反觀之中，亦原有虛位，爲此感覺與所感覺者之所居之故。所謂客觀之空間，亦原只爲此感覺與自覺反觀中之虛位之別名。此內在於感覺與思想中之虛位之呈現，非所感覺之物之所能限，卽爲一眞實之無限，亦一切似外在之空間之無限之內在的根原之所在。然此則唯可納於人之感覺活動與自覺反觀之活動中以說之。而此活動則爲在空間之上一層位，而超越於空間之上者。此空間以及時間、與類、因果等，則皆爲此人之感覺與自覺反觀之活動，所賴之以感攝其他存在，而成其與其他人及存在，共存於一感覺互攝境者也。

一三、感覺互攝之行為與生活

上文已將時空等屬在感覺互攝境，今更囘至平易處，說人由感覺互攝所成之一般行爲與生活。原此人與物之感覺之事，是知之事，亦是行之事。此是說感覺自身，卽具能感覺之心之有機體，欲求有所感覺之一行爲，同時連於此身體對所感覺者運動的反應行爲者；此運動的反應行爲，又可爲其他人物所感覺，或此人物自身所感覺，以更引起運動的反應行爲者。於此，吾人說有機體有一欲求有所感覺之行爲，卽說此有機體原有一純感覺或純感性的欲望要求，而初非必爲特定之目的，亦非必爲延續其種族，或保存其已有之有機體之個體生命之存在者。此卽屬於有機體之生命存在之一「純欲感覺，而攝受其他存在對之所表現之功用與性相」之欲望要求。此在人，則如人之眼欲張而視，耳欲開而聽，卽初顯見非有一預先之目的者。人耳目之好新奇，乃一好新奇之純興趣，而此興趣，卽依於欲有所感攝之一不自覺的欲求。人在好新奇時，可不問此爲新奇者爲何，或有何價值意義，只須其爲一新奇，使其有一新的感攝之活動，卽可使人感一滿足。此滿足，只由於其有此新感攝，而感攝得其他之存在，使其他存在位居於其感攝中，卽可使其存在之內容，有一擴張，其生命感進一步之充實矣。

此一純感攝之興趣與欲求，除其自身爲一行爲外，亦恆同時引起一有機體之身體之反應行爲。此中之反應行爲，或有其他目的者，或無其他目的，而唯以再表現其所感攝者之自身爲目的者。此卽如人與動物等之互相模倣的行爲之類。此類行爲之產生，恆非自覺的產生者。如一鳥飛而衆鳥飛，一人笑而他人笑聲隨之，皆一非自覺之自然的模倣。此一模倣，不同於人之繪圖畫之模倣，乃先自覺一物之相，而再繪一相，爲一自覺的模倣。此乃一直接的依其所感攝者，而直接的再表現於其自身之反應行爲之一模倣。如吾人見人笑而笑，不須待先自覺想像其笑貌之如何，而後笑。此亦正如一鳥之決非先自覺想像其他鳥之飛態如何，而後飛。於此吾人必須設定：此中一有機體之所感攝者之如何，卽可能直接引致一同爲如何之行爲反應。此直接引致如何可能？則當依吾人前於萬物散殊境所說，吾人之生命心靈之接於散殊之萬物，原依其有種種活動之方向，而於各方向與萬物相接。依此以觀吾人與動物之有機體，其感攝他物之結構，卽亦爲有種種之方向性的。而其感攝他物，亦卽在「自有其諸方向之結構」之感覺行爲活動中，感攝之。此感覺行爲活動本身，卽全部亦爲有方向性有結構性的能。故當其對物之結構之相，如飛之相，有所感攝時，此感覺之行爲活動、與有此活動之有機體，卽皆同時依飛之相，而循此相，以有其向於飛之方向性、結構性。依此以理解一切人與動物之自然的模倣行爲，卽不難加以理解。並當說此中凡生命存在之感覺所攝之如何如何之相，皆原莫不有引致模倣之之反應行爲之一用。其所以不模倣者，則唯以一生命存在之更有其他之一定形態、或一定結構之活動爲之礙，或其機體根本無此模倣之能之故。若其亦有此模倣之能，則凡有所感攝，卽將自然引致模倣之反應。如聲音之共振，而有感斯應。卽於凡感之爲如何者，皆有一再表現於其反應之行爲活動之事，繼之而起，而人笑亦笑，人歌亦歌。此處如依中國思想，亦可說有人之自然生命中，能自然感通之仁在也。

此一自然生命中之感通之仁，其初乃純爲被動而不自覺的，故又實不足以當道德生命中之自覺而自動之仁。此自然生命中之仁，表現爲自然之模倣認同，卽表現爲自然之適應。此適應，亦可說爲此機體之行爲反應，與其所感攝者之如何，求同類化之一自然理性之表現。依此自然之模倣，與求同類化之生命活動，而人之耳濡目染者，無不有化爲自身所模倣者之一自然趨向。此卽爲人之社會風習、風尚、風氣、風俗所由形成之一最大之動力。此是一不可見之風力。依此風力，而個人卽恆隨此社會之風尙、風氣、風俗、風習而旋轉。一社會中亦可有無數不同之風習、風尚之互相轉移，而東風西風之風勢，更相壓相推。個人之存於社會，則又須周旋於此種種風勢之中，以求與之相適應，而唯適者得其生存。此一由模倣感應，以求適應於其所在之社會環境之事，則不只人有之，高級動物亦有之，而生物之生存於自然環境中，由其於自然環境所感攝者之不同，而其有機體之體質結構與活動方式，因之而不同，亦儘多有類似對其環境中之物之模倣者。如草中之蟲似草，生物多有所謂保護色，以與其環境中物之形色相類。此蓋皆非眞意在保護，唯以其所感攝之物相之結構如何，則其反應之行爲與其體質，亦與之相類化而已。

此生物之對境之反應行爲與其體質，有一依其所感攝者之如何，而與之相類化，可稱之爲生物之橫面的不自覺的自然與他物感通之事，亦可稱爲自然之仁或自然理性之橫面的表現。此與生物之自延其類於其後代，使其後代與之具同類之體質、或同類之反應行爲之結構，爲一生物之縱面的不自覺的自然感通，或縱面之仁或自然理性之表現，乃生命之流行，依不同二方向以成其類化之原。無生物之存在之不同於生物之能生殖者，卽似在缺此縱面意義之類化，而其結構旣定，亦似不能與其外之他物相感攝，更相類化；如銅似永是銅，鐵似永是鐵。然實則此亦唯就人之自外觀類之已成者，其形相與形構之不變者而說。若溯此無生物之類之所由生，更觀其同類者恆相聚相結於一處，而不易加以分離，如有所謂愛力、吸引力以相維繫，而互排斥其向不同方向以運動之能，以實現其循同方向而運動之功能，如吾人於功能序運境中所說；則亦正當說其初皆原於其存在之互相感攝，方得自成其類，而自持其類，而更相聚相結，如相愛相吸也。今試思彼無生物之類，亦如生物之類，在變化之中，其初卽亦當是次序形成；而其次序形成以成一類者，恆相聚於一處，如銅鐵皆有其礦，此豈純屬偶然？蓋當太古之世，物之分子原子未成，唯有種種電子或電磁波、物質波之蕩漾於天地間之時，其形構卽如聲波之互振，而次第相感攝，以次第成其類化。凡一存在之有所感攝，卽所感攝者之形構之入於其自身，亦其功用能力與存在之入於其自身，以使其存在成更充實之存在。一存在者既有所感攝，以成更充實之存在，而存在者必求其自身繼續爲一更充實之存在，自必求繼續有此感攝之事。合此二者，而凡相感攝以相類化而成類者，卽有一求相結，以成其感攝之不息、與求其自身繼續爲更充實的存在之事。此卽大鈞播物，大化流行，方以類聚，物以羣分，同類者恆相結以聚於一處之故。若其不然，則此現見之銅鐵歸山，江河歸海之事，全不可理解；所謂物之愛力與吸引力，亦全不可理解。今果循上述之道而理解之，則一切存在之橫面的自然感通之仁，表現於存在之相感攝以成類，而依類相結者，亦千古而不息。而凡存在間有相感攝之處，則其存在之內容，卽以其有所充實，而有所改變。其感攝於他者，亦不限於一般所謂其同類。而自不同之「類」之觀點看，任一存在與其他存在，皆有其可稱同類之處，則任一存在，固當依其與其他存在之遠近之距離之序，於其他一切存在，無不有一義上之相感攝；而萬物之有吸引力愛力之說，亦唯可由此義而理解。則此橫面的依類而相感通相感攝，其義亦至廣；而一物感攝於他者多，則終將變而化爲異物矣。

此感通感攝之事之表現於生物者，卽其與其環境中之物相類化，與同類之物互相模倣之反應行爲，而生物中之人，則更能由其相互之模倣，以成其社會之風習風俗等。此中人與其他生物之感攝模倣之事，雖高下懸殊，而自此上所說之義言，亦未嘗不同。此義在西哲中懷特海嘗言之，以說一切現實存在，皆能相感攝，以結成社會之義。然懷氏過重現實存在之相感攝，乃各有其目的之義。此固爲說明一現實存在之個體性之所不可少。然此一人與生物或無生物之自然的感攝模倣之要求，初乃無特定之目的者。其有所感攝，而使其生命存在之內容擴大，卽其目的，故初不必求定其所感攝者之爲何。而一個體之現實存在之特殊目的，於此可說者，卽至微。此生命存在之感攝模倣之事，乃隨所遇之境而變，無所可，亦無所不可，而初恆只順境物之功能作用，及於其自身時，所表現之相之如何，而感攝之；而由此相以導致其一種類、一方向之反應活動。反應之活動成習，而其活動之結構有常，其活動之能之表現方式，亦有常，而此能卽爲一常有此方式之常能。常能卽常體。常體不變，而對外有其阻力，則人名之爲質。故凡生命存在之反應之活動成習，其存在之體，卽皆可稱爲一有體質之體，或物質之體也。

然反應之活動有成習者，亦有尙不成習者。成習者，固有縱面的先後相續之一度向；尙不成習者，則初只見有橫面的由內擴及於外之一度向。凡成習者，其始皆非成習。其非成習者，則初唯是一對境物之感攝，以攝外於內，而依此所感攝，以定其模倣之反應，以由內及外。此感攝反應，方爲生命存在之一原始的生機之所在，而世間存在之物或生物，所以隨境之不同，而飛潛動植之種類，變化不窮，無奇不有之故也。依此生命存在之原始的生機之對境物，初不定其所欲感攝者，而人自外而觀，亦不見此生機；卽可說此生命存在，唯以與境相適應，以求其自己之生存，與種族之生存爲目的。此卽生物哲學家適者生存之說。謂此求適以生存，爲人所以處其自然環境、社會環境之一人生之道，卽世間一般之處世哲學，而其中之善，不悖於人之自覺的道德理想者，則如孟子所謂柳下惠之爲聖之和。聖之和者，能與人相適，亦樂見人之各得其適，而與人之適亦相適，爲其自覺道德理想之仁者也。其專以個人之適世爲事，隨俗推移，而未嘗眞有樂見人之各得其適之自覺的道德理想之仁，卽孟子所謂「同乎流俗，合乎汚世，居之似忠信，行之似廉潔，衆皆悅之，自以爲是」之無個性之鄉愿也。爲鄉愿，固未至聖賢之人，所不能全免者也。鄉愿之本質，卽亦在此生命存在之求適應於境之適應性。其根則亦在人之自然生命中之一感通之仁也。西方依適者生存，更言社會進化之哲學家，如斯賓塞，謂在理想之人類社會，人之行爲莫不成爲自然的互相適應，以合於羣體之共生共存之目標，而不待人之任何自覺的道德努力，而其一一活動皆自然使羣己相適。此卽一以人人皆鄉愿爲理想之人生哲學。然善解之，而升進其義以說，則亦可成一以人人皆成聖之和者爲理想之哲學。此卽見人與其環境相適應之理想，其意義不定，而可升至甚高之層位，亦可止於其自身之一層位。若止其自身之一層位，則只在此己與其外之人物之以感覺互攝，而成其相互之適應之境，而人亦可以此卽天下太平無事之境，爲人類社會之極則，爲人人皆成聖之和之境。一般社會主義、人道主義，所言之大同之世之和平，大率不出此。然實則此非人類社會之極則，唯是使人類社會依於與無生物、生物，同有之「與境相感攝模倣之道」而行，或自然生命之感通之仁而行，以使人類社會生活成一自然生活而已。其與聖之和，或人類社會之極則，在使人皆爲有自覺的道德生活，自覺形成道德人格或聖賢，尚距千萬里。欲至於此聖賢之境，必先翻過後之觀照凌虛境，知意義界、理想界之存在，然後可。固非在此感覺互攝境所能說者也。

第十三章　觀照凌虛境——觀意義界（上）

一、泛論意義與觀照之意義

此所謂觀照凌虛境——觀意義界，卽吾人所論九境中之中間一境之第五境，乃一承前之一般世俗生活之境，而啓後之超世俗生活之境界之中間境，而可上可下者，亦人之純粹知識學術文化生活所主要寄託之境。此所謂純粹知識，乃指一不必求應用於判斷實際事物，或改變實際事物之知識，唯亦可依之以成判斷實際事物，或改變實際事物之知識者。此類知識，只表示實際事物之性相意義上之同異，或相涵蘊等關係，而此關係只須爲可理解的，卽無實際事物之存在，仍可由理解而陳述之。此所謂意義，卽只是一內容的意義，而非其外指的意義。對此內容的意義之認知，初純爲直覺的，或直觀的。(註)辨其同異與涵蘊等邏輯關係，卽爲直觀的理解，展示此理解，則爲邏輯的陳述。辨紅異藍，而同涵蘊其爲色，卽直觀的理解。

肯定X是紅，涵蘊肯定其是色，而肯定X是色，不涵蘊肯定其是紅，則爲邏輯的陳述。於此人若在其直觀中，有此紅藍色之相外，另無存在之物具此性相，人仍可由直觀而理解其有此同異涵蘊之邏輯關係。故此理解之後，可不繼之以對存在事物之判斷。此所理解之相與意義，吾人可稱之爲純相或純意義。此意義之一名，在中文可釋之爲意所向之義。義卽正當，於紅直觀其異於藍，而同爲色時，吾人之意卽由紅而向於藍，更向於此紅之異於藍，與其同爲色，而直觀地理解此異同、與涵蘊關係等。此意之如此由紅向藍，更向於紅之異於藍，而同爲色，卽意之應如此，而當如此。此卽意向之正當。而吾人可說：凡意之循一關係項如紅，及一關係，如異，以向於另一關係者，如藍，皆是一正當之意向，卽意向之義，亦卽一純意義。人對此純意義有所知，自可形成一似命題判斷之語句，亦可由之以更形成一對實際存在事物，有外指意義之判斷式之命題，對事物爲眞或爲假。而其眞者，卽形成一對實際存在事物之眞知識。由一般對實際存在事物之眞知識，減除其外指物之意義，亦無不可形成一

註：直覺之覺，原爲醒覺，醒覺乃存在自己醒覺，自知其存在之直覺。醒覺而不經概念，外有所覺，爲對其他之存在之直覺。直觀，則初爲觀此存在者之意義關係結構，而此意義等則可視爲非存在，而可成概念之內容者。此中，所觀爲所覺，所覺皆所觀，故直覺、直觀二名可互用。

述此純意義之語句。然此語句之本身，實不同於一般判斷、命題、知識之爲有實際事物，爲其眞正之主辭者。此語句中之項，乃不能確定孰必爲主辭，必爲賓辭者。如人知紅異於藍時，似可說紅是異藍者，而以紅爲主辭，亦可以藍爲主辭而說藍是異紅者，亦可以「相異」爲主辭，而說在一切相異者中，有紅與藍。實則於人之直觀紅異藍時，其意向可由紅始，而向在藍，再向在紅之異藍；亦可由藍始，而向在紅，再向在紅之異藍；亦可先向在相異，而見在有相異關係者中，有此紅與藍。三者之次序不定，其先出者，卽皆可視爲主辭，以後出者爲賓辭，而形成不同之判斷命題。依此以指物，則人更可說「凡是紅之物皆異於是藍之物」之命題，而此命題卽有外指之意義，而亦爲一對事物爲眞之知識。吾人亦似可說，因人先有「凡是紅者皆異於是藍者」之知識，再減除其外指之意義，方有此「紅異於藍」之純意義或相之直觀的理解，此中「紅異於藍」，與「藍異於紅」，其意義上之分別，只由人之觀之之意向之始終之不同而定，而此意向之始於紅者，可轉爲始於藍。由此意向可互轉，而皆歸向於見其中之有異，卽見此不同之意向之相生，而交會於一，而合以形成一整個之直觀的理解。人於此亦卽可不重此意向之始於此者，與始於彼者之分別，而只視之爲一整個之直觀的理解，而以一整個之「紅異藍」之純意義或純相，爲其所知。人將此所知，表於文字所成之似判斷命題之陳述語句，雖有邏輯之形式，初只是一描述此所知之純意義、或純相之描述語句；而不同於一般判斷命題之語句之有外指之意義、有客觀事物爲其眞實的主辭，而有客觀之眞妄値者。此描述語句之有其邏輯之形式，固不礙其所描述之純意義純相之原自一整個之直觀的理解，而無外指的意義也。

此一純意義、純相之陳述，卽西方哲學中之純現象學的陳述。但現象一名，不甚妥當，以「象」恒有其所象，而「現」與「隱」爲相對。此中不須涉及現與隱之問題，故宜名之爲純相或純意義之陳述。此陳述只表示此直觀的理解。此直觀的理解，尙非世間知識。吾人可說，唯由人之直觀的理解之心靈之下墜，將其所理解者，向居其下一層位之事物，而外指，卽化爲一般之判斷，更知其判斷爲眞，乃成世間知識。人之由一般之判斷與世間知識中，減除去其指物之意義，而只觀其所表示之純相上之關聯，則爲由一般之判斷，世間知識，升至一直觀此純意義之世界，或純相之世界之一上升之心靈。此中之升者皆可降，降者亦可升。人亦初由先有其一般之判斷與世間知識，乃可升至對其中之純相或純意義之世界之發現，故恒混淆此直觀的理解之心靈，與一般判斷知識之心靈，及其所知者，而視爲一層位之境。然實則此乃截然分別，而高下不同之二境。此中居下境者，雖可全部升至高境以觀之，居高境者亦可全部降於低境而用之，此高低之二境，仍截然不同也。然以此中有可升可降，而升降無常之關係，故人恒不免於混之爲一。吾人今之論此境，爲免於與一般判斷知識之混濫，將不論一般由對實際存在的自然社會事物之知識所升成之純相、純意義；而唯由一般易見其顯然不同於有實際事物爲所指之判斷知識，而只由直觀的理解而成之對純意義、純相之知，如關於文字意義之知、文學藝術之知、與數學、幾何學、邏輯、哲學之知，以爲本部主要之論題所在。此類之知，其中有理解之識別，故亦可稱爲廣義之知識。此廣義之知識，亦同可稱爲對意義界、或純相界之知識，而以意義界或純相界，爲此諸知識之對象，或定人對之之陳述之眞假之標準之所在者。但此所謂眞，同於有所陳述而所陳述者爲可直觀的理解者。此所說假，同於只有文字之拼合，人不能緣文字以形成一直觀的理解者。如圓的方即不可理解，只爲文字之拼合而爲假者。然「圓的方不可理解」之本身，則可理解，又爲眞。人用文字意在對意義界有所描述，或有所指，而謂圓的方有所描述有所指，卽無異一判斷。今此圓的方無所描述、無所指，故此判斷，對意義界爲假，唯「說其爲假」則爲眞。故於此亦可說語句之眞假，而其眞者亦是一知識。此純意義之知識，自與一般之知識不同。然亦不礙吾人於一般知識，減除其外指意義，皆可升化之爲此純意義之知識。而可以此純意義之知識，攝盡世間知識而無餘。此義亦不可忘。否則此直觀的理解不能遍運於世間知識境而涵攝之，以形成爲高一層位之境界。至於吾人之所以不於一一對自然社會之事物有外指意義之知識，一一升化於此意義界中而論之，則只因不能一一及，亦不必一一及，而及之亦易形成上述之混淆之故，非其必不能一一升化而論之之謂也。

至於對此直觀的理解之境，吾人之所以名之爲觀照凌虛境者，其意乃在將此境，自上所陳之感覺互攝境之升進說來。人在感覺互攝境中，有所感覺時，卽對事物，感覺到其性相之表現，如上述之紅藍是。然人在感覺此性相之時，同時覺此性相乃由在外之物體之一功能、一作用，及於我而致。故此性相，外由於物體有一使我之心知，知此性相之作用，而內則又由我之有此心知之作用，以知有此性相。則此性相在內外皆有所掛搭，此時卽不見其爲一純相、純意義；而繼此感覺而起之判斷，更直下將此性相向外投置，以附於物之體，以形成一般之有實物可指之知識。一般之自然社會之知識，卽循此途，以次第形成。人之由此感覺境界，以上升至純意義之世界之道，則首在將所感覺之物之性相，一方如推之而出於其主觀感覺之外，與其感覺心靈，游離脫開，一方如提之而上，自其所附屬之客觀實體，游離脫開，而更自升起其心靈，與此性相之位平齊，再與之形成一距離，而就其如何如何，或如是如是之純相而觀之，更有一向此所觀之一意向。此事之所以可能，在吾人對感覺活動於物所得之相，更可以吾人其他心理活動，如回憶、想像等加以呈現，卽見此相，可自運於記憶想像之中以呈現，而與其初所自來之外物之自體，游離脫開，而外不附於此體。由人之可以感覺、回憶、想像等主觀心理活動，交會於一相，而分別呈現之，則見此相亦不黏附隸屬於任一心理活動。故此諸心理活動不同，而可於其相互更迭以起之後，更相銷，以共沉於此相之下；而呈現於心靈之前之此相，卽可不在現在之感覺中，不在過去之囘憶中，亦不在未來之想像中，而超於此種種主觀心理活動，以凌虛而呈現於一亦超出過現未之時間之分別之純粹的直觀之中。此直觀之由觀一相，以更向於他相，由一所觀以向其他所觀，不同於一單純的由感覺之繼起，以有相續之相之呈現，亦不同於依已往之經驗而有之自然囘憶或聯想、與想像；而是將此感覺囘憶想像中分別呈現之相，使其互相轉運、通達，於此三者更無所隸屬，而於三者之上一層位，浮現一直觀，如在一天橋之上，觀此可相轉運通達之諸相，與其關係，以成此直觀自身之轉運通達。此直觀自身之轉運通達，而由一所觀，以運其觀，以轉向其他所觀，而通之達之，卽是以此所觀爲一觀點，以照及於其他所觀。此所謂照，如中文所謂對照之照。此照亦如一光輝之照，乃以此初一所觀爲中心，而發出、射出，以往照及於其他所觀。其他所觀，亦可更自爲一中心，以有其還照。在此往照及還照之光環中，卽形成一觀照境。如紅日藍天之紅與藍之對照，形成紅藍對照之一極簡單之觀照境。於此境中，人便可更直觀的理解：紅之異藍，與其同爲色，亦復可更直觀的理解此紅之異藍，其根據在紅中無藍，藍中無紅。更直觀的理解其同爲色之根據在：於有紅、有藍，皆可見有色。此中之理解，乃依於觀中之有上述之照。故可以觀照之名，攝上文之直觀的理解之義。

至於對此上所述及之「同」「異」「有」「無」之本身之直觀的理解，人自可說：乃依於人之先嘗不自覺的，用「色」以判斷紅與藍，方能觀藍紅之同是色，於藍紅皆見其有色；又嘗不自覺的用藍以判斷紅，用紅以判斷藍，方知紅非藍，藍非紅、紅異藍，藍異紅，紅中無藍，藍中無紅。然復須知：人在對紅藍與色之有無同異等，作直觀之時，人可不知其先有此不自覺的判斷，亦即初無自覺的判斷。此人之自覺的判斷藍是色、紅是色……紅非藍、藍非紅」……以及「一切物之是藍者非紅」等判斷命題時，人皆恒覺其是繼此直觀而後起者。在人對紅藍初作一直觀時，亦更可初無「紅中『無』藍」「藍中『無』紅」或於紅藍皆見「有」色之自覺，而只有一紅藍之對照，所成之觀照境。此一觀照境中，有紅藍之統一所合成之一全體，而紅藍則相分別，而各成其一部份。然亦無此統一之全體，與分別之部份之自覺。此自覺乃後來之事。此自覺本身可爲高一層位之觀照。有此自覺而有對此中之「有」、「無」、「同」、「異」、「統一」、「分別」、「全體」、「部份」之關係之觀照，亦有對此「有」「無」「同」「異」等諸抽象意義或抽象範疇之觀照。此即屬於哲學義理的觀照。今觀此紅藍合成之境中，有此同異等關係，足爲紅非藍、紅是色等判斷命題之所依，更觀照此諸判斷命題之涵蘊關係等，以至此中之「是」「非」之自身，依於一判斷之理性等，則爲純邏輯性的觀照。人於此若觀照：此中之全體境大於其中之部份境，部份境之小於全體境，則爲一形量之觀照。卽幾何學之始。更觀照此境中之統一，卽數之一之始，更說，一加一成二等，卽成數之關係之觀照，爲數學之始。然此皆非人緣紅藍之感覺，而升起之第一層位的觀照。在此第一層位之觀照中，只有由紅藍對照所成之境。此境中之紅藍，外不附於實物，不指實物，以形成對實物之判斷，故非類概念；內不被視之屬於此心之感覺自覺，故非自覺感覺中之物；亦不見其因在外物之體，其果之及於心之感覺，更不見其與其他「外物」與「心」之其他活動間之因果關係；故不屬前所述之萬物散殊境，亦不屬依類成化境，功能遍運境，感覺互攝境；而只爲人對其感覺互攝境中，所見之紅與藍，而更加以對照時，直接自感覺互攝境升起，所成之一境。觀一境中紅藍之對照，如以紅爲始，則紅首放射出其光輝，以往照及於藍，而藍亦還照於紅，如成一光環。此觀照之心靈，卽如位於此環中，以形成此往照與還照之光環。此心靈位於環中，如安居於環中，而爲靜；然靜中自有一往還之照在，則亦爲動。此卽爲一原始之審美性之欣賞或欣趣，或觀賞的心靈。此「欣」，原於得其所位而安之，此「趣」，卽往還之二趣向相生所成之趣味，賞卽賞其所往照還照，而如尙之、如重之，故賞字從尙從貝，貝卽貴重之物也。

在此原始之審美心之欣賞或欣趣之心靈中，其所欣賞欣趣之境，外與實物游離脫開，內與其初所自來之感覺，亦游離脫開，故外不在物，內不在已，內外皆不見其有所託；上又非抽象之類概念，下無其所統之個體物；無前因，無後果。此卽內外、上下、前後，皆無依而鄰虛。如說其有所依，亦與其所依者之間，如有一遙相距之虛的距離，以共浮現於此虛中。故此境卽觀照凌虛境。當心靈在形成此觀照凌虛境時，自亦當依其觀照的心靈活動之自生起，而如往形成此境。然此一語，亦高一層位之反省自觀其觀照之所見。直自此心靈之有觀照之活動自身說，則此心靈，可有此觀照，而無此反省自覺。其觀照，乃在一「自忘其觀照之有」中進行，亦卽以此自忘，爲凸顯此境之用，而亦不見此自忘，於此自忘，亦併忘也。以此觀照之心靈活動之自忘，而亦忘其自忘，故其照境，卽安其位於所觀照之境之相，只欣賞此相，以自成其靜而常運。至若其由反省自覺，而更觀照此觀照，以說此觀照之心靈之上下、前後、內外之無依，其境之非類、非個體物、無因果等，如吾人上之所說；則又是居更上一層位之哲學的觀照之所見。依此哲學的觀照，吾人說此境之所對，非個體物、非類等時，吾人對個體物與類等之意義，亦有所觀照。此亦是一哲學的觀照。吾人於前此之萬物散殊境、依類成化境等，全部所說，亦皆可原自吾人之哲學的觀照。在此哲學的觀照中，吾人皆只以此中種種之義理或意義爲境。任何其他之哲學，亦莫不是依一觀點，以觀一切事物之義理或意義，而以之爲境。吾人於觀哲學中之義理或意義時，吾人之哲學之心靈，亦仍只安其位於此義理或意義之境，以成其靜而常運，同時亦將個體物、類等，升進於此哲學之觀照之內，而觀其純意義與純相；則卽個體物亦有個體物相，非個體物者，自亦各有非個體物相。初看：純相，無個體物相，則純相非個體物相。以個體物相爲相之標準，觀純相，則純相無相而非相。然以純相觀個體物相，則個體物相亦自爲一純個體物相。……此中似有種種矛盾之詭論。然此矛盾詭論，亦只在此哲學義理境中生起，亦皆可由更進之哲學的反省或觀照，加以銷除。此矛盾詭論，在此境中生，亦在此境中死。蓋個體物等在此觀照境中，有如江山盡入畫圖中，而畫圖中之江山，卽已非原來之江山矣。至於此哲學的觀照自升進，至於觀照此哲學觀照之自身，而知其如何如何，若吾人上之全部所說，亦仍只限在哲學的觀照境中，其外仍有其他之觀照境。而原始之觀照境，則當說爲直接自感覺互攝境升起之審美性、藝術性的所對之境，而形成此境之心靈，卽審美心也。

此原始之審美心之所對，初唯是對其感覺所攝之物相，更與其物之存在，游離脫開，而成之所謂感性的觀照。此雖人人所有，亦非人所常有。此乃由於吾人之感覺攝得一物相時，以感覺互攝境中之感覺活動，連於其前依類成化境功能序運境中所說之類之觀念；目的手段觀念，與因果觀念，以攝得一物相時，卽恒直下以心思把握之，而化之爲類概念，以指其外之實物；亦恒求用此實物爲因，以達其目的。此後者卽一功利性、實用性之活動。此一功利性、實用性之活動，恒緣感覺所攝物相而生起，卽有一極强大之力量，以逆阻此物相之化爲純相，以成爲觀照之所對。故常言審美性之活動，必由超此實用性、功利性之活動而生起。通常人亦恒只對一「無實用性、功利性的意義，或人之功利實用活動對之無所施其技」之自然物，如天際遠山，雲間飛雁之類，方易對之形成一審美的觀照。又人在日常生活中，忽聞前所未聞，忽見前所未見之事物，旣驚且喜之時，亦最易形成其觀照。再或國破家亡，平身所有，更無所有，一切絕望，更不再希望之時，則當前之境，亦歷然在目。此亦最易成其觀照。否則須心眞閒而無事，而後能卽事而欣，以成其觀照。要之，此皆是：或與實用性目的手段之活動無關，或出乎目的之期望以外，或一切手段之事皆無可爲而不爲之時；然後人能於當下之境，當下以觀照心，與之相遇。凡此等之日常生活中之觀照心之出現之情形，乃隨人而異，亦難言有其定型。今不擬多及。

助成此人之觀照心境之出現者，爲人之文學藝術。而文學藝術，亦恒爲人有對現實事物，或一理想境中之事物，有深厚的觀照心境之後之自然表現。此中之文學，純由語言文字所構成，此語言文字之自身，其何以能助成人之觀照心境之出現，須待於吾人對於語言文字之所以爲語言文字，其如何能表義顯境，有一根本上之討論。而此一問題，亦不只關連於文學語言，何以能助成人對事物之觀照，並關連於文字語言，何以能助成人對義理之觀照者。

二、語言文字何以能表意義之問題

語言文字之所表之義，或在所指之事物本身，或是吾人對事物感覺後，所生之觀念，或是吾人以事物之感受爲因，而有之情意行爲活動之反應之果，或是人之自覺反觀此一切間之關係，而構造出之種種抽象概念，與所形成之種種想像。人對想像境，又有其情意行爲活動；而人對其自己的情意活動，亦可有更自加此愛惡取捨之情意活動。人又有「望人愛惡取捨何種行爲活動，何種情意，亦有何種概念觀念感覺」之一期望、要求、命令。凡此等等，皆無不可爲語言文字所表之義。語言文字所表之義，初固在吾人當下之心意中，然表之之後，則可使吾之未來與他人，知吾之心意，或與吾當下之心意，有同類之心意，而形成當下之我與未來之我及他人之我，其心意之互相交通；以不只形成一感覺互攝之世界，亦形成一一心意互攝之世界。

然語言文字，何以能表義，以形成人我間心意之交通？則可有種種疑難。此首因語言文字之符號，只是一可感覺之聲音形象之屈曲，其自身恒不與其所表之義相似。卽在象物形、象物聲之語言文字，與所象之物形物聲，已不全相似，則其何以能表種種感覺事物，卽有問題。至於以語言表觀念、概念、情意活動時，則此語言文字之聲形，可感覺，而觀念概念情意，唯可由人各自反觀自覺，而非可感覺，則二者更全不相似。又在人聞見一語言文字之系列，而自謂了解其義時，是否皆在心中呈現其所指之事物，所表之觀念概念，亦有問題。豈吾人聞見此「情意」二字，卽必須實動一情，起一意，然後能理解此二字？於此遂有人謂語言文字，自其爲人說出之一聲音，畫出之一形象言，初無異於人與其他動物，受一感覺上之刺激而呼號，而動其手足於地上。此只是一行爲之反應的表現。他人之理解一語言文字之意義，亦卽對此反應的表現，再有一心理生理上之反應之表現。此對反應之反應，初亦如人或動物見他人他物之有某動作之表現，而在心理生理上隨之而有另一之動作之表現。至於人以感受某類物後，恒有說某類語言之行爲，與人對何語言，恒有何其他行爲，則可說是人之心理生理上之一習慣。此習慣，在主觀心理上之表現，初可只是一聯想的行爲；繼則在說者，是一生理上的說語言之行爲，在聞者，則可止於一聯想的行爲，或更引起一生理上之語言行爲，或其他行爲。又由人之語言行爲，可以互相引起，故一語言可指示另一語言，而一語言，亦可只以一語言爲其所指。在此後一情形下，吾人之了解一語言所指之語言，亦卽同於理解語言之義。此亦可以解釋吾人之理解語言，何以不須一一想其所代表之一一觀念概念之疑難。此上之說，可稱爲一種語言之行爲論之說。

吾人對此說之評論如下：卽一語言之可只以語言爲所指，應說是一事實。如「語言」之一字，卽以一一語言爲其所指。而人之理解語言，亦恆只是理解語言所指之語言，非必想及其所代表之觀念概念，亦當是一事實。但人若由語言爲聲音符號之可感覺之物，遂於語言之意義，皆只連於人發語言之先，其所感覺之物而說；並視語言行爲同於人其他行爲之表現，可爲他人所共感覺者，或暫未表現於外之心理上之聯想的行爲而說，則其義太狹。人之理解語言，後來雖可只是理解語言所指之語言，然人在初理解語言，或創造一語言時，則明不能說其不以之指一實物，表一觀念概念，或自己情意活動，與對人之要求命令等。今若說人之語言，始於對所感覺之物之刺激之自然的反應行爲，則此對人之感嘆詞如哈哈哎哎之類，猶易說，對自然物之聲音形狀，加以模倣之象形象聲語言，亦尚可說。但對抽象之概念語言，則無法說。卽在象形象聲之語言中，對同一之物何以或象其形，或象其聲，又何以同屬象形象聲之語言，其所象者全不同，而可被視爲有同一之義，此明由人之共同的自由約定，而非以此物之形聲之刺激爲因者之所決定。此人之能對任何事物，共同自由約定，而以任何聲形之語言，加以表示，或以任何之聲形之語言，指具任何聲形之事物；明不關於事物聲形之刺激，有何決定的力量，以決定語言之形成。卽在人之感嘆詞，雖初皆可只爲出自情感上之自然反應的聲音，然同一之悲哀歡樂，有不同之發聲，而各語言系統中，表示悲樂之感嘆詞之音，亦不必相同，何以仍可有其所表之共同意義？而人之共同約定以某一感嘆詞，表某類之情，則不能只是純出自情感，而發此感嘆之聲之自然反應之事。對此人之可共同自由約定，以一某聲形指何事物，表何心意，正爲吾人論語言之如何形成，如何能表義、而有意義，所最當正視之一事。

此人之可共同自由約定，以具某一聲形之語言，表何意義，正見此意義與語言之聲形之無必然之連繫，一語言之有何意義，可純由人自由的加以賦與，而共同約定。然此亦無異將上述之只可感覺之語言之聲形，如何能表超感覺以外之意義之問題，逼向一焦點，即：此語言之表義，既由人之賦與與約定，則人如何能將其所知之超感覺之意義，賦與一只可感覺之聲形之屈曲，並共同約定：此一意義已賦與此語言，而共以此語言表此已賦與之意義？於此或說：此乃因吾人在念一所感覺之語言之聲形時，同時心中可有某意、與意中之義，由習慣而使吾人得由其一以聯想其他；人人皆如此聯想，一語言遂有一約定之義。但此說仍是吾人上所斥之說之遺。此仍是將語言之聲形，與其所表之義之關係，視作一定，而於「吾人聞一某語言，而有某一心意，或有某一心意，而說某語言」之事，視爲一自然之反應之說。此說乃與吾人在知以一語言表某義時，仍自知其可自由約定語言之意義之一事實，相悖；亦與吾人在以語言表某義時，亦恆以一語言表某義所引申之義，或類同之義，而恆能擴充一語言之意義之事實，及能變換不同之語言，以說同一之義之事實，亦相悖。人之能在其上下文不同之情形下，使一語言表不同之義，或於新義，更造不同之語言以表之，皆由人之語言，與其所表意義間，原有一鬆動而可離的關係，語言之意義恆可任人自由的再加賦與，而一意義亦可再造語言加以表示之故。若此語言之意義之賦與，只是形成一定之習慣之事，則一定之習慣愈形成，即無異對自由賦與意義之事，愈加以限定。此卽至少不能解釋人用語言時之創造性與自由性，與語言之意義之生長與進化之何以爲可能之故。

吾今所擬提出之一語言哲學，則爲根本不自語言的行爲或語言之聲形之本身，看其何以能積極的表義之故。因此只可感覺之語言之聲形之本身，原可無其所表之超感覺以上之義故。吾亦不自語言與心意中之義之習慣上之一定的連結上，看語言之能積極的表義，因人用語言之自由性與創造性，卽使此不能亦不當全是一定之連結故。吾將說明：語言之表義，初非是積極的表義，而唯是消極的表義。此所謂消極的表義，先畧說大旨。卽一語言之表義，初唯是以一語言之行爲，消極的遮撥其他之語言行爲，或其他行爲，與其他之境物，以顯一心意中之境，與此境中之義。不同之語言之行爲，唯以其所遮撥者不同，更互相限制其所表之義，而各有其範圍內之相對的一定之義。由此而不同之語言之表義，皆只是達其心意，以通於境中之義，以成其自己心意之前後之通達，及己之心意與人之心意之通達之事。其表義只是達義、通義。於是，一切語言，皆當視同於一橋樑、一道路，以載人之心意，通達於種種境中之義；而不同之語言，只是若干縱橫交錯，往來通達之不同橋樑道路；而除爲此道路橋樑之外，卽更無有其他內容者。諸道路橋樑，唯以其各有其通達之境，而互相殊別，以各成一特定之道路橋樑，亦如各種語言，各有其携人之心意所往之境，而互相殊別，以各成一有特定意義之語言。此道路橋樑，乃時時可由人重造，以改變其所通達之境，亦如語言之意義之時可由人重定者。然一一道路重造以後，仍在互相殊別之情形下，各爲一不同道路，而縱橫交錯，往來通達，以成一道路之系統，正如一一語言意義重定以後，仍合爲一縱橫交錯往來通達之語言之系統。上是略說後文大旨。

說語言之行爲，爲一消極的遮撥其他行爲與其他境物，以顯一心意中之境，與此境中之義，當先自語言之起原說。自語言之起原說，人初自只有自然之發聲，與聞他人之語言之聲。然人之聞人之聲，而知其爲語言，則必由此聲以向於人之語言之所指所表。此聞一人之語言，而向於其所指所表，初亦可是一習慣性的反應。人之初發一聲，竟得其所求，遂於有所求時，自然發聲，亦可是一習慣性的反應。然人在知用一語言以指某物，而注視注念其物，更重複此語言之運用，以自維持其注視或注念，或自以一語言喚醒其注視或注念，或以一語言呼喚他人之注念或注視，而別無所求時；則此語言之行爲，唯是呼喚一境，使之前來，或自維持其所已注視之境之一行爲。人自其小孩時之喃喃學語始，卽求對其所見之境物，知其名字，於不知其名字之境物，必自試爲之任取一名字，而更由說此名字，以維持其對境物之注視或注念，卽爲一人之自動欲使境物有名，而以名呼喚境物，使之長在其注視、或注念中之事。此人之呼一人與物之名，便可自使其注念在此人與此物，乃人所共有之經驗。故一人對他人之招呼，而只呼其名，更無他語，此他人亦可覺此人對之有一關注尊敬之意在。人之何以能由呼人物之名，便可使其注念於人物？則此唯由此一呼名之語言行爲，卽由人之其他行爲之暫時停止而有。此一語言行爲之進行，亦卽有暫時停止其他行爲之作用。此其他行爲之停止，卽使其意念之在某人某物者，自然得維持其存在，而使其只注念在此人此物。故人凡欲對一人物維持其注念，莫若對一人物呼名，而以此呼名之語言行爲，消極的去除其他之行爲。此自動的呼名之語言行爲，卽爲別無任何功利之目標，亦不由習慣而必然發生，復初非爲成就人與我之心意之交通，一原始的自動自發之純粹的語言行爲，而其意義，卽唯可由其消極的遮撥其他行爲之效用，加以理解者也。

復次，人之原始的語言行爲，又有可專爲消極的遮撥境物之用者。此卽爲人之表示不願或禁止之意之語言。此種語言，初可只表爲一拒絕反抗所不願者之聲音，或壓迫排除所欲禁止者之一聲音。然人有此聲音語言時，同時卽可反而更注念其所願望者之所在。此亦卽由此語言之行爲，卽向在去除此不願者，排除所禁止者。此行爲，卽可助成其心意之向於其所願望者，而更注念於其所願望者。此卽語言行爲可兼有遮撥心意中之境物，而凸顯其心意中所願望之境物，而更注念之之效用之故。

吾人如識得語言行爲之有此上述之遮撥自己之其他行爲，與遮撥境物之效用，而在此遮撥之效用處，見語言之原始的價値，則可理解語言之原始的意義，所以初非確定的意義之故。小孩之初學習語言，乃由大人敎之。大人以手向某方向指某物，而更呼其名，小孩卽注視其物。此大人之以手向某方向而指之時，卽排斥而遮撥其他方向之物，爲其所不指，而見此名之有一遮撥的意義。然其向某方向而指時，在某方向中者，可不只一物。故當其自用此名時，於在同方向中之物而相接近者，或與大人以名所指之物，略相類似者，皆可命以此名。是卽見此名，初無確定之積極意義。而唯在小孩知此類似或相接近之物，別有一名之時，彼乃知此二名之義，有所不同。然卽在人有種種名，以名不同之物時，更遇一其所未嘗名之，而與其所嘗名之之物，相類似接近者，人仍可自引申其昔所用之名之義，以名之，而增其昔名以新義。此卽見語言之意義，初唯可由其消極的所不指之意義，及其與其他語言之意義之互相限制，然後有其確定之範圍中之積極意義。在無此互相限制之處，一語言之義，皆無不可自由引申，而擴大其意義之範圍，而以之名一切昔之語言所未嘗名之之物。故人若暫廢其昔所用之名，忘其義而不用，則人亦未嘗不可以一名泛指一切物，其目標唯在喚醒其對於所指之物之注念。如人之只對任何物，說一「這個」，亦可喚醒其對任何物之注念；禪宗之徒之只舉一指頭，視之如一言語，亦可以之說一切物或任何物也。此種言說之所以仍有其大用者，卽只能自此言說之提起，卽可遮撥人之其他行爲，以及其他之心念，而成其對此所指之事物之注念處，加以理解者也。

三、語言之確定意義之問題

吾人謂語言之確定的範圍中之積極意義，唯由其互相限制而後有，可引生一問題。卽人可謂若一一語言自身原無確定意義，則亦無範圍之限制，而不能有與其他語言意義之互相限制。然此問題，實乃人既已由語言之意義之互相限制，而相對的各有若干之確定的範圍之後看，所發之問。初非自人如何學習語言，人如何創造語言之歷程中看時，所當有之問。在人創造語言、學習語言之時，語言乃由少而多，其用法亦由簡而繁。然人之只有少數簡單之語言之時，其所經驗之事物，亦未必如此簡單。則此簡單之語言，自後來之繁多之語言觀之，其意義必有不如後來之確定者。然此正爲人學習語言、創造語言之歷程中所必經。此人之所以由有較簡單而意義不確定之語言，至有較繁多而意義較確定之語言，其關鍵不當在語言之自身，而在吾人心意，對所經驗之事物之類與不類之義，有較確定之認識，而後要求有更繁多之語言，以表此有較確定之認識之心意中之種種義。吾人之不先有確定意義之語言，無礙於吾人之次第有較確定的對心意中之種種義之認識。如吾人之顏色之語言，其義初雖不確定，並不礙吾人對不同之顏色，漸有一確定之辨別。人用一純形式的簡單語言，如這顏色不是彼顏色，亦不是彼顏色以外之某一顏色，亦卽可表示吾人在認識上，對此三者，有一辨別。吾人之所以必有聲形繁多之語言，以表示吾人之所辨別，亦唯所以更助成人之辨別。此其所以能助成人之辨別，則在語言自身之聲形之繁多，可與吾人所欲辨別之繁多相對應。此相應，不是由此語言之聲形之繁多的內容，與所辨別事物者之繁多的內容，有相似之處；而只在其爲繁多之一點相似，卽在「語言之聲形之繁多，而此聲形不是彼聲形」，與「語言所表之事物之內容之繁多，此內容不是彼內容」之一點上，彼此相似。則吾人旣由一聲形之語言，以通達於某事物之內容，而見此一聲形之內容之爲一，與所通達之事物內容多於其爲一之時，吾人卽自然要求對此事物內容，有較繁多之語言以表之。今吾人若任定一語言，以表此事物之繁多之內容之一，則其外之一語言，卽只能表其外之事物內容。而此外之再一語言，卽只能用以再表其餘之事物內容。於是此中之不同聲形之語言，與不同事物之內容，卽可由次第之任定，而彼此相排斥，以次第確定。人於此固不須謂此中之語言之意義，一一皆先已確定；而大可謂當吾人尚無足够之繁多語言，與繁多事物內容相應時，人固未嘗不可即以一簡單之語言，順此繁多之事物內容之相類似、或接近之關係，而以此一語言，遍指此繁多之內容也。故人卽在其語言已極繁多，如今日，人亦未嘗能對一一繁多之事物之內容，皆一一有確定之名以別之，而恆不免本事物之內容之類似或接近，而以一名名之。則其中仍有名之意義之不確定之成份在，而亦可更無限制其義之名，對此不確定之意義，加以確定者也。

人若對吾人上來之說尚有疑，而堅持其一名自身應先有其確定意義之說者，吾人當更問其如何界定一語言或一名之確定意義，則其人仍只有說：此一名之義，雖同於彼名之意義，又異於其他某名之義等，以爲界定。若吾更問：此彼名或此名之義，則其人又須更說彼名之雖同於另一某名之義，而又異於再一某名之義……。然此卽無異自謂其名之有確定意義，唯待其同於他名之義，或異於他一名之義而確定。此其全部之說，所說及者，唯是諸名間之同異關係。然吾人對他人所說之一套名之同異關係之言，若欲眞實理解其所指所表之事物之義，則唯賴吾人之能發現一群事物之性相間，亦有其一套之同異關係，而此諸性相之同異關係，與其所說之一套名之同異關係，能相對應；然後吾人得理解其言所指所表之義，而非只就其所說一套之名之同異關係，便能有此理解也。然人必聞一套名之同異關係之言，方能確定名之義，則固已見人只能由此名之同異關係之次第規定，以使名之義有其互相限制之範圍，方得確定其名之所表、所指之義。舍此關係之次第規定，則名之義，無互相限制之範圍，固不能有確定之義也。

探彼持名自身應先有其確定意義之說之原，蓋唯由人之用一名時，其初所思及者，可只爲其一義，或只對某一物，而用此名。因其用名時之心意所向，只在一物或一義，故直覺此名之義爲已確定。然此只爲人之當下反省其當下用名之事，而成之說。若其更反省其在他時用此名，是否只此一義，或只以之指某物，便知其名之義，實未嘗確定；而唯待更用若干他名，以界定此名與他名之義之同異關係，然後方得漸確定其所用名之義；便可自知其所用之名之義之確定，唯是由其與他名之互相限定其義之範圍矣。

上說名之意義之確定，唯賴人之說出一名與其他名之同異關係。名是語言，說語言或名之義之同異關係者，亦是語言。然此說語言之義之同異關係，乃上一層位之語言。此上一層位之語言，不只涉及「語言」，亦涉及其「義」。若說此「語言」與「義」之二名，亦是語言，則此「語言」之義，是指「諸語」說，「義」之義，是指「諸義」說。然人不能據此以謂只有語言而無義。亦如吾人之不能只有「語言」之一語言，而無「義」之一語言也。「語言」與「義」二名，自是語言，然「語言」之義所指者，乃「諸語言」，非此「語言」之一語言，「義」之所指者，自是「諸義」，非「義」之一語言。理解「語言」之所指，必超此「語言」，亦如理解「義」之所指，必超乎此「義」。故言外必有義，亦必有「言外必有義」之言，不能說只有言而無義。故吾人亦有論語言與義之關係之言，而此言亦自有義。吾人所謂二語言之義同者，卽就其同可用以指或表人所知之某一意義而說；所謂二語言之義異者，卽就其不可同用以指或表人所知之某一意義而說。人自須先知其所了解之意義間，自有同異，然後人知以同類之語言表同義，異類之語言表異義。而語言之所以由同而異，日進於繁多之關鍵，卽唯在人對意義之繁多，有進一步之辨別，而求語言之繁多，足與之相應，以有語言之生長進化歷程。小孩之喃喃學語，卽求其發聲之繁多，足與其所知之意義之繁多相應之事，而人類亦仍在此一喃喃學語之歷程中。此歷程，固未有底止，而語言之繁多，亦終有不能與意義之繁多相應，而終有未為語言所確定之意義，及意義不確定之語言也。

至於尅就語言之繁多而言，則此繁多，可由一語言之聲形之屈曲之不同而致；亦可由語言之聲形之大小、長短而致；又可由一語言之排列之先後之序，或如何組合之方式等而致。由語言之聲形之屈曲、大小、長短，排列先後之序，如何組合之方式之不同，皆可表不同之意義；而一語言與另一語言之意義之是否相同，則一般說，乃依其是否可在由語言之組合所成之一句子中，某某地位上，互相代替的運用而定。由用以代替一語言之語言之多或少，則可見一語言之涵義之大或小，由此而語言雖只爲一可感覺之聲形之屈曲，然以此屈曲之亦有無定限的在時空中之變化方式，其大小長短，及排列組合之方式，有種種之可能，又有種種代替的運用，以見語言之涵義之大小等；而此語言之世界，亦卽至爲複雜，而可表人所知之極複雜的意義與意義之連結。人將其語言，加以寫出，而成一系列之字形，或加以說出，而成一系列之字聲。此中之一一聲形，各分佔一段時空，由各分佔一段時空，而有其互相排斥之地位。此人之將其心中所知之意義，說出寫出，亦卽將其一一佈列在此時空中互相排斥之地位。其意義之相同者，則又可由重複某一語言以表示之，或以另一語言之意義之相同者，代替之，或以寫出說出之語言之聲形之大小、長短，與其排列之次序組合之方式之相同，加以表示。他人之理解其語言者，則循此說出寫出之聲形，在時空中各有互相排斥之地位，而可次序分別理解其意義，而使其所理解之意義，亦初爲一互相排斥，而彼此不相混亂之意義。更由見此中有一字一聲之重複、排列組合之方式之重複，與不同之語言之可互相代替的運用等處，知其所表之意義，亦有其相同而相通貫之處，而知其全部語言之所表，乃一有異有同，而相通貫之一意義之系統。

由人之運用語言以表達意義、及人之理解語言之意義，皆必須有此「語言之聲形在時空中各佔一地位，而互相排斥」之事，然後人乃得次序表達或理解其所指或所表意義之異，及其異中之同。故此語言在時空中，有其互相排斥的地位，而互相分辨，乃吾人藉以表達其所分辨之意義之根據，亦他人之理解此分辨的意義之根據。此人之一一語言之聲形，各爲一可感覺者，而在可感覺之世界中，有其互相排斥之地位，以合爲一系統，乃吾人所了解之意義，得系統的表達與被他人理解之根據。此中之語言聲形與人所理解之意義之相似，唯在此二系統之形式的結構之相似，不在構成此系統之一一項目之相似。此語言系統中之項目，自只是諸語言自身之不同聲形之不同屈曲。人所理解之意義之項目，則或爲其他種種事物之不同的感覺性相，或爲其他不同的抽象概念的意義，內心之情意意義等。自此二系統之諸項目，觀其彼此不同，其間原無先天的對應關係，以直接的互相代表；則人之形成一語言之系統，以表意義之系統之事，唯是以此語言系統之形式或圖格、對應于人所知之意義系統之形式或圖格，而使吾人得通過前一圖格，以達於後一圖格者。人之語言之意義同者，可相代替而運用。其可相代替，卽見人之可通過一語言以至於其他同義之語言。此人以一語言代替另一語言之時，一語言卽可以此另一語言，爲其所指之意義之所在。而一語言之意義，卽亦可只在此同義之語言，而暫無其他。然由諸語言之可相代替，卽見諸語言自身之聲形之可相超越，每一語言皆只是人可通過之以達其他語言之一橋樑、一道路，而無獨立實在性者。人之可以一語言代替其他語言，乃在表其意義之同一，則人欲知其意義之同一，亦必再通過此代替一語言之語言，以至於意義自身之了解。一切可互相代替之語言之運用之目標，卽仍歸在表現此同一之意義。人之了解互相代替之語言，亦最後爲對意義自身有了解時，所通過，而爲此意義自身之了解所代替，而更不見有語言；然後語言方爲「完成其表現一意義，以傳遞於他人，並爲他人所通過以了解其意義」之橋樑道路之功用。

循上文所說語言之橋樑道路之功用，以觀人所以由種種口說手寫之語言行爲，以有此可感覺的在時空中存在之有聲形屈曲之語言，更加以排列組合，以形成之語言的系統之故，則其目標只能是以此可感覺的，在時空存在的語言系統之形成，作人之消極的遮撥、銷除在人之語言行爲之外，人在時空中其他可感覺的行爲，其他可感覺的事物之用，以使人得通過對此語言之聲形之次第感覺，以至於其意義之表達與理解。此中語言爲一感覺性的在時空中之存在，其所以對表達超感覺性之其他意義爲必需，則在非有此感覺性的時空中存在之語言，不能消極的遮撥銷除人在時空中其他感覺性的行爲與其他感覺事物，於人之注念之外。蓋欲撥除人之感覺性的行爲與事物，於人注念之外，亦必須賴於其他感覺性之事物，加以代替。語言聲形之爲一系列之感覺性事物，卽亦有此代替撥除其他感覺性事物之功用。人既說出寫出一一語言、一一聲形，以撥除代替其他事物，更注念於此聲形之彼此互相排斥所成之圖格，而次第通過之，以表達或理解不同之意義，人卽可由感覺性的語言之聲形之世界，以次第進入超感覺性之廣大的意義之世界，亦次第超越於語言之聲形世界之外矣。由此而吾人卽可更說：可感覺而具聲形之語言之世界，爲一存於感覺世界中之一「使人兼升於感覺世界之上，必須有之一媒介的世界」。其所以得成爲媒介，則要在其存於感覺世界，卽同時能遮撥銷除其他感覺性之事物。至於一一語言之各有其聲形之屈曲，其排列組合之有不同而相排斥之諸方式，則見一一語言之有互相遮撥銷除其言其義之用。故人正用某語言時，其餘一切語言，無不可全部銷歸於無言無義，唯此正用之語言，乃有言而亦有義。人在由言，或以言代替言，以知其義而直思其義時，則言被通過被超越而只見義矣。綜此所論，則此人之以相繼之語言行爲，以次第撥除其感覺性之行爲與事物，可說爲語言之第一度向。一一語言在時空中各有一分別而相排斥之地位，可說爲語言之第二度向。而其自身之可由代替而終被通過而超越，或直接被通過而超越，以使人達其所表之意義之世界，卽爲語言之第三度向。故吾人亦必須自了解此語言之第一度向始，而至於其第二、第三度向之了解，然後知此語言之可使人由感覺性之世界，升進入超感覺性的意義世界之故。今專在此中之第三度之性向上看，則一語言之意義，初固可直接在可與之相代替之語言，而語言所指者，可只是一語言；人之運用了解一語言，亦可只是以語言說語言，由一語言以了解另一語言。此中亦有一語言世界中之自相通過，自相超越之事在。如經一道路，至另一道路，亦是通過道路。然互相代替之語言，全被通過後，在人未用語言之先，既用語言之後，仍有可直接了解，而爲人所欲表達之種種意義自身之世界在。如一切道路之互相通過，必引至有一一之房屋人煙，而非道路之處也。

四、文學語言與藝術形象中之類與不類

吾人以上說語言之聲形之互相排斥，以各居一時空地位，合以形成一圖格，乃如道路之所以備人之通過之，以表達意義，了解意義。此中如純自意義之表達了解看，則語言初所表者，若非人主觀之情意等，恒爲一一個體事物之性相，而可用以判斷此事物之爲如何者。人在知以某性相，判斷事物，而形成一命題，而知其爲眞以後，則恒再思及此事物之其他性相，而更以語言表之；而語言之用，卽皆可說在於形成一眞命題。然吾人若專自人之運用語言，以表達心意中之義，或人之了解語言之義之途程中看，卽如吾人在道路上，遙看此路所通往之房屋人煙，此時人之語言，卽只遙指其所通達之處，而與之有一距離，其所通達者，亦可無前面之定限。吾將說此時之語言之用，卽要在助人之形成一觀景、或觀照境，而非判斷所對之事物，以形成對事物之眞命題。此亦如吾人之在途中，遙看其所通達至之房屋人煙，皆可助人成就一觀景、或觀照境。此觀照境、或觀景，又可說是一風景。就一語言之遙

指其所通達處而觀，一語言亦可形成一語言之風景。如自語言之形成一對事物之判斷命題而言，則任何語言所表之概念思想，皆可由與其他語言意義之互相限制處看，說其爲確定。而只將此確定之意義，附着於所判斷之事物上看，則由此事物之具有同一意義爲內容處，可知此判斷之眞。然對事物所具之其他意義，則用此語言說之，卽又爲假。於是一切語言之連於判斷，卽皆可形成眞命題，亦可形成假命題。眞假皆爲一定，則此中無所謂風景。然吾人只以一語言遙指其所通達之意義，而尚未附着於一定之事物，以成判斷時，則一語言雖與其他語言之意義，互相限制，然除此限制以外，皆此語言可自由運用之所。一語言至少可用於同一大類之各各小類事物，而在其未實際分別應用於此各各小類事物之一之時，卽爲可同時應用於此各各小類事物，而此各各小類事物，皆在其所可能通達之範圍之內者。此一語言與其所表之觀念概念或意義，有此可能通達之範圍，此範圍內隱涵不同之指向，以及於各各之小類事物，卽可形成一觀景。此一觀景，卽是此一語言所形成之風景。如人行於一道路，尚未實通到一家門前時，此道路乃可通達各家門前者，而自此道路遙望各家之門，卽形成一觀景或一風景。故在人只提擧一語言，以表一觀念概念或意義，而不往形成判斷命題之時，此語言自無一定的眞假值，然非無意義。且其所包涵之意義反更多。此所包涵之意義，卽其可能用以形成有種種眞假值之判斷命題的可能的意義。而吾人在如此提擧一語言，以同時表此諸可能的意義，以形成一觀景時，此語言之意義，唯受其他語言之意義之限制，而其自身之意義，亦可限制其他語言之意義。此一語言之運用，其價值，亦卽可說唯在以之限制其他語言之運用，消極的遮撥銷除其他語言之運用，使其他語言之意義，不得出現於其心意，以形成其自身之觀景、自身之可能的意義之凸顯於其心意，而無其他。此中，人不有此語言之運用，不能遮撥銷除掉其他語言之運用，亦不能形成有此觀景之心意，亦無對此可能意義之平等的觀照，而此語言之運用，卽爲形成此觀照之所必需。

然吾人只提舉一語言，而不用之以形成判斷命題，在人之日常生活中，乃一至難之事，如人人繼續行於道，必抵於一家門前。人在日常生活中，一語言概念觀念之意義，恆在指特定之事物。此乃由人之日常生活，恒向在對特定事物有知識，而與之更發生行爲上之關係，而由之以達其行爲上之目的。由此而吾人欲只提舉語言以成其心靈之觀照，遂有賴於同時提舉若干之語言，使其自相結合，以合顯一觀照境，而一一皆不使其意義着於特定之事物，以形成一一之判斷命題，亦不由此判斷命題之眞妄，以決定其可否應用。此卽是由一般之文字語言，發展爲文學的文字語言之原始。此一般之文字語言，所以能發展爲文學的文字語言，以形成觀照境，亦依於一一文字語言之本性，原有可一一提舉，以形成一觀照境之效用之故也。

在文學的文字語言之中，吾人通常多用表示具體境相之形容詞、動詞、名詞，而罕用表示抽象概念之語言。此非以抽象概念之語言，決不能用。如一多同異之字，在文學語言中，亦能用。此唯是由於一表示抽象概念之語言，其意義自始由其他語言之種種限制規定而形成。於是其直接所指所表者，亦即可只是其他語言，而不能直接通達於種種實際事物之自身。一具體事物之形容詞、動詞、名詞，則可通達於種種實際事物之自身。既可通達，今又不用之以形成一一着實於某實際事物之判斷命題，則此類之語言之自相連結，即同時互相支持，以形成一觀景，合以提舉起，而包涵住此諸語言之可能的意義，而攝之於有此觀景之心意之中。故在一文學的語言中之山水花草之語言，一方不可以抽象的三角形、圓形之概念之語言代替；一方亦非用以判斷某一個體之山水花草之類概念的語言；而是一位於個體事物與抽象概念之間，以表某某類之物之性相等，而懸空提起，如上不在天，下不在田之語言。此諸語言之自相連結，則又上足阻止吾人用抽象概念之語言，以分解此諸具體性相，成一一抽象的意義之和；亦下阻止吾人之用以形成對特定事物之判斷。此諸語言之可互相連結，則由諸語言所表之物之性相等，雖不同於實物之類，亦原可彼此自相爲類，如游絲飛紅，雖不屬於物，而可自相爲類；吾人之心意，即可沿此自相類之諸性相，以往來於其中，合以爲其心意所運之境或一意境，亦一觀照境。而此一意境，觀照境，亦即此心靈所自成之一觀景或風景，而亦可說為由此文學語言所形成者也。

此種文學語言之必能形成一意境、觀照境，觀景或風景，而其中必有自相類之諸性相，使人之心意得往來於其中，可姑由中國文學中之比興之義以說。文學之意境、觀景或觀照境之形成，初皆始自一人之心意，與起於特定事物之上。此與起，為一「人之情意之由特定事物，而升至一觀景或意境之形成」之一活動。此觀景或意境中，必有相類之事物之性相，互相照映，以支持此意境觀景之存在。此卽是比。然此意境觀景中，雖有相類之事物之性相之存在，而又不容人將其相類之處，加以抽象而出，以形成一抽象之概念。故其中之相類之諸事物，恒必兼有不相類之處，而其不相類之處，如又可更分別與同在此意境中其他事物相類，使此中之各事物之性相，互為相類，亦互為不相類；(註)乃不得以其只有相類，而化為一抽象概念之內容，亦不得以其不相類，而只分散為一一特殊之個體事物；而以其相類，使諸性相互相通達；以其不相類，使諸性相不相混融，而互相支持貫通，亦彼此撐開，各居其位。則此中卽有：「種種心意所知之種種性相之互相照映，而其中如有一空間之境，存於其中」之「意境」之形成，以為文學心靈往來于其中之一觀景，亦此中之文學語言所形成之一風景。而此一意境或觀景、風景，又卽一文學心靈的觀照心所運行觀照之境也。

此種文學心靈的意境觀景中，有由種種文學語言所顯示之種種性相之「相類者，兼爲不相類」之互相照映之情形，亦如一切藝術所創造成之形象，一切美的境界中，皆有種種性相之「相類者兼爲不相類」之情形。凡此美的境界中，其相類而兼爲不相類之形象境相，愈似不相類，而更可於短時空之中，突見其相類，或似相類，而亦可於一短時空之中，突見其不相類；卽能使人對其相類與不相類，皆加以凸顯，而使人之心意，恒得不斷與起於此相類與不相類之更迭出現之中。此其文藝之境界中之性相，卽愈豐富而强烈，而近乎壯美。反之，若此中之相類與不相類，愈爲隱微而不顯著，其在性相之意義上，時空之距離上之相類，若

註：此上所說如嫌抽象，則我可改喩文學心靈之境界，如有朶朶由天外飛來之不同之花，同結在枝頭。枝頭喩相類，不同之花喩不相類。蘇東坡詞「水是眼波横，山是眉峯聚」。水與眼波相似、亦不似，山與眉峯相似、亦不似，卽皆相類復不類。詩人之心卽往來於此山與眉峯、水與眼波之類與不類間也。

本書中不便多擧具體之例證詳論。讀者可參閱拙著中華人文與當今世界卷上，論文學意識之本性，其所論較詳。

只爲遙相類；其不相類亦若只爲遙不相類者，則此境相之相類，若愈寬閒而柔和，而屬乎優美。此種種文學藝術境界之種種複雜之情形，則非今所能及。要之，一文學藝術作品，必表現某一類之境界，而此一境界中，亦必自有種種相類而兼不相類，方能烘托出一獨立存在之美的意境，應無可疑。

在藝術中，吾人將特提出音樂，以見人之對相類而兼不相類之境相之觀照，乃依於一深藏於人之心靈生命存在中，非判斷性的對相類兼不相類之直觀。音樂之境，乃聲音之境。然音樂中之樂音，非一般之聲音，而爲其振動數互有一定的單純比例數之聲音。如十二律之樂音之振動數，卽一一皆爲另一樂音之減三分之一，或加三分之一，而有三與二或三與四之比例者。今姑不論各樂音所成之具旋律與和聲之樂曲之種種複雜情形，卽此十二律之樂音之有此相互間之聲音振動數之單純比例，何以可爲人之聽覺所直感，而知其爲樂音，而取之以形成種種複雜之樂曲，卽爲一値思索之一問題。此人之聽覺，固初不知今物理學之聲學中所知之種種振動數。人之以樂管之長短大小之比例，表其樂音之振動數之比例，亦是後於人之知樂音之事。此樂管之長短大小之比例，可以一視覺所見之量度之具，測量而定。此易理解。然人初何以只憑聽覺，卽能於人之口或能發聲之物，所發出之無數之聲，其振動數有三比二，或三比四之比例者，感其爲樂音，而加以挑出，以別於其他之聲音，而合之以成樂曲，則難於理解。此中唯有假定：人聞其振動數有此簡單之比例之樂音時，人之心靈或生命，乃是一方感其所聽之音，一方直觀其振動數間之簡單比例關係，然後能挑出其有此簡單之比例之樂音，以成五音十二律。然此人之聽音之事，乃在時間前後相續歷程之中，其先所聽之音必過去，然後能聽後來之音。則此人之次第聽前後之音，而直觀其比例關係，必待人之同時將其前後所聽之音，置於一平等之地位；而以所聽之樂音自身之高度（卽其振動數之多少之度），爲一單位，與另一樂音之高度，互相比較，而觀其所餘之高度，更以此所餘高度爲單位，以分別量此二樂音；然後能直觀及其間有二比三，或三比四之關係之存在者，而一一挑取之，以成五音十二律之樂音。此中之樂音之比例，如爲二比三，則以此三中，包涵有二，而在此包涵二之一點上，與二相類；又在比二多二分之一之一點上，與二不相類。如比例爲三比四，則四在其包涵有三之一點上，與三爲相類，又在其比三多三分之一點上，與三不相類。此十二樂音中之每一樂音，卽以其對其他樂音之多二分之一，或多三分之一，或少二分之一，少三分之一，以次序形成。則此一一之音在其皆對鄰近之音，有此多或少三分之一或二分之一，或互有二與三或三與四之比例上，又皆相類。此十二樂音，卽本身爲一互爲相類兼不相類之一系統。而人之能於所聽之音，加以挑取，以成此十二律之樂音，卽見人之能直觀其中之比例關係之事，同時亦爲能直觀其中相類不相類之關係之事。此一直觀，不本於人之自覺的思想，便唯本於人之心靈生命存在，自有此一超思想而直觀此比例關係，直觀此類兼不類，而依之以進行，以知此音樂境界之能力，亦證人之心靈與生命存在，皆同有此「能直觀任何藝術文學境界中之事物形象之類兼不類」之能力。人之文學藝術上之天才，即其此直觀之能力特强，而非常人之所能及者也。

第十四章　觀照凌虛境——觀意義界（中）

五、數學中之美與數之意義與數之構造

上述人之文學藝術中之觀照境之形成，在人之能直觀一切類兼不類之性相。在音樂中人之能直感樂音之振動數之比例，卽直觀其類兼不類，而最見藝術境界之連於數。然其他在建築、圖畫、彫刻中之形象之大小比例，亦莫不連於數。文學中一字之重複，與字句之長短、音節、韻律，亦莫不連於數。吾人於數之所以爲數，亦卽可連於文學藝術之觀照與審美中之類兼不類之義，以說之。

人所形成之數，初爲次序加一於零所成之一二三四……自然數之系列。自此系列由加一而成看，則數之形成，乃在一歷時間之思想構造歷程中形成。人對已成之數，更次第加以應用之歷程，與可應用數於其上之客觀事物，次第爲人所感覺，皆在一時間歷程中。故康德與

今直覺派數學哲學，皆以數連於時間。然此數之形成之序，乃依一邏輯上理性上之先後，如必先一而後二。而數之應用之序，則可爲主觀心理上任意之先後，如先用二，而後用一亦可。而事物被感覺之先後，更可顚倒，如可先感覺爲二之物，後感覺爲一之物。此三者之形成之時間次序，卽彼此不同，而此中之數之是一者恒是一，是二者恒是二。此卽見數之爲類之意義，乃可貫通於不同之時間之序，而見其超時間之序的意義；亦見數之先後之序，可直依邏輯理性而說，爲理性之序，乃可不連時間而說，亦可不連主觀心理與客觀事物之時間之序而說者；知此，已可使人於數之類，數之序，只視若內外無所附着之觀照心靈之所對，若凌虛而自在於一數之世界中者矣。

人依理性之序，而形成各類之數後；卽可用之以定一類物中之個體物之數，吾人於依類成化境之論數，卽以數之此義爲中心而論。此爲數之哲學之一面。數之哲學之另一面，則爲關於不同類之數之如何次第構成，其次第構成之歷程之相類處不相類處何在，表數之關係之數學之公式如何形成、以使數之種種運算成爲可能之問題者。在前一面之數之哲學中，以數之指個體物之意義爲中心，故可論之於依類成化境。在後一面之數之哲學中，則初唯以種種數之如何構成，與其關係，爲所觀，而於數亦不須連於人心中其他類概念，而有之指物的意義以說，則種種之數，只存於一觀照凌虛境矣。

於此觀照凌虛境中論數，更欲與上文之論美感之連於數之比例者，相銜接，吾當首說：人觀數所自有之相類兼不相類之情形，卽可形成一美感，如西哲之普恩加賚、懷特海，所已言及；而數之自身，亦可說有美與不美，或不同意義之美與不美之別。自然數之系列，依加一而次第形成者，其中亦有同時可視爲依數之相乘以形成者。此數之由相乘以成數，卽各以其自身之數，爲其他「數之類」之數。如三乘四，卽謂有三個四之類，四乘三，卽四個三之類。一切數之相乘所成之數，卽類與類之相乘所成之數。由此「數之相乘所成之數」，亦爲在自然數之系列中之數，則吾人既已有由加一以形成自然數之系列，更有由數之相乘所成之數之類之後，亦可合此加與乘二者，以觀自然數之系列之形成。則吾人可說：由加一於零以成一，爲次序成數之始。而一乘一仍爲一。再加一於此一，或加一於一乘一，皆成二。而以二乘一，或一乘二，亦只成二。於此二，再加一，則成三，更加一成四。然此四亦可視爲二乘二所成，三可視爲三乘一所成。於四加一成五，五亦可視爲由二乘二加一所成。五加一成六，六亦可視爲二乘二加二所成，或二乘三所成，……。則數由次第加一而成者，皆可說爲乘數或加一於乘數之所成。此中凡可說數由乘而成之處，皆可說數爲上述之類之類。然加一數於一數所成之數，則或只等於一乘其自身所成之數，或兼等於其他二數之相乘所成之數。此數之只等於以一乘其自身所成之數者，爲素數，而其兼等於其他之數之相乘所成之數者，爲非素數。一素數不等於其他之數相乘所成之數，卽不與其他之數之乘積相類，而只自爲一數之類，則其所涵之「類」之意義少。非素數則其自身爲一類，又與其他數之乘積相等而相類，則其所涵之「類」之義多；而一數之愈能爲不同之數之乘積者，其所涵之類之義愈多。當一數爲不同數之乘積時，此不同之數，互不相同，而各爲一類；然其乘積同，又爲相類。故一數爲不同數之乘積之涵義中，有此「不同數」之「不同類」，亦有「其乘積同爲此數」之「同類」，而其涵義中，卽兼有此「不同類」之義、與「同類」之義。如十二爲三與四之乘積，卽三個四之類，或四個三之類，又爲二與六之乘積，卽二個六之類，六個二之類。則十二之涵義中，包涵其爲三個四之類，與二個六之類等不同類之涵義。此二個六與三個四之乘積，又同爲十二，而有同類之涵義。若吾人更自此「十二爲二乘六」中之六而言，又可說六爲二個三之類。於是此十二卽爲二個「二個三」之乘積。在十二以前之數中，唯十二能包涵此「爲各種不同類之乘積」之不同類的意義，與「同爲其乘積」之一同類的意義。吾人說一文學藝術境相中，所包涵之類兼不類之意義最多者，亦最堪爲觀照心之所運之境，而其境亦可稱爲更美。則十二之數，卽可說爲較以前之數，皆更堪爲觀照心之所運，而爲較其前之數爲更美者也。

上說凡爲他數之乘積之數，皆外與他數之乘積相類，而具更多之類的意義者，而於一乘積之數，加一數以使之成一素數，卽只自爲一類，而所具之類的意義卽最少者，則素數似爲最不堪爲觀照心之所運，其自身若無美的意義者。凡素數皆由加一數於一爲乘積之數所成。加一數於乘積之數，卽可使其不復成爲乘積之數，而只自成一類，更外無所類之素數。則此加一數於乘積之數，卽一使外有所類之數，不成外有所類之數，以自成一類之原理。然此加一數於乘積之數，以新創一外無所類，自成一類之數，亦正爲數之有不同之類之創造的原理，亦卽數之世界之一創造之原理。有此加一數於乘積之數之事，以使不同類之素數，得次第創出，而皆如鶴立雞群於數之世界，亦同時爲使數之世界之全體中，有更多之同爲數者，而又不同其所以爲數之意義者。此亦卽使數之世界之全體，有更多之美者也。

吾人上謂在自然數之系列中，有兼爲他數之乘積，而外有所類之數，亦有外無所類，自成一類之素數。凡爲他數之乘積之數，卽由他數之相乘而成，素數則必由加而成。然由加而成之素數，亦可減其所加，以成一爲他數之乘積之數。而由他數相乘而成之數，亦可由減若干之數，以成素數；更可由觀其所自來之相乘之數，而除以其中之相乘之數之一個，或一個以上，以歸於一不可更除之素數。於是此一自然數之世界中之一切數，卽可由此加減乘除，以互相轉化爲素數與非素數，亦卽互相轉化爲外有所類之數，或外無所類而自成一類之數者。此數之可由加減乘除而相轉化，卽合以形成數之世界中，相類者與不相類者之互成其類之一大美，而可供人之觀照心之加以觀照者。若萬物莫不有數，萬物之數莫不可由萬物之互相接觸感通而變化，亦由加減乘除其數，以相轉化；則此萬物中之一切變化，皆同有此可觀照之大美。凡萬物之一切形相與任何性相，有其類與不類之互相轉化之處，亦無不可本此觀照心，以見其有此大美。此整個之有數有類之相轉化之世界，即可全化爲一觀照境，而見有天地之大美之無乎不在矣。

然此中吾人不擬更論萬物之形象等之類與不類之相轉化，唯擬更稍說人之數學的心靈之運於由加減乘除，以使數之類與不類，互相轉化，以見其不類而類，即一觀照心之所運之義。人之數學的心靈，初所形成之自然數之系列，原爲正數之整數之系列。人由此自然數之系列，更構造出負數、分數、小數、乘方數、開方數、虛數、代數、函數、無理數等，皆與此正數之整數，爲不同類之數。然此不同類之數，又皆實依於爲正數之整數之自然數之系列，所構造出，而同爲數之類。如所謂負數之構造出，吾人即可說乃原於自然數系列之數項中，後一項與其前之項之有一反關係。如二由一加一成，二對一之關係爲多一。二於一所多之一，爲正一。正一之數爲正數。一對二之關係爲少一，一對二即負一。此負一之數，即爲負數。而此負一之數，亦即是本於此一對二之關係，爲負一，所構造出。然吾人亦可說所謂正數，即對任何數之正面的加以肯定，而連此肯定，以觀此所肯定之數，之所成；負數即對任何數加以否定，而連此否定，以觀此所否定之數之所成。任何數皆有一負數，而全部之負數之數，與全部之正數之正數相等，以各成一類；而其相等，則又見其數之數爲同類。是卽正負數之間，互爲不同類，而又同類也。

至於所謂分數，則異於吾人之自然數之爲一整全之整數，而是由分一整數所構成。一整數之可分，則由整數之原可說爲由合而成，卽一之數，亦可說爲合「一」與「零」或「一」乘「一」而成。合諸數以成一數，爲合數類之數，以生一類之數。分一數以成諸數，則爲由一類之數，以生多類之數。此分與合之事，不同其類，而合之方式與分之方式，則可互相對應，其方式之數又可相同，而同類。此中卽見有合數與分數之不同類而同類。

至於有分子分母之分數式，則可說爲表分子分母間之一種關係者。純自此關係看，亦可不問此分子式中之分子，是否可爲分母所除盡。此分母之數，往除分子之數，只代表此分母之數之將此分子之數，視爲一整個之數，而欲由之分出若干數之一活動。此一活動，則與對此分子再乘以此數，而合爲一數之活動，爲異類之活動。然吾人却可說，凡以一分母除分子，所代表之數，如n/m，卽是再以m乘之，而等於n之數。而任何分數之爲以一數除一數者，皆此中之除數之再化爲乘數，而以之乘由此除所得之數，卽成一原非分數之被除數者。於是一切分數，卽皆可轉化爲非分數之被除數，而見分數與非分數可由此轉化，而由不同類，以成爲同類。

至於小數之所以爲小數，原由整數之分爲同等之單位而成。整數之所以可分爲小數，則原由整數之諸單位合爲一大數時，以大數之單位觀其所由合成之諸單位，卽可視之爲小數。如說百爲十個十，卽以十爲一單位，而此十所由合成之整數，卽皆可視爲小數。因一大數之單位，可以其所由合成之諸單位，爲其小數，則任何吾人初視爲大數之一單位之整數，亦可類同此大數，而視爲其諸更小之數之單位，卽小數所合成。故此小數之形成，亦卽無異本此大數之由較小單位合成之性質，以觀此較小單位之亦由其更小單位所合成而有。大數可更有其大數，而小數卽亦可更有其小數，則此大數與小數雖不同，然其各有其更大之大數，亦各有其更小之小數，亦未嘗不同，而同爲有其大數與小數之類之數。而大數之可由分而成小數，與小數之可由合而成大數，則見其不同類，而可由此分合，以轉化爲同類。

至於所謂乘方數，則爲乘數中特殊的一種，卽數之自乘數。此乘方數之所以有特殊之地位，則在其乃由一類之數之自身乘其自身而成，而非由異類之數相乘而成。故其所由成之數之類，可稱爲一純類。開方數之可開盡者，卽皆見其爲只包涵此純類之數者。乘方數與開方數不同類，而皆爲依此方而立之類，亦可由開方或乘方，以互相轉化，而見其爲同類者也。

此外，有所謂代數。此爲以一數之符號如xy，代任何數之數。此乃由於一切數皆數之類，故可皆可以代數代之。然各數之類彼此不同，故有代數中之不同之項，以表其所代之數之類之不同。一切數學之演算，與代數之演算，則同在由對數之加減乘除，以知其可等於其他之數，亦卽同在由加減乘除，以化出其他之數。而任何數之兩端，以等式連結者，皆表其兩端之數爲同一值，卽同一值之數之類。然除一數項之等於其自身之等式外，任何等式之兩端之數項，又皆初不同其類，唯有由分別在兩端中之加減乘除之運作，所合成之演算，得形成一數項等於其自身之等式，而見兩端之數項，初互不相同者，自始爲同一值之數。在未有此演算之前，此兩端之數項，顯然不同，卽互爲不同類。唯由此演算，乃形成一數項等於其自身之等式，而見其爲同一值之數，而爲同類。是見此數學演算，卽於不同類之數項，對之有加減乘除之運作，以見其等於何數，或與何數爲同一值，而與之爲同類之事。是亦卽於不同類者，見其得歸於同類之事也。

至於數學中所謂函數，則爲表一數之值之隨他數之值而變。他數可爲一常項，其函數則恒爲一變項。若以一常項與一變項相連，卽有不定之函值。若以一定之函值，爲一常項，則此常項，又可爲：與諸不同變項相連之共同函值。由此而任何常項之數，皆可由其連於變項之數，而以不同之數，爲其函值。而任何數，亦皆可爲：諸不同變項所相連之共同函值。而此中凡有函值之相等，卽皆有數之類之同。而凡有常項與變項之不同，皆有數之類之異，而函數之演算，卽皆由數之類之不同，而見其同類之演算也。

此外，在數中又有所謂無理數。無理數卽不爲「一切分數之平方」之數，亦卽不能以一數與他數之比例表示之數。凡數與他數有一定之比例，其平方根亦有一定之比例之數者；卽可分別加以開方，而見其根有一定比例，而可以分數表其比例之數者。如4與9卽可分別開方，見其根之比例爲二比三，卽4之根爲9之根之$\frac{2}{3}$。一切凡可由開方，而得其根之比例者，皆可以分數表之。而一切分數之系列，卽表示一數之系列，與另一數之系列，其一一項之平方根，有一定比例關係存在之系列。然除此一切可能的分數之系列之外，尚有不可以分數表示之數，卽爲無理數。此卽一切數之平方根，與其他數之平方根不成比例者之數，如2 3 5之平方根之$\sqrt{2}$ $\sqrt{3}$ $\sqrt{5}$……數，彼此間卽不成比例。然此類之數雖不成比例，然亦有大小之關係，如$\sqrt{2}$小於$\sqrt{3}$，$\sqrt{3}$小於$\sqrt{5}$，有如分數之系列中之諸分數，有大小之關係。由此而一一無理數，亦應一一在分數之系列之一一項間，有其一定之地位。如$\sqrt{2}$小於$1\frac{1}{2}$大於$1\frac{1}{4}$，則其地位應在$1\frac{1}{2}$與$1\frac{1}{4}$間。於是，此無理數之依大小而成一系列之數，亦應與分數之依大小而或一系列之數，可合爲一系列之數，以觀其關係。昔之數學家說此無理數之系列與分數之系列之關係者，恒視無理數之系列中之一一無理數，爲諸有理數之分數之系列之極限。今之數學家則以唯於分數之系列之自身，可言極限。一一分數，皆可爲其上段或下段之分數之系列之極限。數之系列之有極限者，卽其數之系列，可說爲有邊界 Boundary 者。一有理數之分數之系列，卽其系列中之項，皆可爲其上段下段之數之極限，而其數之系列皆有一邊界者。無理數之系列，則爲無此所謂極限，亦無邊界，而與有理數同爲數之系列者。緣此而人可論此無理數與有理數之不相類而相類之諸關係等。

然吾意欲論此有理數與無理數之類與不類之關係，不如追問至此無理數之所以產生之根原而論。此無理數之所以產生，唯以有開方開不盡之數。因開方開不盡，故其與其他開方開不盡或開得盡之數之一定比例，卽不得而說。旣無一定比例可說，亦自不能以分數表其與其他數比例關係。數中之所以有開方開不盡之數，而吾人又設定其有方根者，唯以吾人將開方之一數學的運作，亦加於其數而來。此又唯由吾人於一切數，皆同視爲一數，數有可開方而有方根者，則任何數便似當同可視爲有一方根者。然數中實有開方開不盡之數，則吾人亦實非必須定一切數，皆有其方根，更非必須設定其方根之有一定比例，而可以分數表之。此數中之有開方開不盡之數，可溯原於自然數系列之形成，其由加一於零次第形成者，固亦有同時爲由數之相乘或數之自乘而成者，然加一於零次第形成之數，必加至某階段，乃出現一數，兼爲由數之相乘而成者；數之由相乘而成，又不必爲由數之自乘而成者。凡非由數之自乘而成之數，則初皆可視爲一開方必開不盡之數。以其原非乘方之所成，開方卽乘方之反關係故。如自然數之一二三，皆加一於零而成，不可逕說三由三乘一成，二由二乘一成，一由一乘一成，此必先預設有三二一故。唯加一於三成四，此四乃同時兼爲二乘二，或二自乘之所成。又必加一於四成五，再加一於五成六，六乃兼爲二乘三所成。更必加一於六成七，加一於七成八，加一於八成九，九乃兼可視爲三乘三、或三自乘之所成。此中凡對一數加一，必繼續加至等於一數之階段，乃得一可兼視爲二數相乘之數。如對二加一成三，三非二數相乘而成之數。對二必加一，再加一，卽加二，乃得四，方兼爲二與二之相乘之數。對三則必加一加一，再加一，卽加三，乃得六，方兼爲二與三之相乘之數。故由加一而成之數，兼爲二數之相乘數者，卽少於由加一而成之數之不爲乘數者。至爲二數之相乘數，而兼爲自乘數者，則必待此二相乘數中之一，次第加一，至成一等於其自身之數，乃有一自乘數。如對三可乘以一，仍是三。乘以一加一，卽乘以二，則是六。乘以一加一加一卽乘以三，方爲三之自乘數之九。故爲二數之相乘數者，亦不必爲自乘之乘方數。於一乘方數，如再加一而未至形成另一乘方數之時，則其所成之數，皆非乘方數，亦皆開方開不盡之數。凡對此等數，設定之爲可開方者，則其方根皆爲無理數。此開方開不盡之數，旣有大小而成一系列，則其設定之方根，自亦可說有大小，而成一系列。然其方根間，則必不能有以確定分數表示之比例。因其原非由確定之數乘方而成之數，其方根自不能有確定比例也。由此以看此所設定爲開方開不盡之數之方根，所成之無理數之系列，自爲不同於分數比例數之爲有理數，之另一種數之系列。而此數之系列之有大小，與其中之數之所以多於有理數之系列中之數，則純由其所自產生而爲此方根之乘方之諸原數之有大小，而在此諸原數所在之系列中，爲乘方之數者，本少於不爲乘方之數者而來。此一無理數之系列之設定爲有，唯由吾人之設定任何數皆可視爲有方根之數，亦可視爲由乘方之數之而來之故。此任何數之可視爲一乘方之數，若更溯其本，卽當說爲由此不爲乘方之數，皆原可視爲一乘方之數，加某數而成，而其中亦包涵有一爲數之乘方之意義在。故開方開不盡之數，亦可開之爲「某數之乘方，再加另一開不盡之方根」，如六可開爲 $2^2+\sqrt{2}$。依此以比較開方開不盡之數之方根之大小，而排之於一系列之中，則此系列中之數，卽雖有次第之大小關係，而無比例關係，亦爲不能以分數表其比例關係之數之系列矣。

總此上所說，以論無理數之系列，其所以產生之理，卽根柢上只在數之系列中之數，有乘方數，亦有非乘方數，乘方數之可由加一數，成一非乘方數。此則更可追原於：由加而成之數，原非皆兼由乘或乘方而成者，而由乘而成之數，亦非必兼由自乘或乘方而成者。亦卽由於同爲數之類者，其數之「由加一以依序而成」之類者，非必爲「由數之相乘或自乘而成」之數之類；而同由乘成之數之類，其由二不同之數相乘而成者，亦非必由自乘而成之數之類。此中唯數之爲由自乘而成者，方爲一可開方數，故可開方之數之少，不可開方之數多，而其多少，亦不相類也。

此外數中更有虛數，此虛數者，卽爲負數之平方根之數，如 $\sqrt{-1}$ 之類。依正數之乘方爲正數，負數之乘方亦爲正數，而一正數之方根，可爲正數或負數。一負數之方根，則既不能爲正數，亦不能爲負數，卽爲一想像中之虛數。然人之所以謂有此虛數，唯由吾人於正數既謂其可開方，負數與正數同爲數，便應亦可開方。負數與正數之所以同爲數者，以負數皆可說由正數而來。于任何正數，如吾人以之減其較大之數，卽對此較大之數爲負某數者，如 $2-3=-1$，則二對三爲負一之數。負數既由正數來，以同爲數，正數既可開方，負數亦應可開方。由此有虛數。如 $x^2+1=0$ 則 $x^2=-1$ 而 $x=\sqrt{-1}$。此所謂－1，若不對其他零以外之數而說，卽直對零而爲－1。此對零而爲－1之數中之1，再設定爲可開方者時，此1可說爲1之正乘方數，而負一卽負此一正乘方數。如一正乘方數可理解，則負此一正乘方數，亦可理解。此中所負者，乃正乘方數之1。此正乘方數之1，原可開方而得1，則此所負者，非不能自開方，而以1爲其根。蓋此中之開方，原非對負號之自身而開方，乃對所負之數而開方。此所負之數，既自爲正乘方數，則將此負號連上而成之數，卽應亦爲一可開方之數。而此－1之可開方，卽與其他正數之可開方爲相類，而只在其爲負，與其他正數之爲正不相類而已。然一切正數，旣皆可視爲對大於其數之他數，爲一負數。則一切爲正數之平方根之實數，與爲負數之平方根之虛數，亦可互相轉換，以成一數學之演算，並於此演算之歷程，見其數値之在何情形爲相等而相類，而實數與虛數，即相類而不相類，亦可由不相類而見其相類者矣。

六、數學與觀照凌虛境

吾人以上說數有種種不同之類，而此不同類之數，可於數學之演算歷程中，見其値之等於其他類之數之値，即在其同此値之一點上，見其相類。此乃一數學演算中，人所共知之一事實。人依公式而進行。數學之演算，皆可發現一數之等於「對其他數更加減乘除以其他之數，所成之數」。如數之有大小之差別者，皆可由加或減此中之差別，以化爲二彼此相等之數値。凡對彼此相等之數値，加以移項，而使之自相減，莫不可等於零。一切數學公式，亦皆在「可成爲一等値之公式，與可移項，而自相減，以見其等於零」一點上，以同屬於數學公式之類。則一切依數學公式而演算之事，皆是化數之不同類者，而使之成爲等値，而同屬此等値之數之類，亦同屬於形成一等値公式之數之類，並同屬於可由移項，以見其可自相減，以等於零之類之事；卽皆是化不同類之數爲同類之數之事。吾人若本此一觀點，以看人之一切數之演算，與在數之演算歷程中之數之世界，則此整個之數之世界，卽爲一吾人由觀照數之關係，而依之以演算，以見其「不相類者，皆可化爲相類，相類者皆由不相類者來」之一「無窮的，由不相類而相類，而相類者自其由不相類來處看，又不相類」，之一「類與不類、相與爲類，而其相類者，又皆可由相減，以等於數之零」之一世界。於是一切數之演算之事，皆可說是「出沒升降於一零之世界中」之事。此零是數之世界中之零。數之世界中之零，有其特定之意義，但亦是「其中無任何數量之具體事物存在」之零，故零之義連於空類（註）。自零之中無任何數量之具體事物存在，而連於空類而言，此零卽是「一切具體事物世界不存在於此」之表示。此零中，亦卽有「此具體事物世界於此不存在，而爲虛、爲空」之一意義。則此零，不只爲零之一數，數之世界中之一數；亦爲有「具體事物存在於此爲虛爲空」之一意義，而爲有「在一切具體事物世界之外之上之一虛一空」之一意義之零。若一切數之演算之事，皆可視爲在零中升降出沒，則一切數之演算，卽依於此零之有此具體事物

註：羅素數學原理The Principles of Mathematics 第二十二章一八七頁論零，乃自特殊數量之否定上說。而論零之關連於空類，則謂：因量之體積 Magnitude，無爲零者，故零量之類卽空類云云。

世界，於此爲「空」爲「虛」之意義。若此人之一切知種種數，而爲種種數之演算之事，皆依於人之觀照數之關係而有；則此一切知數，爲數之演算之事，皆依於此一觀照而有；而由此一觀照而知數，爲數之演算之事，亦皆凌於此「虛」此「空」之上，而皆屬於一觀照凌虛境中。吾人今依此數與其演算，皆屬於此觀照凌虛境而言，則數之世界不得說爲只依存於一客觀的現實事物之世界，如經驗的實在論者之所說；亦不得說其屬一超現實之柏拉圖式的客觀世界，又不得說爲純由人之主觀構造而成，復不得說爲只是人依其對數之概念與名項符號之定義、及若干公認之設定，依若干推演規則，而形成之符號系統；而唯當視爲屬於此觀照凌虛境之一世界。

此數之世界之所以不得說爲只依存於客觀現實事物之世界者，以數明非存在事物。吾人以數指物作判斷，亦不同於以對其他事物之所經驗性相之概念，作判斷。以任何其他之對事物所經驗性相，作判斷，於所判斷之事物自身之內容，卽有所合，亦有所不合。合處此概念可用，而可形成眞判斷、眞命題；不合處則不可用，用之必成假判斷、假命題。然以數作判斷，則對事物之任何內容，皆可說有數。任一內容，總是一內容，則至少皆同可對之說「一」。若內容爲二，則對之可說二。無論事物有多少內容，與其內容如何變，吾人皆可有數以說之。故數之可用，不依於事物之有何內容，只依於其有內容。用一數以判斷一事物之內容之數，固亦可假。然一數用之而得假者，人恆可轉而自行構造出他數而用之，以得眞。然一經驗概念若用於一事物而假，則必待人本其繼起經驗，方有其他經驗概念之形成，可用之而得眞。經驗概念不能由人自行構造。卽此已足證明數之概念，不同於一般經驗概念，而自其可用於任何內容之事物，又不待此內容之經驗，卽可容人自行構造言，卽爲先驗的概念。

由數可由人自行構造，而可用於有任何內容之事物，故當吾人以一數，判斷一事物之內容中之數時，此數之概念，可永不爲一黏附於事物之概念。如吾人以一經驗概念判斷事物，此經驗概念可黏附於一事物，以其內容可卽事物之屬性故。但吾人以一數如「二」判斷一事物，如謂一事物之數爲二，則此二不爲此中任一事物之屬性，而可只說此「二」爲「此二事物」，與「其他亦爲二之事物」之相類之處。故吾人於說二事物爲二之後，可更以此「二」說其數爲二之任何事物，而此「二」，卽不能黏附於任何事物，以爲事物之屬性。故當吾人提舉一數之概念如二之時，吾人可以此二觀待任何其數爲二之事物之類，而用之；用之之後，亦恆有其可再用之地。其有可再用之地，而不實際上再用之，則此二，卽只爲人可憑之以觀一切其數爲「二」之事物，而不觀此其數爲二之「事物」本身之一「凌空的二」。此「凌空的二」，自是與一切爲二事物之「二」，爲同一之「二」，而此「一切爲二之事物之二」，卽皆爲「凌空的二」所照及，而此中之事物，却非此凌空的二之所觸及者。因吾人可只注意有此「凌空的二」，一切爲二之事物之二，而不注意於此爲二之一切事物故。由此而吾人之思一凌空的二，而觀之，卽可形成：以此二，觀照一切爲二之事物之二，而不觸，亦不着此中事物之觀照境，或方着之，亦卽更透過之之觀照境。此卽如人之専持二以觀物者，可於世界處處見有二物之相對之事，亦時時於以二說其所已見之二物之後，更提擧此二，以觀其外之物。而哲學中單純的二元論者，（註）卽時時以二觀任何物，亦不着於所已觀之一切物，恆能使此二不黏附於此已觀之物而透過之，更本之以觀其外之物者。人可有二元論之哲學，遇物卽分之爲二，亦可有三元、四元論之哲學。爲四元論之哲學者，如邵康節，卽嘗自言其見物，卽分之爲四片。此人之可只提擧一數，以觀一切物，而不着於物，卽見此提擧一數之心靈，在一切物之上一層面。其不着物，而能觀物，而又能透過物，更提擧此數以觀他物；則見其所觀之物，對之恆爲一透明之物，而其所正觀與可能觀之物，對之如恆在一遙相距之境，以似實而虛者。由此而吾人可說凡人之提擧一數，以如此觀世界之物，其心靈，在一觀照凌虛境。在此觀照凌虛境，人可自其所觀者，皆可透過而爲透明，以說此世界中除此

註：如二元論爲心物二元論，靈肉二元論，則二有所黏附，非單純之二元論矣。

數之外，更無實物，而此世界亦爲只有此數之一無實而自淩虛之一世界。吾人若欲以各種不同之數，觀此世界，此世界亦爲只有此一切數而無實之世界，而整個之世界，卽可化爲似只充滿此一切數之一世界。此當爲辟薩各拉斯等，以世界唯有數之哲學之眞實的立根之處。

人之只以數觀世界者，世界雖無實，然當人自反觀其以數觀世界時，則初必以此數爲實。吾人可本種種數，以觀世界，則此種種數皆實。由此而可形成一柏拉圖式之以數之世界爲超現實事物之世界，而自爲一超越實在世界之思想。

此種數之世界之爲一超越的實在世界之思想之根據，在人雖可由構造而生數，如由次第加一於零而成二三等，然此人所構造之數既成之後，人立卽可發見其各是其自身，亦可發現其間有種種之必然一定之關係，非吾人構造之之時所見及者。如人由加一成二、加二成三之時，人未必思及三多於一者爲二。然既有一與三，人卽可發見三對一，有多二之關係。故一自然數之系列，雖皆可只由加一於零，以次第形成，而自然數之系列中數之關係，則有無窮之複雜，非人構造此系列時之所知者。此諸關係，皆必然而一定，非任何人之思想所能自由加以改變，而任何人又皆可發現同樣之關係，卽又似必須謂此諸關係，爲客觀的存有於數之世界之關係。本此以觀人初之由加一於零，而次第形成自然數之系列之事，卽亦可只視爲人之由加一於零而次第發現數之事，而此自然數之系列，亦卽可視爲原是客觀的存有者矣。

由數與數間之有客觀的必然關係，卽可見數純爲主觀之自由構造之說之不能立。然數與數間之必然之關係，又唯次第見於一切能知有數之人心，次第發現之之歷程中，則又實不能離此人心之次第之發現活動，而有其自身之存在。其爲客觀，亦唯對一切人之心或與此人心同類之心，而爲客觀，則亦不能離此一切人之心及與人心同類之心，而自爲客觀。若其爲客觀只是對此心爲客觀，卽非實有一獨立自存之客觀的數的世界。此獨立的數的世界，不能爲實有，可說在此所謂數的世界中諸數間，其關係，若非相等之關係者，皆有一互爲對反之關係。上文說：凡數之有相等之關係，皆可由移項而使相減，以等於零。凡有相等關係之數，亦有此相減而等於零之關係，由此零以觀一切相等之數，所合成之數的世界，卽可說有無窮之數，亦可說此無窮之數合爲一零。此零固亦是數。然零有「具體事物世界於此中不存」之義，亦有「其餘一切數所合成之數之世界於此不存」之義。今若只有此一零之數在數之世界中，並不能必然建立數之世界之實有，以零中亦有一切數於此不存，而非實有之義故。至於數之關係非相等之關係，而有互爲對反之關係者，人亦可依此對反關係從事相反之演算，以銷除其中之數，亦銷除其中關係，以使之隱而不見，乃更不得肯定其中之數之爲實有。所謂數之世界中諸數之關係，本身有互爲對反之關係者，卽如甲數大於乙數，甲對乙有大於之關係，而乙對甲，則有小於之關係。此大於與小於，卽相對反之關係。又如二於五有小三之關係，五於三有多二之關係。此二關係亦相對反。由此而人在一數之世界中，可由一數，循其一關係，以思及他數，而呈現他數，以說他數之實有者，皆可再循其反關係，以銷除此數，更不見有此數，使人不得更說此數之實有。如吾於由二而說實有一「對之有多三之關係」之五之後，吾卽可於五再減三，以銷除此五中所涵之三，以成二，而於其成二之時，此五中之三既銷除，而五非五，亦非實有，則五對二之有多三之關係，卽亦銷除，而非實有。凡數與數有某關係，而此關係非相等之關係者，卽有一對反關係。凡一關係有其對反關係，皆啓示一足以銷除此關係之演算方式，使此關係隱而不見。則透過數學之演算，以論數之關係，卽皆爲可於其呈現時，被肯定爲實有，而在其由演算以隱而不見時，不再被肯定爲實有者。今若去此數與數之關係，而唯存一一之數，而由一一數之各自等於其自身，卽可各自減其自身，以等於零，而亦被銷除，則亦不得謂爲實有。由此而謂數與數之關係所合成之數之世界，爲超越的實有，或客觀的獨立自存者，卽可說而又不可說。合此可說與不可說，仍爲不可說。而數之世界爲超越的實在世界之論，卽不能成立。

由此上之數之世界依於一般客觀存在事物而有、與純由主觀自由構造而有、及自爲超越的實在世界之說，皆不能立；於是有謂數與其關係及數之演算，乃本於人對若干數之概念或數之名項符號之定義、若干數學公理之設定，依若干邏輯之推演規則，以形成之符號系統之說。此說以數學純爲符號系統，實卽由對數學符號之「種類之同異」與「安排組織之次序」之覺識，以形成有關數之種類、次序等概念，亦實非無概念；而言數學之概念之種類、次序，亦必以符號種類之同異、次序等表示。故言數學之基本概念，與言其基本名項符號，實無大分別。此諸說之一共同之點，卽數學中之命題之眞者，皆人對所謂數之名項之意義關係，先以定義、公理，加以界定或規定，更依運用此名項與公理之規則，加以運用而成。此諸命題之意義，卽皆不出吾人先所界定規定之諸名項、公理、規則等所本涵有之意義之外。此數學命題之意義，卽皆爲自其本涵有之意義中，分析而出者。此中所關聯之根本問題，則爲數學命題之畢竟爲分析的或綜合的。

此一數學命題之難稱爲一綜合命題，在其非經驗命題。經驗爲次第綜合者，故吾人可加一對事物之經驗內容，於對其他事物之經驗內容，而成一綜合命題，以對此綜合之經驗爲眞。數學之命題，非經驗命題，則不能由綜合人對事物之內容之經驗而形成，自亦非經驗的綜合命題。在數學命題中，若設定一數爲一主辭，則其賓辭，爲說其如何關係於其他之數項者。此如何關係於其他之數項，只須對此爲主辭之數項爲眞。若此主辭自身之涵義中，無此賓辭之涵義，則此賓辭不得對主辭爲眞。此卽見一數學命題，似必須爲一分析的命題。如說三大於二，則此大於二之意義，似必須爲三自身之所具，而可由「三」之意義中分析而出者。然數之自身，若說爲由構造而形成，又可說爲由次第加一，更綜合之於以前之數所形成，而非只由分析其前之數之所成者；則由數而次第形成之數學命題，亦必有非由其先之數所合成之數學命題中，所可分析出者，而爲不斷增加於以前所有之數學命題之上，而綜合地形成者。康德卽依數之由不斷綜合而成，以說數學命題爲先經驗之綜合命題者。然此所謂先經驗之綜合命題，在現代數學家則由其可以證明，而其證明之之道，不外本之於吾人先承認之數之定義與運用此定義之規則等，而謂其亦是分析命題。如二加二等於四，卽可本來布尼茲之意，謂可由吾人對二與四之定義，加以證明。如由四之定義爲三加一，三之定義爲二加一，並依三加一之三，可以二加一代替之之規則；則四爲二加一加一。而二之定義正爲此一加一；更依二可代此一加一之規則，而四爲二加二，再依移項之規則，而二加二爲四。康德所擧之七加五等於十二，亦可由此類似之方法以證明。凡數學命題之眞者，應可證明，凡可證明者，必有爲其前提之數學命題，而此前題之所由構成之數之概念或名項，必有定義，與爲前題之前提之第一前提，是爲公理。此定義本身，亦可視爲一前題，而以定義公理爲前提以推結論，必有推論之規則，亦卽運用此定義公理之規則。則一切數學命題可證爲眞之根據，只在數之槪念或名項，有如何如何之定義，與其最初設定之公理爲何，運用定義公理或推論規則爲何，而此等等皆可由追溯數學命題之如何次第證明，而加以發現者。由此而一切數學命題，亦卽皆可由此以發見其中之數之原始定義，與所設定之原始公理及規則，而今更由定義、公理、與規則，以推演出其涵義，卽可更形成此一切命題。則此一切命題，自當爲由此定義、公理、規則，所演繹出來之分析命題。

此上之一說，乃由諸可證明，或已證明爲眞之數學命題，再返溯其如何次第證明而成立之說。然於此首須知吾人並非必須先知有數學命題，而可先只知有數，更由對數之關係之發見，始建立一數學命題。此由數與其關係以建立數學命題，則明可爲一綜合的歷程。如吾人於七加五等於十二加以證明時，固可說其爲分析的。然吾人先只知有七，而說其加五，乃等於十二，則此明是於吾人先所知之七之意義上，加一意義，此豈不可說爲綜合的？由此以觀吾人之於二說其爲加二等於四者，於三說其爲大於二者，亦同是一綜合的歷程。其次，復當知吾人亦非必須於數學命題被證明爲眞之後，然後方思得一數學命題爲眞，或方思得一數學命題與另一數學命題之同時爲眞。吾人之由思一數學命題爲眞，更思另一數學命題之亦爲眞時，此中之思想歷程，亦可只爲綜合的，而非分析的。譬如吾人謂二等於四減二，二等於六減四，此二命題同時爲眞。然此二命題，初不能互分析出。因「四減二」與「六減四」，乃不同之概念。于此二命題初同時爲眞，吾人亦初不必本數學中公理法，如由六、四、二等之定義及其他數學規則等，加以證明，然後知之。吾人所以知此二命題之同時爲眞，可唯以吾人於六有減四之運作，及於四有減二之運作，皆見其結果爲二；以知之。吾人於是可由其一之眞，以推另一之眞，謂六減四等於四減二。此純爲邏輯之推論，亦爲純分析的推論。因此同時爲眞之義中，卽有六減四等於四減二之義故。但在吾人未說其同時爲眞之前，而由四減二等於二，思及六減四等於二之時，則由四減二之思想歷程，至於六減四之思想歷程，却必爲綜合的。惟對六有減四之運作或演算，與對四有減二之運作與演算後，其結果皆是二，二等於二，由二可分析出二；而後吾人可說六減四等於四減二，而此六減四之等於四減二，乃可說是分析的。由此以觀此整個之由六減四至四減二，至知其皆等於二，二等於二之一歷程，卽爲先有綜合後有分析之一歷程，不能說其只爲一分析的歷程。在知其爲分析的時，可說於「六減四」等於「四減二」，有證明；在未知其爲分析的時，則無證明。然在無證明之時，「六減四」與「四減二」，已有同一之數值，「六減四等於四減二」已爲眞。此中吾人之由「六減四」，思及「四減二」，卽綜合的思有同一之數值之「二種數之連結關係」。此「六減四」與「四減二」之二種數之連結關係，並不同類。然依此二種數之連結關係，以有二分別的演算之後，知其數值皆爲二，二等於二，則爲同類。而此一整個之歷程，卽是由先思其中之「六減四」與「四減二」之不同類，更由演算以見其值之同類之歷程也。

循此上之說，以觀數學之命題之次第出現於人心，卽不能說其自始卽是出現爲一分析命題，而可出現爲同時並眞之諸命題。吾人之由一命題，以思與之並眞之其他命題，其數可無定限。如吾人可由「四減二」，而知其與「六減四」、「八減六」、「一加一」、「四之平方根」、「八之立方根」……等，其數值皆是二，而人說此等等之值爲二之諸數學命題，卽同時並眞。而此「二」卽分別爲此諸數學命題得同時並眞之共同根據。然吾人於此，却不必先有其證明。此證明，初唯由吾人之先同思：此二爲一加一所構成，四爲二加一加一所構成，此六爲四加一加一所構成，四又同爲二之乘方所構成，八爲二之立方所構成；旣知此不同之構成數之方式，可有種種不同數之出現，與不同數之諸關係之出現；更逆此構成之歷程，而由此諸關係，各觀其反關係，更順此諸反關係而演算，方可知：四減二、六減四、四之開方、八之開立方，皆等於二，遂可謂「說此等等之值爲二」之諸數學命題皆眞。此不同之構成數之方式，爲綜合的。則逆此中之構成歷程，而由其中之關係，見其反關係，而有之不同之演算方式，皆爲綜合的。今吾人構成數之方式，若再加一個，則演算之方式，亦可再加一個。若對吾人之綜合的構成數之方式，不能加以限定，則對所增加演算之方式，亦不能加以限定。在綜合的構成數之方式有限定處，吾人可反省出其如何構成，而知其構成之規則，與基本的概念或名項之定義，基本的公理，則此所構成之一切數，與數學命題，皆可以此規則概念公理等，加以證明。凡用不同方式構成之種種數，若吾人能分別知其規則、概念名項之定義、公理，則可知其規則、槪念、名項之定義、公理，之是否相類，並知此所構成之種種數，當如何加以演算，方可有共同之值；而後人於說其值之共同與否之命題，乃皆可加以證明，並證明其爲由此諸公理槪念名項之定義規則中所可分析出者。此卽數學中之公理法之所以可用。凡用公理法所證明之數學命題，亦皆可說爲分析的。然一切公理法所設定之公理，必爲有特定內容者，其涵義亦爲有特定內容，而有其所不涵之義與排斥之義者。則此一定之公理等，所能推出之全部數學命題之系統，卽仍爲限於一定範圍，而對此範圍外之命題，則不能有所說者。若欲有所說，則須本於此公理等原所不涵之義及排斥之義，而造成系統內之矛盾。吾人卽不能用此公理法，以謂任何由公理法所決定之系統之外，無其他眞的數學命題。實則，自人之綜合的構成數之方式，可無限定，其演算之方式，亦可無限定處看，則其次第依加一而構成之數之「數的關係」，而增加之演算方式，所成之數學公式、數學命題，卽只能爲一次第之綜合的歷程。而此中次第構成之數學公式、數學命題，亦卽必有具數學的眞理，而非先根據已有公理等，加以推演出，或加以證明；而唯是由人之直觀一數學關係之存有而構成，亦唯由人依之而演算之結果，爲某一數值，而後知此公式命題之對此值爲眞者。數學之世界之所以可有不斷之創造性的發現，恆正賴於此。如人由知二等於一加一，至知二爲四之平方根與八之立方根，卽對數之眞理多一創造性的發現，多一綜合性之思維。凡知一數爲與其他數有某一關係之數，至知此同一之數又爲一與其他一數，有另一關係之數，而知分別由其不同關係，以形成眞的數學命題，皆是對數之眞理之創造性所發見，或一綜合性之思維也。

吾人若了解吾人對一數與其他數之關係之外，更可由綜合的思維，以創造的發見此同一之數與另一數之另一關係，則此同一之數所有之此二關係，卽不同類，而二關係中皆有此數，則爲同類。數學中之創造的發見，卽皆爲由同類之數，以發見其不同類之關係，而由不同類之關係中，發見有同類之數之事。人在數學中，恆有只見關係之不同類，而不知其有同類之數之情形，亦有見同類之數，而不知其可入於與他數之不同類之關係之情形。故人恆於此持擧某一數，而問：其與在何種之不同關係下之某其他數，可經由某一之演算方式，以見其爲同類，而等待此不同關係下之其他數之呈現於人心。此正有類似於人之對現實事物，虛擧虛持一數，以等待可用此數於其上之現實事物，而不知此事物之情形。但又略不同。此乃是虛擧虛持一數，以等待其可能與之成爲同類之某其他數，而不知此數爲何之情形。此卽形成一數學中之問題之情形。如吾人問：任何偶數，是否皆可分爲二素數之和？此一數學之問題，卽問任何偶數，是否皆有二素數之和，與之同值，而在有此同值上，與之爲同類。又如問：是否有一奇數爲一完全數 Perfect Number？所謂完全數，卽數爲其一切除數之和者。如六之除數有一、二、三，而六爲一、二、三之數之和，故六爲完全數。又二十八之除數，有一、二、四、七、十四，而二十八亦適爲此諸數之和。故二十八爲一完全數。然二十八是偶數。（註）今問是否有一奇數，亦爲一完全數？則初爲人所不知，而亦只爲一數學之問題。然此問題，亦卽問：除偶數之爲之完全數者之外，是否有奇數亦爲完全數，而與偶數之爲完全數者，爲同類？凡此問一類之數，是否其外更有與之相類之數，皆爲只直接分析此一類之數之意義，所不能加以答覆，而必待人之求於其外之綜合性的思維者也。

吾人以上之論數學，在根本義上實極簡單，卽人若純自其數學命題已證明者上看，則對此一切已證明之數學命題之如何證明，加以反省，人皆可爲之造一公理系統；而以此一切命題，皆本此諸公理、概念或符號之定義，與推論原則，所演繹出之分析命題。但以數學中之命題，有未被證明而仍爲眞者。而人之知其爲眞之時，亦初非必然已有其證明者。則數學之命題，不能說爲皆由此公理法，所已決定其眞或假，亦非可只視之爲由公理、概念符號之定義等所演繹出之分析命題。而當自吾人之可由一眞數學命題，以更求知與之同爲眞、非由之

註：此外之完全數，如496，33550336，8589056，137438691328等，皆是偶數。參考Delong著A Profile of Mathematical Logic; p.192.

直接推出者之命題，卽見此數學中眞命題之次第發見，依於一綜合性的思維，亦不斷有綜合的眞命題之形成者。至於人在數學之思維中，於一眞命題，更求其證明之事，亦卽不外求得與此一眞命題同時爲眞之其他命題之結合，以見其有同一之眞値，而在有同一之眞値上爲同類之事。今尅就一眞命題得證明之處以觀，則凡得證明之命題，卽皆如由爲其前提之原始之公理等演繹出之分析命題者。於是此數學之心靈之由知數學之諸眞理，更求其證明之歷程，卽爲一「由綜合不同類之命題，更求見其爲同類，而爲可互相分析而出之命題」之歷程，而其所運之境，卽爲以綜合與分析，交相爲用，以於數學命題之不類者中，觀照其相類者而成之境。而對此境中之命題，若只以之爲綜合命題，由直觀而得，與只以之爲分析命題，由邏輯之推演而出，或於其中只見有一一不相類之命題，與一一皆爲同類之命題，卽皆爲一偏之論，而未見此數學命題之世界，爲觀照心所運之不類而類之境者也。

七、幾何學與觀照凌虛境

幾何學別於數學。數學之基礎在一般之自然數，幾何學之基礎在一般之形量。形量有範圍，卽有區域，區域之方向，爲形向。人之知構造自然數之系列，更於一一時間之段落地位中，應用一一數於所經驗之事物，與此事物之次第生起，皆是在一次第之時間歷程中。人之知一物有形量，除於時間中知之外，更可同時直觀一形量之全體，於空間之某一地位之中。然數之構造與應用，在時間歷程中，無礙於此所構造出之數，可遍用於一切時間空間中呈現之事物，而有其超時間亦超空間的普遍意義，以爲人之觀照心之直接所對，而不見「數」之在時空；亦如人之直覺一形量之全體，初乃於空間之某一地位中直覺之，無礙於此所直覺之形量，可遍用於一切空間時間中呈現之事物，而有超空間、亦超時間之普遍意義，以爲人之觀照心之直接所對，而不見此形量之在某時空。幾何學之不能說只爲一空間之學，亦如數學之不能說爲一時間之學，而當說爲：由物在空間中鄰次呈現，而人知構造種種形量，將此種種形量，自物與空間游離脫開，而四無依傍，以更觀照形量間之關係之學。如數學之爲由事物在時間相繼呈現，而人知構造種種數，將此種種數，自事物與時間游離脫開，而觀照數與數關係之學。故此中之觀照心，皆在時空之上一層位運行，亦皆在吾人所謂感覺互攝境之上一層位運行，其應用此所知之數之關係與形量關係，於時空中之事物，則爲其居上層位，以通至其下層位中事物之事。吾人固不可以有此事，而自下觀上，以謂數學、幾何學爲時空之學，然亦不礙吾人之說此數學幾何學之觀照心靈，乃依時序、空位等，以形成其觀照之所對，而更觀照其關係所成之學也。

在人觀照形量關係時，此形量之大小關係，似與數之多少關係相類。形量之可伸縮，如數之可加減；形量之可分合，如數之可乘除；形量之可相等，亦如數之可相等。形量之有其大小相等之關係，可容人知其關係，以定出幾何公式、幾何學命題，而可本之以對形量有伸縮分合之運作，以化一形量爲另一形量；亦如數間之有多少相等之關係，以定出數學公式、數學命題，而可本之以對數有加減乘除之運作，以化一數爲另一數。任何形量自身，至少可說是一形量；則此數之一，卽可用於形量。由此而吾人如對一有大小之形量，設定另一形量爲一單位，而以之計算此形量中所包涵之諸單位，卽其中所包涵之諸一；則一形量之大小，卽皆可以數之多少，加以表示。然任一形量中所涵之單位形量，又皆可伸縮，而變大變小，則當此單位變更之時，吾人以較少之數說之者，皆可以較多之數說之，以較多之數說之者，亦可以較少之數說之。由形量之單位之大小可伸縮，則對任一形量，皆可設定一單位，以計量之，使此形量等於一定數之某單位。任何一定之數，亦皆可由人所設定之形量單位之伸縮，而成一可以應用於任一形量之數，而任一形量，卽皆可分爲任何數之諸形量單位。如一形量等於一，此一形量，同時可以任何數除此一，所成之分數，表其一單位之量；而此一形量，卽等於此諸單位之量之和，亦卽等於再以此分數中之分母，乘此分數所成之乘積。由此而吾人可說任一形量，皆可以任何數計量之，而應用任何數，以說之。此中之任何數，各爲一定數，而彼此不同類。然在其可應用於一形量處，則又爲同類。在單位不同之情形下，以一數分別用於不同之形量，而見此不同形量，皆可以此數計量之，而應用於其上以說之之時；則此諸形量，在形量上爲不同類，而在其可以此數說之之時，卽亦爲同類。由此形量與數之交相爲用，而一形量，卽可化一切不同類之數，爲同表此一形量之數之類；一數，亦可化一切不同類之形量，爲同可以此一數表之形量之類。形量與數，卽互爲一「使不類者表現爲相類者，亦使相類者表現爲不相類者」，而「使類者兼爲不類，不類者兼爲類」之一原理。若有數而無形量，或有形量而無數；則一切數雖可由其自身之加減乘除，以由不類而類，然却不能有此由一切數之同可用以表一形量，所看出之一切數爲同類；形量自身雖可由分合伸縮而成同類，亦無此由一數之可用於一切形量，所看出之一切形量之爲同類。故此數與形量之交相爲用，卽在天地間增加一於不類見類，使類表現於不類之原理者也。

形量雖皆有數，數亦皆可用於形量，以有「形量之數」之概念；然形量之概念本身，畢竟與數之概念不同其類。數以多少關係爲本，形量以大小關係爲本。人說多少時，可進而知多者大，少者小，此乃化數爲量之後之事。如不化數爲量，不說此多者大與少者小亦可。人說大小時，亦可進而知大者多，小者少。此乃以數定量之後之事。若不以數定量，則不說此大者多，小者少亦可。人於一形量，設定一更小之單位，計其單位之數，而以數定量，乃是於一整體無內在分別之形量，造成一分別。則反之，而忘此中之單位之數，還只觀之爲一量，卽由分別，再至無分別。故於大小說多少，卽將無內在之數之分別之一大一小者之中，更起一數之分別；將多少化爲大小，卽將有內在之數之分別之一多一少者，化爲無此數之分別者。形量不以數定之時，雖無內在分別，然一一形量之大小不同，仍有此大小所成之外在之分別。此大小等分別，在不憑數以設想之之時，卽只爲大者能包涵小，亦能掩蓋小者，而小者不能包涵大者，掩蓋大者之別。二物之大小之量，能互相包涵，亦互相掩蓋者，則稱爲有同大同小之量或等量者。此形量，在不以數加以分別時，仍可自有其大小等之分別，卽見數之分別，爲人所泯除之時，形量之分別，仍不可泯除。人超越數之世界之分別之後，仍有一形量之分別所呈之世界分別在。在此義上，則形量之分別，乃較數之分別，爲高一層次之分別，而更難於加以超越者。人之欲超越此形量之分別，若只取化形量爲數之途，則爲落到下一層之數學的幾何學或量度的幾何學之思想。純由形量自身看其分別如何可由形量之伸縮分合，而成爲等量，以通貫各不同之形量，而於其分別中見無分別，則爲純粹之幾何學或描述之幾何學，與投影之幾何學之思想。此形量之世界之可視爲上一層位之世界，更可由以數定量之量度幾何學中，恆發現有不能以確定之有理數計之形量而說。如直角三角形之勾方加股方等於弦方。此中如設定弦方之量爲四，勾方股方之量各爲二。則勾股之邊之長，不能以有理數計量，只能說其爲$\sqrt{2}$之無理數。此無理數所規定之量，則爲不能確定的計算出者。此中之勾股之邊，自各是一形量。其形量之乘方之和等於弦方。此乃一形量自身間之相等之關係，而可由幾何學以證明其必然如此者。此中，若吾人根本不欲以數定勾股二邊之長，則無此無理數之出現。吾人若分別就勾或股之量，可以任何之數定之而觀，亦非必以無理數定其邊之長。如吾人亦可設定勾股之邊之長各爲二，則二爲有理數。然當吾人以勾股邊之長爲二時，勾方股方各爲四，則弦方爲八，而弦之長爲$\sqrt{8}$，又爲無理數。人仍不能逃此一無理數之應用。此則由於在數之世界中，一數之乘方加另一數之乘方之和，不必爲一確定的有理數之乘方，而此和，卽無確定的有理數，爲其方根；而一數之有有理數爲方根者，再視之爲二數之和，此二數亦不必皆有有理數爲其方根之故。此乃由數之構造之原理，原非皆本於數之自乘之乘方之原理而構成，而兼依於加一數於一數或二數相乘而構成，卽不能無此無理數之故。此可參考上節所說。然此無理數在數之世界中，亦有其一大小之關係。故人亦可以不同之無理數，表示不同之大小之量。故勾股之量爲以$\sqrt{2}$表之者，其量乃小於以$\sqrt{3}$表之者。然過此以往，則無理數畢竟不能以之定一形量中之單位之數，而對人之定單位之數之目標，乃無所用者也。

此無理數，雖不能用以定一形量中之單位之數，然任何形量，可以無理數表示者，亦皆可變換其定量之單位，以有理數表示之，而可見此以無理數表示者，之等值於一以不同之單位定量，而以有理數表示之量。則數之世界中，雖有無理數，而量之世界中，則無一量之自身，可稱爲屬於一無理數之無理量。純自量之世界看，則一切量若不以無理數或有理數表示，其自身間，自仍有其大小或相等之關係，可由其量之相包涵與否之關係，而直接加以規定者。此卽見量之世界，如浮升於數之世界之上一層位，而獨立存在，以爲一純粹之幾何學或投影幾何學之所對。

此純粹之幾何學，可只以觀種種形量之大小相等之關係爲事，而構造出純粹之形量概念，如點、線、面、體、三角形、圓形、方形、球形、立方體等，而見其相互之包涵與否等關係。依此等關係，對形量加以伸縮分合之幾何學之運作，則爲使各不同之形量，由不相類化爲相類，由有分別以成無分別；或由相類而化爲不相類，以由無分別而有分別；以使「一切形量出入於類與不類，分別與無分別之間，亦使一切不類而相分別者，皆由一無分別而相類之中而出，再還入其中」之樞紐。此正如在數學中之加減乘除之運作，爲使一切數化爲等值，更可由移項而相減，以等於零，而於此零中出入之樞紐。依此對形量之伸縮分合，以看一幾何學心靈所運行之世界，卽亦可說爲一觀照之境，而非可視同現實存在事物之境，亦非純爲人之主觀自由構造之境，復非自爲一超越的實在之境，再非只爲一由幾何學之概念或名項之定義公理，或推論規則，所合成之一幾何學的公理法，所演繹出之一幾何學的分析命題之系統矣。

此幾何學心靈運行之境，非可視同現實存在事物之境，可證之於幾何學中之形量，皆可用於任何現實事物，或無現實事物之處。人亦可思一形量，而虛提虛舉此形量，以觀照一切具此形量之事物，以至形成一以此形量之概念，觀整個宇宙之哲學，如以直線進行、或圓周進行、觀宇宙之哲學；而幾何學中之概念內容，更明非必現實事物之所實有。幾何學中之點線面體之概念，可純由吾人之幾何學的心靈，由任一設定之有量之形爲起點，而依一定規則，向不同方向之空間伸展或縮進而形成。如由一點直向一方向前伸，而成直線；環繞而成圓，再將一直線向另一方向，平等橫伸成面；縱伸此面成體，再縮此體成面，縮面成線，縮線成點。此皆人之所不難設想而理解之構成幾何學概念之歷程也。

然人之先膠執於現實事物之形量，以觀此諸幾何學概念之形成者，恒欲於現實事物之形量中，求此諸概念如何自其所觀得之現實事物之形量中，次第抽象構造而出，則可有種種之問題。如先謂現實事物，皆是一有形體者，則面線點皆只是由形體中抽象而出者。然人如何可由一有體之形體，抽象出一無體之面、無寬之線、無長之點？自有體之形體之物抽出者，豈不可仍只有一有形體者？又吾人如何可想像無體之面、無寬之線、無長之點之存有，亦是問題。於是有哲學家謂此純面線點，只是一極限之概念。此一極限處之面線點等，只是吾人可次第向之接近，而永不能接觸者。如數學中之謂在有無窮次序之實數之全部系列之中，無論吾人如何向其極限進行，以求一與此極限之數差別更小之數，總有一與此極限之數，差別更小之正數。如前一數在此數之系列中之次序，可以N表之，即總有大於N之n次序之數，其與此極限之數之差別更小者。由此而人可說：對任一無論如何小的為正數之實數E言，皆有一大於此一正數之次序之整數N之次序n之實數，屬於此系列之一項，可名為a^n者，其與極限之數之差別，更小於此E者，為極限之定義(註)。由此而人可說，面是吾人在體之一度量上，次第縮減，所輻輳之一極限，線或點為在其二度量，或三度量上次第縮減之一極限，而實皆永不能達之一極限，即皆唯是一虛構，以表此諸極限者。在實際世界中，固無無高之面，無無高與寬之線，亦無無長寬高之點也。然此說唯由人之必由有形體之現實事物之思維，以理解此幾何學中之概念而形成。其意唯在對此諸概念，由其與現實事物之形體之關係處而了解。故轉使人覺多曲折而難於了解。實則此諸概念，皆可循上文所提及之意，謂由人之幾何學的心靈，以任一形量為一運動之始點，以形成。此任一形量為一運動之始點，

註：此據 D. D.Runes 哲學字典中 A. Church 所著之 limit 之一節。

卽是點。其向一方向而伸，卽成一直線，再將此直線，向另一或二方向而伸，卽成面、成體；可伸者，卽可縮，而再復其原。則體自可縮爲面、爲線、爲點，而此點卽原初之伸之始點。此始點，初可正爲一有形量之物。然此中之線面體等，乃依於人之以此有形量之物，向一方向或二方向或三方向，而伸之所成，則初不關此有形量之物之自身。此中之線、面、體，卽所以表此伸之爲向一方向，或二或三方向等，而非表此爲始點之有形量之物。則其由伸而縮，所縮者亦是此諸方向之伸，而縮回至一點，無向任何方向之伸，卽無向任何方向伸而成之長寬高之量，而只有無長寬高之量之無量之量。此一點之無量之量，可稱爲一量，如零數之可稱爲一數。此一點之量之可稱爲無一切量，亦如零數之可說爲其中無一切數。吾人之理解零之數，乃透過其中無其他數而理解，吾人之理解點之量，亦透過其中無其他形量而理解。然若自始無數之成，更觀其被減而銷除，則亦無零。若自始無形量之伸，而更觀其被縮而銷除，亦無無長高寬之量之點。在此義上，零卽爲通過數，而銷除數之數，而無數者，點卽爲通過形量，而銷除形量之量，而無量者。故吾人可由零以觀照其所以成零之故，在數之被銷除；亦如吾人之可由點以觀照其所以成點之故，在形量之被銷除。零可爲觀一切數之相銷除之一觀點，如點之可爲觀一切形量之相銷除之一觀點。以零定事物之數，則事物之爲零類者，非事物；以點定事物之量，則事物之只爲一點者，亦非事物。存在之事物之量之不得爲點，亦如存在之事物之數，不得爲零。此亦同時證明此點與零之非具體事物，而只存於觀照此零與點，或以之爲觀點，以觀一切形量與數之相銷除之心靈中者也。

此幾何學中之概念如點線面體等，固由人心之構造而出。然既構造出，其間又有一定之必然關係，爲一切人心或有心能觀照之者，所同可次第知者。此必然關係，卽有其客觀意義。故人之循此點線面體之關係，有此客觀必然意義看時，卽可視此點線面體與其關係，合成一超越實在的形量關係之世界。然此說之不能立，亦正如數學中之超越實在論之不能立。因此點線面體與其關係，可爲有心而能觀照之者，所共次第知，而對之爲客觀必然，並不能證明其能離此次第知之之心靈，而獨立爲實在。其客觀必然，亦唯對此知之之心靈之主體，爲客觀必然。至於其所以不能自成一客觀實在之形量關係之世界之故，亦可自此中之形量關係，其非相等者，必有一互爲對反關係、相等者，則可互相包涵，亦互相掩蓋，而相銷除處說。蓋凡有互爲對反之關係之形量，人皆可循其一關係之反關係，對之加以伸縮分合，而還至一形量，以銷除其與他形量之此關係。任一形量與其自身之形量相等者，則皆可以其自身之量減其自身之量，而使之成無量之一點。此正如數之不相等者，必有反關係，其相等者可由相等而相減以等於零。一數與他數有對反關係者，皆可循此反關係，以對他數加減乘除，以還至一數之自身；更以此數自減其自身，以等於零。零可說爲數而無數者，點可說爲量而無量者。無數，則無數之關係之獨立實在，無量，則亦無一切量之關係之獨立實在，而皆不可自成爲一超越的客觀實在矣。

復次，幾何學亦不可只視爲本幾何學之概念、名項之定義、公理、推論規則，所成之公理法，所演繹出之一幾何學命題或幾何學公式之系列，亦不可說幾何學命題皆分析命題。此概念、名項、公理、規則，乃人本其已有之幾何學公式或幾何學命題，而更反省其所自形成時之所發現。既發現之之後，更本之推演，自可再得此諸公式命題，而見其爲分析的。然幾何學之思維，初自爲一「發現一形量與其他形量之關係，而見在不同關係下之不同形量，可由其伸縮分合，以成同一形量」之綜合的歷程。謂一形量與其他形量，有某關係，必對此一形量，加以一「關係於他形量」的賓辭。此卽對此形量之意義，有一增加的了解，而形成一對此形量之綜合的命題。人謂一形量同時與其他形量有不同關係，卽可同時循此不同關係，以同時建立不同的幾何學公式或幾何學命題，而使人可由其一之眞，以見及另一之眞，亦爲一綜合之歷程。如吾人由直角三角形之弦之平方，而知其等於勾之平方加股之平方之量，顯然爲一綜合的歷程。此直角三角形中之勾股定理，在幾何學中有種種之證明法。此證明之事，似皆爲就已有之前提而分析出之事。然吾人亦非必須經此分析，然後能知此弦方與勾股方之和，有此等量關係。此等量關係，可初只由直覺之綜合而得。此如二對角之相等，非必須由吾人之知此二對角皆爲平角之減一角而成，方知其相等，乃人爲原可直覺其對稱而知其相等者。在直角三角形之形成中看，吾人可說直角三角形之弦，卽由勾之線之一端，向股之線所定之股方向，運動伸展以達股之線之一端，而成。吾人又可先設定勾股弦之線，各與其平方同時展現，則當人初只見有勾之線時，只有此勾之平方之展現。唯當此勾之線之一端，向股之線所定方向，運動伸展而漸成弦時，乃有此弦之平方之漸展現。然此弦乃由人依勾之線，向股之線運動伸展而成。勾有此向股之線之運動，股之線亦卽漸展現於人前，而此股之線之平方，卽與此弦之平方之展現，同時展現。當人轉而將此弦循股所定之方向，再縮回其運動，以再同化於勾時，此股與股之平方又全隱；則證由弦之再同化於勾，而弦之平方同化於勾之平方時，其所縮減之量，同於股之平方之量；而弦之平方之量，卽必當爲勾之平方之量，加股之平方之量。此則不待證明，而人亦可直觀弦方等於勾方加股方之一道。而實則人如自始無此類之直觀，則何以會忽然念及此弦方之有等於勾方股方之可能，而更求證明之事，卽不可理解。而人在幾何學中之有種種創造性的發見之公式，亦皆當初是由人之有綜合性的直觀一形量之可能與其他不同形量，有等量或其他關係，而後此公式之發見爲可能。此則皆不能依於人之就其原所知之形量及其公式，直加分析，或本之演繹，而可有者也。

然幾何學之諸公式雖由綜合性的直觀而後發見，然亦不礙此幾何學之諸公式形成之後，人可反省出其所由成之根據，其所本之概念，名項之定義、公理、推論規則等，而以公理法加以演繹，以使之成爲一分析命題之系統，如數學中之命題之皆可由公理法，以使之成由數學之公理等演繹出之分析命題之系統。然人在幾何學中，可有不同之概念與公理等之設定，而有不同之幾何學，如歐氏非歐氏等，亦如數學中之亦可依不同之公理等，而有不同之數學系統。不同之公理等所定之不同數學系統，可由其公理等之原始意義之同異，而加以關聯，以見不同數學系統中之公式之相對應而皆眞。幾何學中之不同之幾何學，亦可由其公理等之原始意義之同異，而加以關聯，以見不同類幾何學中之公式之相對應而皆眞。不同之數學系統，與不同之幾何系統中之公式命題，卽未嘗不可互相轉換，以見其有不同類之意義，而亦可有同類之意義之處。然人可依不同公理等，而有不同之數學幾何學之系統，更可觀其類與不類，則又見人之數學幾何學之心靈，能綜合的並觀此不同公理等，與其所形成不同的數學幾何學之系統，而位居於其上一層位；亦見任何由公理法所定之數學幾何學之系統，皆不能謂其系統之外，無數學幾何學之眞理。然人無論如何造不同之數學系統，根柢上終不能離數之關係。人無論如何造不同之幾何學系統，其根柢上不能離形量之關係。一切數之不同，皆可由加減乘除之運作，使之同；一切形量之不同，亦皆可由伸縮分合之運作，使之同。在此點上，一切數學系統卽爲彼此同類，一切幾何學系統，亦彼此同類。在不同類之數或不同類之形量，皆可由人之運作，而使之同類一點上，數與量亦爲同類也。在數學中有由減而成之負數，在幾何學中有由縮而成之負量。在數學中有負數之平方根之虛數，在幾何學中則凡在一坐標中，其爲負號所規定之諸方向中之平方，其根之量，卽皆可稱爲一虛量。數學中有函數。當一數爲其他變數之函數時，可隨此其他變數，以有不同之值，而其值可無定。而在幾何學中，則有投影幾何學。在投影幾何學中，當一形量對一變化之形量投影，則其影亦有種種不同之形量而不定。吾人能加負數於正數，以觀其數之和，卽如於數減數之可歸於無數之零。吾人如加相當之負量於正量，以觀形量之和，卽如於量減量之可歸於無量之點。於一切可能有之正數，加可能有之相當的負數，則一切數歸於無數之零。於一切可能有之正量，加可能有之相當的負量，則一切形量歸於一無量之點。由數之可隨他數，而變爲任何數，一形量亦可由投影，而顯爲任何形量，則見一切數之可化歸於一類之數，一類之數可化歸於一切類之數；及一切形量可化歸於一類之形量，一類之形量之可化歸於一切類之形量。如人之以方形繪於眼鏡之上，而一切形量投其影於眼者無不方，以圓形繪於眼鏡之上，則此投影又無不圓。而就一切形量皆可由伸縮分合，使之成方、成圓而觀，則任一方或任一圓之連於「對其外之一切形量之可能有之伸縮分合之事」，卽可盡天下之形量，而化同之於此一方或此一圓而無餘。若再縮此一方或此一圓於一點，則此一點，卽虛涵一切形量之負量於其中，而可由之以觀照一切形量之虛涵於此一點之中。此皆見幾何學中之可化一切形量，以成爲一與人心遙相距相望之觀照凌虛境者也。

第十五章　觀照凌虛境——觀意義界（下）

八、邏輯與觀照凌虛境——數與形量世界及命題世界之異同

邏輯的思維，與邏輯學所對者爲命題之世界。此命題之世界中，有種種形式之命題，如數學的世界中之有種種數，幾何學世界中之有種種形量。人對命題之可有取捨而加以肯定，或加以否定，如對數之可加可減，對一形量之可伸之使大，或縮之使小。命題有多有少，自有數，命題之涵義，有大有小，亦有量。而一命題之自身之形成，亦可由對一主辭肯定或否定一賓辭，而形成肯定命題或否定命題。又可由一主辭之爲指一類事物之全部或一部份，而形成全稱命題，或特稱命題。一類事物之一部份所成之類，卽一類中之種，亦卽一類中所包涵之次層位之類。種爲全類之一部份，則全類卽似爲種加種所成之類；而種爲一類之兼爲一特殊類者，卽亦爲一類乘以一特殊類所成之類。吾人說人是男或女之類，卽謂男類與女類

相加，等於人之類。說男人是人之一種，卽謂人之類乘以男之類，卽男人之類。而吾人說某人是男人，卽謂其兼屬人之類與男之類。說某人是男人或女人，卽說某人不屬男人之一種，卽屬女人之一種。一主辭可爲一類，亦可爲類之相乘、或類之相加。乘之反爲除，卽對一主辭爲諸類之乘積者，除去其一類、或數類。加之反爲減，卽對一主辭爲諸類之和者，減去其一類、或數類。人在對一主辭，更以類種之概念或名項，加以判斷，而成命題時，可對此中主賓辭之類，加或減、乘或除，有類乎數學中之加減乘除，亦類乎幾何學中之伸出一形量、縮去一形量、合諸形量爲一，分諸形量爲多之事。由此而在邏輯學中，可有邏輯代數學以對諸命題之主辭賓辭中之類，或直對類之集合、加以演算，而邏輯學似可同於數學之代數學。

在邏輯的命題中，固不限於說類之命題或主賓辭皆爲類之命題。亦可有主辭爲類，賓辭爲性質，或主辭爲性質，賓辭爲性質的性質之命題。而主辭亦可不爲一類，而爲一個體，或數個體之和。無論主辭爲類或個體，皆必有數。類或個體之性質可一可多，亦有數。又一命題亦可不說類及個體與所具之性質，而可只說其種種關係。如說一類或個體與某其他類或個體有某關係，或其性質與其他性質有某關係。此中之個體與性質，皆可以一名項表示。而此中一名項如與另一名項有某關係，亦可或更與此另一名項有某關係之再一名項，亦有或無某關係。若此關係爲必有，則此關係爲傳遞的；若其必無，則爲不傳遞；若其不必有，亦不必無，則爲非傳遞。關係又有對稱，不對稱，非對稱之別，若一名項對另一名項有某關係，另一名項對此一名項亦必有某關係，爲對稱；必無，爲不對稱；不必有，不必無，爲非對稱。關係又有反身、不反身、非反身之別。反身，乃一名項對其自身所必有之關係；不反身，爲一名項對其自身所必無之關係；非反身，爲一名項對其自身非必有亦非必無之關係。此中之諸關係亦有數，一名項可與其他一名項或多名項有關係，則此與之有關係之名項，亦有數。如一名項不與任何名項有關係，則與之有關係之名項與關係之數，爲零數。此種一名項與其他名項之關係之可爲傳遞，正如數之系列中諸數之大小等關係之爲傳遞。關係之有不對稱，正如數之大小等之關係之有反關係者之爲不對稱；關係之兼爲傳遞與對稱者，則正如數學中之等於之關係。關係之有反身者，正如數之可等於其自己、數之可自乘、自除、自加、自減，而與其自身發生此等於、及加減乘除之關係。二關係之可加可乘，亦如類之可加可乘。一關係之自乘，而有關係之平方，如甲爲乙之父、乙爲丙之父，則此二父之關係之自乘，即是甲爲丙之父之父，甲對丙有之父之關係之平方之關係。凡此等等，對命題中之名項間之關係之可演算、對命題中主辭之爲類者其類之數之可演算、主辭之爲個體者，其個體之數之可演算、此類或個體之性質之數之可演算、及諸個體諸性質間之關係之數之可演算，並可由演算以知此中之命題中之類、性質、關係等數之多少，以定一命題或一組命題，其所涵之義之多少，與指涉範圍之量之大小，卽似可使邏輯之學化同於數學。

然人之邏輯性的思維與邏輯學之思維，畢竟有根本不同於數學與幾何學之思維者。此卽在命題自身之不同於數與形量，命題中之肯定否定之不同於加減，其中之全稱特稱，只爲成類之根據，其本身亦不是類。命題之不同於數與形量者，一方可自命題先於數與形量而有處說，一方又可自其後於數與形量而有處說。命題之所以先於數與形量而有，在命題可直由以某性質之內容，判斷個體事物而形成。當吾人以某性質內容判斷個體事物，而人知此判斷爲眞時，人卽發現其所思之性質內容，與所經驗事物內容之貫通統一；繼可有一之數之概念；同時人亦以此個體事物爲此性質所規定之類中之一事物，此性質卽成定類之類概念，人更可本之以判斷其他事物屬於此類概念規定之類者。則此類概念，初乃後於以性質內容作判斷而有，繼乃爲人之所用，以形成判斷，而包涵於此判斷之中者。此判斷之表示，卽成命題。類概念之表示，爲一類名或類之名項。以命題觀此類之概念、名項，亦只包涵於此命題中，以爲其構成之一成份。此用類名之命題，則爲後於類而有者。自此命題之可後於類名而包涵類名看，則任何類名，皆只爲一可能有的命題中之一成份。而任何其他性質之名、關係之名、個體之名、以及數之名、形量之名，皆爲包涵此諸名之種種可能的命題中之成份。故一切說個體之性質與關係、性質間之關係、與關係之性質、關係之類、一切類與類之關係、一切數與形量之類與關係，及一切說此一切類與關係之數之多少，與一切類與關係之涵義及應用範圍之大小之量，所成之判斷與公式，全部屬於一可能有的命題之世界。而此可能有的命題之世界，卽包涵數與形量之世界中之一切概念名項，爲其構成之成份中之一部份。此命題之世界，所由構成之成份，卽大於一切數與形量之世界中之概念或名項之和。而此全部之命題世界，卽爲在數與形量之世界之上一層次或上一層位者。

於此，人之必以數與形量之概念爲本者，固可說人所形成之命題，總有其數目，命題之數目有多少大小，卽有數量，而吾人說全部可能之命題之世界，大於數與形量之世界，此「大於」卽數量之概念。但吾人可同答，謂：此命題之有數量，乃指實已形成之命題之有數量。但說可能形成之命題，則非指已形成之命題，便不能確指其數。所謂可能形成之命題世界之大，初可只是由一命題之函值，而知可能滿足此函值之項目，可無定限，而無窮，遂認識其大。如吾人設定有一數，更說對此數有可能形成之「說此數者」之種種命題。此卽是以「說此數者」爲一變項X，對此X之變項，如以A、B、C、……之命題爲其函值，卽「A是說此數者」，「B是說此數者」「C是說此數者」……諸有關此ABC……命題之諸命題。然吾人在只說可能有ABC諸命題，爲此X之一函值，而未說此ABC……之命題之時，此ＡＢＣ……之命題，究有若干，尚未定，卽不能以數定此命題之數。此中之ＡＢＣ之數，可無定限，亦可於已有之ＡＢＣ……之數之外，再加一個，則其數可爲無窮，而不能以一定之數表之。自其數爲無窮看，卽大於一切可用以數此命題之數之數。故吾人可說：可能用以說任何事物或說數或形量之命題之數，大於一切人所說之數，以其可爲無窮故也。誠然，此無窮，亦可說是一數之概念。但吾人在說：說數之命題爲無窮時，乃指此命題在數之上層位，或冒出於數之上，而將此所說之數，置之於下層位者而言。而吾人之說此命題之數爲無窮，則只是由下層位之數之觀點，以上望在上層位之命題之可不斷冒出，而覺其以任何數窮之，皆不能窮，方說其無窮。則此無窮，只是吾人欲以一定之數定之窮之，而又見其不能爲此一定之數所定所窮盡之別名。則此無窮，卽爲表示此命題之冒出之事，超於以數窮之之事，而爲人之用數之事以外之事之別名。此所謂無窮，卽非只爲一數之概念，而爲表「數之概念之應用之限制」之非數之概念。由此而吾人之說可能有的命題之世界，大於數與形量之世界，此大於，亦只是說：若吾人要說此可能有之命題之世界中之命題之數，則可由其數之可無窮，而謂其大於數與形量之世界中之已有或已被思及之一切數或形量之概念之數。此「大於」，亦只是表示此命題之世界非一切數量之概念所能盡，亦超於一切數量之概念之意義之謂。其所以不能盡之故，可直至命題所以爲命題之意義內容，非數量之所以爲數量之意義內容之所能盡，而包涵有其他之意義內容說（後文將論及）。此其他之意義內容，在命題之意義內容中，而不在數量之意義內容中，則可說命題之意義，大於數量之意義。此「大於」乃純自前者之意義之內容，有非後者之意義之內容之「非」，加以規定。則此「大於」非數量之概念，而唯是說「命題之意義之內容」之「性質」，不同於「數量之意義之內容」之「性質」者，而見此命題之世界之超於數量之世界者之上，以爲一不同之世界矣。

此命題之世界之包涵有其他意義內容，以超於數量世界之上，首見于其包涵種種非說數量之命題，如說事物之性質之命題，說種種性質之異同之命題。今說「命題與數量之意義性質不同」，其本身亦可成一種說性質之同異之命題。此說性質之異同之命題，可是肯定某性質於某物、否定某性質於某物、或肯定否定某性質之是否另一性質……之肯定否定命題；亦可是說「凡有某性質者卽同時必有某性質」、「凡有某性質或同時有某性質」，「凡某性質自身皆必自具某性質」，「凡某性質自身或具某性質」……等全稱特稱之命題。此中之性質之概念，乃尚未化爲類之內容之性質，卽一純性質之概念。當吾人只本此純性質之概念，以說一爲主辭之個體或一性質，而有諸肯定否定全稱特稱之命題時，此中之肯定、否定、全稱、特稱，卽全不同於數之演算或類之演算者。此不同，在數之演算與類之演算，皆可由加減乘除之運用於原所有之數與類，而加以轉化，以產生新數，新類。如二加三成五，a類＋b類成a＋b類。

但在吾人純以一個體或一性質爲主辭，而肯定或否定其更有某性質時，則于此對所說之爲主辭之個體或性質等，不能有任何之改變，亦不能加以轉化，以產生新性質，或新類。如吾人謂某人是白的，或非白的。此白的與非白的，只是人用以說某人者。如某人是白的，則吾人發現此某人之性質中，有此吾人用以判斷之白。然此某人，則不以吾人之判斷其白，而加一白。亦不以吾人之判斷其非白，而減一白。此某人是白的之判斷若爲眞，則吾人將此「白的」，屬於某人之主辭，而判斷之後，則只見此某人爲白的，而完成其判斷之事，亦更超越此判斷之事。若此判斷爲假，則吾人將此「白的」，排於某人之外，亦可以完成此判斷之事，而更超越此判斷。則此判斷之結果，可除見此某人之自具其所具之性質之外，更無所得，亦無其他任何類概念或數量概念之形成。此卽與對數量或類，加以演算時，必新形成另一數量或類之概念者根本不同。亦卽見此判斷之爲一心靈之活動，與數的演算之爲心靈活動亦不同其類。故由表示判斷之命題所成之命題世界，卽與數與類之世界爲不同之世界。吾人在由數量與類之演算，以產生種種數量與類之概念，而只用之以形成對一主辭新有所說之新命題時，此新命題之成爲命題之事，乃與類及數量之演算之事不同；而其所成之命題，所以爲命題之意義，亦與類及數量之意義不同。如吾人說「五是二加三所成」，此卽一命題。說「於二加三使二成五」卽是一數之演算。此二者之不同，在「於二加三使二成五」中，此二由加三而變成五，卽於二外更增一數五。而說「五是二加三所成」則對五之意義內容，雖有所說，然對五之自身，則不能有任何之改變，以於五外更增一數。人在說五是二加三所成之後，只見「此二加三所成」爲「五」之一性質，屬於此五，而可由完成此判斷，以超越此判斷者。亦如說某人是白的之後，卽見此白爲人之性質，而屬於此人，由完成此判斷，亦超越此判斷者。而此中表示此判斷之命題，亦同爲表示此判斷之由開始至完成至超越之一歷程，而更無其他產物之出現者也。

吾人如知判斷命題中之肯定否定，不同於數與類之加減，則亦知判斷命題中之有全稱特稱判斷，不同於數與類之有乘除。如吾人說凡男人皆是人，此男人似指人而男之類，卽人與男相乘之類，而於此類中，除去男之類之義，卽成人之類。則於此凡男人皆是人中，亦可言有類之乘除。但吾人說凡男人是人時，可只是說凡是有男性而兼有人性者，卽是有人性者。此中男性而兼人性，合爲一特殊性，人性爲一普遍性。此命題只表特殊性中有普遍性，此普遍性之在其特殊性中，而爲一表示此普遍性與特殊性之關係之命題。又吾人在說凡男是人時，吾人之思想，可唯是繼續通過男性之概念，以觀其所貫通之個體之男，而不知其所貫通者之多少，亦不將其所貫通者作總體而思之，則此中無男之類之概念之形成。於人亦然。吾人之說凡男是人，只是表特殊性之關聯於普遍性之命題，然却非說男類包括於人類之命題。依此，吾人說有人是男，亦只是表普遍性之關聯於特殊性，而非說人類中之一類爲男類之命題。

由全稱特稱之命題之可視爲說類者，皆可視爲說性質之關係之命題，則一切說類、說數與形量之命題，皆可歸化爲說性質之關係之命題。如說2＋3＝5，卽等於說一數之有爲二加三所成之性質，同時有五之性質。或凡有爲二加三所成之數之性質者，皆有五之數之性質。如說a×b類等於ab類，卽說凡有由a×b類所成之性質者，皆有ab類之性質。而此種數學之演算公式，與類之演算之公式，皆只是表示數與類之性質之關係。而凡此數與類之性質之概念，其涵義內容較多者，爲具特殊性之概念，而內容較少者，則爲具普遍性之概念。而一切說數與類之公式，卽皆是間接說種種具不同之普遍性與特殊性之數與類之性質之概念，之種種相互關係之種種命題，而亦皆屬於命題之世界，而不能存於其外矣。

九、命題世界之邏輯思維之性質及理性與觀照心之虛寂性

吾人以命題世界概括一切可能有之不同形式之命題。此不同形式之命題可分別獨立有其眞假，亦可相依賴以有其眞假。由此而人由某形式之命題，推論另一形式之命題，卽或爲有效或爲無效，而邏輯學卽可定義爲研究此推論如何爲有效或無效之形式之學。在此推論中，所據以爲推論之命題爲前提，由此前提所推論出者爲歸結。前提眞，則歸結必眞；歸結假，

則前提必假；前提假，歸結可眞；歸結眞，前提可假。此亦卽見諸命題間，有相依賴以同其眞假之關係，亦有各自獨立而不同其眞假之關係。然於相依賴以同其眞假之命題，說爲不同其眞假，以成高一層次之命題，此又爲假。於不相依賴以同其眞假之命題，說爲同其眞假，以成再一高一層次之命題，此亦爲假。然今說此上二者爲假，又爲更高一層次之命題。此命題則爲眞。在此不同層次之命題中，其在低層次之命題之眞假，無論是互相依賴或彼此獨立，然皆有高層次之命題依賴之而眞或假。由此而此全部之命題世界，便可說爲一互相依賴以有其眞假，而人可隨處本此依賴關係，以行其邏輯的推論之一世界。

然一全部之命題世界，只是一可能有之命題之世界，無人能全部加以構思。就人所能實際構思者言，人只能任選其中之若干命題，設定其爲眞，而更思：若其爲眞，則其他命題之眞假當如何。於此，人可設定任何命題爲眞，以觀其他命題之眞假，而不須只設定對現實存在事物已知爲眞之命題，而問其餘命題之眞假；而人之邏輯的思維，卽爲運於現實存在事物之上，亦一般之已知其對現實存在事物之眞命題之範圍之上之一種思維。由此而人或以爲此邏輯的概念與思維，皆爲人所自由構造的，如數與形量之概念與思維之爲人自由構造的。

人雖可自由構造出數與形量之概念，然旣構造出之之後，此數與形量之關係，又爲必然，對一切人心皆眞，而爲客觀。在邏輯思維所運行之命題世界亦然。人固可設定任何命題爲眞，然既設定一命題，或數命題爲眞，則與其餘命題間卽有必同眞必同假，或可同眞，可同假之相依賴或獨立之諸關係之出現。此諸關係，亦如數與形量之關係，可爲人所未先思及者。由此而人亦可以邏輯思維所對之命題世界中之眞假關係，爲一客觀的實在，或以邏輯關係之世界，爲一超越的實在世界，如人之可以數與形量之關係爲一客觀實在，屬於一超越的實在世界。

然此上之說之不能立，亦如以數與形量爲超越的實在之論之不能立。因此命題之眞假關係，亦只對思此眞假關係之邏輯心靈而展現。一切人心或有心者之同見此眞假關係，只證其同有此邏輯心靈，不證此眞假關係可離此同有之心靈，而自爲一超越的客觀實在。此眞假關係之不爲此心靈之所一時全部發見，而待此心靈之次序發見，或先超越其所已發見者，然後能更有發見，亦只證此心靈之能在如此次第超越其所發見，而超越其自身之歷程中，加以發見而已。此所發見者，固仍只是對此心靈之次序發見，以爲其所發見者，而不能在此次序發見之外，以自有其超越的客觀實在也。

至於此可能有之命題之世界，與其中之眞假關係其所以必不能自成一客觀實在之世界者，則在吾人對此中之一切命題，唯在設定其一或若干爲眞或爲假時，方得說其餘命題爲眞或假。然人亦可自始不設定任何一或若干命題之爲眞或假，則其與命題世界中其餘命題之眞假關係，卽初無可說。此卽可謂之爲始於寂。吾人旣設定任何一或若干命題之爲眞或假，而說其與其餘命題之眞假關係後，亦可還自其初之「可不說」；而以此「可不說」，銷除其「所已說」，而無此所說，以歸於寂。自此始於寂，與歸於寂處，看命題之世界，則不能說有命題之世界之客觀實在。一切人之說命題，而見其有眞假關係之事，卽皆自此「寂」而出，亦還歸於此「寂」，而由此「寂」中出入者。此卽正類似數之世界中之一切數與其關係，皆在零中出入，一切形量與其關係，皆在無量之量之點中出入，如前此所論。然零尚可說是數，點亦可說是量，而此寂則絕非命題，而只是命題出入之所經過之一心態，人之止於此心態，卽可更無命題之可出入者。故此心態非命題，而爲命題之世界之極限，或一切命題之捨身而圓寂之處。人有此一心態，而更能本之以觀一切命題之捨身圓寂，卽不得說有爲超越的客觀實在之命題世界矣。

由此命題世界之不得說爲超越的實在，則亦不須如來布尼茲至羅素之說邏輯之眞理，爲一切可能的世界之普遍眞理。人之說邏輯之眞理，爲一切可能的世界之普遍眞理，唯是說：對一切可能的世界中之事物，吾人皆可由說其可能性相，而成種種可能的命題，而使此可能的世界中之事物，皆爲此可能的命題之所說，而皆如有此種種可能的命題冒於其上；並可自由設定某可能命題爲眞以說其他可能命題之眞假等。如設定一可能命題爲肯定一賓辭於一主辭之命題，則知：否定此賓辭於此主辭之可能命題必爲假。然在吾人不設定任一可能命題爲眞時，則此中之眞假關係，卽不得而說，亦無此「若某一肯定命題爲眞，則另一否定命題爲假」之可說，亦無「設定一命題爲眞，則『說此命題爲假』爲假」等邏輯眞理之可說，自亦無「此邏輯眞理，爲一切可能世界中之普遍眞理」之一語之可說。

由邏輯眞理之不能說之爲超越實在，或一切可能的世界中之普遍眞理，於是今世之論邏輯眞理者，或謂其原只在吾人對種種邏輯概念、名項，之意義之規定，及若干公理，與推論規則之設定；而一切邏輯眞理之系統，卽本於有此公理等設定之邏輯的公理法，從事演繹，而推出之邏輯上之分析命題之系統。如數學幾何學之系統之同可說爲數學幾何學之公理法，所演繹出之分析命題之系統。

然此說亦正如以公理法說明數學幾何學系統之所由形成者，初乃在人已知有種種邏輯上之眞命題或眞理之後，再反省其所由構成之概念與所根據之公理、推論規則時所成之說。而不足以說明人之邏輯性的思維，與邏輯學的思維，與其所依之心靈之眞相。在此眞相上說，人之邏輯性的思維，與邏輯學之思維方式，皆不只爲分析的，而兼爲綜合的。

此人之邏輯性的思維，在一義上可概括一切人之理性的思維。此人之理性的思維之爲綜合的，首見于人之理性的思維恒爲於用一性質或類之概念思一事物之後，卽更以其他性質或類之概念思之，而此二性質或二類之概念，恒爲有其自相類或不相類之處者；則由綜此有相類而亦有不相類之諸概念，以思維事物之歷程，必爲綜合的。而邏輯學思維之爲綜合的，則卽由「肯定」「否定」「普遍」「特殊」「或」「如果則」「眞」「假」之爲不同之邏輯概念，而吾人並用之，卽已見邏輯學之思維之爲綜合的。吾人說一肯定命題，等於其自身之否定之否定，此本身亦爲綜合的。因人之知一肯定命題，與知其爲自身之否定之否定，乃依於此二命題之眞假值之相涵關係；而此二命題畢竟非一個命題，則由一及其他，卽爲一綜合的歷程。人之有一邏輯學中一概念、一命題，而求證於他概念命題，其只爲一擧持此概念命題，以待望彼能證明之概念命題等之出現，卽爲待望一綜合的思想之出現，亦爲顯然之事。由此以觀一切邏輯的命題之組合，卽皆爲綜合的。邏輯的公理法中，先擧陳若干名項概念之定義，與邏輯公理及推論規則，卽一次第綜合此諸概念公理等之結果。由此綜合之結果，更說其他邏輯眞理，皆可由之演繹分析出，亦依於此綜合而後可能。人旣有此綜合之後，更說由之推出者，皆爲分析的，此自可說。然此不足證邏輯學的思維之只有分析，而只可說之爲先綜合而後有之分析。

此種人之知有種種邏輯之名項概念公理等，本由人之自反省其邏輯性的思維之如何進行，而次第發現的，亦原實際存在於人之邏輯性思維中者。然人旣發現之後，可見其不能再加以分析，或再問其根據，遂綜合之，以成邏輯學中之原始概念及公理等。唯因人在邏輯性之思維中，人原可設定任一命題爲眞，或假，以推其他命題之眞假，則人亦卽可視此邏輯學之概念公理等本身，亦爲一設定。唯吾人之設定之，然後其所推出之邏輯眞理，乃得成爲眞。若無此設定，則其所推出之邏輯眞理，亦不得爲眞，有如在人之任何邏輯性思維中，不設定一命題爲眞，則不能由之以推出其他命題之眞與假。然吾人若說邏輯學中之概念公理等，本身亦爲一設定，則吾人亦可有不如此設定之可能。故人可對邏輯學之概念公理等有不同之設定，而有不同之邏輯學之系統，而任何邏輯學之系統，卽皆不能謂其外更無其他邏輯學系統中之邏輯眞理。此卽又無異於謂有不同之邏輯系統，各有其不同之邏輯眞理。此不同系統中之邏輯眞理，不可只由任一系統中之公理等分析而出，而此不同之系統中之邏輯眞理，若有可互相轉化之關係，則其關係仍爲一綜合的關係。正如不同系統之數學幾何學間，若有互相轉化之關係，仍爲綜合的關係。在視邏輯學之公理等爲設定之情形下，人必須承認人有構造不同邏輯學之可能。人既可設定邏輯命題只有眞假二值，自應可設定其有三值或多值。人既可設定：肯定一命題等於一命題之否定之否定，自亦可設定一命題，不等於其否定之否定，則思想中之矛盾律可廢。人可設定一類可分爲正類反類，無中間之第三類，則人亦可設定其有中間之第三類，而類中之排中律可廢；而於命題中，亦可於肯定否定之外，有非肯定非否定之第三種命題，而命題中之排中律亦可廢。其所以皆可廢者，以其皆只是設定，而人卽可不有此設定，如吾人人可設定任何一般命題之一爲眞，亦可設定之爲假，或皆不設定之也。

但吾人可說在數學幾何學或其他任何之學術中其原始之概念、公理等，或可視爲設定，而在邏輯中之基本概念，公理、命題等，則非設定。邏輯學命題，亦不同於其他命題之可設定之爲假，或不加設定者。此則由於邏輯命題，雖是說其他命題之若眞則如何，若假則如何者，然其說此等等以成邏輯命題，則此邏輯命題在此所說之命題之眞假關係之上一層位。

依此邏輯命題在一般之命題之眞假之上一層位之說，以觀命題之是否有眞假二值以外之值及邏輯中矛盾律、排中律之問題，則吾人首可說，人在肯定一賓辭於一主辭時，人卽必非否定此賓辭於此主辭，亦卽必依此肯定，以非彼否定此賓辭於此主辭者，而否定對此賓辭之否定，此卽矛盾律。人在用一賓辭，以試判斷一主辭時，亦必想此主辭或接受此賓辭，或不接受，而無第三可能，亦無既不作肯定判斷或亦不作否定判斷之第三可能，同時無「肯定判斷不眞，否定判斷亦不眞」之第三可能。由此而肯定一命題之眞，卽同於否定一命題之不眞，而在此二命題之外，亦無中間之命題成立之可能。此卽排中律。人在實際上之思想，未有能不依此矛盾律、排中律以進行，而人亦實不能設想其不眞者。此一設想，乃是設想：可不用此眞之名於此，或設想一假之名之可用於此。然人若實往自反省其思想之進行，卽知其實已用眞之名于此，以更知其「不用眞之名於此」之不可能，及「用假之名於此」之不可能；非人實能設想其不眞而爲假，亦如人之非果能形成一自相矛盾之判斷或思想也。

由人之不能形成自相矛盾之思想，而邏輯學中有關於肯定否定之必眞的邏輯學命題。又由人之可以一普遍性之概念關聯於特殊性之概念，而有全稱特稱之命題。全稱之肯定命題，卽特稱之否定命題之否定。全稱之否定命題，卽特稱之肯定命題之否定。於是更有關於全稱特稱命題之關係之必眞的邏輯命題等。汎就任何命題之可肯定之而視爲眞，或可否定之而視爲假說，則任何一命題，皆可有眞假二值。而吾人之說其爲眞，或說其爲假，說其或眞或假，說其亦眞亦假，似有四可能。然此中說其亦眞亦假，乃自相矛盾而實不可能。唯餘三者皆爲可能。其中說其爲「或眞或假」，則是就其本可有此二值，相應而說之，亦包涵一命題之二值，而俱說之。命題之值，亦不能逃此二值之外；故此說其或眞或假，卽爲必然眞；而亦爲對命題之有眞或假之值，作如實之重複說，亦卽對一命題之可設定爲眞，可設定爲假之事，作如實說。凡此對任何命題或一切命題，皆如此說其有此眞或假之值，卽是對命題之世界之眞假值之如實說之全部眞理之和。而一切邏輯的命題，或邏輯的推論方式，凡可化之爲對此中之命題之有眞或假之二值，皆作此如實說者，卽皆可謂之邏輯上的眞命題或邏輯眞理，而亦爲能照明此邏輯的命題世界之所以爲邏輯的命題世界之本相者。此中之邏輯的命題，旣對命題世界中之眞或假皆說，亦卽對任何命題之定眞定假無所說；而使一切命題，還歸於其自身，而只見有此命題之世界，而不見有命題之定眞定假。此卽唯成就一對一切命題之自身之平鋪的觀照，與其眞或假之平鋪的觀照者。

然人之有此對任何命題或一切命題與其眞假値之平鋪的觀照，乃設定吾人對任何命題或一切命題，可能有之眞假値，皆分別俱說之時乃有者。在人之實際的思維之進程中，則人恒只對若干命題，說之爲眞，或說之爲假，以推論其他命題之眞假。如吾人由二命題之俱眞者，可推出其任一之爲眞，亦可推出二者之皆爲眞，又可推出說其一之爲假者爲假。由二命題中此眞彼假者，可推出此眞，亦可推出彼假，又可推出：「二者皆眞」爲假、「二者皆假」爲假等，……而此中任何有效之推論，皆是由「說眞」以推「說眞爲眞者」爲眞，「說眞爲假者」爲假；由「說假」，以推「說假爲假者」爲眞，「說假爲眞者」爲假。則一切推論，皆只是由肯定命題以推肯定命題，而否定否定命題；由否定命題以推否定命題，而否定肯定之命題。亦卽皆是人之「自順其肯定否定，以成其肯定否定，而亦卽「自重肯定其所已肯定，重否定其所已否定」之「自求貫澈其肯定或否定之活動，於其相繼之肯定否定之活動中」之歷程。此人之必如此相順相繼以成其肯定否定，則見人之思維活動，有一自向於此相順相繼之理性，以成此肯定否定之相順相繼之歷程之條理者。此理性流行于此肯定否定活動之相順相繼之中，而不由外來，故可稱爲人之思維活動自身之理性，亦有此思維活動之心靈自身之理性。

然此人之理性之流行於其相順相繼之肯定否定之活動中，唯由人對命題有所肯定或否定，或人形成一肯定命題或否定命題，而後見。在人已有肯定之後，自必順其肯定而肯定，而否定否定；已有否定之後，亦必順其否定而否定，而否定肯定。但人之心靈，是否必須有所肯定或否定，則此唯在人對事物或一對象，欲以一概念加以判斷之際爲然。在人不求有所判斷之時，則人固可無肯定，亦無否定。則其相順相繼之肯定否定活動，卽皆無有，而此心靈中之成此相順相繼之活動之理性，更不得流行顯發。此時吾人是否可說此心靈中仍有成此肯定否定之先天的理性範疇等，存于此心靈之中，以爲其本性，則是一問題。

此人之所以能有肯定之活動，可說由於人依一事物有什麼之實有方式，以思事物之故；而人之能有否定之活動，又可說由於人依一事物之莫有什麼之虛無方式，以思事物之故。此實有方式，與虛無方式，卽可說爲人心中之二先天範疇，如康德之說。若無此方式範疇，則人不能有肯定否定之活動，而肯定否定之判斷命題，皆不可能。則似必須謂此範疇方式，在人未有肯定否定活動時，亦自在人心，以爲其本性所具。然人又可說，吾人之所以肯定事物有什麼者，必事物實有什麼，此實有，在事物；而吾人之所以否定事物有什麼者，必事物實無什麼，此實無，亦在事物，而人之判斷之爲肯定否定，則唯依於人心於事物之所見者，爲其所實有，或其所實無而定。人心中則初無此有，亦無此無，亦無此「實有」「虛無」之範疇，爲人心之本性之所具。

對此上來之二說，則今皆不取。因依後一說，謂「有」「無」在客觀事物，則謂「有」在客觀猶可說，如何可說「無」亦在客觀事物？今若設定二者皆在客觀事物，則於事物之有什麼者，卽當只能思其有，於無什麼者，亦當只能思其無，以其有無已先定故。然人於事物之有什麼者，亦可設想其無，於事物之無什麼者，亦可設想其有；則見人心之自能無事物之所有而虛其所有，此虛之之能，應屬人心，人心亦能實事物之所無，此實之之能，應屬人心。故人可假想一說事物之有什麼之肯定判斷、肯定命題爲不眞，亦可假想一說事物之無什麼之否定判斷、否定命題爲不眞。此能假想其不眞，卽見人自有此自動的否定否定，以歸肯定、或否定肯定，以歸否定之能。此能肯定否定之能，可於事物之有者虛之，無者實之；則必須承認人心之有一能「如此虛之、否定之，實之、肯定之」而更自順之繼之之思想活動之二方式，屬於人之思想活動，而于其中可見一理性之流行也。

然吾人亦不能由此思想活動中有此二方式，見有一理性之流行，而謂此二者卽心靈之本性中之範疇，先心靈之活動，而橫陳於心靈之自體中者。此則因人雖有肯定否定之活動，於肯定時必否定否定，於否定時，必否定肯定，然此肯定與否定之否定，乃爲俱有而俱行之事，亦俱行而俱止者。人之肯定，卽所以否定否定。無否定可否定，則亦無肯定；故人依肯定以否定了否定，而無否定之時；此肯定，卽以無否定可否定，而卽自歸於寂。此歸於寂，卽同於其自身之完成其否定否定之事，而功遂身退，以自否定其活動之自身。又人之否定、與其否定肯定之事，亦俱有俱行而俱止者。故當肯定被否定之時，此否定無可否定，亦歸於寂，而功遂身退，以自否定其活動之自身。自此而言，則人之心靈活動之發此肯定或否定之活動之事，在其完成之時，卽皆是其自身之歸寂；而心靈旣發此活動，必以其自身之完成爲最後，則亦卽必以此歸寂，而無此肯定或否定，爲最後。此中之發此肯定否定，固是心靈活動之本性之一階段之表現。然其最後一階段之表現，則是此肯定否定之一齊歸寂，而自超越此肯定否定活動之全程。今自此心靈之必自超越此肯定否定活動之全程上看，則於此心靈之本性中，卽不能直說有此「實有」「虛無」之範疇，橫陳于其中；若說其有此二範疇以成其肯定否定，亦當更由其肯定否定之歸寂，以見其有超於此二範疇之本性。今透過其超此二範疇之本性以觀，此二範疇之在心靈中，卽亦爲由此心靈之能歸寂之虛寂性，所虛寂化，而非實有者矣。在心靈之肯定否定之活動中，此肯定否定之分，見思想活動之類之不同。肯定

「肯定」之上一肯定，在上層位，下一肯定，在下層位。此卽見思想活動層位之不同。否定「否定」、否定「肯定」，肯定「否定」，亦皆有上下層位之異。由肯定以否定否定，由否定以否定肯定，見涵蘊關係，亦見思想活動之進行之有序。由肯定以否定否定，如由是以非非，至無不是，而皆是，是成普遍之是，卽全稱之肯定。由否定以否定肯定，如由非以非是，至無一是而皆非，非成普遍的非，卽全稱之否定。否定此全稱肯定卽特稱否定；否定此全稱否定，卽特稱肯定。此中分是與非，爲思想活動橫開二類之度向，是是、非非，非是、是非，則見一縱分層位之度向。是以非非，非以非是，使無不是而皆是，或無一是而皆非，見思想活動，順序而生長之一度。合以見此思想中之理性之三度。……然此中之思想活動之完成，又在上述之思想之肯定否定之活動之一齊歸寂，則此三度之理性，亦爲一歸於無所謂此三度之虛寂的理性。由此而吾人卽可更觀照：此能發肯定否定之活動之心靈之自身，與其中之理性之虛寂性，而以此虛寂性，爲其肯定否定之思想活動之原，亦一切必有所肯定或否定之邏輯命題、一切命題之原。今透過此原，以觀其流，則整個之邏輯命題，與一切命題之世界，卽無不虛寂，而皆只爲存於此虛寂之境中，似實而虛之觀照境中之鏡花水月而已。

一〇、哲學之觀點與觀照心

哲學可導歸於實踐，亦可止於一宇宙觀人生觀知識觀之形成。在哲學只止於觀之時，則哲學之思維，亦根於一觀照中之境界。哲學之思維，與其他專門之學之思維之不同，在不以宇宙人生中一範圍內之事物爲對象，與題材內容，以形成專門之知識。其不同於邏輯學之思維者，在非只以反省人之一切邏輯性思維之概念公理推論規則，或此邏輯思維之形成之純形式條件爲目標；而必本若干具體存在事物內容之普遍概念，形成一根本觀點，以觀宇宙人生中之一切事物之意義，而形成一觀境；於此觀境中見不同專門知識之各在其範圍中成立，而其意義則可互相照映，合以形成一知各種知識之相輔相成之智慧。此智慧卽直觀的理解，亦可如菲希特之名之爲知識的知識。一切哲學，自其皆多少對不同事物之意義之互相照映，有一直觀言，則哲學皆屬於一觀照境。一切哲學之觀事物，重在觀其意義，故其觀事物之存在之實體、作用，亦是觀其爲具存在之意義，及此實體作用之意義之自身，或化一切存在爲其意義之和，而不見有一般所謂存在，以使此意義凌虛，而呈現於此哲學之觀照心靈。故哲學之事當屬觀照凌虛境也。

自哲學之必用普遍的概念，以觀宇宙人生之意義，而形成對此意義自身之純粹的直觀的理解或知識的知識，而不同于一般依感覺而有之對個體存在之事物之史地知識，對不同種類事物與其功用等之自然社會科學知識言；此普遍的概念，卽同時爲一觀宇宙人生之根本的觀點。哲學必對某一根本之觀點有所肯定，對若干普遍的概念之可普遍的應用於一切事物，亦必有所肯定。一切有成就之哲學家，亦必爲已以若干普遍概念，形成其根本觀點，以觀照一切事物之共同意義，而形成其哲學思想之境界，或系統者。由此而哲學的思維，卽不同於人之純邏輯性的思維。純邏輯性的思維，其前提可只是若干設定，其思維之進程，可只是推演此設定之理論上之歸結，而其全部之思維歷程之所成，皆可只是一「若果如何則如何」之一理論系列。此中，若人不對此前提有此設定，而另作任何其他設定，亦皆可成另一理論系列。因一切設定，皆可在開始點不如此設定故也。

至一切邏輯學之思維，則不外發現一切邏輯性之思維，其所本之邏輯上之概念、公理、推理規則等。然於此邏輯學中所發現之一切概念、公理、推論規則等，人若不依之以思維，此一切概念、公理、推論規則，卽亦爲此思維活動所不用而歸寂。而人亦可更無所肯定，而對此邏輯概念公理等之存在的意義，亦無所肯定。然在人之哲學思維之中，則人用若干普遍概念，形成根本觀點，以觀宇宙人生之事物之時，則由此宇宙人生之事物，先已設定爲存在，而人之依此普遍概念觀點，以觀之之時，必有所觀；亦必依此概念觀點之提擧，與對之之肯定，以成其能觀此所觀之事。故不能對此概念、觀點之存在，無所肯定。此是哲學思維，與純邏輯性思維或邏輯學思維之根本不同所在。

人之以普遍概念爲根本觀點，以觀宇宙人生，乃純是人之思想上之自由創造之事。人原可將任何概念普遍化其意義，或將其中之較特殊的意義抽去，以形成一有普遍的意義之哲學概念，而以之爲一哲學之觀點。故人之哲學，原可無定限的多，而可與人心思之形態之多，同其多者。任何人在以其所特殊關心之事，或已有之特殊知識，爲宇宙人生之事之全，或一切知識之全時，亦卽無異自形成：以其于此事所知識，爲宇宙人生之全或一切知識之全之一哲學。由此而任何人皆有其不自覺的哲學。至於自覺的爲哲學之人，則爲自覺的求有普遍意義之概念，而以之爲根本觀點，以觀宇宙人生之全與知識世界之全者。此中，人所實有之具普遍意義之概念，原已極多。如本書前所論之不同之境界中之個體事物、性相、類、數、因果、功能、感覺性、時空、自覺反觀、觀點、語言、數、形量、邏輯上之眞假，等概念，卽皆可普遍用於宇宙人生一切事物，與一切知識之形成中者。人卽皆可以之爲一哲學中之普遍概念，作爲觀一切事物之一根本觀點，而形成其宇宙觀、人生觀、知識觀。此外，尙有其他種種之實有普遍意義之概念，可爲人據以形成其哲學之所資。此可由人略具哲學史之知識而可知者。

依此人之可自由創造形成其哲學，則哲學之心靈，非現實存在事物之所決定。因同此現實存在事物，人可以不同之普遍概念，依不同之哲學觀點以觀之，皆能各形成一哲學故。現實存在事物雖同，而人對之之哲學思維之方向，則彼此不同。此人之哲學性的思維，恒飛翔於現實存在事物之上，以自定自由往來之方向，與在不同方向中所取之觀點。人對一般現實事物之存在，可有種種共同判斷，以形成一般知識，然人又另有其不同之哲學思維之方向與觀點，卽見哲學心靈乃自運於一般現實事物之一般知識之上一層面。哲學之思維之所成者，卽非一般之知識，而當稱之爲一般知識的知識，或對一般知識之相互貫通的意義之直觀，所成之智慧的理解或觀照。

由哲學之可由人自由創造形成，故人亦或以哲學活動，純爲主觀的。此又不然。因哲學中之概念、觀點，雖容人自由採取，然人之採取一概念觀點後，其由此所發現之此概念，與其他概念，其意義關係之爲如何，與由此形成之觀宇宙人生之觀景之爲如何，則自有其必然性與客觀性，恆初非人取此概念觀點時之所先知。此亦如於數與形量或命題，雖可由人自由構造而成；然構造成之數及形量與其他數、其他形量之多少大小關係、一命題與其他命題之眞假値關係，皆有其必然性客觀性。然此中在哲學之情形，尙有與數學幾何學邏輯學中之情形不同者。卽在此數學等中，人先設定一數、一形量、一命題，而觀其與其他數、形量、命題之關係之後，人亦可隨時去除此設定，而亦不受由此設定而發現之諸關係之束縛。然在哲學，則因其所採取之概念觀點，乃用以說明此宇宙、人生之全者。此說明之目標，一日存在，此所採取之概念觀點，卽不能自由取銷。今若謂此概念觀點爲一設定，此設定卽無異一肯定。此設定或肯定，若不能達其說明之目標，卽對此宇宙人生知識之世界爲假，亦對其目標爲失敗；反之，則爲眞。一哲學之爲眞或假，則由人之哲學思想中之概念之連結所包涵之義理，與此宇宙人生之全本身所具之義理之關係而定。而此義理間之關係之爲如何，亦有其必然性客觀性，爲人之哲學心靈之活動之進行，所可次第發現，而初非人任意自由取一哲學概念觀點時所先知者。

然吾人若以哲學中之義理間之關係之有此必然性，客觀性，而謂哲學義理之世界，乃離哲學心靈而自爲實在之說，亦如以數與形量命題之世界可離知之之心靈，而自爲實在之說，乃同不能成立者。因此哲學義理，亦只對一切哲學心靈爲客觀必然，而次第展現故。此次第展現，卽此哲學心靈之次第自己超越，而化爲一能知進一步之哲學義理之心靈，此進一步義理，只爲此進一步之哲學心靈之所對，亦卽對此心靈而呈現故。

此一哲學義理之所以不能合爲一自己存在之哲學義理的世界者，又由一切不同哲學，乃依不同之普遍概念，與不同觀點而成。凡由一觀點而見得之義理，皆屬於此觀點之觀景，亦皆可收歸於此觀點。在人不取此觀點時，則此觀景中之義理，卽歸於寂。人在變更其哲學觀點，以自運於不同觀點之中，以成其哲學心靈活動之進行時，則此不同觀點，次第隱現，其觀景中之義理，亦次第隱現，如在此不同觀點中，旋轉呈現；而以此能變更觀點之哲學心靈自體，爲其中樞。而此爲中樞之哲學心靈自體，卽爲此一切哲學觀點、觀景、與觀景中之義理，出入屈伸之所。此亦正如數中之零，幾何學中之點，爲一切數與形量之關係之出入屈伸之所；又如邏輯中命題世界之無命題處之「虛寂」，爲一切命題之出入屈伸之所。則謂一切哲學義理爲一離此心靈，而自爲實在之說，無有是處。今若謂：說哲學義理自爲實在之說，亦爲一哲學，而亦有其義理。則須知此一哲學，乃唯由人之見哲學義理之有客觀必然性時，人之哲學心靈卽出而着於此義理之爲客觀必然之一義上，而忘其乃自心靈而出之故。然當此心靈再自反觀，卽知其見此義理之有客觀必然性時，亦可不着於此義理之爲客觀必然之一義上。因此義理，初乃哲學心靈之活動中所發現，而依此心靈所採之某一觀點而成；人卽可知此義理之不能離此有此觀點心靈而自爲一實在。于是此「義理之自爲實在」之本身，卽有一可由此進一步反省，而知其本身有一可被銷除超化，而被否定之義理。人之循其本身可被否定之義理，以構思，而實否定之銷除之，亦正依于一客觀上之義理之必然，而有之一主觀上之進一步的思想，乃所以完成此哲學心靈之自息妄，而返眞者。此亦如人之以數與形量及命題之世界爲客觀實在者，同可由人之哲學的反省，以息諸視之爲客觀實在之妄見，而返眞見也。

然人之不以哲學義理之世界爲獨立客觀世界者，又或以一哲學家之思想系統，只爲由其所設定之哲學概念，哲學上之基本命題，與哲學的推論原則，所演繹出之一哲學思想或哲學命題系統，而視哲學之系統，同於一數學幾何學邏輯之系統；而一哲學系統中之命題，皆爲由哲學家所設定之哲學名詞概念之定義，哲學公理等演繹出之分析命題。哲學家中如斯賓諾薩，卽以爲必先提出哲學系統之名詞概念，公理，方能造一理想之哲學系統者。

此謂於一哲學系統，吾人可由分析出其所用之名詞概念，所本之哲學公理等，而化之爲一演繹系統，使其中所推論出之命題，皆爲由此概念公理等，所演繹出之分析命題云云，此對一切已成之哲學系統，似皆可如是說。因一已成之哲學系統，總可容人對之作如此之分析，有如吾人對其他已成科學系統、數學幾何學系統、邏輯學系統，皆可作如此之分析。然此中，則有哲學與其他之學之根本上之不同。此不同，在哲學中之概念命題之意義，乃對其所欲說明之宇宙人生而有；而哲學之活動，乃一繼續不斷用此概念命題，以觀照宇宙人生之一無止的歷程。於是此人之哲學思想之歷程，與所形成之哲學系統，卽皆不能由定限之概念命題構成。因其中最普遍之概念命題之意義，必次第貫澈於次普遍或特殊之概念命題，而底於以種種特殊具體事物，爲說明哲學義理之例證。則一哲學思想之歷程與所形成之哲學系統中，不能只有若干特定範圍中之概念名項，如在其他學問之情形。在一科學、或數學、或邏輯學之已成系統中，可除科學數學邏輯學之概念名項以外，不更雜其他事物之概念名項。然哲學則不能如此。因若在哲學中定不能雜若干其他事物之概念名項，則此其他事物在哲學所說外之世界之外；而哲學之說明世界，則不能先設定有此其外之世界。此其外之世界，亦形成哲學的宇宙觀人生觀時，所可涉及者故。

至於在哲學活動之進程上看，則哲學活動顯然爲一綜合之思想歷程。因凡以一普遍概念遍用於各特殊事物，卽是綜合此特殊事物與此普遍概念之事。而由一上級普遍概念，至次級普遍概念，或至同級之普遍概念，或至更上級之普遍概念；以及一切限制普遍概念之範圍之應用，銷除一切普遍概念應用於其範圍外之所成之虛妄，以使一一普遍概念，各得其位，以成一較完全之哲學思想之哲學境界，或哲學系統，皆爲一綜合的思維歷程。此思維歷程，因其無必不能涉及之世界之存在，故爲一無底止之歷程。哲學之活動，對眞正哲學家言，卽無不爲一終身之事，亦不能言有絕對之現實上的完成者。由此而一人之哲學，必連於他人之哲學，而人之哲學之活動，卽皆爲在一哲學史中相繼相順，而相輔相成之哲學的活動。此卽不同於其他學術之可由次第縮小其劃定之範圍，而在範圍中完成者。凡一有範圍可完成之學術思想之工作，其中所用之概念，所設定之公理、推論原則，皆有定限，卽皆可由對之反省，更分析之而出，以化之爲一演繹系統，並見其中之所推論出之命題，皆爲由其所設定者推出之分析命題。然哲學則不能化爲一依定限之公理等所演繹出之分析命題之系統，而只能爲一永存於次第向前綜合融通之思想活動中。

由哲學爲一次第向前綜合融通之思想活動，而哲學爲一永有其所持之普遍概念爲觀點，以形成其對宇宙人生之觀景之活動。在此活動之進行中，無某一世界爲必然在其外者；而此觀景中之世界，卽爲一無外限之世界。由人之持一普遍概念爲觀點者，亦可自轉換其觀點，則任何普遍概念與觀點，亦不能爲哲學心靈之內限。然哲學心靈總須肯定有普遍概念，可以形成一觀點，亦總須肯定此觀點之可能有，並總須肯定一觀點之可形成一無定限之觀景，而在此觀景中看世界。故哲學心靈，卽爲無對特定的概念、觀點之肯定，而恒有一普遍性的「對概念觀點之存在之有所肯定」，而自運於此一一概念觀點之更迭的相繼之肯定，而由之以觀世界之心靈。此亦卽能取任何觀點以觀世界，而又不爲此觀點所必然限制，不使其觀世界爲一定觀點所限，而能「於觀點之採取上無礙，以見所成之觀景中之世界之無礙」之一心靈。而此亦卽可稱爲「能充觀照的心靈之量，能自不斷收回其觀點中世界，以歸寂；亦能不斷形成或放出不同觀點，以放出觀點中之世界，而對之生感」之心靈也。至於人之實對世界能生感之哲學心靈，而對此世界實有所爲者，則爲一「由觀照之哲學心靈，而至實踐之哲學心靈」，此中之實踐，則恒爲一道德性的實踐，而此種哲學心靈，亦卽有道德性之實踐之心靈中之一種矣。

一一、觀照的人生態度

此上吾人論文字創造、文學、藝術、數學、幾何學、邏輯、哲學中所表之一切「意義」，皆依人之觀照心靈而呈現，亦存於此觀照心靈之中。實則人之任何其他科學知識與對宇宙人生之一般之常識，及人之一般生活，無不多少依於對若干意義之觀照，或直觀的理解而形成。人於任何生活中之知識，如不以之判斷實際事物，亦不以之附屬於個體事物，與主觀之感覺等心理活動，更不以之作達功利目的之用，而純就其知識中之有如是之內容，而自升其心靈於上一層位，以直觀的理解之之時，皆可形成一觀照境，而發現種種之純意義。人於其任何實際生活，如暫與之游離脫開，而自升其心靈而反觀之，亦無不可形成一觀照境，而發現其生活中之純意義。此如人之以鏡自照，卽見其自己之相。然人之難常有一觀照境，亦正如人之罕以鏡自照。人在不以鏡自照之時，如實言之，人皆只爲行於世間之無面目亦無頭之鬼。此卽喩人不能於其生活及已有一般知識，自加觀照時，人之只任其生活之習慣，以用其知識，以向前判斷事物，以達其主觀心理上之所欲望希求，實茫茫昧昧，未嘗自知其生活與知識之面目，無異一無頭之鬼也。此卽莊子所謂人生之芒也。

然人之生活無論如何芒昧，總有一反觀自照之時，否則卽人之些微之對其生活與世界之意義之知識，亦不能有。人亦實皆多少嘗生活於此觀照境中。凡人在休息與自由遊戲之時，皆暫忘其個人自我平昔之慾望希求，而超於吾人前在萬物散殊境所說，以個人自我與萬物之個體相對之態度、及其境界之外。此時，人亦不必依其平昔生活之習慣、自持其生活所屬之類，自延其生命於子孫之欲而行，亦超於吾人前在依類成化境中之自持其類之態度及其境界之外。此時人亦可無以一定手段達一定目的之功利性活動，復不必與人爲侶，與人相交際，或與人以行爲相模倣，相適應隨和，以超於吾人前於功能序運境、感覺互攝境中所說之功利的或與世間求相適應隨和之人生態度及其境界之外，而此人之休息與自由遊戲，卽均可導人心之入於觀照境者也。

此人之休息遊戲，實乃人之知識、藝術、文學、哲學之原，亦人之純粹之文化之原。希臘哲學家以知識、文藝、哲學，皆原於人之有閒，而視之爲有閒階級之事，亦如戲場中之觀戲者之事，此實不誤。此人之閒時，卽其休息之時。由有閒而觀照種種眞或美之意義世界，其始皆爲人之心靈與生命之遊戲於眞或美之意義世界。此閒與休息，則爲其平日之與人交際適應，功利性行爲，習慣性行爲，與一切出於個體意識之行爲之放下。然此偶爾放下易，常放下則難。若不能常放下，則不能常觀照眞或美之意義世界，而見其廣大與深遠。文學藝術哲學知識之創造與發見，則正唯賴於此觀照之常而恒久。此則非盡人之所能，而唯賴人之資生之衣食無憂，而其心靈復不求世俗之名利恭敬，亦不以傳種延類，爲子孫謀者，方能冥心孤往，以游懷寄意於此純意義之世界，以爲獻身於純粹知識藝術之詩人音樂家科學家與哲人也。人之能否如此冥心孤往，則恒係於人之天生之資質。有此資質者卽所謂天才。大率具此純粹知識藝術上之天才之人，亦皆生而其自計自謀，傳種延類之欲較淡，故恒不善營生，其愛情亦近乎遊戲，以功名勝人之心復弱，亦不善與人交際周旋，以求生活之熱鬧。凡有此天才者，自養其才之道，及無此天才者，求有此才之道，亦在先不求世俗之熱鬧、名利、恭敬，而有一心靈之淸靜悠閒；方能自闢一眞美之靈境，以游懷寄意於此靈境中，而有所見，以對純粹之知識藝術，有發明創造，而佈之於世，而形成社會之人文也。

至於專就世之哲學而論，則對意義世界之靈境之存有，實見其爲觀照所對，而下不屬於實際存在之自然世界而不在地，亦上不屬之於一實際存在之神而不在天；內不屬於主觀之心理活動，外亦不附于知識所判斷之事物之實體者，則在西方，當首推柏拉圖之哲學。柏拉圖之哲學中之 Idea，初實唯是純相。對此純相，如視其自爲一客觀實在，而離此觀照心以自存，此乃不可從之說，本部已評之。然此未必卽柏拉圖哲學之本意。柏拉圖所謂心靈，乃一永有而亦能永恒的自升擧，以觀照 Idea 之心靈，則 Idea 固不當在此心靈之外也。柏拉圖於存在之物，除其物質性外，其表現之性相，皆視如 Idea 之倣本，非存在之物之本性所自具，其說亦非吾之所取。如第二部所評論。然尅就其言 Idea 之在主觀感覺活動之上一層位，只爲一 Vision 之所對，卽只爲一觀照心之所對，亦外不附物，只上爲天神所觀，而亦非只屬天神之主觀，下爲自然物所表現，（當說亦爲所自具）而又超於一一自然物之上，以得四邊游離，爲人心之所觀照之義而論；則其言自足開千古之慧心，爲一切爲哲學者所當正視。一切爲哲學者未嘗見有此義，亦實未嘗知其哲學之果爲何物。以其不知哲學之本身，卽爲一對意義界之發見之一事也。若其不知哲學之果爲何物，亦不能由哲學以知其上之道德宗敎之理想與聖賢仙佛境界，果爲何物也。人之道德宗敎之理想，其初亦只是一意義。此意義之轉爲理想，唯在人不只以觀照心觀此意義，而更緣所觀照得之意義，以求實現實踐之於生活行爲。此時人所平觀並照之意義，卽轉爲一自上而下貫之一積極的理想。是卽此境之所以可通於後之一道德實踐境，歸向一神境者也。

至於在柏拉圖之後，則近世之哲學家如斯賓諾薩，其哲學雖以神之實體之觀念爲本，而以一切性相，附屬於此實體，而非純相純意義之哲學。然其論性相、實體等之哲學方法，則以直觀的理解爲本。其幾何學式之文體，即依於一幾何學式之心靈，亦正承柏拉圖言由幾何學以通哲學之門之思路而來。斯賓諾薩之自覺的去除個人之名利恭敬之尋求，成其哲學的觀照之生活，亦正是人之入於觀照境必當經之正途，如上文之所述。在近世西哲中，對此境會意最深者，不能不推斯賓諾薩。

至於當代之西方哲學家，則虎塞爾之現象學，爲知此純相界意義界之存有，而更有現象之歸約之方法示人，以入於此界之觀照，以成對之之純哲學或現象學知識者。桑他耶那，則如舍其唯物論之形上學不論，亦爲知此純相界之存有，而兼能以藝術心情觀照之，以成其哲學者。受虎賽耳影響之哈特曼之論道德價值之直觀，海德格之論人生存在之直觀，其廻絕時流之處，並在其直下以此所論之純意義，爲其所對。海德格雖以人生存在爲所對，然存在之意義之自身，亦可升入觀照境而論之，而超於一般所謂存在之上也。

至於在中國之哲學中，則莊子與同其形態之哲人，可爲代表。莊子之哲學之異於此上所述之西哲者，在其不導人以對一類之意義界，如形量界、數界、哲學之理論界之意義，作系統之觀照，以成系統性之眞知識。而在導人以泛觀其在天地間與人間之生活境界中之美，而成隨意表意揮洒之文學藝術，又非意在成一專門之某類文學家藝術家者，而只在成爲一逍遙自得之眞人、天人、神人、至人者。莊子言至人無己，卽超於個體意識。言神人無功，則超於功利之求；言聖人無名，而獨來獨往，以虛靜其心，則超乎求世俗恭敬，與世人相交接周旋求生活之熱鬧之事。言「去知與故」，卽不以已成之知識判斷事物，不只順已成之習慣以生活。言不自有其身，亦不自有其子孫，謂「身非汝有」，「子孫非汝有」，則超乎傳種延類之欲，此與西方之哲人藝術家之游懷寄意，於眞美之意義世界者，其情固同。然莊子之進於此者，則在觀天地之大美，求生活之眞純，而亦不自役其心於某類之眞美之意義之發現，與某類之知識文藝之創造。以莊子觀彼西方之哲人、科學家、藝術家，對眞美之意義之發現之事，其心靈固超乎世俗，而其在意義界之活動，仍有其定向與定域。則在其所向之域中雖能無礙，而亦限於此所向之域，不能於此意義界中彷徨四達，自由往來無礙。有所向之域謂之有方，游於方之內，皆爲莊子所謂有方之民；而莊子則游於方之外，爲無方之民，而游於無域之曠野，無何有之鄉者也。故以莊子觀上述之西方式之哲人等，只可謂其步行於意義界，而非游於意義界。游於意義者，其行如天行，如飛行。其會心處，不成次第系統，亦不求有次第之會心。其會心，乃不期而遇之會心。既有所會心，而更能忘之，若未嘗有所會心，而其會心之事，乃得彷徨四達，自由往來而無礙。故其言爲無端之狂言，爲自出之巵言，似文學而非文學，似哲學而非哲學，似音樂而非人樂，而只爲天籟之自行。此其所以爲無定向定方而無定域之心靈之表現之言，而見其爲眞能游於觀照凌虛境，以生活者也。

此莊子之文所表之生活境界，自其中有哲學之成分言，亦可謂之爲一哲學。然自其哲學之卽至人眞人生活言，則超乎哲學。此莊子之生活境界，成中國人之生活境界之一大型。若以一名名之，可稱之爲一仙境。仙境與儒家之聖境，佛家之佛境，一神教之神境，有同亦有異。人如何能常住此仙境之道，則甚難言。人生在世，終不能無利害、得失、毀譽、成敗之遭遇，而人之獨往獨來，遺世獨處，能至何程度，亦甚難言。當莊子言貸粟於人之際，及言「山林歟，皐壤歟，使我欣欣然而樂歟？樂未畢，悲又繼之，悲之來，不能却，其去不能止，悲夫。」其心情果如何？亦甚難言。則其在此觀照凌虛境，亦可只是一儻來偶遇之境。此境自身之飄忽無常，亦可如其所見之意義境界，自身之變化無方。欲此境之有常，則必賴於生活上之修養工夫，然後能實參萬歲而一成純。此則必待於一切利害得失之遭遇，皆能實一一不以縈心，於內內外外，皆無所執戀。由此卽通於佛家之去內外之執之修養之方，此莊子之學中，固多有之；而此莊子之觀照凌虛境，卽當說其通於後文論佛家之我法二空之境。其與此佛家之境，亦難辨高下，如仙境、佛境之難辨高下也。

要之，人之在此觀照凌虛境中生活者，初可是一偶然之事。天才之事，亦偶然之事也，非人所能自必者也。故凡人生活於此境者，卽可更升而進，如上述之莊子，然亦可更降而退者。若其旣降而退，則如人之仗恃其與生俱生之天才，而於眞美之意義界，有所知者，乃轉而用其所知，以與世俗隨和或得世俗之功利之具，而不能無利害得失之縈心者是也。由人在此境中之生活者，其心靈之升降進退之無常，故吾人於此境，唯視爲九境中之一中間之過度境。此境之爲前所說之四境之上一層位之境，雖可依原則以決定，然人之有見於此境者，亦不保證其能安住此境，而不降至更卑之境。今欲求有此保證，則唯有更求一安住此境之道。而此則要在以後文之道德實踐境等中之修養工夫，化其世俗功利之求。然人果由此工夫，以化除其世俗功利之求，則人之所得者，又不止安住此境，而升至更高之道德宗教境矣。

觀照凌虛境附錄——觀西方現代邏輯與其哲學涵義

一、西方現代邏輯之複雜性及單純性

吾人本部中，將邏輯判屬意義界，並連人之心靈思想而說，而所論甚簡。然西方現代邏輯之內容，則極為複雜。其中有種種依對不同概念名項之定義、公理或設理、推斷原則，而成之種種不同形式系統。此諸系統中之邏輯概念，多以符號表示。在人觀此由符號之連結而成之邏輯公式、邏輯語句等，人或謂可根本不思想其有任何意義，即能加以演算。由此而人可致疑於吾前之由依心靈思想以論邏輯者，過於簡化此中之複雜之問題。故今再補此章為附錄，以說明此西方現代邏輯之複雜情形，其所以不能為吾前所述者之「簡」之障礙之故、及有關之哲學問題，而為前文所未及者。而此說明，則擬分為若干項，其文當盡量求簡。

一、關於人之或謂用符號連結而成之邏輯公式或邏輯語句，人可根本不思想其有任何意義者，乃謂此公式或語句，在未經解釋以前，可只見為無意義之符號排列。人亦不須更思此符號之意義，卽能依此公式或語句之形成規律，轉換規律，以作演算，而由一公式或語句，引出其他公式或語句。然此並不足證邏輯不屬意義界，不連於人之心靈思想。因於此卽將對符號之解釋之問題，全部撇開，謂此中只有此種種符號如此排列，只有：以一符號代替一符號，及於由符號所結成之公式之連結，再加截斷，以分別取捨之機械的活動，以作演算，仍不能謂此中無人之心靈思想對意義之理解。因此中若有一符號重複運用二次，卽有二符號之形狀之「類同」，出現於思想之前。此類同，卽是一意義。而符號之排列先後，至少有一空間的次序，此「次序」亦是一意義。又符號之排列，其相距可有遠近之關係。二符號之排列有某一程度之相近，人卽可視作一全體而觀之。或更以括弧表示此全體中之符號，可合爲一單位而觀之，以爲其他符號單位所代替。此對符號之排列，作全體觀，亦卽依其「組合爲一全體之意義，而思其爲一全體」之上一層面之思想。此上之所謂類同、次序、層面，其本身亦各爲一意義，爲吾書所最重視者。然此類同、次序、層面之意義，則在所謂任何無意義之符號排列中，皆必然不能不有者。此原爲一最明顯而無疑之事實。今之邏輯家之所以必以人造之符號代日常語言，亦正由於此人造之符號之簡單，易於辨認，人乃不致以不類同者爲類同，於其排列之次序，組合，人亦不易加以顚倒混亂。此諸意義，亦唯對辨認之之思想，乃浮現於符號與符號之間之上，而初不能說在一一符號之中者。如「P」之符號之「同」於「P」之符號之「同」，卽在此二「P」之間之上，而不在P中。今若用一符號「=」表此「同」，此「=」之符號，又「同」於另一「=」之符號，此「同」，亦不在二「=」之符號中。……依同理，符號之「次序」與「組合」之意義，並不在有次序有組合之一一符號之自身之中。故謂人能離對此等意義之辨認之思想，而唯對無意義之符號結成之公式作演算，必無是處。因此所謂無意義之符號之排列卽有其類同、次序、組合之意義故。

二、此西方現代邏輯之謂其運用之符號，在未經解釋以前，爲無意義，乃謂對觀者而言，除此符號形狀之如此如此以外，無其所表之其他意義。此自可說。但邏輯家之所以造一符號，對邏輯家自己而言，則初乃以之代替日常語言中之相近者，亦卽所以表此日常語言所表之若干意義；或所以表日常語言中不能表而爲其心思所思及之意義。則在邏輯家之自己心中，實已先有對此符號之意義之解釋。而此所謂「邏輯符號無意義」之另一意義，則只是邏輯學中之命題（或語句）非對特定經驗事物之命題，而其符號只表示命題之形式或任何命題。然表此形式之符號，卽以此「形式」爲其意義，表任何命題之符號，卽以「任何命題」爲其意義。此形式與任何命題之意義，必先呈現於邏輯家之心思之前，亦應同爲無問題者。

三、現代西方邏輯，公認爲較傳統邏輯有極大之進步，更有由對邏輯之名項，作不同定義，依不同之設理，不同推演原則之邏輯學的形式系統之出現。此形式系統，依符號表達者，其符號亦不全然一致，遂宛若各邏輯家各開闢出人之依邏輯而言說，而思想之新世界。如依卡納普所謂寬容原則，邏輯家本所謂設理法（或公理法）Axiomatic method，似可建造無定限之可能的邏輯系統，亦使人以爲此邏輯學中果有無窮奧妙。然實則旣同名曰邏輯系統，亦應有其共同之性質。此邏輯學之進步與發展之種種可能，亦卽當是由此性質所規定，而定限於某一範圍中之種種可能。於此若純依設理法說，或亦可謂此性質與範圍亦是設定。邏輯上之設理可不受此一設定之限定，邏輯之一名，亦可由人賦與任何之意義。然吾今不擬於此生辯。吾唯將指出事實上今之邏輯學之進步與發展，亦實恆只在某一範圍中。而其中有種種複雜的邏輯概念與邏輯問題出現，則或由對傳統邏輯學中邏輯命題與概念之意義之進一步之分解而來，或由其他之哲學概念哲學問題與邏輯概念邏輯問題混合而來。今之邏輯學家所用以表邏輯命題之符號，亦事實上爲有限數。則用此諸符號之連結所成之可能的形式系統，亦實是定限於一範圍中者。

以現代邏輯與傳統邏輯相比，如其中有所謂單純之命題之演算、命題涵值之演算、類或集與關係之演算、描述詞之演算。於命題涵值、類、或集與關係，又可分爲高下不同之層序。更有不同之涵蘊概念所成之不同邏輯系統，復有所謂三值或多值之邏輯，以及邏輯與數學之關係，邏輯語法與語意之關係，如何證明一邏輯系統之設理之爲完足、一致、獨立，形式系統之同型、異型、及其他邏輯後學之種種問題，其進步於傳統邏輯者，似不可道里計。然吾人亦非不能就其中之基本名項所表之基本概念，以指出其原於傳統邏輯概念分解而成，或由與其他哲學概念混合而成。

如在傳統邏輯中可爲大前提之全稱命題中之「凡」，原有一切與任何之二義。今則明分爲「一切 all」與「任何 any」，或某一 a」、之二義或二概念，其特稱命題中之「有些」原有「一些」及「一些之存在」之二義。今則分爲二概念，而謂特稱命題中之有存在意義者、與無存在意義者爲二種命題。由此而謂全稱命題之「凡」，其義之同於任何者，亦同於傳統邏輯中之假言命題，而初無存在意義者。此卽分解傳統邏輯之概念，以形成分別之邏輯概念之一例。

復次，在傳統邏輯中之肯定命題之「是」，原可指一個體之具某一性質，或一個體屬於一類，或一類之屬於一類，或具某性質者之兼具另一性質，或若具某性質卽必具另一性質。此在現代邏輯則分爲不同之概念，而以不同符號表之。卽又是一例。而此中所謂：若具某性質，卽必具另一性質，卽無異謂任何事物之具某性質，而可以表某性質之謂辭說之者；涵其具另一性質，而可以表另一性質之謂辭說之；「其具某性質之爲眞」之值，涵「其具另一性質之爲眞」之值。此卽「謂辭涵值」之概念所由出。

一謂辭有其涵值，卽有其與其他謂辭之關係。二謂辭之相涵與否，其眞值相等與否，亦是一關係。卽一謂辭涵值與滿足之個體、個體之屬於一類、以及一類之屬於一類，亦皆可說爲一關係。此關係之概念，亦可由分解而成一獨立之概念。

又如傳統邏輯中之「或」，表示一不相容之析取，今將此不相容之義分出，則成非不相容之析取。傳統邏輯中之推論，乃一依爲前提之命題與爲結論之命題之關係，而有之推理與言說之歷程。今將三者分開，而謂此關係爲命題間之涵蘊關係，推理爲心理歷程，命題以語言表示稱爲語句；而或謂邏輯只當及於語句關係，不更言命題關係與推理之心理歷程之事。此卽由對昔所謂「推論」加以分解而有。

此上所說，皆只爲擧例，以明現代邏輯學中之槪念，由分解傳統邏輯之槪念而成者，若於此作窮盡之論，則非我今之所能爲。

四、至於上所謂現代邏輯中之槪念與問題之複雜，乃由與其他哲學槪念或問題相混合而來者，則吾亦可擧數例。如由弗列格至羅素，提出爲一命題之主辭之指謂 Designation 意義與意謂 Sense 意義之別，及主辭爲描述辭之命題，其眞假意義當如何加以解析規定之問題。此一問題，卽可說其初爲知識論之問題，或人之如何以語言表意之問題。人之語言可有自身之意謂，亦可更有其所指之存在事物。此乃原於吾人之知識原可有存在事物爲對象，而對此對象可知些「什麽」，而此所知之「什麽」與此存在對象，又可加以分離。人更對此一一之「什麽」，加以自由組合；卽可有只描述些什麽，而不指定其存在對象，或無其所指之存在對象之描述辭。若此描述辭，有特指之一存在對象，則宜更以語言或符號，表出其所指者是一、是存在、或更以一名名之。此皆人之一般知識與語言上原有或當有之事。今依此而謂一有此描述辭之一命題爲假，則或是否定其所指者之存在，或是謂其所指者存在，而否定其有此描述辭所表之意謂。說此二否定之意義不同，可稱爲一邏輯的論說。此中之種種複雜問題，亦卽爲由一般之知識與語言問題與邏輯問題混合而生者也。

再如現代邏輯中之論數學是否可歸於邏輯之問題，乃由數學與邏輯學先已分別存在而有。今論其是否可合而爲一，卽爲上一層次之問題，而非必只屬於邏輯者。今欲解答此問題，則唯有探本於數學中之基本概念、設理、推演原則，可否由邏輯上之概念、設理、及推演原則，以導出爲定。若其可導出，更須問：何處是邏輯之所止、數學之所始，而既有此止始，便亦可說其非一。若不能有此導出，則邏輯與數學自必非一。此中之問題複雜，非我之所能論。然要可說此問題複雜之故，由數學與邏輯之問題之混合而來。

更如現代邏輯中更有所謂邏輯後學之論，邏輯語法及語意問題與眞理問題，而分眞理爲邏輯眞、事實眞，分別爲之作定義，更對辭之同義，語句之同眞，形式系統之同型……等作描述，或以更形式化的語言符號所成之系統，加以表達。則此更明爲由將知識論中之眞理概念，語言之同義之概念，並攝入邏輯論述中而成。

五、依上二段文所述，則吾人於現代邏輯問題之所以複雜之故，並不難解。而其根原，則初乃由於將傳統邏輯中之概念，更加分解，並將其他之哲學概念與哲學問題，攝入邏輯之討論範圍之內之故。則今吾人試問：吾人能否對邏輯之概念與其他之概念，劃一界限？或問：若對可還歸入其他哲學部門之概念，加以剔出，是否尚有可稱爲純邏輯之概念，與由此概念所結成之純邏輯命題？若依吾今之書所述，則個體與其性質之概念，屬萬物散殊境；類之概念，屬依類成化境，關係之概念，若爲因果共變關係者，屬功能遍運境；若爲時空之關係者，屬感覺互攝境；若爲語言與其意義之關係，形數之關係者，屬觀照凌虛境。其他凡屬存有間之關係之概念，及知識對存有之爲眞爲妄之關係之概念，皆不難一一分屬之於各境中。則今當更問：將此一一概念皆剔除於邏輯之外，所留之純邏輯概念、或邏輯命題果爲何物？則吾將答曰：此只是人之推理或推斷之進行之方式。而此則可歸於至簡。對此至簡之義，吾可以中國式之符號爲圖以表之。卽 ⚋→⚊ 。對此圖中之→之符號，可以任何涵蘊關係之符代之。對此陰陽之二爻，可以任何二命題，或二「表式」expression 代之。若以二命題代之，更以⊃代→，則成 $P \supset Q$ 之符式。然亦可以其他任何表式 expression，或任何語言 Language 代之，以成下列之符式 $E_1 \rightarrow E_2$ 或 $L_1 \rightarrow L_2$。但今爲方便計，則用 $P \supset Q$ 符式代之。此則由西方現代邏輯中有類此之符式之故。

六、在現代邏輯中，因有種種形式化之邏輯系統，可各有其定義、設理、與推斷原則，而化爲複雜。然於一系統爲定義者，于另一系統可爲設理。而推斷原則，亦未嘗不可視爲對於符號之運用取捨之基本的設定或設理、或推斷之事之定義。於是對此如何由一系統轉化爲另一系統，卽可以更高層次之系統，加以表示。此卽更導致複雜。然將任何系統之基礎之定義、設理、推斷原則、純視作形式化之符號語言而論，則所謂定義之符號語言，卽表示：定義中之被界定項之語言符號，可以界定項之語言符號，代替之，而繼之以運用之謂。所謂設理如P⊃P∨Q之類，亦卽表示：一語言符號P之運用，可繼以另一語言符號P∨Q之運用之謂。而所謂推演原則中之代替原則，與定義中之界定項與被界定項之相代替中之代替原則，亦初同所以表示一符號語言，可代以其他符號語言之事。此與符號語言之爲表示命題，或表示其間之邏輯關係或表示一定義，皆可不相干。而推斷原則中，如所謂截斷原則 Principle of Detachment，則只表示：對一語言符號之系列之以⊃連繫者之全體，加以肯認時，則對在⊃之後者，可與其在前者截斷，而加以肯認之謂。而此亦卽無異謂在語言符號之運用取捨上，對在⊃之後者，可捨其前者，而單獨取用之謂。故如謂由肯認 P. P⊃Q，因而人可單獨肯認Q，亦可說爲：P. P⊃Q之一整個符號，涵一可「繼以Q之一符號之運用」之意義之謂。而此意義，亦卽可作爲此整個符號之一暫時之定義。此中若將此「繼以Q之一符號之運用」，更另以符號如（Q）表示之，則亦可成一表式，而將此表式作爲設理。由此以觀，則所謂一形式系統之定義、設理與推斷原則，皆可互相轉化。其所表示者，同只是人之由一對語言符號之運用，可「繼以」或「引致」或「連於」另一語言符號之運用。此「繼以」或「引致」或「連於」之關係，皆可以⊃符號表示。而在 P P ⊃ Q Q 之符式中，P⊃Q卽表示此一關係。此中之P表有P之一語言符號之運用，Q表所繼以或所引致、或所連於之語言符號之運用。至於此「繼以」或「引致」或「連於」之由定義，或由設理或由推斷原則而規定，則皆無所不可。今用此⊃之符號，亦可用以分別表示定義、或設理、或推斷原則，或表示此三者之結合之和，則一切依不同定義、設理、推斷原則，而形成之邏輯系統，無論如何複雜，皆在 P P ⊃ Q Q 之符式所表示者之內。

七、上文以⊃表示一語言符號之運用，繼以或連於或引致另一語言符號之運用，卽指示人之運用其前之符號至運用其後之符號之一路道，亦卽指示人之運用前一符號，可繼以後一符號之運用，此外更無其他。今若謂須以此符號兼表其前後之符號所代表之語句或表式之眞假值間之關係，則可以此⊃爲羅素之PM系統中所謂眞值涵蘊，而P⊃Q可以~P∨Q界定之，此卽表示：有P假Q眞，或P眞Q眞，或P假Q假之可能，而無P眞Q假之可能。又可以此⊃只表示P眞而Q假之不可能，而同於路易士之嚴格涵蘊系統中～◇（P～Q）之符號式所表示。再可以此⊃只表示由P眞引出(entail)Q眞，如一般之以P→Q之符式表示。此皆可說之爲對上文之⊃之符號意義進一步之規定之所成，亦皆並可包攝於今茲之⊃所表示者之內。

八、在吾人之上列符式中之⊃，只表示其前符號之運用，可繼以或引致或連及其後之符號之運用。故可依其前後之符號所代表之命題之眞假値關係，而進一步規定此⊃之意義。此規定，儘可先許其原可有多種可能，而更無禁戒。由此而任何邏輯系統中之定義、設理、推斷原則，依前文說，亦並是引導吾人由一語言符號之運用，至其他語言符號之運用之事，亦皆可用以規定此⊃之意義，而爲此⊃之所攝。由是而種種邏輯系統之所以出現，亦卽只由對此⊃之有不同之規定而有。然無論人對此⊃作如何之規定。人之邏輯推論則只沿P而P⊃Q而Q以進行。邏輯之所以爲邏輯之本質，亦卽在人之思想言說之循此序而進行，以成其推理或推斷。此卽爲一至單純之事。

九、若今由對上列之符式之觀看，稍演出其複雜之涵義，則吾人可說在此符式 $\begin{array}{l}P\\P\supset Q\\Q\end{array}$ 中有「P」與「P」之自同爲一符，「Q」與「Q」之自同爲一符。而「P」與「Q」則爲相異之符。「⊃」則爲由「P」至「Q」之符。則吾人之由對「$\begin{array}{l}P\\P\supset Q\end{array}$」之肯認，以有對Q之肯認，卽爲於「$\begin{matrix}P & & \\ P & \supset & Q\end{matrix}$」之全體中，分出部份之「Q」，而重加肯認，以顯「Q」之自同。至吾人先肯認「P」更肯認「P∪Q」，則爲先肯認「$\begin{matrix}P & & \\ P & \supset & Q\end{matrix}$」之全體中之部份之「P」，以備與「P∪Q」合爲一全體之用；更於此全體中，見「P」之自同。由是而此推論之歷程，卽由肯認「P」之自同、與其連於相異之「Q」，以肯認「Q」之自同。此卽「由一同，至與之相異之另一同」之歷程。吾人之可由一同至與之相異之另一同者，則由吾人已肯認：此由「P∪Q」所表示之「由一同至與之相異之另一同」之故。此「由一同至與之相異之另一同」，則與「由一同至與之相異之另一同」自相同。然此自相同，則不以P∪Q之重複表示，而只以其未嘗重複加以表示。

此上所說，不外謂邏輯之推論只爲同語複述，亦卽對同語之意義，重加肯認，或對於意義之思想之再思想其自身、或自覺其自身，而肯認其原所肯認。唯此同語重複，依上列符式$\begin{matrix}P & & \\ P & \supset & Q \\ & & Q\end{matrix}$，「P」只爲「P∪Q」中之一部份之重複。而由「P∪Q」至「Q」，「Q」亦只重複「P∪Q」中之一部。卽「P」只與「P∪Q」之全體之一部爲自同，「Q」亦只與「P∪Q」之全體中之一部份爲自同。依此而由肯認「P」及「P∪Q」至肯認「Q」，卽由全部之肯認至部分之肯認。今若謂對「P」及「P∪Q」之全部之肯認爲一全稱命題，則對「Q」之肯認，卽只成一特稱命題。此所謂全稱只須自此肯認「P」及「P∪Q」之全體之肯認活動，普遍於此符示之每一部份去了解。此所謂特稱則自此肯認活動，只及此全體中之部份去了解。於此，人可不必思及此「P」及「P∪Q」之符號之其他任何意義，亦不須思及「P」與「Q」所代表之句子之意義之是否相同等。則此符式，卽亦可表示由全稱至特稱之思想推論之進行。而此「Q」之爲「P∪Q」中之「Q」之同語重複，則只爲部份重複。至由「P」在「P∪Q」中之同語重複，至「Q」之在「P∪Q」中同語重複，則以「P」與「Q」之符號之不同，而爲相異。於是此整個之思想推論歷程，卽又可說爲「P之自同」之肯認，歷其與「Q之異」，以導致「Q之自同」之肯認之歷程。此中之「P之自同」之肯認之導致「Q之自同」之肯認，如以圖像式之語言說之。則如在 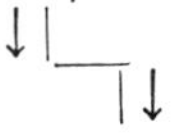 一槓杆中，其左上端之向下用力，卽使其右下端下降，以使思想推論之力，由上以貫澈於下；却非可只以如一棒之由上至下之貫澈之力，以喻此思想推論之力之貫澈，故亦不可以此推論中只有一直線進行之同語重複。故一般之 Tautology 之名用於此，亦非盡洽。

在「PP ⊃ QQ」之符式中，有「P」符號之自同，「Q」之符號之自同，亦有「P」與「Q」二符號之互異。此中之「同」，又異於「異」，「異」亦異於「同」。當吾人說「P

同於P」時，卽說「P是P」；說「P異於Q」時，卽謂「P非Q」。是、非，與同、異，乃一整個之思想言說之主客二方面。客觀言之，曰同異；主觀言之，曰是非。故謂「同者同」，卽謂「是者是」；謂「異者異」，卽謂「非者非」。而「同」之「異於異」，卽「是」之「非非」。是必「非非」，卽傳統邏輯中之矛盾律。「是」必「非非」，「非」必「非是」；不「非非」，卽「非」；不「非是」，卽是。此中除「是」與「非」外，無其他第三者，是爲排中律。「同」必「異於異」，「異」必「異於同」，不「異於異」卽「異」；不「異於同」卽「同」。此中除同與異外，無第三者，是爲排中律。此同異，可由此符式中之符號之同異，直接表示。此同異所依之是非，則由此符號之同異，間接表示。此中皆實有此同異與是非之關係，如上所述，而非由吾人任意作定義，任意以「非非」爲是之定義，或以「異於異」爲「同」之定義，然後有如上之說也。今若說此「非非」可作「是」之定義，「異於異」可作「同」之定義，此定義之所以如此作，亦由此中之「是」與「非」間，實有此「相非」之關係，「同」與「異」間，實有「相異」之關係之故。此定義，卽爲此實有之關係所定，而不同於今之邏輯學之設理法中之定義，謂可由人任定者也。

依上所說，則由對上列符式之觀看，繼以思想之反省，卽可引出「同」「異」「是」「非」與「全稱」「特稱」之邏輯概念。故吾人亦只須有對此符式之存在之肯認，與其符號各有其可能代表之意義之肯認，卽同時肯認：此同異是非等概念。此肯認，乃在此所肯認之同異是非之上層。今若說此肯認，卽肯定其所肯認，或是其所肯認，則謂有此諸邏輯概念與其間之關係，爲是；若謂無此諸邏輯概念，或無其間之關係，卽非。對此上之所說，卽爲一「只能加以肯認肯定，而不能否定」之一標準的邏輯概念、邏輯關係，乃任何以符式表示之邏輯系統所同不能外者。

上文既由觀上列之符式，以引出同異是非之概念，則吾人更可說所謂邏輯上之眞，卽於是說是，於非說非，於同說同，於異說異之別名。故由 $\begin{matrix}P\supset Q\\ P\end{matrix}$ 中之是有Q，而更說是有Q，卽於 $\begin{matrix}P\supset Q\\ P\end{matrix}$ 之後，再繼說一Q，卽爲眞，若說其非有Q，於 $\begin{matrix}P\supset Q\\ P\end{matrix}$ 之後繼說～Q，則爲假。而此中之「眞」之意義，卽表此是Q者之是Q，亦可說其地位在Q與Q之間，亦卽在「Q」之同於「Q」之「同」之關係中。而此同之關係，此是Q者之是Q，則在一整個之肯認之中。此整個之肯認，屬於一思想之主體，亦內在於此主體，而此眞之意義，亦唯對此主體而呈現，亦內在於此主體。此主體之所以必於是Q者說是Q，必說Q同於Q，乃依於此主體之理性之自肯認「是」是「是」，「同」是「同」。然此「是」是「是」、「同」是「同」之自肯認之存在，唯由人之自反省而知，則非此符式之所表顯。今若將此上所說之一切，另造若干符號，結成一符式，加以表顯，自爲可能。然於此吾人必再有一對此符式之所表顯者一自肯認，在此符式之上層，以自依理性，謂此符式中之符號同者是同、異者是異，「是」是「是」而非「非」。而此中之邏輯上的眞，乃呈現而內在於此主體之中，而仍非此新造之符式之所表顯。

二、不同之邏輯系統

十、上文說邏輯的眞之概念，非上列之符式之所表顯，而在位居其上層之思想主體之肯認之中。此說卽不同於一般邏輯系統之先定此符式中P∪Q之P與Q之眞假值，並由之以定⊃之意義者。然此非謂吾人不能於此先定此P與Q之眞假值，與⊃之意義。因若此P、Q，各代表一對經驗事物知識命題，則人之知識命題對人所知之經驗事物，亦自有眞假之別。但此命題之眞假，於此只是一事實上之眞假，而非卽邏輯上的眞假。唯依此PQ命題之事實上之眞假，而更有之推論中，方有邏輯上之眞假。今若由此PQ之命題之事實上之眞假，以規定⊃之意義，此規定之是否卽爲邏輯的，卽當看PQ所代表之命題之事實上的內容之邏輯關係爲定。而由人對⊃之意義之規定之不同，而形成之邏輯系統，亦可有不同之邏輯性。今若以吾人上說之標準，加以衡定，其是否合此標準，亦可有不同之情形。此則吾人所當進而略論者。

如以羅素、懷特海之P、M之系統而論，其以～P∨Q爲P∪Q之定義，於PQ，可先設定其有獨立之眞假值，則ＰＱ之命題之內容，卽可初全無邏輯關係，而人亦初不必能由Ｐ之內容，推論出Ｑ。由此而凡於二命題，只須吾人可對之說「其一爲假，或另一爲眞」者，皆可說其間有⊃之關係，而與其內容意義，全不相干。於是凡可分別肯定否定之二命題，皆可有⊃關係。則其⊃之定義，不能說是依ＰＱ之內容間之確定的邏輯關係而作。故由其中之一之內容之眞假，吾人亦不能對另一內容之眞假，有邏輯的推斷。然吾人若謂有ＰＱ二命題，更謂Ｐ假，或Ｑ眞，二者必至少居其一，則人若不否定Ｐ假時，卽必須肯定Ｑ眞，爲一邏輯的推斷，爲邏輯的眞。故在「～Ｐ∨Ｑ」中，若謂～Ｐ爲假（卽Ｐ眞），則Ｑ眞，爲邏輯的眞。反之，則於此既謂Ｐ爲眞，又謂Ｑ爲假，則爲邏輯的假。此ＰＭ系統中之邏輯性，亦卽唯當於此求之。此中之邏輯性乃係在「～Ｐ爲假」之同於Ｐ，此卽依同一律。又係在於～Ｐ∨Ｑ中，先謂Ｑ或爲眞，而～Ｐ與Ｑ不兩假；則在～Ｐ爲假之情形下，Ｑ卽無假之可能。在謂Ｑ或爲眞之中，Ｑ原有眞與假二可能。今去其假之可能，而其假假，卽只餘眞之可能。此假假卽矛盾律。假假卽眞，非假卽眞，眞與假外無第三可能。卽排中律也。

由上所述，此ＰＭ之系統，自有其邏輯性，其邏輯性亦可依其合吾人前所定之標準而建立。然在以～Ｐ∨Ｑ爲Ｐ⊃Ｑ之定義中之Ｐ與Ｑ，則因其眞假值，乃各自獨立，其間初無邏輯關係。此邏輯關係，唯建立在：吾人之先謂～Ｐ∨Ｑ，而～Ｐ與Ｑ不兩假；則～Ｐ假，而

P眞時，Q卽不假而眞。但此中之～P∨Q之符式，所積極的直接表示者，爲此中有～P而Q、P而～Q、P而Q之三可能；只消極的間接表示無「P眞而Q假」之一可能。今依此消極表示者爲前提，而後可由P推斷Q。則此推斷雖爲邏輯的，然却非依於一積極的表示出之PQ間之邏輯關係，而有此推斷，則其邏輯性，尙未能積極的顯出，而充量的表現。然在路易士之嚴格涵蘊之系統中，以「P而不Q不可能」～◇（P.～Q）爲P⊃Q之定義，則可直接的積極的表示出PQ間之邏輯關係。卽P與～Q、或P眞與Q假之不相容的邏輯關係。由此而人之由P⊃Q以推斷Q，亦卽直接依此～Q與P不相容，而自否定此非Q，以推斷Q。此中之由非Q之否定，至Q之肯定，卽爲明依矛盾律而進行之推斷。其不由非Q之否定，至Q以外之其他，則爲排中律。至於依P、P⊃Q以推斷Q時，必肯定第一個之P，卽是P⊃Q中之P，是爲同一律。此皆未違悖三律之標準。然在此嚴格涵蘊之系統中，以P眞而Q假之不可能，爲P⊃Q之定義，乃以不可能之概念，自外規定PQ之涵蘊關係。此中仍容許PQ之各自有其獨立之眞假値，其間無確定的邏輯關係。故吾人亦可由「馬有角而牛無角不可能」，而說「馬有角」涵蘊「牛有角」。此卽路易士所自言之嚴格涵蘊之詭論。此詭論之無可逃，正在此中之P、Q可單獨自爲眞假。不可能～◇只爲對（P.～Q）之一外在的規定。故只須其中之P爲假，卽可說其整個爲不可能，而亦可依定義以說P涵蘊Q也。若去此外在之規定，此P與Q可單獨自爲眞假，其間無確定之邏輯關係，卽仍不容人直接由P之眞假，以必然的推斷Q之眞假。而一邏輯系統中對P∪Q之⊃之定義，能表示出PQ間之確定的邏輯關係，可容人作此一必然推論者，卽應爲有更多之邏輯性之表現者。

十一、今如欲對P∪Q中之⊃，作一定義，以使PQ自身間亦表現一確定的邏輯關係，可容人由P推斷Q，則在現代邏輯中，有以↓之符號代替⊃者。此中所謂P↓Q，乃謂P中有一單純的「可直接引出Q」之意義，或Q之意義原具在P中。今若以此↓之意義爲⊃之意義，則吾人可謂此中之Q之內容，包涵在P之內容之中，或Q之內容與P之內容之一部份爲同一。則由P引出Q，卽由P之全體之內容，分出其部份之內容爲Q。於是由P眞以推論Q眞，卽由：對全體爲眞者之命題，以推論對此全體之部份爲眞者。此中之P除包涵Q之部份，尚有其他部份，專屬於P者。今若限定此專屬於P者爲P，則此P之內容之全體，可以P.Q表之。而上文之P∪Q之符式，卽同於P.Q∪Q之符式。於是人之由P.Q推論Q，卽依P.Q之中Q之同於Q、或Q是Q之同一律而進行。此卽使⊃之兩端之間，亦表現一確定的邏輯關係，以爲由前一端推論後一端之所據矣。

但若吾人以P同於P.Q，而以P.Q中之包涵Q，爲P.Q∪Q之定義，固能成就一合于同一律之推斷，以謂Q爲必眞。然以此中無矛盾律之表示，則不能必然推斷Q之假爲必假，若Q之假非必假，則由P.P∪Q以推Q之外，不必不能推～Q。此中亦無排中律以表示Q與～Q外無第三可能，則亦不能由～Q之假，以還再確定Q之眞。今若欲對此矛盾律、排中律，更有表示，則必須另加符式，有如在PM之系統及路易士系統中，之對此矛盾律與排中律另有符式表示者，而後可。

然在亞里士多德之邏輯中，則對此三律，皆分別提出。雖亞氏對此三律，未以現代之符式加以表示，然人儘可依此三律，而謂：在吾人依同一律而由P.Q中之Q以推Q時，同時謂Q非非Q，而謂非Q爲必假，亦更無Q非眞非假之第三可能。於是由P.P∪Q以推論Q時，卽不特Q與P.P∪Q間有一確定的邏輯關係，而Q與非Q之間亦有一確定的邏輯關係，而可說Q非非Q，亦可以非非Q還確定此Q；而此推斷出之Q，亦卽確定而不可移易矣。今如以符式將此亞氏之三律亦皆加以表示，則當作下列之符式P.P.Q→Q⇅～～Q。

十二、在現代西方邏輯中，除眞假二値之系統外，更有所謂三値邏輯或多値之邏輯，與概然邏輯等，其中之推論方式，似表面非兼依亞氏三律進行者。此則正如只依P.Q→Q可推斷Q之爲眞，而不可推斷～Q爲假，或Q與～Q外無第三可能。至少吾人可說，於此吾人不知或無據以證～Q之必爲假，Q與～Q外之無第三可能。而以一任何單獨之命題之P而論，吾人亦確有「知其爲眞」、「知其爲假」，及「不知其爲眞或爲假」之三種可能；亦有「能證其爲眞」、「能證其爲假」、及「不能證其眞或假」之三可能。今依此三可能，以爲推論，則非其中之一之「知其眞」，自不能推出「知其假」，而非眞卽假之排中律，似爲無效。此卽如布魯維之謂數學上之命題，有吾人證知其爲眞或爲假者，亦有「吾人尙未證知其爲眞爲假，而在未有此證知以前，不可說眞假者」。然吾人若依此以說眞假值外有第三值，卽是將知識中之情形，混合於眞假之邏輯概念而說。此中所運用之概念，實有「知」與「不知」及「眞」「假」之四概念。將此四概念拼合，原可產生「知眞」「知假」「不知眞」「不知假」之四概念。合後二者爲一，卽爲「不知眞或假」，共爲三概念。今以三概念爲三可能，則去其中之一可能，自尙餘二可能，非只有一可能。則吾人謂於一命題，非「知其眞」，卽只可推出：「知其假，或不知其眞或假」，而不能只推出「知其假」。此自無問題。然此中之推論方式，亦如吾先肯認$P \vee Q \vee R$，更謂$\sim P$，而將對P之肯認去除之後，尙留對$P \vee Q$之肯認，以推論$P \vee Q$。此由對$P \vee Q$之肯認，以推$P \vee Q$，仍爲同一律。$\sim P$與P之矛盾，便爲矛盾律。在P與$Q \vee R$之間，非其一卽必是其他，則仍見互相排斥。而吾人卽亦可直由$Q \vee R$中之無P之一符，而逕以$\sim P$代$Q \vee R$，而在$P \vee \sim P$中，非P則爲$\sim P$，此卽仍爲排中律。此是謂此三值邏輯中之推斷，仍依於亞氏三律之一解。其另一解，則吾人可說在此三値中之任一値，各是其自身，如「知其眞」是「知其眞」卽同一律，非非其自身，如「知其眞」非「非知其眞」，爲矛盾律。不能「既非知其眞，又非非知其眞」，爲排中律。

以「知其假」「不知其眞假」代上列之「知其眞」，亦然。則吾人對此中之任一值之爲一值之理解，卽皆須依此三律而理解，而此三律，則爲此中之眞假值之理解所預設，亦唯依此預設，而後吾人可分別肯認此邏輯中之三值之存在，更可由否定其一，以推斷尚有二值，非只有一值等，而使此推斷成爲邏輯的推斷也。

吾人若理解三值邏輯之爲邏輯的之理由所在，不在此中之值之爲三，而在對此三值之分別存在之肯認，則吾人固無妨更依眞之不同程度，設定有多值，而皆先加以分別之肯認，而依之以推論。此中之眞之不同程度，一般皆是依一命題對事物爲眞之頻率，加以規定，或依其爲眞之理由與根據之多少，加以規定；或依主觀之確定感之强度，加以規定。然此中之一切推斷之邏輯性，則唯繫於依此所設定命題之眞之程度，觀其所包涵者之爲何，而分析出之，以成一推斷之結論。此中之所設定者之內容中，必須包涵結論之內容，而後其推斷，乃爲邏輯的有效。於是其推斷之形式，亦皆同可以上述P.Q→Q表之。在設定命題之眞有程度之情形下，其眞卽爲概然的眞。然由所設定之命題之有某程度之概然的眞，以推斷出其他命題之某程度之概然的眞，乃依於此中之所設定者與推斷出之結論間之邏輯上之必然關係，則爲一切邏輯家所共許。此必然關係，則皆可以P.Q→Q之符式，以表示此中之結論，爲可由設定中分析出的。今若以此符式只表此關係，則全幅之推論，應以

$$\begin{array}{l} P.Q \\ P.Q \rightarrow Q \\ \qquad\quad \downarrow \\ \qquad\quad Q \end{array}$$

表示。如謂

←卽⊃，更以P代P.Q，則合於吾人前說 $PP \supset QQ$ 之符式。然將此前說之符式，以P.Q代P，則更能表示此P與Q間之有一確定的邏輯關係，足爲由P推斷Q之所據。此則唯由P.Q↓Q中有Q與P.Q中之Q之同一，以表示吾人之由肯認P.Q中之Q，以肯認Q之同一律而已。則此三值或多值之邏輯之複雜，亦無礙其邏輯性之所依者之單純也。

十三、此外尚有使今之邏輯學複雜化者，則爲對一形式系統中之設理，如何證明其爲獨立、不矛盾、完足之問題，或是否一形式系統中之公式，皆可在系統內部證明？是否一形式系統中必有其不可證明之公式？以及對邏輯學中之概念名辭、設理、公式，重加反省界定之所謂邏輯後學之問題。此皆屬專家之學，非吾所能一一盡論。然凡此一切之討論，吾人仍可總斷之曰：其討論之邏輯性，唯係於人先對其所欲討論之「設理」「公理」「眞理」「證明」等，用以討論之名辭概念等，先有何種知識或理解，而設定其所涵意義之爲何，而更分析出其意義，以成其討論之結論。則其討論之形式，仍可以 $PP \supset QQ$ 之形式表之，以見其討論之邏輯性。依此一形式，吾人之由 $PP \supset Q$ 以推斷Q，卽爲由 $PP \supset Q$ 以證明Q。而邏輯的推斷之事，亦卽皆為證明其所推斷之事。在由 $\begin{array}{l}P\\P\supset Q\end{array}$ 以推斷Q之歷程中，由 $\begin{array}{l}P\\P\supset Q\end{array}$ 以單肯認Q，名曰推斷，還觀此Q之肯認，原於 $\begin{array}{l}P\\P\supset Q\end{array}$ 之肯認，卽名曰證明也。對此證明之一問題，在現代西方邏輯中自有其複雜性。此卽在：形式化的邏輯系統中，唯依其所先設定之定義、設理、推斷原則，而有依一定步驟之對其中之公式之證明，而此公式之證明，卽以此所設定者之存在為條件。由此而公式之合此條件者，雖可依一定步驟加以證明，而其不合此條件者，則在此系統中，卽不能依一定步驟加以證明，而在此系統中為不可證明。此說其為不可證明，則為在此邏輯系統外之上一層次之言說，亦卽一邏輯之系統之後設邏輯 meta Logic 的言說。故此「不可證明」之自身，在此邏輯系統內部，應同不可證明。此皆不難解。然此不可證明者，是否卽不可說為邏輯上之眞理，則以吾人如何理解此眞理與證明之意義為定。若此二名之意義不同，則自有非經證明之邏輯眞理。然若今依此二名之意義之不同，以證有非經證明之邏輯眞理，此本身又是一證明。若此證明之所在，為此討論之邏輯性之所在，此討論之形式，仍可以 $\begin{array}{l}P\\P\supset Q\\Q\end{array}$ 表之。思之可知：則邏輯之事仍只在證明之事中，亦終只在上列之表式所表者之中，而不能出乎其外矣。

三、邏輯哲學、辯證法與觀照凌虛境

十四、今吾人若欲討論是否有證明與邏輯之事之外之物，則入於眞正邏輯哲學範圍。於此吾人可說，此一切邏輯的證明之事，其本身乃只爲如此如此之一事，而容吾人加以直觀者。卽此證明之事之存在本身，原爲吾人所可加以直觀者。此所直觀之證明，卽只爲一現呈，而另無證明者。此卽同於謂上述之 PP ⊃ QQ 之全體，爲現呈，而其自身另無證明，亦不待證明。在此 PP ⊃ QQ 之全體中，其中P同於P，Q同於Q，或P是P、Q是Q，亦爲現呈，而無證明。此中之「無證明」之自身，亦初無其證明。今說其爲現呈，以證明其無證明，亦是後來之反省之說。因當其爲現呈時，固無此反省。故亦無依此反省而有之證明，亦無「無依此反省而有之證明，以證明其無證明」。……而吾人若欲知證明的眞理與眞理之不同，則在上列之符式中，吾人原許PQ之名，有其內容，而可依其內容以對事物，爲分別眞。此卽非證明的眞理。唯由 PP ⊃ Q 而推得之Q，乃爲證明的眞理。則「眞理」與「證明的眞理」之不同，卽當下可得一指證。此無證明之眞理，卽如經驗事物之眞理，或其他直觀的眞理之類。而邏輯上之亞氏三律，如視爲眞理，亦皆爲一直觀的眞理。依此邏輯上之三律，以從事證明，自此證明之爲現呈說，上文已謂其無證明。則此無證明者之存在，亦原不難擧出例證。今謂有無證明者存在之一命題，卽對此諸例證而爲眞。今若謂：以例證指證，卽已是證明，則此無證明者之存在，亦同時證明證明之存在。此卽成一證明之存在與無證明者之存在之互相證明。然「證明」與「無證明」，又爲互相矛盾之概念。「證明」非「無證明」，「無證明」非「證明」，亦應不能互相證明。……循此以思，卽唯有以一辯證法的思維推論方式，解消此中矛盾，卽唯有謂此中有「證明」與「無證明」之有一矛盾的統一，此卽邏輯理性與邏輯直覺之合一。此則更明爲一哲學之論斷，而超乎一般邏輯學之外者。

十五、今吾人可討論一較易把捉之問題。卽在一般邏輯中是否有一類似上所說者之辯證法的思維推論方式。此吾將指證其有，以通所謂辯證法的邏輯與一般邏輯之郵，並幫助人對上段所說者之理解。在所謂辯證法的邏輯中，恆自謂其與形式邏輯之不同，在傳統之亞里士多德形式邏輯，於一事物說是什麼者，卽不能說非什麼，於一事物說其存在，卽非說不存在。因而對之說一肯定命題，不能同時說一否定命題。然事物可變化其性質，而或由存在至不存在。其所以能變化，則由事物之可內在的或潛伏的包涵其相異相反的方面。此卽形成事物之內在所包涵者，與其表面之矛盾。而任何事物皆可說有一內在的矛盾。此內在的矛盾之顯出，卽爲事物之變化，以由有某一性質至無某一性質，或由存在至不存在，以使吾人不能不對之用一否定命題，以代原先之肯定命題，由以P說之改而以～P說之，而有辯證法的思想與言說。辯證法之名，初謂由對辯而證。對辯者，恆此方說是，彼方說非，故由說是、說一肯定命題，更轉至說非、說一否定命題，卽爲辯證的思想與言說。事物自身由是甚麼而變爲非什麼，卽其辯證的變化。辯證法卽於事物之辯證的變化，更以辯證的思想與言說，與之求應合之法。依此以觀辯證法，則其基本之肯定，乃存在事物之有與其現實之表現相矛盾之內在的方面，能顯出以成其變化。此乃一存在論或形而上學之肯定。卽在亞里士多德之邏輯，亦可離其對存在論或形而上學之「存在事物之類之不變」之肯定而獨立。而依現代邏輯以說，則邏輯上之命題，自始卽爲對存在先無所肯定之命題。P∪Q只表示一若P則Q之一邏輯關係。此中卽容許事實上之無P，或事實上之曾是以P說之者，可改而不以P說之。故若存在事物實爲變化的，則吾人用以說之之任何命題，卽自始原可由用而不用。然吾人在以P說之之時，則P∪P，P∪～～P，便當以P說之，不能以～P說之。故此邏輯上之同一律，矛盾律，仍不能違反。在事物有多方面、或有變化、或內在的包涵其相反的方面之情形下，對其一方面或未變化以前之方面之表現看，須以P說之者，亦仍只能以P說之。至就其變化以後、或內在的包涵之相反方面看，則於此須以非P之Q說之，亦仍只能以非P之Q說之。則所謂辯證法思維，仍是依於同一律矛盾律之基礎而進行，亦不能先違反此同一律、矛盾律。若違反之，則所謂由思P之肯定命題，至思～P之否定命題，所謂辯證法的思維，亦不可能。而形式邏輯卽非辯證邏輯之所能加以代替，或加以否定者。此可謂爲現代邏輯家之通說。

然吾人是否卽可本上說，以謂辯證邏輯只爲一存在論或形上學之說，而無邏輯意義者。吾人今若依前述之 P $P \supset Q$ Q 表示推斷之符式以觀，則此中並無明顯之規定，謂吾人不能以～P代Q。故吾人如以～P代Q，而成 P $P \supset \sim P$ 以推～P，仍表示一邏輯之推斷。今剋就此中之P∪～P而觀，亦不能就其形式，以謂其無一邏輯的意義。其畢竟有無邏輯意義，唯有自吾人之由說P至～P，由思P至思～P，有無邏輯意義爲定。依辯證法言，吾人之所以須由說P至說～P，由思P至思～P，乃由於欲使吾人思想順存在事物之變化，以變易其所思。由思P至思～P，仍自爲吾人思想中之事。今若謂吾人之依P∪P，而由思P至P爲邏輯的思想之事。則吾人亦無一定之理由，以謂由思P而思～P，非邏輯的思想之事，以同是一思想之方式故。誠然，吾人於此可說由思P而思～P，乃在一相繼之思想之歷程中，思P或～P之對其所思者爲眞。吾人並不能同時思P與～P，對其所思者爲眞，卽吾人之不能同時肯定P又否定P。因若同時有此肯定與否定，卽同於無所肯定，亦無所思、無所說故。但吾人亦可說人之依P⊃P，而由思P至思P，由說P至說P，此前後之思與說，仍非同時。因若其爲同時，則只須有一思P或一說P，而不須更由思P至思P，而說P⊃P，以重複此P也。今若轉而自P與～P不能同時對一存在事物之同一方面爲眞，以說辯證邏輯非邏輯，又正爲將邏輯建基於存在事物之同一方面之說。則爲辯證法者卽可還答：P與～P雖不對事物之同一方面爲眞，然可對變化之事物之前後段，或其表面與內面，分別爲眞，而唯吾人能對事物之變化及表裏，皆有分別對之爲眞之P與～P以說之者，方爲更完備之言說，亦代表吾人之更完備之思想者。於是在吾人之由說P至說～P之思想歷程中，亦卽當說有更完全之邏輯。今若止於此說P至說P，由思P至思P之言說思想歷程中之邏輯，卽爲不完全之邏輯。因此而吾人卽亦無一定之理由，定說辯證邏輯之非邏輯。

十六、吾人今所欲論者，是若辯證邏輯之所以爲辯證邏輯，在吾人之可由思P繼而思～P，由說P繼而說～P；以不同於形式邏輯之由思P卽繼以思P，由說P以繼以說P者；則吾人可說，卽在一般之形式邏輯之思維中，亦正有此所謂辯證的邏輯思維方式之內在於其中。今卽以前述之 $\begin{smallmatrix}P & & \\ P & \supset & Q \\ & & Q\end{smallmatrix}$ 表示之推斷方式而論。此中，若吾人以P代其中之Q，或謂Q之內容全同於P，則此中之推斷思維方式卽爲 $\begin{smallmatrix}P & & \\ P & \supset & P \\ & & P\end{smallmatrix}$ ，而全爲依思P以思P，依說P以說P之方式進行。然吾人若謂此中之PQ有不同內容，則由P.P∪Q至Q之推斷思維，卽非純依思P以思P、說P以說P之方式進行。然則此爲依何種之推斷思維方式進行？

對上之P∪Q之⊃，依上文所說可爲眞値涵蘊或嚴格涵蘊，或只同於引出⊢之意。今若假定其爲眞値涵蘊，則P與Q之有不同之內容者，可各有其相互獨立之眞假値。故於P與Q，吾人只須可對之說～P∨Q，卽可說PQ間有涵蘊關係。今若設定P與Q之內容確爲不同，如PQ二符之不同，則吾人由思P至思Q，在吾人之思想歷程中，卽爲「由思P而不思P，以思一非P之Q」之一歷程。今若假定吾人之思想不能「由思P至不思此P，而思一～P」。則吾人之思想歷程，卽永不能由P至Q。此亦如吾人之必須由說P，至不說P，更求說一非P者，方能說Q。此卽正爲一思想言說之次第進行中之一辯證歷程矣。

至若在以⊃爲嚴格涵蘊之情形下，謂P∪Q卽同於「P而不Q爲不可能」，此所謂「P而不Q」之不可能，可同於「無『P而不Q』者之存在」之義，亦可同於「P而不Q，不可思不可說」之義。則人之思此說此「P而不Q」之不可能，乃是先試思試說「P而不Q」以至知其實不可思不可說。此先試思先試說，卽先設定其可思可說；而由試思試說，以知其實，則歸於思其不可思，說其不可說。此亦正爲思想言說中之辯證歷程。

再若吾人以此⊃同於引出←之義，而謂P⊃Q乃由P之內容中有Q之內容，或Q之內容爲P之內容之一部，而此中之P⊃Q同於PQ⊃Q；則吾人之由PQ中之Q，至後之Q，固只依同一律，亦依Q⊃Q或P⊃P中所表示之邏輯關係而進行。然吾人于PQ之全體中，單分析出其中之Q，而謂其⊃Q，却由吾人之於PQ之全體中之除去P，而不思P。則由PQ至Q，乃由「先思PQ中之P，更不思此P，而單思非此P」之Q之一思想歷程。此中亦有一思想言說之辯證歷程。

十七、由此可再回到在 PP⊃QQ 中，設定其P與Q內容全同一，而此符式同於 PP⊃PP 之符號之情形看。在此情形下，吾人固可說此中只有依同一律，而有思P至思P，由說P至說P之推斷的思想言說歷程。然卽此依同一律，而由思P至思P，說P至說P，其中是否卽全無一思想言說之辯證歷程，亦可爲一問題。於此若純自言說與邏輯之符式上看，則在說P⊃P時，此二P在前後有不同位置，卽可說其非全同一，而此符式之本身卽兼表示此P與P之同而異。依此以說P爲自同，謂其自同於自，卽有二自。此二自之義，以其位置不同，卽非全同。若在人之實際的思想言說歷程中看，則凡吾人之思想言說二事物之同，皆是於二相異之事物中，說其有同。由此而人之思想言說之次第相續進行，亦恒如一曲線，以由異至同，由同至異，或散同爲異，或合異爲同。於是其思想中之肯定否定之命題之相續，亦依此同異而更迭出現，亦如一曲線。所謂依同說同，卽依肯定說肯定之絕對的同語反複之言說，或有絕對的同一內容之二命題或二思想，則只在抽象的邏輯論述中有之，而人乃以A是A，或P∪Q，加以表示。然此表示之自身，則同時表示A與A、P與P之異位，亦卽同時表示出此絕對的同一之非絕對的同一，而爲異中之同。今若欲表示一無異之絕對的同一，則不能說A是A、P∪P，而當只說一A或一P。然吾人之所以得由A是A至A，由P∪P至P，則又正須除去一A或一P，亦卽由用一A至捨一A，由用一P至捨一P。此由用一符號至捨一符號之活動，仍爲一思想之活動。此思想活動，卽爲依「有一符而無一符」之辯證方式而進行之思想活動。至在人實際思想P是P，或謂可以P說之事物是可以P說之事物時，其最後之歸宿，亦只是說P。故由P.P∪P而推論出P時，人亦卽將P與P.P∪P之關係，並加以截斷，而更不說此P.P∪P，亦更不思此P.P∪P，唯思此結論中之P。又卽在人思單純之P∪P時，亦須由思前P更超越此前P之思，以止於思後P。由思前P至超越之而不思前P.

以使吾人之純思之心靈，爲由有思至非有此思者，卽爲心靈所經之一辯證的歷程。此歷程，卽前P之由顯而隱之歷程。前P旣隱，而思後P，卽後P之由隱而顯，亦可說爲前P之由隱而再顯，以化身爲後P。以後P卽前P之化身，故可由後P以反溯前P，以說此後P卽前P。以後P卽前P故，亦不須更思前P，說前P，而可只說後P，以與前P截斷。此亦卽因前P可不說不思，而被截斷故，方可只說後P。又卽因前P，可被非、被不故，方可只說後P。則人之可以由P∪P，以只說後P，卽因前P可「被非」、「被不」於思想言說之外故，亦卽因此前P可被否定於心靈之思想言說之領域之外故。今若以~P表此一被否定，則吾人可以 $P \sim P \; P \supset$ 之整個符式，表人之思想言說P則P時，須經一不此前P、非此前P之~P之事。若不經此一事，則P∪P、P是P，或P與其自身之絕對同一，卽亦不得而說矣。

故今吾人縱以P∪P表P與其自身之絕對同一，此中之由P至P，亦非只有一直線進行之形式邏輯的思想言說，而仍當說其上層更有一不思P、不說P、否定P，於人之心靈之思想言說之外之一事，爲此P∪P所表之P與其自身之絕對同一之根據。而此所謂絕對同一，亦卽相對於其上層之~P，而亦以此上層之~P爲媒介，而建立之絕對同一；而在P∪P中，前P亦卽如經過此~P，以至於後P。而此~P與P雖層次不同，然要爲一意義中之P

之否定。由此而前P之經~P而至後P，卽仍爲一曲線的辯證的思想言說之歷程，此上之所說，卽同於說形式邏輯亦有辯證邏輯之根據，而辯證邏輯亦存於形式邏輯中。

四、邏輯中之證明推斷與直觀及邏輯之歸寂

十八、依一般之說，辯證邏輯之由肯定而否定，卽由正而反，更歸正反二者之合。正反二者卽合之所以成。故人可據此正反二者，以證明此合之有。此中之正反，亦可視爲前提，由之而得合之結論。此結論之合中，卽包涵爲其前提之正反之內容於其中，以成一內容較豐富之一全體。然在形式邏輯中，則前提所涵之內容，恆爲更豐富之一全體，而由此全體中以分析出其一部份，以得一結論，結論乃得其證明。此結論之內容，則恆爲不如前提所涵之內容之豐富者。此爲辯證邏輯與形式邏輯之不同。然此二者中，皆可說同有一由前提以證明一結論之事。凡結論之必待證明，而後知其眞者，初恆爲人不能直接就其本身以知其爲眞者，而爲以前提爲媒介，以間接的知其眞者。凡由前提以間接的知一結論之眞，皆爲一推斷之事。而凡人能直接就一命題之意義之理解，而知其眞者，則爲非推斷之直觀之事。而此推斷之知與直觀之知，卽稱爲二類之知。

十九、一般形式邏輯之證明推斷，唯是將前提所涵者分析出一部份，以成結論之事。依吾上文所說，此分析之事，卽超越否定其所涵之其他部份之事。此超越否定其他部份之事，卽先肯認其有此所涵，更去除之於此肯認之外，而自否定其存在於此肯認中之事。此中，卽有一辯證的思想歷程，而卽以此思想歷程，成就吾人之由前提分析出結論之事，以證明此結論。則此由前提之分析以證明結論之事，卽一依辯證的思想歷程，或去否定、超越「非此結論所涵」之「前提中之其他所涵」，以表顯此結論之所涵之事。於此一證明之歷程，仍最好以前所說之╌╌→＝之符式表之。此╌→一卽表示╌中之隱涵一，而由上一至下一則表示此隱涵者之表顯。→則表╌中之兩橫之一，有非結論所涵，而爲前提之所涵之其他一部份，有被超越否定之可能，以歸於只有一橫者。依此前提中其他所涵，有被超越否定之可能，而實有之對此其他所涵之去否定超越之活動，則直接以此前提中其他所涵，爲所對，而超越之、否定之，以使此前提中其他所涵，不存於吾人之思想之中；由是而此超越否定之活動，卽亦自己超越否定，而不存於吾人之思想之中，以與此前提中其他所涵，共歸於寂，而只有此結論呈現於吾人之前。則此時之結論，卽亦更無前提，而只呈現爲一心靈所可直接加以觀照肯認，亦卽加以直觀之一命題。而所謂此結論，初由前提得其證明者，亦由其證明之事既畢，其前提之歸寂，而更不見有證明，而在思想中，亦無此證明。於是一切形式邏輯之證明之目標，亦卽在達於此「更不見有證明，而無此證明」，以成就一對命題之直觀。然此所直觀者，亦卽初嘗經一證明之歷程，加以證明者。於是此直觀，亦卽可更直觀「此證明之歷程之歸於此直觀」，亦卽直觀此「證明與直觀之契合爲一」。

二十、至於辯證的思維歷程中，人之由正反之合，以得一爲合之結論者，乃是由正反之合，以證明合之結論，同時爲成就一直觀，則其義更顯而易見。因此中之由正反之合，至合之結論時，此合之結論中，卽包涵此正反，而使此正反皆表顯於此合之中。此中之辯證的思想歷程，不同於在形式邏輯中之以一超越否定之活動，銷除前題所涵之非結論之一部份，而使此部份與此活動皆歸寂；而是於以反反正之後，更反此反，而歸於正反二者俱存於合中。人在直觀此合時，亦同時直觀其前所反之正與所反之反。亦可進而直觀此「以反反正、以反反反，之歸於合，而證明此合」之「證明歷程」之契合於「對此合與其所涵之正反」之「直觀」。

二十一、無論在形式邏輯與辯證邏輯中，吾人皆可直觀：證明之歸於直觀、契合於直觀。此中之證明爲所直觀，而位居下一層次，則直觀之自身卽無證明，而爲直觀所觀之證明之存在，亦不能有直觀以外之證明。吾人唯可由有所直觀之證明，以證明證明之存在。而人在設定一命題爲直觀所觀，而不知其爲眞者，固原不須有證明。直觀一命題，知其爲眞，而不知其證明者，此直觀亦無「其證明」爲其所觀，而其證明之畢竟有與無，皆在直觀中無可證。吾人唯可由所已直觀，已證明爲眞者，以證其所涵者之爲眞，及與之相矛盾者之爲假。此卽一切邏輯的推論之限度。邏輯的推論，只有由已直觀已證明爲眞者爲前提，以向前推斷其所涵者之爲眞；而不能由此前提之被謂爲眞，以更向後推斷其前提之是否更有前提，足以證明此前提之爲眞。此前提之是否更有其前提，唯視人對此前提之反省的理解之深度而定。此反省的理解之所發現者，可爲進一步直觀之所對，或爲其他前提所可證明者。然吾人只由對當前之前提之直觀，則不能推斷此進一步之反省的理解之是否有，則亦不能推斷此前提之前提之畢竟爲何，與其畢竟有與無。於是吾人所視爲前提者，亦可爲其自身更無前提之直觀的究竟眞理。其爲究竟，可由其爲吾人之直觀所不能逃，或一切否定的證明之不能有而定，不須更以此前提之前提，爲此前提之證明。在此情形下，則一眞理，卽以其爲直觀所不能逃或否定的證明之不能有，以爲其究竟之證明。然何種眞理合於此一標準，則以視爲眞理者之內容而定。一前提之是否爲一究竟眞理，亦視此前提之內容爲定。若汎說一前提，則其爲究竟眞理不可知，而其是否必更有其前提，亦不可知。若其更有前提，而非吾人之當下之直觀與反省的理解之所及，其更有之前提，果爲如何，卽亦不可知。凡此不可知者，卽在吾人之只由前提以推其結論之邏輯思想之範圍之外。而欲知此所謂不可知者，則唯賴吾人之擴大直觀，與反省的理解所及之範圍。此擴大之事，則只爲人之心靈思想之自去擴大之事，而非由前提以推斷結論之事。吾人之徒知有邏輯思想進行之形式，亦明不能由此形式之存在，以推斷可納於此形式之下之種種思想內容之爲何。此對一切邏輯關係邏輯形式之知識，亦不能爲推斷思想內容之爲何之前提。於是人之思想中之邏輯形式與其內容之關係，卽亦可說爲非邏輯的。因此形式不涵蘊其內容之爲何故。此亦卽是說邏輯關係、邏輯形式原有其限定的意義之證，同時亦爲邏輯世界只爲限定的範圍中之世界，而吾人只能在此限定範圍中觀照其意義之證。

二十二、依上文所謂「由證明以推斷，必超越其前提，以歸於結論之直觀，而亦超越此證明推斷之事」，及「由前提不能證明推斷此前提之是否更有其前提，唯待反省的理解，以有其進一步之直觀以知之」，則邏輯上之證明推斷，卽始於直觀，亦終於直觀。邏輯中一切由「全是」推「分是」，由「分是」推「全之或亦是」；由「全非」推「分非」，由「分非」推「全之或亦非」；以及由「此是」推「此是而此非非」，由「此是」推「他之亦或是」；由「此非」推「此非而此非是」，由「此非」推「他之亦或非」；再如：由「此是與他是」推「此他皆是」，由「此非與他非」推「此他皆非」；由「此是他必非」與「他非此必是」，推「此他不兼是、亦不兼非」；由「此是他或非，與他是此或非」，推「此與他之或非」，由「此非他或是，與他非此或是」，推「此與他之或是」……。更於此中之「此」或「他」視爲命題、或類、或關係、或命題函值、或函值之函值等，謂一此或一他中，更各可分出此與他……則人之是是非非之證明推斷之事，可有百千番揲，而無窮複雜。然此一切是是非非之事中，是是卽同一律，非非爲矛盾律，是「非」卽非「是」，非「是」卽是「非」，爲排中律。以是是證非非，卽超越是是而顯非非；以非非證是是，卽超越非非而顯是是；以是「非」證非「是」，卽超越是「非」；以非「是」證是「非」，卽超越非「是」。是見此三律皆依此是是非非之事之自超越而顯。尅就此「是是與非非」而說，則在「非非」中之前一非、非後一非，後非被非，而無後非，前非亦無非可非，卽不能更說「非非」。在「是是」中，前是是後是，前是歸於後是，而無前是，前是無，而後是不自是，卽不能更說「是是」，又由「全是」至「分是」，則超越「全之他分」，而唯存「此分」，只說及此分。由「分是」至「全之或是」，則超越此「分是」，兼望「全之他分」；以說及其全。於是此以「全是」推「分是」，以「分是」推「全或是」，卽爲超越全以至分，超越分以至全之事。以「全非」推「分非」，以「分非」推「全或非」亦然。思之可知。總上所述，人之依全、分、是、非等以爲證明推斷之事，卽依於人之能分別超越往來於此全、分、是、非等中，而加以運轉。以能證證所證，卽超越能證，唯存對所證之直觀。而超越此證明推斷之事，亦超越思想言說之事。於是一切邏輯上有關全分是非之思想言說上之規律，皆爲人依之經之以思想言說而有，亦與此思想言說之被超越，而俱無；故皆與人之思想言說之事，俱起俱止，俱顯俱隱。起則如樓臺之重重無盡，而有邏輯，有證明推斷；止則如樓臺次第降落於地中，而大地寂然，亦無邏輯、無證明推斷之事，唯有直觀。此邏輯之有無，原不出人之能思想言說之心靈之自感自寂之事。自感，而能自觀，以觀此感之出於寂，亦歸於寂，萬感繁興，皆同於此寂，則直觀與證明推斷之事通，而邏輯與超越邏輯之道通。此通之者，卽辯證的思想言說也。今吾人果能觀照得此邏輯與超邏輯之道之通，則邏輯實而亦虛，其只存於此觀照凌虛境中，亦卽更無可疑矣。

第十六章　道德實踐境——觀德行界（上）

一、泛論道德實踐境之意義及生活中之道德意義及德與不德之轉變關係

道德實踐境與上述諸境皆不同。其與觀照凌虛境之不同，則在一虛與一實之別。所謂虛者，卽依觀照心所對意義境界，皆在現實存在事物之上一層面而說。卽哲學之本一觀點，以兼對現實存在事物之意義，加以觀照，以形成一宇宙觀、人生觀者亦然。人以其觀照心，對內內外外之現實存在事物之現呈之意義、與理想的意義，雖可有所觀照，而不必能本其所觀照得之理想的意義，以求對現實存在事物，實有所改變，以使之合乎此理想，亦不必對其所觀照得之理想意義，負任何道德上之責任。由此而無論此宇宙、人生之爲如何，吾人皆可只本哲學中之一觀點，以觀照其意義之如是如是，而形成一宇宙觀、人生觀、而止。於此中，人自亦可對此所知之宇宙人生意義之如是如是，形成邏輯性命題，更推演其涵義，見其中皆

有眞理。更可觀此觀照中之宇宙人生之意義，其互相照映，所成之美的境界，而表現之於文學藝術等。卽此宇宙人生全是罪惡，此罪惡之相照映，以成罪惡之境界，亦非必無其美。西方波德來爾所謂罪惡之花是也。卽此人所知之宇宙人生世界，皆全是矛盾衝突與虛妄不實，而今能分別觀照之而更理解之，此理解之進行，仍有其邏輯秩序，而形成邏輯性之命題，更推演其涵義，其中亦仍有眞理在也。由此而無論此現實存在之世界如何變化，人同可以一觀照心遇之，而皆有所觀照，以有其所知，並加以表現，其中皆有美與眞之存在。於是此觀照心，卽可永有眞與美可寄，亦永能不爲此現實存在世界所傷害。而此心之存在，大可隨此現實存在世界之無盡的變化，而恆與之俱往俱運，而可不遇任何阻礙，以虛臨其上，盤旋其中，而爲一隨處安然自得之一心靈。此心靈之能如此虛臨於現實存在世界之上，而盤旋其中，如鴻飛冥冥，處處留指爪而不着，以安然自得，亦未嘗非一至美之心靈。然果世界全是罪惡、矛盾、衝突、虛妄不實，而人仍只有此一隨處觀照，而安然不動之心靈，則此同時爲一最不仁之一魔性的心靈。此魔性之心靈，其層位固甚高，非一般利害毀譽所能動，以其對一切世所加施之利害毀譽，亦皆可以其觀照心觀之，而視若無物故。能破此魔性的心靈者，唯是依於仁之一道德實踐的心靈。此道德實踐之心靈，異於此觀照的心靈者，在其對現實存在事物，兼有「知其爲存在」之實感，而更以其所由觀照而得之理想意義，與此實感所得相遭遇，遂形成一求繼續實現此理想意義，於現實存在事物之具體的道德理想。此理想爲人所自覺，卽爲一道德目的。此理想之意義爲一普遍者，卽爲合理性者。人之實現此合理性的理想目的之行爲，卽爲道德之實踐行爲。由此行爲以實現此理想，卽對此理想之實現，在道德上有所負責，亦對此現實存在之世界，其前之爲如何，與其後之成爲如何，有所負責。人能生活於此在道德上對之有所負責之世界中，卽生活於一道德實踐境。

此道德實踐境中之世界，可爲一無所不包、無所不涵之世界。亦爲一可涵攝其餘一切生活境界之高一層位生活境界。其故在其餘一切生活境界之本身雖非道德實踐境，然亦皆初恆有一人所不自覺的道德實踐之事，支持其存在，亦賴人之自覺的道德實踐，以使其長久存在，而更擴大提昇，至更高之境界者。故人之其餘之生活境界，亦皆可自覺或不自覺的具有道德的意義，人亦皆可涵攝此意義於其道德生活之境界中。

所謂一切生活境界，皆賴人之不自覺的道德實踐之事，而長久存在，卽任何生活境界之自然的相續，皆必賴人之不自覺的肯定其當相續，至少不謂其不當相續。此不自覺的肯定其當相續，或不謂其不當相續，卽應有一人所不自覺之道德的理由。此不自覺的肯定其當相續，或不謂其不當相續，而求其相續，卽依於一不自覺的當然之判斷，而有之一努力。此求其相續之努力，卽爲一不自覺的道德實踐。人之求一生活境界之相續，乃以此生活境界尚未有之「未來的相續」，爲一不自覺的理想所在。此努力，卽實現此理想之事，而在此已有生活境界之上一層位進行者。此不自覺的肯定一生活境界之當相續，或不謂其不當相續，而努力求一生活境界之繼續之事，人在任何生活境界中，固皆多少有之。而此努力，卽一不自覺的道德實踐，而有道德意義者也。

上文說人之任何求保持一生活境界之努力，皆有一道德的意義，亦與常識之見不相悖。卽如人在求其個體之我之繼續生存之努力中，無論此個體之我之生存之目標如何低微，皆恆有一對其現實有、或可能有之困難與艱危之抗拒奮鬪。此中人卽有一具生存之勇氣之德；此努力之相續中，卽有一勤之德。在此努力中，人必有所爲，亦多少有所不爲，卽有一節制之德。在此努力中，人亦必對妨礙其未來之生存者，多少加以預見，而有所預謀或預防以謹愼從事，卽有謹愼之德。人凡遇生存之困難艱危，而承受之之時，卽又有忍耐堅忍之德。人若不多少具此諸德，則卽此最低微之生存之目標，亦不能達。世間之人，固未有絕對無此諸德，而能有其個體之生存者也。至於人欲維持延續其自然生命於後代，以保存其自然生命之種族，更須多少有爲其後代犧牲受苦之德。人欲使其生活有一定之習慣之養成，則恆多少須有自規定其生活，使成一類型之自制之德。而人欲成爲從事某職業之人，又須有自忠於其職業之德。人欲自覺使其手段行爲足達某目的，亦須有自覺的選擇手段行爲之智之德，信其目的之必可達而能達之「信」之德。人欲使其感覺生活繼續進行者，必自求於視思明、於聽思聰。此思明、思聰，亦是德。人之自求觀照心靈之清明，足以成其觀照之事，以知美、知眞理，此心靈之清明亦是德。是卽可見此一切之人之生活，皆自然恆具有若干德行，足以成其生活之相續者，存乎其中。此若干之德行，固亦不必爲人所自覺的修養而成，而可唯是人所不自覺的自然具有之性德之表現也。

然人之任何生活中，雖皆可自然具德，但人亦可失此自然具得之德，而有其不德。人有德，以努力成就其某種生活，然後此生活得繼續保存；而此生活中之世界，亦得繼續存在於此生活中。人不德，則此生活不繼續存在，此生活中之世界亦不繼續存在。於是此人之德與不德，卽爲或使一生活存在、一世界存在，或使之不得存在者。人之德與不德，卽對此生活與世界之存在與否，有一必然之關係，亦對之負有一道德上之責任。

人之德有種種，不德亦有種種，以互爲相對。其第一種爲內在於一人之某生活中之德與不德，如在人求其個人生存於世界時，有生存之勇氣爲德，懦怯爲不德；謹愼爲德，疏忽爲不德；勤爲德，惰爲不德等。其第二種爲由一人之各種生活之相關而見得之德與不德。如一人之生活能不妨礙，或兼成就其另一生活者爲德，反之爲不德。故人之縱耳目之感覺欲望，而傷生，而失其心靈之清明的觀照之能，爲縱欲之不德；反之爲德。第三種爲一人之生活與他人生活相關而見之德與不德。如只利己而損人，只求延其自然生命於其子孫，而害及他人之子孫，只求得其個人之目的，不惜以他人爲手段作犧牲等等。此卽一般所謂人在社會生活、人與人間之生活中不德。反之，則爲能兼成就他人生活，或不害他人之生活之德等。然此後者，亦可存於人之其他生活境界中。如人之只求其個人之生存於萬物散殊境者，亦可不以其個人之生存，害及其他個人之生存，而可與其他個人相依以共存。又如人之自求延續其自然生命，及求其個人功利目的之達到，或求其在自然社會中相互之感覺生活之成就，對意義界之觀照生活之成就者，皆可不害及他人，而亦恆可以兼成人與己之同類之生活爲事。則吾人前所論各生活境界中，其相應之人生態度，固亦皆有其可助成人與己之同居一生活境界者在。則此各人生態度，固亦皆可爲應合於此兼成人己之道德目標者。此卽已足證此兼成人己之德，可於人之一切生活中無不在矣。

然吾人今之論道德實踐境，則尙非只自人任何生活中，皆可自然有德存乎其中而論。人之生活之自然有德存乎其中，而非志在使此所具之德，爲人生活之主宰，使其生活皆化爲道德生活，或無往而不具道德意義者，尙不足卽說爲一有眞正之道德生活，而眞實存在於道德實踐境之人。此眞能存在於道德實踐境之人，亦非只是一其生活中不自覺而自然具德者，而是一其生活卽一自覺爲求具德而成德之生活者。然人之能如此者，則不多覯。人之眞實存在於道德實踐境，而實見此一道德世界之眞相，亦非易事。

此存於道德實踐境之人，其所以能自覺求具德而成德，由其同時自覺其生活中之有不德之成份之存在。因無此不德爲對照，則不能自覺求具德性以成德故。由此而人之不承認其生活中有不德之成份，與成不德之生活之可能，而更求去此不德之成份與不德之可能者，則不能有眞實之道德生活與道德實踐境。在吾人前所述諸境中，人雖皆可自然具德，使生活自然合於道德之目標，然人亦未嘗不可失此德，而其生活更不合於道德之目標，以有不德之生活。凡人在此生活境界，未嘗反省其中有不德之成份，或成不道德生活之可能，而求去此成份、去此可能者，則其生活，雖不必爲不道德之生活，然亦必非有眞實之道德生活者。因其生活之具德而有德，而亦可失可無。故其有非必有，而爲一可無之有，卽非眞實有。凡非眞實有，而爲可無之有，實際上亦常是由有而無也。

如人在上述諸境中，人之只求其個人之生存於萬物散殊、依類成化，以至觀照凌虛諸境者，固皆未必爲損人利己之不道德之行，亦恆可自謂其生活態度乃人人可遵行，而未嘗不可自然的望他人、或助他人之遵行之，以使此諸一一人生態度，成普遍爲人所奉行之人生態度。故皆可倡之於世，以成一人生哲學。此中，人之持此諸人生態度，倡此諸人生哲學者，則兼是自覺的求人己之共生活於一生活境界；更爲依於一道德理性而有，亦見其有兼成人己之德者。然人於此，若未嘗反省及其持此人生態度之生活中可有不德之成份在，或其兼成人己之德，有喪失而使其生活淪於不道德之生活之可能，而求去除此中之不德之成份，與其生活之淪於不道德生活之可能；則彼仍未嘗有眞實之道德生活。而持諸上述人生態度，而倡此諸人生哲學於世者，其生活之常涵有不德之成份，其生活之有失德而淪於不道德生活之可能，固人一深加反省而可知者也。

持此諸人生態度，所以有使其生活淪於不道德生活之可能，卽在其生活之繼續進行之自身。此生活之繼續進行之自身，卽原有違其初所依之道德理性，而使之自失其原有之德之一可能。如人初固可自謂其求自己之生活於萬物散殊、依類成化諸境時，乃願與人己並存於其境中。然人只順其求個人自己生存之目標以生存，則可不顧他人之生存，進而爲求自己之生存而不惜損害及無數他人之生存。人之在觀照境中生活者，亦可爲維持其生活中之觀照境，如文字藝術哲學生活中之觀照境，而不顧人之亦有其觀照境，或對他人觀照之境，逕加以藐視，如文人之相輕，人只以他人爲所觀照之一對象，而不願自己爲人所觀照之一對象，而爭爲一至高之觀照主體，則可發展出吾人前文所謂具神魔性之觀照心，而於一切無情等。此亦世之詩人哲學家，固皆可有之，而皆不道德者也。然順人之只求其自己生存之目標，或只求其觀照生活之繼續之目標，以生活者，則其生活之進行，卽有發展出此種種不德之可能。凡人之未嘗求根絕此可能，則實際上皆不特不能免於諸可能，而亦恆由其習慣於只求其原有之生活境界之繼續，以使其生活之進行，日益封閉於其生活境界，而排斥其他生活境界；同時使其爲達其原有之生活繼續之目標，而不顧其自己與他人之其他任何生活之目標；遂使其生活中之不德之成份，日益膠固於其生活中，而不可拔。凡人之未嘗自覺求有一眞實之道德生活者，其生活所原具之自然之德，莫不可隨其生活之限制封閉於某生活境界中，而不斷減少；其不德之成份，則以膠固不拔，而逐漸增盛，而使其生活可逐漸淪於一至不道德之生活，此乃有義理之必然，而非任何人所能逃者也。

由人之只求一生活境界繼續者，卽可使人限制封閉於其中，而排斥其他生活境界，不顧其自己與他人之其他之生活目標，使人成不德；故一切初爲成就一生活境界之繼續之道德本身，亦可轉爲助成其後之不德之具，而其德本身，亦轉成爲不德。如人之有生存之勇氣，勤與謹愼，求耳目之聰明、觀照心之淸明等，皆爲使人得繼續生存於世間，以有其種種生活之德者。然在人只封閉限制於其生活境界中，置自己與他人其他生活目標於不顧，不惜損人，以利其一己之生活之得繼續時；則此生存之勇氣，變爲勇於自爲自利之勇；其勤，變爲孳孳爲利之勤；謹愼變爲善於處處猜防之心；其求耳目聰明，變爲善於以耳目窺伺之精明；其心之淸明之光輝，變爲冷漠陰凉之寒光；而一切人原有之德性，皆不能維持其自身之存在而喪失，以轉爲其後之不德所由構成之成份，而使其生活更淪於不德者矣。由此觀之，人無上述眞實之道德生活者，不只其生活中之所具之德之成份不能保存，且此諸成份，可轉爲助成人之不德之具，如所謂助桀爲虐，而化爲增强人之不德之具，亦加重人之向不德之墮落者。此亦皆有義理上必然，而非人所能逃者也。

然人若果有眞實之道德生活，則不特可防止其生活之自求繼續所造成之限制封閉，而打開之，破除之，亦可再救出其成就此等生活所原具自然之德，使之不復爲助成不德之工具與成份，而還原其爲德之本來面目。此眞實之道德生活之成就，則繫於人之能既自覺其生活中原所具之德與不德之成份，與其原具之德之如何可化爲助成後之不德之具；而更自求去其生活中之不德之成份，而救出其所具之德之化爲助成不德之具者。由此而人之眞實的道德生活，卽爲一面自覺的求成就其道德生活，一面自覺去不德之雙管齊下之生活，卽所謂一面遷善，一面改過之道德生活也。

由眞實之道德生活爲一遷善改過之生活，則見人之道德生活境界，不同於其他任何生活境界中，不自覺其有善可遷、有過可改，而無生活中之德與不德之對照之自覺者。此卽使道德生活不同於吾人前所述之任何其他形態之生活，並使其生活中所見之世界，不同於任何此其他生活中之世界，方使人有眞正之道德實踐境之可言也。

二、道德生活之成就中之障礙

在人自覺其有善可遷、有過可改之時，人首須眞實承認其自謂無善可遷、無過可改之生活，皆可實有過存乎其中，亦皆有可成爲不德之生活之一可能。此不德，卽存於此生活之求繼續之自身之中。然人知其中實有不德之時，人卽必轉化或改變此生活之自身，使其不依照已有之原樣之生活，繼續下去。由人之任何生活中，皆可有不德，存乎其中，則人之任何生活，皆可於其不德之成份被發現時，卽對之求加以轉化改變，以使其原樣之生活停止其存在，使之由存在而不存在，亦使此生活中世界由存在而不存在。此之謂道德生活中道德心靈之悔悟。在道德心靈之悔悟之下，人已有一切生活，皆可不値再生活，亦可爲不當再有者。其中之世界，亦不値生活之世界，而不當再有者。由人之任何生活中，皆可有不德之成份，而人之任何生活與其中之世界，對此悔悟的心靈言，卽皆可爲不當存在者。由此而對一能善自悔悟之心靈言，其一切生活與其中之世界，之當存在與否，及存在與否，皆懸於此心靈之決定。若此心靈說其當存在，便當存在，而可由此心靈之努力以求其存在，使其得繼續存在。若此心靈，說其不當存在，則此心靈，便可求使之由存在而不存在。此時，若此原來之生活與世界，仍要繼續存在，則此道德心靈，便必須與之奮鬪，而有此心靈對之之戰爭。因此心靈之可自覺此原來之生活與世界，欲繼續存在之「欲」，在此心靈之自覺之中；此戰爭卽在其自覺之中，此戰場亦卽在自覺之中。此無異以道德心靈自身爲戰場。當此道德心靈，與此人之原來之生活及其世界，欲繼續存在之「欲」戰爭，而化其自身爲戰場之時，此戰場中敵對之雙方，卽使此戰場分裂爲二，而道德心靈自身，亦如分裂爲二。此中，敵對雙方之互有勝敗，卽使此心靈自身，亦充滿傷痕。在此戰爭之中，此道德心靈如一戰而大敗，則人亦可只任其原來生活之欲繼續存在之欲作主，而人之生活卽再淪入其原來之生活之境。此道德心靈，卽歸於隱退。然其隱退之後，仍可再出而再戰。至於當其勝利之時，卽可停止其原來之生活，而轉化之，改變之，以成一新生活，使原來生活與其中之世界，不復存在。此道德心靈卽成爲其生活世界之主，而可自彌補其自身之傷痕，回復其自身之統一。至於當其隱退之時，其生活之依照原樣進行，並不能使此道德心靈不再出，其出，至少有戰勝之可能。由此而對此隱退的道德心靈言，此生活之原樣進行而繼續存在，亦是一可不存在者。吾人卽可說：對人之道德心靈言，人之任何生活與其中之世界，皆不能必然保有其存在，其存在皆是一可存在、可不存在者。其存在之意義，皆是不決定者、動搖者、擺動者、不安穩於自身者，非必然之存在者，而只是一偶然存在者。必須待此道德心靈肯定認可其爲當存在，並自覺的求其存在，使其不存在爲不當有，而求除其不存在之可能；然後其存在乃爲必然之存在，非一偶然之存在，其存在乃爲一決定而不可動搖，亦不擺動，而得安穩於其自身者；而此生活與其中之世界，方得爲眞實存在。此眞實存在，則由眞實之道德生活，道德心靈所賦與，亦依此道德生活，道德心靈之存在，而後有之存在。若此眞實的道德生活、道德心靈，不肯定認可其存在，則其存在縱至千萬年，仍是對此心靈，爲一可不存在之偶然存在，其存在之中，亦仍因具此可不存在之意義，而爲半存在、半不存在之非眞實存在。故當此人之道德心靈隱退，而未對其生活作主之時，人亦永不能有眞實之生活，與其中之世界之存在。人之一切生活，無論個人自求生存於世界之生活，依類成化之生活……以至人在一觀照境中之生活，如一切文學藝術之生活、觀照數與形量之數學、幾何學之思維、邏輯哲學的思維中之生活；若未通過此道德心靈之自覺的認可爲當有，而求其有；皆只是對此心靈，爲天地間偶然有的生活，偶然的存在，其中最高之靈氣之表現於一切美與眞理之觀照者，皆仍只是一浮游無根，而飄飄蕩蕩於天地間之靈氣，皆爲可忽來而亦可忽去之非眞實之存在，而此一切生活中之世界，亦只是一浮游無根，如夢如幻之世界而已。

今欲問：何種生活爲人之道德心靈可自覺的所視爲當有，何種生活爲道德心靈所自覺的視爲不當有？則道德心靈，對人在上述諸境中任何生活之本身，如一一分別而觀之，皆未嘗必以爲不當有。則一切生活皆可爲此心靈所肯定爲當有，而任之繼續的有。然人之各種生活，在相互發生關係之時，恒由此中一種生活只欲求其自身之繼續，而人之心靈卽封閉限制，於此生活之中，遂排斥我與他人之他種之生活。而此人之各種生活之彼此互相排斥之事，卽恆爲不當有者。依於人之各種生活所由成之生命活動，原有不同其方向之性質，而其交會於一特定的所遇之境時，其相排斥之事，常爲不可免。然此各種生命活動，原可與其心靈所遇之境所屬之類，相應或不相應，此境又有其內容之大小或層位之高低之不同，而此各種生命活動之進行，其相依而起，亦當有其先後次第。由此而人卽可依此等等，以決定其生命活動之次第生起，是否皆與此特定之境之次第呈於前者相應，以成其生命與境感通，而更導至更大更高之生命境界，卽以知某生命活動之有無價值、爲當有與不當有等。由此而人卽可自定種種道德上之原則，而以與之相合之生命活動與生活爲當有，不合之者爲不當有。於是當此不同生命活動，皆欲出現於一境，而相排斥之時，人卽可依諸原則，加以裁決。人在道德生活所建立原則之爲如何，乃依於人對各種價值之如何發見而定。此發見乃人各不同者。然人是否能充量運用其自然具有之理性，以建立原則，而忠於此原則，而本之以自作裁決，更自遵從此裁決，則爲人之一切有德與不德之共同關鍵之所在。

此人之「知其生命活動與境之是否相應，與一境之內容之大小高低，其活動之相依而生之次序，而更本自然理性，以定對何種境、何種活動爲有價值而當有」，原爲人人所能，初亦有其極淺近平實之義，而可卑之無甚高論者。人若對一境而起一不相應之行，如喪不思哀、祭不思敬，以至見色而思其無色，聞聲而謂無聲，卽不能成此境，亦不能成此生活，而爲不當有者。一境中之內容豐富者，其價值大於其貧乏之者，可依境中之事物之類之多少而定。故能成就一有豐富內容之境之生活，較只成就一內容貧乏之境之生活其價値爲大，亦人所共知。又一境之能涵攝其他境者，則其層位爲高，其只被涵攝者，則其層位較低，亦人所共能辨。人在生活上必先有其近事之成，乃能成其遠事，亦人所共知。故人之情，必先親而後疏，人之行，必先見於日用尋常衣食住行之事，然後能德澤萬世。悖此序而先疏後親，希高慕遠者，反爲不德而無價值之妄行幻想，亦人所共知。由此而人之憑其理性，以定立其道德生活之原則，亦人人所能。若專就人生活境界之高低，而一般地言之，則吾人前所論，人之只求其個人之生存於萬物散殊之世界者，自不如兼求其子孫與同其種族之同類之人，皆得存在者之高。人之只求有某類之生活習慣之維持、生活目的之達到，而不知以適當手段爲用者，自不如知以適當之手段爲用者之高。人之只知其自身之有生活之目的，而知求一適當手段以達之者，又不如其耳聰目明，能隨所感覺之境，而靈活運用手段，或變更其手段，以達其目的者之高。又人之只自知其生活之有目的，生命之能感覺知苦樂者，自不如兼能知其他人生活之亦有其目的，他人之生命亦能感覺知苦樂，而能推己及人，對他人所懷之目的，他人之感覺與所知苦樂，亦能有相應之同情共感者，其生活境界之更高。至於人之能觀照普遍的眞理與美之境界，而超出一般現實生活目的之達到，亦能兼求他人之能共觀照此眞美之境界者，其生活境界自又更高。此皆可不致有大多之問題。故人依其自然之理性，皆不難對人之何種生活爲更有價值，次有價值，爲最當有，次當有，以自定種種之原則，而對其生活中之活動行爲，知所取捨，而自加裁決。此卽所謂人之自然的良心之判斷也。

然人之眞實道德生活之成就之困難，則在人之不能自遵從此人所自定之原則，與良心之判斷。其所以不能之原，則正在吾人前所說：人之心靈之封閉限制於其自己一種生活中，只求其原有之生活之繼續存在，而不更求於其生活境界，加以開拓而擴大之，超升而提高之，亦可不求其生活與所生活之境，如實相與感通，而彼此相應，或自亂其當有之活動之先後之序。則人卽雖自定其道德生活之原則，有其良心之判斷，而難自遵從；乃使其良心或道德心靈，戰而不勝，以自歸於隱退。此則更待人之本自覺的理性，以深察其所以如此之故，謀所以救治之道。此則卽在世之哲人亦多於此未能深察，而我之前文之意，亦尚有未盡者也。

此中，人之所以可不遵從其在道德生活上自定之原則與良心之判斷，不求其生活境界之開拓、擴大、超升、提高，不求與所生活之境感通相應，而自亂其當有之生活之先後之序等，此不僅由於前文所說人之生活有一自然繼續其自身之存在之欲。此尙是人與其他動物或生物，以至無生物之求自維持其自身之存在狀態，尙無大不同者。此要在由於人之心靈之自我封閉限制於其原有之生活境界中後，更可造成一虛妄之幻影，使之自忘此境界之爲有限，而視若無限，自忘其自我之封閉限制，而誤以爲其原有之生活境界，卽可寄託其心靈之無限之故。此心靈之所以致此，則又正由吾人在前所論之諸境中，此心靈所有之個體自我之意識，類之觀念，因果目的手段之觀念，感覺世界中之時空觀念，觀照境界中之文字、數量、邏輯與哲學上之觀念等，在一情形下，共加以助成之故。

此種人之自我意識等，可共助成人心靈之自我限制，自我封閉，自造成種種封蔽顚倒，其意亦不難解。如人之自我意識，卽可爲一開拓超升之自我意識，亦可爲一自限而封閉之自我意識者。人之自我意識，可爲一面對其他自我，而求與之感通者。此自我卽爲可向上超升開拓者。但此一自我意識，亦可爲一只「自覺此我非其他一切我」之自我意識。此人之自覺其我非一切我，初乃由人之心靈回顧自覺其自我所已有之一切，而更對之有一把捉執持，而並此回顧自覺之心靈之光輝，亦沉入於其所把捉執持者之中；以更與人之自然的不自覺的順其個體自我之下意識中之本能習慣，而自求其生活之繼續存在之欲望相結，而二者俱流，所合成之一自我意識。此人之個體自我之下意識中之本能習慣等，乃人與動物等所同具。此相當於佛家所謂俱生我執。由人之自覺回顧其自我之所有，而對之有一把捉執持，則相當於佛家之分別我執。此分別我執，由人之有其能自覺反觀回顧之心靈之光輝始，而終於此光輝之沉入其所把執者之中，而更與人之俱生我執合流。此二者互相輾轉增盛，而人之我執，卽强於其他一切生物之我執。此中，由人之心靈之能自覺回顧反觀，而有之「此我之異於一切非我」之意識，卽亦爲助成人之自我封閉者矣。

此人之有此分別我執，不只分別我與非我，亦爲將一切屬我之類之事物與屬非我之類之事物，加以分別者。人對一切屬我之類之事物，亦似覺其中有一屬我之色彩或情調，而對之有一特殊之親密感，而難於言表者。此中，人覺有屬我之類之事物，而對此類之事物，加以把執。此把執，卽兼由人之類之意識或類之觀念所助成。若人無此類之意識，或類的觀念，則其對屬我之類之事物之把執，卽不致與非屬我之類之事物，如此斬截分明。又由人之有目的、手段、因果之觀念，更可知不同類之事物，皆可同用以達我之某目的之手段，而人卽可於把持其自我之目的時，更把持此可爲手段之一切事物。然人於爲手段之事物，皆是用之而更卽可廢之，而視爲非眞實存在者。人在只有其自我之目的存在於心之時，卽可於一切其他事物，皆視爲達其目的之直接間接之手段，用之而卽可廢之，而皆視之爲非眞實之存在者，在此情形下，則人之依其所把執之目的，所成之生活境界，其層位雖自知甚低，然當其視一切層位高之生活境界中事，皆可只爲達此目的之手段之時；此層位高之事，卽在其爲手段，而非眞實存在之意義下，不見其爲高；而人卽可安於對原有之目的之把執所成之生活境界，不覺有高於此者。因此外之一切事物，雖原屬於更高之生活境界；然在其被視爲手段而非眞實存在之意義下，固已低於此「爲目的而被視爲唯一眞實存在」者矣。

至於人由感覺活動，而知有感覺世界，由其自覺反觀，而知有時空之觀念後；則人又可由其感覺活動之進行中，見有無定限之事物，在時空中出現。人之任何感覺活動之進行，無論自外而觀時，其進行之範圍如何狹小；自其範圍之內而觀，皆可爲無窮複雜，而存於一包涵無窮部份之時空中者。由此而人之生活之封閉於此範圍者，卽亦可有無窮之世界，供其無限的心靈活動之往來廻旋於其中，而得其所寄。故人之饕餮之徒，卽在一味覺之世界，亦可過一生，以味之類，固無窮。人之在時間中之囘想其所味，盼望有所味，或在一一空間中遍求得其所味，卽可形成一與味相關之無限的宇宙或時空，以供其「能思一無限之時空之心靈」之往來廻旋於其中也。此中，人若不知在時間中囘想盼望其所味，於空間中遍求得其所味，則人亦不至成此饕餮之徒。故此中之人之時空觀念，卽助成此人之自限於此味覺之世界，使人成一只以飲食爲其所執持之目的之饕餮之徒者也。

此外，人之文字、數量、邏輯、哲學之觀念，同爲可助成人之自我封閉者。人所以能用一文字特指事物，吾人前曾說其乃由吾人同時以此排斥其餘之事物而不指之故。故人透過一事物之名字之提起，以思一事物，卽能更凸顯此事物於其餘事物之外。此中，若吾人對事物原有執持，則此名字之凸顯事物之功能，卽亦爲增强此執持之用者。故淫聲浪語，可使人更淫。而人有名字，卽人可在互說互念其名字時，互相透視其人之存在。人之好名之心，乃好人之以美名施於我，卽好「人之由說我或念我之名字中，透視我之存在」。此人之由說我或念我名字中，透視我之存在，卽將我凸顯於一般他人之上。吾人之好名，卽恆是好他人之由我之名字，以凸顯此我，我卽由知他人之如此將我凸顯，而亦更將我凸顯於我之自覺之前，以成一非一般他人之我。故此好名心，亦卽成增强我之自我意識與我執者。人若自始無名字，則人雖可樂當面他人之稱譽，尙不至發展爲貪美名於天下之心也。

此外，人之對其任何生活境界，加以文字符號表示，皆可助成人之凸顯此境界，而對只執持此境界之人，亦皆可助成其執持與自我封閉。思之可知。再則，人之計數量之意識，可對任何事物，重複數之以成無窮，而亦若使之成無窮的重要。如人之念念在其已有之錢財者，其每一念，皆無異對其錢財重複一次，而其少數之錢財，亦可使其覺無窮重要，終身沾戀。人之邏輯性思維，在人對事物有所執持之時，則可使人既執持「此」，卽以之非彼，而愈見所執持者之「此」之非彼，亦更深陷於其所執之「此」之中。又人之所執，若連於人之哲學的思維，亦可使人以所執之宇宙人生之一偏，爲宇宙人生之全，而使其除知其所執者外，更不知其他。此中，人若無邏輯上之「此則非彼」之想、與哲學思想中求全之觀念，亦不致如此深陷於對「此」之執，與以「偏」概全，而使此偏，因被視爲全之故，而更增其執也。

以上所說，皆見人之自我、類、數、量等觀念，其自身雖有可無限應用之普遍的意義，然當人將此等觀念，用以助成人之對其生活中事物之把捉執持之時，則此等觀念之可無限應用之普遍的意義，卽定限於其所把捉執持之有限事物中，此卽足使人於此有限事物中，見一「無限」之宛在於其中，以爲人之原能有之無限的心靈活動之所寄託、沾戀、陷溺，而沉入其中，以爲其活動之所對之境。人卽可自封閉於此事物所成之境中，而更不自見其封閉，自限制於此境，而不自知其限制。此種人之可自封閉，自限制，而不知其封閉限制，恆使人對各種生活之事之大小高低不辨，而以低爲高，以小爲大，而於當前之生活境界中，不能有眞實相應之感通。此對知其爲封閉限制者言，恆可於此見人之生命心靈之活動，有其極可笑、可憐、或可厭、可惡之醜惡之方面。此人之諸可笑可憐可厭可惡之醜惡之一面，亦非其他動物等之所有。人於生活之事，以低爲高，以小爲大，卽所謂誇大顚倒。對境無眞實相應之感通，則所謂痲木；以感通前日之彼境之道，對今日之此境、此卽所謂錯亂先後之序。此皆恆為可笑可厭或醜而不美之行者。人旣於其生活之事中，以低為高，以小為大，自甘於此，而礙及彼生活於較大較高之境界之人，則為人之罪惡。若進而以其生活之事之高者大者，為成其小者低者之手段工具，或樂見彼有更大更高之生活境界之人之失敗死亡，以使其生活之事之小者對更小者成為大，使其低者對更低者成為高，所謂「加少而為多，臨深而為高」，以幸災樂禍，則為最可惡之人之大罪惡所由生。至於人之不能自成其生活之升高擴大，而姑念彼生活於低小之境界之人，或與不如己者為友，以自覺其未嘗不大不高，聊以自慰其不能有自升於高明廣大之行，而自欺其亦欲自居於高大之心。此則人之可笑、可憐、亦可厭，而尚未至於幸災樂禍之罪惡之心者也。

三、舊習之生活境界之超拔，與德行之次第形成

此上所述人之可自陷於醜惡之境者，人恆不能自知，唯在其境外者知之。由此而人之原能依理性自定普遍原則以生活，而有其良心之光明與良心之決斷者，乃不能自運用此原則以成其決斷，而恆不能眞求其生活之擴大超升，乃自恃自是，不免於自誇自大、錯亂顚倒之

行，而不能出於此醜惡之境之外。然人誠欲次第免於此醜惡之成份，以求其生活境界之超升擴大，固仍可由其良心之不斷表現其裁決之力量，與其已往之生活欲繼續其自己之欲望，相鬪爭，而成其擴大超升，以對境有相應而依一定之先後之序之感通。但吾今更將由前所提及之良心之可有隱退之事實，及此上所論者，以言此中人之自我奮鬪，若不與一客觀的實在世界與人格世界之肯定相俱，則皆無必然之效。此則由於人之只欲由其自力以翻至另一生活境界者，必先肯定此另一生活境界之實有。而此肯定，乃不能只由想像與推理之理性而成就者。人無論如何想像此另一境界，由推理而知有此境界，此想像與推理之力量，皆不能必然戰勝人之自我限制、而自我封閉於其舊習之生活境界中之一趨向。此乃由於人所舊習之生活境界，亦可容此人之無限的想像與推理能力之馳騁於其中，而封閉於其中，以使之由有限而宛若化爲一無限之境界。如上之所說。故人之由想像推理之能力之升起，以嚮往一更大更高之境界者，此能力，皆可再爲此人之順舊習而行之趨向，所推迫而下，更爲此舊習所假借，而用作化此舊習之生活境界爲無限之用。當此想像推理之能力，如此被假借，以用於其初之目標之外之時，則此能力亦將自竭。人卽不必能以此能力，作人之達更高更大之境界之用。故人欲實翻至另一生活境界，而眞對此另一生活境界之實有，加以肯定，卽不能只由人之想像推理而成就。此必待於人之實感覺一客觀實在世界之存在，與其中之事物之實有一力量，足以改變吾人原生活所在之境界，使吾人對其原生活之境界之執取，失其所依；然後人乃于憑其想像理性所及之另一生活境界，更能求加以實現，以使其生活實擴大超升至此另一境界。

此中人之實感覺一客觀實在世界之存在，與其中之事物之實有一力量，乃對客觀實在事物之力量之直感。此力量，初不在吾人對客觀事物之感覺的印象觀念自身上表現。因此印象觀念，可由反省而知其屬我之主觀的心，故由此印象觀念，以推證其外必有客觀事物爲因，乃一死路。由此所推證出者，只對推證之心而有，卽可非客觀事物故。此中感覺之活動所直感之客觀事物之力量，初乃由其有一消極的「使吾人用原有之印象觀念以作判斷，則此判斷卽不能成就，而此印象觀念，亦不能爲吾人所更加以執持處」顯示。此吾人之判斷之不能成就，與所用以形成判斷之印象觀念，不能被執持，卽吾人之判斷與此印象觀念，自己退却，而收回縮退於吾人之心底。吾人於此卽感一心外之力量，伸進入吾人之心內，而於前者之縮退而不存在於心前之時，同時直感此後者之伸進而存在。於是人可更於作一否定判斷，以謂前者不存在之時，同時作一肯定判斷，以謂後者爲一客觀存在之力，同時視與此力之感俱起之感覺的印象觀念之內容，爲此力之表現，而亦肯定其爲一客觀存在者之性相；而後人於此，乃有一具力與性相之客觀事物之肯定。此中，人若不先用一印象觀念以判斷，並望此判斷之爲眞，而更實感一失望；人卽不能實感一客觀之力與性相之爲存在，而更肯定之爲客觀事物之力與性相。然人既對其原來之生活境界有一執持，而對其中之印象觀念有一執持，以有其「判斷」與「望」，而更感失望時；卽必有對客觀之力與性相之存在之感，與其後之肯定判斷。此中人初所有之「執持」、「判斷」、與「望」，乃向一方向進行，而客觀事物之表現其力與性相，則來自另一方向，如攔腰截斷此前者之向一方向進行，此卽足使吾人心靈轉移一方向，以向於客觀事物之力與性相，而加以執持，以更肯定之爲一外於此心靈原始活動與方向之外之另一實在矣。（客觀事物之實在，尚有爲他心靈所共知義。後文再論及）

此種人之覺客觀事物不如吾人之所判斷與所望，有各種不同之程度，其大者，卽如吾人所感覺之事物，處處皆與吾人之所望者相拂逆而相違。愈相違，則愈可使吾人自舊習中之生活境界超拔而出。人之遇此與所望拂逆相違之事，自爲人之苦事，亦爲人所不能免，一切生命存在所不能免者。然此正爲人與一切生命存在，得自其原來之生活境界中超拔，而更有擴大超升之生活境界存在境界所必由之路。在此點上，人卽可發現苦痛之積極的價值意義，與一切憂患困阨之積極的價值意義，而對人生之一切苦痛，以及世界任何存在之一切苦痛之所以必有，得一價值意義上之說明。此後文在論我法二空境處，當更及此受苦對一生命存在之來世之意義。

但在此處，人之受苦，與其他存在之受苦之情形，又有不同。在其他存在之受苦，乃以其存在自身承擔環境中其他存在之所加之挫折，而其存在卽直接承擔此挫折之苦痛，而無所躲閃。故其存在之境界，卽反可直接由此受苦而變化，而超升。然在人之受苦，則人可有所躲閃。此由人之能自覺而有種種心靈之活動，以逃避其所受之苦痛挫折，如由幻想、回憶，或依理性以構造一思想中之境界，以逃避由感覺所生之苦痛。人又可由其心靈之活動，以知苦痛挫折之來自環境，而用種種手段以改變環境中之事物，而得保有安住於其原來之生活境界中等。由此而人由感覺挫折而受苦，亦不必卽能使人後來之生活，超升至其原來之生活境界之上。而人之依其自覺的心靈，以由幻想回憶等，構造一思想中之境界時，人復可覺任何感覺界之事物，皆不能成其心靈之限制，而其心靈遂由覺其不受此限制，而自高自大。同時亦由此心靈之可於任何有限之生活境界中，見一無限，足爲其無限心靈之所寄託之所，以使此心靈自限制封閉於其中，如前所論。由是而此心靈卽唯有直接遭遇另一同具此無限性之心靈，乃能得遇其眞正之限制，而使其自己之心靈之擴大超升，成爲眞實可能。

此另一無限性之心靈，初卽他人之心靈。此他人之心靈非我之所能盡知，亦非我所能用手段全加以控制者。於此，人卽眞感其自我之心靈之爲非我之心靈所限制，而人能面對此非我心靈，而接受其限制，而更求以我之無限性的心靈，與人之具無限性的心靈相貫通，人卽可眞得一必然的超升擴大其心靈與生活境界之道路矣。

人之知此非我之他人之我之心靈之爲無限，乃在其發現他人有其獨立意志，非我之意志所能加以限制之時。當我發現他人之有其獨立之意志，非我之所能加以限制之時，卽見其不受我之意志之限制，超越此限制，而爲無限。人當初見他人之獨立意志，不受我之意志之限制之時，人初亦可有征服他人之意志，使之屈服於我之意志之下之欲。是爲人之權力欲。人皆有權力欲，而人間有權力之爭。此權力之爭之形態，可極其複雜。人在此權力之爭中之或勝或敗，而生之苦惱，可稱爲此意志之苦難。此苦難，乃與人一般感覺世界中所觸之事物，不合所望而生之苦難，大不同其類；其嚴重之程度，或更超過之者。然人之意志卽恆在此苦難中受訓練，而或被馴化，以至放棄其權力欲，而有對他人心靈之客觀存在之眞實肯定，（此義在第五節更詳）而求與他人之意志、及與其意志相連之情感、思想等，求感通。而其所經之意志之苦難，卽亦爲使其自原來之意志及生活境界中超拔，以擴大升高矣。

在此人與他人心靈之意志情感等求感通之情形下，人恆發現他人與我之類同之行爲之表現，而無意加以征服。此時卽恆於他人之行爲表現之類同於我之處，有一同情共感，而見其原於與我相類之意志情感等；由是而於此他人意志情感之表現於行爲，亦可視之無異於我之意志情感之表現於行爲者。由此而若我欲有某行爲之表現，而人先我而有，則樂見之，而或更隨從之。若人欲有某表現，而力未能逮，則扶助之，而代成之。此人與人之同情共感與互助之德行，卽以己所欲施人，不以不欲施人之推恕之德行，乃人我之心靈之感通之一最原始之表現，亦人之心之德之仁之最原始之一表現也。人受他人之助，而感此他人之助之心，則爲感恩之心，而此心亦爲一德行。此感恩之心，乃直接以他人之心之德，爲其所感，故其爲德行之層位，較一般之助人之德行更高一層，亦屬于更深一層之心靈度向。至於吾人之念他人之能有助人等德行，而我不能，則又可生慚愧之心。此慚愧，亦爲一德行。此慚愧之心，亦直對他人之心之德而生慚愧，其爲德行之層位，應與感恩之心同。至人之對人有德而不求其報，則爲對其助人之心中，原可有之望報之心，自加裁抑，使其助人之心成一純淨之助人之心。此心之德，其層位亦較原始之助人之心，更高一層。人對他人之感恩報德之行，更謙讓遜謝，亦由此原不望報之心，而直接生出之一心。此心之謙遜之德，則其層位與人之感恩報德相等，而次第不同。若人先無不望報之心者，則不能眞有此謙讓遜謝也。至於吾之對人之有此助人、感恩、慚愧、施恩不望報、謙遜之諸心諸德，而更有尊敬之之心，則與感恩之心同層位，而不關私人關係之事，純爲一客觀的尊敬人之德之心。依此心而凡他人有任何之德，無論其表現於對人或對我，皆知加以尊敬，此能尊敬人之心之德之本身，亦爲一心、一德，所謂禮敬之德也。此心此德，亦如人之同情共感互助之仁心仁德，乃可以其他之一切心、一切德，爲所對，而其德卽以量之廣度勝者也。

此外，人之心之德，又有其強度、久度之別，人心之德之表現或堅强或怯弱，或暫起而息，或歷久而不渝，卽見强度久度之別。其怯弱者，暫起而息者，不能稱實有之德，以其時時可無故。此乃依於人之良心之偶然之發現，非工夫所成之德性故。人之有德性者，必對其初偶現於己於人之有德之心，更加以自覺，知其爲善而自存之，並知違之者爲惡而去之。此卽人之善善惡惡之心之德。善善惡惡，如人之在思想中之肯定肯定，而否定否定。否定被否定而肯定者得被肯定，被保存。惡惡而去惡，人亦得自善其善，而善被保存。然肯定肯定而否定否定後，人亦可忘其肯定而不復有此肯定。故人能善善亦可忘其善，而不自有其善。然在思想中之肯定否定之事，其目標只在得客觀事理之眞者，既得其眞，可更無餘事，卽不能成德。人必求眞而避妄，固亦見人之以求眞爲善、以不求眞爲惡。此眞之爲善，在人於此求眞與客觀事理相感通，更有此感通之事之成。此卽是人之智之成。人之知：智是智而求智，自是一德。謂求智是善而好此善，不求智是不善，而惡此不善，亦是善善惡惡之事。則人之必求眞而避妄，卽攝在人之求智之德之中。人無求智之德，則客觀事理不得顯，妄不得避。人之有此求智之德，賴人之善此求智，不善彼不求智。則此求智之德，亦賴善善惡惡之事而成。人能善善惡惡，而使善更無惡與之相對，使善爲眞實之絕對善，善爲誠有之善，信有之善，亦眞有之善。此是高一層位之德性之誠，德性之信，德性之眞。人有此德性之誠、或信或眞，而德爲人所實有之德、實成之德。人之善爲人所實有實成，乃能長久，是名曰恆德。

人有恆德，而人不特可自信其實有此恆德，人亦可信他人所實有之此恆德。人之信他人之德爲恆德者，於他人之今日之一言，可托以終身。以其信他人今日之言之心之德，卽可歷久而不變，百年如一日故。又人之有恆德者，亦能自信其「一日心期千刼在」。此人之能有恆德，在其心之志雖立於今日，而直貫至無盡之未來。此處卽見人之德之志，可越過一切次第時間之不同，而貫通之爲一。凡人之助人之事，成人之美之志，能貫通於未來者，謂之忠。言之有信者，其心必歷久不渝；行之爲忠者，其心亦歷久不渝。忠者必自信其忠，人亦恆信其能忠。忠卽自忠於所信，而忠於人，亦恆忠於能信我之人。故忠信之德相類，而亦相成。人必實有恆德者，乃可言以忠信相結。人以忠信相結，而忠信之心之德，亦愈深、愈堅，而愈貞定。所忠所信之人不必多，二人之忠信相結，亦可成人間之至德。忠信相結之德，亦卽以深度勝、强度勝，有類於上述感恩慚愧之心之德，只對一人或己者，亦恆以其深度强度勝。然其堅固長久，則又與一時生起之感恩慚愧之心之德不同者也。

復次，人之德之爲恆德，又常必歷種種考驗而見。人必歷種種艱難困苦，而後能見其德之恆。人有恆德，亦能不畏艱難困苦。不畏艱難困苦，而百折不回，則見其勇。勇亦爲依人之有恆德而起之德，勇亦可助其恆德之成。然人必先有德之恆，然後能勇，則勇初爲承恆德而起。至勇之助人之恆德之成者，則又必先有勇，而有此恆德之成。是見勇與忠信仁禮之恆德，亦互爲次序先後者也。

再人之有仁禮智之德者，其助人敬人之事，乃普遍而博施。故對人必求其平，亦望人之一切施報之事，互得其平。人之功德之高下不同者，人待之之道，亦當求足與其功德相應。由此而人有對人之公平之義。人本此義以平不平，而褒賞有德有功，罰責無德無功者，而有行義之事與行義之德。

凡此上所言之人之德，皆由吾人心中先知有他人，而有之對人之德。此中所知之他人，必爲知其有一獨立之心靈，而自具其意志、思想、情感之我外之另一人，而有其自我者。此一切德初皆由吾人既知他人有其獨立之心靈與自我，而更求我之心靈與相感通而有。感通卽仁，則此一切德，皆可說爲仁德之表現。人之仁、人之德、必初表現於人與我間之事，其義初極庸常，其終則至廣大而至深遠。如人之喜怒哀樂之同情共感，以衣食住行之事相生相養，皆朝朝暮暮接於人前之事。亦至庸常之事也。然卽以此仁恕之心爲基，而人之感恩報德、慚愧、謙遜、禮、敬、忠、信、義、勇、智……諸德，卽相依相對，以先後生起，以形成人之德行德性之世界，亦道德心靈之世界。此中之種種之德，其涵義不同，人之形成其德，表現其德時，其道德心靈之活動之方向、層位、次序、所成之德之廣度、深度、久度、強度，亦彼此不同。然其相依相對而生起，則又互相支持其存在，共同排拒其反面之不德，以成其德之純一而不雜。則其德之多之廣，相異而未嘗不同，相分而未嘗不相合，一一互相照映，以共存於人心，而不相爲礙，以不息、不已其表現；亦不以不表現而不在。故亦不可以其或顯或隱，而謂其有存在或不存在之時。此純一、不息、不已、顯隱之無二，正爲人之德無反面之不德爲之雜時，其德之所以爲德之性相。此性相爲德之德，故亦是人之德。而就此人之一切德之表現，而及於人者言，則一人之視聽、容貌、辭氣、出處、進退，以及其爲農、爲工、爲商、爲士之事，皆可表現人之仁義禮智諸德於其中，以立己立人、達己達人，而至於天地萬物，莫非人之成其德、表現其德之所在，合以見人之德性德行與道德心靈之世界，自成一莊嚴與神聖之宮殿，其義固至廣大而至深遠。然其始點，則極庸常平易，初不外此朝朝暮暮接於人前之喜怒哀樂，與人同情共感，以衣食住行與人相生相養而互助之事如上文所及。吾人今亦必須自此最庸常之處，求有一切實了解，然後知此人之道德實踐境，所以異於吾人所前述諸境，其所以能使人之生活境界，日益擴大超升之處何在也。

第十七章　道德實踐境—觀德行界（中）

四、人與人之同情共感互助與生活境界之擴大超升

吾人首須知：日常生活中之人與人之同情共感而互助之事，雖極庸常，然此中之每一事，對己而言，皆足以開出一自己之生活境界之擴大超升之機；對人而言，皆足啓示一心靈的世界之存在，而成就人之心靈的世界之實超升而擴大；對世界而言，則能使人肯定一眞實之客觀存在之世界。合此三者，則實見有一人與我之各爲一道德心靈主體、道德人格，而互相涵攝所成之人格世界之存在。下文當分別解釋之。

所謂由人之同情互助之事，卽可開出自己生活境界之擴大超升之機者。卽謂人之極微小之同情互助之事，皆是人之面對他人之自我、或心靈、或人格，而自超越其自我或心靈或人格之表現。此中，人見他人之一顰而知其憂，一笑而知其喜，皆是見我之情於我之外。而此

卽是人之自超拔於其原始之個人生活上，由個人得失而生之憂喜之情之外之始機。故孟子卽於「象憂亦憂，象喜亦喜」，見舜對其弟象之友德。人在日常生活中，與人互助之瑣事，亦皆人之自超拔其自我之表現。人寒而與以衣，以推衣衣人；人飢而與以食，以推食食人。此推衣推食，卽將我之依於原始生物本能，所欲得之衣之食，推出於我自己之外。人任何些微的以其身體之手足動作助人之事，皆是推出其身體之手足之作用功能，於其自己自身手足之外，而非復只是如動物之以其身體手足，用於自求獲得食物、或行路之事者。由人之推衣推食於一人，以至如稷之思天下有飢者猶己飢之，禹之思天下有溺者猶己溺之，王者之推恩以保四海，皆只是一推。此推，只始自人之自推其身體手足之用之推。推字從手，則一切推，只始於人之自推其手，使其用見於一己之外。人之握手，只始於推手，而以手相結。人之拱手，乃合手以成其推。握手、拱手之時，人尙無以手相助之事在也。然人在無以手相助之事之時，恆必握手、拱手爲禮者，以相助之事雖不在，而推此手之用於己之外，以及於人之情之意在也。則孰知此人之朝朝暮暮所見於人之有握手、拱手之事，卽人之最原始之欲自超拔於「只以此手用於一己之生物本能」之外之道德心靈之表現者？今更依此以推此中之義理，亦只原於此人之手之能推。此所推得之義理，卽：人之任何互助之事，皆是各推出其自己于外，而開始超升至其原來之自己之生活境界以上，而得其擴大之道之機。人知推衣推食與人，即同時見人之非只爲在萬物散殊境中求衣求食，以自求保存其個體之存在之生物。人知夫婦好合之如鼓琴瑟，以成其家，有其子孫，而知自延其類，遂能推此心而望天下之內無怨女外無曠夫，有情人皆成眷屬；即同時見人亦非只知自延其類於後代之生物性之存在。人知以手段行爲成其任何功利之目的，而推知他人之有其目的，而助其手段行爲之成；即同時見人之非只知有個人功利之目的之存在。人知己之有感覺活動，有其感覺之世界，並欲求耳目聰明以成其感覺活動之相續，遂望人之耳目亦聰明，使天下無盲聾之人，而皆有耳目，足以互見其貌，互聞其聲，成前所謂感覺互攝境；即同時見人之非只有感覺活動之感覺性的存在。人能由對感覺所得之反觀自覺，而知有一時空中之世界，有其自覺反觀中之宇宙，而知他人亦有一時空之世界，亦有其反觀自覺中之宇宙，則人即同時非一自限於其個人初所知之時空或宇宙中之一存在。人能用言語文字以表意，以文學藝術表一美境，而尊重他人之以言語表意，文藝創作之自由，求保障人之言論與文藝創作之自由，即見人之亦非只是個人能言語、能創作文藝之存在。人知計數計量，知有邏輯的推論，知形成一哲學上之宇宙人生知識觀，而亦望人教人能計數、計量、能爲邏輯推論，能自形成其哲學；人即同時亦非一只是個人能計數計量、能爲邏輯推論、能學哲學之一存在。此中，人之能由己之有任何生活境界，而推知他人之可能有同類之境界，或望他人之同有此境界，人即同時將此生活境界，亦推出於其自我之外，而開出其自我之更向上超升，以擴大其生活境界之機。此則由於人之能於他人中，見有同一之生活境界，而欲成其生活境界之一念，卽唯依於將其已所有之此生活境界，推出於己之外而後可能。既推出之於己之外，已卽超升於其上矣。

次當論此吾人在日常生活中，與人同情互助之事，皆對人足啓示一心靈之世界之存在，而成就人之心靈的世界之實超升而擴大之義。於此當知：人在此日常生活中，如推衣推食，以及互推其手，以成握手拱手之禮，自己而觀，固初只是一物質之施與、身體之動作，人所受者，亦似初只爲一物質之接受、一對我之身體動作之感覺。然在受者之常情，實初不作如此觀，而唯由此吾之施與之動作，以知吾對之有一心靈上之情意在，而恆還報之一感謝之情。此感謝之情卽感恩之原始。人之朝朝暮暮於人對我有一同情相助之事時，說謝謝之一字，決非只對其人之身體或所賜之物質稱謝，而是對其人之心靈之情意而稱謝。此正人在日常生活所共許之事。卽最澈底之唯物論者，對人稱謝之時，亦未嘗不如是。蓋人之所以知他人之有一心靈之情意之存在，或知他人之有心靈，亦恆初是由於人之嘗感此他人之對我有此物質上身體動作上，對我之有一施與。對於此他人之心靈之存在，如何證明，哲學家恆有種種之問題。由吾人見他人對外物有身體感官動作，同於我之對外物有身體感官動作，並由我之感覺實感其動作之存在，我固可依自然理性，而推知人亦當能感覺。吾人不能謂此推知爲不當有。又由人之用語言，同於我之用語言，我亦卽可由我用語言乃以表一觀念、一意義，而本自然理性以推知他人用語言，亦有其所表之觀念與意義。吾人亦不能謂此推知爲不當有。然我能兼實感我之自覺反觀之心、及其對人之情意之存在。是否我亦能實感他人之此心及其情意之存在？則哲學家恆以爲此乃不可能者。依吾人於感覺互攝境第二節中所說：人之感覺固能實感他人他物之存在，而人有自覺反觀之心，亦必有理性以由其所感覺於人我之身體之動作之相同者，而能推知他人之同爲能感覺者，並可直感他人之身體行爲與我之同類行爲之根原之爲「同類」。然吾人於觀照凌虛境中更指出，此自覺反觀之心之可化爲一純觀照心。此能自覺反觀之純觀照心之自體，只是一純粹之靈明，初無形無象。然吾人亦可實感其存在而自知其存在。吾人於他人之此心，是否能實感其存在而知其爲存在，則爲前文所未及之一眞問題，而恆爲人所忽略者。西方大哲如康德，於他人之心，卽唯設定其存在。就我之記憶所及，在其書中，從未論及如何認知他人之心爲存在之一問題。唯當代之現象學大師虎塞爾，則嘗深感此中之問題，而自謂未知如何逃於唯我主義之外者。（註）然吾人若不能實感實知他人之有心，吾人亦卽不能實感實知他人心中情意之不由感覺性活動而起，而緣對一理想，

註：F.H.Heinemann: Existentialism and the Modern Predicament

意義之觀照而起者。而他人之道德性的情意，即正爲如此之一情意。今問：吾人對他人之道德性的情意，能否有實感？若此中無實感，則由吾人對他人道德性的情意之反應的情意，如感恩，佩敬等，即亦皆無實感爲根據，而其自身亦不能成一眞實之道德性的情意，人亦不能眞有此感恩、佩敬諸德矣。此即足毀滅此道德之世界。故此一實感，必須爲眞可能。然如何爲眞可能？此眞可能當如何理解？則是一極困難之問題。然吾今答此至困難之問題，則可循一至簡易之途。即人可試反省吾人之最平凡的以手與人以衣食之事，以表現我對人之具理想意義之道德性之情意，果爲如何之事？人即可自見此事非他，而只是吾人前所說之一將我有之衣食之物推之於我之外，將我之身體之用，推之於我之外之事。既推之於我之外，則我所有者，乃此物之不屬於我，我之此動作之用，不爲我而用，故即亦不可說屬於我；而爲屬於此「施與於人」之事，亦無異兼屬於人者。當此「施與於人」之事畢，而我之此動作自廢。此時，我所剩者，即唯感有我心之靈明之存在。其中既無此「與人之衣食」，亦無此「以衣食與人之動作」。由此而吾人即可自見而自實感「我之此心靈之自體，非此衣食之物質，亦非此身體之動作之有感覺之形象者」之一「靈明之存在」。而自他人以觀，則他人之受我之此施與之事時，彼所感者，即亦非只此所施之物質、與施與之動作，而兼是感「此所施之物質，由屬於我，而不屬於我，我身體之動作由我而發，而非爲我而用，以不屬於我，而屬於人，以更自廢」之一整個歷程。此整個歷程，乃歸於「我之爲無此物與此動作者」，則其所感者，卽亦爲歸於實感一「無物無動作而爲存在者之我」。此他人若自問：其所感此爲存在者之我，果爲何物，卽只能謂其同於其所亦能自感其存在之無形無象之心之靈明；而其感此我之存在，卽同於自感其靈明之存在時，爲只感一靈明之存在。由此卽可說明人之所以可在我對人之施與動作中，實感我心之靈明之存在之故。至問人之所以能在我之施與動作中兼實感我對之之情意之故，則當知所謂我對人之施與之情意，初原不外我對人之施與之動作行爲。說其爲情意，乃自內說；說其爲動作行爲，乃自外說。實則只是一事。人之與人以衣之動作，卽與人衣之情意。無此動作，卽非眞有此情意。眞有此情意，卽必已有此動作之開始自體內而發出。由此而人之感此動作，卽同時感此情意；而只說其感此情意者，亦卽專自內而說。然此人之感我之情意動作，却非只感此情意動作之形象，而是感此「情意動作之由形象而歸於無形象」之全部歷程，而歸至於「對無形象之我之心靈之存在之實感」。人由此實感而稱謝、感恩、報德，乃是對我之心靈而稱謝、感恩、報德，顯非對我之施與之物與身體而稱謝、感恩、報德。其稱謝、感恩、報德等，乃依於對我之心靈之存在之一眞實感，其本身亦爲一眞實之德，而還可爲他人所再加以實感者也。

吾人若識得上來之意，則知吾人之日常生活之以物質施與於人、以身體之動作扶助人，卽皆是直接啓示吾人自己之心靈與其中之情意之存在與人，而使人見一心靈之世界之存在之事。此中，吾所與人者，可皆只是極平凡之物質之物。吾之所爲，亦只是成此身體之動作。此二者初皆只屬於物理之世界、生物之世界。然其所啓示於人者，卽爲一心靈之世界之存在。此啓示人以心靈的世界，卽使人之心靈的世界，由知有另一心靈之世界，而提升擴大。故人之噓寒問暖，禮物相贈，卽足使人見一充滿情意之世界之存在，可使人之心眼爲之開，心花爲之放。實則豈特以衣食之物與人，是以物質與人；卽我之贈人畫與人歌，與人誦詩，講數學或幾何邏輯哲學與一切學，此中畫之紙墨，詩歌之聲浪，講學之所用之文字語言之發於聲，形於文字者，皆不離物質之物，由我之身體之運動所成。然人皆可由此以見有我心對之有情意、思想存焉，而使人覺我之心靈世界之存在，而自有其自己之心靈境界之超升者也。

五、眞實之客觀存在世界之肯定，及道德人格世界之形成

至於上文所謂由此人之有此日常生活中之同情共感互助之事，而後能肯定一眞實之客觀存在之世界者，則由於吾人之所以謂有一客觀存在之世界，不能只本於有對之而知其存在之

吾一人之心靈而說。因若只有吾一人之心靈，則吾一人之心靈，時時在變化中，而此世界之事物與其性相，呈於吾之此心靈之前者，卽時隱而時現。則吾如何可說此世界之事物在其不現之時仍爲客觀存在？誠然，由我之反復自處於某情形之下，或與某一物相關係之場合，我可反覆重見某一物之大體不變，而設定其原客觀的自己存在。然此設定，不能有絕對之必然性，以我不能證其在我不見之之時，亦爲客觀的自己存在故。然於此若有另一他人心靈之存在，於我不見某物之存在時，見其存在，則吾人於此，卽恆信某物之實存在。故吾人幻想某物之存在，而人謂其不在，吾卽可自知其爲幻想。人之欲證某物之實在，恆取證於他人之心靈之所共知。此卽見：吾人之謂一物之實在，涵有此物可爲一切心靈所共知之義。故若一物非一切心靈在某一情形下，所能共知，而只存於一心靈之所知之中時，吾人亦卽可由其不存于其餘心靈中之一意義下，說其非客觀的實在者。由此而所謂一物爲客觀實在之意義，卽與其爲一切心靈的共知之意義，不可相離。於是所謂一物爲客觀實在之義，卽具有：雖不在我之心靈之內，而可在其他心靈之內之義，而其被視對我之心靈爲外在，亦涵有其可內在於其他心靈之義。於是，此物之爲客觀實在之義，卽由我之先肯定他人之心靈之外於我，對我爲客觀實在而後說者。此中，若吾人根本否認有其他心靈，對我爲客觀實在，則吾人亦不能由任何物之雖外在於我之心靈，而可內在於此其他心靈，以作其爲客觀實在之證矣。

然若吾人之肯定客觀實在之世界，必須以吾人肯定他人之心靈之外於我，對我爲客觀實在爲條件，則吾人若對他人之心靈之存在，無眞實之肯定，吾人對此客觀實在之世界，亦不能有眞實之肯定。吾人對他人之心靈之眞實之肯定，非只是一想像中或推理上之知其有，以此想像推理仍只我個人之事，而可時起時止故。然卽在人之至簡單之對人之同情互助之道德行爲中，吾之對他人之心靈，皆不只是在想像上推理上知其有，而是首於我對他人之行爲動作之感覺上，知其行爲動作之有引生我之感覺之功能，銷除我之任意對之所作之錯誤判斷，而知其有。更由見其行爲動作之同於我，方依自然理性之推知，與直感之類推，而知其亦爲一能感覺之存在。再由我之對其行爲動作之有同情共感，而有助成之之道德性的情意之行爲。此助成之之我之行爲，乃以他人之行爲爲對象，之一我之行爲。於此，我若自肯定我之行爲爲實有，卽必然同時肯定他人之行爲爲實有。我復能由感「他人對我之同情共感，而亦有之對我之行爲之助成的行爲」，而實感他人之心靈與其中之情意爲實有。故吾人之對他人之心靈之實有，卽可由此我與他人之有此同情共感，而互助之行爲，而更加以肯定。此一對他人之心靈之實有，更加以肯定，亦卽無異對吾人與他人所共知之事物、或所共知之事物所合成之世界之實在，更加以肯定。此中，若吾人與他人缺乏此同情共感而互助之道德行爲，則不只吾對他人之心靈之實有，缺少一肯定，卽對我與他人所共知之客觀事物所成之世界之實在，亦將必缺少一肯定。由此而吾人對客觀實在世界之實在感，亦並非人皆相同。吾人可說，凡愈在互本其道德心靈，以互對他人有道德行爲之人與人間或人羣社會中，卽愈能有互對他人行爲心靈人格之實在之肯定，而愈有此一人與人之共同的客觀實在世界之肯定。此中，人對此世界之客觀實在感愈强，而此世界亦對人愈見爲一堅固而眞實不虛之世界。除人由對客觀實在事物判斷所成之知識，唯以人對此實在事物之共肯定其存在，而稱爲客觀之知識外；卽人之一切數學、幾何、邏輯、哲學之知識，其初乃以非實在之數、形量、及邏輯眞理、哲學觀點之觀景中之義理，爲對象者，亦皆一方以其間接爲人對客觀實在事物之判斷知識之一根據，一方以其爲人心所可共同承認而共知，而爲一普遍意義之知識，方有其對一廣義之客觀實在之廣義的知識的意義。其所以有客觀實在的意義，亦同依於吾人對能知此等等之一切心靈之實在之肯定；而與吾人之是否能皆有一道德心靈、道德行爲，以互肯定其他心靈之實在，密切相關者也。

至於所謂合前說三者，則見有一人與我各爲一道德心靈主體，一道德人格，而互相涵攝所形成之人格世界者，則是謂由此人之最庸常之同情互助之事，卽見人與我之心靈之一方互肯定爲外在，而此所互肯定爲外在者，又皆各分別內在於此人與我之相互對其自我之肯定之內。此一肯定，亦同時爲人之各自超越其自己之自我之一超越的肯定。在此超越的肯定中，人各爲一道德的主體。此主體可由其有無定限的想像、理性之活動，自知其爲具此無定限的意義之存在，而又各超越其自我之自爲、自助之事之外，以作助人之事者。此中由助人之事及其所助之人，可無定限的增多，其助人之情意，亦可無定限的擴大，其助人之事所屬之生活境界，與其所助之人自形成之生活境界，亦可無定限地由低而次第升高，以互感其情意中所表現之德性，而以德相報，以恩相結，……以各見其道德心靈之爲一能自動自生長之主體，而爲具無定限的意義之主體。在此人與人相遇，而各爲具無定限意義之心靈主體之情形下，卽同時各爲一獨立之人格，以自有其種種生活境界中之無定限之目的，亦各有其自形成一道德人格之目的。由此而人卽不能被視爲一有定限之手段性、工具性之存在。人之道德心靈、道德行爲，互助其生活境界中之目的之達到之事，卽不能只以吾人前於功能序運境中所提之功利主義說之。此功利主義之至高形態，只能對一切人之生活目的，皆平等的普遍的加以尊重，而求加以達到爲止。人能對於一切人之生活目的，皆平等的普遍加以尊重，求加以達到，此本身固爲人之道德心靈之表現，而通於此道德實踐境。然此只是由功利境界至道德境界之初步或交界地帶。在此交界地帶中，人於他人之道德心靈及他人之欲形成其道德人格之目的，尚未自覺加以尊重；對人與我之道德心靈主體與道德人格自身，爲一具無定限之意義，亦尚未能自覺的加以正視。吾人於此，若只泛說尊重他人之目的，助人之目的之達到，而得其幸福，以有最大多數最大幸福，便爲吾人有實功實利之行爲之理想與目標，而不說以助人成就其道德人格之目的，爲最高之理想與目標；則吾人之對人有實功實利之行爲，雖出於吾人之道德心靈，尚非出於一最高之道德心靈，亦尚未能知人之在以其道德人格之目的之達到，爲目標時，其生活中若干目的之達到，卽可爲次要，亦可爲其所視爲不當有，或可加以去除之目的；則吾人之於此等之目的，皆助成其達到，雖可與人以幸福，亦可反害及其人之道德人格之完成。此亦卽吾人眞欲助成人之道德人格之完成時，所不當助成其達到，而爲吾人愛人以德時，所不當爲者。吾人之愛人以德，爲吾人對他人之最高的道德心靈之表現。人之依此心靈，而於人之一般目的，不必皆一一助成其達到之時，吾人對人亦卽不只求其一般之幸福，亦不以能致此幸福之有實功實利之行爲，便皆爲我當有之對人之道德行爲。故此功利主義之道德心靈，卽不能爲最高之道德心靈；而功利主義之道德哲學，卽當爲一以人與人之互求完成其道德人格之目的之道德哲學之所代替矣。

在此人與人之互求完成其道德人格之目的之下，人自仍可有互助其一般生活目的之達到，及相互爲功爲利之行。然此屬第二義。其當有與否，乃以是否合於互成其道德人格之目的，爲權衡取捨之標準。在合此標準之情形下，則此互爲功、互爲利之行，卽皆爲人之互成道德人格之目的之所必需，而卽爲實現此目的，亦爲此目的所貫徹之行；亦卽人之求達此目的之心靈，所一一視爲當有，而使之有者；而其有，亦卽皆可自爲一目的，而非只是一手段、一工具，而有其本身之道德的意義者。於是無論此行之是否在實際上可互爲功、互爲利，此行皆爲當有，而自具足其本身之道德的意義，亦皆爲一道德的行爲，而有助於人之道德的人格之完成者。在此人有互成其道德人格之目的之下，一切互爲功、互爲利之行，皆同時有超功利以上之意義。此中之利，皆是行義，此中之功，皆足成德。義利功德，卽合一而不二，而功利主義之思想，卽銷泯於此以互成其道德人格之目的之思想中矣。

人之日常生活中一切憂喜相關、推食解衣、同情互助之事，固皆有互爲功、互爲利之意義。人之出入相友，守望相助，以使得皆安於家室，社會上之農工商之業之合作共事，以求五穀豐登，市肆繁榮，及人之醫藥衞生之業，使人血氣和平，耳目聰明，以有前文所謂人與我感覺互攝之境；人之以文字語言交往，以文藝互達其所觀賞之美，以數學、幾何學、邏輯、哲學與其他學術，相教成學，皆可使人得達某種生活境界中之目的。此皆是人之互爲功、互爲利之行。人之互爲功互爲利之事，固亦至廣。不只人之物質生活中有之，人之社會生活，與學術文化生活，固亦皆有此相互爲功，以各成其利之事在也。然當此等等，隸屬於人之互成其道德人格之目的之時，則亦皆有一超功利之道德意義。在其同具之道德意義上看，亦不能說物質生活中之互爲利互爲功便低，社會生活、文化學術生活中之互爲利互爲功便高。此中之高低，不以此諸生活境界自身之高低爲定，而皆只依人之由此互爲利互爲功，是否能達人之道德人格之完成之目的爲定，亦卽由互爲利互爲功之人，其心靈是否純爲一道德心靈，其爲道德心靈是否爲一廣大高明之道德心靈爲定。若其可由此以達人之道德人格之完成，而出於一純粹而廣大高明之道德心靈，則與人一衣一食，其道德意義，亦可高於與人以廣厦千間，而告人一言，其道德意義，可高於著書百卷。由此而大詩人與大學者之所爲，亦可不及一鄉里市井之人之所爲，出於一更可貴之道德心靈者。於是，在此以道德人格之完成爲目標之前，一切世間所謂互爲利互爲功之行，其道德意義皆可全部平齊，一般之功利的價值標準所定之行爲之價值，皆須以其道德意義之高下，重加估定。人之爲各種互爲利互爲功之事，其道德人格，亦可絕對平等。凡此人之爲任何互爲利互爲功之事，亦皆可使人同登聖賢之域；而人之一切互爲功互爲利之事，卽可視爲人之成其道德人格之舟車。人在見其互爲利互爲功之時，亦如人之互見其舟車之相往來，以爲用。此一一舟車，皆一方載運「此互爲利互爲功之一一之事」之道德心靈，以彼此相遇，而此一一之事，卽皆爲表現此道德心靈者。此一一之事，卽皆非孤立散殊之事，其中皆有具此道德心靈之道德人格之互相照映在。此互相照映，實不同於人在觀照境中所見眞美的境界之互相照映。蓋人之在觀照境中所見得之眞美之互相照映，只爲一人之事，而此則爲人與我間之事。在觀照境中，人之說話可爲自言自語，爲文，習藝、演數、推量、造邏輯哲學科學之系統，皆可是聊以自娛。然在人以互成其道德人格爲目的時，則人之言說，皆所以成人與我心靈之交通，以互見其心；爲文習藝，皆我與人之互表現其心靈之情意。此中人之在文藝境界之自觀照其情意，以成一文藝作品，卽所以表現其情意於一切人心之前，亦可說在其成此作品之時，卽宛見有不知其名之一切讀者觀者立於其心之前，而對之表現其情意。於是其自觀照情意之事，亦不可說只爲觀照，而可自始爲求表現，然後吾人可知文藝之所以亦能感動人心，移風易俗之故，而了解文學藝術之深義。至於本此互成道德人格之目的而演數、推量、講論邏輯哲學，科學等一切學術，卽亦皆是鄭重以所知於此等等之眞理告人，以建立學術，而與人之爲文學藝術者，共求人文化成於天下之事。故皆非只在觀照境中之事。此中，人之以文學藝術學術活動，互爲功互爲利，而其功其利，互相照映，卽無不有爲此人之道德心靈、道德人格之善德之互相照映之意義，存乎其中；而不可只以吾人前所論觀照境中所見之眞美境界中之互相照映之義說之，而當以此諸道德心靈道德人格之互相涵攝所成之人格世界中之眞美與善德會合成之互相照映境，以說之矣。

六、道德人格之樹立歷程中之艱難

此上所說，由人之道德心靈之各爲一主體，而互相涵攝，所成之一共以道德人格之完成爲目的之世界，乃人在道德實踐中之理想境。在此理想之實踐歷程中，亦有種種之問題與艱難之情形之出現。然此亦不礙人之本此理想，於此等等問題，與艱難情形出現時，同時表現人之進一步之德性，而更有其解決此等等問題，應付此艱難情形之理想與實踐。

此人之道德理想之實踐歷程中，所首感之問題與艱難情形，在人之從事此實踐時之人格之自身。此卽人之知善而不能實善善，知惡而不能實惡惡，使其良心之所知之善成眞實之善之情形。此乃由於人本有只繼續其原來之生活習慣或安於舊習之慾望，而停止於其原來之生活境界，與原有之德與不德之性格，或原有之道德生活境界，而不願更求超升擴大之故。此皆可稱爲人之生命存在自身之墮性。此一墮性之表現其力量，初乃自人之下意識或不自覺之境界而出，而及於人之自覺意識之中。於此，因人之道德的實踐工夫，初只在自覺的意識之範圍中活動，則不能保證此安於舊習之欲望之不忽然而出。人亦恆覺無力量以從根拔除此慾望。因其根在不自覺之境界者，可非自覺中之力之所及故。然人之道德心靈却可於感此慾望之時出時沒，如鬼如蜮，而忽對之生一大厭棄，而有一道德心靈上之發心。此發心，是此道德心靈之自生發而自湧起，而由此可產生一此心靈中之大激盪，以求旋轉其所安之舊習，而欲從根柢上，加以翻起。此發心，在儒家稱憤悱。由此憤悱，而人可更定立一道德生活上之志向。由此心之有此憤悱或發心而定之志向，人卽同時可有一對其所舊習之生活，有一大慚愧、大羞恥，或懺悔之感，簡名愧恥。此愧恥，又可爲面對其已定之道德志向而愧恥，亦可對所正欲自定之志向而愧恥，更可爲自念其先所定立之志向而愧恥。又可對其昔日之知有愧恥，而自念今竟不知愧恥，而對其昔日之知愧恥而愧恥。再可爲對其他人之知有愧恥者，而自念我竟不知愧恥，而對此知有愧恥之他人而愧耻。又可自覺爲對其自己之「知所愧恥者之爲非爲惡、知愧恥之爲是爲善，」之良心或道德的本心本性，而愧恥。再可爲由念自己之爲一人，生於天地，應有其德性，今無德性，卽枉生爲天地中之人，而對自己之爲人，對此天地以至對創造人與天地之上帝，而愧恥。更可爲：因孤負其他人，或其他道德人格之所望於我者，而愧恥。如對自己父母師友，對自己所崇敬之任何人物，或聖賢，其在生時或沒爲鬼神時，其所望於我者而愧恥。此愧恥之所對，可有種種之不同。人所愧恥者，亦有種種之不同。此愧恥之深度與强度，亦有種種之不同。然此愧耻之情之發動，皆是心靈自身之自旋轉其原來方向，而廻向於道德理想所定之方向之大事，而爲人之由不善而向善之大事。此時，人之道德的心靈，乃非復只位居於其平昔之意念生活習慣之上，而善其善者惡其惡者爲止，而是直徹入於其生活習慣之中之底，求自爲一轉換其生活習慣之方向之一樞紐；而更自下上升，以見此愧恥之同時爲一憤悱，此憤悱之同時定立一志向。在人之愧恥之情，不足以定立一堅定志向時，人亦可更對其愧恥之何以不足定立一堅定之志向，至於痛哭流涕，而愧恥。或求有師友之助其知愧恥，而立志；或更讀聖賢書，更念聖賢行，以助以知愧恥，而立志；或祈求鬼神上帝之賜與力量，以助其知愧恥，而立志。要之，此皆見人之道德生活之自求升進擴大，而遇艱難之境時，其至嚴肅之一面者。然人能通過此道德生活之嚴肅之一面，由不斷之愧耻其對自己之一切不善，而不斷求堅定其轉化之志向，而加以轉化，則無原則上爲人所必不能去之不善、必不能有之善。卽見上述之人之惡惡而善善，以使其善皆爲眞實之善，乃人在原則上所可能者。今知此必爲可能，更肯定其必爲可能，是爲人在道德生活上之自肯自信。此一自信，要在由人之知愧恥，更定立志向而有。然此一自信，亦可由知「一切不善原有由愧恥而去之理，更灼見此理之眞實不虛」，而加以助成。人之有此自信，更見其自己之行之不堪爲己所信，則人又可對此自信而愧耻，以使其所自信之自己，堪爲己所信，以合於其先所自信，而更見此自信之眞實不虛。要之，此中人之道德生活之歷程，皆爲以自己已有之善，爲其後之善之根據，以輾轉增進，而使其不善，輾轉消除，而純屬人道德心靈之自求、自得，自取、自奪，自取，自與，以提升擴大其道德境界之事。此皆爲人人原則上所能有，以自成其道德生活、道德人格者也。

然人之形成其道德生活、道德人格，乃在其接於人、接於物之種種事中形成。人之有愧恥、立志、自信之道德心靈，不能只住於其自身之中，而須與其外之人物相接。此人所接之人物，皆在一一特殊生活境中，而爲特殊之人物。此道德心靈，與其對境而表現之情意行爲中之德性，亦爲一特殊之德性，不能同時爲任何之德性。如對父爲孝，對子爲慈，對兄爲恭，對弟爲友，對君以忠，雖皆出於與人感通之仁，然其所以爲仁者不同。

人之一一之德，在一特殊之境下之表現，亦隨人在此中之一一之事之不同，而有所不同。人若對不同之境，而皆一律只爲同一之事，以表現同一之德，如人之守尾生之信者，而爲愚忠愚孝之行者，則其德其事與其境，實不相應，而不能有與其境之眞實感通。此固不同於一般之痲木不仁，因其中亦有善德之表現故。然其中雖有德之表現，仍與境不相應，則雖有善德，仍爲不美。善而不美，卽非至善。對至善言，亦爲不善。而人欲達此至善，則更有其困難。此在：人旣於此有善德之表現，而人又可自善其善，卽可於不同之境，亦同以一善爲善，而善德之表現，卽不能免於錯置，而成爲不當位之不美之善。此以一善爲唯一之善，乃人對善自身之一細微之執着，而隨人之能自善其善而俱起者。此與人之自善其善可俱起之細微之執着之深者，則爲對善之矜持，更進而爲傲慢。由人之善行，可由人之能自善其善，有細微之執着，而轉成矜持傲慢之不善；於是人之任何善，卽皆可成爲此人之不善所由構成之一成份。此尤爲人之有相當之德性者，所常遭遇之一問題。此問題之困難，在此人若自知其矜持傲慢之不善而去除之，則人亦可連帶去除其自善其善之心。而人去除其自善其善之心，人亦卽更不以善爲善，乃於善與不善，作平等觀，而懈怠其爲善之意。再落下一步，卽可更爲不善。反之，人若自善其善，則對善之細微之執着又起，而可轉成矜持與傲慢。於是人在此道德生活之反省與修養中，恒可前門拒虎，後門進狼。人亦實恒難自辨其自善其善，非矜持傲慢，亦難自辨其不矜持、不傲慢、非懈怠。人乃恒在此對善行之矜持與傲慢、與懈怠中輪轉，而感此中欲達一能善善而不懈怠，亦不起任何細微之執着矜持，以轉成傲慢之艱難。

然此一問題與艱難，既爲人之道德實踐中所遭遇，人亦非無解決之道。此則在於人之道德心靈，畢竟能自覺其對善之是否有矜持傲慢，與其無此等等之時，是否卽爲懈怠。此中，人雖可在此二不善中輪轉。然人之道德心靈，亦可隨其輪轉而加以自覺，於虎至時卽拒虎，於狼至時卽拒狼，以使此心靈與其行爲，適得善善惡惡之中道，而不化爲矜持傲慢，於去矜持傲慢時，不落入懈怠。此工夫雖亦非易，然要在原則上爲人之道德心靈，欲成其道德生活、道德人格者之所可能者也。唯此中一切涉及人之如何用工夫，使人得少免於上所述及之道德生活之問題，則非今之所及。

此人所遭遇之道德生活中又一嚴重之問題，乃在人由其所接之人物所合成之境，非一決定境，而爲一問題境，或其中包涵種種互相矛盾之成份之境。對一決定境，吾人可定吾人當對之爲何事，或有何行爲，方爲善且美之至善。如當吾人所遇之境，爲一非決定之問題境，或包涵互相矛盾之成份之境時，則吾人恒難決定對之爲何事，有何行爲，方爲至善。此中，人所遇之境，又本身爲在變化發展歷程中之境，則吾人對此境不能全知，於其中所包涵之問題與矛盾之成份，不能全察；則吾人不能決定對之爲何事，有何行爲，方爲對此境最相應最當位者矣。

對此上之一問題，若純從人之所以對所遇之境之動機上看，人可自謂其動機之無任何道德上之過失，其對境之所知，卽不完全或不免有誤，亦不礙人之設定一境爲如此而有之行爲，在道德上無過失，而爲可表現人之德性，亦可助成其人之道德人格之完成者。然由上述之言以解決此中之問題，乃其他旁觀者之語。在當事者，則其問題不能如此簡單。因當事者之應境之行爲，必求對境中之人物，實相應而當位，亦求其行爲對境中之人物，實有某功利性的效果，以合於此人物之實有之目的及實際之情形。故當此境爲一問題境，或包涵矛盾成份時，卽必使其自身入於其問題與矛盾之成份之中，而不能只求其所以遇此境之動機之無過失。於此若人只求其動機上之無過失，卽正爲一道德生活上自私，其本身卽爲一過失矣。

在人之道德生活中，若所遇之境爲一問題境，或其中有矛盾之成份時，人必先停下其道德行爲與德性之表現之事，而先求如實知此問題之境，以及其中之矛盾之成份之何所在。於是，此時人之暫不有一道德行爲、不有一德性之表現之事，其本身卽已爲人在此境中之所當爲。此時唯人之暫超道德行爲之行爲，方爲道德行爲。此亦卽無異謂：於此時，人之道德行爲之超越或犧牲其自己之本身之存在，方爲道德之實踐。由此一道德之實踐，而人更有一對問題境與其中之矛盾成份，求如實知之之事。此求如實知之之事，亦同於吾人於任何非道德生活境界中，對事物之求如實知時之求知識之事。在此求此知識之事中，人卽同於一非道德的人格之只有一非道德的心靈者。然此非道德的心靈之自身，又正爲上述之道德的心靈之所化成，而正是爲成就人之對境之至善之相應行爲，于一時所當有者。因而其自身之有，亦爲此道德心靈之自形成其道德的人格之歷程中，一時所當有，而亦爲成就此道德人格之事也。

人爲成就道德人格，而使其道德行爲犧牲其自己之存在，使此道德心靈化成一非道德的心靈，可稱爲此人之道德人格之自己犧牲。然此道德人格之自己犧牲之事，尚不限於此。蓋卽在人對所遇之境，如實知其問題與矛盾之成份所在之後，人固亦或可有解決此問題，去除此矛盾之行爲，既合於其心中之道德理想，而又能保持此人格自身之存在於此現實世界者。然人亦可於此無一行爲，可解決此問題，以去除此矛盾，既合於其心中之道德理想，而又能保持其人格自身之存在於現實世界者。此卽如人之處忠孝不能兩全之境時，此忠孝原皆爲其道德理想，而其所在之境，行孝則違忠，行忠則違孝，只容其有忠孝之行爲之一。則此中人無論如何行爲，皆對其道德理想有所孤負，而不能無憾於心。於此，人卽或抱憾以終身，或者爲欲兼成忠孝，而不惜捨生殺身。此外，人在與他人或社會所表現之罪惡之勢力奮鬪之時，其自己之道德理想，與此勢力，卽相矛盾。於此，人若不肯屈於此勢力，以失其道德理想，亦恒不免爲此勢力之所毁。人亦唯有捨生殺身，方能不失其對其道德理想之忠忱。此種人爲成其道德人格，而不惜犧牲此人格之存在於此世間之事，亦爲人間歷史中所常有。今爲成就其道德人格，而不惜犧牲此人格之存在於世界，則此所成之道德人格，卽顯然不屬於此現實世界之存在，而其存在卽只能爲一超現實世界之存在矣。

此人之爲成其道德人格而不惜殺身捨生者，乃世所謂聖賢之人格，此聖賢之殺身成仁，捨生取義，乃世間最使人感動、崇拜、讚頌之事，而亦爲世間最使人慨嘆，惶惑而似不可解之事。而此又正爲人所實常有之事。此事所展示之意義在：人可以其生命不存在，成就其道德人格之存在，以自願接受死亡，爲成其聖賢人格之道。人之願接受死亡，乃人在生時之心靈中之事。人在生而其心靈已能接受死亡，則其人之心靈，卽已超越於此死亡之上，而包涵此死亡。此能包涵死亡之心靈，在死亡之外，則無異死亡自身之死亡於此心靈之中。則此道德心靈，卽無所謂死亡，亦不能有所謂死亡。然此心靈雖可無所謂死亡，而有此心靈之人格之此生命，固已死亡於世間；則能具有此心靈之生命，卽只能爲一超此世間之另一生命。人對此種聖賢人格死亡之後所生之感動、崇拜、讚嘆之情，卽皆直對此不可見於世間之心靈生命而發。然人雖對之發此類之情，而人又不能於世間再見有同一之生命心靈，表現其德性於世間之事。此卽人之所以於此之慨嘆惶惑，恒不可解者也。

然吾人於此可不論人於此之惶惑不可解之一面。此惶惑不可解，乃由於人求此超世間之心靈生命，於世間之中。此乃人之先錯置超世間者於世間中而來。此錯置，固亦根於人情之不容已。此生於世間之人，乃以情不容已，而不能不望已超越於世間者之仍在世間，故不能免於此慨嘆惶惑，而不可解之感。然在彼已接受死亡之聖賢人格，則畢竟已完成其人格。彼完成其人格，不只賴其一生之事，爲完成其人格之用，且以其生之終之死之事，爲完成其人格之用。於是其全幅之生命，乃皆除爲完成其人格之所資外，更無剩餘渣滓之遺留。如薪焚盡，而全部化爲光輝，以照耀於其所歷之一切艱難困苦之境之外之上。若非有此艱難困苦之境，則其人格亦不得成。因若非有此艱難困苦之境中之種種矛盾之成份，使其生前之生命分裂而死亡，亦無其所成之人格之純一。則此種種矛盾之成份，亦有成此人格之純一之意義，而非只可以矛盾說之者；亦非可視爲無所貢獻於此純一之人格之完成，復不能外在於此人格之形成所根之道德實踐，而不能在此道德實踐境之外。則人亦不能眞視爲人之道德實踐，所不能加以解決化除之矛盾矣。

第十八章　道德實踐境——觀德行界（下）

七、論道德生活之無外在目的與功利心習之辯證發展

吾人於上文，對人之道德心靈道德生活之論述，皆不外對道德實踐境之說明與描述，以附及於人之道德生活可至於超生死之境。然人對有此道德生活之聖賢人格之殺身捨生，既生慨嘆惶惑之情，更由此情下落一步，卽更可於此人之何以當行其心之所視爲當然，以成其道德人格，至以聖賢之人格爲理想，而不惜死亡於此世界中，發生二問題。其一問題是：人何以必當有道德生活，以成一道德人格，以至以聖賢之人格爲理想？此中之理由畢竟何在？其第二問題是：此道德生活之爲人所當有而爲當然，是否卽爲人所能然，或人所實然？蓋爲人所能然者，與爲人所實然之義不同。自實然之觀點看，人所能然者，皆只是可有、可然，而亦可不有、而不然者，亦卽在實然上看，乃或有而然，或無而不然之或然者。或然者，卽非

必然、定然，而爲偶然、假然者。吾人觀世間之人，或有道德理想，或無道德理想，有者不必有最高理想，有最高理想亦不必能實踐之而實現之，至於成賢成聖；而無道德理想者，則其行爲固或自然合道德理想，然亦恆不合，而與之相違，故人有不德之行爲或罪惡之行爲。是卽證：在實際上看，人之生活之是否合道德，是否有道德理想，有之是否能實踐，實踐之是否可至成賢成聖，只爲種種不同之可能。此種種之可能，分而觀之，當其未有實現之之事實時，初皆只是一可然，合而觀之，則初只可形成一或如此，或如彼之或然命題；對特定之人而觀之，則只可形成一假定其如此如彼之假然命題，皆非定然必然。至於當此諸可能之一一，實現爲事實時，此事實則初當說爲偶然之實然。對此任一已有偶然之實然，爲如此之一實然而觀之，則又皆可形成一經驗事實之知識命題。此一命題，直對一經驗事實言，亦可視爲一事實上之定然。人若問此定然之事實之何以如此，而求得其心理、生理、物理上之原因，而依此原因之實然，以觀其結果之實然的相從，則結果似皆原因所決定或規定，而爲有一在事實上因果關係上之必然者。然此一切于偶然之實然，而說之爲定然、必然者，皆不必合於道德上之當然，其初亦只爲事實上之可然、或然、假然。此中，吾人若以道德上之至高之當然者爲標準，則一切人之生活，在事實上合於此標準者，唯是由賢而成聖之人，而聖人則恆千百世而一遇。則聖人之出現，乃事實上最爲偶然之事。若人之生活之合道德爲偶然，有自覺道德理想者，卽偶然中之偶然；有之而更能實踐之者，又爲偶然中偶然之偶然；實踐之而至乎其極，以爲聖人者，更爲此三重偶然者中之偶然。則聖人卽人中之例外，而非聖人，則爲人之常，亦爲人之常然，普遍的然。聖人則特殊而又特殊之特殊的非常之人。則吾等常人，何以又必須以此非常之人之道德生活，爲作人之最高標準乎。此則重連於上述之第一問。

對此上之二問題，吾首當答者，是人何以必當有道德生活之問。吾將說此道德生活之當有，不能另有一道德生活外之理由。此卽因此生活不能更有其上其外之目的，故亦不能有具此道德生活之道德心靈所自覺以外之理由。因若吾人再有此以外之目的，此目的爲吾人之道德心靈所自覺，卽仍是吾人之道德生活中事。人若謂吾人之道德生活所懷抱之目的，爲求自己之幸福，或完成上帝造人之意旨，或促進社會之文化，或完成自然宇宙之進化；則此乃意謂此道德生活爲一手段，而此諸目的則在其上其外，道德生活乃爲以達此諸目的之一手段，而成爲當然。但此說顯爲悖理者。其所以爲悖理，因一手段之對一目的之實現爲當然，必須此目的之實現之本身爲當然；必須人之懷此目的之本身，亦爲當然。人之懷抱一目的，其本身乃人之生活中事。一目的是否當懷，亦人之道德判斷、道德思想中事。則吾人縱謂人之道德生活爲達某目的之手段，而人之懷抱此目的之事，所成之道德判斷思想，與道德生活，則不能視爲一手段。人之知此目的之爲當懷、當有、而爲當然，卽爲直接知其爲然，而非以其可爲另一目的之手段之故。此中，無論吾人如何將此目的之觀念，加以推進擴大，以謂吾人所懷之目的之所以爲當然，乃所以爲一更進一層之目的之達到；此進一層之目的爲人所當懷、當達到，而被視爲當然，仍是由人之直接知其爲當然。吾人在知一目的爲當然以後，吾人亦更可依理性，而望此目的之爲他人所視爲當然，爲未來之我所視爲當然，以求此目的之普遍化於我之未來與他人之心靈；而如此之望之本身，亦爲當然，其自身亦爲一當然之目的。由此而人任何視爲當然之目的，人皆可依理性，而更望此目的之普遍化於未來之我與他人之心靈，以成更高之目的。然此目的則直接依理性而創生，初不只依其先所視爲當然之目的而創生。凡人先所視爲當然之目的，若其不合此理性之標準之衡量，人亦可立刻知其先之視爲當然，非眞正之當然。由此而一切目的之爲當然，卽皆依理性而規定。唯依目的之爲當然，而後達此目的之手段爲當然；則達目的之手段之爲當然，亦依理性而規定。於是吾人之判斷一目的與手段爲當然之思想，卽唯是一理性所規定之思想。由此思想而成之行爲、與合此思想行爲而成之生活，亦只是一爲理性所規定之生活，亦卽一理性化之生活。此理性化之生活中，包括一切理性化之目的、與達目的之手段之事，則此一生活不能更外有其目的。此生活本身，已依理性而規定爲當然，則不待其外之更有一理由，以使之成爲當然。蓋凡人問其外之當然之理由，此問皆只是人之依理性而問。此所知之當然之理由，仍在人依理性而問、而知之之道德心靈之內，亦在人之道德生活之內。則問其外之理由，仍只是依此理性，而在此心靈生活之內部問，乃終不能出於此理性與心靈生活之外，而亦實無此外之可問矣。

由上所論，人之成其道德生活，以至成聖成賢之事，皆不能說外有目的，以一切目的皆在有此生活之心靈之自覺中故。於是此道德生活全部是自生、自進、自主、自動、自立、自化、自成、自得，以至於高明廣大之域，以參於天地，通於神明。然人之所以恆不能免於問此生活畢竟有何目的，則亦有故。其故在人之日常生活中原有種種自覺不自覺之其他生活之目的，橫亙胸中以求遂，而恆未得。故聞人言任何不同之生活，卽不自覺間持其所亙塞於胸中之目的，與之相對照關聯，而欲知此生活對其目的之達到，有何用處。人於此實預先假定，唯能達到其胸中先有之種種目的者，方爲有用，而有利於其目的之達到；否則爲無用，或有害於其目的之達到者。此一以人所先存之一目的，定有用與無用之分、利與害之分，而本之以爲其思想行爲上之取捨之標準，卽爲人在日常生活中，共有之一功利心習。依此功利心習，而於凡不同於其平日之生活與其中之思想，其他之形態之生活與思想，卽必首問其有何用。其此問之實義，乃問其對其平日生活中之目的之達到有何用，卽問其對此目的之達到，能得何利、能去何害而已。故在人作此道德生活有何用之問時，吾人只由上來之說以證道德生活不能外有目的，人雖自知無可置辯，然仍可心有不服。於此古今之聖賢之立教，遂有二態度。一爲先澈底打消其平日計較利害之功利心習，直下劃開此中之義利之別，使人直下先認取義之所在，亦卽道德生活上之當然之所在。如孔子、孟子、與西方之康德之哲學，皆是本此態度立言，此乃一頓教。然亦須有根器者，方能直下承擔。而另一態度，則是直就一般人所視爲利害之所在、與其所持之目的之所在處，說汝之所謂以某目的之達到爲利者，實非眞利，汝之自利之道，適以自害，而汝果能依道德生活上之當然以知義而行義，則似自害而非眞自害，正所以成汝之自利。此則順人之功利心習、或世所謂人之自私自利之心習，而更導之於此功利心習之外之道。此亦聖賢立教所不廢。如大學之以義爲利，王陽明之將汝私來克汝私，與一般宗教之善惡果報之說皆是也。

此以義爲利之教，對以義爲義之教言，乃屬第二義，其嚴正不如以義爲義之教。然在效用上，則可遍接羣機，又在義理上，人兼統義利爲說，亦可成一更圓融之論。蓋人固皆有一功利心習。在有此心習上看，人皆爲自私自利者，亦唯賴以利害說之，方可動其心。今吾人亦未嘗不可依必然之理由，以指出：人之不道德的行爲思想與生活，其求自利者，必歸於自害，而一切合於道德之行，無論爲人之所自覺與否，皆是成就其生命存在之利者也。

上文言人以不道德之行爲思想與生活，求自利，必歸於自害，如孔子所謂放於利而行，多怨；孟子所謂殺人之父，人亦殺其父，殺人之兄，人亦殺其兄，上下交征利而國危：皆有此義。古今中外之言不德之行之求自利，恆歸於自害者，不可勝數。而其所依之根本原理，不外不德之行皆不合理，而勢必兼與他人以及自己另一不德之行或有德之行，相矛盾，以歸於相毀而不存在。此卽與人之求存在之要求相違，而此要求卽不得其滿足，而人自受其害。此亦如一切不合理性而相矛盾之思想必相毀，而不能共存於人之心靈之中。自人所知之經驗事實觀之，人之不德之行，固亦可在一時得其所意想之利，然若自長時期或無盡之長時期觀之，則不德之行之相續，終必遇與之相矛盾衝突者，則於理於事，皆無可逃。宗教家卽依此以立其因果報應之說。此因果報應之說，自只爲一超越的信仰，非人所知之經驗所能全證實者。亦正因其不能全證實之故，人乃更有全不爲利而只見義，爲行義而行義，而順上述之第一義之教，以成其德行之道德人格之存在。世間中之有此只見義，而爲義行義之道德人格，亦正因在經驗事實上看，義原不必有利之故。故有此人格存在之世界，亦理當爲一在經驗事實上看，義不必與利相連之一世界，而後此種人格之存在爲可能，而上述之第一義之教乃得立。然上述之超越的信仰，在經驗事實上之不能全證實，亦不證此超越的信仰之不當有。此信仰之所以立，亦有一義理上之必然。此於後文論佛家之境處當說。又此超越的信仰，雖不能在經驗事實上全證實，然亦有若干事實之證實。其不能由經驗事實所證實之處，亦不能有經驗事實，加以否證。故亦無一經驗事實，能阻止此信仰之生起，而此信仰卽永有生起之可能。當其生起，人信有因果報應之時，人卽可由知不德之行，必致當身或身後之禍害，唯德行可致身後之福利，而本其利害之計較之心，以去其不德之行，而成其德行。此人計較其身後之利害之心，乃其生前之計較利害之心之延展。人之計較利害之心，可及於今生之未來，則亦可延展而計及身後。故人可有此身後之因果報應之信仰之生起。此信仰，固亦非在事實上爲人所必生起，因人可不信有身後之來生之生命，則人亦可不顧其身後之來生之報應。然人在事實上之不生起此信仰，仍不能阻止人之忽然信有來生，信有來生之報應。事實上人之爲惡者，亦恆會忽然念及其來生之將受報等。吾人今只須說明此現有之經驗事實，無能阻止此信仰之生起者，此信仰生起後，人卽必本其計較利害之心，以去不德成德，以達其得利避害之目標。是卽見人之由計較利害之心出發，其動機雖至卑下，然亦足够引導其至由去不德以求成德之道路之上。此卽已足够在原則上說明：一切人之只計較其個人之利害，或極端自私自利之心，以爲其無盡之不道德之行，卽必與其自私自利之目標相矛盾。此矛盾，在原則上必可爲其所自見，而更卽依其自私自利之目標，以自去其不德之行。此卽見人之自私自利之心，並不能阻止人之道德行爲之出現，而此自私自利之心，亦原有過渡至道德行爲之生起一性質也。至於當此道德行爲既生起之後，此道德行爲之相續，卽又可轉而自裁抑其自私自利之心。於是人之本自私自利之心爲始，以有其道德行爲者，卽可轉而以自私自利之心之裁抑，爲其終。合此始終，以觀此人之自私自利之心，卽見此自私自利心之發展，爲一辯證的歷程，亦卽一自相矛盾之歷程，而向於其自身之毀滅與否定者。此中，除非謂人必不能自見其不道德之行爲之歸於自害，而與其自私自利之目標相矛盾，則此人之不德之行，與人之自私自利之心，卽必有一歸於毀滅之可能也。

八、道德生活中之必然、實然與常然

吾人之說此人之不德之行、與其自私自利之心之必然有一毀滅之可能，此本身乃是一義理上之必然。在經驗事實上看，人固亦永有一繼續其不德之行與自私自利之心之可能。而在事實上看，人尚未爲有德之行或不德之行時，其爲或不爲，初卽只爲可然、或然、假然之事。至在人已有之任一事實上看，則任一事皆爲一實然，而知此實然之事之知識，皆對其事爲定然；而其事之有，亦必有事實上之原因，爲此原因所決定，而有一因果上之必然。如上來之問者所說。此吾人皆初無意否認。然吾人可更說，此人之有德之行，因其本於理性，故可不相矛盾，而前後相通貫，亦互相支持以存在，以日歸於其生活之充實擴大，亦卽其生命存在之充實擴大，而其所具之生命意義，與存在意義，卽更豐，而人可安於其中而得樂。此樂之所在，卽利之所在。而此卽兼達人之求更大之自利、求更大之生命存在之目標；而人之生命，卽可穩定的存在於此有德之行之相續之中；此有德之行，亦可穩定的存在於此生命之中。然無德之行，因其導致與人我之其他無德之行與有德之行之矛盾衝突，則爲在原則上不能安穩的存在於其生命之中者；而其無德之生命，亦本身不能安穩存在者。故此二者，雖皆爲事實上之可能有，人之或有此、或有彼，爲或然；然此中之人之生命之永爲一無德之生命，或人之行之永爲無德之行，則爲不可能；而人之生命之長爲一有德之生命或人之有德之行之永續，則爲眞實之唯一可能。至於人之一時之或有此、或有彼，雖爲事實上之或然，二者之爲或然之度，似爲平等；然自長時期或無盡時期看，則二者之爲或然之度，不能平等。人在事實上，亦只有在其生命成有德之生命時，此有德之生命之現有，乃爲眞實有。至當人之生命只爲無德之生命時，此無德之生命之現有，則不能爲眞實有，以其雖現有而後可無故。依其後之可無以觀，卽見其有非眞實有故。人卽謂其在一時爲眞實有，其眞實，亦只限於一時。此眞實有之義，卽相對於一時而有限制，而非無此限制之絕對眞實有。今以絕對眞實有爲標準，以觀此相對之眞實有，仍可說此後者之有，爲非眞實之眞實有。自其有非眞實有以觀，則人對其一時之有而說之爲實然，此實然，卽非眞實之實然。人對其一時之實然，而有一定然之知識，此定然亦只對一時之有爲定然，而爲相對的定然。此知識，亦只爲對此一時之「有」爲眞之一相對知識。此卽不同於眞實有之實然，爲眞實之實然，對之之定然之知識，爲一絕對的定然而無假之可能之一絕對的知識者。由此而人對此一時之眞實有，謂其亦有一定之原因，以決定其有，其決定爲必然，卽亦只爲對此一時之有，爲一必然之決定，而亦爲只限於對此一時之有之一必然，而非對此一時有之無德之生命之未來生命，所能永加以決定之一必然。而對此未來生命言，此所謂必然決定，卽非必然決定，卽亦只爲一時之偶然的決定。再依吾人之謂有德之生命有一安穩存在之義以說，則有德之生命在其自身之相續中，卽有一內在的恆常性；無德之生命，則無此恆常性。有此恆常性之生命之生活，其前後相通貫，卽可說爲一眞實之常然，亦定然，而必然之常然；而無之者，則其生活前後矛盾衝突，而無此常然，亦爲無常，而非眞實之常然。則人之有德而極至於聖賢，正爲人之所以得其常然之道。於是有德之人與聖賢，縱在人類中居最少之數，然吾人仍可說其生命生活中有此常然。至於無德之人，非聖賢之人，縱居最多之數，然其中一一之人之生命生活中，皆無此常然，則其生命生活之如何如何然，卽皆非常之然，而其爲人亦非有常之人。唯有德之人或聖賢，方爲眞有常之人。此亦如朝生暮死之朝菌雖千萬，仍不如長青之一松柏之爲有常。常以時之久定，不以數之多定；則唯有德之人或聖賢能有常，而聖人卽眞正之常人。故儒家以唯聖人能稱爲庸常，唯聖人能極高明以道中庸，則前問者所持之或然、實然、定然、必然、常然之義，吾人固無不可一一翻轉之而說矣。

至於吾人之言道德生活，必不只於言一合於道德之生活，亦必須言當有一自覺之道德理想，或爲聖賢之道德理想者，則以人只有合於道德之生活，而無此自覺之道德理想，則不自覺其生活之合於其理想。此中，人不僅先缺乏一當然之理想之自覺，亦以缺乏此自覺，不知其生活之合於理想，而缺一「知此理想與生活之相合」之一思想與生活。此一思想乃高一層次而具更多之內容之思想，而有此思想之生活，亦爲一高一層位具更多內容，亦更充實豐富完全之生活。此中，人所自覺之理想愈高，則其所能由自覺到此理想與生活之合一，而成之思想與生活，其內容亦愈多，其生活亦愈爲充實豐富完全。故此一道德理想與其生活全合一之聖賢，卽可稱爲一有完全之生活之完人，亦卽一完全之生命存在。此完全之生命存在，不只爲人所當有，亦爲人之生命存在之最大之福與最大之利之所在者。由此而人卽循其自私自利之心之發展，而知此爲其生命存在之至福大利之所在時，人亦未嘗不可自然的求對此道德理想有自覺，更求實踐此道德理想，以爲聖賢。此亦循人之功利心習自私自利之念而發展，亦可導至之事。人果至於自覺有道德理想，而至於爲聖賢，人又必自然超化其功利心習與自私自利之心。此亦同于前說之一辯證歷程，而見人之以自私自利之功利心習始者，而可以此心習之超化否定而毀滅爲終者也。

至於自經驗事實上看，人之生活之自然合於道德而合理性，而先無自覺之道德理想者，固多有之。人之有此自覺之理想，亦不必時時念及此理想也。則人之有此自覺與否，亦皆爲可能，而人之實有此自覺，亦爲偶然之事。人之無此自覺者，亦同可說有其所以無此自覺之必然原因。然此人之無此自覺之事實，並不能阻止此自覺之生起。則在原則上，人必能有此自覺，而人亦必不能永安於無此自覺之階段。人在有此自覺之後，則此自覺之本身，卽對其「自然合道德理性之生活與行爲」中之「道德理性」，有一自覺。此自覺卽同時自覺肯定此道德理性之存在，而更自覺的求實現之於其生活，以形成上所謂一更豐富充實而完滿之生命存在，而使人更安於此自覺的具理性或道德之生活，而自得其樂者。此亦同時使其生命存在，得永安住於其自身。由此而上述之二可能，其爲或然之度，卽不平等；其爲眞實之度亦不平等；而當說唯人之生命存在之永安住於自覺的具理性或道德性之生活，乃人眞實唯一之可能。至人之永安住於無此自覺而自然合道德而理性之生活，則非眞實可能者也。此中之理由與吾人前說人在事實上可有德可無德之二可能，其或然之度、眞實之度之不平等，其理由正相類。依此同類之理由，亦卽可說：唯有此自覺者，乃能自覺其道德生活之有常，而唯有最高之道德生活而自覺之者，如聖人，乃能自覺其生活中之有至常與眞常。蓋其生活從心所欲而不踰矩，而皆自知之，卽能隨境之萬變，而其感通之萬變，皆合於理，皆前後相貫通、相支持以存在，而無不相順，以歸於至順。人自知具此至順，卽自覺其具此至常與眞常也。

九、或然、假然、偶然、實然、定然、必然諸觀念之根原，及邏輯理性、知識理性，與道德理性之合一，及當然與實然之合一

吾人上來辨一般之以人之自事實觀點看人之生活之有德或不德，有自覺理想或無自覺理想，皆爲事實上之可能，以疑道德上爲當然者之不必然，亦非常然之說；而說此道德上之當然，非只爲虛懸於實然之世界之上之一當然，而是卽順人實有之自私自利之功利心習之發展，經一辯證之歷程，人亦必求其生活行爲之合乎道德上之當然；以言此中人之違反道德之可能，非眞實之可能；唯道德之生活爲有常，聖人能有至常眞常之生活，亦卽有至常眞常之生命存在與心靈，而聖人卽有常之常人；以見人於聖人，不可只視之爲非常，而只超越於常人之上，而當視爲卽常人之眞求其爲有此常之常人之所當至，所必能至，亦見吾人之在道德上說爲當然者，亦根於事實上之眞實可能，而根於實然。此有根於實然，卽一必然而定然之義理。此則足以對銷一般之疑此道德上之當然爲孤立無依於實然、必然、定然等之外之說，

以見義非只是義，亦能統利，道德之生活卽所以達常人之求其生命存在之自利之目標。此卽可導人之初唯知自利者以入於德行，而其敎可遍接羣機。然此亦非爲設敎，而姑爲之說，而是此義之統利之道德之生活之能使人有此常，而其生命存在得爲常，亦原有義理上之必然定然者在也。

然吾人今更當說者，則吾人若會得一更高明之義，則上來之疑亦不必設之而更答之。卽凡此所謂或然、假然、偶然、定然、必然等概念，原只爲吾人思想其所對之事實境、理想境之範疇的概念，或所謂思想或知識之模態的概念。此等等之皆屬於思想，亦屬於具此思想之生活、有此生活之生命存在與心靈之自身，爲其有思想活動時，此思想活動之流行之方式，而實皆不宜持之以倒說其思想活動之流，所自出之原之本者。於此人若通此生命存在心靈之自身，及其思想活動之流而說，則此諸範疇概念之原，亦可得而論。蓋此生命存在心靈，卽思想活動之主體。思想活動之所向，卽其所對之境。當此活動初發時，卽在此活動之初幾，其所向尚未定，卽可此，亦可彼。此卽見思想活動之初幾中之具相異相反之二可能。人之思想活動之具可此可彼之二可能，乃邏輯理性中之「或然」之概念之一所自始處。至於專對「此」而言，則思此「或」思非此，爲二可能，思此「或」不思此，亦爲二可能。此亦邏輯理性中之「或然」之概念之所自始處。然要之，此「或然」之「或」，乃有此思想活動之心靈中之或，卽此心之或。此心之或，實卽心之惑，亦人之生命存在之惑。則邏輯理性中之或，卽惑。此惑亦卽一原始之「問題」。佛家更可說爲人所有之一原始的無知或無明。此乃對其尚無一定之所知而說。然此時人之能知自在。能知自在，而所知未定，則當說亦是生命存在心靈之知之一原始的生幾所在。至於當此生命存在心靈之知之有其定向，而着於一定之境，而未知此境果何所是，而於其可能之所是者之一，有所偏着，更設定其何所是，是爲假然。於此人若對境更有所感知，而所感知之內容，既合於此假然之一可能，亦可對銷其他之可能，而人卽謂此假然之可能者，得其證實，乃更不見有上述之或然；而唯有此所感所知者之如是如是，而肯定其如是，非不如是，非其他之如是；以對其如是，有一不待其他條件之定然之知識；而其所知之事實，對此知識言，卽一定然之實然。於此，尅就人之感知此如是而言，則人之感知活動，原亦有不感知此如是之可能，而其感知此如是，卽原有偶然之義。則其如是之實然，卽又可稱爲偶然之實然。此對知識爲定然而兼偶然之實然的事實，人若更謂其有決定其爲如是之實然的事實之開導因，形上因，爲使其不如是爲不可能者，卽有所謂因果之必然。於是此事實，卽可轉而只稱之爲定然而必然之事實。然此定然而必然，不同於邏輯上之定然而必然。在邏輯上，凡命題無假之可能，而在邏輯上必眞者，皆爲必然。

對一邏輯上之必眞命題之無條件的肯認，亦皆爲定然。故有假然、或然之形式之邏輯命題，亦可爲邏輯上之必然、定然，而與知識上之必然、定然不同。人於此若專依此其所知之因果關係之必然，所決定之定然的實然爲標準，於是說一切只在邏輯理性上看爲可設想之可能，未有必然之原因，加以實現，使之成爲實然者，卽皆只是知識上之或然假然；必有所感知者之證實，方爲知識上之定然必然。此則是依知識理性而成之說也。今本人之此邏輯理性、知識理性，以觀人之道德生活中所謂當然，則此當然者在其不自相矛盾之情形下，雖合於邏輯理性，然自其在事實上初爲可有可無而觀，卽只爲知識上之或然、假然，其事實上之有，亦只爲偶然之實然。此卽一般本其思想中之邏輯理性、知識理性，以觀道德上當然者，所恒持之說也。

人之依此邏輯理性、知識理性，以觀此道德上之當然者，恆視之爲或然、假然、偶然之實然之故，乃由於其不知人之尚有其道德理性，而連此理性，以思想人之道德生活。然此不知，只爲人之思想進行之一階段之事。蓋凡所謂當然者，初固關於人之情意行爲，不關於邏輯知識。然人在邏輯知識上，必求思想言說自身之一貫，思想內容與所知事實內容之一貫，然後合理。則人之情意行爲，亦必求前後之一貫，然後合理。此卽所謂道德理性也。此純知之事，與情意行爲之事雖不同，其爲人之活動則同，其必歸於合理性而後安，則同。人之求知，亦原是一行爲，而行爲亦莫不可成爲所知。則若謂行爲不須合理，其知亦然；若知不須合理，其行亦然。人之知之求合理，卽以合理爲當然；則知中亦自有當然之義。人之行之求合理爲當然，亦卽必實求有合理之行。此卽足使此行爲成實然。此求，爲人實有之求。此求亦爲實然。由此求之爲實然，以使當然之行爲，成實然之行爲，則當然者卽非只虛懸於實然之上之外，而爲求自化爲實然者。至於本此「求」以觀「當然之未化爲實然」者，與「現爲實然而不合當然者」之關係，則於當然化爲實然，而由虛至實、由無而有之時，此「現爲實然而不合當然者」，卽同時由實至虛、由有而無。則此當然者，現雖爲無、雖爲虛，而所向在實在有。而不合當然者，則現雖爲有爲實，而所向在無、在虛。則此當然與實然之關係，非只一「當然對實然爲可實可不實」之關係，而亦是實然對當然，而亦可實、可不實之關係。通過人之求當然之化爲實然，以觀一切現有而不合於當然之實然者，則皆向於不實；人之思想亦正當順其向在不實，而思其不實。而當然者既向在實，人之思想卽亦當順其向在實，而思其爲實。否則此思想未能順此求之實而思想，卽思想自身之不合乎實，與此求之內容相矛盾，而不合思想自身之理性，亦不合人之心靈與生命存在中之理性。故順此求，以知此上所說當然之有化爲實然之義，卽思想順其理性以進行時，亦當定然的加以肯定之一義，而亦是思想依其自身之理性，在邏輯上必然引致之一思想；而人若加以否定，亦卽導致一邏輯上之自相矛盾者也。

至於人若問：人是否眞求當然者之化爲實然？此求，是否對一切人皆爲一事實？則人自亦可說，人有不求者。然人亦有求者。今若依人有不求者，而謂當然可不化爲實然；亦可依人有求者，以謂當然有化爲實然之義。然合此二者之結論，仍是當然者必有化爲實然之義。再則，人之求當然化爲實然者，乃不只求其自己所知之當然，化爲實然，亦求他人知其所當然，而化其所知之當然爲實然；並可由其自有此「求」之出現，而本理性以推知他人之有此「求」之出現之可能。今若否定此可能，即自與其理性相違。今承認他人此求有出現之可能，即承認他人之能知當然，與其所知之當然，有成實然之可能。當然只須有成爲實然之可能，即已有成爲實然之義；當然與實然，即已不可分離而說矣。

吾人若知當然者必有一化爲實然之義，則無論吾人對自己之實然，與他人之實然、世界之實然，見其如何不合於當然，吾人皆必須通過此「化爲」，而以此不合當然之實然，皆向於非實，而順此「向」，以觀其非實。於一切眞正之當然，則當由見其通過此「化爲」，而向於實，而思其爲實；更以行爲成就此「化爲」，亦通過此行爲，而於當然之「化爲」實然中，證實此當然之爲實，不合當然者之非實；則人可一日克己復禮，而見天下皆歸仁。此則人之緣人之邏輯知識之理性之了解而更進，至於對道德中之理性與存在眞實中之理性之了解，而有之思想智慧之方向，以使人之心靈與生命存在，得自見其爲眞實之心靈，眞實之生命存在之方向之所在。而人之自持其思想智慧之行於此方向，亦待於人思想智慧上努力不懈，而後能自決疑解惑，而成其篤信也。

至於人既有此篤信之後，則其成己有其學，其成物有教，要在以化當然爲實然爲歸。此中，人於一切人與我之實然之生活行爲，以及思想情意之不合當然者，或直接面對道德理性中所見之當然，而自知其非是，而有對己之所行之懺悔克制，對人之所行之斥責懲罰，以使之由存在至不存在；或由其自己與他人共形成一與此不合當然者，相異而亦相反之合當然之思想、情意、行爲，爲一模範，而卽以此模範之事實上的存在，與彼不合當然之思想情意行爲相對相望；以求間接地加以對銷，使之由存在而不存在；或則順觀此不合當然之思想與情意行爲，而本邏輯理性以引申其涵義，至乎其極，而見其與經驗事實、知識行爲生活中之理性，相矛盾，與吾人之生命存在之求爲一充實完全之存在，相矛盾；卽自折回其思想與情意行爲，而還返於思想與情意行爲之合於當然者。此中，人之自己成學，與對人成教之道，不只一端，要在視人與己之根器、其當下之思想行爲之情形，以定何者爲人己所堪受，能得進益者，而用之。大率上述之三者中，唯大根器之人，能有第一種之直接面對當然者而懺悔，亦堪受人之直本當然而對之之斥責。能有第二種之見及自己或他人之另一合當然之思想行爲爲模範，方能間接對銷其不合當然之思想行爲者，爲中根。至其必於思想行爲之涵義，推致其極，方見其不合理性，知折回還返之道者，爲下根。人之思想行爲之習於不合當然者已深，則懺悔斥責，恒無實效。人之思想行爲之局度不開展，或心靈不大者，則恒難以他人或自己之另一之合當然之思想行爲爲範，以成其對銷其不合當然之思想行爲之功。人之推理之力短淺者，則恒不能次第引申其思想行爲之涵義；以至乎其極，而自見其不合當然。此三者中第一者，人之面對一當然的理想，而知過卽改，乃係於人之生命存在心靈之强度。有此强度而後人「有不善未嘗不知，知之未嘗復行，」而其當然之理想，乃能自直上直下，以澈於現實生活之中，以化實然者使皆合乎當然。第二者，人之認知彼人或我之一切合當然之思想行爲之事實上之存在，而以之爲範，乃係於其生命存在心靈之廣度。有此廣度，乃能持載人我之其他善言善行，而以爲自範。第三者，人之本推理之力，以次第知非者之非，知是者之是，則係於其生命存在心靈之持續之度或久度。有此久度，人乃能有成始成終之恒德。人之生命心靈，其對當然之理想，持之之强度、廣度、久度之不同，皆關於人先天之氣質；而人之成學成敎之道，則大率有此三者之不同。唯生命存在心靈，能直下承擔一當然之理想爲高明。高明之極，爲聖人之高明配天。唯生命存在心靈，能持載人我之善言、善行，爲博厚。博厚之極，爲聖人之博厚配地。唯能次第去非者，成是者，以至於非者皆無不次第去，是者皆無不次第成，以成始成終，爲悠久。悠久之極，是爲聖人之悠久無疆。以此三者之至極爲標準，以言人之氣質之偏差，則生命存在之强度不足者，當求日進於高明；其廣度不足者，當求日進於博厚；而思想行爲之不能持續而無恒者，當求有恒以至於悠久。此則人之所以實成其道德生活，以至成聖成賢之道。此卽通中庸之義而說者也。

一〇、略說東西道德思想之方向

東西思想之言道德者甚多。大率西方之爲道德學倫理學或人生哲學之論者，多未能面對道德實踐之境，依其性相之如何，作如實說。恒意在關聯於宇宙、人生、社會、文化，以說道德在其中之地位，並爲若干道德理想，建立理由，擧陳道德德目，與道德原則，以供人遵行；而不知道德實踐境乃自爲一獨立之人生境界，而一切宇宙人生社會之事，在此境中，卽別有其相；固不必先說宇宙、人生、社會文化之事，而將道德置於其中，由其與其外者之關係以說道德也。西方之道德思想如希臘蘇格拉底，以道德卽知識，此乃謂不知德不足以成德。然德之自發者，固不必皆待知德而成。今必關聯知識以說道德，卽非直接面對道德實踐境而說之也。柏拉圖、亞里士多德更謂德性，爲使人生之知情意之各種活動，和諧配合，以得完全幸福之方。國家各階級之人，亦賴各有其德，乃爲一以公正成治之國家。此未知道德之非只得幸福之方，而自爲一目的之義，亦不必連國家而說者也。伊壁鳩魯派以道德使人自得其樂，斯多噶派，亦不連國家，而說道德爲使人之生活合於自然之大法。前者不知道德之生活，亦可爲不畏苦，而超乎快樂之想；後者則以自然宇宙爲本，而論人如何與之調和之道，皆非尅就道德實踐之世界，自爲一世界而言之也。中古思想之言信、望、愛之德者，在求超升天國，乃以道德爲得天國之道福之方。其言道福，雖較希臘人言幸福者，更具超越神聖之義，然以道德爲達此道福之方，亦非以道德自身爲目的之論也。近世西方功利主義之流，以道德爲成就世間人最大多數之最大幸福之說，其幸福之義，更偏在自主觀心理上之快樂言，與伊壁鳩魯派相近。然言最大多數之幸福，則重道德行爲對社會之效果，亦非以道德本身爲目的之說也。近世西哲斯賓諾薩，能言道德之本身卽幸福，而非求幸福之方，其義已高於前此之一切說矣。然其所謂道德者，要在自個人之情欲解脫，而得自由之義，其言愛人，是於彼同類之人之存在中，見其自己之存在，故愛人卽自利。此則不知徒於他人中見己與之同類，亦可使人更陷於一般所習之生活境界，而反不能自其中解脫。此則未知重愛人助人，足以成其自己之超升之義，如本部之所說者。其以道德卽幸福，亦尚存以幸福言道德之遺。此則不如康德之能言人之道德生活，初只是依理性自定規律，以自奉行，只見當然之義，而不見利之道德意志，能對道德生活之本相，作如實說也。緣此道德意志，而人之成其道德行爲、道德人格之道，卽在人之不相視爲工具手段，而以各爲一目的之道相待，爲道德規律之本，而人與人得相尊相敬，以合爲一道德王國，爲人道之極。其義皆甚美，亦合於人之道德實踐中之道德心靈之本相之語。然康德言人依理性以自定道德之規律，而自遵行，卽爲道德，則人大可自限於所易行者，以自定規律，卽可無崇高內容之道德。如其論道德書言道德律時所舉之例，如不自暴自棄，不誑語，助人之急等，卽皆平庸而無崇高內容之道德也。又康德言道德只以理性爲本，而忽人之情，遂以凡人由他人之情感所引起之同情共感，皆非人之道德之所存。其意乃以此皆出於被動，非出於理性之主動。此則不知此他人之情感之引起我之同情共感，只是外緣；我之同情共感，亦出自我之道德主體，而其中亦有我之自我之超升之義，存乎其中，以爲康德所言人之能敬我外之他人之「敬」之本者在也。此外，人對人之感恩報德，以及忠信之相結，亦同出於情。人對人不視爲手段，而相視各爲一目的之相尊相敬，其中亦有情在也。至於人之懺悔、愧恥、憤悱之心，爲人之道德生活升進之大動力所在，康德更未能識。而此等等，固皆純是一情也。康德唯拘拘於言人依理性之自定一普遍規律，自遵行，爲道德，而不知人若不能先在其現實生活中，面對他人之存在，而先有彼此之同情共感，於共同生活之事中，實感此我外之他人之存在，則人未必能依其自覺理性，自定規律，以平等待人，其自定者固亦可旋自舍之，自定者亦可自不奉行之也。後此之菲希特，則知道德生活自始存在於人與我相對之「行」中之義，又知人若不與非我之我相結，則我之自覺不成，人之覺自，與覺他，乃俱時而立。則可謂更能知上文之義，而亦更重人之共同生活中之德行，故能言對社會國家之義務。然菲希特由此而視社會國家如一大我，則此非在社會國家中之人我互助之事所必涵。人我互助，可止于各相視爲一道德心靈、道德人格，而互敬互愛，不必由此以推知其上必有一大我之存在也。至於後此現代西方言道德生活者，如倭鏗言精神生活，柏格森言開放道德，則意在通於宗教或宇宙生命，亦非限於就道德境界而說。唯馬克斯希納 Max Scheler 對愛、與哈特曼 Nicolas Hartmann 對各道德價值，能作現象學的描述。哈特曼尤能於希臘至近世之尼采所重之德性，只就其爲道德價值，而次第描述之，其言道德價值有不同之量向，自由非理性之概念，亦不由一超越之大我之理性決定，其言皆甚善。然其言又輕忽道德生活爲人之自定規律，及其目標在求道德人格之完成之義，更未知：此人之道德之價值，不可虛懸而論，道德價值雖有不同之量向，然亦自可次序相生、互相照映、彼此感通，以存於人之道德心靈。故其描述人之道德價值，只是一一散說，而無所統攝，不能見有一整全之道德實踐境之存在。至於詹姆士、杜威之實用主義，言道德要在自其對社會文化之功用言，亦非面對獨立之道德實踐境而說。下此如英之摩耳 G. E. Moore 之論，辨析道德概念，其後繼者之本語言分析以分析日常之道德命題，則雖時有精義，而非意在展示一整全之道德境界，則甚明也。

至吾人茲編之所論，則雖未嘗就道德實踐境中可有之一一之義，擧而盡論。然要在直面對道德實踐境，而如實說，以見人之實有一道德生活之世界，足以自立於天地間，而一切宇宙人生社會文化之事，皆無不可同爲人之道德生活所涵攝，而更由此生活而變化其事、及其價值、與意義。此道德生活之境界，實一至高而可自足，而無待於外之境界。無論現實世界之爲如何，人在此世界所遭遇者之如何，皆不能絕對礙及此道德生活境界之存在。而世間之思想之能知道德生活境界，爲一至高而可自足無待於外之境界，蓋唯中國儒家之學，足以當之。吾本篇之意，亦本諸儒者之言道德之諸共同之切實義，而更爲之申說。然儒家之言道德生活之義，尙有其上達天德、天命、天理、天心之一面，爲儒學之高明義之所存。此則當於最後一篇天德流行境中再及之。然要之，若論東西思想中，孰爲最能代表道德實踐境者，則以儒家爲代表可也。

唐君毅全集卷二十四

生命存在與心靈境界 下冊

——生命存在之三向與心靈九境——

臺灣學生書局印行

目錄

生命存在與心靈境界（下）

第三部　超主觀客觀境

第四部　通觀九境

第三十章　論生命存在與心靈之主體

後序：當前時代之問題——本書之思想背景之形成及哲學之教化的意義……四五三

生命存在與心靈境界

下冊

本書於一九七七年九月由臺灣學生書局初版，分上、下册。一九七八年再版。全集所據即臺灣學生書局版，並經全集編輯委員會重新校訂，仍分上、下册。

第三部　超主觀客觀境

第十九章　歸向一神境——觀神界（上）

一、泛論此後三境之為超主客觀之不可思議與思議

吾人前所論萬物散殊境，依類成化境，功能序運境，皆人之心靈主體，相對于客觀世界所成之境。感覺互攝境，觀照凌虛境，道德實踐境，則皆以吾人之感覺心靈、觀照心靈、道德實踐心靈之主體，自作反觀，而以主觀攝客觀所成之境。茲下所論歸向一神境，我法二空境、天德流行境或盡性立命境，則皆為超主客觀之相對之絕對境。茲篇卽直就此境之歸於唯一絕對眞實之完全者之神，而名之爲歸向一神境。下二篇更論餘二境。

此人之能有此超主客觀之相對之絕對境，在前所述之六境之上之外者，以人之心靈，旣能分別依主觀之覺客觀、與主觀之自覺，而見及上之六境，卽證人之心靈之可更自覺其有此

所觀之客觀、與能觀之主觀，以成此六境之能。則此心靈應爲能自超於此客觀與主觀相對之上，以統一此相對之二觀，更成一超此相對，而非主非客，或通貫此相對，而亦主亦客之絕對觀，而於其中見一絕對眞實境者。

此絕對觀所觀之絕對眞實境，可稱爲形上境。此形上境，不同一般哲學中之宇宙觀之境。一般哲學中之宇宙觀，乃於一主觀觀點中，觀宇宙萬物，更見此萬物之呈於此主觀觀點中之性相等。此乃先設定所觀之宇宙萬物爲實有，觀之之主觀觀點爲實有。在今茲所說之形上境中，在其有超主觀客觀之意義上，則可不先設定宇宙萬物爲實有、主觀觀點爲實有，其兼統主觀客觀之義，可爲其第二義，而在此兼統主觀客觀之義中，亦可全泯除一般宇宙論中之主觀觀點與所觀客觀宇宙萬物之相對。

對此超主客而統主客之形上的絕對眞實，東西之哲學、宗教、道德等思想中，有種種名說之。如東西思想中之天、帝、元、眞宰、太極、太虛、太和、道體、太一、至無、至寂靜者、梵天、眞如、如來藏、至眞實者、有一切者、絕對者、完全者、至大者、至微者、無限者、永恆者、最究竟者、最根原者、至美至善者、絕對公正者、爲一切愛、一切德之本原者。此諸名之義，雖不同，然其所指向，爲一超主客而統此主客之形上實在，則無不同。此諸名之義，多皆是由消極的非世間之眞實之義，以指一積極之存在者。其指一積極之存在者，亦同時多少有說其非世間之眞實之消極義。此諸名之字面上之義，亦恆不能盡其所指之絕對眞實之義。於是，此中之名，卽恆純是一指標，有如道路上之指標，以指向一超世間之絕對眞實。人由不同之來路來者，可由不同指標，以向於一路。人之自不同之思想來路，以思想此絕對眞實者，亦可有此不同之名，以指向此絕對眞實。然此中爲指標之名，所指向之絕對眞實，可爲人所不先知，而其意義，卽非確定。又其所指，旣爲絕對眞實，亦不能以一般表相對眞實之物之名，限制其義，使之如一般之名之義之確定。然人對此爲指標之名，雖不能確定其義，亦須先有其名。如路上之指標之必須先有，乃能導人行於某路。此中有名，卽可導人次第往思其義，故名卽是「道」，如基督敎「道成肉身」之道，原義卽「名字」。然以人之思想此眞實之思想，來路不同，故其指向一道者，亦可有種種不同之名，而各名之義之不確定者，其指向亦可確定的交會於一道。然其名所指向，雖交會於一道，其名原有之義，仍恆不能盡表人於此一道上之絕對眞實，所次第見及之義。由此而人以有某一義之名說之者，亦恆須兼取表他義之諸名，爲之解釋。人亦可更感到：卽合此諸名之義，以及一切人間語言之義，以表此絕對眞實，仍不能盡其於此絕對眞實所見之義。故人亦可更說之爲離言者，不可說者，爲不可道之道，不可名之名，不能以名言之義，思之論之之不可思議者，亦不可想像者，超理性之運用或非理性之所及者。而人對此絕對眞實之思議，恆歸於言其不可思議，則同時開人之否定此絕對眞實之存在之思想之幾。以其既歸於不可思，則亦可不思之爲有、爲絕對眞實；既歸於不可議，則亦可不議之爲有、爲絕對眞實；則此表絕對眞實之一切名言，與其義，應皆同廢。然謂此絕對眞實爲不可思議者，雖可開人更不思之不議之機，而不能使人自始對此絕對眞實，不加思議。因謂絕對眞實爲不可思議者，非自始不思之、不議之。乃思之，而後見其不可思，議之，而後見其不可議。則無其先之思議，亦無其不可思議之可說。則難者不能執此最後所言之不可思議，而謂人開始之謂其爲眞實存在，而思議之之事，與思議之之言與名，皆不當有。于此開始點之是否可謂此一超主客觀之眞實存在，乃不可思議，不當思議，方爲此中之論辯之焦點。

此中人之可說此絕對眞實自始不可思，不可議，亦不當思，不當議者，要皆直至思議原只是思議現實上實有之客觀境與主觀境中之事物上立論。人之思固能思萬物散殊於天地、及萬物之性相；能思由此性相而定之萬物之種類，能思其種種因果關係，能思人與其他人物之感覺互攝所成之時空界，能思一般文字之意義、數、形量等之眞理與美，能對人所在之宇宙，與其現有之人之生活、現有之眞知識，有一宇宙觀，人生觀、及知識觀，能思人之道德生活行爲中，所見之人之德性，而更以名言議之說之。然人似不能更超於此一切主觀客觀之境之外，更有所思所議，以其似非人之思議所對之境，則亦不當爲人之所思所議也。

然此所謂人之思議，原只是思議現實上實有之客觀境，主觀境，亦不能證明人必不當思議超此二境之境。因人之思議之原是如何者，非必當永是如何。原是如何，乃實然命題；當是如何，乃當然命題。謂當不當，有一道德意義。而在道德上，無人有必然之理由，以謂人于此之不當如何思，如何議。人思一超越主客之境，無道德上之罪過，人亦應有此一思想之自由。卽自實然之事實上說，人類亦事實上已有對此超主客境之種種思維，與種種論議。人之思議，實際上已非只停於思種種主客境中之萬物散殊之性相，與其種類等，卽已非停於難者所說之「原是如何」。於人之思議，自歷史上論其原是如何，則人所初有者，正原是對超主客之鬼神等而有之思議。人類思想之早期，固原是以宗教思想，宗教言說為本也。今若謂人類思想已由此宗教思想，進至此對萬物散殊之性相、種類等，可實證之科學以至道德之思想，則進至此者，應亦可再進。人類未來之思想，豈不可再回復此類宗教思想、宗教言說，與超主客觀之鬼神或形上眞實之思想？則依人實有之思議如何，以論此思議形上實在之當不當有，固可由人實有此類思議，以謂其當有，正如人可自人之思議之有實非此類思議者，以謂其不當有也。則二者同無決定之理由。今純自此類思議本身道德上之當不當有上看，則此諸思議，不特無道德上罪過，亦正可說為由人之道德生活實踐中所引出，而亦正可說其為當有者也。

吾人前於道德實踐境中，謂人爲成其道德人格，有其道德理想之實踐，而不惜殺身成仁，捨生取義。人於此能殺身捨生之人格，恒由見其能自覺的接受死亡，而見其心靈與生命之應超於此死亡之上。人於此卽恒覺其死而未嘗不存，而或卽直感一鬼神之存在。此外，人於其所親愛、所崇敬之人，亦恒由人之依其道德心情，望其生而不忍見其死，而於其死後亦恒信其鬼神之尙在。此外，人在道德生活中，又恆覺其己力之不足，以自去其不善時，而祈禱鬼神，或天帝之相助。此皆出於人之道德心靈，而不能謂其不當有之事。則人由此而肯定此鬼神天帝之超越吾個人之主觀心靈，與一般所知之客觀現實世界而存在，亦不能謂其不當有。以人之道德心靈爲當有，則由此心靈而自然生起之肯定與信仰等，卽爲此有道德心靈者所亦當有者矣。

人於此恒謂人於此所肯定信仰爲有之鬼神等，唯是人之主觀心靈上之有，非超此主觀心靈之有。然此實非相應於人之謂其有之心靈，作如實說。因人在此時，並非謂此鬼神之有，只爲主觀心靈之幻覺，卽非以爲只在此主觀心靈中有故。人在此時，乃感其既非一般客觀現實之有，亦非只主觀心靈中之中之有。故人謂其有，亦是謂其爲超此一般之主觀客觀之上之有。則若於此，謂其有，非不當有，而爲當有，卽同於謂：人之肯定信仰此超主觀客觀之上之有或形上世界之有，爲當有之肯定信仰矣。

吾人上文謂人之肯定信仰此超主觀客觀之眞實之形上世界，爲當有；則於人之對形上世界，加以思想，加以議論之事，亦卽不得謂爲不當有。此人之對形上世界加以思議之事，卽形上學之事，亦人之形成一超主觀客觀之境之事。此卽吾人今所將從事者。至於人之爲此形上學之事，而思議形上世界之事，恆當更思其不可思，議其不可議，亦不可謂其有矛盾。循前文所說，思議是先事，思其不可思，議其不可議，是後事。必先思至極，至於無可思，而後思其不可思。此思其不可思，仍由思而引致。必先議至極，至於不可議，而後議其不可議。此議其不可議，亦由議而引致。此思至極，而止於不可思，議至極，止於不可議，仍是當有的思之學、議之學。有如人一切日常之思，止於行，一切日常之言，止於默，人仍謂日常之思與言之學爲當有也。此中之思之事、議之事，自有種種困難，亦恒不免先經種種不當之思、不當之議，然後其思與議，乃漸有當。此亦是學。有如人之日常之言與思，同恒先經不當之思、不當之議，乃漸有當。一切學皆是由不當至當之歷程。若對形上學之思，必歸至不可思，方爲至當，至不可議，方爲至當；此思議，亦仍是人所先當經之學。不可以其歸在此不可思不可議，卽謂此學之自始不當有也。

此形上學之思議，其肯定有一超客觀主觀之實在，雖同於人之肯定有鬼神之實在之類。然又不全同。此不同，在人之肯定有鬼神之實在，初原自人於他人之死有悲嘆惶惑之情，更不容已的直感其爲一超越之實在。然人既有此直感，而見此現實世界中，實無此情上所直感之鬼神之存在，人卽可只有此一悲嘆惶惑之情，更無此直感。人更可初有此一情，而時移境遷，此情又逝；更不能由此情，以進而直感鬼神之有。又人之有此情，而直感鬼神之有，更相續信其有者，亦恒不欲强人之有同一之直感，與同一之信，更不必以理由論證其有。則感者信者謂有，未感者不信者謂無，互不爲礙。然爲形上學之思議者，則始於思一超主客之實在，爲理上所必當有，恒以理由論證其有，以期人之同信。而其所歸，恒不限於證此人所崇敬，所親愛之聖賢忠烈，與所親之人之鬼神之爲有；且必更謂一鬼神之世界爲有，以合爲一純精神之世界，以歸至絕對之精神實在，如天或帝，或絕對者…等名之所指。此其所以必歸至此純精神之世界，絕對之精神實在之故，亦可得而言。

此中之故，卽在人初之只信其所崇敬親愛之人之鬼神爲有者，原依於人之道德心靈之情而謂其有。然依此情而謂其有，卽必不忍此諸鬼神，唯是孤懸於上，無所爲侶，亦無所依恃。而彼鬼神者，既無世間之人物之形質，以相爲礙，則其超形質之心靈生命，便似應互相映照，以結爲一體，以合爲絕對精神實在。至於人之對此絕對之精神實在，必更謂其爲一無限之心靈生命之存在，遍在而永恆，具一切德，有一切能，足爲此現實世界之主宰者，則由人於此若不如此思想之，則不足以見其超越於吾人所視爲「亦爲無限，而歷無窮時間空間，其中之人物亦有種種德、種種能，其類亦無窮之現實世界」之上。則吾人對此精神實在之信念，將不能自持，而還將落於「對現實世界與其中之事物之無限」之思維之中，而更執此後者，以疑此絕對的精神實在之實有、與吾人所崇敬親愛之人之鬼神之實有，而亦違悖吾人之初信此鬼神等爲實有之道德心靈矣。故人之肯定信仰一超主觀之形上實在，恒歸至於肯定信仰：一絕對之精神實在，其無限、遍在、永恒、具一切德能、能更超越於現實世界之無窮，及其中一切人物之德能之上，而完全備足現實世界人物可能有之一切德、一切能者；然後人之念此精神實在之存在之心，方能自持此精神實在，于現實世界之上一層位，以爲此現實世界之主宰；以免於人之對之不加肯定信仰之疑，而還降落而只執現實世界爲實在之危。此則唯由人之肯定信仰此精神實在之心靈上，恒不得不求歸於此，以言人之所以恒必歸於此之故也。

人之心靈之恒必歸於信有一絕對之精神實在，是一事。人如何能全部心安理得，以持其信仰，又是一事。此則由人既先知有現實世界之存在，更信有超越於其上之絕對精神實在，能主宰之；則此二者，卽成爲一上一下，互相撐持，亦互相對抗之局面。人若對此在上者之信念重，則對此在下者之信念輕。此輕重之勢，恒一起一伏，輕重之情，亦一勝一敗；而如只永成一互相撐持對抗之局面。在此局面中，此精神實在，似對此現實世界，未能全加以主宰。然當人謂其對此現實世界，能全加以主宰時，又未必謂此現實世界卽呑沒於精神實在之中。因人若念其能呑沒此世界，使至於無，則無世界爲其所主宰，而不能稱爲主宰世界之精神實在，便又與人之初乃由其生於此世界，知有此世界，而後信有此精神實在之始事，互相違反矣。由此而人之如何思議此精神實在與世界之關係，便有種種形態之不同。吾人今循人之由前六種主觀客觀境，以進至說此精神實在之有，則當說此六種主觀客觀境中之現實世界，原有自行超化升入於此精神實在之世界之義，而此精神實在之世界，則對此現實世界，有一「既加超越，又加以涵融，而渾化其分別，亦內在於其中，以成其主客境之眞實通貫」之關係，而歸於言此關係，亦同時引人由對此關係之思，至於超思議。此超思議之事，乃實證之事，非思議事。然人之一般宗教思想與形上學，不能驟及於此中之義，卽只能循序而漸致。

二、人類宗教思想與西方歸向一神之哲學思想之發展

在一般宗教思想與若干形上學中，人之思此一形上之絕對精神實在，乃在其與現實世界上下支撐對抗之局面中，思之爲一直接統一主客而超主客之存在，爲一超越之人格神，或一絕對之個體，絕對之我。在西方猶太敎、基督敎傳統中之耶和華，對人之問其名者，卽謂「我是我之所是」(I am that I am)。此耶和華初爲一戰神，而普遍化爲猶太民族之祖，

更超升爲天地萬物之創造者。故在其未造天地萬物之時，世界爲無有。此卽將此絕對精神實在之超越世界之義，充極其量，至呑沒世界，化世界原爲無有之一思想，作其宗教思想之始點；然後更說一其如何創造出此世界。此世界原爲無有，其有，出於耶和華之自由意志，其有後，卽亦原隨時可以因耶和華之震怒，而使之無有者。耶和華於其所造之人之犯罪過者，不全加以絕滅，而留亞伯拉罕，已爲開恩。耶和華懲罰人之罪過，時重時輕，不全依理性，人亦不當怨望。舊約中對此耶和華之喜怒之記載，其合理性，合正義者，乃依人之道德心靈所可知，其不合理性，不合正義者，則當爲作舊約之人，自將其不合理之喜怒之情，投入耶和華之所成。後之信耶和華者，必將此不合理者，亦一一加以合理化，或神聖化，則形成無數神學之辯論。在此諸辯論中，人更互斥其言之不合理，或褻瀆神明。大率猶太民族後來之先知之言與耶穌之言中，漸重上帝爲純愛者之義，遂不重上帝爲本正義律法，以賞罰人者之義。耶和華亦由爲多震怒之猶太民族之人格神，化爲一以愛心爲本之一切民族之上帝。然據新約，上帝尚須化身爲人，爲人贖罪，方得自息其震怒。自此以後，基督教之上帝，亦仍是愛心與震怒雜揉，故後之異端審判，宗教戰爭，皆可自謂是順承此上帝之正義之震怒之情而應有之事。此猶太教基督教之上帝，亦卽一方愛世人，愛世界，而亦意在征服「世界中一切與之爲敵之人，以與此一切爲敵之人之世界相對抗」之上帝。此一宗教傳統中之上帝，初爲於世界，未有之先而在，更造世界，使其中有與之爲敵之人。卽見此上帝，如一開其自身之一爲二，於此二中，自造一矛盾之上帝，亦卽於其自身之無罪惡之中，造出一世界，其中有罪惡存在，以與其自身相矛盾之上帝。此乃爲之人之一般思想，所不可理解，人之一般議論，所說不通者。此卽爲此一宗教思想傳統中之一大不可思議。然人於此大不可思議，當頭便遇，來得太快。則謂之神之奧秘可，謂之只爲一獨斷之教條，而直下非理性者亦可。故重理性之哲人，亦恒不能通過此獨斷之教條，以達於此上帝之爲一絕對精神實在之眞正了悟。

猶太教基督教之傳統，信絕對精神實在爲人格神，乃以吾人前論萬物散殊體中之絕對、個體之我之觀念，說此精神實在。其以上帝爲創造天地、與一切類之物者，乃以其爲第一因，爲一切萬物之類之原之觀念說上帝。此乃本吾人前所論之依類成化境與功能序運境中，所謂類與因果觀念而引致。然此傳統之說此精神實在，要在說其爲一絕對個體之我之一義。至於印度宗教中之梵天，則雖亦爲自在之大我，亦爲世界之第一因，但印度宗教更重其爲生出一切類之物，能創造一切世界者之義。此梵天無時不在一歡喜中創造世界。故其所造之世界，不限於某一民族或此人類之世界，而無量無邊，不似耶和華之只造一世界；而其對世界之執着之情輕，放任之意重。由是而此上帝對其所造世界之有罪惡等，未嘗如耶和華之時生鉅大悔恨憤怒之情；對其所造之任何世界，亦不似新約中上帝之特具一關切的愛心。由此而導致佛教無主觀之我、無客觀之神，以超越主客之分，以佛心佛性爲神聖之論。若乎中國古代所信之天，則更不言其創造世界，亦不言其爲一「我就是我」之絕對我、或第一因，或一切類之原；而只本此天之德性，言其爲世界之主宰，以超臨鑒照於世界之上，而亦包涵世界於其化育之中，而與世界之生意相關。故其震怒之情，亦從未至於欲絕人類而後快。此天此帝，若作一絕對之精神實在解，卽最合於吾人所將歸至之「世界自行超化，以入於此精神實在；而此精神實在，對世界既超越，又加以涵融渾化」之論，由此而導致儒教之以世界中人之盡性立命，卽見天德流行，以通貫主客之論。然吾人下文，則不擬論此東西之宗教思想，而將直論東西哲學中對此絕對之精神實在之義理。在此部中，將偏在自西方哲學，論此統主客以超主客，以歸向一神之論。於下二部之我法二空境、與天德流行境，方能及於佛教如何由破對主觀之我與客觀之法之執，以直下超越主客之分別境，以及儒教之如何由盡性立命，見天德流行，以通貫主客爲一之境也。

在西方哲學中謂絕對之精神實在爲上帝者，其說初以帕門尼德斯之太一之說，爲基本之形態。此太一，乃絕對之一存有，而無無，亦無變化者。故以一切世間事物之多與變化爲假象。此卽以此太一之超越實在，直下呑沒世間事物之假象之說。在柏拉圖之哲學，於造物主外，設有理型世界，謂上帝爲觀照理型，以製造物質成萬物者。其謂物質能接受理型，而表現之，則亦多少意在兼「救出世界」。亞里士多德以上帝爲攝此一切理型，於其內在之理性的觀照思維之中，亦尙存物質於其外。直至基督教之神學思想起，乃謂上帝自無中創世界，而物質亦其所造。然此世界畢竟爲自有，或上帝造，在多瑪斯，已認爲自哲學理性言，兩皆可說，故人亦可直信舊約之啓示，謂世界由上帝造云云。依此神學思想，上帝之造世界、造人，原無理性上之必然理由。然在世界中之人，何以必須信上帝？則以人爲有理性者之故，反須有一理由。中古思想中之安瑟姆，遂謂人信上帝存在之理由，卽在人之上帝觀念自身爲一至大者。至大者必包涵存在，否則不能爲至大者。此論正遙契巴門尼德斯由存有之觀念中，不能有無，以謂眞實之存有，爲一充滿之全體者，同爲一純思辨的論法。唯巴門尼德斯直下自存有觀念中，只包涵存有，以說有一全體之存有，而安瑟姆則自上帝之觀念必包涵存有，以說上帝之存有耳。多瑪斯則以此安氏之論爲不然，而必欲由世界之存有，以推證上帝之存有。其論乃承亞里士多德世間物之動，必有第一動者，爲動力因，以生原始動；更言智者必有更智者，最智者；又言物有不同完全之程度者，必有一最完全者；再言萬物之行動有其目的之安排，必有安排此目的者；更言世間之物爲偶然之存有，必有爲必然之存在者等；以論證上帝之存在。此中以世間之物爲偶然之存在，可在可不在，則由在中古宗教思想中，人對人生與一切事物之存在，原覺其隨時由上帝之震怒，而不存在，原有一一特殊之感受而出者也。

此中古之安瑟姆，對上帝存在之論，稱先驗論證，多瑪斯之論，稱後驗論證。對此二論證，在中古後期之鄧士各塔，已謂先驗論證，只其自身爲不矛盾，不能論證上帝之客觀存在，而較取後驗論證之說。然又謂此後驗論證，只爲概然，非必然。則上帝之存在實非論證所能決定，而要人之自起信心，以直下承擔。然安瑟姆、多瑪斯之說，終爲近世哲學所承，而有笛卡爾、來布尼茲、斯賓諾薩等對上帝存在之論證。康德除未論及斯賓諾薩之說外，更歸納前此之上帝存在論證爲本體論、宇宙論、目的論之三論證，更謂其皆原自純粹之思辨理性，亦皆不能證成上帝之實有。在康德之知識論中，卽只以上帝爲人求知識之系統化之理想中，一軌約性的統一理念。此理念，乃一人在知識境界中，不能決定其是否指一實在者。唯在人之道德生活之理想中，人又必設定一「善與福合一之理想之實現」，而唯有一眞實之上帝之存在，能保證此實現。康德又論：在人對自然之審美的判斷中，可引起壯美之感情，而此情又契合於人之道德生活上求自我超升之超越目的。本此超越目的以觀自然現象之似無目的，而只依機械定律而有者，則亦卽未嘗不可與其合目的者，合以見一自然之實有一超越目的，爲自然現象之全體之所向。而此自然之超越目的，則應內在於眞實存在上帝之心靈中云云。康德遂在人之此道德與審美之境界中，由上帝之當有以證上帝之實有，而更由自然目的之審美的觀照，以印證其實有。此卽成一大迂回之證法。後康德派之菲希特之說，則要在由人之道德生活中，與我之普遍的道德心靈之統一中，言上帝。席林則初由人之審美生活所見之精神與自然之統一中言上帝，後更由上帝與世界之相對相涵中，言上帝。（註）近世斯賓諾薩則兼物之形與心之思，言上帝之屬性，而黑格耳又更多取於斯賓諾薩言上帝與世界之同一之義，以言上帝之自客觀化爲世界中之自然，而自覺其自己，於人之精神活動所成之社會國家、藝術、宗教、哲學之中。上帝之充量之自覺其自己，在人之精神活動中之哲學，而上帝卽同於哲學中之絕對理念。後英新黑格耳派拍拉得來、鮑桑奎，皆以絕對代上帝。然與黑氏同時之叔本華，則已否認此西方傳統之上帝之存在，尼采承之，謂上帝已死。後此之法德英美思想潮流，更趨於實證主義、現象主義、實用主義，實在論之流。英之新黑格耳派至麥太噶，亦謂只有一一個體人格精神心靈之存在，以愛爲其統一原則，外此亦更無上帝與總包一切之絕對。此外唯懷特海爲成其事之哲學，而設定上帝爲說明世界之理性的秩序所必須。上帝爲先

註　此席林晚年之說，一般人多忽略。美人哈特雄 C.Hartshorne 哲學家論上帝 Philosophers Speak of God 一書之介紹，可參考。

世界事物，亦後世界事物者，略同席林之以上帝與世界爲相對而相涵之論。吾人於第二部中，亦嘗略及其說。至於此外現代之神學之言上帝，乃只限於神學上之需要，人之精神或內心生活上之需要或渴望爲說。此今之存在主義所宗師之杞克果，已自人內心之渴望，說上帝之存在。然需要者亦可不需要，則亦無證明上帝存在之必要。如巴特 K. Barth 之辯證神學之言信心，更明言其非理性之所能建立，亦無由理性建立之必要。今之神學家如田立克 P. Tillich 謂宗教所以表現人之究極的關心，亦不重對上帝存在之證明。今之爲存在主義與分析哲學者，亦多謂上帝之觀念，宜放逐於哲學之外，此卽西方上帝之哲學發展之大較也。

觀此西方上帝之哲學之發展，其根本問題仍在上帝之對世界爲超越或內在之問題。若上帝爲絕對超越於世界，則恒導致以上帝吞沒世界，世界可有可無之論。若上帝爲內在於世界中之自然與人類之歷史文化中，則上帝又可沉入於世界，而失其存在。此爲對上帝之思想之根本上之兩難。大率由希臘至中古思想之發展，則上帝乃日成爲超越於世界之上者。中古之末至今，則上帝日益內在於世界，而沉入於世界。懷特海則欲兼保存上帝之先世界性與後世界性，旣超越世界，又內在世界，以與世界互相涵攝。美人哈特雄 C. Hartshorne 發展其說爲「泛有神論」Panentheism（註）其旨與吾人之意亦最近。然懷氏之哲學，重在以上帝說

註　哈氏哲學家論上帝一書中之導言、結論、及對各家上帝論之評論，卽見哈氏之說。

明世界之事之流行，乃一事法界之哲學，而非以成吾人對上帝眞實存在之認識爲本之哲學。其將個體存在、個體人格，化爲事之相續，亦不足使此人格，升進於至與上帝覿面相遇之境，以實證上帝之存在，及其爲世界之所自出、所還歸，而實證上帝與世界之相涵攝。此則不如中古之安瑟姆，至近代之康德，能正視此上帝之眞實存在之如何證明之問題者。故吾人下文之討論，亦將於此懷氏之說，存而不論，而將先更重檢討康德所歸納而成之西方傳統思想中對上帝存在之本體論證、宇宙論證、目的論證之說，更益以斯賓諾薩、來布尼茲、菲希特、黑格耳以下至神秘主義之論，以見上帝之爲世界之所自出，亦世界之所還歸、上帝與世界之相涵攝，在何義上可得實證而成立。亦卽此一上帝之絕對精神實在之說，在何義上可得實證而成立也。

三、西方之上帝存在之本體論論證之思想應循之正途與其歧途

此西方之上帝爲一絕對眞實存在之說，乃循其宗教中之人格神之說所發展而成。其宗教中之人格神，乃一絕對之個體，故其哲學上之思此上帝，亦初乃視爲絕對完全之個體。其完全，乃對照世間之一切個體之不完全而見。世間之個體之不完全，見於其有未能實現之本

質，而有潛能。則一完全之存在，即當爲無潛能，無未能實現之本質者。此卽謂其存在與其本質完全合一。此乃中古思想多瑪斯，承亞里士多德而來之義。一完全之存在，其中無未實現之本質，無任何可能之事物之本質，非其所實現者，而爲具一切可能有之事物之一切本質而全備者。全備者，卽一切本質皆存在於其中之謂，故同時涵有此存在之一義。此本體論論證，則要在言一有完全本質之存在中之「完全」之一義中，亦卽涵有其存在之義，以證此完全者之必然存在。則人由思一完全者，卽可引出其必然存在之義。人似原不難由補足此世間事物之本質之一切不完全之處，或綜此一切可能有之世間事物之本質，以成一完全者之觀念。今由完全者之觀念，又可卽引出其存在之義，則人對此完全者存在，卽可由人之能思完全者之一事，而得其證。此本體論論證之所以爲重要也。

此本體論論證之出發點，初當由觀於萬物散殊境中之個體物，所以有不存在，乃由其缺乏若干本質之表現。此個體物所表現之本質，卽吾人所謂物之性相。物有能表現之性相，亦有不能表現之性相。物之所以有不存在之時，卽以其有不能表現之性相，而不能表現任何性相之故。一物之爲他物所毀，卽一物之性相，以他物之表現其性相，而毀，而不能繼續表現之故（註）。

註　此在西方中古哲學，卽據此而謂「存在與其性相可分離」，卽有限而不完全的存在者，所以爲有限而不完全的存在者之理由所在。

若一物能繼續表現其性相，或於他物之表現其他任何性相之時，卽取之爲其自身之性相，則一物卽非他物所得而毀，亦爲無不存在之可能者矣。由此以推，則一存在若具一切事物可能有之性相，而全攝於其自身，則亦無不存在之可能。此當爲完全者必存在之思想之所自生。吾人可說：此一般個體物之所以不存在，乃由其所表現之性相有不全。此不全，爲其可不存在之理由，今若去此可不存在之理由，則無不存在之理由，而完全者正無此不存在之理由，故完全者必不不存在。此完全者之必存在，卽完全者必不不存在之謂，亦卽：非「不完全者」、或超於世界之不完全之物之上，而非「此不完全之物之類」者，必不不存在之謂。由此以觀，此完全者必存在之思想，初乃循世間之物之存在，未能完全，有所缺憾，而求補此缺憾之所形成。此「完全者必存在」中之存在之義，初乃取之於世間之物存在，亦卽初取之於人主觀心靈原能對世間之物直感其存在，而肯定爲存在；更以此爲基，再對此存在之消極的所缺者，更補其所缺後，所形成之一思想。此中吾人思某世間物之所缺者有多少，卽可補多少。其所缺者次第現於人心，皆次第補之；其缺者呈現，補其所缺之思想亦呈現；則人卽能思想一「非不完全之完全者之存在」。於此，人之思想中之「存在」之一義，有其所自來處，原無問題。因人初卽直接有取於其所肯定爲存在之物，而有此之中「存在」之一義也。於此，人之思想之所爲者，唯是就世間物之存在之有所缺憾，而不完全處，更補其所缺，以形成一非不完全之完全者。則此中人之思想初不負「完全者存在」中之「存在」之責，只負「補不完全，以成完全」之責。今此思想果能繼續自持，以於凡所思之不完全者，卽往補之，並思其無不可補，則此思想卽可直下形成一非不完全之完全者，於思想之前。人之此思想，果安住於其如此之繼續中，卽恒以此非不完全之完全者，爲其此思想之所面對，卽亦可無任何其他疑難之發生。在此無疑處，卽可對此非不完全之完全者，旣有一肯定，兼有一信心。此正當爲人之有宗教的信心者，其信有一完全者，其信心能繼續自持時之所思。故此有宗教信心者，於感其生活中客觀事物，或其主觀心靈中，有某一缺憾，輒卽信完全者之上帝必能補之。由此而人念及世間不完全之物，有某性相而缺某性相，而爲人所視爲不當如此缺者，若缺之卽致醜惡時，人卽轉而念上帝，爲超於此物之上，而包涵此物之所缺，而更無此所謂缺者，而爲完全，亦無此醜惡，而唯是美善。於此，人思一完全者，包涵此世間之一切不完全之物之存在之所有，而更有其所缺，亦卽同時思此完全者之超越於世間之一切不完全之存在之上，而可形成一包涵一切世間物之存在意義，而超越之之一超越的完全者之思想矣。此一超越的完全者，非由次第增加世間物之性相，以疊疊成一完全者。因次第增加，以形成完全，乃永不可能之事。以加再有可加，則必不完全故。然直接由欲補足世間物之不完全，而循上述之道，所形成之完全者，由于其爲完全者，唯直接依於超越不完全，而無不完全以顯示，則爲人之思想所能形成，亦其所能思之一完全者。而人果能凡於任何世間物之有不完全之處，見其有所不當缺之性相，卽轉而思此完全者中無此缺，並繼續自持此對完全者之思想，而安住於此思想，更不動搖，轉念生疑，人卽可當下形成一對此完全者之存在之信心。信心，卽思想於其所思，更不轉念之別名也。此中人之唯一之問題，唯在人之繼續安住自持於此思想，如何成爲一眞實可能？此則要在人之有能生發此思想之生活與生命。於此，只須人之生活與生命，能繼續生發此思想，以支持此思想之繼續存在，卽可繼續有此完全者之存在於其思想，而當下對之有一無疑的信心，則人卽無任何此完全者可不存在之問題，或完全者如何能存在之問題。此中之存在之義，原直取諸世間物之存在；唯此中之完全之義，賴思想加以成就；而人有繼續生發此思想之生活與生命，則人固不難繼續安住自持於此思想也。

然西方之以「完全者必存在」證明上帝之存在者，並不循上述之思路以措思，亦不自其於「完全者必存在之思想」，如何得繼續安住而自持無疑上措思，故亦不肯謂：「此完全者之存在」之中之存在之義，直取諸世間之物，人之思想初唯負一去除不完全之消極的責任，以成就一積極之完全者」；亦不反省：人之安住于此思想，賴於人之生活與生命，加以支持，更不問何種之生命與生活，乃能支持人之安住於此思想，以只有一完全之存在者在心，更無疑難，以成就其信心之道。在此西方思想中，乃以爲此人之思「完全者之上帝之存在」中之

「存在」，專屬於此完全者之自身，唯當由其自身導引而出，卽不能取諸於世間之物所原具之存在之義。故人必自始卽超出於世間之物之有限性相、與其有限存在之上，以純就此完全者上帝自身之爲無限存在上措思。此則不知世間之物唯在其性相之有限上，稱爲有缺憾、不完全，而不在其爲存在之一上，稱爲有缺憾而不完全。就此存在之義之本身而言，上帝之存在與世間物之存在，只同是一存在。人之通過世間物之存在，以思上帝之存在，於上帝並無所褻瀆。人若不由世間物知有「存在」之一義，更循上述之道，以補其性相之不完全者，亦不能有完全者存在之思想之出現，人亦永不能於此思想之無疑處，信有上帝。又彼以「完全者之存在」中之存在之義，只屬於此完全者，當由其自身導引出者，其目標只在建立此完全者自身之存在，而吾人之思想其存在，亦對之爲偶然之事。卽無論吾人是否思想之，其自身仍自存在。由此而人之思想之能安住於此與否，皆只是人之主觀之事。人以其生命生活支持此思想之安住，亦只是人之主觀之事，亦皆對完全者上帝之自身之存在爲偶然之事，而可有可不有之事，以上帝不賴之而存在故。若說上帝必賴之而存在，則上帝純爲人之主觀思想或生活生命中之存在，上帝卽將賴此人之主觀中思想而存在，而成一依賴的存在，非完全者矣。因完全者不當更有所依賴以存在故。然實則凡此之說，皆由不知吾人之謂爲完全者之上帝自身存在，必同時對吾人之思想此完全者自身存在之思想，而存在。由人有完全者之觀念，以證此完全者之存在時，人卽是自其思想中所對之完全者而說故。人主觀上如何思想，固可說爲偶然之事，但必有如何主觀之思想，乃有如何之存在之呈現於此主觀思想，以對之爲存在，則爲一必然之事。必有如何之生命與生活，足支持此主觀思想之繼續，乃有如何之存在之繼續呈現於思想，而對之爲存在，亦爲必然之事。尅就完全者之上帝之自身存在而觀，固可說不關人之思想之與否。但就上帝之存在之呈現而觀，則無此人之思想等，上帝必不能對人而呈現，亦必不能對之爲存在。此上帝之依賴人之此思想而呈現，而對之存在，亦不證此上帝之不完全。因人之此思想，正是對上帝爲完全之思想，此思想正是上帝之完全得以呈現之思想，卽不能說其呈現於人之思想，乃依賴於人之思想，便失其爲完全而非完全矣。

然西方以完全者必存在，證上帝之存在者，因其自始卽不屑於謂其中之存在之義，直取諸世間之物之存在，亦不謂人之思想只負補世間物之不完全，以形成一非不完全之完全者之觀念之責任，並必以人之主觀思想，與支持此思想者之生命生活爲如何，對上帝之存在之呈現，乃偶然而可有可無之事；又必謂：若其呈現賴於人之思想，卽使上帝成一依賴人之主觀之存在，而又偏欲由人思想中，有一單純之完全者之觀念，以求直接由其中導引出存在之義。此卽使人「對一完全者之觀念與思想」，兼負擔成就「此完全者必然爲客觀存在」之一「必然」之責任。此中，旣先以人之思想爲偶然之存在，而視之也輕，而又要其負擔成就此上帝之必然存在之「必然」之命題，則責之也，又有無限之重。則人之思想於此唯有顚蹶狂奔，進退失據，而矛盾無窮矣。

在西方之爲本體論論證者，既不以「完全者之存在」之存在之義，直建基於世間物之存在，而於此存在之義中，見此世間物與上帝之「存在」爲同義；而只以完全者存在中之存在，屬完全者自身；遂謂完全者自身必涵存在之義，以證完全者之存在，而形成一分析之必然命題。此卽謂完全者必無所不涵，故必涵存在之義，若不涵存在之義，則非完全者。今既許有完全者，則必涵此存在之義云云。然此一論證之謂完全者必涵存在之義，卽謂完全者不能不涵存在之義。其所以不能不涵，不只由完全者中不涵此存在之義，卽使其爲完全之性質等中少一項，而較不完全；而是在人一般思想中，對於一較完全之物，若視之爲不存在，卽以之爲尚不如一不完全而能存在之物，較爲完全。則只以少存在一性質，而不完全之上帝，縱其他一切性質皆具，亦不及只具一性質，而存在之世間物之完全也。故此上帝之完全中，必須先具有世間物之存在之一性質，以爲其成爲較世間物爲完全之一始點。若其不能與世間物，同具之存在之性質，則說其具此外之較完全，以至最完全之性質，卽皆無從說起。今自此上帝之必與世間物，同具此一存在之性質上，看其所具之存在之性質，正當與世間物同；而吾人之思其爲存在，亦正當由先思世間之物之存在而來。亦卽可取諸世間之物之爲存在之義而來。則吾人亦卽可緣世間物之爲存在，而其存在之性相之有缺憾不完全，而更思補其所缺，以形成一非不完全之完全存在，而亦只須使吾人之思想，負如此形成此完全者之責任，而不須負其存在之責任矣。

然西方之爲本體論論證者，亦不循此途以措思，而唯念完全者中若少一存在，則較不完全，而似以此性質，與形成完全者之其餘一切性質，等量齊觀，以謂少此一性質，則其自身較不完全。此則未重視其無此性質，卽雖具其餘一切性質，仍較世間物之不完全而存在，爲更不完全。因其雖具其餘一切性質，而皆不存，卽皆等於無；等於無之一切性質，固不如只等於一之性質之非無而爲存在者也。今未重視此義，則人不知世間物之存在中之存在之義，爲完全者之存在所必先備，亦必與之同備者，卽不知：此存在之義原可直取諸世間物，而由世間物之存在，更補其缺，以成非不完全之完全，方爲人之形成完全者之存在之一思想之正途矣。西方之爲本體論論證者，既失此思想之正途，不自上帝之當先包涵世間物之所有，然後更能有其所無上措思，而直欲自上帝爲完全者之概念之自身，當包涵存在之一性質，方成其完全，以謂其必爲存在。此卽先離此「世間物之存在」及「上帝之先必包涵此世間物中之存在」之義，以形成非不完全之完全者，更由完全者中必涵存在之義，以向下求引申此義而出。此卽成一思想方向上之大顚倒矣。

此由完全之涵義必包涵存在之義，而將此存在之義向下引申而出，以成「完全者存在」之必然的分析命題，乃由人先對完全者之概念中，加入存在之義而後能說。而此加入，唯由不加入，則此完全者尙不如世間物之完全，而不能不加入之故。是其不能不加入，正由世間之物之尙有存在之一義所逼成。此亦非爲此本體論論證者所自覺。今旣加入此存在之義，則謂其存在，自爲一必然之分析命題。然人若謂此加入，非不能不加入，或謂此加入，非由世間之存在物尙有此存在之義所逼成，則人於此完全者之概念中，卽可加入此存在之義，亦可不加入此存在之義。人若不加入此存在之義，則此完全者之概念中，卽無存在之義，此完全者亦卽非可說爲必然存在，而爲可存在可不存在者矣。人若加入此存在之義，此完全者之概念，自有此存在之性質內容，爲其所包涵之一切性質內容之一。然人有一概念，不保證其所表者必存在。人於一完全者之概念，謂其有存在之性質，爲此概念之內容之一，亦不保證其必存在。則於此概念中，加入此存在之義，而自此概念中分析出其存在意義，謂其必存在，亦只是說及一有存在意義，包括於其中之一概念，其自身中有此存在意義，爲其內容而已。此固不保證此概念所表者之必存在也。此卽康德之謂一概念中加一存在之意義，對其所表者之是否爲存在，並無所決定，亦不能對此概念之內容之眞，有所增加，以使其所表者必爲存在。蓋一概念所表者之爲存在，當係在此概念之外，有可能經驗之內容，足證實依此一概念，而有之判斷。今此上帝之爲完全之存在之概念，則無任何可能經驗，以證實依此概念，而有之判斷。則由此概念，不能證其所表者之爲必然存在矣。

然此中之一概念所表者之是否爲存在，是否唯由有無可能經驗，以證實吾人用此概念而形成之判斷而定，則又是一問題。因此康德所說之存在之義，唯是知識論中之存在之義，不卽爲本體論中之存在之義。此本體論中之存在之義，若可對存在之物之存在而直說，則固不必只對吾人之判斷與可能經驗而說也。

第二十章　歸向一神境——觀神界（中）

四、西方上帝存在之宇宙論目的論論證思想中之歧途與顛倒見

此外西方傳統之上帝存在之論證中，更有所謂宇宙論論證、目的論論證。然在昔之多瑪斯初取此二論證，則意在別於安瑟姆之本體論之論證之爲先驗的，而以此二論證爲後驗的，來布尼茲亦別此二論證於本體證之論證。然在康德則謂此二論證，在根柢上皆預設此一本體論之論證，只其表面上兼取宇宙論目的論之命題，遂形成二不同形態之論證。吾今之意，則以爲此二論證與前一論證之共同處，在其皆不直下由世間物之存在，以上達於上帝之存在；而初由設想世間物之爲偶然存在而可不存在，世間物之有目的者亦爲偶然存在而可無者，以推論上帝之存在。此卽爲由一思想方向上之大歧途，而有之大迂迴、大顚倒，而導致此二論證之種種困難之根原。

今先以宇宙論之論證而說，此論證首謂世間物爲偶然存在，而可有可無者。世間物之依條件或原因而有，而變化其存在所屬之類，卽見其現有之存在爲偶然。此說卽依吾人前所謂萬物在依類成化境與功能序運境而說。吾人說萬物依類成化而變其類，卽說其屬於某類，非必然屬，而爲偶然之可屬可不屬。吾人說一切物之功能序運，而可爲因以致果，亦必有因方能有果，卽使此果待於因之有而有，亦以因之無而無，而可有可無，而非必然存在者。吾人說有因必有果之因果關係之爲必然，同時使無因無果爲必然，亦同時使果爲可有可無，而非必然存在者。在爲此宇宙論之論證者，卽正由見世間任何存在之物，其所屬之類之可變，與其爲果時待因，無因卽可無果，以謂世間之物之屬某類，有某因而生，爲偶然，進以謂世間應另有一必然存在之上帝。因若世間之一切物，皆可存在可不存在，則世間卽可無任何物之存在。然今世間又實有事物之存在，則世間不能只有諸偶然之存在。以若皆爲偶然之存在，則既皆可不存在，應無今之世間物之存在故。今既有世間物之存在，卽應有一必然之存在。然此世間中之物又皆非必然之存在，其和亦非一必然之存在。則爲必然存在者，只能爲一超世間物之存在。康德更說，能爲一必然存在者，只爲一全有之存在、或完全之存在者，足以當之。以只有爲完全之存在，乃無不存在之可能，而非可不存在者。非可不存在者，方爲必然存在。故爲此論證者，卽歸於謂此完全之存在爲必然存在，而此論證亦依本體論之論證而立，而只表面上用世間之有物存在，以證必有此完全者之必然存在而已。

康德說此論之無效，首在其謂世間之物之不存在，非卽直對一經驗事物而說。直對一經驗事物而說其存在，初不涵其可不存在之義。此可不存在，乃由吾人之思想及其他經驗事物之繼起者，其中可無此事物之存在，而後可說。則此可不存在之義，乃人之思想所加於經驗事物者，非其本身所自具。自經驗事物之現存在上說，固無此可不存在之義，亦無所謂爲偶然存在；則亦不能由經驗事物之一一皆爲偶然存在，而可不存在，以謂應外有必然存在之上帝，以使經驗事物不不存在矣。

然依吾人上文之所述，則此論證之開始出發點之方向，卽是要冒過此經驗之物之存在之上，而謂其可不存在。此一冒過，原在思想上爲可能。故依此而說，一一世間物皆爲可不存在者，固自可說。然此一冒過，卽是不直自事物之存在之存在意義上先措思，以求升進至「完全之存在」之上帝之思路。其所以不直自事物之存在意義上先措思，則由其先在事物之存在之性相之不完全處措思之故。以此事物之性相不完全，故可變，而有其他性相，以屬於他類，人遂得見其原之依某性相而屬某類，爲某類之存在，亦若爲可有可無，而爲一偶然之存在。反之，若人自始先自一事物之存在意義上措思，則一事物之變其性相時，此中已變去之性相，固不存在。然此事物之存在，可更見於所變成之其他性相中，則性相變，而其爲存在之義依舊。由此以說一般之物之存在之不如完全之上帝，卽不在其爲存在，而只在其一時所表現之性相之不完全。今若循一物之存在，而更補其所缺，以成非不完全之完全者，卽可直接導致一完全者之存在之思想，如上文所述；而亦不須先說事物之可不存在之義，以更推至一切事物皆可不存在，爲偶然存在，然後方由事物之有存在者，以逼出有完全者之上帝之必然存在，成一大迂回之論證矣。此一大迂回之論證之所以無效者，則在若事物之皆爲可不存在者，則其由事物之有存在者，以逼出上帝之必然存在之時，此所謂事物之有存在者，仍當直說之爲一「可不存在者」，而非一「存在者」。若其只爲一可不存在者，則直由此「可不存在者」之偶然存在，如何能證成上帝之爲完全者之必然存在？吾人若要證成完全之上帝之必然存在，既必須直說事物之爲一存在者；則吾人何不自始卽面對所謂偶然存在者，而直說之爲一存在者，何必先說之爲偶然存在乎？然爲此論者，必先說事物之爲偶然存在，而可不存在，一切事物爲原可不存在；然後再說：今實有事物存在，以逼出完全之上帝之必然存在，卽成一思想方向上先經一大歧途，而來一大迂回、大顚倒，而後再回到其自始卽當就事物之存在而說其存在之處。乃不知若人自始直由事物之存在而不完全，以求升進至完全之存在之上帝，卽不須先想事物之可不存在；而只須先補足此事物之不完全，以形成一完全之存在之上帝；亦只須在如何成就此一「由不完全之存在，而進至一完全之存在之思想」之繼續上措思，則還契於吾人前所論之思想方向，固不須有此大歧途、大迂回、大顚倒之論證矣。

至於目的論之論證，則由有見於吾人前於功能序運境所謂與因果關係相連之目的手段關係而說。世間之物之活動，其由因而致一定之果者，因恆不自覺的以向於一果爲目的，而人與生物之活動之有目的者，亦恆以某手段事爲因，以致其達目的之果。人之行爲之以手段達目的者，必有人心所先知之目的，而更安排其手段。則一切自然物之活動之配合，而能達一目的，與一切人之目的之配合，及人之目的與自然物之目的之配合，卽亦當有一宇宙之大心靈，爲之安排。此一論證，康德謂其乃預設自然物之活動，原可不合目的，其合目的爲偶然之事，故應有一必然之存在，依目的而加以安排，然後其實有之合目的之事，方得成爲可能。而此能使一切自然物之活動之配合，使人之諸目的相配合，及人之目的與自然物相配合，以形成宇宙之大目的者，只能爲完全之存在。此完全之存在，依其完全之性質與能力，而具備對一切存在可能有之目的，及能加以完全的安排，以達一大目的之完全的性質與能力，故必爲存在。則此論證所根據者，乃在以世間物之合目的者，原爲可不合爲偶然，故應有一必然之存在，以使之合目的，而其根據卽在上述之宇宙論之論證、而此必然的存在之所以能使一切世間物合目的，又由于其爲一完全之存在，故能依其完全之性質與能力，以對一切事物有一完全的安排，以達一大目的。此卽歸根於本體論之論證。若依吾人前此所述，以評論此論證，則此論證之開始以世間物之原可不合目的，其合目的爲偶然，卽是不先肯定此世間之物之合目的之事之「存在」，而由此以更觀此世間物之目的之缺憾、不完全，以更直接升進至一無此缺憾、與不完全之一完全的存在之思想。此論證，乃原於人之先見及此世間物之可不合目的，而超於「此有合目的之世間物之存在」之肯定之上，更由此可不合者，應有使之不可不合者之完全者之必然存在，方能說明此世間物之合目的。於是此世間物之合目的之事實，卽同時成爲逼出此完全者之存在者矣。然此論證中之後半，由世間物之有合目的者，以逼出此安排此目的之完全者之存在，正初原爲一對有合目的之世間物之存在之直接的肯定。然依此直接的肯定，則自始卽不當說世間物在其合目的時，卽有不合之可能。若謂其合目的時，卽有不合之可能，則此後之對世間物之有合目的者之直接肯定，卽不能有，而亦不能據之以逼出完全者之存在矣。是見此論證之所以無效，而爲一顚倒先後之論，與上二論證同，思之可知，亦不必多論。

五、康德之上帝存在論證之評論及其論證上帝存在之理由之不當

吾人上來評論西方傳統之對上帝存在之論證，謂其先離世間之物之存在之義，而純由完全者之存在之概念，不能證明上帝之存在，與康德之評論略相似。然吾人之理解之世間之物之存在，則與康德大不同。在康德，乃以合乎知識之形式條件（如在時空，爲理解範疇如一多、有無可得而應用等）之事物概念，爲可能的；此事物概念之連於知覺，而可理解者，方爲眞實之存在的；連於諸事物知覺之諸概念之聯繫，又合知識之普遍的形式條件者，爲必然的。（如以前所生之對事物之知覺概念爲因，以後起之對事物之知覺概念爲果，而有之必然聯繫。）此其所謂爲眞實之存在事物概念，乃對相應之知覺，而稱此概念爲眞實，爲有存在意義。此存在意義乃指事物之概念於此有存在意義，其存在意義由知覺而取得，亦由知覺所賦與。則其存在意義乃純爲知識上之概念，由知覺而有之存在意義，亦對知覺而顯之存在意義。此存在意義，乃外在於此概念之自身，而爲此事物之概念，對他（卽實有之知覺）所顯的。然吾人一般所理解之事物之存在意義，則爲事物對其自身之存在意義，而爲對自的。如吾人之自覺自己之存在，乃自己對自己之自覺而爲存在。而一切其他存在之物，如他人，以及能感覺行動之生物等，皆可有此對其自己之存在意義。吾人於此所有之對物之概念，卽爲順物之對其自己爲存在之意義而理解的，物對其自己之存在意義。吾人於此若賴經驗知覺，以證實物對其自己有此存在意義，此固爲吾人知識自身之事。然此所證實者，仍是物對其自己之有此存在意義。吾人之評論西方傳統之證明上帝存在之三論證，謂其未能先肯定物之存在，而順物之存在及物之不完全，以思想一完全者，正是就此義之存在意義而說。

由康德之所謂眞實或存在，乃自經驗知覺之連於吾人對事物之概念，而言此概念之有存在意義，而此事物爲存在；更謂知覺概念之聯繫，合於知識之普遍之形式條件者，爲必然；故其所謂眞實或存在與必然，皆純自知識上說，亦自人之對事物之概念，連於可能經驗中之知覺說。此可能經驗中之知覺，則永不能證實完全者之上帝之概念，故謂上帝之存在，不能由可能經驗，以證成其爲必然或眞實者。而康德論上帝之存在問題，卽轉至在人之道德生活中求證成。在人之道德生活中，人乃純依道德理性以自定規律，更順此自定之規律，以生起其意志，是謂道德意志。此道德意志，乃人之：依其所自定規律，無條件地自命其所當遵行之義務之所在。人在道德生活中可爲實踐義務，而實踐義務，更不計其效果之爲幸福與否者。人之眞有道德生活者，亦從不以幸福爲目標。如人爲幸福之目標，而有某意志行爲，則其意志行爲，乃在設定此目標之條件下，乃得爲其所自命而有者。則其所自命而有之意志行爲，乃依於一條件之自命，而非本於道德理性自定之規律，而有之無條件的自命，而有之道德意志、道德行爲。由此而人之有此道德意志、道德行爲者，以其無幸福之目標，卽可終身無幸福，而困阨以死。然此事又與人之望有道德之人，同時有福之願望相違。此人之德福兼具，原爲一更完全之至善。然人又不能爲其自己，而於德之外求有福，因此將使道德意志行爲失其純粹性，而夾雜其自身不應有之目標，卽非純爲義，而兼爲利故。由此而人在道德意志中，其必須只爲義以成德，卽與人之願望人之有德者兼有福，使利歸於行義之人之願望，互相矛盾。此一矛盾，乃在有德之人之自身中，不能自加以解決者。在此現實世界中，有德之人亦恆無福。卽見此現實世界中，不包涵此有德之人必有福之原理。然此有德之人之必有福，又爲理上必當如此者。則應有一超現實世界之存在，其能力足以使此有德之人有福，使初非此有德之人所望之福，歸於有德之人者。對有德之人在此現實世界中無福，而或困阨以死者，在現實世界之上之一睿智可理解之世界中，此存在卽力足以使之兼具其福。此存在之力，既足以使福歸於有德者，卽必爲一既能知一切德之爲善，而又實有大能大力，以賜福於有德者，以維持宇宙之道德的秩序者。此存在卽上帝。此上帝之所以必須置定爲存在，乃因若無此上帝，則在此宇宙中，一方不見福之歸於有德者，不見此至善之理想之實現；而此至善之理想，又爲必當實現者。此卽互相矛盾，而此宇宙卽不可理解矣。

此康德之如此論證上帝之存在之置定，乃純由人之道德意志道德生活之理想上，必要求宇宙之爲一有道德的秩序之宇宙，以爲一睿智可理解的宇宙之故。然此宇宙之所以必須爲睿智可理解的宇宙，爲有道德秩序者之故，亦唯因此爲人之道德意志所自發之道德心靈，其睿智只能理解如此之宇宙，必要求、當要求宇宙之有此道德秩序，亦因而必當置定上帝之存在之故。至於何以人之道德心靈必當如此要求，如此置定，客觀上之宇宙卽如此，卽有上帝之存在，似仍可成問題。然吾人若眞識得康德之意，則此乃可不必生問題者。因人旣必當如此要求，如此置定；此要求此置定，卽要求置定客觀宇宙之如此，與此上帝之存在；則不容許，亦不當更想其客觀上之可不如此，上帝可不存在故。若人於此想客觀宇宙不如此，上帝不存在，卽違吾人當有之置定與要求，亦違吾人所以有此置定與要求之道德心靈，亦違吾人之道德意志，道德理性故。人不當自違其道德意志，道德理性，違之卽使此道德意志，道德理性被否定，而使此道德理性，道德意志毁滅，人之道德生活卽不能存在，而人亦不能成一道德的存在矣。故人若爲道德的存在，則於其自知必當要求一有道德秩序之宇宙之存在，必當置定一上帝存在之後，亦卽可直下以信仰承擔此宇宙與上帝之存在，而可更不發生上述之問題，而人亦不能以此問難康德也。

此康德之論證上帝存在之問題之缺點，不在其謂此宇宙爲有道德秩序的宇宙，其中有上帝之存在之義；而在人是否唯有由上帝之存在，乃能使德福歸於一致？何以有德之人，其德之本身不可卽導致其當下之福或死後之福？又何以必須有愛人之德行，亦有大能力之上帝，方能使福與德俱，何以人之道德心靈必不能於其死後亦有一大能力，使福自然隨其德而至？

康德唯假定有德之人，其念念在德，遂謂其福必由外至。此乃無必然之理由者。若此無必然之理由，則由德與福俱之爲至善，爲道德上所當有必有，卽不能證成此上帝之必有矣。

又吾人謂道德心靈不能不置定上帝之存在，亦當置定其存在而信仰之；此整個只是人之當然之事。此固無外在之理由，以謂人不當如此置定而信仰之。然此所置定信仰之上帝，乃人所未能實證其存在之上帝。自其未被實證處說，則其存在，唯賴人之有此道德心靈之置定信仰以支拄其存在。此人之道德心靈，若不能自己繼續存在，則人亦不能置定信仰上帝之存在，而人如何使其道德心靈得繼續存在，正賴其道德生活、道德生命之繼續存在。然如何使人之道德生活、道德生命繼續存在，使其對上帝之信仰不至失墮？又除此道德生活、道德生命外，是否卽無其他狀態之生命生活，足支持此上帝之存在之置定與信仰？則皆康德所未能注意及之問題也。

六、完全存在之本義與斯賓諾薩之歸向一神境之論

下文吾當重申前文所謂直由世間之物之對其自己之爲存在，而補其所缺憾、所不完全，以形成一非不完全之完全的存在之肯定信仰；並將及于吾人之以道德生活、道德生命支持此

肯定信仰，卽所以繼續使人得安住於此肯定信仰中，而得與完全的存在相遇之道。

此中吾人首當說者，是世間之存在之物，其所以爲不完全，初不在其爲一對己之存在，而在其所表現於對己及對他之性相之不完全。此所謂其表現之性相之不完全，亦不在其所能表現之性相之有變動，故不完全；如西方自亞里士多德以下傳統哲學之謂一物有變動，卽有未實現之潛能與性相，卽非完全之現實；而當說在其於變動時所表現之性相之種類之有定限，而有其所不能由變動而表現之性相。故吾人所謂一物爲較完全或較不完全之存在，不在其事實上所表現之性相或性質之多，而只在其所能表現之性相或性質之多。此所謂能，乃在其自身對其自身而有之實能，非只對在外之觀者而言之可能。此對在外觀者而言之可能，若依邏輯說，卽來布尼茲以降所謂一切在思想上不矛盾者皆可能。若依知識論說，則如康德之謂一切合知識之形式條件者，皆可能。此二可能，乃說凡對人之邏輯思想與知識之成就爲可能者，皆是可能。此乃人之邏輯思想與知識世界中之可能，而非謂一存在之物在其自身，對其自身，實有此可能之實能。此邏輯思想與知識世界中之可能，其涵義廣，而一存在之物自身之實能，則涵義較狹。吾人可說世間之一存在之物，若其愈實能在不同之情境下，表現不同之性相性質者，則爲一愈完全之存在。此與吾人一般所謂存在之義，亦不相違。在一般之義，一存在如愈能在不同情境下，表現不同之性相或性質，吾人卽說其存在之內容愈豐富，其存在之能力愈大，亦其所包涵之存在意義愈多，而愈可稱爲一較完全之存在者；並不須此一存在之在一時一地，將其所能表現之性質或性相，完全表現或現實化，方稱爲較完全之存在。而一物若將其所能表現之性質或性相完全表現，亦卽將其能力或存在之內容全表現，而其自身更無能力或存在之內容，此正爲其將由存在而不存在之時，如吾人前於功能序運境中所說。吾人今可更繼此而說：唯當一存在之物，其能力、其存在之內容，有未表現者，此能力，此內容，乃存在於其自身之內，亦爲其以後之將有之表現之根據。其將有之表現，亦正是對此能力或內容，而爲其表現。由此存在物之能力、內容，與其表現相對，而皆屬於此存在物之自身，然後吾人可說此存在物之爲「對其自身，而在其自身」之存在。所謂存在物之對其自身，卽其自身之表現與其自身之內容能力之相對也。所謂在其自身者，卽此「其自身之表現中之內容，卽其自身之內容之表現，二者合見其自身之統一」之謂也。

如吾人識得所謂一存在之較爲完全，乃以其所實能表現之性相性質之多少爲定，而非以其所現實表現之性相性質之多少爲定；則所謂一存在物較爲完全者，卽非必不能有似相反而矛盾之性質與性相，爲其所更迭表現者。而一存在物若能更迭的在不同情境下，相應於一一之情境，以表現似相反而矛盾之性質性相，正見其存在之較爲完全。因其在不同情境中，表現此似相反而矛盾之性質，皆一一分別應不同情境而生，卽互不相反，而互不矛盾；而其所能表現之似相反矛盾之性質愈多，正愈見其所包涵之性質內容之多故。然吾人之理解一存在之包涵諸相反矛盾之性質，爲其內容者，必須理解：此包涵乃超越的包涵。所謂超越的包涵，卽包涵此相反，而矛盾者，同時使此相反矛盾者，相銷而相泯，以成一非有之有、或無中之有，或虛靈化的有。故此包涵，卽非並列之包涵。並列之包涵，乃同時使此相反而矛盾者俱有，而在思想上亦理解之爲俱有。此爲不可能者。此亦如一存在物之表現此相反而相矛盾之性質，在事實上之不可能，爲在事實上所未嘗有，而在思想上亦不能加以理解者。如一存在之物之事實上未嘗能同時熱同時冷，同時靜同時動，而人之思想上亦不能理解如此之存在之物。若吾人承認所謂一存在物爲較完全者，卽其能在不同情境，更迭表現之性質較多者；則吾人之思想，若欲由一存在之肯定，而補其所缺，以至一較完全之存在之肯定，固要在於一存在所能表現之性質，更增加其性質；然卻不須將此所增加之性質與原有之性質，一一並列而增加之，更想其在一時能將此一切性質皆全表現，方能達於一較完全之存在之想；而要在思此較完全之存在，爲更能對一一不同之情境，更迭的相應表現此不同之性質，而彼此不相爲害，亦實不見有其表現之相反，而相矛盾者。故一存在，若其愈能應不同情境，更迭的表現種種性質，以至於變化無方，自由無礙，則見其存在之能力愈大，其存在爲愈完全。而吾人之思想愈能升進，以幾及於一最完全的存在之形成，吾人之思想，卽愈能有對一最完全的存在之肯定與信仰，而使吾人之思想，愈契合於上帝矣。

吾人謂一存在之愈有更迭的表現不同之性質之能力者，愈爲一完全之存在。此以能力之大小定存在之完全的程度，在西哲斯賓諾薩之思想中卽有之。斯賓諾薩以上帝卽具無限之性質，亦具無限之能力者，而同時以此上帝卽自然。此上帝卽自然之說，吾人可有不同之異議。然其以上帝卽自然之說，至少可使人先由自然之無限，以觀上帝之無限。而吾人亦可說人欲由一不完全之存在之肯定，至補足此不完全者之所缺，以形成一非不完全之完全之存在，正可首由吾人所感覺之自然之無限上措思。吾人之用吾人之感覺能力以往感覺彼自然之無限，乃吾人之生命之一種生活。吾人之此一生活，正爲使吾人之思想，得向無限與完全進行，而漸有此完全的存在之肯定與信仰者，而亦支持此肯定與信仰之繼續存在，以使其心靈得與此完全的存在相遇者。

吾人之由感覺以知自然之無限與完全，可只由吾人對一自然物之存在之肯定開始。此開始所肯定自然物之存在，無論如何微小，吾人皆可由吾人之感覺之更及於其外之其他自然物，而見其相互之影響之力，與彼此之存在之互相限制，以使吾人感覺移向於其外之自然物，以俱肯定其存在。於是吾人之所視爲存在者之內容，卽漸向於完全。由吾人之同時認識諸自然物之相互影響，互相限制，吾人卽可有整體之自然之觀念。通過此整體之自然之觀念，以觀諸自然物之相互影響限制，而互爲存在與不存在，卽皆可視爲一整體之自然之不同表現。此整體之自然，則可視爲一實體，其一切表現，皆此實體之性質之諸形態。此中，人要見有一整體之自然之無限，只須人之感覺能力，隨所見之自然之無限的呈現於此感覺能力之表現之前，卽可見得此整體的自然之無限。此自然之爲完全，則可由其任何一定之表現之不完全者，皆可爲其所超越而見。其能超越不完全者，卽見其非不完全者，而有勝於一切不完全者之一能力。此能力能勝於一切不完全者，卽無一切不完全者之限制，而應視爲一無限而完全之能力。而人卽可於此自然之如是表現其無限而完全之能力之處，直接體驗一完全者之存在，此完全者，卽可稱之爲神或上帝。

此斯賓諾薩之思想之要點，在先肯定諸自然物之存在、整個自然之存在，而更觀其完全與無限，以直接對自然而形成一完全者或上帝之觀念。此所謂存在，要在由其性質內容，與表現此內容之能力而規定，而不以其在現實上已表現之內容而規定。就任一自然物之現實上所已表現之性質內容而觀，任一自然物皆爲只有限定的內容之表現者。卽綜合人一時所見之自然中之自然物之全，而觀其一一所已表現之內容之全，亦爲互相限定，而不能稱爲無限與完全者。然一物之存在之所以爲存在，不只在其已表現之性質，而在其有能力以表現其他性質。其愈有能力，能更迭的表現愈多之性質，卽愈爲存在者。然當一存在之物未表現其性質能力時，此性質能力，乃存於一存在之物之內部，而對其自身，亦在其自身中存在者。此方爲其存在之所以爲存在之根據。依此以說一存在者之所以有不存在之可能，卽在其內部之性質與能力之有限。一物只須其內部之性質能力爲無限，卽無不存在之可能。由此而一具無限之性質與能力於其內部者，卽爲一必然之存在者。上帝爲具無限之性質與能力於其內部者。故上帝爲必然存在，而此自然，就其化生之無窮，恒能超越其一切不完全之表現，以另有所表現，卽見其內部之性質能力之無限，而同於此所謂上帝。故自然卽上帝。

依斯賓諾薩之論述，乃先言有一具無限之性質能力之上帝，其性質能力與存在必爲合一；故上帝之存在，可直由其定義之爲具無限之性質而推出。此仍類似西方傳統由上帝之爲完全者之概念，以推出其存在之說。然實則根本出發點，已有一大轉變。斯氏謂具無限之性質能力之上帝，必爲存在，非謂其上帝之概念中先有存在之一性質，而自此概念中之有此一性質，以推出其爲存在之分析命題。而是直指一具無限之性質能力者，而謂此無限之性質能力，涵蘊其必能存在。此乃依於其自始以一存在者其內部所具之性質能力，規定一存在之所以爲存在之根據而來。一存在者可由其內部所具之性質能力，以規定其存在與其存在完全與否之程度，則可由對吾人所肯定爲存在之此世界中之物，而反省吾人之所以說其爲存在，說其存在爲較完全或較不完全之理由，以知之，如吾人前此之所說。在此點上，吾人可不必先由上帝之概念之包涵存在一義下手。吾人於此只須反省得一存在之所以爲較完全，乃以其所能表現之性質之多；其完全之程度，與其性質之多，能力之大，成正比例；其不存在唯由其性質能力之有所不足，而有限之故；則一存在之性質之爲無限的多，其能力亦無限的大者，卽以其非只具有限之性質能力，而亦無不存在之理由；而不能思之爲可不存在者；亦不能思之爲不存在，而只能思之爲存在而必然存在者矣。斯氏卽由此以說一具無限性質能力之上帝，爲可依其定義而知其爲必然存在者。然此所謂依定義而知其爲必然存在，非依吾人之概念之定義，而由概念中之包涵存在之意義，以分析其存在；而是依吾人所面對之一具無限性質能力者，其無限之性質能力，卽涵具一必然存在之義，以說吾人可依定義而知其爲必然存在。此具無限性質能力者，所以涵必然存在之義，則初乃由吾人對任何有限之存在者之所以說其存在非必然而可不存在，唯依其性質能力爲有限而未能無限之故。今一存在之性質能力，既爲無限，則亦無此可不存在之可能。存在而無其反面之不存在之可能，卽爲必然。故一具無限性質能力之上帝或自然，爲必然存在。此乃著重在以一無限之存在之性質能力之「無限的多」，以無限地銷除其「不存在之可能」，而使任何「不存在之可能」爲不可能，卽使其存在爲必然。此無限之存在，與一切有限之存在之爲存在，初無不同。此無限之存在之觀念，可直根於有限之存在之爲存在之意義，而補足此有限者之性相能力之所缺，以形成。故此無限之存在之爲存在，與有限的存在之爲存在，初只在一層位，而非超越於其上者。此中無限之存在之爲無限，唯在其能補足有限的存在之性相能力之所缺。此性相能力之無限而無缺，卽足以銷除其不存在之可能，以使之成必然存在。此非謂對此具無限之性相能力之存在之概念中，原有一存在之義，故可分析出必然存在之義也。故依斯氏之哲學，人由有限存在以至無限存在之哲學思維，其所負之責任，只在對吾人之有限不完全之存在中之有限不完全之性相，更補足其所缺者，以形成一非有限，非不完全之無限者完全者；而初不在對此有限存在之存在意義，有所增益，或加以超越，以形成一無限之存在之概念，或先思此有限存在有一不存在之可能，爲偶然之存在，故須另有一必然存在，使之爲存在也。此卽其論證上帝或無限者之存在之思想方向，與西方傳統哲學論證上帝存在之方式，迥然不同，而近乎吾人前所謂直循世界中之存在之物而向上超升，以形成一完全者或無限者之存在之思路者也。人之只見其依上帝之定義，以推出此上帝爲必然存在，似同傳統之本體論論證，而謂之爲一流之思想者，則大悖矣。

吾人若循此斯賓諾薩之自然卽上帝之思想，以觀自然界中之一切存在之物，吾人卽不難見此一自然上帝之一實體，包涵此一切自然物於其中，同時表現爲一一之自然物。此一切自然物在其互相影響、互相限制，而互相通過其影響，以互相限制中存在。此互相影響，卽其互相表現其能力，以及於他，而此一切自然物之能力，亦互相通過而存在，則不得說爲只屬吾人現見其互相限制，而並存之各別自然物之自身，而當說爲此統體之自然或上帝之能力。此各別之自然物，依此相互影響之力，或此統體之自然或上帝之力而變化，以一一由存在而不存在，由不存在而存在；則此各別之自然物之存在，亦不屬於其自身，而屬於此統體之自然或上帝。於是吾人通常所謂分別並存，各有其力之自然物，卽皆爲在此統體之自然或上帝中，起伏，升沈、顯隱、存亡，而亦從未嘗亡於此統體之自然上帝之外，而恒存於此自然上帝之中者。此統體的自然或上帝，卽是恒化生爲一一自然物，而又恒超越的包涵此一一之自然物者。今吾人若只循其所化生之一一自然物，而並列地思之，卽吾人所謂有種種事相差別之自然。斯氏所謂所生之自然是也。然自此一一自然物之所以生，與其生後之所歸言，則爲一超越的包涵此一一自然物之種種差別之事相之渾然一體之自然。卽斯氏所謂能生之自然是也。今吾人之所以理解此渾然一體之能生的自然之道，正在吾人於觀此所生之自然，而見有種種差別之事相時，同時亦有一超越的包涵之之心靈之智慧之湧現。此一心靈之智慧，卽爲與能生之自然之渾然一體之境，相應而合一者，亦卽與上帝之境，相應而合一者。人之此心靈，亦同時爲自吾人一般就所生自然之事相之差別，而生之種種概念差別、概念限制中，超拔而出，亦自吾人緣此差別限制，而有之生活生命上之種種與人與物對立，而有之情欲上之束縛中，超拔而出，而得爲眞正之自由人者。故人之實有一自由人之道德，能自情欲等中解脫而出之生命與生活，亦同時爲使人之心靈，常得有此智慧，以與上帝之境相應者。則此中，有人之對上帝之思想，與人之生命生活，互相支持以爲用，以保此上帝之恒存於此智慧之觀照之中，亦保存人之生命生活，恒相應於上帝之存在，或上帝之生命生活；而使人與上帝得互愛其存在，互愛其生命與生活，以使人之生命、生活，與上帝同具永恒無限之義者。此斯氏以其形上學與倫理學相互爲用，而人之生命與生活之存在狀態，同時足以使其對上帝之爲無限完全之存在之肯定與信心，得繼續自持，亦固與吾人前所論，人對完全者之存在之肯定之思想，必須有支持此思想之繼續之生活生命，與之相俱，同其義者也。

第二十一章　歸向一神境—觀神界（下）

七、來布尼玆至康德菲希特之歸向一神境之道路

上文所述斯氏之理解上帝自然，要在通過一切自然物之升降出沒於一整個之自然中而理解，此乃純屬一觀照性的理解。故吾人前說斯氏之哲學爲觀照凌虛境之哲學，其理解存在之實體，亦是觀照此實體，升之於觀照境中而理解之。此觀照的理解，亦卽人之心靈先由在靜觀或旁觀狀態中，升至一切自然物之上，而更觀照其升降出沒於無限之自然或上帝之懷中，所成之理解。在此理解中，一一自然物有其性相，而有其種類，凡性相種類同之自然物，皆無差別。而性相種類差異之物，在其能力互相限制影響，而共存於一統體之自然或上帝之懷，而爲其所超越的包涵時，亦無差別而同類。此又可稱爲兼本吾人前所論之依類成化境，而泯個體於類，亦本吾人前所論之功能序運境，而以物之能力或功能之相感，而兼泯個體所

屬之類之別；以觀照一統體之實體之形上境界者。然此一切自然物之個體，是否只可以其種類性相說之？則是一問題。一一自然之物之求其種類之延續者，何不以同屬于一統體的自然或上帝之故，而泯其求種類之延續之要求？亦是一問題。於此吾人若正視一種類中個體之自求其存在，與求其種類之存在之要求之强烈，及其爲此而受之種種之苦難，則不容人之於此只取一靜觀旁觀之態度，以觀照此屬一一類之個體之升降出沒於一無限之自然、或上帝之懷中，以只見得渾然一體之自然、或上帝之無限完全而止。哲人於此，固更當先正視此世界中一一個體之個體性，然後再看人於正視此一一個體之個體性之後，能否再保存一超越的包涵一切個體之上帝之存在。

此在西方哲學史上與斯氏同時之來布尼茲之哲學，卽爲能正視一一個體之個體性，而又欲保存一超越的包涵一切個體之上帝之存在者。此一哲學，在論一切存在之所以爲存在，在其有能力以表現其性相於外，與斯氏同。而其先說明個體之存在，然後論證上帝之存在，亦包涵有對此世間中個體之存在之直接肯定。在其上帝存在之論證中，兼有傳統之本體論宇宙論之論證，亦有以上帝保證永恒的眞理及保證個體存在之預定和諧的論證。此後一論證，亦卽兼爲個體世界之成立而說者。來氏之哲學在根柢上乃依於吾人前所論之感覺互攝境。在此境中，每一能感覺者皆可說有心靈，而以其自身心靈之統一，統攝其他個體所表現於其前之性相種類之多。此卽初是以個體心靈之個體的統一，爲統攝性相種類之原理，而非以一切不同性相種類之個體，升降出入之大自然，爲統一之原理。依來氏說，一個體心靈可知覺世界之一切個體，以成其統一心靈中之世界。一一個體卽各有其統一心靈之世界。依此一一個體之獨立並在而相斥，則其所感覺者，與其他個體之力、及其所表現之性相，雖配合相應，然亦不能互知其相應。若一個體心靈，自謂能由想像，知此相應，此知亦只屬其個體心靈之自身，而其知卽各封閉於自身；與其他個體之心靈，不相爲通，亦無力以必然成就此中之配合相應者。故必有一超越諸個體之上之心靈，有大能大力，亦有一大意志，以必然的成就此中之配合相應，亦眞知此配合相應，以使此配合相應之關係，由此意志而成就，亦存於其知中；然後一一個體心靈、得共存於此大心靈之以其大意志與全知，支持其存在、知其存在之宇宙秩序中，而得以其活動之相應配合，以合成一宇宙之大和諧。是卽同於謂：若無此上帝之存在，則不能有此宇宙秩序，一一個體心靈，卽不能有其活動之相應配合。此其卽無異於爲保證此個體心靈活動之相應配合，然後不能不有此上帝之存在。來氏之此一對上帝存在之論證，乃其所新創。此一新創之論證，乃爲保證此一切個體之共在一宇宙秩序中而有。有此上帝之心靈之在一一個體心靈之上層，以直接使其活動得相應配合，則一一個體心靈，卽皆可各由其心靈直接上升一步，以想像其他心靈之存在，並問其活動之相應配合如何可能，卽可進而肯定此上帝之存在。於是此上帝與人之心靈之相距，則只在一間；乃可由人之內心之反省而知此上帝之存在、信其存在，而不須如斯氏之必外觀自然物之出入升降於自然，方能見有上帝矣。

此外，來氏又有一上帝之論證，乃自上帝之保證永恆的眞理或眞命題，如數理關係之眞理或眞命題，而說。此種數理關係之眞命題，乃不以個體事物爲主辭，其所設定爲主辭者，亦可顚倒爲賓辭者。如甲數大於乙數之命題中，乃以甲數爲主辭者，亦可改爲乙數小於甲數之命題，而以乙數爲主辭。此類命題無一定之主辭，亦不屬于存在的個體事物或人之個體心靈，以自爲一普遍的眞理、永恆的眞理，則應有一普遍地超於一一個體心靈以上之永恆的心靈以知之，以眞理只對一心靈之知而爲眞故。此永恆的心靈卽上帝。

此來氏對上帝存在所提之二新論證，今不擬如後人之加以批評，而將先說其正當爲人之求由世間之存在物，以上升於一上帝之肯定，宜經之一程。此二論證之價値，在提升吾人之思想緣感覺互攝境，至觀照凌虛境之哲學，以更求上升於上帝之肯定。來氏之謂心靈爲統一的知覺者之義，可將人所知覺之事相之雜多，攝入於一爲統一之知覺者之心靈之中。于來氏之謂一一心靈所知覺之世界，爲一封閉的系統，若與以一最佳之義解釋，卽謂一一心靈能將所知覺之雜多之性相，統攝於其內，而各卷藏之於密，非其外之心靈所得而見；而一一心靈中亦除其所知覺之性相之外，不更與其性相所附屬之實體相接；而此心靈卽皆爲吾人所謂只見性相之一觀照的心靈。人由其心靈之能卷藏其所知覺之世界，而藏之於其自身之密，卽唯自見其自己心靈之存在。緣此心靈之存在，以在其內部升進其思想，卽可至于爲此心靈之原之上帝心靈。由此上帝在一一個體心靈之上，而能形成此諸個體心靈與世界之配合和諸而知之者，則此上帝之心靈，自爲一能照見一切心靈中之世界，使此一切世界對之開朗者。然上帝盡知此一切世界，則此一切世界卽皆同上升而卷藏於上帝之密懷。人循此措思，則來氏之哲學雖稱爲多元論，然亦是攝多以上歸於一之論，卽亦爲「由世界之事相之多，至爲統一之心靈者之多，至上帝之心靈之一」之一哲學，而引人由下學而上達者也。來氏之重超個體之上之永恆眞理之存於上帝之心，亦是一使人之思想，由只思想對主觀個體心靈爲眞者，以超於其上，而觀照遍對一切主觀個體心靈爲永恒眞之眞理，以接於上帝心靈之一上達之思想也。

來氏哲學之謂一一個體心靈中所知覺之世界，爲一封閉的系統，唯上帝能知一一個體心靈所知覺之一一世界，而有此一一世界之開朗於上帝之心，亦賴此上帝之心之知之，而得存在云云，其中自有一力求上達之哲學方向，如上所論。然人固原不自謂其個體心靈所知覺之世界爲封閉者。因人在知覺或感覺活動之進行中，亦明見世界之次第開朗於其前，其心靈亦對世界而開朗。如康德之謂人除其現有之知覺經驗之外，更有其無定限的可能的知覺經驗，次第化爲其現實之知覺經驗者，更不顧聞此個體之心靈爲封閉的系統之說。然吾今則將謂除人在道德生活理性生活以外，人之心靈原可說爲自我封閉者，而人所感覺之世界更自始可說爲一封閉系統。此所謂爲一封閉系統，非謂此系統內部，不能無定限的開展，而是其雖能無定限的開展，然對其他心靈中之世界言，仍爲互相封閉者。此互相封閉之理由甚單純。卽心靈在反觀其感覺時，雖能本理性以推知或直感其他心靈亦爲一能感覺者，要不能感覺他人感覺之所感覺，而只能自感覺其所感覺，在此義上，卽見一一心靈之感覺世界，爲互相封閉者。在此互相封閉之情形下，人卽由理性以推知或直感其他能感覺心靈，與其所感覺世界之存在，而人亦可本其所感覺世界中，無此其他心靈與其所感覺之世界之存在，以謂其他能感覺心靈與其所感覺世界，爲不存在，而視之若無物。然後吾人方能了解何以人之只有感覺性的對所感覺之物之欲望者，可視其所感覺之人物爲純物質，不見其中有心靈之存在，而加以蹴踐之故。在此心靈之可本其所感覺世界中，無其他心靈與其所感覺世界，而謂其爲不存在之情形下，則此心靈亦可不實依理性，以求知其他心靈與其世界之存在；而一一心靈與其所感覺之世界，卽由其各自封閉，而相望爲一大無明、大黑暗，亦各以其大黑暗、大無明，掩蓋包覆其他心靈，而使之互顯一不存在之相者。則此時，除吾人謂在此一一個體心靈與其感覺世界之上，有一大心靈，以照破此大黑暗、大無明，則此一一心靈與其感覺世界之平等眞實存在，卽不得而說。一一心靈若不透過此大心靈之觀點以觀世界，而只本其自身之觀點以觀世界，則終只能成就一唯我主義。若其更透過其他心靈之不見其自身存在，以觀其自身，則當更見其自身之亦包裹於此大無明，大黑暗中，而亦可說其自身爲不存在矣。此當爲來氏之哲學，所以必於一一自我封閉之心靈之感覺世界之上，更說一其上之大心靈之一理由所在。故其由此自我封閉之心靈，更超升於其上，以說到此大心靈，要亦爲一上達之哲學。

然此來氏之哲學，雖爲一上達之哲學，而畢竟爲一自相矛盾之哲學。因吾人至少可說若人之心靈眞爲一自我封閉於其感覺世界者，卽彼當絕不能本理性以知其他心靈與感覺世界之存在，亦不能知有在一一個體心靈之上之普遍永恆的眞理，更不能知有其上之上帝之存在，知此上帝之能知一一個體心靈與其感覺世界等。由此而人之感覺世界縱爲自我封閉者，然人之理性要非一自我封閉者。而人之理性之知與人之感覺之知，則不能謂之同屬一心靈之知覺，而應爲不同種類與不同層次之知之能。後於來氏之康德，則爲灼見此理性之知與感覺之知有受動能動之不同，而言統此理性之知與感覺之知者，乃人之具超越的統一性之統覺；人之理性之能，更可分爲理性與理解。在人以感覺經驗爲所理解之所對時，此人之理解亦有其自具之活動方式或範疇，不由感覺知覺來者。感覺知覺又自具感知方式如時空等，亦純由內而出。由人之理性又可湧現自我、世界、與上帝之總體性之理念，更可運用其理解經驗之方式範疇之純粹概念，以對此自我，世界、與上帝之理念自身，作種種理性的思維，純粹概念的規定。此諸規定，則又爲超越於人之可能經驗知覺範圍之證實以外之諸規定，而不免於形成種種詭論，而不能有究竟之證成者。就上帝之問題而言，則此上帝之理念，雖爲人之理性自身所形成之一統攝世界與自我之一理念，用以軌約知識之進行，以向於一最高之統一者，然其存在性，則不能由純粹思辨之理性而證明。然此康德之哲學之提示人之有具超越的統一性之統覺，以及由理性而形成之總攝性之自我、世界，與上帝之理念，其意義皆超越於一切可能經驗範圍之外，則足見此人之心靈自身，自有能無限的向上超越，以趨向於完全之理性。此所向之完全者之上帝之存在，雖不能由理性自加以證明，然人之由此而反省其有此向上超升，而向於此完全之心靈，則可更求此完全者之存在，於人之實踐理性所成之道德生活之中。康德之哲學之提示此人之心靈之有此向上超升，以求此上帝之存在，在人之全部之理性中得以證成，亦爲人之求肯定上帝之存在之思想歷程中，人所宜經之一程。

然此康德之哲學，由人之道德生活之必求福之歸於有德之人，而建立之上帝存在之一置定，乃只就人之有此道德理性，必當如此置定，而說其不容人之不置定之，而人不得不信仰之。此所信仰之上帝之存在，爲人之依道德理性，所發出之信仰之所支持。然此信仰中，則並無對所信仰者之存在之實證。又其以有德者必不能自致其福，而必賴上帝爲之致福，亦無必然之理由。其故蓋由康德之所謂有德者，既只自己應知義而不求利，其知義而行之，唯是個人之自順從其依理性而自建立之形式的規律，而不重道德生活之客觀內容，亦不重此客觀內容對人之情操上任何滿足之故。而後康德派之菲希特，則知道德生活自始爲個人之我與非我之其他人之我之共同生活。此共同生活，卽自始爲有客觀的內容之生活，亦可使人有道德情操上之滿足者。菲氏論上帝之存在，則直接由我與非我之其他之我，相互置定其爲一眞實之存在，有其相互之道德行爲，而由此相互之行爲，以見一超各自之主觀之自我之客觀精神、普遍自我之存於其中，而說此普遍之自我，卽爲上帝。依於此普遍自我之卽存於有相互道德行爲之自我之中，而人卽可於此相互之道德行爲，所成之道德生活中，以直感此普遍自我之存在，而亦直感上帝之卽存於其自我之中矣。

此一菲希特之哲學，以一普遍自我、客觀精神卽上帝，吾人不必照其原來之詞語而說。此要在人之相互之道德行爲道德生活中，原可直感對方之道德心靈道德人格之存在，如前於道德實踐境中所說。今將此義，只推進一步，卽人於此既直感此人之道德心靈與人格之存在，則其存在亦卽存在於此直感之中。此中，人之由相互之直感其道德心靈人格之存在，而更形成擴大提升其道德心靈道德人格，卽見一人之道德心靈人格，非只屬於一人，而亦屬於他人。此一心靈人格初固「在自己」，然表現於他人，爲他人所直感；則亦在他人，而成爲

「對自己」者。此中人之道德心靈人格之相互感通，卽相互普遍化其自我，以成一普遍的道德自我，亦彼此互相包涵之自我。今更自此互相包涵，而相互感通所成之統一的精神實體處看，則可說爲一絕對之自我、絕對之精神實在。而人我相對之自我、或主觀之精神，則可說爲此絕對自我、絕對精神實在之分化的表現；而由其表現之相互感通，以重見此絕對自我、或絕對精神實在之統一者也。

八、對歸向一神境之真實的理解

對此由道德心靈之互相涵攝而結成統一的精神實體之義，有二種理解之方式。一爲在人之道德宗敎生活之直接體驗中之理解。此爲最眞切者。其二方爲哲學思維的理解。則此中之理解，只能指示一到直接體驗的理解之路。原人在一般之道德生活中，只須我與他人間，有眞實之同情共感，而更能自加一眞切之反省，卽原可見得：有此人我之道德心靈結成之統一的精神實在，朝朝暮暮呈現於此眞實之同情共感中。然因人之自我之生活習慣與慾望上之限制與封閉，深藏於人之心靈生命之底，而其人我對峙之情、與人我分別之見才息，卽又自此心底再起；故當此精神實在之呈現之時，人恆不及有眞切之反省，而此所呈現者，已消逝無蹤。人對此統一的精神實在，遂恆難眞知其爲存在。惟當人之自我之日常生活習慣，不能用事之時，如人與我同遭遇一大患難，如自然之災難，民族之危難，人與我同在一對自然，對其他民族之大戰爭之中之時，此眞切之反省方出現。蓋當此時，人平日之日常生活習慣，全然不能用事。人與我一切平日之所有，與其自然生命，無論內內外外，皆戰慄於存在與不存在之間。吾人之心靈，卽自此平日原有生活習慣，與其他內內外外之一切生命之執着中，超拔而出，更四顧無依，見世界唯是一片之荒漠蒼茫，而皆在一大震蕩之中。如整個世界在一大地震中，或一大洪水之出而淹沒一切之時，則人卽皆可有此感。人在決生死之戰場中，亦有此感。在人遇此大災難或在戰場中時，人之互相合作扶助之事，卽皆爲將其自己之身手與心靈中之所能，貢獻於其個人目標上之共同目標，而此卽無異將自己之所有者，推出於其自己之外，而其生命心靈之封閉限制，全部打開，成一全部開朗之生命心靈。其互以他爲自，卽無自他之別，而只有一具此共同的意志、情感、思想之共同的心靈，呈現於各別之心靈生命之中。此時，人所遭遇自客觀之自然社會而來之艱難困阨，皆所以打破人之生命心靈中之封閉限制，亦皆有所貢獻於此共同的心靈之呈現，而皆爲此共同的心靈，所自願承受擔當，以自成其呈現者。故此一共同的心靈，卽不只存在於一一之個人主觀心靈中，以其亦由此中諸個人之共同的客觀社會、自然之環境之存在而形成，卽亦存在於此客觀環境中，或整個天地中故。由此客觀環境、整個天地之有此消極的打開一一之人之自我之封閉限制之效用，以有此中之一一人共支持之此共同的心靈之出現。此時，人卽在主觀上各有萬衆一心之感，而在客觀上亦可說實有此一心之存於萬衆，而人同時可覺此萬衆之一心之所爲，存於天地，而足感動天地。此一心靈之充塞彌綸於人我及天地，與此中人我及天地，未嘗相離，以其卽由此人我天地之合以支持其呈現而存在故。然又不必說此一心靈分屬於此中之人或我或天地，以其乃由此中之人我之面對天地，亦以此天地使人我各自超越其限制封閉者，而後有此一心靈之呈現與存在故。由此而自人之對此心靈之呈現與存在，見其超越在上，而又不離人我而觀，卽更可視如一「洋洋乎如在其上，如在其左右」之普遍心靈或神靈，人之道德生活卽通於宗教生活；而人亦對此普遍心靈或神靈，依其爲超越，而有崇敬皈依之心，依其不離人我，而對之有一親切之感，與互相感通之情。人之將此神靈，予以特定名字，寄之於特定之形像，連於特定之個人之人格精神，如連一先知、或一教主，而更連於人之行爲所化出之禮儀等，卽可形成一特定之宗教。若尙未及有特定之名字、形象，與特定之個人之人格精神及禮儀，則人卽只直感此神靈之存在，其充塞彌綸於人與我及天地之間，而由此以透視其「無一切天地萬物與人及我之一切存在上德性上之任何限制、任何封閉」；人卽知此神靈之爲一絕對無限之神靈，而貫通於一切人我之主觀心靈與天地萬物之中，而一切人我之主觀心靈，與天地萬物，皆其表現之地；人之此主觀心靈之表現，與此神靈之存在德性相應者，亦卽同時可視爲此神靈之表現；吾人卽可說此中人之一一主觀心靈，卽此神靈自身之分殊的表現矣。

此上之理解，乃直接順人之道德宗敎生活而理解。其所以擧人與我在大危難中之情形爲例，乃由人唯在大危難中，乃能眞打開其自我之限制與封閉，而人與我之共同的普遍心靈或神靈，乃得呈現而存在之故。然人在日常生活中，亦多多少少有自其自我之限制封閉打開之時。此卽在最平常之人之同情共感與互助之事中亦有之。此中，人在直感他人之心靈之存在時，此直感雖出於自我，而亦以超於此自我之外之他人心靈，爲我所直感，而使此直感，亦出於我之自我自身之外。故尅就此直感之形成而觀，當說此直感，乃旣超越於我之上，亦超越於人之上，以爲一人我心靈之統一體。尅就其超越於人我之上，爲人我心靈之統一體而觀，亦卽爲一普遍心靈或神靈之呈現而存在於前。然人於此恒不自覺。旣自覺之，而或卽以爲此乃屬於我之自覺，而封閉此所直感於此自覺之中，而屬於此自我；則與此直感之初呈現而存在時，爲超越於我之上者之義，不能相應。而人遂極難知此直感之所以爲直感，而如其本相而觀，以透視其爲一當下之普遍心靈、或神靈之呈現與存在矣。

至於不由人之道德生活之體驗上理解，而純由哲學思維以理解，則其事又更難於親切。此哲學思維上之理解，賴於對吾人之一般理解事物之思維方式，次第加以提升擴大，而將其原來之方式，加以銷磨，以使人之思維，由此諸方式之銷磨中，而自其中之限制封閉，一一拔出。此則恒須經一長久之哲學思維上之工夫，非凡人所能耐，非短智者之所能及。今若只循西方近代思想之發展方向而言，則前所論之將一切分別存在之各類自然物，視為共屬於一統體而無所不包之自然神，並以之為因而生，如斯賓諾薩之哲學，即可觀照此自然神之為一無限之實體，此當為第一步。依感覺心，將所感覺之世界，攝於此能感覺之心，而不見其外有感覺世界，如來布尼茲之哲學，為第二步。更以一切可能被感覺，可能被經驗者，屬於一能超越一切現實之感覺經驗之能理解、具理性之心，此心自能形成統攝性之「世界」、「自我」、「上帝」之理念，而以之統攝一切，如康德之知識哲學之所述，為第三步。超越此知識之世界，更見一行為之世界。于行為之世界中，知人與我之道德人格之自身為目的，而普遍加以尊重，以形成道德心靈、道德生活，而超越於感覺欲望的生活之上，如康德之道德哲學之所述，為第四步。由此道德心靈與道德生活，使人打破其自我之封閉限制，而體驗及一普遍心靈之存在，或神靈之存在，如上述之菲希特之形上學、道德哲學所及。為第五步。此中，人若不能次第轉進其哲學，至實知此第五步之意義，如前文所述；則人不能形成一神靈之存在之肯定與信仰，而見其為主宰世界之精神實在。故人眞能由西方哲學，而知此無限與完全之神靈者，亦甚少也。又人循此西方哲學，而知此神靈之存在之後，亦尚待於不斷保存其所知之工夫。否則今日知者，明日亦忘之，而無影無蹤。此保存其知之工夫，則在根柢上有二：其一為一時時遍觀一切世間之存在之物之限制封閉，與吾人對存在之物之一一觀念概念之限制封閉，而一一求自超越之之不斷的哲學思維之工夫，另一為對神靈之默想與求冥合之工夫。此為由哲學而更超哲學，以還至道德宗教生活，求直接體驗之工夫。

此上所謂不斷的哲學思維之工夫，吾所意指者是以辯證法觀世界事物，觀一般觀念以及一切哲學觀念之命運之工夫。依此辯證法，一切有限制之事物、與一般觀念以及哲學觀念，無不須經同一之命運，即其存在皆所以為其被超越。其存在為正，被超越為反。然不經此反，則一切正，亦不能眞成其為正。其存在為自身，其反，為外在於自身。一切存在必外在於其自身，然後能得再內在於其自身。故一切存在，必先遇與之矛盾衝突者，以打破其存在之原始的限制封閉，而受挫折苦難，以為其必經之命運。吾人之觀念，亦為一存在，故亦必先遇其不能應用之處，而見其錯誤，然後人能升至更高之觀念。吾人之哲學觀念，亦復如此。在此點上，則在西方哲學中，黑格耳至今之柏拉得來，最能知其義。黑格耳能知任何存在，皆有其內在矛盾。此所謂內在矛盾，乃謂其在發展歷程中，必有一自己否定之階段，亦即自己死亡之階段。一切新生者無不根於舊者之死亡。在道德宗教生活中，人之平日之習慣生活所限制封閉之生活不死，人即無與神靈相遇之望。然在黑格耳，於人之精神生活，不以道德宗教爲至上，而以國家政治生活在道德生活之上，藝術又在此二者之上。藝術之上爲宗教，哲學又在宗教之上。而一一民族所構成之人類共同的道德政治之生活、與其他精神生活之歷史，又高於個人之任何精神生活之上。於此一切人之生活之由低者自否定，而發展至高處，人類歷史之由前一階段之自否定，以有其後一階段處；卽合以見一上帝、一絕對之精神之由自我否定以超升之行程，卽以此全程，爲上帝之所以爲上帝之定義。今吾人若視黑格耳於此所論，乃所以使人不斷自己超越其對一切人之生活，與對人類歷史階段之認識之觀念上之一一限制，固皆無不可。然若定執此人之觀念之限制之超越，只有如此之一直線，而依此直線，以定人之一一生活之高下，與一一歷史階段之高下，則大爲不可。因人之超越其觀念之一一限制，儘可有不同之方向路道。人類歷史之變化或升進，亦有其不同之方向路道，固非只限於一直線方向之路道也。卽吾人上所述之五步之哲學思想之轉進，亦只爲循西方近世哲學思想之發展之直線方向而說之五步，亦不能說一切人類思想皆必同經之也。後文當更明此義。則黑格耳之只限於一直線方向，以論人之生活與歷史階段之超升，卽黑格耳之一偏執。此偏執之限制，亦正當破除者也。

如以黑格耳之謂人之道德生活，必低於國家政治生活而言，此明爲無一定之理由者。蓋黑氏所想之道德生活，乃康德之形式主義之自律道德，而非必有人我之公共生活爲內容者，則說其低於國家政治生活，卽似可說。然人之道德生活，固可有人我之公共生活爲內容，而人之國家政治生活，亦人之公共生活之一耳。此外，人與我間尙有純倫理之生活，而黑氏亦未能正視也。至於藝術之高於道德、國家政治之生活者，乃由于藝術非限於人與人間之事，亦爲藉自然物以表現人之精神之事，故可說爲絕對精神之表現。然人之道德生活，亦有賴人對自然之奮鬪而成就者。又人之藝術活動，若只說個人之事，則亦可只爲一個人對自然之事。此不必較人對人之事爲高也。若藝術生活，兼爲人與人之賴藝術品之形相，互相表現其精神，而相感通之事，則此藝術精神中卽有道德精神在矣。宗敎生活若爲人與人之事，其中亦有道德精神在。而人之哲學活動，若只爲個人對宇宙作哲學反省之事，亦同未必較人對人之道德生活上之事爲高。若人之治哲學，乃兼欲以哲學之理敎他人，使他人亦治哲學，則亦有道德精神運乎其中也。哲學固可無所不反省，對人之道德、宗敎，皆可加以哲學的反省。在此義上，哲學之思維，卽可涵蓋萬方。此蓋黑氏之以哲學爲最高之精神活動之故。然人之哲學活動，非由個人而完成，黑氏亦言哲學卽哲學史。人之哲學活動之以他人之哲學活動，爲其反省之所對之事，卽以他人之心靈活動，爲其心靈活動之所對之事。此中，人之思維他人之哲學，而力求得其眞，批評他人之哲學，而求其公平，卽皆道德生活上求人我之心靈之如實感通之事也。若然，則人無道德生活，哲學上之相互了解、與眞正批評，皆不能成就，哲學史亦不能成就，哲學亦不能成就。則謂人之哲學活動，亦賴人之道德精神而形成，又何不可也？若依吾人前此所述而論，人唯在其道德生活中、能超越其自我，以見有普遍心靈與神靈；哲學家若不能有道德生活，以超越其自我，亦不能知有神靈，則此神靈亦當在人之哲學心靈之上也。人以哲學心靈對此神靈，以一一哲學觀念，爲之定義，此一一哲學觀念，亦當在自己超越之途程中，自見其不能盡此神靈之義；而當自視其位，乃居於此神靈之下者，則其不可冒出於此神靈之上，而位居其上，亦可知矣。

由上所論，是見黑氏雖能用辯證法以思維一切存在事物、人之生活、與一般觀念及哲學觀念之限制，而求自其中超升，以求理解一絕對之神靈；然其以由對此諸限制超升之歷程之反省，所形成之觀念之全，卽視之爲上帝或絕對精神之定義，則非。人之觀念之超升，不止一途。以此超升之途，爲上帝或絕對精神之定義，亦有多種之定義。又凡此由辯證法而成之定義，旣是在一思想自己超升之途中所成；則此定義，唯是一超升之途中之跡相。跡相旋生，又旋被超越，人亦不可存此跡相，以一一保存於定義中也。黑氏之哲學於此未能透識，而人或眞以黑氏能爲上帝或絕對精神作一哲學的定義，則大謬矣。

如實言之，人若欲由哲學思想，以理解無限完全之神靈，其思想觀念之超升，乃不可少者。以神靈爲絕對而統攝一切者，故人以任何觀念，理解一絕對之神靈，其觀念亦無不可視爲一統攝性之哲學觀念。然人以哲學觀念，理解絕對之神靈，必歸於見其觀念之不足以盡神靈。人亦必將其平日之觀念，一一提升，一一擴大，至高無可高，至大無可大，知此神靈之更高於此，更大於此；再自知其觀念之有限制，自去其觀念中之內容之限制，使其觀念中之內容，皆歸入於此神靈；然後其心靈中所餘者，唯是其心靈自身之神明，而以此神明與神靈相契應。此卽無異謂：此哲學觀念之盡其用而自泯滅，方爲以哲學觀念思維神靈之至極，亦自破哲學觀念限制之辯證法的思維之至極。其義則晚年之席林之言神話與宗教經驗之超知見、杞克果之反對黑格耳之哲學，已多有之。現代西哲柏拉得來，則更直循黑氏之言而更進，謂哲學觀念之冥合於絕對，卽哲學觀念之自身之超越，以言哲學思維必歸於自殺，方能達於其思維所向之絕對，而成此哲學思維。此卽見哲學之自身之不能如黑格耳之視爲絕對精神之最高表現，而只爲人之過渡至對絕對之體驗中之一事，亦當於其自毀中，完成其自身者也。故依柏氏之論，所謂絕對，最後非哲學思辯所行境，然亦非世俗宗教中以上帝與信仰心相對所成之境。因在世俗宗教中，信仰心與上帝相對，上帝之外有信仰心，信仰心之外有上帝，則上帝非完全無限，亦非絕對之上帝也。由此而眞欲知上帝，則須超越一般哲學，亦須超越世俗之宗教意識中之信仰心，與上帝之相對，而必歸於以人之哲學心、信仰心，與絕對或上帝冥合，以成一渾然一體之感攝之情然後可也。

柏氏固知人對絕對之最後之關係，爲渾然一體之感攝之情。其言絕對之自身爲一絕對經驗，亦卽一包涵一切存在於其中之無限的感攝之情。然人如何方能有此絕對之感攝之情，以知此絕對自身之爲一無限的感攝之情？則非其哲學所及。此在爲其他宗教生活者，則原有對神靈之默想工夫。此卽神秘主義之工夫。此種對神靈之默想，畢竟如何進行，則可有種種，亦可因人而異。在此默想中，人所想者、所經者、所達者，亦有種類、層次之不同。於此神靈，或親之、或敬之、或視若近、或視若遠、或念其至仁、或念其至義……皆可爲人之不同之默想之道。人於默想神靈之後，或對之祈禱、或對之問話、或與之交談、或只默然覿面相遇，更無一言，亦有種種之不同。然吾人可說：此中凡可說可思之一切所想、所經、所達者，皆須再加以超越化除，方能及於此神靈之自身。此中之人之所可說、可思者，皆同只是歷程中事。於此歷程中事，人不經其一，必經其他。此人之默想所經，若不沿一定之軌道進行，則吾人亦可說：人之默想神靈之事，卽是於其觀念之自然冒起者，一一在神靈，更一一自加以銷融之事。此中銷融者愈多，則神靈日顯於人之神明。而人之觀念之冒起者之無盡，其銷融之事無盡，卽同時見此神明與神靈之爲一無盡而無限，而亦非一切人所能冒出之觀念，所能測其底之何所在者。故其無盡無限，亦同時是無盡無限的幽深玄秘，而不可測。亦卽在此人之測之不可測之處，見此神靈之日顯於神明。故此中之人之觀念之冒起，而以之爲測之之具，原自有其功用在；原非皆可自始一一加以去除者。唯其既起，而能加以銷融，方正是此絕對之神靈。對人之神明而呈現之道也。此卽謂必測之而後知其不能測，必思之而後知其不可思，亦如吾人之必議之而後知其不可議，是卽謂人必以其神明思議之於「此」，然後更見神靈爲一不可思議境之「彼」之故也。思議者，哲學之事，超思議者，超哲學之事。在哲學中言，必盡哲學之事之量，方能及以超哲學之事。人由超哲學而唯以默想工夫，以使其神明契神靈，而人之神明中，乃只有此神靈之充塞彌綸於世界，以超涵一切存在於其中，則人可上達於神靈之唯一無二，而亦可歸向於此一神靈，以安頓其生命矣。

第二十二章　我法二空境—衆生普度境—觀一眞法界（上）

一、泛論佛家思想之方向與有情生命以苦痛煩惱為本質義

此我法二空境之思想，要在以佛家破我法之執，如實觀法界諸法，證諸法之空性、衆生之佛性思想爲代表。此在西方印度他家思想與中國道家思想中，雖有類似者，皆未能如佛家之極其致。此佛家思想與其他宗教思想不同，宜先自佛家思想所自發之宗教道德感情而說。

此佛家如實觀法界破執證空，乃所以使一切衆生實現其佛性，而得普度。故其宗教道德感情，不只限於對吾人今生所見之人類，而及於一切世界中一切能感苦樂之生命存在。故此宗教道德感情，非同於一般限於求人自己之道德人格之成就，或求其在此世界中所遇之人之道德人格之成就，以合爲一道德人格之世界而止。此佛家之救度一切有情生命之情，乃洋溢於人類之道德人格之世界之外，而及於吾人所見之自然界中之一切有情生命，以及一切世界中之一

切有情生命，而超越於人之道德人格之主觀之外，亦超越於人類之主觀之外者。故此對一切有情生命之情，卽當說爲一對宇宙一切有情生命之宇宙感情。此宇宙感情，與依此情而有之思想智慧，卽皆運於一超主觀，亦超吾人所謂客觀世界，以及於全法界一切有情生命者。故與人之一切其他宗教之歸向在一超越之神靈者，同可引人至超一般之客觀主觀之對立之境。

一般世間宗教之歸向一神者，其引人至於超主觀客觀之境，要在由下界之有主客相對之境，升至一統主客之神境。此乃依於其心靈之自提升，以成其自下而上之縱觀，而及於神之存在之肯定，對神之信心、及默想、祈禱等，以日進於高明。佛家思想，則要在由破除吾人之心靈對主觀客觀世界之種種執障，以先開拓此心靈之量，而成其對法界之一切法之橫觀，以使此心靈日進於廣大；而更自上而下，以澈入於法界中一切有情生命之核心，由其有所執而生之苦痛煩惱，更與之有一同情共感，而起慈心悲情；再以智慧照明此有情生命之核心所執者之本性空，而卽以此智慧拔除其苦痛煩惱，以成此有情生命之救度。此則與世間一般歸向一神之宗教心靈所嚮往之方向，截然不同，而其教亦截然不同者也。

此佛家之慈心悲情，其初當亦只由澈入若干所見之特定的有情生命核心之苦痛煩惱而起。其既起之後，由遍觀一切有情生命與其所在之世界之無量，而此慈心悲情與救度之志願，卽隨之無量；在此志願爲無量之義下，卽爲不能由對特定的有情生命之特定的道德行爲，或特定的救度行爲，加以完成者。故其慈心悲情與志願，卽爲永覆於一切有情生命、與其所在世界之上層，亦永不能有究竟之滿足，永有未完之事業，永爲一大慈、大悲、大願，更由大願以生大行，以求拔除其心所涵覆而位居此心之下之有情生命核心中之執障苦痛煩惱，而照明之，拔除之，救度之。此與世間一般宗教之「望」，乃依於人之宗教心靈之自下提升，以望一在上之神力之救贖其自己，與其所在世界，固顯然爲一不同之宗教心靈方向，而不可加以混濫者也。茲捨此宗教上之究極願望之問題不論，尅就佛家對世界之有情生命之核心之苦痛，而有之同情共感，而化出之慈心、悲情上看，則此一有情生命之有苦痛之存在，乃一事實，非出於主觀想像，或主觀思想之所意構。然人之本其想像思想，所意構成之觀念概念，以觀此世界者，恆以其想像思想，可冒出於所已知之特殊事實之上，及意構出之概念觀念，可普遍地連於諸特殊之事實；而將其想像思想所意構者，加於此世界之事實之上，同時阻隔吾人對於世界之事實之眞切的認識，與同情共感之生起。於是此世界之有情之生命核心，有苦痛煩惱之存在之事實，恆卽首被掩蓋。蓋人對有情生命之苦痛煩惱，加以同情共感，初亦原爲一苦痛煩惱之事。人本其只求其自己之生命或生活之得繼續存在，而只自求其生命生活之相續存在，自去其苦痛煩惱之心，更不願由此一同情共感，而自增其苦痛煩惱；故恆欲掩蓋此世界中之有情生命中，有苦痛煩惱存在之一事實，更由此掩蓋，以逃避此同情共感所生之苦痛煩惱。人之想像思想中之所意構之觀念概念，又正足以助成其逃避；人卽愈不能對此世界之事實，有眞切之認識，而亦愈不能對有情之生命之苦痛煩惱，有同情共感矣。

然此一切有情之生命中有煩惱苦痛存在，畢竟是一事實。人之不願由同情共感，而增其煩惱苦痛，恆由其只求去其自己之煩惱苦痛，卽已反證其生命自身之有苦痛煩惱。此人之有苦痛煩惱，乃與人之生命生活之求其自身之相續存在，乃本質上必不可分者。因求相續存在，皆求相續存在於未來。未來非現實上所已有，而只爲可有，可有者卽亦可無。故凡欲有此可有者，卽必念其可無，而起煩惱；亦必於其實無，而生苦痛。如一切未來可有者之亦可無，爲一眞理，則一切有情生命，求其生命或生活相續存在之願欲，卽必然與煩惱苦痛相俱而起。此一切未來可有者之可無之眞理，乃一必然之眞理。以未來既未來，卽必爲可來，可不來者故。由此未來者自身之可來，可不來，則見未來者之來或不來，有一偶然性。卽未來者之存在與不存在，有一偶然性。此未來者乃眞正之可存在，可不存在者，亦眞正之偶然者。此未來者固可以有某一原因使之來，人於此一原因存在之時，恆謂未來者爲必來，而有一必然性。然有一原因使之來，其來爲必然者，若無一原因使之來，則其不來，亦爲必然。然在一生命之現在狀態之自身，必不能保證其自身以外之必有一原因，使其所想望之未來者爲必來，而有必然性。亦不能於無原因使之來時，使其必不來之必然，成不必然。則對現在之生命存在言，其不能使其所想望之未來爲必然，此本身正爲其現在之生命存在之必然。人自知其必不能使其所想望之未來爲必來，卽必使其念所想望之未來，爲可有可無而具一偶然性者。既想望未來之有，而又念其可無，此一念卽必使之煩惱，而當其實無時，卽必使之感苦痛。此卽人所以有此求其生命生活之相續存在於未來之想望時，必不能逃於煩惱苦痛之外之故。亦一切求其自身之生命生活之相續存在之有情，無論其是否如人之能對未來有自覺的想望、自覺的煩惱，在其求繼續存在而不得者，必不免於苦痛之故也。

此一由生命之未來之可有可無，而見得之未來之偶然性，乃一求相續存在之有情，必遭遇之一之偶然性。此與西方中古思想所謂世界之一切有限的存在之物，其存在之爲一偶然性之存在，在根柢上亦出於一思想之原。亦爲一切人以其願望面對世界時，同必有之一思想。此世界之存在之物，依原因而有，無原因而無，乃一般所謂因果關係之必然性。此一因果之必然性，卽同時爲使一切生命存在之願欲之達到之事，爲具偶然性者。故人縱有無盡之對事物之必然的因果關係之知識，皆不能破世界中之此一偶然性，亦皆只能更無盡的增加此世界之偶然性之認識者。然在西方之中古思想，唯由見一切存在之有者，亦可無，而爲偶然性之存在，於是另求一必然有之上帝之存在，以保證偶然性之存在爲必有。此則與佛家之由有情之求存在於未來之願欲之可達，可不達，其未來之存在，對之爲可有可無，說其所想望於未來之爲不定，爲具偶然性者，又大不同其義。依此佛家之說，初不謂有情生命，其現實上之有之本身，卽是一可有可無者。此現實上之有，自是現實有，而非現實上無。卽不能說只是一可能有、可能無之一可能。說可有可無，只是以現在看未來之語。若說此現實有，亦是可有可無，則是自過去看此現在之語。以現在對過去，則現在爲過去之未來，故在過去，可說現在爲可有可無。然此仍只是說未來之可說爲可無，非尅就現在之現實上，說一現實之有情生命，與其生命之狀態等，爲可有可無者也。

西方之中古思想，先直對現在之現實之存在，而說其爲可有可無之偶然性的存在。此卽非先面對現實之存在而說其存在，便已超冒於其存在之有之上，以思其可無，更由此以思其上之上帝之爲全有，而信仰之。此乃在開始一步，卽對現實之存在，未能先加以正視，而使其思想架空而上，而亦不能對現實存在之有情之存在之核心，求加以透入；遂對其有苦痛煩惱之事實，亦不能先有眞實之同情共感，而遠離於佛家之面對現實之有情之存在，與之有此眞實之同情共感，而起慈心悲心之途矣。

依佛家義以說此世界之偶然性，乃對現實存在之有情生命，依其願欲所想望之未來而說。其未來是否如所想望，乃可然可不然，其有乃可有亦可無，故對其現實存在之生命爲偶然。此是與有情生命願欲想望，直接關切之偶然，亦有情生命自身所必然關切之偶然，非冒於有情生命之現實之上，而說汝之存在爲偶然之語也。人由冒於有情生命之現實之上，而說汝之存在爲偶然，更說汝之有非眞實有，乃一可能有可能無之一半有，或上帝要汝有汝才有，汝乃由上帝自無中創出之一有，上帝使汝由無中出一有，已是對汝之一大恩德，汝不當更望未來之有，唯當靜待上帝之命令，看要汝有否……之一套思想，卽皆是對現實之有情生命之存在，不先加以正視，加以肯定，而將其存在，加以掩蓋，失去對此有情生命之苦痛煩惱之眞實，同情共感以後；而有之對有情生命之一痲木不仁，傲慢不敬之一套思想。此一套思想，卽初不知此現實存在之有情生命之自身，原不能說偶然有。此偶然有，亦不可說爲此現實生命存在之本質。唯此現實生命存在，其所願欲想望之未來之事物，爲其生命存在之所需者，是否爲其所得，方可說爲對此現實生命存在爲偶然有。此偶然有者，乃內在於一一現實生命對未來之願欲想望之中，而不在其外；亦不能離此一一現實生命之存在之願欲想望而存在，而有意義；則此「偶然有」，卽亦非可普遍的外在的加施於一一生命存在之上之一性質也。

二、有神論之目的論之忽視有情生命願欲與佛陀之悲願

此一一有情生命存在所願欲之未來，對現實之有情生命，爲一可有可無之偶然有，乃其生命之存在時所直接必然關切之偶然有。此一關切，亦卽使其必不能免於念其可無時，感煩惱，而於其無時，感苦痛，亦使此煩惱苦痛，爲其生命存在之本質者。此有情生命之有其對未來之願欲，吾人可說之爲其自覺或不自覺之目的。一一有情生命各有其對未來之願欲或目的，則一切有情生命之存在之世界，卽可說爲此願欲或目的，所主宰指揮者。然吾人於此却不能直下說一一有情生命之存在之世界，有一共同之目的，或其一一目的，能互相配合，以共實現一世界之大目的，或上帝爲世界所定之大目的，再不能說世界之目的卽是爲了人類之存在，唯人方爲上帝之愛子，上帝乃爲人而造世界；更不能說上帝造一切存在與人之目的，卽爲顯上帝自身之光榮，上帝爲顯自身之光榮而造世界，以榮耀其自己於其自己之前。凡此等等思想，皆忽視世界之一切人與有情生命之各有其目的，而其目的恆相矛盾衝突，以導致人與有情生命各自感受煩惱苦痛之經驗事實。此各種目的，在經驗事實上，從未嘗彼此配合爲一世界之大目的，亦不能由此諸經驗事實，以推知一規定此大目的之上帝之存在；或推知此世界之容許有此各目的之衝突矛盾，乃爲上帝自身之未來之目的。因上帝爲永恆而超時間之完全的存在，卽無所謂未來。若上帝有如何如何之一未來，則其有如何如何之未來，亦非卽必然有。因吾人思其有如何如何之未來時，仍可由此未來乃現未有，以說其可有可無故。上帝若必待未來，乃能使一切存在之目的配合，以實現一大目的，而顯自己之全能，則上帝何不自始造一合此大目的之世界？此卽畢竟不可解故。至於謂上帝爲人類而造世界，則明多出於人之自私其類之心。謂上帝爲其顯其自身之光榮而造世界，卽無異謂上帝純爲一自私之上帝。又爲顯自身之光榮而造一世界，而使其中之有種種有情之生命，感種種苦痛煩惱，則上帝成至不仁之上帝。若謂上帝於此亦與之同受此煩惱苦惱，則上帝明不能以無量之苦痛煩惱，光榮自己。上帝若與有情之生命同有苦痛煩惱，卽不得自高居於其上，而應下同於此有情生命。此以宇宙有一大目的之說，可由佛家義，以與種種疑難，不必盡說。

此以宇宙有一大目的之說，由忽視一一有情生命之各有其願欲目的而生，亦由忽視一一有情生命各有其煩惱苦痛之事實，而對其煩惱苦痛先無同情共感而生。此說既立之後，人或卽以其想像思想盤桓於此大目的中，而使其不見一一有情生命之煩惱苦痛，而更對之無同情共感，而自以爲此無同情共感爲應當者，爲合此大目的者。於是其缺乏此同情共感之事，皆得一理由化，而其痲木不仁，卽日趨於不可救藥。由此更說上帝造宇宙之大目的卽在創生人，創生人卽在以人光榮上帝，更以人之能信上帝者，最能光榮上帝，而上帝造人之目的卽在造有信上帝之一一宗教中之人；而一切世界、一切有情生命、以及一切人，卽皆是爲信此一一宗教之人之得存在爲目的。此卽更將其目的之義，逼向尖端，以歸於狹小；而見持此種目的論者，唯有一造作理論以維持其自身之存在之自私之目的，而其思想卽又更趨於不可救藥，而更痲木不仁矣。

依佛家義，吾人現見之一切有情生命個體咸有其屬一定之類，而生之願欲、自覺或不自覺目的，而各目的、初可矛盾衝突，乃一事實。此各有情生命之各有其目的，恒不相同，亦不相配合，故皆可各自爲其存在之目的，以其他存在，爲其自身存在所用之手段工具。其求自身存在之願欲爲無盡，其用其他存在爲手段工具，以達其願望之事亦無盡。由此而有有情生命之互本其目的，以互相爭勝，互爲仇敵，而相殘殺之事。此皆唯依於生命之互不相知其願欲目的，而只求自遂其願欲目的之故。此生命之願欲目的，自後驅迫其生命，向前進行，如在後之追兵，屬前後之一度向。其互爲敵，以內我而外敵，爲內外之一度向。强勝弱而弱肉强食，强者卽弱者葬身之陷穽，見上下位之一度向。故此生命之存於世間，卽後有追兵，外有敵人，而互爲陷穽，以爲其命運，而其原皆在其互不知其願欲與目的。此「互不知」，卽有情生命間之一大黑暗、大無明。此卽佛家所謂生命之根本癡。其互相爭勝，而恆欲居上位以凌他，而降之使下，入之於陷穽，卽有情生命間之根本慢。由內己而外他，與不順己之其他有情生命之存在爲敵，卽根本嗔。其互用其他生命存在爲手段工具，以足其自身之願欲目的，卽爲有情生命之根本貪。此貪慢嗔，乃直接緣有情生命之有一大癡，或大黑暗、大無明而起，亦卽由各有其願欲目的，而無同一或公共之目的而起。吾人唯眞知有情生命間有此無明之大癡、大貪、大慢、大嗔之存在，使之各以達成其目的爲始者，而以互害其目的之達成爲終；然後能眞知此世界之有情，何以不免於煩惱苦痛，而世界爲苦海之義。吾人又必眞知此世界之爲苦海，其根原在有情生命之貪、嗔、慢、癡或無明，然後方可言世界之救度。今若自始卽謂上帝能使一切有情生命間有同一或公共之目的，此卽無異謂上帝能使一切有情生命間無此癡或無明之存在。此卽正唯是掩蓋此癡或無明之存在。此掩蓋本身，正又卽一大無明、一大癡。今去此掩蓋，以明此癡與無明之實有，則爲破此無明之一明之始，破此癡之智慧之始。人果欲達其求智慧之目的，正當先自照見一切有情生命之各有其願欲目的，而初無同一公共之目的，亦照見此一般目的論之虛妄始。此一般目的論，乃唯依人不見此無明或癡而起，而正爲使人永不能有眞正之智慧，以破此世界之無明或癡，以及緣之而有之貪嗔慢，以拔世界衆生於苦海之外者也。

人去除此一切有情生命必有一公共目的之一般目的論之後，人卽可見此世界乃一在本質上爲因緣生之世界。一一有情生命之有其對於未來之願欲或目的，此自是一一有情生命之內在的事實，而亦足爲因，更以其所遇之外境中之一切存在爲緣，以生起其活動者。一一有情生命之願欲不同，而因不同，所遇之外境不同，而緣不同。其一一因緣相結之情形不同，其所形成之以後之生命存在亦不同。此卽不能說世界初只有同一之因，能鑄造此一切不同生命存在與其外境，以爲其果。當說此世界中，各有情生命，有種種不同之因果關係，而初無所謂世界之第一因、究竟因。有情生命之存在，以其自身願欲爲因者，固可有求其自身之願欲之實現之本性、或性質、與能力。然此本性，亦須待外緣而得實現；其實有之能力，亦須待實有之外緣，而顯其爲實有。若外緣不具，則此本性能力，雖存於有情生命之內，爲其存在之所以爲存在，然却非其現實存在之狀態中之所顯，而在其現實存在狀態下，此本性能力，亦可說爲尚未眞實存在者。此本性能力，若爲實有、實能，自不能說只是一邏輯上知識論上之可能，而是一對其自身，在其自身中之實有實能。然在其未有外緣使之實現於其生命之現實存在狀態時，其實有實能，亦非現實存在狀態中之眞實有。今自其現實存在狀態，不能實現其實有之願欲本性能力而觀，則其現實存在狀態，對此願欲或本性能力而言，卽爲不能使之滿足，而爲一有所孤負於此願欲所望之存在之一負面的存在。此現實存在狀態，不能使有情生命得滿足，亦卽其苦痛煩惱之原。此苦痛煩惱乃面對外緣之不足以使其本性能力實現，而苦痛煩惱，亦面對其現實存在狀態之爲負面的存在，而苦痛煩惱。負面的存在，卽一缺憾的存在，亦是一非完全的存在。然其所以非完全，乃對其自身之願欲，而非完全，非對其外之一標準而非完全。其所欲求之完全，亦唯是其自身之願欲之達成，所致之完全，而非合於其外之完全者之目的之完全。由此而其自身以外之世界中，其他存在無論如何完全，或人將此世界中之一切存在、生命合而觀之，以見得一世界之完全，或謂世界自有一完全之上帝；皆同無助於一存在生命之未達成其願欲時之不完全，亦不能解救其不能有一達其願欲之完全，而致之苦痛煩惱，復不能解救其自身之視其現實存在狀態爲一負面之存在，而使其自安於其中。由此以觀，吾人在上篇中所述，人可由一世間存在之不完全，以補足其不完全，而達於一完全者存在之思想，則唯是個人之自滿足其求見一完全者之願欲之道。此固非無其義旨所存。然對世間一切有情生命所自感之不能完全達成其願欲，而自感其存在爲一負面之存在，而有之苦痛煩惱，則全無所助益。除非吾人能爲有情生命自身，指出其有一自達其願欲，使其現實存在狀態，對其願欲不復爲一負面之存在，而使之成爲能達成其願欲之正面的存在，則吾人別無使有情生命自身達於完全之道。由此而吾人在前篇所說，卽皆爲不能答此佛家之問題者矣。

然吾人如何能指出一有情生命完全達成其願欲之道？於此如自有情生命只各自有其所願欲之未來，而又不見其他有情生命與其願欲之存在，而相對有一大無明大癡，而以慢嗔貪相遇而言；則此有情生命之願欲，乃必不能完全達成者。如任此一有情生命之只願欲其自身之存在於無盡的未來，願欲其無數子孫之無盡的存在於未來，卽皆可吞噬一切其他存在之物，至於無餘。若一一有情生命，皆欲達成其此類之願欲，則一切有情生命，只有無盡期的互相吞噬，而仍不能達成其願欲。由此而見此有情生命之此類之願欲，必需澈底超化爲其相反之願欲，而後能達成。此卽本於照明此有情生命中之貪嗔慢，與其所自起之無明之智慧，而生之澈底超化此現實有情生命之此類願欲之一大願欲。亦卽一救度有情之出於其貪嗔癡慢之外，出於煩惱苦痛之世界或世界之苦海之外之大願欲。此大願欲，乃使有情生命自其貪嗔癡慢之汚染中得清淨，自無明中得見大光明、起大智慧之願欲。此卽起於對有情生命之煩惱苦痛，有眞實之同情共感，又對之生起慈心、悲心，而有之慈願悲願。此卽佛陀之根本願欲也。

今試問：佛陀之此一根本願欲，是否能必達成？則當說此自是佛陀之願欲於一切有情生命者，而有情生命則不能必如佛陀之願欲於其自身者，以使其自身立卽有此願欲。若其自身尙無此願欲，佛陀亦不能卽使之有此願欲。以佛陀與衆生，可于一時，各有其願欲，其願欲之力亦可平等故。由佛陀雖有此悲願而仍不能達，佛陀卽永不能已其悲願，亦不能於其悲願之外，期其悲願之必達，而只能永自忍受其悲願。然佛陀雖不能期必一切有情生命之有其所願欲於有情生命之一願欲，然亦可於有情生命有此一願欲時，示以所以達成此願欲之道。佛陀亦只能以此道示有情生命，而不能使有情生命必行於此道。行與不行，乃有情生命自身之願欲之事，而願欲其有此願欲，而示之以此道，則佛陀之事。此佛陀實不同他教之上帝之有大全能，能造一切者。然却能願欲其他有情之有與之相同之願欲，而示之以達成此願欲之道。故其自身之願欲與其他有情生命現有之願欲，亦初可兩不相傷而俱存；而唯待此道之爲接引，以待有情生命之願欲，合於佛陀之所願欲於有情生命者。此卽佛陀之道所以恒可覆於世間之上，而亦與世間不相礙，而又爲一救度世間有情生命，以使之出世間之道也。

此佛陀之救度世間有情生命，乃以「道」救度有情生命。故有情生命必先能知道，乃能得救度。此在現實世界中，卽唯有人能知道。其他禽獸等，則必轉成人身、或有同類之心靈能知道者，然後得知道。此中禽獸之可轉成人身，乃自生命有無盡期之相續輪迴上說。此輪迴，乃佛家所設定其實有者。吾後文亦將更說明其意旨所存，今暫不及。自此佛家專對有心靈之人，而說之如何超化其現有之願欲，以合於佛陀之所願欲於人之道而言，此道亦有大不同世間一般宗教之道，復有大不同於吾人在道德實踐境中所說人形成其道德人格之道者在。

三、我執之破除與空性之體悟

此佛陀之所言之道，其不同于世間宗教之說者，在此道初非使人達於神靈、教人如何信仰神、默觀神境之道，亦初非教人信仰佛陀之自身之存在之道，而初爲一教人如何自其生命中貪嗔癡慢等中解脫，亦卽除去其生命中之自我執着，而自其生命之種種束縛、封閉、限制中，超拔而出之道。此佛陀之教人自其生命中限制、封閉、束縛等中超拔而出之道，與一般人在其道德生活中，唯賴其自己與他人有生活上之接觸，方能以對他人之自我之肯定，破除其自我之封閉限制者又不同。此不同，在人之所以必賴與他人之生活上接觸，方能破除其自我之封閉者，乃由人之平日獨居之生活，恒是封閉限制於其自我中之故。若人在其獨居之生活中，能別有自其自我之封閉中超脫之道，則人亦可不須待於他人之生活上之接觸，方能有一自其自我封閉中超脫之道。此一人不與他人有生活上之接觸時，可自其自我之封閉中解脫之道，自有種種。如上述之對一切有情生命之苦，而起慈心悲情卽是。然人卽初無此慈心悲情，亦可有一智慧，以致此心此情。此卽佛家所謂對一切法如實觀，而破一切主觀客觀之人我執、法我執之空，所成之空慧。若人恒有此空執障之空慧，則人卽可不與一切人有任何之共同生活，而亦可有其自己之心靈之不斷自其自己生命之封閉中超升，而解脫之事矣。

此佛家之對一切法如實觀，而觀吾人所執者之空，可包涵吾人前在觀照凌虛境中所謂觀照現實事物之純意義、純相，而依其相之對照，以觀其關係之觀照。此卽一如實觀一切法相世界或如實觀一切法之觀照。然佛家之有此觀照，更有其進一步之目標與進一步之事。此目標、此事，是在直下觀吾人通常之本其觀念概念，而對存在事物所作之判斷，恒化爲一對存在世界中之一切法或我與非我之存在事物、種種虛妄之分別執着；而更實觀此所分別妄執者，其本性爲空；由澈底觀照其爲眞空，而歸於畢竟無所得，以完成就此觀空之觀照。此進一步之觀照之目標之事，卽同時爲澈入前所謂觀照之相之外之下之「一般之判斷知識境中之分別妄執之本性爲空」之觀照。人欲有此觀空之觀照，則其觀一切法相之如何如何、如是如是，乃所以將一切法鬆開，而使之疏散，以免於膠結糾纏，此爲初步事。此固可同於觀照凌虛境中之觀照純意義、純相之事者。然其進一步之事，乃觀吾人對任何法之觀照，而形成一觀念概念，如更本之以判斷存在事物，卽無不可化爲分別妄執。今欲知此妄執之空，則必須進而觀此存在事物自身之爲無常、爲因緣生，而直依此無常、此因緣生，以更倒破一切由觀念、概念、判斷而起之妄執；同時觀此一切因緣生之事物之有，不同於一般妄執所執之常有、實有，亦不依於任何之「實有」「常有」，而爲依於此常有實有之眞空，而有之妙有。此眞空妙有之衆生法、心法、佛法等一切法之法界，爲一眞法界。則此佛家之觀照，卽由其更能透至超於吾人前所言之觀照凌虛境中，所觀照之相與意義之底層之執而破之，以成爲一更升至上一層之觀照。此破執觀空之境，卽與前說之觀照凌虛境，不同其層位矣。

佛家之破執觀空，要在破人對我與非我之事物，或一切法之虛妄的分別執着。此中對我之執名我執，對非我或不視爲只屬我之法或事物之執，名法執。我執卽主觀自我之執，法執卽對一切兼可視爲非我而客觀存有之一切法或事物之執，如人對自我心身諸法，視爲客觀存有而執之，亦是法執。佛家欲破此一般對主觀之我與客觀之事物或法之執，與一切信神靈之宗教，欲求超出於此一般之主觀之我與客觀之物之上，其目標初無不同，然其道則大異。

此異點，在一切信神靈之宗教，乃意在先信仰或見有一統主觀客觀之世界，而位居其上之神靈，如爲一完全無限之大我，而卽以對此大我之信仰，破除人對其主觀小我與小我所對之客觀世界之沾戀貪着。在人對其主觀小我，有一堅強之力，自加執着之情形下，人亦恒非信此神靈之大我之力，遠較彼之力爲偉大，卽不能使之一念自拔於主觀小我之執着之外。人之信此大我神靈，亦恒可使其於念及此神靈大我，在其小我之外，而一念自其小我之限制封閉中超拔，而冒出一隙之靈光。此卽世間信神靈之宗教之所以亦爲當有。然此世間之信神靈之宗教，以一神靈之大我之信仰，破除其主觀小我之執，雖恒可有效，而又非必然有效。因人之小我，在此神靈大我之前，雖在第一念中，可自忘其我，而破其小我之執；然其第二念中，又可執着此神靈之大我，以代其小我，以爲其我，更祈求此神靈之大我，應許其小我之欲望希求等，而或再幻想此應許之已存在，而更執此應許之爲必有。由是而此神靈之自身，亦卽墮入于其主觀小我之中，並如將此主觀小我，加以膨脹；於是當人更執之，以代其小我而爲其我時，卽使之更增益其對我之妄執與貪執。在此情形下，其信此神靈，卽不特不能有必然破其小我之執之效，亦更可有增益其我執之害。在人之信神靈，唯所以破人對小我之執之情形下，此神靈之信仰，只有此一破執之消極的意義。此固可不爲害。然在此情形下，則此神靈的信仰之用，亦唯所以使其破其對小我之執。若其對小我之執既破，此信仰之用亦息。蓋當其對小我之執破，而此我卽成此神靈之舍，或所謂神殿，則神靈與此我必合一，而人亦不能知此神靈必異於此小我之所以爲我之眞我。故以此信神靈之事，破除小我之執，在其有效之情形下，人對小我之執盡破之時，人對此神靈之信仰卽亦息。於此，若人果自始無小我之執，或別有道自去其我執，則亦無先信此一神靈之必要。人先信神靈，既亦可有前說之增益其小我之執之害，則信神靈，卽非所以破人之我執之必然之道。此破我執之必然之道，唯當面對此我執而直接破之，而不必假借於一神靈爲大我之信仰，以逃避此我執，而間接地破之。此卽佛家破我執之道，所以較一切信神靈以破我執之道爲更根本者也。

　此佛家之破我執之道，初不假借於神靈爲大我之信仰，卽初不假借於一對超於我之主觀、又超於一般客觀之事物之上之一客觀存在的神靈之大我，以破其我執，亦不假借任何客觀之存在之我，如他人之我、或任何存在之我，以破其我執。凡此假借一客觀存在之神靈之大我，他人之我，或任何存在之我，以破其主觀之我之我執者，皆同無必然之效。因人皆可轉而視此客觀存在之我爲我，而執之，以增益其我執故。由此而佛家之破我執，卽必須兼破主觀之我執，與客觀之我執。此執主觀之我爲常、爲一、爲有主宰之力之我執，稱人我執。而執任何客觀之存在爲常、爲一、而有主宰之力之執，稱爲法我執、或法執。於此，人必兼破此主觀之人我執，與客觀之法我執或法執，乃能自去其我執，以使心靈之光，全幅昭顯，而達於超主觀客觀之境。此超主客之境，乃由直接超主觀之執，亦超客觀之執而致，非先肯定一在主觀客觀之上之一超主客、而亦對我爲客觀之神靈之大我，或其他之我而致。此亦卽謂：此超主客之境，乃由直接超主觀超客觀，而泯主與客、我與非我等之分別而致，或在心靈之最根柢之基層上，去主客之分別心而致，而非於主客之分別既立之後，再於其上層，建一超主客之境，高冒於其上而致者也。

此在心靈之最根柢之基層上，去除主客之分別心，而兼破人我執與法我執之所以爲可能者，要在人之深知此中人之我法之執之所自始，或我法主客之分別心之所自始。此我法之執或分別心之所自始，在人之自覺境界中，卽由其我與非我之他我或他物之對待，並有種種分此我與非我之爲不同類之種種概念，而持此概念，以判斷何者屬我、何者屬非我之執。然卽就此自覺的我與非我之分別執着可不斷出現而觀，卽又可見此自覺的執着之有其根原。此根原卽人之不自覺的對我與非我之分別之執着。此不自覺之執着，爲人之生而卽有之對其生命之內容，而有之原始的把捉或執持，是爲俱生我執，唯識宗所謂依第七末那識而起者。至人之自覺的分別我與非我之執着，則爲人生以後，由其自覺的心靈之活動而起者，是爲自覺的俱生我執，唯識宗所謂依第六識而起之俱生我執。此自覺的我執，卽自覺的分別我與非我之法之執。但唯識宗所謂分別我執，又或專指由邪教、邪分別而起之執。（註）然邪教之邪分別，亦由人之俱生之自覺的分別我與非我之法而起。故下文卽皆只名之爲分別我執。此中，人之破我執之思想，初只在破其所能自覺的分別我執，而最後之目標，則在破不自覺的俱生我執。此不自覺的俱生我執與第七識相俱，亦與唯識宗所謂大隨煩惱，如惛沉、掉擧、失念、放逸等相俱，其根在不自覺境，非以極深之宗教性兼道德性之修持工夫，如禪定等，不能全破。今不擬多及。然人能在其自覺所及之境中，破思想中之分別我執，卽可引起人之無自覺的分別我執之生活。又以人之俱生我執，亦表現於人之自覺的分別我執、與依此執而有之生活之中，故人在自覺的思想與生活中，能破分別我執，亦可間接損減其俱生我執，至於淨盡。今再濟以其他宗教性兼道德性之修養工夫，卽可次第正破俱生我執也。

人在起分別我執而自覺的以種種之概念，分別我與非我，以判斷何者屬我，何者屬非

註：明廣益百法明門論纂注，疑成唯識論之言，而作此說。

我，而更繼續不斷的執持之之事，不同於「我直接面對非我之存在，並與之有一同情共感時之自覺我與非我之存在，皆共存於一自覺之中」之事。在此事中，有我與非我之分別，亦有我與非我之統一，所形成之道德生活，如吾人於道德實踐境中所述。此起分別我執之事，亦非專自覺有種種之概念，而觀照此概念之同異等關係之事。此觀照爲一理性的觀照，亦可形成理性之知識，如吾人於觀照凌虛境中所說。此分別我執，復非只是用一概念以判斷我之存在或非我之存在，望見我之存在或非我之存在，其所表現於我之感覺中之性相內容，合於此概念之內容，以見此判斷爲眞之事。在人用概念以判斷，而見此判斷爲眞時，卽有一規定存在之個體物之性相與類之眞判斷，或眞知識之成就。此眞判斷、眞知識乃由理性中之概念之內容之類，同時爲由我之感覺，攝受其他個體存在事物對我之感覺，所表現之功能時，而見得之性相所屬之類而來。凡此等等中，初皆無吾人所謂分別我執，亦無此分別我執所成之種種虛妄之見。此分別我執之所自成，乃連於「人之貪執其自我之生命之存在於未來，而嗔恨其他非我者之存在」之俱生我執，而用種種之觀念概念作判斷，以分別規定一切事物，何者爲屬我，何者非屬我，而加大此我與非我之存在間之距離與裂痕；乃使人之自覺的心靈，只更分別的向我與非我之差別而注視，而不復更見其爲此自覺的心靈所能統攝；遂更本其對自我之生命之存在之貪執，以對此中所判斷爲屬我者，更加以執持，再本其對非我之嗔恨，以排斥一切被判斷爲不屬我而非我者。此時人之自覺的心靈，亦卽化爲一「自覺的執我，自覺此所執之我與非我之互相非排、非斥」之「分裂矛盾」；並在此分裂矛盾中，「以其所執之我，對一切非我者嗔恨，而求征服之，以求位之於此我之下，或利用之爲手段工具，以達我之貪欲；乃不惜毀傷殘殺一切非我者」之罪惡的心靈。到此而人之一切自覺之能力，與其用種種觀念概念，以分別何者屬我、何者屬非我，所成之一切判斷，卽皆同爲成就此心之我執與罪惡之用者矣。於是人欲自其我執與罪惡超拔，而出離之道，則當從：見此用以分別我與非我之判斷之不可執爲必然眞，並知此判斷中所用之觀念概念之內容，非眞實存在，而非眞實有始。

人在分別我與非我時，必用種種分別我與非我之觀念概念。如我爲如何如何，有何膚色，屬何種族，有某能力，在社會有某地位，有何財產、名譽，有何知識、德性等，及非我之其他之人或存在，又爲如何如何等。此中，人所用之分別我與非我之概念愈多，則愈見我之非非我，而可使此分別我執愈强。此中，人用以分別之諸概念，則如重重之網羅，以繫縛於我與非我之存在之上，亦使我不能自此分別我執之繫縛中解脫者。此中人愈知我非非我，則我愈是我，而我愈是我，則我亦愈非非我。此亦依於一邏輯理性之運用。前在萬物散殊境與道德實踐境中，皆嘗提及。然在純邏輯理性所成之思維中，人於一概念，只能說如A是A

則非「非A」；於一判斷命題，人只能說如P是眞，則非「非P」眞。人於A或P，初未嘗有執。然在此處，則因人對我與非我，已分別用一一概念規定之，以成一一定然之判斷，則既已說我是A，我必非「非A」；既已以P說我，則我必非「非P」之所說。此中人之邏輯理性，卽只能助成人之由自以爲是A，以自謂非一切非A，由自以爲只可以P說，以自謂非一切非P者之所說。於此，我已是A，卽無非A之可能；已以P說，卽無以非P說之可能。故人於其膚色已爲白，而自謂非非白之時，人卽不復說：若我之膚色是白，卽非非白。而只定然的肯斷，我之膚色爲白，卽非非白，而以其膚色之爲白，以自謂其非一切膚色爲非白之人，而亦非斥、非排一切膚色爲非白之人，於其自身之外。由是而其用此白之概念，以分別白與非白之邏輯理性，卽只作爲成就其「自覺的定然肯斷其自我爲白，而非排非斥一切非白之他人之我」之分別我執之用，而使其分別我執，更深刻化者。由此而人亦卽不能只用一邏輯理性，以破人之此我執。此中，人只本此邏輯理性，以破人之此我執者，雖可說此汝之所以可非排非斥彼膚色非白於汝之我之外，惟賴汝之膚色之先設定爲白，或偶然爲白之故。然汝之膚色亦有不爲白之可能，汝膚色非必然地白，則汝不能以白與非白爲我與非我之分。汝之膚色若爲白，固可以白與非白，分我與非我；汝之膚色若不爲白，却不能以此分非我與我云云。然此一套說法，乃不能使人卽不以白與非白，分我與非我者。因此中之我之膚色已爲白，此已爲白，乃一事實。此事實中，無非白之可能，而爲一定然之事實。對此一定然之事實，卽可有一定然之肯斷。故人想像其膚色之爲白，亦有此非白之可能時，此想像境中非白之可能，與想像境中之白之可能，只互相對銷。則此想像境中之非白之可能，不能再有力以對銷此現實上之人之膚色爲白之想念。於是人卽仍可本此一想念，而以其自我之現實上之膚色爲白，以非排非斥其膚色爲非白者，爲非我，而仍以其邏輯理性，爲成此我與非我之分別執之用，而使其分別執更深刻化。故人欲由「邏輯理性所起之思維，以拔除人之我執，無異莊子所謂「以火救火、以水救水，名之曰益多」。故人在思想上拔除我執之道，卽必不能止於說：人之用以分別人我之概念，在邏輯理性上原有可用，亦可不用之可能而止。而必須更說此用以分別人我之概念，在事實上有不能用之情形之存在而後可。人亦唯在思此事實上實有不能用之情形，然後人能更不用其種種分別我與非我之概念，以分別我與非我，而得漸超拔於其分別我執之外也。

此事實上人所用以分別人我之概念，所以實有不能用之情形，在此中之我與非我之所以有可以概念分別之性相，如膚色之白與非白者，乃由實際上之因緣使之然，卽由因緣而生，由因緣而起。（註）此因緣之自身，實可由存在而不存在，而其存在，卽爲無常。故人眞知我與非我所具之任何性相，爲由因緣而生起，其存在爲無常，人卽可知其本此概念所造成之我與非我之分別，爲不可執，而人乃可自此分別之執中，得一眞實之超拔之道矣。

凡人之本我與非我之不同性相，而用種種概念，以分別我與非我者，皆可由此性相之失去使之存在之因緣，而不存在時，見此諸概念之空而無實；而於此等概念，卽不執之爲實，以分別我與非我。如人之膚色爲白者，其白有其生理上之原因，如人得一病，使此原因去除，則此白不存，而人卽不能以之分別其我與非我之他人。人若知其地位、財產、知識、與德性，一切屬我而存於我者，皆有其所以存於我之因緣，更見此諸因緣不存時，此一切卽皆不屬於我，則人亦同不能以之分別我與非我。凡以因緣而存在者，必以因緣之去而不存。於是任何由因緣而存者，其存在卽皆是一可由存在而不存在之無常法。此無常，乃屬於其存在之本性。其存在，卽以因緣生，爲其本性，亦卽以隨因緣之去而不存，爲其本性；而其自身，卽無必使其自身存在之本性或自性，亦無此一本性或自性；而只有一無此自性之性，或其自性爲空之性。於是其存在亦卽依此無自性、或自性空之性、或空性而存在。其存在有此空性，則其存在之爲有，卽非實有而爲假有。假有者，假因緣而有，卽待因緣而有。待此因緣而有。卽依此無自性或自性之空而有。其有，亦依此自性空之性或空性而有。離此空性，其

註：瑜珈師地論卷五十六，謂果名緣生，因名緣起。卽自果言，說爲緣生；自因言，說依緣而起也。

自身卽不得有，而其假有，卽依於此空性之爲眞實而有，亦卽依於此眞實之空性，或依於此眞空而有。由此而說一切存在依因緣有，卽同於說其依一眞空之性、或眞空而有。人能眞信得一切存在者或有者，皆由因緣而有，卽同時當信其存在或有之性爲眞空。此以眞空爲性之有，不同一般所執之實有，卽爲妙有、幻有。此一切妙有、幻有，依眞空之性而有，則此眞空之性，亦不同一般所視爲與有隔絕，不能爲有所依之頑空或斷滅空。人眞能見得證得此中之妙有眞空之相依，而不可二，以觀此世間之一切存在事物之妙有幻有，而以眞空爲性；則一切存在事物之有，卽由其同依此眞空之性，而見其不相爲礙，彼此透明，而不可執。人於此對在我之主觀一切事物，固知其不可執，對一切非我之客觀一切事物，亦知其不可執。則我與非我者之分別對峙，卽無此「我與非我之實有」，爲其根據。此我與非我之分別，卽亦不可執，而人乃可自此分別執中超拔而出矣。此超拔者，非已有分別執而後超拔，乃見此分別執自身之無其根據，或其所根據者之無其根據，而自然超拔。亦卽由先見此分別執所根據者，其自性之空，此分別執之自性亦空，而分別執無起處，以使人超拔分別執。故此超拔之言，亦唯是分別執不起，而自身息滅之別名而已。

第二十三章　我法二空境——衆生普度境——觀一眞法界(中)

四、佛家之因緣義

此佛家之去除分別執，初在去除以種種概念分別我與非我之執。此我，乃吾人在萬物散殊境中之一個體物。人所視爲非我者，初爲在我之個體之外之其他個體物。此中之分別執，則爲執我之存在之某性相，必屬於我，非我之存在之某性相，必屬於非我，以分我與非我，爲不同類之存在之執；亦卽使我與非我之存在，各定屬於吾人前所謂依類成化境中不同類之物，以分別成其一定之變化之執。佛家之所以破此執之道，則本吾人前所謂功能序運境中所及之因果關係，以說我或非我之存在之所以有某性相、屬某類之物、更分別成其一定之變化，皆由因緣所致；故不可執其定屬於我或非我之存在，而爲我或非我之一存在之所定有、常有，而實有者。此由我與非我之存在物之性相之非定有、常有、實有，而知其無自性或性空之說，其不同於世間之以性相定個體之物之類，並以因果關係說明其性相之變化之說者，則在：依此諸世間之說，世間之物之性相、與所屬之類雖可變，然總有其性相與所屬之類，則其有性有類之一點，不可變化。其性相與所屬之類，雖依因果關係而變，而其有因果關係一點不可變。此世界之物之有性相、有類、有因果關係，爲不可變而實有，則必有依因果關係而表現性相或屬類之物爲實有，人亦必當積極的求關於此世界之種種因果關係與存在之物所屬之類之知識；遂不當只以知此一一存在之物之性相之無常、而非常有、定有、實有，而知其無自性或性空；遂由其同此性空之性，以去除我與非我之分別執爲事矣。

今觀佛家之立教，則其於謂世間之物在變化歷程中，若不屬有此性相之類，卽有別一性相，而屬另一類，其變化必依因果關係云云，固皆原爲佛家所承認，亦非任何人所能否定。此依性相以有類、有因果關係，乃世間之物之所以成世間之物，世間之物之所以能合以結成一世間之根據，亦卽世間之所以成世間之眞理，或佛家所謂世俗諦。人之求知此類之眞理、或世俗諦，亦佛家之所不廢。然人之求知此世間之物之依因果關係而變化其性相與種類，只能對一一之物，而分別知其所依之一一因果關係，所成之一一性相，所屬之一一種類，而成一一特定之科學性知識。此一一知識，亦恒只所以達人之於一一特定之知識之目的，或其他實用生活之目的，而不能由之以使人得自其所執之生活、知識、目的中解脫，亦不能由此以知一切存在之物所依之最後存在物，或一切存在物之共同性質、共屬之最大類，與共同之最先因等。人之循其存在之物之有性相、有所屬之類、有因果關係之思想，更欲求其思想之一究竟安頓之處者，卽初必往求一最根本之存在者，或一切存在物之共同性質，或最大類，或最先因，而形成世間所謂形上學之思想。在求最先因之思想中，人又恒必設一因之能包涵果以生果，而謂因中有其果。至於見果之不能涵在因中時，則又謂因中無果，或謂世無所謂因果關係。由此而人卽更有對此中之最後存在者，以及因果觀念之種種思想執着。依佛家之思想，卽須更有對此類之思想執着之破斥，以使人知空此諸執着，並知此世間之物之依因果關係，而變化其性相，與所屬之類，除可使人直對之有一世間知識外，同時顯示一空此一切思想執着之超世間之思想執着之眞理。而使人緣此眞理以措思者，得自其所執之知識、目的、生活中解脫之智慧。此卽大乘之般若宗之所以更有種種純破人之此類之思想執着之論之故也。

在西方之思想中，所謂一切存在物之共同性質，卽存有之自身，而使一切存在物共屬於存在類者。所謂最根本之存在者，恒指一完全無限之上帝之存在，可爲一切存在物之共同的最先因者。此最先因之上帝，非佛家之所視爲眞實者，前所已論。唯大乘般若宗之佛學之所破，則不只在「此上帝之爲最先因，而以其他存在物爲其所生果」之思想，乃兼在破以自或他爲因以生果之思想執着，亦破世間無因果關係之思想執着。故般若宗諸論，破因中有果以生果之說，亦破因中無果以生果之說，復破無因無因果關係之說。如中論言「諸法不自生，亦不從他生，不共（非自他共生）不無因，是故說無生」。此卽歸至於對一切法原不可說爲：以其自己或他爲因之所生，然亦非無因而生。其破因之生果，乃根在破一切法之有所自而生，卽破一般所謂法有所自生之觀念，以破果之自因而生。然果不自因而生，又無礙果之依因而生。故又必破無因之說。此卽謂法必依因而生，而又不自因中生出，卽中論言因緣生，同時言空、言不生，謂「衆因緣生法，我說卽是空」之根本義所存也。

中論言不生者，乃言一法不自其自己或他法中生出，一法只如其爲一法，則一法卽不能自其他異法中生出；而謂自其自己生出，則爲無義。以其自己對自己，無所謂生故。一法只自如其爲一法，則一法亦不能由他法使滅；而自己滅亦無義，以自己對自己，亦無所謂滅故。故言不生亦不滅。然法不生不滅，非謂其不依因緣而能常有，故不常；亦非無因緣以使之相續有，故不斷。又相續有者，前後不一；而前後亦不相離，而不異。諸法之因緣，不常不一，現有之此法，不從他法來；諸法之因緣，不斷不異，現有之此法，亦不往他法去。則一一法各如其所如，以分別依因緣而有，而彼此不由互有其所有，以相生，亦不由互無其所有，以相滅。由此一切法皆不生不滅，亦不常不斷，不一不異，不來不去。此卽所以破人對生滅、常斷、一異、來去之執，而使人有其心靈之般若慧之道也。

此中論之八不之思想，根本在言不生不滅，而常言必先說生而後說滅，故不生不滅之思想之根柢，又可說在不生。而言不生之義，則要點唯在言一法之有，不由其他法之有之或無之而生出，亦無所謂由其自己之有中生出，亦非不待因緣而有。故果不由因之有之，而生出，而復不從因中之無之，而生出，亦非不待因緣，而生出。若因果是同一法，則無所謂生。此不必多論。若因與果非同一法，則果異於因，因之自身中，自不能推出果來。此乃依邏輯思維之必然。然因中既不能推出果來，何以果必待於此因？依吾人於功能序運境中之所說，則于果之所以必待因，唯有謂此因爲一去除果之現之障礙之開導因，而後此果之待因，方得被理解。今謂因能去除果之出現之障礙，則因自有此去除障礙去之一功能或一能力。然此因之有此一功能或能力之義，則非大乘般若宗所重。而其破因能生果之說後所成之思想，唯是見此因與彼果間，「此有故彼有，此無故彼無」之相繼的如是如是現，而別無其他。於是人之觀因緣與觀空之事，卽不外順一切法之「此有故彼有，此無故彼無」，以觀有觀空，而於此所觀之外之後之上之下，更無執爲實有、定有、常有者。此觀對有，若無執爲實有、定有、常有之意，則當其無時，亦不見有一無，能無一有而滅之，故無所謂滅。此無所謂滅，亦如其初之有，無所謂自另一有而生。謂初之有自另有一而生，乃由人先藏此「有」於另一「有」之中，而外視之若無。謂一有由無而滅，乃由人之舉此無，而冒於其所無之有之上，而外見此「無」之無此「有」。此皆由人先執有，而又藏有於有，或藏有於無，所生之思想。若人自始不執有，而又不藏有于有，亦不復藏有于無，則自無所謂生滅，亦當不見有生滅矣。然此一中論之觀法，唯觀一切法之此有故彼有，此無故彼無，雖可使人不思生滅，然却使人對此中之「此有故彼有」之故，不可理解。以此有與彼有既不同，依邏輯之推論，人不能由此有推出彼有，則此事不能由邏輯推論而理解。此外，中論又另無使之可理解之道。然吾人於此，若說彼有之所以繼此有而有之故，在此有，自有一功能，去除彼有呈現之障礙，如吾人前此於功能序運境中所論，則此事固可以理解。然吾人若說以此有能去除彼有呈現之障礙，彼有乃繼此有而有；則在彼有之障礙未去，而未呈現之先，彼有亦當自原有一能呈現之功能，或其自身，即是此一能呈現之功能。此功能，只爲一功能，即非一般所謂有、而亦非一般所謂無之另一種有。此卽引致法相唯識家之言功能爲現行之果之因之說。此功能，在唯識家卽名爲種子。依此功能種子，以說此有故彼有之緣生，卽爲進一層之因緣生起論，而非中論等般若宗之佛家經論所及者也。

依此法相唯識宗之言功能種子之義，以說一般所謂因果之關係，則於一般所謂因之有，自亦不須說有此果之藏於其中。此因之用，若本吾人於功能序運境之說，便唯在去除爲果之呈現之礙。其去除爲果之呈現之礙，卽助成此果之呈現，而爲此果之呈現之外緣。一般所謂一果之因，皆只是此果之呈現之外緣，而果在未呈現之時，只爲一未呈現而能呈現之功能種子。唯此功能種子之先在，方爲果得呈現之理由，亦爲其眞因之所在。於是一切法之眞因、親因，卽各在其功能種子，而非吾人通常所視爲其前因之事物矣。

佛家之法相唯識宗，言功能種子爲一切果之生之親因之說，則一一事物之親因，卽一一事物之功能種子：事物不同，其親因卽隨之而不同，而彼此不相亂。然一一事物之生，除此親因之功能種子外，更有其外緣。一一外緣，亦各有其功能種子，亦與一一事物之親因之功能種子，互不相亂。然一事物之親因之功能種子，可以其他事物之先在，爲其外緣，而有其因緣關係，以相連結；則此一事物之外緣之種子、與此事物之種子，亦有其因緣關係，以相連結。於是一方有爲一切事物之親因之功能種子之互不相亂，一方有此因緣關係，以使其一切功能種子互相連結，同時使一事物之生，與其他事物之生、互相連結，以成一世界之大因緣網，以相依而生起。此卽可使世界之一切存在之物，一一皆可成因緣網中之一中心，而又無彼此離散之虞，以成此一切存在之物，彼此不一而亦不異，使其互爲因緣，以生起之事，不常亦不斷。一一物之生起，亦皆不自此因緣網之外而來，亦不離此因緣網而另有所去矣。

依此法相唯識宗之論，一切不同之事物，各有其不同之功能種子，爲其親因，則物質之色法，有色法之種子，精神之心法，亦有心法之種子。物質之色法爲心法所對之境，亦對心法之感覺而呈現。當此心感覺一色法爲境時，心攝境而境不能攝心，心自證其攝此色，色不能自證其攝此心。在心自證其攝境時，則心同時爲統一心色之原理，此色卽不能離此統攝之之心而存在。至於心所未感覺經驗之色，此卽西方哲學所謂心所可能感覺、可能經驗之色。此固當謂其有。因若其無有，則人之對色之感覺經驗，卽不能更開拓，以其無更開拓之可能故。然西方哲學於此人所可能經驗之色，說其不離心而存在，則或只說其爲其他心或上帝心所知，如巴克來、來布尼茲之說。或說其爲人之超越的統覺之所涵蓋，如康德之說。然此一一人之所可能感覺、所可能經驗者，自是此一一人之心之可能感覺、可能經驗者。人之超越的統覺之涵蓋可能經驗，只是此超越的統覺之可能實統此一一感覺經驗之謂。然謂人將實有一一感覺經驗之可統，則康德之超越的統覺，不能負擔此責任。蓋此人之實有一一感覺經驗之可統，在康德唯說其依人之感覺能力之有所感。此則只爲原則性之說法，不能盡義。因人之感覺能力自身，必分化爲一一之感覺能力，以分別與所感覺者一一相應，然後有一一之感覺經驗。而此與一一所感覺者相應之感覺能力，則應爲一一不同，而亦皆爲具於人之可能有此一一之感覺經驗之心中，之一一之功能種子；然後人之實有一一之感覺經驗之事，方爲可能，而其一一爲超越的統覺所實統之事，亦方爲可能也。

依此法相唯識宗義，以一一事物皆有其功能種子，而心法能統色法，則若說人之可能感覺經驗之色法無窮，人之能感覺經驗之功能種子，亦應之同爲無窮。人可能感覺者不必實感覺。此實感覺與否，待其他之外緣，然人之能感覺之功能種子，則必先具。如人未上月球之時，人之感覺月球上之事物之狀之感覺的功能種子，亦必先具。否則人到月球，亦無所感覺故。由此而吾人凡說任何物質之存在爲可感覺，其種子皆必全部先具。若世間一切物質之存在，皆直接間接爲人所可感覺，則人對世間一切物質之存在之感覺之功能種子，無不先具。因若不先具，則一朝外緣已具，感覺之事仍不可能故。此外緣原儘可忽然而具。若謂必待外緣具時，方有此功能種子，則臨事倉皇，將措手不及故。觀人或任何生命存在，於其外緣具時，卽有種種感覺之出現，亦從無臨事倉皇之情形，卽可見其種種感覺之功能種子，皆已先具矣。

依此法相唯識宗之言，一切色法乃心之感覺之能之所統攝。心之感覺尚未有時，其功能種子已先具於心。故心所感覺之一切色法，亦無不同時先具於心中。然此心中所具之心法、色法之功能種子之全體，則非人所能一一自覺，以當其未化爲現實時，則非人之心之自覺所及故。由此而其有，卽有于此心之自覺之下層。心之自覺之下層，卽心之不自覺的部份。此心之不自覺的部份，對心之自覺的部份言，卽可稱爲另一義之心。此另一義之心，唯識宗稱爲賴耶識。此賴耶識卽涵藏此一切心法色法之種子之全體者，或卽此一切種子之別名。然唯識宗再說一不自覺的心，卽末那識。此末那識，卽對此賴耶識與其所涵藏之一切種子，更有一不自覺的加以執持之心。此末那識與其所執持賴耶識及一切種子，雖爲人所不自覺，然此正人之自覺的心之所以繼續有其所自覺之種種之感覺經驗之世界之現行之原。此感覺經驗之世界，常言乃依於感官之感覺之活動，與所感覺之山河大地相接而有。此感官爲根身，山河大地爲器界，皆色法。感覺活動卽心識活動。以感覺心識之活動之生起，與根身器界之相接，乃俱時而起，故唯識宗謂末那識所執持之賴耶識，其所涵藏之種子，有此感覺心識之種子，卽必兼有此根身與器界之種子。由此三類種子之和合現行，乃有感覺經驗之世界。於是感覺經驗之世界中之根身、器界、與心識，卽皆可說爲此賴耶識之種子之現行時所變現。一一有情生命，各有其賴耶識爲其末那識所執，以變現其根身、器界、與心識之活動之事，雖可彼此相似，亦可互爲因緣，以合成一大因緣網；然亦各以其末那、與其所執之賴耶識、及依此識而表現出之其他心識活動，以自爲一中心，則不能逕合一一有情生命之心識，爲一大心識。亦不能說一一有情生命之心識，所對之世界，爲同一之世界，而此一一有情生命，各本其心識之活動，各造業受報，其善惡染淨苦樂，自各不相同。其求爲善去惡、捨染取淨，以自其人我執、法我執之封閉障蔽中，求解脫之道，所經之行程，亦各各不同。不能言一人得道成佛，一切人與衆生，皆頓時同得道成佛也。佛以解脫道救度有情，仍須一一有情之自行於此道。佛之說法利生，亦只爲一一有情之自得道，備一大善緣。故吾人亦可說佛爲一切有情備此大善緣或大因緣，而出世、入世。然此固非一一有情，可由佛之一人成佛而皆成佛之謂，亦非佛有大力能使一一有情，不自行於求解脫之道，而得解脫之謂也。

對此法相唯識宗之思想，吾今無意作更多之論述。此上所言，乃意在說明此宗之思想之重視一一個體有情生命之各成一世界，此一世界中之一一精神物質之事物，各有一一之功能種子，卽見此宗思想，在尊重個體之原則上，乃世界之任何宗教哲學思想，所未能超過之者。此宗之如實觀法相，固本於一高層之觀照心。然自其重個體之原則處說，則亦爲最能如實知吾人前所謂萬物散殊境之存在者。而其所以有此思想，又由其能貫澈吾人於觀照凌虛境中所說之邏輯上之原則，以思吾人於功能序運境中所論一切世間之因果關係，而歸在觀一切法之各屬於其類，亦依類而成其變化。如吾人於依類成化境之所說。此依邏輯原則，以思一切因果關係，則與果異之因中旣無果，此果卽不能說由因而出。此義實佛學之般若宗所已先說。般若宗謂諸法不由他生卽此義。法相唯識宗由此而說一般所謂因只是緣，一般所謂果之親因，乃其功能種子，此功能種子與現行之果，其性質之內容爲同一。故可說此種子已有現行之果之內容，而謂此因能爲果生之因，卽無一般所謂「無果之內容之因能生果」之爲邏輯上所不可思議之情形。依與果同其內容之因，以生果，即爲邏輯上可思議，亦合於邏輯上之是A類者即是A類之原則者。此中因果之唯一不同，唯在因只爲種子功能或潛能，而果爲現實。然此在邏輯思想上可不成問題。邏輯思想之只循概念之內容進行，固可不問此內容之屬潛能或屬現實也。若謂此潛能之如何能化爲現實，可成一問題，則邏輯思想之進行中，亦同有此問題。如人由前提推結論，而結論尚未推出時，自思想上看，人亦只有由前提以推出結論之可能，然以此前提之內容中，已涵具結論之內容，則此推出結論之思想之出現，爲眞可能。以此可能爲眞可能，故人可由只有此推出結論之思想之可能，而現實化爲實有此推出結論之思想。則一種子功能，其內容中具備一現實事物之內容，其現實化爲現實事物，亦應爲眞可能。前者之所以爲眞可能，以前提之內容中，原有結論之內容故，後者之所以爲眞可能，亦以種子功能之內容中，原有現實事物之內容故。依此種子功能之義，以說人之由前提以推出結論之事，而謂在結論之思想之先，已有此結論之一可能的思想，此可能的思想，亦即當說爲一思想之種子功能。今若無此思想之種子功能，此思想之出現，即在邏輯上非眞可能，在實際上亦非眞可能。此即以唯識家之種子功能爲親因之義，以說人之邏輯的思想之實際的出現之義。此一說之本身，爲合乎邏輯，亦兼合乎事實的。則以種子功能義，說一切思想情感與任何事物之出現，亦爲合乎邏輯的，兼合乎事實的。

此唯識家之本邏輯與事實，以說一切事物之生，必有與之內容相同之種子功能爲親因，又必待外緣，而後由此因以有現實事物之生；則宇宙人生事物之類不同，其因之類亦必不同。一切因之生果，皆爲一一種子、與其現行或所生之現實事物之自類相生，而以其他不相類之事物或種子，爲某一類之種子與現行或現實事物之生起之外緣。此卽所以保持此一切事物之一一與其種子，自成一類，以貫澈此類之概念之應用，亦限制類之概念，於一一個體事物中之思想。至其以不相類之其他事物與種子同爲外緣之類，則爲使此一切不相類者，可合以形成爲一類之事物與種子之意義，以使類與不類，相輔爲用，使一一事物之不斷變化其所屬之類，而依類與不類以成化之事，得理解者也。

至於唯識家之言一切色法皆爲心之感覺所攝之義，則同於吾人前在感覺互攝境中所謂：所感覺在能感覺之心中呈現而存在，亦由人之自覺反觀，以知其呈現而存在於此能感覺之心之義者。而其言有末那識以執持賴耶識之種子，則同於吾人前於道德實踐境中所說，人之恆有一不自覺的求其生活境界之繼續保持，而安於舊習，以限制封閉於其中之一趨向。此皆可容讀者之比較，而觀其義之相類似者也。

五、善惡染淨之因緣與超凡入聖之可能

然此唯識宗之謂一切有情之生命存在，與其所在之世界，依賴耶識中之無量之功能種子，在無數不同之外緣下轉變，變現爲現行，或種種之現實事物，並非視此無數之功能種子，或賴耶識，爲一恆常不變者，如西方之上帝。此賴耶識雖能變現一一有情生命之根身器界，如上帝之能創造世界，然此賴耶識中涵藏無量之善惡染淨之種子，不同於上帝之純淸淨。賴耶識無始以來已存在，其變現根身器界，亦無始以來之事。一一有情，於無量刼以來，已變現過無量之根身器界；不同于西方言上帝之創造天地，有一始期，上帝未造天地之前，世界根本無有者。又西方言上帝者，謂上帝爲永恆不變，而賴耶識則恆在轉變之中。其所以有轉變，在其所涵藏之種子，經一度現行，卽可增強，亦可以相反之種子之現行而減弱；再可由其現行，而更受苦樂等報，以增強或減弱等。此種子之由現行而增強，可說由其現行，卽一方表現此種子之爲一功能，同時表現其功能之勝於其他之種子功能。其有勝於其他種子功能，卽見其能非斥非排其他種子功能之現行。而此非斥非排其他，卽非斥非排彼非其自身之種子功能。吾人通常說：我由愈能非斥非排他我，而我愈是我，我愈成我，我之力愈大；如思A非非A，更能知A是A，否定否定者，卽所以更成對肯定之肯定。故一種子功能愈能非

排非斥他而現行，則此種子功能亦愈是其自身，愈成其自身，其為力或功能卽愈强。而與一種子功能相反之其他種子功能之現行，則又由其能非排非斥此一種子功能之現行之要求趨向而來。故相反種子之現行，卽可使此種子之力或功能減弱。人之種子現行卽造業，由此造業而受苦樂之報。苦報乃人所造之業，或其行爲活動之受阻抑所生，故恆直接壓抑一種子功能之現行，亦壓抑減弱其力。反之，樂報爲鼓勵人之行爲活動，使其再造同類之業，而使其種子功能之力增强者。此中由種子愈現行而愈强，是爲「其種生現，現又更熏種使强，而趨於更能生現」，以使現行更相續之「一種現相生，以增强、以更能存在」之因果關係。反之，「一種子功能之力，以其相反之種子之現行，而減弱，以至不能現行，或從根上被銷除，」，則爲「種現被尅，以減弱，以至不存在」之因果關係。此則如人之染汚不善之種子，由有漏善種，無漏善種之呈現爲現行，以被銷除，而至於成佛之情形。然人之有漏善種及無漏善種，則無以人之染汚不善之種子之增强，而皆加以銷除之可能。此則依於人之無論如何爲不善，終不能盡絕此爲善之可能，而不同於人之爲善至極，便無爲惡之可能者。此不善種可斷盡，而善種不能斷盡之理由，則在人之爲不善之行，乃依於對世界事物之虛妄之見，而人之爲善之行，則依於對世界事物之眞實之見。虛妄之見可斷，而眞實之見不可斷。虛妄乃對眞實，而稱爲虛妄，故眞實必有；眞實依無虛妄而見爲眞實，故虛妄可無。由此而一切依虛妄之見，而有之不善之行皆可無，而依眞實之見而有之善行，則其中可無一切虛妄，亦無一切之不善。

此爲人之不善行所根之虛妄之見，卽如人之自執其我，爲實有、常有，能單獨主宰一切，或執任何客觀之法，爲實有、常有，能單獨主宰一切，而將主觀客觀之實有，互相對峙分別之人我執、法我執中之見。人有此種種見，而後有我對客觀之存在之種種貪嗔慢等之不善，而此執見之自身，則原自人之癡迷、無明、無智慧而生。此中，人或任何有情生命之所以有主觀之我或客觀事物之爲常有、實有之執，乃由其當感知一我之有或事物之有時，卽自覺或不自覺的以一一概念或觀念分別之而執持之之故，此前已說。今當更說此以概念觀念分別之所以可能，乃在此觀念概念有一普遍的排斥其他之觀念概念之意義。故人只以某觀念概念套於一有之上，而計慮此有，人於此卽可更不見其他，亦不見此一有之爲由其他之緣而生之意義。於是人之思想卽可只繼續限制封閉於此有，而此有卽成一常有實有。於此一執，在唯識宗稱爲徧計所執。此徧計所執之執一有爲常有實有，而不知其所執者爲緣生，卽是一癡迷、一無明。依此癡迷，而更對此自我之所有，執爲常有實有，我卽亢舉其心於人之上，自謂勝於人而有慢；於自己之所無而求己有之，卽成貪欲。由此慢之相續，而人更定置其自己之所有之爲常有實有；由此貪之相續，而人亦更欲有其所貪之有，而更定置此所貪之有，爲不可不有，而求其常有。此亦更助成此常有實有之執。至人對其他害及我與我所欲之物者，所起之嗔恨，則是由於我之貪欲既起之後，更自護持此貪欲與欲得之物，而排斥非斥彼害之者之活動。此非斥排斥彼害之者之活動，又更助成此貪欲，與此中之對我所欲之物之常有實有之執。如人之任何非其所非之活動，皆助成一更是其所是之活動。此中慢貪嗔癡之起，各有其所以次第生起之理由與因緣。但人在慢貪嗔癡中，則不特以其所執持，以成其慢、貪、嗔、癡者，爲常有、實有，如可不待因緣而有；更不知卽其慢貪嗔癡之自身，亦非常有實有；乃或謂此乃人生之常，更謂其必不可去，遂於依種種虛妄之見所起之不善行，更加虛妄之見，以更起不善之行，而執障乃輾轉增上。然人之任何虛妄之見、與不善之慢貪嗔癡等，皆無不有其因緣；其輾轉增上，亦正是互爲因緣。而人果能知此中之一切因緣，而除其因緣，則皆無不可去，而見其性爲空。故此一切虛妄之見，慢貪嗔癡之自身中，亦同有此一緣起與其性爲空之正理或眞理，存於其中。人能依此正理眞理，以知其爲緣生，而去其所自生起之緣，以實見其性爲空，卽所以超拔於其外之道也。

人知緣起性空之正理，所以可使人超拔於虛妄之見與貪嗔癡慢等之外者，以人知緣起性空，則首可知其所貪、所嗔、所慢其他之人物，與能貪、能嗔、能慢之我，皆非常有、非實有。此知其非常有、實有之一念，卽已爲人之自去其執爲實有、常有之癡迷之開始。若人更能充此知其非常有實有之知，而知其爲可有可無，亦實視之爲可有可無，則此慢貪嗔癡之自身，亦自更隨之而無，而人亦更能知此慢貪嗔癡之自身之非常有實有矣。至於人之能知緣起性空，所以更能有種種之善行者；則以人能知其所執者之性空，而空其所執，而無貪、無嗔、無癡、無慢，其本身既已是善，能「信緣起與妄執者之性空」之信，自亦是善。對其昔之貪嗔癡慢，有慚愧心亦是善。無貪能布施；不嗔、不慢、能忍辱；持不貪不嗔不慢等戒爲持戒；持而不捨，即能精進；亦能使其心定於修持以得禪定中之境；以使一切實有常有之執皆空，而照見一切法之無自性，以遍觀一切法，而成般若慧。則六度萬行之德，皆次第而出。此則今所不必一一論者也。

依唯識宗之義，人由知緣起而無我、法之執，即可由修持而去除種種不善之行，成六度萬行之善。然此不善之去與善之生，亦皆爲待緣，亦由人之本有種種六度善行之功能種子之故。由此而人亦不能視此六度萬行乃無因緣，而純由自力之修持。當知此自力之修持之所以可能，亦賴其他善緣，並待人之本有此諸善種。故此現有之自力修持之進行，只爲種種能修之種子之自現行，亦只爲其更實有其他之六度萬行之種子之現行之一緣。由此而人即可對其自力之修持工夫，亦無矜持、自恃、傲慢，而去此矜持傲慢等不善種子之現行。人對其修行之自力，無一切矜持，即對其自力之修持，亦不執爲其功，而不自謂其修持之有功，以使其於本有善種子之現行之外，別有所得；而自知其有六度萬行之德，亦除顯其本有之無漏善種之外，更無所得。此無漏善種之所在，可更說爲衆生之佛性之所在。六度萬行之德，除實現此佛性，亦無所得。於是其雖有六度萬行之德，而亦能自視其德爲空，亦不執之爲實有常有。唯其不執之爲實有常有而爲空，故亦無所謂不有之時。此六度萬行之德，卽正以不被執爲常有實有，而亦永不能成爲無，而爲眞實不虛，亦眞實不空之成道者之德矣。

六、業識不斷及三世中之善惡因果義

此人之具足六度萬行而至成佛，恆非人之一生可辦之事，而成佛後其功德之表現，亦爲窮未來際而無盡之事。此佛家之肯定人之修行之事，可由今生以至來生，其修行之果之不斷，亦如其言一般有情生命之所作一切之善惡之行業或無善惡之行業，其果之必相續不斷，至於無盡之未來。此乃依於造因必有果。人爲善行，則增强善行之種子。此善行雖可滅，然善行之種子不滅。人爲惡行，與其他無所謂善惡之行，應亦如是。吾人之一生生命之死亡，可使吾人缺乏此一根身，以使吾人之行業之種子，繼續現行，以繼續爲知吾人之此一根身之存在之其他有情生命之所見。然不能由此而謂此行業之種子卽不存。因此行業之種子之內容，不卽同於此根身之內容。行業依心靈之情意，而表現於根身之動作。此行業之表現，固有賴于此根身；但若一人易以另一類似之根身，而同此心靈之情意，人當仍可有類同之行業之表現。若謂人未表現其行業之時，其行業之種子卽不存在，則人在睡眠與悶絕之時，善人卽不可說爲善人，惡人卽不可說爲惡人矣。若謂人死，其種子卽與之俱亡，則死而復甦者，應不能依其舊習，以再有同類之行業。由此種種，皆可證人之行業之種子，不應與一生之生命俱斷。又人之誠修行以爲善者，其志願所存，明在其善之全。康德嘗論此求善之全，乃一切人之道德生活上所當然；而於此善之全，則必待人有一超此當身之心靈之永存，由不斷之努力以求得之。故此心靈之永存，爲誠從事道德生活者所必當信云云。若依唯識宗說，則當謂人之所以求善之全，乃由人之心靈中實有能得此善之全之善種。此善種非今生所能盡實現，則人亡以後，此種子固當仍在，以待實現於來生。縱人一生之行，已得善之全，此行所熏成之種子，亦不當以今生生命之亡而不存。因以一切行業爲因，皆同可熏成種子，其因果皆同必相續不斷也。

然此佛家之言人之行業種子，不以其一生之根身之壞而斷滅，亦非只謂此諸種子保存於賴耶識中而止。若只保存賴耶識中，而不更現行，則種子之力，不得有增强或減弱等事，種子成恆常不變之常有實有。然種子若可更現行，則必有其他之外緣。如不念衆生，則慈悲之種子，不得現行，而修慈悲之德，亦不得成。故人若謂有心靈之不朽，亦不能只有此心靈之不朽，而無其在另一世界之生活。有另一世界之生活，卽亦不能無另一世界之存在。由此而佛家卽不只謂人生一生生命之後，其一切種子尚保存於賴耶識而止，且必謂除吾人今生所在之世界，尚有無定數之其他世界，爲吾人死於此世界後，其賴耶識之所變現，亦爲其來生之生命存在之轉生之所。因必有此其他世界中其他事物爲緣，吾人之種子乃得相續現行，以更增強減弱，而人之修行，與成其道德生活，以成佛成聖之事，方眞實可能故。由吾人之實有此來世之生活，則吾人之今世生活，應有其前世。此卽佛家之三世義。此佛家之三世義，乃純依一切行業之現行種子自類相生之因果不斷，而建立者也。

復次，佛家更有現行種子之異類相生之因果不斷之義。此卽人與一切有情生命之善行善業，能招致樂果樂報，惡行惡業能招致苦果苦報之義。此善惡與苦樂，原爲異類之心靈狀態。然人恆望樂之施於有善行善德之人，苦之施於有惡行惡德之人，以各得其報。此乃古今中外之人心所同然。由此而有法律上之賞罰，道德上之褒貶。然此法律道德上之賞罰褒貶，恆有錯誤，而使人受寃屈，又恆有人所爲之善或不善，非他人所得而知之情形。由此而有一切宗教上之信有一無所不知之神靈，以平一切世間之寃屈，對一一他人之所爲之善與惡，一一與以公平之賞罰之說。佛家之言善惡業皆有其苦樂之報，其原亦出於此人心所共有之要求。此要求，乃依於一人之信主觀之道德上之善惡之行爲因，應亦必有在一客觀事實上所招來之苦樂爲果；而通此主觀與客觀，以成一兼具價値意義與事實意義之因果。當人視此因果為當然，而自求其成為必然之實然時，則有人之法律道德上賞罰褒貶。當人謂人外有神靈主此賞罰，以使之成必然之實然時，卽為信神之宗教。然佛家則信此善惡之必有其報，又不假諸神靈之賞罰為說，而只說其為屬於人或一切生命存在之自身之一因果原則。此中因為善惡行，果為苦樂報，二者為異類。依唯識宗義，以說此善惡行所以招苦樂報之故，卽由一時一地之善惡行，所成之善惡種子之增强，卽原可招感異類之受苦樂報之種子，在異地異時之成熟，使此受苦樂報之種子之現行，而人實受苦樂報。故此善惡業之種子稱為異熟種子。此人或有情生命，乃純由其自造之善惡業為因，自致受苦樂報之果。此中之苦樂報之種子之成熟，在異地異時，故受報不限於今世，而可在來世。此善惡業，與異類之苦樂報間，原有一當然而必然之因果關係，亦如善惡業與其同類之種子間，原有一當然而必然之因果關係。此一佛家之善惡因果之說，亦同於三世之說，非人之今生經驗可全證實者。然人心既皆要求善得其賞，惡得其罰，則人心固原可由見善為因，而以賞歸之為其果，亦可以見不善為因，而以罰歸之為其果。於他人如此，於自己亦然。故人原能自罰自賞。此卽見人心之底層，原有以罰施於自己之不善之要求趨向，及以賞施於自己之善之要求趨向。無論人心所藏之種子如何複雜，要可說此心之底層，原有一將罰施於自己之不善行，賞施於自己之善行，以使二類之種子相連結，而現行之一要求趨向。此一要求趨向，卽人心所固有之一理。此理，亦卽一屬於人或任何生命存在之自身，一當然而必然之因果之理。對此義，在後文之事與理一章中，當更依華嚴宗法界緣起之勝義，加以申述。今暫不贅。依此佛家之善惡因果之說，人或任何生命存在，只由其一般善行而得樂，其善尚只爲有漏善，其樂亦爲無常，故樂報不可恃。至人之罪惡，則根在無明執障而致。無明執障不破，而罪惡永不已，其苦報亦永不已。故此善惡因果之說，並不礙學佛者對一切有情生命其樂之無常，與其由無明執障而致之罪苦之無盡，滅其悲憫之情。學佛者必直接依此悲憫之情而發心，以拔一切有情生命於其無盡之罪業與苦惱之外，而一面自度、一面度他。此度他之悲願之充極其量，卽爲普度一切有情生命，皆同出於其罪業與苦惱之外，使一切有情生命之罪業苦惱，歸於息滅，一切有情生命自其依無明執障而有之限制封閉中，超拔而出，使其生命擴大開通，至於無限量，以有同於佛之智慧與慈悲之心。此卽爲眞學佛者之大悲大願之所存也。

至於吾人若純自理論上措思，則學佛必求成佛，而佛必求普度有情以成佛，則必預設一切有情共有成佛之可能。亦卽有情之共有行於佛道，以成佛之佛性。自此成佛之道之爲一一切有情之普遍的成佛的道言，一切衆生亦必共有此佛性，而其成佛後，亦皆必求普度有情，以一切有情之心爲心，並以一切佛之心爲心；則此一切佛心與衆生心，卽又不可必說爲多，以佛道爲同一，佛性爲同有故。由此而人亦卽可說其佛性與一切有情之佛性爲一，一切佛同行一佛道，乃同證得一理、一性、及一心。如所謂緣起之理、性空之理、眞如理，或心眞如，或法界性起心，如來藏心。一切諸佛可說不一，以其修成之歷程不同故；亦可說不異，以其乃同證一理、一性、一心，同以普度有情爲心故。諸佛與其他有情生命，亦可說非一，以迷覺不同故；亦可說非異，畢竟能同證此理、此性、此心，畢竟皆能成佛故。由此佛理佛性佛心之非一非異，以觀一切佛之善心善行或淨心淨行，與一切其他有情生命之不善心不善行或染心染行，亦可說非一非異。一切有情生命之無量善惡染淨之種子，自不可說爲定一，以種不同故；亦不可說爲定多，以同具此一緣生之理，同此一性空之理、眞如理；此理卽有情之佛性所在，能覺此理者卽佛心故。此則由唯識法相之敎，進而形成之中國佛學中天台賢首之圓敎，而與唯識法相宗依其種性之說，容有一闡提之衆生不成佛之說，不必盡同者。關於此圓敎之論佛性佛心之種種義，以及其與法相唯識宗之言種性之種種論爭，今皆不必多及。其中之玄言妙論，或徒自理上言：卽身是佛、當下卽是、更無三世、無佛可成、無衆生可度、佛法無善無惡、佛性非因非果等，其旨何在，亦非今所及。此與佛家之自事言理，據理設敎時，必言有三世，有善惡因果，有佛可成，有衆生可度，初不相違。下文當試針對今世之人本常識之見，與其他之哲學思想，恆易生起之若干疑難，代佛家說明其以事言理，據以設敎時，必謂實有三世，及無量世界必有善惡因果，必求普度有情，並歸於在一切有情皆可普度之理由，以助成人對此佛家之境界之理解。

第二十四章　我法二空境──衆生普度境──觀一眞法界（下）

七、佛家之無量世界之理解

關於世界之有始無始，有邊限無邊限，人死後其心靈之有無，釋迦在世時，人有問者，初不加答。因無論對此諸問題如何答，人皆仍當求此染汚之生命之淸淨故。此亦正如中國儒者之多不論此等問題，而只教人行道成德。然在印度原始思想，則多謂世界在時間上經無量劫，空間上亦有無量世界，有情衆生於無量刧，在無量世界中輪廻。西方基督教思想，則謂上帝創造世界，只有此一世界，人之靈魂，生前非有而死後有。然辟薩各拉斯與柏拉圖，又有生前死後皆有靈魂之說。中古之尼可拉之庫薩（Cusa of Nicolas），與其他泛神論者，亦謂上帝之無限，應創造無量數之世界。近世之科學，則初謂世界無邊限，近又有世界有限而無邊之說。哲學上則來布尼茲有上帝原能觀照無數之可能世界，而選擇一最好之可能世界而造之，以成吾人所在之現實世界，其中之一一之靈魂或心子，皆由上帝造，亦舍上帝外無能毁之之說。康德則謂世界有始無始，世界有邊無邊，與靈魂毁不毁，皆不能依純粹思辨理性，加以證成。黑格耳則歸於世界只有此一世界，世界之歷史爲絕對精神所賴之以自覺其自身者，而不言一一靈魂之不朽。後英之絕對唯心論者如柏拉得來等，亦只承認一一心靈爲一經驗之中心，終當銷融於絕對經驗之中，而失其個體性者。唯另一治黑氏之哲學之麥太喀，則又堅持一一個體心靈各爲一實體之說，並謂黑格耳之絕對，亦只當釋爲諸個體心靈間之統一。而實用主義者如詹姆士，則視此靈魂不滅之信仰，爲有一鼓勵人心之實用價值，而爲人所當持之信仰。然杜威又不以此信仰爲必須，而以人只須其在自然與社會之生活，能互相分享，而先後相繼，其生活卽有普遍永恒之意義，亦有宗教之意義。此實用主義以及今之一般經驗主義，以及存在哲學之流，大皆只就此世界中之此現有之人生，以論哲學，而不同前此之古典哲學中，尙有種種關於他生與此世界以外之世界之種種問題者也。

依吾人之意，則以爲此世界外之有無他世界，與此生以外有無他生，此在經驗上固無可證。若依理性而推，亦可由人設定之前提，有種種之不同，而有不同之結論。人又或以爲人只當盡其此生之道德責任，不當更求推知是否有另一世界中之來生與前生之存在，以亂其此生當有之思。然人之心思既可念及此生之外之可能有他生，此世界之外可能有他世，卽見人之心思之不能限於此生此世之內，而人亦儘可在此當前之一生中，用其心思，以思及此生此世之外，視爲此心思所當有之一事。人之所以必思及於此生此世之外，亦原由人之此生此世中所遇之一切事物，原不能滿足人之心思之所望，原不堪爲人之全部心思所寄托之地之故也。

依上述佛家唯識宗義，以言人之有他生他世界之理由，則唯在個體之生命心靈之現行與功能種子之相續不斷。此個體之生命心靈之相續不斷，並不意涵一恒常存在之能主宰之我。謂此我爲有，乃我執，正佛家之所破。然此中雖無一恒常不變之我，然自有一心靈生命之現行與種子功能之相續不斷，爲吾人卽其今世之一生而可知者。此中一一人或一一有情生命，其現行或活動之各爲相續不斷之流，雖有種種共同之處，並可交相影響，然一一之流畢竟不同其來去之方向，而不可相混。吾人雖可謂一有情生命成佛以後，同是遍以一切有情之生命爲其生命，以一切生命之心靈爲其心靈，而其生命與心靈可無所不在，而諸佛不一不異；然前文亦謂諸有情生命之成佛，所歷之修行歷程，各不相同，而不能無異。一一有情之生命與心靈，次第自其生命心靈中之限制封閉，或執障中超拔解脫之一一歷程，亦一一有異，而不能相代以爲功。則吾人若肯定此一一歷程，爲一一有情生命之一一成佛成聖之所必經，而一一有情生命，又不能皆於其一生之壽命，卽經此歷程之全部，以卽身成佛，則必須肯定其各有其來生，以使其修行之功，得相續累積而不斷，以至於成佛果聖果，方能畢其全功。是卽決不能如絕對論者之謂，一一有情之生命心靈，唯是一絕對精神之一暫時表現，或絕對經驗之一暫有之中心，於其死後，卽皆融化於一「絕對」之中，其一生之功德卽只成一公物，更無來生，以使其功德積累，至於究竟之佛果聖果矣。

至於對世界之有始無始、有邊限無邊限，與是否有此世界外之其他世界之問題，則依佛家義，若吾人謂有來生，此來生應有其實際之生活，則死後不能只有一不朽之靈魂之永存，而應必有其所生活之世界，如上已說。故佛家必謂實有天、人、修羅、畜生、餓鬼、地獄之六道之無量世界，爲六道衆生之所居。此所重者，乃在其他種種世界之必有，而不在此一世界之有始無始、有邊限無邊限。吾人所居之此世界，在時間上可有始有終，空間上可有邊限，或如今之科學家所說有限而無邊。然此其他種種世界，可存於此世界之始之前，此世界之終之後，亦可在此吾人所見之地球、太陽系、一切星雲中之諸星、所合成一有限而無邊或無邊限之空間系統之外，以各有其空間系統。此在先後時間中之一切世界，各空間系統中之一切世界，所合成之無量世界之全體，方爲佛家所謂無始終、無邊界之世界。此種對無量之世界之想像，可一直汗漫下去，至於無極，恒使人於此心無着處，而人乃視之爲荒誕，乃只求肯定此吾人今生所生活之世界或其中之物，爲吾人在原則上可以吾人之感覺經驗，直接間接證實其存在之一世界，爲唯一之現實存在之世界。然此中之問題，則在吾人有無理由，以說吾人今生所生活之此世界，卽爲唯一之現實存在之世界？此唯一之義，畢竟當如何加以規定。於此，吾人可說者是：若謂此吾人今生所生活之世界，爲唯一之世界，必須謂此世界爲在時間空間上之一有限之全體。此有限之全體之在空間上，雖可爲今之科學裏所謂有十億光年方能繞行一周者，在時間上亦可如若干科學家所測之若干億兆年，然要必爲一在時間空間上有始有邊者。因若其無始無邊，則吾人之順其無始無邊而思之，此思無停息之處，卽永不能對此世界之全體，有一把握，而不能說此世界爲一有限之全體，亦無所謂此世界爲唯一之世界。然若吾人謂此世界爲一在時空上有限之全體，則吾人之心思卽必有更超出此世界，而思其他世界存在之可能。吾人卽不能說其他世界之存在爲不可能。於此，依康德之論，則謂人之思想欲對世界，客觀的決定說其有始有邊、或無始無邊，同可導致矛盾。因若說世界之物在時間上有始，則始前應有一空的時間，而在空的時間中，無存在之物，則亦無始點可標別，以與世界存在之物相關係，以爲其始故。若說世界在空間上有邊，則其外應有一空的空間，而在空的空間中無存在之物，則亦無邊界可標別，以與世界存在之物相關係，以爲其邊界故。故謂時有始、空有邊爲不可能。然反之，謂世界在時間上無始，在空間中無邊，亦不可能。因若謂世界在時間上無始，乃謂現在存在之物，以其前之無限時間之已經過，爲其存在之條件，更設定此一切條件，皆全部已給與吾人；然吾人實並不能完成吾人對此一切條件之思想，而思想其已給與吾人。因此中人所當次第思之之時間爲無窮故。若謂世界在空間上無邊，乃謂當前存在之物，以在其外包圍之之無邊空間之並在，爲其存在之條件，更設定此一切條件，皆全部給與吾人。吾人於此亦同不能完成吾人對此一切條件之思想，因此中人所當次第思之之空間，亦爲無窮故。

依此康德之說，而人對世界之有始無始、有邊無邊，皆不能有客觀的決定。其故在時間空間本爲吾人之主觀之感覺之方式或範疇。吾人只依此方式以感覺世界之物，想像世界之物，而由現在當前之存在之物，次第追溯時間上在先之事物、空間上在其外之物，以知其與其先之物之因果關係，與其外之物之交互關係。此一追溯，只能是次第之追溯。唯由此次第之追溯，乃能成就吾人之知識之由近及遠，由後及前之次第擴展。此追溯，乃一繼續進行之歷程，在此歷程中，吾人自須繼續由一物所在之時空，而想及其先之時，其外之空中之物。此唯由吾人須依此時空之方式，以先理想地想像世界，而更求有在時空中可感覺之物，可本吾人之理解之方式，加以理解，以成知識之故。人於此若不依時空方式，以先理想地，想像世界……以求對世界中之物，形成知識，則此世界之存在之物，其自身亦無所謂在時空中。吾人之本時空方式以想像世界之事，原可繼續進行。故吾人又可由現在以想及過去，過去之過去……，而由一物之內至其外，其外之外，……則世界之時空，卽不能爲有限。以人恒可超此限，以更及其前其外故。然亦不能爲完成圓滿之無限，以此繼續進行之事，無最後之完成故。此康德之言時空之有始無始、有邊無邊，不能有客觀的決定，乃在證成時空只爲主觀感覺之方式之「主觀性」、與其「超越於客觀存在之物之上，而只作爲吾人感覺物之方式」之「理想性」。人若能知此時空之只具此主觀的理想性，別無客觀的實在性，則人之對世界之時空在實際上爲有限無限，有始無始，即必不能有客觀之決定，而人亦不當求有此客觀的決定，而不當由純粹理性之推論，以求知世界之畢竟有始無始、有限無限矣。

然此康德之主觀的時空論所留下之一問題，是其所謂主觀畢竟是一主體之理性心靈之主觀，或一切理性心靈之主觀。依康德說，此二主觀應合爲一。以一切理性心靈有一公共之時空故。然若吾人謂此一公共之時空，同時屬一切理性心靈之主觀，則一切理性心靈之主觀，必相對爲客觀。如一理性心靈之主觀中，有運用其時空之方式，於存在之物所成之世界，即可同時視另一理性心靈之自運用其時空之方式，於存在之物所成之世界，乃對之爲一客觀的世界。此世界中之時空，亦對之爲一客觀的時空。則人於此說一一理性的心靈有一公共的時空,乃自一一心靈之時空系統之結構相同,或可相轉換而言。此固可說。然由一一理性心靈各有其時空之方式，以各形成一世界，則謂其世界各不同，而各有一時空系統，亦同可說也。

然吾人若說一一理性心靈，各有其時空系統，各有其世界，而相對爲客觀；則由一一理性心靈之相對爲客觀，一一理性心靈皆有其他理性心靈在其外，以互相限制，而其心靈中之世界，卽亦在此義上，爲互相限制，而互在其外，一一心靈中之時空系統，亦復互相限制，而互在其外。則自此中之任一心靈中之時空系統而觀，雖皆可說其可無定限的擴大伸展，而可說爲無有限極，其中所展現之世界，亦無有限極；然此一一心靈中之世界與時空系統，則爲互相限制而爲有限。在此互相限制之義上說，若一理性心靈不知其他理性心靈之存在，卽亦不知其中之世界與時空系統之存在，而亦可以之爲不存在。然此不存在，則只爲一理性心靈之主觀上之不存在，而非其客觀上之實不存在也。

吾人提出上來之一義，卽見康德之言時空之主觀性、理想性、與世界在時空中之有始無始、有邊無邊之皆不能客觀的決定，雖皆可成立；然並不能解決畢竟吾人之世界以外，有無其他世界之問題，亦不能止息此問題之發生。若依佛家唯識宗義說時空，自皆是不相應行法，而依主觀心靈以起，爲人本之以自觀其世界中之存在之物者。離此主觀之心之依時空以觀存在之物，自亦無時空自身之實在性可說。然一主觀的心，不能說其外無其他主觀的心對之爲客觀存在。則不能說其主觀的心所可能在其時空系統中經驗之世界之外，另無世界，無其他時空系統。而吾人若肯定一生命存在之心靈，有其來生，則此生命存在，自亦可有其來生之世界，與時空系統，不可說除吾人今生所見之世界之時空系統中一切存在之物之外，別無其他世界其他時空系統中存在之物，對吾人今生之主觀的心爲客觀上之實有或可有者矣。

吾人通常之謂一生命存在有其來生，而至另一世界，恒是謂一生命存在之死亡，只是一生命存在或其心靈之自身單獨離此世界，而此世界，則仍如吾人所知之狀而存在。然實則此純爲尚生於此世界者對死者之一主觀的想法。因尚生於此世界者，不見死者，而見死者所嘗在之世界，故謂其死乃單獨離此世界而去。然於此吾人若依生命存在及心靈與其所對境，乃俱生俱滅而客觀的想，則死者若離吾人心中之此世界而去，則死者心中之此世界亦隨死者而去。若然，則吾人只能想死者與其所嘗在之世界俱死俱去，如王陽明之謂「人死，其天地萬物在何處」是也。若吾人如此客觀的想死者與世界之關係，則死者與其世界，只有俱生俱滅，而無依吾人之主觀的想像其生命存在與心靈自身單獨離去此世界之情形。則此時若吾人謂死者不在，其所嘗在世界亦應不在，死者乃與其所嘗在世界俱去。若其尚在，而另有所往，則亦應帶其所嘗在世界，與之俱往；若謂死者另有其生命存在與生活之方式，則亦必另有其所在之世界，亦可知矣。

對上述之吾人今生之世界以外有無來生之世界之一問題，最後可逼至之一焦點，卽謂吾人之今生之心靈與其世界之外，有一來生之心靈與其世界，畢竟只爲一可能有，或爲一實有？於此，人可謂人之有其來生之心靈與其世界，固爲可能者。因其爲可想像，亦可以思維理解者，吾人之如此想，並無邏輯上之自相矛盾，卽在邏輯上爲可能者。然邏輯上爲可能可想像可思維者，無感覺經驗之證實，在知識上不能卽說爲實有。如吾人可想像種種牛鬼蛇神，然以其不能得感覺經驗之證實，吾人在知識上卽不能說其實有。然此來生之心靈與世界，則必無法得今生之感覺經驗之證實；因謂其爲屬來生，卽已拒絕一切今生之證實之可能故。

八、佛家之三世義之理解

然吾人今將更對佛家之謂來生之心靈與其世界，當信爲實有之說辨解，謂其不同於一般邏輯上之可能。其所以不同於一般邏輯上之可能，因邏輯上之可能，可任意構想。其所構想者，若要成爲實有，必賴一成爲現實之原則，如「可由感覺證實」。然人之存在的心靈生命與世界中，另有一可能，乃一實能之可能。此乃一有形上學之意義之可能，非邏輯上知識論中之可能。此形上學中實能之可能，亦卽其自身能成爲其現實之原則，而不須賴另一使之成爲現實之原則者。此所謂人之心靈生命中之實能，卽如吾人之意念行爲，能自顯隱升降起伏之實能。如人之意念行爲之顯，卽其現實，其隱之後能再顯，卽見一實有之可能或實能。吾今問，何以一意念行爲，隱後實能再顯，而又不必再顯？此理由只能由其後之意念行爲之相繼生起，可加以壓伏之故。故當人有一意念行爲，而更不有其他任一意念行爲之生起時，人亦卽可安住於一意念行爲之中，以使之常顯而不隱。唯當此相繼之意念行爲停息之時，此被壓伏之意念，亦恒能再顯。如人在白日之事既息，白日之事所壓伏之意念行爲，可於夢中生起而再顯。今若本此義，以觀人所實能有之意念行爲，則當其未顯，而只爲一實有之可能之時，其自身卽同時具有一能顯，而能現實化之原理者。此中之實有之可能與現實之差別，非於此中之可能之外，另加一現實化之原則，使之現實化，然後能現實化，而稱爲現實存在。於此，哲學家之另加一現實化原則，使此可能現實者，自有種種說，如以上帝爲現實化之原則，以入於時空爲現實化之原則，以爲心靈所自覺爲現實化原則等。然凡人於此之另加一現實化原則者，皆須先預設其所視爲原則所在者，先現實化於現實存在之世界。如上帝必先對現實世界發生現實作用，新現實之事物所在之時空、或自覺之自身，亦必須先現實化等。然此又須再預設此等等之所以得現實化之另一原則，而犯無窮過。今於此不說一實有之可能，須外加一現實化之原則，方能現實化，則一實有之可能之是否成爲現實化之可能，唯是一有無阻礙其現實化者之差別。若一實有之可能，無其他實有之可能，與之同時爲有者，阻礙其現實化，則此一實有之可能，卽爲必能現實化，而成爲現實者。由此而所謂現實化之可能、或現實，卽「其他相異，而可爲其阻礙，以與之爲對反之其他可能之不可能」之結果。亦卽其他相異相反之可能爲不可能之別名。在邏輯上，吾人恒說一命題之可眞可假者，若其可假爲假，則爲必眞，若其可眞爲假，則爲必假。此卽依一由相對反之另一可能之不可能，而說此一可能之成爲必然。故與一命題相反之矛盾命題爲假，則此一命題爲必然眞。然在存在之世界，則諸相異之可能，在一情境中，正可互成爲相反對者，以互相阻礙其實現；而其中之一可能現實，則其他可能卽不得現實。故其中之一實有之可能，若要成爲必然現實者，卽必須其一切相異而相反之可能，皆成爲不可能然後可。而在一實有之可能，其諸一切相異而相反之可能，皆成爲不可能之情形下，則此一可能，卽成爲必然現實，其現實卽爲必然。此卽見此實有之可能之自身，原具有其現實化之原理。

若吾人承認一實有之可能之自身，原具有其現實化之原理，一實有之可能之所以不得現實化，唯由相異相反對之其他實有之可能，爲阻礙之故；則當此爲阻礙之其他實有之可能之自身，另有與之相異相反對而阻礙之之實有之可能，以使之成爲不可能時，則此一實有之可能，卽無不能現實化。由此而在同一之情境下，一切相異而相反之實有之可能間之關係，卽爲此現彼隱，彼現此隱以相尅，或平等的互相反對，而俱隱俱尅之關係。而在不同情境下，則又可有彼此分別俱現之關係。至一切不相異相反而同屬一類之可能，則恒可在同一或不同之情境下，俱現而彼此相生。此同一或不同之情境，卽爲其顯隱之外緣。諸實有之可能之自身之原有一相生相尅之關係，則爲決定其所顯所隱者之爲如何之內因。然此中任一實有之可能之成爲內因者，其自身亦原無不具足其能化爲現實之原理，而求現實化。其不得現實化，乃由於其自身以外之理由。非其自身原只爲一無實有之可能，唯待其外之一現實化之原理使之現實化也。

此自身具現實化之原理者，吾人上文雖只以吾人之意念行爲爲說。然吾人意念行爲所對之任何存在之物，吾人亦皆可說其爲具此實有之可能、或實能，亦自具其現實化之原理而求現實化者。由此而宇宙中一切存在之實有之可能，無不自具此現實化之原理，而求現實化。一切存在之物，亦卽存在於其實有之可能之不斷求現實化之歷程之中。由此而可說一存在之物，若非將其實有之可能全部現實化、或將其實有之可能中若干可能現實化，而使其外之可能，從根加以超化，使之成爲在任何情境下，皆不可能現實化者；則此一存在必繼續求實現其一切可能，而存在於實現此一切可能之歷程中。此一歷程卽不能止息，亦無止息之可能者。

由此以觀吾人自己之生命心靈之存在與世界之其他之物之存在，則其實有之可能，恒有種種相異相反之可能，加以阻礙壓伏，而未得現實化者，顯然較已現實化之可能，爲無盡的多。此已現實化之可能，又必皆再求現實化。故現實化之可能，必然較未現實化之可能，爲無盡的少。此無盡的未現實化之可能之求得其現實化，卽必然較一一已現實化之可能，所歷之全部時間，須一更無盡長久之時間；其所須之空間，亦須爲更無盡的多之空間；其現實化所成之吾人之生命心靈、與此生命心靈所對之世界，亦必然超於吾人現已有之生命心靈之存在，與現已有之世界之存在之外；而除吾人之生命心靈與其世界，將此無盡的多之可能，選擇若干而實現之，並將其餘之可能，皆從根加以超化，則此吾人之生命心靈之活動與其所對之世界，卽不能不繼續存在，而不能止息。此生命心靈與其世界，由其事物之增多，而有之時間之相續、空間之擴大，亦永不能止息。此中，凡在此一當前之世界之存在之物所成之系統中，或吾人一生之生命心靈之系統中，所被排斥、被阻礙，而受干擾、受委屈之其他實有之可能，卽只能現實化於吾人之今生以後之來生之生命心靈之系統，亦卽只能現實化於此今生之世界以外之來生世界之存在事物所成之系統。至于其必現實化爲此其他之生命心靈之系統及世界存在之物之系統，則只須吾人承認凡實有之可能，皆自具其現實化之原理，卽可必然的證成矣。

上來說吾人之生命心靈、與其所對之此世界之存在之物，凡其所實有之可能，皆自具一現實化之原理，而恒在求現實化之歷程中。此實有之可能之全部，卽佛家所謂賴耶識中之全部種子之世界。此全部種子，乃自身具備一現實化之原理，以現實化爲吾人之生命心靈之存在與世界之物之存在者，故說其爲直接變現此生命心靈與世界之一切現實事物或現行者。此種子自身原能現行，此種子之無盡，使此賴耶識如一無盡之識海，而其現行之一部，如海上之波浪。此海上之波浪，如只爲一平面，而海底之深則不可測。此海上之波浪，卽一齊沈入此海之自身，此海亦可再翻出一有海面之波浪之世界。此喩吾人之現實之生命心靈與其世界，全然毀滅，亦將再有以後之生命心靈與世界之生起。今若設此海爲一大球體，則吾人一生之生命心靈活動，所寄之根身之生長，卽如一波之以大球體爲體而生起，而一波所帶起一海面，卽喩爲不離此一生之生命心靈活動之「世界」。此一生之由壯而老而死，卽喩如此波之次第更連其波所帶起之海面，而次第沈入海底。當其既全沒入之後，卽將其一生之生命心靈世界中，所曾有之一一現行，合以增强其賴耶識中此一一之種子之力，而減弱其他相異而相反之種子之力。此中卽有種子相生相尅之關係，正如一波浪之次第沉入海底，而與海底之流水，有種種相生相尅之關係。此相生相尅之結果，卽爲於此大球體之海之另一方面，更冒出一波以成其來生，更自存於此波所帶起之海面，以爲其來生所在之世界。此卽爲吾人之生命心靈之由今生而至來生之輪廻也。

九、佛家之善惡因果義之理解

復次，吾將對佛家之因果報應之說，亦將代爲說明，以助人同情的理解。佛家謂善受樂報、惡受苦報，人所易起之一疑，是謂若依此善惡因果之說，則似必須謂一切善人或有情衆生之受苦，皆由有罪之故；其苦皆爲其所當受。則吾人更以苦加施於受苦者，亦可自謂此乃以其先有罪之故。而於一切不善人之得樂享福，亦可謂皆由其前生爲善之故。於是吾人對善人之受苦、無罪者之受苦，將無同情共感之心；對不善人之得樂、享福將視爲當然。此皆見此善惡因果之說，兼可摧毀道德者也。

對此上之疑，吾當先說一似嚴刻之論。卽一切善人之善固當受樂報，吾人亦不能斷其必不受樂報。然善人與一切有情生命之所以受苦，亦實可說其生命中之亦皆有罪，與不善者存焉。因吾人可說一切存在之所以能受苦，皆由其有一定限之生命欲望。此生命欲望之有定限而不能滿足，故受苦。此生命欲望之有定限，卽其生命之活動之方向之目標，有某一限制與封閉。此一限制與封閉之本身，卽是一罪。由此而一切有定限欲望之生命，卽無不可說有罪，此可通于基督教所言之原罪之義，而其苦，卽皆可說爲其當受之報也。

吾人雖說一切生命所受之苦，皆由其生命之欲望有定限，卽其生命活動之方向目標有一限制與封閉而致；然吾人同時可說其受苦，卽其生命之攝納其他存在之一壓力，而自阻止其生命之定限於此一方向目標以進行，而使其活動可退回，更轉移方向目標以進行者。此活動之退回，以至轉移方向目標，卽使其生命之活動，自此定限之方向目標中，有一暫時之超拔與解脫。則其生命之自身之攝納其他存在之壓力而受苦，卽同時有開通其生命之內容，由轉移其生命之方向目標，而擴大其生命活動之幅度之效用。則一切生命之受苦，卽皆有一使其生命之自封閉限制之罪中超拔出之價值意義。則其受苦，卽同時有一減罪之價值意義，亦同時有一使其生命活動之幅度擴大之價值意義。此生命活動之幅度之擴大，使其生命活動之可能範圍加大，而活動之能力加大，此卽可以爲其得樂而致福之媒。

然吾人雖可說一切能受苦者，皆有一義之罪，而一切受苦之事，皆有銷罪致樂之價值意義，吾人却不能因此而對一切受苦者失其同情共感之心，或更以苦加施之，而謂此乃其所當受。因吾人雖可說凡受苦者，乃以其生命之活動總有一定限而受苦，然吾人於見其受苦時，唯可實感其苦之存在，而不能實感其生命之定限之存在。吾人實感其苦之存在時，吾人之生命若不封閉於吾人之自己，卽必當對之有同情。依此同情心，吾人卽不能以此苦實可減其罪而致其樂爲理由，而更加施苦於此受苦者之上。因吾人若更加施苦於受苦者，卽與此同情心直接相違故。又通常吾人之加施苦於他人或其生命，皆恒出於一自私自利之心，亦非意在以此去其罪。若人眞意在施苦於人、或其他有情生命，以減其罪，此固亦可出於大慈大悲之心。如懲罰有罪者，亦可出於至仁之心。此則當問人之施苦於人或有情生命者，是否眞知人與有情生命之罪何在，又是否眞出於欲減其罪之至仁之心。若本無此心，則亦不當假此佛家之論，以自飾其私也。

至於不善之人之得樂，吾人固不能知其前生之嘗爲何善。然此人之能感樂，固由其生命之有多方面之活動之暢遂，而其能有多方面之活動之暢遂，其由於外緣之順適者，此或爲幸運，非必其自身之力之所致。然其能有多方面之活動之一暢遂，亦必由其能作此多方面之活動。其能作多方面之活動，必由其生命心靈之有一更大之開通。此開通之本身，仍爲其自力所致。此開通，要必爲一種善。人必有此善，乃有其多方面之活動而得樂，則樂亦非不由善而致。又若人之有此多方面之活動之能，而又得順適之外緣，固爲幸運。然人遇此幸運，而只沈溺於此原有之多方面之活動中，而不能更開拓其活動之範圍，以使之更多，則又形成其生命之限制與封閉。此卽爲一不善。此不善，卽是使其在不得此幸運之境時，卽感苦，而此苦卽其報。至於人除在一幸運之境中，有其活動之暢遂，而可更放肆，以沈溺於其中之外，更可有其他不善之行。此不善之行爲，若爲他人所得而見，他人必惡之，而欲罰之。其人若一朝有良心之發現，亦必自惡其行，而願自受罰，則其行自當得苦報。其得苦報，亦爲他人與其自己之良心所視爲當然者。此與其得樂之依於其生命心靈有一開通之善，乃不同之二事。前事之爲依善以得樂，與後事之將依不善而致苦，互不相違。則見苦樂仍分別與善不善相連，人之不善，仍當受苦報，固不能有疑者之不善人之享福得樂爲當然之說也。

一〇、佛家之普度有情義之理解

最後吾再將對佛家之普度一切有情之義，作一說明，以助人之同情的理解。此佛家之普度有情，乃設定一切有情經無量刧之轉生，皆有成佛之可能。此不僅單對人而言，亦對一切人外之五道之衆生而言。此人外之他道衆生，如畜生道衆生乃以癡毒勝，故不能如人之能有種種自覺之知。修羅道衆生則瞋與慢心重，餓鬼道衆生則貪心重，地獄道衆生則多貪瞋癡慢之業俱重者。天道衆生，則或有欲而欲輕，或無欲而只有所感覺之種種形色，或不見有形色而能觀照之空無邊或識無邊，以至能達非想非非想或無所有之境，其心靈較人尤開通廣大，而得福樂最多。然以天道衆生之苦痛煩惱，不如人之重，亦不能由受苦，以更開通其心，發願作聖。故成聖之因緣，在人最多，餘五道衆生，皆必當歷人道，乃能成聖。因唯人或與人同類者，乃能有自覺心以知聖道，而吾人所見之畜生未有此自覺心以知聖道，即不能成聖。則人禽之辨，佛家亦不能泯除也。至於吾人所見之人與畜生外，佛家之所以必設定有低於畜生之餓鬼、地獄諸道者，則蓋以人中之貪嗔癡之毒之甚者，其所爲之惡，非畜生所能，亦超過一般人之所爲。故其造惡之後所成之生命，不能只入於畜生道而止，其所當受之苦報，亦非可只同畜生所受之苦而止。如人類中之大奸大惡之殘害忠良，其不善固非禽獸所能爲，則宜有餓鬼、地獄道中之苦以待之，然後能銷滅其罪業也。人類中嗔毒或征服欲最甚之野心家，亦宜入修羅道，使之日日在戰爭中，然後能銷滅其征服之欲與野心也。至於人道之上之有天道，則依人之精神生活之升進，原可使其嗜欲漸減，而唯以觀照所感覺之形色爲事，更進而不見感覺之形色，唯見一無色之世界。此則如人之只思義理，只運用其心識以活動時所見之世界，乃人在入於吾人前所謂觀照凌虛境中時所可能之事。人類中之藝術家、文學家、思想家之一生寡欲者，唯見純相與純義理者，其歿後卽當升入天道之色界、無色界，而見一空無邊、識無邊之世界也。若其一生之由禪定工夫，由有心識而更忘心識，則其歿可至所謂非想非非想、無所有之世界矣。然此皆在三界內，必出此三界，乃至聖界。聖界固實有，此三界內之六道，吾人亦不能說其非實有。卽在此人道中，人之當生之心意之轉換，固亦可自輪轉於六道之中。此人之當生之心意，固亦有貪心重而入餓鬼道之時，嗔心重而入修羅道之時，愚癡則同於畜生，三毒俱盛而心成地獄之時，亦有三毒漸輕，欲念漸除，而只見形色而無欲，只見義理而只有心識，或入定而至非想非非想、無所有之世界之時；則六道之衆生，卽吾人之一心之所能爲，六道之世界卽在當下之一心中也。由此當生推來世，則若人之一生皆偏盛某類之心，其來世之心固可爲偏屬某類之心，其所生活之世界，亦可偏屬某類之世界也。

吾人果知吾人當下之此心，原可輪轉於六道，則亦可知六道之衆生之可互相輪轉。人可成佛，則一切五道衆生，卽至少可於其轉入人道時，皆有成佛之可能。而依佛之悲願亦必使之成佛。如金剛經所謂「所有一切衆生，若卵生、若胎生、若濕生、若化生、若有想、若無想、若非有想、若非無想，我皆令入無餘涅槃而滅度之。」故就人今所見之畜生道衆生而言，亦應可轉入人道而成佛。此非謂一一畜生在其爲畜生時卽可修行，此如人之昏睡或其生活正如禽獸，而只知飲食男女時之不能修行也。然人之生活在不同於禽獸時，便可修行，則禽獸在其轉入人道，而知畜生以外之事時，則亦同人之可修行矣。

此佛家之謂人所見之畜生可轉入人道，人或以爲純屬迷信。吾意則以爲當此世間之人尚不知行人道時，固無暇計及畜生。然人若必作窮根究柢之問，則吾以爲此亦原非不可能；若有情之生命有無盡之來世，此亦應爲實有之事。人謂此爲不可能，唯由人之只就現實之畜生之無人之自覺的心靈，亦無本此心靈所成之人之智慧德行等而說。然此現實之畜生，畢竟其生命中是否卽不具此自覺的心靈之潛能，亦潛藏同於人之心靈之智慧德行之種子，則正非吾人所能預斷。吾人通常固有其自覺的心靈，亦自覺其所具有之智慧德行。然人之心靈亦有昏昧而無此自覺之時，則其德行與智慧，卽亦潛藏於不自覺之境。而人之生命之長成，初固亦無其後來所發展出之自覺的心靈，如當其爲嬰兒與其在胎中之時是也。人之在胎兒發育之歷程中，固亦嘗類小蟲、類蚯蚓、類魚、類爬蟲、類犬、類猴。生物進化論者或說此爲人之進化歷程原由阿米巴，而至多細胞生物、至軟體動物、至脊椎動物中之魚類、爬蟲類、哺乳類之複演。人之有自覺的心靈，自謂迥異於畜生者，自胎生學與生物進化論者觀之，其初亦無大異於畜生之最低等者也。然卽人在胎中，而其形似蟲、似魚、似犬、似猴而不異畜生之時，吾人仍可說其涵具潛藏一可有無量智慧德行之心靈，存於其似蟲似魚之生命之中，則吾人又安能必斷此吾人所視爲蟲魚鳥獸之畜生，其生命之底層無類似人之心靈，而亦有無量智慧德行之種子功能存於其中，唯以有積障重重，故不得表現乎？天台宗之智顗，嘗謂不可以牛羊眼觀衆生心。牛羊眼唯以形色觀物，其視人亦只有形色之物而已。然人則自知其有心靈，此非牛羊眼所能見也。吾人若以牛羊眼觀人，則人亦同畜生，而以牛羊眼觀畜生，亦永是畜生。然吾人若眞以大智慧之心，觀畜生之生命之所潛藏涵具者，則畜生固未必是畜生。牛羊之只有牛羊眼者，其生命之底層亦不必只有此眼。吾人必謂其生命之無其底層，牛羊卽是牛羊，則吾人之觀牛羊之眼，先是牛羊眼，而吾人此時亦無大異於畜生矣。人有心靈之智慧，仍可一時有牛羊眼，則又焉知現只有牛羊眼之牛羊，其生命底層必無與人同類之心靈乎。

如實而論，一切生命心靈之大德，在能放能收。人之無量智慧、無邊德行，其放之可彌綸六合者，無不可卷之以退藏於密。正如有形無形間之一點，向上下四方之伸展，卽可開出一上下四方之宇宙，而收同之，皆只還自此有形無形間一點。人之生命之成長，溯至初結胎之時，更溯至精與卵初形成之時，亦只始於無形有形間一點。人之心靈之無限智慧之光，始於黑暗中之由無光而有光。人之無邊德行，始於一念之由無德而有德。一切事物皆由無而有，由至微而至著，其後者必待其前者爲因，乃以此因，爲去除其果之呈現之阻礙之外緣。故心靈之智慧，自依智慧之功能種子而生。心靈之德行，自依德行之功能種子而生。一般所謂智慧德行之呈現之前之因，皆其外緣。此外緣之用，唯在使本有之智慧德行之功能種子，以無阻礙而得開顯之幾，其用唯在去除爲此開顯之幾之阻礙障蔽者或無明。以此障礙者之力之大、或無明之厚，此開顯之事，自必歷長久之歷程。故卽人之成其一般智慧德行，亦非長時莫辦。何況至於無量智慧，無邊德行？人外之衆生，如牛羊之轉生爲人，以知聖道，自更非易事。此亦如言生物進化論者，於單細胞生物之進化，至有人之出現，亦謂其經數千百萬年也。然若其果涵具潛藏此智慧德行之種子，則數千百萬年以至歷千萬刼，亦彈指間事，如人一睡萬年而覺，亦彈指間事耳。

此中唯一之問題，是吾人如何知牛羊等亦有同人之智慧德行涵具潛藏於其生命之底？此自無經驗可證，牛羊亦未嘗告人。故本經驗而說，吾人只能說吾人之不能謂其必無而止。至吾人可以說其必有者，其唯一之根據，唯在學佛者之一念以佛之「我皆令入無餘涅槃而滅度之」之大悲心存心時，卽不忍任一有情之無同於佛之無量智慧，無邊福德之可能。更本於上述之無量無邊之智慧福德，皆無不可退藏於密，一切生命心靈智慧德行之成長，皆由無形而有形之義；則於一切有情衆生，今尚未見其有人之心靈智慧福德之形者，自不能先斷其無；而更當依此大悲心之不忍其無，爲一絕對之理由，以直說其爲有。此中，人只須不自此一念大悲心轉念，而生私吝心，以將此具無量之智慧德行之事，限於人類；則於一切有情生命，佛既不忍其無此無量智慧、無邊德行，而學佛者唯當以佛之心爲心，則亦唯有使此一念大悲心相續無間，以觀一切有情之生命心靈，而於其中，見其皆涵具潛藏同於佛之心性，則皆無不能於無量刼之彈指間成佛果矣。反之，若人無此大悲心、或有之而一轉念，則於此中之義，必不能契。

對此佛家之一切有情生命皆可成佛，具佛之智慧德行之說，人固可更有種種問。如人可問動物有生命，植物亦有生命，則植物成佛否？微生物可成佛否？如分子、原子、電子亦能感覺，是亦可說有生命，而皆一一成佛否？如一切生命存在皆成佛，則世界之生命存在卽空，若世界之時間已歷無量刼，佛已作無量功德，以度衆生，衆生已歷無量時間，以自開通其生命，何以其中一一生命存在不皆已成佛，而今尚有之如許未成佛之有情衆生？爲此諸問者，如純出自好奇，則不必答。若眞誠發問，則吾可答曰：一切有情生命之所以應成佛者，以其知感苦故。其感苦，乃由其生命之活動之方向有限制，其生命存在有一內在之封閉故。

此封閉卽無明、卽執障，有封閉者卽須開通，有執障者卽須解脫，而開通解脫必至極，以有無量智慧，無邊德行，而後能拔一切苦，得究竟樂，故必須歸於成佛，亦必當有佛性。分別言之，任何無生之物質之物，雖存在，而爲有情生命之環境者，若其不知感苦，而非有情生命，則自無成佛之必要與可能；亦無佛性，只有法性。此外集體之事物，如軍隊羊羣，其所由組成者，可爲有情生命而有佛性，然此集體之自身則無佛性。又抽象之事物如共相、概念、範疇等，乃自具體存在具體生命抽象而出者，亦無佛性，只有法性。然凡有情生命，存在而兼能感苦者，則當皆有佛性。依佛家義，植物亦不知感苦，非有情，亦無佛性，只有法性。今若謂植物能求其自身與種族存在之要求，則亦當能感苦，而亦是有情，亦是生命。依吾人前於感覺互攝境中所說物質之原子、電子，亦有感覺之能，今若謂其亦求其自身之存在，而亦能感苦，則亦是有情生命。果此植物、原子、電子皆有情生命，則順一切有情生命無不可次第開通之理，當其歷無量刧於無量世界中之相續變化，自亦能成佛。此亦不難解。因其相續變化，乃依於其他足以成其變化之潛在之功能種子。此功能種子非卽其現見之現行，亦不可本此現見之現行，以推斷思議之。原子電子植物之現行之相續變化，卽非原子、非電子、非植物。如人之在胎中之相續變化，由爲蟲、爲魚，而非蟲非魚；人之超凡而入聖者，卽非凡。卽今所見彼原子、電子之爲植物動物之所吸收，而存於植物動物之體後，其所感攝者不同，卽已有其存在之內在的限制封閉之破除，而有其存在之開通與超升，而起之變化。凡能變化之物，無不於其自化時自否定，而見其自性空，以不爲其繼起者之礙。則若原子、電子、植物，而能感攝其他存在，以成其自化，其自化之後，以其功能之不息，而重現行之時，更連於其他存在之物之潛在之功能，而有之繼起之現行爲如何，歷無量刼無量世界，又爲如何，固非思議之所及，則何不可如：華嚴經之言，一微塵中藏佛國，其中一一佛，皆放大光明，照三千大千之世界也？佛自與其根身器界爲同體，亦可自住於微塵，開微塵而佛出。則又豈能斷一微塵中之原子電子，必不成佛哉。則亦唯當念其若是有情生命而能感苦，卽本此大悲之不忍其苦之不得拔，更本此大智以知：凡彼一有情生命之感苦者，皆可由其存在之封閉限制之次第破除，以導致其生命之次第開通，而成其生命之相續變化，而自升進之歷程，此歷程必至成佛聖而後止，以謂其畢竟能成佛而已。

至於人之問：若一切有情衆生皆可在無量刼成佛，則世界已經無量刼，何以不一切有情衆生皆已成佛，而衆生界不空？則當知所謂可者，只言其有佛性，佛亦必望其皆得普度之謂。然成佛爲可能，以皆有佛性、或成佛種子故。不成佛亦可能，以有爲有情衆生之種子故。有情衆生之隨外緣，以使其內種現行，其外緣原不必爲使其成佛之種子得現行者。時有無量刼，外緣之不必皆使其成佛之種子現行者，亦同爲無量，則經無量刼，自亦未必皆成佛。佛以無量刼，作無量功德，而依序以度無量衆生，必先有無量衆生在前，而後有無量功德繼之。此以「後之無量」繼「前之無量」，卽永有前之無量，而永不能盡。于此義，後文論盡性立命境之通達相第三節，當更及之，固不必如唯識家於此爲使佛之功德無盡，世間不空，遂謂必有不能成佛之一闡提也。

一一、解行頓成及當下普度之意義

由上文所說佛家之本悲憫心以種種法門，求拔除一切有情之苦痛、煩惱、業障，而期在一切有情皆普度而成佛，乃一無盡期之事業；而成此無盡期之事業者，惟賴一大悲願或大誓願。如四弘誓所謂「煩惱無盡誓願斷，衆生無邊誓願度，法門無量誓願知，佛道無上誓願成」是也。然通過此大誓願以觀煩惱，則一切煩惱雖未斷而莫不可斷，一切有情雖未度莫不可度。未斷者之所以可斷，以自理上觀，一切煩惱之性空故；未度之所以可度，以自理上觀，一切有情原有佛性故。今若專自此理上以觀一切有情之煩惱性空，而只有此佛性，則此一切有情卽當下是佛，而其一切解行，亦當下頓成。此卽華嚴經出現品之所以言「世尊於菩提樹下，初成正覺時，普見一切衆生皆成正覺，乃至見一切衆生皆般涅槃，普見一切衆生貪嗔癡慢諸煩惱中，有如來身智……」也。一成一切成，一悟一切悟，而於一切有情，不見有未度、待度，皆當下得普度；而無情之「山河及大地，同露法王身」；草木瓦石之法性即佛性，亦皆當下成佛；則上文所謂度一切有情衆生之無盡期之事業，皆一時頓了，更無未了矣。

此上所謂解行頓成，當下普度之義，要在純自理觀而說。人能純自理觀，則更不見事。若更見事，亦惟見事依理成；仍專自理觀；則如金剛經所謂：度盡無量無邊衆生，而實無衆生得滅度者，固可說；而不往度一衆生，而只見衆生之煩惱性空，衆生有此佛性，而當下是佛，亦同可說也。

然此只自理觀或只自理觀事，仍畢竟不同於自事觀事。自事觀事，有情衆生畢竟有得度與未得度之分。衆生之煩惱固是性空，而未有實證其性空之事，則煩惱在事上仍未空；衆生有佛性，而未有實證此佛性之事，則衆生在事上仍非佛。而在事上觀「煩惱無盡誓願斷，衆生無邊誓願度」，仍爲一無盡期之事業也。

循上所說，只依理觀，則有解行頓成、當下普度之義；而依事觀，則無此義，而有無盡期之事業。此依理觀與依事觀，二者互相違反，而皆不可少。蓋依理觀而解行頓成，當下普度，則佛道難而易；依事觀，而有無盡期之事業，則佛道易而亦難。若佛道唯是難，則人之畏難心生；若佛道唯是易，則人之輕忽心生。故必將此理觀與事觀，相輔爲用，使互不相礙，然後見佛道既難而易，亦易而難，而得兼去人之畏難心與輕忽心也。

第二十五章　天德流行境——盡性立命境——觀性命界（上）

一、儒家之天德流行境——與前二境之異同

此所謂天德流行境，要在以赤縣神州之中國儒家之言道德實踐境之勝義，乃以人德之成就，同時是天德之流行而說。中國道家之言道德之義，亦有可屬此一型之思想境界者，雖未能如儒家之圓滿，然亦自有其勝場，茲皆隨文附說。

此所謂天德流行境，乃於人德之成就中，同時見天德之流行，故同時爲超主觀客觀之境。然此不同於歸向一神境，乃由自下而上之縱觀，以見一統主觀客觀之上帝或神靈之存在，以使吾人之信心上達，而超主觀客觀之對立者；亦不同於佛家破除主觀之我執，客觀之法執，橫遍十方世界，如實觀法界中主客內外之一切法之性，更使智慧下澈，而超主觀客觀之對立者。今茲所言之使人德成天德之流行，要在順吾人生命存在之次序進行，與當前之世

界之次第展現於前，依由先至後，由始至終，由本至末之順觀，以通貫天人上下之隔，亦通貫物我內外之隔，以和融主觀客觀之對立，而達於超主觀客觀之境。和融卽所以成其統，通貫卽所以知其類，而其本則在依序，而順成其言行。此荀子之所以言孔子之教在「齊言行、壹統類」也。

此所謂天德流行境，乃切於吾人當下之生命存在與當前世界而說。故依佛家如宗密等之判教，恒謂中國之儒道只是人天教，而尚在三界以內，而未能如佛教之出三界，而視爲一較低層次之教。依西方一神教如利瑪竇之徒以判教，亦謂儒家只爲自然神教，尚未達於受上帝之直接啓示之啓示宗教之境。然吾人今於前文已代西方一神教之歸向一神境，解紛釋滯，並代佛教說其所持之種種義之理由之後，當更說此儒者之天德流行境中之義，其更進於此二境者何在。此則非意在爭其高低，而在辨其主從，以與大教，立人極，以見太極；使此天人不二之道之本末終始，無所不貫，使人文之化成於天下，至於悠久無疆；而後一神教之高明配天，佛教之廣大配地，皆與前於道德實踐境中所論人間道德之尊嚴，合爲三才之道，皆可並行不悖於此境。則不特中國爲神州，整個世界皆可見其爲一神州矣。

此儒家之言天德流行，而不重上帝之啓示神秘之經驗，教條之建立，教會之組織，亦不言前世與後世之他生，不言此世界之外之六道衆生之世界，不言三世之善惡因果，不言普度人外之一切衆生，而只言吾人之當下生命存在與當前世界中事，或者遂以之爲只信有當前之自然世界之自然主義，或只知有人而不知其他之狹義的人本主義，使人之思想智慧，封閉於此世界中之人；而否認此外之世界之存在，與死後之生命、或生活之存在之說。此皆未知儒家之所以爲儒家。須知儒家之所以爲儒家，自始重在有所眞肯定，而不在其有所否定。故對生前死後之事，其他世界之事，神靈之存在，神秘之經驗，以及因果報應之說，普度有情之論，亦初未嘗加以否定。儒家亦未嘗謂吾人之生命存在只爲一自然之產物，人沒卽化爲塵土，或謂此世界卽唯一之最好之世界，或唯一眞實之世界。其言人爲萬物之靈，亦未嘗謂天地萬物，皆爲人而存在，上帝爲人而造世界，或謂人高居萬物之上，可任情對萬物，加以利用主宰。此固不同西方之爲宗教之說，而持超自然主義之論者，意在以超自然之神靈或上帝，凌駕於自然之上，其全能可創造自然人類，亦隨時可毁滅此世界人類，以否定此自然人類之存在之獨立性，而重其依賴於神靈以存在之依賴性者；亦不同於佛家之初重在觀世界之爲無常、爲苦，與染業積聚之地，而重先破人之執障，而超化由此執障所生之一切妄見者。然亦不同於西方印度之持自然主義、唯物主義，或持人本主義者，以自然爲最後之實在，以否定一切超此一自然之神靈或其他世界之存在，以人代上帝，而一方否定上帝之存在，一方求具有類似上帝之全能，以凌駕征服自然，以否定自然萬物之獨立性，而使其存在與否，依賴於人，諸說者也。

此儒家之思想，要在對於人當下之生命存在，與其當前所在之世界之原始的正面之價值意義，有一眞實肯定，卽順此眞實肯定，以立敎成德，而化除人之生命存在中之限制與封閉，而銷除一切執障與罪惡所自起之根，亦銷化人之種種煩惱苦痛之原。人之成德，要在循序而成，以由今至後，由近而遠，由本之末。人由此所達之境界，畢竟如何高明廣大，則其前程，乃全然開放，而不能預限。然亦不可跨越其次序，以先其遠者，而後其近者，或先其後者，而後其先者，先其爲末者，而後其爲本者。故亦必不可先神而後人，先念天堂地獄，而後人間，先念前生來世，而後此今生，先言因果報應，而後此當前之義所當爲，先言普度有情衆生，而只視人爲有情衆生中之一。此中先後之序一亂，而以後爲先，則凡此等宗敎之說，皆可使人生命心靈之失其與世界之眞實之依序感通，以成其德行，而使人沉迷於幻想之境；乃於其當下之生命存在，與當前世界中存在之物，視作其存在於未來之世界，而用之手段工具，而入於一高級之功利主義之途，使人墮入於一更大之迷執罪惡之中；而使此諸宗敎信仰、宗敎思想，皆成爲助人入於迷執罪惡之中之護符，亦使人永無得救與覺悟之期；則其所謂道，皆與魔並長。此則皆由人於此不知先後本末之序，而顚倒先後本末使之然。若知此先後本末之序，則知世間之宗敎思想，無論如何玄遠幽深，高明廣大，皆正見其當居後從而不居於先導，當居陰位而非居於陽位；其以信望與悲願濟人之窮，則當居於末位而非居於本位。吾人亦必先知此先後陰陽本末之後，而後可見此世間宗教信仰、宗教思想，皆可攝於此儒者之成始成終，由本之末之大教中，以爲其一端，而與人之其他之藝術、倫理、政治、經濟、教育，其他學術文化之事，同扶此始本之教，以至於本末俱榮，而皆不自越於其位者也。

此儒家之先肯定其當下之生命存在，與其所在之世界之正面的價值意義，非是泛然之肯定，亦非出於一人之自然生命自求其繼續存在之欲望，或人於日常生活之恒順其舊習而行之故；即非如佛家所謂出於人之生命存在中之主觀之人我執，或對客觀世界中存在之物之法我執；亦非如一神論所謂：出於人對自身之有限存在之妄視爲無限而有之傲慢。此乃依於一對人之生命存在及其心靈，與其世界中之一切生命與存在之一眞認識。由此眞認識，即見一切宗教家所說之人之罪惡、染業、執障、有限性、偶然性、虛幻性等，皆屬第二義，而不能爲第一義。人固有罪惡，但罪必對善，而爲罪惡；人固有染業，染必對原淨者，稱爲染；人固有執障，障必對通達，而稱爲障，執亦必對所執者而爲執。執可是不善，而所執者本身，不必是不善也。

二、生命之自身之非執

佛家言我執法執，爲一切罪惡與染汚之本。此執之原爲俱生我執者，必與生相俱，此生命之自身卽所執；然此生命之自身，非卽是執，亦不必卽不善也。至於執之爲分別我執或分別法執者，則原於運用概念於物所成之判斷之爲人所執着，而有之不善。然概念判斷之自身，亦非卽是執，亦不必卽不善也。所謂生命之自身非卽是執，槪念判斷之非卽是執者，以依中國儒家義，此生之所以爲生之爲一相續歷程，乃一由隱而顯，更由顯而隱，由創始而來，更向終成而往之歷程。依道家義，則更重其爲由一無而有，而生、而出、由有而無，而化、而入之歷程。至此生命爲一由靜而動，由屈而伸，由柔而剛，由陰而陽；再由動而靜，由伸而屈，由剛而柔，以由陽而陰之歷程，則爲儒道二家與他家思想，所同常說。於此人說俱生我執，皆只是對已有已成之事物，而不自覺地有之執；說分別我執，分別法執，則或是對已有已成之事物之分別，或是「依一已有已成者之有，而謂非此有者卽爲無」之自覺之執。然此生命之所以爲生命，則不只是一有或一無，而至少是一由無而有、由有而無之歷程，或由隱而顯、由靜而動，更由顯而隱、由動而靜之歷程，或易傳所謂「分陰分陽，迭用柔剛」，如「尺蠖之屈，以求信（伸）也」之歷程。自此歷程上看，其有初不常有，亦不常無，則初無定執。佛家所謂諸行無常；西方中古宗教思想所謂一切現實存在，皆偶然存在可不存在，亦初當是自此諸行或現實存在，皆原非常有處說。然佛家必由此以謂其無常，卽是生滅法，必言不生不滅，以超此生滅；西方宗教思想必另求一超偶然存在之必然存在。此皆不自此生之所以爲生之不常有其所有，而能無之，又不常無其所有，而能有之之處，看此生之自身，卽能不執其所有，亦不止於其所有之無處，並看此生之所以爲生，卽原無定執，亦對其所偶有者，能自超越，然後得成其生者。若能如此看，則可知此當下當前吾人之生命存在，與世界中存在之物之生之歷程之本身，卽涵具一「無定執而自超越」之原理，或「道」，存乎其中，以爲此生之所以爲生之本性之善所在；並知此生之所以爲生，雖屬於生者之自己，此生者亦在世間；而此原理、此道、此性、此善，同時能使其於自己之內部，超出其自己，而亦在世間中超出已成之世間；則可進而直下肯定此人之自己之生命存在，與其他之生命存在之內在的價值，而更順此肯定，以求實現此理、此道、此善之全幅涵義；並去除其外由對此生之所偶有者之生活上之執着貪欲等罪惡，以及其他種種由思想分別而起之虛妄之見，以免於此生之所以生中足導致其死亡之病痛矣。此卽順儒家思想之正途，以更涵具佛家與其他宗教所重之去罪惡虛妄死亡痛苦之義；而不同於佛家與其他宗教家直下先見一切世間生命存在中之執着罪惡虛妄之見，足導致生命之死亡痛苦，而首以出世間超世間爲教者也。

此所謂世間一切生命存在，其生之所以爲生，初無定執，亦原能自其所偶有者自超越，卽見其在自己，亦超越其自己，在世間而亦超世間，初爲極平易之眼前道理，而恒爲愚者之不及知，一切宗教家與哲學家，則又多犯一智者過之之病者。試觀吾人口鼻之呼吸，脈搏之振動，一切生活之日出而作，日入而息，以成其生命存在之事，豈是呼則常呼，吸則常吸？豈是升則不降，降則不升？豈是作則不息，息則不作？然此呼不常呼，則見對呼之無執，吸不常吸，則見對吸之無執。由呼而吸，則呼自超於呼以成吸；由吸而呼，則吸自超於吸以成呼。以吸觀呼，呼不常有，卽爲偶有；以呼觀吸，吸不常有，亦爲偶有。當其呼時，世間有呼而無吸，則吸在世間之外，上天下地，求之不得，則吸尙存於上帝之密懷，爲賴耶識如來藏中之密藏。今謂之爲超世間，何爲不可？然由呼而吸，則吸由世間之外，還入世間之內，如天外飛來，而原來之世間所有之呼，又自超越，而入於杳冥，歸於無形，以入於上帝之密懷、賴耶識如來藏之密藏矣。此又非世間中自有之超世間而何？口鼻之呼吸如是，脈搏之升降亦然，一切生物之作息亦然。而此一切生命之存在，固不存在於其能常有、定有、必然有，而正存在於其所有者之爲可無，而非常有、非定有、非必有，其所有者之能出入、往來于有無隱顯之間，而能於世間中，自超世間、自出世間也。

至於世之智者之所以於此極平易之眼前道理，恒冒之而過者，則在其用智之道，首卽是冒過一切生命存在之外，而自外加以包圍而觀，而由一生命存在之對其外之生命或存在者之爲可有其可無；以謂其爲一偶然之存在，或謂其存在乃生滅法，乃一幻有。更觀其自執生命存在而對其外之生命存在，或傷之或害之之處；乃直下先說其生命爲一有內在之封閉限制、或執障罪惡之存在；而不先說此眼前道理。此卽皆是先冒過一切生命存在之外，自外加以包圍而觀之之智者過之之論。由此冒過生命存在之外，自外包圍而觀，而見得之此生命中之封閉限制執障罪惡，吾人亦無意否認，亦本當加以承認。如凡一樹皆有陰影，足以蔽日；凡菌皆有一蓋，足以藏汚。然此承認，乃第二步之事，不能於第一步，卽如此說。若第一步卽如此說，而由此以說生命存在之本質或本性之不善不淨，則不知生命之本質與本性之爲淨善，而爲亂義理之先後本末之序之顚倒之論矣。

今卽以一生命存在之自執其生命存在，而對其外之生命存在或傷之或害之，不免於罪惡一面言，此首須知在自然界之生物，原不知其爲罪惡，亦初無意於傷害其他生命或存在。其初之無意，固可謂由其心靈智慧之未開。然亦以其初無意，而亦減少其爲罪惡之意義。吾人觀自然界之生物之自執其生命存在，而有之活動，亦不當只觀其向一方向而進行，以足其貪欲，而遇阻卽有嗔恨等之一面；而亦當觀其能伸能屈、知進知退，而隨時自變化其活動之方向，以與其外生命或存在，相適應以共存之一面。此中其活動之得伸得進，而暢遂其所欲，固爲樂，而其或傷害及其他，則爲不善；然其活動之屈而退，以自變化其活動之方向，以與其他生命或存在，相適應以共存，亦未必爲苦事。如吾人之行路而見石之在前，卽易方向而繞之以過，以與境相適應，未必卽爲苦事也。實則自然生命之原始之阿米巴，與一切生物身體之細胞，卽自始爲一能伸能屈，能進能退之活物，而一切生物之生長運動之事，無不在時時變易其活動之方向。一切生物之身體，無不有其柔軟而具彈性之體質，卽皆所以爲其有相當範圍內之自由屈伸進退之所資。此中，一切凡有此生命或存在活動之屈退之事，皆對其外之生命或存在之容讓，而求與之適應共存之善事，亦皆未必爲自苦之事者也。而凡有此生命或存在對其外之生命或存在之容讓，求與之適應共存之處，卽皆有此生命存在之自己，超越其活動之方向之事，亦見其自己之初未嘗自執定其原來之活動之方向，而見其生命活動之所以爲生命活動之本質或本性，固原非處處皆有俱生之我執之存乎其中，而亦具自己超越其自己之性之道之善，存乎其中者也。

三、生命之偶然性與死之智慧及生命之本性之善

至於吾人之自外而觀，由生命存在之可存在可不存在，而見得之無常性、偶然性、與有

限性，而使人更感其生命存在之非眞實之存在，而爲具一義之虛幻性時，則當知此所謂自外而觀，卽自其外之其他存在之物，可不更見有此生命存在而言。此本無關於此生命存在之自身之事。而人之於一存在之物，有一觀念概念之後，以此觀念概念之存於其心，而以之爲據，以觀昔有今無之生命存在；則恒最易感此生命存在之無常性、偶然性、與有限性，其存在乃似不眞實，而爲具虛幻性者。然此所謂無常性、偶然性，以至虛幻性，乃由吾人之以此觀念概念爲據，而後見者。則此無常性、偶然性、虛幻性，卽可非生命存在之自身之無常性、偶然性、與虛幻性，而是由吾人之概念觀念，非能常得其運用之所，而見得之此概念觀念自身之得其運用之所，乃偶然而無常之事，而所成判斷亦非常眞，而爲虛幻。若吾人初未嘗對其概念觀念先有一執着，則固可不由此概念觀念之得運用之所，其事之無常，或其所成之判斷非常眞，而逕視此生命存在之自身爲無常爲偶然爲虛幻，如原始之佛教基督教之所說也。（註）若吾人改而純自一生命存在之自身而言，則其生命所有之一切與其活動，固時在或顯或隱，或動或靜之變化歷程中，而亦可自感其有非常有，亦恒自願其有之非常有，方能成

註：在大乘佛教，已知此無常、偶然、虛幻等，乃唯對人之執中之觀念概念判斷等說，不對所執之生命存在之變化流行之自身說。可看第四部，事與理章。

其生命之變化歷程，而得存在於此歷程中。則一自然界之生命存在，是否必貪執其生命之存在，而皆妄求一不死不滅，亦正可是一問題。人之只本其概念觀念之有一普遍恒常之意義，而自念其有生，卽貪執其生命之恒常存在者，恒以死滅爲絕對之不善，或至苦之事。然人亦固有厭倦其生或殺身成仁，或老而安於死之時，而自然界之生命存在，其不知有概念觀念者，亦正可未嘗求不死不滅，而其生存之要求，與意志之强弱，亦可與其生命之盛衰，成正比。當其老而衰，則生存之要求與意志，隨之而弱；而死亡亦非必如人之本其觀念概念，而貪執其生命之存在者，所想像爲至苦，而爲絕對之不善；亦如在其有生之時，其生命活動之變化中，其嘗有之活動之不再有，未必卽非其所願也。

此上之說，非謂自然界之生命存在之活動之停息、與生命之死亡之自身爲善事，亦非謂生命存在之活動眞有停息。吾人於上章固已本佛家之義，以言生命存在之活動之功能種子之恒轉而不息矣。吾今之意，唯在言自然界之生命存在，亦可自願接受其一生之死亡，以見其對生命之貪執，不必如吾人本概念觀念加以設想者之强烈。此生命存在之可自願接受死亡，亦卽其自願超拔其對生命之執着之證。此一自願超拔其對生命之執着之要求，卽存於此生命存在之自身之中。在人之情形，卽見於人之能自厭倦其生命，自願殺生成仁、與老而安於死之心情之中。以人之能自覺，故人得自知其此一要求之存在。其他生命存在，固不必有自厭倦其生，更無殺身成仁之事，然人之老，乃其自然生命之老。人老而可安於死；則其他只具自然生命之生物，亦同可有老而安於死之事。而此亦卽自然界之生物、與人所同有之「在其生命存在之自身中，一自超其對生命之貪執之要求」之表現也。

對於上文所說，更當申論其義。原此自然界之自然生命之何以有死，其有死中是否有一自超其對生命之執着之要求之一問題，其涵義極爲深遠。此乃關聯於此自然界之自然生命之本質或本性中，是否有一自超其生命之執着之善，自然生命之存在其本身，有無一內在的價值意義之問題者。此自然界之自然生命之有死，爲一切有思想之人所必須面對。人亦初生於自然界，而於其精神生命外，亦有其自然生命，故一切聖賢豪傑，無不有死也。對此自然生命之有生必有死之一事實，如以純理智或純知識之態度觀之，則生爲一事實，死亦爲一事實。則人只求知此由生至死之現象之變化，或此變化之現象之如何依於其他現象之變化，似卽已足矣，此科學之態度也。然人乃具恒常性普遍性之觀念概念者，遂事過境遷，而對事物之觀念概念印象猶存。故人已死，而其音容與平生之行事，猶宛然在後死者之心目，故既念其生，卽不忍念其死，更依此情而望生者之不死。此人之有觀念概念而又有情者，所必不能免之望也。于此人之求不死之望，西哲柏拉圖嘗直下由觀念概念之自有其恒常性普遍性，其自身無所謂生滅，以言「生」之觀念概念，與「死」觀念概念之不相容，故「生」不能有「

死」；更就人心之能知此無所謂死之恒常普遍之觀念概念，以言此心靈之必不死；而以世間所見之死爲表面之現象，而非眞實。如其所見之蘇格拉底之有死，固與其心靈之不死之眞實相違，只爲表面之現象也。然此現象世界中之有死，其自身畢竟爲一實有之事。其所以有，必須有一說明。西方中古思想則謂此人之死，原於其有罪，有罪之死；爲人應得之報應。如謂人生命之存在之有封閉、有限制，卽其罪。此原可說。佛家之十二因緣，則追溯生老病死之原，至於原始之無明。依此二宗教之說，此世界之有死，卽根原在世間生命存在之本性上之有罪惡，而無德，有無明，而無智慧。故此世間必須超度，亦須在此世間之上或出世之心情中，求德行智慧之原。此其必然之義也。此書前數章，亦嘗代爲之說明，以成此超世間之神靈之存在爲實有，生命之實有來世之說，而見其爲理之所必至，亦正所以慰人情所不容已之望者也。

然吾人若謂世間自然生命存在之有死，其原唯在生命存在中之罪惡與無明，而只有一負面的價值意義，則只能以出世間教爲第一義。吾人將更問此世間之自然生命存在之有死，是否亦有一正面的價值意義？是否世間之自然生命存在之有死，亦由其存在之本質與本性，原向於有死，而此本質或本性亦爲善？於此在中國傳統思想中，正另開一關於死之智慧之門。卽自然生命之死有二種，一爲橫逆之死，一爲自然之命終之死。橫逆之死，如一生命存在爲其他生命存在所殘害而受苦以死，此在自然界爲一不容否認之惡，除非承認一宗教上之說，此惡不能成爲有價值意義者。然中國思想初未正視此問題。但在人之道德生活中，則人可有一所以自處其橫逆之死之道。此則不外人能先以盡道存心，則其受橫逆而死，皆是盡道而死，而橫逆之死，卽非橫逆，正所以玉成人之道德人格者。然自然生命自有一自然命終之死。謂此自然生命之命終，乃自然生命存在之所向，而於其中可見有一正面之本性之善在，則爲中國思想之一大慧所存。此自然生命存在之自然命終，若自人而言，在中國古之思想稱之爲考終命，稱之爲壽終，稱之爲盡年，稱之爲人生之休息。故孔子嘗謂「大哉死乎，君子息焉，小人休焉。」呂氏春秋有安死之篇，謂人老而當安於死。晏子春秋內篇諫上卷一載晏子嘗以齊景公之念死而流涕，而笑之曰：「昔者上帝以人之死爲善，仁者息焉，不仁者伏焉。使賢者常守之，則太公桓公將常守之矣；使勇者常守之，則靈公莊公將常守之矣。數君者，將守，則君安得此位而立焉，以其迭處之，迭去之，以至於君也。而獨爲之流涕，是不仁也。……」（又晏子春秋外篇卷七及韓詩外傳卷十有文，亦與此大同小異。）此一路之思想，乃以人之自然之命終，爲休息，爲當然，亦爲善事。賢勇之人之不免於有死，而不能常守其世間之業，迭處之而迭去之，正所以使世之更有賢勇之人，得有位以繼守此世間之業者也。則人必求不死，以常居其位，卽使後世賢勇之人，更無位以繼守此世間之業，故爲不仁，而人所不當存之念也。由此以觀上帝，則謂上帝亦以人之死爲善。此則全異於西方宗教思想以人之有死，原于其初有罪之說，亦非佛家之以生老病死，原於生命之無明之說。依此說而人之必求其一人之不死，以據世間之位，而把持不放，爲不仁；反此，方爲仁。其他宗教思想家，亦正可同意。然則人之自然生命之自然向於死，又豈不可說爲其自然向於仁乎？人之有仁心而安於死，以待後世之賢勇之人之有位而守業，此人之自覺之仁性之表現也。則人自然向於其命終而死，豈不正可說爲亦人之不自覺之仁性之表現乎？由此以觀一切自然界之生命存在，有其自然之命終，豈不亦可說其有此自然之仁，以自讓其生命存在於世間所居之位，以待其他之生命存在之得生於此世間乎？

實則此人與一切生物之自然生命，原有一自向於其死，以成一段生命存在之始終，正可說爲一生命存在之內在的本質本性，而亦可說之以一自然之仁、自然之善者。原此自然之生命存在，卽在其有生之時，亦唯賴不斷超化其生命之所已有之活動，以成其生命之存在，而此超化其已有活動之事，卽其已有之活動之暫消滅而死亡。然此生命存在未嘗時時嘆惜於其已有之活動之死亡，亦未嘗以之爲苦也。蓋其已有者不超化，不任之死亡，則繼有者不得有也。欲使繼有者有，正必使已有者無。則已有而向於此無，正生命存在之生幾之所在，而亦爲此生命存在之所向、所願、所欲者也。則自然生命眞能得壽終盡年而死，固未必爲苦事，而由其自身之死，以使其繼起之生命存在，有世間之位可居，則其死卽所以生此繼起者之生幾也。若此繼續起者之生爲善，毀己生以成他生爲善，則其死正爲其生命存在中之善性善德之表現明矣。若然，則其死非可只以其有罪惡，有無明說之，而當兼以其有此善性善德說之，亦明矣。此卽孔子之所以言「大哉死乎，君子息焉，小人休焉。」不以此君子小人之死，爲其有罪，有無明之故，而唯以此見君子之息其德之表現，以待後人之繼其功，並以見小人之自休其小德或不德之表現爲言也。

對此上述中國傳統思想中之死之智慧，吾無意以之爲死之智慧之全部。因自然生命之有命終，雖見一善德善性，然人有其概念觀念之常在，並有對死者之追念之情，必不忍於見其所愛敬之生者之自身之一死而無餘，故宜當依理以信鬼神之存在，方足慰人之情。推此情至乎其極，則對一切自然界之其他生物之死，亦不當謂其死後，其自身之生時所以成其生之功能種子，皆一死而無餘；故必當謂此一切自然生命存在，皆有死而不亡者存，更有其來世，歷無量劫，皆能成佛。此則佛家之悲情大慧，吾亦不忍否認之者也。然若循此佛家之說，而必謂此自然生命存在之有死，唯是依於其生命之本質，只是無明，則吾必以此說爲非是；而將承此中國先哲之說，謂此自然生命之自向於命終而有死，正見自然生命之不自覺的具一「由其死以使繼起之生命存在，得有其世間之位」之一自然之仁德，與禮讓之德之表現；亦「使其自己之生命存在與其他生命存在，分別得其在時間中之位」之一義德之表現；而其中亦可說有一不自覺的求自超越其生命之執着之一不自覺的智德之表現，而使其後世之生命存在之超升成爲可能者也。

依佛家之以自然生命存在之有生老病死，唯是依於一無明之說，則其謂人與一切自然界之生命存在，所以不知其生之所以生，不知其生之有前生與後世，亦皆同原自生命存在中之無明。如謂人死後在「中有」之階段之癡迷，足使其忘前生事是也。又如信上帝者之謂人之忘其所以生之原在上帝心中之人之模型，在人之「無知」，此「無知」卽爲人之罪是也。柏拉圖信人之靈魂，原知有理念界，由墮入世間，卽忘其所先知，亦類此之說。此人之生命存在，若有其後世，亦當謂有其前生。其前生爲六道中之另一道中之存在，或爲上帝心中之型模等，可不問。然人之不憶前生，要爲一事實。此中，若謂人無前生，其生別無超越之根原，則此問固不當有。然人若有前生或其生有一超越之根原，人生而不知其有，是否卽爲人生而有一無明之證，却爲一大問題。由此人之生於世間，自始卽與此不知其來處或根原之無明相俱，以證其生而有此無明之惡，則生命存在之本性或本質之善，卽仍不能說。然吾人今可更持一說，以謂此人之不知其前生後世，不知其生之超越的根原。此「不知」中，不只表示一無明，而亦表示對其來處與根原之一「超越」，其不知之，乃其忘之，其忘之，乃其超越之，超越爲善，故忘爲善；忘爲善，故不知亦爲善，而非全是無明也。

此忘與不知之亦可說爲善，蓋唯在中國先哲之思想中有之。西方印度之思想，蓋皆唯以知爲善，以無知無明爲不善也。此忘與不知之亦可爲善，蓋首由莊子深發其義。故言「坐忘」，言「不知之知」。此人之有忘其所知之時，乃一事實。人之好知者，恒嘆惜其有忘。然實則人必有所忘，而後有所憶。若所知者皆不忘，則昨日之事，皆充滿於今日之心，而其今日之心，將更不能有所知。一念不忘，則千萬年同此一念。生命之所以相續有其新知，皆賴於其能忘舊日之所知。忘之而能隨時更憶，固爲大知而至善。然忘之而不能更憶，此忘亦所以開新知，雖非大善，亦爲一善也。此忘之所以爲善，卽在其對舊者有所超越。凡對舊者有所超越，亦必有忘。雖暫忘亦是忘，亦是一對舊有者有所超越也。吾人今循此義，以觀人之生命與一切自然生命之生，而不自知其來處，亦不自知其根原，卽亦不能必說其只爲一負面之無明或無知，或罪惡。因其不知，可由於忘，其忘，可由於其對其來處、其根原之一超越，而自其爲一超越言，卽當說爲一善也。

若吾人對此人與其他生命存在之不自知其來處，不自知其根原，視爲其生命之存在對其來處其根原處，有一超越而忘之之故，此超越與此忘，亦表現一善；則吾人卽可說此一切人與其他生命存在之生，在根本上，是一創造之歷程，亦是一善之流行。此中若謂其有前生，此前生必先被超忘，而同於不存在。若謂其生，另有超越之形上根原，此根原亦必先被超忘，而其生如離此根原，而爲一「破空而出」之赤裸裸的生命，以存於天地之間。則其初不自知有此前生，亦不自知其根原，卽皆同爲表現其生命之先天的空寂性、純潔性，而爲一善之流行者矣。

吾人此上之所說，並非意在否認佛家所謂一切自然生命之存在中，有其俱生之我執之存在。此一切自然生命之存在中，有其執障，乃不能否認者。如人之自然生命之活動中，有種種本能之機括之限制與封閉，使人不能全自主，卽是一俱生之執障。如人之呼吸，固可一呼一吸，以表現一能自超越其呼或其吸之超越性。然其呼後不能不吸，卽是一本能之機括之限制與封閉。自然生命之依其自求生存之欲，而殘害他生，雖可非自覺的爲殘害而殘害，此殘害在客觀上言之，要不可認之爲善。此求生存之欲之盲目的進行，畢竟是缺乏一智慧的同情。人與一切自然生命之存在之不自知其來處與根原，雖非卽全是一無明無知之表現，其中亦有上述之超忘之善；然要非至善。故對此自然生命之世界全部，加以合理化，乃不可能者。此卽佛敎與其他宗敎之一立根處。吾人於此，亦無意加以否認。吾人之所爭者，唯在此一切自然生命，雖有種種俱生之我執，然其所以能存在之本質或本性，仍在其內具之超越性，或善性。卽其生命存在之對其來處與根原之無明無知，亦有一超忘之善，以此性之善爲第一義；卽見此自然生命俱生我執之不善，並不能證明其所執之生命存在之自身之本質或本性爲不善而已。此下吾人卽當更言對佛家所謂分別我執分別法執之存在，吾人亦無意加以否認，但當更說吾人之思想上之分別之本性，亦非只是成就一分別我執；其可形成分別我執，而有思想上之不善，亦非此分別之本性之爲不善。此卽由於人之思想上之分別，亦爲能自超越其分別，而見此分別中亦有超分別或無分別之心靈之貫注於其中之故。

四、生命中之超分別我執性

佛家所謂分別我執，要在言人之有一分別我與非我，而以我所有者排斥非我之所有者之執障而言。此分別我執，乃依於人之有種種分別人我之所有之種種類概念，並持之以判斷人我之事，而又連於人貪執其自我之生命，而排斥非我之不自覺的俱生我執而起，如前所論。然吾人於前文，亦嘗說此人之用概念以判斷之事之本身，非卽分別我執。今更當說此人之所用概念以判斷之事之中，亦有思想活動之超越性與思想活動中之善之表現。因人之用概念以判斷之事，乃人之自選擇概念，或更迭的運用概念，以成一對事物之適合之判斷之事。此人之選擇概念，或更迭的運用概念之事中，卽有其所用之概念，在思想歷程中之不斷的隱顯、屈伸、進退、往來。而此隱顯、屈伸、進退、往來，卽人之思想之能自己超越其自己之性之表現，亦此思想所在之生命之自己超越其自己之性之表現。此以前文所論者觀之，固當說其是一善之流行也。

在人之不斷選擇而更迭的運用概念之事中，此概念之由顯而隱，由伸而屈，由進而退，卽此概念判斷之自歸於寂之事。尅就其歸於寂之處，其心靈之未嘗不在言，卽見此一心靈，爲超概念之應用判斷之形成，之一非分別，亦無分別之心靈，亦無對概念判斷之執着之心靈。若無執着爲善，則此心靈亦爲具一善性者。誠然，佛家之言無分別之心靈，或無分別而又能有分別之心靈，恒就佛之由根本智而有之後得智而說，非謂未成佛者所能有之心靈。對此所謂無分別之心靈，要看我們如何說。若說爲其中全無由一般所謂分別而起之執障之種子之心靈，固可說非成佛者不能有。然若不自此分別執障種子之全然無有而說，則凡人有將其所用之概念，收歸於寂，亦不作判斷之際，皆應有一無分別之心靈之呈現。唯此呈現之時間可至短，而其更用其他概念以成判斷之事又起，故人可不自覺此無分別心靈之呈現與存在耳。然依理而推，則人在其更迭的用概念，以成更迭的判斷之時，此心靈之活動，必有其轉折處。否則此更迭用概念以成更迭之判斷之事，亦不可能。今尅在此轉折處觀，卽應有前一概念判斷歸寂之一刹那。此一刹那，卽非分別，而無分別之心靈呈現之時也。

然以人通常不能自覺此非分別之心靈之呈現與存在，故其心靈與概念之關係，恒不用此卽用彼，不入於楊卽入於墨，故不如此判斷，卽如彼判斷，而若無歸寂而超分別心之時。今只就此人之對其自己、與自己外之他人或其他存在，形成一定之判斷言，此中只有人之思想之伸進，以成此一定之判斷，而未見其退屈，則亦無思想活動之自己超越性之表現，而亦卽無善之可說。至若更本此一定之判斷以分別人我，而與人之自執其我之俱生我執相連，以成分別我執，卽亦有貪嗔癡慢等罪惡，如前於我法二空境所論，故人之可有此分別我執之心靈與生命存在之性，佛家恒以爲不善也。

然此中關連於人之心靈生命之性之善否之一根本問題，亦在人之以概念判斷分別人我，以更成分別我執，是否爲人之心靈生命活動自始卽有之事，此則顯見不然。因人之有概念判斷之思想活動之形成，以分別人我，乃後起之心靈生命之活動；人之心靈生命之原始活動，乃一感覺情意之活動。在此人之感覺情意活動中，人有所感，在此感中，初不知有人我之分別，亦未形成概念判斷，以分別人我，則此感中，不能說已有分別我執之表現也。

此種人在感覺中初無我與非我之分別之境，在佛家稱之爲世間現量境。此世間現量境之異於佛之現量境，當亦唯是自其後之是否有分別我執之種子，可緣之而現行上說。若尅就其爲現量，而無我與非我之分別言，其本身中必不能說已有分別我執，存乎其中，而應與佛之現量境無別也。然佛家於此世間現量境中，恒不說有善，此亦當是就分別我執之種子，可緣之以現行上說。然若自其本身無分別上說，則應說其本身有「無此分別我執」之善。而此世間之現量境之相續中，亦應有一自超越其前之現量境所可能引起之分別我執之善。又此中之現量境，固呈現於內心，亦可說爲內心種子之現行，然要必以外境中之物爲緣。吾人卽可說此現量境，乃由心靈之存在與外物之存在，互相感通而致。此心靈之感通，卽此心靈之自超出其限制與封閉之事，而當說有一超出此限制封閉，以成此感通之善在也。

至於由感覺之現量之無我與非我之分別，而有之我對所感非我之存在狀態之同情共感言，則更顯然爲一善之流行。中國儒家卽於此人之生命心靈，自始可在一無我與非我之分別之境中，以我之生命存在與非我之生命存在同情共感，言人之生命心靈中之原始之性情，此卽人之原始的仁心中之性情也。

當我之生命心靈與他人或他物有同情共感之仁之表現時，而我同時有以其心靈向於其他人之生命心靈，以恭敬奉承其生命心靈之表現，此卽爲一原始之禮。此中，同時對我已有之生命心靈活動，有一裁制，以使他人之活動，亦得存于我之生命心靈中，以與我之活動有一平等之地位，是爲義。人之自覺的超越其已有之活動，使之退屈，而呈現一無分別之清明，以使他人之活動爲我所知，而得在我心靈中有一地位，卽是智也。此人之有同情共感之仁，恭敬奉承之禮，平等待人我之義，清明能知之智，固亦人之心靈中原有之性情之表現，而可由此以言人心與其原始的性情之善者也。

吾人在上文，對較佛家之義，而言人之自然生命，與其心靈之性中之原有善，非意在否認佛家所謂俱生我執，分別我執，分別法執之存在，而唯在言不能據此以否認人與物之自然生命與其心靈之性之非以其善爲本。由此而見儒家所言之性善，乃第一義之本性；佛家所言之有我執之性，乃第二義之本性。此中之本末主從旣辨，則佛家之言人當破除我執之論，如種種觀空、觀緣生之論，卽皆可爲對治此第二義之性之用，而其價值亦至高明至精微，爲吾人所當承認。然儒家於此，不重就人之執障已成處、求破之之道，而要在順此人之第一義之性，而率之盡之，以求至於其極，使執障不得生，而自然超化。此則儒家之爲順成之敎，與印度之佛家之拔苦觀空破執之逆反之敎殊途，而未嘗不可同歸者。至於就中國佛敎之徒發揮般若、法華、華嚴等經所成之圓敎與禪宗而說，則多以佛性說吾人之第一義之心性爲淨善，而順成此淨善以立敎。然此圓敎與禪宗，對心性之善，仍未能直下就人之自然生命與人初生而有之赤子之心處，加以肯定，亦與儒家直下順此自然之生命，與人之赤子之心性之善，以立敎者，爲一澈始澈終之順成敎者不同。此則非今之所擬及。下文唯當順此儒家之順成敎，以言其如何本此人原有之心性之善而率之盡之，以使執障不生而加以超化之道如後。對佛家之論，亦不再涉及矣。

五、天倫、人倫與聖賢之德

此儒家之順成之敎，在根本上只是順成人之自然生命，與連於此生命之心靈中之性情，而更率之盡之以至於其極，而成爲一皆天德流行之心靈與精神生命。此順成而率性盡性之始點，則在赤子之生命心靈中自然原有之孝弟之心。此孝弟之心，乃至平凡之心，而儒者則視之爲一切德行之本始，而視之爲涵義無窮者。故孔子多答弟子問孝之言，有子謂孝弟爲仁之本，孟子謂堯舜之道，孝弟而已矣，程伊川謂盡性至命必本於孝弟，陸象山言孩提知愛長知欽、歷聖相傳只此心。吾人固不能說，世界之其他宗敎，必不敎孝。如摩西十誡亦有孝順父母之誡，耶穌雖不重孝，然言在天之父，亦移子對父之情以對天，釋迦亦嘗至兜率天爲其母說法也。然此諸敎，皆未嘗言孝弟爲一切仁愛慈悲之德之本。此則唯儒家能眞知父子兄弟之情爲天性，其倫爲天倫，而以孝弟爲仁之本，百行萬德之本。亦唯在中國文化中，能將此父子兄弟之天倫之義，推及於一切人倫關係中。故師如父，而學生如弟子，賢君保民如保赤子，民仰之如父母，朋友以兄弟相稱，詩經言宴爾新婚，如兄如弟，而夫婦亦兄妹也。卽中國佛敎徒，亦稱其師曰師父，傳其道者爲弟子，爲法裔。此皆原自儒家之重孝弟之道而來。

此儒家之所以重此孝弟之道者，則以其知此人之生命之存在之仁心，初卽表現於對其所自生之父母祖先、與同爲父母或祖先所生之兄弟之生命之感通之中。此父母之生子女，初原爲一自然生命中之事，一切生物固皆同能生殖也。父母之慈於子女，亦高等生物所有之天性也。此皆自然生命所以成其流行也。然子女之孝於父母，則唯人能之。人之有孝，與其他生物之唯知生殖其後代，而或亦有類似慈之德，以養育後代，以成自然生命之流行，唯是順流而下者，卽截然不同。此人之有孝，乃是人之有子孫之生殖，以成其自然生命之流行後，子孫之生命心靈之再溯流而上，以成此自然生命之前後代間之感通。故人之生命中之孝弟之心，乃人生命中之心靈，自超越其已有之自然生命，以反本上達，至於其生命之原之心。此心卽初見於赤子之愛親敬長之情之中，而於此赤子之愛親敬長之情中，卽見有人之心靈生命，有一能自超越之天性。故孝可爲人之自然生命之升進爲一具百行萬德之精神生命之始，而爲儒者所特重者也。

關於人之自然生命之下流，而由父母以生子女，卽有愛子女之心，上已言乃人與其他高等生物之所同。此一生物之生殖之欲，與高等生物對其後代之愛，乃出於延類之本能。此生物必求自保其生、與延其類之本能，皆可說有一自私其一己、與一己之所生之生命之類之私。故宗敎徒恒不婚，而自斷其延類之本能所出之欲望，以使其生命心靈，更達於一高明廣大之境。此固爲一極高貴之人性之表現。然生物爲生殖其後代，而耗竭其生命之力，以至早亡；或兼能愛其後代，而爲之有所犧牲，亦見其生命存在之有一自己之超越。以其所生之後代，雖與己相類，然畢竟爲另一個體也。依佛家之輪廻之義言之，爲其後代者，固自有其前生，其前生更非必爲其同類。則其生殖後代而爲之犧牲，亦延接不同類之個體生命，以使之降生於世，而爲之犧牲之事也。至若就一一生命存在，皆可說各以神靈或天或絕對，爲其存在之超越的根原而言，則爲前代之生命之生殖其後代之生命，而更爲之有所犧牲，亦皆爲延接此同出一根原之其他生命，以使之降生於世，而更爲之犧牲之事也。今卽不論此宗教或形上學之說，而卽就一生物所生者爲另一個體以觀，此另一個體之我，卽畢竟非此一生物之個體之我，而對之爲一非我者。一我生此非我之我，而使之存在，更爲之有所犧牲，亦當說爲一自超越其個體之我執，而視非我者爲我之一德性之表現也。唯此生物之生殖後代，而爲之有所犧牲之事，畢竟限於爲其後代之類者。故其表現之德性，範圍甚狹。此限於生殖後代之類之欲，亦可使其生命不能更拔乎其類，以上達於高明廣大，亦理有必然。故宗教徒之不婚，亦未爲不是。然今本儒家言孝之義以說此問題，則孝之情、初乃原於子女感父母之愛，而更有之一自然之回報，所謂報養育之恩是也。此一報恩之心，乃直以所感於父母之愛爲其所對，則全不依生物之延類之本能而發，而純出於其生命心靈之先感父母之愛，而此報恩之心卽純爲精神性的，而非生物性的。爲人父母者所感受之其子女之孝心報恩之心，亦純爲精神性的，而非生物性的。至於爲人子女者之知盡孝於其父母，更知其父母之亦欲盡孝於父母之父母，更沿是而有盡孝於歷代之祖先之心；則此爲推恩之報恩，推孝之盡孝，尤爲純精神性的，非生物性的。此中若父母之生其子女，亦意在有後嗣，以奉祀其先人，以盡其天倫中之責；則此父母之生其子女，以至爲子女婚娶，亦出於一盡孝報恩之心，而皆爲精神性的，非生物性者矣。然此正爲中國之儒者，所以謂「男女居室，人之大倫」「君子之道，造端乎夫婦」之旨。此則將人之生物性的男女本能，全超化其生物性的意義，而使之成爲只是具精神性的意義者。此亦正爲人之將其生物性之延類本能，直下在由此本能而有之父母子女之關係中，加以超化，以使之不爲人之心靈之求進於高明廣大之境之礙之道也。故以佛教、基督教之論，卑視世間一切男女夫婦父子關係所成之家庭皆可，唯不能以之卑視儒家本盡孝之義，而有父子夫婦關係所成之家庭，而更當視此家庭爲人之卽世間而超世間之大道之所存者也。

此儒家之言孝，爲一生命存在之縱面的對其父母祖先，上達報恩之心；而其言弟，則爲橫面的敬長之始。其言夫婦之道，則初在繼宗祀與合二姓之好。此家庭中之父子兄弟夫婦之倫理關係，卽皆爲個體人格對個體人格之關係。有父子之倫，而人之生命有其上下之縱通；有兄弟之倫，而人之生命有其先後之順通；有夫婦之倫，以合二姓之好，而人之生命有其相互之橫通。此所以成人倫世界之三度空間之通達也。此家庭之中，人與人情義之相結，要在能互感對方之情義，更成其互相還報之恩義。此互感對方之情義，而互相還報以成恩義，乃所以使此情義恩義，存於此有倫理關係之人與人之心靈之相互反映之中，並由此相互反映，而增其深摯篤厚之強度、深度，而初非重在將人之情義，遍施於他人或一切有情衆生，以見此情義之廣度。故人重情義之廣度者，或疑儒者之重家庭中之情義恩義者，其情義不如基督教言愛一切鄰人，佛教之言普度衆生者之廣大。然實則儒家之情義，亦自有其廣度，如言四海之內皆兄弟也，泛愛衆，親親而仁民，仁民而愛物是也。然儒家必首重人之情義恩義之見於家庭中父子兄弟夫婦間者，有足够之深度或強度，方次第及於家庭外之朋友君臣之倫理關係中，然後言及此普施博愛之情義；故不能如基督教之首舉愛汝鄰人，或佛家之普度有情爲說。其理由則在人之廣度之情義，若不爲對方所感受，更有回應，以使情義互相反映，以增其深摯與篤厚；則此情義只一往向外發射，將以無一定之感受之者而分散，亦可以無回應之者而銷沈。故人之情義必先在一定之個人與個人之倫理關係中，互相反映，以成恩義，然後此情義得其養。既得其養，而至於深摯篤厚，然後可言普施博愛。故基督教之愛汝鄰人，不可爲人之養其情義之始，佛教之普度衆生，亦不能爲人之養其情義之始。人之情義之繼及於鄰人，以及於天下之人者，皆同可更以恩義相結，爲朋友。人以外之衆生，則雖以情義對之，而彼不知感，是見鳥獸固不能與人相爲友。此孔子之所以言鳥獸不可與同羣。此卽儒者之所以於人必分親疏，必言親親之義與仁民之義不同，及仁民之義與愛物之義不同也。此中之種種情義之深度强度，必不能相同，而人亦決不當逆其情義之由己及人之先後之天然之序也。

人與人之倫理關係，爲一個人與個人之關係，亦卽一人格與人格之關係。此似只爲人與人之主觀上之關係。然人之篤於倫理，而孝弟忠信者，其德性則有客觀之意義與價値。而人之能仁民愛物，澤被羣生，而立德立功於世者，其人格亦更有客觀之意義與價値。此世間之孝子賢妻，忠臣烈士，一鄉之賢，千古之聖，卽合以形成各有其德性之人格世界。對於人格世界中之人格知崇敬，而自求有以效其行事，承其遺志，而以向上奮起之心，與之相接，世人之道德情操中，固多有之。然儒者則必於父子兄弟言天倫；於人之結爲夫婦，視若乾坤之定位；於忠烈之行，視爲天地之正氣、浩氣之所存；於聖賢之心，視爲天地之和氣、元氣之所在；皆是言人倫人德自有其宇宙性的意義與價値，存乎其中。故必於人之有其人德者，見天地之有生此人之德，成此人德之德，而於人德中見有此天德之存在；然後吾人對此人之有德者，其愛敬之情，方得至乎其極。此則世人之道德情操未必能至此極也。然人之對人之有德者之愛敬之情，必至此極，然後人能於一朝之時，一室之中；以其愛敬之心，與古今四海之一切有德者之人格之心靈、生命、精神，相遙契感通，而不見有古今四海之隔。此中，人之智足以知不同之人格之德性，是爲高明；一一加以愛敬，是爲博厚；不見四海之隔，是爲廣大；不見古今之別，是爲悠久。此高明之心自配天，博厚之心自配地。天地者，宇也。悠久則配古今；古今者，宙也。人有此高明、博厚、廣大、悠久之心，足涵廣宇悠宙，於一切人格世界之德，皆能知之而愛之敬之，於其德之表現於其心靈生命精神之存在者，見其洋洋乎如在其上，如在其左右者，卽聖賢之心之所以成其聖賢之德者也。

此聖賢之德之所以爲聖賢之德，在其能感受其他人格之德爲其所對，而愛之敬之，以自成其德。此自成之德，卽對其所感受之其他人格之德之囘應報恩，而以德報德，使古今四海之人之德，以相報而相結，以貞定此德性世界、人格世界之存在，而使之萬古常存者也。

此儒家所言之情義，必歸於成恩義，言德必歸於知德而愛有德、敬有德，報恩報德，以使德與德相結等，皆人之心靈生命，先行於人格之世界、德性之世界，直以人格之世界、德性之世界，爲其心靈所對之境，而後有之事。以人格之世界、德性之世界，爲所對之境，而以高明之心覆之，博厚之心載之，廣大之心涵之，悠久之心持之，而此高明、博厚、廣大、悠久之心之德，足涵宇宙，亦卽爲同於天地之能繼續不已的生此一切具德性之人格之純亦不已之德，而其德，卽純全是天德之流行於心靈生命之所成者也。

此純全是天德流行之聖賢之心靈生命，乃直以人格世界、德性世界，爲其心靈所對之境，而此心靈與具此心靈之人格，亦存於此境中，以爲其自身之所對。故此心靈與具此心靈之人格之內內外外，皆爲德性所充滿洋溢，而除見此德性之流行於此內內外外之境之於穆而不已外，更不見其他之境。此意、人可由讀中庸而自得之。今以此純全是天德流行之聖賢生命，觀世間一神教之歸向一神境，與佛家之普度有情境；則見此歸向一神境，雖有上達高明之旨，而未有此中高明之義，以其智未足以知此人格世界中不同人格之各有其德性，而一一求知之，則其智未能有此中之極高明也。佛家言普度有情之心，固亦廣大博厚，然此普度之心之所持載者，唯是有執障之有情，其視古今四海之人格，皆視爲未出三界者，則不能以自下而上之崇敬之心遇之，亦不能有此中之博厚與廣大。至於此天德流行中之悠久無疆之義，則類似他教之言上帝之永恒、佛果之常住。然儒家中庸之言悠久無疆，乃卽人之德之純亦不已，而不見古今之一切有德之人格，其生命精神之有古今之隔，而通之爲一純亦不已之天德之流行，卽見其中自有悠久無疆之義在。則與此他教之言上帝之永恒、佛果之常住，亦不必同其義也。

第二十六章　天德流行境——盡性立命境——觀性命界（中）

六、生命的靈覺之破空而出之創生義與天德流行

此下當說吾人如何能使吾人之生命達於自覺的天德流行境之道。此在知解上說，吾意首當細認取：前所謂吾人生命之生於此世界，初爲一破空而出之一赤裸裸之生命，乃表現一先天的空寂性、純潔性，而爲一善之流行，爲第一義。亦卽以自覺的超越忘去此生命之來處，以及其超越的根原，爲第一義。人恒不免思其生命存在中之種種內容，此種種內容有其來處。此卽非指一赤裸裸之生命，而爲帶上顏色之生命。此生命之內容或顏色，可說由父母祖先遺傳來，可說由前生之業報、賴耶識中之功能種子之現行來，可說由自然之無數不可知之力之聚合於吾人之生命存在，而表現於其中來，亦可說由上帝創造我時，心中之我之個體之模型來。但此皆非吾人之赤裸裸之生命存在自身，或此生命存在之本性。此生命存在之自身

或本性，乃初不須連此一切內容顏色而說者。此生命存在之自身或本性，只是一靈覺的生，或生的靈覺。尅就此生的靈覺言，乃無此一切內容，或有此一切內容，而更加以超化忘却者。唯此生的靈覺，能超化忘却此一切內容之所在，乃其所以爲生的靈覺。故謂人之生的靈覺中，夾帶有父母祖先之遺傳性質，前生之業報種子等，人之初生，皆不知之。此不知，不只是無知、無明，乃兼是此生命存在能超忘此一切之一表現，亦生命之有先天的空寂性純潔性而爲一善之流行之一表現。對此生的靈覺，人固亦可說其自有一超越的形上根原。因若其無此一超越的形上根原，此生的靈覺之生長發展與流行，卽不能繼續自超越其自己，以成其生長發展與流行。此生的靈覺之能繼續超越其自己，必有使之成爲可能之超越的形上根原。對此根原，可以天、上帝、如來藏心、或法界性起心之名說之。但在此人的生命之生於此世間，以有其生的靈覺之時，此生的靈覺對此超越的形上根原之自身，亦有一超越而忘却之之事。此超越而忘却之事，不能只說是一與其根原隔離，而墮落，遂不知其根原，而有一生命之原始的無明之事。此超越忘却其根原之事，亦當說其乃由此生的靈覺之「破空而出」之故。如人之自然生命之由母體而生，乃一破空而出之事。嬰兒破空而出，故與母體有一隔離，而嬰兒降世。又如海水之倒注於湖，而湖海相離。故此生的靈覺與其超越之形上根原之隔離，亦卽此生的靈覺之有破空而出之一創生之活動。而此隔離，亦初是由超越而忘却其根原，以使其生命具一先天的空寂性、純潔性，而無所依傍，以爲一赤裸裸之生命以降世。不能說全是隔離，全是墮落，全是無明，只可說一半是隔離、墮落、無明而已。

此具生的靈覺之人的生命，應說其有一超越的形上根原，並與此根原有一超忘隔離，以破空而出，以創生出。自其爲破空而出之創生言，此乃一前所未有之有。此有，可說是此根原之所生出，其所可能呈現之生的靈覺之不息不已，其所成之百行萬德，皆可說在此根原中完全具足。一切人與有情生命之恒沙功德，亦同在此根原中，完全具足，眞實常住，不增不減。然尅就此生命創生之事，只是破空以顯一有，破此世間之「無此生命」，破此「世間之他人對此生命之初不見其有，而對之之無知無明」，亦破「其自己對自己之存在之無知無明」，以顯其有之一面說，則其破空而出，卽於「空」有所破，其破上述之無明無知，對無明無知，亦有所破。此破，如否定一否定，以光照破一黑暗。肯定乃以否定否定，而更成其肯定。此否定否定更成之肯定，對原始之肯定，卽爲新創。如以光照黑暗，此黑暗中之光，雖皆來自持之以照黑暗之光原，然照黑暗後，黑暗破處之光，乃前所未有。此中之有，固須以「有」爲根原，無固不能爲有之根原。然有而更無無，以使有更成有，此無無，則爲使有得更成爲有之根原。無無可爲有更成有之理由，亦如否定否定，可爲肯定更成肯定之理由。故必無無，方助成有之創生，必破空，方助成生命之出。此生命破空之事，乃其根原中所未有。其本身卽亦爲一創生。此生命之破空而出，卽依空而破，而出，亦可說爲依空而出，以爲一無中所生之有。但此只是一半之義。另一半，是破空而出，卽無無而有。西方基督教，以上帝只自無中創萬物，卽只有一半之義；而不知卽謂一切萬物皆以上帝爲根原，而萬物之一一物，仍皆同時是無無而有，破空而出，而在此無無之處，破空之處，見一創生之事，與創生出之有之依其破空，以更自成其有。此其破空所更自成之有，則非其根原中之所有。此中，若以佛家之如來藏心，法界性起心，代上述之上帝，亦當如此說。

此上所說生命之創生，乃依其根原以破空而出。由此破空無無，以更自成其有，而此有卽爲此根原之所無。如由肯定而否定否定，以成之肯定，乃初之肯定中之所無。此中人之思想之由否定否定，以使肯定的思想，更成肯定的思想，是事；依肯定而能否定否定，是理，是道。否定否定而能更成肯定，亦是理、是道。故一一生命之破空而出，無無以更成其有，是事，而破空無無之能使有更自成其有，以有生命之創生，亦是理是道。其根原，則只是一超越的形上之存在。此存在，可說是體，生命依之而創生，可見其用。但此體必依此理此道，而後有此創生。此創生之一半義，爲自無而有；全義則爲：破空而出，無無而有。此自無而有，破空而出，無無而有，以及此有非其根原中之所有等，是此創生之相。自此有之非其根原中之所有，而與此根原，若相隔離，而能自超忘此根原，以自有其由破空無無所成之有言，則此創生之生命，卽自爲一體，以繼續依此破空無無之理之道，以自成其用，而自有其相續創生之事，與此事之相。此自成之用、與相續創生之事中所表現之相，亦皆可說是此根原之體之用之相。但尅就其一一皆同可說是由無無破空之事，而有處說，其有，又可說非此根原中之所有，而爲其所自有。以尅就此根原而言，固未嘗有此破空無無之事也。

由上所說，則生命之存在，自當有其超越的形上根原，亦依此根原之有而有。但由其破空無無，所更成之有，則爲其自身之所有。此破空無無，能使有更成爲有，乃一理、一道。唯依此理、此道，一生命存在，乃得由其根原而創生，以自有其所成之有，亦自有其生命之理之道，以爲其性。而此理此道之意義，卽更重要於此根原之爲形上存在、及生命存在之爲存在。一切生命存在，卽當說直接依此理此道而生。此形上根原在中國儒家名之爲天，而此理爲天理，此道爲天道。吾人之生命存在之具此理此道爲性，爲天性，亦人性。其倫常典常，爲皐陶謨之「天敍有典」；其禮樂，爲「天秩有禮」；人之有德者王，爲「天命有德」；罰罪，爲「天討有罪」。人之具此天理天性爲心，爲天君，此心所依之身之五官，爲天官，其接物而生之情，爲天情，養此天情之物，爲天養，物之禍福及於人，爲天政，此皆荀子所名。此人之生於世界，爲天民，則孟子所說也。

七、盡性立命之涵義

依此上所說，吾人之生命存在與其超越的形上根原之天，卽有相依相卽，而又相隔相離之一關係。故此天人之際，不可只合說，亦不可只分說。欲說其合而分之際，遂有「命」之觀念之建立。此命自天而說爲天命，自人而說爲性命。性命卽生命之性命。性只是一生的靈覺，或靈覺的生。此生之欲有所向往，欲有所實現，卽此生的靈覺或靈覺的生之性。實則此欲有所向往，欲有所實現，卽是去創生。故生卽是性。而欲有所嚮往，有所實現，卽是一自命，自令，故性卽是命。但說性，是自此生的靈覺之所以然處說，說命，是自依此所以然而見之當然說。自命自令，卽自依性而知自謂當如何如何，故此自命自令，卽性之命。自此性之根原於天言，人之有此性，可稱爲天性，其依此性而能自命，此自命亦卽天命。此自命天命所在，亦卽性所在，故中庸曰天命之謂性。人之理解此天命之謂性，不須先想一天是如何之物。天只是性之形上根原。此形上根原之爲何物，只能由人依其性而有之自命自令爲何物以知之。此人之自命自令之事相續有，而人相續依之以行，人之性卽相續現；而人卽相續自知其性，亦知性之根原之天。故孟子謂盡心卽知性知天也，盡心卽盡此心之自命自令，而行之，亦卽就此心自命自令之時，所視爲當然者而行之，此亦卽盡此天之所命於我者，而立此命於我之生命存在之內也。

此上所說，卽性命卽天命之命，孟子之言，涵其義，而中庸完成其說。因孟子之言命，或自外境之順逆說。此外境之順逆，乃另一義之命。但人在順逆之外境中，皆可有其所以自命自令，而自行之，以立此自命自令。故此義之命，亦通於性命之命。然中庸言天命之謂性之命，則純爲性命之命。然孟子之謂順逆之外境爲命，亦非只外境中順逆之事實之自身，如此如此，卽是命；而是說此順逆之事實，皆可啓示人一義所當爲，而見客觀之天於人有所命。而人於此可有其自命自令，以立此自命自令之命說。言此外境之順逆之事實，可卽啓示一義所當爲，而見客觀之天於人有所命，而人卽由此以知所以自命，其義亦更有深於中庸之只言性命卽天命者。

此外境之對吾人之活動有其順逆，乃吾人自然之生命活動與外境相接，而爲人所感者。此外境之可對吾人之活動，爲順爲逆，卽使吾人之活動，可成可敗，可窮可通，可爲福可爲禍，可爲吉可爲凶，以至可生可死，而使人之生命活動之所得所有，皆可失可無，而見其得非常得、有非常有，爲無常，爲偶然得、偶然有，亦卽爲可存在可不存在者。此乃原始佛家之必言無常，原始基督教必言世間之存在爲偶然性之存在、非必然性之存在之故。佛家由見此無常，而言一切世間之生命存在之必有苦痛煩惱，基督教由見此偶然性之存在，而必求一非偶然之必然存在之上帝神靈。但此二大宗敎思想，皆是對此生命存在之有逆境，而見其所有者爲無常，爲偶然有之直接反應；更本此直接反應，以判斷世界中之生命存在爲苦，其所得所有者皆偶然存在，而皆可失而可無，卽由其生命存在之有罪，而世間非眞實。然在儒家之思想，則不直下有此一反應，卽本此反應以作世界中之生命存在是苦是有罪之判斷；而轉回意念，以問人當如何處此或逆或順之境，此逆順之境，除爲一事實之外，是否尙另有一意義，而啓示吾人之所以處之之義所當爲，如對吾人有所命，而使吾人亦有一自命自令，以爲其義所當爲？此卽將人之生命心靈活動之方向，由面對順逆之境，而翻上一層，以觀其是否對我之義所當爲，有所啓示，而如對我有命，更退回而有一自命自令，以行其義所當爲之事；而於人之行其義所當爲之行處，見此生命心靈之活動之爲實在。此順逆之境，能啓示此義所當爲，以使吾人有此生命心靈之活動，以爲其果。此果既爲實在，則爲此果之一因之此境，亦卽爲一實在矣。

人所遇之順逆之境，自可說是無常，亦可是偶然存在，而非定常，以其可不存在故。此事無人能加以改變，亦無人眞希望其改變。因若人所遇之一一境，皆爲定常而必然之存在，而人之所有者，亦一有而永不無；則人之生命自身不能有變化，不能有活動，生命自身亦將不存在矣。生命乃正以能無其所已有之常，而成爲生命；則生命亦賴此無常而存在，故人不能眞望世間之一切存在皆成定常，皆成必然存在，以與生命之自性相違也。故由生命之順其自性，以觀世間之物之存在，原不能眞望其所遇之境，爲定常爲必然。故其所遇之境之有順有逆，爲無常而偶有，卽生命之依其本性，所不能不承擔，亦其所當承擔者。以其自身旣無常，依恕道而推，亦不能望世間之其他存在之必爲常故。由此而吾人之生命存在之在世間，其所遇之境有順有逆，有窮有通，有禍有福，有吉有凶，乃能直下承擔，而無所怨尤，更不求躱閃，不加逃避；而知此所遇之無常，一一皆偶然，其本身乃吾人生命之必然當然的命運。然此所遇之一任何命運，亦不只是一事實，而是「吾人之生命之變化運行到之一境，此一境對吾人義所當然者有所命」之一有價值意義之一活潑潑的命運。此命運啓示一價值意義，而對吾人之義所當爲者，有所命，而人有之自命自令，自皆有一限定的價值意義，而爲限定的命令。如一切順逆之境，皆對人之活動有一限定的意義。人在一順逆之境，行其義所當爲者，如對父以孝、對君以忠、對友以信等之類。至人之守尾生之信，爲愚忠愚孝之行者，則此行與所對之境，不能相應相適而不美，卽非至善，而爲不善，亦非義所當爲，如吾人前於道德實踐境中之所涉及。由此而吾人於道德實踐境中，所說之種種德行德性，與在此篇中前所說之人之如何由孝弟而至對德性世界人格世界中之人格德性之愛敬等，所成之聖德，在一特定的順逆之境下，皆不能完全表現，而必須特殊化、具體化，同時限定化，以表現於一一特定之境，而後能在一一特定之境中，次第成就。此人之德行必須在一一特定之境，如此特殊化、具體化、限定化，方得成就，人亦可視爲此卽見德行德性之表現本身之無常，而可有可無，而致其嘆惜。人遂可問：何以人不能遇一境，使其一切德行德性，皆能完全表現，而一時完全成就，如上帝或佛菩薩之德行德性之完全成就，而可在一時普遍對一切存在一切衆生而表現乎？

對此一問題，可如此答：卽德行德性之必在一特定之境具體化、特殊化、限定化，卽德行德性之表現成就自身之一命運，亦其自身所當受之一命運，否則不能有此德行德性之表現、成就，以運行於有種種特定境之世界。此人之生命存在之必遭遇種種之特定境，而受此特定境之限制，亦卽限制其德行德性之在一時之表現成就。此一限制，是否眞只爲一限制，亦要看吾人之如何觀此限制。今吾當說：此一限制，正同時有一超越限制之意義。此所謂超越限制之意義，乃自一特定境之消極的非其餘一切特定境之意義上說。此一特定境之「非」其餘一切特定境之非，要動態的看。此非，卽是能非斥、非排之非，亦卽能使人超越而忘却其餘一切特定境之非。此非其餘一切特定境之非，卽將此其餘一切特定境，卷而藏之於密之非。此「非」能將其餘一切特定境，皆一齊卷而藏之於密，其能非之用，卽無窮無限，亦正依其能非之用之無窮無限，使其餘一切特定境，無不被非盡而無餘，然後此當前之特定境，方能成就。故此當前之特定之爲有限制，正依其能非一切特定境之用之無限無窮而有。則此當前特定境，就其爲一限制言，可說如一城郭。此城郭，自內部看是有限，自其外看，則有能阻百萬兵之無限之用。此城郭之是否只爲限制，要在此城郭之有無城門，可由之而出，其上是否有天光，可登城而望。若無城門，無天光，則此城郭卽成生命之監獄，爲生命之自我封閉，自己限制之所。故一切特定境，皆可使人陷溺其中，以形成種種生命之執障。然人之德行德性之由一一特定境而表現成就，乃此德行德性運行於特定境之歷程，亦卽其自出入於其所居之一一城郭之歷程。則此城郭，非爲監獄，亦不礙其德行德性之次第表現成就之歷程，亦爲無限無窮的相續之歷程也。

依此上所說之義，則人之生命存在之表現成就其德行德性，只能在一一特定境中次第表現成就，卽不只爲一必然之命運，亦當然之命運。對此一一特定境之各有其限制性，亦當知其各有一使人超越而忘却忘其餘一切特定境之無限之用，以觀其具此義之無限性；而見此有限制性之特定境，卽以其具此義之無限性，爲其根據。故人之生命存在之始，雖只生於一特定之時，特定之地，某家某戶，以只有其父母兄弟，卽不可只作爲一生命存在之限制觀。而當知此生命存在之有此一特定境，卽足以使其超越而忘却三千大千世界與其無盡之前生與後世，亦可使其忘其所自生之超越的形上根原，而見其生命存在依於一原始之空寂性、純潔性，以赤裸裸地出現於世界之此一特定境。此特定境，卽生命存在最原始之一城郭，以外阻百萬兵之來襲，亦護持此生命存在活動之變化運行，而兼具有限性與無限性，而爲人之必然的命運，亦當然的命運之所在，以使其德行德性，得次第成就之「前更無始之始點」之所在者也。

除人所遇之特定之外境，爲一必然當然之命運之外，吾人前說人生命存在中，除具上述生的靈覺或靈覺的生之性命之外，此生命存在，亦可由其父母之遺傳，前生之業種，或自然之種種力量，或上帝之依其造人之型模等，所賦與之種種生理的體質、心理的氣質性格之內容，以爲此生的靈覺或靈覺的生上之種種之顏色。人何以有此生理的體質、心理的氣質性格，而非其他，無論說其由父母之遺傳，或前生之業種等來，對吾人當下之心靈生命言，皆初似可說爲一外在之決定，而未嘗先得吾人在此世界中之此一生命核心之靈覺的生、或生的靈覺之同意者。此中，無論此所稟賦得之生理之體質氣質之爲如何，皆是一特定之體質氣質，亦是有限制性之體質氣質。人之只有此特定限制之體質氣質，而或强或弱，或剛或柔，或正或偏，亦皆可說初是吾人之生命存在之核心之靈覺的生或生的靈覺之一內在的必然的限制，必然的命運。然此必然的命運，亦爲一當然的命運。此中，人之靈覺的生或生的靈覺之受此限制，而有其限制性，此限制亦有無限之意義。因若無此心理生理之體質氣質，卽可喩如此靈覺的生、生的靈覺，少一居住之宮殿。此體質氣質之爲特定之有限制之體質氣質，正所以使其體質氣質，非此外之一切生命存在之體質氣質，如一宮殿之由其特定而有限制之構造，卽使其非一切其他宮殿。此中，人之體質氣質之如是如是，若只作一事實看，則無價值意義。然若不只作爲事實看，則此體質氣質之如是，亦啓示人之義所當爲，如對人有所命，而人可由之以有其自命自令者。如人之自知其體弱，則求强之，體强，則知所以善用之；氣質偏剛，則矯之使柔和，偏柔則矯之使剛强等。則天之生我以爲具某體質氣質之人，此體質氣質之自身，亦卽能對我發命令，如天之對我發命令，而我卽亦同時以之爲自命自令之事也。

由此人之所遇之特定的外境，與人之生命存在中之體質氣質，皆能對人之靈覺的生或生的靈覺，有所命，而此生的靈覺或靈覺的生，卽能以其所命爲其所自命自令。此中，若自此外境與氣質體質之命於我之義所當爲者看，可只見其皆是天命；而自我之由此外境與體質氣質之命我，同時卽以之自命自令看，則是性命。我卽可於此性命之自命自令中，見其中所呈現之天命。前一義之天命，可說在外境及體質氣質，與此靈覺的生或生的靈覺之間；而後一義之天命，則其超越的根原，雖可說在此性命之上，然其呈現，則只內在於此生的靈覺或靈覺的生，依之而有之性命之中。

對前一義之天命說，此靈覺的生或生的靈覺，若見此天命自外境而來，自氣質體質而出。此中之外境與氣質體質，卽若皆能發命令、發聲音，以對我有所呼召者。此呼召，自客觀而說，皆如天或上帝之對我發聲，而對我呼召，與我交談，而此時吾人卽可眞感一活的上帝，活的天，而我于此靈覺的生、或生的靈覺，只是奉承之。此奉承之爲知命、俟命、安命，爲坤道。自後一義之天命說，則其呈現既內在於性命，人之順其自命而行，卽順此天命而行，人與天之交談，奉天之呼召，皆只是與自己之深心交談，受自己之深心所呼召，以自順此天人不二之命，而自立此命、凝此命、正此命，是爲乾道。依坤道，則天命爲先，人之自命爲後，此「後天而奉天時」也。依乾道，則自命爲先，而天命卽存乎其中，此「先天而天弗違」也。奉天命而自命，以立命，亦卽盡其性之所命者，故立命卽盡性也。

八、盡性立命之道

此上只總說立命盡性之涵義，茲當更言立命盡性之道。上說有外境之命，此可稱外命；有天生之體質氣質之命，此可稱爲生命存在之內境之命或內命。此外境對我之靈覺而命我以義所當爲，而此靈覺卽以之自命，於此自命中見天命，名曰性命。內境對我之靈覺而命我以義所當爲，而此靈覺卽以之自命，於其中見天命，亦名曰性命。此外命內命，卽此性命之兩方面；亦卽此一性命、表現於對外境與對內境者。此性命中皆有天命。但言天命，多自外境所啓示之命說，言性命多自此內境所啓示之命說。故天命亦可稱外命，性命可稱為內命。然實則性命天命之義，當統之為一，而以表現於對外境者為一面，表現於對內境者為一面。此內境中，人之天生之生理心理之體質氣質，固啓示人對其體質氣質之義所當為，而有其內命；人生後之已成之內在的生活習慣，亦啓示人當前之靈覺，以義所當為，而有其內命。以至凡已成之我之一切，無論為善不善，皆可啓示當前之我之對之之義所當為，而已成之我對當前之我，卽皆時時有所命。於此，人卽不能說，此已成之我，只為已成之事實，而當說其對當前之我，亦時時有所命。我之以其靈覺，反省其已成之我，卽可見此已成之我之事，何者當續，何者當斷，而自命我續之，或斷之。此已成之我，卽亦皆有一成就此斷之之事、此續之之事，之一價值意義，而生活於當下之我之靈覺對之之反省之中，於此反省中，對我之斷之續之之事發命令，而同時為我之靈覺所自命於其自己者。此我之靈覺之不斷依坤道，以奉承此已成之我之所命，而有其自命，以行於乾道，卽此人之靈覺不斷的自己覺悟，以自己生長之歷程，亦卽此靈覺之自學歷程。簡言之，卽人之自學歷程。至對外境之一面言，此外境中除人當前之感覺所遇之自然社會之外境之外，此整個自然社會之所由成之已往之歷史，所依之其他外境，其為人之想像思維所已及者，亦皆為此全幅之外境之內容。其非感覺想像思維所及者，亦不斷流入此感覺想像思維所及之範圍中，以成此外境之內容。而人之由此外境之不斷變化，或不斷擴大、縮小，而一一知其所以應之之行，卽吾人之靈覺之處世應務之歷程。此中，人之自學歷程，乃人不與外事相接，而靜居獨處之時亦有者。故可謂只屬人自己之靜以成學、成己之事。而人之處世應務，則必與世間之他人他物相接，而連於一身體行爲動作而後有者，乃人之動以應務，而成物之事。而人之如何靜以成學成己、動以應務成物，卽人之盡性立命之二大端。

於此先說此人之動以應務以成物之事。在此中，以人所遇之外境，非只一當前感覺之外境，而是有其自身之歷史，並亦有其自身之外境，可次第展現於吾人之想像思維之中者，而吾人之靈覺，卽順此想像思維之所及，以連於此次第展現之一切外境。於是此靈覺自身，亦如外在化於此想像思維可能及之外境之中，而依此外境之爲如何，以見其所命之義所當爲者、人之自命自令者之如何。此中之靈覺，順想像思維之所及者之變化，而變其一時所視爲義所當爲者，故恒不能自固執其義所當爲者。而凡其所自執者，皆須經此想像思維所及之外境之爲如何，所考驗，更加以陶鑄鎔裁，然後人之應外境之道，方能應變不窮，而皆合於義。此中當外境中有種種矛盾衝突之問題出現之時，如前在道德實踐境中所言，則此靈覺，亦恒需停止其德行德性之表現與行義之事，而純理智的了解此問題之情境。至於在生與義不可得兼、或兩義之不可得兼、如處忠孝不能兩全之際，則亦可殺身成仁，舍生取義。然今更當於此補說：此人之能殺身成仁、舍生取義，其事最難，其行亦最爲可歌可泣。此時人不特須自覺此爲義之所不得不然，所處之情境之不得不然，亦更當自覺此爲情境之所命於我者，亦天之所命於我者，而此殺身舍生，卽是奉承天命。此一自覺，人或有或無。若其無之，則人在此之舍生殺身，仍不免於一無可奈何之心情，而如受桎梏以死。然人於此若更能自覺：乃此境對我發有此命令，而以之自命，而由此境之爲客觀外在，而屬於天，以念：此境之如此命我，乃天之所命；則其心情非一無可奈何之心情，而爲一自動的奉承天命，而自命其舍生殺身，以自立其正命之事。如文天祥之成仁取義，而念此爲承天地之正氣，耶穌之上十字架，而念此爲上帝之意旨之類。在人有其成仁取義，卽所以奉承天命之自覺之下，人之舍生殺身之心靈，卽全超越於其自然之生命、自然之身體之上，而全幅化爲一精神生命，而以道爲體，以道體爲身體。而其先之身體，亦卽可視爲道體所成之肉身，其先之自然生命，亦可視爲超自然之生命。此則由果之如是，以言其因之必亦當如是之言也。凡人能於其成仁取義之時，自知其行義，卽奉承天命者，則其殺身舍生之時，其靈覺的心之自立其命之生命，卽化同於一神靈之生命，亦與千古聖賢之神靈之生命相通接，不可說其爲一爲二，而此化同于神靈之生命，亦卽成「一同於上帝之永恒、佛之常住，而又自成其純亦不已之悠久無疆的，存於通貫古今之世界中」之生命。然此中人若少此一行義卽奉承天命，以自立其命之自覺，而不免無可奈何之心情，以殺身舍生，則依佛家義，當說其有此無可奈何之心情，卽其尙未自自然生命之執着解脫之證，則其雖可依其所爲之善行受善報，亦不免一度再入生死。然若其眞已有此一自覺，其生命已化同于爲一神靈之生命，而與千古聖賢之神靈之生命，無不相通接，則亦當與如來之聖，把臂共行，不可說其仍在六道中輪轉也。

至於在人之靜以自學，而成己之方面，玆當說者，則是此立命盡性之學，在根柢上唯在存此靈覺的生或生的靈覺。人欲存得此靈覺，首須常念此靈覺之恒在一切外境內境之自身之事實上的存在之上一層位。此中，無論吾人之生命存在自身之已往是如何，其所在之境之已往是如何，人皆可本此靈覺，而覺之、知之，以超越之，忘却之，而昭臨於其上，同時見此內境外境之啓示一義所當爲之命令，於此靈覺，而爲此靈覺所以之自命，以立命盡性者。此中，人之信得及此靈覺之恒能如此昭臨於上，以立命盡性，亦卽可助成此靈覺之恒得昭臨於上。若信不及，則此信不及，卽由此靈覺之不能自見其自身之有之故。此不自見，卽可使此靈覺只面對其所覺之內境外境中之已成之事物，而或沉沒其中，遂不得昭臨於此內外境之上。若信得及，則此信，卽靈覺之自見其有之故。自見其有，而自信其有，以更自加奉承，自加保任，自涵自養，自存自得，自持自守，更由其昭臨於上之靈覺光照所及，以見此內境外境中之事物，只啓示種種此靈覺之所以自命者於其前，而不見其自身之爲一定之事實；而爲待此靈覺之所自命，而命之續、命之斷、命之有、命之無、之一活潑潑的可變可繼之事實；則此靈覺卽更得常昭臨於上，以自立命而盡其性矣。

然此人之靈覺，通常皆罕能昭臨於內外境之上，而只與內外境中之事物相面對，以視此一一事物爲一一之事實上的存在，或者更黏縛於其中之若干事物，而沉沒陷溺其中，形成種種之執着，如對其生物本能、過去生活習慣、概念判斷之執着等。由此執着，而人欲存得此靈覺之昭臨於上，卽首須自其沉沒陷溺中，升拔超越而起，而此中卽恒賴此靈覺之先以虛靜自持，或暫不接外物，於此虛靜中存養其自己。故在宋儒卽多以虛靜爲入德之門戶。對人之靈覺之沉沒陷溺已久者，言其升拔超越之事，卽要在先以虛靜自持。虛靜自持，而天門開，天光照，道家已有其義。過此以往，而隨時卽義見命，而性命天命俱立，以使天道天德流行，則儒者之義。然此與道家之言，初不必相悖。道家言只及其義之始，儒家言更成其義之終耳。不必爭也。後之禪宗言之直截而正言若反，多類道家，而以掃蕩生活上知見上之執障爲要，則爲佛家義。人有執障，自須掃蕩，佛家言亦不誤。但人心能自持其虛靜，卽已超於一般執障之外。自持其虛靜，而見此靈覺，原爲生的靈覺，亦自有靈覺的生。則此生非執障，而爲超執障之外之靈覺之自生；而此靈覺之於內外境，見其所當自命者，以立命盡性，亦更非執障中事也。故能有此以虛靜自持，而開天門，見天光之道家之教，而進至立命盡性之教，亦不必處處以破執爲教也。

關於此中如何存得此靈覺，以盡性立命之內在的爲學工夫，中國先哲所言已多，今亦不能更進一義。故不擬更多說。此上所及，只在疏通其旁之疑滯。但吾人亦當知人之只恃此內心之工夫，亦有工夫難就處。收攝過緊而離外務，亦足致此靈覺之自陷於其虛靜之中，以成一高等之自己沉沒：而由其外以養其內之工夫，亦不可忽。此則要在禮樂之生活。

此禮樂二者之中，樂可概括詩樂，與一切藝術，與對自然及人物之美感。此中，人之美感之陶冶，與詩樂之觀賞，其本身皆屬於吾人前所謂觀照凌虛境。然用此文藝之事，以表情達志，而成就人與人之心靈生命之交感，則又通於道德實踐境。無論對自然與人物之美感、對詩歌藝術之美感，恒與人耳目之感覺相連。故又通於吾人前所謂感覺互攝境。此種美感之陶冶，詩樂之觀賞，其內容，若過於低下卑劣，固亦可導致人心之沉沒於低下卑劣之境，然其內容之崇高優美者，亦引人上升於崇高優美之境。然舍內容不論，則一美感之陶冶，詩樂之觀賞，皆足使人超出於以一定概念判斷，分別我與非我之物之外，同時超出於緣此分別而有之種種分別我執之外。凡美感之所對，皆有其神運變化，不可以概念判斷加以分辨之處，卽可使人之分別心起，而不得不止也。人能去此以概念判斷之分別心，卽應合於一超分別之心之虛靜，而使此虛靜之心之靈光，以美感之生起，而照耀於外，以觀賞之持續，而凝聚於內，合以漸致此心之虛靜。此卽美感之陶冶、詩樂之觀賞之可以養心。若其內容之崇高優美，而不悖乎善，或表現善者，則可直接養人之德性德行，使其視一切義所當然者，皆當出乎心之自然者，於內外境所啓示之義所當然之命，皆能如不待命，而自行乎此命之中；而人之德行德性之完滿於內，以洋溢於外，以見乎四肢，形乎動靜，由善以成充實之美，其行亦皆爲不待命，而自然合乎義者，以內外相應成和，如德性生命自身之音樂。此德性生命自身之音樂之極於至美，則爲此生命內外之活動之自相感通，自相唱和，以成共振，亦與天地萬物之活動相感通，而相唱和，以成其共振。此則莊子之言與天和之天樂，孟子言金聲玉振，以喻聖德之成於樂之旨。此又非一般文學藝術所陶冶出之美感之所能盡者也。

九、禮樂與祭祀之意義

至於所謂禮者，則其用，初在使人之只順其本能習慣以生活，而不免於佛家所謂俱生我執者，加以一約束規範。衣食住行有禮，而人之求個體之自然生命之欲，得其節。婚姻有禮，而人自延其類之生物本能，得其節。一切不同類之人之相處相禮，而人欲將一切與我不同類之人，類化於我，或以我之目的爲一切人之目的之權力欲，得其節。此節，爲禮之消極意義。禮之另一面之積極意義，則在成人之敬。凡對不同類之人，不同目的之事，伸我之心於我之外，如加以奉承，是爲敬。敬之而祝其事之始，慶其事之終，美其事之成，慰其事之敗，皆禮敬也。祝人之始生，賀人之婚，弔人之死，亦皆禮也。人之衣食住行之有禮，亦非只所以對人，亦兼所以對己，以見己之自敬其生活上之事者也。

然依儒家之義，一切禮之大者，則爲祭祖先、祭聖賢忠烈，及祭天地之禮，吾嘗稱之爲三祭。人之敬之大者：對其自己生命所自生之本言，莫大於敬其宗族之共同之祖先；對人之道德生命、文化生命之本言，莫大於敬一切聖賢忠烈之人格與德性；對人與萬物之自然生命之本言，莫本於敬天地。敬之大者在是，禮之大者亦在是。此敬此禮，皆可以使人之自己超越於其本能習慣之生活，以及一切個人生活中所已有者之上，而使其俱生之我執，漸自然銷化於無形者也。

此中國儒者所言之祭之本義，原以祭爲人之所以交於神靈。故祖先之神靈、聖賢忠烈之神靈，以及天神地祇，皆爲實有。人之祖先在生之前，必顧念其子孫，而其顧念之情無盡；聖賢忠烈，在生之前，必顧念於國家中之人、與天下後世之人，其顧念之情亦無盡；則其歿而爲鬼神，其顧念之情，亦自無盡。(註)故人可由祭祀以達其敬誠，成其感格。至於天地之爲物，若只視之有形質之物，則自不堪敬。然此天地，卽一切人與萬物之生命存在之根原。人與萬物有其生命，則爲其根原之天地，不得爲無生命。人有其心，則爲人之根原之天地，不得爲無心。萬物與人之生於天地之間者無窮，而其生物之事不可測，則天地之心、天地之生命，亦理當同其爲無窮而不可測。此對天地之祭，卽所以使人之生命心靈，由祭之敬誠，以上達於此無窮之生命與心靈，以與之感格，而使由此根原而生，若離於此根原者，更與此根原相契接，如海水之流入湖澤者，再還通流於大海也。此中，人只須由其生命心靈之相續，而有其德行德性之相續，卽可見此生命心靈與其德行德性，恒自超越其所已有已表現，而更有所表現，卽見此超越的根原中之生命心靈，與其所具之德性，其流行於人之心靈生命，以成人之德性德行者之無盡。然人之無此德性德行之流行者，或不見其德性德行之恒能自超越其所已有已表現者，則亦不能由此以反證默識：爲此根原之天地之德性之流行無盡；而亦將只以形質觀此天地，而不知此天地之爲一無窮之生命心靈而具德性，其德性恒卽流行於人之心靈生命，以成人之德性德行者矣。故人亦必自盡性立命，而後能知天地之德性，而更能以敬誠祭天地。人果能自盡性立命，則人亦皆可由其德性德行之相續不斷，以知天地之德性之卽流行於其生命心靈之中，而於其生命心靈之自身中，自達其敬誠，於天地之心、天地之生

註：此須參考拙著人生之體驗續篇死生之說與幽明之際。

命，而以此心自祭此呈現於其心中之天地之心、天地之生命。然此非謂其心靈生命，與天地之心靈生命，有一泛然之合一，或神秘經驗中之合一之謂。因此中人之依其根原以生，人仍自有其由破空無無，而創生之有，乃人所自有，而非天地所有者在也。人之破空無無，而更有之有，初固亦以天之所有，爲其根原。然人既自有其所有，而更將其自有之所有，自超越，更卷而藏之，以忘其所更有之有，以自見其所有者之根原，只是此天之所有，是爲人之達其敬誠，而以心自祭此天之事。此人之由天爲根原以生，而由其破空無無，以更有所有，可視爲此根原之有之伸之事；而人之自忘其所更有之有，則可視爲此更有之有，再由伸而屈，以還至此根原之事。此伸，爲天之生人之事，此屈，爲人之以敬誠達於天，以心祭天之事。由此屈之事，還至其根原，亦卽使此根原，更呈現爲人以後之生之根原。此根原之呈現，又更足以成此以後之生，使其更能破空無無，以更有所有者。此屈伸之自相循而無端，似相反而實相成也。

至於問此根原、或此天地之心、天地之生命之果爲何物，則可依縱觀其在一切生命存在上，而名之爲一神，爲上帝，亦可横觀其遍在一切生命存在之執障之底層，而非一切執障之所能蔽之大光明藏，恒求破執障，以自顯者，而名之爲如來藏心、眞如心、法界性起心。更可順觀其卽吾人之生命心靈之本始所在，而名之爲「內在於人之心，而以天地萬物爲一體」之本心。此根原之有種種不同之名，唯由人之所以識之之途而異。此不同之名，有如由不同之路轉向一路之不同指標，然其所指，只能爲一根原。天下無二道，聖人無兩心，萬流赴海，滴滴歸原，不能有異也。然要必先由人之盡性立命之途中識得之，其道方爲至順；而於所識得者，方能親切的知其存在。此卽儒家之義之所以爲敻絕。唯當人之自我之執深重，而智慧不足，又貢高我慢之人，則又非謂在自我之上另有神靈上帝爲大我，不能自克其傲慢，以勉於謙抑。又當人自覺沉陷於罪業苦難之中，全無力自拔之人，亦宜信一神靈之大我，以爲依恃。此一神之教之所以不可廢也。在智慧較高之人，而自知其我執法執深重者，則必先以破除我法諸執，而觀其所執之空，方能自見其深心本心；故宜說此深心本心，爲一在纏之如來藏，爲無明所覆之眞如心、法界性起心。此卽佛教之所以不可廢也。故唯有人之執障較淺，我慢不甚，依賴心不强者，然後不必先用其智慧以破執，而用其智慧以直契悟其具先天之純潔性、空寂性之赤裸裸之生命中之靈覺，而直下由此以見其形而上之本心之所存。此則儒者之道，待其人而後行者也。相較言，一神教與佛教之說，對一般執障深重之人，實更能契機。而人果能先信一在上之神靈或在纏之如來藏，亦可進而識得此神靈與如來藏，卽人之與天地萬物爲一體之本心，則三教同歸矣。

至於以設教之效而論，則大凡人有病痛，亦不宜皆用飲食滋補，而宜先服藥。一神教中如耶穌傳能治病，救人之罪，即以人之罪，原是病也。釋迦稱大醫王，人之苦痛煩惱與執障，皆生命心靈中之病也。若直對治人之罪苦而設教，耶穌釋迦之教，亦有其足多者。此固皆不同於儒者之教，初爲心靈生命病患輕或尚未大病之人設，其教要在使人由日用常行之易知易行者，以自致於極高明，致廣大，而非在去除生命心靈之病患於事先者。由此宗教之說，要在對人心靈生命之病患而設，故皆爲非常之處變之教，而不同於儒者之教，爲一安常處順之教。世人固多病患，藥不瞑眩，厥疾不瘳。故宗教之說，更多針砭之功，亦更有慰情之效。此則其教之所以爲儒者之教之所容，而亦可相資以爲用者。然若言直依人之生命存在之本性，而立一「順以成之」之大中至善之教，則唯儒者之教，足以當之。此一神教之義，如屬之儒者之大教中，則相當於儒者之禮教中祭天之教。而佛家之普度衆生，於一切衆生，皆求加以超度，爲蟲魚鳥獸，作法事，則相當於儒者禮教中祭地，而及於祀地上之生物之教者也。然於儒者所言祭祖先與祭聖賢忠烈之教，則二教中皆未有之，以其皆不重親親之倫理，亦不重聖賢忠烈所成之人格世界，故亦不重祀其鬼神也。此祭祖與祭聖賢忠烈，爲儒者之教之所獨有，乃所以通世代之祖先與子孫之生命，通古今之人格世界，於人之祭祀之誠敬中者也。以儒者言祭聖賢忠烈之義，觀耶穌釋迦，亦是聖賢，則視人之拜耶穌釋迦，亦視之爲祭聖賢之一事耳。故其教，亦儒者之禮教之一端。然以基督教視孔子與釋迦，則猶是有罪之人；以佛教視孔子與耶穌，亦是未度衆生之一。故此二教必不能相容，與儒者之教，亦不能相容。然儒者則能並加以包涵，以成其道並行而不悖之大教，此則非二教之所能及者。然通而觀之，則萬法尙一如，一切教亦平等無差別，心誠信之，固無須再分其高下。唯辨其或爲自始行於中正之途，或初爲救心靈生命病患而補偏救弊之教，而力求爲日常飲食者與爲藥物者，相資爲用，以養人之生命與心靈，斯亦可矣。

至人之靜以自學成己之道，除上述之禮樂之學之外，其次則如數學、幾何學、邏輯與哲學，雖皆不免用概念，然皆可形成一義理之觀照，使心靈凌虛而不執於實。至於養生衞生之學，與禮樂相輔爲用，則可使耳目聰明，血氣和平，使人更得由其耳目之感覺，以曠觀前所謂感覺互攝境之存於天地間，由此可證知一切生命與其心靈之感覺世界之互攝而相涵，亦足以助人破其分別我執。至於依吾人前所謂功能序運境中，求知因果關係與目的手段關係之事，而有之學，則知因果關係而由因至果、由果至因，亦可使人自破其只執果或只執因之法執。由因果之知識，以用手段而達目的，則可成就種種實際上之社會、文化、教育、政治、經濟之事；而更成就種種社會文化領域之類，人之事業職業之類，使人得各依其所從事之職業事業之類，以滋其生、繼其生、自延其類。此人之類之得延，依佛家義說，亦可說爲使世界之有情衆生，得一再化生爲人之路道，以得聞佛道者也。由此而更觀彼一切述萬事萬物之散殊並陳於時間空間中之歷史地理之學，則皆所以使人之生命心靈之智照之明，遍及時空中一一之萬物，而使人更知求一一萬物之並育者也。則凡與吾人前所述諸境相關之學，儒者之自學之事中，皆當有之，以爲成己之德性德行之用，亦可更爲成人文之化成，而成物應務之所資者也。至於此儒者之學，至何而止？則亦至歿而止；其求人文化成而成物應務之事，至何而止？亦至歿而止。至歿自仍不足以盡天下之學，亦不足以盡天下之務。故儒者之成己與成物之事，亦只能終於未濟。釋迦耶穌與一切聖賢忠烈之事，與一切人及一切有情衆生之事，亦無不終於未濟。「未濟」亦一切聖賢共有之必然命運，而亦爲其所當知之，而奉承之，以之自命自令，而不當更有怨尤者也。然望人皆爲堯舜，皆歿而爲神靈，一切衆生無不拔苦去執，而與諸佛把臂共行，則人皆可作是願。此願與其事之終於未濟，亦正相依，而不可離。然此願，固亦溢乎此未濟之事之外，如海天之寥闊而無盡，而亦有始無終，以使具此願者之生命心靈，成悠久無疆之生命心靈者也。

第二十七章　天德流行境——盡性立命境——觀性命界（下）

一〇、客觀萬物之自命與天命之問題

上文所論，只及於吾人在盡性立命境中，自求盡性立命，以成己成物，成賢成聖時，所見之卽自命之天命、與卽己性之天性。此所見者，仍可說其屬於吾人之自求成己成物、成賢成聖，以使天德流行於吾人之性命之活動中；尚未及於客觀萬物自身之性命，與由此所見及之天命，卽尚未及於盡性立命境中所呈現之客觀的形上學之境界。此節及下一節，卽補此缺。

此人之自盡性立命之事，所以必須更及於萬物自身之性命，與天命者，在人之自盡性而立命，必視其生命所感之其他人物所合成之境，皆對之有所命，方能求所以應之，以自盡其性，而感通於此境。當其感通於此境，唯見其對己之有所命，亦卽可自忘其將依性而應之事，而惟見境中之人物之相續有所命於我。此中卽見彼人物之自相續呈其現相，如相續自命其現相之生起，而見有一自生起其現相之性。於是，此人物，卽如顯爲一客觀的自具其性，以表現爲現相，以自命其現相之生起，而自有其性命者。此亦正爲人眞實感通於境，而尅就境中之人物，能相續現起之事，直接觀看者，必能見及之一客觀的性命境也。

客觀之人物原有其相，吾人之由其相之可重現，卽可知其必有性。由其相之更迭而現，卽可知其恒有其潛隱而未現之性。由此卽知有個體人物之存在。是乃吾人於萬物散殊境中之所及。然此一由相知性，以知有個體，唯是一知識次序之陳述。至謂物之個體依於其有種種性，而有種種相，則爲一存在次序之陳述。在此存在次序之陳述中，說一人或他物之個體之依其性，以表現爲相，則爲依其性之如何，以規定其相之如何。至於人或物之自依其性之如何，而相乃如何，卽爲自依其性以自規定其相，亦自命定其相之如何，而立其相，以呈於人之前。於是其相之如何，卽可說爲其性之所命，或其性之化爲命，如以其自身爲能命，其所表現之相爲所命。物之由有如何之性，而表現爲如何之相，卽見物之如何自命。由此而可說其所自命者，皆其性之所定所立。有黃性之物之表現黃相，有紅性之物之表現紅相，皆可說爲物之自依性，而自定自立其爲黃爲紅之相之事也。

物之依某性，以表現爲某相，而物卽成有某性相之物，而屬於某類。凡物皆屬於某類，而當其有多性相之更迭表現時，卽又出入於諸類，以成其變化。此亦吾人前於依類成化境中所及。然吾人若可說物之依性而表現爲相，卽其自依性而自命其相；則物之更迭表現其性爲相以成化，卽物之更迭的自依其諸性，以更迭其所自命，以有一自命之流行，而成化也。

然吾人於物之依性而自表現爲相之事，可說爲物之自命，亦可說是爲他物所命。此則本於吾人在功能序運境中之說。物之變化其所原表現之性相，必待其外之緣，如一物之由是A而是B，必待A與C發生一關係，爲緣。卽必A與C，由此一關係，以相感而通，更相銷以俱化，而後此是A之一物不復呈A之相，而呈B之相。此A之能呈B之相，固亦依於其有能爲B之性。然若A不與C發生關係，與C相感，則其爲B之性，不得呈現爲B之相。而此物之是A者，是否遇C而與之發生關係，則非爲A之物所自定。其遇C與否，卽是其外之命。其是A不由此外命定，然其由是A以變而是B，則唯依此C之爲其所遇所感，則其所以變爲是B，卽可說爲此其外之C之所命，非此是A之物之所自命，而待於一外命矣。

此一物之由A而B，因其必待其外之C之命，說爲必待一外命；然當其已爲B而更思其所以爲B，又必謂其於爲B之先，已有能爲B之性。故其爲B，乃其能爲B之性之表現。因而又可更說其爲B，乃依其能爲B之性，而有之自命。由此而一物之依類成化，卽依於其自已與他相關相感之因果關係，而在此關係中，可說物皆受外命以成化，亦可說物皆依自命以成化。總而言之，則其依此因果關係以成化，乃一兼外命與自命，或超越其先之所自命之A，更通過C之外命，以自命爲B之事。此卽合外命與自命爲一事也。

但此上之所說，人可謂之爲：一對一切物皆作一擬人化之類比，或將在人之自覺中人之性命之涵義加以縮減，以成其另一義之名，而作一不合法之推概之論。蓋人固能自覺其有自命，亦可由其能自命，以知其有能自命之性，以自命其由有一行爲，以使其如此而如彼，以成其變化之性。然人外之他物，則無此自覺，其由如此而如彼，以成其變化，並不先自覺求由如此而如彼。唯以遇外境之物爲緣，以自然由如此而如彼。故於其外境之物之能爲其緣者，亦不能如人之感其對其自身如有所命，而命其由如此而如彼；而當其實爲如彼之後，亦未嘗自覺其爲彼，乃依於其先有能爲彼之性。則此人之性命之名，固不宜用以說人外之萬物，而謂其變化爲自盡性而自立命之事，惟當說之爲一物之依其外緣而致其果之自然之事而已。此卽客觀的自然主義之說，老子謂物之化爲「莫之命而常自然」，佛家謂因果關係爲法爾如是，自然科學家謂自然界之因果關係，別無神之命令其有，皆在此義上，爲同類之說也。

然吾人不說無人之自覺之其他萬物，一一分別有其自立命自盡性之事，是否可說無一總體之天或神，能命物之自表現其性于其所呈之相、或命彼不同之物相關相感，以變化其呈於人之性相？則爲高一層面之問題。

對此上之問題，如循西方宗教哲學思想之道路進行，自柏拉圖起已有一定之方向。卽由吾人對物之知識之成就，必賴物之繼續表現其一定之性相，爲吾人所知；而物在將表現某性相而未表現，吾人又知其必表現時，此性相之自身應爲一有，亦卽爲柏拉圖所謂造物主於造世界之先之所觀照，而亦當永恒地爲其所觀照者。由此而亞里士多德，更謂物所具之形式或性相，必爲上帝所永恒的觀照，而加以思想者。上帝卽爲一客觀的永恒的對一物之性相形式，加以觀照的思想者。此必設定物之性相形式，有一永恒的觀照之思想之之造物主、或上帝之存在，乃由於物所有之能表現之性相形式，當其未表現亦未呈現於吾人思想時，必不能思之爲一懸空之有之故。已呈現於吾人思想中之性相，存於吾人思想中，其存在地位，未嘗懸空。吾人之思想爲有，此所思想者自亦爲有。此不成問題。然物所有之能表現，而必將表現之性相，却不能說只屬於吾人此心主觀上之預期。因物所必將表現之性相，乃物將自表現以呈現於此心之前，以爲此心之所面對之客觀對象者。則物所必將表現之性相，初當屬於物之自己，在物之內部，而爲其內在之性相。若已表現於外者，可單名爲相，則此內在之相，可單名爲性。然吾人說物內部具此性而潛藏此性，此性卽屬物云云，則初看似可說，而非必能說。因某物所有之性相，皆可視爲一普遍者，而有超具體的某物之意義者。由是而此某物之性相，卽不能只屬於此某物，亦不能屬於有此性相之一切已存在之具體物之和，以其旣具普遍意義而超一具體物，亦卽當超此一切已存在具體物之和；亦必如是，而後此性相可更表現於將來存在之同類之具體物也。然此能超一切已有具體物之普遍性相，其義若非同於空無，便是一義上之存有。若其是一存有，卽只能存有於能思此普遍性相之一思想者中。於是在人未有主觀的思想加以思想之時，此普遍性相之自身，卽只能存於超人之主觀之思想之外之一客觀的思想者之中。以宇宙中之萬物，有萬萬不同之性相，而宇宙可說爲一，則思想此萬萬不同性相之思想者，亦可說爲一客觀的大思想者。此卽爲由柏拉圖至亞里士多德之造物主或上帝所以被界定爲一能觀照一切物之性相形式之客觀的大思想者之說所由出也。

此種爲客觀的大思想者之上帝之說，並非只循一擬人的想像或謬誤的推論之所成，實爲人順其對物之知識之肯定，對普遍性相之肯定，及普遍性相必有超具體物意義，其義又不同於空無，而爲一義上之存有，其存有必有一存有之所，而舍有一思想者，卽不能有其存有之所等，所合以必然加以推出或建立之一說。此中，除非：人能謂「其對物之知識不待於對其普遍性相之知，而能形成」，或謂「普遍性相無超具體物之意義」，或謂「普遍性相之義同於空無，或能懸空自在，而不須在思想中存在」；則此普遍性相，卽必須存於一客觀的大思想者中，然後吾人能說物自有其能表現之性相，或物有必將表現之性相，簡言之，卽物有性，以形成吾人對物之知識。由此而吾人之所以能說物之有某性，乃由先有客觀的大思想者之思此某性，或此某性先爲此大思想者所思想，而爲其所具有，而後吾人方思想及其有某性。然若此客觀的大思想者，能於物未表現其性相時，已思及其性相，或此性相已表現於此大思想者，而後有表現此性相之物之存在而生起；則此物之存在而生起，卽無異繼此大思想者之思想其性相之後而生起。由此進一步，而在中古基督教之哲學更化此大思想者，爲以其思想及意志，使此物存在生起，或于無中、創造此物之存在生起之造物者或上帝矣。依此，則上帝或造物者之思想某物之某性，在第一序；能表現某性之某物之創生，爲第二序；某物之表現某性，而見某相於吾人之知之前，爲第三序；某相之爲人所思所知，而人有對某性相之知識，則當屬第四序。此由上帝之知某性，繼卽有能表現某性之某物之生起，卽此上帝之知起，而如其所知之物卽生。此中上帝之知，有直接連于其創生此物之意志。故此上帝之知，卽同時爲一命物之生者。而吾人卽亦可說：此物之生，皆由上帝之知中，有其對物之命而生。簡言之，卽皆上帝命之生。若上帝卽天，則物皆爲受天命而生矣。

此上述之思想之發生問題，在若吾人謂一一之物之生，皆緣上帝之先思一一物之性相，而依其所思，以創生一一之物，則上帝爲唯一之能造者、能動者，萬物卽皆爲一受造物，而爲一被動者。由此而人可問：上帝之何以只思造此若干之萬物？何以必先造某物，後造某物？何以其造物之次序或計劃，是如此而非如彼？以至何以不不思造物？卽皆可成爲人之所不可解。人卽可想此上帝似爲純本於一任意的自由，以造任何物，其造任何物，亦皆可造可不造者。於是此物之存在，卽爲雖根於上帝，而又在上帝可不造之之意義下，爲實無根，以聽憑上帝之自由者。由此而一切物在依上帝之命之而生上說，雖爲必然，而在上帝之此命可有可無上說，則爲非必然者。物之生之理由，爲必然者，又兼非必然者，卽明有一矛盾，然吾人尚可說此爲必然及非必然，乃自二層面說。卽在上帝有命以後說，爲必然；在上帝之可不發此命上說，爲非必然。則此二者亦可無矛盾。然將上述之理論，連於人之自視爲萬物之一以看，則此上之矛盾，終非人心之所能忍，而上說卽引起宗教哲學或神學上之大難題。

此一大難題，首先在人之自覺其有自由。若人亦與其餘萬物，同由上帝所造，上帝乃依其所知一一人之全部性相或整個基型，以造一一之人，而一一人卽受命而生；則一一人各純爲一受造物，一被動者，卽被此上帝心中先有之一一人之全部性相整個基型所決定，而一飮一啄，莫非前定者。則一一人皆爲上帝之預定計劃之產物，而當無任何自動自發之自由。此人之自覺其有自由之事，卽成爲不可理解。此中，若謂人有其自由，則依此自由而表現之性相，卽不當在上帝所規定計劃者之內，而人應有其獨立於上帝心中造人時，所知於人之全部性相，或整個基型之外之人性。人若有此種之人性，而人爲萬物之一，則其他萬物，亦可能有其相對之自由，而亦可同有在上帝所知於一一物之整個性相、全部基型以外之物性，爲物依其自由而表現者。此卽足使人性、物性皆有非上帝之所命者，而亦爲非天命所存，而在天命之外，或上帝計劃之外，亦不能由之以見天命者。則謂於人性物性無不可見天命之說，卽無有是處。

此謂人性物性有在天命之外之說，乃以世間之人性物性與天命相對之二元論。此說最大之困難，則又爲吾人之如何思此人物所能表現之性相，在未表現時之存在於何處。依此性爲一普遍者，而不能只存於一一具體人物之內，卽必如前之所說，而只能在一客觀的思想之之大思想者中存在，然後可說人物之有其能表現之性相，以成立吾人對之之知識。若然，則此在上帝或天命以外之人性物性，卽又似終不能落在上帝之心或天命之必然的決定之外。此卽與上段所論，合以形成一不可解決之矛盾。至於西方式之泛神論者，以一切人物爲一神之不同形態之表現之說，則自此說中之神之可如此表現，以成如是之人物，亦可如彼表現，以成如彼之人物以觀，則神固有自由；自物之如此者亦可如彼，而不限於如此，亦似有自由。然自此中之人物皆無獨立之個體性，其如此如彼，皆神之如何表現所決定，則一切人物之自由爲假象，實仍只有神之自由與人物之必然。此說卽仍與人之自覺有自由之事，互相矛盾。

對此上帝之自由與人物之存在之必然及人之意志自由之矛盾，西方之哲學家與神學家，固亦嘗試求種種折衷之道。如或謂人之自由亦上帝所必然賦與。則吾人可問；若然，此人之自由，豈不可破壞上帝之一切計劃？又或謂上帝所知於人性物性者，唯是知人物之有各種可能之表現。此可能之表現，不能外於上帝之知，如珠走盤者之不離盤。此卽上帝之計劃。則吾人又可問：若然，則此上帝之計劃，豈非同於一不決定，亦不能自加實踐之計劃？此折衷之論之最足稱者，爲所謂泛有神論 Panentheism 之說。依此說，上帝旣許人物以選擇創造之自由，而又許此人物與上帝合作，以共造此世界。上帝自將其心中所知之無限可能，自動的展示提供於人心及他物之前，任其自由選擇，以爲其可能性或性，而於其選擇後所形成之活動，卽更攝而受之，更觀此活動之爲已成事實者，一一皆定然而不移，亦必自是其自身，以永保存於上帝之慈懷。上帝旣攝受人物之活動之事實之後，更自動的展示提供其心中其他可能，於人物之前。此則因人物之有某活動之事實之後，依常識，亦恒說其依此事實而有之可能，亦隨之而變。今若說此可能，爲上帝所展示，卽亦必說上帝之隨人物之時時有新的活動之事實，而展示新的可能於其前也。此上帝之時時展示各新的可能，於人物之前，卽上帝之時降新命於人物，以成一天命之流行不已。此最後之說，卽今之西哲自席林、菲希納、至懷特海、貝加葉夫、哈特雄 Hartshorne，大體上共持之對上帝之哲學思路也。

然此折衷之論之最足稱者，亦無必然之義理爲根。誠然，吾人可謂現前之人物之活動，以有多方向之關聯，而見有種種可能，可供人物之自由選擇。然若此諸可能，唯賴上帝爲之展示，此展示乃屬於上帝之權能；則吾人可問：吾人如何知此上帝必永展示各種可能於人物之前，以爲其可能性？而不於有一朝一日，只以唯一之可能性，爲其必然注定之性？卽對此已往之世界人物，上帝確曾展示多種可能性於其前，任其自由選擇，豈必能保證上帝於將來之世界，亦許其如此？今既謂此人物之各種活動，自其爲已成事實而觀，一一皆爲定然不移，以存於上帝之懷，而必然其所然；則後之視今，亦如今之視昔，又焉知人物之在今自謂有各種之可能，供其自擇者，此選擇之經過與歸宿，非實早已爲上帝所預定，爲只歸向某唯一之可能，以使其所形成之活動，得定然不移的存於上帝之懷乎？若其如是，則一切人物之命運，仍皆在上帝之如何納之於其懷之定然不移的計劃之內，仍只有必然之天命、而無容許人物之自由之天命也。

然凡謂上帝於人物之所命，皆爲定然不移之西方宗教哲學家或神學家，又決不以此而謂上帝之自身爲其對人物所發之命令之所決定，而必謂上帝隨時有不如此創造人物，以使人物由有某性而變更其性，以使之成具其他不同之性之人物之自由，同時謂上帝於具任何性之物，皆有一可造之，或根本不造之之自由；以使具任何性之人物之存在，皆爲似有根於超越於上帝，而又實無內在於上帝之自身中之根之一偶然的存在。此西方之宗教哲學家或神學家，謂上帝有造或不造具任何性任何人物之絕對的自由，不須根據於吾人所見之人物之性相之恆在變化之事實——因上帝亦固能使此變化之事實不存在，轉而使人物之性相一定而不移也。——此上帝之所以不能爲必只造具一定性相之人物，乃由：若其必只造具某一定性相之人物，則上帝之心中，將恆存此性相之基型，而亦自限於此性相之基型。吾人卽可轉而說上帝之心，爲此性相基型之所限定，吾人亦卽可以此性相基型之概念，轉而判斷上帝，規定上帝，亦限定上帝之所以爲上帝。則上帝之地位，卽落在吾人之概念判斷之規定限定之下一層位，而吾人之有此概念判斷之心，反居於其上之層位矣。則上帝不特成爲此心之下之下帝，而亦無異於人之概念判斷可規定限定之一般之物。上帝卽無異物化爲一特定之物，而不能創造其他無限之萬物者矣。故人欲上帝成爲能創造無限之萬物者，又必須使上帝成爲非其心中之任何有限定之物，或萬物之性相之基型，所規定限定者。故必須謂上帝之創造任何有限定之物，或萬物之後，皆可改其所造，而另有所造，其造之，亦非必造，而是自始可不造之自由任意的造，而更無其他決定的理由，可爲人所知者。因若其有決定的理由，可爲人知，人卽可依之以推論判斷上帝之必造，則上帝將再落在此推論判斷之下一層面，而上帝亦成爲此決定的理由，所限制規定，以不能不造，而必然地去造者。則上帝亦無其絕對的自由，以行其創造之事，與造或不造之事矣。

此上帝之創造爲絕對自由，可如此造亦可不如此造，可造亦可不造之說，爲中古鄧士各塔一派之哲學之所重。此上帝之不能爲其所欲造之物之性相基型，所規定限定之一複合物，而只爲一單純之無限的創造之知之能，或一絕對單純之存有，則亦爲多瑪斯之所持，而幾爲神學家之通說。此上帝之爲一單純之無限的創造之知之能，不爲其所造者之所規定限定，又必涵「於此所造者之外可另造，亦自始於此所造者可不造」之義。由此而上帝於其所造之萬物所合成之世界，亦必隨時可加以取消，而世界亦可隨時不存在。上帝固事實上直在創造世界之中，此可由世界事物之生生不已而見。然上帝亦實隨時可已其創造，亦卽自已其對萬物之所命，因而不能如中國先哲之必言天命之不已也。

然若上帝可隨時改變其所造之物之性，亦可隨時不造世界之物，而天命隨時可已，則一切吾人所知之物之有定性者，皆可忽然而無，其依一定之規律活動，而以順此規律爲性者，亦可忽然而不順此規律；則人對物之知識，卽不能保證其確定性，人對物之行爲，亦可不依規律而致果，或雖依規律而無其果。卽人之自依規律，而自命自令之道德行爲，亦可因上帝忽然變此人之能自依規律之性，而使此道德行爲不能眞實成就。於是一切人物之事，皆懸於上帝之任意之自由，其存在亦皆飄搖不定，而時時可已、可無。此有人物之事之世界，卽成一不可捕捉之大幻影。此亦為專信上帝之絕對自由，可造任何人物，亦可不造者所必至之論。此必至之論之為人所不能忍受，卽由其與人之自覺的求有確定性之知識，以自成其對物之一般行為與對己之道德行為，互相矛盾之故也。

上文所述之西方式之上帝與世界萬物之關係，或天之如何降命於萬物之理論，必引致之種種思想上之矛盾，卽見其出發點之非是。故除非根本改變其如何觀天命之出發點，吾人亦將必無自此種種之矛盾之途中，自求拔出之道也。

一一、觀天命之正道與天自身之性命及萬物自身之自正性命之實義

在中國儒家則自始有一由另一出發點，以觀天命之路道，而不同於佛家之根本否定天命之說者。佛家對此上所說之天命論之非議，大體上皆用歸謬法之思辨。恒不外謂依上述之天命論，必歸於與人之自由之矛盾，亦不能說明世間何以有種種苦痛罪惡所以產生。而苦痛罪惡之事實之存在，尤明與上述之天命論之謂「上帝創造世界之計劃，初為合理的，亦依於上帝之善意志」之說相矛盾。由此卽可證上述之天命論之謬，亦可根本否定任何形態之天命

論。然依儒家之義，則不必歸於否定任何形態之天命論。依儒家以評論上述之天命論，當說上述之天命論，先自「吾人知識中所知之物之性相或性，在不被吾人所知所思想時之存在」措思，而推論其只能在一大思想者中存在，此固未嘗不可。人於一有普遍意義之性相，若言其爲客觀的存在，而不說其存於一客觀的大思想者，卽明與「吾人所思之有普遍意義之性相，皆在一思想中存在」之一事實，互相違反。因而吾人於一切客觀的普遍性相，皆理當說爲在一客觀的大思想者中存在。然人於此，若只推論有此客觀的大思想者之存在，而吾人又不能直覺的證實其存在，又與在吾人思想中之普遍性相，乃隨其思想同時被直覺爲存在之情形，全不相同。由此而人於能思一切普遍性相之客觀的大思想者之存在，卽至多只能視爲一理性推論中的存在，而在人之直覺上，亦可視爲非眞實存在者。此爲上述之天命論之一缺點，而尚非其根本謬誤所在。

上述之天命論之根本謬誤，在其由人與他物所表現之普遍性相，當爲此大思想者所思，因而視人與他物之存在之自體，若只是其所表現之性相之和；由此以謂此大思想者能思其性相，卽能創造其存在之自體；而不知此人與他物之存在之自體，乃自始爲一能轉易運用此諸性相，以表現其自體者。人之存在之自體，更顯然爲一自覺其能自由轉移運用種種性相，以表現其自體者，亦自覺其爲一有自由思想之能，而此能，乃不可只化爲一所，亦不可只化爲客觀的大思想者之所思者。故若有此客觀大思想者，能自由思想一切物之性相，則於此人之自由思想之能；依理而推，亦當謂其與此大思想者之能思之能，居於同位，或在根本上爲同體者然後可。此中國儒家另由一出發點，以觀天命之路道，其所以能免於西方式之天命論之缺點與謬誤者，則要在于吾人感知而思想其他之物之性相時，同時對此吾人之感知與思想，亦直觀之爲天知天明（西方之客觀的大思想，自其爲一純能言，在中國卽稱之爲天知天明）之由外而內之展示處着眼，卽可漸直接觀得物之諸性之更迭表現於其相，所成之變化流行，卽天命之在此流行。緣此物之諸性之更迭表現於相之事之不已，而有之吾人之由相定性、由性定相之一切知，亦皆爲人在其當然的自命上，所視爲當有之知；而吾人卽可於物之性之表現於相之事之不已，視之爲人所當見之天命之不已。遂可自始不引致上列之種種矛盾之論，而此諸矛盾之論，亦得從根上拔除矣。此義當於下文，次第詳之。

此一思想之路道，乃始於人之感通於其感覺所對之境時，卽視之爲時時對已有命，而求自盡其性，以應之者。故其生命存在之向前進行，而向外開展，向上企望之活動，同時與一生命存在之向後退縮，向內收斂，向下沉入相俱。因而於其向前向外向上之所感所見者，皆能視之如自前、自外、自上，向我而來，向我而降，以爲我之所迎。簡言之，卽皆如從天而降於我者，而此亦卽人之眞知有天命流行之第一步之事。

此人之於其所感覺之境，視若從天而來而降，本爲人人之所能爲。其要唯在對一切境相之呈於感覺之感通之前者，先不加以把捉，而屬之于我之所有，所執。則吾人於此不只自覺是我往感覺之、感通之，而可同時自覺是此境相之自來自降於我之感覺之心靈之門前，以爲我所迎接，所尊奉。於其來其降，不見其爲我之所爲，卽皆見之爲此境相之所爲，而此境相之全，卽我所迎所承之天。此境相之不斷自來自降，以不息的通過吾人之心靈生命，卽吾人之生命心靈之爲天所穿貫。莊子所謂「天之穿之，日夜無降」。此固人人共有之事，而直感直觀此天之有，而知其有，固人人同可有之直感直觀。故人人皆知說天之一字，以表其能知此天之有也。

然人之知其所感覺感通之境，卽自天而來而降者，恆只謂此來者降者，只是如此如此之境相，而謂其感覺感通之心之能，只屬於其自我，而不自天而來。卽說其自天而來，亦唯溯其主觀之生命心靈，生於此世之開始之際說，而不謂吾人感通感覺如此如此之境相時，此感覺感通之心之能、知之明之自身，亦可視爲隨此境相，以俱來俱降，皆同自天而來、自天而降。實則人只須於其有此感覺感通時，自退後一步，而收斂沉抑其心，則可知其未見此境相之前，不只此境相不屬於我，卽對此境相之感覺感通之知之明，亦非我之所有。此境相之來之降，乃與此知此明，俱時而來而降；若不然者，則人對此境相，應無所知，無所明。故人於此只須對此知或明，乃與境相俱來之事，直下觀之，而自居下位以承奉之，則此境相爲天之境相，此知此明，亦卽天知天明，而人之耳目聰明，皆可說天之聰明。今依此直觀以言天，則天亦卽不只有此境相，亦有此知、有此明。天知天明，乃恆與此境相俱運俱行，以來於我，降於我。在其既來既降之後，自可說亦屬於我。然尅就其正來正降之際，或未來未降而觀，則固皆只屬於天，爲天自身之知之明，而與一一境相，俱始而俱終，以爲天之「大明終始」也。故吾人之知天，亦不當只知之爲一境相之全，亦當知之爲一「天知天明中之境相之全」，而可「次第化爲我之知之明中之境相，以屬於我者」也。

此上之知天之思想，當下卽是，不待外求。蓋爲中國儒道之所共契。而西哲思想之類是者，則如巴克來之謂吾人之感覺，皆自上帝之感覺來。又如斯賓諾薩之謂思維與形相之常不相離，同爲一大神明之實體之屬性；物之形相與吾人相接，而有吾人對物之形相之思維，亦卽此形相與思維一齊俱來，以有此一整個之形相之思維。故世界境相中之形相無窮，上帝實體之思維，亦與之俱無窮。形相之世界，卽皆在上帝之思維之世界中，兩兩相孚而俱運，以呈此大神明之相，而見其性。此巴斯二家之言，皆與上文所說有同類之義。唯巴克來之以一一感覺各爲一經驗之單位，則上帝之心中包涵此無窮之經驗之單位，便使神明爲此無窮單位所充塞，則害及此神明之純一。斯氏以思維與形相，皆永爲神明之屬性，則神明永爲一具形相之物，而害及神明之超形相之義。此則皆與西方中古神學之重神明之純一性與超形相之義者，有所不合，而亦與中國思想之言天知天明之涵一切境相者，於此天知天明，更重其為一片清虛，而神化無方者，亦不相合也。

此中國思想之能言天知天明之清虛神化，亦本於一直觀。此直觀，非只是直觀在吾人之感覺感通於境相時，有天知天明與境俱來俱降，而是同時直觀此境相之恆生恆化，以過而不留，運而無積。由此以觀此天之神明之運，卽亦為不留於其所呈之境相或形相者。而此神明卽為無形相、超形相之一片清虛，亦為不斷呈現無窮之形相，而神化無方者。由是而此神明之知中，卽無巴克來之無窮的經驗單位之充塞，亦不能言其永恆地具有一無限之形相也。然斯氏之無限的形相之言，若眞善解之，亦可解之為一無任何特定形相之一片清虛；而其言一切有特定形相之物，依神明之實體之性，以不斷浮出，而不斷沉入，亦具一中國哲學言神化無方之義者也。

然循上述之思路以知天，可直觀天知天明、天之淸虛與神化，而尚未能於境相中見天命。故斯賓諾薩亦必去除西方傳統神學中上帝之有目的能預定造物之計劃之說，而吾人上來亦已說西方傳統神學所引致之種種矛盾衝突，而視之為非是。然吾人是否於此外尚有於境相中見天命之路道。則吾當說此不只可由吾人之內在的道德生活中，由知性而知性命之卽天命，以言之，如前之所陳；亦可由吾人對一切客觀境相之知識活動中，恒依相知性、依性說相中，見有天命之存。此則待於吾人對吾人自身之知識活動，亦自後退一步，而自下觀「此知識活動之進行，亦有一自天而來而降之意義」始。

此所謂吾人依相知性，依性說相之知識活動，卽在呈現於吾人之感覺之一一人物之境相，見其中有可再認之共相，而知其相之依性而有。此人物之境相，有種種之共相，乃一切知識之形成之所根。人之知，有共相，則始於人物之境相之可再認，而知其今認之境相與前認之境相，有一義上之同一。由此一義上之同一，卽見有一共相之爲吾人所認。人謂今日所見之山，卽昨日所見之山，卽爲由再認此山，以知其有一義上之同一，亦卽知二所見之山之有其共相。若初見與再認之山之相，只相殊異而無共，則不得說其爲一山。由此而當吾人見山有何相之後，依於吾人之信此相之有可再認者，則吾人雖不往看山，而仍可說此山有能重現其相於吾人之可能。此可能，卽當稱爲此山之性。若物之相無重現之可能，則不得說物有此性。於物之無性可說處，則吾人於物無再認之可能，亦無一定知識之形成。故吾人之求其一定知識之形成，卽爲求依相而知其性，更依性以說明其相之可再認之事。而求能依相知性，依性說相，亦卽人之求知識之理想，亦人之求知識之事之所當然。人之知之合此當然者，爲知識上之眞，而求合此當然，卽爲求知識之態度之善。人之當有此態度，卽爲人之求知識之事中之德行，所以自盡其求知識之性，而實現其當如此以求知識之自命自令，而立此命者。此人之自立此命，乃對呈現於前之境物，而自立此命，而此命亦卽如是如是之境物所命於吾人者。此境物屬於天，則此吾人之當如此求知識，亦是天之所命也。

吾人既知吾之求知物之性，以說明其相之可再認，爲吾人之求知識之事之當然之理想，亦吾人自盡性立命之一事；進而更觀吾人之「知物有性，而依之以說明其相之可再認」，是如何一回事；卽可知：吾人於此，乃以吾人所知於物之性之如何，預斷物所呈之相之將如何，而必爲如何，而以一命題說其如何。凡有其一定之名之一物，亦爲一必可以一命題說之之一物。如人知水之有向下之性，人卽可預斷：其見水時，將見其向下，亦預斷此水爲必有向下之相之一物。而凡可名之爲水者，亦爲吾人可對之說「其爲一向下者」之一命題者。此皆人所共喻。

然吾人於此須知：在此「吾人於物之知其性，而預斷其將有之相，當與以何名，而以何命題說之」之時，乃吾人之「知其性、知其名，知其可以何命題說之事」乃先行，而後有其「將有之相，更表現於吾人之前，以成一現有之相」。此中，吾之知果切、名果當、命題果眞，則物所將呈之相，必如吾人之知、名、與命題之所期。於此，吾人若自退處一步，以觀此二者之相從之關係，卽見此物之呈其將呈之相，乃隨從此先行之知、名、與命題，而後至，以合於此，知名，命題之所期。此知、名、命題，卽現爲一若能呼喚命令此物之呈其相，而此物卽呈其相以爲其回應者。今專自此知、此名、此命題之能呼喚命令一方面看，則此知、此名、此命題，卽顯爲對其將呈之相，發一呼喚命令之發命者，而物則顯爲受命者。故在中國語言於謂物之能當於某名，而可以某名之，卽說爲可以某名命之。故曰命名。而西方之Proposition原爲題說之義者，以中國字譯之，卽爲命題或命辭，以表此辭、此題說之有一能命令之意義。人自先以其知、其名、其命題先行，而物之呈相之事卽隨之，如奉命而後至。此則唯有吾人之能自後退一步，以客觀化此中吾人之知與名、或命題，與物之呈相之關係者，然後可說前者之命後者。然吾人有此客觀化的觀，亦必可說此前者之預期預斷，卽是在呼喚、在命令，而後者卽可因之而說是：奉命而至。故此命之觀念、命之意義，卽必存於此客觀化的觀中，而不能廢者，亦如中文之命名、命題之名之不能廢也。

然此物之呈相之必從吾人之知、名、命題而至，唯在吾之知、名、命題，皆切于其物，當于其物而爲眞之情形下爲可說。然使此知之成爲眞或成眞知識，則只爲吾人之一當然之理想，而爲吾人持之以自命，而自盡其求知識之性者。吾人固不能言吾人今之所知皆爲必眞。今若依不必眞之知，以判斷物之如何呈現，則物亦不必受命而至。唯在眞知之前，物乃可見爲如受命而至，而此知方可說爲能發命者。然人不敢自謂其知皆眞知，卽承認此眞知在其已有之知之外，而初不屬於我，亦在我之外。然吾人又如何得此我所當有之眞知？此在一般之說，卽謂此唯待我之將我之知之能力，前用、外用，以更向於物，便可得眞知。然吾人於此若亦自退一步，以觀此所謂知之能力之運用之結果，所得之眞知之如何展現於前，則又可見：此眞知之展現於前，乃亦與其所知者，同時展現於前。吾人在有眞知時，不只此所眞知者，來自吾人之前，對此所知者之知之明，亦同時來自吾人之前。若此所眞知者，初爲客觀之物之性，而可依之以說其相者；則此眞知，亦當初爲一對客觀之物之性之眞知。本上文所謂於人之所感覺者，人可說爲從天而降之義，以相類比，則於此眞知與其所知之來於吾人，亦卽同可說爲俱時從天而降。故人之勤求眞知，而一朝得之，恒謂此爲天假我以聰明、或賴天之靈。此皆由人之眞知，亦原是與其所知俱呈俱現之故。在此所知未呈未現之時，此所知，不呈於我前；此眞知亦不呈於我前，而不在我。當所知呈於前時，此眞知之明，亦俱時頓現。吾人只須於此時，使吾人之心靈退後一步，以直觀其俱時頓現，卽可觀得此二者之俱時從天而降，我之眞知之聰明，皆原自天之聰明，而來於我者也。

今將此上段之文，合於前段之言眞知必能命物之義，則此眞知旣原自天之聰明，此眞知之命物，亦卽天之聰明之命物；而物之隨從眞知而呈相，亦卽物之隨此天之命物而呈相。物依其性以呈相，亦卽皆爲受此天命而呈相。物之有如是性，而如此呈相之事，皆天如此命之，而物如此受之，以相同應之事矣。

人於此上之義之所以難契者，在人之感境物而知之之時，初唯知境物之爲自天而來，而不知其感之之知，亦自天而來。人在於物求知其必能重現之性時，又若初恒不得，乃更以其得之，唯是仗已之聰明；而不知此能知、所知，俱時而現之義；因而不知人於物性之有眞知，不可只說爲仗已之聰明，而當知此已之聰明，卽天之聰明之降於我者。當已之聰明，未於物性有眞知時，此物性與此眞知，同在天，而此物性，卽在天之聰明中。吾人之求對此物性有眞知，卽是求契合於此天之聰明、與其眞知所知之物性，以使之化爲我之聰明，而成就我對此所知之物性之眞知。當我未有此眞知之時，此天之聰明與其眞知，固俱在天壤間，而能命物，而物亦能受命，以相同應者也。人之求對物性有眞知，固爲不易。人意物之性如此，而恒非如此。然人亦皆多少有其必然不誤之眞知。此中眞知之內容多少可不問。其要點唯在人自知其有眞知。如人皆有若干極空泛之原則性的知識，如「物皆在時空」，「物皆有其性相」，「物皆有其數量」「物之變化有皆可稱爲因果」等，卽人所共有之眞知。此類眞知，雖極空泛，然皆可範圍天地萬物之化而不過，而可形成一必然眞之命題，而亦能「命物之化」（用莊子德充符篇語，卽命物以人所知之性，而依性以呈其相之變化）；而物莫之能違，必隨此眞知之所知，以受命，而呈其相之變化，以相同應，以證此眞知之爲眞者。然人於其所同有之眞知，恒以爲空泛，遂忽之而不自知其有，或只以之爲預斷未來之可能經驗之一純形式的先驗知識，而必待未來之經驗之與以內容，或加以證實者。乃不自知其亦爲一當下具足之一現有的眞知。此眞知預斷未來，卽同時亦涵攝此未來，而不須更待證於未來。此現有之眞知，爲我所當有，亦我所現有，以屬於吾現有之自己。然自其更能相續現起，亦當相續現起於吾未來之自己，或他人之自己言，則見其根原，亦卽在我所現有者之外，而屬於天。唯眞知可爲眞知之原，故唯天之眞知，可爲我與人之相續現起之眞知之原。由此以還觀我現有之眞知，其初亦只爲我所當有，而未有，則其原亦初爲天之眞知；而我之現有之眞知，卽亦未嘗不屬於天。此吾人之上溯其現有之眞知之原，其道不同於前述之「自退後一步，以觀其現有之眞知所知爲客觀，此眞知亦爲客觀」之道。然皆同可見我現有之眞知中之聰明，卽天之聰明之來至我，而降於我。我之眞知、我之聰明，能命物之化，皆原自天之聰明、天之眞知之「命物之化」。簡言之，卽皆原於天命。天之聰明、天之眞知，旣可化爲我之聰明、我之眞知，則我之眞知、我之聰明，卽與天之眞知、天之聰明，皆可說爲能命者矣。

依上所說，人之眞知物性之眞知，或人之聰明，與緣此而知得之天之眞知、天之聰明，皆可說爲能命者。然此眞知物性之知之聰明，以物性爲所知，以成其眞知，則此眞知亦爲物性之如何如何之所命，而有之眞知；緣此以說之天之聰明，卽亦爲受萬物之性之如何如何之命，以成其聰明者。則天自命物，而亦未嘗不受物之命。故此天之聰明，或天之知、天之神明，雖至廣大，以普萬物而不遺，然初非以任意之自由，自定一目的，或有心自立一計劃，以造合於計劃之物；而是恒順應物之表現其相，於其前者，更由此相以知物之性。然此却又非謂此所知之物之性相先行，而天之知之神明後繼之謂；而只是此知、此神明與其所知，恒俱運而俱行。在此俱運俱行之中，將天與物，相對而觀，則物如天之知以呈相，則天有能命之義；天亦如物之性，以知其性之如何，與其如何呈於相，而天亦有受命之義。此亦如：物必如天所知之物性，以呈相，則物有被動受命之義；而其呈相，則有自動的能命之義也。

依上文而說之天命之不已，乃是與物之依性而呈相之事之不已，俱行而俱現者。物之相有重現之可能，而有其性；其性雖隱，而能爲相之重現之所根。故性恒在，則相不已。而能知此性之恒在、相之不已之天知天明，亦自不已。若自天之能命上說，則天之知之明，不已於其「對物之性之恒在之知」，卽不已於其「知物之性之見於相」之事，亦不已於其「對物之發命、降命」之事，而天命亦恒不已。以天之知之明不已，故不限於其所知所明，而恒超越其所知所明，以於此不已中，自見其知之明之純一，而此天命亦恒純一。此天命之恒純一不已，亦可說爲天自身之純一不已之性之恒在。吾人之所以知此天之自身之純一不已之性之恒在者，則又可由吾人之知之明之不安於已，而吾人不自謂其眞知之眞有已時，如吾人之不自謂吾人之眞命題，其對物之眞，有已時，以證之。吾人不以眞命題對物之眞有已時，則此眞命題卽恒爲一能命之題說，而無已時者。由此眞命題之爲一能命之題說之無已時，卽見吾人之眞知之能命，亦無已時；而由此所透視出之天知、天之神明之命物，亦固當無有已時也。

上文說：天之知、天之神明，與其所知之物之性之見於相者不已，天命亦不已，須由吾人之知之明之不安於其已，以透視之。此亦如天之仁之普萬物而無私，須由吾人之仁之能普萬物而無私，以透視之；又如天之志之爲成就一切萬物者，須由吾人之志在成己成物之志，以透視之。然關此諸義，則前文已及，亦可順同一之理而推知。此節專言如何自知識中之客觀世界，見天命之流行之義，故不須更及之耳。

一二、物之自命義

上文謂於知識中之客觀世界，吾人亦可見天命之流行之純一不已。然是否於此亦能見一一物，皆能自盡性、自立命，則尚是一問題。吾人可說人能自覺，故能自盡性、自立命，而他物不能自覺，則其命皆由他立，其自動性只表現於其能不自覺的表現其性，以順命。若此不自覺的表現其性，亦是一盡性之事；則可說物能不自覺的盡性，而不能自立其命，遂不同於人之能自覺的盡性立命者矣。

然人之能自覺的盡性立命者，亦望此自覺的盡性立命之事，能普遍化於其境中之一切人與物，而皆見爲能自覺的盡性立命者；故於其人物之不能自覺的盡性立命者，似於情有所不忍，於意有所不安。又其境中之人物，若非皆能自覺的盡性立命者，則其盡性立命之事，尚未得其境中之人物之盡性立命，以爲回應，而此境，即似尚非爲盡性立命之事所充盈，而圓滿無憾者也。

然吾人如何能使吾人在盡性立命境中，更見一切人物皆在爲此盡性立命之事，則極爲困難。人能自覺，而能爲此盡性立命之事以成聖，萬物之無此自覺，如何能如人之自盡性立命以成聖？則此圓滿無憾之境，似永無達成之可能。佛家之所以說一切有情衆生，無不可入人道，而畢竟成聖，固依於人之深心中有求達此圓滿無憾之境之要求而發者也。然對人外之萬物，佛家仍分爲有情與無情二類，無情物卽不能成聖。無情之物，卽無生物之生命之物。無生物之生命之物，雖可亦具一能感攝他物之功能，可說此感攝卽一廣義之能覺之能，然其活動不求其自體之生存，亦不能感不得生存之苦，更不能自覺其有此求生存之要求；故恒只須順任外境之命，以自表其性，卽可謂已能盡其性。如水遇風吹，而起波瀾，卽水之自盡其性，此亦卽任順此外境之命也。此無情之物，無不能任順此外境之命，而有其相應之盡性之事。今於其性，若亦視爲天所命，則此外境之命與性命，卽相順而無違。故此無情物，不能感苦，卽亦不能言其存在之內部之有所憾。則人之順其無憾，而知其爲無憾，卽亦不當對其不能如人之自覺盡性立命，而生憾。人之至仁者，當順物之情以生情，則亦當順其無憾於情，而不對其不能自覺盡性立命，更於情生憾也。

然此外之有情物，則其所遭遇外境爲其命者，其性或不安於其此外境之命，而自向於他；而此外境之所命，或非其性之所甘受，亦與命其有此性之命，自相衝突；而其生命之存在，卽能感苦，卽其存在之內部，恒有憾。今吾人順其有憾以生情，卽亦不能無憾。凡此有情之物，皆爲能覺其外境之命，而以此外境，爲其所覺，而更由其不安於此所覺，以見其性之自有所向所安之處者。其性之自有所向、所安之處，卽其生命存在之執着之所在。此執着一日不已，則其生命存在永有不安。此執着，在生命存在之內部，非外力所得而化除。其由執此，而轉移所執以執彼，以有更迭而起之執，亦非外力所能化除。故依佛家義，除非此生命存在能自覺其所執，而自化除之，以達成聖之境，此生命存在卽無究竟之拔苦自救之途。人之順此一切有情之生命存在之感苦與有執，以生其心者，亦必起一大悲心，而以一切有情，皆登正覺而成聖，爲究竟之歸宿。佛家義卽依此而立。此皆具如吾人於我法二空境中之所論。吾人亦不能謂：緣儒家之在盡性立命境中，求盡其仁心仁性之事之充其極，能必不生起此大悲心，而不攝此佛家之義於儒者之仁敎也。

此人以外之有情衆生，一方可說以其所遭遇之外境，爲其命運，一方亦可說其有執之生命存在之以有執爲性，卽其命運。此其生命存在之以有執爲性，卽其命運，畢竟誰使之然？是否純爲超越其外之天之所命？若其然也，則天之命以此有執之性，而有種種苦痛罪惡，則發此天命之天心，卽至不仁。而人對此天心，亦不能無憾。如此之「天心」，亦與「緣人之不能無憾之仁心，以透入」之「與我此仁心之天心之應亦爲仁者」之義不合。由此而吾人唯有謂此有情生命之以有執爲性，非由天之所命，而此性乃爲其自規定自命令於自己者。然一無自覺之有情衆生，如何能說是自規定，自命令於其自己，以使之成有如何如何之執之一有情衆生，則又爲一大難題。

對此上之難題，欲有一答復，必須謂一切生命存在有一超自覺的自規定、自命令、其生命存在爲如何如何，而有如何如何之性者。此言之可以說者，則在人之自謂其能自覺的自命而自盡其性者，亦實有其不自覺的生命存在之性，當說之爲人之超自覺的自規定而自命令其有者。如人之種種氣質之性，或其身體之狀況爲如何如何之性，卽皆在人自覺之之先，而與人生命存在俱生者。此在一般之說，卽說爲遺傳環境所形成，或天之生我時，天之所命令規定。此自亦可說。然此中是否卽無說其皆由我之超自覺的自行規定，而自命我爲如此如此之我之一義，則亦待於推究。

吾人可說吾人之氣質之性等，非吾人之自覺的心靈之所定所命，而爲天定天命。然此初爲吾人所不自覺之氣質之性等，畢竟可爲我所自覺，而呈於此自覺之中，以爲我所欲保存、或所欲變化者。無論其爲我所欲保存、或所欲變化，皆爲一能成就我之此自覺的保存變化之事，而屬於此事、屬於此自覺，亦屬於此能自覺之我者。吾人之無論保存之或變化之，皆必如其自身而知之，於此知中自定自命：其如此知之所知，爲如何如何；則其先之不自覺爲屬於我，亦有化爲自覺的屬於我，以爲我所自定自命，爲如何如何者之一意義。自其有此一意義上說，卽不能說其非我所自定自命，而當說其初爲我所超自覺的自定自命者也。由此所能自覺之吾人之氣質之性之有，初爲超自覺的，亦可說爲人之超自覺的所自規定、自命令而形成者；則一切有情衆生，果如佛家之說，爲亦有能自覺其生命存在之執着，而自超化之以成聖之佛性者；則縱其經無量劫，然後成爲能自覺之生命存在而成聖，仍可說其先之一切不自覺地表現之生命存在之性相，或其所執之一切之爲如何如何，乃爲其自身所超自覺的自規定自命令所成者也。

若此上之說可立，則吾人可更說：一切有情之生命存在之性，無不可說爲其所自命自定，而亦當無不可由自覺其生命存在中之所執，以入於盡性立命之境。吾人所見之世界中，除原能順命，而亦能自盡性之無情物之外，一切有情物皆無不自求趣向於盡性立命之境，而亦皆在吾人之自求盡性立命時所見之境中，自命自定其性，以爲其自覺的盡性立命之前事，而皆在爲一間接的或廣義的或不自覺的盡性立命之事。由此而吾人之盡性立命境，卽爲一切有情之盡性立命之事所充盈。吾人所見之盡性立命境，卽雖有所憾，而亦皆在趣向於無此憾。人亦可尅在此趣向上，觀此世界之兼有憾與無憾，而不可只以有憾說之矣。

然此上所說一切有情生命，皆能化同於能自覺之人，而能盡性立命，初爲佛家義，非儒家義。依儒家一般義，於此人外之有情衆生，旣現見其不能自知其心性，亦不能自求盡性立命，則吾人亦當順其不自求盡性立命以觀之。彼旣不以不能自覺盡性立命爲有憾，吾人亦當順其不以此爲憾，而亦不以之爲憾。如人於無情物之不以其不求盡性立命爲憾，而亦不以此爲人之盡性立命境中之憾也。在儒家，唯以原能盡性立命之人，亦實皆已多少爲盡性立命之事，行於盡性立命之道之人，而不獲充量爲其盡性立命之事，達其盡性立命之志者，原有一自憾；卽順之，而亦以之爲憾。故必求此盡性立命之道之化成乎天下，以補此人與己之所同憾。此儒家之以立人道人極爲敎，亦只是對人與己之實感有憾之一回應，而非任立一敎，以天下人爲被教，而强其同於己也。今人外之有情衆生，旣未能自覺求盡性立命，亦不於此中感有憾，則儒家之教，不對之而施也。至於依此儒家之教，對一切其餘有情衆生，是否能歷無量劫而化同於人，而亦知自求盡性立命之一問題；則因此問題，可視爲是一客觀之事實問題，而可對此事實之有無，取一開朗之態度；亦如其對吾人所謂無情物，是否果是無情，可取開朗之態度也。若一切無情物皆有情，有情者皆能化同於人，則此盡性立命之教，亦固對之同爲有效。此盡性立命之教，卽可涵蓋世界中之今所謂無情物，與一切有情衆生之世界，以共爲此教化之所及，而未嘗有所缺漏。若有其他教化，具大神通，果能直接對人外之有情無情之物，同施教化，咸使之能自覺的盡性而自立命，儒家亦對此其他教化之存在，同將取一開朗之態度，而不必皆以爲不當立；以其與儒者亦同契在此盡性立命境也。

一三、略說中國儒者觀性命之思想發展

吾人上所論盡性立命境，乃依中國儒家之思路而說。儒者自孔子卽承詩書所傳天命不已，人之德亦可純亦不已之言，以修德而立命。孟子更言此修德卽盡心知性，存心養性以立命之說。中庸更言天命之謂性，盡性以達天德。此皆自道德生活，以上下通貫「人性之根於

天命」，「天命之見於人道人德」之思想之流。至易傳，乃暢言天道之見於萬物之各正性命之中，而人可由窮人物之理，以知盡人物之性，以至於見天命。此卽開啓於一客觀宇宙中，見天命之流行於萬物之各正性命之思想。漢儒如董仲舒，則一方偏在尊天而言天志，其天有西方人格神之義；一方面又重本陰陽五行之理，以說明萬物自身之性命。魏晉之玄學，更有以萬物無命之者之說。佛家則或以業識言命。此二者皆非儒學之流。至宋儒起，而周濂溪、張橫渠，首承中庸易傳之說，而偏在視人初爲萬物之一，而亦能自盡性立命，以上契於使萬物各正性命之天道者。二人之思想，卽已有天道天理之自身，卽爲能命人物之有其性者之說。此道此理，卽吾人前說之人之眞知之所知，而能範圍天地萬物之化者也。此卽「由知此理此道，萬物無不眞有之、誠有之，以言天命之無不在」之思想之流。程明道至陸象山，偏在直自道德生活，以見心性所在卽天命所在。程伊川則偏重外窮萬物之理，以知其性理，而卽以此所知之理之所在，爲萬物之性命所在，亦天命流行所在。朱子則循此途，以言客觀的萬物之自正性命之事之不已，卽見天命之不已，亦卽人之眞知所知之道之理之命於萬物之事之不已。此萬物之受命而有之事之不已，通而觀之，卽說之爲一氣之流行，或一存在的流行。氣之能依其虛靈，以知依理之所命以流行，卽氣之明、氣之神。人心之所以爲人心，亦在其此神明，故人心爲氣之靈。至於由天之以理命萬物之事之不已，所見得之氣之流行之變化無方，則說之爲一天之神明之運，天之無心之心也。

此宋儒之言性命之義，除有自人之道德生活中，直由內心之性，以上契天命一面之義之外，固顯然有一客觀的「觀萬物之有自成其變化之理之性」，而見其「依於天道天理天命或天之神明之運，天之氣之靈之流行」之一面之義。此客觀的觀之事，亦吾人之道德生活中之所當有，而亦當以之自命者，故此二面之義，又合爲一盡性立命之事，以使吾人之道德生活爲天命或天德之流行所成之生活者。在此後一面之義中，吾人不能謂宋明儒所謂物，即西方唯物論哲學中之無生命心靈意義之純形體之物，而此氣，亦非只此形體抽去其形式形相所餘之質料或底質。此物，乃自始爲兼具生命心靈意義之具體的物。此氣，乃一自能或自知依理，以成一切具體物之變化，或一切存在者之變化，以合爲一宇宙之存在的流行，或大化流行之氣者。氣之依理而變化，即見氣之靈、氣之明、與氣之伸、氣之神、氣之生生不息。故氣自具神明義、心義、與生命義。天地萬物之生生不已中，自有此神明或天心之遍在，以成此天命之不已。此中之天，乃既不同於西方之超神論之依計劃以造萬物之天，亦不同於泛神論者之天，自表現爲萬物，而在萬物之中者。此宋明儒之天，爲一神明，而依理以命萬物，乃自爲一在萬物之上一層面之天，而又能自降其神明，于一一萬物，使之各自正性命，以爲此天命之回應者。故此天之神明與命，乃昭臨萬物之上之一無心之心，不已不息地，順如是如是理、生如是如是物，使之各正性命者之一神明或命。此皆須超出西方超神論、泛神論、與其間之折衷之論，加以了解，然後能眞實契入。此可與吾論中國哲學之中性命之義之其他論述，合參而得之。今不更詳。

第四部　通觀九境

第二十八章　通觀九境之構造與開闔

一、九境之互為內外在義

以上分別述生命存在與心靈之九種境界，總而論之，要在言此整個之世界，不外此生命存在與心靈之境界。此生命存在與心靈自身，如視為一實體；則其中所見之境界，即有其相狀或相；而此生命存在心靈與其境界之感通，則為其自身之活動，或作用，此用亦可說為此境界對此生命存在或心靈所顯之用。於此吾人不能懸空孤提世界，而問世界之眞相，或眞實之為如何；亦不能懸空孤提此生命存在，或心靈之自己，而問其自身之眞相或眞實之如何；復不能懸空孤提此一活動或作用，而問世界中或自我中，畢竟有多少眞實存在之活動或作用。吾人只能問：對何種生命存在與心靈，即有何種世界之眞實展現、及由此中之心靈與生命存在，對之之感通，而表現何種之活動作用於此世界、及此生命存在心靈之自己或自我之中。則此中之生命存在心靈，與其所對之世界或境界，恒相應而俱生俱起，俱存俱在。此世界或境界，亦無論人之自覺與否，皆對此生命存在或心靈，有所命，而使此生命存在與心靈，有對之之感通；其感通也，恒靈活而能通，以與之俱生俱起、俱存俱在；並順此境界或世界之變化無窮，而與之變化無窮。故此中生命存在之生，或存在，卽此中之境界或世界之生與存在。其生，卽感此境界、或世界對之有所命；其靈，卽其感通能靈活的變化，亦所感通之世界或境界之靈活的變化。自此生命存在與心靈之感通，與世界或境界之恒相應之一面言，則一一世界或境界，不在此生命存在心靈以外；而此生命存在與心靈，亦依其有此境界或世界，而稱爲眞實的生命存在與心靈，故其存在，亦存在於此境界或世界之中；此感通，亦只存在於此生命存在與心靈及此境界或世界之中。而此「生命存在心靈」、「境界或世界」、與「感通」之三者，卽互爲內在，而皆爲眞實。

於此人若必憑空孤提一一生命存在與心靈，而就其有當下所未感通之境言，則此未感通之境，卽在此當下之感通之外，亦可說其超越於此生命存在與心靈之外。人若憑空孤提一世界或境界，而說其無一生命存在與心靈，與之感通，則亦可說此生命存在與心靈，乃超越於此世界或境界之外。凡此不同之境界，皆彼此各爲一境界，而互相超越、互相外在，如互不相通相感；而有不同之感通活動之生命存在與心靈，亦彼此互相超越，互相外在，互不相通相感。凡此境界，或生命存在與心靈之活動，彼此不相感相通之處，則可說有一客觀而外在之一境界或世界之存在、與其他生命存在或心靈之存在。於此，不只有種種世界或境界、與他人或其他有情之生命存在，非屬於我；卽我之有其前生後世，亦可視之如另一其他之我，其世界爲一其他之世界。以至我之幼年青年中年之我，對老年之我而言，亦可視爲如另一其他之我。由此而昨日之我與一刹那前之我，其一一之世界，皆一一爲另一其他之世界，而亦皆對當下之我與其世界，爲一客觀外在之我與世界；而此當下之我與其世界，亦正無不次第客觀化外在化，爲此客觀外在之我與世界之內容。於是此當下之我與其世界，若只爲一無盡之次第客觀化外在化歷程中之一過渡之點，而於當下之我與世界中之任何內容，若皆不能加以把住。于此當下之我與世界，亦可就其不可把住，而視爲空無所有。此我、此世界，亦卽可說爲非眞實存在，或由存在而歸於不存在之似有似存在，而非存在者矣。

然當吾人憑空孤提一世界或境界，而其謂外在於一生命存在與心靈時，或憑空孤提一生命存在心靈，而謂其外在於一世界或境界時，於此憑空孤提之事之外，人亦自有不如此憑空孤提，而見此生命存在與心靈，及其世界之互相內在之事。此卽如吾人於感覺互攝境中所謂如吾正聽聲，而不見色，色自外在於此聽，然可能見之色，自內在於可能有之見。如謂此可能見之色，爲超越外在於吾之心靈之所聽之聲，亦當謂此可能見之色，同時內在於此可能有之見。當吾人由聽聲而更見色時，即可同時證此色與見之互爲內在也。以此例一一生命存在心靈之活動與其世界之關係，皆同可作如此觀。則一切吾人所視爲互爲外在之「生命存在與心靈、對其世界或境界之關係」，簡名之曰心境關係，皆可由此中之心或境之轉變，而另見得一心境之互相內在之關係。言此中之心境關係，可視爲互相外在，乃將互相內在之心境關係，錯綜而觀，所成之說。依此錯綜而觀，以將一一境，與一一生命存在心靈及其活動，一一錯綜而觀，則自可說此一一境、一一心之活動，皆互相外在。然此錯綜而觀之外，既可歸于更另見得一心境互相內在之關係，則此錯綜而觀，非究竟觀，而只爲一人觀心境關係之過渡之觀而已。

此過渡之觀，自人所不能免。其所以不能免，乃由其爲吾人之心境之自然轉變中必經之一事。蓋吾人之心境之轉，恒由此心之先求自超越於其前境而轉，而當其自求超越於其前境之時，即向於此境外之另一境。當其初向於另一境之時，即必先視此另一境，外在於其當前所對之境，而如只爲一外在之客觀存在。此視另一境爲外在於其當前所對之境，而客觀存在，即所以助成此一心之活動，自其當前所對之境中，拔出而提起之事。人必有此前一步事，而後其心之活動，乃趣向於此另一境，方更有相應於此另一境之另一心之呈現，再自見此另一心之存在，亦自見此另一心之存在、與此另一境之相應，而互爲內在。當其未有與此另一境相應之心，而望有與此另一境相應之心時，亦可視此心爲尙未呈現之另一自己存在之心，不在此當前之境中，亦不在當前之心中之另一我之心、或一神靈心、或一自己之下意識心、或秘密之阿賴耶之心、如來藏之心等。此皆可說爲在我之當前之心外之心，亦如在此當前之心所對之境，有其外之境也。而人於此謂有此境外之境、與心外之心，皆所以助成此當前之心境之轉變，亦助成其轉變後之見得此心境之互爲內在，所不可少之一過渡之觀也。

在此過渡之觀之中，此生命存在之心靈，初乃由其前觀所對之境中拔出，而向於其他視爲客觀存在之外在之境，舍此不能有心靈與境界之轉變。故人初皆爲一天生之信有客觀存在之實在論者。卽一唯心論者，在其日常生活中，亦時時信有一超越於當前所對之境外之另一境，爲客觀實在也。然人於此，若能更思此客觀實在乃在思之之心之中，或爲其心靈之感覺活動所可感覺，其心靈之可能的情意行爲之所對，則又必見此境之內在於心，而屬於此心之主觀，而轉爲主觀唯心論者。然一主觀唯心論者，於念其可能有之心，尙未有，而求其實有，並信其必當化爲實有，亦必能並必將化爲實有之心時；則又必求化其當前之心爲非有，並視其當前之心爲當無，亦必將無，而成非實有，而當思其爲一將無而成非實有者。此一思其當前之心當無亦必將無而成非實有之思想歷程，同時卽爲在思想中將此當前之實有，否定之、而無之、非之之歷程。至於人之思此當化爲實有者之必能、必將化爲實有之思想歷程，則同時爲一將此心能化爲實有者，肯定之、有之、是之之歷程。由此人卽可以其所求其有之心靈，爲一超越於其當前之心靈之外之客觀實在之有，而人卽可有一超主觀的客觀的心靈之存在之肯定。此一客觀的心靈，又同時爲人之主觀的心靈之所求其化成，而被肯定爲有者。則其有，卽兼具爲超主觀之客觀、與通於主觀之二義，卽兼具主觀與客觀之二義，而亦兼統此主觀心靈中之當前之世界、與其求化成之心靈中之客觀世界者。而人亦可由其兼具此主觀與客觀之二義，而視之爲無此主客之分別之執着者，或兼通貫此主客世界，而亦主觀亦客觀者。當人能知此客觀的心靈爲兼通貫主觀客觀時，則人可實證此客觀之心靈，卽其主觀之心靈所求化成，而亦必能化成者。則此客觀心靈之雖超越於主觀，亦內在於「此主觀心靈之能化成」之內；此客觀心靈中之境界或世界，亦內在於此主觀心靈之能化成之「能」之內，與此「能」互相內在，而心境無不相應。于是前此之視客觀世界在主觀心靈之外、視一客觀心靈爲超主觀、而統此主觀心靈與其客觀世界，而在其外其上者，皆只爲一成就此最後之「見此客觀心靈之內在於主觀心靈之自求化成之活動之內，而在此活動中，見此中之客觀主觀之相應，而互爲內在」之究竟義者矣。

二、九境之次序之先後、與種類同異、及其層位之高低

由此上所說，故人之觀其生命存在與心靈、及其所對之世界或境界，初必視其所對之世界或境界，爲一客觀存在之世界；次乃視此客觀存在之世界，屬於一主觀之心靈；再次乃謂有一超主觀心靈與世界，統於此主客之上、或更超於主客之分別之外，以通貫此主與客、心靈與其世界。此卽吾人之論生命存在與心靈之境界，所以開爲次第九重而說，其中之初三爲客觀境，次三爲主觀境，後三爲超主客境之故也。

至於在客觀境，主觀境、超主客境中之所以各分爲三者，則以在此三類境中，在眞實義上，皆原有主觀客觀之二面，在客觀境中，自有觀此客觀境之主觀之生命存在與心靈在。唯此生命存在與心靈，未能自覺其所觀，卽在能觀之中，故稱客觀境。在此客觀境中，以主觀之生命存在與心靈，雖存在而不自覺其存在，故只爲此客觀境之呈現與存在之一背景，此背景以不自覺，卽如隱而不見，亦若不存在。唯於主觀境中，方自覺此客觀境在自覺中，亦自覺其感覺、觀照、道德實踐等心靈活動之存在。至於在超主客境中，則人更自覺此統主客、超主客、通主客者之存在，此卽主觀境、客觀境、超主客境三者之不同也。

今若更稍詳說三主觀境三客觀境及三超主客境之分別，則當知此任一境中之心靈，無論

自覺與否，皆可說有其自體；其所對境，尅就其自身看，亦有其自體；而體皆有相有用。然在前三之客觀境中，以主觀心靈不自覺其自身之能攝客觀境於其內，故初在第一客觀境中，只見有客觀境中之種種客觀存在之事物之存在，而視其自己之生命存在心靈，亦如只與之並在，爲客觀事物之一。此卽其自己之個體的生命存在與心靈，與其他萬物萬事，散殊並立於世界之萬物散殊境。然此萬物散殊境中之萬物，各有其性相性質之不同，而亦依此性相性質之不同，而可定其類之不同、與同屬某類之個體之數之不同，而各個體，則依類以成其變化。是爲客觀境中之第二境之依類成化境。然此有數之個體，依類以成其變化，則又可說爲此不同類之萬物，互以其功能作用，次序相感，而互爲因果，亦互爲手段，以各達「其類之得存在於世間」之目的之所致。此卽爲客觀境中第三境之功能序運境。在此中之萬物散殊境中，吾人之生命存在心靈，爲一自體，萬物亦各爲一自體，則體之義勝。於依類成化境中，萬萬不同之個體，各有萬萬不同之性相性質，以屬萬萬不同之類，則相之義勝。於功能序運境，言不同類之個體，以功能作用相感，則以用之義勝。在此三境，此生命存在心靈之爲體，乃與其所觀之客觀萬物中之一一物，可平觀爲客觀體者；此生命存在心靈自身之相，乃與其所對之萬物中之一一物，可平觀爲客觀相者；此生命存在心靈對境間之相互感通之功能作用，與一切萬物之互相感通之功能作用，則可平觀爲客觀之功能作用者。此卽前三境之可說爲一客觀境也。

至於次三境之所由開，則在由此生命存在心靈，自覺其所對之客觀萬物之世界，屬於其自身，而內在於其自身，以爲其境時，初乃自覺此客觀世界，乃其心靈感覺之所對。在此客觀世界中之物之諸相，雖一方是此客觀之物，對此心靈表現一功能作用之所生，然此諸相，皆內在於能感覺之心靈之中，而以此心靈爲此諸相之統。此心靈能統此所感覺之諸相，卽亦統此「表現其功能於此感覺心，以使之見此諸相」之物。於是此心靈卽首自見其爲在感覺世界中，能統其所感與萬物之一心靈主體，更見一切其所感覺而有生命存在之物之自身，亦爲一能感覺之心靈主體。此卽成一感覺主體之互攝境。然此心靈在自知其能感覺一切萬物之功能，而見其相時，亦同時能反觀自覺其感覺之事之相繼，所感覺之相之相繼，而見其在時間中，與一切可感覺者，同時並存於一空間中。此時間空間，卽人之自覺反觀其感覺，與所感覺者之次第生起，而又並在並存，以爲可感覺者，以與此自覺反觀之心靈俱起時，所用以安排此感覺活動與其可感覺之萬物之性相、功能、及其自體之存在地位者，而亦皆屬於此自覺反觀之心靈主體，而不能離之以自存在者矣。

然在此感覺互攝境中，此感覺之活動，乃限於對人之感覺，能實表現一功能作用之實有之個體之物，而感覺其相。由此感覺中之有諸相之生起，而此感覺卽一方可說爲自動的感覺，一方亦可說爲被動的感受。此心靈之求更自見爲一獨立之主體，卽必求超出此被動的感受之事。此則要在先將其所感覺之相，不視爲物之功能之所生，而就其生起後之只存於此感覺心靈之中，爲人之自覺反觀之所對，而以此自覺反觀之心，自觀其所對之相，而超離於其初所自生之被動的感受之事之外，亦超離於客觀之物之功能，主觀之心之功能之外，以觀此相。此相，卽化爲一純意義，爲純淨的觀照心之所可直覺的理解者。人能自由的想像種種可能的感覺相、與可能意義而觀照之，直覺的理解之，卽開闢出一廣大無邊之純相、純意義之觀照境。由此而有吾人前所說，由觀照意義而形成之文字語言世界，文學藝術世界，數量世界，邏輯世界，哲學觀照之世界。此卽最能見內在於此主體觀照心靈中之意義世界之種類之多，而遠較吾人在客觀之依類成化境，所見之萬物種類之多，尤多無窮倍者也。

然在此心靈之觀照境，其所觀照之境中之相或意義，無論如何複雜，皆只對此心而展現。此觀照境中之相或意義，非必爲通常經由感覺活動，而肯定爲存在之客觀世界之物所實有者。於此卽見觀照境，乃虛托於此感覺活動之上而形成。由此而人之感覺活動之繼續進行，而繼續感受所謂客觀之物之功能作用，而感覺得之種種相，卽可與此觀照心靈所正觀照之種種純相或純意義相違反，而衝突矛盾。此相違反而矛盾衝突，爲此心靈之所覺，則與此心靈之統一性相違；亦相矛盾衝突；由此而人之心靈，爲維持其自身之統一，以使自身統一的存在，卽可以其觀照境中所見得之意義，爲其感覺境中之現實的物相之理想意義，遂有進而求改變其感覺境之現實的物相，以實現此理想意義之一具體的理想。由求此理想之實現，而有改變其主觀的感覺活動、或所感覺之物相之一一對內或對外之行爲。此行爲，無論是對外或對內，皆是一道德的實踐之行爲。此行爲，皆爲人之欲改變主宰原有感覺境，實現其理想而致。然此能主宰原有感覺境之道德的心靈主體，則可稱爲原有感覺境之上一層位之純粹的心靈主體，而以其所形成之理想，爲其原初所直接觀照之內境；更以實踐此理想之行爲，爲此道德心靈之主體之功能作用，表現於其外之感覺境中，而求達其合內外之道德上之目的者。故人於觀照境中，只見得此心靈之所觀照之相或意義之大，而此心靈主體之用，亦只限於觀照此相或意義；尚未見此心靈主體，本其所觀照之理想意義，更形成一具體理想，以改變主宰其已有之感覺境之用。是卽見此能觀照之心靈主體之用，不如此能爲道德實踐，而爲一道德心靈之主體之用之大也。

此次三境中，在感覺互攝境，人之主觀心靈，初自覺其存在而爲一統攝所感覺世界之一主體，包攝一切感覺境，而特見其體大。在觀照境中，此主觀心靈，更自形成其觀照境，以顯無窮之可觀照之純相、或純意義，卽特見其相大。於道德實踐境中，此主體心靈能本其道德理想，以有對內對外之行爲以主宰感覺境，卽特見其用大。然此所見之相大用大，亦同屬於此心靈之主體。此中之體大、相大、用大，亦主體中之體相用之大。即主觀境中之體相用之大，與前說客觀境中之體相用之「由各爲一個體之客觀之萬物之無窮」，「由性相而定之萬物種類之無窮」，與「互相表現之作用功能之無窮」說來者，固不同，而皆較之高一層位，亦較之更見有一無窮之義，而其體相用之義，亦較之更大者也。

至於後三境中，則首爲超主客而統主客境中之歸向一神境，此乃在上述六境之上，信有一超越於主觀之心靈與客觀世界之上之一大心靈之存在，而統此主客之世界之全者。此一神或大心靈，自其自身而言，即爲一宇宙之實體，亦一完全之心靈，完全之存在，而至大無外者。然只視之爲超主客、統主客，而不見其亦在主觀心靈之內，則對人之主觀心靈爲超越外在，而依其自身，以觀人之主觀心靈，亦可視此主觀心靈爲自大心靈降落於其外者。故此主觀心靈必次第上達上升，然後得見此大心靈，不復是在其外者。然在歸向一神境中，只其最後一步，可使人之主觀心靈，上達至於此大心靈，而與之合一。在此合一之時，則此主觀心靈亦超主觀客觀之相對之境，而不可只稱爲一主觀心靈。緣此超相對之心靈，以觀主客境之分別，即必由如實觀法界諸法，而視主客分別爲妄執，而空此對主觀之我執、與對客觀之法執。依此主觀客觀之分別之執之破，以觀此大心靈，則此大心靈，即如兩山崩而天光降，以由上而下落，以安住於此無主觀客觀之分別之心靈境界中，人即無超臨於主客之上之大心靈之可見。任何能超主客之分別之生命存在或心靈，在其超此主客分別時，卽見有此大心靈在；則此大心靈，卽可說原在此任何能超主客分別之生命存在與心靈之自身之中。其初之不見其在，唯以其尚未超出主客之分別之執之故；卽尚未破執，而此執蔽障之之故。由人之自開其內外之執障，見其原在，則其在，卽在此執障之內部。於是此大心靈，卽不可說爲在有執障之生命存在或心靈之上，而當說其卽在有執障之心靈生命存在之內部之底層深處，而爲其本有之無盡藏、或本有之「無主客之分別執障，而超此分別之如來藏心、法界性起心或本有之佛性、佛心」矣。然此本有之如來藏心，乃遍在於有種種不同執障之生命存在與心靈之中，並透過此種種不同之執障，而顯現爲一自種種不同之執障中超拔解脫而出之歷程。故無量有情，歷無量劫，經無量世界，卽有無量方式，以成就此超拔解脫歷程之無量之相，卽見此中之相大。此卽不同於只言一大心靈之超於主客之世界之上者，此大心靈之不在一切執障中，亦不透過一切執障而表現，爲一超拔解脫之歷程者，尚無此相大之義者也。

然此視有一超主客分別之如來藏心等，內在於此一切生命存在與心靈之深處底層者，又不能眞知：此一超主客之心，卽表現於吾人當下之生命存在心靈，與當前客觀世界之次第感通之事之中，而在其正感通之時，可自超越忘却此外之無量世界，無量有情之存在者。此一能超越忘却無量劫中無量世界、無量有情，而不見其存在，與其一切相，以成就吾人之當下之一生命心靈與其所對境之存在，卽是以此超越忘却此中之一切相，爲成就此當下之生命心靈與其所對境之存在之用。此一當下之生命心靈與其所對境之存在，更有使其自身之存在，得次序相續之用。此當下之生命心靈之存在，能次序相續，卽見其有性，而此生命心靈所對之境，卽顯爲對此生命心靈有所命。此性之所向在境，此命之所命，卽心靈生命之存在之自身。由盡性與立命，以合見一道，卽一當下之通貫主觀客觀，而超越主客之分別之執障之外；亦同時統此中主觀客觀之世界之一道，或卽天道、卽人道之道。人之生命心靈，卽緣此道以顯其應境之感通之用，而境亦緣此道，以見其用於成此心靈生命之應境之感通之事之中。由此中之生命心靈與其境之互相感通，而相對相成，以有此心靈生命之活動之相繼變化；與此心靈生命之相續存在，而見此中之生命心靈與其境，在此相續不已之相互感通中之大用流行。是卽見此一主客感通境之爲一通主客而超主客之分別，其用之大於單純之超主客分別境中之相之用之大，亦超於單純之統主客境之上帝神靈之體之相之用之大者也。

在此上述之三境中，有直超主客，而見有一神爲之統者；有以超主客分別之執障，而超主客者；有由主客感通，而通主客，亦超主客分別之執障者。然皆是一超主客境，亦皆以超主客之生命心靈與其世界之體，爲其體。分而言之，亦皆有其相與用。然在歸向一神境中，上帝神靈之體大，而其相不如我法二空境中，由如實觀一切法，而破種種之我法之執，觀無量有情有無量方式之解脫歷程者，其所見之相之大。然此後者必破種種我法之執，而後人本有之佛心佛性，得呈其用，又不如視人當下之生命心靈，卽有超於一切執障之外之至善之本性本心爲體者，其用當下便是天道天德之流行顯現者，其用之大。故在此三境中之歸向一神境，只以體大勝；我法二空境，更以相大勝；盡性立命境，則再以用大勝也。

三、九境之轉易、進退、開闔與博約

此上說生命心靈與世界或境界，其所以開爲九境之故，及對此九境之陳述，已略見前文。若廣述，則無盡。今再約而論之，則此九境可只由吾人最後一境中主客感通境中開出，而主客之感通正爲吾人當前之一實事。在此實事中，吾人之生命心靈所對者爲境，卽爲客，其自身爲主。此一感通，卽通主客而超主客，亦統主客者。然此中只就客去看，則主可化爲客，而主之體相，亦化爲客之體相。主客感通之事，亦化爲客與客之感通。故有前三境。只就主看，則客之相、客之物，皆攝於主；而客之相皆爲主所覺，亦可使之自客之物游離脫開，而化爲純意義，由主加以觀照，更爲形成其道德理想之用，而本此理想以成其道德實踐，而改變主宰感覺境中主客之二面，以顯道德心靈之主體之用者。故有次三境。自主客之原可感通以爲用，則有超主客境。此超主客境，可對主客，而成爲在其上之神境，又可爲由破主客之分別之執，直下超越主客分別之佛心佛性呈現之境。然此無主客分別之境，又可卽在此當前之主客感通之事之中，一面盡主觀之性，一面立客觀之命，以通主客之境中。此則由人之以當前主客之感通中，本有超主客之一義，而卽以之統主客，破主客分別，而通主客所成之三境也。由此言之，則此九境者，只是吾人之心靈生命與其所對境有感通之一事之原可分爲三；而此中之三，皆可存於此三中之一，所開出。故約而論之，則此九可約爲三，三可約爲「吾人之心靈生命與境有感通」之一事而已。

此吾人之心靈生命與境之感通之一事，無論如何單純，吾人若加以反省，亦皆不難開爲上述九境。如對一當前之一白色境而有感通，則此一白色境中，其白爲一相，而以此一相，狀此境，推至心外，以附屬於此境，謂其存於此境之中，卽爲一個體之白的存在。此白的存在，卽可視爲一個體物。將此白之相，再收回此心，再以之狀此先已謂其有之白的個體物，或存在，此白卽成一性質或性相。對此性質性相，更加以自覺，卽形成一概念。以此概念之內容中之有此白，判斷此個體物或存在，而見其有吾人先所肯定之性質，卽此判斷爲眞，亦卽此概念之內容，與此存在物內容之性質，有一貫通；而可說此存在物屬於此概念所定之一類之物，更可說此物之數爲一。若人更以此概念用於另一白物，或對另一白物，再用一次，卽可說此呈於感覺之白物有二，或感覺此白物之感覺之次數爲二。於此吾人若說由感此白物，而見此白物之存在，有自持其爲白之功能，足爲因，以有排斥阻止其外之非白之色出現之果，及引生我之白之感覺之果；吾人之能感覺之活動，亦是施用於白物之一功能，而以此感覺白物之事爲果者，則此白之感覺，又可說兼以白物與此感覺活動爲因而成，亦此二因之果。吾人若以有一感覺之事爲目的，而開眼以生起感覺，或置白物於前，則皆爲其手段之一。此卽成前三境。於此，若吾人再自覺其有白之感覺與所感覺之白物之相，在感覺中，則又可謂此感覺之攝此白物。卽知凡所感覺之物，皆能爲感覺之活動之所攝者，而更本理性以知所感覺物之自身，亦可爲能感覺者，則入於感覺互攝境矣。由此再自觀照其心中之白之相、白之意義，則成觀照境。知此白之意義，而視之爲一理想意義，求一白物保存其白，或使不白之物成爲白，或使其感覺活動不向於非白之物，使非白之感覺不生起。此卽皆爲人之對內對外之一具體的理想。而人之求實現此理想，卽屬廣義之道德實踐境。此卽次三境。

由此更謂此白在我心靈中，亦在天地間，應有天地間之心靈之知之，卽進至歸向一神境。若謂此白不屬於我，亦不屬於客觀之天地，此白在我緣生性空，在客觀天地中亦爲緣生性空，爲一空中之法，則可進至超主客分別之我法二空之境。至於謂此白卽在我與境之感通之中，我有相續生起此白之感覺之性，白亦有命我相續生起此感覺之命，則爲盡性立命境之言矣。由此言之，則此九境者，皆可由人當下一念之次第轉進，而次第現出。其切近之義，乃人皆可由其當下之一念之如此次第轉進以求之者。此眞所謂「腸一日而九廻，魂須臾而九遷」也。

在此當下一念之次第轉進之中，人之初感一白，只是渾然之一主客感通，而無分別之境。是可名之爲零數之境。人將此白推附於境，而境中有個體之白的存在，爲一。於此將此白之相收回，爲心靈之所再把握，以成一概念。則個體之白的存在與此概念，相對爲二。今以此概念，判斷此個體之白的存在，而將此個體存在，視爲屬於此概念所定之類之一個體，而有數中之一。至於視此白的存在之恒自持其白之功能，足爲因，以有排斥阻止非白之色之出現，及引生我之感覺等果，則於上說之二之外，加果之一，爲三。人之自覺反觀其所感覺者，在能感覺之活動之中，則於此更當加此自覺反觀，以說爲四。將此所感覺之相，自主觀之感覺與客觀之存在，游離脫開，更由自覺反觀其感覺之心，化出一於原有之感覺心之外，只觀照此相之觀照心，則其數爲五。再加一實踐之行爲，以改變感覺境，其數爲六。超於前此主客六境之上，以肯定其上之大心靈或神，其數爲七。不作此肯定，唯見此中主觀之我執、客觀之法執之二空，以加於前六之上，其數爲八。不重見此二空，而於見此主客之相對之「二」之中，知其亦相感通為一，合為三，加於前六之上，則其數為九。則由其初之主客之無分別之零，至此主客感通為一，則其數止於九。感通為一，即亦無分別，而九則亦重返於原始主客無分別之零矣。

然此上歸於至約之一念之言，唯所以見一念之轉，卽可有此九境之現，以見九境之相通。然世間之事物，實無盡之複雜，固非如當前一白色之相，為一念之所能攝。吾人於世間無盡複雜之事物，實嘗分別屬之於不同層位之九境。吾人雖可將事物轉變其所屬之境，而化為另一境中之事物，然此轉變其所屬之境之事，亦非必皆為由低層以至於高層，如此上之例；亦可是將原在高層之事物，轉變為低層之事物。如吾人於世間之事物，固有只視之為客觀之個體之物者，如一般固有名詞之所表，及普通名詞之用以指特定時空之客觀個體物者。吾人所視為客觀個體物之性質性相，如形容詞之所表者，則或為吾人所視為只屬於客觀個體物，而為其本質本性，無其自身之獨立意義者。吾人此時之境界，只在萬物散殊境。然吾人亦可由此性質性相之為人所知，以形成一概念，而此概念有其普遍的意義，而可本之以定個體之類，而視性質性相，與知之而有之概念，及本概念而定之類之自身，為超於一一個體之上，而自有其獨立意義者，則吾人卽進至依類成化境。吾人於一形容詞所表之性質性相，畢竟是：以之只屬於個體事物，以使人退至一萬物散殊境，或是：將此性質性相，提舉而把握之知之，以只視爲概念之內容，更本之以定一個體物之類，而將此個體物亦屬於此類，而存於此上一層位之依類成化境；則一爲進至高層位境界之途，一爲退至低層位之境界之途，而二者固皆同爲可能者也。

其次，若吾人對物之性相性質，有所知，而形成一概念，以之定類以後，可只視此性質性相自身，有種種類，以形成種種類之概念爲止。復可更謂此物之性質性相，與其他之性質性相，有因果之關係。由此而一物之性質性相，即一物之功能作用，見於他物之表現，或爲他物功能作用，見於其自身之表現，則人由依類成化境進至功能序運境矣。吾人一般之主動詞所表者，即一物之作用功用之及於其他物者，被動詞之所表者，即一物之爲其他物之功能作用之所及者也。然吾人於此物及於他物之功能，亦可只視之爲此物之一性相，他物及於此物之功能，亦可視爲此他物之性相。如凡一主動詞之表現功能者，皆可轉爲一形容詞之只表性相者。如水流地中之「流」之動詞，可轉爲水是「能流地中的」之一形容詞。而此能流地中的，卽只爲表水之一性質性相，而非表水之能流入地中，而對地表現一功能作用，而與地可有一因果關係者矣。

此人之動詞所表之功能，可轉變爲形容詞所表一性質，此形容詞可再轉爲附屬於一名詞，更合成一名詞，以表一性質之屬於一名詞所指之個體。如水是綠之綠，連於水，而成綠水。則水屬綠之類之義，亦隱而不見，只見「綠水」之一物。此卽人在客觀三境中，次第由高層位之境，退入低層位之途。而吾人之由綠水之物，將其綠之性相提舉，以成綠之概念，而以形容詞表之，更視水之綠如一有一功能作用，以綠他物，如謂水綠此所倒映之雲彩，而如綠化此雲彩，則又爲人之客觀三境中次第由低層位之境，以進入高層位之境之事矣。

吾人由事物之有功能，更知：吾人之感覺一物之存在，卽其功能之表現於我之感覺，而生起此物之相於人之感覺中，而此相與生此相之功能，皆在此感覺中；便見此感覺心靈之能統攝不同物之功能，對于此心靈所表現之一切相。此心靈中並有時空之範疇，以安排一切感覺活動之時間、與所感覺之事物之性相之時間與空間中之地位，則吾人之思想自又再進至更高層位之境。然反之，將吾人心靈所感覺之相，皆一一只附屬於外物之功能，附屬於某類之外物，或某類中某個體物，則又爲吾人思想之次第退至於更低之層位之境矣。又吾人將初由自覺反觀，而知其由感覺而得之物相，更加以提升，以爲此心靈所觀照之純相、純意義，則爲再進至高層位之事。反之，將觀照境中所觀照之相，只作爲判斷感覺境中之事物所具之功能之用、與其相所屬之類，則又爲退至低層位之事。又將觀照之境之所視眞或美的「相」或「理想意義」，作一心靈中之具體理想之內容，以成一道德實踐之事，爲更前進一層位之事。由反之，將一心靈中道德理想，只自加以觀照，而爲一哲學的論述，又爲後退一層位之事。

人之心靈中之有道德理想，而更知有一超主觀心靈之上之宇宙大心靈，更具一完全之道德理想，爲一進之事，反此，而於此宇宙大心靈，只視同于人之主觀之具道德理想之心靈，無其超越之實在性，則爲一退之事。由此大心靈之在一切生命存在心靈之上，而爲唯一者，更知其普遍的存在於一切生命存在之心靈之深處底層，以爲其本有之佛心佛性，再爲一進之事；而將佛性佛心外在化，只視如一超越之神靈，又爲一退之事。知此深處底層之佛心佛性，亦顯于人之當前之心，爲其本心，此本心之本性自善，而在與當前之境之感通中，自求其盡性立命之事之相續而順行，卽可至於成聖成賢，於人德中見天德之流行，又爲一進之事；而只見當前之心中之有執障，謂人之眞正之善心善性，只存在於其心靈或生命之底層深處，永爲執障所覆，則爲一退之事。人知在與當前之境感通中，求盡性立命，而見天德流行於人德中，此具人德之人格之爲一獨體之人格，而亦一存於高層位之萬物散殊境中，亦爲一進之事。反之，謂萬物散殊境中，無此獨體之人格，又爲一退之事。要之，此九境之可始終相轉，如環無端，而由低層之境進至高層之境，或由高層再退至低層，又爲進退無恒，上下無常者也。

在此諸境中，無論自智慧或德行上言，人之生命存在與其心靈及世界中之事物，固有原屬於高境者，或原屬於低境者。若能如實知其所屬，而有一與之相應之當然的感通之道，則皆是、而皆善。若不如實而知其所屬，以淆亂其層位，則必引致思想上之種種疑難與偏執錯誤之見，而使人更無與境相應之當然的感通之道，則人之行亦恒不能盡善，而或歸於不善。此九境者，固原有其可如此開之理。人在其生活境界中，亦實有此九境。東西之哲人，亦嘗分別偏重中之一境，或多境而論之。故此書對此九境，一一分別述其可如此開而說之之故，並於每一境中評論昔之哲人與一般之人於此所生之偏執之見，而疏釋其中之疑難。而見此九境，雖可互相蔽障，然亦皆可分別其種類，依其序次，以別其層位，而使人知所以進退升降於其間之途；知於何事物當升而進之，於何事物當降而退之，以使之各得其位，而不相為蔽障。至於在一一境中之事物，其數固無盡，而當隨人之思想生活之住於其境者，依其事物之在其境中者之種類，而次序展現於前時，於其中再分高低之層位。此則可開為無量境，非人之所得而盡論。學者之所以成學，教者之所以成教，同皆為無盡之事業。卽聖賢之所以異乎常人，亦唯在智慧之所運，恒不以執障自蔽，而能隨境感通，各合乎當然之道，而其心靈與生活中，自有光明之遍照，以純亦不已；而於人之感有思想上之疑難，生活上之徬徨歧路之時，能本其思想上生活上之所歷者，而告之無隱。固非其於一一境中之一一事物，皆眞全知之遍歷之之謂。若其然也，則世間只需一聖人而已足，不必更有衆聖賢，與芸芸衆生也。故聖人亦在一一境中，自有其學，以成其教。此孔子之所以唯以學不厭，教不倦為說。易經之卦之終於未濟，中庸之只終於言文王之純亦不已也。此爲學之事之所以不可不博學於文也。然自其約者而觀，則此九境自不必更開之爲無窮，亦可約之爲主觀境，客觀境，主客境之三，更可約之爲此生命存在之心靈與境感通之一事。此當下生命存在之心靈，與當前之境感通之一事，更可收歸於一念，而由此念之自化而自生，以成此生命心靈在九境中之神運。其自化爲坤道，自生爲乾道。生則心開而有念，化則心闔而無念。至於無念，則約之極，而無可約，則如道教之言九轉還丹，而不再轉。然由無念而有念，念之無盡，又可由約至博。則此九境者，對欲以博說之心言，則至博可開爲無盡，對欲以約說之心言，亦卽至約，而更無可約。則博說或約說，固不相爲礙矣。

第二十九章　專觀盡性立命境之通達餘境義

——當下生活之理性化——超越的信仰——精神的空間、具體的理性、與性情之表現為餘情

一、當下生活之理性化——保合太和

上章言生命存在心靈之九境，乃與此生命存在心靈之種種感通之能，俱生俱起，亦俱轉易變化，以俱進而俱退，俱開而俱闔。此中之主觀、客觀、及其感通，共爲三，三者互澈而成九境，約九爲三，更還歸主客之感通之一念，至無念，則可約之於至一、至無。此爲前章之大旨，乃要在總持前論九境，以見其次第開出，非散立而不相通，尤非一成而不可化，乃皆在此生命存在心靈之自在流行中；而使吾人之哲學思辨、哲學智慧，得還原於發此思辨智慧之生命存在心靈之自身，此卽所以完成此哲學思辨智慧之用。然此中人之生命存在心靈，尚有其非哲學之日常生活。此日常生活之零散，非如哲學思想之可成一系統。一切哲學思想

固皆可收歸於吾人所說之主客之感通之一概念，然此主客之感通之一概念之所指之生活，仍爲種種特殊之主客感通之情境。此諸情境，在吾人之日常生活中，仍可是一一散列，而互不相通。今欲使此一一散列之生活情境，自相爲通，則哲學之理性，必化爲生活中之理性，而不只使哲學理性化，亦當使生活理性化。依吾人前文所論純思辨哲學之地位，初在第五境之觀照凌虛境之末，而可過渡至道德實踐境以後諸境之論述，以成實踐之哲學者。在此道德實踐以後諸境之論述中，所論述者已是生活中之理性之表現。然此論述實踐之哲學，仍依於哲學思辨，而未能超出思辨。則吾今若再論哲學之理性外，有生活之理性，無論吾如何論述，亦仍是思辨此生活中理性之事，而不能超出思辨。此卽黑格耳之所以謂哲學之精神，爲一最後之精神表現之旨。然此說乃一錯誤之說。其錯誤在不知思辨之隨其所思辨之所對，而自轉易。思辨之目標，在凸出所思辨者。所思辨者旣已凸出，此思辨卽隱於此所思辨者之後，更功成而身退。故思辨實踐之哲學，或思辨此生活中理性之思辨，若自其所思辨者皆在思辨中觀之，人固永不能逃於思辨之外，而思辨爲最後者。然自此思辨只所以凸出實踐之事，或成就生活之理性化看，則哲學思辨，非最後，哲學思辨之最後，爲其自身之功成而身退。此哲學之思辨，由思辨非實踐性之哲學問題，至系統性的思辨生活中理性之表現於實踐之問題，卽哲學之開始引退之第一步。而在系統性的思辨中，指出非系統性的一一散列之生活之情境之存在，與如何使生活理性化之道，卽哲學思辨之引退之第二步。此一思辨之完成，卽哲學思辨之完全引退。吾今之下文卽將作此第二步之事。

此第二步之事，要在思辨在此一一散列之生活情境中如何能有生活之理性化。此生活之理性化之最後目標，又何所在；又人須有何信念、或信仰，以保證此目標之達到。此所謂一一散列之生活情境，乃吾人現實生活中之情境。此中之每一情境，皆可視爲一個體之情境，而具有此一一情境相繼之生活的吾人之生命存在與心靈，亦初只爲一個體之生命存在與心靈。此中，一一情境不全同，而屬於不同之類。我之一個人，與其他個人個體之生命存在心靈，亦至少有其一般心理上之氣質之不同，而屬不同類之人。我個人與其他個人，在一一情境中，能懷之目的，與爲種種手段事，以達其目的之能力或功能，及其所感覺、所觀照之世界，亦互不同類。卽我個人任一當下之生活情境，亦與我之前時及後時之生活情境不同，以各爲一唯一無二之情境。此卽吾人之當下之生活，恒在萬物散殊境中，而爲一個體之唯一無二之生活之謂。故吾人言生活之理性化，首卽當使此當下生活理性化。於此當下生活理性化，吾將謂其卽吾人於第九境盡性立命境中所說之盡此個體之性立此個體之命之事。此盡性立命之事，亦同時是第六境中道德實踐境中之事。而人之道德實踐中，亦有人之盡其能以立功之事，則又通于功能序運境。此中盡性立命，乃通主觀客觀說，道德實踐是自主觀說；盡其能，以立功之事，則是自客觀說。故三義不同。然在盡性立命之義中，則涵餘二，故今可通之爲一也。

此當下生活之理性化，即盡性立命之事。故吾人今之論當下生活之理性化之道，初只是前論盡性立命之引申義，與補充義。此引申義、補充義，只在說吾人之生活之理性化，除此當下之情境之外，不能更有始點，吾人亦須更眞實了解此始點之性質內容。所謂不能外有始點者，卽吾人之生命存在與心靈，必須先面對此當下之境，而開朗，以依性生情，而見此境如對我有所命。此中性情所向在境，此境亦向在性情，以如有所命；而情境相召，性命相呼，以合爲一相應之和，整一之全，此卽一原始之太和、太一。境來爲命，情往爲性。知命而性承之，爲坤道，立命而性以盡，爲乾道。乾坤保合而爲太極，則一一生活之事之生起，皆無極而太極，如一一生命之成，一一世界之開闢，皆無極而太極之事。其大小不同，義無分別，朱子所謂「一物一太極」是也。此所謂太極、太一、太和，名義亦略有別。和以相對之兩之相應言，一以統兩言，極以一統兩，而見其中之樞極言。此要必由乾坤之保合而後見，今不必多事分疏。總之，此諸名皆指天道，亦指人道，必此吾人當下生活所在，當下之生命存在與心靈之人道所在，亦此乾坤太極、太一、太和之天道之所在；然後吾人之性命之德之流行，方可同時爲天德流行。此乃吾人欲使吾人之生活理性化，首當識取之一義。

此一義之所以首當識取，在吾人之日常生活，雖實存於此一情境相呼，性命保合之境，人恒不能自覺而自識其在此境。其所以不能自覺自識，亦有其理由與原因。此理由與原因，却恒非人所自覺自識。此理由與原因在：此當下之情境本身，亦在遷流轉變之中；而二者初不必能相應而轉，故或境往而情留，或情往而境留。蓋人情之應其所知所思之境，此境固有其性相，而有其所屬之類；此性相與類，爲人之所知，而人對之有概念；此性相與類之概念，自有其普遍性；於是人順此概念之普遍性，以思時，此思恒超越於當前具體之境之外；亦不以當前境之往，遂止其思，而其思可留于初所思。於是，人之情之初繫於一當前之境者，卽不隨當前境往，而亦留于其初所思，則境往而情留；若其情更隨其思之所往而往，則情往而可任境之留。人遂以情境爲相對分立，而非一。然實則此思有所往，此所往，卽此思之境；與此思俱往之情，亦卽以此思所往之境爲境。此思有所留，此所留卽思之境；此與思俱留之情，亦卽以此思所留之境爲境。此中仍處處有一心之思及情，與境之相應，而相保合之全體在。然人若無此進一層之反省與自覺，而徒見此境往而思與情或留，思與情往而境或留，乃以此思及情，與境分立而爲三，遂不見此三者之保合，實皆無時而不在；則乾坤裂而太和破，太一分而永不見其合，而盡性立命之事，生活之理性化之事，皆若無其當下之始點足據，而必先求之於此一當下之生活情境之外矣。

依此境往情留，情往境留之情形，而人心之思及情與境之分爲三，被誤視爲一眞實之後，人之思想，與順思想而有之性情，其緣概念之普遍性而進行，在一義上卽皆依一理性而進行者；而一一具體之境，卽若與此理性相對反，而成非理性者。人之只求住於具體之境者，則又必以只順概念之普遍性，而使人之思及情與之俱往者，爲虛幻而不實。人之生命之迭蕩於此二間者，卽必感一生命之內在的分裂矛盾。二者之力之相抵相消，卽使生命之存在，必然日歸於無意義，亦日近於死亡。人之具體之生命之存在與生活，亦卽無理性化之可能矣。

然人能自覺。故卽在此情往境留，境往情留之情形下，人由其高一層之自覺，仍可見得有：人之心之思及情與境之互相保合之一全體在，則無論人之所感之情境之分裂之爲如何，皆可知其分裂，乃在一未嘗分裂之一全體中。人亦卽皆可知：于此一切分裂與矛盾，皆應有其所以彌補融和之道，而生活之理性化，以成就生命之眞實存在之道，卽皆可得而言矣。

此生活之理性化之道，不在只順思想中之有普遍性之概念，以生情，亦不在只住於具體境中，以生情，而在通此二者，以爲人之心靈之當下境，而恒視此二者在一全體之當下境中。人固不能無思，此思之所運，固可無所不及，亦無能止人之思者。然人之生命，亦必與一所感之具體境相接，人亦不能離一所感之具體境而存在。此中，人之心靈之思想，要在往而能復；人之心靈對一具體境之感，要在住而能往。此中之往復，要在圓轉如環，而周流不息，以向於環中，使人對所感之具體境之具體的反應，皆理性化，兼使依理性而有之思想情感皆具體化，而通此所感所思，以爲人之心靈之當下之一全體之境，而恒有此一全體之在念。由此，人卽得其盡性立命之事之一眞實的始點，而外此亦不能更有人之生活之理性化之始點也。

二、當下生活中之超越的信仰——畢竟成聖之信仰之消極的運用及神聖不二義

然吾人於知此生活之理性化之始點之後，再須知此始點之性質與內容，而更正視上述之情往境留，境往情留，所造成之情境之分立，而致之分裂矛盾；而當知此分立分裂矛盾之彌補融和之事，乃在一進程中，非在人成聖之時，乃不能全加以融和者。自一般而言，人之成聖，乃恒爲吾人之一生所不能辦者。故來生之生命之肯定與信仰，以使人之成聖爲眞實可能，亦爲人之盡性立命之事中，所不可少者。此中之分立、分裂、矛盾之所以恒不能全加以融和，非謂人不能有對一境之合理性的思想與行爲反應，而有種種相對範圍內之生活之理性

化；而是說，吾人之思想與行爲反應之合理性者，其本身恒賴吾人之思之而後得其當，而凡由思之而得其當者，皆先經一不當而後當。凡經不當而後當者，則皆可再還至此不當，卽止於此不當，而不更繼此以求其當。故凡人賴思之而得其當者，卽皆有不再得此當之可能，而人卽不能保證其後此之思想與行爲反應所成之生活之必然合理。人若不至一：不待先經一不當之思，而其對境之生活，自然無不當，所謂「不思而中，不勉而得」之境，則人之生活無能眞實的理性化者。此「不思而中，不勉而得」之境，則唯是聖人之境，而爲一般人之所不能至者也。

然吾人之生活雖不能至「不思而中，不勉而得」之境，吾人又必肯定此事爲可能。其所以爲可能，卽在吾人之可有之思而當之事之中。吾人之由思而當，固恒須先經一不當，後乃更去此不當，以成其當。然此先經之不當，乃吾人後所必去者。既經之而又必去之者，則非必然有者，而可自始不有者。則聖人之「不思而中，不勉而得」，卽應爲可能者。吾人之恒須先經不當，而更去其不當，則此不當者，亦可才生而卽去，而不更生，則人亦卽可由此去之工夫，以學至於聖人之「不思而中，不勉而得」，而當謂吾人之爲聖人之事爲可能也。

然吾人若自反省其生活，則又皆可知其生活之合理者，恒只是由思而當，卽先經不當而當。此卽見吾人之非聖人。今如何使吾人之生活之合理，至於皆是不思而中，不勉而得，則事實上非常人之一生所能辨。此卽同於說：在常人之一生中，固有一爲聖人之功能，使其爲聖人成可能；唯以此功能之非其一生所能實現，而後在事實上非聖人。然此事實上之非聖人，並不礙此功能之存在。此功能爲一能實現之功能，而說此功能，能實現，又必涵其在實際上必有實現之時。此則可依吾人於我法二空境所言實能與必然實現之義去理解，今不擬更贅。由此而人在其今生之不能由學以至聖人，卽必涵其有來生之存在，以使之得至於聖人，因能實現之功能，實際上必有其實現之時故。此一人之有此使生活全理性化，以至於聖人，人之今生不能成聖，亦可在他生中成聖，乃一超越之信仰，而不能由一生之經驗必然加以證實者。如康德之言人之道德生活之完成，待於靈魂之不朽，乃一超越之信仰，非此生經驗所能證實。原吾人之所以非聖，唯以其尙是凡。然尙是凡者，當超凡入聖。由凡之可超；則凡非凡；由聖之可入，則非聖亦非非聖，而凡心具成聖之理。依此理說，則佛與衆生，凡與聖，卽無差別。然依事說，則凡畢竟非聖，唯能成聖；欲其實成，則待修爲。人依理觀，知此凡聖之無差別之義，以有其必能成聖之自信，亦修爲之所不可少。無此自信，聖亦必不成。然有此自信，自事上觀，亦不能必其今生成聖。若其不能今生成，而信其來生之必能成，卽仍爲一超越的信仰。此一超越信仰之本身，爲吾人之求生活理性化以成聖，所應包涵之一信仰。人有此信仰，而不于今生成聖，亦可於來生成聖。然中國之昔之儒者，則直就人之性善，以言人皆可以爲堯舜，而教學者以必爲聖人之志，而更不說有來生，以免其忽其在當下之情境中之所當有之學爲聖人之事，而懈怠其當下之工夫，以留俟於他生。然吾今則必須更攝佛家之義，以言有此他生。其意非在敎人，將其學爲聖人之事，留俟他生，而在使人知其今生不成，來生亦必可成。今生之學聖，可只爲陽生，來生之成，方爲陰成，而以此增其自信。此來生之說，對人今生之道德生活，或生活理性化之事言，自亦可有害。此卽人或爲來生求福祿，而以今生之道德生活之事爲手段。此卽一道德生活之墮落。人之念念在來生，亦可使人之道德生活無迫切之志，而成懈怠，如上所提及。但此乃人對此來生，作積極的想像，於來生之觀念，亦對之作積極的使用之故。然吾人於來生之觀念，可只作一消極的使用，對來生不形成任何積極的想像，而只以此觀念，消極的破除人之一死無復餘之斷滅見，或今生不成聖，則成聖之希望永絕之斷滅見。能去此斷滅見，卽可增人之自信。此斷滅見之破除，其意義純爲消極的。人若本無此斷滅見，固亦不須信有來生。故此來生之說，不說亦未嘗不可。如先儒之不說來生是也。然先儒亦有鬼神之義，以去此斷滅見。今世之人，則以種種唯物主義、經驗主義之說，橫塞其心，而斷滅見乃深固而不可拔。故當以此來生之說，破此斷滅見。人欲眞成就其道德生活，求生活之理性化者，亦當先有此一超越的信仰，以阻其斷滅見，而保持其學聖之事於不墜。此亦非姑爲是說，而是其本身原爲一建基於人之理性，而不容不立之一信仰也。

爲此信仰建基之理性根據，除實有之功能必能現實化之外，亦在人之道德生活，或生活理性化，乃一個人之事。此個人之事，必自成其相續之一歷程，不至其極則不止。此所謂不止，依佛家義說，原不只是個人道德生活上之事，必相續而不止，不以一生而斷；卽其餘任何個人生活上之事，亦相續不止，不以一生而斷。然在個人生活之不合乎理性者，恒前後互相矛盾，以跌宕而不寧，乃多悔而不能自安。則人之生命於此，乃以無所歸之極，而永不止。故人之生活多分不合理者，其由今生以至來生，唯是長流轉於生死之途。然人之生活之合乎理性者，其前後互相一致，而貫通者，人於此卽無悔，而可自安。當人之生活全部理性化時，則其生活中之點點滴滴之事，皆可透過其生命之全程以觀，而一一皆爲合乎理性，亦卽皆爲通貫此全程，而見一普遍之意義，以爲當有必有；卽皆以此理性爲其所歸之極，而止於此極者。故當人之生活全部皆合理性化時，則其生活中點點滴滴之事，初雖存於一時一地，然由其具普遍之意義，卽無異存在於此生命存在之一切時，一切地之中，而兼有一永恒的意義，乃不屬於流轉之途，亦超於生死之輪轉之外。一全部理性化之生活所成之生命，卽爲無一般所謂生死之永恒之生命，而人成聖，卽其生命之有所歸之極，而至其極，以得其所止息之處之生命也。

此所謂成聖之生命，爲至其極而得其所止息之生命云云，非謂此生命至此卽無所事事，而是說其自此以往，其生命之活動，全是不思而中，不勉而得之自然合理，卽純是天理流行，天德流行，如孔子之七十而從心所欲不踰矩。此一生命生活之全部合理化，而有其至極，乃吾人所必須設定者。此中涵蘊一成聖者之先必爲一個體。此個體對外之事業可無窮，然其對內所化除之不合理之生活，則亦爲有限。因若其對內所化除之不合理之生活，亦爲無窮，則聖永不能成故。此聖先必爲一個體之說，乃所以使聖所化除之不合理之生活爲有限，而使成聖之事可能者。依此說，則吾人不能直下說：一切聖人之生命存在，與其餘一切生命存在，皆一統體之大生命存在之一部分或分枝。因若其只爲一大生命存在一部份或分枝，則若非一切生命存在之生活，皆全部合理化，聖不能獨成；而有一生命存在之生活爲染汚，聖亦不能清淨。則聖人之救世，亦無異以盲引衆盲。故泛神論絕對論之說，皆不可從。然聖自有其對外事業之無盡。此卽由其生活之全理性化，其心靈之全理性化；卽同時必不能滿足於其個人生活之理性化，更必求一切生命存在之生活之皆理性化，以教化他人，而普度有情之故。故聖必求一切人皆爲聖，必求一切有情皆爲聖，而其教化普度之事業，乃無窮盡者。故儒有人皆可以爲堯舜之義，佛有一切有情皆能成佛之義。此皆依於人有仁心仁性不容已而生之信仰也。

此一儒家之人皆可以爲堯舜，佛家之普度有情，謂一切有情皆能成佛之信仰，亦爲一超越的信仰。依佛家之普度有情之義，謂成佛者可將其自身之覺悟功德，遍施一切有情生命，以啓發其覺悟、成其功德，而言一切有情生命皆能成佛。人只自經驗事實觀，恒以爲荒誕。然此亦如謂人皆可成聖者，自經驗事實而觀，同爲荒誕。然實則此二者，皆一成聖者，依其生命存在心靈之全部理性化，而必如此願望，亦必以此爲皆眞實可能者。因成聖者之生命存在中，其依理性而生之情，乃一無盡之情。此無盡之情，乃是一於其所至之極境，望人能赴，望一切生命存在能赴，而一無所吝留之情。故有一人生命存在，未至此極境，其心皆有不安，其情皆有所不忍，皆如己之使之不至此境。如禹思天下有飢者，猶己飢之，稷思天下有溺者，猶己溺之。故其願望一切人成聖，一切生命存在成聖，乃必然而不容已者，否則與其自身之生命存在在心靈中之理性，自相違反。依此願望之爲一不容已之必然願望，則同時有此願望必當實現，必能實現之一信念，一思想。於此若非有一能必然阻止此願望之實現者，此信念此思想卽不能阻止。而經驗事實上，人之非聖，諸現前之有情生命之非聖，皆不能爲其永不能成聖之證，亦不能阻止此思想此信念之獨自進行。人若據經驗事實，謂此人與一切有情生命皆可成聖，爲不可思議之事，則誠然誠然；但此不可思議，亦並不較人之懷胎十月，而由一細胞發育爲胎兒之事，更不可思議；亦不較一睡十小時而淸晨忽然以醒之事，更不可思議。人若必黏着經驗事實之如此，以思議者，則任何一剎那之事實之變爲另一事實，皆同不可思議。然在一切不可思議者之外，思議無得而證實，亦無得而否證者之外，人自有一順其願望之所往，其情之所往，而亦與之俱往之思想；此思想卽順願望之無礙，而亦與之無礙，隨願望之普遍化，無所不運，而與之俱無所不運。此願望自身之依理性而不容已的發，卽直接保證由此願望而生之情與思想，爲理性的情，理性的思想，亦爲當不容已的發者。此中之願望，爲超越的願望，情爲超越的情，思想亦爲超越的思想，其自身既已遠溢於經驗事實之外，自必非此事實之所能證實。然此思想，亦視此證實如土苴草芥之不若，以自翺翔於天外，而唯由此思想之相繼，而不容已的如此生，以前前後後自相印證，以自信不疑，而成其超越的信仰而已矣。依聖之願望，必信人皆可成聖，一切有情皆可成聖。吾人今若以聖人之願望爲願望，亦將同有此超越的信仰也。

人依此超越的信仰，而信仰一切人與有情，皆能成聖而自求成聖者，必願望其外之一切生命存在之成聖，而永以此願望，涵攝其外一切生命之存在，則亦必願望其自己與其外之一切生命存在，成聖之後，其聖心之互相涵攝。此初視爲一一個體之聖，在其「心各能涵攝其外之一切生命存在，而一一聖心能互相涵攝」之意義下，卽不能只視爲分立之一一個體。若謂之爲一一個體，此一一個體，當是全部開朗，而外無邊界之個體，而互以他爲自之個體，卽無異爲一個體。今若逕謂之爲一個體，則諸聖體無異一神體，諸聖之心，卽一神心，合爲一神聖心體。然此所謂一體，乃自其非多個體而說。自諸聖之各原爲一有情生命之個體所成，而有個體義以觀，則此一亦原自非一，于此神聖心體，亦只宜以非一非多，卽一卽多說之。此於下章第六節，當更詳及。

復次，依此超越的信仰，說人成聖或有情生命成聖，卽是先說人與有情生命，而後說聖。人與有情生命爲始，聖爲終。然此只是由吾人之先見其爲人，爲有情生命，故可如此說。然由先至後，卽先化而後生，此先化與後生之二事，又並無先後，如前論因化而果生，實亦同時。因化果生，卽因隱果顯。於此人之由超凡入聖之事，遂不當只如上文之說，謂此由於凡心自有成聖心之理，而當說此人之超凡入聖，卽人之凡心開而其聖心自出，爲凡之人隱，而爲聖之人顯。凡心中自始藏聖心，凡體中自始藏聖體。如佛家之言有自性佛，陽明之言個個人心有仲尼。若如此說，則聖心卽不特在理上爲人所能有，而亦是在事上人所原有，而自本自根者；而人與有情生命之體，無始以來，原是一自本自根之聖體，唯以凡心凡體爲障蔽，遂皆不顯耳。人之學聖，卽所以去此凡心凡體之障蔽，以顯此自本自根之聖心聖體。上文言聖體原神體，聖心卽神心，合名爲神聖心體。此神聖心體，固自本自根。然當其未顯，而人視之爲超越外在於現有之凡心，遂單名之曰神。宗教家卽有神造人或神降世爲人，人自去其不合於神者，方再升合於神之說。依此以謂人之生命存在，乃以自本自根之神爲本根，亦可說。人初不知其生命存在之本根之神聖心體，卽在自己之凡心中，遂上望此本根，而只視爲超越外在，亦在一階段中不免之事。然神不顯於人，使人成聖，則神亦未盡其能，而非能自足自成之神。有如說人原具自本自根之聖心，而未顯者，亦非自足自成之聖。則神必顯於人之成聖，而亦爲後於人之成聖，方可進於自足自成之神者。故必合神聖以爲一兼超越而亦內在於人心之神聖之心體，方得其義之全。此則非世之宗教家之所及者也。

然對此人與一切有情生命皆可成聖，以及對神聖心體之非一非多，與自本自根之信仰等，又皆當取其消極義，而不取其積極義。所謂取其消極義者，卽以此一切人與有情之皆能成聖，以銷除人與有情必不能成聖之想；以聖卽神，銷除聖神互外之想；以神聖心體之非一非多，銷除於神聖心體，作數量之想；以神聖心體之自本自根，銷除聖神純由造作而成之想；而非意在以此諸信仰，使人離其當下心靈之其他種種之感通，以求其生活之理性化。若人離其當下心靈之種種感通，以求其生活之理性化，而徒事於對此類信仰作想像思辨之玄想，則皆不出佛家所謂戲論，而非成賢成聖之實學。欲有此實學，吾人於此經驗世界以外之存在，要在信之而不疑後，更能存之而不論。莊子所謂「六合之外，聖人存而不論」是也。然人之只知有經驗世界中存在之人與有情生命者，恒就其經驗之所及，而於知其性相，更定其類之後，卽牢執之而不能破；見聖心之情無盡，而其事業無盡，則以聖不能獨成，非個體；見聖之能獨成爲一個體，卽視如一般之個體。此卽不知聖之事業無盡，恒普望一切人與有情生命之成聖，其心卽非一般之個體之心，唯是一全部開朗，無邊界，而無異一神心，其體卽神體，以合名爲一神聖心體。人以不知此義，而於神亦或執一神，執多神，或執神體在聖先，或執聖體純由人造作而成，不知此神聖心體既非一非多，「聖心聖體亦有先在，不由造作而成」之義，神亦有「後在於人之成聖，而後能爲自足自成之神」之義。故必本上所說立正信，銷除此諸迷執。此迷執既銷，此正信之用卽顯。而人亦不須對此諸信仰更作想像思辨之玄想，而唯當還至其當下心靈之其他種種感通中，求其生活之理性化，方爲盡性立命以成聖，而達於神聖之境之正道也。

三、衆生界不空義與善惡果報之信仰之消極的運用

然吾人欲在當下心靈之種種感通中，求生活之理性化，尚有二問題，必須先涉及。一爲佛家唯識宗所提出之若一切有情衆生皆可普度而衆生界空，佛聖將無事業可作，無功德可見之問題。此一問題自是不急之務。然在理論上，人亦原可有此一問題。因若一切有情，皆成

佛成聖，則亦似將使此佛聖之普度有情之事有斷絕，而其功德有盡，而使人之成聖之後，功德亦當有斷。對此問題，若說世界有無盡有情之相續化生，則此問題可免。再如依唯識宗之說有情生命有永不能成佛聖者，恒待佛聖對之長施功德，此問題亦可免。又設有情無窮而善解此無窮，此問題亦可免。然無盡有情之相續化生，必依化生之生命功能，此功能應無所謂化生。又若有一有情永不能成佛聖，則與佛之普度衆生之願望相違，亦與前所說一切有情皆能成聖之旨相違。則唯有謂有情無窮，以使佛聖普度有情之事業，得無窮。然如何知有情之數必爲無窮？又佛聖以無窮功德化度無窮有情，有情成佛聖者日多，而有情之未成佛聖者日少，豈不當有窮彼有情之無窮之一日？此則皆不能據經驗事實以答。以經驗事實中無無窮之經驗故。亦不能依一般理性以答，因依一般理性，亦不能積極的把握無窮，而比較無窮之大小故。然吾人仍可謂若佛聖之事業功德無窮，則有情之數不能爲有窮，而不應有此窮，即應爲無有此窮。人之欲成佛聖，而欲其事業功德之無窮者，則世界應有無窮之事業，其有情之數亦應無有窮，方可容此成聖者之無窮之功德與事業。對此中之無窮之善解，是凡以一後繼之無窮，隨先已有之無窮，而求窮其無窮之事，在一次序歷程中看，則縱二無窮之項目相等，其所成之歷程之自身，仍是一繼續不斷之無窮。則卽所謂佛聖之功德之無窮，能窮彼有情數之無窮，此一歷程仍是無窮也。於此義則必依於佛聖之普度有情之功德，亦在一次序之歷程中，而後可說，亦卽其功德仍在一流行之境，以次序致果，而後可說。若其無窮功德，可只在一時卽平等遍施於無窮衆生，如數學中以無窮項之一系列，與另一無窮項系列，一一相對應，則此無窮功德之一時平等施於無窮衆生，便可一時致果，一切有情卽皆當一時成佛，而衆生界空；則上來之義，亦將不能立。故吾人所謂天德次序流行之境，亦一切佛聖同在之境，今依此次序致果之義以觀，則佛聖化度有情之事，雖歷無窮劫，待化度之有情，仍是無窮。然其次序化度之歷程中，以後觀前所化度者，卽仍有所增益，卽非無其功德事業之增進；而可說佛聖之化度衆生之功德，窮未來際，而亦與未來之無窮，同爲無窮。然此中之有情之無窮，佛聖之功德之無窮，皆非經驗事實可證實者，亦非一般理性所推知，唯依佛聖之願望無窮，事業功德應無窮，而爲人所必有之一超越的信仰也。

對此佛家之超越的信仰，吾亦以爲其可建立，亦當建立。然其最切近之根據，唯在吾人當下之道德生活或生活之理性化之本身之必求相續，而能相續。吾人當下之道德生活，或生活之理性化，旣必求相續而能相續，則極至於成聖成佛，以普度有情之事，亦必求相續，而亦能相續。凡相續之事，卽皆不知其未來之限極，而爲無有窮盡者。吾人只須眞知此道德生活，必求相續，而能相續，則順其必求相續，而能相續之志願，所發出之思想信仰，亦爲必自求相續而能相續者矣。

然對此佛家之此超越的信仰，人若只自其積極的意義上措思，而往想像佛聖之如何在無量世界中，化度無量有情，則又可使人之思想，馳出於人在當下之生活中，求感通於其所對之境，或使其當下生活於理性化之事之外。於此，吾將對此超越的信仰，亦只作一消極的應用。卽應用此信仰，以銷除人之道德生活之相續爲有限極之思想，亦銷除一切慮人之道德生活至人成聖之後，其功德事業將有限極，而有窮盡之思想，此卽所以去除道德生活之斷見，亦去除生活理性化之事之斷見。以此信仰去此斷見，則人無此道德生活以限極而斷之憂；人卽更可只以成就其當下之道德生活之相續爲事，而更不轉生此原不必有之憂，以自阻其道德生活之相續矣。

此外，尙有一超越的信仰，卽關於善惡因果之信仰。此信仰在各宗教中皆有之，然一般宗教多歸於神之賞罰，而佛教則以爲此乃有情生命自業之異熟果。前在我法二空境中，已論其說。然吾人必須重提前所已及之說，卽此人之信此善惡之因果，初唯在依於人心原有賞善罰惡之要求，一切世間之褒貶獎懲，同依此要求而立。於此，若吾人眞信人心之一切要求，皆歷無量劫之生命而不斷，則此要求亦必輾轉求其遂，則此善惡因果，卽爲一法界中之大法，而爲人所當信仰。然此信仰固不能由現見之經驗事實加以證實，而依一般理性之思維言，善惡與苦樂禍福，乃異類之事，則亦不能由其一以推論必與其二相連。此皆前所已及。故其間之因果，亦只爲人之順其賞善罰惡之心，所必然不容已於加以肯定，而有之超越的信仰而已。

然人若依此善惡因果信仰，而爲善唯所以致福於來世，去惡唯所以避禍於來世，則落入個人功利主義，而違悖道德生活之要求。今依吾人之重在當下之道德生活之相續之觀點言，則對此善惡因果之信仰，亦將只作一消極的運用，而觀其消極的意義。卽此信仰之意義，唯在使人知爲善者之受苦，惡者之受樂，皆非究竟義之事。由此卽見此宇宙之存在之原理，非必與道德之原理相違者。人之信此善惡因果之說，若止於此，則可去除人之由見人之善惡與所受禍福之恒不相應，而疑宇宙存在之原理，爲與道德之原理相違之懷疑論。此善惡因果之說，卽有去除此懷疑論之價值，而當爲人所信。然過此以往，謂人必賴信善惡因果，而後爲善去惡，專取此說之積極的意義，以教人行道德，則必落入個人功利主義之說，其本身非道德生活，而非吾人之所當取者矣。

四、宗教信仰在生活中之地位

對上文所討論及之人之道德生命之永存，神聖心體之存在，與善惡因果之信仰等，在一般之論，或以爲此純屬個人自由信仰，以滿足其主觀之情感上之要求；或以爲此要求，爲尊重經驗事實，與一般之理性思想，所不應信仰之迷信。哲學家如康德，則以爲此乃道德生活求達完滿之至善，不容不置定而信仰之者。一般西方宗教家則以此人之生命之永存，而與神靈合一，而其善惡得受公平之賞罰，以住天堂，卽人之道德生活之終極的意義之所在。佛家則以此人之道德生活可經無量劫之善惡因果，以銷除生命中之罪惡染汚，而圓滿善行，以成佛聖，更利樂有情，窮未來際，以普度衆生，爲人生之終極，而更有如法相唯識宗等之理論，以證成之；並以此信仰，爲人于依理性以作推論時，亦不容不信者。吾人今之說，則亦不以此諸信仰爲滿足情感上之要求，可容人自由信仰者；而承認此諸信仰，爲人依其道德生活之求相續，其生活之求理性化之要求，其思想所必然產生之不容已的信仰，此略同康德之義。然康德以此宗教信仰在道德生活之上一層位，乃用以完滿人之道德生活者。此與西方宗教家以人之生命之永存與神靈合一，而得公平之報償，以住天堂，爲道德生活之目標之說，仍不甚相遠。凡此西方宗教之說，卽終必歸於只以道德生活爲手段。卽康德之說雖建宗教之信仰於道德理性，然其置宗教生活於道德生活之上，仍不能免於以道德生活爲得宗教生活中道福之手段之功利主義之說。如叔本華之所評論。此皆不如佛家之由圓滿善行而成佛聖，其聖體卽無異神體，更利樂有情，窮未來際，加以普度者，其智慧之高，慈悲之深，更爲能合宗教境與道德境爲一者。然吾今之義，則於此佛家所言之生命之永存，三世之善惡因果，以及佛之普度有情之事業之無窮，皆唯視爲吾人當下之道德生活之外圍的超越的信仰，而唯以此信仰，作消極的去除對人之道德生命，道德生活中之種種斷見之用。並謂此諸信仰之根原，唯在吾人之當下之道德生活必求相續，人之道德心靈之必賞善罰惡等，則此類超越的信仰，皆唯是本吾人當下之道德生活，道德心靈，所原具之涵義，所推擴而出之信仰，亦只是此生活心靈所放出之一縱攝三世、橫照三千大千世界之一智慧之光。此光輝之中樞，則只在此當下之道德生活、道德心靈之自身。則吾人之所當眞正從事者，亦只在如何使此當下之生活與心靈，與其所面對之境，處處求眞實感通，而不在只緣此心靈所放射出之超越的信仰，以作想像思辨之玄想，而忽此當下之境對吾人所命之義所當爲，而失其當下與境感通之德。則此諸信仰，卽亦可只視爲位在於此當下之心靈生活之中樞之周圍爲人之所默存之，以護持此中樞之轉運，以使此當下生活心靈之進行，直接成爲天德流行之境。在此諸信仰爲吾人所同時默存之情形下，則可無此諸信仰之分別之可說，亦可無一一衆生有情、一一有其來生、一一受善惡報、一一畢竟成聖之分別想，而此一切信仰，卽可渾化爲一單純之信仰。此一信仰，卽「整個宇宙中一切當然者皆必然實現」之信仰，或「整個宇宙之一切善皆必完成」之信仰，「人實現善之願望無不能究竟滿足」之信仰。此卽一極單純而極樸實之

「一切止於至善」之信仰。而人誠能默存此一信仰於心，亦可涵攝此一切超越的信仰而無遺也。

上文吾人論在吾人之求盡性立命，其感通於其境之當下生活之理性化，所成之道德生活之相續之態度中，可容許有種種超越的信仰，如對道德生命之永存，神聖心體之存在，一切有情之能普度，善惡之因果等，之存于其旁。然吾人對此諸超越的信仰，只重其消極的去除種種斷見之用，而不重對此諸信仰作想像思辨之玄想。故對此諸超越的信仰，吾人亦可只存之於心而不論，如中國先哲之態度。此卽別於宗教家之積極的以此諸信仰爲吾人之道德生活之基礎，或歸宿究竟者。然此諸超越的信仰，旣爲吾人所可存之於心者，又應卽可存之於吾人當下之心，以爲吾人當下所有之超越的信仰。因吾人所謂當下，原無一定之範圍。凡在吾人當前呈現之自覺的心靈之中之下者，皆是當下。則當吾人有一超越的信仰，而視此信仰，在吾人當前呈現之自覺的心靈之中之下時，此超越的信仰，亦是吾人當下之一信仰。只當吾人不以此信仰，屬於吾人當前呈現之自覺心靈之中之下，或更只緣此信仰，「向所信仰之種種，作想像思辨之玄想」；而亦不將此想像思辨之活動，隸屬於此當前呈現之自覺的心靈之中之下，而只以此想像思辨之活動，對此所信仰之內容、境界，求有所想像、有所思辨，更只視之爲外在於吾人一般所謂生活所感通之此世界中之「境」時；然後吾人可說此超越的信仰，與緣之而有之想像思辨之玄想，引導吾人超越於此所謂當下之外，亦超越於吾人所謂求盡性立命於當下生活之態度之外者。若吾人之有此諸超越的信仰想像思辨之玄想等，而同時知此中之一切，皆同在吾人之當下之自覺心靈中，則人之有此諸超越的信仰，固不與吾人所說相違者也。

由吾人之所謂當下之自覺心靈中，既包括一般所謂生活上之感通於其境之事，又可包括此等等超越的信仰於其旁，則此當下之自覺心靈，乃以前者爲其核心之事，以後者爲其周圍之事。在正常之生活中，此核心之事，應顯而爲主；而此周圍之事下，則隱而爲輔。然在一非常之情形中，則此周圍之事，亦可轉爲核心之事，而上述之核心之事，卽轉爲周圍之事。此非常之情形，卽吾人一般所謂感通於境之生活，不能進行，或進行至於極限邊沿時，如人遇大災難之際，如地球之大地震、核子戰爭、人類瀕於滅亡淨盡之際；或自己個人與所親之人，在大病患，在死生呼吸之際，或個人爲人類世界所棄絕之際；則人之日常生活中之境，全然破壞，人亦不知如何求與相感通，而只存於一大迷亂大惶惑中。則此時存於人心之旁之諸超越的信仰，卽由其周圍，次第向此生命之核心進發，而成生命中之主要意義，或核心意義所在，如由居陰位而入於陽位。人之心靈，卽可更全面向在此諸超越的信仰，所對之超越的死後之世界，神靈之世界，而此諸世界，卽緣此諸信仰而下澈，以展現於人之心靈之前。

於是一切形上世界之神秘奇蹟，皆可至少在人之心靈中出現。吾人一般所謂與當下之生活中之境，求感通之事，則退至生命之核心之周圍，其所具之意義，亦只居此周圍之地，而不能爲主，只能爲輔，或根本成爲無意義之可言者，如今居陽位者，皆入於陰位。然此種情形，乃一非常之情形。在此非常之情形中，吾亦主張此超越的信仰，宜當轉入人之生命之核心。然在一般正常之情形中，則此超越的信仰，則只宜爲其輔，以存於吾人之心之周圍之旁，而不必用，故不當居核心之位。在此正常之情形中，人能存此諸信仰，以爲輔而不必用，亦即所以使其在非常之情形中，得以爲主，而盡其用。如布帛米粟，在平日之衣食生活當爲主，而醫藥珍羞錦繡，唯在非常之情形下，爲人所用。此皆理之所當然，而非有偏私之意，存乎其中之論也。故宗教之徒，亦世之所不可少，亦如醫藥珍羞錦繡之不可少，以備非常之用。然人終不能賴醫藥以爲生，不能終日以珍羞錦繡爲衣食。故人之生活之常道，仍在以其當下之一般生活中，與境求感通之事，居生命之陽位；而存種種超越的信仰，於其生命之周圍，而不必用，以居於陰位。此即足以使乾坤保合成太和，以安常而應變，以行於此中庸之常道，而未嘗不能極高明矣。

五，精神的空間之建立

在吾人所謂於當下之一般生活中，與境求感通之義中，此所謂當下，乃以屬於當前之心靈之所自覺，加以規定。故凡人在其生活中對其一切感覺、思想、想像、意志、行爲之事，只須人能知其屬於其當前心靈之自覺，皆爲其當下生活中之事。以此當前之心靈之自覺之範圍，無定限，故此感覺，思想、想像、意志、行爲之事，亦無定限，其所運之境，亦無定限。然此當前之心靈之自覺，必須昭臨於此諸活動與所對之境之上，以正位居體，而爲一盡性立命之主體，或道德實踐之主體，而以盡性立命、道德實踐、或道德人格之成就，爲其目的者。故此心靈雖可有種種超越的信仰，然必自覺此信仰屬於其自己，以通於其所信仰，而非其自己屬於此所信仰。故其信聖、信神、信無量諸佛之神明，皆非只匍匐於其下，而自視若一無所有。其信之也，由肯定其存在，而崇敬之，讚嘆之，頌美之，崇拜之，固皆所以與之感通。然其如此肯定其存在，而崇敬之，讚嘆之，頌美之，崇拜之，同時有一自身心靈之開展升起，以進接於神明，而自覺其有此開展升起，與進接於神明，而非傲慢之情者，存乎其中。若舍此自覺，便同一般宗教徒之皈依、馴服、依賴、呼救之情；則此只爲處變之道，而不足以爲安常之道。依安常之道，人只當存此超越的信仰，以此信仰感通於所信仰，而此信仰卽屬於其心靈之自覺，而非此心靈之自覺屬於此所信仰者。以此心靈，對此超越的信仰以外之存在，如一般所謂他人他物，亦只當本其心靈之自覺與之相感通，而不能將此自覺隸屬於此他人他物者。故依此自覺而有之對人之道德實踐，人固不隸屬於己，己亦不隸屬於人。一切人倫關係中之人與人，情相感通，其中皆如有一精神的空間，以不礙其各自獨立而頂天立地，卽人對自己之道德實踐，如對自己之遷善改過，而自好其善，自惡其惡之事中，此有過之自己，與能改過之自己之間、或有善有惡之自己，與好其善、惡其惡之自己之間，亦當有一精神的空間，而不相黏附；而後此能改過之自己，能好善惡惡之自己，得通過此空間，以運其好惡之能，改過之能，以遷善改過，而好善惡惡。此外，人依此心靈之自覺，而有種種達目的之手段行爲之時，此自覺與此目的之間，亦有一精神上之距離或空間，而使此目的之擴大、或縮小、伸進、或退縮之事，或自運轉改變其目的之事成爲可能。而目的與手段之事之間，亦有一精神之空間，存於此自覺之中，使手段之事之伸縮進退成爲可能。否則人雖可有其達目的之手段事，或對目的手段之善惡，自加一直接之好惡而遷善改過，或盡人倫之道，以成一般之道德實踐；然不能有盡性立命，以自成聖成賢之道德實踐。因若此心靈之自覺，與其所對之他人、或自己之善惡、自己之目的與手段事之間，若無上述之精神的空間，卽無異此自覺之隸屬黏附於其所覺，如上述人之信仰之心靈之隸屬於所信；則人將只有對此自覺之所對之直接反應，而不見此所對者，對吾人之眞實有所命，亦不自覺其能自覺之心靈中，自有順其所命，而應之之性。卽非自求盡性立命，以自成聖成賢之道德實踐也。此義思之自知。

此上說在盡性立命之道德實踐中，人之心靈之自覺與其所覺間，應有的精神的空間。此空間之量，人可生而卽有或大或小之分，然亦可由修養而開拓小以成大。此修養之道，恒非是在一般道德實踐之情境中，方加以從事者。此乃臨時抱佛脚之所爲。因在一正常之道德實踐之情境中，人當下卽須對此情境求一決定之反應或回應，卽不能更從事於此空間之量之增大之修養。此修養之道，乃在平時之不關聯於道德實踐之心靈之活動。此卽如在吾人前所謂觀照凌虛境中之觀照活動，感覺互攝境中之感覺活動，與反觀自覺其感覺之活動，依類成化境中之辨類之判斷，依類以生活之活動，及萬物散殊境中之觀萬事萬物之個體之散殊，而分別論謂之之活動中，吾人皆可有開拓此心量，以由小至大之道。此諸活動，或關於眞理，或關於美，皆不直接關於道德上之善。然眞美之自身，亦是一種善。人對眞美之境之體驗，則爲直接開拓上述之精神之空間，以成就盡性立命之道德實踐者。至其所以能開拓此一空間之理由，亦原甚簡單。卽在此諸活動中，皆有一心靈之順展。此順展，無論是依個體之散殊而順展，依類之有種種而順展，依感覺活動之相續而順展，或依觀照所及之純相、純意義之次序呈現而順展；其在主觀心靈上之效應，同是一心量之次序的開拓與擴大。此中，因人初不必有一般道德實踐中之善惡、邪正之辨別，以對境加以去取，故此境之次序展現於心靈之前，卽自然順而不逆。此卽足以成此心量之自然的開拓擴大。人有此心量之開拓擴大之後，則其在道德實踐之情境中，於其所對之人物等，卽自然能置之於一有更廣大之關聯的世界中觀之，而透過此中所關聯者之廣大，以了解其所對之人物，卽已可使之與此自覺之心靈，不相隸屬黏附，而形成此心靈與其此所對人物間之一空間；而經驗種種境之順展於其前之此心靈自身，亦必由歷此經驗，而有其自身之開拓擴大。故人之經歷此諸境，皆所以使此精神的空間由小而大之修養之道也。

然吾人若立脚在盡性立命之境，以經歷此上述之諸境，亦有一態度，爲必須保存者。否則人之經歷此諸境，亦非必然能引致此精神空間之開拓。此卽謂：人在此上述諸境中，必須同時亦自覺的求保持此「心靈之自覺」，於其所對之境之上，方直下與其所對之境，有一精神的空間之存在，能自覺的「求此心靈自覺之不黏附隸屬於境」。如人在觀照淩虛境觀數時，必須同時自覺此心非數，而只爲觀數者；觀邏輯命題之眞妄關係時，必須同時自覺此心亦非此眞妄關係，而只爲觀其眞妄關係者。於感覺境中，則當自覺此能感覺之心，非所感覺；於反觀其感覺時，則當自覺此反觀，不同於所反觀。依同理，觀萬物散殊時，則其能觀不與所觀之萬物爲侶；觀一切類時，其能觀亦不與所觀一切類同其類。此卽人通常在此諸境中時，恒不必如此想，亦不必能如此想者。然人在立脚於盡性立命之境，以歷此諸境時，則人必須將其能觀此一切境之心靈，向上提起，以虛懸於上，以與此所觀境間，時時有一距離，以形成一精神的空間。此心靈之自覺，永正位居體於其自身，而不黏附隸屬於其所觀之境，則人之所觀者，雖仍只是此諸境。然此心靈之自覺自身之位，則與盡性立命之道德心靈之位平齊，而可與之相互爲用，亦可更說之爲同一心靈之不同表現也。

六、精神空間中之具體的理性之三度及知與行中之理性與直觀

此上吾人所說在盡性立命境中，吾人之自覺其心靈與其所對境間之精神的空間，無論大或小，皆可說有其自身之三度向。此中心靈與其所對境物之相望，爲一橫開之度向；心靈之活動之相繼，與境之相繼呈現，爲一順序之度向；而心靈對境之知或行之反應，有其所向之在上之一目的，爲一縱豎之度向。所謂心靈之感通，卽依內，以外通於境中之物；依序，以自通其前後之對境物之活動；更使其活動與境物之功能之表現，通於一向上之目的之實現。所謂心靈之理性，則表現於前後之思想活動，與爲其成果之概念、命題、推論之一致貫通者，爲邏輯中之理性；表現於思想中之概念內容，與所對境物之內容一致貫通者，爲知識中之理性；表現於其行爲之應境物，以通於目的之實現，使行爲與境物之變化，與此目標一致

者，爲實踐中之理性；而使一目的之實現，與其他一切目的之實現相貫通而一致者，卽爲道德實踐中之理性。然人之思想活動之求自己一致，此中之思想之內容，卽其他知識行爲中之概念，而概念之內容初卽具體境物之內容。一般說，概念之內涵爲抽象普遍之意義或普遍者，概念之所指則爲具體特殊境物。然今合此概念之內涵與其所指之具體特殊之境物，以成一思想、一概念時，則思想爲一兼普遍、特殊、抽象、具體之具體的思想，具體的概念或理念，而此一能結合普遍與特殊、具體與抽象以成一思想理念之心之功能，卽爲一具體的理性。在此具體的理性之思想之形成其理念之事中，順其中之普遍義而思，爲此思想所經之一順度；橫陳其中之特殊義而思，爲思想所經之一橫度；縱觀此普遍之實現於特殊，特殊者之合表現一普遍者，爲思想所經之縱度。先思此普遍，以更見實現於各特殊中，卽演繹之事；由特殊以見其合表現一普遍，卽歸納之事。合此二者以達思想之目的，而人卽可於各物皆有某普遍處，見其同，於各物之各有某特殊處，見其異。數其同則一，數其異則二。同則合，異則分。同可分而出異；異可合而入同。人之思想乃或止於同之是同，同之涵同，爲同一律，如P涵P；或進至：同是同，亦或可有異，則同涵同或異，如P涵PVQ。一同可或連于二異，如P涵PVQ及PVR。二異間，又或可兼或必不可兼。二異或可兼，則爲不相斥之選項，如PVQ。二異必不可兼，則爲相斥之選項，如～(P. Q)。相斥之選項間，此以異於他而非他，以成其自同。而自同者必非其所非，否定其否定，以自是而爲肯定，如～～P∪P。人之循今所謂邏輯中之基本概念，而見有純邏輯性的思想中之純理性，其根據唯在此人之思想之自有順其有三度向之理而行之性，以連結普遍與特殊，抽象與具體之一具體的理性。蓋於此具體的理性，將其中之經驗成份抽離而說，卽爲邏輯思想中之純理性也。至在一般實踐行爲或道德實踐行爲之理性思想中，則凡人於此所欲達之目的，卽普遍者，合以向於「此目的之達」之人的行爲與其他境物，卽特殊者。在知識中人以見普遍之實現於特殊，見特殊之合表現一普遍者，爲知之目的。在實踐行爲中，則以行爲使一「普遍者表現於特殊之人的行爲與其他境物中，使此人的行爲與其他境物，一一皆成實現此普遍者」，爲行爲之目的。此二者，雖一屬知，一屬行，其目的咸在見有普遍與特殊之結合，或形成此一結合；而其皆依於一具體的理性之要求，則一。人之形成知識，其自身固亦是一行爲，而人之行爲，亦可更爲人所知，以成人對此行爲之知識。則此一屬知，一屬行之事，固皆所以成知，亦所以成行也。

識得上文所謂具體的理性之義，在根本上依於人之心靈有對境物貫通之一度，有其先後之活動自相貫通之一度，亦有求目的實現於行爲之活動與所對境物中，而使此行爲活動及境物與目的相貫通之一度；卽知人之理性之表現，卽表現於此心靈之能通感於其前後、內外、上下之諸方向中之境物，及自身之活動與目的中。而此感通之事之本身，卽與此境物等直接相遇，而直接覺之觀之之直覺或直觀。則此理性之表現，亦同時是直觀。直觀一境物是直觀，直觀一目的，亦是一直觀，直觀其先已起或後方生之活動，皆是直觀。人其先之思想活動如此，後不如此；人卽直觀得此前後之矛盾。內有一對境物之概念，而用以判斷此境物，謂其內容，同此概念之內容，而後所感覺之境物內容不如此；人卽直觀得此用以判斷之概念之內容，與境物之內容之矛盾。人之目的如此，而其行爲活動與所對境物，不能合以達之，人卽直觀得一目的與此後二者之結合所成者之矛盾。直觀得一矛盾，卽直感其違於理性之要求，而人必順理性之要求，而伸此屈彼，顯此隱彼，成此壞彼，以去其矛盾，而求遂其理性之所求，以成其直觀之所安，亦成其心靈與生命存在之上下、前後、內外之相感，而皆貫通一致，以流行無礙。此乃人之思之事，行之事，人之直觀之事，亦人之求其感之通貫，以成其心靈與生命存在之流行無礙之事。此卽只有一事，並無多事者也。

然此中人之理性去除矛盾之要求，自有其强度之不同，其所以不同，則初由其所求感通之範圍之大小之廣度之不同。此廣度之不同，又恒由於其當下心靈活動，對其此心靈活動之前後、內外、上下之各度向之澈入之深度不同。此中，人恒必澈入之度深，而後其理性所要求去除之矛盾廣，而其必求去之之要求强。此如以吾人之心靈活動之澈入於其前後之一度者言，則此澈入之及於其前者，賴記憶，澈入於後者，賴預期與想像。然人善忘，於日昨所言所思，今日視之，已若是他人之所言所思；則其言其思，必難免於今日與昨日之相矛盾矣。若所言所思者，更稍多曲折，則頃刻之間，而矛盾之言之思，亦出矣。人於一日之言，一日之思，終身不忘，必求可質之於來日之言之思；若其不堪質之來日，必一去之而不留。此非眞求其前後所思之眞實貫通者不能也。又如以心靈活動之澈於內外之一度者言，人在感覺之境，視思明，聽思聰，而耳聞目覩，皆歷歷不昧，非徒在其能用耳目之官，而亦在其心之遇聲色之時，內無阻隔，然後能聰明洞達也。人於其所假想之外境，或內心所對境而對此心爲外者，皆歷歷不昧，亦同非易事也。至於自心靈活動之澈入於上下之一度言，則賴其上之目的理想之昭然在目，而持守不移，亦賴其求達此目的時，對種種境物有一貫之行爲，鍥而不舍。凡此等等，無不賴於人之心靈活動，於其前其後之活動，於內心所對之境物，於在上之目的，及在下之達目的之行爲等，有深度之澈入；然後其所感之而求其貫通者廣，其理性之所欲去除之矛盾亦廣，其去之之要求亦强；而其所成就之心靈，更爲一理性的心靈；其所成之生活，更爲一理性化之生活；其所成之生命存在，亦更爲一理性的生命存在也。

七、心靈之活動之深度廣度與強度，及有餘情之性情為理性之超理性的表現，與性情之際

此人之當下心靈活動，在其前後、內外、上下之諸度向中，其所澈入者深時，吾人說此當下之心靈活動爲有深度。由此心靈活動有深度，而澈入者多，見澈入之力强，而有之廣度强度，則爲依其深度，而有之廣度、强度。然人心靈，另有一依於吾人前說之心靈之中之精神的空間之量之大之廣度，而形成之深度與强度。此精神的空間之量之大，初乃純由於此心靈對其內外前後上下中之所對之一切，皆無所隸屬，無所黏附，而只見其疏闊地並在於此心靈之各度向中。此心靈於其所對，無所隸屬黏附，卽不受其牽掛，以自損其力；旣得見此所對者之疏闊地並在，遂有靈慧，以游於虛間，深觀其同異關聯，更求其貫通之道。循此貫通之道，而以心靈之知之活動、行之活動，以求透過之、澈入之，則所遇之阻礙少，而此心靈活動之運行，卽由其阻礙少，而見其能透過澈入之力之未嘗不强矣。

除此以外，此心靈亦可有依其强度而成之深度廣度。此卽指此心靈，專對一當下境中之一物，懷一有限定之目的，而將其前前後後之活動，皆集中於一當下境中之物，或一限定之目的之達到，所表現心靈之强度。然由此心靈之活動之有一强度的集中於一境物或目的之後，亦卽將其心靈之活動，游離於其他之心靈所對之外，而開出心靈中之空間，以漸有對各方面之境物或目的，加以曠觀之靈慧，而由此靈慧，以漸能深觀其同異關聯。此所謂由柔而强，更由愚而明之道也。

此中人之心靈活動之澈入於其前後、內外、上下之度向中，有種種深度、廣度、強度之不同，人之所感而能加貫通者，亦卽有其遠近、大小、厚薄之不同，亦見人心靈之理性之要求之程度之不同、及人之生活之理性化、與人之生命存在之理性化之程度之不同。人於其所感，能加以貫通，以至對其生活之全境，無不感而遂通，而其生活全部理性化者，則爲聖人。此必賴其心靈活動，對其前後、內外、上下，無不與之感通，無一毫阻礙、隔膜，皆如昭昭朗朗於其當下之心靈之所知者之前。此中，在實踐行爲上看，非謂其一般目的，皆能達成。然其道德實踐之目的，則無不達成。道德實踐之目的，乃以一般目的之貫通爲目的。求此一般目的之貫通，要在對此一般目的，更自作主宰，而加以取捨，加以進退，加以屈伸，以成其變化。此中之捨而退屈，在一般目的言爲失敗，而在道德實踐言，則不必爲失敗，而亦爲成功。此一般目的之成敗，繫於境之順逆，順則成，逆則敗。然在道德實踐之目的，則順而安於成，逆而安於敗，皆安命立命之事，亦皆盡其能感通之性之事。故無論於順逆成敗之境，人爲其所當爲，皆是對境有當然之應，亦皆可成其道德實踐之目的。聖人卽人之與境感通，於一切順逆成敗之境，無不能應變不窮，而一一與之感通者，故其生活卽爲在任何之境，皆能理性化，而達其立命盡性之目的者。然此非謂聖人之於其自成其道德實踐以外之一般目的之不能達成，無憾、無慨嘆之情之謂也。然此中之慨嘆之情，亦爲聖人之依理性而生活所必有者。吾人亦將緣此而略論：在生活理性化中，人之必同時有種種此類情感之表現，亦皆爲依理性而生之性情，而明此上所說之生活之理性化，其歸極之義，實在生活之全幅成爲一性情之表現。若只言理性，尚非至極之言也。

吾人言生活之理性化，通常恒指生活中之知行，皆依理性之規律而有，或皆爲合於當然之義之知與行，亦卽皆如承其所接之境之所命於我者，或天之所命於我者，而有之知與行。然此中對情之地位，皆尚無善解。通常人謂人於一境，始也有知，繼有喜怒哀樂之情，更有對自然之喜怒哀樂，知其善與惡，而好其善者、惡其不善者，以成其道德實踐之行。此中，以情爲知與行間之媒，而情旣歸於實踐之行，以行成人之德，則其情似歸於隱。此固是情之所以爲情之一義。然尚非情之所以爲情之究竟義也。此情之所以爲情之究竟義，在由情以有行，由行以成德之後，此德之表現可仍只是一情。此情則爲不更以歸於任何之實踐之行爲目的，而自然流行生發，以充塞洋溢於天地間，而無已者。此種情之不歸於實踐之德行，而自然爲人之性德天德之表現者，亦人所多有，而一一皆爲天地間之至珍，皆當任其自然，而不必一一導歸於成德行之用，亦不須以之爲人之求自成爲聖賢之用，而自然能使人日進於聖賢，而爲吾人所不可不深觀者也。

此種人之情，吾可稱之爲運於人之心靈所對之任何內外之境物之虛處，亦卽吾上所謂精神的空間中之空處，而環繞於諸境物之外之雰圍中之餘情。此餘情者，非剩餘之情，乃充餘之情，卽多餘之情。此多餘之情，皆恒由行爲之無可奈何處，人面對其行爲與境物之外之無限，而生發，亦恒順人之追念、囘憶、與想像所及之遙遠事物，非人之行爲之所及者而生發。此卽如人追念兒時舊事，遙望故鄉，懷想古人之情，或登高臨遠，而生陳子昂之「前不見古人，後不見來者，念天地之悠悠」之情，或遺世隱居，而忽如孔子之自念「鳥獸不可與同羣，吾非斯人之徒與而誰與」之情。此外，尚有種種無端而緣其幻想之所及，如對花而嘆花何不解語，對頑石說法而望其點頭，以及種種如詩人作其種種白日之夢而有之情。凡此類之情，皆不引致一道德實踐之行爲，其生發也，皆無目的，亦不能有目的，皆不求結果，亦不能有結果；故亦不求今生或來生之報償爲結果，而超於一切有善惡報償之境界之外。然此餘情，可依人之心靈之追念囘憶之有所往，想像之有所往，或面對無限之宇宙或無可奈何之境，今所謂悲劇境界，而自生發。此人之能追念囘憶、能想像，能面對無限之宇宙，與一切無可奈何之境，皆出於心靈活動之能向前後、上下、內外之方向，而作無盡之伸展，亦依心靈之求有所感通，卽皆依於人之理性之流行。然此人之求有所感通者，皆不能實着於其所欲感通者。如人之追念兒時舊事，遙望故鄉，皆如有所感通，而不能實着於其上，以見此感通之圓成於一境界之中。然此中，又不能說無一境界。人之緣想像而生之情，亦更疑眞亦疑幻，非虛亦非實。人對天地之悠悠之情，亦如隨天地之悠悠，以浮沉於天地間。孔子之念鳥獸不可與同羣，吾非斯人之徒與而誰與之情，乃依對鳥獸與人之念而起，如不出自孔子；而此情亦非鳥獸與人之所喻；而若懸於孔子之外，亦在鳥獸與斯人之外，而無着處。故凡此類之情，皆在人與所對之境物中間之一精神的空間之中，而如在環繞於此人與境物之外之一蒼茫之雰圍中，亦卽皆爲充餘於此人與境物之外之一餘情。此人之餘情，乃環繞境物而生起、放散，而溢乎其外，故非一黏附於境物之溺情，或情欲，亦不化爲達成任何目的之實踐行爲，故不同道德生活中之好善惡惡之情。然人之此餘情本身，則自可愛。人之愛此類餘情，其愛亦不着於此餘情。如陶淵明詩詠荆軻詩，「其人雖已歿，千載有餘情」。此餘情，乃荆軻之情之餘，而淵明感之。吾人讀淵明詩，對淵明之能生餘情之情，亦有所感。然此感者何物，皆着之卽不見，而吾人感之之情，亦只是吾人之餘情也。人之能有此餘情，則最見人性情之能向其前後、上下、內外之方向，作無盡之伸展，而不知其所向者之爲何物者也。此外，人之宗教性情操，如讚嘆、祈望、頌禱、悲惘，皆是此一類之性情之表現，而與其所對者，若卽若離，其所對者，亦若有若無，若虛若實，使其情無着處；而此情亦正以其無着處，方能生發而不已。然此生發不已，仍是以吾人之當下之生命存在之心靈爲中心而生發，故亦皆與人之當下之自覺心靈，相與而俱行，而非在其外。然却不可以此類餘情，乃自覺心靈之一所覺。此情只是充實於此自覺心靈內之性情，自然隨此心靈之光耀，而向外放散者。吾人言生活之理性化，其最高義，卽在此生活中之理性，皆顯爲有如此之餘情之性情，而理性卽同時爲表現爲超理性。由此，而人之生活中之一切，皆如在此一性情之餘情之充塞洋溢之中。此餘情者，如中庸所謂鬼神之爲德，乃「視之而不見，聽之而不聞，體物而不遺」；如樂記之「無聲之樂，無體之禮，無服之喪」，故爲超理性，而人之生活之理性化，盡性立命之道，亦至此超理性而極矣。

第三十章　論生命存在心靈之主體——其升降中之理性運用——觀主體之依理成用

一、生命存在與心靈之主體之超越於其「相」義

吾人前文論述吾人之生命存在與心靈，皆連其感通于種種境界中之種種活動而說。此活動，乃此生命存在與心靈之作用或用，此用有種種相貌性質可說，亦如其所對之境中之物，有感動人之生命存在與心靈之作用，與種種之相貌性質。故皆可對之有種種之複雜之論述，而非吾人上文之所能盡。此中，吾人於此生命存在與心靈，乃謂其爲一具此種種活動之主體；而在盡性立命之境，此主體，卽爲一通客觀之天道，其性德卽天德之一超越而內在的主體，而不同於一般之以特定經驗規定之一經驗的我，或經驗的主體者。此主體，專自其爲一心靈言，吾人或稱之一生的靈覺或自覺的心靈，乃具能生之性，而能盡之、能知命而立之，以成就吾人之生命存在者。自此心之盡性立命，可使人至聖境神境說，吾人又名此心靈之自

體爲神聖心體，而加以論述。則人似可問：畢竟此生命存在之主體、心靈之主體爲何物？又一切主體在究竟義上，或在成聖而同神體時，其體爲一爲多？此諸問，前文雖或附帶答及，但未能盡義，當加以詳答，以助人之更眞知前文所言之義。關於此生命存在心靈之主體之自身，吾人前文未嘗離其活動之用與相，及所對之境之作用與相，孤立而論其自身之爲何物，則人自可問畢竟其自身爲何物。然復須知，吾人之所以於此主體，不孤立而論，乃由其本不可孤立而論。卽吾人本不能離其相用，以知體爲何物，問此主體自身之爲何物，亦卽問其相如何、用如何。故人若問此生命存在心靈之主體自身爲何物，卽必還須就其活動之用、相與所對境物之用、相而說。說此等等，卽所以答此問。然人之所以可有此主體自身畢竟爲何物之問，其問之生起，正原自人之見此主體之有種種活動之用、與相，及其活動所對境物之用、與相，而不見有此主體之自身。人卽可疑此所謂主體本來無有，而只有其諸活動之用與相，對境物之用與相，而如是如是現，此主體卽其諸用相之集合所成之一名，而實另無所謂主體。依此而人之問主體之自身爲何物，其問之目標，卽在問此主體如何可說是一存在之物，何以於主體之用相之外，必須更說有體。則此問亦可問，今亦當答。

此答是若就人之所知而言，人所知於其生命存在及心靈者，固唯是其活動之用與相，而人對此主體活動之用與相，若眞可視作一集合體，而思之，則吾人亦可說只有此用相之集合體，而另無所謂有統一意義之主體。然實則吾人對此主體之活動之用與相，並不能視爲一集合體而思之。其所以不能視爲一集合體而思之之故，在此生命存在心靈之活動之用與其相，乃依先後次序，更迭輪替出現，既現而又隱，既來而又往，既伸而又屈者。簡言之，卽既有而又無者。於此吾人若一一順其既有而無以思之，則不能只就其一一之有，總爲一集合體；而當順其一一之自有而無，而思此集合體中之一一之有，無不歸於此一一之無。此集合體，卽亦爲自有而無者，便更無此集合體之可說。若自吾人之可本此一一之有，以形成一集合體之觀念，以謂此主體之自身，卽爲如此之一集合體，或謂當此集合體由有而無時，仍爲一潛隱之集合體，亦爲悖理者。其悖理處，在當吾人之思此一一之有，以成一集合體時，吾人乃將此一一之有並在而觀，故成一集合體。然當此一一之有未形，或歸於潛隱之時，則吾人不能更將此一一之有並在而觀，則此集合體之觀念，卽無據而立。而吾人之謂在此一一之有未形、或歸於潛隱之時，此集合體已先在，或尚在，唯是吾人之就此一一之有，既並在而觀，以形成集合體之後，更卽執此集合體之觀念，以觀一一之有未形、或已歸潛隱時之狀之一執着之見。此一執着之見，則亦正爲將隨吾人之知在此一一之有未形，或已歸潛隱之後，此見之更無據處，而自知其當化除者也。

吾人既知吾人不能以上述之集合體之觀念代主體，卽可更知此主體之觀念之所以必立之故。此必立之故，簡言之，卽在吾人之見此主體之活動與活動之相，乃動而愈出，相續不窮者。由此相續不窮，卽見其泉原之不息，根本之常在。此泉原根本，卽以喩此主體。何以由此活動相續不窮，卽知此活動之有一主體之在？此非由此活動之相續不窮，卽可直接推論此主體之在。而是人於直感其活動相續不窮之時，卽同時直感一超越於其先所感之一切已有活動以外，尙有一由無而出之活動。人卽於此活動由無而出之際，或由無至有之幾上，感此活動出於吾人心靈或生命存在之主體，而爲一不同於一切已有之活動，以只爲此主體之所知者。故人若對此直感之義而有疑，而必欲求此主體存在之論證，卽初只能是一反證。卽人若謂無此主體，爲此相續之活動之所自出；則已有之活動是多少，卽是多少，不應更增，亦不應更相續生起。今旣有增，有相續生起，卽證無此主體之說之非。無此主體之說旣非，則有此主體之說卽是。至少此有此主體之說，不可非；卽至少人之直感其心靈生命存在爲一主體之感，不可非。今卽在有此主體之說不可非之義下，吾人已可說有此生命存在或心靈之主體矣。

然人之問此生命存在心靈之主體是何物之問，除是問如何可說此主體是存在之外，更可尙有一義。此乃依於人之直感此主體之存在，爲其一切活動之相續之原，而又超越於其已有之一切活動之外而起者。卽此主體旣超越於其已有活動之外，則此已有之一切活動之相貌，皆不能窮盡的說明此主體之所以爲主體，因其尚爲此後之相續活動之原故。然此後之相續活動，當其顯出，而成已有之活動時，又同不能用以說明此主體，以皆只是已有之活動故。由此而人卽欲知此超越於一切可能之活動之外之上之主體自身，爲何物，其相貌如何。此亦爲人所宜有之問。然對此問題之答，則初不外卽以此「超越於一切可能之活動之外之上」，以說其相貌。此卽「超越一切活動與其相貌」而「無此一切活動之一切相貌」之「相」，卽「無此一切相」之「相」。此似爲人之往思想此生命存在或心靈主體自身之相貌，所必至亦唯一可至之論。此中，人對此主體之無相之相之意義，有種種說之不同，乃以人對於此主體視爲能超越何種活動、何種相貌，而定吾人所謂此主體爲無相之相之意義。故先設定吾人有多少種活動，諸活動有多少種相貌，此主體之無相之相，卽有多少意義。若此先設定之活動相貌無窮，此主體之無相之相，其意義亦無窮。然此無窮之無相之相之意義之差別，乃依其所無之「相」之差別說，亦自其能「無」此相之差別上說。則此一切意義，又平等無差別。此卽可引致種種之玄思，而亦皆一一可由人之實證契入。

此種種玄思之淺者，是當吾人直以吾人所經驗於此主體之諸活動，說此主體，或界定此主體之所以爲主體時，首卽見其無法說，而無法界定。如此主體有喜怒哀樂，視聽言動等活動。然吾人不能說此主體之自身，卽是喜，而以喜界定之；因其亦能怒，卽見其自身非必喜，而可無喜故。依同理，亦不能說其自身是怒，或哀、或樂，因其亦可無怒哀樂，而只有喜故。復不能說此主體同時是此四者之集合體，以四者可相異相反，而相矛盾故。又不能說其自身卽是此四者之輪替，因四者之輪替，乃其活動之表現上之事，在其未有此活動之表現時之自體，亦無四者之輪替可說故。由此主體有此輪替之表現，至多只能說其超越的包涵此所輪替的表現之能。然此主體旣包涵而超越此四者，則仍不可只以此喜怒哀樂之四者加以界定。依同理，亦不能以視聽言動等界定。因其亦可有視等，亦可無視等，而謂其同時是四者之集合，或四者之輪替，亦同爲其活動之表現中事，不可以之界定其自體故。此外，無論吾人本任何關於此主體之活動之經驗，以說此主體自身，同不可作一定說。因其有此活動，而亦可無；則皆不能定說其是有此活動者，亦可說其爲無此活動者故。

此中之玄思之稍深者，爲思及：凡此主體在其理性的思想中，用以說一切可能經驗之活動，與可能存在之境物之最普遍抽象之範疇概念，皆不能用以說此思想所自發之心靈生命存在之主體自身。此最普遍抽象之範疇概念，如有與無，同與異，相似與不相似，全體與部份，一與多，量與質，必然與偶然，因與果，現象與本質，如西方哲學自柏拉圖帕門尼德斯對話，至康德黑格耳等所論之有關存在、或知識思想之範疇概念，皆爲用以說一切可能經驗之活動，與可能存在之境物，之最普遍抽象之範疇，而亦無處不可應用者。然人若以之說此生命存在心靈之自身，皆不特不能切合，亦無不可導致矛盾。其故在此諸範疇，乃人心靈之思想之所通過，以思想一切可能之經驗中之活動與存在境物之範疇，亦卽在思想自身之活動之流行中，所運用表現之範疇；而此主體則爲此思想所自生之本原。此思想，乃由此本原而流出，此諸範疇，乃思想流出之後，而見其有者，則亦只屬於此思想之流上事，亦思想之末上事，非其本原上事，卽不能用之以倒說其本原。若用之以倒說其本原，則必導致矛盾。因此諸範疇皆兩兩相對，其義相反，而皆在思想之流行中見。若將此兩兩相對者，取其一，以說此本原，則必不備。兼取其二，以說此本原，則必矛盾。若輪替以二者說之，則此輪替亦是思想之表現或流行中事。而此本原自身之超越的包涵此二者，卽亦不可以表現流行中事說之。由此而吾人若自此主體之能思一，而以一說此主體，則亦應可由此主體能思多，而以多說此主體。若自主體能思有，說主體是有，亦應可由此主體能思無，以說主體是無。而一與多或有與無，則皆互相對反，同時用以說此主體，卽可導致矛盾之論。此外，由此主體之能思同與異，能思全體與部份、必然與偶然等，同不可轉爲以此同異因果等論說此主體之事。吾人以此等等，論說此主體，皆是以末觀本，以流觀原，而爲本末顚倒，原流混雜之論。亦無不可由此諸範疇之爲兩兩相對，而其義相對反，以導致矛盾之論。於此，人若只在流上觀流，則雖亦同可見有此對反矛盾，然人可順此對反矛盾而轉，以自形成一思想之漩流，亦可開拓思想境界。如在柏拉圖之帕門尼德斯，可由對「一」之概念範疇，更思此一之是與不是，而引人之思想，以至於對同異，相似不相似，全體部份等範疇之思想，而開拓思想境界。在黑格耳邏輯中，由對有之思想，而引至無，與變化之範疇之思想，再至對一與多，以及一切抽象普遍之範疇之思想，亦足使人由簡至繁，以開拓思想境界是也。在柏拉圖之帕門尼德斯中，吾人可由「一是」中之「一」異於「是」，即出異之範疇。由一同於一，是同於是，即出同之範疇。合觀「一是」，是「全」，分觀為「一」與「是」，各為此全之一「分」，則出「全」「分」之範疇。在黑格耳之邏輯中，吾人可由有之初為純有，無特殊之規定，而無以異於無，人即可由思有之範疇而思及無之範疇。吾人又可由思由有至無，與由無至有，以思及變化之範疇。此種由一範疇之思想，引至另一範疇之思想，初學者似甚感困難。然既習其思路，實亦甚易。其由簡引而出繁來，不可以為此乃犯前提不足推結論之誤，以其本非一般之邏輯推論故；亦不可以為只是思想之魔術，而無中生有，以無中不能生有故。此種思想之由一範疇，可引致其他，而使思想亦由簡至繁，唯由吾人之思想在其流行之歷程中，原有次第流行之理路，此即為其所表現運用之範疇。此思想之自思想其自身之流行，即於原有之思想之流行之上，更增一思想之流行，而可有此流行之新理路、新範疇之出現。此思想之自思想其流行，即於流上加一流，而造成一思想之流之自流，以成一思想之漩流。漩上加漩，則似可極其複雜。然其中亦一一自有理路，故人可循其理路，而加以理解。然此種思想之漩流，以至漩上加漩，無論如何複雜，皆仍只是思想之流行以後事。此中之一切範疇之次第累疊而出，只原於此流行而有，亦皆不足以倒說此思想所自出之本原之心靈生命存在主體之自身。若以此倒說此主體之自身，仍必造成矛盾。由此矛盾之必不可免，而黑格耳遂謂此心靈生命存在之自身，原具內在矛盾。此乃一既將本末倒置，原流混雜，而無可逃於此矛盾之外，遂以此矛盾爲固然之說。實則若此主體自始卽具內在矛盾，卽自始不能存在。人謂此思想之本原，卽具內在矛盾，乃是由思想之流行以後，見其中恒有相對相反之範疇之出現，可成矛盾，遂本之以逆推此思想之本原，所成之說。於此，若只將本末原流，分別而觀，則此思想流行中之相對相反範疇之出現，皆更迭出現，則初不必見有矛盾，而自此流行之原而觀，則其所出之流中，雖有此相對相反之範疇之出現，此乃思想所用以思彼一般經驗中之活動與境物者，而初非用以思想此思想自身所自出之原者。於此吾人只須不以流中更迭出現者，先並列而觀，更倒說其原，則不致導致矛盾之論，亦無謂此原中卽具有內在矛盾之必要。人既倒說之而導致矛盾之論之後，正當由此以知此由流觀原之思想方式，原非當有，以使此矛盾之論不得生，而唯以成此思想之順流爲事，方合於思想之理性化之要求。今欲使思想合於此理性化之要求，則於一切由思想之流行而顯之理路與範疇，卽當知其皆無一可用之於爲此思想之主體之心靈生命存在；若其用之，此主體卽皆可不受，而拒斥否定此範疇等之用之於上。故人於此若以一說此主體爲一，當更說主體非一；若以多說此主體，亦當更說主體非多；以至非同非異，非全非分，非有非無、非必然非偶然等。人之用任何普遍範疇，以說此主體者，無不當更加一非字，以遮撥之，如吾人之以任何經驗中之喜怒哀樂、視聽言動等，說此主體者，無不可更說其非此一切。此主體自是能有此喜怒哀樂，視聽言動之一般活動，亦如其在思想之活動中，能表現運用種種範疇。然凡此一切，皆此主體之活動中事，活動之流行中事，卽此主體之用上事。此主體自爲其用之原、用之本，此用只爲其末其流。吾人卽不可顚倒本末，混雜原流，以用中事說此主體；若說亦必更以加一非字，以更否定之。此卽人對此生命存在心靈之主體，所以可有種種「說其如何如何，更說其非此如何如何」，**以見此主體「不與此吾人所用以說之、思之萬法爲侶」之種種玄思之出現也。**

二、主體之超越及內在於其「用」之積極與消極之二義，及其用之有限與無限，及境之順逆，與主體之升降

此上文之說此生命存在心靈主體之不可以其用中事說之，只可彰顯此主體之獨特的「超

越其所表現之活動之用，亦超越此活動之用中出現之思想範疇，以及一切境物」之超越意義。然只說此超越意義，又畢竟不足。其所以不足，在此主體之超越意義，乃初由其所表現之活動之可更迭而見，則亦不能全離此更迭而說。如吾人上文說此主體，不能以喜說之，以其可無喜而怒、或哀、或樂故。此主體不能以視說之，以其可無視而聽、或言、或動故。此主體不能以一說之，以其可不思一而思多故；亦不能以多說之，以其可不思多而思一故。然此中吾人之言其可無某活動，乃根據其有他活動。若其不能有他活動，則亦不能說其可無某活動。由此一一活動，此主體皆可無之，固可說此主體有超越任一活動之義。然其無此，乃以有彼，則此主體雖有超越任何活動之超越意義，而實無超越一切活動之超越意義。因其不能全無一切活動故。若其全無一切活動，則亦不能本一活動，以超越一活動，而亦無超越活動之超越意義可說矣。

由此主體之有超越意義，卽在其本一活動，以超越另一活動，故此主體之超越意義，初卽顯於其活動之前後相繼之中，亦卽在其活動之前隱後顯，前屈後伸，前退後進之中，而不在其上、或其下、其外。由此活動之顯隱、伸屈、進退，見此主體之活動，亦見此主體之用。依此而可說此主體必不能離用。此所謂主體不能離用，非說其不能離任一特定之用，只是不能離一切用。此主體所顯之用，恒可兩兩相對而觀。對此相對者之二之任一，此主體皆可離，然離此恒有彼，或有相對者之另一。而此顯隱、伸屈、進退之本身，卽可說爲此主體所具之相對之二用、或二活動。如任一經驗活動之屈退而隱，便是此主體之一積極活動之用之屈退而隱。此屈退而隱，則可稱爲其消極之用、或消極之活動。若說前者是由體呈用之用，後者卽是由用返體之用。旣已返體，自不可說用；若體未呈用，亦不可說用，而只可說爲一超越意義之體。然在體之呈用之呈處看，用之返體之返處看，仍可說用。若體不呈用，則無用之返體；無用之返體，亦不見有能超越其所呈之用，而具超越意義之體。故體之超越意義，必透過體之呈其積極意義與消極意義之二用之轉易，而後見，亦卽必透過此二用之前後繼起之中間而顯，而此體，卽必須兼爲內在於此二用之中之體。此非謂此體內在於此二用，便無超越意義。今只是說其超越意義，卽內在於此二用而顯，而同時有此內在之意義；亦見只說其具超越任一特定之用之超越意義，其義尚未完足而已。

吾人上說此主體所具之超越意義，卽顯於其用之前後相繼之中，因而亦具內在意義；由此可更進而說，此體亦內在於其前前後後之一切用，一切活動之中。而此或前或後之任一用、任一活動中，無不見有此體之內在其中。此卽於任何相對爲前後之二用之一中，無不見有此體之在。如前進是此體之進，後退是此體之退；前伸是其伸，後屈是其屈，處處皆見一體用之渾合，而卽用皆可見體。此亦是人思此體用之問題，必可歸至之一義。如人之一蠷一笑，皆可說爲人之全體，在此顰中，在此笑中，如獅子搏兎，乃以全力搏兎。全體之獅在搏兎時，皆在搏兎之事中。海揚一波，卽全海之體，皆在揚此波之用中也。

然此上之體用渾合之論，雖似極圓融，又實宜先有一分疏。因所謂卽用可以見體，乃自用之顯而能隱，進而能退，伸而後屈處，以見有具超越意義之體；而非只透過一用之顯，或伸進之用，卽可順此用以見體。要說順用見體，必先知有體，方可順用見體。若人先未知有體，則以用觀體，可不見體，而只見用。如見人之顰笑，亦可說除此人顰笑之事外，並無人之全體，在此顰笑。見獅子搏兎，亦可說除此獅子搏兎之事外，並無獅子之全體，在此搏兎。見海揚波，亦可說海只是波波之和，此外無大海爲波之體。於此便須知：人實初並不能於一波見有大海爲體，唯於：海既升波而波進，更見此波之降而退，而另一波再升而進之時，觀此中之升降進退之際，方能知波以海爲體。因以若無此海，則前波既降，後波不應起故；後波不同前波，不能以前波爲因故。若前波卽海，則前波降時，旣無波，應亦無海，只有一片空無，而空無中不能更起一波故。無中生有，不可理解故。若無中可生有，則無中可生一切，不必只再生一波故。人唯緣此措思，見後波繼前波起，方謂當後波未起，而前波沉之之際，波底有海，爲後波所自生之體。故人之謂此海體之有，初唯由其有超越於前波後波之爲波之一超越意義，而被視爲有。唯在既視爲有之後，方可說前波後波，皆依海體有，而謂一波亦海體之全體顯用。實則謂一波亦海體全體顯用，乃緣人於前後之波之升降進退之際，見得海體之超越意義以後，而更有之第二義以下之義。以此例推一切體義之所以立，皆同當以於其前後之用中見得此體之超越意義，爲先、爲本，而不能以此體用渾合圓融之義爲先爲本也。

但人之知此體之超越意義，當爲先爲本者，又恒有一說，亦可導致偏見。此說乃有見於此體之表現特定之用，此用皆有限，而此體不限於此特定之用，而可超越其任何有限極之表現，卽當稱之爲無限；人遂謂其所有之任何特定之表現，乃此本無限極之體之自降落，自局限，以成此有限極之特定表現。更謂其所以於一表現之後，而超越此表現，另有其他之表現，唯是其自降落之後，再求升起，以由局限拔出，而反本還原，回至其原來之無限。由此以說，人之生於世間，卽降落至世間。其一顰，卽降落入此顰，其一笑，卽降落入此笑。以及一言一動一視一聽，任何一人生之活動，皆是其主體自降落，自局限，以成此特定有限之活動，而與其自身原來之無限，相反相違。此卽成一矛盾，而人卽必求超越之，以反本還原。然欲致此超越，則又還須以另一活動爲媒，如欲超越其顰，待於一笑。由此而人生之一一活動，卽相續無已。然其目標，唯在超越此一切有限定之活動，以反本還原。則人若能直下於已有之活動加以超越，使之返本還原，不待繼起之活動，方成其超越，應爲更善，如息波入海，更不揚波。大約小乘之佛學之嚮慕，卽在此。一切專務至虛守靜之神秘主義，亦多嚮慕在此。宗教家之以人之存在，原自上帝，亦是以一無限之上帝爲本，而視人爲由此無限者之自局限其功能，所創出之有限物。而此有限物，亦恒欲反原，重歸此無限者之懷，便是天堂所在，得人生究竟。凡此諸思路，皆出自一型。然此類之說，其起點皆在將人之生命存在，心靈主體之所已表現之活動之有限，與其所能表現者之無此限，加以對觀，而視此後者爲前者之反，方見二者有一矛盾，而有其後之說。然此人之生命存在心靈之主體之一表現之爲有限，是否卽可只視此主體之一自降落，自局限，而成之一反，亦大有問題。說其是降落，乃將此主體，與其此活動，視作上下層而觀。然此主體，初乃由於其前後活動之更迭之交之際所見得，而位於其中，則不能視此主體定在其活動之上層。此主體與其活動之關係，可說只是一內外之關係，而非一上下之關係。若說上下，則凡此主體所已表現之活動，皆可說在其下。然其未表現之活動，乃此主體之所欲表現，卽其所嚮往，便亦可說在其上。實則此主體所已表現或未表現者，皆內在於此主體之次第表現於外者之中，則可不說上下，只說內外。此內之表現於外，便不可說是降落。此內之表現於外，以成一一特定活動，固一一皆有限。然此有限，唯自此諸特定活動之不同，其義有別，而互相限定處說。至此活動之自對其所向之境而進行，此境未必卽有限，而可是無限。此是第一義。又此一一特定活動，分別而觀，其積極意義，固皆有限。然自其消極意義而觀，則一活動可遮撥此外之一切活動之生起，此消極意義亦是無限。此是第二義。依此二義，則此一一特定活動之相繼生起，其以後繼前，卽以後之一有限，破前之一有限。合而觀此一一特定活動之流行，如波波相繼，卽波波自破其有限，而人可不見此一一之波，而唯見一水之流行。此卽喩：唯見此主體之顯於其所表現之相繼活動中，或相繼之用中。則其所表現之一一特定之活動，初不爲此主體之限，亦不能說其所有之此一一之表現，爲此主體自身之一一局限。因在此一一局限之相繼中，一一局限，皆相繼自破故。若說此中前局限破，後局限生，如頭出頭沒，此主體終落在其後之一局限中。此言自有一至理。但此主體之超越意義，乃在此前後之有局限之特定活動之交之際見；此主體之位，卽在此前後之活動之交之際。則此主體，亦可通觀此前後，而既以在後者破在前者之局限，亦以在前者破在後者之局限。如以笑忘顰，以顰忘笑，而知得此主體能顰能笑，亦非笑非顰，以爲此顰笑之主體。則顰或笑之有其局限，固不足以限此主體之顰笑自如而無礙也。此中，人於顰笑中識主體，不須不顰不笑，以反本還源，而可卽於顰笑之末之流中，見此能顰笑自如之主體，澈於此顰笑之活動或用之相對、而亦相銷相泯之中。則此流中自見有原，此末中自見有本。此顰笑之各爲有限，卽表現此主體之爲無此限之無限。此固非謂人皆實已如是識本體，然人固亦皆可能如是以識本體也。此是第三義。合此上之三義，則人固不可說人之生命存在心靈之主體，有其一一特定之活動，便是此主體之降落自局限；而亦不能說必一往超越此一一特定活動，而息波入海，方能超升，而破此局限，以反本歸原也。

但吾人欲窮此中之義，亦復當承認此人之生命存在心靈之主體，有其特定之活動之表現時，此特定之活動，卽一可依其自身之有限性，以化爲吾人之主體之一局限，一束縛、一桎梏之可能。此可能，非一必然。因人可循上文所述之道，以使其一一特定活動，前後相銷相泯，以使其局限互破，而不成局限故。然人之有一特定活動，亦可更忘其前其後之其他活動，而只順此特定活動，而向前進行，以向於其境。當其境非一可開拓至無限之境，而爲一特定有限之境，而此特定有限之境，又非能阻止此特定活動之一往進行之情形下；則此特定有限之活動，卽向於一封閉之境。此活動之特定有限性，與此封閉之境之特定有限性，二者相互爲用，則足形成此活動之自局限於此境之中，以轉而局限發出此活動之生命存在心靈之主體之自身；亦將此主體之用，與此主體之自身，亦如封閉於此境此活動之中，而如加以一束縛、一桎梏，以至如一主體所不能自拔之一囚牢，一天羅地網，使此主體欲升起而不能。此卽形成此主體之一眞實之降落。此則正爲吾人之日常生活之情形。凡非成聖之人，其生活中，亦皆不能無此一義之降落，而其生命存在與心靈，皆不免有其桎梏、束縛，亦皆在一大大小小之囚牢，或天羅地網中也。

此一主體之降落歷程，其初只緣於人之有種種特定之感覺活動，而有所感覺之特定境之外在的經驗，與對其此感覺活動之反觀，而有之此活動爲如何之內在的經驗後，卽更以此內在的經驗所規定之生命存在心靈，爲其個體自我，以此外在的經驗中之特定境所規定者，爲其世界。更依其次第經驗，將此世界中之一一事物，亦各視爲一個體事物，與此個體自我，相對並存於一萬物散殊之世界。再依其生命存在心靈中，所發出之其他活動之所向與所求之類，對萬物之類，加以取捨，以有其生活上之目的，而更以其他類之行爲，與其他境物爲手段，以達其目的。此中，人之自依類而取捨，卽更導人之活動，以向於某類之境。凡一類之活動與境，皆可更分類以至無窮，而人之向於一類之境之一類之活動，卽可自結成一系統。此系統自其內部而觀，皆似可無限地增多其內容，若可開展至無限，以爲原來亦具無限性之生命存在心靈之主體活動之所寄托於其中，以成其無限之進行者。此卽爲此主體之作繭自縛，自投羅網之始。此處，若人之活動之進行，遇境之阻礙，人亦可變其活動之方向，亦拆散其先之網羅，便可導致其主體之由降落而升進。但若其境與其活動之所向所求者相順，則其活動卽必順其自身所屬之類，以更向於此同類之境而降落，而作繭愈多，所投之網羅愈密，而愈不容其自拔。故對人之主體之升進而言，凡順境，初皆使人陷溺於其境，而使人降落於其境者；凡逆境，初皆使人超離於其境，而開其自此境更升進之機者。然逆境若過逆，而人之智慧不知所以升進之道，亦可使其活動要求，壓伏鬱結於中而不化，以自成一生命中之封閉之結核。則逆中須亦有順，方可解此封閉之結核，而使其生命存在與心靈，有通達於外之道路，以成其升進。故此順境逆境之是否能助人之升進，乃以人受之之時，與所以處之之智慧，而萬變不齊。人之是否能善用此境以成其升進，亦以此受之之時機與智慧之機而定。若不當機，則亦皆可使人日益沉淪降落；若在當機，則皆可助人升進。唯大率言之，則順境逆境宜兼有，而皆不過度。則二者可相輔為用，而人可外不陷溺於順境，內不以逆境致鬱結。人之善用此順逆境，必與人之智慧之能知升進之道俱行。此順逆之境之過度與否，非人所能預知，人亦未必有智慧以知升進之道；則人之一生，其與境任運而轉，忽順忽逆，而順皆成其陷溺，逆則致其鬱結，其生命存在與心靈，即降落時多，升進時少。此即吾人日常生活之情形也。

三、知識概念之運用對生命升降之諸義及自覺心之陷落之幾

在人之活動與境相接，而陷溺於一類之活動，與一類之境中之物之情形下，人即有佛家所謂自執其活動之類、與境物之類之俱生我執，與分別我執。如前於第九部中所論及。在人

有分別我執時，亦有分別法執。此分別之我執、法執，除憑藉一般之經驗事物之類概念而進行，以分別我與其所對之諸境物之外；亦依種種抽象普遍之概念，如同異、一多、相似不相似，全體部份、因果、必然偶然等而進行。此中如人於順境，視之爲同於人之所望而爲同；於逆境，則視之爲異。同則可說爲一，異則更可說爲多。一中之多，合爲一全，如順境與人所望，合爲一全。此全中之多，則一一相對，各爲一分，如順境爲一分，人之所望爲一分。一全與其外者相對，亦各爲一分，其上又有合此分之全。人以有所望爲因，則達所望之事爲果。以此求達所望之事，爲因；則實得所望，又爲果。能達所望之能，爲可能；既達，爲現實。現實之可有可無者，爲偶然；有而不可無，無而不可有者，爲必然。則此一多、同異、全分等抽象普遍之概念，原爲人用之以思想論述其一切活動與境物之範疇，而人在於一類之活動或境物有所陷溺之情形下，此人之思想之緣此諸概念範疇而進行，卽可助成人之種種分別我執，與分別法執，以使人更自覺的執着其所求所望或活動之目的，與達目的之手段行爲，及所對之境物之類，與類中之個體事物者。此中，人若更有種種對此活動行爲，與境物之類，及其中之個體事物之知識，亦可增其分別執。人之爲哲學者，若依此活動境物之類，及對此抽象範疇之思索，而形成一哲學上之宇宙觀、或知識論，如謂宇宙中唯物質類之物爲眞實，或唯生物類之物爲眞實，或專自一切物之同於其所執者觀，或專自一切物之異於其所執者觀，皆可增人之分別執；而人乃唯物質是求，或唯生物之欲望是遂；而對同於所欲者，則起貪，對異於所欲者，則起嗔等。人之哲學上之偏見邪見，以其皆自謂爲絕對而普遍之眞理，則其與人之分別執相結，卽使人執見牢固，而不容自拔矣。

然此中人之有此經驗事物之類概念，與抽象普遍之概念範疇，以及有對種種活動境物之類之知識，以及有種種哲學思想之形成，亦非必然與人之分別我執法執相結者。在一情形下，此亦皆可助人自其分別執中拔出，或自其活動及其所對之境物之陷溺中拔出，而使其生命存在與心靈自降落中升進者。此亦有三義可說。其一義是將此諸概念知識思想等，皆自其消極意義以觀，或對之作一消極的運用。此卽如說同以見其非異，則知物之同於己之所欲，可去嗔。說異以見其非同，則知物之異於己之所欲，可去貪。說唯物質爲眞實，乃所以見一般之主觀之心之外有物，以去只知有主觀之心之蔽。說唯生物爲眞實，乃所以見物非皆無生物，以去只知有無生物之蔽。一切其餘知識之求，若皆意在消極的去其已有之知識之限制，則一切知識無不可有使人自其原所執着陷溺中超升，原降落之處拔起之用。此一義也。其次，則若人於此一切概念知識思想，皆只用以爲人之活動沿之以向前伸展，而通達於更廣大之境物之軌道橋樑，則此一切概念知識思想之有普遍意義者，皆所以助人自拔於一特殊之所執，以至於較其所執之特殊之一更廣大之境。此第二義也。再其次，則人之一切概念知識思想之形成，皆可更有與之相對相異，而亦相反之概念知識思想之形成。則人之兼持此兩相對者，而居其中之心靈，可同時自覺的或不自覺的，以此破人對彼之執，以彼破人對此之執。如人既思二物之同，又思二物之異。而以異破同之執，以同破異之執，則可於同異兼知，而皆無執。此兼知此同異之心，既有同有異，存於其中，卽非同所能盡，亦非異所能盡，而其自體亦非同非異。此外，人於一切概念知識，只須知其對此爲眞，對彼爲假，而兼知其能眞能假，亦皆可只觀照此概念知識之如是如是而不執，更於其眞處則存之，於其假處則廢之；而知存者之可廢，廢者之可存，而見此存廢相對之義，亦可使人於其存廢，皆無執。吾人前論觀照凌虛境中，嘗謂人在文學藝術數學幾何學之境中時，於一切境相，若不用以成對實際境物之判斷，則皆可只觀照其意義以成境。其中皆不可說有執。若用之以判斷實際境物，則可成執。然人所成之判斷，可對一實際境物爲眞者，亦可對另一實際境物爲假。則此判斷，亦可存可廢。而以此存廢之義，相對而觀，亦同可使人於任何判斷無執。則人於散殊萬物之個體與其種類，眞知其有亦可無，可存亦可亡；於一切所懷之主觀目的，眞知其可達可不達；於用以達此目的之手段，知其可成可敗，而可用可不用，而可存可廢；亦皆可使人於兼此有無存亡或存廢之義以觀之時，對之無執，而不致知進而不知退，知存而不知亡，以至於其生命存在與心靈之陷溺降落於此中之一特定之活動境物中者也。此第三義也。

此上說人之一般概念知識思想，可助成人之分別執，亦助成人之陷溺降落；然在三義上，亦可助成人之自此執超拔，而自陷溺降落中拔起。故人之用之，畢竟屬前者，或屬後者，則亦初隨機而定，亦視人用之之智慧而定。故此概念、知識、思想等，固非必然使人降落，亦非必然使人升進。無論宗教家之謂：人以有知識而其生命存在遂降落，或世之學者與哲學家之謂人有知識，則其生命存在，卽必日益升進，皆不可說。自哲學上言，則人欲成其生命存在之升進，則首賴於有一以自覺心靈，統此一切概念思想知識之哲學。人有此一哲學，卽更助成其自覺心靈之恒居於統此一切概念思想知識之地位，而對此一切概念等，自由地平等地，加以運用，而存之或廢之；亦知其皆可存可廢，而不以之自限。此自覺心靈，又不只可統此概念知識思想等，亦可於其自覺吾人相繼而生之其他活動時，自覺此諸活動與其所對之境物之相繼而現；並可以一切可能有之活動與境物，視之爲其自身之可能的所對，亦表現其自覺之能之所在。由此而本此人之自覺心靈，以觀人之一切活動，與其所對境物，卽皆可通之爲一體；而整個之人生宇宙，皆可視爲此自覺心靈所感、所知、所覺之境。此卽哲學中唯心論所以爲人之循哲學之路，以求其生命存在心靈之超拔升進，恒必經之一關之故也。

然吾人上文說，此自覺的心靈之可通一切人生宇宙爲一體而成之唯心論，爲人循哲學之路，以求升進，所必經之一關云云，亦須首自其消極意義理解，方見此一哲學之用。所謂自消極意義理解，卽自此哲學，乃由其下層之哲學，如只知經驗事物之哲學，或只知抽象普遍之概念範疇等之哲學中，超拔而出處去理解；方可見此哲學之用，可使人自見其自覺的心靈之昭臨於此一般之經驗事物等之上，而其升進之所向之前境，亦卽可次第開展於前。然若吾人不自此消極意義理解此一哲學，而只自此自覺心靈之可統括一般經驗事物，以及一切概念知識思想於其下，而俯視之，則此自覺的心靈，將唯以自觀其所統率者爲事。此自觀之事，亦可轉而爲一自執其所統率之全體，而成一大我執，亦形成一大傲慢，大驕矜。此自覺的心靈，可將其一切所覺，皆統率於其下，卽對其自己之繼續自覺之歷程之本身，亦可在上一層次中，再加以自覺，以使之成爲我所自覺。於他人之一切表現，無論其是否原於他人之自覺心，亦皆可只視之爲我之所自覺。卽由我之理性，而「知他人有自覺心，亦能如我之能繼續自覺」之後，我亦可說此皆不出於我之「能順理性以知他人之有自覺心之繼續」之一自覺心之外。而此自覺心，卽成唯我主義者之自覺心，而足以成爲一最高級之大我執、而亦爲一大傲慢、大驕矜之媒矣。然此唯我主義者之自覺心，仍終必與其理性相矛盾。此卽由於人之自覺心，無論如何向上翻升，人依其理性，人仍須肯定他人亦能有同樣之向上翻升。卽依理性，人不能不肯定此我之自覺心之向上翻升之事，爲一可普遍化之事，卽爲一與我有同樣之理性者，所同能有之事。由此而人之順其理性以思，卽必然須肯定，此我之自覺心之向上翻升之事之外，他人亦有此與我同類之事，而須肯定此他人之同類之事，爲我之此事之一限制。誠然，人在已發展出此能向上翻升之自覺心時，人亦可自陷於此向上翻升之事之本身，而不肯接受此限制。於此，人卽可有一將其自己之自覺心，向上升起，以爲一能覺，而將此外之其他之能覺，只視爲我之能覺之一所覺之一趨向或要求。如人恒欲知他人心之一切秘密，卽此人之欲將他人之心，只化爲所覺之一趨向要求之表現。極權之政治家，欲以一特務系統，探一切人民之秘密，亦是其心靈中有此一要求之表現。此在今之存在主義哲學家，如沙特，卽稱之爲人之爭爲主體，而化他人爲客體之一性向，並以此人之互爭爲主體，而欲化他人爲客體，卽人與人之根本上的生死鬭爭，乃永無道加以解決者。吾人於此亦可說，若人只求其自覺心之向上翻升，以化他人之自覺爲所覺，此確必形成人與人之生死鬭爭，此如兩蛇之頭，皆向上升時，各欲居另一蛇頭之上。然謂其永無解決之道，則未必然。因人之自覺心，依理性而知。人畢竟能知他人與我可有同類之事，而卽以他人之同類之事，限制其自己，以更平等觀人我。而人能知：人與我之互爭爲主體之一知，卽已是平等觀此人我之主體之一知，而其知人之主體之在我之主體外，卽已是對我之主體，與以一限制。故人之自覺心其依理性而知人我之自覺心，皆同能有向上翻升之一類之事時，亦同時是一能限制其自己之自覺心也。

人之自覺心，固可於知人我之自覺心，皆能向上翻升時，而限制其自己。但只知限制自己之知，並不必然實達一限制其自我之果。因此知限制自己之知，還可更自動浮起，而以其所知之限制，屬於其自覺心之下；則此自覺心之知此限制，仍可自謂不受限，而仍自浮冒膨脹於此限制之外，以成一大傲慢，大驕矜。此中，人欲由知限制，以實達其限制自我之果，則唯有在與人有實際生活之相接，更有一道德實踐時，然後可能。

四、道德宗教生活中之升降之幾及神心、佛心，與人之本心之異義與同義

依吾人於道德實踐境中所說，人在實際生活上與人相接，初乃通過一般之感覺與身體之動作反應，以與人相接，而由對他人之實際存在與其行爲動作之感覺，直感他人之心靈之存在。此卽可使我直下超出於對我自己之執着之外，而不只本我之自覺心，以向上翻升，以至於他人之自我與其自覺之上者。此卽可使我與他人在實際生活中，共立於一平地上，以平等的相遇，而成就我與人之心之感通。我心之自覺，卽可順此感通之歷程，亦內在於此感通之歷程，而與之俱行，更不冒舉翻升於其上；以將此感通之活動，及所感通之他人，只視爲此

自覺之所對；而使此自覺之心，不致由此冒舉翻升，而化爲一高級之我執、或大傲慢、大驕矜者。人之正冒舉翻升之自覺心，於此能自動的向下或平下，卽爲一眞實之謙卑。此謙卑，同時使人之自覺心之智慧之光輝，向內凹進，而若愚若昏，此卽中國道家如老子之所重。此謙卑之極，可至視其自己一無所有，卽其對人之感通之事，皆若非其自力所致，其所賴以結人我爲一體之扶助與愛心，亦非其自力所致。由此而人可於其心中所繼續出現之此愛心等，卽皆可視之爲由天而降至我心者。此愛心之繼續降臨，卽見此從天而降之愛心，自有其無窮而不竭之根原，卽見此天之爲一無窮的愛心，或具無窮愛心之神。於此吾人若自謂其心爲有個體人格之心，則此神亦有一神格、而爲個體之人格神，如在西方宗教思想。若吾人不自謂其心，爲一有個體人格之心，則此神亦無所謂神格，亦可不稱爲人格神，而只是具無窮愛心之天心，如在若干東方宗教思想。此二者皆可說，不須多所爭辯。要之，此神或天心，神心，不只超越於一無所有之我，亦超越於他人，以爲通貫統一此中之我、與他人者。此卽可直接引人循道德實踐中之理性，以至於吾人前所謂歸向神靈之心靈境界，爲吾人前文所未能說及者。人在爲此愛心，而至於犧牲其平日生活中所執之自我，其心靈卽爲此愛心等所充滿，亦爲此神靈所充滿地降臨，而其平日生活中之生命之死亡，亦卽同時使其生命，同一於神靈，而得永生。此人之知有此超越於人之自覺心之一切向上翻升之事之上，之超越的神靈心，而對之皈依信仰，卽所以導人之心靈，更向上升進之途，而完成人之一般之道德實踐之功者也。

然此人之對此超越的神靈心之皈依信仰之意義，亦初只須自其能化除銷泯人由其自覺心之可向上翻升所成之大我執處，去理解。人若無此由自覺心所化出之大我執者，亦非必須信仰此超越的神靈心，以使人之自覺心，自降下，以有一謙卑之極，至於視其自己，如一無所有。蓋此一無所有，必歸在使其心爲神靈所充滿。在此充滿處看，此心與神靈，卽不得爲二；而人之自求爲神靈所充滿，亦當視爲出於心之本性之所要求。此神靈之充滿，卽亦只是此心之自求盡其性之事；而此神靈之心，卽當可說爲卽吾人之心之本心。此神靈之充滿，使此神靈之德，爲人心之德，亦卽不外使神靈或天之德，流行於人心，亦同時使人之本心之德流行於其當下之心，而此亦只是人之自行於此流行之道之中，以自成其德之道德實踐之事。依此而言，一般之宗教信仰之生活，雖可高於一般之道德實踐一層位，然仍只屬於吾人所謂天德流行之道德實踐中之一事而已。

復次，人之有一對超越的神靈之信仰皈依，固有一化除銷泯人之我執之用，而對我執深重之一般西方人與印度人，更爲必須。然此一信仰，是否必然能降伏人之我執，亦視人之信仰之是否眞誠而定。在人之信仰中，此信仰之所對之超越之神靈，與信仰者之我執，恒合以形成一上下抗衡爭鬪之情形，類體育器械中之啞鈴球。此中，若超越神靈之信仰增篤；神靈日充大，則我執減小。若我執增強增大，則神靈之信仰減弱，而神靈亦縮小，而人之我執，卽可轉而執此神靈，並隸屬之於我，而更自膨脹。此於前文我法二空境中，亦及其義。西方宗教徒之信神靈自居者，恒以其殘殺異端，爲奉上帝之意旨是也。此外，人之信超越的神靈者，其我執，亦可將其自我超升之責任，皆交付與超越的神靈之賜恩，而自視爲無責。以其自己原無所有，則亦無責任，一切責任，卽唯在神靈之賜恩故。然此一念，卽助長其懈怠，亦加深其墮落。此一念，則又根於人之視超越的神靈，在其自己之外，而又無信仰之眞誠之故。然此眞誠，則只能出於人自己之心性，而不能出於神靈。在人無眞誠之情形下，人愈信神靈之超越，則神靈愈遠走而高飛。此只求得救於神靈之一念，又足阻其別求其生命存在心靈之升進之路，亦不知其自己之眞誠，爲其升進與降落之決定的關鍵。於是此求得救於神靈之念，與一切宗教之信仰中之教條、宗教之儀式，皆可成爲阻止人別求升進之路之大桎梏、大束縛，而助成人之墮落至無底之心靈的地獄之中者。此大約卽現代之信神靈之宗教所處之情勢。如杞克果等，能見及此眞誠之重要，可謂已知此中問題所在。然彼只由此更强調此神靈之超越性，以加深此神靈與人心間之距離、與其間深淵之存在，則亦唯有歸於自分裂其心靈，於此深淵之兩邊，至於其心靈與生命存在之破裂崩潰而已。此則由其雖知眞誠之爲連接神人之媒，而不知此連接，必待知神靈卽人之本心，然後成爲可能，而以此眞誠連接，必歸於見人之本心卽天心神心，而皆屬於此一誠之流行，然後已。此卽由其慧解不足之故也。

以宗教性之慧解言，只信超越的神靈之教，實遠不足與佛教相比。其故在超越的神靈之教，所以有宗教道德意義，原在其信仰超越的大心靈之大我，以破人之心靈中之小我執，而代之。此在人有眞誠之信仰者，亦確可由此以有其心靈之升進。然此一信仰，不必然與眞誠相連；因此眞誠出自能信仰者，非來自所信仰者；故亦不能必然化除人之我執。因此我執卽可執此神靈，爲我所有，以自澎漲故。此我執，亦在所信仰之神靈之外，而出於能執之我。此能執之我，可無所不執，以使之屬我，神靈亦可爲所執也。故此信超越神靈之教，可有宗教道德意義，而非必然有，只爲偶然有。然對人初欲自其小我執中拔出者，使其先信仰一大心靈之大我，其能、其智，遠超於彼小我之心靈，亦自有一用。故依佛教義，亦可容許此信超越神靈之教。如宗密所謂人天教中之天神教，弘法所謂嬰童無畏心所信之教，皆可爲一般人所信之一教是也。但此信超越神靈者，不知人旣信超越神靈之後，此我執之執其所信，而離其原始之信仰之眞誠之種種蔽害，卽可使其原具之宗教道德意義，完全變質。吾人今見此意義只爲偶有，而非必有之後，卽可見及佛教之慧解之高處。此高處，在求對人之我執，直接正破，而不只假借一超越神靈之信仰，以間接旁破。此卽佛家內破我執，外破法執之教。於此神靈，如視爲我之外，則是法執，視爲我所有，卽是我執。此皆須破。破神靈，而人之法我執之事自銷，而將得救之事，唯待神靈之賜恩之懈怠心，亦不得起。一切依此信仰而有之教條，凡足以阻止人別求一生命存在心靈之升進之道路，皆可加以掃除。此卽使人轉而有一信自力之教，以代此信神靈之信他力之教。此一佛教之勝義，則歸在對生命存在心靈之自有其無漏種、自有其佛性、佛心、或如來藏心之肯定與信仰。此佛性、佛心，唯以人有種種我法之執障，而不得顯。故人能破執障，與化除緣執障而有之一切染汚罪惡之行，則此佛性佛心，卽可由解脫此執障與染汚罪惡，而全部彰顯，放大光明，具大智慧，有大功德，以普度有情，以成一永恒、無限、具全德全知全能之生命存在心靈。此卽無異於謂一神教所信之無限、永恒，具全德、全知、全能之神靈或神體，卽自始存於一切有情生命之內部底層，以爲其原始具有之神聖心體；而信一切有情，皆有由去其執障染汚，以成聖而同神，以彰顯此一神聖心體之教也。

依一神教之思想，以一切人與其他有情生命，終不能同於絕對之神，永不能成無限、永恒、全德、全知、全能之神，又言人與其他有情生命，亦不能有同一於神之心性。然此實與其神愛依其形象所造之人，而其愛爲全愛之說，自相矛盾。因愛以施與爲性，人之愛人，至於其極，可於己之所有，望人皆有之，亦卽將此己之所有，全部施與於人。（註）則神若對人之愛，爲至極之愛，其愛爲全愛，必於其所有，皆望人有之。則若其全知，必施其全知，於其所愛之人；若其有全能、有全德、而無限、永恒，亦必施此全德、全能、無限、永恒於人，以爲人之心性之所具有。若其不然，則其愛有限，其愛人之情，有所吝嗇，而不肯捨。則其對人之愛，卽不能稱爲全愛。故若神爲全愛者，必將其所具之心性，全施與依其形像所造之人，以爲其所同具。此非人對神之要求過奢，而是依神之爲全愛之一義理，神必然爲一情無所吝，而願施其全部所有所具，於其所最愛之人者也。實則一神教之徒，亦並不能證此神之未嘗有此一施與，以使神人之心性，實合一無二。一神教之徒，謂神未嘗有此全部之施與者，其證唯在人實際上之爲一有限，而暫時有所不知不能，亦有其不善之存在；而人之聖人卽至善，亦有所不知不能，其生命之在世之時亦爲暫，其一生之心身之活動與其事業仍爲有限之故。然實則若人能全善，卽全知全能，其生命卽無限永恒。神之全知全能永恒無限，

註：西方哲學自柏拉圖卽有「神之能慷慨的施與，爲其所以創生萬物而賦與其德之根原」之觀念。此爲一極深之形上學的智慧，爲中古之思想所承，而成神之充量的創造不同類之萬物之理由。此西哲洛夫舉 Lovejoy 在其 Great Chain of Being 一書中論之甚備。然在西方思想，終未發展至神將其全部所有，施與人之觀念。蓋意若如此，則神同於無有。不知此中之施與，對神之愛而言，乃愈施而愈有，全施卽全有，不能全施，亦不能全有也。

亦可只自其全善說。若離此全善，以說神之全能全知，則神亦不能使其能成任意之能，其知爲任意之知。任意之能與知，神固亦不能有。如神亦不能使其已爲者成爲不爲，使矛盾者成爲存有，亦不知如何使二成非二，使矛盾者成爲存有之道。多瑪斯謂此乃由矛盾者其自身之不可能，非上帝不能使之存有。（註）此實不必辯。要之，總見上帝之無任意之知與能。依佛家義，則當說此乃矛盾者之自身，不能爲存有，乃法爾如是。一切法之相之如是如是，皆法爾如是，非一切佛力與神力，及任何力之所能變。是爲法相、法性常住。法爾如是者，只能就其如是，而觀其如是，更不可致詰。以一切於此致詰之答，皆只能歸於：依如是說其如是故。上帝之全能，不能爲壞此法爾如是之任意的全能：其全知，亦不能爲使法爾如是者不如是之全知。一神教中上帝之德之眞對人有意義者，唯在爲其全愛，而爲永恒無限之存在或生命。此全愛，則人之成聖者之所能有。人果有全愛，而至於以一切人與有情衆生之生命存在，爲其自身之生命存在，則此一切生命存在之無限而生生不窮，卽其心靈生命存在之無限而無窮；其知卽其「所視爲己之知」之知，其能卽其「所視爲己之能」之能。由此一一生命存在之無窮，而出現於天地間之知與能，既爲無窮，而聖人之知與能，卽亦無窮，而無所謂

註：The Summa Theologica, p.266 Power of God, Fourth Article。

不全，亦卽可說爲全知全能。神若可說爲全愛，亦只有此義之全知全能。然除此義之全知全能，則於聖人不可說者，於上帝亦同不可說也。於此，因吾人未至於聖人，故不信聖人之有此全愛、全能、全知等義。然吾人雖未至於聖人，亦可一念無私而忘我，以有：浩然與天地同流，感萬物皆備於我，觀天地與我並生，萬物與我爲一之一念。卽此念以觀此念，卽是聖人之念。此念中，卽有一全愛，亦有一全知全能之義在。則謂人不能如神之有全愛全知全能者，非也。人固有此全愛，以與天地萬物爲一體。若人外有能全愛之神，人對此神亦能全愛其全愛，此神卽必亦全在於人之全愛之中。人神之別，神之超越人，唯在人不能有全愛之處有意義；自人之成聖，或自人之同聖之一念，以觀，皆不能有意義，而當說聖卽是神。人之能爲聖之心性，卽其能化同於神，而不見其有二之心性。此卽佛教之謂佛力卽神力，佛智卽神智，佛之生命存在之無限永恒，皆依於其原具一無限永恒之成佛之心性，而更不說其外有神性神心之故。依儒家之義，則於人未至聖人之德處，亦許人說有人德以上之天德、上帝之德之超越於人德之上。然必兼說此天德卽性德，天心神心卽本心。故人盡性盡心而立命，以成聖，則聖卽同於天，同於上帝，而亦視聖如天如帝。故能兼綜上述一神教與佛教之二義，其說最爲圓融。至其與此二教不同者，則在一神教唯以此神爲超越之存有，爲人與萬物所共依以公有者。而佛教又多以其佛心佛性，爲一內在潛隱之存在，初爲一一有情所自具而私有者。一顯一隱，一公一私，遂成相距。然依一神教之勝義，則人與神覿面相遇時，超越之神必化爲內在而屬私，如神秘主義之說。依佛教之勝義，佛自以大悲普度爲其心性，視衆生如子，則內在者亦化爲超越而大公，則二義終當交會。依儒家義，則人當下之本性本心，在人未盡之之時，亦是潛隱，而屬私，然當人盡心盡性，而全幅顯現，則亦必普萬物而無私。又人在未能盡心盡性之時，其心性亦非全不顯，而必有其顯處，而人卽可順其顯，以知其隱，而更由隱之能顯以觀，亦可不見有隱。此本心本性卽當下爲普萬物而無私之心之性，而無異於天心神性。若再自其實尚未全顯而有隱處，以觀此天心神性，則敬畏之情生，而儒者亦能敬天敬神。然自此人成聖之所全顯者，只此本心本性，其全顯而成之德，同天德神德言，又必說此聖之同天同神，而與之不二，此所盡得之本心本性，只是原初之一密藏之心性，有如佛心佛性之可視爲初潛隱，而密藏於其現有之生命存在之底者。實則此天心神性，本心本性，佛心佛性，皆同依於人觀「人之成聖，所根據之有體有用之同一形上實在、或神聖心體」之異相，而有之異名。自下而上，以觀其相，見其自身之無隱無潛，卽爲天心神體。自上而下，以觀其相，見其潛隱於現實生命存在之妄執等之底，則爲佛心佛性。自外而向內，以觀其相，見其具於吾人生命存在之內部而至隱，則爲本心本性。然此本心本性雖隱，而未嘗無其由隱之顯，以普萬物而無私，而洋溢其心之德性之德，於上天下地之中，而見此天地，皆如在命我之盡心盡性者。人卽可以當下合內外之心境，而通上下之天地，以成其立人極，亦貫天極與地極，而通三才；故得爲大中至正之聖教，而可以一神教之接凡愚、佛教之接智者，並爲其用，而亦與之並行不悖者也。

五、神聖境界中之一與多之思議與超思議

在信神靈之教與佛教中，同有之一形上學問題，卽聖神之是一是多之問題。依一神教，則神是一，一切存在是多。多非一，亦相望以各爲一個體，而一一個體之生命存在心靈，終不能皆化同於一神。若皆化同，則成多神，卽無唯一之神，以主宰宇宙，則宇宙亦將破裂。至在佛教，則一一有情雖皆可成佛，亦各有其相續不斷之修行以成佛之歷程，在此歷程上看，亦不能不說是多。于一切佛聖畢竟是一是多，則唯識宗說多，華嚴天台皆說一切佛聖卽一卽多，非一非多。佛聖之世界，與一切有情之世界，亦相攝相涵，而卽一卽多，非一非多，此應是圓融究竟之說。蓋此一多之概念，本只爲吾人理性思想，用以理解一般生活中內外之種種事物，與其活動之概念。由此吾人之理性思想中，有此一多之概念，便以之說此思想之所自出之心靈主體，吾人前卽已謂其爲本末倒置，原流混雜；說之必導致矛盾，而當歸

於知其不能說者。吾人之所以謂吾人自己生命存在之心靈，與他人之生命存在心靈之相對爲多，乃唯自此吾人之生命存在心靈，對他人之生命存在心靈，有種種活動，其活動不同類，而亦可由相異而相反相矛盾以說。然在一充量發展之道德心靈中，人可以其道德實踐行爲，成就人我之心靈之通感，在此通感處，卽非多而爲一。但此通感，人或有或無。人不能凡有所感，皆通之爲一。故人我仍可說相對爲多。但若此之我執去除淨盡，以成佛聖，則其生命存在心靈，凡有所感，無有不通，而恒感恒通，其感通之量，亦無限極；則其生命存在心靈，卽應與其所感通之一切生命存在心靈同體，而無自他之別。若一切佛聖，皆同此無自他之別，則一切佛聖，卽亦同體，而無自他之別，便可說非多而爲一。然自一一佛聖之所由成而觀，則又非一而爲多，以其初亦是一般之有情生命故。合此二義，則一切佛聖不能說定是一，定是多，而當說卽一卽多，非多非一。佛與世間有情，亦不能說定是一、定是多。以佛卽昔之有情衆生，今之有情衆生卽未來佛故。此有情衆生，固相對爲多，然其入聖境，卽無此多故，或此多卽必化爲非多之多故。佛在聖境，與一切佛、一切衆生同體，固可說爲一。然此聖境，由凡境來，凡境中自有多，則一由多來。此一，卽涵具此由非一之多來之義，此一，卽涵非一之義之一矣。故若說佛之聖境，只能以卽一卽多、非多非一說之。佛界與一般有情衆生界，其關係亦卽一卽多，非一非多。自此非多非一之義言，則非思議境，乃不可思議境。此思議其不可思議，卽思議之極致。此中自尙可有其他之種種玄義可說。然要之，凡思議之及於思議之原、由思議所成之行、與由行而所證之果，其或在思議之先，或在思議之後者，皆非思議之所能盡。此中之思議之活動之進行，卽出於其生命存在心靈之主體之原，而有之思議流行。然由思議之流行，及其他生活行爲之流行，而至於成聖果，則皆如江水之流之入於海，而終無流行之可見，亦無流行之軌道，可思可議。一切一般思想中之概念範疇，如一多同異及其他任何槪念範疇，卽皆與此思議之流行，一齊如泥牛之入海，更無消息。人若必用之，則凡一切相對之概念範疇，無不可兼用而兼泯，而歸于言卽一卽多，非一非多之類。於此，而人欲本其一般之思議之習，謂此一卽非多，多卽非一，以與諍難；則不知其諍難，皆在其下之層次。此亦猶莊子所謂「鶣鶵已翔於寥廓，弋者猶視乎藪澤」之事，徒爲大智之所笑而已。

此上所說在佛聖之境，一切諸佛與有情衆生，不可說定是多、定是一，亦卽不可說定是同、定是異，在西方印度之神靈敎之勝義，如在神秘主義之言中，亦有之。然順此義而說，則神靈敎卽不能維持其特性，而必將化同於佛敎，而失此神靈敎之功能。對世俗之人言，因其我執深固，不能直契於佛敎之由破執障而顯之勝義，亦初宜使其知其小我之心靈之上，有一超越的大我之大心靈。此世界之人果有若干之原始眞誠，於此有篤信，亦可助成其生命存在心靈之升進。此義前已屢及。然吾人依上所說，佛之聖境所證，原是一通宇宙爲一體之境，而知此境之心，亦可說爲一無限永恒之心，此一心卽有情衆生自始原有之佛心，唯以執障所蔽，故不得顯。今更將此一心，離其一切執障，而觀其自始原有，亦卽在實義上，與一無限永恒之神靈無別。人在墮落之境，而上望此心，如伏井而觀井中之天，亦非必不可說其爲一超越而在上；而更不見此天，卽在身後，爲其生命存在原有之佛心，而屬於其生命存在心靈之內部。故依佛教義，亦可承認一般神靈教，而一般之神靈教，亦不必皆化同於佛教也。

然此佛教之義，必以破執障爲先，其以佛心唯是潛隱深藏，與神靈教之以神靈，唯是超越者，其說雖不同，然皆未能直下於吾人之當下生命存在心靈中，見一當下能感通於其所遇之境之心性之現成在此，而盡性立命，以成賢成聖，使性德流行卽天德流行，如儒者之說。此儒者之義，自其高明一面觀之，聖人之心亦與天地萬物爲一體，聖而不可知卽神。一切聖人之心，其博厚配地，高明配天，悠久無疆，亦爲無限而永恒。東西南北海之聖，千百世之上之聖，千百世之下之聖，心同理同，亦不可說其定是一、定是多。自聖德之成以觀，與天德神靈之德，固無二無別。自聖德之所以成以觀，則人人自各成其聖德。此與佛教言諸佛聖之非一非多，卽一卽多者，亦無大殊。此儒家之只言一切上下千古之聖，四海之聖，心同理同，道同德同，與天及神靈，亦德同道同，而不論其爲一爲多，亦不明說其非一非多，卽多卽一，則更有一大慧存乎其中。此卽在成聖成賢之敎中，只重能行於聖賢之境，而不必思其果。佛家必先思境，後思行，更思其果之如何如何，故可有諸佛爲一爲多之問，佛境與有情衆生之境爲一爲多之問；而人亦卽可用此一多等種種槪念，以成其玄思。然儒家則要在敎人如何行於境，以成賢成聖，而不多論此聖境聖果之畢竟如何；而一切聖畢竟爲一爲多之問，卽根本不生，亦不須有卽一卽多，非一非多等玄思，以答此問。此儒者之問，要在問人之行於境之道之如何，而非其行此道之後之結果如何；而辨道之邪正、偏中、同異，則爲儒者之用思之中心所在。故於一切聖人，只說其心同理同，道同德同，卽足。說其有此同，則非定異，亦非定多。聖人同行於一道，以各成其行，亦非定同定一。學者希賢希聖，乃希慕其行於道，以求與之同行於一道，而非希慕其所得之果。此希慕其所得之果，若自其消極意義看，人自可由聖境之廣大，以使之自拔於凡境。此卽有引人升進之意義。然若只自其積極意義看，亦可使人只希高慕外，而聖境亦可爲人之貪欲之所對。故儒者之不多說聖境，不論諸聖之爲一爲多，亦不多論聖與天或神靈之爲一爲多，正有大慧存乎其中。蓋此一多等，原爲吾人之思想用以說一般事物與其活動，本不當用以倒說吾人之思想此原，與其行爲生活之所達者。故凡可用諸槪念以思議者，終必達於思議一不可思議。前文已及。然世之宗教家必思一不可思議而說之，仍是思議。儒家則專自人之行於境之道上，說道之邪正、偏中、與同異，則併此不可思議之思議亦無。此則似少一玄思；然亦正見其能直下超拔此一切玄思，而直下不於此思議，以直下超思議，而行於非思議境，亦行於非思議所及之不可去思議之當下之行爲生活境者也。

依此儒家之義，以論人之感通於境，而成之行爲生活，非謂不可存宗教家所言之生命之永恒等信仰，於其心之旁，以消極的破除種種生命中之斷見，如吾人上章之所論；亦非謂人有執障時，不當破執。然卽人之破執，亦須依於一超越於執障之外之心性之存在。人對此心性之存在，若只視爲一潛隱，而不視之爲一當下之呈現，而或更自覺其爲呈現者，則人之破執之事，亦將以少此一正面之根據，而少功；或一執去而一執起，至同於無功。故儒者必言人有一超佛家所謂執之一善心善性，呈現於吾人之當下之心靈，與生命存在之中，而加以培養，或更加以自覺。人卽可於見有執障起時，視此心性，爲破執障之所據；而人於不見執障之起時，則只須順此心性、率此心性、而盡之，順成之，卽可至於賢聖之途。此皆吾前於盡性立命境等章之所論，今可不贅。

六、執兩用中之道

於此吾今所當進而略述者，唯是言此儒者之盡性立命之道，在根本上乃一中正而圓融之道。中則不偏，正則不邪，是見中道之體。圓融者於異見同，於多見一，於普遍者見特殊，於有知無，於實知虛。要之爲於一切相對者中見其相涵，卽於此相涵中見相對者之相融，以成一絕對。是爲中道之用。中之不偏，卽不偏於一切相對者之一端。正之不邪，卽居於此中之兩端平衡之位，而得兼觀兩端之相涵相融。此卽執兩端而用其中之敎。於此，自中與兩端之關係而觀，則說中統兩端，以使在兩端之事物，俱有俱立，是一義。以中爲彼此兩端相澈而相泯之地，使此相對者自相銷相泯，而統之之中，亦銷亦泯，又是一義。更以此中，統此相銷兩端一切事物之俱有與俱泯，再是一義。此在佛敎之天台宗蓋卽依第一義，說一切法之有，說假諦；依第二義，說一切法之空，說空諦；依第三義，說一切法之非有非空，卽有卽空，說中諦。以假諦立一切法，空諦泯一切法，中諦統一切法。更以此中諦與假空相對者，爲但中；以中諦與假空二諦，相互圓融者，爲不但中。依不但中，而中與假、空，亦相互圓融。華嚴宗更有總相、別相、同相、異相、成相、壞相之六相圓融，及一多相攝，因果相攝，隱顯相攝等之十玄之論。然要皆重在以此言眞如法界之理境，與佛智所證之圓融境，而非直就吾人之生命存在心靈當下所在之境而說。然此中國儒者所言之執兩用中之境，則在聖境固如是，在吾人當下之生命存在心靈中，亦有如是之境。依此儒家所言之執兩用中之義，則此中固有統兩端以使兩端俱有俱立之義，此兩端亦可有相對而相瀓相泯之義。然此儒者之所重之用中之道，則要在使兩端之相繼而次序爲用，而使此伸彼屈，此屈彼伸，此顯彼隱，此隱彼顯，以運轉而不窮。此中之用，則要在爲此兩端之運轉之一中樞，而兩端不必俱立俱有，亦不必俱泯俱空，亦不必合空有爲中；而以此空彼有，此有彼空，使彼此之兩端，一立一泯，一空一有，而轉運不窮，如一圓環；以見此中之用，周行於一切爲兩端之環之上，而兩端無不融。此執兩用中，自有其別於天台之三諦圓融之只爲一觀境者，亦別於華嚴之言一多因果隱顯之相攝，而不明說此諸相攝，皆用中所成，而於此相攝之事，只視之爲重重無盡之相互反映者。蓋儒者之言用中之要，在使諸相對者之次序相繼，更迭轉運而不窮，乃順說而非橫說，故有相對者之次序之相繼之無盡，而不必有此相對者之平等相反映之無盡。華嚴所謂相對者之平等相反映之無盡，實亦必須初爲依次序所成之相反映，而後可爲人所理解。蓋唯依人之思想在其次序相繼，而轉運不窮之歷程中，以後觀前，以前觀後，原可說前引後，後涵前，其中原亦有一無盡之互相反映之義，然後人方可更形成一橫說之相對者之平等相反映之無窮，如華嚴宗之所言者也。則此儒者之言用中，以使相對者次序相繼，使相對者自相轉運而不窮，亦正華嚴宗之義所當本者也。

依此執兩用中之道，以言吾人前所論之儒者之言人心與境感通，以盡性立命，而求一生活之理性化、或生活爲性情之表現之道，則心與境之相對，是兩，其感卽是中。心之「性與境所示之當然之命」，是兩，「盡心之性以應境」之盡，是中，「承境所示之當然之命，而立之」之立，亦是中。凡由此心境之感通而有之盡性立命之事，有所過或不及，皆非中而爲偏。矯其過與其不及，皆是中。人之連於生活行爲之思想、與本純粹之思想以成之知識，凡只用相對之概念之一者，皆是偏；而補以另一相對，則是中。只知一概念知識之對相應之境爲眞，是偏；知其對不相應境，亦爲妄；而合此二者，以觀一知識一概念之意義，則爲中。要之能用中者，必能兼執兩，而使之得其平而皆成，亦可使兩由相衡，而使之相銷相泯；復可使此兩者更迭爲用，而運轉無窮。此能用中之人之生活行爲與思想，卽恒爲一進退屈伸自如之活潑潑地心靈之表現，亦爲一活潑潑地生命存在之表現。此表現，亦爲此活潑潑地之心靈生命存在之果，而此果亦可再爲因，以使人之心靈生命存在，更去其滯礙與執障，以更成活潑潑地者。至於依執兩用中，而有之對人施教之言說，則人之偏執偏滯不同，補其偏、救其弊，而加以活轉，其道不同，而要在當機。其言說之方式，或單說正，而依正以成正，或單說反，依反以成反，而以其單說一偏，以顯人所未見之此一偏，使人自合之，以成中。此爲前推而順行，以成言之長度，久度者。或爲直下以反破正，以正破反，此爲逆行之言。此逆行之言，必其力足以破，則見言之强度。凡此順行逆行之言，皆與其所表之意爲一致，而其言皆正爲顯說者之意，則以之敎人，是爲顯敎。至於言在此而意在彼，以正面之言成反面之用；或以反面之言，成正面之用；或以正與正相對，而意在對銷，以成其俱破；或以反與反相對，而意在由兩反皆俱破，而兩正俱成。此則皆所以開思想之幅度，亦卽開思想之廣度。凡此言在此而意在彼者，其言中之意之外，皆有言外之意，而其言不能盡顯說者之意，而待聞者之知其隱義者，則以之敎人，是爲密敎。凡言說之未究竟，或人於此言說不能會得一究竟義者，其敎皆爲一方便、一過渡，而爲一權說、一權敎。言說至究竟，人於此亦可會得一究竟義者，則爲一實說、一實敎。欲人之由不究竟之義，次第至究竟義，如由權而實，而開權顯實。實顯而權廢，則爲廢權立實。廢權立實，則實代權，亦卽是權。而對人之不能會得究竟義者，先說非究竟義，以爲導，則是爲實施權。爲實施權，則權依實，亦卽是實。此言之有顯密權實，中國之天台宗，言之至詳。然實則在人之言說之方式中皆有之，而爲一切人之本言說以設敎而成物者，所不能廢。吾人今亦皆可攝之於此執兩用中之敎中。然人於一切顯密權實之敎之運用，皆同須當機而用，並以其聞之者，能各得進益，以定其用之當否。其言既出，其義皆直，而方以智；然其用則可曲，以圓而神。故於世間一切方式之言，無不可取以爲用，亦無不可廢，而進退無常，剛柔相易。一切說可用，故辯才無礙；亦可廢，故默而識之。辯才無礙，則似有諍；默而識之，則無諍。故人之思想至於有此言默之智慧之時，對人之思想上之偏執之言，古今學者思想家之種種異說，於其偏執，雖皆當或加破斥，或引而進之，以至於更廣大高明之境；然亦皆可默而存之於心，以博厚之心載之，而就其當有之密意，用爲一時之施敎之權說，以使其言之流行不已，亦如其行之不已，以悠久而無疆，而亦依言之可興可廢，以見言之同於無言之默。佛家言，若佛說法，若佛不說法，諸法常住。老子知道不可名，而道自久。孔子不言，而四時自行，百物自生。天地間自有不言之大敎流行，言之不增，不言不減。此乃東土之儒與釋道所同契，故皆能言，而亦能不言，而其言其敎，亦長流於後世。此能居此言之流行轉易之中樞，而不言者，則是吾人之生命存在與心靈之自體。唯自體之爲不言之默，方能持一切流行轉易之言之前後之兩端，而使之分進或俱進，分退或俱退，使言進退自如，而亦通此言默之兩端，以成其或以言敎，或以默敎。默則言隱而行自在，而其行卽是言。則其默而成之之盡性立命之德行生活，性情生活，亦卽是言，皆此執兩用中之道之表現，亦其具體的理性、性情之表現之所在矣。

第三十一章　理事一如、與理行於事之大事因緣——觀生命存在之事用中之理

一、西方哲學之理事分離論

吾人上來先分論九境，更綜論九境之開合、及盡性立命境之通達餘九境，更論生命存在心靈之主體升降中之理性運用。此皆通九境爲說，以使人能總持其義。然凡此中所論之理性皆爲一具體之理性，亦卽通貫於普遍與特殊、一與多、同與異等，一切相對者之絕對理性。此具體之理性所通貫者，是種種理，亦是種種主觀客觀或超主客之事。如人之升天、成佛，爲聖爲賢，亦是一事。所謂耶穌爲人贖罪，佛爲一大事因緣出世，天生仲尼，破萬古之長夜，皆事也。此一切事之所以成，其中卽有通貫此一切事，使一切事得相續，成爲可能之理在。則此理皆只所以說事，亦在事中行，其超越已有之事之意義，亦見於其成以後之事。基督教所謂道成肉身，佛教所謂佛之依法身，而有報身應身，朱子之謂聖人爲赤骨立的天理，

皆理在事中行之義也。然此理在事中行，以通貫事爲義，雖爲了義，人仍可如自立於此事理二者之外，將此事與理二者對觀，而可以依事疑理，依理疑事，成種種根本上之疑惑，而出種種之玄談。故今更繼以此章，以祛疑難，而說明此理在事中行，何以卽爲了義之義。

此人之自立於事理之外，將事理對觀，而依事疑理，或依理疑事，乃一東西哲學思想自始有之二型。此乃原於事理是二名，二名卽有二義。二義對觀，此理之名，必有事之名所無之義；此事之名，亦必有理之名所無之義。人卽可以依事爲實，以觀理，而謂理不合事，而爲虛；亦可依理爲實，以觀事，而謂事不合理，而爲虛。吾人卽說，理在事中行，事皆有理，事所實現者卽理；然問者仍可謂事除其中之理之外，總尚有一多餘之成份，爲事之所以成事，或能實現此理者。如柏拉圖、亞理士多德之原始物質，佛家所謂四大種，皆依於見事之所以成事，或理之實現於事，必於理之外，尚有一成份，方能有此理之實現於事，使事成事也。然此事中除理外之多餘之成份，既在「理」之義外，卽不可理解，不能加以理性化。復次，人若觀宇宙間事與事之相續，而自其前事之別於後事觀，則皆可見得此前後事之理，無論如何相同，人皆不能由前事之有，以推後事之必有。此後事之有，自可以另一形上因說。如事有因，亦可依理性而立此形上因。如吾人在功能序運境中所說。然卽設此形上因，以說後事之生有其理；而自此後事之爲一事而觀，畢竟不可說其在此因中已先在。若已先在，則不須更生故。既非先在，則自其爲新生之事言，卽爲自無生有。此有，在其先之事中，與其所以生之理中，皆無有，卽不可由此其先之事之有，與所以生之理之涵義中，推出此「事之生」之一義。此事之生，卽仍不可理解。吾人只能就事之生而觀其爲事之生，而再不能，亦不須，更以理性的思想，加以說明。所謂事實，皆頑梗的事實是也。自事實皆頑梗的事實，其爲事實不容疑以觀，則理之義，只能應合於事中之理，而不能與事之義，完全應合，而理卽不合事。至於人之重理者，則亦可反而就此事之有一頑梗性，如山石之不化，而理則通達一切同類事，如流水之行，而以事爲不合理之義，不合理之所以爲理之標準者。更謂事在根柢上，卽不合理。今人之生命存在之心靈，既知有事，又知有理，更知此事之不合理，理之不合事，而此心靈於見其所知之二者之不相合之時，卽可感二者，如相分裂，亦分裂其心靈之統一。此心靈欲維持其統一，必求通理與事，而見其合。然此心靈之求此通、求此合，又似與事理之義之原有不合之處，互不相通，互不相合。此卽哲人之所以徬徨，而苦思深慮之所以不容自已者也。

對此一問題，凡依西方哲學之理性主義與經驗主義之路數，而本一般形式邏輯，以思維者，必無解決之途。理性主義恒偏執理，經驗主義恒偏執事。順理之所以爲理之意義，只能依形式邏輯，而知理之有。順事之所以爲事之意義，只能依形式邏輯而知事之有。則事理之鴻溝，亦永無跨越之可能。依西方近代之理想主義之傳統，固可依理性，以說明經驗事之所以成，而善言理在事中、在事中之理爲具體之理，亦人之具體的理性思想所能理解者。然西方近代理想主義發展至黑格耳哲學，而由絕對理性之外在化其自身之「反」，以言自然界之事物之生，則在根本上不可理解。上帝可爲一切事物之理之根原，然事之義則不在上帝之涵義之內。依上帝只爲一切事物之理之根原之義，亦不能推出上帝之必有自無中創造事物之一事。在西方現代哲學家懷特海，更深有契於理皆在事中行之義，亦言一切事物之理之根原在上帝；然却不說上帝自身能自無中創事物；而以現實事物，皆一現實存在，或現實情境，自始卽與上帝相依而有。此卽較能去除黑格耳與宗教家之說之困難。懷氏以上帝爲一切事物之理型或永相之原，亦一切事物有理，而可加以理性的理解之原。然於上帝自身，又謂爲一根本之非理性 Irrationality。此是自上帝自身之存在，更無理由說。亦是自「上帝之理型之次第實現於事物之創生歷程」之大事，更爲無理由說。故其哲學，在根柢上，仍爲一事之哲學，如吾人於第二部所辨；仍非對理與事有一究竟之安頓之哲學也。現代西哲能正視此一問題者，爲柏拉得來。彼意于宇宙之眞實，當以感攝 Feeling 爲說。懷氏言感攝以成事，亦承其說而來。然人以理性的思想，求理解此感攝之眞實，則必分裂此眞實爲這 That 與如何 What 之兩面。由此分裂，而無論吾人以任何之「如何」思想此「這」，皆必導致矛盾之詭論。人欲去除此中之矛盾詭論，則唯賴思想自去其由分「這」與「如何」而致之分裂，以還原至感攝之眞實。此卽待於思想之超越其自身。唯有此思想之超越其自身，然後思想乃能達於一無矛盾，而融貫之眞實。故人之哲學思想，必自殺，乃完成哲學之求知此一無矛盾而融貫之眞實之目標。此卽成「哲學之理性的思想，必自殺，方完成此理性的思想之目標」之一詭論。其詭論，實原自人之本理性的思想，以思此感攝所成之事之流行，原有一不能應合之處，則此思想唯有舍命，以歸此流行，方能達其合一之目標。故此詭論，乃不能免之一詭論。亦卽此目標之實現，不能不歷之一詭論也。然此詭論之言，其自身，終爲一矛盾。而人亦可問：哲學之目標既在其自殺，又何以不自始不生，以枉歷此一大輪廻，仍歸於此一詭論。而依此詭論以言理性的思想之舍命歸流，雖可成一眞實之感攝之事，便仍是有事無理，未能達於事理之圓融也。

二、佛家之如法言理、如事言理義

人類之思想，能達事理圓融之境者，蓋唯東方佛道儒三教之說。此儒佛道三教之言事與理關係之共同特色，皆初不自一類經驗事物，所抽象出之普遍性相等，爲第一義之理，亦不以抽象之普遍範疇，如一多、有無等可遍用於一切類事物，而其自身無特定類之事物意義者，爲第一義之理。依前類之理，以觀具體事物，則事物除具此理外，應有物質爲剩餘；則事多於理，而外於理。理可遍用於一類事物，其用亦超於任何具體事物之外，則理大於事，外於事有理。依後一類之理，如一多、有無等，以觀事物，則一理之用，不只超一具體事物，且超任何類之事物，而理更大於事。而此一多有無等，不以任何類事物之內容爲其內容者，其理又爲最貧乏空洞之理，而任何類事物之內容，皆可遠多於其理，而外於其理。由前說，理由事抽出，乃以事爲主，而理爲賓，而賓之義，不能盡主之義；如賓客之不能盡得主人之歡，而主將離賓。由後說，理可先於事，以爲心靈認識之範疇，則此心此理爲主，而事爲賓。賓自以類相接，則主之義，不能盡賓之義；如主人不能竭賓客之情，而賓將去主。此前者乃西方經驗主義之窮途，後者則西方理性主義、理想主義者之窮途，其皆不能使理事互爲主賓，而使之得互相應合，以無欠無餘，則一也。

在東方之佛教，卽顯然不以此上之二類之理，爲第一義之理。此二類之理，前者爲唯識宗所謂衆同分，後者如同異，一多之類，皆唯識宗所謂不相應行法也。此中之理，恒與其事有範圍大小多少之不同，而互有餘欠，卽不相應合也。此佛家第一義之理，乃如法而言理，亦如事而言理。如法言理者，則法法不相亂，法法不相知，法如其法，卽是理；事亦是法，如事言理，則事如其事，卽理。所謂事如其事者，個體事物如其個體事物；一類事物如其一類事物，此卽第一義之理也。於此若說事物之性相，則性相如其性相，卽理。若說抽象範疇之法，則一如其一，多如其多、有如其有，無如其無，卽理。若以抽象範疇說事物，則其一如其一，其多如其多，其有如其有，其無如其無，皆是理。此理亦只是一法如其法，而法法不相亂之理。此所謂事物如其一而一，如其多而多，如其有而有，如其無而無，非謂事物定一定有，而不能多不能無也。事物固無常，則一非常一，多非常多，有非常有，無非常無。事物固皆原可有可無，可一可多也。然兼說事物可有與可無，可一與可多，二念可相銷而歸於無所說、無可說。有所說，有可說者，唯是如其有而說有，如其無而說無。此說，乃生於如有、如無之後，而不在其先；故此說不判斷事物自身之定有定無，惟順事物之如有而說有，順事物之如無而說無，說畢，而此說於事物無所增，於心亦無所得。不更說之，事物亦無所減，於心亦無所失。說一、說多，說一切，皆如是。所說之如是之如是，卽理；而依如是之如是，以成之一切說，卽皆依一理，而有之一切如是說也。此一理，只是任何法之自如之理，任何事之自如之理。然此自如自是理，而非事。事固自如，則事固依自如之理，以成其事。此自如之理，亦卽在事之中，而不在事之外，以互相應合。事無論如何複雜；複雜之事，總自如其複雜，亦總依此自如之理，以成其事，而此自如之理，亦遍在此複雜之事之中，以互相應合，而彼此無欠無餘，而後可言事理一如也。

此佛家之以法如其法，事如其事，爲一根本義之理，似甚簡單。然引繹其義，亦極豐富。以人之如法而觀法，如事而觀事，此本身卽非一易事。依異法觀一法，依異事觀一事，則人所常有。然依異法以觀一法而謂其同，卽成非理。依異事以觀一事，而謂其同，亦成非理。然如其非理而觀爲非理，則又是理。此亦依於一法之自如，一事之自如之理。依此一切法之自如、一切事之自如，以觀一切理及一切非理，與一切非理所以爲非理之理，此中已見有一無窮複雜之理之世界。此對任一法之自如，一事之自如，而於有說有，於無說無，乃人對一法一事最多之說。此中於一法一事之有說有，乃自一法一事自身說，而說一法一事之無，則非自其自身說；而是自另一法、另一事上，說此法此事之無，或在此法此事上，說另一法、另一事之無。則於有說有，於無說無，二者之義不同。於此，若於有說有、於無說無，雖皆是如理亦如事，而如實說；然於一法一事，唯依自觀自，方可說有；依他以觀自，方可說無。則一法一事之身，是否眞有此有無，以及生滅、一多等，正是一問題。

依佛家大乘般若宗之說，則所謂有無、生滅、同異、一多等，在一法一事之自身上，於俗諦可說，於眞諦上則不可說。因吾人之說一事（或一法）爲無，唯依他事說。卽於他事中求觀此一事不得，遂謂之爲無。則人若不於他事求觀此一事，則無此無。二事相繼而起，人若於後事，求觀前事不得，知前事不有，卽說其滅。然人若不於後事求觀前事，亦無此滅之可說。人於一事自身觀一事，而說其有，於當前事觀當前事，亦說其有；而人觀此當前事之有，乃繼其更前之事而有，卽說其生。今若不於一事自身觀一事，不于當前事觀當前事，則有不可說；若不自此當前事繼更前事而觀，則於其生不可說。今若要於有無生滅二者兼說，則當知凡於一事觀一事時，所說之有，於其外之上天下地，或全法界中求之，皆不可得，便當說之爲無，合此有無以觀事，則事皆亦有亦無，而有無相矛盾，亦相銷，則事皆非有非無。而有無卽畢竟不可說。依有無說生滅，則合生滅以觀事，事皆亦生亦滅，復不生不滅，生滅亦畢竟不可說。又人以此所有，觀彼中亦有此所有，爲同；以此所有，觀彼中無此所有，而彼另有所有，爲異。有無生滅畢竟不可說，則同異，亦畢竟不可說。同之統異爲統一，所統之異各爲一統一，而合則名多。同異不可說，而一多不可說。故三論宗之只言不一不異，以概此同異、與一多之俱不可說。相續同，見一，是爲常，相續異，見多，是爲斷。一異不可說，則常斷亦不可說。蓋此有無、生滅等，初唯是人對一事依其自以觀自，或依他以觀其自，而有之說。依自觀，依他觀，各爲一偏觀。然合此偏觀爲兼觀，則自相矛盾而相銷，而皆歸於畢竟不可說，可說者皆依偏觀而說。凡人由此偏觀所成之說，又皆爲非理，則唯觀其非理爲非理，方爲如理而思；亦必說其非理，說其不可說，方爲如理而說。是爲眞諦。如理而說，則任一事，只自如其事，更無此有無、生滅、同異、一多等之可說。世人之說有無等，皆唯是依自或依他之偏觀而說。知其說有無等，乃對偏觀而說，固亦爲世間眞理，卽所謂俗諦。但對偏觀而說者，不能離此偏觀。於此，人若不自覺其依此偏觀，而有此有無等，而直對一事，謂其事上實有此有無等，則爲非理，以事之自身上，實無此有無等故。對事之自身，只可說此有無空，或無此有無，此有無等之不可說，方成爲如理之說。於此如理之說中，說無此有無等，自亦用及無字，說不可說，亦是說。但此可不成矛盾。因說「無」有無之「無」，乃另一層位之無；「說」不可說之「說」，亦另一層位之說。此「無」、此「說」，乃用以對銷世人於事上說有、說無之說。此「無」此「說」之義，盡於此對銷。若世人於事上之不更「說」有此有無等，則此「無」此說之「說」，亦與之俱無，俱歸於無說。此俱無俱歸於無說之一說，亦自歸於無說。……此中似有之矛盾，亦無不可依一更說其說之歸於無說，以對銷之也。

此般若宗之謂在眞諦上，一般之有無、生滅、同異等，皆畢竟不可說。其旨在使人由偏觀至兼觀，由兼觀而使偏觀所觀者，自相對銷，是中觀。以中觀觀眞諦上無此有無生滅等，亦可還觀：由偏觀而有之有無生滅等，視之爲俗諦，或世間眞理。故依中觀，亦能知此偏觀中之世間眞理。故此俗諦，與眞諦，亦不相違而不二。人卽可以見此眞俗之不二，爲中觀之所觀。依俗以立一切法，依眞以泯一切法。觀眞俗不二，以見立與泯之俱立而俱泯。此則成般若中觀至天臺三觀之種種勝義。其中之曲折，不必一一說。然要之，此中，人之必由俗至眞，而銷除一般之於事於法，說有無生滅等，要在使人心與「事如其事、法如其法」之一眞理，由不相應，至於相應，而如實知此「事如其事、法如其法」之眞理。此有無生滅等，乃與事法不相應之不相應行法，必透過之而銷泯之，人乃與事之自如、法之自如之眞理、得相應也。

此佛家之要人銷泯此有無生滅等，以知事或法之自如，卽要翻過西方哲學所最重視之一套理解、理性的思想範疇，亦要透過西方哲學連於感覺性之時空範疇。此中時間之範疇，初恒連於有無生滅、同異，亦連於事相之一多，因果之相繼者。時間有過去、現在、未來。人唯於當前事中，觀已知已有之先前事而不得，方說過去，或說過去事，已由有而無，而已滅。又觀可有而非前已知已有之以後事而不得，方說未來或說未來事，將由無而有，而方生。又於當前事中，觀當前事，則說其正有、或說其將過去，而將由有而無；或說其嘗是未來，先曾由無而有。然此中，若人自始不在當前事中，求觀以前、以後事，亦不見當前事中之有此當前事，則無過去、未來、現在之時間相可見，亦無時間之可思可說；而當前事，自如其當前事，以前事自如其以前事，以後事自如其以後事。世俗之人之謂有時間，唯由其「偏於在當前事中，觀此事之有，又觀其前事後事之無」之「觀」中，方謂有時間。此有時間，亦自是依此偏觀而有之一俗諦眞理。然人於此偏觀之外，更以於此三世事，益以另一觀其自如之觀，則當知此時間之非有，方爲眞諦之眞理矣。

依眞諦眞理，當說時間非眞有，則空間亦非眞有。以所謂空間原與時間不離，時間三相與空間三相亦不離，前在感覺互攝境中已詳說。佛家於此所論，不如吾人所論之詳。然謂空間非眞有，則可自簡易處說。因吾人所謂事物在空間，唯自吾人於一時見一事物之後，更求觀此事物於其外，亦卽欲在時間上繼續於其外，求見此事物，而不得，方謂其外有空間。人若不在時間上繼續求觀一事物於其外，則不見外有空間，亦無事物之存在於空間可說。唯吾人恒求一事物於其外，於一切事物，皆求觀其存於其外，方謂一切事物皆在空間中，而彼此互外，以相往來。今若吾人不如此求一事物於其外，而只自事物之自如而觀，則亦無所謂事物之外之空間，或事物存於空間，而彼此互外，以相往來之可說。則此空間之有，唯依世俗之人「偏於事物之外求觀事物」之偏觀而立。知其依此立，則亦見一世俗之眞理或俗諦之眞理。然於有此偏觀後兼往觀事物之如其事物，則當說空間非眞實，而事物在空間中之來去，亦非眞實。此方爲眞諦之眞理。故中論於言不生不滅，不一不異，不常不斷外，兼言不來不去也。

上文吾人謂若直對一事，說事如其事卽理，則理不外此如，事不外此如。事理亦一如。然人在生活中，依一對當前事之觀念，以觀此當前事之相中，同此觀念之內容之相，則人亦卽可說，此當前事中有其內容之相，同於此觀念之內容者，而見此二內容之同一，卽說此當前事實爲一存在而有之事。於此，若吾人知此有，乃依此觀念而說，亦不更離之而說，則依唯識宗義，此說有之事，乃依他起，而非不可說。唯人於此更依此觀念之普遍性，而繼續存之於心，更欲望此事之亦如此觀念之繼續，而常在，或由此「望」之得其相當之滿足，卽謂此事之常在爲眞；遂更一方執此常在，爲客觀實有，而有卽成定有；一方增益此欲望其常在之欲望，以望有此定有。二者相互爲增上，人心卽更着於此所執爲常在之客觀實有或定有之中，亦次第沉落於其中。此卽世間之一切執着之事所以起。法相唯識宗，所謂遍計所執性是也。

於此世間之執着之所以起，而如實觀其所以起，亦是知一世間之眞理。世間之執着是執着，是由依觀念之普遍計度而成，亦是世間之眞理也。然人若於執着之所以爲執着，不能如實觀，則不見此一眞理，而唯有此一世俗之執着。此卽所謂世俗而非諦。（註）非諦，卽非知此眞理，而實無此世俗諦也。人在有此世俗之執着時，卽於當前事，只執其爲常在之實有或定有；然此執，又必歸於自見其所執者之爲無常，而自見其執之爲妄，此執卽稱爲妄執。

註：窺基法苑義林。

其所以爲妄執者，以事之有，原皆非常有、定有，故執事爲有此「有」，亦只依觀念而起，在事之自身，只自如，亦原無此有之可說故。於此，人若自覺是依觀念而說有，卽自覺此說有之爲依他起，此是世間眞理，非妄執。唯旣說有，而不自覺此說有，乃依觀念起，而意謂事上有此有，其有爲常有定有，則是妄執。此妄執，與事之無常相遇，卽無不可自見其妄。此事之無常，由於一事之後之有另一事，代之而起，亦卽依於一事之外，有他事之起。凡依一事之後之外，以觀此一事之有，皆不可得，而見此事爲無，爲空。故一事之有，乃無常而非常有定有。凡於當前事可以有說者，皆可於其後其外，以無說之；而以此無之說，破其先之有之說，見其先之有之非常有、非定有。此卽佛家之必先說此無常之義，爲一根本義也。專說此無常，以破常有、定有者，原始之佛學也。

此吾人於當前事之說其無常、或非常有、非定有，乃自此事之後之外，觀此事之說。然人之見一當前事爲有時，亦可依其外之一切事與全法界事，皆于此當前事之內，無之，而謂其外之全法界事，當下是無、是空。則此當前事，雖至微小，亦可更對之而說此外之全法界事，無不空。此當前事之有之用，可銷盡其外之一切有，使之成空。今只依此外一切有，皆可對當前事之有而爲空以說，則人亦不能依此外之一切有，以說此當前事，爲無常、爲空。因此外一切有，已依當前事之有，而說之爲空，卽不能更據之以說當前事爲無常，爲空故。

然於此，人之思想，則有二途可走。一是由人視此外之一切有皆空，遂唯知此當前之有是有，而謂唯此當前之有，能有此有，而是有，以餘者皆空，卽不能有此有，而非是有故。此謂唯當前有是有，此有卽成定有、常有。而此餘有是空之想，卽又爲增重此當前有爲定有、常有之執着。此是下墜之途。而另一途，則人於此唯以此當前有之有，銷除此外之一切有，使之空，說此當前有之爲有之用，亦只在此銷除，亦盡於此銷除。銷除之後，餘有不有，此有亦不有。而唯存此事之自如其事，而顯此事之自如之一眞理。則此一當前事之自如，卽當下充塞全法界，全法界不外於此當前事之自如，因外此當前事之一切，無不已空，更無於其外限制此當前事者，則此當前事，卽有限而亦無限故。依此，人可於一當前事中，直證眞如，見一眞法界全體在此。此是一由下墜拔起之途。禪宗之銷除一切雜想，歸於現前一念，以現前一念中，卽有一眞法界之全體顯現，一花一葉，卽如來法身之所在，而言當下卽是，其義蓋正在此。

三、事事無礙而遍法界義

然此於當前一念中，見事之自如之眞理，當下卽是，固有此理。然人求當下卽是此「當下卽是」，未必能卽是此「當下卽是」。因人實並不易眞安住于此現前一念中，以見事之自如；而恒思前想後，以有其外之意念，而念及他事。念及他事，卽離於此事，使此事不得現前，而使他事現前；亦恒於他事中，見他事之有或生，更見此事之無或滅。此心卽迭蕩於有無生滅之中。而此迭蕩，則初原於上說之妄執。此妄執，恒與人之念及一事之有俱起。既俱起，而執之爲能定有常有于前後之時者，卽必使人思前想後，以有其外之想念，而念及他事；更於他事中，見其有及生、及此事之無或滅。人於此，若自知其心之不能免於迭蕩於有無生滅中，卽見其實未能離於此謂有爲定有常有之妄執。人之妄執，深植人之生命存在，與心靈之根。此生命存在與心靈，與事物接，而知之，而欲望其常在，卽必執之爲能定有常有。此執，不待思維而至，其起亦非先知其所以起而起。此無知，卽一無明。必執起，而更知其所執者之不可執，說爲定有常有者之不可說爲定有常有，然後知其執之虛妄，方有智慧。以後有之智慧，觀其初之無此智慧，卽是無知或無明。由此而可說人之生命存在心靈，乃初依無明而有此執。人之妄執有爲定有常有，卽與其欲望相連，故此執爲一知上事，亦是一情上事。對一事，執爲定有，人之生命存在與心靈，卽托於此定有，以有此所托，成其生命存在心靈之有。今人若見其所托無常，而失其所托，其生命存在心靈，卽若不存在，而生大空虛感，生憂悲，生苦惱。於此卽見人對其存在，亦有一求其定有之我執。此中，以人有我執，而更執我外之事物，以成法執；亦由此於我外之事物之有法執，更成其我執。二者輾轉增上，亦相依爲命，同生共死。故法執不除，我執不滅；我執不除，法執不滅。此則不只賴于智慧以破對事物之法執，亦賴于我之生命存在心靈之生活行爲，足以破其我執。由此卽形成佛家之般若智慧，與求解脫之行爲，相輔爲用之種種敎理。此一切敎理之歸根處，亦只在破吾人於思想上，生活上，於吾人之生命心靈自身，與所對事物，執爲常有定有之執而已。吾人生命心靈之本身之事，亦爲事。故統而言之，卽只是破事物之常有定有之執而已。

此破事物常有定有之執，並非必須兼說一依他起之有爲無。人依對一事之觀念，更見此事之內容，同此觀念之內容，遂思其有，而說其有，此思與說，亦依他起。則謂一事爲有，亦非不可說。上文已及。然人於此若可說有，則當知一事中亦無無。依華嚴宗義，更當由任一事之自身之無無，而充其量以說：其有之義，亦爲無窮無盡，爲無所不在，亦無無常，而爲常。此若先一淺例喩之，則如吾人之執當前者爲有，則於以前者，皆見其無。然此以前者，唯於當前者中無，其自身則亦固無此無。依此，故人可回憶，而於此當前中，有此以前者。此回憶之事，極平常，然義亦極深遠。此回憶之事，乃當前事；而所回憶者，乃以前事。一般說回憶，卽是以前之有而已無者之重有於當前。此中若無當前之回憶，此重有卽不成。然若已無者，卽只是無，而有此無；則此重有之事，卽不可能。此重有之所以可能，正以此已無者之已無，乃唯自當前者觀以前者，方可說者。此已無者之自身，未嘗有此無，此無不屬其自身，其自身中無此無，故人能於回憶中，重見其有。此以前者之可於回憶中，重見其有，亦可於由現在至未來之無盡之回憶之事中，重見其有。卽見其自身之畢竟無無之可說，亦不能只以當前者之有爲標準，以說其無。以此爲標準，說其無，固亦是一世俗之眞理。然依其自身之無此無，而可重有於無盡之回憶之事中，則是一「依其無此無，而有」之一超世俗之眞理。一切以往之事，卽皆可依此眞理，而爲一可重見其有，於由現在至未來無盡之回憶中者。則其有卽不能只說在過去，而亦當依其可重有，而說其「對無盡之未來世，皆可重見，或重顯其爲有」之一眞理矣。

吾人若知由任何事物之自如而無無，依無無而其有可重見於異時，亦卽當知其有之可重見於異地或異空。吾人若說一事物是有，則亦不能只以吾人知其有之時，見其所在之空間爲標準，而謂其只有此於一定之時空之地位中。更當依其有之可見於異時異地，以言其有之義中，無此時空之定限，其有之義中，卽具「於異時異地，見其有」之義。此有之義，卽超出一切時空之定限，而於一切時空中，無所不在。人之所以可由感覺，以知遠地之物之有，由回憶以知以前之物之有，由想像推理以知未來之物之有，皆由其其物之有之義，原無此時空之定限之故。此人之感覺、回憶、想像等，卽皆爲彰顯此事物之有之義者。此有之義，卽事物之理。人之能有感覺、回憶、想像等等，亦皆依此事物之有之義，或事物之此理，而有者。於是此感覺等事之有，卽皆爲證實此理爲眞理而有之事，依此眞理而有之事，亦表現此理之事，而見此理之存於此事中者也。

至於人若問事物之「有」之義，原不受時空之限定，故可見其「有」於人感覺回憶等，何以事物又有非人之感覺回憶所及者？則此自更當說其故。此故，不在事物自身之無此「見其有於感覺回憶」之理，而唯在人之心之「另有所感覺回憶，而更執其所感覺回憶」，以造成種種之隔礙。如人注念於當前所感覺，則不能回憶，是感覺爲回憶之隔礙也。感官之構造之粗重，對微細之聲光等，拒而不受，此拒而不受，卽正爲此聲光等之感覺之形成之隔礙也。又如人注念於近事之回憶，則不能有遠事之回憶，則由近事之回憶，爲遠事之回憶之隔礙也。遠事與當前事之間，不知歷幾許事，則由當前事以至遠事，須透過此一切隔礙。此則人或能爲，或不能爲，唯依此爲隔礙者之多少，與人對此爲隔礙者之執着之强度爲定。此卽人之所以於遠事之或能憶，或不能憶也。然就其能憶者而言，則此能憶者，雖依一般說，乃人之前後不同時所歷，然又皆環繞於當前之能憶心之旁，而一憶則能憶之。故人於十年前事之能憶者，亦如昨日事，或方才事，同可顯其有於當前之憶之之心。是卽見之此十年前事，與昨日事、方才事之有之義，未嘗不平等的環繞於當前心之旁，而未嘗爲人之經驗其有之時，所限定也。又在人之感覺之事中，若非因感官之粗重，於微細聲光等之拒而不受，近物爲遠物之阻隔，則遠物與近物，固可同時爲人所頓見，而初不知其遠近之異也。則人在感覺方起之時，此一切可見之遠近之物之環繞於其旁，亦如人之囘憶之事方起之事，一切可憶之遠近之事之環繞於其旁也。然當人之感覺，既着於一物，則他物皆不見而若無，亦正若人之囘憶着於一已往之事，則他事卽皆不在囘憶中，而若無。此則由感覺既有所着，囘憶既有所着，則所着者卽可成隔礙，以使此感覺囘憶，不能更着於他，而於他，卽見之爲無矣。

上文述人之於可見之事物，見之爲無之故，在此心之由有所執着，而成之隔礙。此卽人之見事物爲無之理。此理自亦爲一世俗眞理，亦卽世俗之人所以於其心之所着之外者，皆見爲無，說爲無，所依之眞理。然離此心之有所着，所成之隔礙，則於此無，畢竟不可說。離此隔礙，事物固可顯其有於此當前之感覺、囘憶，而其有之義中，固無此無，而可依此以見其「得有於當前之感覺囘憶，以至無盡之感覺囘憶之事中之『理』」。則人能去此隔礙，以離此隔礙，更不連此隔礙而說此事物之理，卽當說此事物卽以「無此無，而恒能由無隔礙之有，以重見其有」，爲其理。此爲事物之隔礙者，原不在事物中。依此不在，則隔礙卽原有一可去可離之理。人卽可依其可去，而去隔礙，以使事物之有，皆得呈於前。此則非上文世俗眞理之另一眞諦之眞理也。

此事物之有之義，原不定限於時空，故其有能顯於任何時空之人之感覺回憶等心中。唯識法相宗，卽於此言任何事物皆初爲一能顯其有之功能或種子。過去未來與遠近之任何事物，其未顯於當前之心者，皆是一能顯其有之功能種子。華嚴宗卽依此言，一切事一切法之原無定在，而以無所不在爲此事法之理。依此理以觀一切事法，卽皆交遍互攝，亦依此交遍互攝，以更相依相涵而起。如人之感覺事之依所感覺事而起，記憶事之依先前之感覺事而起，想像事、理解事等，依感覺記憶之事而起，以至去除人心之種種執着之事，依其原有之種種執着之事而起，求成佛之事，依其爲衆生之事而起。此事之可依事而起，卽見一事之有之義，不定限於其初見之一時空，故可更見其有於其他事之中，爲他事所依之而起，亦卽成他事之所依、所涵之有。由此而有重重交遍互攝之事與事、相依相涵而起。此事與事相依相涵而起，卽其互不相礙。事與事之所以不相礙，以相依相涵而起，則由事之有之義，原不定限於初見之時空故。人之初見一事，乃由一事之在一定限之時空呈現，其心遂或着於其呈現而執之，謂唯其呈現時爲有，其有時，餘事皆無；餘事有時，此事亦無。此則由不知此緣起義，而謂事，實有此「有無」，而其有爲定有，其無則爲斷滅。然人若去其執見，則知事之現而有時，固非定有，而人之說其無，乃依後事之現，而說其無。在此前事之呈現而有之自身上看，固無此無；故能重見其有於後事，如感覺回憶等事中，以爲此後事所自生起之緣，亦後事所依所涵之有。人能眞知：唯有此緣起之理，乃有事與事之相依相涵，以相續生起，而更不見一般之定有定無，亦卽不見後事之有，能礙前事有，使前事無，或前事之有，能礙後事有，以使後事無。此卽華嚴宗之依事之「無無，而其有之義不定限於時空」之理，以言事之依此理，以成事與理之無礙，及事與事之生起之相續無礙之思路，或所謂法界緣起說之思路也。於事與事之生起之相續處，見事之自如其事，而事事如如；於其無礙處，見事相之空寂，而無自性性。此皆法界緣起之說所涵之義，爲今所不擬多說者也。

四、依事理一如、法界緣起，說三世善惡因果與有情普度義

對此華嚴之事理一如，法界緣起之種種理論，如四法界、六相、十玄等，吾人不擬詳說。此類之法數之安排，唯所以便人之總持而記識。此中之要點，在人能有一次第契入其思路之途，如上所述。今更循上述之途，以論佛家之諸超越的信仰，如生命心靈不以一生而斷，善惡因果，一切有情畢竟能成聖，聖心卽一卽多、非一非多等，如何皆可依此事理一如，法界緣起之義而說。蓋依上述華嚴之義，以謂一事之有之義，不定限於時空，則若說一事爲有，其有卽爲依其有而相續有之無窮無盡之事之緣；卽亦不見其有爲無常，而於其有，

亦卽可說之爲無無常之常。循此以觀此當前事之有，更充其有之義而觀，卽皆爲無窮無盡。然此無無常之常，初不同於西方印度之哲學宗教之所立之抽象掛空之常，如概念之常，或一自我之常、神我之常。此皆與具體之當前事對立之常。凡人之謂有此與具體之當前事對立之常，無不可爲經驗主義之只認事者之所破。此無無常之常，必須先直接建立於當前事之中，亦卽直接建立於經驗主義者所亦許有之當前事之中，而與之先無諍。此卽非經驗主義之所能破。於此無無常之常，必須歸於如上所說，由此當前事之自身，其有之義，不定限於時空，其有爲依其有而相續有之無窮無盡之事之緣，而見得。由此以觀後事之以前事爲緣，而承之以有，卽亦不須如唯識法相宗之說：必此前事先滅，乃有後事生；而可說此前事與後事相繼而有，相緣而生，以至無窮，皆只是有有相承，喻如一波湧於一波之上，以成重重之海波；而不須如唯識宗之喻如波波在海中之起伏。一波湧於一波之上，波波皆是現實事，其中亦無須更說一由前事之滅而留存之功能種子，以爲後起之同類事再生起或重現實之一根據。由此以論吾人生命存在與心靈之不朽，則初只是吾人生命存在與心靈所歷之一切事，如一顰、一笑，一言、一動之事，皆爲一無無常之常，卽皆爲一有而永有。人之所以不見其爲無無常，不見其有爲永有者，唯以人於後起事中，求其前事而不得，遂謂前事無；而更偏執此無，以成之妄執爲礙而已。然此妄執，以「可破」爲其理，如前文所說。故亦終不能爲此事之無無常、無朽壞之理之礙也。

此上說吾人若謂一事爲有，則其有之義，無窮無盡。故今若謂吾人之生命心靈所歷之事，一一皆有，其有卽皆爲無窮無盡，而萬劫常存之有。此非謂此前事之已有者，卽固執不化，更無相續之後事，繼之而起。因吾人說事之有，其有之義無窮無盡，萬劫常存，乃正是由此前事之有，可爲無窮無盡相續無礙之後事之有之緣而說故。由此，而吾人卽不可說吾人之一生之事盡時，更無以此一生之事爲緣，而起之後生之事，亦不可說以我一生之事，皆苦惱，皆染汚，則後生之事亦然。此後生之事，所自起之緣，可更包括此一生之事之前生之事爲其緣，亦可包括我之生之事之外，其他存在之事，爲其緣，如人之學他人之行善之事，卽以他人之行善之事爲緣，人之見色聞聲之事，卽以其他人物之發色發聲爲緣是也。故人之後生之事，自可不同於今生之事。然後生之事之主要因緣，要爲今生之事。此後生今生，仍有一相續義。則小乘之業識不斷義，唯識宗之賴耶持種義，仍可保存於此一法界緣起之義中，以成此人之心靈與生命存在，不以一生而斷之一超越的信仰也。

由此人今生後生之事有相續之義，而一人之事與他人之事及法界中之任何事，雖可互爲緣起，一一人或一一有情之各自造業受報，其因果仍相續不亂。而依此法界緣起之義，以說此因果，更可顯然無疑。如人以貪起而嗔恨他人，更殺害他人之心行，爲一大惡，此必受報。其所以必受報者，乃以此心行與人我之依理而起之善心相違，依善心必罰此惡，是一必然之理。又此與他人之自求生存之願欲相違，依此願欲，必求報復，以伸寃屈，此亦是一必然之理。然世間人，唯於實見有法庭對罪惡之裁判，良心實有對罪惡之懺悔，或人實有報復等事，方見此中之理。若此等事未見，則不信依此中之理必有事，而不信此善惡因果。唯識法相宗於此則依善惡行之功能種子之現行，必引生苦樂報之異熟種子之現行爲說。則此善惡因果，其原唯在一有情之心識種子之自相引生。此報應皆自作自受。此作者卽其賴耶識之自身。於此，若不依此功能種子義說，而依法界緣起說，則事若爲有，其有之義，卽不只在其自身，而無所不在；而人之貪嗔殺害之心行，其不合理者，若其爲有，其有亦無所不在。然其有，又與合理之心行之有，及受害者自求其存在之心行之有，具相違義。依此相違義，則當此貪嗔殺害之心行既起，便當說其立卽與全法界一切合理之心行，無不相違，亦與受害者自無始以來自求其存在之心行，無不相違。於是其相感應之結果，此一不合理之貪嗔殺害之心行，卽爲一切合理之心行所共斥責，由此共斥責而有之行事，卽共還向於此不合理之心行之所自發，使發此心行者，更受其罰。此有罪必罰，爲一當然必然之理，如人之有罪當悔，爲一當然必然之理也。

人有罪，固有在事實上不知悔者。此則唯由罪事之相續，或他事之繼罪事起，爲之礙。

然當此礙既去，如人於淸夜自思，則悔罪之事，卽依此罪之當悔必悔之理而起；而以此悔罪中之苦惱，成其責罰。此苦惱不足以抵罪，則更爲其他自受苦之事，以謀抵罪。此悔罪抵罪之事，皆依罪之有當悔、當罰之理而起者。唯以他事礙之，乃不知悔罪抵罪。此他事礙，卽其所以不知悔罪抵罪之理。此是事如其理。然此爲礙之他事，不能永相續，而自有已時，其事之有已時，卽以事之不能永相續，爲理。此亦是事如其理。當爲礙事既已，而自悔罪抵罪之事，依罪之當悔當罰之理起，亦是事如其理。故人如有罪而不自知罪以自罰，而受一法界中一切合理之心行之共同斥責而罰之，卽人所以自開其知罪、悔罪之心，而賴此罰以自抵其罪者。此人之犯罪而受苦報，卽亦爲當然必然之理。其犯罪而不卽受報者，亦唯以他事礙其受報之故。如人之犯法者，可繼之以逃走之行，而爲法網所暫不能及。然此爲礙之他事，不能永相續不已，則逃犯之逃行有已，而捕者之行繼起。故人犯罪，雖可以其罪行之後繼之他事，爲之礙，而事若不依其當罰之理起。然實亦非事不依理起，以有礙之之事時，此事亦原無生起之理故。此事，唯依此爲礙事之去時而起。此爲礙之事去時，此犯罪之事，卽必依其與一切合理之心行相違，而有當罰之理，而實繼以受罰之事，以開人知罪悔罪之幾也。

於此復當知：人之犯罪受罰，非能使罪自始不存在，知罪悔罪之事，亦不能使罪自始不存在。罪如說有，亦是永有，然非世俗之常有，以繼罪事而起者，可非罪，而爲受罰、知罪、悔罪之另一事故。罪受罰，而罪銷，乃謂罪受罰，而不更受罰，非謂罪自始不有。若其不有，或其有之義，只限於一時，則犯罪者皆不當罰，世間法律，亦不當罰罪，人亦不當悔罪；以犯罪者可說，此罪唯有於犯罪之一時，今已非其時故。人謂犯罪當罰當悔，正以其有之義，不限一時，乃可於他時繼以受罰之事，與知罪悔罪之事。此受罰事，知罪、悔罪事之有，乃承罪事而有，卽以罪事爲其緣，亦如一波承一波起也。然罪事後之受罰事起，可更無受罰事，以罪事之相續，已被阻故。人若更知罪、悔罪，罪更可不起，以承知罪悔罪而起者，卽可是一無罪之善行故。自此罪事之爲善行之緣，以觀罪事，則罪事自永是罪事。然自其爲卽其後之善行之生之所依言，則罪事亦有此引生善行之理。此理，同時爲其後之善行所依之理。則此罪事之永自如，以爲罪事，與罪事之有此引生善行之理，爲善行所依之理，與善行之永自如以爲善行，三者互不相礙，與啓此善行之知罪悔罪之事，及罰罪受報之事，亦不相礙。其事皆自如其事，而若說爲有，皆爲有而永有。然繼罪事而有者爲罰罪、知罪、悔罪與善行，則罪事之理，却非只是自爲一罪事，而人自可超拔其罪事之外。果人之繼以前之無量罪事而起者，唯是無量善行，更無罪事繼此善行而生起，人卽可超凡入聖。此在唯識宗則說爲惡種盡絕，故更不現行。然今依華嚴之義說之，則亦可不自種子之絕處說，亦不須自罪事之永滅處說，而儘可說罪事之有卽永有。但非世俗之常有；又此罪事之有卽永有，雖是理，然此罪事亦自有引生善行之理。無量善行繼無量罪事起，此無量善行，只自如其爲無量善行，而非罪事。則罪事之法不壞，而人亦自可超凡入聖也。

依上所說，人之罪事，原有當罰當悔之理，如爲礙之事既已，則必依理而有罰之悔之之事。一切以前之罪事，皆不能礙此罰罪悔罪之事，與繼悔罪而有之善行之起。此卽可成就一切有情，皆可成佛成聖之義。人之所以謂有情生命有不能成佛者，唯以見其罪孽執障深重，其當前所作之事，非同佛聖所作之事故。唯識宗則謂一闡提不成佛者，以無佛種故。此皆視在今以前者，能決定自今以後者之說。然無論在今以前者之如何，皆不礙其繼起者之不同於以前。則此以前之一切罪孽執障，皆不能爲有情之繼起善行，以至有佛聖行之礙。唯識宗言種子，乃所以說明事之所以生。凡有其事，卽可說有其種子。然未有其事，又不能斷後之必無其事，則不能斷其必無種子；卽亦不能由今之有情衆生之無成佛事，卽謂其必無佛聖行之種子。依佛聖之大悲心，必願一切有情衆生，同成佛聖。吾人若順此佛之悲願而思，卽亦不容有一有情衆生必不成佛聖之念之生起。此如前文所已辨。然今卽不論此義，只依上文之說，一切有情生命之有罪者，必受苦報，其受苦報，卽所以開其知罪悔罪之幾，悔罪卽可有善行爲繼而言；亦可見此罪事之受苦，卽所以開此知罪悔罪之幾，更啓其善行，爲其理，而必終於善行。善行相繼不已，卽必終於佛聖行。於是一切罪事卽以開佛聖行爲其理。旣有此佛聖行，則不能說其無種子。至於此罪事之所以必受苦報，而開知罪悔罪之幾者，則以在罪事中，人必有我執與法執俱起。所執者不得，卽爲苦報。由此所執者不得，而其執由强而弱，卽開一去執之幾，與知罪之幾。故此受苦報，卽有助於其去執知罪，以及悔罪等事。然自另一面觀，則亦可如前文所論，謂凡能受苦之生命存在，亦皆有一義之罪。凡受苦皆依於其生命存在之只願欲此，而不能願欲彼。其願欲必限於此，卽其執障所在。今無論此願欲，爲其所自覺與否，其願欲之必限於此，及其不得所欲而受苦，卽見其於此有執障。此卽其罪。由此而一切能受苦之生命存在，無不有此義之罪。其受苦，亦皆其此一罪之罰；此罰，亦皆所以開其自知罪悔罪之幾，而自繼以善行，以至佛聖行者。則此現見一切人之受種種苦，與人外一切有情衆生之受苦，皆是依執障當破、罪當罰，罪當知當悔之理，而受苦，亦依其當有善行，當成佛聖之理，而受苦。其受苦，亦皆所以使之有此「成佛聖之行爲」者。則此受苦之事，卽皆逼迫有情衆生，同行佛道之事，使之畢竟得普度之事也。依此以言，則對芸芸衆生之受苦，如橫觀之而面對之，固當起悲憫心。衆生受苦之事無盡，悲憫亦無盡。然縱觀之而溯其原因，則當知此亦業報之不可挽，而起莊嚴心，此莊嚴心亦無盡。順觀而望其後，則當起讚嘆心，以知一切有情衆生，皆在成佛之道上行，皆是未來之佛，爲世所當讚嘆歌頌，而對之頂禮者也。

依此後一讚嘆心，卽可於一切有情衆生，皆作未來之佛想，更於佛，知其爲過去之有情衆生，而通觀佛界與衆生界，則衆生卽佛之因，佛卽衆生之果。衆生心開其執障，卽佛；而執障原爲可去可開，亦原有此可去可開之理。此理卽衆生原有之成佛之理，亦卽其性。衆生心依佛性，去執障，其心卽佛心。於此人若通因果而觀，則亦可說衆生心，原是佛心，唯以執障未去而爲礙，乃非佛心。則謂衆生心爲因，佛心爲果，亦同於謂：衆生心之原是佛心，爲執障所覆，今卽以此佛心之翻此覆之者爲因，而自順其佛心，以成其佛果。此如翻之手卽覆之手。由覆手而翻手，卽此手之自翻其覆，以成翻手也。

於此衆生界與佛界當通之而觀，在中國佛學恒約之爲佛界衆生界之相卽相入之說。如天台宗言四聖六凡之十界，每界皆性具餘九界，心法、衆生法、佛法亦互具。此卽重衆生界與佛界之相卽者。華嚴宗更重通因果，以言衆生界與佛界之相卽而相入，以互爲緣起，則皆不出一法界性起心。此實爲究極之理之所必至。只順此究極之理而觀，則佛界衆生界，卽一如而平等。然此平等理，亦不礙佛界衆生界之事相之差別，不礙一一事相，皆有其所依以起之一一差別之理。就一一事相所依以起之一一差別之理說，則一一事相不壞，其一一差別之理亦不壞。衆生自有執障，此執障自有其所以起之理；如依無明遍計而有執障，卽其理也。有執障而當受苦報，當知破之，亦執障之理。一一執障，亦各有一一之破法，爲一一之理。事無窮，事之如何成，如何相繼，而轉變，皆有其理。其事其法不壞，其理其法亦不壞。衆生無窮，任一衆生皆能成佛。然衆生界中，則常有衆生，依其所以有執障之理，而有執障，更由知其可破之理，或破之之法，而破之。故衆生界與佛界常在，而皆不能空。佛盡遍知一切善惡染淨之事之理之法，亦不能壞此衆生界也。然佛不能壞之，佛仍自作化度一一衆生之事，衆生仍一一自行於成佛之道上，以一一成佛。如通都鬧市之大街，雖時時有人行於道上，然亦時時有人經此道，而至於其家，不能以此道上之恒有行人，謂無人到達其家也。至於問若佛盡知善惡染淨法，是否其性中亦自有惡，或唯是淨等，則亦非嚴重之問題。蓋知染如其染，惡如其惡，固亦是淨是善，則佛性無惡。而既知有染有惡，則自有能知此染惡之性。此知亦澈於染惡之中。此則皆可說者也。

五、中國思想之言理不以有無生滅為第一之理，而以隱顯始終為第一義之理，與儒家人間世界之大緣起中之超生死義。

此上吾人略依佛家之義，言事理一如之旨。佛家固言出世法，其教不限於人之今生今世，亦不限於人道。故必言今生以後之來世，善惡因果不斷，與有情衆生之普度。吾亦以爲其義，皆當立而能立，故代爲說明，以袪唯物主義、自然主義之限其心智於此一世界之偏促，而開拓人心靈之量。生命存在之久，不可限也；世界之大，不可測也；善惡因果，與一切有情衆生之未來，皆不可以一般思議盡也。此皆可依理而說，如理而信者也。然依佛家天台華嚴之義，至於言佛界衆生界之相卽相入，禪宗之言卽心卽佛，則佛境卽在人境，佛不高而人亦不卑。至中土之儒道之所以於此六合之外，存而不論，於鬼神之事不多說，亦不依善惡因果設教，更不言人外之衆生成聖，亦另有其勝義。除前在盡性立命境與其後之章中，已述及者外。其關於理事之問題者，今當補述於下文。

於未說此中土儒道之理事之論之先，當說此中土儒道之言宇宙人生，別於原出自印度之佛教與西方哲人之說之一大端，卽不以有無、或空有、生滅等，爲第一義上之言宇宙人生之概念，而以隱顯、生化、幽明、乾坤等，爲第一義上之言宇宙人生之概念。此西方與印度之以有無等爲第一義上之概念，吾疑其初出於其文法之嚴分主賓辭，與肯定否定之繫辭。然此文法，亦其思想形態之表現。則其文法與宗教、哲學之如是，皆依於其思想形態之如是。以其思想形態如是，故西方哲學自依里亞學派卽言「有」，柏拉圖對話以帕門尼德斯篇，爲最有玄思，亦盤旋於「一」之「有」之一問題。中古思想，以全有釋上帝。近世康德以實有與虛無，爲第一對之理解範疇。黑格耳邏輯亦以有與無爲始。現代存在主義亦以眞實存有之問題爲本。印度思想，則更重對無之觀念之分析。故數學中零之觀念，亦由印度始。佛家之般若瑜伽二宗，皆以心境空有之對揚爲說。佛學入中國，而取道家之言有無，以助成其言空有之義。昔張橫渠言「大易不言有無，言有無者，諸子之陋也。」實則諸子中，唯道家較多言及有無。道家之言有無，則老子爲多。然老子首言有名無名，莊子言有言無言，亦非泛指存在事物之有無爲說。老子之義，重在人之專氣致柔，以知常，而常有欲，常無欲；莊子重在言人之逍遙齊物，皆非只重在言客觀事物之有無也。張橫渠唯以不滿佛家之盛談有無，故溯其原於諸子之言有無之陋。然張橫渠之謂「大易不言有無」，只依中庸與易之教，轉而求通此隱顯、神化、幽明，則正爲承中土思想之正傳也。

此中土思想之不以有無等爲第一義上之概念，而以隱顯、幽明、生化、剛柔、陰陽、乾坤等，爲第一義上之概念，故於生死之事，視爲始終之事，而不視之爲生滅之事。易傳言「原始返終，故知死生之說。」死卽斷滅無有，印度西方之自然主義有之，中國如王充范縝之言中，亦偶有類其說者。然儒家道家之徒，多於此只存而不論。孔子言「未知生，焉知死」，「未能事人，焉能事鬼」，亦非謂不可事鬼神，更非謂死必無知，而爲無所有也。若依易傳及中庸之隱顯、幽明、始終之義言之，則死自是由明而幽，由顯而隱，由始而終。然始終相成，終則有始，固無死卽斷滅無有之論也。溯此人之謂死卽斷滅無有之論所以出，唯由人之執生爲有，則不見其生，遂謂其無。然人若自始不執生方爲有，則死後亦非無。然死後雖非無，要非人之所見。故謂之入於幽，入於隱，而爲一生之事之終。此人生之事、與世間之一切事之流行，有此隱顯、幽明、始終之更迭，乃爲一實事，非人所能否定。此乃就人之所見所感者之如是，而如實說，非人之離其所見所感，而對此中之隱者、顯者、或入幽者，另作一越位之判斷也。當人死或事物隱之時，自人之知見所及者觀之，固當說此知見中，已無此人或事物。然此只是知見中事。說知見中，無此人或事物，亦固可說。如可說：人對此人或事物無知，亦不能更有名言說之，而唯可無言、無說是也。然由此知見中之無，遂謂其人其事物之自身爲無，則爲人之知之自出其位，以知中之無，爲彼人與事物之無，而不可說者也。欲說之，則只能說其隱，而入於幽。其隱而入於幽，唯對我之知見，爲隱而入於幽。非逕依此知見中之無，作一越位之思，而對此隱者入於幽者之自身，作有無之判斷也。此判斷，唯依人之自執其知見中之無，爲所知見者之無而起，卽妄執也。此妄執固當破，則死者不可說爲無，卽可說其非無而有。謂之爲隱，而入於幽，卽謂其非無，爲一幽隱中之有。此幽隱之名，卽兼表「其自身爲有」，與「對我之知見爲無」之二義。對知見爲無，則非有；其自身只隱而入幽，卽非無。非有卽無，非無卽有，故亦有亦無。然此非有非無，亦有亦無，乃兼通主客二端而說，於主說非有而無，於客則說非無而有。則不同於佛家之言非有非無，亦有亦無者，皆對為客之境而說。今在主上，說死者非有，乃對為主者之當前知見上，作如實說，以成其當前之知者也。在客上，說死者非無，則對為主者之嘗見為客者之有，能囘憶此為客者之有，而作如實說也。此囘憶之所對不無，則當前知見上之無，不能為此所對之無之根據；而當依此囘憶之所對為有，而順說其有。故說其隱而入於幽，乃兼涵此當前知見中與囘憶中之主客二端之情形說也。

吾人前文言人之能囘憶之事，雖似至小，而其涵義則至深，並嘗本華嚴宗義說一事之有之義，乃無窮無盡。中國儒者言鬼神，本於生者之不忘死者，卽本於死者之囘憶追念也。然只由此囘憶追念，以謂死者之事，皆一有而永有，以為其後有之事之緣，尙不能盡此人之對死者之囘憶追念之義也。此人對死者之囘憶追念，非只知其一有者而永有，以為其自身之轉入他生之事之緣而已。此中，人必更繼之以對此所囘憶追念之人之事，更有情感上行為上之囘應。如儒家之繼志述事等，然後能盡此囘憶追念之義。而佛家則未能眞知此義也。

於此，若依儒家義說，則死者之事，自亦是一有而永有。此一有而永有，卽由人之能囘憶追念之所展示，而為人所銘刻於心，或見之文字，以成其歷史之記載者。東西文化民族，固未有如中國民族之重歷史者也。重歷史，卽重人之囘憶追念，與人對此所囘憶追念者之一切繼志述事之囘應也。佛家能言前生後生之事，互為緣起，及佛與衆生之事互為緣起矣。然未知當今之生人，對死者之繼志述事，卽人間世界之大緣起也。此人間世界之大緣起，乃依人所歷之實事之回憶追念；而不同於佛家所言之前生後生之事，與佛及衆生之事，互爲緣起，乃多依於想像與推理者。故前者爲陽道，而居實；後者爲陰道，而居虛。若人之生者對其所知之死者，尚不能繼志述事，感奮興發，則於普度衆生之情，更何有哉。此生者對死者之繼志述事，乃謂死者實有其志其事。此可依上陳華嚴宗之義，以說其一有而永有者也。死者之志，不足繼，事不可述，自亦爲一有永有。然於不可繼者，卽不繼；不可述者，卽不述，則所以隱其惡而揚其善。若法界之一切事，皆互爲緣起，此後死者對先死者之「隱其惡揚其善」之起，卽所以阻其惡，而成其善，其感應亦不可思議。而死者果有罪，則不待其自知罪悔罪，而此後死者之隱其惡揚其善，卽已是代之悔罪，爲之贖罪。若先死者之果有其來生，則其來生之罪行，必減輕，善行必增盛，可預斷矣。依此對死者之回憶追念，與繼志述事，以言死者之鬼神，則死者之志之事，旣一有永有，卽永可使念之者，有對之之回應。此亦原爲人間之一實事。故千載之後，「聞伯夷之風者，頑夫廉，懦夫有立志。聞柳下惠之風者，薄夫寬，鄙夫敦。」人之不忘其先聖先賢，若祖若宗，若父若母，若師若友之遺事遺德者，其所引起之感奮興發，皆可永無已時也。然若只依佛家一般輪廻之論，謂此死者皆輪轉於六道，以一一分別得度成佛，則此歷史世界之人物，今皆不知向何方去也？此則大害事，而亂人倫。於此唯有將華嚴宗事事無礙之義，引而進之，可救其說之弊。蓋事事無礙，事皆一有而永有，此卽可與人之囘憶追念之情中謂之有者，如實相應；而一切先聖先賢，若祖若宗，若師若友之遺事遺德，莫非一有而永有矣。昔有問程伊川者，謂「堯舜至今幾千年，其心自今在，何謂也。」伊川曰：「此是心之理，今則昭昭在面前。」程明道亦謂：「堯舜事業，何異浮雲過太空。」伊川只說堯舜之心之理在，意在使人直由其心之理，以知堯舜之心。明道說其事業如浮雲，乃意在言事業乃其迹，其心更有超於事業者。此皆可說。然謂其事業如浮雲，其事業卽不在，其心已不在，只其理重現於我之心，則非究竟之談也。實則堯舜之心理，卽見其事業。其心之理在，其心亦在，其事業亦在，以一有者皆永有故也。謂今不見其事業，此求昔之有於今之言，非就其昔之有，而觀其有之義也。謂其心不在，只理在吾人之心，尤不可說。吾人之心，固有知堯舜之心之事業之理，亦有能知其在卽永在之理，則盡此吾人之心之理，亦當說堯舜之心之事業，至今仍在也。若其不在，則後人又焉能於堯舜之心之事業，有所感奮興起乎哉。於此必須通千百世之上下之心之事之理，以謂其皆無所謂不在，方爲究竟了義。陸象山能言千百世之聖賢心同理同，而無古無今；然未言此古今之事之有之義，皆一有永有，而亦無古無今。其言皆未至究竟義。此究竟義之如此，非姑爲之說，乃本來如是。謂之爲姑爲之說者，則其心仍只是執當前者爲有，而當依今茲之論，以破其執者也。

吾人今之必說先聖先賢，若祖若宗，若父若母，若師若友之遺事遺德，皆一有永有者，乃所以對治佛家只言輪廻之說之偏。依輪廻之說，謂此歷史中人物，皆不知何方去也。此乃我所不可忍。吾固亦不忍謂此人物之事，卽斷於其當生。故吾亦信一切死者之生命存在，應有他生以成其生命存在之升進，以至一一成聖而後已。然只依後義以說輪廻，又與前義相違。吾爲此問題，亘塞於心數十年，不能決。終乃悟此二義可併存，乃更見其亦合於華嚴之義。然華嚴之義，尚有未足，以其不知上述之繼志述事，爲一大緣起，亦不知鄭重於歷史中人物之遺事遺德也。吾今將華嚴之義引而進之，以觀此人間世，則此一切古今人物，自當有其後生，以升進其生命存在。然其在先之事之心之理，與緣之而有之一切其後之事之心之理，不相爲礙，皆一有永有，皆萬刼常存，以資人間世之後世之人之感奮興起。人於此若必設問：焉知此我所謂其行事足資感奮興起之人，其來生不墮落？則我將答，此固亦可有。然此亦如今世之人可墮落也。然此無傷於吾之卽行事，以觀其所以有行事之理之心，而感奮興起之論也。吾之此論，更在不離行事，以言心與理。墮落之行事，自是墮落之行事，而善行自是善行。人之有恩德於我者，不以其後對我無恩德，而忘其恩德；則人縱由聖賢而墮於禽獸，其有聖賢之行事時之心之理，亦猶是聖賢也。此所謂可墮落者，設想之辭也。其墮落與其升進，固皆可設想者也。然二者相銷，則人卽可皆不存之於懷。故伯夷仍永是伯夷，伊尹仍永是伊尹，不能更念其後世之可不爲伯夷，不爲伊尹，更到何方去，而唯當如其爲伯夷伊尹，以感奮興起也。由此而人之若祖若宗，若父若母，若師若友之遺事遺德之足念足懷者，卽皆當念之懷之而不忘；而卽於此見其鬼神之洋洋乎如在其上，如在其左右；而不以輪廻之說，成其歧想。則未來世之事，吾固不斷其必無，一切有情衆生之成聖，吾皆信其應有。然此皆寄於想像與推理所成之超越的信仰。而一切所謂過去之人之遺事遺德之一有而永有，則非已爲無有，而只爲有。人於此唯當以內在的眞誠，加以感通，以成生者對死者之繼志述事、與祭祀之儀等者，而非只寄於想像與推理之一超越的信仰者也。

六、事之隱顯始終中之理性意義

吾人上來之說，乃順上所陳之佛家義，而言儒家之隱顯幽明之義，亦有死而不亡，一有而永有，更有生者對死者之繼志述事中之大緣起之義，以見一歷史中人物之遺事遺德、與其鬼神，皆眞實不虛。然此歷史中之人物之遺事遺德，與鬼神，自其非當前所見者言，仍屬於幽隱之世界。懷念往昔，祭先弔古，則生人之事，而向在死者，以使死入於生；仍爲生人之陰道，而非其陽道。其陽道，則仍在承先而啓後，彰往而察來，唯以生生死，不以死死生。此則必面對當前之世界，而依理加以裁成變化，以日進於美善。而人之心靈之感通，亦必當直向有心之他人，以成其感通，而鳥獸固不可同羣。人尚未能一一至於聖賢，又何暇虛言一切衆生成佛？依佛義，人我有情衆生，亦當轉入人道，方易入於佛道。則度人，卽度人外之有情衆生。人外之有情衆生，自當次第轉入人道中，以得度。則順佛義，亦當歸於儒者以人爲本之義。故人之盡性立命，卽究竟義之所歸，此皆前所已及。此中，純就人之成其人道之理性運用，以言理與事之關係，則其義亦有進於佛者。茲更論之於下：

此儒者之言理與事之關係，亦同於佛家之向於理事之合一。然非向於理事一如，而向在「行於事之流行中，爲事所依之以成之理」、其說根本之理，亦不先通過有無之概念而說，而是通過隱顯、幽明、始終、往來、乾坤等爲說。人之有死，固是隱而入於幽，一切事物之往，皆是隱，而入於幽，其來則皆由幽而入於明，以由隱而顯，如一切人之次第生，皆顯其生以入於明之事也。此世界中，一切人與事物，自是往來不窮，以由隱而顯，由顯而隱，由幽而明，由明而幽；其前無始，其後無終，而此終彼始，此始彼終。此卽一天地之大理，萬人萬物同行之大道。人若必通有無以說隱顯，則上文已謂隱者自是有，其無乃自知見言，則隱者卽無中之有；而顯者，初由隱來，則亦非只是一有，而是依無中之有，自無中出之有，則隱顯，乃以無有之義相攝而成之概念。有無之義，原於肯定否定。肯定否定必互斥，則有無之義，亦原爲互斥，互斥而說亦有亦無，則成矛盾。而只能以非有非無，去此有無之互斥。此卽佛家之所向。然依隱顯以觀有無，則有無，無互斥義，亦不須說非有非無。隱是內有而外無；顯是由內有而外有，更無此外無，如藏此無於內。二者皆兼具有無義。此中之「有」「無」，有居內、居外之義之不同，則隱與顯，卽不自相矛盾。隱者之成顯，乃隱中之有，成顯中之有。此二者不相矛盾。當隱之時，其外爲無；於顯之時，卽無此外之無，如藏此無於內。二者亦不相矛盾。此隱中之有，何以能由居內而居外；隱中之無，何以能由居外而居內，以成此有無之進退？則似不可解。然此似不可解，則唯由人之執居外之無，應常居外，居內之有，應常居內之故。若然，則隱者應常隱，顯者應常顯，而隱顯亦不可解。然此人之執居外者應常居外，居內者應常居內，顯者應常顯，隱者應常顯，其本身只是一妄執。此妄執乃由人初所見之一切事物之由隱而顯，由顯而隱之一整個之事實，抽出其片面而執之所造成。由此妄執而有上述之矛盾。今在隱顯互爲其根之事變之流中看，則初無此矛盾。唯人不肯直下就事變之流中，隱顯之互爲其根之整個事實，如實而觀，直下於此中識得此隱顯互爲其根之理，方成此矛盾。固非此事實中，原有此矛盾，亦非此事實中之理，爲一自相矛盾之理，如黑格耳之說也。

按黑格耳之哲學，亦未嘗不知顯隱之義，其所謂由Implicit化爲Explicit，皆由隱而顯也。然彼必以：顯者所藏之隱者之異於顯，卽藏內在矛盾於其中；而其隱者之顯，卽矛盾之破裂。依其說，則顯無而隱有，此有無卽互爲矛盾。實則顯無而隱有，乃一居內、一居外，原無所謂矛盾。當其外無無，而內有成外有，亦不相矛盾。如翻手背在下，覆手背在上，固不相矛盾也。人謂此爲矛盾者，乃先執翻卽翻而不能覆，覆卽覆而不能翻；執隱者外無，卽常無常隱；然後可說事物之顯其內所隱之有，成外有，爲矛盾。是不知此事物之有隱顯，實事物之所以爲事物之共同之大理。此大理，亦人之思想之求避免矛盾者，所不能外。思想欲避免矛盾，故謂A恒是A，而非非A。此思想自身之依理而行之事也。此事之理，卽於是A者，恒思其是A，說其是A；而思其非非A，說其非非A。此思想律，卽思想之事中之理也。然此理分而觀之，亦自有二面。其於A思爲A者，其陽；於A思爲非非A者，其陰。於A思A，則A顯；於A思非非A，則非A被非而隱。此卽一顯一隱之相俱而有也。先思A非非A之事畢，繼思A之是A，卽以「A之非非A」之隱，成「A之是A」之顯也。先思「A之是A」之事畢，而繼思「A之非非A」，則是以「A之是A」之思之隱，成「A之非非A」之顯也。此A之是A，卽同時非非A，則此二理，亦可說一理。一理有此二面，亦可說是二理。然思想之依此一理，或二理而行，則不能無次序。故人或先思A是A，後思A非非

A；或先思A非非A，後思A是A，皆有其次序。則思想之依理而行，卽不能無隱顯之互爲其根。亦唯以其可互爲其根，方可說此二理，卽是一理，而同時爲眞也。然若此隱顯，不互爲其根，則人思A是A，卽常思A是A，則雖千萬劫，亦不能轉至A非非A。其所以可轉至者，以A之是A，原以非非A爲根，以非A之隱爲根故也。A非非A，非A隱，而A是A顯，此不相矛盾也。A是A隱，而A非非A顯，亦不相矛盾也。蓋正以此二者，此隱彼現，互爲其根，方見此二理爲一理，而相涵蘊以互成也。則此有隱顯，乃邏輯思想之事之所不能外，一切邏輯推論，皆使所涵蘊而初爲隱者，更顯之事。離此隱顯互爲其根之大理，一切邏輯思想，皆不可能矣。

人之邏輯思想，自其依此隱顯互爲其根，而有此思想之轉運言，則其體未嘗不圓。然人當一思想既生而着於物，而謂之A，恒不免於執其物之是A者，長是A。此執非邏輯思想也。依邏輯思想以思物，唯可說：若其是A，則是A，而非非A也。其於物之是否常爲A，可不問，亦不執也。則依此邏輯思想，固於事物之顯隱，亦無執。事物自可由隱而顯，由顯而隱，邏輯思想對之，皆無所問，無所執，而唯可說：若其顯則爲顯，若其隱則爲隱而已。於顯隱不問，則於其有無不問，唯可說若其有則有，若其無則無而已。於顯隱有無不問，則亦無「顯常顯，隱常隱，有常有，無常無」之執也。然單純之邏輯思想，雖可不執。人之思想之及於物，而思其是A，更依邏輯上之「若是A，則A是A」以望其常是A，則成執。爲破此執，而說是A者可非A之辯證法生焉。說「是A者可非A」，亦固與一般邏輯思想，只說「若是A，則是A」者，初不相悖。然人說「是A者可非A」，則於說是A時，只見A有；於說非A時，A成無。此中之思想之活動，才出A，又去A，其一伸一屈之方向，相反而相逆。則只思事物是A而執其常是A者，於思及是A者可非A時，卽不能無思想內部之內在矛盾衝突之感。此黑格耳之內在矛盾之義所由立也。依純邏輯思想，固可謂：我只說若是A則是A。然人非只有邏輯思想。其邏輯思想，固與其對事物之思其如何之思想，常相運也。人對事物之思其如何，固常執其如何，則當其思及事物之不如其所執者，卽必不能無矛盾衝突之感。則吾人之如何去此矛盾衝突之感，而不如黑格耳之由此以說此矛盾之自身爲事物之大理，固當另求其道矣。

　此另求之道，在知事物之由是A而非A者，卽A之由有而無，亦唯是A之由顯而隱。而人之由思其是A，而思其非A，亦卽此思A之思想之一伸一屈。其伸，乃A之顯於思想之前，其屈，卽A之隱於思想之後。于此A無論自事物而觀，自思想而觀，皆只有隱顯，而無所謂有無。若說有無，則有無必相矛盾。今說隱顯，則顯者是有，隱者亦是有。顯隱乃對心之知見言。言顯隱，亦同於言知見之有無。然對所知見者之自身言，則顯隱同是有，無所謂無。其由隱而顯，皆破無而顯其有。其由顯而隱，只對知見爲無，而隱其有。顯隱皆是有，則由隱而顯，卽依有生有，此非矛盾。若說其隱時，知見中無，則其由隱而顯，卽是破此知見中之無。破無卽非無，而其顯卽是以「有」非此「無」，亦依邏輯之理而行。則邏輯之理，非只思想中有之。一切由隱而顯之事，皆此邏輯之理之行。邏輯之理，卽思想之理。而思想之事，固亦爲存在之事，邏輯之理，固亦只能存於存在之事中。然說邏輯之理行於一切由隱而顯之事中，則是以此由隱而顯之自身爲大理，而言此大理之行於天地間，其中卽有邏輯上之有非無，是非非之理，存於其中。但此有之非無，是之非非，又不足以盡此隱顯之理。因此有之非無，是之非非，唯所以狀有之由隱之顯，乃依有之非無，是之非非而行。然顯之隱，則依有之自藏於無，是之藏於非而行。此則一般邏輯思想中之理性無之。唯莊子與印度辯證邏輯之理性中有之。依辯證思想，有自必非無。然既非無，則無無可非，而有亦不有。是自非非，然既非非，則無非可非，而是亦無是。此卽歸於有無兩忘，是非雙譴。唯依此辯證邏輯，乃可說明一切由顯而隱之事中之理性。合此隱之顯與顯之隱，乃爲一切存在之大理。人之思想活動，既可依一般邏輯之理性，以有由隱之顯，以成推論，而有是非；亦可依辯證邏輯中之理性，以由顯之隱，以歸於是非雙譴。吾人之思想之活動之中，卽亦有二種思想方式之互爲隱顯，而此二者亦不互爲矛盾也。

然合此辯證邏輯，與一般邏輯中之理性之義，亦猶未盡此隱顯互爲其根之大理之義也。此隱顯之互爲其根，可不依理性說，而可直依事相說。一切事相之流行之自身，其呈於人之感覺、記憶、想像、意志、行爲之前者，皆是此隱彼顯，此顯彼隱，而互爲其根。人之感覺之觀物，左顯右隱，左隱右顯，而前後上下，亦互爲隱顯。人之感覺之活動之視聽嗅觸，皆互爲隱顯。過去、未來、現在之呈於記憶想像者，亦互爲隱顯。意志行爲之善惡、利害、得失、吉凶、爲賢或不肖、行君子之道或小人之道，無不互爲隱顯。此一切事相之如是如是隱顯，而互爲其根，以成此事相之流行，卽此事相自身所表現之理。前文所述及之理性，猶是必待思想之索隱，而後見得；則此理性之爲理，猶是隱於此事相自身之如是隱顯，互爲其根之中。必此依理而成之事相之「流行」之呈於前者，表現之理，方爲當下可見得之昭昭然在天地間、而奔赴人之心靈之前之事之理也。

今依此事相之流行，以說事之理，亦卽是說：一切事相之流行，皆表現此互爲隱顯之理。此隱顯義，直自事相說。於事相說隱顯，說幽明，爲同義。然事相皆連于功能或作用、活動。將隱顯義連於功能作用、活動，則爲升降，爲進退，爲出入，爲屈伸，爲往來，爲開闔。升降連於上下之方向，進退連於前後之方向，出入連於內外之方向，屈伸汎自體質說，往來泛自活動說，所開所闔者，卽屈伸往來之門戶。此類相對之名甚多，然皆可統之於隱顯，亦可統之於陰陽或乾坤。陰陽之理卽乾坤也。

七、陰陽乾坤之理與性命之理

此陰陽乾坤之理，爲中國先哲言一切事相之流行之有隱顯幽明，而無所謂有無生滅，所統會而成之大理。於一切事相之流行，如統而觀其隱顯之互爲其根，而泯此事相之分別以觀，則中國先哲或稱之爲大化之行，或一氣之流行。然此所謂氣之流行，非如柏拉圖、亞里士多德之說，將事物之形式部份，抽出以後所餘者，卽名之爲氣也。溯此氣之一名，原由見雲氣之變化其形相而立。形相變化，卽形相之由隱而顯，由顯而隱也。通事物之流行，而見其形相恒在一互爲隱顯之歷程中，遂不依事相之差別，說此流行，而通之以氣之概念。故氣乃超越事相之分別之上層之概念，非由事相中抽去其形相之成份，所餘之居事相概念之下之下層概念也。孟子言氣爲體之充，而以浩然之氣，爲充乎內而形於外，以塞乎天地之間者；莊子言「通天下一氣耳」；皆以氣爲充塞貫通於一身、與天地或天下之物之上層概念。此概念之所以成，唯由事之流行，乃可顯可隱。顯固有別，而隱則無別，故可通爲一氣之流行而說耳。而所謂氣有陰陽者，卽依事之顯隱往來而說。故陰陽亦事相之上層之概念，所以狀事物之顯隱者，亦非謂將事物之形相等抽去所餘之陰氣陽氣也。言春至陽氣生，卽言草木之欣欣向榮，而顯其花葉於人之前；言秋至陰氣起，卽言草木凋零，而隱其花葉也。言陰陽互爲其根，以爲一氣，亦猶言事物之隱顯，互爲其根，以成一事之流行。所謂陰陽之理，合名太極之理，初亦只此事之隱顯，互爲其根，以成一事之流行之理。然只說事理，則事與事恒別，理爲其通。言事之理後，必如佛家之卽一一事之自如以爲理，方能極成事理之一如。今以氣通事之流行，以氣代事，而言理氣之不二，則理有通義，氣亦有通義。斯乃可於氣之流行見理之流行，而不須如佛家之歸極於事之自如上說理，乃於事之似不自如而或隱或顯，此隱彼顯，彼隱此顯之處，皆可說理。此理之義，則不只與事不二，亦與事之流行不二，而爲行於事中，亦爲事所依以成者矣。

依此理之義，與事之流行不二，卽與氣之流行不二；故宋明儒盛言理氣。此理氣之論，不同於佛家之以事之自如爲理者，在：依佛家義，則凡不見此事之自如者，皆妄執，而一切生命存在與心靈之執有者，皆妄執；則一切世間之生命存在與心靈，卽以妄執爲本，亦以「起此妄執，而不知其妄之無明」爲本。此依儒家義，自亦可謂生命存在與心靈，皆有妄執。然此妄執，則非其生命存在心靈之本；而人之生命存在與心靈之活動，尤非皆出於妄執。此吾人於盡性立命境中已論之。今連於此中之理氣義而說；則關鍵在：凡生命存在或心靈之活動，能自隱自顯處，皆見生命存在與心靈之氣之自能拔執；而一切生命存在，與心靈之活動，固皆能自隱自顯也。隱則以有藏於無，顯則自無出有。有藏於無，是超拔於有之事；自無出有，則超拔於無之事。超拔於有，則不常，亦不生；超拔於無，則不斷，亦不滅。生命存在與心靈之活動之相繼，皆是更迭超拔於有無、斷常、生滅之事；則皆一妙理、神理之流行於生命存在心靈之氣之事也。於理謂之妙者，妙者少女未爲母，而能爲母，理則未成事而能成事，皆在有無間，而超有無，故妙也。神者，變化無方，生物不測之辭。然人於此恒不自覺其心靈與生命存在，乃依此妙理、神理而有之氣之流行，而於其有一活動之時，往而不返，更以觀念中之執見助之，則有佛家所謂我執法執之生，乃致虛妄，爲罪惡本。至於人外之物，其生命之活動之範圍狹，其所能隱顯自如之活動亦狹，然要皆有其能隱亦能顯之活動。凡其有能顯兼能隱之活動處，亦皆有此非執之妙理神理，行乎其中。亦如彼大惡之人，其惡行之忽此忽彼之處，仍有此妙理神理之行乎其中。若離此妙理、神理，則大惡之人，亦只能爲一惡行，而一切人與物有一活動者，皆不能有不同之活動，而亦皆不能爲一統一不同活動之眞實存在矣。

吾人若見得一切存在凡其活動之有隱顯之更易處，皆有一不執之神理、妙理爲其存在所依，則一切物與人，皆不可說以妄執無明爲其生之本，當說皆以能超拔於妄執之性，爲其生之本。一切妄執，只是生命之病痛。一切生命，凡未至聖賢者皆有病，亦皆有執障。然一切有病之生命，其自身畢竟不是病也。治病者，必依其生以治病；去執障者，必依其無執障處，以去執障。而欲見得生命之無執障處，則當由生命之活動之隱顯更易處，見得一妙理、神理之行乎其中，爲一切執障所不得而蔽者，然後方能破執障。而此妙理、神理，乃自活動之隱顯更易處識得，卽於氣之流行，或事之流行中識得，而不能只於事之自如，以至一切法之自如中，識得也。任一事一法，自皆有自如之理，佛家所言，亦不可廢也。然事事之互爲隱顯，亦自如其隱，自如其顯。華嚴宗十玄有隱顯俱成門，亦有此互爲隱顯之義。然彼唯自法界緣起，佛心之遍攝一切，而能自由隱顯之處說，而初不自世間境說，亦初不自世間境之涵佛境說。今則自世間境，直說其當下卽是處處有此互爲隱顯之理，行於一切生命存在之活動之中；乃可眞見此世間境中，當下有此佛境矣。人能隨處於事之流行、氣之流行中，見得此理，卽可立於無執障之地，以更修其超一切執障之行，而不須如佛家之先破執障，然後能修其德行；而可直承此超執障之理，知其卽生命之性，而順之、率之，以盡性立命，以成其順修矣。此則如盡性立命境所已說，今皆不贅。

然此上所言之卽事之流行、氣之流行，以說其有隱顯之互爲其根之神理妙理，行乎其中，乃儒者面對所知之自然事或人事，而直說之理。由此說到生命之性，而順之率之，以盡性立命之時，則於此面對直說之理，必須收歸之於內，而唯見其爲能自命之當然之理，如仁以愛人，發情而顯之；義以正我，制欲而隱之。人之隱顯、行藏、進退之事，相與而無盡，故此人用以自命之當然之理，亦無盡也。此自命之理，固命人之有其盡性之事。然當人自命有其盡性之事時，乃事未生，而理已見。則此理，非只存於先行之事之中，而亦初超於後起之事之上，亦超於未生之氣之上，而爲此後起之事之氣，其所自生之原。此方爲儒者所言之盡性立命之事中之性命之理。此性命之理，初唯由隱而顯於一自命中；此自命，是依性而有之自命，亦是所對境對我之命。當此理此性之顯於此自命、與所對境之命我時，此理初只爲一當然之理，而如在平昔之我、與今所對境之上一層面；只能由上觀而見，不能由對觀而見。此理以初未見於事與氣，則唯見於心之靈，而此理之妙，卽初唯見於心之靈而不昧，與其神運無方，以爲吾人之「成其事，而行其心之氣、身體生命存在之氣，以及於物之氣之變化」之所本，同時爲其「此心此理，由對他人爲隱，更由隱而顯」之所本。於此，若人只自內觀此理之存於心之靈中之義，卽兼虛實二義。未成事故虛，已在心故實。虛而實，以居於平昔之我與所對境之上位，見此理之高度；依理求成當然之事，以通此二者，卽見此理之橫度；而實次第成此當然之事，由心中之事至身體上之事，至對物之事，則見理之順序行於事中之順度。理順序行於事，以成一氣之流行，則見此心此理之主宰乎事，主宰乎氣。於此若自外觀之，則此事、此氣，皆依此心此理起，而事如其理。其事之未盡合理，亦有其所以未盡合理之故可知。如佛家所謂執障之未破，或習氣之流行爲礙是也。則凡事無不有理，皆事如其理。然此乃外觀事之因果之理之言，非內觀事之合不合當然之理之語。自內而觀，則人於本此心此理，以成事而行氣之時，其有不合當然之理者，必求其合此當然之理；不能以執障未破，爲自恕之辭，亦不能用之以爲說明其事所以不合理之理。以此執障本身，由不合當然之理而生。不合當然之理者，雖有因果之理，仍是不合當然之理，而人當求其合當然之理者也。於此求之未必能達，卽有此心此理之所求，與其所實成之事間之一距離感之存在，亦卽此心理與事間之不合一而爲二之感之存在。然此不合一而爲二之感，則正爲其所成之事，得次第合於當然之理，所必經之一程。人亦唯經此一程，乃眞知此心此理，及事與氣之間，有一「上下貫徹，橫通平昔之我與今所對境，以成其次第盡性立命之順行」之一立體之事業、與具體的性情，或具體的理性之眞實存在。然後可言高明、博厚、悠久之聖德之成，如吾人前之所論者也。

至於吾人既由此內觀，以知其心之性理之顯於事與氣之歷程之如是；更以觀所對之一切事之流行，氣之流行，則亦卽不當只謂其中有一與事或氣俱流行之理；更當謂其中亦有同於我之盡性立命時之由隱而顯之具體的理性，行乎其中，以成其隱而顯。而其由顯而隱，則如吾人之順性命之理，而成事之時，其事之有段落以成其秩序，而其隱皆所以成其以後之顯。此於吾人觀他人之事之亦爲自覺的盡性立命者，固可直證其依同一之具體的理性而有；卽觀彼非能自覺的盡性立命之存在之事，亦必謂其有其所盡之性命之理。上文固已說凡存在之能隱顯其活動者，皆有超執障之妙理在。此超執障之妙理，卽其性，而其由隱而顯、由顯而隱，卽其自命之事，不必問其自命之爲自覺的與否也。不自覺者，亦自有感、有知，亦非必無心，心之義亦不必限於自覺之心而說也。依此，則一切存在皆有性、有理自亦有心。至於自覺心，則限於人而說。如自覺心之至善，必限於聖而說。神心卽聖心，卽一切有情之本心。此聖心、神心、本心，皆無限量，遍法界而通徹宇宙，在究竟義上，皆不可以此心所發出之一多之概念倒說之，故非一非多，卽一卽多。此皆如前所論，不必更贅。

吾人若識得上文所謂具體的理性，必上有知當然之理之心，與其所橫通之平昔之我與所對之境，及其次第貫徹於氣所成之事業，則於此心對境中已成事物之知上說，自尚有種種對一一個別已成事物之性相之知，其所屬之類與種之知，及其因果關係、時空關係地位之知，幾何學數學之知，與對知識命題之眞妄關係，而本以成推論之知等。然此皆全攝在此心對境中已成事物之知之中，其上仍有一知當然之理之心昭臨，而依此知以起之行事。此行事則在此全部之知之後。此中，人所先知之事物之性相之同異、種類之一多，以及因果、時空、數量、形量，眞妄關係，自皆各爲一理，亦各有其所關聯之理。然此一切理，皆只依心對境之橫開之一度而立。心之知當然之理之一度，則永爲居上之一度。其後之行事，則屬於順此知而行之又一度。此依心對境之橫開之一度而立之一切理，只所以成其心之對境，橫通時之種種通路橋樑，乃此心知覺之知之活動所發所經，而不能以之倒說此心之體，與此心所在之生命存在之自身者。此如前之所論。故吾人不能依此一切理之各有普遍性，而抽象的羅列之，以形成一柏拉圖式之理型世界；復不能將其一一黏附於境中之事物之上。因此一切理皆是通路、橋樑，而兩邊掛搭者。若只將其黏附在一頭，則橋斷，而失其用矣。此則如本書各章所次第辨。今若知此一切理，皆只爲心之橫通於境之通路，內不可用以說心體與生命存在之自身，外不黏附於境中之物，上非能知當然之理之心，下非其順當然之理之知而起之行事；則此一切理，又可說爲掛搭在此四邊之通路、橋樑，所以成此「知當然理、成當然之事之心之徹上徹下，而實現其具體的性情，或具體的理性之大理之用」之小理。然不積川流，無以成江海；無此小理，大理亦不能自行。則通大小而觀之，亦無大小之可說。然必先分大小，而後能通其大小，以至無大無小，而只見一理平鋪而順展，以爲事之所緣之以生起，而行於事中也。此則依儒家之具體理性之義，於一切境中之理，皆兼存之而不廢；而不同於佛家之慮存之而成執，重在遮撥之論者也。然依儒家之言：事之由隱之顯，由顯之隱，即爲大理；

則於此一切小理，雖兼存之，而不必俱顯之；而唯當對境中之物，而求知之之時，或隱之或顯之，或伸之或屈之，或進之或退之，使理之爲百鍊鋼者，皆化爲繞指柔；而見此一切理，皆只隨人之求知與思想之活動，而出入；而後理之有普遍意義者，不致助成人之妄執之生起，以爲此心靈與生命存在之內成其德、而外成其事之礙。此則依儒者言具體的理性，以觀人在萬物散殊，依類成化等諸境中，所見得之小理，而一一攝之於此心之對境之思想、求知活動之中，而兼成之神用與妙用。此神用妙用，固亦只依於上述之隱顯，互爲其根之陰陽乾坤之一大理，爲妙理神理而有者也。此大理，卽吾人於前所論之吾人生命存在心靈中之超越內在的神聖心體之更迭呈用、成相之「道」，而宇宙論地說之爲陰陽乾坤之爲理者。故讀者仍須兼回至前於盡性立命境及盡性立命境之通達餘境義，及生命存在心靈之主體中之理性運用諸章所論，以觀此理之連於吾人之生命存在與心靈之切實義也。

第三十二章　生命存在中之「眞理或道」與「存在」之意義—觀生命存在中之「存在之理」之相

一、存在之名義

吾人於上章論事與理，乃就東西哲學之傳統中之事與理之一問題而客觀地論之，最後言此理之義，當連於此心靈生命存在之主體，及其生活等而觀之。此卽謂吾人須見及此理之爲隱具而能實顯於吾人主觀之生命存在之主體及生活中之眞理。於此眞理之有此隱顯之情形，吾人尚不可只客觀的論述之，而須自於主觀之生命存在之主體與生命中，加以體驗，而如實觀之，方可盡此中之義。故今再別爲一章，重在專就此眞理之隱顯於吾人之生命存在，或是否能爲存在的眞理之情形而說，亦藉此對照西方現代之存在哲學之若干觀念，以見吾人之意。

此一存在之問題，乃連於一切人之生命及生活者。因人皆求其生命生活之能存在，人亦自視爲存在於世界萬物之種種存在之中者。此一存在之名與觀念，人乃無時不用者。人對話時用是 Yes，恒卽表示對一說及之存在情形之接受。一句話中之用是或 is 之字，亦恒表示一所是之存在情形之肯認。而西方哲學中所謂 Being、Existence、Reality，與中國哲學中之所謂眞、信、誠、實等，皆表示存在或眞實存在之義。孔子言「祭如在，祭神如神在」。中庸言「鬼神之爲德，洋洋乎如在其上，如在其左右」。孟子言「存心養性」、「操則存」。易傳言「成性存存，道義之門」。宋明儒喜言存養。此中之在與存，皆有深義。今用存在以譯 Existence，存有以譯 Being，實在以譯 Reality，其各具之深義，亦未必較孔子、中庸、孟子、易傳之言存與在之所具深義爲更深。故此存在之名，雖爲新名，其義則中國哲學中所固有者也。

剋就中國之存在二字，而分別之，則「存」初多指主觀之保存於心，「在」初指一客觀之在。「存」可只存於隱，「在」則隱而亦顯。然自引申義上言，則客觀一物之在另一客觀之物者，亦存於其中；如人在室，則存於室中；一主觀之物之存於主觀之心者，亦在此心中；如人存想鬼神，則鬼神在心。又顯在之物，其繼續在，卽見其初之在之內有所存而未顯者。而一隱存之物能顯，卽見其能爲顯在。存、在二字之引申義相涵，故存在可合爲一名。其合爲一名，亦仍具此主客隱顯二義，亦具可由主之客、由客之主、由隱之顯、由顯之隱之貫通義。西方之 Exist 一字，如據海德格之溯其字之原於希臘，亦具 ex 與 ist 二義。合爲

「向外以是」之義，則亦有由主之客之義。Being 爲 be 之動名詞，亦具「由隱之顯，以繼續是」之義。此二名皆不具「由外之顯在，化爲內之隱存」之義。卽有由存而在之義，缺由在而存之義。故皆不如中國字中存在一名，乃合存與在成名，可容人由存而在去想，亦可由在而存去想，其義之圓足也。

今姑不就字原而論此存與在之義之別，吾人亦可於主客、隱顯之存者或在者，皆稱爲存在。此存在之名，初不必與「無」相對之「有」之名同義。與「無」相對之「有」，恒是連於吾人之觀念或判斷而說。如以吾人之觀念作判斷，而得其客觀所對，則吾人謂有此所對；不得，則謂無此所對。若離觀念判斷，則事物可無所謂有無，而只如其所如。然事物之如其所如，卽可說如其所如，而自存自在。說人存於室、在於室，乃說室之物包涵人之物之一關係。說一事之存在於他事中，如說寫字之事，存在於我之「覺有此事之覺」之事中，亦爲一關係。此存與在，皆初可不連吾人之觀念判斷，而直接敍述一物與物間、事與事間之關係。此存或在之關係，固亦可說爲一有之關係，如人在室，卽室中有人。此有，亦不同於連判斷觀念而說之有。此有，亦如人在室之在，乃敍述辭；敍述人在室之一事，亦卽所以敍述人與室二物之如何結成一事者。此「有」或「在」，在此事中，而不在此事外。若吾人對此室中有人之事，先存一觀念，作一判斷，則此判斷，初在事外。人有此判斷，恒更望見得一事之內容，與此判斷中觀念內容相同者，以證其眞。於旣見此一事，卽謂此事爲有；不見此一事，卽謂此事爲無。此所謂有無，乃依吾人之判斷中觀念之內容，與所見者之內容之同異而立者。此中之有，卽與室中有人之有，只就室之在空間上，包涵人於其中之「有」，不同其義。此依觀念作判斷而有之「有」「無」，乃人若無此判斷，則此「有」「無」卽無，而此「有」「無」之名，卽可超越者。然此直接描述事物存在關係之有之名，則不因此而無，亦不因此而可超越。因吾人於此可只體驗得此有而說其有，而未嘗先存一判斷故。吾人先體驗室，更於此體驗中，體驗人，同時體驗此室之包涵人，卽體驗及此室中有人。故人卽在主觀想像中，先想像一室，更想像室中之人，亦可說其想像之室，其中有人。人在只有此想像之後，可更不作判斷，亦不知其判斷之眞否，此卽見此想像之「室中有人」之「有」，只是一敍述詞，而不同於依判斷之眞否，而有之「有、無」之「有」者也。

此上說爲敍述詞之「有」，乃同於「存」與「在」之爲敍述詞者。此爲敍述詞之「存」或「在」或「有」，根柢上初是敍述事與事、物與物間之包涵關係。物可包涵物，事可包涵事，被包涵者在包涵之者之中，包涵之者卽保存、存具、或具有此被包涵者。依此而人說在必有所在、說存必有能存。如人在室，室爲其所在，室爲「能保存具有此人」之「能存」。吾人最初之思想存在，則恒視一事物之所在，乃大於此事物者。能存其他事物者，亦大於能存於其中者。如人存於室，室存於地，地存於空，而空大於地，地大於室，室大於人。順人對存在之思索，人卽由一物之存於其所在，其所在之更存於所在，……以思及更大之所在，亦卽由較小之能存者，以思及更大之能存者。人對其生命之存在，初恒感其卽存於此身體之中，或其生命存在卽等於其身體之存在。然人之思其身體之存在，則初恒思其爲存在於其身體以外、與其他人身體、及其他之物所合在之一空間的世界中。人之感其生命身體之存在，乃於其生命身體之活動之相續中，感其活動之動而愈出，如止之而不能止時，感此活動之存在、發此活動之身體生命之存在。人之感其他之物之存在，亦由感其活動之相續及於我者之動而愈出，如止之而不能止，而感其存在。此初皆不由於理性之思維。人乃於感其他物、或其自己生命身體之存在時，卽自然爆發出「是」或「有」、「存」或「在」之字。此字，只是一對其所感之一回應。此回應，只描述其所感者之存於其能感之中。然人相續有所感，卽相續對一一所感者，說之爲存在。人有所感，更還觀其所感，則此所感者，又存於其主觀之還觀之中。人卽知此所感者爲一主觀的存在。然人有所感，而更有所感，以擴大其所感時，更可見其先之所感者，存於其後一擴大之所感中；則人可只說其先之所感，存於一擴大之所感中。如先感此人之存在，更感此室之存在，人可只說此人存於此室。人於其生命之行程中，不斷前有所感，恒不暇還觀其所感，更不暇還觀：其所感者之存於此主觀之還觀中；而人卽只見其所感者之存於一更大更多之所感之範圍中，亦只見其所感之此事物，存在於另一事物中，或存在於此事物與另一事物所合成之全體中。由是而人可只見一事物之存於一無盡增多其中之事物之客觀外在的世界全體中。此世界之全體，亦存在於不斷擴大之全體之中。此卽人之日常生活中，對於世界之存在之次第發現，而感受之之一般的情形。

二、人對存在之次第發現感受中，求其生命存在之正道與魔道

在此人對於世界之存在之次第發現，而次第感受之一般情形中看，吾人不能先說有一世界事物之存在；只能說吾人之次第感有世界事物之存在，卽次第形成對世界事物之存在之認知與言說。吾人之次第感有世界事物之存在，卽世界事物之次第存在於吾人生命心靈之感通之中。此吾人所感之世界事物，存於吾人生命心靈之感通之中，亦如人之在於室而存於室。人入室者愈多，則室中之空間愈小。至室中全是人，則室非室，只是一室之人之集結，而室不存在。故人愈感世界事物之存在，則人之生命心靈之空間愈小。至人之生命心靈中充滿世界事物之存在時，則此心靈生命，無靈通之生氣，此心靈生命，卽只是世界事物之集結而物化，而此心靈生命，卽日趨於不存在。由此而吾人可說：人之生命心靈，愈感此世界事物之

存在，卽愈增加此生命心靈自身之存在之負擔。此負擔之重壓，則可導致此生命心靈自身之存在之毀滅。此爲人之生命心靈之感此世界事物之存在時，所導致之一根本問題。

此根本問題，乃無人能避免，而亦爲古今東西之一切道德宗教哲學中之根本問題。此一根本問題之所以爲根本，在其非任意製造出的。此問題，乃出自吾人之生命心靈之存在之自身。此生命心靈若不感此世界事物之存在，則其自身似空無所有。然若不斷往感此世界事物之存在，而加重此能感者之負擔，又可使其毀滅，而亦成空無所有。此卽爲此生命與心靈之進退之兩難。至於此生命心靈之求逃出此兩難，卽有種種之道。在其種種之道中，亦恒再遇種種進退之兩難，以成一「正道高一尺、魔道高一丈」之並行之局面。然亦唯有人之能正視此兩難、正視此正道魔道之並行者，乃可望逃出兩難，以正道勝魔道。茲可略述此中人之進退之兩難，與人之存在意識相連之諸大關節如下。

於此吾首當說者，是人之欲求其生命心靈一方感世界事物之存在，而又不失其自身之存在之一道，卽在：將其所感之事物之存在，不斷感之，亦不斷推出於其所感之外，而外在化之、客觀化之，更以其心靈之光輝虛涵之、觀照之，再求定其在時空之位，而知其因果，辨其類，分其個體，以形成吾人對之有種種客觀知識之世界，以包括住此客觀外在之世界於其下。此一人之有所感，而能將其所感，推出於其所感之外，更外在化之、客觀化之，以成吾人之客觀的知識，乃人之生命心靈之一內在之能。依此一能，而人可將其現在之所感，皆化之爲過去之所感，以外在於現在之能感之能之外。化之爲過去，卽化之爲已成，亦卽客觀化之爲似外在於吾人當下之生命與心靈者。化之爲已成、爲客觀外在，更以生命心靈之光輝，虛涵之、觀照之，卽知此客觀外在者，爲吾人所感時，所呈現之性相等意義；而可更形成對此性相等之觀念，以判斷此被視爲客觀外在者，人卽可有一初步之眞知識。如吾人感一紅，更形成一紅之觀念，卽以之判斷此紅，卽爲一初步之眞知識。人若將其一一所感，一一客觀化之後，順之以形成一一觀念，而皆卽還以判斷一一所感，人皆可形成一全部不誤之眞知識之系統。由此眞知識系統之形成，以一方見其一一所感者之客觀化，而不爲其生命心靈之負擔，一方見其生命心靈之存於此虛涵觀照之活動中，而亦存於此所感之一切世界事物之上一層位。此卽此生命心靈於此階段中，求自己存在於其感世界事物，與所感世界事物之事之上之正道也。

然此正道，則恒非人所能行，另有使人不得行於正道之魔道。此魔道，亦始於吾人由所感而知得意義。此意義在其被知之時，卽顯爲一具普遍性的意義，而人可由之以形成一普遍的概念。人有普遍的概念後，此概念，卽可普遍的運用，而不必只用於其初所自出之「感」之中。故人可以一普遍概念，用於其任何有所感之處，而成判斷，而此判斷，則有眞亦有妄。此妄，爲一判斷之妄。此妄，乃由所判斷者與所感者之不一致，或相矛盾而見。此不一致，相矛盾之本身，又可爲人所感。此所感者，卽一方是人之判斷中之世界，與感覺中之世界之相分裂，一方是此判斷活動，與感覺活動之所向者之相分裂，再一方是有此二活動之吾人之生命心靈自身之存在之分裂。於此分裂處看，吾人之生命心靈之存在中，卽有一罅漏、一空虛。此生命心靈一日未能塡滿此罅漏空虛，卽見吾人之生命心靈，一日未能爲一充滿而全部眞實存在。故吾人於此之不能得知識中之眞理，卽使吾人之生命心靈，不能爲全部眞實之存在，而亦未實現其求全部眞實存在的眞理，而此一眞理亦未存於此生命心靈之中。於此，須知：凡判斷知識上之眞妄，無不關涉於生命心靈之爲眞實存在與否。故人若發現其知識對所感之世界爲虛妄，其生命心靈，亦卽破碎，而成爲不眞實之生命心靈。然因人能本普遍概念而形成判斷，以判斷此概念之所自生之原始之感以外之事物，人卽無不有虛妄之判斷與知識，以使其生命心靈破碎，而成非眞實存在者。此卽爲能有知識、知求知識之生命心靈中之魔。此魔，亦內在於能形成普遍概念，以作判斷之生命心靈自身之理性之能之中，而初不在其外者也。

然人於此，亦可只用其理性，以形成對意義之觀照與理解，而不用之於對所感事物之判斷，則可免於此判斷之妄。此卽如吾人於觀照凌虛境所說者。人在數學、幾何學、邏輯、文學、藝術之活動中，人可對所感事物，不作任何判斷；而只觀照、理解此種種普遍意義之自身之關係。人之純邏輯思想，則爲由人之一般判斷之事，升至觀照境中之事。在一般判斷中，其判斷爲所感事物，所證實或否證，則有眞有妄。但在純邏輯思想中，人可避免作任何實際判斷，或實際命題，只轉而思想：此人之判斷命題之可眞可妄、其可有眞妄二值之爲必眞，以爲邏輯思想之始；亦可轉而思想：一命題之或眞或妄，或一命題在不用以判斷時，此命題非眞非妄，爲邏輯思想之始。然無論如何開始，此邏輯思想所依者，皆爲必眞之邏輯眞理。人之思想若專思此邏輯眞理，使此眞理存於此思想之中，則此思想中，卽只有眞理而無妄，亦無其自己與自己之分裂，此思想卽可相續存在；則有此思想而存於此思想之生命心靈，卽得其相續存在之眞理，而體現一存在之眞理。於是此人之邏輯思想、與一切合邏輯之思想或理性的思想，卽亦使人之生命心靈，得體現其求存在之眞理，而得直感其生命心靈之存在者。是卽爲此生命心靈之自求存在之一道。除邏輯思想與邏輯性或理性之思想之外，凡吾人在觀照凌虛境所說，人於文學藝術哲學等活動中，對具普遍性之任何意義之觀照，卽皆自然合乎理性之所要求，而人之存在於此觀照之活動，亦同可使其直感其生命心靈之存在，而亦使之體現存在之眞理。故亦皆爲此生命心靈之求存在之道之所寄者也。

然此上所述者中，亦有魔道，與此正道並行之情形。如人本其邏輯思想，而對世界不作判斷或判斷性之命題，而只於任一命題，說其或眞或假，或說：「若其眞，則其假爲假」等必眞之邏輯命題，而只思想此命題，以成其邏輯思想之時；人卽由避免此對世界事物之感攝之判斷，而使其生命心靈與世界事物，有一隔離與截斷，亦與其對世界事物之感攝之生活，有一隔離與截斷。順此一態度，人卽可只生活於其邏輯思想、或邏輯性的理性思想之世界中。於此，人可保留其對世界事物之任何判斷。人可只順一「若果——則」之線索而思想。無論任何問題出現時，人皆只須說：「若如此，則如何；若不如此，則又如何」。此「若」中之「若此」，可自由加以改變，以成「若彼」，而吾人可說：若P，亦可說若Q，吾人可說：P或Q，又可說：~P或~Q……吾人可將PQ之正反之可能，皆加以列出，以成一永不會錯之析取命題。然後再說於此諸可能，若否定其一，剩下者爲若干可能，此又成一邏輯命題，亦爲永不會錯者。然此時人之邏輯思想之永不會錯，乃因其只對思想自身負責，而不對思想以外之世界負責；亦由於其思想與所感攝之世界，先有一割斷而來。由此一割斷而成之思想之永不會錯，乃依其自始未嘗求其思想對世界之事物爲眞，而不求有其思想與世界事物之相合之眞理，亦不求其生命中之思想活動之所對，與所感事物之活動之貫通統一，卽不求其生命心靈之兼存在於此二者與其貫通統一之中而致。於是人之純在邏輯思想、或邏輯的理性之思想中之生活中者，卽一永遠逃避對事物作判斷，亦逃避其生命心靈之兼存在於此思想及感攝事物二活動，而不求其生命心靈之更充實的存在之人。此一種逃避，卽其生命存在之向內退縮，如物質之凝固而自結晶。在一結晶體中，其各部份皆彼此照明，亦彼此一致，不相矛盾。然此結晶體，其內部愈不矛盾，愈自己一致，卽愈遠於生命，而成頑物。而此結晶體之向自身之縮進，則終將形成一結晶體自身之爆炸。此乃由人之逃避退縮，亦須用力量。人原有感攝之活動，人必以一力量撐住此感攝之活動，方能自退縮逃避於純邏輯理性的思想中之世界。當此力量用竭之時，則其退縮逃避之事，亦不能再進行，以獲持此結晶體之存在。此結晶體卽必爆炸而失其存在性。此中，人之由逃避退縮，至於爆炸，則爲一此人之欲由純邏輯理性思想，以求其生命存在於此思想中之一魔道。此一逃避之魔道，亦可存於人之一切純觀照性的文學藝術哲學之活動中。思之可知。

至於人由上述之魔道轉出之正道，則爲自此純觀照的態度中超出，而再正視其對世界事物之感覺活動，而求其感覺活動及其中之事物，與其理性思想活動所觀照之意義之貫通，以形成其對事物之知識上，行爲上之理想，而求實現此理想。此卽爲人之道德理想，而於此理想之實現歷程中，建立其生命與心靈之存在，體現此生命心靈之自求存在之理。此爲道德生活中之正道。

然此正道之旁，又有魔道。此魔道，首由於人之自覺其道德理想、道德生活所形成之道德人格之存在於不道德、非道德或無道德之人間世界與自然世界中，而與之爲對立。由此對立，人卽可自覺其形成道德人格之生命與心靈，凸出於其外之世界之上。此一凸出之感，初步爲一道德之尊嚴感，第二步卽一方可化爲一道德上之矜持傲慢感。此矜持傲慢感，依於一凌駕於人之上之居德、居功，以勝人之心，而可下降於功利主義之途者。此爲道德生活之一方面之魔道。在另一方，人由其道德上之尊嚴感，而同時見其外之世界爲非道德、不道德時，卽覺其道德生活、道德心靈之「不存在」於其外之世界。其覺此「不存在」，卽感一其外之世界之空虛，與其自己之生命心靈之孤高無侶與寂寞。由此寂寞感，此心靈生命，卽可轉而厭棄其自身道德，所致之生命心靈之凸出於其外之世界之上，而更轉求自凹下此凸出之部份，以與其外之世界，得相適應而存在。此則爲此道德生活之另一面之魔道。

於此，人之由魔道而再拔出之道，則爲如何化除由其道德生活人格而致之凸出，使其與其外之世界之對立，能被銷除，而放平，亦不下墜，而只求與其外之世界之相適應。則此時人唯一之正道，卽爲將其外之世界，加以超升，使之亦成一道德世界，以與其自身之道德生活人格相平齊。人之道德生活人格，卽必然歸向於求成己兼成物；然後人之心靈生活乃能兼存在於其自身之內與外，而免於上述之空虛之感，以使其心靈生命成一無此空虛之感之充實的眞實存在。人在有此兼成己成物之道德理想時，由此理想之繼續生起，而存於其心，更次第實現於其行爲，人卽可知此理想、及實現此理想之能，其表現於其心靈生命之中，有其不竭之泉原。此泉原，爲一內在而超越之形上的泉原。人更可本此心之理性，而知其爲遍在一切人心，與一切生命存在中之形上的泉原，以使其心靈與生命存在，咸得次第超升者。由此而人之道德生活人格，無論如何崇高，然當其還望此泉原之時，皆可自感其有限，而平抑其傲慢。人於此卽可更視此形上之泉原，爲天、爲神靈、或如來藏心等，而有種種名、種種說，如吾人前所論。於此形上泉原，吾人前亦嘗論：當視之爲一能使一切人皆成聖，一切有情生命皆得普度之一眞實不虛之存在。此不須重述。人能知其道德生活、道德人格之有此形上泉原，而更有種種對一切人之成聖，一切有情生命之得度，有超越的信仰者，則又爲人之最高之正道之所存也。

然此最高之道亦連於一最高之魔，如基督教之魔鬼，卽原爲天使中居第一位，而與上帝最相近者，所化成。此最高之魔，卽出現於人由信仰此形上實在，而只有此形上實在之觀想時。此卽使人重落入宗教道德生活之下一層次之觀照境。信一神教或佛教者及形上學家之重形而上眞實之措思者，同恒易落入觀照境。此卽所謂光景也。人緣此觀照境，而沉酣於種種想像、神話，又落入感覺互攝境；再以吾人當前生活爲來生之手段，則降入功利主義以下之境；而此宗教信仰與形上學，皆成魔道。於此魔道求超升之正道，則是「存此宗教信仰與形上學於陰，而以當下生活中之盡性立命爲陽」之大中至正之道，此如前文之所已說；然後於吾人之心靈與生命，乃得見其形上之泉原之無盡之廣大深遠，而其流則充滿洋溢於當下之生活境界中，而其上下、內外、前後，無不爲一眞實之存在也。

三、存在之意義之次序的升進

此上所述，人之求其生命與心靈之存在之道，恒可入於魔道，卽使人之生命存在，時有前文所述之進退兩難之情形之故。然人又可由魔道而升，故人亦終可得其生命與心靈之眞實存在。然對此中之「存在」之意義，亦須有一適當之理解。此適當之理解，亦須由一般所謂存在之意義之理解之轉進而致。此轉進之階段，亦可述之於下。

人之對存在之意義之理解，有直覺的理解，與理性的理解二種。上文已說人在日常生活之本其能感之活動，有所感時，卽可直說此所感者爲存在。此人之所以能說此所感之存在，在人之內心方面說，卽人必先直覺此所感者之存在於能感之活動中，卽直覺的理解其存在，然後能說出存在或有之一字，以描述其所感者存在於能感者中之事。於此，人之直覺，爲直覺一具體特殊之事物，然此理解其存在，則爲理解其有「存在」之意義。此意義必兼有普遍性，然後人有一共同之存在之字，以表人所感者之存在。然人於此，是才直覺，卽理解，而說此存在或有等字。則此存在之字，所表之意義，除普遍共同之意義外，亦可有具體特殊之意義。而人之說出存在之一字時，其聲調之强弱、大小、久暫之不同，卽可表其所感之存在事物，其存在性之强弱、大小、久暫之不同。故人在日常生活中，雖以同一之存在之字，說煙、雲、花、草、山、石、大地皆爲存在，然人亦同時可直感此諸物之爲存在，有不同之程度份量。如大地之存在份量程度最重，山次之，花草又次之，煙雲又次之。於一刹那之弱光與强光，人亦可覺後者之存在程度份量較重。然在繼此而有之一理性的理解中，則人又可將此等事物之存在之程度份量之差別，皆歸於吾人對此諸物所知之性相之多少，而謂其爲存在乃同一者。如現代邏輯之以 Ex 表存在時，一切類之物之差別，皆以 Ex 後之括弧中說 x 之性質關係之諸符號表之；而 Ex 一符所表之存在意義，則無別。吾人卽可說有如此之性相，而存在者，爲此物；有如此之性相而兼如彼之性相，而存在者，爲另一物。此另一物之多於前一物者，在於有如此性相之外，多有一如彼之性相，而不在其爲存在。就爲存在而言，一切存在者，只有同一之存在之意義。一切存在之物，無論主觀的、客觀的，其爲存在之意義，皆可說爲同一，而存在卽爲一最普遍，亦最抽象之一觀念，或一名。於此，凡吾人集若干性相，以成一觀念或一名，而本之以形成一判斷或命題，而所感之某客觀事物之內容或意義，同於此觀念或名之內容或意義時，吾人卽可一方說一判斷爲眞，一方說所感之某事物爲有，如吾人前所已及。此有亦可說爲存在。又人在如此說事物爲存在時，亦可有「不存在」、「非存在」之名，與之相對。所謂不存在者，卽由人對事物，本一觀念或一名，作一判斷或命題後，又見事物之內容或意義，異於此觀念之內容或意義，或無客觀事物具此內容意義，人卽謂此觀念或名之內容或意義，爲不存在者，或爲一不存在之內容、不存在之意義。人若以龜毛兎角爲一觀念、或一名、或一描述詞，形成一判斷命題，而無事物具此龜毛兎角之觀念或名之意義內容，人卽謂此龜毛兎角爲不存在者。然人於此若只有此龜毛兎角之一觀念或一名，更不用以形成一判斷命題，而此龜毛兎角之觀念，總有一意義內容，則此意義內容，卽可只說爲非存在者，而不須說爲不存在者。此非存在之名，乃對客觀事物之存在者而說。若自人心中之思及此非存在者而說，此非存在者，既被思及，自是存於人心。人心思及此非存在者，而形成概念，更用以判斷，而無相應之客觀事物，以證其爲眞，以見此非存在者之存在於客觀事物中；此非存在卽顯爲不存在於客觀事物者，以還於其心，而只存於心。至其「感此非存在者之不存在於客觀事物中」之一感，則由其初之判斷，乃聯繫於主觀之心與客觀事物之兩面者；而此所感得之「不存在於客觀事物」一意義，仍必先存在於此感之中，以爲人之所思，然後吾人方可更說其爲不存在者。要之，此中總有一非存在或不存在之意義之發現，人亦有其「不存在」於客觀事物之一感，而後可說人之心靈與生命存在，與此「非存在者」或「不存在者」相遭遇，有此「非存在者」「不存在者」之存在於其自身，以爲其自身之一命運。此一命運，卽又爲其求其自身之存在，成爲充實之存在時，所不甘受者。然人於此若自此「非存在者」「不存在者」之存於其自身處，能回頭一想，則見其不存於外者，皆存於內，而實無非存在者，或不存在者。唯人在對事物續有所感，亦續有所判斷時，則仍將續見有對此所感爲非存在或不存在者。故人於此，卽唯有一方使其判斷皆合乎事物之內容，而得眞知識，以使其判斷中之觀念內容，皆爲有客觀存在之意義者。否則必求往改變客觀事物，使其內容，皆與人所望其有之內容——此內容初只爲一非存在之理想的意義——相合，以見此非存在之理想意義，成爲存在之事物之所表現者。此點若能作到，則於其餘之非存在者，人卽覺其只存在於心，亦未嘗不可。故人只須其所遇之事物，皆合其理想，或其凡有一理想，皆能實現，人卽可覺其生命心靈之成爲一充實的存在，而不見有非存在或不存在。此使其生命心靈之存在，成爲此充實存在，卽爲人生之究極之目的之所在。

於此，吾人須注意者，是吾人對存在一名之意義之理解，初乃直指客觀事物之存在，次乃指客觀事物合於吾人之判斷者爲存在，而以吾人用以判斷之觀念，其內容無相應之事物者，爲非存在而不存在。在吾人以存在直指客觀事物之存在時，此存在對客觀事物之性相，似有所增加。然吾人在說一事物合於吾人之判斷時，此存在，對事物之內容，却無所增加。此「存在」，只爲表示事物之內容，能證實吾人之判斷，或與判斷中之觀念內容，有一致之關係之辭。於此情形下，則若吾人無判斷，對事物無觀念，則亦無所謂事物之存在，只有事物之如是如是之性相呈現於人之直觀之中。由是而此「存在」「不存在」之賓辭，卽爲人由其判斷之得證實與否，而外加於事物者。人無對事物之概念，無判斷，則事物亦無所謂存在。存在乃人以概念理解事物，而判斷之之後，加於所直觀之事物之上之辭。說事物存在，亦卽說事物存在於此理解與判斷之眞者之中。此卽入於唯心論之道路。如康德之謂存在不存在，只是人之形成判斷之理解中之範疇，於事物內容，無所增是也。然若此存在不存在，乃人所外加於所直觀事物之辭，則此二辭，亦可廢棄，而人亦可只直觀世界，而不說世界存在，或人之心靈生命之存在矣。

於此世界中之客觀事物，吾人在直觀之時，雖可不說其存在與否，然吾人直觀吾人自己之生命心靈之活動，却未必可不用存在之一名。如吾人可由直觀吾人所記憶、所想像者，存於記憶想像之所向之中，以及一活動之存於另一活動之所向之中，如吾人往回憶或思想以前之感覺活動，此感覺活動之存於此回憶思想之所向之中等。此所謂存在，乃描述此生命心靈之一內部關係。此關係，可視爲上下層之包涵的關係。感覺包涵所感覺者，而位於其上。回憶思想其感覺時，此回憶思想亦包涵此感覺與所感覺，而更位於其上。能包涵者中存有所包涵者，所包涵者，則「在」此能包涵者，其包涵活動之所向之範圍之中。於此，只須此心靈生命有此能包涵者，與所包涵者之上下二層，卽可說有存在。縱一般所謂客觀事物完全不存在，此心靈生命活動中，亦自有所存者。此所存者在此活動中，而此活動卽存之而在之之活動，亦使所存在者得所在之活動。此活動，對其所存者，卽存之而在之之活動。此活動卽存之、在之，而爲成就此中之一切存在之活動。

然人於此可問：若此活動卽成就存在之活動，此活動自身，卽位於存在之上一層，此活動自身，又存在於何處？於此當說：此活動，存在於對此活動之自覺的心靈中。然此自覺的心靈之自覺，亦是一活動，人似可更問：此自覺的活動，又存在於何處？若此自覺的活動，須再存在於一自覺此自覺活動之活動中，則成無窮。若謂此自覺的活動，存於一超自覺之心，如賴耶識、或上帝；則此賴耶識、上帝，又存在於何處？亦成一無窮。此中，若有一最後之成就此一切存在者，其本身卽似不可說爲存在，因更無存之在之之者故。

對於此問題，若欲有一善答，當說：所謂一切生命心靈之活動存在於自覺的心靈中，此自覺的心靈之自覺之活動，初非一外加之活動。若是外加，方可有上說之疑。今當說：此所謂心靈之自覺之活動之實義，只是其活動之互相透明之別名。在此互相透明處，諸活動卽有互貫通、而互存互在之意義。此中之存在之一名，只表示其活動之互貫通，而互存互在之關係。此關係，在諸活動中；此存在，卽在此諸活動中。此諸活動，爲諸生命心靈之活動，此存在，卽諸生命心靈活動之互存互在。於此互存互在，視作事而觀，卽存在之事實；作一意義而觀，卽此諸心靈生命活動之內部之理。吾人說諸心靈生命活動，當互存互在，而或未互存互在，則見此理之只爲一當然之理。心靈生命之循理而行時，此理卽當然之道。然要之，此中之存在之一名，非自外加於生命心靈之上之一賓辭，而只是直就此生命心靈之內部之諸活動之關係，而描述其實況之一辭也。

欲知上來之義，可以一最淺之自覺之事爲例。如吾人有一感覺活動已過去，而重反省之，卽是自覺其先已有之感覺活動與其內容。此反省，卽一般所謂記憶囘想。於此，若人不能記憶囘想，卽不能有此自覺。然所謂記憶囘想，唯是求重現已過去之感覺、與其內容於現在之別名。此重現，卽此感覺活動與其內容，貫通於我現在之生命心靈之其他活動，而與之如互相透明之別名。此所謂當前之囘想，卽自覺。自覺，卽覺自先已有之活動。覺自先已有之活動，卽使此活動貫通至現在之其他活動，而如相透明，此外別無其他。至於說人之理性的思想之爲自覺的，卽指此思想歷程中，前提與結論之貫通，而如相透明。說人之行爲之爲自覺的，卽指此行爲之理想與行爲之貫通，而如相透明。一切自覺的心靈生命活動，異於不自覺之心靈生命活動，卽在前者中有此前後之活動之相通而相明，而後者則無之。無此前後之相通而相明，則前中無後，後中無前，以互爲不存在。反之，有此前後相通相明，則前中有後，後中有前，而互爲存在。此可仍以囘想之事爲例。囘想之自覺，卽使所囘想者重現於現在而爲存在，無此囘想之自覺，則過去者只是已逝，而爲對現在之不存在。故此囘想之自覺之活動，卽使已不存在者重存之而在之之活動。除此重存之、在之之外，亦無此中之囘想自覺之活動。自另一面看，則此已逝者自己重呈現，以存在於此現在之心靈，亦卽同於此心靈之自覺之，而使此已逝者成爲所自覺。故說此自覺爲人之前後之活動，自相通貫，如自相透明，與說此自覺活動，爲「對所自覺者存之在之之活動，以使所自覺者自呈現以存在於現在之心靈」，二者只爲一事之自不同方面說。此自覺之原則，卽存在之貫通透明之原則，以使所自覺者見其存在之原則。由此而吾人可說一切世間之存在，凡尙未能自覺者，其生命活動對吾人爲存在者，皆對其自身，爲已逝卽不囘者。其活動卽皆非眞前後互相貫通透明，亦無由此貫通透明而見之存在意義者。人在未有自覺之活動時，其所歷之活動之一逝不囘者，亦爲由存在，以向於不存在，而無此一存在意義者。唯在人有自覺之活動，人方有其心靈與生命之存在，而此生命心靈之存在，與其自覺，卽同義語。故唯有一自覺的心靈生命之存在，方爲眞實義之存在。

於此，人可生之一問題，卽如何說明對此自覺之自覺？若人無自覺之自覺，則人不能說有自覺；然若人能說有自覺之自覺，則似必更有自覺此自覺之自覺……以成爲無窮；而自覺若只存於自覺之自覺中，亦成一無窮之上翻；則人對此自覺之自身，畢竟存在於何處，卽亦可生疑。於此，吾不說此自覺之自覺，無一直上翻之可能。因若無此可能，則人不能思其有自覺。於此當先問在何情形下，方有此所謂自覺之自覺？此當說是在：人之已有一上所論之自覺囘想之後，再失此自覺囘想時，人卽可再自覺囘想：其前之有此自覺囘想之時，以有此上翻。如人之囘想過去一事，可更不囘想；其後又再囘想。此囘想卽自覺，上文已說。然人在第一次之囘想時，只有一自覺，在此囘想之事已逝，而人再提起一囘想時，人卽一面重囘想前所囘想之事，一面更囘想及其前之有此一囘想，卽其前之有此自覺。此處卽有一囘想之事之再囘想，已自覺之事之再被自覺。若此後一囘想之囘想之事去後，人以後亦可再囘想：此囘想之囘想之事，此卽可繼續上翻，其前程爲無窮。此其一一之上翻，亦皆爲實事，非虛構。此亦如人之自然數系列之形成，可由繼續加一，以至無窮。此應加以肯定者。

然於此吾人復當知此上翻之無窮，只爲人之自覺之事之斷而復續。人於一囘想之後，再繼以另一囘想，仍只是重囘到初所囘想之事，其目標亦只在使其事重現。人之囘想其囘想，亦只使此囘想重呈現。此任一重呈現，皆只重呈現於現在之心靈，而與現在心靈之其他活動，相貫通透明。此貫通透明，亦皆只見於現在之心靈、與其所同想者互相貫通之一道上。此中，只有一貫通照明之道，爲此中之存在之原理。故依此貫通照明，以說自覺，亦只有一自覺，而無上述之無窮上翻之自覺也。

於此，吾人若自此現在心靈之自覺，貫通於其所自覺者，只是一貫通上看，則當說此自覺只是一去貫通之功能，而非一一貫通之事。而一一貫通之事上，固可有自覺其自覺之事……，以上翻成無窮。然自此貫通之能上看，則對無窮事物之自覺，以成無窮之事，只是一同一之貫通之能，亦卽同一之自覺之能。此能，卽於所自覺者存之，在之，使之爲存在之功能。此功能，則爲一純一不已之功能，而亦具純一之「使所自覺之一切事物存在之存在原理」之一功能，亦可直名之爲具此存在原理之心靈自身、或此生命自身之功能。此人之自覺之功能，在只自覺其所已經驗者，以成記憶、想像、意義之觀照等時，人由自覺而使之再呈現而存在者，只爲先已存在於心者。人由此意義之觀照，以形成一自覺的理想，而以行爲加以實現時；則此自覺的理想，更能使尙未存在之行爲，與其他客觀事物，得存在，而見此自覺的理想之存在，之創生繼起存在之意義。

吾人上說此人之自覺之能，只是一貫通其前後之生命心靈活動之能。然此貫通之能，則可說在其一切已有之生命心靈活動之上一層位，而將其已有之前後活動，加以順貫者。但亦可說只內在於其前後之相對而互外諸活動，與之居一層位，加以橫貫者；又可說其初潛隱於諸活動之下，而如居下層位，而更自下翻上，加以縱貫者。此自覺之能，旣表現於使諸活動相貫，以互存互在，則此諸活動間之阻隔得破除，而自相往來，以互存於他，互在於他，亦卽顯出此自覺之能。此阻隔未破除，而當破除、能破除，是理。由當破除，而當互存互在、能互存互在，以有此自覺之能之顯，亦是理。其實破除，實互存互在，實有自覺之能之顯，則爲此理之實現。此理之實現，卽顯此原具之能，亦唯以其原具此能，此能原爲一形上之眞實，而後有此理之實現。此實現，亦卽此眞實之顯之別名；而此顯亦只阻隔破除之別名。故此實現，對形上之眞實自身之內容，無所增加，增加者只是阻隔之破除之一事；而於此事中，見此眞實。故人於此，若專自此形上眞實而觀，亦可說其始終如一，其中原無一切阻隔，亦無阻隔待破除。自吾人之一一活動之原自形上實在者而觀，其中亦原無不貫通透明，而於此貫通透明中，見其互存互在，亦見其通體只是一自覺心，或前所謂神聖心體。則一切現成，亦不待修爲，已完全具足。此卽成種種之宗教信仰與形上學。然吾人又不能只專自此形上眞實，而觀其中之原無不貫通透明。因吾人現有之生命心靈活動，實有不相貫通，而相阻隔處，此不相貫通阻隔處，爲吾人現所直感其有者故。則人信有此形上實在之貫通之後，還須化其現所直感之不貫通，成貫通，以澈上澈下，而貫通「此形上之貫通」與「現有之不貫通」，以存在於此「形上之貫通」之貫通於「現有之不貫通」之一歷程中。此亦卽求其現有之存在之生命心靈，成全幅眞實之存在，而實現此眞實存在之理，或循理以行；以使此理，成其生命心靈存在之道、爲賢爲聖之工夫之所在也。

四、結論——感而能通，與生命存在之德性

總上文所論，重在說吾人對存在之名與概念之意義，應有不同層次之理解。在日常生活中，人之理解一事物之存在，唯是由於其感攝之活動，於事物有所感攝，而直覺的理解事物之存在於感攝中。此存在之名，初是一描述表示此事物之「存」於其感攝中之表示描述字，而可附於此中之事物之上，爲其形容詞者。故此存在之一名，所表之義，卽一方連於客觀事物，一方連於主觀之感攝，而非專屬主或客者。此中，存在之一詞，有普遍的意義，亦可有程度不同之差別意義，而人亦未自覺的加以分別者。又此時人感有存在，卽說存在；否則不說存在，或對人之說存在時，更說一不字；但無所謂「非存在者」或「不存在者」。然在人對客觀事物之性相等，有一概念，而或更以之作判斷，人卽發現有非存在者、不存在者。此時所謂「存在」，卽「判斷中之概念之內容，更有事物之內容與之應合」之名。而一切有此

應合之內容之判斷概念，卽對事物爲有存在意義，而事物卽亦可被稱爲存在者。然此所謂存在，初唯是謂：吾人之槪念之內容，必有其外指之事物，此內容方有存在意義；若無外指意義，則爲非存在；外指而不得，則爲不存在。此非存在、不存在與存在，卽說此中之槪念之「能指」、「無指」、與「不能指」之名。若有外指的意義，卽爲有存在意義，而此存在意義，卽爲指示的，乃屬於人之用以指之槪念，或名言，而非屬客觀事物，亦非描述人在感攝活動中所感攝者之存于此感攝之事實者。又凡心中之槪念，皆屬主觀，而一切有外指之意義之槪念，在其有所外指一點上，爲同類，故此中「存在」之意義，亦爲相同，而爲一普遍的存在槪念，無所謂程度之差別者。至當吾人在自覺的反省所記憶想像者之存於記憶想像中，或反省一槪念觀念，及其意義之存在於觀照之心靈中，則此「存在」之名，亦是描述表示一心靈自身對意義等之有一觀照。謂此意義之存在於此觀照之中，此存在之名，仍是描述表示之名。至於吾人由意義之觀照，而形成一理想，有一行爲，加以實現，使未存在之行爲及其他事物，成爲存在，而創生繼起存在時；人又可於此發現：吾人之心靈生命之存在於此創生之事之活動中，亦卽發現：其原有心靈生命之存在，與其所創生之繼起存在，爲一互存互在，而相互貫通者。於此創生之活動，如反觀其根原，則又可見一其內、其上之有一形上之實在或存在。人說此本理想而有所創生之活動自身之爲存在，卽不只表示此活動之存在，與其所創生者之存在，且啓示出一超越於其自身，而在其上其內之一形上的存在者；亦同時表示其存在之兼依於此其上其內之形上存在，而亦與之互貫通，以互存互在，以成爲一具更充實豐富之內涵的存在。而此中之互存互在之道之理，亦當說爲具更充實豐富之內涵之一道一理。

於此，人再可有之問題，是吾人之生命心靈之活動，與其活動所創生者之相互貫通，以互存互在，是否有一最後之完成，以啓示出一自身完成之形上實在之存在。人在通常恆自吾人之記憶、想像、思想、行爲之活動之如此而不如彼，通此則不通彼，而謂此最後之完成乃不可能者，今之存在主義者如雅士培 Jaspers 沙特 Sartre 等，尤重言此義，則亦不能說有一形上實在其自身爲完成者。但吾今將說，若自此生命心靈之特定活動所通者看，則有所通，必有所不通，固似無最後之完成。然若自此生命心靈貫通於各特定活動之能上看，則人之生命心靈自身，應可達於無不能通之境。人之達于此無不能通之境，其關鍵，唯在人有所通時，不滯於所通以成執障。此不滯於所通，以成執障，固爲人之所能。人果無此「滯於所通，以成執障」之事，則凡有所感，無論爲對外在事物之感，與對內心事物之感，皆能應之以當然之道，而人之生命心靈之行於此當然之道，卽無阻隔之者。此之謂感而遂通。感而遂通者，卽「感而能通，而只順當然之道而應，中無阻隔」之別名。順當然之道而應，卽依理而應，亦卽其生活上之應無不合理，卽前所謂生活之全幅理性化、性情化，此乃人之所能，前已論之，不須更贅。

今文之所擬稍益於前文所及之義者，唯在言此生活之理性化、性情化，感而能順當然之道，以應其所感而能通；人卽有其心靈生命之眞實存在，亦見其所感所通者，皆爲眞實之存在。蓋人之感而不能順當然之道而應，中有阻隔，則所感者不能眞實存在於內，而人之應之之情意與行爲等，亦不能通達於外，以見其爲存在。此亦如房屋之門窗俱閉，則光不能存在於房內，而人亦不能出外，而存於房外。此通，乃一以虛成實之事。此中之虛不極，則實亦不極。故人之特定活動之有所不通而成之執障必破，然後能感能應。其感使外通於內，其應使內通於外，以成往來不窮之通。此中卽見內外之事物之往來不窮之實，同時見此生命心靈之全體之實也。此感而通，乃人之只具有限之「生命心靈活動與其所對者」之所能。因生命心靈活動雖有限，然此通，只由其不滯於諸活動、與其所對者而見，故只須人對其一切活動中皆無滯，到可達於內外通達之境。

此心靈生命之內外通達之境，固人所能至。然人之活動亦恒有所滯。積滯成習，更深藏於其自覺所不及之境。故自覺能通者，恒有自覺所不及之境中其生命之後壁之阻隔在。知有此後壁，而澄清此後壁，則亦大非易事。此則必由次第之工夫而致。唯由次第工夫之相續，然後能破其已往生命之歷史，次第所積成之習。此次第積成之習之破，卽此心靈生命之能通之能，由隱而次第顯。此能通之能，爲形而上之一眞實；其顯，爲此形而上者之下澈於吾人現實之心靈生命中，亦可說爲此現實之心靈生命之超化其現實以上升。故此生命心靈內外通達之境之形成，自其次第形成言，卽爲生命心靈之前後之通達；自其爲形而上之能通之能之下澈，或現實生命心靈之自超化而上升言，則爲上下之通達。然人對外境而求通，則爲當下橫通；反省今昔之所爲，而悔其所不當，而更自信其所當，以續之於今後，則爲前後之順通；而念此心靈之能通之能未顯，而存於隱，卽以此念其存於隱，而顯之於此念，亦顯此能通之能，以下澈而上升，則爲上下之縱通；則亦有三面之工夫之可說。至其義之相涵而不可分，則思之皆可知也。

大率人之自覺心之初現，乃現於對其今昔之生活中一切感覺、記憶、想像、思想、行爲之事之反省，知其何者爲合理，而能相貫通者，何者爲不合理，而自相違者。合理者爲善，爲所欲。故孟子曰「可欲之謂善」，反是則不善也。實有此善，則善爲眞實誠信之善，孟子所謂「有諸己之謂信」也。信卽誠，卽善之眞實化而兼爲眞也。求善與求信，卽通先後序之事也。善充於內而與人交接，亦感而能通，以表現合理之行於其身體，以睟面盎背，卽孟子之所謂「充實之謂美」也。以己之合理之行，感發他人之合理之行，使之生起，則此行之光輝之照及於人，孟子所謂「充實而有光輝之謂大」也。求美與求大，卽通內外之事也。光輝既及人，而己與人之生命中之阻隔，一齊俱化，以成人我之心靈生命之全幅感通，卽「大而化之之謂聖」。聖則人我間聲入心通之名也，亦心契於人與我共同之形上實在之名也。心契此形上實在，其生命心靈中，有通而無不通，只見一生命心靈之能通之明，而不見有不通，則對此所通者既知之，而透過之，更無知可言，而此能通之明，變化無方，亦非一般之知之所知而不可測，則孟子所謂「聖而不可知之謂神」。此聖神之境，皆自上下通而言也。

人之對其今昔生活之反省，而知何者爲合理、爲善，何者不合理、爲不善，而使其心靈生命活動，恒向善而前進。孔子所謂直也。反省其往昔之不善，而悔之改之，儒者謂之知恥。與外之人相接，以通人之情，謂之仁。自制其足以成人我之阻隔，以成其仁者，謂之義。以下承上謂之禮；禮之極爲博厚，而卑法地。居上知下謂之智；智之極爲高明，而崇效天。佛家言六波羅密，其精進近乎直，持戒近乎知恥，布施近乎仁，禪定自制近乎義，忍辱近乎禮，般若近乎智。基督教之信心直往近乎直，悔罪近乎知恥，博愛近乎仁，祈望本乎禮，然未有高明般若之智也。此諸德性之義，縱橫相貫，不可備述。然要之，人之生命心靈，必向前能通，以直進；必向後能通，以成其反省；以義自制，而自開其心量；以仁接人，而大其心量；以禮卑法地，以智崇效天；而將此生命心靈之前後、內外、上下之三度，皆加以擴展，以六通而四闢；然後往昔與來今、人與己、上天下地，皆此生命心靈之能通之能，其運行之所在。由往至今以積學，由今至來以篤志；成己之極爲內聖，成人之極爲外王；由上而下，而神由此降；由下而上，而明由此出。往昔與來今、人我、天地，皆賴此生命心靈境界之六通四闢，而皆得其所在之虛位；此生命心靈，亦以存於此往昔、來今、人我、天地，而得爲充實之存在。此則皆不出儒家所言盡性立命之義之外，吾今唯連於此「存在」之義，而更爲之說耳。

後序——當前時代之問題，本書之思想背景之形成及哲學之教化的意義

一、人類世界毀滅之可能之認識

吾人於上列諸章，乃以盡性立命境爲據，以通攝其餘諸境。人之盡性立命，卽人之依當然之性理，於境皆見其爲於人有所命之天命所在，而盡性立命，以成人之生命存在之事。今將此一切之言落歸實際，則吾人除各有其特殊之境，當各於其所在之特殊之境，各見其天命所存之外，吾人所同處之人類之當前時代，卽爲生於此當前時代中之一切人之一共同之境。此共同之境，卽吾人之共同命運所在，吾人於此亦當求見此時代對吾人之所呼喚命令者何在，或共同的天命或使命，或共當立之命何在，以謀皆盡其性，而求其生命之存在。由此而吾不能不補此章，以論此當前時代，對吾人所命者爲何。並附帶說明此書之旨，其思想形成之經過，與其與教之意義所在，卽以之爲本書之後序。

畢竟此當前時代對吾人之所呼喚命令者爲何，係於吾人對當前時代之特性之認識。以所謂當前時代，其中之事變萬端，無人能全部加以認識，而其特性所在，與其對人之所呼喚命令者所在，人亦可所見不同。然吾今只須本當前時代之人，共有之對當前時代之常識，與吾人於本書之所論，卽可確定此時代之一特性，與此時代之所呼喚命令於吾人，所理當應同作之社會、文化、教育、政治之事業之方向。

本一般之常識，與吾人本書之所論，吾首可說此人類所處之當前時代，可稱之爲一由吾人前所論之觀照凌虛境，而向其下之感覺互攝境，以高速度的外轉、下轉，而至於自覺到人類世界之毀滅之有一眞實可能之時代。玆先自後一句說。此人類世界之有毀滅之可能，原早卽爲人在其宗敎與哲學之思想中所想像及。而一切存在者，在邏輯上，皆有不存在之可能，亦任何人可直下加以思及者。然直至近代之物理學中，乃有依于熱力之散失不同，而謂地球終當冷却，世界終歸死寂之說。直至最近三十年，人乃能造核子彈，並知其眞可用以毀滅人類世界。此人類之實有能力毁滅其自己，以及一切生命存在，乃以前之人所未嘗思及。依吾人本書所說，此毀滅，固只限於使此世界之人類與生命之存在，然不能毀滅法界中一切生命之存在之自體。一切神境聖境，自仍眞實常住，無所謂滅。此乃依於吾人本大仁大智，而有之大信。人若知吾書前所說之義，亦當有此本大仁大智，而有此大信；因而於現實世界人類眞毀滅之時，亦理當以一大勇，承擔此毀滅，而無所畏怖，有若人之當於其個人之生命之死亡，無所畏怖。此事雖難，人亦理當如此，亦理當恒面對此死亡毀滅之可能，以自考驗，而訓練其大勇。如爲孟子所謂志士之不忘在溝壑，勇士之不忘喪其元；如西方中古宗教徒與佛家之時念及世界卽將至末日、而三災將至。然人除以此宗教性之大信，而不畏死亡毀滅，以「不畏」自命之外，仍更當求此人類生命存在之相續。此是依於人在以此現存之人類生命爲所對境之時，人依其與此人類生命存在之感通之仁，卽當直接生起一求其相續之心，而亦當依智以求其相續之道，依勇，以行此道；而後其仁智勇，乃不止於成宗教上之大信，亦成一對此人類相續之可能之一大信；更依此大信以自命，以立人道於天地間，而盡其仁智勇之性，而卽以見天命之所在也。

然吾人既面對此人類之毀滅之眞實可能，而更欲求其相續，則不可不先更反省：人類之如何被導致於具此毀滅之眞實可能之一境。此只說是以人能造核子彈之故，其義太淺。此人之能造核子彈，乃其生命之存在發展，至具有造核子彈之知識之一結果，亦近代科學知識進步之一結果。此近代之科學知識之形成，則由於人本於其觀照凌虛境中，所得之數學、幾何學之知識，用至感覺經驗世界之物相；更發現物體之具種種物能，以至於原子能、核子能，然後乃有此造核子彈之知識，足毀滅「具此知識，與一切科學知識，具感覺經驗，亦有能凌虛而觀照之心靈」之人類之自身。故此人之能有毀滅其自己之科學知識，其根原初乃在人將其於觀照凌虛境，所知之數學幾何學之知識，向外轉用於感覺經驗世界之物能之理解。此卽一由觀照凌虛境，至吾人所謂感覺互攝境，更至功能序運境之一外轉，而亦下轉之一歷程。至其歸於發現人類之自身，可由此而不存在，則爲發現此物能可使在依類成化境之人類，不再依類成化，而只有此物能可自己依類成化之事。人類可不存在，則吾人所謂萬物散殊中之人之爲物，或吾人之個體自我，亦自皆可不存在。此一人類可自毀滅而不存在之發現之意義，卽更當由功能序運境中說之之後，更轉至依類成化境，萬物散殊境中說之。此一人之心靈之由觀照凌虛境，而外轉下轉，以向於感覺世界、功能世界、與類之世界、及個體之世界，亦更當說其卽是人類所處之當前世界，所自形成之根原所在。固不可只以人類之由此而有之科學知識，至能造核子彈，以毀人類與其中一切個體人之言概括之也。

二、西方古典文化之上轉與內轉及近代文化之外轉與下轉

此一由觀照凌虛境而外轉下轉，以形成人類當前時代之世界，亦卽所謂現代社會文化之世界，乃與人類之古典的社會文化，重在由觀照凌虛境而上轉內轉，以形成一以道德宗教爲

本之社會文化，其根本方向不同者。此根本方向之轉變，則以西方文化之轉變爲主導。蓋自成吉思汗之東征，而横掃歐亞以後，西風卽次第壓倒東風，而爲世界文化風向之主導。西方文化在文藝復興以後之轉向，卽爲西方人除將希臘人於其觀照凌虛境所建立之幾何學與哲學之觀念，轉向感覺世界應用，以成近代科學外，同時卽以對感覺世界之自然美、人體美之欣賞，人間情感之歌頌，代替中古時代之重向上向內之宗教道德性之精神生活；此皆人所共知。原彼希臘人之幾何學與哲學，在柏拉圖，原爲人之向上望理念世界之至善至美之階梯。卽亞里士多德本理念或形式，以說明物類，亦在沿物類以上望此理念形式之自身之純觀照。故以能作此純觀照之哲學家之生活爲最高。西方中古思想，緣柏亞之言觀照理念形式，更上達，以歸命於神境，以保其內在之靈性。此卽皆爲一上轉內轉，以入於宗教道德性之精神生活之途。蓋此希臘人所發現之理念形式，乃屬一純相、純意義之世界。自此純相、純意義之超於具體事物而觀，更沿之而上，卽必向於遺棄外在而在下之物質世界，以向上向內，而入於深密的宗教道德生活之途。然近世西方人之復興其希臘精神，則是於知此希臘人之幾何學、哲學之形式的理念之後，更轉變其可上可下、可內可外之地位，以使之向外向下之感覺世界，而應用。此在知識觀念方面，笛卡爾已將幾何形相，納入一廣延之純空間，以空間之方向定坐標，以成解析幾何，更以坐標公式之不同，說明幾何形相之差別，而使人之思想向於感覺世界中之空間，而開後之牛頓、來布尼茲之重空間地位，空間關係之數學幾何學與物理學。此一思想潮流與英國經驗主義，自培根、霍布士、洛克、巴克來、休謨之重感覺經驗，感覺之印象觀念，爲一切知識之原者，合以代表近代西方思想外向、下向，而由吾人所謂觀照凌虛境，降入感覺互攝境之兩大契機。在藝術方面，則文藝復興時代之達文西、米西朗格羅之彫刻，重人之體質中筋肉骨骼之結構或力量之表現，圖畫之重觀景中之物之遠近大小之比例，則爲藝術之由重形相，而更重此形相與實際存在之人物之體質，與其外之物之空間關係之始。至於文學中但丁之神曲，以比粹斯之女郎爲導之游天國者，則爲將宗教精神連於人間之情愛之始。自此以降，西方社會學家素羅鏗，謂西方文化卽入於感性文化之途。素氏之社會文化動力學中，對此中世文化與近世文化中之文藝等所作之種種統計，應皆可證成其說。大率西方近代科學之發展，卽由尊尚近於觀照性之天文學，至於重視物之機械能、化學能、物理能之化學，物理學，與用此種種物能，以改變自然世界之應用的自然科學。近代文學藝術之發展，則爲由重在啓廸宗教情操、莊嚴神境，而重抒情自娛，更重自我表現，以通情達志，更至以之描述現實、傳播對社會之理想，以及政治宣傳商業廣告之用。此皆明是向在重此一切科學知識、文學、藝術之功能性的意義，而以之爲成就人與人之以感覺性之活動互相攝受之用。此中之趨勢，固顯然不可掩者也。

與此西方近代之科學文藝之向於感覺世界，更連於功利主義之趨向以俱行，而有之近代社會之變化，其最重要者，則為社會經濟之行業職業之不斷分化，為種種類。其所以如此分化之理由，初乃以此分化成就分工合作，以增加效率，如亞丹斯密之原富一書，論分工之效率之增進，卽依一功利主義之觀點而說。此卽由吾人前所謂功能序運境中之重功利之意識，導引出吾人所謂依類成化境中之社會之行業職業之類之建立，以成所謂社會之進化之說。由此社會之行業職業之分類，而人可自由選擇其所屬之類，亦可以一人而自為一類，而有近代之自由，與個人獨立之觀念，而亦更重此社會為諸獨立自由之個人，所合成之一散殊境之義。此皆為自文藝復興以來，西方人之精神之外向、下向，所必然引致之社會文化之結果也。

對此西方近代人之精神，由外轉、下轉，而創成之近代文化，亦可說為人類精神之向外開展，而向下貫澈之一表現，說其不表現一人類精神之價值，亦不可得。然其逐步外轉、下轉至於今，而全離於近代以前之人之精神之上轉、內轉之一方向，則明導出一人類文化與全部人類世界之大危機。

此一大危機，在近代之自由與個人獨立之觀念，與社會行業職業之分化，雖初由於人之一普遍的尊重一切個人與一切行業職業之理性意識而建立。然其建立以後，則社會之行業職業中之個人，皆可據此以成其自我之封閉於其行業、職業之事之中，以更形成種種行業、職業之分立而對峙；而功利性之知識愈多，則愈助成其功利性之活動，向於一封閉而狹小之方向，以加深此種種個人間與行業職業間之分立對峙。於是能爲社會上政治上之領導人物者，卽只能爲一其自身無個性，無特殊之理想，無獨立之人格，而在此諸分立對峙之夾縫中，「作臨時之彌補協調：由分裂對峙而產生之一切衝突矛盾」之人。其政治上之主張，亦唯有其合於一國家社會中之大多數之共同的需要之一部份，可得人民之支持。此共同需要之一部份，則恒是依于人之生物本能性的需要，而有之保存生命存在之經濟上、軍事上之需要，而政治卽爲經濟與軍事上之需要之所決定；而一切人類之學術文化之命運，亦必然爲此人之經濟、軍事上之需要所主宰，而化爲達此需要之手段；否則成爲一可有可無之廢物。從事種種學術文化工作之人，既亦自視爲一種職業與行業，則與國家社會中其他行業職業，亦互相分立而對峙。於是其學術文化上之理想，卽亦可只限於在其職業行業中存在，而種種學術文化之自身之分化，亦可使每一學術文化之部門，單獨成一行業職業，以相分立而對峙。卽爲宗教道德之學與哲學者，其初所關心之問題，原爲超於一個人、一特殊行業職業者，其本身亦化爲一特殊之行業職業。學不同之哲學，信不同宗教者，又再分爲種種派別，成種種之行業職業，再濟以近代之個人主義之意識之貫注，而爲宗教道德與哲學者，亦可每一人自有一宗教、一哲學、一道德理想。若再加一功利主義意識之貫注，則每一人之宗教道德哲學之工作與事業，又皆可只化爲滿足其個人之求名求利等，或一行業、職業，或一國家政治中功利性的目標之手段工具。至於在一宗教道德與哲學，成爲一國家政治之功利性之目標之工具，以形成一帝國主義，而助成戰爭之時，其造禍更無與比倫。如當兩國相戰，而人皆相信上帝在自己之一邊，此上帝卽分裂爲二，以助成人之戰爭。此人之宗教道德理想與哲學思想，無不可加以工具化，雖自昔已然，但唯在現代之社會政治中，有種種組織之建立，爲任何之哲學與道德宗敎之工作與事業者，乃無所逃於此種種組織之外。亦唯在一功利主義已普遍於人心之現代，人乃知於上天下地之事物，無不求加以利用，以達其功利性之目標。由此而一切神聖之事物，在現代社會中，無不可顚倒其價值，而如爲魔鬼之所用。現代之世界卽可稱之爲一眞正之神魔混雜之時代。

在此神魔混雜之時代，以神聖事物皆可化爲魔鬼之工具手段，而人卽更不敢信有任何神聖事物之存在，以其可實爲魔鬼之外衣故；亦不敢求創造之神聖事物，以魔鬼可繼而化之爲工具故。由此而人卽對一切神聖事物，皆可有一普遍的疑慮與冷漠，以至有一畏怖之情。現代人類之最高之智慧，卽在認識一切神聖事物皆可工具化，而顚倒其價值，認識此世界，此人類歷史與人之生活，在根柢上卽是一神魔混雜者。如今之若干存在主義哲學，下意識之心理學，卽爲皆能正視此人之生命生活中，有此人所不自知之神魔混雜之事物之存在者。當今之存在哲學之祖師：杞克果與尼采，卽早已發現人在宗教生活，可有一最大的虛僞，人之藝術、科學、與道德理想，可爲人類權力意志之化身。馬克斯之歷史哲學，則早言人類之宗教、道德與文化之思想，皆爲人之階級利益辯護者。其前之黑格耳之歷史哲學，亦謂歷史上開創一時代之人物，皆內賴其野心，以與時代之神聖要求結合，乃能開創時代。但彼之意，是絕對之精神，卽利用此人物之野心，以實現歷史上之神聖使命；而不以之證明此乃人之野心利用時代之神聖要求而已。然實則此二者，固皆可說。彼與馬克斯，皆有眞見於此人類歷史爲一神魔混雜之歷史。然尚不知此現代之世界之功利主義之普遍於一切人心，人類世界不只有馬克斯所謂階級之分化，兼有無數之職業、行業之分化，與個人主義所助成之人之自我封閉，致對於一切神聖事物，只有一普遍的疑慮、冷漠，與畏怖之情；更不知有此神魔混雜，其墮落之爲尤甚。故吾人亦可謂能知此神魔混雜之今之下意識心理學，與杞克果、尼采、與存在主義哲學，卽現代人類之最高之智慧所存也。

三、中國文化之過去與現在

至於專以中國之情形而論，則由儒、釋、道三教所形成之傳統文化，其根柢在道德宗教境界。魏晉之玄學、與傳統之文學藝術，皆在高度之觀照境。中國之科學技術之發明，亦多賴觀照性的直覺，而較少計劃性的實驗，爲之證明。由道與藝之被視爲不當分，故各種專門技藝之學之分化，不如西方之甚，亦初未有近代西方之科學之分門別類之多、社會階級、職業、行業之分立、而對峙之情形，卽在古代與中古，亦不如西方之希臘中世之顯著。功利觀念之當隸屬於道義之觀念之下，在中國亦幾爲一普遍之人生哲學。在明代以前之中國，可謂爲人類社會中，較合乎一人文理想之社會。商人之地位，始終在士農工之下，而政治上，君主對學術文化雖恒存利用之心，然亦不能不加以尊崇。中國文化之大墮落，則當說始於滿淸部族政權，摧殘中國文化中之民族觀念，繼而只重傳統歷史之文獻之整理與保存，而不重傳統歷史中之人文社會之理想之實現。此時代中負文獻之整理保存之責之學者，其分別研究文獻，加以整理之工作，日益分化爲種種專門之文字、音韻、訓詁、金石、校勘、版本、目錄之學，以各爲一專門之業，亦類似西方近代科學之日益分化爲專門之業。然淸代士人之只活動於書齋，而不能大活動於社會，卽使學術缺乏化民成俗之效。此與明代之學者之能組織學術團體，以接三敎九流，形成社會文化政治之運動者，已大不同其學風。此卽由學者之自我封閉，而有之學術精神之墮落。直至西方勢力侵入，經太平天國之亂，乃有曾左李胡之中興，略表現中國傳統之士人之精神。然後此之世變日亟，此士人之精神，雖屢起而亦屢仆。

至於今日，而中國之命運，則整個言之，皆只是隨順西方之政治、經濟、宗教、與文化學術之風，而轉動。而西方文化中之神魔混雜之情形，亦多見於中國百年來之歷史社會之中。至於近二十年西方之馬克斯主義之征服中國，而有中國之共產黨政權，則初所憑藉者，爲有五千年文化之中國民族，求仰首伸眉於世界之一要求，其中未嘗無一神聖的性質；然其對中國與西方傳統文化之有永恒價值之方面，皆持懷疑冷漠，與畏怖之情，而自封閉於一生物的民族主義之狂妄與傲慢之中，以與其外之世界爲敵，則正爲一集體形態之神魔混雜。此與現代西方之政治社會中之個人主義形態之神魔混雜，雖不同，然其皆不能以一人文理想，將人類之生命生活導向於高明、廣大、悠久、神聖之精神境界，則一也。

四、今日之宗教道德與哲學智慧之方向

關於人類今日所處之社會政治文化之情勢，於上文所及者，今不必一一更加以發揮。然要之一切專門之對自然與社會之知識技術，無不可爲人類之個人與集體社會之野心貪欲之手段工具。人之只有一切生物性的求生存、生殖之要求之滿足，使人口無限增多之結果，終必使人類厭倦於其自身之存在，而求所以相毀之道。浮泛之和平，與天下一家之理想，乃一無

力氣之理想，而只成爲一口號；而此口號，亦只爲一掩蓋人之野心貪欲之用者。在今日唯有眞實之宗教道德與哲學智慧，能爲一切專門之知識技術之主宰，以使社會中各分立之階級、行業、職業中之個人，皆多少有其宗教上之篤實信念，道德上之眞切修養、及哲學智慧所養成之識見，互以廣大高明之心境，相涵容覆載；然後人類世界得免於分崩離析，而破裂毀滅之虞。則今日救世界之道，在宗教道德與哲學。亦如吾人之本文篇首之謂：吾人要有接受此世界毀滅之道德勇氣，亦待一對超越的宗教信仰之哲學智慧。則無論世界之毀滅與救度，皆不能離此哲學宗教道德而言矣。

然今日人類所需之宗教道德與哲學智慧，亦將不能全同於昔日之宗教道德與哲學智慧。以宗教言之，昔日之大宗教，皆自然形成，其形成之歷史條件已往，而其生命亦隨之枯萎。昔之大宗教之各自形成，初不相爲通，而皆欲共存於今日之世界大通之世；而又不混合之爲一，以使之相泯而相銷，亦爲一最大之難事。然在今日，欲以一宗教毀滅一切宗教之宗教的帝國主義者之見，已罕人奉持；而一切宗教之所以爲宗教之共同的核心本質所存，終將漸爲人所自覺。以道德言之，昔日之道德之限於一民族、一階級、一職業、一行業中之道德，固爲封閉的道德，而只重若干特殊德目，或特殊行爲規律之道德，亦爲一封閉的道德。眞能體驗欣賞不同之形態之人格之道德，而以一開放的心靈，以與一切道德相感通，所成之仁德，必當被重視。以哲學智慧言之，則一能說明上述之一切宗教之共同之核心本質，說明如何有此與一切道德相感通之仁德之哲學，並說明此宗教道德與哲學智慧，當爲一切知識技術之主宰之哲學理論，必當出現。此皆順時代之呼召，或應世而生之宗教道德與哲學之大方向所在，而非吾一人之私見所存者也。

五、本書思想之緣起

由此以說到吾個人之所以寫此書，亦是應此時代之呼召，以盡其個人之涓滴之力。吾自顧固非宗教道德上之聖賢人物，而三十餘年來，側身於今日之大學中，抗塵走俗，其生命精神之墮落尤甚。然天之生我，固不如是。吾之爲哲學，亦初唯依吾之生命所眞實感到之問題。而此中之問題，亦正多非出於個人一己之私者。憶吾年七八歲，吾父廸風公爲講一小說，謂地球一日將毁，日光漸淡，唯留一人與一犬相伴，卽念之不忘；嘗見天雨地經日晒而裂，遂憂慮地球之將毁。又年十四時，一日忽向吾父言孟子去齊一段之文使人感動，吾父遂誦之，吾卽爲之涕泣不自已。又年十七，就學北平，一夜至當時之一大學廣場中，見演中山先生未逝世前之一電影。時繁星滿天，吾忽念此人間中之志士仁人，如中山先生者之所爲，在此廣宇悠宙中，誠如滄海之一粟。然此志士仁人，必鞠躬盡瘁，以爲之，抑又何故？吾一面仰視蒼穹，一面回念人間，惻怛之情，卽不能自已，覺吾之此情，若懸於霄壤，充塞宇宙，而無邊際。其又一事，爲吾年十七歲，吾父送吾至船上，同宿一宵。至凌晨，而忽聞船上之機輪聲。吾父登岸，乃動離別之情。然吾之下一念，卽忽然念及古往今來無數人間之父子兄弟夫婦，皆同有此離別之情，而生大感動。此類之情，吾於二十歲前，實多有之。然皆忽然而發，如從天而降，與所學之世間知識，全不相干。若其果代表吾之生命之原始之性情，皆吾父母之遺德，吾不敢自以爲功。自二十歲以後，則動此類之情之時轉少。在香港時唯一度聞僧誦超度十界衆生之文，歷二時之久，吾之淚未嘗乾。六年前吾母逝世，居廟中十日，見廟中有法界衆生神位，嘗對之禮拜十日，若吾之悲情，亦洋溢於全法界。然吾卽以此而知吾之生命中，實原有一眞誠惻怛之仁體之在，而佛家之同體大悲之心，亦吾所固有。吾之此仁體，雖只偶然昭露，然吾之爲哲學思辨，則自十餘歲以來，卽歷盡種種曲折，以向此一物事之說明而趨，而亦非只滿足個人之理智興趣，而在自助、亦助人之共昭露此仁體以救世。然尅就此中所歷之曲折而言，則又非無純出自理智興趣者，今亦無妨稍詳言之，以便讀者知此書之所言者，亦非苟說也。

吾初感哲學問題，亦初非由讀書而得。唯憶十二三歲時，吾父卽嘗謂吾有哲學思想，吾其時固不知何謂哲學，更不憶其時所思想者爲何也。吾之所能憶者，唯是十四歲時，吾家住重慶兩路口江濱，天雨門前水漲，而石沒於水。吾忽思此石不見時，是否存在。當時之答，是其不被見，卽同於不在。於十五歲時，見人介紹唯識論之文，謂物相皆識所變現，卽以爲然。其時又讀孟子、荀子，遂思性善性惡之問題，以爲人性實兼有善惡，並意謂孟荀皆實信性有善惡，唯孟子於人性之惡者，名之爲欲，荀子於人性之善者，名之爲心耳。遂著文五千餘字，自證其說。然先父主性善，不以吾說爲然。吾斷斷爭辯，亦不服也。當時又見雜誌中論心理學之文，言人有種種本能，而各家說不同。遂更思人之本能，或基本心理，畢竟有若干，乃自爲說，約之爲六，而以爲皆出於人之自覺的求同。如仁愛之心，始於我之同情於人；人之好名之心，則始於望人之同情於我；卽人對事物之好奇，亦須求見新奇者與昔之所知者之相同之處，而加以類比，亦是求同也。其詳今不能憶。吾當時自謂是一大發明。今日觀之，亦當視爲吾之自有一創發性之思考之始。吾當時又思及人生之最後目的何在之問題，吾意人應求樂，然必絕盡一切欲望，然後能去苦得樂。故以佛家之絕欲爲至極。而絕欲則忘我，我忘則能利他，而有道德。此亦吾一人之思想之結果。當時已讀及梁漱溟先生之東西文化及其哲學，覺其以人類文化終歸在佛家之向後要求而去欲，實甚是。然怪其何以又有今日當倡儒以反佛之論。於梁先生之言儒尚直覺，謂善惡是非，當憑直覺定，尤甚不謂然。因若直覺是如何便是如何，則此是如何，卽無理由。吾於其書，當時自亦不能識其長短。然吾當時卽深惡此言直覺之論。我後來之自爲哲學，卽恒要追溯理由。而於中國先賢之書，吾雖童而習之，然恒覺其理由，不足以服我。故我少年時之思想方式，卽自然向西方哲學路向去，而後入大學，直至三十以前，大皆是在此西方哲學路向上行也。

憶吾年十七，赴北平就學，亦嘗聽梁啓超、胡適之諸先生之講演。胡當時嘗一度講我們對西方文化之態度，更推重西方文化之向上進取之精神。吾聽後，以爲其言全然非是。唯嘗聽梁漱溟先生，講治哲學之八階段，則大契於心。其言哲學之第一階段是有問題，第二階段是有主見，其後者不復憶。吾當時自度是到其第四五階段。而吾之爲哲學，則自始是先感問題，亦先自思得一主見，以求進步。吾自十五歲始爲日記，至十八歲，日記共數十册，十九歲南下時，存友人映佛法師處。彼後取而閱之，與我一長信，大加讚賞。大約吾三十以前，幾日日有所思，亦日日有所記。對此諸日記，亦甚自珍惜；中日之戰時，與先父遺稿，共寄存鄉間友人處；及共黨清算地主，友人遭其殃而盡毁。先父遺稿，不得傳世，固吾之大罪。然此我之日記之失，使我不得自見其少年思想之發展，亦不無遺憾也。

大率吾去北平後所思之哲學問題，首爲心靈生命與物質之問題。此乃兼由當時之心理學之論心身問題來。吾當時之想法，是物質的身體，對人之心靈生命，乃爲一束縛，物質乃一生命心靈以外之存在，而生命心靈既入於物質，則恒求超拔，以還於自身。此物質身體與心靈生命之二元論，吾初以爲顚撲不破。以心能自覺，其所覺之物不必能自覺，二者卽應有本質上之不同。對此心之能自覺之一義，吾於十五歲時，卽見及，終身未嘗改。故對唯物論，亦終身未嘗契。然吾當時雖不信唯物論，亦深信事物必有因，爲其存在之理由。吾當時以爲人之意志，並無自由，其意志如何，行爲如何，一一皆有因決定。然人生必求樂，唯絕欲乃能得樂，故人類最後皆必絕欲，以入於類似涅槃之境，亦爲其必求樂之因所決定。吾當時固亦不信佛家唯識之論，而以心外之物身體之物，應亦爲實有，然後有吾人自此身體之物質超拔之要求。然此一絕欲之思想，固與佛家小乘思想同一趣向。吾於青年之時，何以有此思想，似難解。然實則亦正由青年時之多欲之故。人之欲至多者，卽更有去此一切欲之一大欲也。

此上之思想，皆吾二十歲前之所思。吾當時亦已略覽西哲之書，於柏格孫之物質與記憶，及心力二書之分心物如二，極以爲然。但於其創化論中之生命一元論，則以爲自相矛盾。時吾於南京中大讀書，由湯錫予、方東美二先生之教，得知西方之新實在論哲學。然方先生論哲學，又喜言生命。然吾當時於生命，又覺把握不住。於文學藝術性之生命哲學，只覺其可欣賞，不視爲哲學之正宗。故於呈方先生一報告中，嘗逕評其說，而方先生亦不以爲忤。時熊十力先生嘗在中大上課三月授新唯識論，亦言宇宙有大生命，吾亦不能把握其義，嘗於課堂中質問之，彼大笑不答，吾後亦不問。吾當時以爲唯由科學以通哲學，乃爲哲學之正途。後熊先生新唯識論書出，吾初與之函，即是問其哲學之眞理與科學眞理之關係之一問題。吾於科學，固非素習。然嘗自學數學至微積分，又嘗讀愛因斯坦、蒲朗克、海森堡之一般性科學著作，對一般生物學、及心理學之書，亦瀏覽不少。吾當時之一問題，是自然界之無生物、生物、與人之存在的層次之問題。由此而讀及亞力山大、摩根、懷特海等之著。於羅素、新實在論者之中立一元論，以心物爲由事素構造而成之說，則以爲不能據以分心物之層次。吾於羅素之論心，唯自記憶與行爲等爲說，尤不以爲然。然於摩根、亞力山大、懷特海之以自然宇宙爲一創造進化之歷程之說，則以爲與生物學中之生物進化論相合，其皆以有心之人類，居自然之創造進化之最高之一層位，亦足以維此人道之尊。然諸家皆以自然之創造進化，爲未有底止者。現有之宇宙，雖以有心之人爲最高，然未來之宇宙，亦可於此有心之人之上，再進化出一更高之存在，如尼采之超人之類。亞力山大以此爲自然之神性。懷特海由此言自然之創造的進化，摩根由此言自然之目的性原理。然吾當時嘗想：若果如此說，則此今日之有心之人，對此自然所進化出之更高之存在，當如一般動物之對此有心之人。一般動物不能知此有心之人之事，人亦不能知彼未來之更高之存在之事。此有心之人之一切生活知識與其哲學，亦皆只屬於此有心之人之主觀，彼更高之存在，應另有其生活知識與哲學。於此吾遂感一問題；卽此一創造進化之哲學，是否亦只屬於此有心之人之主觀，而不能客觀的應用至此更高之存在者？然吾人之謂有更高之存在，卽依於此哲學。若此哲學，不能客觀應用，則不能說必有此更高的存在。若其能客觀應用，則此更高存在，亦不能必然高於吾人於今日卽知其存在之心靈，以其亦只是此心靈之所知之存在故。

由此上之思路，卽引我至西方之唯心論之道路。此卽就人之爲一自然存在而言，自然界雖可能出一更高於人之存在者；然自此人之心，能思一切過去未來可能有之一切存在而言，此心乃在其所思所知一切存在之上一層位，亦能在「自然之創造之爲一時間歷程」之上或之外，思此全程之如何者。亦唯依此，而人乃有生物學之進化論，與上述之言自然之創造進化之哲學。此心之思此全程之思想，自亦爲一歷程。然此心之思想，亦能更自思此思想之歷程。則于此一超越於歷程之上之能思之心靈主體，必須加以肯定：否則對一切歷程之思維、知識與哲學，皆不可能。此一切歷程，可說有進化、有變，然思此進化與變之心靈主體，應無所謂進化與變。因若其亦由進化而變去，則此進化之論亦將變去，而進化之論亦不能立故。然若此心靈無所謂進化，則謂此心靈乃自然進化至某階段，方突然創出之說，自然中初只有物質之說，亦不能立。當說：卽在自然界中只有物質之時，此心靈之自身已存在，只潛伏而未顯；而所謂自然進化之由只有物質而有生物、動物，至有人之心靈，亦當說爲此自始已存在之心靈，由潛伏而顯現之歷程。此心靈今既顯爲一能思想彼一切可能存在者，而位居一切可能存在之上一層位之一超越的主體，則其今後之事，只是更充量的顯現其自身之所涵，而不能說此心靈之存在之自身，可再進化，而變爲超心靈而非心靈之存在。此心靈自能超越其自身之所顯現之事，以更有其所顯現。然此自己超越之事，亦永不能使其失其自身；其自己超越之事，亦只能內在於其自身。此一思路，吾亦實先由進化論之哲學轉進，而自形成。然後乃看康德、菲希特、黑格耳、至柏拉得來、鮑桑奎之一傳統之書。由康德之書之言自然界之存在，只屬於吾人可能經驗之世界，而「能運用範疇，以理解可能經驗世界中之自然存在」之超越的統覺，即定然的位居於自然世界之上。人之理性更可用此諸範疇於無經驗對象處，以虛構一超越的對象，而求理解之，亦更見此理性的心靈之超越于經驗世界中之自然存在之外之上。由菲希特之書之言存在之一概念之原始意義，不能離思想之中之是者是而非者非之一置定而說，與黑格爾之言存有之範疇之在第一義上爲純粹思想；即使我更由自然存在之問題，躍至精神存在之問題，而亦更不以哲學之唯由自然科學入者，方爲哲學之正途矣。

吾讀康德之書，於其知識論之間架，初無甚與趣。吾所契者唯在其言超越的統覺與理性之能虛構超越的對象之能，與其言道德上之當然，在經驗之實然之上一層次之義。然於康德之言人依種種觀念以分自然事物之種類，恒可設定中間類，則不能相契。吾意此人之心靈雖非一自然之產物，其與如是如是之自然世界相遭遇，固不能只是一經驗上之接受上之事。自然界中之物之種類，雖可無定限，然大類則有定限。如無生物生物只爲二大類；生物中之動植，亦只二大類；動物中之主要以本能爲用者，與主要以經驗習慣爲用者，又只二大類。此物之大類之所以有此定限，以爲人之心靈所知，應在吾心靈自身之理性中，亦有一理由。否則此心靈之遭遇此諸大類之自然物，爲一偶然，而此心靈卽在知識上可不接受如此之一自然世界之存在；而此心靈何以必須連於吾人之生理的身體，以存在於如此之一自然世界中，亦不可理解。又康德謂人之以其內外之感覺，認識世界，必通過時間與三度空間，而未有理由以說明人何以須通過時空以認識世界，亦未說空間何以三度，似此空間三度純爲偶然之事，吾亦以爲未足。當時又見俄人奧斯彭斯基 Ouspensky，論動物之知覺有只二度空間，或一度空間者，而人亦可由訓練，以有對四度空間以上之直覺云云。復見懷特海書謂此空間之三度，乃吾人現有之宇宙如此，空間亦可三百三十三度云云。此皆視此空間三度爲一事實上之偶然，而爲人所須透過之以看世界者。吾亦嘗本數學上之度量觀念，以思四度、五度以上之空間同爲可能。又思人之智慧之進，可於過去未來，皆於一平面上同時知之，以進至四度空間之直覺，……而言時空爲一體。然吾終以爲吾現在之心靈，必須經一度之時間與三度之空間，以知世界，應有一理由，否則吾亦可不接受此時間空間，亦不接受此經驗世界與其中一切自然界之存在也。又吾於康德之言理解範疇之只十二，亦疑其何以爲十二之故。吾後來之意是：人之由經驗認知世界，而有哲學反省，以至於知具超越統覺之心靈之存在，康德哲學，固宜爲一必由之路。然康德之整個之哲學，乃是就人現有之知識經驗，而批判的考察其所由形成之先驗條件與範圍，以及於道德審美世界之建立；其直下接受現有之經驗知識之世界，而後批判考察之，則非批判的。其發現有時空，便說時空，發現有十二範疇，便說十二範疇；其自謂已見其中有統一之聯繫，而實未嘗說明此聯繫之爲必然。此則不如菲希特之能直下由一超越的自我，以論其必然面對非我之自然，與非我之他我，以有此我之存於自然世界，及人類社會者；亦不如黑格爾之由純粹思想，以引繹一切思想之範疇，而歸於絕對理性，與其必然客觀化爲自然，再回到精神世界中之主觀精神中之情欲理性等、客觀精神中之道德法律、絕對精神中之藝術、宗教哲學者。

吾於此一客觀唯心論與絕對唯心論之書，在黑格耳之後者，由洛慈，至柏拉得來、鮑桑奎與羅以斯之重要書籍，皆無不讀。然吾之核心問題，唯在吾之個人之何以必需接受此自然、社會、歷史之世界。因吾既有一能思一切可能存在之一超越的心靈，而此一心靈亦可對世界無所思，而捨棄此世界。則此心靈之接受世界，應有出自此心靈之本性或理性之一願撲不破之理由，而後吾之心靈可出而接受此世界，亦可還歸於其自身，以捨棄此世界。而吾在三十歲前之生命情調，亦實時覺其自己之心靈，位於此世界之邊緣。吾亦嘗求仙、學道。於靜坐中，略有與西方神秘主義類似之證悟。吾以為吾之心靈，若自世界撤退，卽可自見其內具之一無限之靈明，以入於永恒，超於生死；則吾何以必需生活存在於此世界，卽必須有一屬於此無限靈明之本性與理性上之理由。在常人，生活於此世界，卽執受此世界，一般科學家、哲學家，卽就其所執受之世界，而面對之以求知之。然吾自始有一生命情調，卽覺吾與此世界之關係，為可黏可脫者。吾之靈明，乃在世界之邊緣，可降入世界，亦可離此世界者。則吾之降入世界而執受之，必需有一理由。此所執受之世界中之諸大類之存在事物、與其存在定律之為如此如此，亦必須與此心靈之本性或理性相應合。在此點上，吾於西方哲學家卽最欣賞菲希特、黑格耳之由純粹自我或純思中之理性出發，以演繹出此世界之存在之形上學。然此一形上學之演繹，明非一般思維中之演繹，其成此演繹之理性，亦非一般邏輯思維中之理性，而為一存在之理性。於是一般邏輯思維中之理性，如何可與此一理性相通，遂亦成我之一大問題。吾嘗觀現代之符號邏輯之將其基本觀念、公理、推演規則，皆一一表出，吾以為此推演卽推論，亦卽邏輯思維中之推理之事，吾應可由之以知此思維中理性之全貌。然吾當時之問題，唯是問：如何對此中基本觀念與公理、推演規則等，觀其相依而立之關係，以歸約之爲單一之邏輯理念。然吾觀羅素、懷特海之數學原理，開始卽設定若干原始觀念、基本命題、推演原則，全不說其所以必須如此設定之故，吾甚爲反感。卡納普邏輯語法，謂此語法乃只涉及符號，不關意義，吾更無從理解。故吾亦更不能有現代邏輯之演算之訓練。直至三四年前乃更將羅素早期之數學原理、與數理哲學導論，及其與懷特海合著之數學原理之導論，路易士之符號邏輯，卡納普之邏輯語法，各看了一次，以略補吾少年時之所缺。然吾少年時於洛慈、柏拉得來與鮑桑奎之邏輯書，連於知識之發展，以論邏輯，則覺皆能理解。吾以爲人之求知識與思想之理性之進行，其基本原則，應是凡說某事物是如何如何者，當兼說其何以不如何如何，乃能滿足理性之要求。吾當時觀現代之邏輯之公理法、直下提出若干基本觀念、基本命題、推演原則，便從事推演，則視爲非理性者。此非理性者，應預設一理性基礎。此基礎爲一理體或 Logos。對此 Logos，吾於讀黑格耳至鮑桑奎之書以後，自謂已發現。此乃一三度向之理體，而又可銷歸於一虛靈無相之心，以爲其性之理體。此一理體與空間之三度，及自然存在之物之諸大類，如無生物、生物、動植物之分，以及自然宇宙之基本定律，如萬有引力等，及人之精神生活方向，皆可應合。此吾二十七八歲所形成之思想規模，今亦不能踰越者也。

吾二十七八時少年氣盛，嘗自謂於宇宙人生根本眞理，已洞見無遺，足開拓萬古之心胸，推倒一世之豪傑，不免狂妄自大。然吾後忽生一問題：卽此宇宙人生之眞理應爲普遍永恒，亦應爲人人所能見，則何以必待我而後見？此不應理。後又更知凡人之思想，無不能超出於其所知者所思者之上，則人無不可自覺其思想之超越於其所知所思之古往來今一切思想家之上，亦無人不可有此狂妄自大。由此二反省，而吾遂轉而念吾所自謂新發現之眞理，應早已爲人所發現，亦應早已爲人所言及，或爲人之所已言及之眞理之所涵。吾於是轉而求見此我之所知所思者，與古今之哲人所言及者，其相契合之處何在爲主。由此遂絡續發現，吾自謂新發現者，多爲人所早發現，如詩人所謂「莫道君行早，更有早行人」。吾後來之讀書及與人談論，乃多求見人之所是之處何在，與前之處處見他人所言者之非之態度，大異其趣。然此一態度，實乃由一極大之狂妄之反省之所轉成。此一反省，要在反省及眞理之必有普遍永恒性，應爲人人所能見，先覺後覺，必同歸一覺，則一切眞理應皆先已內具於一切人之心，而人亦終必能自覺其所內具之眞理，此眞理爲成就人之精神生活者，而精神生活至極者，則爲聖爲佛。吾遂信一切人皆必能成聖成佛。然此眞理若兼爲宇宙之眞理，應爲人與其餘有情生命所依以存在之眞理。人能自見此眞理，何以其餘之有情生命，定不能覺悟此眞理，而亦有精神生活，更由無數之轉生以成聖成佛？吾以爲一切人與一切有情生命之不覺悟此眞理，以成聖成佛，只由有消極的阻礙之者之故；而阻礙之者，無不可破，則一切人與一切有情生命卽應畢竟成聖成佛。吾之悟得此義，在南京玄武湖。及今尚憶悟後之當時情節，乃吾一人行湖畔，見城牆上陽光滿佈，如一切有情生命皆一一成聖成佛於一無盡光輝之中，當時曾感一大歡喜。此亦吾二十七八歲時之一事也。要之，吾今之此書之根本義理，與對宇宙人生之根本信念，皆成於三十歲前。昔叔本華謂人之三十歲前爲人生之本文，三十歲後則只爲人生之註脚。吾以吾一生之學問歷程證之，亦實如是。吾亦初不欲過尊吾之少年，而自貶其後之生活之歷史也。

吾於三十歲前後，嘗寫人生之體驗，與道德自我之建立二書，皆以一人獨語，自道其所見之文。吾當時雖已嘗讀古今東西之哲人之書，然此二書對他人之說，幾無所論列，而其行文皆極幼稚而樸實。然吾自謂此二書，有一面對宇宙人生之眞理之原始性，乃後此之我所不能爲。吾今之此書之規模，亦不能出於此二書所規定者之外。此固可證吾之無大進步；然亦證宇宙人生中實有若干眞理，歷久而彌見其新也。至於此後三十年中，吾非無所用心，而知識亦儘有增加。然千廻百轉，仍在原來之道上。

吾於三十二歲，得交牟宗三先生後，又重見熊十力、歐陽竟無、及梁漱溟諸先生。時牟先生已成其邏輯書，而始寫其認識心之批判，其論邏輯與數學之根原，在理性，乃所以成理解、成知識。其書之分析與建構之才，吾所不能及。吾以爲其書已可證成現代邏輯，亦不能超出理解理性，而別有所根。此與西方由康德、黑格耳、至鮑桑奎之流，以傳統邏輯不能離理性理解，而別有所根，正遙相應合。然吾於此，亦不能更有所進論，吾只直覺其必當如此而已。憶當時與牟先生閒談所觸發，尚多過於熊先生談者。熊先生聰明睿智，表裏洞達，而吾則執見甚深，膠滯錮蔽；吾由熊先生之言，自亦有所開通。然在哲學義理上，吾所契於熊先生者，吾自謂已先自見得。吾又以爲其言太高，學者難入，哲學應循序次第論，方可成學而成教。故熊先生嘗與友人韓裕文函，謂吾與宗三皆自有一套，非能承其學者，而寄望於裕文。熊先生一生之孤懷，吾亦唯永念之而已。至於歐陽竟無先生，則吾父嘗從之游。吾於南京時，已常赴支那內學院，聽其講論。時熊先生新唯識論出。歐陽先生嘗取其書，而向我一一舉斥其誤。時吾尚未重見熊先生，觀內學院破新唯識論、與其破破新唯識論之爭辯，尚不甚了了。在重慶時，歐陽先生住江津，吾亦嘗數去江津，聞其晚年定論，亦時向呂秋逸先生請益。並嘗分別建議諸先生相晤面論，以求歸於一是。然皆以爲此非可以口舌爭之事。吾當時於歐陽先生之言涅槃爲體，菩提是用，一切衆生以互爲增上緣，皆入無餘涅槃而滅度之義、與熊先生之言卽體卽用、眞體無二，一切有情同一眞體，卽無住涅槃言無餘涅槃之義，亦不甚了了。後乃知其實同朱陸之爭，後文當略及。然吾於諸先生之爲人，皆知其全幅生命，唯道是求，乃吾一代之人所不及。然其所學終不能相喻，至皆有一黃泉道上，獨來獨往之感。

吾由是知哲人自有悲劇。吾亦更由此以念東西哲人之冥心直進者，同不免於此悲劇，常爲之嗟嘆徬徨，不能自解。然吾亦自謂賴吾之超越的感情，使吾有種種超越的會悟。其中之會悟之一，爲吾以世間除無意義之文字之集結，與自相矛盾之語，及說經驗事實而顯違事實之語之外，一切說不同義理之語，無不可在一觀點之下成立。若分其言之種類層位，而次序對學者之問題，而當機說之，無不可使人得益，而亦皆無不可說爲最勝。由此而吾乃有會於中國佛家之判教之論，於佛經之一一說爲最勝之義，而似相異相反之言，莫不可會而通之，以見其義之未嘗相礙。由此以還觀東西古今之眞正哲人之爲相異相反之說者，吾亦嘗以爲無論其自覺與否，皆天之密意，使之故成此相異相反之說，以接相異相反之機，以成此哲學教化之流行者。此乃宇宙之一最深之秘密，吾亦無意必於此多加以洩漏者。要之，吾三十年來於種種東西哲學之異論異說，皆略能先本此受教之心，以觀其所是；乃覺義理之天地中無不可通之阻隔，而吾之爲文，亦立論立說之意少，而求有以自益而益人，亦自教而教人之意多。吾所嚮往者，乃立於無諍不言之地，以使此相異相反之言，皆可爲當機成教之用，則於一切哲學之說相異相反之義理，亦視如文學之說悲歡苦樂之相異相反之情，而不見有矛盾。此則吾有志而未逮者也。

六、本書之寫作之道與西方之理性主義理想主義之衰落

由此以說到此書之寫作，亦是歸在以密意成教，以應上文所說時代之呼召。吾之此書於東西古今之異論異說，固不能一一皆取爲用，更不能謂已至於言說無礙之境，然亦是一有道足以成教之書。所謂道者，乃始於人之所共喩之常談，以至於不可思議之神聖之境，而不盡此神聖之境之義。故賢者宜俯而就之，不肖者可仰而企之，是爲有道之書。道之爲道，在其恒可引而申之，以成新道，分而歧之，以成多道。於此新道與多道，吾皆許人更開之，故與天下之道，皆可並行不悖。然吾書亦自開出三進九重之道。其次序而進，則人可無趨跌之危；層疊而上，亦無顚跌之憂；類分而陳，則無傾跌之患。吾之此所開之道，要在步行而進，故爲漸而非頓。喜頓者，固可徑路絕而風雲通，吾亦不以其爲非道也。然人之畢竟步行時多，乘風雲以通者少。步行之事，中庸之道也。此固所以成教，而非只在成一人之論，立一人之說者也。

然吾之書，吾自爲之。其中自亦有吾一人之說一人之論在，而於他人之說之論，仍不能無異同。茲就其重要之異同之際而觀，略說其可說者如下。

對西方哲學而言，本書之思想方向在重回復希臘之蘇格拉底、柏拉圖所謂哲學家之任

務，而由知識以通至德性，而以哲學爲「學死而超死亡，以由凡境次第超升至靈境，以作柏拉圖所謂天外之旅行，更爲人間建理想國」之學。此一任務，在中古，一半讓與宗教，唯留人以理性綜合的認知世界、與推證神之存在之事，屬於哲學。至近代而再只留綜合的認知世界之一部，屬於哲學，以分別的認知世界，屬科學。至現代之科學的哲學興起，而只以分析科學之預設、科學之思想歷程、科學之語言構造、與先科學語言之日常語言，爲哲學的任務，如今之邏輯經驗論與分析哲學之流。至現代哲學中之存在哲學之流，則只限哲學於人生存在之種種問題的性相之展露，而或否認宗教中之上帝之存在，如沙特；或以爲今日爲上帝隱退之時代，如海德格；或唯留一超越界之觀念，以符示上帝之存在，如雅士培。此諸人聲華最甚。而存在主義之哲學家，信有上帝存在者，如馬賽耳及一般神學家；亦多不信人由理性之思想亦可達於上帝，如中古多瑪斯之所持。在近代西方思想之中，唯由斯賓諾薩、萊布尼茲、康德、黑格耳、柏拉得來、羅哀斯，之理性主義、理想主義之流，爲緣人之理性的思想，理想之要求，以求建立一上帝或絕對精神之世界之存在者。然此一路之思想，以其本身之哲學之缺點，與現代人對宗教道德理想之失落，及對其理性能力之不信任，而銷沉於今世。然人之失落其理想，亦可重建理想；知理性能力之限度者，仍是理性的思想；知哲學之缺點者，仍是哲學。任何反理性之哲學，仍必多少依理性的思維，以成其哲學。則哲學家如自覺其所以能爲哲學之原，仍須肯定此理性之存在，而知其永不可反。任何只描述理想之失落之哲學家，亦須自覺：人若非原爲一有理想之存在，亦無理想之失落。人若爲一有理想之存在，則理想之失落時之憂慮與悵惘，只爲一過度至理想之再升起者。故理想主義亦不可反。人類今後之哲學，卽仍當本理性以建立理想，而重接上西方近代之理性主義、理想主義之流。此亦重接希臘哲學之由理性的知識，以通至人之理想的德性，由凡境以超升至理想的靈魂，而同復此西方哲學之原始的任務也。

此西方近代之理性主義、理想主義之流，其於理性之認識，初非如現代哲學家之視同於一分析的理智，或分析的理性；而是以理性之機能，兼爲分析與綜合的。自康德、黑格耳以下之理想主義，皆以理性之機能爲趣向於無限與無所不包，亦同時對於其自身之運用，能不斷自加批判，以不斷自其運用之限制中超拔而出，以求其自身之淨化，而更向上超升者。理性之分析機能，只求其所分析者與分析出者其意義之一致，不相矛盾，爲狹義之邏輯理性。於此可見思想之自類相生而順行之序，以成人之思想之長度。理性之綜合機能，趣向無限，則見思想之求「統貫諸類，以成類」之廣度。理性運用之自己批評，由於其自己之不斷向上超升，至一高層位，而致，見思想之高度。在人只有分析的理性時，人只是先被動的接受經驗事物或自然事物，已成之知識與語言，而面對之加以分析，以成其理解。此爲一般之科學知識。此中，人所接受之經驗事物自然事物先在，而後人之分析理解繼之。此分析理解中之理性，順從經驗事物之如何呈現，順從已成之知識、語言之原有意義，而運用其理解的理性，此爲「後天而奉天時」之自居卑位之坤道的理性。至綜合之理性，則爲不斷順受不同之經驗事物、自然事物，而亦不斷超越其所順受，而如由坤道漸轉向乾道之理性。至於不斷向上超升之理性，則初爲一純乾道之理性。由此理性之向上超升，而自超於其先有之限制，亦自超其所知之事物之限制，而能本其原對事物之價値意義之認知，以綜合地形成對事物之理想，而見此理想之亦在所知之事物之上一層位。於是人之理性，卽轉而成爲求其理想自身之前後一致，加以堅持，及求其不同理想之綜合，以向於廣大，與對理想自身之批判，以求理想自身之向上超升，由此而更有求此理想中之事物，成爲存在之現實之事物，使不合理想之現實事物，成爲不存在之行爲。此行爲，爲有理想者所責望於其自身者。凡人之責望於其自身者，卽其道德理想，求自副此責望者，爲道德實踐之行爲。此中之理想，爲乾道所成；實踐之行爲奉之，而爲坤道。故由理想而實踐，卽由乾道轉入坤道之理性。此求理想之前後一致、廣大，而向上超升，與求一切理想之通過道德之理想與實踐而實現，以通貫理想界與現實事物之世界等，又可合以爲人之人生之理想之全。此能形成人生之理想，而由人之道德之理想與實踐，加以實現之理性，卽爲一綜合貫通理想界與現實事物之世界，既承受此現實事物之世界，爲先前之世界，如後天而奉天時；亦開創此後之世界，如先天而天弗違，合乾坤之道而爲一之理性之全體大用也。

大率在西方近代之理想主義之哲學，對於人之理性之分析之機能之外，有綜合之機能，亦有自己向上超升之機能，至形成種種人類社會之政治、法律，人類學術文化中之藝術、宗教、哲學、科學之理想，及人對其自身之道德之理想，大體皆能有眞知灼見而無疑。然於此種種理想，如何保持其不互相衝突，如何不被染汚，如何不爲反理想之人之野心，貪欲所利用，而加深人之罪惡之問題，則未能正視。於是此諸理想，恒轉而只爲人之所觀照之一虛懸於上之當然的世界。此當然的世界，面對現實事物之世界之實然，卽成爲無力。後之經驗主義、實在論、實用主義，以及今之存在主義之興起，皆由見此理想之當然世界之無力，而更轉向於面對此實然之世界，而如實觀之，或求其中可資應用之力量，或求觀此人類之理想，如何衝突，而幻滅，而飛颺，如何被染汚被利用之眞相而來。則此理想主義之哲學之再復與之道路，卽在吾人之如何使此理想，不只爲人所觀照之虛懸於上之當然，而成爲眞正之實然。而在其轉爲實然之時，如何能不被染汚利用，以加深人之罪惡。欲答此一問題，則必須由西方近代哲學，回到中古哲學之重信心、重靈修之精神，更須由西方哲學通至東方之儒道佛之哲學，所言之如何使知行合一，智及仁守之道。欲知此道，則賴於人之對其上升與下降之關鍵所在，其間之輪轉爲用之幾，有眞實之智慧。此皆西方哲學所未能及者也。

七、理想主義完成之道路與信心之根原的性情

對於如何使理想不只爲人所觀照之虛懸於上之當然之問題，一方繫於人之觀照的態度之超升，至一道德實踐之態度，此對科學家、文學藝術家、及哲學家，皆爲一最難之事。其故在觀照的世界，乃人類之自然的智慧之最高發展，其中有無限之「意義」，可使人沉酣於其觀照之事，而使此觀照的世界成爲人類中之科學、哲學、文學、藝術上之天才之大監獄。人欲出此監獄，以有其道德實踐，須有一生命活動方向之大轉折。此在西方，唯柏拉圖知哲學家之上探靈境，而欲再回心救世爲世人建理想國之艱難。佛教則知由欣慕寂滅之小乘，而轉入大乘之菩薩行之艱難。中國之孔子，則知其對長沮桀溺等道家型之人物，實無言以相服之艱難。此人類之自然之智慧，發展至一觀照境，而只以形數等爲觀照之所對，固亦無大害。然當其對人生、文化、道德理想，亦只視爲一觀照之所對，則可截斷此諸理想之生起之原始的根，亦使此諸理想失其原始的意義，而爲由人道入魔道之一程。此理想之原始的根，在人之生命存在與心靈，對有價值意義之事物之愛慕之情。此愛慕之情，柏拉圖名之爲 Eros，中

國先哲謂之爲性情。依此性情，而人形成一理想時，此理想卽先實現於此性情之內，而亦求通過其身體之行爲，以表現於外，而實現此理想於其周遭之世界。此性情，爲一卽知卽行，將其內心所知所感之在上之理想，求實現於下於外之性情。故此理想，必須兼存在於知與行所合成之生活之中，而不能只成爲人之再一回頭的觀照之所對。此回頭的觀照心靈，觀照此理想之光輝，將理想加以環繞，卽同時截斷其原初生起之根，而此理想，卽成爲虛懸於現實世界之上之理想，亦見爲一自身無力，只爲一永不能實現之當然之理想而已。

於此，人要不只視此理想，爲「在現實事物之世界之上之一無力之虛懸的當然」之哲學思維的道路，在一方知現實事物之世界，只爲人之所知之一已成之客觀世界，亦隸屬於「可知之以形成知識」之範圍之內，而以知識世界之範圍，包括此客觀世界，如加以圈住，使其不越此範圍之雷池一步。在此義上，一切哲學中之知識論之反省，皆爲將此現實事物，加以圈住之事。吾人之書之前四境中，多有知識論之反省，卽皆是在圈住此外在之現實事物之世界，於人之個體、類、因果、感覺、時空、自覺、反觀之心中之理性之事。實際上，人之任何知識論上反省與思考之訓練，同在人之實際生活上，有將此所知之現實事物之世界，加以圈住之一功效。人在哲學之途程中，若缺乏此知識論之反省與訓練，而圈不住此現實事物之世界，則其哲學思維至於超此世界之時，此世界中現實事物，還將冒出，以擾亂超此世界之哲學思維之進行。故此一知識論之反省與訓練，爲人之行於哲學之途者，所不可少，亦必須具有者。自此而言，今之存在主義之忽此知識論之反省與訓練，卽不可爲訓；而亦不知此知識論之反省與訓練，圈住此所知之現實事物之世界，正爲攝所知之客觀世界，以還歸於主體之存在之了悟之第一程矣。

然此知識論之反省訓練，必須至於知此知識中之世界之邊際。此知識中之世界，可無外在之邊際，然有內在之邊際。人之理想界之事物，卽人之知識世界中之事物之一邊際。人之能形成知識之理性，與有此理性之心靈，亦此知識世界之內在的邊際。凡在此邊際之外之世界，皆在知識世界之外，亦在所知之現實事物之世界之外，然不須在人之心靈與生命存在、與其活動所及與活動方向之外。

人在有知識論之反省與訓練，求知此知識世界與現實事物，有此內在的邊際之後，人卽可將知識世界中現實事物之世界，圈在此邊際以內。人於此再還觀此邊際外之理想界，而欲去除其虛懸於上之感，更須知此理想尙非可只視爲一觀照之所對，而更當如實知其生起之原，在吾人之生命存在與心靈自身之性情，則此理想便當同時視爲實然的存在於此心靈與生命存在之內，而非只爲所知所對之事物之上之一當然。此理想之伸出，而求對客觀現實世界有所改變，而未能改變時，自亦有其超現實，而涵蓋現實之客觀意義。然此理想之已實然的存在於此心靈與生命存在之內部，則人亦須更回頭認取。故對此理想之伸出，而能涵蓋，當視如一房屋之屋簷之向外伸出，而能涵蓋。然此屋簷之自身，則連繫於屋，而先已存在爲屋之一部份。故回頭認取：一切理想爲實然的存在，於人之心靈與生命存在中，爲不可少之一哲學智慧。既有此認取，則於其理想之繼續生起之處，卽更當知有一生起理想之泉原，及此泉原之亦存在於吾人生命存在與心靈之中。此卽人之性情之表現之泉原。此可稱爲性情之德，或本性、天性、與本情、天情。此泉原爲人所見爲有，在此理想之可繼續生起，欲斷之而不能斷，欲止之而不能止，遮之而不受遮，蔽之而不受蔽，忍之而忍不住處見得。如水之泉原，卽由其流之不息處見得。然人無理想之生起，或有之而不反省其生起之繼續不斷，則亦不能眞見得此泉原之實有，並由其不息，以見其無窮也。

然吾人既見得此生起理想之泉原之不息，而知此泉原之存在以後，人尙可以此泉原，乃由內觀反省所見，以之爲只屬於人之主觀。由此而人更須由此理想之前伸一面，看其如何超越的涵蓋於所知之現實事物之上之客觀意義；更由理想之必求合理性，而知此求合理性，出於吾人之性情；此合理性之理想，又爲普遍的當然，亦爲一切人之生命存在與心靈所視爲當然，而亦皆可爲實然地存在於其生命存在與心靈之內部，以爲其性情之表現者。由此而後能見得此理想之亦能普遍的實然存在於我之主觀世界之外，客觀的生命存在與心靈之世界中，以有普遍的人道、普遍的人性之客觀存在的信念。於此信念中，我之由我之有理性的理想，而知人之同有此理性的理想，其原亦出於我之理性的推知。由此推知，我卽知我之理性，不只爲一主觀的理性，而爲一能肯定其他之主觀的理性之存在之一具客觀義的理性；我之人格，不只爲我之主觀的人格，而亦爲一能肯定其他主觀人格之一具客觀義的人格；卽於此見人我之人格、人我之理性，以及由之而有之理性的理想之互相涵攝貫通，以合爲一客觀的實然存在的人格世界、理性世界、理想世界。

人之哲學思維，既知此人之理性的理想之客觀普遍的存在意義之後，人仍可覺此理想中所有之當然，尚有未爲現實事物所實現者。如人卽已知其欲行之仁義，已現實的存在于其知欲仁義之心中，人仍可同時照見其行爲之不合仁義者；卽同時見此行仁義之理想，仍只爲一當然者，而非能皆實現於其行爲，爲其一一行爲上之實然。人對社會政治文化，有其理想者，雖知其理想存於其心，仍可覺此理想對社會政治文化之現實，爲一虛懸其上之當然。此一當然與實然之對峙之感，卽人之一生無論何時皆不能逃者。若其能逃，則人亦無理想與理想之實現之可言，人生之事息而天地毀矣。

然人有此一不能逃之當然與實然之對峙之感，人卽同時對於其所視爲當然者之是否必能實現，可有一根本之懷疑。因當然者非實然，卽涵可不實現之義。當然者可不實現，則人亦可念其不實現，而只陷溺於實然者之執持，而不求當然者之實現，亦可終身在懷疑其可實現與否之中。由此而人卽可入於一兩難中，一方面是當然者不能皆已實現；因若皆已實現，則無理想待實現，亦無理想。另一面是當然者又不能只是可不實現；若可不實現，則人可不求實現之，或終身在懷疑中，此亦可歸於無理想。然則吾人將如何得一突破此兩難之道？

此一突破兩難之道，是人於理想雖未實現，然不能以之爲可不實現，而當於未實現之先，卽先信其必可實現而不疑。無此一信念，則人必無突破此兩難之道，人亦必或終身在懷疑，或更不求實現理想，以陷溺於實然者之執持之中，而成一現實主義者，而以此懷疑與陷溺，爲其必然之命運。

然吾人如何能信理想之未實現，而必然能實現？此須知眞爲當然之理想，無論屬人之主觀之道德理想，與客觀之社會文化之理想，以及對自然宇宙之理想，皆無不必然能實現。然以此當然之理想，爲無窮之廣大高明，故其實現，亦爲在一無窮之歷程次序實現。然亦不能越序而皆一齊實現。人之越序而望其一齊實現，則爲貪欲。然此次序實現之歷程之無窮，並不礙其必能實現。此無窮之理想，在無窮之歷程中，必能實現，則可爲吾人當下之一信心。此一信心，則爲超於人之現有之知識與現有之行爲，所能證實者以外以上之一超越的信心。人之不能使其理想，皆一齊實現，無礙於人之爲一理想主義者。然人若無此理想必能實現之信心，則其理想必被視爲幻想，而終將萎縮而消逝。故此信心之有無，則爲人之是否能眞實成爲一理想主義者之一決定的關鍵。

此信心，可由人之天生之性情，而自然的具有，而不待任何哲學的思維之幫助以形成。然人不能自然的具有者，亦可由哲學的思維，加以開啓。人之既信欲信而有疑者，則舍哲學的思維，卽無自祛其疑，以自維持其信心之道。而在此後二者中，卽見哲學之價值。

哲學之思維之所以能開啓此信心，在人可由哲學的思想以知理想之有一必然趣向於實現之動力。此動力，乃通主觀與客觀世界之一形而上之生命存在與心靈，自求一切合理之理想之實現之動力。此動力，是一能、一用；其如何去除不合此理想者，以有理想之實現，是其相，而由此能此用之相續不斷，卽見其有原。此原卽名爲體。對此體，中國先哲名之爲天人合一之本心、本性、本情。其生起一當實現、而必然趣向於實現之理想時，此理想卽顯爲一呼召、一命令之相。此命令是人之自命，亦天之命。此一天人合一之形而上之動力、實體，或命令之爲實有，人可由其道德生活之反省而自證知。於此吾人之理性的思想，卽可更由知其爲實有，卽命令吾人自己之不合理想之行爲意念等，由初之實有成非實有，使合理想之行爲意念，由初之非實有成實有；而卽順前者之由實，以趣向於非實，以思其爲畢竟非實；而由後者之由非實，以趣向於實，以思其爲畢竟眞實；而更以思此眞實者，其本原之不見者，亦爲實；及其本原之無窮，而實有此無窮之本原。吾人思想之安住於此實有之無窮之本原，而不移動，卽名爲信心。此中，人之思想要在正視：此上所說之命令，而知：此命令是實有，則其原是實有；就此命令之爲一命令，而自下而上，以透識其原。此「命令」命令彼初爲實有之行爲意念，成非實有；而此命令中之當然，與初爲實有者之實然之相對，亦爲人所實感之一相對。此一相對之存在，亦必須肯定。如于天理人欲之相對之存在，必須肯定，于此命令中之理，有未實現於氣者，必須肯定，如朱子之論。若人只由此命令之原中，初可不說此相對，而否認此相對之有、理氣之不合一，亦非如理之思。然此一相對，乃爲人之所實感，亦卽只在此實感中存在；而此實感，則爲統此相對者之「統一」。此相對者之分裂，在此統一之內部，亦在其下層。無論此相對者如何分裂，皆不能壞此感其分裂之感之自身之統一。此「感」之在其內部，有此相對，同時亦有一好相對之中之合理想者，而惡其不合理想者之一道德生活中之內在的好惡之情，卽好善惡惡之情也。

此所說之好善惡惡之情，乃以惡惡成其好善，亦以好善成其惡惡之情。尅在此情之中心看，其一方惡現有之惡，一方好未有之善，卽爲憤悱之情。憤爲好善，悱卽惡惡。亦爲一惻怛或惻隱之情，或肫肫其仁之情。惻字從心、從則，乃心之一轉折，卽涵惡惡。怛字從心，從旦，卽心之昭明，卽好善。惻隱之隱，則自此心之昭明，由潛隱而出言。肫字從肉，以表生命，屯則草木自地生出之義，則由潛隱至昭明之事也。此具憤悱、惻怛、惻隱之情之心，或具好善惡惡之情之心，乃人實感「當然與一般之實然之相對，而於此相對之中樞，使一般之實然，由其不合當然，而成非實，而使合當然者，由似非實，而成爲實，以見此能生起當然之理想之原之爲實」之一人心之活動之能。此言惻隱、惻怛、肫肫其仁之情，乃儒者言心最親切之語。此乃直自人之實感當然與一般之實在之相對，而又見其中有一轉運之中樞，而卽順此中樞之能自轉而亦現正轉，卽可實見：此不善者不合理想者之趣向於非實，遂卽思之爲不實，合理想者之趣向於實，卽思之爲眞實。此思想，卽「如此情此心之爲此情此心」之如理而思，亦「順此心此情之如此轉運流行，以轉運流行、而不出其位者」。由此思想之歸於見得所生起之理想之實，與其形上之本原之性命本心之實，以終成其信心，卽可更本此信心，以契入其本原，更使此本原，緣此信心而流行，更生起理想，以有「求不合當然之一般之實然成非實」之實感。此實感中之惻怛等情，卽足形成此人之合理想的生命生活之擴充，至於不息而無窮，以成己而成物，使一切不合當然者，皆由人之實感其當由實成不實，與此感中之有此惻怛等情所導致之行爲事業，以使之成非實，而使當實者成實。吾人之思想亦卽由此信心以再順此本原之流行，而成之實感中之情，與情所起之行爲事業，而進行。則於一切不合理想之實然者，皆無不可思之爲非實，而唯於合理想者，思之爲實。而此整個，又可再形成爲人之一絕對的信心，以有其依於絕對的信心之絕對的行爲事業，卽以此行爲事業，證實此絕對的信心，而使此信心與行爲事業互證，亦互爲用，而所成之盛德大業，亦悠久而無疆，至誠而不息。此卽儒者合形上學之信心，與道德之實踐之天人合一之學之敎。然其核心義，則在吾人上所言之由此心中本原或本心本性流出之惻怛等情。此卽中國儒者所謂性情之際，亦天人之際之學之敎，而非西方之理性主義理想主義之所能及。以西方之理性主義理想主義者之理性之思想，皆尚未能直順此惻怛之情而思，以情理之如如不二，爲其思想之歸止，以成其內心之信，再充內形外，以成盛德大業；更卽此德業成信，以使情理與信及德業相輔爲用，以合哲學、宗敎、道德爲一體，以成一學一敎之道也。

八、宗教信仰與客觀的形上學之價值

此上所言，要在言儒者之大信所以立。此一大信，乃初純依人之自思其天人、性情之際之事，更不出其位而立。此似至簡易，而亦至難。其故在人之思想初乃向外觀看，其性情，乃存於其思想之後；此思想，初不能回頭見及之。人之思想向外而見種種不合當然之理想之事物時，人恒只見當然與實然之相對；而不知凡此一切相對，皆在統此一切相對之一大實感之中。在此大實感之中樞，卽有此性情之運轉於吾人之內心，而此一運轉之涵義，如自其極而觀，卽爲一足旋乾轉坤之天樞，而使當然之天命，皆成實然之德業者。然人於此恒只念其生命之力之微小，遂疑此天樞之運轉，足旋乾轉坤。於此人欲存其大信，卽須知此性、此情、此天樞、此天命，在一切人之心，及其在一切人之心，亦吾心之所知；又須知此性情、天樞、天命之泉原之實無窮而不息。人更當試思聖人之心之何所似，以見吾人前所謂之宇宙性的神聖心體之實有，而見其有全德大能，以實現一切當然之理想，以自祛其生命力之微小之感，此卽一神教之宗教之所重。否則人須遍觀一切不合理想者，出於生命之妄執，其本性爲虛幻而空，知虛幻者空，而潛隱之眞實自顯，此卽佛家之所重。此二型之宗教思想，初非中國之傳統之教之核心。循中國之傳統之教之核心言，人若眞依其內心之實感，以見一善善惡惡，而至善之性命之原，能充內形外，以成其德業，卽步步見有不合理者之自化自空，亦步步見此至善之本原之眞實，其力其能之無盡，則亦非必須先說此宇宙性之神聖心體之具全德大能，亦不須先遍觀一切出於生命之妄執者之虛幻而空。然在中國之傳統之思想之核心之義之放射所及中，又非不多少涵具此二型之宗教思想之義。吾書卽更明于此二型宗教思想中之種種超越的信仰，亦視之爲人所當有，而亦以之爲出於人之性情與理性思想之所要求；唯只當使之爲存於心之陰一面，而不當使之存於心之陽一面，卽只取其消極的自卑俗拔起，與破除斷見之意義，以成此當然者無不可成實然之信仰；而不重其積極的意義，以使人只作希高慕外之想，而忽其在當前境中之盡性立命之事。此則擴大中國傳統思想之核心中所放射之義，以攝此二型宗教思想之說，以發展此中國傳統思想之論也。

吾之爲上述之會通儒與二宗教思想之論，實具苦心，亦有一大匠心。蓋依一般人心之恒向外而思想，實無時不覺現實存在之事物之衆多，又皆見其大多不合當然之理想，而又視此理想爲一虛懸之當然而無力者。此人之向外之思想，亦不肯安份，而順其性情之際以思，而見此當然者之實有力以成實然，而自成其信。故爲宗教思想者，卽順此一般思想之向外，而謂客觀世界實有一絕對之神聖心體或上帝之存在、天國之存在，或謂一般所謂衆多之現實存在事物所合成之世界，只是一虛幻，以銷除此不合理之世界爲眞實存在之見。此方便教之所以必需，亦由理上本可如此說也。

此理上之本可以如此說者，卽不合理想之事物，乃必相矛盾衝突者。相矛盾衝突者，卽必終相毁而失其存在，而不能爲一眞實之存在者。如矛盾之思想之不能眞實存在。故有情之自然生命之生活，唯其自成而不害他，而自然合理性者，方能眞實存在。在人中，則唯有其自然生命之活動之自然合理者，與其自覺的思想、自覺的生活之爲自覺的合理性者，能眞實存在。一切人中唯其全幅之自然生命與自覺的生活思想，皆爲合理，而爲天理流行之聖人之全幅生命，能眞實存在。一切人與有情生命，亦唯於其超升而化同於聖人生命時，乃能全幅眞實存在。然一切聖人之生命皆無私，而以天地萬物爲一體，則一切聖人非多非一，卽一卽多。人若偏自其非多爲一處言，卽可說爲一宇宙之眞實之生命。一切聖人之所以成聖之泉原，亦只爲一宇宙之眞實生命，一切聖人之生命之心靈，只是一宇宙之心靈，或吾人所謂宇宙性之神聖心體。唯此宇宙之眞實生命，與其心靈或神聖心體，能眞實存在。謂此卽天或上帝，卽入於一神敎之途。依此一神敎之思想，此世界之一切存在皆必還歸上帝，則其自始亦只有一上帝。於此若問：上帝何以必創造世界，使其中有種種不合理事物，或種種其行事不合理之生命，而經種種衝突矛盾，以再歸於唯有其行事之完全合理之聖人生命之存在，或世界之理性化？則此在印度之一神敎，卽說此爲梵天之一神聖的喜劇。猶太敎基督敎之一神敎，則視爲一上帝之悲壯劇。黑格耳則謂此上帝之行於世界之歷史之中，爲一通過悲劇而成之喜劇。其必通過悲劇再成喜劇，在正面之上帝之不通過其反面，而外在於其自己，而反此反，以再內在於其自己，則不能成一「對其自身，而又在其自身」之一自立之上帝；有如人之思想之不經否定、再否定此否定，不能爲一自立之肯定；又如人之自己不對一非自己，而非非自己，卽不能自覺其自己與非自己，皆在其自覺之內。此一正必對反，而又反反，乃一理性上之必然。則吾人亦只能通過此理性上之必然，以思維世界，故有正必有反之相對。上帝必創一非上帝之世界，與之相對。於此上帝之是否必須依此理性以創一包涵其反面之不合理之事物之一世界，則西方之神學，固有謂上帝可不造世界者，因若其必造，則上帝非自由。然謂其可不造，唯是設想之辭。上帝今實已造世界。上帝若可不造世界，則上帝之全德大能，同於無德無能，上帝成無用之自體。上帝之造世界，乃見其自體之必有用。上帝造世界，卽其自體之用之表現，卽上帝之自由。其必造與自由，不應相違。然若謂上帝自體之恒有此能造世界之一用，則世界應無已時。若謂上帝可使世界還歸上帝，則還歸後，仍當能再造，世界仍無已時，亦無只有一上帝之時。縱謂此世界有始，上帝未造此一世界之先，亦應先已造無數世界。又上帝之造世界之力無窮，復應同時造無數世界。此卽如中古尼可拉庫薩及布儒諾之說。此無窮無數之世界與其中之合理或不合理之事物，皆應永與上帝同在。此則西方神學之說之近印度梵天敎之梵天，於同時或異時，創無數世界，此沒彼起、彼沒此起於梵天中之說者也。然在印度之佛學中，則初不信上帝梵天之說。世界中自有衆多之有情生命，一一有情生命皆依其妄執，而有種種不合理之貪嗔癡之行事。然此不合理者，必相衝突矛盾，以相毀相滅。此必毀必滅，卽此不合理者之最後必然之命運，亦卽其必由存在而不存在之眞理或眞如。今若問此有情生命與其不合理之行事，何時始？此則始自不明理之無明。若問無明何自始？此仍當始自無明，而無明無始。若謂無明以上帝創造生命時自身之光明爲始，此乃以明爲無明之始，卽正不合理性，而其說亦卽依于無明。然有情生命依無明而有之行事，必相衝突矛盾而相毁相滅，人亦知其當毁而求毁之滅之，則此無明與依無明而有之行事，雖無始而有終，卽以此有終爲其理。人之求其有終，卽人之修道之事。然後之佛學亦可由此無明之有終，以謂無明之自始卽有此終。衆生終可無無明而成佛，則衆生自始有此成佛之性，成佛之心。此性此心，應與衆生之無明俱始俱無始。而此本有之佛心佛性之自身中，又不能說已有無明在，以此亦不合理性故。則此佛心佛性，便當爲一本有之大光明藏，而無明則只爲其外障。然此外障障此光明藏，此光明藏知有此障，此障又似當內在於此光明藏，而似當由此光明藏而生，生之而又再去之；則亦如西方之上帝之造世界，而再使世界還歸上帝。則人亦似可謂此光明藏生障，去障後，當再生障；而成佛者亦當再化爲衆生，而衆生一一成佛後，還應再一一爲衆生，衆生與佛互爲輪廻，亦無佛能成。此大不可。則唯有再還至無明無始而有終之說爲是。至於無明之所以能有終，仍須謂有一與無明俱始之佛心佛性，而後無明之終方爲可能，此則似唯有歸於佛心佛性初與無明相卽之佛性有惡之論。如天臺宗人之所持。然若佛性與無明，果平等相卽，而佛性眞有惡，則成矛盾，又成佛應不可能。若謂佛性能破無明而化惡，故成佛可能；則無明與惡，仍非眞實之佛性，此則當如華嚴宗人之以佛性有惡，爲第二義之說，在第一義之佛性，仍畢竟無惡。然衆生之有此第一義之佛性爲性者，又何以爲無明所覆？無明能覆佛性，使不得顯，則無明仍爲第一義之衆生性，而衆生實未嘗以第一義之佛性爲性矣。欲破此說，則唯有再回至上文之無明有終之說。蓋此有佛性之衆生何以有無明？亦如至善而合理之上帝之創造世界，其中何以有不合理之事物？其所引起之問題，皆似反覆循環，而似終無了日者也。

九、性情之形上學意義

對此世界之不合理與無明之問題，吾以爲若只循一度向之理性思考，必歸於反覆循環，終無了日。於此以無明非有非非有，不合理之世界之非眞實非非眞實爲言，亦玩弄詭辭之玄談戲論。此中人之形上學思維，須還隸屬於吾人當下此心之性情，以再外觀此世界之命運。於此，依吾人之性情，必望人皆成聖，一切有情生命皆成聖，而不忍一人之不成聖，一衆生不成佛。吾人之思想，於此若不自此性情之所着處看，而只自情之願望看，此願望之進行，可超過現有之實然之事實而過，則此實然之事實，不能爲此願望之礙。於此，吾人之思想，卽亦同可不見有實然之事實，而只順此性情、此願望而往，亦如此性情、此願望之所願望，而思，則人卽必然以其由性情而出之最高之願望，爲一切人皆必成聖，一切有情衆生皆成佛，爲其順願望而有之思想歸止之處。如吾人前文之所論，卽爲肯定此一切人皆有成聖之心性，一切衆生皆有佛性、佛心，而可合名之爲一同於上帝之神聖心體，爲一形上之至善光明之本原之一絕對之眞實存在。然此一肯定，由吾順此性情與其所生願望之所往，以俱往而有，乃一直往而不還之肯定。有此肯定後，唯見此一絕對眞實，此外更無不合理之世界之存在，則卽可不再問其如何創出此有種種不合理之世界。於此吾人之思想若須還顧此不合理之世界，見其中人與生命有種種不合理之行事，而問其與此至善光明之本原，或絕對眞實之關係；則此不是順此性情所生之願望而往，以有之思想；而是將此性情，直接連於其所着所對之現實存在事物，而循另一思想之進向，而將此二者分之爲上下層，或內外層之關係，而先視爲俱在俱有，初互不相生者。則此光明不能生無明，上帝亦不造此罪惡之世界，人之能成聖成佛之心性，亦不直接生此人之凡心。人於此卽只直下見得一聖凡、善惡、無明與明之相對之世界。然此又非必須歸於二元論。因無明自有可去之理，罪惡世界自有由上帝加以救贖之道，凡人自有成聖成佛之道。此理此道，卽世界中之凡人心或衆生心之屬下層與外層者，與此至善之光明之本原，或絕對眞實之爲屬上層與內層者間之一通路與橋樑。自此理，此道，連於此絕對眞實一面說，則此道此理、與其能超化世界之用，固亦全在此絕對眞實之自體中。然自此理此道之連於世界，與凡人衆生心一面說，則又見其爲世界、凡人、衆生心之自身所具之一眞理，所可行往、將行往之一道，一垂示於其前之一當然、一命令；而此道體、理體，亦如未盡其用，與其當有之用爲二，乃雖實現於事或氣之流行或現實之世界，而未全實現，以半實半虛者。人於此直感此理此道之半實半虛之時，卽有一憤悱之性情，以使其虛者成全實，而化除此世界與凡心衆生心中之不合理之實，使之成全虛，如前所說。而人之透過此性情，以思此命令此理之根原，而見其全在上帝之心或神聖心體、佛心佛性；則有似此思想之經過此通道與橋樑，而由外澈內，由下澈上，以直往，而唯見一絕對形上眞實之事，如前所說。則此世界與上帝之相對，人心、衆生心與神聖心體之相對，又須銷掉。此上之絕對觀與相對觀之二種思想，其本身亦在上下層，或內外層間，互相過渡，而亦相依而起者；故在人類思想世界皆永不可滅，而亦正當永恒的相依而起，而後世界之超升，與一切超凡入聖之事，乃成爲眞實可能也。

此二種思想之所以必當相依而起，在人之性情之着於現實事物，而感其有不合理者、而不善者，更惡此不合理之不善，而好合理者善者，以有其理想；而見此合理者善者，初爲未全實現之當然之理或當行之道，爲半虛半實；然後人有順此理此道，以使當然者成實然，化此中之半虛爲爲全實之事。然人亦必須依此性情而生一願望，順此願望，以思想此世界中之一切不合理者，其本身之必可無、必可虛，而其自性是虛，以信有一形而上之至善之光明之原，爲一絕對眞實，方能賴此信心之力爲助，以更有其化一切不合理者爲合理之事。此信心之初，似只成就一形上學或宗教信仰者，其本身亦是人之實現其理想，而順上述之理之道而行之一事。於此，若吾人有此信心，便更不以信心爲成其行事之助力，則依此信心之歸止於一絕對之形上眞實，唯見其放大光明，至神至聖，而更以種種玄遠之名，如無限、永恒、至眞、至善、至美，加以讚頌，而卽安住於此，而更不見世界之不合理之事實，亦更不面對之動好善惡惡、憤悱、惻隱之情；則此只安住於此形上眞實之信心，亦卽無異忘其所自發之性情上之根原，而亦斬斷其與此根原之關係。於是此信心之信形上眞實之事，卽此信心墮落，爲觀照此形上眞實之事；終將見其所觀照者，唯是種種玄遠之抽象的意義，更將由其不得感覺生活之證實，而視之爲虛幻，以入於虛無主義之途矣。故人之有此信心者，必須還自知其根原在上述之性情，亦必須還化之爲人之依其性情，而有之化不合理爲合理之行事之助；然後此信心，乃可由連接於此情與行事，而由此性情此行事之存在，以保持其存在而不墮。故一切形上學與宗教信仰，皆終不可孤立的單陳。孤立單陳，必歸於自毁。不孤立單陳，則人於見一切世間罪惡苦痛等不合理之事時，仍可本此形上學與宗教信仰，言其畢竟虛幻無實，而只見一光明神聖之絕對眞實，普照河山。然此絕對眞實，則又只在此憤悱惻怛之性情與由之而有之去不合理而求合理之行事中，忐忑昭露。故當其求合理之行事得成，而道行，則直下證實其所信於此行事之成中。當其行事敗而道不行，唯見不合理之事物之陳於前時，則以此信心升於其上，而加以涵蓋，更信此不合理之事物，畢竟不實，以自寧其意。然其憤悱惻怛之性情，則仍未嘗不存於其自心。故此行事可成可敗，亦可有可無，此憤悱惻怛之性情則常在。孔子之仁心，卽有此性情之心。佛之慈悲心，耶穌之愛心，在根柢上，亦爲此物事。然慈悲與愛，皆自此心之性情顯處說，而於此心之性情之爲一由隱之顯，由形上以澈形下，由內以澈外之義，猶未能盡達。此則不如儒家之用惻隱、憤悱、惻怛、肫肫之言，說此性情時，能兼表此諸義也。人之此性情之心，充滿洋溢，以與上述之形上學與宗教之堅固信仰相結，以至成聖人之心，則無論其一切行事之成敗有無，其心皆爲一充塞宇宙，悠久無疆，至誠如神之心。斯可眞承擔現實世界毀滅之大勇，而亦能救世，以使之免於毀滅矣。

一〇、不同形態哲學之永存及性情之形上學之二型

吾在上文，已將本書所立根與歸宗之義，全幅披露。此立根處，在吾人當下生活中之性情。此性，卽順理而行之理性；依理性而與境相感通，則必有理性的好惡之情。依此情而有理想，信理想之當實現，必實現，而有信心。充量之理想，爲一切人皆成聖，一切有情生命無不普度，使世界得救。充量之信心，爲信此理想之必實現。此信心之內容，爲形上學與宗教的信仰，亦爲人之依性情而有理想，以如理而思者，所必當歸止，而無可逃之信仰，而可

由人之依性情而實現其理想之行事，所可步步當下證實其爲眞之信仰。故人須自覺此信仰之根，在此人之性情行事，而此信心亦所以助成此行事，而不與此性情相離，以恒內在於此性情。一切形上學之思維之助成此信心，而內在於信心之建立歷程之中，亦須內在於一充塞宇宙之性情。則吾人之所論，一切始於性情，終於性情。然始終之間，則可以一切形上學之思想，爲開展照明此全幅性情，而成此性情之流行之用。此形上學卽哲學之歸止。故一切哲學亦皆攝在此性情之流行中，而吾亦不以爲世間之一切哲學，有必不可相通之處。「神何由降，明何由出？聖有所生，王有所成，皆原於一」。則人於此可問，如世界一切哲學，皆可攝在吾之所論之中，是否此外更無哲學，人只奉行吾之所論而已足，此問亦當答。

吾之答是謂：此外原無哲學，亦不可說。因若此外無哲學，則吾之哲學，卽將毁滅世界哲學，而吾之哲學成大不仁。吾說哲學在性情之流行中，人皆有其性情之流行，自亦皆當有其哲學。吾說一切哲學必可相通。此相通，亦在一思想之流行歷程中次序通，則亦許有一時之不相爲通，而吾之謂其可通，亦許人之一時謂其必不可通。此人之哲學之必有不相爲通之故，吾今亦可略說之，而通其所以不相爲通之故。此人之哲學，所以不相爲通之故，在人之必不免有數基本形態之哲學，必須由不相爲通，而後可更迭爲用。此基本形態之哲學之分野，亦正在人之性情之對境，其思想有不同之基本方向。如人性情之對境，先有一以主觀向客觀，而相對爲內外之方向。在此方向中，人之依其性情之感境而俱有之思想之明，皆向外照射，以求如實知其所對境，而視爲現實境。於此卽產生客觀主義、現實主義、唯物主義、自然主義一型之哲學。人於此現實境中，乃觀一一現實事物之個體而辨其類，明其因果，形成種種史地自然科學、社會科學之知識。此種知識與哲學，皆人之原始之思想之明，或心靈之光輝之向外照射，必然有的表現與成果。人不有此一原始之思想之明、與心靈光輝之如此照射，無人能更有其他方向之思想與知識。在哲學中，亦永有客觀主義、自然主義、現實主義一型之哲學之存在，無任何哲學能加以毀滅者。然人之思想，自另有一方向，卽當其性情之感境，而覺性情之所望，與現實境之所是，互相違反之時，人卽自覺其主觀目的，而折同其心靈光輝之外照，而反觀其自身之主觀感情與主觀感覺、想像、思想等，知其主觀經驗世界之眞實，而有經驗主義。更由其於主觀想像思想之世界中，能發現種種合理性之普遍的意義，並求與主觀之感覺感情相連的主觀目的之理性化，而形成一理性化的目的，是爲理想。人於有理想時，卽見有一當然之理想、與實然之現實世界之相對。於此卽可有觀照此想像思想世界中之普遍意義，而視之爲實之超越的實在論，現象主義、觀照主義、與理性主義、及一般之主觀的道德主義之哲學，亦有純粹之數學幾何學邏輯文學藝術等之哲學。依此人主觀的目的理想之求實現而未能，又可形成爲種種心物二元、靈肉二元、心身二元論形態之哲學。人若未嘗有求實現主觀目的理想，而未能之時，則無二元論。然人皆有求實現主觀之目的理想而未能之時，而人卽無不可在一時爲二元論者。一切哲學中之二元論思想，亦以此之故，而永不能絕。

凡此上述之思想，皆非本書之所尊尚，而以爲人之順理而思，以成其哲學者，所必當越之而過之。然亦人必先有此諸思想，然後可越之而過。故此類之思想，亦原當有，故吾亦不絕之。然爲此類之說者，滔滔者天下皆是，必當自知其說之屬於哲學中之下乘之境。吾亦必貶之，以使其不得阻人之思想之上達之機。不絕之，仁也；貶之，義也。皆理當如是，吾不能有私意也。

吾所尊尚之哲學，乃順人既有其理想而求實現，望其實現，而更求貫通理想界與現實界之道德學兼形上學之理想主義之哲學。依此哲學言，人有理想求實現而望其實現，必求證明其能實現，而人在生活中，亦嘗多少證明其理想之恒爲能實現者，由此而理想主義者，必信此理想連於一實現之之宇宙人生中一不可見之形上的眞實存在。此中，以人之理想有異同，有大小高低，則其所見之此形上之眞實存在，其內涵亦有異同，有大小高低。故人於此形上之眞實存在，若重其爲人之理想的知識之原，則視爲一全知者；若重其爲理想之功業之原，則重其爲全能者；若重其爲理想之感情之原，則重其爲全愛者；若重其使人自成聖成佛，則重在內在於人之生命，以爲人之本心、本性、佛心、佛性。若重在使客觀宇宙存在而有一秩序，則視爲創造世界而定萬物之分別目的之上帝。以人之理想，必有種種異同、大小、高低，而此種種形上學思想，與對之之宗教信仰，及所成之宗教生活，亦永有其不同，而亦永不能加以泯滅。在人之形上學之思想，又有本質上之二型之分。卽以形上眞實包涵現實世界之絕對論，與以形上眞實與現實世界相對之相對論之分。然在後者中，其以形上實在與現實世界相對者，乃以形上眞實爲主，現實世界爲從此主而轉者。此形上眞實，卽爲規定現實世界之運轉之道之理者，或對現實世界垂示一道，一理者，而應說此道此理卽爲形上之眞實。

此二型之形上學，皆人類最高智慧之產物，同爲本書之所尊尙。亦東西之哲學史中，恒更迭出現之哲學之大宗。無論爲任一型之哲學者，皆可出於其生命之至誠，亦皆可以用盡其理性的思想之能，以爲之證。此二型之形上學，又皆可由各有見於另一型之形上學之弊，而可互爲生死之爭。此二型之形上學，吾以爲亦應可貫通，如前文所說。然吾雖以爲其可貫通，吾亦不能絕此二型之形上學之永將更迭出現，吾且將謂其永當更迭出現，而使眞知此吾之貫通之論之密意者，卽以此二型之形上學更迭爲用，以興敎。此爲一哲學世界中之大弔詭。茲說其義如下。

於此一型形上學，吾以爲可貫通，而仍以爲永將更迭出現者，在吾之所謂貫通，乃視之爲不同進向之思想，而使之相輔爲用，以成此貫通。吾視之爲不同進向之思想，卽許有人之只順一進向而行。吾欲使之相輔爲用，卽須於吾個人思想歷程中，更迭用之。此思想歷程，乃屬于一個人之一思想史。在一個人之思想史中，當有此更迭用之之思想歷程，則在人類思想史中，此二型之思想，亦當更迭出現也。

此不同進向之思想之根原，在吾人有上述之由先感一當然之理想與實然世界之相對，而有好善惡惡之惻怛性情之表現，更順此性情而生之願望，以形成之形上學與宗教信仰之後；則人又必須化除此相對，以歸於見一爲一切至善之光明之原之絕對眞實，更不見有其他；而此世界之一切不善者，卽只爲此絕對眞實之一時之表現，而其本身爲虛幻無實者。此卽歸於絕對論。大率人之智慧之上達高明者，而能對世界原始要終以觀者，無不趣向在此絕對論。然依人之同一之好善惡惡之惻怛性情，而觀此性情之所着，爲一當下實然之世界之事物，而此世界事物，乃不合其當然之理想，與人願望之所願者言，則吾人又只能言此實然世界，有一可合當然之理之道。吾人於此卽雖信有上述之絕對眞實，此絕對眞實，亦只爲此實然之世界，經此道此理，而向之升進者；而此道此理，亦卽可視爲此絕對眞實，對實然世界所垂示之一道一理，而命此世界向之升進者。此二思想之根，皆在人之好善惡惡之惻怛性情。故此起彼亦可起，而亦皆可互救其說之弊，故永不能相絕。今若人只停於後一思想，而謂此絕對眞實與現實世界永相對，則現實世界不得超升，此道此理，亦無用之道與理。然人若說現實世界得超升，則超升之極，便應無現實世界與絕對眞實之相對，而唯有一絕對眞實，而以此絕對眞實觀世界，則世界只爲其表現，其本身便應爲虛幻無實。然吾人思想停于此世界爲虛幻無實之想，則又墮入觀照境，而離於此信有絕對眞實之根原所在之性情上之願望。故此二思想，必須相輔爲用，不能停於其一，亦必至極而轉，此爲吾人前此之所說。而自人類之思想史看，則西方希臘之哲學發展，至新柏拉圖派而形上之實在之太一，卽吞沒世界，成一純觀照冥想之哲學，而旋卽有摩尼教之二元論，爲基督敎之奧古斯丁之所承。奧古斯丁卽由信一元之上帝，而又更開出上帝與世界之相對者也。基督敎之神秘主義，皆趣向一絕對眞實之觀照；而一般基督敎之以罪惡之世界與上帝相對者，則皆二元論也。在近世西方之哲學，斯賓諾薩之上帝，無所不包；來布尼茲，卽必立上帝與所創世界之相懸，以上下支撐。康德終身不忘當然與實然世界之相懸，菲希特，黑格耳至以後之絕對唯心論者，則又皆趣向於唯一絕對眞實之吞沒世界之說者也。馬克斯之唯物主義、孔德之實證主義、及後之實用主義之流，則重人所見之當然之實現於其所面對之實然世界，而後之實在論、邏輯經驗論之流，則還重對此所面對之實然世界之知識者也。存在主義則多爲能面對實然世界，而知其情之有所不安，而依其情之不安，以求轉出其理想之一思想之流。此絕對唯心論以後之論，皆由人不欲只信一絕對眞實而沉入對之之觀照境，而次第引出之思想也。

自東方之哲學而言，則印度之吠陀奧義書之思想，發展至以梵天涵蓋乾坤，人卽只觀照梵天而讚頌之，以成高級之沉醉；而佛敎之正視世界之苦難之倫理的宗敎起。佛敎之小乘，一往趣向于寂滅，而大乘佛敎之還觀世間之敎興。大乘佛學中法相唯識之流，以無明無始，而面對世界之染汚，般若宗則偏言世間之一切染汚畢竟空者也。在中國之思想，則孔子之敎至圓，孟子言本心與萬物皆備於我，順其義至中庸，而只見一誠道之流行於天地間，唯見此形上之道之眞實者。至荀子，則偏重在面對世間之不善，而只言仁義有可知可能之理，順其說而董仲舒有道之大原出於天，以垂示於人之宇宙觀。佛學傳入中國，印度之般若唯識之論，融爲天台華嚴，皆趣向于依畢竟眞實義，言心、佛、衆生，三無差別；然唯識宗之轉識成智，天台宗之由無明開顯法性，則同爲相對之論。而般若宗之大般若心，華嚴宗之法界性起心，則同爲絕對之論；至禪宗而言當下卽是，或不知修道之艱苦。然明以後之淨土之盛，則又歸在知此佛界與衆生界之不同，而樸實修道者也。宋儒張橫渠、程明道，皆歸向在天人物我一體之道。然學者之自謂能從容于此道者，亦可只觀玩一境界。伊川朱子，則能正視人之道德生活中，必有當然與實然之別，故重理氣之分，天理人欲之相懸距。然學之者或以此而不能有以成其自信。陸象山遂唯言一宇宙卽吾心之眞實，以成此學者之自信。陽明之學，由朱轉陸，而其徒王龍溪，則於此心之良知之至虛至實，而涵天蓋地，最善言之者也。晚明學者救王學之弊，則皆重申朱子重理之義，以分當然實然，而不就形上之本有，以汎說當下現成完足之論者也。當今之世，如歐陽竟無先生之言佛學，必分體用，則根在唯識法相，而近朱子；熊先生之學則根在佛學儒學中之高明之論，而舉一眞實之體，以攝其用而無餘者也。

一一、二型形上學之不通與通

吾人于上文總觀東西思想中二型之思想之起伏，卽見此二型思想之永未嘗絕。然吾則固謂其中，非無通路。蓋順此人之性情之大願大望，至乎其極而思，則宇宙人生應唯有一至善光明之絕對眞實之神聖心體，其無邊大用，皆屬此體，而此體外亦無道無理，此體卽道卽理。此世界中之一切不合此理之事物，皆暫實而終不實。吾人亦可於當下如其不實而觀之，則世界頓爾光明燦爛，外此亦更無一事。然吾仍須謂尅就此性情之對境而觀，則當然界與實然界之相對，決不可泯。此神聖心體，只垂示一道一理，而未爲人與一切有情衆生之所行，亦非世界之所實現，則此形上之絕對眞實之神聖心體，尙有其未盡之用，而此現實世界與此形上世界，卽有一相對相，以開列爲二界。於此，人必先知其爲二，乃能信其究竟爲一；旣信其究竟爲一，還須存此信於心，以觀此情所對境、與此所信者之相對爲二。……則此二思想，可相互爲用。然其相互爲用，卽更迭爲用，而非俱時出現。若俱時出現，則二者亦相矛盾，而相毀。故人之爲此二不同之哲學者，如並生於一時一地，卽有不兩立之勢。然其更迭出現，則在一人之思想與人類思想史中，皆不相矛盾。人亦唯有使之更迭出現，然後可見其相反相成之大用。吾人之貫通之功，亦唯是使之更迭出現，以使之相互爲用，此外，亦非人力之所能爲。其更迭出現，卽此隱彼顯，此顯彼隱，以互爲陰陽，互爲乾坤。其未出現而當出現，亦卽見其是思想中之一當然之道，其出現卽實現此當然之道。其未出現而能出現，卽見其未出現時，未嘗不存于吾人之能思想之本心中，自此本心中觀此道、此相反相成之二思想，亦當說其爲形而上的先在，不以其出現與否而增減，亦無任何矛盾之可說。自此二思想之由本心而出現說，則只能更迭出現，以成一思想之流行。在此思想流行中，人必當於一時，開列形上眞實與現實世界爲二，又必於繼一時，知其爲一。然如此去講，仍是只說一「當然之道與理」，與「此道與理先在一形而上之本心」之二思想之更迭出現。故二哲人如對此二思想，各持一邊以相辯論時，亦必先告對方，子當如此思想，子之思想之當然之道如此。然繼亦可告對方：子亦能如此思想，以順此思想之道而行，此卽見子之能思想之本心中，已先有此道。則其辯論之目標，亦只是使對方之思想中，實顯其本心中之此道，而無他物可互相給與。故此中人之本心中之有此道，乃辯論之始，人卽互信其已先在者。然辯論之事，則又不只有此互信爲止，更在使此人之本心中此道實顯。當求實顯而未顯之時，則此顯卽只爲當然，非吾人一般之實然。此中卽仍有一未實現之當然之道。此道之在本心中雖實，然其在一般所現實界尚虛，而此道爲半實半虛。循此以觀，則此二型之思想，卽永不能由辯論而以一之是，絕棄其二，以辯論之事中卽先已預設此二者故。今吾人若放眼以觀人之見任何道理，謂其當知當行，皆有道此理，爲一當然，而尚非一般之實然，而與實然相對，以見此道此理之爲一自上而下，以垂示於人，如懸於霄壤，而命人知之行之之一道一理。人謂此道此理可知可行，又必謂人能知能行，其未知未行之先，已有一形上之知之能之之本心本性等之先在，而自包涵此道此理。則此人之知之行之，只是此本心本性實現之別名。在此本心本性實現之時，人所見得者，亦只是此道此理之內在於其知其行，亦內在於當下之心，而知此知此行之事，只是本心本性之自實現其自身，或依其自體呈用之事。故兙對此道此理而說，此道此理，在人之知行之事中，初必與一般之實然事物相對，而只顯當然相、一超越相；繼必顯爲一內在於形上之本心本性之一形而上的實然相與內在相。而此形而上之本心本性，初未實現時，亦對一般之實然事物，顯一當然相，超越相；而於其實現時，顯一貫澈於一般之實然事物，而內在於其中之實然相、內在相。由是而此道此理，與此形上之實在，卽永爲相繼的顯其當然相，與形上的或一般實然事物中之實然相者。吾人之哲學的思想，於此亦只能順其如此相繼的顯當然相與實然相，而思之，以成一思想自身之周行而不息，亦於此證此形上之實在之爲一實然的周行不息之體，並證一般所謂現實事物之世界，亦爲一周行不息，以實現此形上之實在者；而此道此理，亦爲一周行不息之道，吾人個人之哲學思想與人類之哲學思想，亦恒依之而如是周行不息者。人之一時偏於專思「此道此理之爲當然，而有未盡之用，只此道此理爲眞實」之形上學，與偏思「此道此理屬於一本心本性形上實在之體，其未盡之用，自始已全在此體」之二形上學，如相對立而觀，卽永不能相絕。若意在求勝，則人之思想言說，皆可由再進一步，以超於對方所已思已說，以相望而成一無盡之「是亦一無窮，非亦一無窮」之環流。然若不意在求勝，則此二型之思想，各有當機之用。如在人之只見有一般現實事物之世界，則初只能示之以當然之道與理之所在，使人只順此道此理而行，以成人之如理作意，或理性的思想。在人疑此當然者之虛懸在上至無實之時，則當示以此當然自寄在一形上之實在。此卽由理性之思想，而超理性的思想，以唯信此形上之實在，而與之相默契。然人由默契此形上之實在，而絕塵不返之時，則又當示以此形上之實在，必對一般之現實世界，垂示一當然之道與理，人當求順此道此理而行。……則此二型之思想，對在不同階段之人，卽各有當機之用，以使人不致停滯於其所屬之階段。當一時代一地域之人之思想，共停滯於某一階段，則二型思想之一，卽可最爲世之所需，而爲某型之思想者，卽應世而出；爲另一型之思想者，則只之有待時而用。此二型思想唯當機以成其用，則皆爲人類思想中之至尊至貴，以導人向光明之途，日進不已者也。

此上所說，是吾人之貫通此二型之思想之大旨。然吾人之貫通之論，亦只是在思想之次序歷程中，加以通貫。吾亦不能將此二型之思想，先相對並立，而另立一說於其上，加以貫通。亦卽只是順此二說之本來貫通，而順其貫通之路，以見其貫通。於此吾人之思其貫通之思想，在其次序歷程中，一時亦只能思其一，而說其一，如一時兼思兼說，則二者互相矛盾。若對人一時兼說，則無當機之用，而不必說。故人若眞知此中之貫通之義者，其對人對世之當機之言說，仍只能說及二者中之一偏。亦唯只說一偏，可矯世人之另一偏之執，而得昭顯此中之義之全，以導人向光明之途，日進不已。故人眞識得此中貫通之義，亦可只存此義而不用，其爲世人立言與教，仍在一時間有所偏，而可自覺存其所知之另一偏而不用，以方便專說一偏，以有此以偏成全之用。由此而佛家有密意說法。依密意，而於一切一偏之言，無不可用，此則如大醫於大寒大熱之藥，無不可用。人若能於任何一偏之言，皆隨機善用而意在成教，此則爲哲學者之極境，而至於一心以教化爲事之聖境矣。

一二、哲學言說之目標與所對

吾人上之所說者，仍限於吾人如何講哲學。講哲學，必以為世興敎為目標，然後吾人講哲學之事，乃出於吾人之道德理性，而可成就吾人之道德生活。否則吾人之講哲學，即止於吾人前所說觀照境中。卽吾人所講者，是道德宗敎之哲學與形上學，亦仍在觀照境中。在此觀照境中講哲學，只是以語言提起吾人之所觀照得之種種意義，以語言之互相排列，而互相撐住，以撐住吾人所見之多方面之義理，以成一規模、一架構，而不至忘失。此亦自是為哲學者之所必需。然此只是為成就吾一人之安住於對哲學義理之觀照。此未能使講哲學者之生命入道德境界。欲入道德境界，則其講哲學，必兼是自悟求他悟，自覺求覺他，以說法利生、興敎救世之事，其立言皆是其立德，而希賢希聖中一事。為哲學者，於此則更復須知：講哲學固為說法利生、興敎救世，以立德而希賢希聖之事；而講其他之學，與其他之敎，亦能利生救世，而人之立德希賢希聖之行為，實為無量。講哲學亦如人之為其他之事，皆依於種種高下不同之心境講。若其所依之心境卑下，則講哲學亦未必高於講其他之學，與為其他之事者。此亦吾人欲以哲學救世者，所不可不知，而不可不勉者也。

吾人前論九境中之第一境，為萬物散殊境。在此萬物散殊境中，吾人可只求我之個體之異於他人而存在。故一切為哲學者，可只求其哲學之別於人，以寄託其生命之個體性，此卽荀子所謂「苟以分異於人為高」者也。又在吾人前所說之依類成化境中，人可只求自持其生活所習之類爲事，而人之爲哲學者，亦可只以護持其成見，而以邏輯的理性思維求其成見之一貫，則此爲哲學者，亦卽只在自持其生活所習之類中生活者也。至於人之有思辯言說之才者，必騁其才辯於思想義理中之險途，而持一難持之言、難立之論，以致不惜爲詭辯，以成其說，此則意在見其思想言說之有功而能勝。此爲哲學者，卽吾人於功能序運境中之一功利主義者。又若爲哲學者之只順應時代潮流中所尙之思想言說，與之隨和，於世人之所言者，入乎耳，卽出乎口，此則屬吾前于人與我之感覺互攝境中，所言之鄉愿之徒。凡人之爲哲學，以及爲任何學科，如爲文學藝術科學，而不免於此上述之心境者，皆不能與其心中所對之意義直接相應。如是以爲哲學者，亦不能於隨哲學義理之世界之展現，而心與之俱往，其言說亦非眞意在以言說提起其所觀照之義理，以使其心寄託於義理者也。

然人能位於觀照境中，見哲學義理之世界，而其心與此境相應之後，更有上文所說之升至道德境界，而說法與敎之境。過此以往，亦可說人之爲哲學之事，亦可連於吾人所論之歸向一神境、我法二空境，盡性立命境，諸絕對境界者，此亦當略說。

此爲哲學之事之連於歸向一神境者，卽其思想言說非只在利生救世，而是面對上帝宇宙而思想而言說。此時人之思想言說，無一定之聽者在心，亦忘其自己之爲一說者。如杞克果之著書，皆述其求面對上帝之經驗，而如直對上帝說。其書皆不用自己之眞名字，各書所用之別名皆不同，卽所以表其寫書時，不欲人知其爲誰，亦欲自忘其我。而奧古斯丁懺悔錄，則爲一時時呼上主，而對之言說其哲學與宗教思想之經過者。莊子之書，亦爲一面對天地精神之獨語。此種哲學之獨語，與人在宗教生活中對神靈之祈禱，乃爲一型態。人在此種對天地精神或神靈之獨語與祈禱中，恒是自忘其我，而只有一此語言所表之思想意義，懸於上天下地之間，而此語言卽其義理，卽道。故基督教之道卽 Word。人於見此語言與其所表現之道或義理之不可分，而懸於上天下地之時，亦可以此語言爲永恒的常在者。如印度思想之彌曼差之宗教性哲學中有聲常住之論。此中語言卽道，語言亦有實作用，以開我心之門，以上接天光。由此轉進而出之一思想，則爲視此語言不只開我心之門，亦可開一切有情生命存在之門，以感動天地者。故中國緯書言倉頡造字，天雨粟、鬼夜哭之言，而一切宗教中之有祈禱與咒語，卽由信此語言中之道，可開一切存在之門，使之感動生變化而來。佛家則時言佛說法時，大地震動。華嚴經更言佛說法時，十方世界無不聞，十方世界之佛，無不同時說法，其圓音重重無盡，以成其唱和。此卽由視語言爲對一神或天地精神而說，而更視之爲對一切法界中之有情生命存在與諸佛而說者。此卽進至吾人前所說由我法二空，而對法界說法之佛家境界。依吾人前此之所論，則吾亦以爲於此人之思想言說，眞視爲之懸於上天下地中之事，而不視之爲自我出時，此思想言說，亦不應視爲屬於我，而當視爲屬於全法界。此亦如廣播之聲之由電臺而發出，則聲波次第震動，遍及於上下四方，而能收其聲者，無不聞；不能收其聲者，則或有礙之，然其聲亦未嘗不到，而有一使其所到處之物，發生一不可見之振動之作用。此人之對法界言說之有義理，而連於思想者，此思想義理，與此言說之聲，亦同時俱運，以遍及上下四方，以開能知此思想義理之有情生命存在之門。然其所開者之多少，則當視阻礙者之多少而定。則此人之獨語祈禱之聲之效，亦爲相對。然謂其必無效，則猶是以此聲、此言說之連於思想義理，乃只屬於初發之個體之人，而未知其發出後之懸於上天下地之中，而屬全法界之義者也。

至於吾人若將此人哲學宗教性之言說，與一切言說，連於盡性立命境而說。則此言說亦有絕對之意義，以立於天地之間，然亦同時是「對當下之境之呼召命令之一回答」之一具體情境中之言說。則此言說，兼有對人、對物、對己，亦對天地、對上帝、對全法界之意義。於此具體情境中之言說，吾可感此言說與其意義思想，是否爲人之所納，或己之所納，即實感此言說之有無此人與我之回答。若有回答，則實感此言說與其義理思想，存在於人與我之心靈生命。若無回答，則此言說還歸於天地與全法界，於幽冥中，自求其所遇合。而人無論是感此言說之有無回答，皆使此言說思想義理，化爲一具體之存在。若其爲人己所納，其化爲具體之存在，其理易知。至於其不爲人己所納，而仍能化爲具體的存在者，則人可感其不爲人己所納時，人對此言說，更有一反緣反照，而更加以任持把握之事，便使之成一具體之存在。今若無其不爲人己所納之感，則此反緣反照，不能有。此言說與其思想義理，卽只向天地與全法界而放散，則雖具普遍性，而不具特殊性，卽不能爲一具體之存在。故宗敎家之只對天地法界或上帝而言說者，必須再化爲兼對人、己之盡性立命境中之言說，亦卽具對人或對我而興敎之言說，方至於言說之道之極致。而爲哲學者之言說之心境，亦當歸於是，方爲至極，亦如在哲學以外與言說之事之外，其餘人生之一切生心動念、身體力行之一切行事，同必歷九境，成爲盡性立命境中之事，方爲至極也。人之以其言說行事，共向於此極之道，卽世界由得救而超升之道，亦形上實在，實現於世間之道。唯彼大慧之人，知此道於無始以來，卽已實現，更求其相續實現，至於不息不已，而見此不息不已，於其惻怛之情之恒充塞於宇宙，則吾之一生，亦唯有數度之經驗，略相類似而已。然昔人言「自從一見桃花後，直到如今更不疑」。吾亦不敢欺世，而妄臆之以爲說。然數十年來吾之爲學，實只做得爲吾少年時之此數度之經驗之說明與註脚之事，而年來更時有朱子晚年常引韓愈語「聰明不及於前時，道德遠負於初心」之感。然爲斬伐此中思想義理上之葛藤，吾後之數十年之功，亦不可少。今世果有人能信吾之所說，於少年卽先歷此思想中之葛藤，並專以觀照此中義理之必然與當然者爲事，以成其進德之功；則亦不須如吾之多歷枉用之心思，而早入於希賢希聖之途，以成其旋乾轉坤之德業。吾於數年前，以目疾之故，念吾之所以斬伐此思想葛藤之道，將無寫出之時。唯念此思想義理與當有之言說，長存於霄壤，及其自運於法界之義，以自寧其心。今幸天假以數年之明，得將所懷者，大體寫出。如再有餘年，亦當勉求進德，不負初心，以報父母生我之恩，亦不枉生人世一場。世人果能知此書之意，亦當求心契之而入於無言，與由言起行之境。吾亦將自視其所言，皆如浮雲之過太虛，更不以之自累其心。則前此所謂使言說思想義理成具體的存在，在哲學中爲了義者，在生活與生命中，仍非了義，實亦如生命之流中之冰塊，而終將融釋於生命存在之流行中者。然不先結冰塊，亦無此冰塊之融釋。若無此世界，亦無世界之超升，無凡亦無聖，無思想上之葛藤，亦無斬伐之功。此皆同是一理一道。然此亦皆見此人之心靈與生命存在之莊嚴與神奇，而可使人於此心靈與生命存在之事，悲嘆無盡，而亦讚嘆無極者也。

己酉九月

六十六年三月一日君毅附誌：此書于去年付印，同時將十年前于京都所寫病裏乾坤，于鵝湖月刊絡續發表；而吾于去歲竟又以惡疾入醫院。此書初校乃于去歲在醫院動手術之前一日即九月八日，趕校完畢，二三校則近數月之所爲也。書此以當紀念。

索引

索引說明

一　索引區分為二部分：㈠人名索引，㈡內容索引。另附外文人名中譯對照表。

二　內容索引以名詞概念為單位，同一名詞下無特別說明者，僅標明其頁數；有特別說明者，該名詞概念用～符號代替。

三　索引以筆劃多少為序，外文人名中譯對照表順英文字母為序。

四　索引中所標示的頁數，即本書每頁兩旁的頁數。其中有標明「上」、「下」者，乃指示「上册」、「下册」部分的頁數。

五　本索引編製人區有錦。

(一) 人名索引

四劃

五　劃

六　劃

七　劃

八　劃

九　劃

十劃

十一劃

十二劃

十三劃

十四劃

十五劃

十六劃

十七劃

十九劃

二十劃

內容索引

一劃

二　劃

三　劃

四劃

五　劃

六　劃

七劃

八　劃

九　劃

十劃

十一劃

十二劃

十三劃

十四劃

十五劃

十六劃

十七劃

點：

十八劃

十九劃

二十劃

二十一劃

二十二劃

二十三劃

二十四劃

二十五劃

外文人名中譯對照表(三)

Abelard, P. 阿伯拉
Alexander, S. 亞力山大
Anselm of Canterbury 安瑟姆
Aquinas, Thomas 多瑪斯
Aristoles 亞里士多德
Augustinus, A. 奥古斯丁

Bacon, F. 培根
Barth, K. 巴特
Baudelaire, C. 波德來爾
Bentham, J. 邊沁
Berdyaev, N. 貝加葉夫
Bergson, H. 柏格遜
Berkeley, G. 巴克來
Bosanquet, B. 鮑桑奎
Bradley, F. H. 柏拉得來
Brouwer, F. E. G. 布魯維
Bruno, G. 布儒諾

Carnap, R. 卡納普
Cassirer, E. 卡西納
Cohen, H. 柯亨
Comte, A. 孔德
Copernicus, N. 哥伯尼

Da Vinci, L. 達文西
Dante, A. 但丁
Darwin, C. 達爾文
Descartes, R. 笛卡兒
Dewey, J. 杜威
Duns Scotus, J. 鄧士各塔

Einstein, A. 愛因斯坦
Epicurus 伊壁鳩魯
Eucken, R. 倭鏗

Fichte, J. G. 菲希特
Frege, G. 弗列格
Freud, S. 佛朗

Galileo 伽利略

Hartmann, N. 哈特曼
Hartshorne, C. 哈特雄

Hegel, G. W. F.	黑格爾	Nietzsche, Fr.	尼采
Heidegger, M.	海德格	Ockham, William of	阿坎
Heisenberg, W.	海森堡	Ouspensky	奧斯彭斯基
Hobbes, T.	霍布士		
Hume, D.	休謨	Parmenides	帕門尼德斯
Husserl, E.	虎塞爾	Pierce, C. S.	皮耳士
		Planck, M.	蒲朗克
James, W.	詹姆士	Plato	柏拉圖
Jaspers, K.	雅士培	Poincaré, H.	普恩加賓
Jesus Christ	耶穌	Pythagoras	辟薩各拉斯
Kant, I.	康德	Ricci, Matteo	利瑪竇
Kierkegaard, S.	杞克果	Royce, J.	羅以斯
		Russell, B.	羅素
Lamarck, J.	拉馬克		
Leibniz, G. W.	來布尼玆	Santayana, G.	桑他耶那
Lewis, C. I.	路易士	Sartre, J-P	沙特
Locke, J.	洛克	Scheler, Max	馬克斯希納
Lotze, R. H.	洛慈	Schelling, F. W. L.	席林
Lovejoy, A. O.	洛夫舉	Schopenhauer, A.	叔本華
		Smith, Adam	亞丹斯密
Marcel, G.	馬賽耳	Socrates P.	蘇格拉底
Marx, K.	馬克斯	Sorokin, P.	素羅鏗
McTaggart, I. M. C.	麥太噶	Spencer, H.	斯賓塞
Michelangelo	米席爾朗格多	Spinoza, B. de	斯賓諾薩
Mill, J. S.	穆勒	Stiner	斯丁納
Moore, G. E.	摩耳		
Morgan, L.	摩根	Tillich, P.	田立克
Newton, I.	牛頓	Whitehead, A. N.	懷特海
Nicholas of Cusa	尼可拉庫薩	Wittgenstein, L.	維根斯坦

國家圖書館出版品預行編目資料

生命存在與心靈境界：生命存在之三向與心靈九境

唐君毅著. – 校訂版. – 臺北市：臺灣學生，
1986[民 75]
面；公分（唐君毅全集；卷 23-24）含索引

ISBN 978-957-15-0524-4 (平裝)

1. 哲學 – 中國 – 現代（1900–）

128 82003070

生命存在與心靈境界 上下二冊
——生命存在之三向與心靈九境

著作者：唐君毅
出版者：臺灣學生書局有限公司
發行人：盧保宏
發行所：臺灣學生書局有限公司
臺北市和平東路一段一九八號
郵政劃撥戶：○○○二四六六八號
電話：(○二)二三六三四一五六
傳真：(○二)二三六三六三三四
E-mail：student.book@msa.hinet.net
http://www.studentbooks.com.tw

本書局登記證字號：行政院新聞局局版北市業字第玖捌壹號

印刷所：長欣彩色印刷公司
中和市永和路三六三巷四二號
電話：二二二六八八五三

定價：平裝新臺幣一○○○元

西元一九八六年五月全集校訂版
西元二○○六年九月全集校訂版二刷

19105

ISBN 978-957-15-0524-4 (平裝)